总主编朱亚兵先生简介

1974年5月生，毕业于复旦大学经济学院获经济学博士学位、西安建筑科技大学获工学学士和硕士学位。现任上海立信会计学院监察处处长、副教授，兼任上海立信会计学院投资建设研究中心副主任、上海基建优化研究会理事及房地产委员会副秘书长。主要研究方向为拍卖理论及其运用，在基建投资、土地与房地产政策、国有企业改革、教学管理与教学研究、党建与思政等相关研究领域发表论文近20篇，主持各级各类研究课题近10项，主编教材《房地产开发企业经营与管理》，出版专著《产权竞争与国企改制》，参与编写《房地产开发与经营》、《房地产现代建设工程与造价》、《审计风险管理研究》等教材和专著多部。现参与总主编“沪江商学丛书”、“立信投资与建设丛书”和“新世纪经济管理博士丛书”等。

副总主编李军先生简介

1976年9月生，浙江杭州人，高级工程师，国家一级注册建造师，九三学社上海松江一支社副主委，政协上海松江区委委员，现任上海中锦建设集团股份有限公司董事、总裁，上海市工程建设质量管理协会会长，上海市基本建设优化研究会副会长，上海市建筑施工行业协会理事，长三角（浙江）民营经济研究会理事，多所大学兼职教授，荣获全国工程建设质量管理先进工作者，上海市建设行业质量管理优秀职业经理人，上海市建筑施工行业质量管理优秀领导者，浙江省进沪施工先进个人，发表论文多篇，主编《投资经济实务》。其管理的中锦建设集团年完成施工产值近50亿，为上海市建筑施工企业综合实力30强企业，全国工程建设质量管理优秀企业，全国和上海市用户满意施工企业，曾获得国家“鲁班奖”优质工程、上海市“白玉兰”优质工程、上海市文明工程、上海市节能示范工程、上海市观摩工程。

副总主编陈远腾先生简介

1960年8月生，广东人，高级信用管理师。先后就读于中央广播电视大学、美国纽约大学。在政府机关工作8年。1987年投身商界，历任深圳服装集团党委委员、办公室主任兼地产部经理，深圳艺丰实业集团股份有限公司董事副总裁，香港潮江城控股有限公司董事总经理，现任上海凯基置业有限公司董事长，有二十多年房地产投资和物业管理经验。现为上海基建优化研究会理事，《基建管理优化》理事会副秘书长，上海企业家协会理事，中国物业管理协会理事，中国中小型企业协会理事，上海市物业管理招投标评标专家，上海立信会计学院投资建设研究中心兼职教授。曾参与出版专著：《物业管理学》、《物业管理学案例集》（高等教育出版社）；《物业管理市场营销学》、《物业管理企业经典案例》（清华大学出版社），并在《中国物业管理》等刊物发表多篇论文。2005年获中国优秀民营企业家和共和国经济建设功勋人物称号，2006年获中华慈善之星称号。现正参与总主编“沪江商学丛书”、“立信投资与建设丛书”和“新世纪经济管理博士丛书”。

副总主编史立辉先生简介

1965年4月生，美国Liberty大学工商管理博士，复旦大学工商管理硕士，福州大学土木工程学士，英国专业管理协会注册高级职业经理人，上海市基建优化研究会常务理事兼房地产优化委员会副秘书长，复旦大学工商管理硕士评审专家，高级经济师、客座教授。1986年7月参加工作，长期从事工程技术、城市规划管理、综合经济研究、城市基础设施建设、房地产开发经营及企业管理。历任水利电力部上海勘测设计研究院工程师、院团委书记、技术处处长助理，上海市静安区城市规划管理局规划管理科科长，中共上海市静安区委办公室主任科员，静安区政府办公室综合科科长、主任助理、副处级调研员，静安区地铁建设办公室副主任，上海锦迪城市建设开发有限公司副总经理，上海达周置业有限公司副董事长兼副总经理，上海京兆置业有限公司董事长等职。历年来在香港《改革》、《上海综合经济研究》等杂志发表论文多篇，并出版个人专著《房地产企业成长理论模型与实践研究》。现正参与总主编“沪江商学丛书”、“立信投资与建设丛书”和“新世纪经济管理博士丛书”。

立信工商管理精品教材与著作丛书

房地产企业经营沙盘指导教程

王万力　李　爽　主编

梁　永　主审

上海财经大学出版社

图书在版编目(CIP)数据

房地产企业经营沙盘指导教程/王万力,李爽主编.
—上海:上海财经大学出版社,2015.12
(立信工商管理精品教材与著作丛书/黄汉江总主编)
ISBN 978-7-5642-2317-5/F·2317

Ⅰ.①房...　Ⅱ.①王...　②李...　Ⅲ.①房地产企业—企业管理—教材　Ⅳ.①F293.3
中国版本图书馆CIP数据核字(2016)第003384号

特约编审:晓　翰
责任编辑:陈　佶
封面设计:周卫民

FANGDICHAN QIYE JINGYING SHAPAN ZHIDAO JIAOCHENG
房 地 产 企 业 经 营 沙 盘 指 导 教 程
王万力　李　爽　主编
梁　永　主审

上海财经大学出版社出版发行
(上海市中山北一路369号　邮编200083)
网　　址:http://www.sufep.com
电子邮箱:webmaster @ sufep.com
全国新华书店经销
江苏凤凰数码印务有限公司印刷装订
2015年12月第1版　2021年8月第2次印刷

850×1168　1/32　4.125印张(插页:1)　103千字
印数:2 501—3 100　定价:20.00元

内容介绍

“房地产企业经营沙盘”由用友新道科技有限公司开发，是目前已在全国多所高校的房地产开发与管理专业以及工程管理类相关专业中开设的一门实训类课程。这门课程综合了房地产开发经营与管理、城市规划、房地产估价、房地产营销、房地产会计等多门专业核心课程的基本内容，通过沙盘这种体验式教学方式，帮助学员更好地理解各门课程对于房地产企业开发经营成功的意义，从而能够在企业成本经营的目标下盘活现有知识、了解知识欠缺、重塑知识体系。

全书分为三个部分：第一部分为课程导论，介绍了房地产企业经营沙盘的学习目的、概念及特点、作用和内容；第二部分包括准备工作、经营规则、盘面推演、报表填写、实战演练五个模块；第三部分介绍了房地产企业经营沙盘所涉及的相关知识。附录中为房地产企业经营沙盘过程中所要用到的表格和学习手册。

立信工商管理精品教材与著作丛书
编辑委员会

朱国雄　上海市房屋土地测绘中心主任、高工
庄俊鸿　江西财经大学教授
关振民　东北财经大学教授
齐　源　上海立信会计学院工商管理学院副教授、博士
刘　云　上海立信会计学院工商管理学院副教授、博士
刘　雯　上海立信会计学院工商管理学院副教授、博士
刘凤霞　上海立信会计学院工商管理学院副教授、博士、工商管理研究所所长
刘红薇　国家财政部部长助理、高级会计师
刘启瑞　国家财政部预算司原副司长
刘学敏　天津商学院教授
刘隽亭　天津商学院教授
刘惠生　山西财经大学教授
刘期泽　原上海市教育局副局长、高级工程师
孙　钧　中国科学院院士、全国著名隧道工程建设专家
孙兆康　陕西财经学院教授
杨　劲　原重庆建筑大学管理学院教授
杨玉红　上海立信会计学院工商管理学院副院长、副教授、博士后
杨兰茹　国家建设部审计局局长、高级经济师
杨季美　西南交通大学管理学教授
李　军　上海中锦建设集团股份有限公司总裁、高工、客座教授
李启明　东南大学土木工程学院副院长、教授
李宪立　上海立信会计学院工商管理学院副教授、博士
李慧中　复旦大学经济学教授
邱元拔　集美大学副校长、教授
何　征　原重庆建筑大学管理学教授
何万钟　原重庆建筑大学管理学教授
邱华炳　厦门大学经济学院教授、博导

沈荣芳　同济大学管理学院原院长、教授
应望江　上海财经大学教授、博士
邵以智　中国人民大学教授
陆海平　原上海市建设委员会副主任、教授级高工
张　达　中央广播电视大学第一副校长、教授
张以彬　上海立信会计学院工商管理学院副教授、博士
张屹山　吉林大学商学院院长、教授、博导
张华镛　安徽大学经济学院副院长、教授
张颖香　上海立信会计学院工商管理学院党总支书记、副教授
陈仕中　上海市房地集团总监、教授级高工
陈远腾　上海凯基置业有限公司董事长、客座教授
易继平　中国建筑第七工程局副局长、教授级高工
林　勇　中国人民大学教授、博士
林少培　上海交通大学建筑学院教授
林应清　原上海市房地局副局长、高级工程师
罗永泰　天津财经学院首席教授、博士
金润圭　华东师范大学商学院原院长、教授、博导
郎荣燊　中国人民大学教授
赵国杰　天津大学管理学院教授、博导
赵海宽　中国人民银行总行金融研究所原所长、研究员
赵铁生　天津大学管理学院副院长、教授
郝文贤　内蒙古财经学院教授
胡　昊　上海交通大学建工学院教授、博士后
侯　昶　南京工业大学教授
姚梅炎　中央财经大学教授
聂名华　中南财经政法大学教授、博导
顾士俊　浙江大学教授
顾孟迪　上海交通大学管理学院教授、博导
钱从龙　东北财经大学教授

钱昆润　东南大学教授
徐　衡　天津财经大学教授
徐文通　中国金融学院原院长、教授
徐君如　贵州财经学院教授
唐海燕　上海立信会计学院院长、教授、博导
郭康玺　沪港国际咨询集团有限公司董事长、党委书记、兼职教授
黄汉江　上海立信会计学院工商管理学院院长兼投资建设研究中心主任，原上海理工大学投资与建设学院院长、教授、荣誉博士
黄良文　厦门大学教授
盛松成　中国人民银行上海分行原副行长、博导、教授
屠梅曾　上海交通大学管理学院系主任、教授、博导
彭汉香　上海立信会计学院工商管理学院教授
董金平　上海立信会计学院原党委书记、教授
董肇君　天津城市建设学院管理系主任、教授
景宗贺　原中国建设银行投资研究所所长、研究员
傅建华　上海浦东发展银行原行长、高级经济师
曾　峣　上海立信会计学院工商管理学院副教授
雷良海　上海理工大学管理学院党委书记、教授、博导
雷仲篪　中南财经政法大学教授
廖　承　湖南财经学院教授
臧新民　上海浦东新区副区长、高级工程师
谭云清　上海立信会计学院工商管理学院副教授、博士后
樊行健　西南财经大学副校长、教授、博导
潘正汇　山东经济学院教授
潘其昌　上海华晖建设集团董事长、总裁、高工、客座教授
戴复东　同济大学高新建筑技术研究所所长、教授、院士

立信工商管理精品教材与著作丛书
工作委员会

总　序

上海立信会计学院是上海市人民政府举办的全日制普通高等院校，是中国现代会计教育的发源地之一。学校由“中国现代会计之父”、教育家潘序伦先生始创于1928年。1952年，全国院系调整时，学校同其他财经院校合并。1980年复校，2003年设置上海立信会计学院，2011年获得硕士专业学位研究生培养资格。

学校有松江和徐汇两个校区，占地面积735亩，总建筑面积26万平方米，校园风景秀美、设施一流，是求学、求知的理想之地。学校拥有管理学、经济学、理学、法学、文学五个学科门类，设有会计与财务学院、工商管理学院、经贸学院、金融学院、财税学院、数学与信息学院、外语学院、文法学院、思政教研部，体育部、国际交流学院、继续教育学院、高等职业技术学院13个教学院部，现有会计学、财务管理、工商管理、国际经济与贸易、金融学、英语等22个本科专业，教职工800余人，其中教授47人、副教授147余人，全日制在校学生1万人。

几十年来，学校坚持正确的办学方向，秉承“信以立志、信以守身、信以处事、信以待人、毋忘‘立信’、当必有成”的校训，弘扬“诚信、实用、开放”的办学理念，逐步凝练“诚信教育”和“学验并重”的办学特色，立足上海、服务全国，办学质量稳步提升，为国家培养了数十万能主动适应社会需要、具有国际视野和实践能力的财经管理人才。

学校初步形成了以会计学为重点，管理学、经济学为主体，文学、理学、法学为支撑的多学科协调发展的学科专业布局，启动了会计与治理、开放经济与风险管理两大学科群建设，成立了开放经济与贸易研究中心、中国立信风险管理研究院、立信会计研究院三家独立建制的研究机构和若干非独立建制的研究机构，搭建了开放式的研究平台，凝练出了一批新的研究方向。开放经济与贸易学科成为上海市市级重点学科；会计学、国际贸易、金融学三个学科成为上海市教委重点学科；中国立信风险管理研究院、金融信用知识创新体系建设成为上海市教委高水平特色发展项目；会计学专业和金融学专业成为教育部高等学校特色专业建设点；会计学成为上海市教育高地；“以会计为核心的现代服务业人才培养平台建设”被列为上海市“085 工程”建设项目；会计学教学团队成为上海市市级教学团队；会计系列精品教材是上海市“十一五”重点规划教材，工商管理学科是上海市一流学科。

近年来，学校承担了国家社会科学基金项目、国家自然科学基金项目及教育部、财政部、科技部等纵向课题 80 余项，发表核心期刊科研论文 1 400 余篇。《上海立信会计学院学报》入选中文核心期刊；立信会计出版社的出版质量不断提高，社会影响日益扩大；立信会计师事务所是学校最主要的产学研基地。

学校与松江大学园区内的东华大学、上海外国语大学、华东政法大学、上海工程技术大学、上海对外经贸大学、复旦视觉艺术学院等兄弟院校实行教学资源共享。

学校与美国加州大学河畔分校、赛福克大学、英国基尔大学、赫德福德大学、法国雷恩商学院、加拿大多伦多大学、温哥华岛大学、日本千叶商科大学、澳大利亚皇家墨尔本理工大学、香港中文大学等 20 多所院校开展形式多样的合作交流。与特许公认会计师公会 ACCA、国际会计师公会 AIA、澳大利亚注册会计师协会等专业机构合作进行国际会计资格的培训。利用国际优质教育资源，创新国际化人才培养模式。

学校坚定不移地走内涵式发展之路、走错位发展之路、走特色发展之路。以学科建设为龙头，以师资队伍建设为关键，以教育质量为根本，以改革创新为动力，努力把学校建设成为特色鲜明的高等财经类院校。

自2012年9月始编纂出版“立信工商管理精品教材丛书”，以深入开展工商管理学科的教材建设。“立信工商管理精品教材与著作丛书”由工商管理学院、投资与建设研究中心、上海市基本建设优化研究会、《基建管理优化》编辑部联合组织编纂，可谓珠联璧合。

工商管理学院，秉承立信的优势与特色，坚持以“信”为本的优良传统，适应当代社会经济全球化发展要求，坚持“诚信、开放、实用”的办学方针，积极从事科学研究和国际交流，创新教学方法，服务社会，不断完善人才培养方案，培养具有高尚品质、健全人格、完备素质的高级经济管理类的应用型、创新型、国际化的专业人才。

工商管理学科是我校两大主体学科之一，也是学校学科建设“十一五”规划中的主要支撑学科，工商管理学院在企业决策和管理优化理论、市场营销管理、现代物流和供应链管理、投资建设与房地产项目管理、房地产投融资等方面形成了相应的教学、研究团队。学院现有教职工35人，专业教师25人，其中教授3人，副教授12人，4位博士后，80%的专业教师具有博士学位。近3年来，学院教师完成各类、各级科学研究项目30多项，其中省部级课题8项，国家自然科学基金项目2项；本学院教师出版及主编或者参与主编的著作及教材70多部，其中专著18部；在国家级以及其他各类专业期刊和报刊上发表论文200多篇，其中B级论文27篇；并获得多项教学、科研奖励。工商管理学院与上海市基本建设优化研究会联建“投资建设研究中心”，与多家单位合作共建产学研基地和实践教学基地。

本院教授正在总主编“立信投资建设丛书”、“新世纪经济管理博士丛书”和“沪江商学丛书”，组织清华大学、北京大学、中国人民大学、北京师范大学、南开大学、天津大学、中国社会科学院、哈尔滨工业大学、西安交通大学、中国科技大学、南京大学、浙江大学、重庆大学、厦门大学、复旦大学、上海交通大学、同济大学、华东师范大学、上海理工大学、上海财经大学、中南财经大学、东北财经大学、西南财经大学、江西财经大学、中央财经大学等名校和科研单位的专家、学者、教授编纂著作，现已出版 140 多部，影响深远，社会效益巨大。

工商管理学院现阶段开设工商管理、市场营销、房地产经营与管理三个专业，在校学生 700 余人。工商管理学院在人才培养过程中，强调学生的基础理论和基础知识的学习，着重培养学生的素质和应用能力，积极引入国际化课程，努力推进学生的国际交流和学习，加强实践教学，遵循各尽其能、人尽其才的培养方针，并不断拓宽学生的知识面。工商管理学院还组织丰富多彩的主题实践和社会实践活动，比如“阳光支教”、“营销策划大赛”、“我是 CEO 大赛”、“学生创业大赛”、“模拟招聘会”、“快乐体育节”、“工商学子论坛”、“读书文化节”等。此外，学院鼓励学生积极参加各类竞赛，比如，全国和上海市“挑战杯”、“数学建模竞赛”、“营销大赛”、“跆拳道比赛”等，有多位学生获得多项奖励。这些活动的开展，不仅取得了很好的社会反响，而且增强了学生对社会的了解，促进了学生的能力培养和管理水平的提高。

投资与建设研究中心实行产、学、研联合办学的新体制，使产业、教学、科研密切结合，使理论与实践密切结合，切实提高教学质量和科研水平，培养出符合我国现代化建设需要的专业人才，迎接知识经济新时代的到来。该中心与有关投资单位、建设单位、设计单位、建筑安装企业、建筑装饰企业、市政建设企业、房地产公司等多种投资与建设公司以及有关科研单位紧密联合，建立师生科研基地、学生实习基地和就业基地。

上海市基本建设优化研究会，成立于1985年，原名中国基建优化研究会上海分会，由上海市委宣传部批准，属上海市社会科学界联合会成员，系学术性社会团体法人。本会的宗旨是遵守宪法、法律、法规和国家政策，遵守社会道德风尚，应用国内外先进的优化理论、方法，积极开展基建优化研究，为我国尤其是上海的现代化建设贡献力量。该会会员遍布上海投资与建设领域，理事会由浦东新区人民政府、上海市建交委、上海市发改委、上海市教育委员会、上海市财政局、上海市民政局、原上海市市政局、原上海市房地局、宝钢集团、上海市建工集团、上海市土地集团、上海市城建集团、上海市建材集团、中国建设银行上海市分行、上海各大建筑设计院、国家有关部委建筑设计单位和建筑局（公司）、复旦大学、交通大学、同济大学、上海财经大学、华东理工大学、上海大学、华东师范大学、上海理工大学、上海社会科学院、上海立信会计学院等领导、专家、学者、教授组成。

《基建管理优化》创刊于1989年，立足上海、联合华东、面向全国，拥有全国一流的基建管理研究阵营：10多位国家部委领导任顾问；220多名副教授、高级工程师等以上职称的专家、学者组成编辑委员会；100多名教授、研究员等全国著名专家、学者和厅局级以上干部组成常务编委会。真是精英荟萃！《基建管理优化》得到了国家住建部、国家财政部、国家发改委、国家新闻出版总署、国家铁道部、国家统计局、中国建设银行、中国建筑总公司等有关部门领导或专家、学者的大力支持；得到了中央党校、清华大学、北京大学、中国人民大学、复旦大学、交通大学、同济大学、上海财经大学、上海大学、华东理工大学、华东师范大学、上海理工大学、上海立信会计学院、浙江大学、南京大学、东南大学、南京工业大学、厦门大学、天津大学、重庆大学、哈尔滨工业大学、深圳大学、东北财经大学、中南财经大学、中央财经大学、中国金融学院、西南财经大学、江西财经大学、湖南财经大学、山西财经大学、陕西财经大学、天津财经学院、贵州财经学院、新疆财经学院、浙江财经学院、山东经济学院、天津商学院等 40 多所大专院校领导或学者、教授的大力支持；得到了中国社会科学院、国家发改委投资研究所、中国建设银行投资研究所、冶金建筑研究总院以及《求是》杂志等 30 多个研究机构的领导或学者、专家的大力支持。该刊主要研究投资经济管理、基建经济管理、建筑经济管理、房地产经济管理、市政工程经济管理等学科。

“立信工商管理精品教材与著作丛书”的编辑委员会委员和作者主要来自全国各地的财经大学和有关综合性大学的知名学者、教授以及国家有关部委的知名专家、学者。

我们真诚地预祝“立信工商管理精品教材与著作丛书”的编纂工作圆满成功！同时衷心感谢本丛书的顾问、领导、编辑委员会、工作委员会以及作者们的大力支持和热情关心！

立信工商管理精品教材与著作丛书编辑委员会

主 任 委 员： 唐海燕

总　主　编： 黄汉江

2015 年 12 月

前　言

何谓大学之道？英国诗人约翰·梅斯菲尔德曾说过:“世间很少有事物能比大学更美。当防线崩溃、价值崩溃、水坝倒塌、洪水为害、前途变得灰暗、古迹沦为泥淖时,只要有大学屹立在那里,它就会闪光;只要它存在,人那颗被引导去从事美好探索的自由心灵仍会给人类带来智慧。”

然而今天,随着互联网的发展,知识的获取越发简单易行,单纯为获取知识已经很难满足从事美好探索的自由心灵。那么大学需要怎样与时俱进,通过怎样的途径进行变革来给学生、社会乃至全人类带来智慧？这其中,知识管理需要承担越来越大的责任。在专业学习中,我们同样要对专业知识进行管理,要搞清楚每一门课程的作用以及它在专业知识体系中的位置。

“房地产企业经营沙盘”正是这样一个房地产专业知识整理的工具,通过这门课程的学习,学习者可以轻松地获知之前学过的课程能具体应用于房地产企业开发经营的哪一个环节、各个环节之间有什么样的前后关联、它对房地产企业开发经营活动的成败有何意义;在每一项具体问题的解决中,学习者面对不同的市场竞争环境,需要确立企业的经营目标,并为了目标的实现而调动之前学过的各科知识,做出拍地、规划、建设、销售等各项决策;同时,学习者在岗位职能的履行过程中,可以清晰地感受到自身的性格特征是否符合岗位的职能要求,搞清楚我适合做什么？不适合做什么？为什么？缺陷在哪里？

本书由上海立信会计学院的王万力和上海杉达学院的李爽合作编写,用友新道科技有限公司的梁永先生担任主审。上海立信会计学院的黄汉江教授在本书的编写和出版过程中给予了极大的帮助和指导，在此表示深深的谢意。

由于作者水平有限，书中难免有疏漏之处，敬请大家指正。如果有关于课程改进的思路和建议，请发送邮件至 gwwanli@lixin.edu.cn。

编　　者

2015 年 10 月

目　录

第一章　课程导论

一、房地产企业经营沙盘的学习目标

作为房地产相关专业的学习者，我们都学习过房地产技术、管理、经济、法律等多门房地产的相关课程，亦或涉及房地产行业多个领域的知识。但是在工作或学习的过程中，我们仅仅是就事论事、就课谈课，很难得到一个机会将房地产企业开发、经营和管理的全过程贯穿起来全盘考虑，并真正理解规划设计、开发周期、融资成本、营销策略等环节对于企业的收益能力、成长能力、安定能力、周转能力等方面的影响。房地产企业经营沙盘为我们提供了这样一个连通各门专业课程、理解企业真实需求、经由实践架构知识体系的机会。从学习目标来看，可以分为技能目标和素质目标两方面。

（一）技能目标

1. 了解房地产开发企业经营管理的全过程

通过各组学员间的分工协作，完成项目策划、资金筹集、土地获取、规划设计、施工建设、产品销售等环节的运营，从而帮助学员了解房地产开发企业经营管理的全过程。

2. 具有房地产企业财务报表的填写、阅读和分析能力，以及运用报表指导企业经营实践的能力

学员需要将每个财务年度各个阶段的工作内容和工作成果反映在相应的盘面和报表中，并学习填写资产负债表、利润表等报表。

3. 熟悉房地产市场供求变动规律，体会房地产企业竞争态势

一般由5～7人一组，一个班级可分为5～6组，即由5～6家企业同时展开竞争。由于土地区域规划不同、地块数量有限、市场需求难以预料、产品供给变动滞后以及供需存在时间差等因素，从第二年开始各个企业的营业额就会逐渐拉大，并且竞争愈演愈烈。

（二）素质目标

1. 建立团队合作意识，增强集体观念

房地产企业是一个有机体，其运营的成功与否取决于各个部门的分工协作和共同努力，任何一个环节的失误、任何一位员工的工作不努力都可能导致整体性大溃败，给企业带来巨大损失。

2. 了解自身的性格特征，准确进行职业定位

学员在开始实验时，往往会比较被动地选择自己的岗位，这是因为他们不了解岗位的工作性质、执业需要，多数学员也不了解自身的兴趣爱好、优缺点。随着工作的深入开展，通过同一企业不同岗位以及不同企业同一岗位的对比，许多学员都能够意识到自己的工作兴趣所在或是不适合从事的岗位。

二、房地产企业经营沙盘的概念及特点

目前，我国的房地产企业经营沙盘多应用于大专院校房地产专业的人才培养和企事业单位中高级管理人才的日常培训，它将企业经营管理的理论和方法与实际模拟操作紧密结合起来，引领学员进入一个模拟环境中，组建若干虚拟的房地产开发公司，利用形象直观的沙盘道具，使接受培训的学员在“游戏”般的操作中感受到完整的经营体验，在模拟经营中提高学生的综合能力，从实践中使学生感悟企业经营决策的真谛，进而深刻地体会到管理技术和手段在企业经营成败中的关键作用。

房地产企业经营沙盘具有以下特点：

（1）模拟房地产开发项目的整个过程，使学生掌握开发流程中的各个环节；

（2）使学生直观感受房地产项目的工作流、物资流、资金流和信息流；

（3）使学生切身感受房地产项目团队不同岗位的角色和作业流程；

（4）使学生在游戏中感悟和探寻房地产项目开发管理规律。

三、房地产企业经营沙盘模拟的作用

房地产企业经营沙盘，通过模拟房地产开发公司在竞争中的战略制定、市场分析、项目策划、资本运营、项目开发、运营管理和产品销售等环节，结合学生亲身体验，训练学生的战略管理能力、经营决策能力、运营管理能力、市场开发能力、项目策划能力、财务分析能力、沟通能力、团队建设能力以及企业文化管理能力。在实战的成功与失败中学习、在团队中交互学习、在老师的精彩点评中学习，使学生既体验经营乐趣，又获得大量知识。具体内容见表1.1。

表1.1　　房地产企业经营沙盘模拟培养学生的综合能力

能力	具体内容	能力	具体内容
战略管理能力	房地产市场宏观环境分析 市场风险分析 提高竞争优势 战略思维能力培养	财务分析能力	学习财务报表的填写 了解资金运作 分析财务报表，提供决策依据
经营决策能力	决策的一般方法 经营决策能力培养 基于经济学原理的决策分析 企业经营决策思路创新	沟通能力	政府等管理部门的沟通能力 银行、投资方的沟通能力 用户的沟通能力 团队的沟通能力

续表

能力	具体内容	能力	具体内容
市场开发能力	目标市场、战略群组分析 顾客需求分析 洞察市场变化 预测市场未来趋势	团队建设能力	建立高效和谐团队 各取所长的角色分配 体验团队发展的四个时期 科学评估团队绩效
项目策划能力	项目市场定位 房地产项目策划 项目可行性研究与投资决策 资源的合理配置 合理制订项目计划 项目成本控制	企业文化管理能力	规划企业愿景、使命 企业价值观与目标 培育企业文化

四、房地产企业经营沙盘模拟的内容

本课程让学员模拟在现实的复杂环境中管理一家公司，了解房地产项目的整个开发周期，从宏观环境分析、市场调查、土地竞买、项目定位、投融资计划、设计规划、施工建设到市场销售整个开发流程。课程中学员分别组成多家房地产开发公司，每家开发公司由5～7名学生组成，分别担任总经理、策划设计总监、工程总监、销售总监、成本总监和财务总监。培训中学生要面对根据供需情况动态而变化的市场，借用直观的沙盘教具，在一周的时间内完成需历时4年的房地产项目全周期的开发经营活动。参与者通过对房地产项目经营的盘点与总结，反思决策成败，解析得失，梳理管理思路，暴露自身短板，并通过多次调整与改进的练习，切实提高综合管理素质。

房地产企业经营沙盘模拟课程体系包括团队组建、经营规则、盘面推演、报表填写、经验总结五个模块。在学习过程中，首先由教师带领学员做好经营准备工作，其中包括场地、设备、人员；其次，教师为学员教授企业经营和盘面推演规则，并介绍报表填写的基本方法；再次，教师带领学员通过练习年的模拟进一步熟悉规则、掌握方法；最后，由学员组建多家房地产企业进行四年的模拟经营，其中每一年经营的内容如图 1.1 所示。

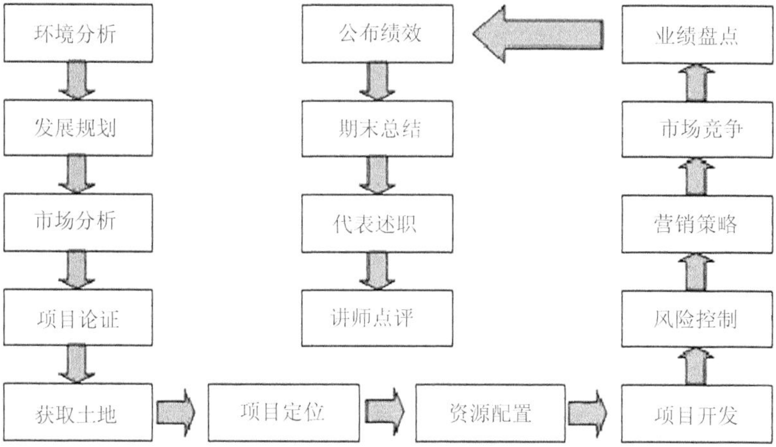

图 1.1　房地产企业年度经营模拟内容

第二章　模块一:准备工作

一、会场布置

(一) 房地产企业经营沙盘会场布置

房地产企业经营沙盘模拟实训课程一般要求在专门的沙盘实训教室进行,教室内要有多媒体设备、教师操作讲台、分组实训桌台,每个小组根据组员分工围绕各自桌台进行讨论操作,如图 2.1 所示。

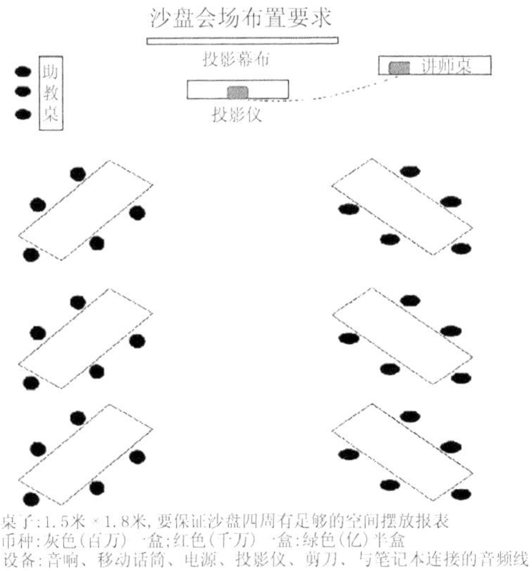

图 2.1　房地产企业经营沙盘会场布置

（二）房地产企业经营沙盘材料准备

房地产企业经营沙盘实训课程需要的材料有课程教程、实验手册和各种报表，如图 2.2 所示。

课程教程	• 学员人手一份
实验手册	• 学员人手一份
规划报批表	• 设计总监用
动态成本表	• 工程总监用
销售登记表	• 营销总监用
成本结转表	• 财务总监用
贷款监控表	• 助教用

图 2.2　房地产企业经营沙盘实验材料

（三）房地产企业经营沙盘实训道具

房地产企业经营沙盘中的道具有模拟证件和模拟货币两类。

1. 模拟证件

模拟证件是由教师模拟“政府”角色发放的，包括土地供应表和土地证（见图 2.3），这两个表格都是由政府出具的。土地供应表是政府每年供应到一级市场的土地基本情况，底价是根据土地市场供需情况确定的，所以每年土地价格都会根据当年情况进行相应调整。

小组：B

地号：1D32

总价：120M

土地证

占地面积：3.6万平方米

第一年支付金额（M）：			第二年支付金额（M）：		
已付款	已贷款	已还贷	已付款	已贷款	已还贷
60					

图 2.3　土地证样张

2. 模拟货币

用模拟货币表示企业的资金和成本，一个灰币表示100万元（计为 1M），一个白币表示 1000 万元（计为 10M），一个金币表示 1 亿元（计为 100M），空桶可以用来装货币，也可以用来表示应付款（见图 2.4）。注意，本课程中最小货币单位为 M，即 100 万元，课程介绍中都以 M 表示计数。

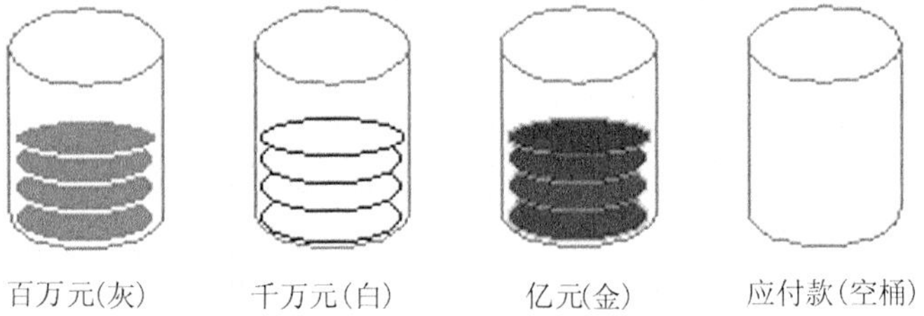

图 2.4　模拟货币计价含义

（四）服务人员设置

根据实验教师和学员分组的情况，选出 1～2 名学员或教师担任银行和政府，进行规划报批、项目预售审核、贷款监控以及现金收发等工作。

二、团队组建

第一步：按照每组 5～6 人，将参加实战演练的学员分成 6 个团队，组建 6 家不同的公司。每个团队推选出一名 CEO，然后由 CEO 结合学员的性格特征和兴趣特长，分别任命团队其他成员担任财务总监、设计总监、工程总监、营销总监。在模拟的房地产开发各个环节中，学员们都要积极参与，扮演好自己的角色，将所学的房地产开发理论自觉地运用到沙盘模拟训练之中，将理论与沙盘模拟训练结合起来，认真体会各个角色的职责。同时要注意教师的课程进度安排，熟悉沙盘模拟训练的竞争规则。管理层角色与职责如图 2.5 所示。

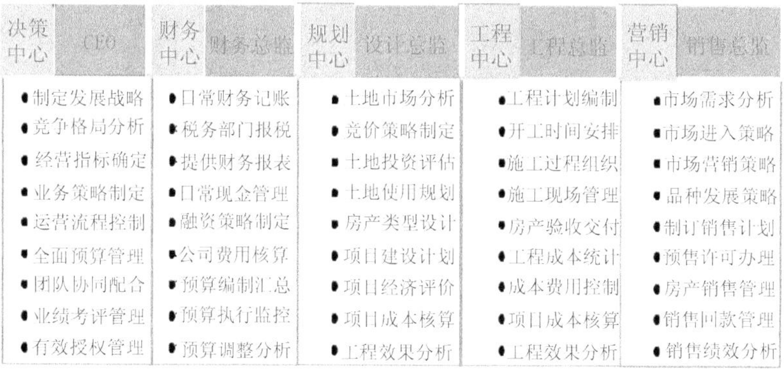

图 2.5　管理层角色与职责

第二步:各团队在 CEO 的带领下,召开公司经营会议,研究市场和行业环境,确立公司的经营理念和经营目标,征集公司名称和公司 LOGO。可参见表 2.1 和图 2.6。

表 2.1　　上海某高校学员模拟公司情况

组号	公司名	经营理念
A	亿科	要像万科一样成为行业老大
B	通达	我们的目标无所不达
C	航特(Hunter)	做行业里的猎人,在竞争中取胜
D	云锋集团	威武霸气
E	诺亚	在竞争激烈的市场环境下保持最长久的生命力
F	巨龙集团	让我们的房产像龙一样盘布全球

图 2.6　上海某高校学员模拟公司 LOGO

第三章　模块二:经营规则

房地产企业面临着越来越复杂的市场环境。房地产企业经营沙盘通过设定市场销售、房屋建设、成本核算、融资贷款、市场开拓等方面的影响因素,从而模拟出房地产企业实际的住宅项目开发的全过程。学员在进行演练之前应熟记经营规则,即整个演练中各个团队经营所要遵循的准则,也是胜出的关键,只有合理有效、最大化地利用好经营规则,企业才能取得佳绩。

一、背景介绍

全球经济风云变幻,作为主要经济体的中国也饱受内部消费不足、对外贸易受制的困境。房地产业是国民经济的重要关联产业,一方面受到世界经济局势的影响,另一方面又受到国内政治、经济形势、需求数量结构、未来房价预期等多方面的影响。目前,我国城市居民的住房水平得到了很大的提升,从总体来看,普遍意义上的供不应求已经成为历史,各个分区市场供求差异很大,房地产企业普遍面临筹款、拿地、设计、销售等方面的挑战。如何制定"白银十年"的发展战略,如何在品牌、产品、营销、广告等方面下大功夫以求创新,并且寻找到既适应外部环境又适合自身发展的盈利模式,成为房地产企业的当务之急。

房地产企业经营沙盘模拟运营的主体为一家长期专注于住宅类产品开发与投资的房地产企业,具备从普通住宅到高端别墅产品的开发能力。由于原有企业管理层墨守成规,导致企业缺乏活力,股东大会从长远发展考虑,决定将企业交由一批新人去发展,希望新管理层能够把握机遇,通过规划设计创新、降低融资成本、把握销售时机，带领企业开创一片新天地。

二、市场情况

（一）市场供求与价格

假定在其他影响价格的因素不变的情况下，房屋售价是由市场供给与需求决定的，通过预测，未来市场的需求和价格情况如图 3.1、图 3.2 所示。

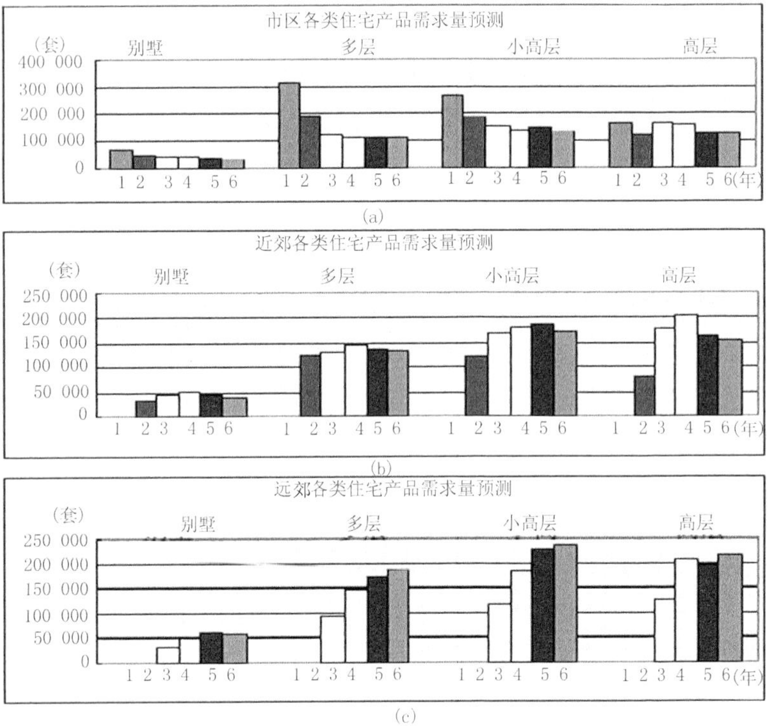

图 3.1　房地产市场需求情况

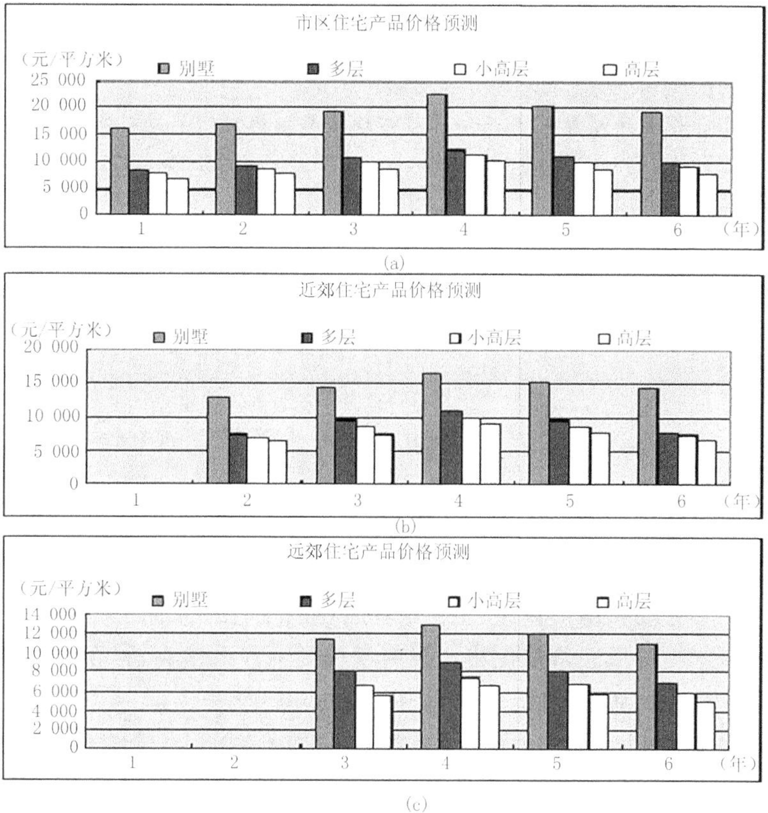

图 3.2　房地产市场价格预测

（二）增值溢价

房屋增值溢价的因素主要有景观和增值物业。

1. 景观

景观包括自然景观和人工景观。其中，自然景观是自然形成的，如山景、海景，不需要支付建设费用。人工景观是人为建造的，如公园,属于政府统一规划建设,不能自建。具有景观的地段,其地价的初始基准价将会比没有景观的地段要高,该地段的所有项目的房屋售价也会发生一定的溢价。

具有景观的房屋售价=该地段市场基准价格×(1+景观溢价率)

其中,景观溢价率参见表3.1。

表3.1　不同因素对房屋的溢价率

增值因素	海景	山景	公园	增值物业(学校)
溢价率	30%	20%	10%	10%

例如,假定市区多层公寓市场基准价格(无景观和增值物业)为8 000元/m^2,则:

市区具有海景景观的房屋售价=8 000×(1+30%)=10 400(元/m^2)

2. 增值物业

学校属于增值物业,也会给其所在地段上的房价带来溢价,已建有学校的地段价格也将比没有学校的地段价格高,当企业在没有学校的地块开发时,也可以自己投资建设学校。

具有学校的房屋售价=该地段市场基准价格×(1+学校溢价率)

其中,学校溢价率参见表3.1。

例如:假定市区多层公寓市场基准价格(无景观和增值物业)为8 000元/m^2,则:

市区具有学校的房屋售价=8 000×(1+10%)=8 800(元/m^2)

下面介绍综合溢价:

(1) 山景、海景、公园不能自建,仅学校可以作为增值物业建设,并与其他三类景观溢价率累加。

同时具有景观和学校的房屋售价=该地段市场基准价格×(1+景观溢价率+学校溢价率)

其中，景观溢价率和学校溢价率参见表 3.1。

例如：若某项目所在地段既有海景又有学校，则该地段所有项目售价溢价率为 30％＋10％＝40％。

（2）如山景、海景与公园三者中有两项或两项以上同时存在，取其中较高的溢价率；如同一地段建有两处增值物业，只计算一次溢价率。

例如：若某项目所在地段有海景、山景和学校，则该地段所有项目售价溢价率为 30％＋10％＝40％。

若某项目所在地段有多所学校，则该地段所有项目售价溢价率为 10％。同样，若 A、B 两家企业获取同一地段的两个地块，若 A 企业投资修建学校，则 A 企业房屋售价溢价 10％，B 企业无需投资也可享受房屋售价溢价 10％；若 B 企业也投资修建学校，则 A、B 企业开发房屋售价均溢价 10％。

（3）同一地段各个地块景观溢价率相同。

例如：地块 1D11 与地块 1D12 都属于同一地段，该地段具有海景景观和学校增值物业，则这两个地块建造的房屋售价都有 40％的溢价率。

三、运营流程

（一）土地获取

（1）政府土地管理部门在每年初会下发该年可获得的土地的信息（见表 3.2），每年土地市场的初始价格都是根据上年该地段的成交均价进行调整，因此上一年土地市场的供求关系将影响下一年土地市场的行情。

表 3.2　　××市练习年土地竞标信息　　(　)组

序号	地号	区域	初始地价(M)	竞标价格
1	1D11	市区	101	
2	1D12	市区	122	
3	1D13	市区	135	
4	1D21	市区	104	
5	1D22	市区	130	
6	1D23	市区	94	
7	1D31	市区	78	
8	1D32	市区	94	
9	1D33	市区	104	

注:地号由"年份—地区—地段—地块"构成,例如"1D32"代表第 1 年 D 市区 3 号地段 2 号地块。

(2) 各企业可根据该年度的成本核算自行决定要参与哪几块土地的竞标,并将参与竞标的价格填在竞标表上交给政府土地管理部门。填写的竞标价格不得低于该地块的基准价,另需支付竞标保证金:2M/地块。

(3) 政府土地管理部门按顺序依次宣布每一块地的中标者(即对该块地出价最高者)。中标者前边支付的保证金可用于抵扣土地价款,未中标者的保证金将予以退还,土地管理部门将该地块的土地证发放给中标的企业。

(4) 如果中标者放弃购买该地块,则保证金不退回,并且由出价次高者中标,以此类推。

(5) 如果对某块地有两家或两家以上的企业同时出价最高,则由出价最高的这几家企业再填写第二次竞标价格(填写的第二次竞标价格不得低于上一次的出价),在这几个企业中重新进行竞争,以此类推。

(6) 在同一地段中各地块中标后的成交价的平均值,将会成为次年该地段的土地基准价。

（二）规划设计

地块是参与竞价的基本单位，每一个地块有唯一的地号，中标后的企业可分两年支付土地价款，每年支付一半。空桶代表应付地价。

建设前必须进行规划设计并上报审批，不同地块有不同占地面积和容积率要求。别墅、多层、小高层、高层容积率分别为1、2、2.5、3。

1. 地段

地段是某些地块的集合，同一地段的景观和增值物业是共享的。

2. 学校

学校属于一种增值物业，是人工修建的。在取得预售许可证时，如果该地段上建有学校，则该地段上的房屋销售单价可以在基准单价上溢价10%。

增值物业建设费：学校建设费需要在领取预售许可证之前一次性支付10M，并在办理预售许可证时说明。

规划设计盘面构成见图3.3。

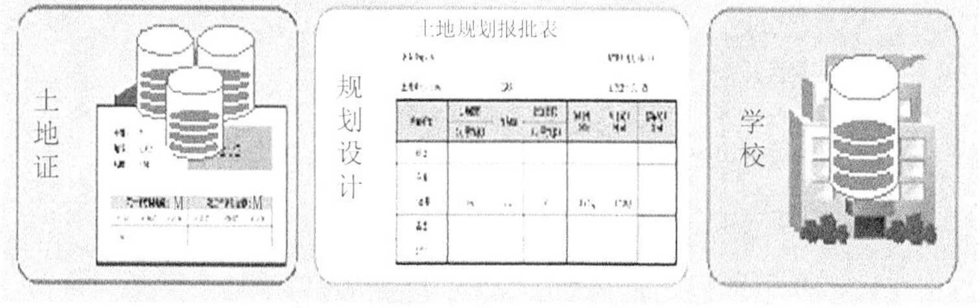

图3.3　规划设计盘面构成

（三）开发建设

不同类型的房屋，其建设周期不同。在建设完工的前一季度，可以获取预售许可证，在下一季度可以进行房屋预售。各房屋类型建设周期、获取预售许可证的时间见表 3.3。

表 3.3　　各房屋类型建设周期、获取预售许可证的时间

房屋类型	建设周期	获取预售许可证的时间
别墅	2Q	1Q
多层	2Q	1Q
小高层	3Q	2Q
高层	4Q	3Q

每类产品都是在建设进度完成后的下一季度才能交付房屋，如果拖期交房，会影响该企业以后的房屋售价。交房的拖期时间不得超过 2Q。

开发建设盘面推演见图 3.4。

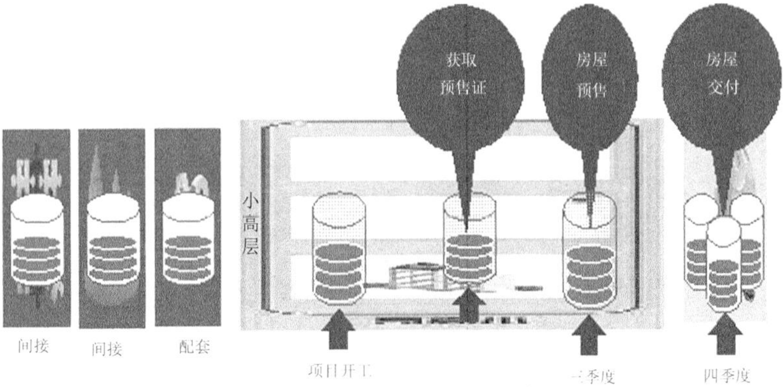

图 3.4　开发建设盘面推演

1. 土地费用分摊

不同类型的房屋，其土地费用按占地面积的比例进行分摊计算。

2. 地价分摊

按照某种类型房屋占地面积占全部建设房屋占地面积的比例分摊土地地价。

例如，某块土地的地价为 120 000 000 元，即 120M。规划的别墅占地面积为 10 000 平方米，多层占地 40 000 平方米。则：

别墅分摊地价＝120 000 000×1/5＝24 000 000(元)，实际分摊：24M；

多层分摊地价＝120 000 000×4/5＝96 000 000(元)，实际分摊：96M。

3. 建安费支付

每个季度，房屋需要支付的建安费为：

建安费＝建安费在该年的单价×建筑面积/建设周期

计算数字以百万为单位进行四舍五入。不同类型的房屋，其建安费不同，同一类型的房屋在不同的年份其建安费也不相同。各年标准具体如表 3.4 所示。

表 3.4　　各年建安费标准　　单位：元/平方米

房屋类型	第 1 年	第 2 年	第 3 年	第 4 年	第 5 年	第 6 年
别墅	2 500	2 700	3 000	3 200	3 000	2 600
多层	1 500	1 600	1 700	1 900	1 800	1 500
小高层	1 800	1 900	2 000	2 200	2 100	1 800
高层	2 000	2 200	2 300	2 500	2 300	2 000

注意：如果房屋建设跨年，则需要按建设的实际年份的单价分别计算当季的建安费。

例如：某别墅的建设时间为第 2 年第四季度开工和第 3 年第一季度完工，建筑面积为 28 600 平方米。则：

第一期的建安费＝2 700×28 600/2＝38 610 000(元)，四舍五入后，实际支付：39M；

第二期的建安费＝3 000×28 600/2＝42 900 000(元)，四舍五入后，实际支付：43M。

4. 其他费用支付

土地所在区域不同，其开发建设的前期费用、间接费用与配套费也不同，前期费用需要在项目开工前一次性支付，而间接费用与配套费及增值物业费是在房屋建设完工时(即最后一个季度)一次性支付的。不同区域的各种费用单价均不相同，详见表 3.5。

表 3.5　　前期费用、间接费用、配套费支付标准　　单位：元/平方米

区域	前期费用	间接费用	配套费
市区	490	1 050	680
近郊	480	1 000	680
远郊	480	900	650

前期费用＝前期费用单价×该类型房屋的建筑面积

间接费用＝间接费用单价×该类型房屋的建筑面积

配套费＝配套费单价×该类型房屋的建筑面积

(四) 销售交付

(1) 企业取得预售许可证后即可销售期房或现房。每类产品每季度最多可以销售一次，每次最多销售该类房屋面积的 1/4。

(2) 房屋的销售收入：

房屋销售收入＝该区域该类型房屋的销售单价

×房屋售出的建筑面积

每年的房屋销售单价由该年度该地区该类型房屋的供求关系决定。如果售出房屋所在的地段有景观或学校，则销售单价为：

销售单价＝基准单价×(1±溢价率)

(3) 同一个地段中若有两个学校，那么对房屋售价的溢价影响只计算一次。如在同一个地段中既有景观又有学校，则将两种溢价进行相加处理。

(4) 如果该企业之前曾发生过拖期交房的现象，则每次在进行房屋销售时，该企业的房屋销售单价为正常计算价打九五折。

(5) 如果市场上形成了供大于求的情况(即申报预售许可的物业面积大于该种物业的当年需求量)，则房屋售价会在基准价上打折。

(五) 融资贷款

融资贷款按照融资期限分为长期贷款和短期贷款。

第一，长期贷款是以土地作为抵押物，期限为2年的贷款。企业每年年初可凭土地证向银行申请抵押贷款，额度为当年所付地价款的50%，按年计息，年利率10%，每年年初支付前一年长期贷款利息，到期还本付息。具体来讲，长期贷款后第一年初支付利息，第二年初还本付息。

第二，短期贷款，期限为1年，总额度不能超过年初净资产(即上年的所有者权益)，按季度计息，季度利率10%，每季度支付当季短期贷款利息，到期还本付息。

所有贷款的最小单位为10M(即1 000万元)。

(六) 财务核算

1. 收入与成本确认

(1) 每类产品销售获得的现金先记为预收款，年内若该房屋已经交付，则已交付部分确认为本年度销售收入，并同时结转相应的销售成本。

(2) 结转成本按已销售面积占建筑面积的比例分摊，包括地价、前期费用、建安费、间接费用、配套费及增值物业费分摊。

(3) 项目建设过程中要实时填写分产品的“动态成本跟踪表”，房屋销售后要及时编制项目各产品的“销售成本结转表”。

2. 税金与费用

(1) 每年底进行财务核算时，按当年销售收入的20%计提税金。

(2) 公司运营费用每季度为2M。

(七) 罚则

最后，针对课程实训中一些经营不力、违规操作的情况制定了一些惩罚措施，以提高课程的竞争性，培育同学职业修养。具体罚则如下：

1. 账目强制配平

资产负债表无法配平的情况下，若资产＞负债，则教师有权通过扣减等额现金的方式配平；若资产＜负债，则教师有权通过扣减相应利润的方式解决。

2. 资金链断裂

在经营期内，若企业现金流出现负值，即资金链断裂，则企业破产。为了保证每位同学都能参与到整个课程中，允许该企业继续经营，但老师将在课程成绩核算时给予一定的减分处理。

3. 违背职业操守

若企业在经营期内故意隐瞒破产实情，在账目记录中弄虚作假，一经发现，也将在课程成绩核算时给予一定的减分处理。

第四章　模块三:盘面推演

一、盘面及记录

(一) 盘面

沙盘演练就是模拟一个企业的经营活动,房地产企业的经营行为就是体现在盘面上的(见图 4.1)。房地产企业经营沙盘的盘面一般包括了生产运营区、财务核算区、成本结转区三大部分。

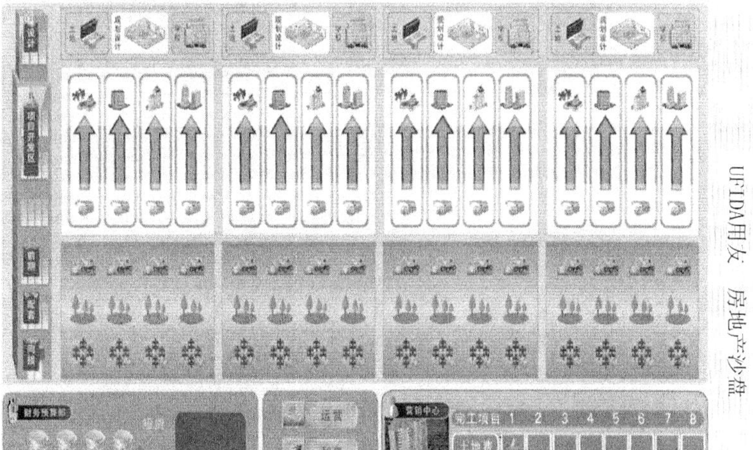

图 4.1　房地产企业经营沙盘总盘面

1. 生产运营区

生产运营区模拟的是房地产开发企业的开发建设过程，从设计阶段的获取土地、规划设计和增值物业建设等活动，到前期准备、项目开发、配套建设和间接费用投入等流程。例如，一个地块占用如图 4.2 所示的盘面，其中，开发建设是按照不同房屋类型进行划分的，从左到右分别是别墅、多层、小高层和高层的房屋，一个地块可以涉及多个房屋类型的建设。

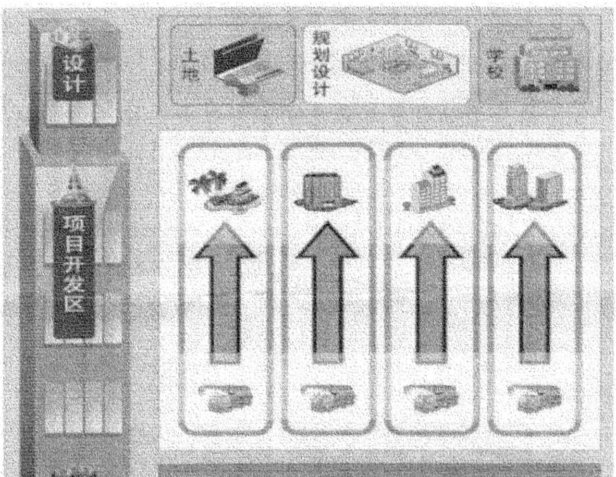

图 4.2　生产运营区盘面

2. 财务核算区

房地产企业资金的融通和结算是在财务核算区运作的。本沙盘课程中涉及的房地产企业资金融通方式主要为长期贷款和短期贷款(现实中不止这两种),将贷款记录条放置在不同的时间节点上,可以反映出房地产企业融资过程;现金区用于显示企业剩余的现金,直接反映企业的现金储备,当该区域现金不足时,即表示企业资金出现缺口,应及时进行融资,否则企业将资金链断裂,面临破产;右边的区域用于显示企业每年的运营费用、利息支出、税金和市场开拓费用,根据每年经营情况计算显示即可。财务预算区盘面见图 4.3。

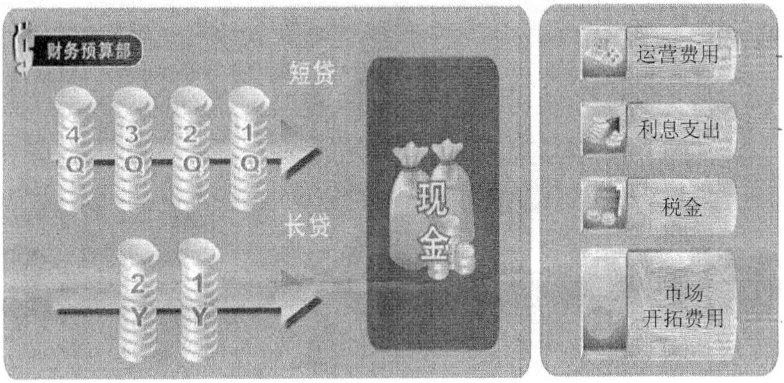

图 4.3　财务预算区盘面

3. 成本结转区

成本结转区用于项目完工后土地费、前期费、建安费和其他费用的结转,由于项目未完工时可进行预售,所以此区域在项目完工后,应结转已售建筑面积所分摊的相应费用,项目未售部分的成本待出售后再予以结转。成本结转区盘面见图 4.4。

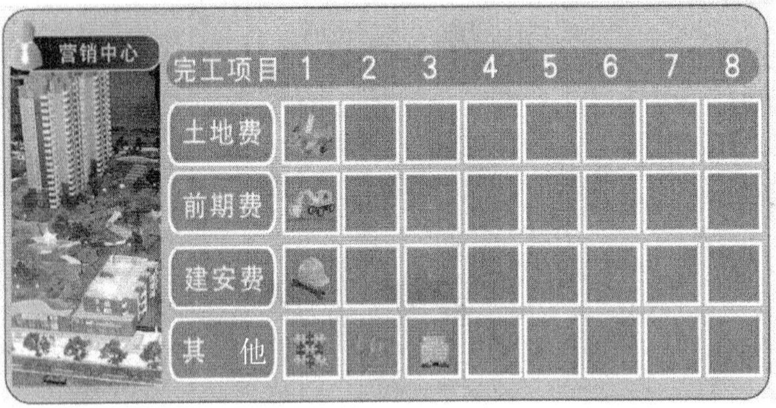

图 4.4 成本结转区盘面

（二）记录

1. 运营流程表

运营流程表(见表 4.1)将企业日常的经营过程用表格形式加以理顺，学员们可以根据运营流程推进日常工作，并在盘面上进行推演。在表 4.1 的右侧 4 列，已完成的工作用“√”标示；涉及现金流出和流入的，流入企业的资金用“+”计量，流出企业的资金用“−”计量，不需要完成的工作用“×”标示。

表 4.1 运营流程表(空白样张)

序号	运营流程	1Q	2Q	3Q	4Q
1	年度经营规划会				
2	支付税金(上一年销售额×20%)				
3	支付上年地价/更新长贷/还本付息				
4	提交土地竞价表/支付保证金				

续表

序号	运营流程	1Q	2Q	3Q	4Q
5	支付本年地价/获取土地证/申请长贷				
6	编制年度计划/现金预算表				
7	预售/房屋完工交付/销售				
8	填写销售成本结转表/结转成本				
9	更新短贷/还本付息/申请短贷				
10	规划设计/规划报批/提交开工计划				
11	项目开工/分摊地价/支付前期费用				
12	推进工程/支付建安费				
13	项目完工/支付配套建设费/开发间接费				
14	增值物业建设				
15	填写动态成本跟踪表				
16	获取预售许可证				
17	支付运营费用				
18	新市场开拓				
19	现金收入总计				
20	现金支出总计				
21	期末现金对账(填余额)				
22	年终结账				

2. 土地规划报批表

土地规划报批表(见表 4.2)是在企业获取土地后、项目开工前需要向政府部门提交的一张申请表,政府部门在收到该表后,将核对该块土地的规划情况是否符合土地利用规划的要求。符合要求的,将予以批准开工建设;不符合要求的,则退回并限期改正后再行审批。

表 4.2　　土地规划报批表(空白样张)

组( )　　　　地号:　　　　是否建学校:

房屋类型	占地面积（万平方米）	容积率	建筑面积（万平方米）	预计开工时间	预计完工时间	规划审批结果
别墅						Y Q()
多层						Y Q()
小高层						Y Q()
高层						Y Q()
合计						Y Q()

说明:本表由设计总监填写,规划报批通过后交工程总监方可开工建设。

3. 动态成本跟踪表

动态成本跟踪表(见表 4.3)反映了企业对建设过程中土地价格、前期费用、建安费用、间接费用、配套费用和增值物业建设等成本的投入情况,企业可以根据该表监控企业的相应成本费用,政府部门也可以根据该表了解企业相应建设是否按期推进,是政府部门给企业颁发预售许可证的重要依据。

表 4.3　　动态成本跟踪表(空白样张)

组( )　　　　地号:　　　　总占地面积:

房屋类型	占地面积	建筑面积	地价分摊	前期费用	建安费用				间接费用	配套费用	增值物业	总成本
					1Q	2Q	3Q	4Q				
别墅												
多层												
小高层												
高层												

说明:本表由工程总监负责填写,项目交付后将本表转交营销总监。

4. 销售与成本结转表

企业按照规定按时进行投资建设，政府经审查合格后颁发预售许可证[必须由教师在销售与成本结转表（见表 4.4）中标示]。企业可以进行房屋预售，在预售过程中，以季度为单位确认相应收入；待项目完工后，相应成本根据已售建筑面积占项目总面积的比例进行结转。

表 4.4　　　　　　销售与成本结转表（空白样张）

组（ ）　　　　　　地号：　　　　　　是否建学校：

类型	别墅预售许可证()					多层预售许可证()					小高层预售许可证()					高层预售许可证()				
销售成本	次数	1	2	3	4	次数	1	2	3	4	次数	1	2	3	4	次数	1	2	3	4
	时间	Y Q	Y Q	Y Q	Y Q	时间	Y Q	Y Q	Y Q	Y Q	时间	Y Q	Y Q	Y Q	Y Q	时间	Y Q	Y Q	Y Q	Y Q
	收入					收入					收入					收入				
1. 地价分摊																				
2. 前期费用																				
3. 建安费用																				
4. 间接费用																				
5. 配套费用																				
6. 增值物业																				
总成本																				

说明：本表由营销总监填写，房屋交付后将本表转交营销总监。房屋交付后先根据动态成本跟踪表确定所交房屋的总成本；销房后，除预收外，对每笔确认的销售收入都要按销售比例结转相应各类成本。

二、练习年演练指导

房地产企业沙盘模拟演练分成年初、四个季度、年末三个时间节点，如表 4.5 所示。

表 4.5　　　　　　　　房地产企业沙盘模拟阶段任务

阶段	任务
年初	年度规划,市场开拓,土地竞标,长贷
四个季度	贷款,开发建设,销售交付
年末	年末付款,关账

（一）练习年企业初始状况

新公司,初始资金 120M,盘面推演：

放 120M 货币到“财务核算部”的“现金”区,这是练习年盘面的初始状态(见图 4.5)。

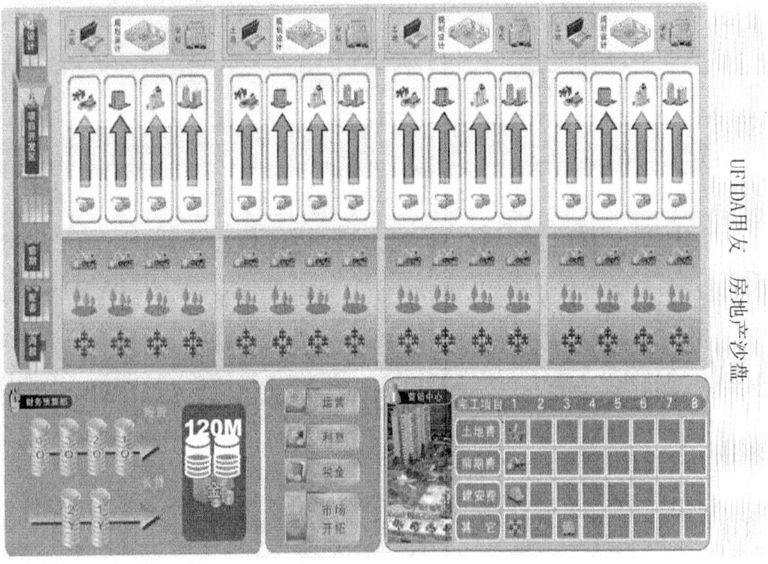

图 4.5　练习年企业初始状况沙盘推演

（二）练习年企业运营流程

一般来说，房地产开发公司的运营是按照以下流程进行的。具体格式如表 4.1 所示，填写时应注意按照自上而下、自左而右的顺序进行。

1. 第一季度（1Q）

（1）年度经营规划会

公司的 CEO 应组织团队成员召开年度经营规划会。首先，要明确公司自身项目开发情况和财务情况等；其次，应根据房地产市场的供需状况和价格水平，确定公司未来发展的方向和战略；最后，在原有职能部门分工基础上，管理者可以进一步明确各个部门的分工和具体工作。

（2）支付税金

支付税金根据上一年销售额的 20%进行核定。由于在练习年为新公司，故此项无需核算。

（3）支付上年地价/更新长贷/还本付息

练习年无需进行。

（4）提交土地竞价表/支付保证金

政府供应一块市区土地（地号：1D32），占地面积 3.6 万平方米，容积率 2.5。企业根据自己的报价填写土地竞价表，交给政府并支付 5M 保证金参加竞标（现金流量记为“－5M”）。

（5）支付本年地价/获取土地证/申请长贷

假定企业报价 120M 成交，到政府部门领取土地证时，按规定需缴纳地价款项的一半，剩余价款第二年年初缴纳。另外，由于参加竞标时企业已缴纳 5M 保证金并竞标成功，所以这 5M 可在这次地价款缴纳中予以扣除（现金流量记为“－55M”）。

获取土地证并支付了首付地价款后，企业可以到银行办理长期借款，借款额度为首付地价款60M的一半（现金流量记为“＋30M”）；由于在练习年为新公司，故归还长期借款项和支付长期借款利息项无需核算。

（6）编制年度计划/现金预算表

CEO应组织公司内部编制本年度经营计划，特别要对企业资金进行合理预算。此项作为工作流程，不涉及资金的流入与流出。

（7）预售/房屋完工交付/销售

第一季度刚开始开发建设，还未到房屋预售许可时间，此项无需核算。

（8）填写销售成本结转表/结转成本

第一季度刚开始开发建设，项目未完工，此项无需核算。

（9）更新短贷/还本付息/申请短贷

财务总监根据公司资金情况，决定到银行获取短期贷款50M（现金流量记为“＋50M”），此时无需支付利息。

（10）规划设计/规划报批/提交开工计划

规划设计总监根据土地规划指标，提出该地块全部建设小高层住宅，占地面积3.6万平方米，建筑面积9万平方米，容积率2.5，填写规划报批表并交至政府规划管理部门（填写示例见表4.6），政府审核符合要求，批准开工。

表4.6　练习年土地规划报批表填写示例

组(A)　　地号:1D32　　是否建学校:否

房屋类型	占地面积（万平方米）	容积率	建筑面积（万平方米）	预计开工时间	预计完工时间	规划审批结果
别墅						YQ()
多层						YQ()
小高层	3.6	2.5	9	1Y1Q	1Y3Q	1Y1Q(√)
高层						YQ()
合计						YQ()

说明：本表由设计总监填写，规划报批通过后交工程总监方可开工建设。

生产总监制订开工计划，本项目在第一季度开工建设，建设周期 3 个季度，预计第三季度完工。此项作为工作流程，不涉及资金的流入与流出。

(11) 项目开工/分摊地价/支付前期费用

企业开始前期施工准备，需要支付相应前期费用。

支付的前期费用＝前期费用单价×该类型房屋的建筑面积

＝490×90 000＝44 100 000(元)

四舍五入后，实际支付 44M(现金流量记为"－44M")。

(12) 推进工程/支付建安费

项目开工，支付相应建安费。

支付的建安费＝该类型房屋该年的建安费单价×建筑面积/建设周期

＝1 800×90 000/3＝54 000 000(元)

四舍五入后，实际支付 54M(现金流量记为"－54M")。

(13) 项目完工/支付配套建设费/开发间接费

项目还未完工，第一季度此项无需核算。

(14) 增值物业建设

本项目不投入增值物业建设，此项无需核算。

(15) 填写动态成本跟踪表

将地价款和在第一季度支付的前期费用、建安费填入动态成本跟踪表。此项作为工作流程，不涉及资金的流入与流出。

(16) 获取预售许可证

本季度还不符合预售条件，此项工作无需进行。

(17) 支付运营费用

支付第一季度公司运营费用 2M(现金流量记为"－2M")。

(18) 新市场开拓

在练习年无需要进行新市场开拓，此项工作无需进行。

(19) 现金收入总计

对(1)～(18)项目中流入的现金进行核算：

＋30M＋50M＝＋80M

(20) 现金支出总计

对(1)～(18)项目中流出的现金进行核算：

－5M－55M－44M－54M－2M＝－160M

(21) 期末现金对账

在第一季度末进行现金盘点：

＋120M＋80M－160M＝＋40M(现金流量记为“＋40M”)

2. 第二季度(2Q)

由于(1)～(6)项工作都在年初完成,所以在第二季度上述工作无需进行。

(7) 预售/房屋完工交付/销售

还未到预售许可时间,此项无需核算。

(8) 填写销售成本结转表/结转成本

项目未完工,此项无需核算。

(9) 更新短贷/还本付息/申请短贷

财务总监根据公司资金和项目开发情况,决定到银行追加短期贷款 30M(现金流量记为“＋30M”),另外,此时还需支付上一季度短贷利息 5M(现金流量记为“－5M”)。

(10) 规划设计/规划报批/提交开工计划

本季度没有新地块开发,此项工作无需进行。

(11) 项目开工/分摊地价/支付前期费用

第一季度已完成前期准备和费用支付,此项工作无需进行。

(12) 推进工程/支付建安费

推进工程,支付相应建安费 54M(现金流量记为“－54M”),计算方法同第一季度。

(13) 项目完工/支付配套建设费/开发间接费

项目还未完工,此项无需核算。

(14) 增值物业建设

本项目不投入增值物业建设,此项无需核算。

(15) 填写动态成本跟踪表

将第二季度支付的建安费填入动态成本跟踪表。此项作为工作流程,不涉及资金的流入与流出。

(16) 获取预售许可证

小高层获取预售许可证的时间是两个季度,本季度可凭借填好的动态成本跟踪表到政府房管部门申请预售许可证,下一季度可以开始预售。此项作为工作流程,不涉及资金的流入与流出。

(17) 支付运营费用

支付本季度公司运营费用 2M(现金流量记为"－2M")。

(18) 新市场开拓

练习年不需要进行新市场开拓,此项工作无需进行。

(19) 现金收入总计

对(1)～(18)项目中流入的现金进行核算:＋30M。

(20) 现金支出总计

对(1)～(18)项目中流出的现金进行核算:

$$-5M-54M-2M=-61M$$

(21) 期末现金对账

第二季度末进行现金盘点:

＋40M＋30M－61M＝＋9M(现金流量记为"＋9M")

3. 第三季度(3Q)

由于(1)～(6)项工作都在年初完成,所以在第三季度上述工作无需进行。

(7) 预售/房屋完工交付/销售

项目已办理预售许可证,本季度可以销售。

销售收入＝本季度该类房屋市场单价×该类型房屋建筑面积×1/4

＝8 000×90 000×1/4

=180 000 000=180M(现金流量记为“+180M”)

由于项目还未竣工,所以本季度不涉及房产交付和成本结转工作。

(8) 填写销售成本结转表/结转成本

项目未完工,此项无需核算。

(9) 更新短贷/还本付息/申请短贷

财务总监根据公司资金和项目开发情况,决定到银行追加短期贷款 40M(现金流量记为“+40M”),另外,此时还需支付上两季度短贷利息 5M+3M(现金流量记为“—8M”)。

(10) 规划设计/规划报批/提交开工计划

本季度没有新地块开发,此项工作无需进行。

(11) 项目开工/分摊地价/支付前期费用

第一季度已完成前期准备和费用支付,此项工作无需进行。

(12) 推进工程/支付建安费

推进工程,支付相应建安费 54M(现金流量记为“—54M”),计算方法同第一季度。

(13) 项目完工/支付配套建设费/开发间接费

项目本季度完工,支付配套建设费和开发间接费:

支付配套建设费=680×90 000=61 200 000(元)。四舍五入后,实际支付 61M(现金流量记为“—61M”)。

支付开发间接费=1 050×90 000=94 500 000(元)。四舍五入后,实际支付 95M(现金流量记为“—95M”)。

(14) 增值物业建设

本项目不投入增值物业建设,此项无需核算。

(15) 填写动态成本跟踪表

将第三季度支付的建安费、配套建设费和开发间接费填入动态成本跟踪表。此项作为工作流程,不涉及资金的流入与流出。具体可参考表 4.7。

表 4.7　　　　　　　　练习年动态成本跟踪表填写示例

组(A) 地号:1D32;总占地面积:3.6; 面积单位:万平方米;资金单位:M

房屋类型	占地面积	建筑面积	地价分摊	前期费用	建安费用				间接费用	配套费用	增值物业	总成本
					1Q	2Q	3Q	4Q				
别墅												
多层												
小高层	3.6	9	120	44	54	54	54		95	61		482
高层												

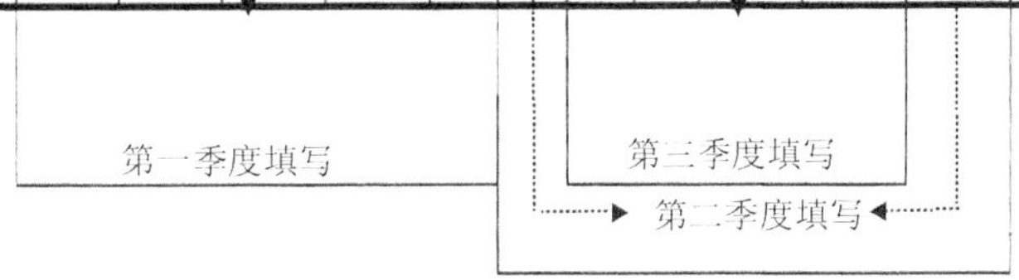

说明:本表由工程总监负责填写,项目交付后将本表转交营销总监。

(16) 获取预售许可证

上季度已完成,本季度无需进行。

(17) 支付运营费用

支付本季度公司运营费用 2M(现金流量记为“—2M”)。

(18) 新市场开拓

练习年不需要进行新市场开拓,此项工作无需进行。

(19) 现金收入总计

对(1)~(18)项目中流入的现金进行核算:

$$+180M+40M=+220M$$

(20) 现金支出总计

对(1)～(18)项目中流出的现金进行核算：

−8M−54M−61M−95M−2M=−220M

(21) 期末现金对账

第三季度末进行现金盘点：

+9M+220M−220M=+9M(现金流量记为“+9M”)

4. 第四季度(4Q)

由于(1)～(6)项工作都在年初完成，所以在第四季度上述工作无需进行。

(7) 预售/房屋完工交付/销售

获取销售收入 180M(现金流量记为“+180M”)，计算方法同第三季度。

(8) 填写销售成本结转表/结转成本

由于项目已竣工，本季度房产可以交付，需进行成本结转工作，填写销售成本结转表(见表 4.8)，按照已销售房屋建筑面积结转成本。

表 4.8　　练习年销售成本结转表填写示例(单位:M)

组(A) 地号:1D32　　是否建学校:否

类型	小高层				
	次数	1	2	3	4
	时间	1Y3Q	1Y4Q	YQ	YQ
	收入	180	180		
1. 地价分摊	120	30	30		
2. 前期费用	44	11	11		
3. 建安费用	162	41	40		
4. 间接费用	95	24	24		
5. 配套费用	61	16	15		
6. 增值物业					
总成本	482	122	120		

说明：本表由营销总监填写，房屋交付后将本表转交营销总监。

(9) 更新短贷/还本付息/申请短贷

本季度公司资金回笼情况良好，无需追加短期借款，但需支付上 3 个季度短贷利息 5M＋3M＋4M(现金流量记为“－12M”)。

(10) 规划设计/规划报批/提交开工计划

本季度没有新地块开发，此项工作无需进行。

(11) 项目开工/分摊地价/支付前期费用

第一季度已完成前期准备和费用支付，此项工作无需进行。

(12) 推进工程/支付建安费

项目已竣工，无需支付建安费。

(13) 项目完工/支付配套建设费/开发间接费

项目已竣工，无需支付配套建设费和开发间接费

(14) 增值物业建设

本项目不投入增值物业建设，此项无需核算。

(15) 填写动态成本跟踪表

项目已竣工，无需进行此项工作。

(16) 获取预售许可证

已获取，本季度无需进行。

(17) 支付运营费用

支付本季度公司运营费用 2M(现金流量记为“－2M”)。

(18) 新市场开拓

练习年不需要进行新市场开拓，此项工作无需进行。

(19) 现金收入总计

对(1)～(18)项目中流入的现金进行核算，＋180M。

(20) 现金支出总计

对(1)～(18)项目中流出的现金进行核算：

$$-12M-2M=-14M$$

(21) 期末现金对账

第四季度末进行现金盘点：

＋9M＋180M－14M＝＋175M（现金流量记为“＋175M”）

（22）年终结账

核对运营流程表中的现金与盘面上现金区的货币数目是否相符（见表 4.9）。

表 4.9　　练习年运营流程表示例　　单位：M

序号	运营流程	1Q	2Q	3Q	4Q
1	年度经营规划会	√			
2	支付税金（上一年销售额×20%）	×			
3	支付上年地价/更新长贷/还本付息	×			
4	提交土地竞价表/支付保证金	√－5			
5	支付本年地价/获取土地证/申请长贷	√－55＋30			
6	编制年度计划/现金预算表	√			
7	预售/房屋完工交付/销售	×	×	√＋180	√＋180
8	填写销售成本结转表/结转成本	×	×	×	
9	更新短贷/还本付息/申请短贷	√＋50	√－5＋30	√－8＋40	√－12
10	规划设计/规划报批/提交开工计划	√	×	×	×
11	项目开工/分摊地价/支付前期费用	√－44	×	×	×
12	推进工程/支付建安费	√－54	√－54	√－54	×
13	项目完工/支付配套建设费/开发间接费	×	×	√－61－95	×
14	增值物业建设	×	×	×	×
15	填写动态成本跟踪表	√			×
16	获取预售许可证	×		×	×
17	支付运营费用	√－2	√－2	√－2	√－2
18	新市场开拓				×
19	现金收入总计	√＋80	√＋30	√＋220	√＋180
20	现金支出总计	√－160	√－61	√－220	√－14
21	期末现金对账（填余额）	√40	√9	√9	√175
22	年终结账				

第五章　模块四:报表填写

一、销售成本明细表

销售成本明细表反映企业在一定时间段内已销售房屋的成本明细情况,每个期末可根据销售成本结转表中期间数据加总填入。

练习年中,根据销售成本结转表已结转的地价款、前期费用、建安费用、间接费用、配套费用和增值费用,加总后分别填入销售成本明细表中相应成本项目,得到销售成本合计总额 242M(见表 5.1)。

表 5.1　　练习年销售成本明细表填写示例　　单位:M

成本项目	地价款	前期费用	建安费用	间接费用	配套费用	增值费用	合计
金额	60	22	81	48	31	—	242

二、营业费用明细表

营业费用明细表反映企业在一定时间段内支付的运营费用和市场开拓费用。

在练习年,假定公司决定不对近郊和远郊市场进行开拓,即下一年不参加近郊、远郊土地竞标,所以,只需将营业费用 8M(2×4)和市场开拓费用填入营业费用明细表(见表 5.2)。若学员们在运营中要开拓郊区市场,近郊和远郊开拓费用分别为 5M,填入相应位置即可。

表 5.2　　练习年营业费用明细表填写示例　　单位:M

项目	运营费用	近郊开拓	远郊开拓	合计
金额	8	—	—	8

三、利润表

利润表是反映房地产企业在一定会计期间经营成果的报表，属于动态报表，也称为损益表、收益表。通过利润表，可以反映企业在一定会计期间的收入实现情况、费用情况和企业生产经营活动成果(即净利润)的实现情况，据以判断资本保值、增值情况。

练习年运营中利润表填写可参考以下步骤(示例见表 5.3)：

(1) 销售收入可根据销售与成本结转表第三、四季度各 180M 的收入加总。

(2) 销售成本可根据销售成本明细表得出。

(3) 销售毛利＝销售收入－销售成本＝360M－242M＝118M。

(4) 税金＝当年销售收入×20％＝360M×20％＝72M。

(5) 营业费用可根据营业费用明细表得出。

(6) 运营利润＝销售毛利－税金－营业费用＝118M－72M－8M＝38M。

(7) 财务费用即贷款利息支出，5M＋8M＋12M＝25M。

(8) 营业利润＝运营利润－财务费用＝38M－25M＝13M。

(9) 未发生营业外收支。

(10) 利润＝营业利润－营业外收支＝13M－0＝13M。

表 5.3 练习年利润表填写示例 单位:M

项目	金额
销售收入	360
销售成本	242
销售毛利	118
税金	72
营业费用	8
运营利润	38
财务费用	25
营业利润	13
营业外收支	0
利润	13
1. 利润表中,税金=当年销售收入×20%。 2. 没收的保证金计入营业外支出。	

四、资产负债表

完成利润表后,可以根据盘面和其他表格数据完成资产负债表。资产负债表反映的是企业在一定时点的静态财务状况,分为期初数和期末数。

资产负债表也称财务状况表,是表示企业在一定日期(通常为各会计期末)财务状况(即资产、负债和业主权益的状况)的主要会计报表,可用于企业内部除错、确定经营方向、防止弊端,同时让所有阅读者在最短时间内了解企业经营状况。

房地产企业经营沙盘模拟中的资产负债表是按"资产=负债+所有者权益"的原理排列的,左边列示资产,右边列示负债和所有者权益,资产各项目的合计等于负债和所有者权益各项目的合计。

在模拟演练中，可以利用这一原理来检查所记录账目是否准确。

练习年运营中资产负债表填写可参考以下步骤：

(1) 企业初始资金 120M，期初数分别记入资产里的“现金”账户，所有者权益的“实收资本”账户。

(2) 期末数的记录可以根据盘面和其他报表完成。

(3) 企业练习年末现金净流量为 175M，来源于盘面或表 4.9 中第四季度的现金余额。

(4) 已完工开发产品记录的是已完工但还未销售部分项目的成本，计算方法为：表 4.8 中的总成本减去表 5.1 中的销售成本，即 482M－242M＝240M。

(5) 在建开发产品记录的是未完工产品的成本，在练习年未涉及。

(6) 拟开发产品记录的是已取得但还未开发的土地取得成本，若第一年取得的土地，则为地价的一半，在练习年未涉及。

(7) 非流动资产账户的记录本模拟不涉及，这里不做介绍。

(8) 负债类账户中短期借款即短贷总额，来源于盘面或表 4.9 第 9 项数据，即 50M＋30M＋40M＝120M。

(9) 应付账款是指因购买材料、商品或接受劳务供应等而发生的债务。这是买卖双方在购销活动中由于取得物资与支付货款在时间上不一致而产生的负债，此处记录的是还未支付的土地使用权剩余价款，来源于盘面或表 4.9 第 4、5 项数据，即 120M－5M－55M＝60M。

(10) 预收款项是在企业销售交易成立以前，预先收取的部分货款。此处记录的是项目未完工时预售收入，在练习年未涉及。

(11) 应交税金来源于表 5.3 中的税金 72M。

(12) 长期借款即长贷总额，来源于盘面或表 4.9 第 5 项数据，即 30M。

(13) 所有者权益类账户中的实收资本不变，为 120M。

(14) 以前年度未分配利润为企业未作分配的利润。它在以后年度可继续进行分配，在未进行分配之前，属于所有者权益的组成部分。此处等于期初未分配利润加上本期实现的净利润，再减去提取的各种盈余公积和分出利润后的余额，在练习年未涉及。

（15）当年利润来源于表 5.3 利润表中的利润 13M。

（16）最后，将各项目进行加总，资产总额为 415M，负债总额为 282M，所有者权益为 133M，资产＝负债＋所有者权益，练习年账目平衡（见表 5.4）。

表 5.4　　练习年资产负债表填写示例　　单位：M

项目	期初数	期末数	项目	期初数	期末数
流动资产			负债		
现金	120	175	短期借款		120
存货			应付账款		60
已完工开发产品		240	预收款项		
在建开发产品			应交税金		72
拟开发产品			长期借款		30
流动资产合计		415	负债合计		282
非流动资产			所有者权益		
长期股权投资			实收资本	120	120
固定资产			以前年度未分配利润		
在建工程			当年利润		13
非流动资产合计			所有者权益合计		133
资产总计		415	负债和所有者权益总计		415

第六章 模块五:实战演练

一、任务描述

练习年后,企业管理层已经逐渐熟悉了不同工作岗位的角色分工和作业流程,但是对于地块选择与竞拍、物业规划与设计、融资成本节约、销售时机把握、恶性竞争规避等细节问题还缺乏经验。

在接下来 4 年的运营中,管理层需要在模拟经营中通过分析市场、制订规划、营销策划、生产组织、财务管理等一系列活动,掌握房地产开发流程中的关键环节要领,参悟企业管理运营规律,全面提升管理能力。

二、实践步骤

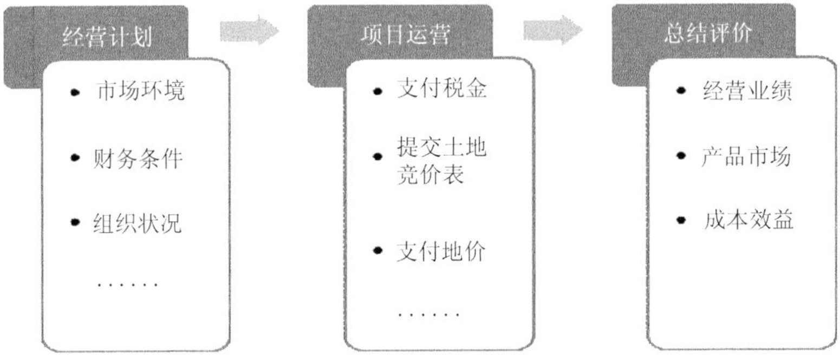

图 6.1 实践步骤

三、实践操作

（一）经营计划

计划工作，是指根据对组织外部环境与内部条件的分析，提出在未来一定时期内要达到的组织目标以及实现目标的方案途径。由此，房地产企业的经营计划必然要先对房地产企业所面临的市场供求环境以及其自身的财务状况、人员配备、组织状况进行分析，然后设定合理的目标，并制订相应的生产、销售、资金计划。

1. 市场环境分析

通过查阅上一年度产品市场和区域市场信息以及各个市场的供求价格，分析确定不同区域的地块竞拍情况及最高出价，并对拍得土地进行规划。

对于需求为负或者供给大于需求的物业类型，在规划中一般不予以考虑。

对于供给等于需求或者与需求接近的物业类型，在规划中要结合本年度需求增减的情况谨慎对待。

对于供给远远小于需求的物业类型，可以考虑建设，但也要结合本年度的需求增减情况、供给量大小以及竞争企业在建和规划情况，确定本年度本区域的规划设计量。

对于上年度积压未能卖出的物业，本年度新的需求产生时，要提早销售，以免价格下跌或者再次滞销。

2. 财务条件分析

年初的运营计划的主要任务是确定购地款的数额和第一季度的短期贷款。若企业遇到资金周转不灵，甚至无力缴纳税金的情况，可以向政府申请延期纳税。如果碰到长短贷无力偿还的情况，可以向其他企业出售股权。

（1）确定购地款

保守做法：根据年初现金余额，扣除需要缴纳的税金、上一年购地的余款、本年度需要偿还的长贷本金和利息，余额可用作当年的土地竞拍。

冒险做法：根据年初现金余额，扣除需要缴纳的税金、上一年购地余款的50%、当期需要偿还的长贷本金和利息，余额可用作当年的土地竞拍。

注：若采用冒险做法，假设余额全部用于支付当年的土地价款，则第一季度的运营需要全部依靠销售回款和短期借款。由于年度内短期借款数额一定，一旦销售回款出现问题(销售不出去或者售价降低)，正常运营可能难以为继。

(2) 确定短期贷款

购地后，企业可根据本年度支付的购地款申请长期贷款，并偿还长贷本息。然后根据当年的开发计划，计算当季需要缴纳的前期费用、建安费用、配套费用和间接费用等费用，并对于当季的销售回款做出预估，来确定短贷的数额。

3. 组织状况分析

企业的管理层是否能够保证按时到岗？是否存在分工不明确，而导致有的人工作繁忙、有的人无事可做？是否存在业务不熟悉而导致工作效率低下，进而影响整个团队的开发销售进度？是否存在员工自身兴趣爱好、性格特征与其岗位不符的情况？如果存在上述情况，应当考虑进行人员重组，将不能保证出勤的员工调出重要岗位，或直接开除；对出现分工不明确的情况，要及时调整，平衡各员工的工作强度；对业务不熟悉的情况，要组织业务学习，帮助其提供工作效率；对于不适合该岗位的员工，要帮助其找到症结所在，或通过换岗等方式帮助其找到适合的位置。

4. 制定年度经营目标和计划

年度资金充裕的企业，是否可以通过购地成为某一市场的垄断者，从而主导这一市场的销售和价格？目前哪个市场的供需差额最大？这个市场是否已被其他企业占领，但由于没有预售而还没有反映在供给中？购地后，如何规划、如何销售，才不会由于当年销售过多，自己将价格压下来？

年度资金不太充裕但可以维持运营的企业，是否可以通过购置开发利润较高的土地来提升企业的收益？如何选择合适的土地并以合适的价格购入，是采用高价政策还是低价政策？购地后开发什么物业类型？

年度资金困难的企业，是否可以通过出售股权、长短贷结合渡过难关？是直接融资（其他企业）还是间接融资（长短贷）？以什么样的条件吸引直接融资？本年度是否购地？如要购地，选择什么地块、如何出价？

（二）项目运营

（1）各组配置启动资金100M。

（2）召开年度经营规划会。教师展示本年度拍卖土地，各小组讨论本年度竞拍哪几块土地、各块土地应出价多少。然后CEO将本组的土地竞价表报给政府，政府录入房地产沙盘监控表；同时按照每块地2M交给银行保证金。各小组填写现金预算表。

（3）政府录入各个小组的土地竞价表，价高者竞拍成功，取得购地权。如果放弃，则没收保证金，由出价第二高的小组取得购买权；反之，向银行缴纳第一期的剩余土地款（土地款的一半减去保证金），之后政府登记并颁发土地证。

（4）各组按照上一年销售额的20%缴纳税金。

（5）各小组上报需要申请的长期贷款额，额度为所付地价款的一半取整（10M）。政府录入房地产沙盘监控表，银行发放贷款。各小组填写现金预算表（盘面操作），盘面用一个空桶装一张纸条（上写贷款额度），放在“2Y”处。

（6）各组讨论编制年度计划。各组讨论未开发地块何时开发、开发什么物业类型、已开发物业何时销售。填写现金预算表。

(7) 房屋交付,各组营销总监到政府登记,到银行领取销售款。销售总监填写销售成本结转表,财务总监结转成本。

(8) 更新短期贷款。财务总监负责还本付息、盘面操作、银行贷款、政府登记;若申请短贷、额度为年初净资产,期限一年,每季度付息 10%。政府录入房地产沙盘监控表。

(9) 各组进行规划设计,设计总监填写规划报批表,提交开工计划,政府登记。

(10) 项目开工,各组根据不同物业类型分摊地价,支付前期费用;推进工程,支付每季度的建安费;若建增值物业,在办理预售许可证时交给银行 10M。

(11) 各组工程总监填写动态成本跟踪表,然后带动态成本跟踪表(若建学校,再出 10M)到政府登记,领取预售许可证。

(12) 支付运营费用,盘面操作。

(13) 若已购买郊区土地,需先开拓才能开发,近郊一年,远郊两年;开拓费 5M/年。盘面操作。

(14) 现金盘点。根据盘面,填写现金预算表。

(15) 年终盘点:依据销售成本结转表填写销售成本明细表;依据现金预算表,填写营业费用明细表、利润表;依据现金预算表、动态成本跟踪表,填写资产负债表。然后核对盘面,检查是否与资产负债表相对应。

(三) 总结评价(根据经营业绩、产品市场和成本效益)

各组召开年终总结会,总结整理一年来企业经营得失,分析原因,并探讨解决方式;各组 CEO 做总结性发言;教师就经营业绩、产品市场以及成本效益对各组当年的经营情况进行总结。

第七章　相关知识

一、获取土地阶段

（一）主要规划指标

1. 容积率

容积率即规划地块内各类总建筑面积与地块面积之比，计算公式为：

容积率＝总建筑面积/土地面积

容积率可根据需要制定上限与下限：容积率的下限是保证地块开发的效益，防止无效益或低效益开发造成土地的浪费；容积率上限防止过渡开发带来的城市基础设施超负荷运行。容积率还可以根据建筑用途的不同，分为全部建筑容积率、公共建筑容积率、住宅建筑容积率等。

2. 建筑密度

建筑密度即规划地块内各建筑基底占地面积与地块面积之比，计算公式为：

建筑密度＝建筑基底占地面积/地块面积

3. 绿化率

绿化率也称绿地率，是指规划地块内各类绿地面积的总和占规划地块面积的比率，计算公式为：

绿地率＝绿地面积/土地面积

绿地率通常以下限控制。这里的绿地包括公共绿地、宅旁绿地、公共服务设施所属绿地（道路红线内的绿地），不包括屋顶、晒台的人工绿地。公共绿地内占地面积不大于1%的雕塑、水池、亭榭等绿化小品建筑可视为绿地。

（二）土地价格

我国的土地价格是取得一定年限土地使用权时支付的代价，包括土地总价格、单位地价和楼面地价。

1. 土地总价格（简称总地价）

指某一宗土地的整体价格。

2. 单位地价（简称单价）

指单位土地面积的价格。

3. 楼面地价（楼板地价）

也是土地单价的一种表示方法，以单位建筑面积来表示土地单价。在通常情况下，楼面地价是按照建筑面积均摊的土地价格。楼面地价的计算公式为：

楼面地价＝土地总价/总建筑面积

由此公式可以得到楼面地价、土地单价、容积率的关系：

楼面地价＝(土地总价/总建筑面积)×(土地总面积/土地总面积)

＝土地单价/容积率

楼面地价的作用非常大，在现实中，楼面地价往往比土地单价更能反映土地价格水平的高低。

二、开发建设阶段

（一）房屋类型

房屋按照用途主要包括住宅、商业用房、办公用房、工业用房。住宅按照高度又可以分为低层住宅、多层住宅、小高层住宅和高层住宅。其中，1～3层为低层住宅，4～6层为多层住宅，7～9层为小高层住宅，10层及以上为高层住宅。

（二）建设周期

建设周期是指建设总规模与年度建设规模的比值。它反映一个国家、地区或行业完成建设总规模平均需要的时间，同时也反映建设速度与建设过程中人力、物力和财力集中的程度。

此处是指从项目开工（即缴纳了前期费用）到项目竣工（缴纳了足够的建安费、间接费用和配套建设费）所花费的时间。例如：别墅的建设周期为 2 个季度，意味着如果哪家企业要建造别墅，那么从项目开工到项目竣工最少要持续 2 个季度。如果某个季度没有缴纳建安费，则相当于停工一个季度，工期顺延；如果建造完成后没有缴纳间接费用和配套费用，则工期顺延。

（三）投资费用

1. 前期费用

前期费用是指在取得土地开发权之后，项目开发前期的筹建、规划、设计、水文地质勘察、测绘、“三通一平”等费用。具体包括筹建费、可行性研究费、规划费、设计费、地质勘察费、场地平整费、水电气费、临时设施费用等。

2. 间接费用

建筑安装工程间接费用由规费和企业管理费组成。

（1）规费

规费是政府和有关权力部门规定必须缴纳的费用。具体包括工程排污费、社会保障费、养老保险费、失业保险费、医疗保险费、住房公积金、危险作业意外伤害保险。

（2）企业管理费

企业管理费是指建筑施工或安装企业组织施工生产和经营管理所需费用，包括：①管理人员工资；②办公费；③差旅交通费；④固定资产使用费；⑤工具用具使用费；⑥劳动保险费；⑦工会经费;⑧职工教育经费;⑨财产保险费;⑩财务费;⑪税金,具体是指企业按规定缴纳的房产税、车船使用税、土地使用税、印花税等;⑫其他。

3. 配套费用

配套费用主要用于建设项目以外的市政公用配套设施的建设和维护,包括城市主次干道、给排水、供电、供气、路灯、公共交通、环境卫生和园林绿化等项目,是市政基础设施建设资金的补充。可以合并部分收费项目,适当降低收费标准。

三、商品房销售阶段

(一)商品房预售

商品房预售,是指房地产开发企业将正在建设中的商品房预先出售给买受人,并由买受人支付定金或者房价款的行为。根据《城市商品房预售管理办法》第六条规定:商品房预售实行许可制度。开发企业进行商品房预售,应当向房地产管理部门申请预售许可,取得“商品房预售许可证”。未取得“商品房预售许可证”的,不得进行商品房预售。

“商品房预售许可证”是市、县人民政府房地产行政管理部门允许房地产开发企业销售商品房的批准文件。其主管机关是市国土房管局,证书由市国土房管局统一印制、办理登记审批和核发。房地产商在销售商品房时,如该房屋已建成,还应持有房屋所有权证书。购房者如需调查房屋的建筑质量,还可查验房地产商的“工程验收证”。按规定,房屋未建好之前出售均要办理“商品房预售许可证”,发展商将有关资料送到国土房管局申请,批准后方可预售楼房(现楼无需此证)。

其中,办理预售许可证的条件是:7 层以下的达到主体工程封顶；7层以上的，主体工程须建到工程预算投资总额的2/3以上层数。

（二）商品房现售

商品房现售，是指房地产开发企业将竣工验收合格的商品房出售给买受人，并由买受人支付房价款的行为。

商品房（现房）销售许可证的取得必须符合下列条件：

1. 开发企业具有企业法人营业执照和房地产开发企业资质证书；

2. 取得土地使用权证书和使用土地批准文件；

3. 持有建设工程规划许可证和建设工程开工许可证；

4. 已通过竣工验收；

5. 供水、供电、供热、燃气、通信等配套基础设施具备使用条件，其他配套基础设施和公共设施具备交付使用条件或已确定进度和交付日期；

6. 物业管理方案已落实，买现房的好处在于可以比较清楚地了解房屋的现状，尽快取得房地产权利证书等。

（三）延期交房

因转让人的过错，不能按约定的时间交付房地产的，转让人应当支付违约金。违约金数额在房地产买卖合同中有约定的，从合同约定；未约定的，为延期交付房地产期间的指导租金。造成受让人损失的，转让人除支付违约金外，还应当负赔偿责任。

转让人超过房地产买卖合同约定时间 90 日仍不交付房地产的，受让人有权解除合同，但转让人与受让人另有约定的除外。

四、财务核算阶段

（一）会计要素

1. 销售成本

销售成本是指已销售产品的生产成本或已提供劳务的劳务成本以及其他销售的业务成本。

在本课程中，销售成本是指已经销售并且已经交付使用（不含预售）的房产的成本，包括土地费、前期费、建安费、间接费、配套建设费、增值物业建设费。其中，土地费是指售后产品的土地费用。公式表达为：

土地费＝售后产品的占地面积/该地块总占地面积×该地块总价

其他费用以此类推，在盘面上反映为相应费用的本年度结转部分。

2. 营业费用

营业费用是指企业在销售产品和提供劳务等日常经营过程中发生的各项费用以及专设销售机构的各项经费。具体包括运输费、装卸费、包装费、保险费、广告费、展览费、租赁费（不包括融资租赁费），以及为销售本公司产品而专设销售机构的职工工资、福利费、办公费、差旅费、折旧费、修理费、物料消耗、低值易耗品的摊销等。旧会计准则称为营业费用，新会计准则称为销售费用，即在新会计准则下，销售费用＝营业费用，本课程使用旧会计准则叫法。

在本实验中，营业费用明细表包括运营费用、近郊开拓费和远郊开拓费。其中：运营费用每季度必须支付，都为 2M，无论公司是否有业务；近郊开拓费是指第一次支付新市场开拓费，远郊开拓费是指第二次支付新市场开拓费。

3. 财务费用

财务费用是企业发生的财务支出，虽为取得营业收入而发生，但与营业收入的实现没有明显的因果关系，不宜将它计入生产经营成本，只能作为期间费用。在会计中属于损益类科目，按实际发生额确认，计入当期损益。企业发生的财务费用，一般在“财务费用”科目进行核算，并按费用种类设置明细账。财务费用发生时，记入该科目的借方，期末将余额结转“本年利润”账户；结转后，该账户无余额。

财务费用具体内容包括：

(1) 利息支出，指企业短期借款利息、长期借款利息、应付票据利息、票据贴现利息、应付债券利息、长期应付引进国外设备款利息等利息支出(除资本化的利息外)减去银行存款等的利息收入后的净额。

(2) 汇兑损失，指企业因向银行结售或购入外汇而产生的银行买入卖出价与记账所采用的汇率之间的差额，以及月度(季度、年度)终了，各种外币账户的外币期末余额按照期末规定汇率折合的记账人民币金额与原账面人民币金额之间的差额等。

(3) 相关的手续费，指发行债券所需支付的手续费(需资本化的手续费除外)、开出汇票的银行手续费、调剂外汇手续费等，但不包括发行股票所支付的手续费等。

(4) 其他财务费用，如融资租入固定资产发生的融资租赁费用等。

本课程中，财务费用即当年实际发生的长短贷利息。

(二) 财务报表

1. 利润表

利润表是反映企业一定会计期间(如月度、季度、半年度或年度)生产经营成果的会计报表。企业一定会计期间的经营成果既可能表现为盈利，也可能表现为亏损，因此，利润表也称为损益表。

它全面揭示了企业在某一特定时期实现的各种收入，发生的各种费用、成本或支出，以及企业实现的利润或发生的亏损情况。

本实验中，利润表中的各项填写方式如下：

① 销售收入——与销售成本相对应，是已经销售并交付产品的销售总额；

② 销售成本——见销售成本明细表；

③ 销售毛利——等于①－②；

④ 税金——等于当年销售收入×20%；

⑤ 营业费用——见营业费用明细表；

⑥ 运营利润——等于③－④－⑤；

⑦ 财务费用——长短贷利息；

⑧ 营业利润——等于⑥－⑦；

⑨ 营业外收支——企业拍地过程中被罚没的保证金(2M/块)；

⑩ 利润——等于⑧－⑨。

2. 资产负债表

资产负债表是反映企业在某一特定日期(如月末、季末、年末)全部资产、负债和所有者权益情况的会计报表，它表明权益在某一特定日期所拥有或控制的经济资源、所承担的现有义务和所有者对净资产的要求权。它是一张揭示企业在一定时点财务状况的静态报表。资产负债表利用会计平衡原则，将合乎会计原则的资产、负债、股东权益交易科目分为“资产”和“负债及所有者权益”两大块，在经过分录、转账、分类账、试算、调整等会计程序后，以特定日期的静态企业情况为基准，浓缩成一张报表。其报表功用除了企业内部除错、确定经营方向、防止弊端外，也可让所有阅读者在最短时间内了解企业经营状况。本课程中，资产负债表填写要求如下：

(1) 资产

分为流动资产和非流动资产两个项目。其中，流动资产是指截至年末该企业的现金和该年度房地产存货。流动资产项目中：

已完工开发产品是指已经缴纳间接费和配套建设费，但尚未售出，或者仅仅预售没有完工交付的房屋。

在建开发产品是指已经开工且缴纳前期费用，但尚未竣工、未缴纳间接费和配套建设费的房屋。

拟开发产品是指已购但尚未开发的土地，包括整个地块以及地块的未开发部分。

非流动资产是指房地产企业不能在一年或者超过一年的一个营业周期内变现或者耗用的资产。本课程中：

长期股权投资是指通过投资取得被投资单位的股份。企业对其他单位的股权投资，通常是为长期持有，以期通过股权投资达到控制被投资单位，或对被投资单位施加重大影响，或为了与被投资单位建立密切关系以分散经营风险。股权投资通常具有投资大、投资期限长、风险大以及能为企业带来较大的利益等特点。

本课程中，长期股权投资适用于某企业濒临破产，兄弟企业对其注资，注资时可以谈好相关注资的条件，如合作拍地、合作开发、被注资企业利润分配以及股权回购条件等。例如，甲企业以现金形式对乙企业进行长期股权投资，则甲企业资产负债表中现金减少，长期股权投资增加；而乙企业现金增加，实收资本增加。

固定资产和在建工程是指房地产企业作为自用的房屋或者在建房屋。本实验中一般不涉及。

（2）负债

短期借款是指尚未清偿的短期借款的本金数额。

应付账款是指本年度购地款未清偿的部分。

预收款项是指本年度已经预售但直至年末尚未交付房屋的价款。

应交税金等于当年销售收入×20%。

长期借款是指本年度新借的长期借款以及上年度未还的长期

借款。具体见盘面。

（3）所有者权益

实收资本是指企业的初始资本金、追加资本金以及外部股权投资注入的资金。

以前年度未分配利润是指以前年度的“当年利润”之和减去已分配利润之和。计算方法为上一年度的“以前年度未分配利润”＋上一年度的“当年利润”。

当年利润见利润表。

五、经营业绩评价

（一）收益力

1. 利润率

利润率的种类很多，按照不同的衡量标准，可以分为成本利润率、销售利润率、投资利润率和资本金利润率等。

利润率是衡量房地产开发项目单位销售收入盈利水平的指标。利润率的计算公式是：

$$利润率=息税前利润/销售收入\times100\%$$

其中，销售收入为销售开发产品过程中取得的全部价款。注意，这里的销售收入不包括预售收入（预售收入计入资产负债表的预收款项）；息税前利润＝利润＋税金＋财务费用。

2. 总资产报酬率

总资产报酬率（ROA），也称总资产收益率，是房地产企业在一定时期内实现的收益额与该时期企业平均资产总额的比率，它是反映房地产企业资产综合利用效果的核心指标，也是衡量企业总资产盈利能力的重要指标。

$$ROA=息税前利润/总资产\times100\%$$

其中，息税前利润＝利润＋税金＋财务费用。总资产为房地产企业在计算期内的平均总资产。平均总资产=(期初总资产+期末总资产)/2。

3. 净资产报酬率

净资产报酬率(ROE),也称净资产收益率、所有者(股东)权益报酬率、股本报酬率、净值报酬率,是企业在一定时期内的净利润与平均净资产之比,该指标反映了企业所有者所获投资报酬的大小。

$$ROE=净利润/净资产\times 100\%$$

其中,净利润一般指企业的税后利润,本课程中为利润表中的利润项目。净资产为房地产企业计算期内的平均净资产。平均净资产=(期初净资产+期末净资产)/2。

上海某高校某次课程各小组收益力排名示例见图7.1。

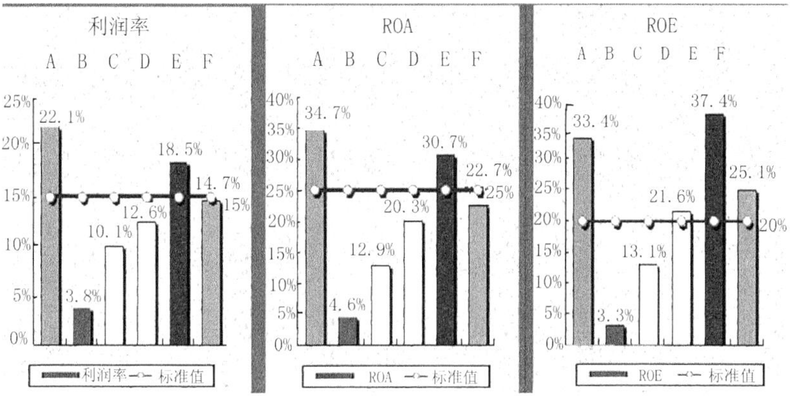

图7.1 上海某高校某次课程各小组收益力排名

(二)成长力

1. 销售增长率

销售增长率是评价房地产企业成长状况和发展能力的重要指

标。该指标越大，表明其增长速度越快，房地产市场前景越好。利用销售增长率一定程度上可以用来判断房地产市场所处的周期阶段。

销售增长率=(本年销售收入—上年销售收入)/上年销售收入×100%

2. 利润增长率

利润增长率又称销售利润增长率，是房地产企业本年营业利润增长额与上年营业利润总额的比率，反映房地产企业营业利润的增减变动情况。利润增长率越高，说明企业开发销售的房地产项目盈利能力越强；反之，说明其盈利能力越弱。

利润增长率=(本年净利润—上年净利润)/上年净利润×100%

其中，净利润即为利润表中的利润项。

3. 净资产增长率

净资产增长率是指房地产企业本期净资产增加额与上期净资产总额的比率。净资产增长率反映了房地产企业资本规模的扩张速度，是衡量其总量规模变动和成长状况的重要指标。

净资产增长率=(本年净资产—上年净资产)/上年净资产×100%

其中，净资产即为资产负债表中所有者权益合计的期末数。

上海某高校某次课程各小组成长力排名示例见图7.2。

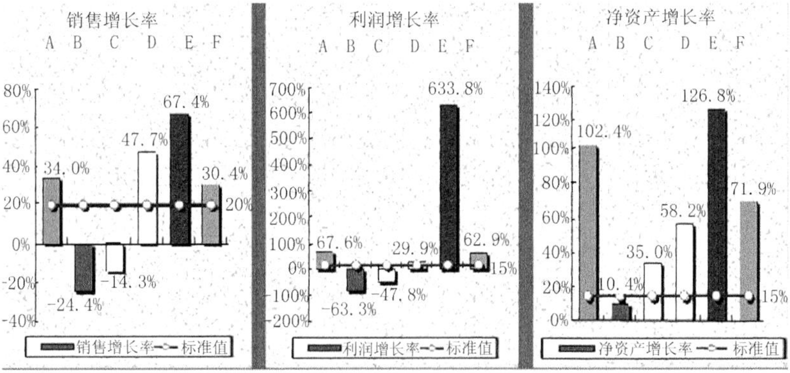

图7.2 上海某高校某次课程各小组成长力排名

（三）安定力

1. 流动比率

流动比率是流动资产对流动负债的比率，用来衡量企业流动资产在短期债务到期以前，可以变为现金用于偿还负债的能力。流动比率越高，说明房地产企业资产的变现能力越强，短期偿债能力亦越强；反之则越弱。从财务安全性的角度，一般认为流动比率应在 2∶1(表示流动资产是流动负债的两倍)以上，即使流动资产有一半在短期内不能变现，也能保证全部的流动负债得到偿还。

流动比率＝流动资产/短期借款×100％

其中，流动资产、短期借款均为资产负债表中相应项目的期末数。

2. 速动比率

速动比率，又称“酸性测验比率”(Acid-test Ratio、Quick Ratio)，是指速动资产对流动负债的比率。它是衡量企业流动资产中可以立即变现用于偿还流动负债的能力。

相对于流动比率，速动比率在计算时扣除了存货等一些变现能力较差，或变现价值可能与账面价值差别较大的资产，因此非常直观和“苛刻”地反映了房地产企业能够立即还债的能力和水平。

速动比率＝现金/短期借款×100％

其中，现金、短期借款均为资产负债表中相应项目的期末数。

3. 资产负债率

资产负债率(Debt to Assets Ratio)是期末负债总额除以资产总额的百分比，也就是负债总额与资产总额的比例关系。资产负债率反映了总资产中有多大比例是通过借债来筹资的。

房地产属于资产负债率较高的行业，资产负债率实际上反映了房地产企业的举债经营比率，因此也是房地产企业总体风险状况的重要参考指标。

资产负债率＝负债总额/总资产×100％

其中,负债总额、总资产分别为资产负债表中资产合计、负债合计的期末数。

上海某高校某次课程各小组安定力排名示例见图 7.3。

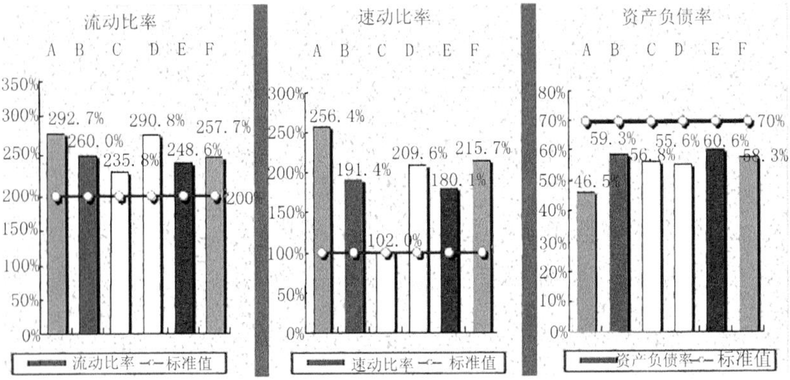

图 7.3 上海某高校某次课程各小组安定力排名

(四)活动力

1. 存货周转率

存货周转率是企业一定时期销货成本与平均存货余额的比率。该指标用于反映存货的周转速度,即存货的流动性及存货资金占用量是否合理,促使企业在保证生产经营连续性的同时,提高资金的使用效率,增强企业的短期偿债能力。

单纯从财务指标看,房地产企业存货周转率通常远远低于其他行业的平均水平,但并不能因此简单认为房地产企业运营和存货管理的水平差。由于房地产行业的特殊性,一方面,楼盘的开发周期往往超过一年,会导致依据当年数据计算的存货周转率失真;另一方面,在国内房地产市场持续景气的周期环境下,存货周转率低未必是开发速度慢,也可能是房地产企业看好后市,因此储备大量土地。

存货周转率＝销售收入/存货平均余额×100%

其中，销售收入即为利润表中的销售收入项，存货平均余额为资产负债表中存货期初和期末余额的平均值。

2. 总资产周转率

总资产周转率是综合评价企业全部资产的经营质量和利用效率的重要指标。总资产周转率越大，说明总资产周转越快，反映出销售能力越强。

与存货周转率类似，房地产企业的总资产周转率一般也低于其他工业企业，究其原因，同样既有房地产本身开发周期长、资金密集等客观因素，也可能存在企业看好后市，主动加大土地储备等主观因素。

总资产周转率＝销售收入/总资产平均余额

其中，销售收入即为利润表中的销售收入项，总资产平均余额为资产负债表中资产总计期初数和期末数的平均值。

上海某高校某次课程各小组活动力排名示例见图 7.4。

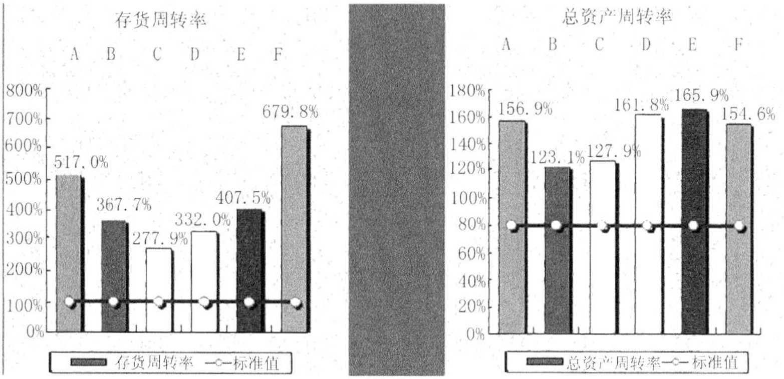

图 7.4　上海某高校某次课程各小组活动力排名

（五）生产力

1. 人均销售

人均销售是反映房地产企业销售能力的最直接的指标。在人均销售的绝对数量上，不同的房地产企业由于在规模、经营地域、经营方式上的差异，人均销售数据往往差别很大。

人均销售＝销售收入/企业人数

2. 人均利润

人均利润表示在一定时期内平均每人实现的利润额，是一项侧重从劳动力利用的角度来评价企业经济效益的综合性指标。

人均利润＝净利润/企业人数

其中，净利润即为利润表中的利润项。

上海某高校某次课程各小组生产力排名示例见图 7.5。

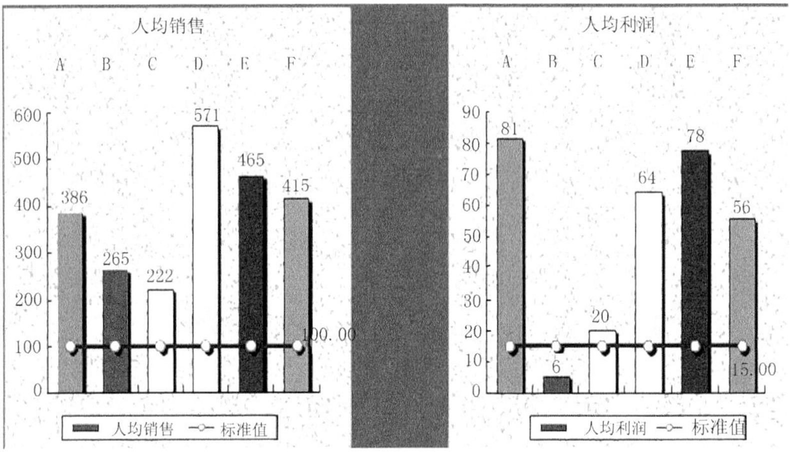

图 7.5　上海某高校某次课程各小组生产力排名

（六）雷达图

我们可以先画3个同心圆，把圆分为5个区域（每个区为72度），分别代表企业的收益力、成长力、活动力、安定力和生产力；同心圆中最小的圆代表同行业平均水平的1/2值或最差的情况；中圆代表同行业的平均水平或特定比较对象的水平，称为标准线（区）；大圆表示同行业平均水平的1.5倍或最佳状态。在5个区域内，以圆心为起点，以放射线的形式画出相应的经营比率线，形成了一个不规则闭环图，这就是企业财务分析的雷达图（上述指标的分布组合在一起非常像雷达的形状，因此而得名）。雷达图是财务分析报表的一种，即利用一个公司的各项财务分析所得的数字或比率，将其比较重要的项目集中划在一个圆形的图表上，来表现一个公司各项财务比率的情况，让使用者对公司各项财务指标的变动情形及其好坏趋势一目了然，可以清楚地表示出企业的经营态势，而把这种经营态势与标准线相比，就可以清楚地看出本企业的成绩和与其他企业的差距。

雷达图的分析方法是：如果企业的比率值位于标准线以内，则说明企业比率值低于同行业的平均水平，应认真分析原因，提出改进方向；如果企业的比率值接近或低于小圆，则说明企业经营处于非常危险的境地，亟须推出改革措施以扭转局面；如果企业的比率值超过了中圆或标准线，甚至接近大圆，则表明企业经营的优势所在，应予以巩固和发扬。

上海某高校某次课程各小组经营业绩雷达图示例见图7.6。

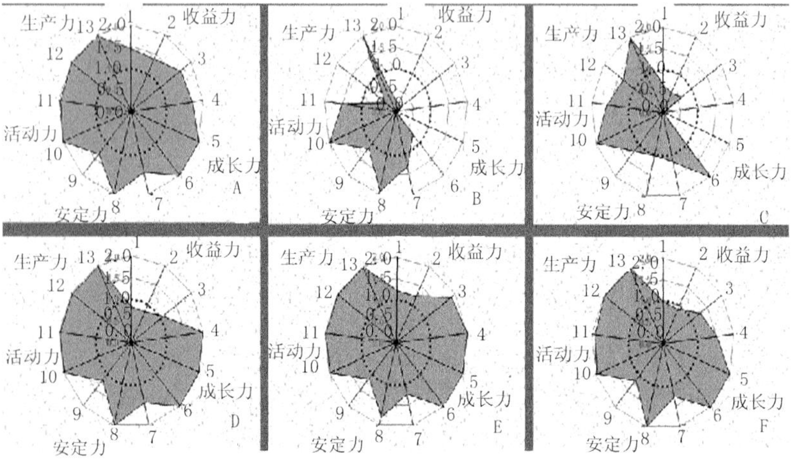

图 7.6　上海某高校某次课程各小组经营业绩雷达图

附录A 相关报表

土地规划报批表

组( ) 土地规划报批表

地号:____ 区域:____ 取得土地时间:____ 是否建学校:____

房屋类型	占地面积（万平方米）	容积率	建筑面积（万平方米）	预计开工时间	预计完工时间	实际完工时间
别墅						
多层						
小高层						
高层						
合计						

说明:本表由设计总监填写。

组( ) 土地规划报批表

地号:____ 区域:____ 取得土地时间:____ 是否建学校:____

房屋类型	占地面积（万平方米）	容积率	建筑面积（万平方米）	预计开工时间	预计完工时间	实际完工时间
别墅						
多层						
小高层						
高层						
合计						

说明:本表由设计总监填写。

动态成本跟踪表

组(　　)　　　　　　　　**动态成本跟踪表**

地号:____　　　　　　总占地面积:____　　　　　　容积率:____

建设工程	1. 房屋类型	别墅	多层	小高层	高层
	2. 占地面积				
	3. 建筑面积				
动态成本	1. 地价分摊				
	2. 前期费用				
	3. 建安费用				
	1Q				
	2Q				
	3Q				
	4Q				
	4. 开发间接费				
	5. 配套建设费				
	6. 增值物业(学校)				
	总成本				

说明:本表由工程总监负责填写。

组(　)　　　　**动态成本跟踪表**

地号:____　　　总占地面积:____　　　容积率:____

建设工程	1. 房屋类型	别墅	多层	小高层	高层
	2. 占地面积				
	3. 建筑面积				
动态成本	1. 地价分摊				
	2. 前期费用				
	3. 建安费用				
	1Q				
	2Q				
	3Q				
	4Q				
	4. 开发间接费				
	5. 配套建设费				
	6. 增值物业(学校)				
	总成本				

说明:本表由工程总监负责填写。

销售登记表

组(　)　　　　**销售登记表**

地号：____　　区域：____　　取得土地时间：____　　是否建学校：____

房屋类型	建筑面积(万平方米)	获取预售许可时间	第1次销售			第2次销售			第3次销售			第4次销售		
			销售比例	销售时间	实现收入	销售比例	销售时间	实现收入	销售比例	销售时间	实现收入	销售比例	销售时间	实现收入
别墅		(_Y_Q)		_Y_Q			_Y_Q			_Y_Q			_Y_Q	
多层		(_Y_Q)		_Y_Q			_Y_Q			_Y_Q			_Y_Q	
小高层		(_Y_Q)		_Y_Q			_Y_Q			_Y_Q			_Y_Q	
高层		(_Y_Q)		_Y_Q			_Y_Q			_Y_Q			_Y_Q	
合计														

说明：本表由营销总监负责填写。

销售登记表

组(　)　　　　**销售登记表**

地号：____　　区域：____　　取得土地时间：____　　是否建学校：____

房屋类型	建筑面积(万平方米)	获取预售许可时间	第1次销售			第2次销售			第3次销售			第4次销售		
			销售比例	销售时间	实现收入	销售比例	销售时间	实现收入	销售比例	销售时间	实现收入	销售比例	销售时间	实现收入
别墅		(_Y_Q)		_Y_Q			_Y_Q			_Y_Q			_Y_Q	
多层		(_Y_Q)		_Y_Q			_Y_Q			_Y_Q			_Y_Q	
小高层		(_Y_Q)		_Y_Q			_Y_Q			_Y_Q			_Y_Q	
高层		(_Y_Q)		_Y_Q			_Y_Q			_Y_Q			_Y_Q	
合计														

说明：本表由营销总监负责填写。

成本结转表

组（　）　　　　　　　　　　**销售成本结转表**

地号：____　　　房屋类型：____　　　总建筑面积：____

<table>
<tr><td rowspan="3">房屋销售</td><td colspan="2">1. 销售时间</td><td>第1次（__Y）</td><td>第2次（__Y）</td><td>第3次（__Y）</td><td>第4次（__Y）</td></tr>
<tr><td colspan="2">2. 实现预收收入</td><td></td><td></td><td></td><td></td></tr>
<tr><td colspan="2">3. 实现销售收入</td><td></td><td></td><td></td><td></td></tr>
<tr><td colspan="3">项目动态成本</td><td>第1次结转</td><td>第2次结转</td><td>第3次结转</td><td>第4次结转</td></tr>
<tr><td rowspan="7">结转成本</td><td>1. 地价分摊</td><td></td><td></td><td></td><td></td><td></td></tr>
<tr><td>2. 前期费用</td><td></td><td></td><td></td><td></td><td></td></tr>
<tr><td>3. 建安费用</td><td></td><td></td><td></td><td></td><td></td></tr>
<tr><td>4. 开发间接费</td><td></td><td></td><td></td><td></td><td></td></tr>
<tr><td>5. 配套建设费</td><td></td><td></td><td></td><td></td><td></td></tr>
<tr><td>6. 增值物业（学校）</td><td></td><td></td><td></td><td></td><td></td></tr>
<tr><td>总成本</td><td></td><td></td><td></td><td></td><td></td></tr>
</table>

说明：本表由财务总监负责，根据动态成本及销售登记表填写。

组(　)　　　　　　　　**销售成本结转表**

地号:____　　　　房屋类型:____　　　　总建筑面积:____

<table>
<tr><td rowspan="3">房屋销售</td><td colspan="2">1. 销售时间</td><td>第1次(__Y)</td><td>第2次(__Y)</td><td>第3次(__Y)</td><td>第4次(__Y)</td></tr>
<tr><td colspan="2">2. 实现预收收入</td><td></td><td></td><td></td><td></td></tr>
<tr><td colspan="2">3. 实现销售收入</td><td></td><td></td><td></td><td></td></tr>
<tr><td colspan="3">项目动态成本</td><td>第1次结转</td><td>第2次结转</td><td>第3次结转</td><td>第4次结转</td></tr>
<tr><td rowspan="7">结转成本</td><td>1. 地价分摊</td><td></td><td></td><td></td><td></td><td></td></tr>
<tr><td>2. 前期费用</td><td></td><td></td><td></td><td></td><td></td></tr>
<tr><td>3. 建安费用</td><td></td><td></td><td></td><td></td><td></td></tr>
<tr><td>4. 开发间接费</td><td></td><td></td><td></td><td></td><td></td></tr>
<tr><td>5. 配套建设费</td><td></td><td></td><td></td><td></td><td></td></tr>
<tr><td>6. 增值物业(学校)</td><td></td><td></td><td></td><td></td><td></td></tr>
<tr><td>总成本</td><td></td><td></td><td></td><td></td><td></td></tr>
</table>

说明:本表由财务总监负责,根据动态成本及销售登记表填写。

贷款监控表

组	项目	类型	第一年					第二年					第三年					第四年				
			额度	Q1	Q2	Q3	Q4	额度	Q1	Q2	Q3	Q4	额度	Q1	Q2	Q3	Q4	额度	Q1	Q2	Q3	Q4
A	贷款	长期																				
		短期																				
	还款	长期																				
		短期																				
B	贷款	长期																				
		短期																				
	还款	长期																				
		短期																				
C	贷款	长期																				
		短期																				
	还款	长期																				
		短期																				
D	贷款	长期																				
		短期																				
	还款	长期																				
		短期																				
E	贷款	长期																				
		短期																				
	还款	长期																				
		短期																				
F	贷款	长期																				
		短期																				
	还款	长期																				
		短期																				

附录B　学习手册

房地产企业经营沙盘模拟实战演练学习手册

小组：____________

角色：____________

姓名：____________

学号：____________

时间：　　年　　月　　日　—　　月　　日

我的团队

团队名称：____________________

经营理念：______________________________________

团队成员 LOGO

职位	姓名	学号
CEO		
财务总监		
设计总监		
工程总监		
营销总监		
成本总监		

【练习年】

运营流程表

序号	运营流程	1Q	2Q	3Q	4Q
1	年度经营规划会				
2	支付税金(上一年销售额×20%)				
3	支付上年地价/更新长贷/还本付息				
4	提交土地竞价表/支付保证金				
5	支付本年地价/获取土地证/申请长贷				

续表

序号	运营流程	1Q	2Q	3Q	4Q
6	编制年度计划/现金预算表				
7	预售/房屋完工交付/销售				
8	填写销售成本结转表/结转成本				
9	更新短贷/还本付息/申请短贷				
10	规划设计/规划报批/提交开工计划				
11	项目开工/分摊地价/支付前期费用				
12	推进工程/支付建安费				
13	项目完工/支付配套建设费/开发间接费				
14	增值物业建设				
15	填写动态成本跟踪表				
16	获取预售许可证				
17	支付运营费用				
18	新市场开拓				
19	现金收入总计				
20	现金支出总计				
21	期末现金对账(填余额)				
22	年终结账				

销售成本明细表

成本项目	土地	前期	建安	间接	配套	增值	合计
金额							

营业费用明细表

项目	运营费用	近郊开拓	远郊开拓	合计
金额				

利润表

项目	金额
销售收入	
销售成本	
销售毛利	
税金	
营业费用	
运营利润	
财务费用	
营业利润	
营业外收支	
利润	
1. 利润表中，税金＝当年销售收入×20％。 2. 没收的保证金计入营业外支出。	

资产负债表

项目	期初数	期末数	项目	期初数	期末数
流动资产			负债		
现金			短期借款		
存货			应付账款		
已完工开发产品			预收款项		
在建开发产品			应交税金		
拟开发产品			长期借款		
流动资产合计			负债合计		
非流动资产			所有者权益		
长期股权投资			实收资本		
固定资产			以前年度未分配利润		
在建工程			当年利润		
非流动资产合计			所有者权益合计		
资产总计			负债和所有者权益总计		

企业经营目标及计划安排

经营目标	
第一年	第二年
第三年	第四年

【第一年】

运营流程表

序号	运营流程	1Q	2Q	3Q	4Q
1	年度经营规划会				
2	支付税金(上一年销售额×20%)				
3	支付上年地价/更新长贷/还本付息				
4	提交土地竞价表/支付保证金				
5	支付本年地价/获取土地证/申请长贷				
6	编制年度计划/现金预算表				
7	预售/房屋完工交付/销售				
8	填写销售成本结转表/结转成本				
9	更新短贷/还本付息/申请短贷				
10	规划设计/规划报批/提交开工计划				
11	项目开工/分摊地价/支付前期费用				
12	推进工程/支付建安费				
13	项目完工/支付配套建设费/开发间接费				
14	增值物业建设				
15	填写动态成本跟踪表				
16	获取预售许可证				
17	支付运营费用				
18	新市场开拓				
19	现金收入总计				
20	现金支出总计				
21	期末现金对账(填余额)				
22	年终结账				

销售成本明细表

成本项目	土地	前期	建安	间接	配套	增值	合计
金额							

营业费用明细表

项目	运营费用	近郊开拓	远郊开拓	合计
金额				

利润表

项目	金额
销售收入	
销售成本	
销售毛利	
税金	
营业费用	
运营利润	
财务费用	
营业利润	
营业外收支	
利润	
1. 利润表中，税金＝当年销售收入×20%。 2. 没收的保证金计入营业外支出。	

资产负债表

项目	期初数	期末数	项目	期初数	期末数
流动资产			负债		
现金			短期借款		
存货			应付账款		
已完工开发产品			预收款项		
在建开发产品			应交税金		
拟开发产品			长期借款		
流动资产合计			负债合计		
非流动资产			所有者权益		
长期股权投资			实收资本		
固定资产			以前年度未分配利润		
在建工程			当年利润		
非流动资产合计			所有者权益合计		
资产总计			负债和所有者权益总计		

第一年年终总结

本年度目标：

经营情况：

成功之处：

存在问题：

改进方法：

【第二年】

运营流程表

序号	运营流程	1Q	2Q	3Q	4Q
1	年度经营规划会				
2	支付税金(上一年销售额×20%)				
3	支付上年地价/更新长贷/还本付息				
4	提交土地竞价表/支付保证金				
5	支付本年地价/获取土地证/申请长贷				
6	编制年度计划/现金预算表				
7	预售/房屋完工交付/销售				
8	填写销售成本结转表/结转成本				
9	更新短贷/还本付息/申请短贷				
10	规划设计/规划报批/提交开工计划				
11	项目开工/分摊地价/支付前期费用				
12	推进工程/支付建安费				
13	项目完工/支付配套建设费/开发间接费				
14	增值物业建设				
15	填写动态成本跟踪表				
16	获取预售许可证				
17	支付运营费用				
18	新市场开拓				
19	现金收入总计				
20	现金支出总计				
21	期末现金对账(填余额)				
22	年终结账				

销售成本明细表

成本项目	土地	前期	建安	间接	配套	增值	合计
金额							

营业费用明细表

项目	运营费用	近郊开拓	远郊开拓	合计
金额				

利润表

项目	金额
销售收入	
销售成本	
销售毛利	
税金	
营业费用	
运营利润	
财务费用	
营业利润	
营业外收支	
利润	
1. 利润表中，税金＝当年销售收入×20％。 2. 没收的保证金计入营业外支出。	

资产负债表

项目	期初数	期末数	项目	期初数	期末数
流动资产			负债		
现金			短期借款		
存货			应付账款		
已完工开发产品			预收款项		
在建开发产品			应交税金		
拟开发产品			长期借款		
流动资产合计			负债合计		
非流动资产			所有者权益		
长期股权投资			实收资本		
固定资产			以前年度未分配利润		
在建工程			当年利润		
非流动资产合计			所有者权益合计		
资产总计			负债和所有者权益总计		

第二年年终总结

本年度目标：

经营情况：

成功之处：

存在问题：

改进方法：

【第三年】

运营流程表

序号	运营流程	1Q	2Q	3Q	4Q
1	年度经营规划会				
2	支付税金(上一年销售额×20%)				
3	支付上年地价/更新长贷/还本付息				
4	提交土地竞价表/支付保证金				
5	支付本年地价/获取土地证/申请长贷				
6	编制年度计划/现金预算表				
7	预售/房屋完工交付/销售				
8	填写销售成本结转表/结转成本				
9	更新短贷/还本付息/申请短贷				
10	规划设计/规划报批/提交开工计划				
11	项目开工/分摊地价/支付前期费用				
12	推进工程/支付建安费				
13	项目完工/支付配套建设费/开发间接费				
14	增值物业建设				
15	填写动态成本跟踪表				
16	获取预售许可证				
17	支付运营费用				
18	新市场开拓				
19	现金收入总计				
20	现金支出总计				
21	期末现金对账(填余额)				
22	年终结账				

销售成本明细表

成本项目	土地	前期	建安	间接	配套	增值	合计
金额							

营业费用明细表

项目	运营费用	近郊开拓	远郊开拓	合计
金额				

利润表

项目	金额
销售收入	
销售成本	
销售毛利	
税金	
营业费用	
运营利润	
财务费用	
营业利润	
营业外收支	
利润	
1. 利润表中，税金＝当年销售收入×20％。 2. 没收的保证金计入营业外支出。	

资产负债表

项目	期初数	期末数	项目	期初数	期末数
流动资产			负债		
现金			短期借款		
存货			应付账款		
已完工开发产品			预收款项		
在建开发产品			应交税金		
拟开发产品			长期借款		
流动资产合计			负债合计		
非流动资产			所有者权益		
长期股权投资			实收资本		
固定资产			以前年度未分配利润		
在建工程			当年利润		
非流动资产合计			所有者权益合计		
资产总计			负债和所有者权益总计		

第三年年终总结

本年度目标：

经营情况：

成功之处：

存在问题：

改进方法：

【第四年】

运营流程表

序号	运营流程	1Q	2Q	3Q	4Q
1	年度经营规划会				
2	支付税金(上一年销售额×20%)				
3	支付上年地价/更新长贷/还本付息				
4	提交土地竞价表/支付保证金				
5	支付本年地价/获取土地证/申请长贷				
6	编制年度计划/现金预算表				
7	预售/房屋完工交付/销售				
8	填写销售成本结转表/结转成本				
9	更新短贷/还本付息/申请短贷				
10	规划设计/规划报批/提交开工计划				
11	项目开工/分摊地价/支付前期费用				
12	推进工程/支付建安费				
13	项目完工/支付配套建设费/开发间接费				
14	增值物业建设				
15	填写动态成本跟踪表				
16	获取预售许可证				
17	支付运营费用				
18	新市场开拓				
19	现金收入总计				
20	现金支出总计				
21	期末现金对账(填余额)				
22	年终结账				

销售成本明细表

成本项目	土地	前期	建安	间接	配套	增值	合计
金额							

营业费用明细表

项目	运营费用	近郊开拓	远郊开拓	合计
金额				

利润表

项目	金额
销售收入	
销售成本	
销售毛利	
税金	
营业费用	
运营利润	
财务费用	
营业利润	
营业外收支	
利润	
1. 利润表中，税金＝当年销售收入×20％。 2. 没收的保证金计入营业外支出。	

资产负债表

项目	期初数	期末数	项目	期初数	期末数
流动资产			负债		
现金			短期借款		
存货			应付账款		
已完工开发产品			预收款项		
在建开发产品			应交税金		
拟开发产品			长期借款		
流动资产合计			负债合计		
非流动资产			所有者权益		
长期股权投资			实收资本		
固定资产			以前年度未分配利润		
在建工程			当年利润		
非流动资产合计			所有者权益合计		
资产总计			负债和所有者权益总计		

第四年年终总结

本年度目标：

经营情况：

成功之处：

存在问题：

改进方法：

【第五年】

运营流程表

序号	运营流程	1Q	2Q	3Q	4Q
1	年度经营规划会				
2	支付税金(上一年销售额×20%)				
3	支付上年地价/更新长贷/还本付息				
4	提交土地竞价表/支付保证金				
5	支付本年地价/获取土地证/申请长贷				
6	编制年度计划/现金预算表				
7	预售/房屋完工交付/销售				
8	填写销售成本结转表/结转成本				
9	更新短贷/还本付息/申请短贷				
10	规划设计/规划报批/提交开工计划				
11	项目开工/分摊地价/支付前期费用				
12	推进工程/支付建安费				
13	项目完工/支付配套建设费/开发间接费				
14	增值物业建设				
15	填写动态成本跟踪表				
16	获取预售许可证				
17	支付运营费用				
18	新市场开拓				
19	现金收入总计				
20	现金支出总计				
21	期末现金对账(填余额)				
22	年终结账				

销售成本明细表

成本项目	土地	前期	建安	间接	配套	增值	合计
金额							

营业费用明细表

项目	运营费用	近郊开拓	远郊开拓	合计
金额				

利润表

项目	金额
销售收入	
销售成本	
销售毛利	
税金	
营业费用	
运营利润	
财务费用	
营业利润	
营业外收支	
利润	
1. 利润表中，税金＝当年销售收入×20%。 2. 没收的保证金计入营业外支出。	

资产负债表

项目	期初数	期末数	项目	期初数	期末数
流动资产			负债		
现金			短期借款		
存货			应付账款		
已完工开发产品			预收款项		
在建开发产品			应交税金		
拟开发产品			长期借款		
流动资产合计			负债合计		
非流动资产			所有者权益		
长期股权投资			实收资本		
固定资产			以前年度未分配利润		
在建工程			当年利润		
非流动资产合计			所有者权益合计		
资产总计			负债和所有者权益总计		

第五年年终总结

本年度目标：

经营情况：

成功之处：

存在问题：

改进方法：

【第六年】

运营流程表

序号	运营流程	1Q	2Q	3Q	4Q
1	年度经营规划会				
2	支付税金(上一年销售额×20%)				
3	支付上年地价/更新长贷/还本付息				
4	提交土地竞价表/支付保证金				
5	支付本年地价/获取土地证/申请长贷				
6	编制年度计划/现金预算表				
7	预售/房屋完工交付/销售				
8	填写销售成本结转表/结转成本				
9	更新短贷/还本付息/申请短贷				
10	规划设计/规划报批/提交开工计划				
11	项目开工/分摊地价/支付前期费用				
12	推进工程/支付建安费				
13	项目完工/支付配套建设费/开发间接费				
14	增值物业建设				
15	填写动态成本跟踪表				
16	获取预售许可证				
17	支付运营费用				
18	新市场开拓				
19	现金收入总计				
20	现金支出总计				
21	期末现金对账(填余额)				
22	年终结账				

销售成本明细表

成本项目	土地	前期	建安	间接	配套	增值	合计
金额							

营业费用明细表

项目	运营费用	近郊开拓	远郊开拓	合计
金额				

利润表

项目	金额
销售收入	
销售成本	
销售毛利	
税金	
营业费用	
运营利润	
财务费用	
营业利润	
营业外收支	
利润	
1. 利润表中，税金＝当年销售收入×20%。 2. 没收的保证金计入营业外支出。	

资产负债表

项目	期初数	期末数	项目	期初数	期末数
流动资产			负债		
现金			短期借款		
存货			应付账款		
已完工开发产品			预收款项		
在建开发产品			应交税金		
拟开发产品			长期借款		
流动资产合计			负债合计		
非流动资产			所有者权益		
长期股权投资			实收资本		
固定资产			以前年度未分配利润		
在建工程			当年利润		
非流动资产合计			所有者权益合计		
资产总计			负债和所有者权益总计		

第六年年终总结

本年度目标：

经营情况：

成功之处：

存在问题：

改进方法：

学习总结

本次沙盘模拟过程中，令你印象最深刻的内容是什么？

如果有机会继续经营或重来，你会如何做？

通过此次沙盘模拟，你认为决定房地产企业经营成败最关键的因素是什么？

WUXIANG WENHUA JICHENG
WUXIANG HONGSE WENHUA
XIEYING

武乡文化集成 · 卷二

陈建祖 主编

武乡红色文化撷英

不能忘却的初心 温海明 主编

国际友人在武乡

郝雪廷 著

中国文史出版社

总　序

甲辰之岁，万象更新。武乡热土上，乘新时代之春风，政治、经济、文化一体推进，正所谓政通人和，百业俱兴。

自古以来，莫不盛世修书，藉以兴文化俗。今有《武乡文化集成》之问世，摘精选要，撷英荟萃，乃国内县域文化系统整理出版之巨创，亦寻祖根，追文脉，固根基，增强文化自信之壮举，可庆可贺也！

文化之兴，缘于地理；或曰据于地理，乃出人文。

太行逶迤，上党巍巍，雄视华北，俯控中原，自古乃兵家必争之地。元人熊戴歌咏曰："天下多名山，太行居第一。泽潞伯仲间，上党天下脊。屹立界中原，形势控南北。"武乡踞上党北缘，乃千年名邦，抗战圣地。其东有板山竦立，如长城蜿蜒；其中有漳河流金，泽润乡里；其西则俯视晋中，藏风聚气。此土此境，古有商周遗物，有石勒要寨，有寺院林立，绵绵不绝，而民风俭啬，勤于耕读，崇尚勇武，远近闻名。清代乾隆《武乡县志》"风俗篇"云："武乡之为县，在万山中，金玉珠贝无所产，商贾舟车不至，民安于畎亩、诵读，无逐末游食、猎取富贵之人。""其民质而不訾，其俗俭而不猥。"此乃武乡传统文化之概要，民风之底色，文化渊源之所自。追溯千余年传统文化，不亦绵长醇厚乎！

帝制灭而共和兴，社稷衰而危亡存，仁人志士，前赴后继，奋起斗争。武乡籍共产党人、革命先驱李逸三、史怀壁、武三友等，建立中共武乡县委员会，组织"五抗"，风起云涌，艰险曲折，板山漳河间，闪耀赤色曙光。全面抗战始，抗日烽火燃烧在太行山上，八路军总部、中共中央北方局、一二九师师部开进武乡，先后驻武乡王家峪、砖壁诸地，朱德、彭德怀、左权、刘伯承、邓小平、杨尚昆等在此指挥抗战，武乡乃成太行根据

地之重镇。长乐村战斗，歼寇两千；百团大战，威震敌胆。柳沟设兵工厂，肇始军火生产，装备抗日武装；抗大、鲁艺，学校遍及山乡僻壤，培植红色基因。武乡儿女，慷慨参军，牺牲何止千万；家乡父老，纳鞋交粮，自愿支援前线；太行奶娘，忘我取义，哺育革命后代。仰望太行之巅，遍布民族脊梁；回首抗战圣地，鲜血浸染。《少年先锋》，如诗华章；抗战篇章，辉煌绚烂。此乃武乡近世文化之鲜明本色。回首武乡之红色文化，不亦感人至深乎！

斗转星移，国运昌隆；改革开放，其命维新。武乡大地，文脉绵延，异彩纷呈。其初有高沐鸿之《太行吟》，冈夫之《故城谣》，张万一之剧作《小二黑结婚》，歌咏烽火岁月，隽永悠长；继之有寓真之《行道集》，赓续家国情怀，书写不尽之乡愁。抗战文化则梳理备至，书写将军之百战智勇，战士之慷慨赴死，军火之急急生产，民众之纷纷支前，友邦之慷慨资助，红色文化，洋洋大观。作者群起，深研备至，提炼太行精神，表彰抗战英模，可歌可泣，化育万民，进而为新时代不忘初心、继续前进之强大动能。回首七十年文化景象，不亦壮观乎！

武乡文化，厚重绵长，总而成之，采而辑之，舍我其谁！县委县政府下决心，定大计，集贤能，编方案，以规范性、系统性、权威性为基准，博采旁搜，摘取英华，卷次三分。首卷为历史文化，通览千载；继之以红色文化，特色引领；卷三是现当代文化，文苑集萃，遂成20册，汇千万字，煌煌然为武乡文化史上之空前巨著。武乡文脉，一以贯穿，高如板山，长若漳河，实乃空前之壮举，既为资政要览，亦成万民寻根溯源、永久承传之宝典，具彰往而昭今之效，其价值、意义不言而喻，无庸赘述焉。是为序。

中共武乡县委员会

武乡县人民政府

2024年6月

凡　例

一、本丛书以马克思列宁主义、毛泽东思想、邓小平理论、“三个代表”重要思想、科学发展观、习近平新时代中国特色社会主义思想为指导，选取武乡文化精华，编纂而成。

二、本丛书以基础性、系统性、权威性为基本编纂标准。

三、本丛书以武乡籍贯的作者为主要选取对象，以描写或记述当今武乡地域范围内的文化为内容选取标准。

四、本丛书选取的著作体裁不限，主要选取学术著作和文学作品。为了全面记述武乡的历史文化，特别组织作者新撰了武乡历史文化的通览性著作。

五、本丛书按照历史通览、文化特色、时代新篇为基本分卷依据，分武乡历史文化通览、武乡红色文化撷英、武乡现当代文化集萃3卷，共33种著作，编为20册。

六、本丛书为集成性著作，尊重原著内容的完整性，一般不作增删；为保持观点正确、内容准确、体例统一所做的修订，均经作者完成，并经专家予以审定。

七、本丛书对每一部入选著作的内容及其作者均予简介，以便阅读和使用。

八、本丛书根据各书特点而区别整理方式，涉及古文、文献等，予以标点，并适当注释；涉及文化遗产等内容，则以图文结合的方式予以记述。

目　录

不能忘却的初心

温海明　主编

国际友人在武乡

郝雪廷　著

不能忘却的初心

温海明　主编

【主编简介】

温海明，1977 年生，武乡县故城镇温家沟村人，中共党员，大学本科学历。1996 年参加工作，历任武乡县故城中学教师，贾豁乡、石北乡副乡长，丰州镇组织委员。2017 年后任中共武乡县委党史研究室（武乡县地方志研究室）主任，主编了《武乡县志（1978—2016）》《中国共产党武乡县历史（1949—1978）》《武乡县志（康熙版）》（影印版）和 2017 年至 2023 年《武乡年鉴》。

【内容简介】

本书辑录了武乡县老革命家的回忆文章，分四部分。第一部分有李逸三、史怀壁、赵瑞壁、武三友、程容五位中共武乡县委党组织的创始人的回忆，集中反映出武乡党组织创建初期革命家们英勇无畏的革命活动和光辉业绩。其中武乡县第一任县委书记李逸三的回忆文章之下，附录了他的回忆录、老同志座谈会记录、李逸三给革命烈士后人的书信，以及山西籍革命家杜任之记录与李逸三的交往等。这些内容是有关李逸三革命经历比较全面的记录，史料价值很高。史怀壁的回忆录很长，限于篇幅，仅摘录了他对 1948 年任职晋中行署副主任前革命活动的回忆。第二部分收录武灵初、高沐鸿、武光汤、武骏图、赵圭壁、李衍授、史玉麟、姜一等革命家的回忆文章，主要内容是对大革命时期和抗战时期革命活动的记录。第三部分收录温建平、李友九、麻贵书、赵迪之、姜一、王平等革命家的回忆录，集中记录他们在武乡从事根据地建设的经历。第四部分是曾在武乡长期战斗的肖永银将军充满激情的文章，既是他在武乡斗争的亲切回忆，也是对武乡人民对中国人民独立和解放事业做出巨大贡献的高度评价。

序

我们研究中国革命史和抗战史，会发现一个有趣的现象，那就是中国革命和中国抗战都是把力量积蓄在三省交界处，如鄂豫皖、陕甘宁、晋察冀、晋冀豫等。在抗日战争时期，处在晋冀豫交界处的县有武乡、辽县(今左权县)、黎城、涉县、武安、林县、磁县等，这个地区退可固守太行，进可北入河北，南下河南，东到山东。在这些县中，武乡较早建立起党组织并开展了轰轰烈烈的“五抗”运动，被阎锡山当局确定为全省“四大赤县”之一。到1938年，八路军来到太行山时，武乡已经有了143个党支部，2500余名党员。得益于这样良好的党组织基础，抗战时期，八路军总部、中共中央北方局、129师部选择进驻武乡，武乡成为华北敌后抗战的指挥中枢，孕育和形成了伟大的太行精神，在世界反法西斯的正义之战中写下了浓墨重彩的一笔。

武乡县成为全国著名的革命老区之一，享誉“八路军的故乡，子弟兵的摇篮”“抗战圣地、红色武乡”。党的二十大以来，武乡在习近平新时代中国特色社会主义思想的指引下，高举弘扬太行精神的旗帜，深入挖掘八路军抗战文化，走上了红色文旅融合的高质量发展之路。抚今追昔，武乡党组织创始人功莫大也！历史是最好的教科书，历史是最好的老师，再一次阅读中共武乡党组织创始人和革命前辈的亲笔回忆自述，我们又一次触摸到了共产党人那可贵的初心和崇高的使命，也有了更深刻的理解。

初心是为民族谋复兴。1927年，李逸三在从大连去上海的途中，乘坐的是日本的轮船，在甲板上他看到了船舷上挂着的木牌上赫然写着：“洋人在上，华人止步”，直气得咬牙切齿，亲身感受了民族遭受凌辱，下定决心寻求办法拯救苦难中的老百姓。

初心是与人民为伍。李逸三、史怀璧、高沐鸿都出身于富裕家庭，衣食无忧。李逸三的爷爷是经营性地主，有200多亩土地，还雇着3个长工，后虽衰败，但仍然属于富裕中农家庭。史怀璧的家族在全县也很有声望，家族有地300余亩。高沐鸿家有地100余亩，不仅能收取地租，还经营运输业。但是他们为了人民，为了革命，都脱离了自己的阶级，站到了广大穷苦人民的一边，在全县发动了针对地主的“五抗”（抗租、抗债、抗粮、抗税、抗丁）运动。

初心是斗争的勇气。1921年，李逸三考入县乙种农校，农校办在瘟神庙，庙的正殿有瘟神爷的泥胎塑像。李逸三的同学们常给瘟神爷烧香磕头，希望神灵保佑，李逸三却觉得十分好笑，并且大着胆子将瘟神爷的两颗眼珠抠掉，吓得其他同学大惊失色。那年，李逸三才15岁。再看史怀璧，1934年春节，武乡党组织被破坏，他被通缉躲到代县。在代县看到阎锡山的炮兵司令周玳赶走穷人，霸占一条街巷，并安上电灯时，仍然不顾被捕的危险，和铁銮在深夜将周家的电灯打坏，为老百姓出气。段村（今城关村）选举村长，村里曾在太原任国民党反省院院长的武誓彭亲自压阵，以武三友为首的抗债团坚持斗争，最终把倾向革命的武子会选为村长，取得了胜利。

初心是革命的志同道合。1926年，北伐军占领武汉，新成立的黄埔军校招生，李逸三决定投笔从戎，但是路费不够。结果是王玉堂资助20元，武灵初、高沐鸿各支援30元，李逸三自己有20元，就这样凑够100元去武汉考的军校。1928年，高沐鸿在太原听说李逸三要回家乡，怕他被捕，又托人给李逸三送去50元路费。更让人钦佩的是，沐鸿还以青年李逸三革命事迹为原型创作了长篇小说《少年先锋》，1929年由北平震东印书馆印刷发行。1933年8月，中共武乡县委召开成立大会也是高沐鸿提供的场所（在他家的西屋进行的）。

初心是做人的正直与真诚。新中国成立后，少数进城的党员干部，走上贪图享受、追求声色的道路，其中有人抛弃自己早年在农村的糟糠之妻，另结新欢。史怀壁的爱人王善玲当时在劳动部任副司长，对此现象深恶痛绝，在支部会上对某些领导进行了批评，结果在后来的反右扩大化中被打为右派，被安排到修建人民大会堂的工地上打石头。“文化大革命”期间，她又被造反派斗来斗去，停发工资，挂着牌子扫厕所。史怀壁和妻子不离不弃，为了安慰落难的妻子，他向妻子表示决不和她离婚，还让小儿子随母姓，取名“王真”。

初心是历经磨难始终坚持信仰。李逸三两次被学校开除，两次被捕，“文化大革命”时期接受审查靠边站长达12年，始终没有改变他为共产主义奋斗终生的初心。离休后又办起中国第一所民办大学，为民办大学奔走十余年。1995年，九十高龄的他还捐资1万元资助家乡武乡中学优秀学生。

第二个一百年的宏伟画卷已经展现在我们面前！读完革命自述，脑海不由地想起朱德元帅写给先烈们的话：“你们活在我们的记忆里，我们活在你们的事业里。”不负革命先辈，砥砺前行。为武乡，更为我们这个伟大的时代！

温海明

第一部分

武乡地下党组织创建经过

李逸三

我们武乡党组织的历史，和中国共产党的历史是分不开的，只有联系起来看，有些问题才能看得更加清楚。

因此，我的回忆要从我们中国共产党的历史说起。

1917 年十月革命的炮声，给中国送来了马列主义，并惊醒了中国的无产阶级和革命人民。因此，仅仅隔了一年多，就爆发了 1919 年的五四运动；又隔了两年多，在 1921 年 7 月 1 日诞生了中国共产党。

我党诞生了仅仅三年，就在国共合作的条件下，参加了中国的第一次国内革命战争，即北伐战争。当时，太原的武乡籍青年学生首先接受了这一伟大的新思潮，如高成哲在太原一师首批参加了共产主义青年团。

武乡的封建堡垒，阻挡不住风起云涌的革命思潮。1925 年春，武乡县立师范学校，在籍雨农等进步师生的发动下，开展驱逐顽固校长的学潮，师生集体罢课一周。这样就触怒了反动势力，在阎锡山县政府的干涉下，籍雨农和我被迫离校。1926 年秋，为了冲击武乡封建堡垒，高沐鸿等十余人在太原组织了“星光社”，出版《星光月刊》，目的是揭露山西反动统治阶级的罪恶，重点是打击武乡的封建势力。我们公开地抨击贪官吕绍岩、污吏魏山珠，揭露了他们贪污公款、鱼肉乡民等事实。这是武乡有组织、有领导的一次革命斗争。“星光社”的社长是高沐鸿，《星光月刊》的编辑是我。

1926年冬，高沐鸿等寒假返乡时，恼羞成怒的吕绍岩唆使魏山珠出面控告“星光社”。因此，在农历腊月十五前后，将高沐鸿、杜辅唐等十余人逮捕下狱。

这时，在《星光月刊》的影响下，团结起来的革命青年和进步人士，如武光汤、武济川等在外奔走营救，发动群众，散发传单。魏山珠做贼心虚，自杀被救，狼狈潜逃。吕绍岩知道“星光社”人众势大，在宣判高沐鸿等人时，就把衙门关上，这更激起群众公愤。适逢城内赶集，进步力量鼓动群众千余人，在县城示威请愿，并用石头砸开县衙的大门。吕绍岩要把高沐鸿等下狱，高沐鸿等抗拒，吕绍岩无奈，只好全部释放。第二天，吕绍岩假借迎接阎锡山出巡上党，弃官潜逃。这是武乡民主势力在共产主义影响下，初次斗争的大胜利。

上面所说的，是在武乡地下党组织的孕育阶段，武乡人民进行革命斗争的一些情况。

在这次反对文字狱的斗争前，我已离开太原国民师范，出了娘子关，绕道北京、天津、大连、青岛、上海等地到达武汉，考入中央军事政治学校。

当时我看了两本书，一本是《政治经济学大纲》，另一本是《通俗资本论》。书内主要是讲资本主义为什么一定要发展到共产主义，是宣传马列主义的。由于受了这种宣传的影响，我才决心信仰共产主义，并拥护共产党。1927年1月，我给母校太原国民师范的薄一波同志等领导的“青年学社”写过一封信，说明我赞成共产主义并拥护共产党，他们曾把这封信公布在学校的公告栏上。

1927 年 12 月，我在广州由严育英同志（原武汉军校同学）介绍，加入了中国共产党，当时正是中国革命处于低潮的阶段。

当时，我是军官教导团学员，我参加了党领导的广州起义。在起义中，我受了伤，在李锦铭同志的掩护下离开了广州。1928 年 3 月，我到上海找到了党的组织，后来我被党派到了蒋介石的军队里做“兵运工作”。

1929 年至 1930 年，我在湘鄂西苏区的红军里工作。

1930 年冬至 1932 年夏，是在湖北坐监狱。1932 年夏，因伪国民政府颁布《疏通监狱令》，被释放出狱。

出狱后到了上海，因为浦秀文同志病故，失去组织联系，我于 1932 年 10 月由南方返回武乡。

当时山西的地主阶级开始分化出官僚资本集团，大军阀阎锡山是这个集团的首领，他的封建魔爪已经伸到了武乡。

当时武乡的土地集中在“四大家、八小家”等地主豪绅手里。地主赵晋祥等勾结地方官衙，网罗土豪劣绅，成立了什么“好人团”“国货实践团”，从政治上、经济上巩固地主阶级的封建统治。他们除用高租暴利、重赋杂税等封建手段剥削农民外，还设立了“官盐店”“土货商场”等官僚资本，加重对农民的掠夺。阎锡山还规定，凡家产不到五百元银洋以上者不能当村长。这样从县衙到村政，从政治到经济，形成了封建势力的一统天下。广大群众被压榨得倾家荡产，流离失所，卖儿卖女，处于水深火热之中。地主阶级大量兼并土地，造成田园荒芜，农村凋敝，万户破产。这种形势，就像是一堆干柴，一点就燃。因此，我回到家乡不久，就开始和本村北良侯的贫雇农李尚文、李华英等一起酝酿闹革命，首先组织抗债团，向封建地主、官僚资本开展斗争。

当时，武乡在外地为革命奔走的进步青年王玉堂、段若宗、李畯、魏煜、段宏绪、武华、郝淇、陈德荣、李晧、李晔、赵圭璧等，先后在太原、北平等地加入中国共产党或党的外围组织。他们经常邮寄革命书报，供应了武乡县进步力量以精神食粮；经常进行革命联系，鼓舞了我们的斗争意志。有时，他们在返乡期间，积极宣传共产主义，进行发动群众工作。如武华等同志，1931 年就在段村组织党的外围组织——抗日反帝大同盟支部，并于深夜在地洞里油印革命宣传品，让同情革命的警察把传单贴在县衙门的大堂上。他们的这些活动，对武乡县革命力量的发展是有影响力和推动力的。

武乡新旧势力的斗争十分尖锐。早在 1931 年冬天，在从太原返乡的武光汤、赵益三、魏玉田等推动下，武乡县曾爆发了第二次反贪污的运动。组织群众揭发冯军退驻武乡时县长张扬祚的贪污劣行。武光汤等用标语传单揭露张的劣迹，张要捕武，学生聚集县城示威反抗，后来省政府对张要撤职查办，张借口到蟠龙验尸，绕道西营逃跑。接着，群众捣毁了张扬祚的“勤政爱民匾”和“德政碑”。

1933 年春天，我们为了进一步发展革命力量，在高沐鸿、武光汤等人的倡议下，经县长吕曰新同意，在县城创办了《武乡周报》，社长前为高沐鸿、后为武光汤，我和武骏图是编辑。《武乡周报》采取公开合法的形式，进行了反对帝国主义、反对封建主义等的宣传，从中传播革命思想，鼓舞群众斗志。如在反对阎锡山官盐店的社论中揭露其剥削真相，群众一斗黄米只能换二斤小盐，激起民众公愤。在报纸的启发下，全县人民陆续向县城和蟠龙、洪水等集镇的官盐店展开了尖锐激烈的斗争。

1933 年夏天，我利用去县立师范讲课的合法身份给学生们大讲了马列主义的基本理论，并启发引导他们阅读进步书报。后来，这些学生中的许多人走上了革命的道路。如王锦心、张桂森、李旭、李衍授、李步云等进步青年都加入了地下共青团。

同年夏天，我搜集了有关世界各国人民斗争的资料，编写了《二次世界大战》一书，宣传斯大林所讲的世界人民革命的理论，主要阐述了帝国主义战争的危机与发展为伟大的世界革命的前景，在结语中写了第二次世界大战必然要爆发的观点。这本小册子，共印三百册，不到月余，全部售完。

继《武乡周报》之后，我们又筹办起“武乡流通图书馆”“武乡通讯社”和“印刷合作社”等合法机构。“武乡流通图书馆”内收存进步书籍千余册，并在学校和乡村中组织了广大读者。这时，连原有的教育会、农会及新成立的周报社、图书馆、通讯社、印刷合作社共六个合法组织，都被我党所掌握，形成了一套合法的斗争机构，在团结教育青年知识分子及进步人士方面起了很大的作用，为建立武乡党的组织做好了准备工作。

与此同时，赵益三、魏玉田等同志由太原返县，设法通过县当局，在全县小学教员中组织了一次暑期讲习班，聘请太原国民师范教务主任于怡清讲教育学，成成中学教师李曙放讲“现代思潮”，宣传了辩证唯物主义等马列主义观点。讲学结束后，史怀璧、赵益三、赵瑞璧（即赵向荣）等人发起组织了“现代思潮研究会”。

1933 年，我为了和上级党组织取得联系，曾两次到过太原。春天上太原没找到党组织，到了 6 月，我又二次去太原，终于找到了党的组织关系。我向组织上汇报武乡的工作情况时，段若宗同志在一旁高声读书作掩护，魏玉田在院子里放哨。之后，立即得到回县建立党组织的明确指示。

我返县后，先后发展了史怀璧、赵瑞璧、武三友等人入党，于当年七月（农历）上旬的某日，在县城高沐鸿家西房正式成立县委领导机关。开始是我和赵瑞璧、史怀璧三人，我是书记，瑞璧分管组织，怀璧分管宣传，后来增加了武三友、程登瀛。那次会议开了一上午，我传达了太原特委的指示后，讨论了当时的工作。这次会议的决定主要是：（1）积极发展党的组织，主要从“抗债团”的积极分子中选拔；（2）出版党内刊物《上党红花》，以教育党员；（3）加强对“抗债团”的领导，推动开展群众性的五抗运动（抗债、抗租、抗粮、抗税、抗丁）；（4）全县分东区、中区、西区三个党的活动地区。县委分工，我负责西区，史怀璧、武三友负责中区，赵瑞璧、程登瀛负责东区。后来东区以窑头、中区以段村、西区以北良侯这三个村为中心，成立了三个党支部。窑头支部由李福元任支书，段村支部由武三友兼任支书，北良侯由李尚文任支书。从此，武乡党的组织就在农村扎下了根。

当时，因阎锡山银行倒闭，晋钞作废，农民最头痛的是还债，最仇恨的是债主。所以，抗债团发展非常迅速，仅1933年，就发展了抗债团团员二百多人。秋初，借用“流通图书馆”的地址，召开了农民抗债团成立大会。出席者有武三友、李尚文、李福元、王锦心、武贵同、赵瑞璧、史怀璧、武光汤、高沐鸿、李逸三等十余人。会中推选雇工武三友为团长，李尚文为副团长。

农民运动逐渐开展起来后，不少地主惧怕农民人多力大，停止收租要账。

抗债团是秘密性的地下组织，是党的外围组织。为了活动方便，表面上采取了“桃园结义”“拳房学武”和“姐妹会”“钱子会”等旧名义，进行公开活动。

同时，我们组织了“共产主义青年团”，由王锦心领导。这时，县党委、抗债团、青年团成为武乡党的三种地下活动机构。

当时，依据上级党的指示，武乡党的工作是注意继续发动农民进行“五抗”运动，准备实行土地革命，为建立苏维埃与工农红军创造条件。因此，我们对武装斗争的准备工作，特别加以注意。我们曾采取了以下措施：

（1）鼓励党员和抗债团团员参加练武活动。东、西、中三个支部都加强了拳房工作。东区支部魏名扬、姜一、李德盘等组成的拳房，人数最多。武三友、李尚文等，也都成了拳师。

（2）我们调查了官兵分布的情况，并派党员魏怀德等三人打入伪警察局，准备里应外合，夺取武装。

为了配合当时的政治斗争，我们编辑出版了《上党红花》等秘密书刊。

为什么叫《上党红花》？因为武乡地形是个黄瓜形，东西长、南北窄，党组织一发展，就波及沁县、襄垣、榆社等邻县，故取名“红花”，又加“上党”二字。

1933年冬，我们展开了要求田赋归村征收的斗争。那时，县府征收田赋，是通过商号和里甲，沿用着清朝遗留下来的征收方法。政府每亩粮银只征收三元三角三分钱，商号投标包收是一层剥削，里甲头目又加一层剥削。因此，农民每亩粮银实支十元以上。由于要求田赋归村征收的斗争得到胜利，废除了中间的层层剥削，使武乡城内鱼肉农民的钱粮商号纷纷倒闭。

在这一连串的斗争中，年轻的武乡党组织，得到了锻炼和考验。但地主豪绅对共产党恨之入骨，而且被阎锡山省政府视为眼中钉。再加上1933年11月北京国民党宪兵三团，从被捕入狱的武乡旅京学生武华、李旭华等人的住处搜查出武乡周报社寄去的书报信件，宪兵三团向山西作了通报，因此，山西省当局就把武乡划为山西“四大赤县”之一。

党领导广大农民群众进行斗争，引起统治阶级的恐惧和仇恨，乡间地主豪绅纷纷秘密告状。县公安局局长拿上我写的《二次世界大战》一书去太原和国民党大特务武誓彭密谋，要逮捕我们。在1934年春节的夜里，武乡县公安局派出警察，半夜包围了我家。清晨时分，巡官带着警察，冲进我家里，我问他们：“你们要干什么？”巡官说：“县长请你回县。”就这样，他们把我捕回了县衙，囚禁在监狱旁的一座空院里。同一天，武光汤和武骏图也被捕，关在这个院子东头的房间里。共青团员张超也被捕押起来，关在另一处。与此同时，对高沐鸿、史怀璧下了通缉令。

我们被捕后，周报社、图书馆、印刷社都被查封。但由于群众拥护共产党，敌人查封了图书馆后，同情者连夜从天窗进去，把重要书籍偷偷拿出，并做了转移。当时，搜查周报社的办公桌时，曾发现我们清理时遗漏下的一本《上党红花》。我方同情者高福成也参加了搜查，他利用公安局局长梁楫注意力不在这里时，迅速把这本《上党红花》踢到地炉里烧毁，没有被敌人搜去。

我被捕到县政府时，立即给我戴上手铐脚镣，当时衙役为此吓得冒汗。到了夜里，看守我的巡警为我心惊胆战，事后他们说："你白天面不改色，夜里呼呼睡觉，真想不到。"当武三友去监狱探望我时，我还暗示他要注意隐蔽，继续斗争。最后，县政府把我们押到太原法院，把我编写的《二次世界大战》一书，作为"罪证"，加上"宣传共产"的罪名，判处我有期徒刑六年，送进山西第一监狱。后又转到国民党山西反省院。

事后知道，武乡党组织遭受这次破坏后不久，在赵瑞璧、程登瀛等同志的领导下，接受过去不注意隐蔽的教训，进一步转入秘密活动，继续坚持了革命斗争，为抗战开始八路军总部在武乡县开辟抗日革命根据地奠定了政治基础。

附一：李逸三回忆录

1906年11月1日，我出生在山西武乡北良侯村一个中农家庭。母亲任三桃生了十三个孩子，其中夭折了六个。我有三个姐姐、一个妹妹、两个弟弟。我曾祖父在世时，种两顷土地，雇用着三个长工，属经营地主。我祖父李忠寿习文练武，中了武秀才，还想再中武举，由于考取武举需要盘缠，祖父只好将土地先后卖掉120亩，还典出40亩。得来的钱，都花费在祖父的盘缠上，结果还是没有考取。我父亲李锦标还考了文秀才，没有中。从我记事起，我看到家里还有弓箭和四书五经等古书。我的童年是比较幸福的。这大概与我家父辈以上的三代单传有关，父母对我们是十分娇惯的。这个时候，我家还有三间楼房、十间瓦房、两孔窑。我父亲全力参加劳动，加上我弟逸农、逸民，三人共种40亩地，算个富裕中农。

我六岁入私塾，八岁入本村国民小学，十一岁去高仁村上小学，十四岁考入武乡故城第四高小读书。因我难以接受该校的封建礼教，便引起校方不满。第二学期刚开学，我与几个同学凑在一起玩纸牌，碰巧被督学发现，诬为赌博被校方开除，这是1921年的事。这一年的年底，我又考入县乙种农校。农校办在瘟神庙，庙的正殿有瘟神爷的泥胎塑像，同学们常给瘟神爷烧香磕头，希望神灵保佑。我看了十分好笑，便大着胆子将瘟神爷的两颗眼珠抠掉，吓得同学们大惊失色，都说瘟神爷一定要治罪于我，但我却过得平安无事。于是同学们给我起了外号叫“火星客”，意思是地球上没有这样的人。在乙种农校，我读了许多课外书，有俄国的、德国的。这些书大都是宣扬暗杀的，吹嘘什么“一颗炸弹胜过十万卷书”，是无政府主义的。我还读了另一些书，是向太原平民中学的高空山借的。上海有个《劳工神圣》刊物，内容是讲贫富不平等，提倡婚姻自主和白话文等问题。同学和老师们大都接受不了，我却看得非常入迷，校长叫郝新民，是马牧人，对我虽不怎么满意，但我三年的学习成绩名列前茅，总算对付过来了。

1924年，乙种农校改办县立师范学校，我继续在这里读书，校长仍是郝新民。有个教员叫籍雨农，给我们带主课，他思想进步，常给我讲些革命道理，使我思想认识有了飞跃发展。这使我对学校的现状更加不满，于是便暗中发动学生罢课。这时我已十七岁，已有能力组织学生运动了。1925年4—5月，我策动学生们罢课，闹学潮，要求县长高槐撤换顽固校长。学潮闹了一周，最终又被校方开除，我只好离校返家。

回家之后住了两个多月时间，觉得有些无聊，但也考虑到自己决不能向黑暗社会屈服。于是7月我去了省城太原，到张磐石老师开办的补习班学习了一个月。这时太原国民师范和第一师范都在招生，我同时报考了这两个学校。考试结果一师考为第2名，国师考为第10名。因国师每月给学生5元助学金（4元饭费，1元零用钱），还发一套衣服，考虑到我的经济紧困，便进入国师读书。入学后，焦金棠介绍我加入了国民党，1926年第二学期，大革命高潮时期，国民党又成立了工人部，我担任了太原市党部工人部长（兼职）。

在国师学习一年半时间，深感前途暗淡，救国之路茫茫，便待不下去了。1926年12月，北伐军已占领武汉，正向河南进军。当时，黄埔军校招生，我就投笔从戎。但是路费不够，不能动身。后来王玉堂知道了我的想法，就资助了我20元，武灵初、高沐鸿各支援了我30元，我自己有20元，这就凑够了100元。1926年12月，我从太原动身，经石家庄、北京到天津坐轮船，于1927年元月1号到了大连，又由大连去了上海。途中我坐的是日本轮船。在甲板上看到船梯上挂着一块木牌，上面写着："洋人在上，华人止步"，直气得我咬牙切齿。堂堂炎黄子孙，为何受此凌辱？我决心寻求办法拯救百姓，让国家雄风勃勃屹立于世界。在上海住了三天，又去了武汉。那里工人正搞罢工游行，收回了英租界。这里革命运动十分高涨。不久我考入了中央政治军事学校（校址在两湖书院），该校为黄埔军校分校。我为第五期。校内有女生，还有外国进步学生，如越南学生、朝鲜学生等。

1926年在太原曾读过《共产主义ABC》，在1927年1—3月在军校课外，读河上肇的《政治经济学》，还读了波格达纳夫的《通俗资本论》，从此我信仰了马列主义。

1927年3月底，我给太原国民师范共产党领导的青年学社写了一封信，说明我的思想情况，他们把这信贴于国师的公布栏上。因此，国师师生全知我是"赤色分子"。

1927年5月17日，夏斗寅叛变后，军校的学生改编为中央独立师，归叶挺指挥。中央独立师与叛军夏斗寅部展开了激战，夏部溃不成军，被缴械投降。

1927年7月下旬，武汉政府决定东征蒋介石，我师经过了誓师动员大会，于7月底乘船出发，8月2日晚到达九江。次日晨被张发奎军缴械，经张部参谋长叶剑英调解，中央独立师被改编为铁军军官教导团，叶剑英同志兼任团长。叶贺八一南昌起义军，沿赣江东侧南下，我团沿赣江西侧，经吉安、赣州、南雄，到了广州。

在斗争中，我的思想逐步成熟，对共产党的信念也与日俱增，于1927年12月广州暴动前夕，我经严育英（四川人）介绍加入中国共产党。从此揭开了一生中光辉灿烂的一页，在共产党的旗帜下，肩负起了解救中华民族的重任。12月11日一时，广州暴动，我们以叶剑英同志任团长的铁军军官教导团打出了“红军”的旗号，称红军第四师，头一天巷战中，一颗手枪子弹从我的右眼角打进去，由左颊出来，受伤后，即被救护到东山医院治疗。13日我军撤退向海陆丰转移时，我被告知撤离医院，当走到黄花岗时，被敌军冲散，和部队失去联系，只好隐蔽在乡下野外整整三天，夜晚在稻草堆里睡觉，饿了挖地里的白薯吃，渴了饮河水。12月6日，找农民以军装换破旧的便衣后，回到了广州市。

我回到广州，薛岳四师炮兵营正在招兵，我当即应招。到营后不久，即发现军官教导团的同学有20多人流落在薛师。薛师即第一次北伐时铁军四师，同时，还发现我党党员李金铭同志在炮兵营任营长，经何遵路同学介绍，他任命我为文书上士。

1928年春，薛师投归南京蒋介石，蒋正组织第二次北伐，令薛师北上。我随军经粤东北、赣东、皖南，到江苏的浦口。我党党员推荐我，到上海找党中央。

我经过高歌、孙公秀同志找到了党，我向中央报告了薛师的情况。党中央军委决定我和杜任之同志相跟返薛岳师做兵运工作。我俩到了徐州、山东地区，战事紧急，客车停开，同时薛师已参战，行踪不定，在这紧急情况下，杜任之同志返上海报告党中央，无法前进。我乘火车沿陇海路西行又经道清路，经晋城、长治回到武乡。

高沐鸿在太原听说我回到家乡，怕我被捕，急忙托人给我送来50元路费，嘱我快点离开山西，当时我的老师籍雨农在辽县石拐镇当区长，我拜会了籍，经河北邢台市回到上海。

我回上海，一直等到春末，才得知薛师驻地山东兖州。经中央批准，我才去了兖州。我担任了薛师十一旅黄振球旅部准尉录事。我组织了中共薛师特别支部，直属我党军委领导，我任支部书记。为了工作的方便，安排了何遵路同志任经理，开了一个饭馆，做通信联络等工作。

1928 年夏，宁汉分裂，蒋桂又内战，薛奉蒋令，移师至江西西北部，从兖州出发，乘火车沿京浦铁路到浦口换乘轮船到九江，又乘火车从南浔到南昌。从此，就是步行走路了。

我三次步行穿越江西：第一次，是在军官教导团，从南昌出发，经樟树、吉安、赣州、昭关，到了南雄后，才坐火车到广州；第二次是从广州出发步行，沿东江，经潮汕、梅县、瑞金、抚州、景德镇，才到了安徽省的大通；第三次就是这次行军了，也是从南昌出发，南行到樟树镇后，西北行，经修水进入鄂南，又经通山、嘉鱼渡江，直到江陵（古荆州）、宜昌，又渡江，到达宜都，才停下来驻防。

1928 年夏，我以探亲名义，请了半个月假，去了上海，我向党中央汇报请示工作。请示完，带着一些党报《红旗》、党刊《布尔什维克》，回宜都路经武汉，从船上岸时，遇到警察检验，当时我军官装束，交验护照后，即平安无事。当日夜晚，住在汉口长堤一山西人开的旅店里。夜晚 10 时，我正准备脱衣入睡时，警察查店来了，我把护照交验后，警长已步出房门，正要走，但后面的一个警察发现我床下放着一个皮箱，拉了拉问我："怎么这么沉？里边放着什么？"我答："我给南京中央党部捎给我们部队首长的。"警长回身要开箱子，我答：没有带钥匙。警长要茶房用柜上的钥匙来开，也开不开。警长又要茶房拿锤子来砸。这时我乘他们注意力全集中在砸箱子上，而我的房门正好在楼梯口，我即转身下楼，那是二层楼，很快就到了一层，出了旅馆的大门，为了防备后面有人追，见弯就拐。最后，我到了江汉路锦春里胡志强同志的公馆里，这时，我只穿着衬衣衬裤，脚上有一双拖鞋。我告诉胡："出事了！"他留我在他家隐蔽起来。胡是广东中山人，是黄埔军校第三期毕业，他当时是江岸区警察大队长，兼任该区的戒严司令。

次日，武汉报纸的标题刊登："共党要犯李立三武装来汉。"文中末尾是"派出干探多人，四处缉拿"。第七天的晚间，胡志强同志亲自送我去上海的轮船上，船行三日，我平安返回上海，这次遇难后的衣食住行，全是胡救助的。薛岳四师，因此事惧怕蒋惩治，全师逃离宜都，从湖南返回广东，从此，我和四师我党支部的同志失去联系。

我返回上海后，是和刘伯承（时任中央军委编译科科长）同志接头的，他安排我进中央流动训练班（中央党校）学习，地址是静安寺路，教师是李立三、恽代英等，同学有周逸群等，学习时间一个月。

1929年秋，中央军委要我去宜昌程子华同志所在的国军公秉藩旅，要我去宜昌先和党校同学湘鄂西特委书记周逸群接头。接头后，周告我程子华等同志已提前举行暴动，转移乡下打游击，失去联系。同年9月，周逸群书记委派我参加洪湖区的武装斗争，任中国红军鄂西游击队第二纵队政委。

1930年12月，湘鄂西特委书记周逸群派我向上海党中央交党费黄金2斤，汇报洪湖苏区情况，接待我的是刘伯承同志，刘引我参加过由瞿秋白主持的会议，由我汇报了洪湖苏区的情况。参加的人中有叶剑英，其他人我就不认识了。

同年同月离上海拟返洪湖苏区，又经过武汉，我吸取了1929年的教训，出入武汉，我化装成富有者，在原租界地的大饭店里住宿，避免警察查旅馆的麻烦，这次进出武汉都平安无事。

从上海出发同行的共计5人，到武汉和湘鄂西特委办事处联系后，决定乘洪湖苏区的交通船回去，船行到嘉鱼北岸龙口镇时，拟夜宿该镇，第二天上午，就可到达洪湖。

我相跟的人里，有两个是浙江人，一个是安徽人，一个是湖南人，他们四人在玩扑克牌。团防局的士兵，走在我们船边，听到说话的人不是本省人，引起怀疑，报告了团防局。该局即派兵登船检查，一查，发现有汉阳造的步枪10支，这时我们才知道了这船主要任务是运送军火的。

团防局发现军火后，立即将全船12人，全部拘留审问，运送军火的事，本来和我无关，我想既然证据确凿，无法洗清，伪局长问我时，全包全揽，计划一死了之。后来，又想到皮箱里的夹层中，暗藏着汉口3000元存款折子，以此行贿，是否会有转机？我主动找队长谈话，讲了3000元事，经队长、局长研究之后，关于军火的事，一笔勾销。经过嘉鱼县政府，只向武汉行营军法处报告同行者郑丹球、刘国勇二人的供词。他俩是上海的银匠，我是洪湖苏区的教员，他俩是我帮助介绍职业的。军法处据此宣判我有期徒刑三年，郑、刘二人各半年，船老板一年，其余8人无罪释放，我们4人被送汉口军人监狱，不久，监狱放风时，樊经理（船主）告诉我："我们船上原来是8人，我们被捕时有一人上岸买东西去了，所以没有被捕，是此人亲自接见我的，又说，船上有层假底，暗藏有手提机枪、步枪100多支，团防局拍卖时，我们买回来了。"

郑、刘二人在出狱前，放风时告诉我，回上海没有路费，我把我在狱方存的高级衣装，交给他俩变卖了作路费。

1931年长江大水，汉口等城市被淹，至今，江汉关的楼房上的水线的痕迹，还明显地存在着，囚禁我们的监狱平房被淹，我们搬到了原来是狱方的办公楼上挤着住。因此，南京政府颁布了"疏通监狱令"减刑释放。

1932年春末，我被依令减刑释放。出狱前，我和党是经过浦秀文同志联系的。她曾在我被囚期间给我汇过两次钱，一次30元，一次50元。出狱前夕，约我去上海，我出狱后，立即去上海，到达后，经过两个多月联系，怎么也联系不上。到解放后，在北京见到她哥哥浦化仁同志，他才告诉我："一、当时党中央机关已迁往江西中央苏区；二、浦秀文的爱人孙公秀在河南被国民党杀害；三、秀文在给你寄款后不久，因病去世。"

在和党组织失去联系之后，拟返回老家，乘火车从京浦路北上，车走到安徽滁州的明光车站，出车祸，火车脱钩出轨，腿被重伤，被救护到浦口铁路医院治疗。在医治四个多月后，伤愈出院。

在车祸中，行李遗失，出院前，我向父亲要了一笔路费，于 1932 年 10 月回到离别五年的家乡。

当时山西的地主阶级开始分化出官僚资本集团，大军阀阎锡山是这个集团的首领，他的封建魔爪已经伸到了武乡。

当时武乡的土地集中在“四大家、八小家”等地主豪绅手里，地主赵晋祥勾结地方官衙网罗土豪劣绅，成立了什么“国货实践团”，从政治上、经济上巩固地主阶级的封建统治。他们除用高租暴利、重赋杂税等封建手段剥削农民外，还设立了“官盐店”“土货商场”等官僚资本，加重对农民的掠夺。阎锡山还规定，家产不到 500 元银洋以上者不能当村长。这样从县衙到村政，从政治到经济，形成了封建势力的一统天下。广大群众被压榨得倾家荡产，流离失所，卖儿卖女，处于水深火热之中。地主阶级大量兼并土地，造成田园荒芜、农村凋敝、万家破产，这种形势，就像是一堆干柴，一点就燃。因此，我回到家乡不久，就开始和本村北良侯的贫雇农李尚文、李华英一起酝酿闹革命。首先筹备组织抗债团，向封建地主、官僚资本开展斗争。

当时，武乡在外地为革命奔走的进步青年王玉堂、段若宗、李晙、魏煜、段宏绪、武华、郝淇、陈德荣、李昞、李晔、赵圭璧等，先后在太原、北平等地加入共产党或党的外围组织。他们经常邮寄革命书报，供应了我县进步力量以精神食粮，经常进行革命联系，鼓舞了我们斗争意志。有时，他们返乡期间，积极宣传共产主义，进行发动群众工作。如武华等同志，1931 年在段村组织党的外围组织——抗日反帝大同盟支部，并于深夜在地洞里油印革命宣传品，让同情革命的警察把传单贴在县衙门大堂上，他们的这些活动，对我县革命力量的发展是有影响和推动力的。

武乡新旧势力的斗争十分尖锐，早在 1931 年冬天，在从太原返乡的武光汤、赵益三、魏玉田等的推动下，我县爆发了第二次反贪污运动。组织群众揭发冯军退驻武乡时县长张扬祚的贪污劣行，武光汤等用标语传单揭露张的劣迹，张要捕武，学生聚集县城示威反抗，后来省政府对张要撤职查办，张借口到蟠龙验尸绕道西营逃跑。接着，群众捣毁了张扬祚的“勤政爱民”匾和“德政”碑。

1933年春天，我们为了进一步发展革命力量，在高沐鸿、武光汤等的倡议下，经县长吕曰新同意，在县城创办了《武乡周报》，社长前为高沐鸿、后为武光汤，我和武骏图是编辑。《武乡周报》采取公开合法形式，进行了反对帝国主义、封建主义等的宣传，从中传播革命思想，鼓舞群众斗志。如在反对阎锡山官盐店的社论中揭露其剥削真相，群众一斗黄米只能换二斤食盐，激起民众公愤。在报纸的启发下，全县人民陆续向县城和蟠龙、洪水等集镇的官盐店开展了尖锐激烈的斗争。

1933年夏天，我利用去县立师范讲课的机会，给学生们大讲马列主义的基本理论，并启发引导他们阅读进步书籍。后来，这些学生中的许多人走上革命道路。如王锦心、张桂森、李衍授、李步云等进步青年都加入了地下共青团。

同年夏天，我搜集了有关世界各国人民斗争的资料。编写了《二次世界大战》一书，宣传斯大林所讲的世界人民革命理论，主要阐述了帝国主义战争的危机与发展伟大的世界革命前景，在结语中写了第二次世界大战必然要爆发的观点。这本小册子，共印300余册。不到月余，全部售完。

继《武乡周报》之后，我们又筹办起“武乡流通图书馆”“武乡通讯社”和印刷合作社等合法机构。“流通图书馆”内收存进步书籍千余册，并在学校和乡村组织了广大读者。这时，连原有的教育会、农会及新成立的周报社、图书馆、通讯社、印刷合作社共6个合法组织，都被我党所掌握，形成了一套合法的斗争机构，在团结教育青年知识分子及进步人士方面起了桥梁作用，为建立武乡党的组织做好了准备工作。

与此同时，赵益三、魏玉田等同志由太原返县，设法通过县当局，在全县小学教员中组织了一次暑期讲习会，聘请太原国民师范教务主任于怡清讲教育学，成成中学教师李曙放讲“现代思潮”，宣传了辩证唯物主义等马列主义观点。讲学结束后，史怀壁、赵益三、赵瑞璧（赵向荣）等人组织了“现代思潮研究会”。

1933年，我为了和上级党组织取得联系，曾两次到过太原，6月初去太原没找到党组织，到了8月我又二次去太原，终于找到了党组织关系——中共山西特委书记维公同志，我向他汇报武乡县的工作情况时，段若宗同志在一旁高声读书做掩护，魏玉田在院子里放哨，之后，立即得到回县建立党组织的明确指示。

我返县后，先后发展了史怀壁、赵瑞璧、武三友等人入党，于当年8月15日，在县城高沐鸿家西房正式成立县委领导机关。开始是我和赵瑞璧、史怀壁三人，我是书记，瑞璧分管组织，怀壁分管宣传，后来增加了武三友、程登瀛。那次会议开了一上午，我传达了山西特委指示后，讨论了当时的工作，这次会议的决定主要是：积极发展党的组织，主要从“抗债团”的积极分子中选拔；出版党内刊物《上党红花》，以教育党员；加强对“抗债团”的领导，推动开展群众性的五抗运动（抗债、抗租、抗粮、抗税、抗丁）；全县分东区、中区、西区三个党的活动地区。县委分工，我和李尚文负责西区，史怀壁、武三友负责中区，赵瑞璧、程登瀛负责东区，后来东区以窑头、中区以段村、西区以北良侯这三个村为中心，成立了三个党支部。窑头支部由李福元任支书，段村支部由武三友兼任支书，北良侯由李尚文任支书，李华英为副支书。从此，武乡党的组织就在农村扎下了根。

当时，因阎锡山银行倒闭，晋钞作废，农民最头痛的是还债，最仇恨的是债主。所以，抗债团发展非常迅速。仅1933年就发展抗债团团员200多人。秋初，借用“流通图书馆”的地址，召开了农民抗债团成立大会。出席者有武三友、李尚文、李福元、王锦心、武贵同、赵瑞璧、史怀壁、武光汤、高沐鸿和我等十余人。会中推选雇农武三友为团长，贫农李尚文为副团长。

在农民运动逐渐开展起来后，不少地主惧怕农民人多力大，停止收租要账。

抗债团是秘密性的地下组织，是党的外围组织。为了活动方便，表面上采取了“桃园结义”“拳房学武”和“姐妹会”“钱子会”等旧名义进行公开活动。同时，我们组织了“共产主义青年团”，由王锦心领导。这时，县党委、抗债团、共青团成为武乡党的三种地下活动机构。

当时，依据上级党的指示，武乡党的工作，是注意继续发动农民进行“五抗”斗争，准备实行土地革命，为建立苏维埃与工农红军创造条件。因此，我们对武装斗争的准备工作，特别加以注意。我们曾采取了以下措施：鼓励党员和抗债团团员参加练武活动，东、西、中三个支部都加强了拳房工作。东区支部魏名扬、姜一、李德盘等组成的拳房，人数最多。武三友、李尚文等，也都成了拳师。我们调查了官兵分布的情况，并派党员魏怀德等3人打入警察局，准备里应外合夺取武装。为了配合当时的政治斗争，我们编辑出版了《上党红花》秘密刊物。为什么叫上党红花？因为武乡地形是个黄瓜形，东西长、南北窄，党组织一发展，就波及沁县、襄垣、榆社等县，故取名“红花”，又加上“上党”二字。

1933年冬，我们开展“要求田赋归村征收”的斗争。那时县政府征收田赋，是通过商号和里甲，沿用着清代遗留下来的征收方法。政府每亩粮银只征收三元三角三分钱，商号投标包收是一层剥削，里甲头目又加一层剥削。因此，农民每亩粮银实支10元以上。由于要求田赋归村征收的斗争取得胜利，废除了中间的层层剥削，使武乡城内鱼肉农民的钱粮商号者纷纷倒闭。

在这一连串的斗争中，年轻的武乡党组织，得到了锻炼和考验。但地主豪绅对共产党恨之入骨，而且被阎锡山省政府视为眼中钉。再加上1933

年 11 月北京国民党宪兵三团，从被捕入狱的武乡旅京学生武华、李旭华等人的住处搜查出武乡县寄去的署名“潘蒂”的信件，潘蒂是反帝大同盟的代名词。宪兵三团向山西作了通报，因此，阎锡山山西省当局就把武乡划为山西“四大赤县”之一。

党领导广大农民群众进行斗争，引起统治阶级的恐惧与仇恨。乡间地主豪绅纷纷秘密告状。伪县公安局梁楫拿上我写的《二次世界大战》一书去太原和国民党大特务武誓彭（山西反省院院长）密谋，要逮捕我们。在 1934 年春节的夜里，武乡县伪公安局派出警察，半夜包围了我家。清晨时分，伪巡官带着警察，冲到我家里，我问他们：“你们要干什么？”巡官说：“县长请你回县。”就这样，他们把我捕回到县衙，囚禁在县监狱旁边的一个院内。同一天，武光汤、武骏图也被捕，他俩被关在这院的东头，我被关在西头房间里，共青团员张超也被捕押起来，关在另一处。与此同时，对高沐鸿、史怀璧下了通缉令。

我们被捕后，周报社、图书馆、印刷社都被查封。但由于群众拥护共产党，敌人查封了图书馆后，同情者赵奇甫和周报社炊事员武三牛连夜从天窗进去，把重要书籍偷偷拿出，并作了转移。当时，搜查周报社办公桌时，曾发现我们清理时遗漏下的一本《上党红花》。我方同情者梁用之也参加搜查，他乘伪公安局局长梁楫注意力不在这里时，迅速把这本《上党红花》踢到地炉里烧毁，没被敌人搜去。

我被捕到伪县政府时，立即被戴上手铐脚镣，当时衙役为此吓得不轻。到了夜里，看守我的巡警也为我担心，事后他们说：“你白天面不改色，夜里呼呼睡觉，真想不到。”当武三友去监狱探望我时，我暗示他要注意隐蔽，继续斗争。最后，伪县政府把我们押到太原法院，把我编写的《二次世界大战》一书作为罪证，加上“宣传共产”的罪名，判处我有期徒刑六年。

判刑后，我不服判决，上诉辩解。《二次世界大战》是署名“时午”

著，否认是我，仍押在太原地方法院看守所。我们秘密串通“政治犯”，绝食六天，要求改善伙食，要求夜不封门，要求看书看报，要求接见时间方便些，总共提了七条。因为狱内有党的组织，支部书记是张衡宇，斗争与外界有联系。我们绝食的消息传出去，载于报端，引起了社会上的公愤，狱方只好妥协让步，因而我们的绝食斗争取得了胜利。在绝食斗争前，张衡宇同志有一天告诉我：你的党关系，工委转来了。因此，绝食斗争，是我倡议的，全面的领导是张书记。

1934年冬，高级法院批示“维持原判”，依法转送山西第一监狱，单独囚禁，一个人住一座院子，并带着脚镣。冬天只能穿开口儿的棉裤，受尽非人虐待。后来我肛裂，住进了病监。这里的监牢，只让看字典和线装古书。我想时间是多么宝贵，总不能虚度年华，于是我就研究起字典，想搞文字改革。1936年冬，因刑期已经超过1/3，我被遣送到国民党反省院，反省院对犯人的条件要求稍宽一些。报纸书刊可以看。看阅了的内容，再反过来细细分析判断，我察觉到外面发生了重大形势变化。

1937年3月8日，我打扫完院子，去大门外倒垃圾，听到马路上学生唱抗日救亡歌曲，呼喊一致对外等口号，这更证实了我的判断。我反复琢磨后，觉得这是发动大伙出院的好时机。于是我便串通同难，绝食三日，要求释放政治犯出狱抗日。这次斗争果然胜利了，在1937年5月23日我们同难20余人全部被释放，山西反省院，从此关门大吉，这在中国监狱斗争史上，是罕见的！我出狱后第一个活动是应邀去薄一波同志领导的军政训练班做绝食斗争情况报告。接着我找到了薄一波同志，一波叫我去参加军政训练班学习。不久又被我党分配到阎锡山新军国民兵军官教导第五团任二连政治指导员。1937年秋，教五团开赴武乡，开辟抗日根据地，发动游击战争。这时，在平定县，教五团改编为决死队一纵队二纵队，我调三营升为营教导员。1938年春，日军对晋东南发动“九路围攻”，我们部队又开赴襄垣县参战。1938年夏，调任太岳区游击二团政治处主任。

1939 年春，调太岳区保安司令部任游击一支队支队长，驻地是沁源、平遥、武乡三角地带。

1941 年，调太岳军区政治部敌工部岳北区敌工站站长，活动地区：同蒲铁路和白晋铁路北段，下分三个工作组：1. 沁武组；2. 平介组；3. 祁太组。

1943 年春，我调回太岳军区政治部敌工部任干事。

1943 年秋，沁武组组长孙汉英（武乡南关人）同志，因配合太行区八路军袭击南关镇敌据点，日寇遭受严重损失，事后，汉奸告密，遭敌伪报复，孙被捕到沁县城。次年春，遭日寇杀害，同一时期，沁武组的工作员崔秉礼等数人，也被捕到武乡分水岭敌据点，惨遭洋狗咬死。

1944 年春，我参加中共太岳区党委党校整风学习。1945 年春整风学习结束，太岳区党委书记聂真说："区党委决定你任太岳军区政治部敌工部部长。"我说："请党委考虑一下，我愿改行，做宣教工作。"党委讨论后，决定改任军区政治部宣传部副部长代理部长，我遵命担任了代理部长。

从 1939 年太岳区为了应付阎锡山统战关系，决死一纵队曾一度停止中国共产党的活动。1945 年夏党校整风结束前，我提出申请恢复党的关系，太岳区党委决定："恢复党籍，党龄从 1927 年算起。"

1946 年，经过上党战役反顽大胜利后，我调到晋冀鲁豫中央局党校学习，学习三个月，调人民日报社任编辑。

1947 年夏，调任北方大学文教学院党总支书记，兼任教务科长。校址由山西潞城迁河北邢台，曾代理院长约半年。

1948 年夏，石家庄市解放，北方大学和华北联大合并，成立华北大学，我任二部党总支书记。

1949 年 3 月进北京。1950 年华北大学改中国人民大学，我任专修科党总支书记。

1951 年调任预科主任，1953 年夏被选为中共中国人民大学党委常委，兼任组织部部长和人事处处长。

1954年兼任人大职工业余学校校长，1955年兼人大监委书记。1956年夏党委决定：免去上述两职，改兼统战部部长。

1959年，反右倾运动时，我在太湖疗养院治病。1960年春返校时，发现“右倾分子”打了一大堆。

1962年甄别时，我经手这一工作，可以说是一风吹，全部平反，只有万钟民一案，人大党委常委会决定平反，北京市委不同意，一直拖到1978年，才全部平反。

1963年春，我被调到人大语言文字研究所，吴玉章校长兼所长，推荐我任该所第一副所长，由于大学领导意见不一致，迟迟不下文任命。同年春，高教部部长杨秀峰和中宣部人事局局长郝一民来校检查工作，召开党委常委扩大会议，我在会上曾有一个长的发言，讲了几个小时，主要是讲“反右倾”的“左”的错误问题。“文化大革命”时期，对我的发言，有人诬蔑为“漏网的右派”。1978年中国科学院党委给我作历史结论时写的是：“反左，是难能可贵。”吴玉章校长曾向杨秀峰部长推荐我任人大副校长、人大党委副书记，杨部长表示同意，但人大党委书记胡××误认为我常委扩大会议上发言，是否认人大的工作成绩。因此，表示不同意，因此，我和胡都调出中国人民大学。

1964年夏，我被调往中国科学院植物研究所任党委书记兼任副所长。1966年“文化大革命”，诬为资本主义当权派，靠边站，同时历史上两次坐国民党的牢，接受审查，长达12年之久。

1978年，中共中国科学院党委作历史结论：第一次被捕，长江大水，监狱被淹，依“疏通监狱令”提前释放。第二次被捕为“发起出院抗日”绝食斗争大胜利，同难被全体释放，山西反省院关门了事。两次被捕，全无问题。

“文化大革命”靠边站的12年中，除了被批斗半年，在植物所住“牛棚”约2年，在湖北潜江五七干校劳动约3年外，其余6年时间，我都在研究语言文字改革问题。因此，1979年春，曾奉命去中国文字改革委员会帮助工作，同调去帮助工作的还有两男一女，都没有明确职务名称。同年夏，我被私人邀请去长春市，参加计算机编码会议，其中有扶良文知道1964年吴玉章曾向胡愈之推荐我去文改会任副主任，他估计我当时去文改会是任副主任，这话传到吉林大学蒋教授耳朵里，他就给我来信，信皮儿上写的是“李主任”。这信被两位帮助工作的男同志看到了，就向文改会胡××同志汇报：“李去吉林冒充文改会主任。”胡信以为真，就说：“李哪里来，还回哪里去。”接着我回到中宣部，声明这是冤案，请求重新分配工作，后来查明确无“冒充”之事，是误会。1980年春中共中央宣传部推荐，国务院决定任命我为国务院参事。

1976年秋，我去山西长治市太行锯条厂看我女儿，了解到这个民办厂的产值，超过全市工业的产值，原因是国营工厂“停产闹革命”，从此，我认识到“民办”有它的优越性，这是我办民办教育思想的萌芽。

大概是1977年听到交通部有一负责干部对他儿子说：“你去交通部附属工厂义务劳动，工资我发。”从此，我想到如果有民办大学，他一定会去上学，乐意交学费。

1978年我了解到全国有大量的青年人，蹲在家里或者逛在马路上，一不能升学，二不能就业。同时我了解到高等院校的教师工作量不满额，有余力兼课。因此，我认为国家经费有限，应该允许青年自费上大学。1978年冬，我就开始酝酿筹备创立民办大学。

1980年1月，我发起筹建新中国成立后的第一所民办大学——中华社会大学。我请聂真任校长，我任副校长。1982年3月，北京市工农教育办公室批准。

1983年1月，巫果申请办科文大学，请我任校长。1984年改名培黎职业大学，我任校长，由于一无国家拨款，二无专职教师，三无校舍，是所谓“三无”大学，难度十分大。同时，当时参事室每周四个上午坐班，为了解决时间上的矛盾，我申请“离职休养”，实际上我是“离职忙活”。中央统战部批示：参事中的中共党员可以离休，非党员仍是终身制。由于我是带头羊，紧接着中共党员参事，大部分办了离休手续，我们在1983年8月办的离休。

我的办学思想，在大学管理方面是“四自”方针：自由结合，自筹经费，自主经营，自负盈亏。在教学方面我是主张“自学为主，讲授为辅”。我反对：抱着走，给金子，授人鱼，灌输式；我主张：指点走，点金术，授人渔，启发式。

关于自学为主，我曾编有“三字词”：填鸭子，不讨好。自主学，看书快，费时少，理解深，记忆牢，自己走，不要抱，疑和难，导师导，讲创新，最重要。教和学，学主要，搞改革，要颠倒。

总之，教师不要作“系统讲授”，可作“引言”“导论”之类的介绍，教师的主要任务是解疑答难，解决“拦路虎”的问题，学生的主要活动是看书，不是听讲。看书，一眼可以看到一个短句，听课要一个字音一个字音地听。因此，看教科书比教师系统讲授的时间要省，大学四年制可以改为三年制。

看书，是主动的；听课，是被动的。主动看书，看书速度，自己可以伸缩；被动听讲，懂不懂，无法伸缩。看书比听讲理解深、记忆牢。因此，在有教科书的条件下，教师的职责是补充修改教科书，指定参考资料，解疑答难，不是系统讲授。如没有教科书时，教师的主要任务是编写印制教科书。

1988年夏，我依据“七十不进，八十不留”的精神，把培黎职业大学的校长职务辞去，自愿担任顾问。1978—1988年，我为民办大学共计奔走10年，培黎职业大学1988年在校生3500多人，前后共招收学生7500多人。

1989年6月中华全国老龄委员会认为我办学有成绩，授予我“老有所为精英奖”。

1990年6月28日中共国务院办公厅机关委员会评我为优秀党员，同年同月29日，国家机关工委也评我为“中央国家机关优秀共产党员”。

1991年12月，中国关心下一代工作委员会发给我“全国关心下一代工作先进个人”称号。

1992年6月、1994年7月、1996年1月，又三次被评为国务院办公厅机关优秀共产党员。

1991年夏，荣任国务院办公厅离退休干部局关心下一代工作组组长。同年我在北京医院体检时，发现颈部有一微小的炸弹片。这是在洪湖苏区红六军作战时受伤后留下的，不影响健康。

九十老人李逸三

1996年3月3日完稿

附二：老干部座谈会记录

1983年8月8日上午

参加老干部：李逸三、程容、姜一、赵圭璧、魏庶民、武三友、李德盘、苑永华、王晋岚、李银尧、张××、李政文、王留大、刘培义、武俊英、县党史办全体、妇联王先萍等。

主持人：李县长（银尧）

李：老同志都回来了，为了县志和党史。我们搞了一些资料，不少，但不准确。为了搞准、搞好，我们邀请了这些老同志回来座谈、研究、校正。原计划把担任过区委书记以上的都请回来，因有些资料还没有初稿，有些意见不统一。我们已搞了150万字，将来还要请老同志们回来修改，先请最老的同志回来座谈。

李逸三：县长做了很多工作，搜集了很多材料。33年到现在正好50

年。我们要谈的是50年前的事，我那时还不到30岁，由年轻人变成老头子了。我们的回忆互相有些矛盾，如：老县委第一次会议开会时间不统一。主要是：一、时间长了；二、人老了，记不清了，有此事忘了。

关于武乡党的建党时间，现在倾向于1933年8月。我在5—6月之间第一次去太原找关系；第二是在国师开学之前，暑期讲习会之后（由于林、魏玉田主持）。我记得在于林走后的5、6天去太原。现在判断，找到太原特委负责人是7月后半月，回来是8月。那时国师还未开学（一般是8月份开学）。这次，我们在太原研究武乡建党时间是8月份。其外，我们还可以估计一个日子，我提议为了好记，定为8月8日，大家可以考虑。

最早发展党员，当然在8月之前。我在北良侯就早发展了一个共产党员，失去组织联系了，可不可以发展党员？我认为有义务，有权利发展的，应该生根发芽。武乡党的建立最早在北良侯。最先发展抗债团。我们村里有两个人，一个叫××，一个叫根孩，因为债务被迫离开家乡，死在外边。鉴于这种情况，我就考虑建立抗债团，时间在32年，哪一月记不清了。我是在32年10月回到北良侯的，不久就和李尚文、李华英搞党的活动。他们知道我在外边搞共产党，就向我打听情况。一般讲在32年冬到33年春。我到武乡城是33年5月初。肯定是在此之前，就建立了党组织，抗债团是在32年冬了。怀璧担任副书记的事，是在我两次去太原的中间。因为找不到党组织，我就说，找不到咱们自己干。我为书记，你为副的。在8月会议以后，栗再温（接头人，太原特委负责人）是个化名，据说后来到了全总工作。（注：栗再温，亦名栗志丹，化名老周，系1932年3月受河北省委派遣来晋，和宣传部部长解直之、组织部部长闫增祥组成山西特委，来恢复山西的党组织活动。后调大同任矿区特委书记。此后由党中央上海代办处派维公，本名洪秀龙，化名洪张，来晋主持工作。后经查山西党史有关资料有以维释。）

我们建党时全国的形势：一个是五次“围剿”国共两党斗争最激烈、

尖锐的时期，也是苏区遭破坏的前期，中央撤到苏区之前。中央长期在上海租界，由于反复遭破坏，才撤到苏区；也是白区白色恐怖最严重的时期，苏区变成10%。“五·一八”时，长江发大水，我在狱中，由底层搬到顶层办公室，看到看守人员戴黑布，一了解才知道东北沦亡。所以说，我们建党也是在日本实行亡中国政策的时候；第三个特点是阎冯大战之后，庞炳勋部队驻（武乡）骚扰刚走不久，人民遭了兵灾的情况下。

武三友插话：我记得抗债团在建党之前就有了。

李：抗债团的成立应在32年冬。33年10月那个会是选举领导的，选武三友为正团长，李尚文为副团长。抗债团会议是在图书馆里开的（女高下面)。县委会是在此前的高沐鸿家里。抗债团会程容同志也参加了。材料上没有写。

程容：县长做了好多工作。尤其是县志工作很重要。我是武乡人，生我养我是武乡土。我认为地下党时期是一个重要组成部分。我在36年离开武乡后已半个世纪了。中间回来住了2天，也已30年了。武乡的变化是惊人的。但一分为二讲，我们还很有限，也就是慢的。在我说来，看见什么都新鲜。光汤讲，以前有个纺织厂由武子会搞的，那时是唯一的工业。关于建党时间问题，我们在太原商定8月就行了，不一定要搞个日子。抗债团不是共产党，它是一个比较严密的组织，要求较高的一个党的外围组织。逸三同志是从苏区回来的，经验丰富，先在农村以当教员为名进行秘密活动，先搞农民抗债，发展李尚文（雇农），以贫农、雇农为中坚力量。抗债团有纲领，通过抗债团吸收党员。当时，抗债团是党的外围组织，敌人知道了同样要杀头。我今后还要还债，作一些补充。我们那时确实是星星之火，在山西像我们武乡搞这么大的规模的县份是少有的。武乡党第一次遭破坏原因，后台是武誓彭，最坏的是武二卯，特别坏。（李插话：那时我们为了扩大政治影响大贴标语等。）我们搞的也左一点，在方法上也有些问题。因为都是年轻人，要一分为二看。吕县长为了沽名钓誉，周报是他题的名，图书馆他还捐了十元钱。这个报刊是公开的，县里的绅士都反对。吕碍于高沐鸿是他的学生。高沐鸿一走，他们就下毒手。

第一次破坏后，我们只有两条路，一是不干了（不是洗手不干）；二是干下去。所以赵瑞璧去太原接关系（因逸三已被捕，上级对我们不了解）。

关于淡饭会的问题，是在1935年冬。赵和我商量，武乡的吃盐问题，由政府垄断，人民吃盐相当困难。所以就将抗债团改名为淡饭会，可以更广泛地团结群众。当时因为我们县委活动在武东，所以只有武东有淡饭会。

1935年，在南神山开过一个县委扩大会。当时主要是在报上看到了陕北刘志丹在闹革命的消息。二是从山西来讲，白色恐怖就要到来，红军已逼黄河边上。这个会议是重要的。会议的精神是：提高警惕，加强隐蔽，尽可能利用公开合法的形式进行活动。国术团是不是抗债团改的？那是个社会组织，问题是由我们党来掌握的，来为我们的工作作掩护。

党的第二次被破坏是1936年春，抓了不少人，全省在一片白色恐怖之中。我们这些领导人都外逃了，群龙无首了。经历了一段沉默，由魏名扬同志主动进行组织活动，因又没文化，水平不高，但革命精神很好，组织了人民武装力量。对这段工作也应进行肯定。

高沐鸿同志是我的启蒙老师。走上革命道路的是李逸三同志。他住过两次监狱，弟兄两个住监狱，都是为了革命。（李说：我们是干卖脑袋的买卖。）那么多的青年学生为革命作出了贡献。还有武灵初、王瑨等老的民主革命派也起了一定的作用。

关于窑头训练班的问题：是八路军派的工作组在窑头开的，省委是徐子云，特委是杨树根，我已不在武乡了。

（姜一说：那个训练班共10多天时间，有来的早的，有来的晚的。）

光汤同志作过很大贡献，他虽没有在当时入党，但支持我们，我们对他都很尊重。（李说：他曾要求过入党。）

赵圭璧：我离开武乡时间长，1929年到太原，1931年到北京，从未回来过，对武乡不熟悉。今天这个机会很宝贵。在座的是武乡早期参加革命的幸存者。逸三二坐监，我住过三次，程容也几乎坐了，并且牺牲了不少好同志。此刻，我们非常怀念他们。以后这个机会很少了。1983年8月8日在这开会，很有意义。

武乡建党时，我正好从北平回到武乡，是7、8月间，当时北平地下党组织连续几次被破坏，集体破坏，河北省委也被破坏了，组织要求各自分散回乡，我就回到了武乡。我们回来就成立反帝大同盟，搞教育训练班。我回北平时，逸三同志曾跟我到北平找上级党组织，所以说，把建党时间定为八月是正解的。

第二，关于武乡党遭破坏的问题，我是33年11月在北平被捕。我们在此之前经常和武乡通信联系，署名“蕃蒂”。李旭华把信带给我，就这样把我们抓起来了。武乡党第一次破坏可能与这个有关。

其次，还有些资料不大准确，如段宏绪是33年5月去察哈尔支援抗日同盟军的，到9月没有回来，可能牺牲在战场，没有住过反省院，更不是死在南京监狱。

关于武华，是32年去北京，33年我与他住在一块儿。同年12月，我在南京国民党监狱（宪兵）看到了他，他是先我而去。李畯被捕时间是对的。我估计他在左联，不是社联。

魏煌，1932年12月，他在北京住过几天就到了上海。

武华是第一师范毕业，不是国师毕业。

在写法上，我认为人物中，反动人物最好列入附录中。

姜一：对前段我不很了解。关于太行区印发的那个党史资料，抗战胜利后，同志们写信反映有问题。我作为县委书记，向区委反映过。李雪峰同志说，不是之处可以更正。今天，这些老同志都回来了，党史方面就没有问题了，有他们在是可以搞清的。我认为旧的资料，把国民党的情况写在前面，这样不妥，应把各地进步学生的情况写进去。我们要以逸三同志为主写，不要写得太远，要纠正一下。要把杨树根访一下，他知道的不少。37年在窑头，38年在陌峪开会情况，他可能知道。他在广州，要请也讲一下。

我是33年参加抗债团，35年入党的。抗债团是相当严密的，我父亲先我入团，我不知，我入了他也不知。到我发现了文件，找魏名扬时他才告诉我，我父亲是抗债团员。我们用淡饭会、国术团各种形式活动，敌人始终没有发觉。我们还搞婚姻会，把没有老婆的青年团结起来（200余人），每人交五分会费（有8个拳师头，其中有的是头儿）。武乡党发展乱是在38年，搞里牺盟、外牺盟等较乱。到40年，来了个小整党才搞清。

下午，继续座谈。

李逸三：我补充一点，“文化大革命”中有一种说法说，武乡党是假党。他是用解放后的建党标准（在我们政权下）来对待30年代的地下活动。在白色恐怖下，好多老同志都失去联系，如我在武汉狱中，组织不断给我寄钱，在我出狱之前还给我寄20元钱。（浦秀文）她在上海，我出狱后去上海找两个月未找到她（后来病死了）。原想去京津找组织，火车坐到南京附近的滁县，火车出轨了。住了两个月浦口医院（出狱是5、6月）。在医院给家里写信，父亲寄钱给我，才回家来。我在火车出轨时，已把行李丢了。我在没有组织领导的情况下进行了革命活动，我认为是我的义务和权利。有人把我去太原接头的两次都抹去不顾了。

下面讲一下国民党、共产党的关系问题。国民党的总理中山先生是伟大的。我们对国民党的前期活动三大政策是肯定的。我们国家的大节，孙中山的画像都放在（天安门广场）南面之中。在国共合作时，毛主席还是国民党的宣传部长，吴玉章、林伯渠等都是先入国民党后入共产党的。我是先入国民党的，是太原市国民党党部的部长（1926年后半年）。我不是信仰它去的，而是抱着一个看一看的动机去的。我当时信仰克鲁鲍特金的无政府共产主义。如沐鸿等都是这种思想的。在太原时，我就看到了共产党，但我还不了解他们（如王瀛、朱自瀚）。我从太原去武汉是临近放寒假时去的。在中央军事政治学校武汉分校，我们入学是在1927年的1月份，是经过考试去的。（实际是共产党领导的。）党委书记陈毅，总教官恽代英。在这里我既接触了国民党，又接触了共产党。在武汉，看到一本日本人著的《政治经济学大纲》和《通俗资本论》（苏联人著的）。接触了马克思主义。在太原时看过《共产主义ABC》，这样思想才明确了，开始不相信无政府共产主义和国民党，确立了加入共产党的信念。于是在27年的3月份，向母校（太原国师）写了一封信，表示我相信共产党，被贴在学校宣传栏内。对人、对事我们要一分为二。如国民党前期是好的，后来分化了就变坏了。当时左派代表人物汪精卫，右派代表人物蒋介石。国民党分裂时汪反对，坚持三大政策，这一段国民党左派是好的；日本人进攻后，他投降了日本，变坏了。国共合作第二次也不能完全说国民党是坏的。在全国解放后，台湾国民党是坏的，我们国民党革命委员会是好的。现在我们还要第三次国共合作。从全国看是这样的。如李济深，“四·一二”在广东，他杀了不少共产党人，可是，后来到了福建人民政府，拥护共产党。解放后是国民党革命委员会主席。李宗仁是国民党伪代总统，第一名战犯，解放后他回来了，我们叫他爱国人士。我们过去对人和事都是绝对化了。

涉及到武乡的国民党问题，成立时在段村（今县城），开过一次会，在葆萃小学。我是市党部部长，和焦金堂一起参加了这次会议。所以说，国民党创立我参加了，共产党创立也是我搞的。

赵圭璧：我26年—29年在段村上高小，每逢五一节学生都要举行游行，高呼口号：“打倒军阀!”“打倒列强!”“平均地权!”“打倒贪官污吏!”武光汤、任象贤都是领导人。我想到，那时的国民党是不错的。在北平我们曾和国民党一起住监，搞蒙难同志会。

程容：我们在写县志时要夹叙夹议写一下，不能割断这段历史。抗债团是没有宣言的，是有传单标语的。打入防共团，是35年县委有计划地安排钉子的。公安局有魏怀德，防共团有魏名扬等，主要是为了搞情报，拉出来打游击的目的。那时因条件不成熟，还没有（李德盘说是5个人）。

李逸三：关于区党委的那个史料。

我接说国共关系问题。第一个武灵初。1925年，国民党在山西开始活动，那时不叫国民党，而叫“民社”，是由苗培成在平民中学组织的。灵初介绍我参加的。因时不敢叫国民党。灵初当时告我：“你参加国民党吗?”我说：“我进去看看。”这样，我在1925年初就参加了国民党。1926年阎锡山派人到南京联系他加入国民党。他的老底子是在东京士官学校参加的同盟会。1927年，阎就公开挂出国民党的牌子。武乡是1926年开始有了国民党的，我参与了。是秘密开的会。到1927年，光汤、晋三等才公开活动。27年，“四·一二”前的活动是进步的。灵初是改组派山西的头子，他坚持三大策。武乡国民党是受灵初影响的，所以，武乡那时的活动是进步的。高沐鸿可能没有参加过国民党，武俊图是中立的，稍为倾向共产党。沐鸿是党外布尔什维克派。我28年在上海看到他就拥护共产党的。（在上海和高长虹住在一齐。）光汤在33年要求过参加党组织，但我们认为他先参加抗债团好。他是武灵初的国民党。武乡最反动的国民党是乔可年（蒋派），榆社人，段村的女婿。武誓彭是蒋的国民党，取得了阎锡山的同意和蒋的联系。武乡真正的国民党就是武誓彭兄弟。

新光社主要是我和灵初、沐鸿搞的，我记得没有武誓彭。赵奇甫是参加了新光社的，王瑨也参加了。他是一个被服厂的小头目（科长），赵当时跟着王瑨的，人年轻，对社会不满，要求进步。王瑨因曾留学日本，受了资本主义革命的影响，所以倾向民主革命，但无党无派，反封建，要求改革。还有杜甫唐等。被捕里还捕了一些人，为什么就不清楚了。赵奇甫当时并不是跟着武誓彭。魏晋三那一段是跟着武誓彭的，前一段是跟着武灵初的（给我送钱的那一次）。我28年回来过一次，给二高学生讲过话。第一句话就是："我是火球上来的人。"因为我在高小时，学校住在瘟神庙，我把瘟神爷的眼睛（玻璃的）都打碎了。学生、老师都说，地球上就没有这样的人，是火球上来的人。

奇甫当时掩护过我们。他当时倾向革命，要历史地看他。图书馆不是在周报社前开办的，大约在33年6、7月间，书是在太原武灵初那里拿来的。是我第一次去太原联系时，同住象贤了解有些什么书，等谈好后才拿回来。关于武乡国民党与共产党的历史问题前后有变化，但很清楚，要具体分析。（那时赵奇甫指挥做饭的李三牛把书拿来的。）33年时，我们把他当作朋友对待的，支持我们的。

程容：我认为政权的划分要（从）"七·七事变"算起，各级政权是执行阎锡山命令，但阎是接受了我们抗日救国纲领的，如合理负担等。

逸三：对阎锡山的看法也应一分为二。

八月九日上午继续座谈

李逸三：我第五次听到共产党这个名字是在乙种农校时。校长是郝新铭，王政骂共产党时我听到的（说共产党共产共妻）。我当时不相信，因为已接受了克鲁鲍特金的无政府共产主义。（1921年）我开始上故城四高被开除了（打牌时被督学看到了），因为我总不使老师喜欢，后到乙种农校（因为我有叛逆思想），毕业后考入武乡师范学校（24年7月改的）。我组织同学们搞学潮，要求撤换校长郝新铭，所以，同学们叫我是火星上飞来的人。老师籍雨农思想是起步的。因县政府支持校长，我就领导罢课，遂被开除。一学期未上完就第二次被开除了。当时我反对封建迷信，反对缠足，反对包办婚姻，我的人生观是人弃我取，人取我舍，与世有争，有为而治。头两句是老子的原话，后两句我改了第一字，"无"改"有"，"有"改

“无”。意思是别人说过的话，我不人云亦云；人不敢做的我敢做（如搞共产党），我不想步人后尘，总想开辟新路。我是（不）赞成老子哲学这段话的，我当然要与世有争，有为而治。一切都是在变的，实事求是是共产党的观念。

新民主主义革命，我们打了二十二年仗，赶走了蒋介石。我犯过不少错，有左的错误。毛主席说，他的错误一火车也拉不了，不犯错行不行？不行。革命就难免犯错。解放后，安定团结应是我们的政策，但我们还是犯了十年浩劫的错误。30多年的成绩超过了几千年的起步，超过了孙中山的愿望，但我们犯了很多错误。我还有个个人生死观：“鞠躬尽瘁，死而后已。”我死后要作遗嘱，要将我的尸体解剖，作病理的生理解剖。我不主张火葬。那样费电，污染空气。要把剩下的东西肥了树，长棵好树。

左联、社联、反帝大同盟、互济会都是第三国际统一领导的组织。

《上党红花》8月创刊。由（于）武乡地形是黄瓜形。据了解，当时邻县都有进步组织，所以，想在上党地区扩大宣传，发展组织。

附三：李逸三给孙汉英烈士之子孙文秀的回信

文秀：

你的信收到一月多了，迟迟没有作复，主要是我近几年是在做古汉族历史的研究。为了工作的需要，我平时一般不写信，一个月里抽出一两天，专来写信。这就是说，当研究的某一问题告一段落时，才停下来，处理来往的信件。

大约是1941年，我担任太岳区的岳北敌工站的站长，专做平遥、祁县、武乡这一带的敌伪工作。

大约是1941年或1940年，我和你父亲开始认识和来往。1943年春，我曾到过你家两次，并且前后共住过六七天。因此，你母亲我也认识。

你父亲在这几年里经常到我们的驻地来。当时，我们的驻地是流动的，即在沁源、武乡、平遥三县的交界处的村庄里。

因此，我和你父亲是很熟的。你父亲牺牲之前，是担任南关据点一带的敌工组长。

你父亲和崔秉礼等同志的被捕和被杀害，据我从太岳敌工部所知道的情况，是由南关伪警备队的一个汉奸告密引起的。

这笔血债，多年来，我一直牢记在心。你父亲的亲属和崔家的亲属，我一直在惦记着。这次看到你的信，我很高兴！

看到你家的苦难遭遇，我是十二分的痛心！八年抗战，是一部血泪史，我们被杀害的人有千百万，被践踏蹂躏的更是不计其数，中国的大部地区被日寇的铁蹄践踏着，敌占区的人民过着暗无天日的日子！

你们健在，我就放下了心！

你父亲们的这段历史，由于时隔卅多年，人事变化很大，可能一时弄不清楚。当时有关的人，有的去世了，有的不明去向，还有当时知道这事的底细的人，因为是地下工作，知道真情实况的是很少的。

因此，弄个水落石出，就十分困难。

汉英是个很能干的人，到老虎嘴里拔牙，当然是十分危险的事，是你死我活的斗争！

汉英、秉礼等等，都是这次惨案的牺牲者。我们活着的人都应该跟着他们的血迹前进！跟着毛主席的革命路线前进！

祝你合家安康！

李逸三

1976 年 7 月 19 日

附四：杜任之《我的回顾》有关与李逸三交往的记载

1.《血与火》和鲁迅先生的鼓励

一天，段复生来找我。他是山西平陆人，黄埔军校武汉分校学生。他说，有个李逸山（“山”，原文均如此，应该是“三”）想见我，想找党的关系。我约见了李。李逸山是山西武乡人。他与我详细谈了他参加广州暴动的经过，受伤后被送到香港养伤。痊愈后绕道上海。他向我表示：希望找到党的关系。我未置可否，只表示希望他再来。

我把李逸山的情况详细地向党支部书记张楚鹃做了汇报。他又亲自约李了解情况，向上级党汇报。经过上级党审查批准，李逸山与中央军委取得联系，正式恢复了党的关系。

李逸山所谈“双十二”“广州暴动”的情况，深深印在我的脑际。我情不自禁地以此为内容，模仿当时流行的俄国作家布洛克的诗作《十二个》写了一首长诗《血与火》，寄到钱杏邨主编的《太阳月刊》，后在1928年的4、5月联合专号上发表了。

我又去北新书局看新书。一次，遇到鲁迅先生，他关切地问起被扣押的青年。我告诉他：“我去看过他们。现在，他们已飞出牢笼。”先生听候高兴地说：“那以后，你就有了方向，有了办法了。”

我告诉他：“我写了首长诗《血与火》，刊登在《太阳月刊》，请先生指教。”并谈了诗的内容和创作经过。先生说：“你的诗作已走出‘象牙之塔’，越过‘十字街头’，方向似乎是对的。努力前进吧！至于革命文艺，还有许多问题需要讨论。”

这是我最后一次见到鲁迅先生。

2.被中央军委派往徐州

李逸山接上党的关系后，组织派他去徐州前线做“兵暴”工作，策动国民党部队起义。李逸山向上级党组织提出：徐州没有熟人和关系，很难打入旧军队中。希望增派杜力夫（我）与他同去。军委同意后，我们在三月份一起去徐州做兵运、兵暴工作。到徐州后，虽然通过关系认识了两个连长，但关系比较浅，无法安排我们。等了两个星期，打不进去，又无法久住。李逸山回山西去探亲，我只得回上海向军委复命。不过，此行也有收获。我根据徐州之行了解到的情况，写了一首长诗，题为《战壕呐喊》，在创造社的文艺刊物《流沙》上发表时，题目改为《战壕呓语》了。

——原载《山西文史资料》第698辑

武乡革命青年在太原学生运动中

史怀璧

1935年冬，陕北红军做好东渡准备，次年春天红军开始东渡。红军东渡之后，占领了晋西十多个县，所到之处都受到人民的热烈支持及参与拥护。许多青年自动加入红军。统治山西多年的阎锡山对红军东渡万分恐慌，他集中了全部兵力堵击红军向东扩展，并派飞机拦击轰炸。蒋介石也慌了手脚，在兵员和物资上大力支持阎锡山的反共内战。当时太原和山西各地，出现了一片白色恐怖。

我在太原参加了“一二·九”“一二·一六”学生运动之后，到1936年春，一直寄宿在山西国民师范。国民师范是当时太原学生运动的主体和中心，不少青年学生在共产党的领导下，思想比较进步，同情革命，有不少同学还参加了党的外围组织——“社联”和“反帝大同盟”，有的还加入了共产党。阎锡山把国民师范看成共产党的据点，多次批评校长冯司直，责骂冯司直对学生管教不严。阎锡山的特务机关和警备司令部派出了许多便衣侦探，买通了国民师范的门房，经常深入学校内部侦察进步学生的行动。

记得在1936年2月的一个晚上，九点多钟，我们发现了两个穿便衣的特务又潜入国师进行侦察活动，便决定惩处他们一下。当时我们集合了大部分同学，封闭了学校的大门和旁门，并派学生在门旁严加看守，防止特务逃跑。经过学校大检查，这两个便衣特务终于被我们抓到了。两个特务承认了是奉山西警备司令部的命令专门来侦察共产党活动的，还说国师学生大部分已经接受了共产党的武器，准备进行暴动。这更激起了学生们对山西反动当局的愤慨，把两个特务吊在篮球架上，痛打之后，让其自行逃走。对这一严重事件，我们估计到阎锡山一定要报复，学生们为了争取主动，谎说半夜抓了两名小偷，并将失物单报告了校长冯司直。在这种白色恐怖下，学生们的生命安全已没有保障。

住在东六斋四号的张增荣同学是忻县人，当时不是共产党员，只是思想比较进步。有一天外出，被便衣侦探在国师门房发现，当他离开学校之后，被特务跟踪，遂遭逮捕，下落不明。阎锡山为了加强反共防共以巩固其后方，以国师学生打死打伤了他们的狗腿子为由，准备对国民师范进行血腥镇压。中共山西工委抓住红军东渡的有利时机，坚决与敌人进行斗争。当时工委曾决定派共产党员到晋西的白军中进行秘密工作，组织白军哗变，迎接红军东征。我在国民师范受党的委派，准备到汾阳医院与党的联络点接头后去白军中进行秘密工作，党已决定派孔繁珠同志和我一起去。

我们决定次日早七点骑自行车出发。当时我住在国师东六斋四号，同屋的有郝永昭、田天德，隔壁有胡荣贵等同志，他们均是进步青年。出发那天，我五点钟就起了床，听到院里有咔嗒、咔嗒的皮鞋声，来回走动，我以为是起床早的同学在院内散步，并没在意，但当我一开屋门时，看到院里已站了十几个宪兵和七八个警察。当时我以为是党内出了叛徒，向敌人告密，专门来逮捕我的，看来是出不去了。于是我赶紧回屋并关紧了屋门，迅速地把同屋同学们叫起来，把火炉捅旺后将所有的密件和革命书籍烧毁了。一直等到十点多钟，一个警察进屋烤火，我趁机问他来这么多人干啥，他说是奉命来的，还说你们不好好读书，闹政治干啥？我说什么是政治，我们不知道。他不吭声了。从问话中知道他们这次来了四十多人，是专门来抓几个人，并不是专门来逮捕我的。我冷静下来，坐以观变。十一点钟，进来两个宪兵和两个警察，他们搜查了屋内所有角落之后，开始一个一个查问，问叫什么名字，是不是国师学生，是哪里人等。当问到我时，我回答不是国师学生，是路经太原在这里寄宿的。他们把我扣押起来带到大操场。操场里已有被捕的一百多名学生排着大队，我看见本乡人魏玉田（魏家窑人），以及我约好一同去汾阳的孔繁珠同志也被捕了。最后我们一同被押解到敌人的警备司令部。

在警备司令部，我暂住在第三号监房。这是一个很大的屋子，只有地板，没有床铺，三十多人挤在一起。宪兵和警察看管得很严，不准走动，也不放风。伙食很差，一天两次小米粥、两个窝头，不给菜吃。第二天，敌人开始审讯，被审过的就押到另一个牢房。我也是被捕后第二天被审的，经过黑暗的拐弯抹角的通道，进入阴森恐怖的审讯室。那里摆满了各种刑具。参加正式审讯的有三个人，担任笔录的武子惠是我的同乡段村人，互相熟悉，他完全了解我 1933 年在武乡搞地下党组织被山西反动当局通缉的情况。审讯开始，敌人首先问我是不是国师学生，我说不是。又问我既然不是国师学生为什么住在国师，我说是到雁北平鲁去，路经太原，因无路费，通过同学关系暂住在国师。敌人问是谁介绍的，我回答说是同乡魏玉田。魏说："他是我朋友，因无路费在国师暂住几天。"敌人又问到平鲁干什么，我说去找我的叔父，他是平鲁县公安局局长。讲到这里，三个审讯官交头接耳谈了一会儿。我估计他们认为公安局局长是他们的人，公安局局长的侄子不会有什么问题。最后让我找保出狱，听候传讯。但我当时失去了自由，无法与外面联系。

到了第三天下午，我的表兄武光汤来保我出狱，写了随叫随到的保条。我问表兄是谁来让你保我的，他告诉我是接了武子惠的电话才来的，武子惠还告诉他我改名叫史进。因为我 1933 年至 1934 年在武乡组织地下党时曾受到山西反动当局通缉，这次留宿国民师范时，为安全起见才改名叫史进，并事先告诉了魏玉田、赵益三（南王家垴人）。

后来知道，敌人这次对国民师范大搜捕，主要是为了搜寻在"一二·九""一二·一六"学生运动中参加北京学联的代表，其中有我的同学段若宗（茅庄人）等。这次搜捕在国师共抓了一百四十余人，经过审讯后大部分都找保释放了。被抓捕的六七个学联代表，当晚就被严刑审讯。记得我被捕的当天夜里，曾听到铁镣声和审讯时敌人的狂叫声。

次日早晨，我从牢房窗口看到同乡段若宗、赵益三同志在放风，他们被拷打得皮开肉绽，手铐脚镣都上了，但他们仍表现出不屈不挠、藐视敌人的大无畏的革命精神。后来在报纸上看到段若宗、邢思廉等七同志光荣就义，在被杀害时七位烈士均高呼“中国共产党万岁”，被捕的赵益三同志也被判了死刑，当时山西省国民党反省院院长武誓彭是赵益三的姑表兄，他们虽然是封建社会的亲戚关系，但政治上革命与反动的界限十分分明。赵益三同志没有低头，没有求救，真正表现了共产党员不怕苦、不怕死的大无畏精神和崇高的革命情操。

武光汤同志保我出狱后，我辗转到了平鲁。山西警务处给平鲁县公安局局长史鉴古去通缉令称：“查共党史怀璧从国师潜逃到你局藏匿，仰迅速扣获送县处办。”我叔父惊恐万状，说我已连累了他，于是他和密友丁守愚县长谈好，说明我不是潜逃，而是保释，所以才未被加害。半年后，我叔父调到太原，他向警务处问到我的问题时，警务处当时讲是武誓彭告的状，后来才以查无实据，找保释放结案。

附：史怀璧回忆录（摘录）

一、我的身世

1913年3月27日（旧历二月廿日），我出生于山西武乡县史家垴村。这个村子有30多户人家，全是姓史的。我记得老人们说：我们的老祖先，是从山西洪洞县大槐树底下来的。大约在明朝永乐年间，在陕西、晋南一带，豪强兼并土地，使穷人无立锥之地。再加上当时特大的旱荒，农作物颗粒不收。因此就把人口集中在洪洞地区，实行疏散政策。疏散地点是在山西洪洞县城北大槐树下，现在还保留着“古迁民处”的遗迹。我几次路经洪洞大槐树下，都要瞻仰一番。在此处有文人雅士的刻石留念，写的是“饮水思源”。从大槐树下迁移的难民，大都逃亡于河北、山东、山西等地。当时的大槐树，也因年代久远而死腐，在大槐树下又生长出一棵槐树，现在枝叶繁茂，象征着从这里迁散的灾民，后来是十分兴旺发达的，也象征着人类历史源远流长，老一代的人，必然被新一代的人所接替。

我们的老祖先，是一个姓史的小宗族，究竟有多少人，现在很难考究。他们开始迁移到山西武乡县城附近的下城村，就在这里定居了。后来因人口繁衍，土地不足，我们祖先夫妇，就又迁居到城南的丘陵地带，打土窑洞，垦荒种地，定村名为史家垴村，史说明姓氏，垴说明地处丘陵地带。祖先有愚公移山的精神，将这个荒芜的地带逐步改变为产粮基地，水果树有梨、桃、杏、葡萄，但饮水十分困难，全靠老天爷恩赐。挑两桶水得去走两里路的黑土坪，天旱时井水很少。除做饭用水外，不能随便用水，有很多人一辈子没有洗过澡。

我村经过第七世祖到第十八世祖，已发展到30余户人家，人口有100多人，尽管光绪三年（1813）的大饥荒，饿死很多人，但后来又发达兴旺起来了。在农作物方面，主要有高粱、谷子和玉米，靠粗粮野菜度日。我的祖父有兄弟3人，大祖父史林义，二祖父史林廷，三祖父史林俊。因为本村土地少、人口多，生活困难，他们兄弟3人就跑到山西汾阳、离石之间的大山中，种了几年罂粟，发迹后把那里的几座大山占了，有百名佃户。后来开了油房、酒房、粉房，经常到汾阳吴城镇做买卖。我大祖父在那里讨了老婆长期安家落户；二祖父与三祖父回到武乡原籍，汾阳山庄日渐衰落。他们将剥削得到的钱，一面购买穷人的土地，一面供给我叔父们读书。我的父亲史海元是我二祖父的儿子，是续弦带来的。他身体虚弱，不事劳动，有气管炎、肺心病。我大祖父的第二个儿子叫史嵇古，在长治省立第四师范学校毕业后，在武乡第一高小当教员，他是一个不问政治、求业生活的人。我三祖父的儿子叫史鉴古，在山西警官传习所毕业后任屯留县“警佐”，以后在浮山、代县、解县、翼城、平鲁等地区任阎锡山的公安局局长，每年给我家寄几百元银洋。在我三祖父主持家务时，他把钱主要用于供给我叔父们读书交学费、购买土地。我家原有60多亩山坡地，亩产50多斤。后来买进土地180多亩。三祖父去世后，我三叔父用自己的薪金和剥削的收入建了13孔窑洞、6间楼房。我家在县里有些名气，主要受在外任职的三叔父史鉴古的影响。在小小的山庄，能出一个县公安局局长，也是不简单了。我村与南坡村相邻，因村界问题的争执，到县上打官司，我三叔父代表史姓，把官司打赢了。这样我三叔父在我们村子里就成为大家称颂赞扬的人物，实际上是以权势压人的。

我家有了近200亩土地，近20间房屋，雇工三四人，牛马各一头，土改时划为小官僚地主。定成分时，我们在外参加抗日战争的兄弟姐妹们均是同意的，并给村党支部写了信，表明我们支持土改的态度。

我本人在这个家庭中所处的地位低下，我曾受过雇工殴打，受过佣人的辱骂。我母亲大概在我8岁时去世了，她因为营养不良，身体虚弱，生育过多，患痨病而逝世。我隐约记得我母亲是个瘦高个子，非常慈祥的女人。当我出世时，母亲没有奶，吃奶娘的奶长到3岁，才把我接回家里。我从未享受过母爱，不知道母爱的感情。我母亲逝世时，遗留下来4个女儿、3个儿子。我排行老五，上有三个姐姐，一个哥哥。我三爷史林俊在世时，为了把我们抚养成人，把不能自理生活的姊妹们，分配给我婶母们抚养。我三叔父常因自己无有男孩而深感痛楚，就把我过继给三叔父抚养。不久，我慈爱的三婶母不幸逝世了。我三叔父是封建社会的忠实臣民，他深受“不孝有三，无后为大”的影响。再加上我们家乡的人在骂人时常常用“绝户”这种恶毒的语言，所以我三叔父一生为自己无有一个男孩继嗣，在精神上陷入痛苦之中。他的两个女儿，虽然聪明健康，但老人们说：“女儿再好，将来也是人家的。”男孩子总是自己的财产继承人和养老人。我三婶母就是在这种封建社会舆论的压力中过早地去世了。

逼我与封建家庭决裂的主要原因是婚姻问题，我四叔父只凭媒妁之言.就给我订了婚。在结婚之日，才看到她是一个小脚女人，中等身材。我对她缺乏感情，在封建社会的淫威下，自己还不能抗拒这种婚姻。她很满意我这个家庭，总怕我不喜欢她，曾几次问我："你嫌我不好吗?"我总是闭嘴一声不吭，怕刺激她已有的恐惧心理。过了几年不愉快的夫妻生活，她生了两个男孩子。当时我在高小读书，放假之后按道理我应该回家，但我为了逃避这种婚姻与封建家庭的束缚，时常住在学校和我大姑家，为了离开这个罪恶的家庭，我立志读书，想从读书中找出路。我在高小毕业后，考入县立师范学校，这个学校毕业后，可取得小学教员的资格，我对这种前途很悲观，我的理想是考个正规中学，中学毕业后升入大学，我想走"学而优则仕"的道路。因此在县立师范读了一年后，私自向亲友借了10多元钱，跑到长治考入省立第四中学，名列第一。但住中学每年得花百元学费，我因经济困难不能就学。后来我又跑到太原，考国民师范，因为这个学校是公费，每月有4元的补贴，除伙食2元多外还有1元多盈余。我第一榜中了，第二榜因算术不及格而落榜。在这种情况下，我又返回武乡住了三年制师范学校。

二、我的工作经历

我是1933年5月参加中国共产党的，是山西武乡建党的创始人之一。武乡的党组织1933年8月建立，1934年3月被敌人破坏，后来又重新建立。从1934年3月到1936年7月，我曾两次被捕、被通缉，获释后均迅速接上党的关系，继续进行革命活动。1937年七七事变之后开始了全面抗日战争。我在抗日战争时期，曾担任过山西牺盟会特派员和辽县中心区秘书、左权县委书记、沁县抗日县长，以及太岳区一、三专员公署专员。解放战争时，任晋冀鲁豫区晋中行署副主任、区党委委员。1948年，奉命接管北京，在进入北京后，我任北京市民政局局长、地政局局长、劳动局局长。1951年，调中央劳动部办公厅任主任，同时兼任中央财经委员会第五办公厅主任。1954年9月，我任全国人民代表大会办公厅政策研究室副主任，专搞民法的立法与研究工作。后来奉上级指示暂停。在这期间，我以法学家代表名义，访问了日本。从日本回京后，中央组织部调我到云南工作。1958年到云南后，我先到云南思茅地委任第一书记，同时兼任西双版纳州委书记。后被选为云南省副省长。1966年年初，中央调我回北京，任对外文化联络委员会副主任。1966年5月，我以中国文化代表团团长的身份，出访了巴基斯坦和阿富汗，并与这两个友好国家签订了文化合作协定。回国后就开始了“文化大革命”，“四人帮”先把我打成了执行“资反路线”的干将，后来又给我戴上“薄一波、安子文死党”与“判徒”的帽子，并与楚图南等同志一起受到造反派的殴打，住了3个月牛棚。1969年秋，中央对外文委撤销，我被下放“五七”干校劳动，曾帮助河南息县进行了农村整党。1972年，“四人帮”把我降职下放到山西任省委副秘书长。粉碎“四人帮”后，按中央组织部的通知，我的不公正待遇得到了纠正，工作重新安排，任山西省副省长、省委常委，并被选为全国人民代表大会第五届代表。1977年调北京，任民政部副部长、党组成员。1982年离职后，任民政部咨询委员会主任，是全国政协第六届、第七届委员。

（一）在第二次国内革命战争时期

1. 我是怎样参加革命的

1933年春天，我在武乡师范学校读书，我酷爱文学，也擅长书法。无论在高小和师范学校，我的语文、书法，贴堂最多，但我的算术从未得百分。1933年年初，李逸三在高沐鸿陪同下，到武乡师范讲演。李逸三是武乡参加过大革命的青年，大革命失败后，党派他到洪湖苏区工作，后给苏区运送武器，在武汉被捕，疏通监狱令之后释放，因为失掉党的关系，自己跑回家乡继续革命。他到我校讲演，主要讲社会科学，讲由于帝国主义的侵略使中国沦为殖民地与半殖民地，也讲到了大革命失败的原因，要摆脱这种地位，挽救中国，只有进行社会主义革命。李逸三这篇讲话，第一次启发了我的革命思想。我想学点社会主义科学知识，但书很难得到，只从我们校长王芦琴的书架上，找到一本陈豹隐翻译的、日本人河上肇著作的《政治经济学》。我潜心阅读，但有好多名词弄不懂，于是我在当时的同学中酝酿组织了读书会，有四五位同学参加，大家一块儿研究，星期天我就到县流通图书馆借书。在阅读社会科学书籍中，我开始懂得了中国从鸦片战争开始，由于腐败的清政府打不过帝国主义的洋枪洋炮，割地赔款，再加封建的闭关自守，中国逐渐变为数个帝国主义的殖民地，推翻封建帝制后，军阀混战，使中国人民继续遭受战争、剥削、灾荒的苦难。孙中山搞辛亥革命挽救中国，经武昌、广州起义，在南京当了临时大总统，北伐战争胜利后，在右派压力下，孙中山把大总统职位让给卖国贼袁世凯。这些历史事实我是逐步认识到的。在武乡县立第一高小召开的庆祝北伐战争胜利大会上，校长李子恒讲话，只说到推翻清政府与北洋军阀，是“割掉身上一个脓疮”，强调北伐战争是国民党领导的胜利。根本不提国共合作。至于“四·一二”政变，“宁汉分裂”，“国共合作”被蒋介石的屠刀斩断了，共产党被迫举行八一南昌起义、秋收起义，这些历史真相，当时武乡的进步学者都不敢讲。我当时记得在大革命失败后，国民党提出“清党”运动（指清除共产党）。在武乡县城国民党县党部的围墙外，用大字写着“党外无党”“打倒共产党”的标语。当时武乡国民党的主要负责人是赵晋英、武光汤（武光汤是当时国民党的县常委，但思想“左”倾，同情革命）。

大革命失败以后，在武乡知识分子中存在着几种势力，一种是坚决拥护国民党的反动派，这派人中武誓彭是首领，他在山大毕业后，被国民党提拔为山西反省院院长，他在武乡的基础是赵晋英等人，榆社是乔轲宁等人。一种是国民党的改组派，以武灵初为首，他当时是石家庄铁路扶轮学校的校长，在武乡活动的有武光汤等，他们参加改组派时间较短，很快转向“左”倾同情共产党。还有一种是无政府主义派，以武济川、贾义德、王芦琴为代表，他们的特点是对共产党不懂，对国民党不满。再一种就是进步的一派，同情共产党人，这一派以高沐鸿、王玉堂、李逸三为代表。武乡有不少在太原的学生，魏玉田、魏煜、赵益三、武华、段若宗，他们在省城有的与党的外围组织“社联”“抗日大同盟”“左联”有关系，有的参加了。这些人每逢暑假、寒假回来，都团聚在高沐鸿家中，接受高沐鸿的“左”倾思想，在太原接受了共产党领导的“左”倾外围组织的教育。所以武乡这个偏僻的山区县城，是当时国共两党斗争敏感的地区。

我1933年夏毕业于武乡师范学校后，由武光汤介绍给高沐鸿、李逸三。他们充实了武乡流通图书馆，又成立了“武乡周报社”，需要缮写的人，因为我的小楷字写得工整，又在武乡师范组织了读书会，思想追求进步，他们均同意把我调到“武乡周报社”与流通图书馆工作。《武乡周报》是为了掩护李逸三、高沐鸿的革命活动创办的。每星期出版一张，石印，即用油墨写在蜡纸上，翻印在石头上，沾碾油墨，将字印在纸上。每张报都是我缮写的，在石印时我也参加，初步懂得了石印的技术。

《武乡周报》为什么在当时的条件下能出刊？这主要靠高沐鸿的影响。当时武乡县县长叫吕曰新，山西曲沃县人，是高沐鸿在省立第一师范就读时的老师，因为当县长的人总想在地方上找到有势力有影响的人物，来巩固自己的地位，高沐鸿也想利用吕曰新县长的权力和合法的外衣掩护革命活动。于是高沐鸿请县长拨出一笔款来办报，又扩大了流通图书馆。在石家庄铁路扶轮学校的武灵初，给武乡流通图书馆捐赠了一批书籍，其中有不少是社会科学的书。高沐鸿把在北良侯教学的李逸三请来县城，利用流通图书馆与《武乡周报》的合法掩护，开展了革命活动。当时我们几个人的关系与职务是这样的：高沐鸿是革命活动的指导人，李逸三是具体的革命活动家，武光汤是同情和支持者，武骏图既不反对也不介入，我是高沐鸿、李逸三的积极支持者。在周报社武光汤任社长，李逸三任总编辑，我任缮写和收发，并领导石印厂，还协助搞流通图书馆工作。

我的革命思想形成，主要在这个时期，当时我20岁，在周报社可以阅读大量的书籍，受益不少，再有受高沐鸿的文学思想影响，他是上海“狂飙社”的作家，是拥护鲁迅的。高沐鸿的“左”倾思想与文学修养，使我非常敬重他。李逸三的坚强革命意志，对我也有很大启发。

对我思想影响较大的还有在太原上学的魏玉田、赵益三、魏煜，他们都是参加“社联”的，每年寒暑假回来，流通图书馆成了他们食宿之所。我和他们接触较多，他们对我谈到全国形势、国民党腐败、社会主义是科学、马列主义在中国的传播等。在1933年暑假，他们请太原具有社会主义思想的教授李曙放、于怡清来武乡讲学，集中了全县小学教员来听讲，我从头到尾听了他们的讲演。在李曙放、于怡清讲演的启发下，我与赵益三、赵瑞璧等几位同志一起组织了“现代思潮”学会，吸收了小学教员中进步分子。我就是在这种历史条件下，在许多同学、老师帮助下，逐步觉悟起来，思想上逐步接受社会主义和马列主义，成为李逸三搞革命活动的助手。

2. 武乡党组织的建立与破坏

在武乡如何开展革命活动呢？高沐鸿、李逸三和我共同研究后，决定先组织抗债团，实行五抗（抗租、抗债、抗粮、抗税、抗丁）。这个口号紧紧抓住了武乡广大劳动人民与进步青年的迫切愿望。因此，抗债团组织一成立，发展迅速，不到半年，即发展到200多人，并出刊了《晋东南抗债团宣言》（以下简称《宣言》）。宣言印出来后，用各种形式散发给武乡的小学教员并公开张贴，我曾携带《宣言》专程到沁县散发。宣言贴出不少，看的人很多，在武乡的东乡、西乡、中乡均先后贴出过这一《宣言》，影响不小。在这种形势下，我们积极发展抗债团员，主要发展贫雇农、学生、小学教员参加。为了发展抗债团，我们分了工，李逸三、李尚文负责西乡，我和武三友（武灵初家的雇工）负责中乡，赵瑞璧、程登瀛负责东乡。经过3个月的宣传鼓动，抗债团的名声已被广大农民接受了，也有了相应的组织，但还缺乏一定的训练。

在抗债团成立之后，我们曾提出“打倒官盐店”的口号。因为官方统治食盐，实行食盐专卖，故意提高盐价，对广大群众进行残酷剥削。在1933年农历正月十五日，我们贴出“打倒官盐店”的标语，并且在县城、故城、洪水重镇相继贴出，在群众中激发起打倒“官盐店”的斗争热情，但同时也引起了反动当局的严密注视，认为武乡有了共产党的活动。武乡县公安局局长梁楫，是阎锡山的忠实走狗，曾为此事向山西省警务处发了电报。阎锡山反动政府，在沁县驻扎的一个宪兵小队，这些宪兵穿着便衣，到“武乡周报社”、武乡流通图书馆进行了三次侦察，但均未引起我们的注意。反共头子武誓彭也向山西当局作了汇报，山西反动当局把武乡划为“赤区”之一。

在“抗债团”组织的同时，在武乡师范学校也建立了青年团的组织(共产主义青年团)。我们有了这些组织基础，也造成一定声势。5月初李逸三对我说，我们先成立共产党组织，他任县委书记，我任副书记，并与高沐鸿研究，迅速与省特委接上关系。6月李逸三到长治找党组织，结果未找到。7月又到了太原，仍未找到。8月李逸三又到了太原，他经过赵益三、魏玉田、段若宗的帮助找到了党的关系。具体情况是由赵益三介绍，在段若宗的书房里，李逸三和当时省特委负责人维公接上头，为了进行掩护，段若宗高声读书，魏玉田站岗放哨，正式与山西特委接上党的关系。山西省工委决定成立武乡县委，并负责领导晋东南、榆社、襄垣、沁县一带的革命活动。李逸三、高沐鸿与我共同研究了党的建设与领导问题。当时确定李逸三为党的县委书记，我为副书记兼组织部部长。李逸三请高沐鸿领导，高沐鸿说："我要外出，不能参加党的工作，你们搞好了。逸三为首，怀璧为辅。"这是高沐鸿、李逸三和我三人在李逸三宿舍开的第一次会议。这次会议之后，我们准备吸收武三友、赵瑞璧、程登瀛等几位同志参加党的组织。赵程二人，高沐鸿、李逸三曾亲自谈话，认为是坚强的革命青年。在8月中旬，我们在高沐鸿家中召开了第二次会议，由李逸三、我、武三友、赵瑞璧、程登瀛同志参加，正式成立了武乡县委。开会时，高沐鸿同志在座，并进行了宣誓。对地区的领导进行了分工，决定了几件事项：第一，继续发展抗债团。第二，正式通过发展党的基本成员，吸收武三友、赵瑞璧、程登瀛、李炳泉、王锦心入党。第三，决定了分工，李逸三、李尚文负责西乡，我和武三友负责中乡，赵瑞璧、程登瀛负责东乡。把抗债团的发展与党的发展在领导上统一起来，在抗债团员中选择坚定优秀分子参加党。确定武三友为抗债团团长。在武乡师范学校成立共产主义青年团，由该校学生王锦心负责，当时发展了10多名青年团员，在我记忆中有李衍授、高迪亭、高成绚等。他们根据县委的统一部署积极参加了当时的斗争。党内交通由李炳泉负责。

武乡这三个支部，东乡工作较好，赵瑞璧与程登瀛同志发展了魏名扬、李德磐入党。姜一同志是在1934年白色恐怖严重时期入党的，说明他革命的坚定性。中区我和武三友只发展了魏怀德、史进贤、三阳垴一个雇工，西乡也有发展（具体人名、数字记不清了）。李逸三同志负责全县党的领导工作。

建立党组织之后，我们出版了党内刊物《上党红花》，共出了五期。《红花》内容主要介绍苏区与红军。苏区的情况主要由李逸三介绍。谈到中国工农红军是一支不可战胜的力量。接着在1933年10月，又出了一本《二次世界大战》小册子。这本书主要是李逸三主编的，我和武骏图在报纸上给他摘录材料。《二次世界大战》一书是公开出版的，主要说明中国是如何沦为数个帝国主义的殖民地的。"帝国主义的残酷剥削，一定会引起中国人民的反抗。”“只有社会主义才能救中国。”“由于帝国主义争夺殖民地，第二次世界大战是不可避免的。”这本小册子的出版，很快引起全县知识青年的重视，同时也引起了敌人的注意。武誓彭与县公安局局长梁楫，将这本小册子送给山西省反动当局，认为武乡真正成了“赤区”。

武乡初建起来的党组织，是缺乏斗争经验的，基本上是立三路线的翻版。在斗争方法上，只注意了利用公开合法的斗争，而没有秘密斗争的部署，很欣赏轰轰烈烈的群众运动，对敌人的阴谋诡计估计不足。当时认为武乡是地处偏僻的山区，交通不便，文化落后，对革命是有利的，因此就满足于公开贴标语，打倒官盐店，出版书籍报刊，公开发行“红花”。在组织力量方面，也只发展了抗债团员200余人，党员20余人，均未经过党的教育与训练，经不住白色恐怖的考验。总之，我们当时搞地下党的斗争是“左”的，缺乏经验的，但革命热情是高的，点燃了武乡革命的火炬，建立了武乡党组织。

高沐鸿同志有丰富的革命斗争经验，对武乡的派系与反动政府的情况也有许多了解。1934年年初，他要离开武乡到北平继续他的文学生涯。在临行之前，亲自和李逸三与我谈到他走后武乡形势可能发生的变化，他特别指出公安局局长梁楫是个阴险人物，一面和我们一些人打麻将，一面在进行侦察，今后的斗争方式，一定要注意策略。县长吕曰新在他走后也会有变化。高沐鸿还说，由于武誓彭的报告，山西反动当局已将武乡划为“赤区”之一。驻沁县的宪兵和便衣几次侦察，应提高警惕。高沐鸿走后不久，在1934年3月20日，敌人果然下毒手了。深夜派警察到北良侯李逸三家中逮捕了他。同时在城内逮捕了武光汤、武骏图，对流通图书馆和“武乡周报社”进行查封，破坏了我们的石印厂。

敌人原来计划把高沐鸿、李逸三、武光汤、武骏图和我一网打尽，但高沐鸿早已到了太原，我是在敌人搜捕的早晨，到沁县接党的关系时侥幸逃脱了。我到沁县与王公久接上关系后，在下午2时，李炳泉跑到沁县找到我，告诉我说，组织已经被破坏了，李逸三、武光汤、武骏图3人已被捕，敌人正在搜捕高沐鸿和我。李炳泉说，李逸三是在北良侯家里被捕的，在空隙中，李逸三让他迅速到沁县找到我，让我立即到太原扶轮学校李仲琳处，告知高沐鸿迅速离开太原，让我也迅速找社会关系隐藏起来。我根据李逸三的意见，与李炳泉从沁县到北良侯李逸三家中，对李逸三爱人李念九进行了安慰，吃过晚饭她给我找了另一僻静的村子安歇了一夜。第二天早晨，我就迅速离开北良侯，到太原找高沐鸿了。我用急行军的步伐，走了两天半才到了太原，直到李仲琳处，请他迅速找到高沐鸿。高来后，我将武乡党组织破坏情况，李、武、武三人如何被捕，我怎样逃脱敌人的法网，详细对高沐鸿谈了。二人商议，山西反动当局立刻会通缉我们两人，应迅速隐藏起来。高沐鸿当夜买车票到北平，他让我到国师找魏玉田、赵益三，一面告诉他们武乡的事变，一面请他们资助我路费，到我叔父（任代县公安局局长）处隐蔽，要改名字。我根据高沐鸿的意见迅速到了国师，在那里留宿一夜，魏玉田、赵益三两人给我买好到代县阳明堡的车票，每人给了一元钱的路费，我就到了山西代县找到了我三叔父，在代县隐蔽起来。

3. 我的两次被捕与革命活动

我到了代县，我叔父见了大吃一惊，他问我为什么跑来，我把武乡几个人被捕的情况告诉了他。武光汤是我叔父的亲外甥，我是他的养子。

他当时痛斥了我们的行为，也很为武光汤和我的事担心，又考虑到我在代县隐蔽会影响他的前途，但无其他办法。我叔父让我改名，我说已改名史进，如果敌人下通缉令，只能通缉史怀璧而不会通缉史进。我在代县隐匿了约半年时间。我叔父一直焦虑不安，我也怕时间久了被敌人发现，因为我知道武誓彭了解我和我叔父这种社会关系，我就产生了到陕北找红军的念头，想离开代县，使我叔父解除焦虑。代县的前任公安局局长叫高建勋，他调任河曲县禁烟稽查队任队长，是浑源人。我要到陕北，需先到河曲，一过黄河以南，就是神木、府谷一带，那边有刘志丹的红军游击队。我就请求我叔父介绍我到河曲县高建勋处。我过了雁门关，路过金沙滩，经过朔县、神池县到了河曲县。

我到河曲后暂住高建勋处。高建勋懂中医，对医学很有兴趣，他要我给他抄医书，给我一个文书的名称，每月5元薪金。当我挣到20多元的时候，我请假到保德过河。在神木、府谷一带，接近陕北苏区，反动军警盘查极严，自己虽带有稽查队的证明，但到陕北苏区无任何证明与关系(因为我这时已失掉党的关系)，如果红军认为是侦探，也无法证明。我徘徊了一个星期，未能如愿，又返回河曲，继续替高建勋抄医书。

这个时期，我是21岁的青年，离开了党的组织，像失掉父母一样，我不能长期这样生活下去，于是又潜回代县，请我叔父资助我读书。他同意我考入代县省立第五师范，但我没有文凭，恰在这时，我的弟弟史怀玉带着武乡三年制师范学校的文凭亦来代县，我就以史怀玉的文凭，经过我叔父与校长的私人关系，考入省立第五师范。这时我有了求学的机会，心里得到很大的安慰，我可以利用求学的机会，继续进行革命活动。在同学中我结识了一些比较好的朋友，最熟悉的是铁鋆，又结识了雷煊、贺鸿藻、吴润、李文炳等人。我们互相信任，要求进步，于是组织了读书会，主要学习社会科学知识。因为书缺，大家凑了10多元钱，让李文炳到太原买书，李文炳一去不返。但学校图书馆还能找到一些社会科学的书籍，我和志同道合的同学经常谈社会科学的理论，在思想上有了很大进步。

我在代县省立师范，除组织读书会外，也注意到在太原就学的青年。我听铁鋆说，在阳明堡有一个叫周义中的人，他是山大学生，思想进步。我就专程到阳明堡，结识了他。因为当时是白色恐怖时期，除一般谈些社会科学理论以外，其他未敢深谈。在这种环境下，我一方面在校组织读书会继续进行革命活动；另一方面又为没有党的关系而苦闷，自己离开党组织后感到孤独。当时我曾写过一首《我好似一只失群的孤雁》的诗，反映了我那时的心情。

在代县有一个阎锡山的炮兵司令叫周玳，为了修建自己的新居，霸占了一条街巷，逼迫群众搬迁。周玳建了新房，并自己修建了发电厂，把街巷由薛家巷改为周家巷，把代县中街的节义牌楼也霸作自己的，重新修饰，并请山西有名的书法家赵铁山书写“干城可托”。在周宅新居落成之日，周玳请人唱戏3天。北路梆子的名演员贾桂林，也叫小电灯，在她演唱之时，总有成千上万的人拥挤看戏。在唱戏时，周玳夫妻坐在彩棚中，中间有一道警卫线与群众隔开。我们八个同学也来看戏，对周玳这种持权霸巷的做法极端不满。周玳新居落成后，在大院门上安了一个百支光的照明电灯。我当时与铁銮商议，两人偷偷用石头在周宅静无人声之际将电灯打坏。周家发现后，也未进行追查，他认为是周家巷原住户不满而发泄的举动。

1935年秋，学校接到山西省教育厅的指示，说我文凭不合，逼令退学。我退学后，“怎么办”的问题又迫在眉睫。我当时已是22岁的人了，再从初中读到大学毕业，已是三十多岁，因而我完全放弃了读书的念头，决心继续革命，决不与旧社会妥协。

1935年，我叔父降调平鲁县，我从代县回到太原。我想在太原找到党的关系。通过魏玉田的介绍，我寄居在太原国民师范东六斋四号。同屋的有我的同学郝承昭，沁县人田天德，忻县人张增荣。张增荣思想“左”倾，追求进步，参加了党的外围组织“社联”。郝承昭是我在武乡二高校的同学，他思想进步，同情革命，学习勤奋，但未参加党的外围组织。田天德是个思想反动、对革命活动反感的人，他当时正在闹离婚，他对我这个外人住在同屋，流露出了许多不满情绪。

这时正逢北京学生搞“一二·九”运动、红军东渡时期，太原的白色恐怖十分严重。反动当局对担挑小贩都怀疑是共产党的侦探，逮捕拘留，并把国民师范认定为是共产党活动的主要据点。红军东渡，节节胜利，毛主席在大麦郊指挥若定。山西的土皇帝阎锡山为了剿共，向蒋介石请来中央军。中央军一到山西，到处张贴“山西是中央的山西”的标语。他们来的目的，一面协同阎军剿共，一面打破阎锡山的“晋绥是阎锡山的晋绥”的局面。蒋介石与山西实力派阎锡山，有矛盾有斗争，但在剿共上，他们采取了一致的行动。

我在太原国民师范，积极参加学生运动，写了一些壁报。我写过一篇关于在河南民权车站反动当局随意枪决一位工人的文章，标题是《枪口一致对外》。我对阎锡山派便衣密探到国民师范学校抓人十分愤慨，他们抓走了我同屋的同学张增荣。在这时，我找到同乡人赵益三，我知道他和党组织有联系，请他设法给我接上组织关系，他答应了。在第二天早晨，赵益三告诉我说，已给我找到关系了。指示我次日下午3时，到国师校园养兔子的地方，有人与我接头，接头的暗号是接头人左肩上搭一块白手巾，相见后，对方拍手三下，我也左肩搭一块白手巾，拍手两下，即可交谈。我当时兴奋极了，我为找到党的关系而兴高采烈，我以后可以在党的领导下进行革命活动了。我像久别的孩子又回到了母亲的怀抱一样，彻夜未眠，兴奋和焦急地等待着。到了次日下午3时，我来到指定地点，看见过来了一个中等身材的人，穿着黑色大褂，头戴礼帽，脸色黑胖，左肩上搭一块白手巾，我也将白色毛巾搭在左肩，他拍手三下，我拍手两下，两人在国师校园养兔房前面的石头上坐下，整个园内空无一人，环境寂静，我俩就谈开了。我详细讲了武乡党组织建立与破坏后的情况，我怎样到代县隐匿，怎样想到陕北找红军，怎样在代县师范进行革命活动，等等。他主要谈了当前的形势和任务，他谈到红军东渡，山西省工委奉命组织党员到白军中工作，组织白军哗变，迎接红军东渡的任务。让我先到汾阳医院党的联络站，然后按组织的指示行动。他交代完任务后，又说：“明日下午3时，派一位同志到你的宿舍找你，由他带你去汾阳，一切组织关系由他转给你。”让我在宿舍等着。

第二天，我严格按规定的时间，在国师东六斋四号等着。下午3时，来了一位白面色高个子穿大褂的同学，他叫孔繁珠，是我在国师经常见到的同志。他把接组织关系的介绍信转给我，并约好次日早6时出发，让我把自行车准备好，把关系证件藏到棉衣角下缝好。两人约定的时间地点十分具体，我心里也就非常踏实了。次日早上我醒得特别早，听到院内有咔嗒咔嗒的脚步声，我以为是同学们早晨起来散步的声音，但往日并无这样的情况。我赶紧起床开门一看，在东六斋四号院内有4名宪兵、7名警察。他们不准我们出门，但也不立刻进屋来。一开始我以为敌人发现了我们的行动，是专门来抓我的，但他们迟迟不进屋搜捕，看来不像是抓我的，而是敌人有别的意图。我立即将同屋的同学叫醒，把火炉捅旺，将室内的进步书刊和我的关系证件统统烧掉，把室内打扫干净，静待敌人的行动，但这批走狗仍不进屋来。我们几个人在火炉边分析情况，有的认为前几天打死敌人探子一名，打伤一名，可能是大搜捕；有的说可能是红军东渡的情况，使敌人发疯了；有的说可能国师党组织的活动和参加北平学联的活动暴露了。我们正在分析情况的时候，有一个宪兵进屋里来烤火，我们乘机问他，你们是来干什么的，他说来捕人的，我们问来了多少人，他说来了3000多人。我说，你们要逮捕什么人，他说捕共产党，他又说，你们应该读书，何必搞非法活动。我们说，我们是安心读书的，并没有搞非法活动。讲到这里这宪兵就出屋了。

到了11时许，几个警察宪兵进屋里来，进行了一般性的书报检查，并对同学们一个一个讯问。当问到我时，首先问我叫什么名字，我说叫史进。问我是不是国师学生，我说不是。他们说“带走”，我就被押解到国师大操场中，一看有六七百名警宪，有百名同学被捕，并排成长队站在那里，但没有被捆绑。另外一辆囚车，载着7位同学，其中有我的同乡人段若宗、赵益三和邢思廉等人，段、邢是出席过北京学联的代表，是领导太原学生运动与“一二·九”运动的首要人物。

在我们的大队被捕的人中，有孔繁珠、魏玉田、杨绍珍和其他许多熟人。我们被押解到太原警备司令部，几十个人关在一个大屋子中，没有床铺，大家都蹲在地板上，互不讲话，静待着敌人审讯。但敌人对我们这批人，没有立刻进行讯问。在夜深人静的情况下，敌人严刑拷打逼供另外的一些同志，刑具的响动声，同志们的惨叫声，敌人审讯时尖锐的逼供声，混合到一起，情景十分阴森。第二天上午，敌人开始对我们屋内关押的人一个一个点名，然后带走第一人，过一会儿又带走第二人，一天共讯问10多个人。第三天下午3时许，敌人点名带我，由两个警宪押解，穿过一个甬道，进入暗室，又转入审讯暗室，在这里布置了许多刑具，正面坐着3个凶相毕露的审讯官。在左边窗前，坐着一个笔录员，我一看，是我的同乡段村人武子惠，又是我们村里的女婿，敌人问，我回答，他都一笔一笔记录下来。敌人对我进行了严厉审讯，问我叫什么名字，是不是国民师范的学生，为什么住进国民师范，是谁介绍到国民师范住宿的，等等。我说明是要到北路找我叔父，因路费不够，经过同乡魏玉田（国师学生）的关系才住宿该校的。当敌人得知我的叔父是平鲁县公安局局长时，态度有了缓和。后来敌人提魏玉田到庭作证，证明我讲的没有什么破绽，就叫我找保释，听候审讯。

我仍被押解到原来的囚室，屋里只剩下5人还未审讯。第四天，我看到院子里有10多个人正在放风，有武乡的段若宗、赵益三等人，他们均被敌人拷打得伤痕累累，行动困难，只能拄着拐杖挪动。因院内有宪兵监视，我无法与他们联系。到了下午，我正为对外无法联系，不好找保人，一筹莫展时，我的表兄武光汤来了，他当时是山西省教育厅的职员。我问他是谁告诉他来保我的，他说是武子惠给他打的电话，说敌人允许我找保暂释，让他尽快来保我，并说我已改名叫史进。在他们的帮助下，由武光汤出面，写了保条，我被释放了。我十分感谢武光汤和武子惠，在我处于危难的时刻能够冒着风险帮助我。我被保出狱后，与光汤商量，均认为根据当时的形势，不能在太原久留，必须迅速离开。如果敌人发现武乡地下党的情况，再加上对我的通缉令还未取消，就更麻烦了。我又担心我跑了之后，如果敌人传我不到，会给光汤带来危险。他说不要紧，因国师校长冯司直已向山西当局说情，说被捕的100多人中，大部分不是国师学生，是临时住宿的，这些人如无问题，可以释放。我听了之后，心里踏实了不少，于是迅速返回国师取了自行车和一些书，直奔平鲁找我叔父去了。

在平鲁闲住月余，山西警务处突然来了一个通缉我的电报，说共党史怀壁从国师潜逃到该局隐匿，迅速扣获，送县处办。我知道这是武誓彭搞的鬼，因为我在国师被捕时的名字是史进，不是史怀璧，而且只有武誓彭知道我的社会关系，电报不是山西防共委员会而是警务处拍的，说明敌人并不掌握我更多的情况。我把底数向我叔父谈了，以稳定他的惊慌情绪。我叔父与县长丁守愚关系甚好，而丁守愚与山西警务处处长有私交，于是请他给警务处处长打电报，说我是史鉴古的义子，是来平鲁工作的，经过审讯与观察，并无共党活动。在国师是让我保出狱的，并非潜逃。

从丁县长拍了电报后，一直没有消息。直到1936年7月，我叔父调到翼城任职时，电请山西警务处，问我的问题如何解决，警务处回电说：带到太原解决。我叔父到太原向警务处询问了我的问题。警务处处长说，是武誓彭告的状，说我在代县搞过反周玳的活动和共产党的地下活动，经查无确实证据，允许找保结案。我叔父即找到汾阳友人任伯修具保结案，这就是我被捕与被通缉的全部过程。

我的案件结束后，成为自由的人。我叔父到翼城任职前曾对我说，想让我留学日本，经济上他完全供给我。我写信给在北平以写作度日的高沐鸿征求意见，他让我到北平读书，并利用业余时间给他誊写稿子，每月给四五元银洋，我也有此意。我当时是想利用这个机会找到党的关系，请示党对我今后工作如何安排。幸运得很，一天上午在武乡会馆外边，遇上我

1935年在国师校园接党的关系的那位同志，他说是专门来找我的，我请他到武乡会馆，详细把两次被捕的经过谈了，把如何出狱结案也详细谈了。他谈了很多我不知道的情况，他说时局有很大变化，让我先不要到日本求学，也不要到北平，就在太原找个学校，继续为党工作，并指定北门外电讯学校一位同志与我联系。我又回到了党的怀抱，非常高兴。不久电讯学校的同志给我送来山西工委出刊的文件，其中有一篇是专门悼念段若宗等6位遇难同志的文章。在他们身上，体现了共产党员英勇就义、忠贞不屈的精神，使我很受感动。

4. 在太原并州中学的革命活动

我叔父答应了我在太原升学的要求，并继续供我学费，我选择了并州中学高中。因为招生已过，只好插班。我在并州中学时，山西工委直接派人与我联系。党组织指示我在并州中学成立党的支部，让我在同学中物色一些有进步思想的同志。我物色了宋桂莲、姜宝珍、刘秀英。我带领她们参加杜润生、兰玉琳的谈话，听了马寅初的报告。在10月我又带她们听了薄一波同志讲的“目前的革命形势”的报告。主要讲日本帝国主义侵略我国，由东北向华北进攻，要灭亡全中国，目前要与阎锡山建立统一战线，克服“左”倾思想。这时听说蒋介石来到太原，党发动在海子边请愿，要求蒋介石停止内战，团结抗日。蒋介石第二天慌忙离开太原，不敢接见学生。我在并州中学这一段时间很短，未来得及建立党的支部，也未将宋桂莲、姜宝珍、刘秀英等人发展为党员，只培养了党组织的种子。

红军东渡以后，山西形势更好转了，在阎锡山内部的一些进步分子如杜任之、宋绍文、戎子和、张隽轩等人，发动组织牺盟会。牺盟会成立以后，由于阎锡山内部反动派如邱仰浚、李冠洋等人的阻挠，未能展开活动。但在阎锡山允许之下成立了牺盟会，已是一大进步。

党为了保存抗日力量，红军东渡结束后，即提出与阎锡山搞抗日民族统一战线，并派党代表彭雪枫等来与阎锡山谈判。据说毛主席给阎锡山写了信，推动阎锡山停止内战，实行抗战。中共北方局胡服同志（刘少奇）派以薄一波同志为首的一批从北平监狱出来的同志，回到山西。他们利用山西牺盟会的合法旗帜，利用党与阎锡山达成的统战协议，积极开展工作，把山西的抗日救亡运动轰轰烈烈推向高潮，与阎锡山建立了特殊的抗日统一战线。

5. 在牺盟会工作时期

1936年11月，学校快放寒假时，牺盟会举办了村政协助员训练班，山西工委联系人李宝森告诉我，让我参加村政协助员训练班。我经考试入校，学习了两星期，学习安排一面是政治训练，一面是军事训练。政治学习的教导员，完全由牺盟会派出；军事训练由阎锡山的旧军官负责。省主席赵戴文每日早晨在升旗仪式上讲话，他把阎锡山吹捧为“圣人”，要大家很好学习，服从阎司令长官的领导。

我在村政协助员训练班结束之后，即被牺盟会总会分配到辽县任联络员，带着7个村政协助员，我记得有榆社的李沛堂、宁云程、杨××等3人，武乡的暴元庆、李旭等，我们住到辽县贫民学校。按辽县的区制，每区派一个村政协助员，我是负责总领导的联络员，兼任城关的牺盟会工作。我们出发时牺盟总会给我们部署了任务：第一，积极宣传抗日与抗日统一战线；第二，控诉日本帝国主义“九一八”事变以来的种种罪行，散发日本人残杀中国人的画片；第三，积极发展牺盟会会员。入牺盟会时均要填表，党组织也给我们任务，要我们在牺盟会积极分子中物色够党员条件的人，为将来建立党的组织打好基础。我肩负这双重任务到达辽县，在辽县工作了两个半月，经过宣传组织发展了3000多个牺盟会员，大部分是小学教员和在太原学习的学生，有少数是农民。县政府的老爷们，均是阎锡山委派的，他们的思想仍是“安内第一，攘外第二”“不安内就不能攘外”，因此他们对我们的抗日宣传，反感很大。

有一次在早晨升旗仪式上，县长让我讲话，我讲了目前形势是日本帝国主义要灭亡中国，中国共产党为了抗日，已与阎锡山达成抗日统一战线。我也讲了我们的任务是宣传抗日，发展牺盟会员，我说《何梅协定》是卖国协定，等等。我这次慷慨激昂的讲演，引起不同的反应。青年学生们听了非常高兴，说我的讲话是第一次听到的爱国主义的讲话。但县长及县老爷们说我在宣传共产主义，是骂国民党（指《何梅协定》），并将我的讲话报告了阎锡山。当时在辽县担任第一区区长的武光汤，认为我的讲话过“左”，对我提出忠告。过了十几天，在牺盟会的报刊上登出了我讲话的主要内容，证明我讲的内容基本是正确的。薄一波同志给我打了招呼，要我注意策略，以免引起地方旧势力的阻碍，给工作造成困难。

在辽县工作了两个半月，我们总结了经验，第一，宣传了抗日统一战线，发展了3000多名会员，培养了一批积极分子，如冯瑞如、王善玲、杨尚宇等。第二，散发了许多宣传品，使不少群众树立起抗敌救亡的观念，给以后更进一步发动群众，建设党组织打下了基础。同时找出了我们的缺点，热情有余，斗争策略不足，在新生的力量发展中，必然要遭到旧势力的抵抗。对这种抵抗，我们必须坚定立场，不能妥协。第三，我们把在牺盟会工作中的积极分子冯瑞如、王善玲、杨尚宇等3人，确定为辽县牺盟会发展的领导小组负责人。我们春节过后，即按规定回到太原了。

回到太原以后，我将辽县牺盟会的工作，向牺盟总会作了汇报，总会很满意我们的工作成绩，并又给我一个临时任务，让我以山西省政府视察员的身份，到汾西、隰县、大宁复试国民兵军官教导团团员，整顿牺盟会组织。阎锡山对我们并不放心，又同时派一个姓王的团长当副视察员。我完成了这一任务后，返回太原到国民师范民训第七队特派员训练班学习。

在太原国师民训第七队学习，受益匪浅。第七队是专门训练牺盟会特派员的，我们另成立了支部，直属山西省工委领导。支部领导人是阎秀峰、李安心、侯富山等。与我发生党的关系的先后有苏应民、郭钦安。我们第七队的教导员先是戎子和，后来是雷任民，工作人员叫张国器。第七队经常出壁报，我是写壁报的积极分子之一。我们将阎锡山发给的“物产证券”“按劳分配”书籍放在一边，党员秘密地传阅着延安出刊的《解放》。

在国师除七队外，还有一个十一连，是女生连，她们有100余人，记得有同乡人高铮惜、王爱花，她们经常来找我，我给她们讲党的指示。当时在国民师范学习的有1000多人，大部分是从平津和全国各地来的大中学生。他们为抗敌救亡而来，并不满足山西的政治气候，一心向往延安，认为山西合法性太多，右得很，因而不安心在山西搞抗敌救亡运动。薄一波同志经常批评这些同志，不懂得全局，不懂得统一战线，貌似“左”倾，实质上是右的。薄一波还指出，延安是中央所在地，是后方，山西是抗日前线，你愿意抗日，就应留在山西。经过这番教导，大部分人安心下来了，参加了军官教导团的训练。

第七队的军事训练，特别严格紧张，经常搞急行军，步行到兰村和晋祠，以考验我们的体力。在受训期间，政治斗争十分激烈，这与阎锡山的态度有关，他以高薪录用了托派张慕陶，有一次张慕陶来国师讲学，被学员轰走了。

日本帝国主义的铁蹄已践踏了平、津，并准备向华北进军。党分析了当时形势，认为日寇占领平、津后，可能首先向雁北进攻。于是牺盟总会决定开辟雁北13县的工作，派一批特派员先到雁北。我们是1937年5月初出发的，我和张天乙到浑源，郭钦安、戍占峡到应县，在大同设有牺盟中心区，由阎秀峰、侯富山、李琳负责。我们公开的身份是牺盟特派员，秘密身份是中共党员。5月底，郭钦安通知我到大同开党的会议，我们一起到达大同，山西省工委派王书良同志来参加。在这次会议上，王书良同志传达了山西省工委的指示，决定各县迅速发展党员，建立支部，以便领导群众进行抗战。

在大同会议后，我回到浑源，把牺盟会中的积极分子任汝勤，浑源中学的蔡汝豫、李锦云等3位同志吸收入党，在浑源建立了第一个党支部。

在浑源的工作开展并不顺利，有来自公道团团长张重生的抵制，旧县长史标青也不支持，还有地方上大绅士左吉轩也反对。阎锡山派的一个精神救国会的领导人，到处宣传“物产证券”与“按劳分配”，并且发展精神救国会会员，目的是抵消牺盟会的影响。在浑源驻有阎锡山的一个师，师长叫杨荫堂，他的军队，风纪极坏，强奸妇女，不进行抗日宣传，毫无对日作战准备。他认为日寇虽占领平、津，但不会向山西进攻，对我们宣传抗日、发动群众认为是多余的事。因为我们的牺盟会组织，是阎锡山委派的，来自地方上的反抗势力，不敢有大的反对行动，我和张天乙还是抓紧时机发动群众，建立党的组织。积极依靠新成立的支部，开展城关手工业工人和农民、学生的工作，并利用任汝勤的旧社会关系，开展统战工作，我们每前进一步，都要克服极大的困难。我在浑源与辽县工作，感到青年知识分子是能首先接受新思想的，但主力还是工人与农民，工农须经过宣传、教育、组织，他们一旦觉悟起来，其力量是无敌的。因此，我和张天乙同志把做浑源城关手工业工人的工作放在首位。至于旧的地方官吏、地方绅士，以及地方驻扎的阎锡山军队，对日本帝国主义可能进攻山西的举措，毫无思想准备。阎锡山长期统治山西的地方政权与军队，是不能抵抗日寇进攻的。在七七事变后，驻扎在浑源的杨荫堂的军队奉命开赴前线，临行前地方政府与绅士设宴欢送，我也作了鼓励他们英勇杀敌的讲话。但他们的军队无论在战略上还是战术上，都无法与日本军队相匹敌。他们刚与日军作战，就一败涂地，他们习惯于正面作战，而日寇的战术是先用飞机打乱我们后方，接着用火炮轰击我军阵地，接着是骑兵猛冲，随后是步兵上来。阎锡山军队的正规战不适应这种打法，一上阵就溃不成军，到处散兵游勇，抢劫百姓财物，强奸妇女，成为日寇侵占前的土匪。

在敌人进攻平型关后，浑源快要失守了。这时接到牺盟总会的电报，要我们立即返回太原，重新安排工作。我和张天乙同志即准备离开浑源，回到太原。当我们向县政府借路费时，县长史标青正准备逃跑。他批给我们20元路费，当晚就潜逃了。

我奉命离开浑源之前，对党支部进行了工作部署，让他们组织好一部分可靠的群众，接受旧政府与公安局的枪支，并在八路军到来后积极主动地与八路军联系。把工作部署好后，我和张天乙相随步行到了代县。到代县正遇上从大同、应县、繁峙等县奉命撤回太原的各县牺盟特派员。我和郭钦安、张天乙3人同行到阳明堡、原平，准备乘火车到太原。到原平时，正是下午3时，车站十分拥挤，有伤病员，有到太原避难的群众。我们在候车时，日寇来了4架飞机，对车站进行了疯狂轰炸，并用机枪扫射。我和郭钦安、张天乙跑到车站附近的高粱地里躲避，但敌机把高粱地当作轰炸与扫射的重点。当敌人轰炸扫射完后，我们爬起来一看，周围炸死了七八个人，我们三人是幸存者，全身是土，我把毯子丢了，郭钦安把印掉了，张天乙衣帽不整，最后我们三人总算平安回到了太原。

在赴太原途中，我们碰上八路军部队乘坐汽车，急赴前线，他们充满了胜利的信心。我们向八路军谈了前线的情况，他们说不是日寇凶悍无敌，主要是阎锡山军队不会打仗，他们不懂游击战术。我们问八路军同志什么叫游击战，他们说：应该从敌人侧翼袭击，避其锋锐，拦腰截断，攻击围歼敌人部分，使敌人不能前后联系接应，敌军则乱，我们再分头歼敌。经过八路军这一席谈话，我们才初步了解了游击战是怎么回事。

我们9月中旬回到太原牺盟总会，准备接受总会新的部署。有一天，中共山西省工委书记张友清，在双塔寺召集20多位党员开秘密会议，说国共两党的抗日民族统一战线已经形成，我党要发表宣言，蒋介石也要发表谈话。山西也与阎锡山达成协议，允许八路军开赴山西前线抗战。关于军事部署问题，张友清同志说：129师到太行山，建立晋冀鲁豫边区，115师驻晋察冀，120师驻晋西北，山西成立新军决死队，也要随八路军总的部署安排。至于党的工作，目前还不能公开，共产党员只能利用山西牺盟会的合法地位开展工作，积极发动群众，迅速发展党的组织。我和郭钦安、阎秀峰、龚子荣、李安心、苏谦益等二十余名地下党员参加了这次会议。

山西党的组织，过去一直叫工委，1937年，张友清同志回到太原，经过一段时期，中央批准山西成立省委，由张友清任省委书记。在9月初，郭钦安同志秘密通知我，要我到八路军驻太原办事处受训（地址在成成中学）。我按时报到，参训的20多人，相识的有郭钦安、李安心、阎秀峰、侯富山、张干丞、龚子荣、韩子琛、苏谦益等人。我们住在一间大屋子里。给我们讲课的有胡服（刘少奇）、彭雪枫。刘少奇同志讲统一战线与游击战问题，彭雪枫同志讲党的建设问题。这时日寇已占领雁北大同，太原每天有敌机来轰炸，防空紧张。在我们受训期间，有一次敌机来了，我们用高射炮轰击，在紧张的警报声中，我们正要进入防空洞时，看到周恩来同志，他仰视天空在房檐下走了几步，未进入防空洞。我们说，周恩来同志不怕飞机，我们也不进防空洞。经过一个小时，敌机在我炮火轰击下逃遁了。

这个时期，薄一波与牺盟会同志们忙于两项工作，一件是迅速把国民兵军官教导团的学员组织起4个决死总队，向阎锡山领取枪支、弹药、服装。另一件事是布置牺盟会分区的组织工作。决定在重要地区迅速成立牺盟中心区，由中心区分头领导各县的牺盟会工作。同时成立了战地动员委员会，战委会主任是续范亭，程子华任武装部部长，负责战时总动员与武装群众。工卫旅也在这时成立。阎锡山在战争临头之际，决心依靠牺盟会、决死队，并表示与共产党密切合作进行抗日。把仓库中存放的枪支、弹药、服装均发给新军与工卫旅及牺盟会的同志们。

（二）在抗日战争与解放战争时期

1. 在辽县任党的县委书记

我被牺盟会分配到辽县中心区，该中心区的主要负责人是侯振亚，他任秘书，我是组织部部长，刘广德是宣传部部长。另外中心区的组成人员有张天乙、王乃堂、徐兴文（八路军派给我们搞游击战的，经过长征）、张忠厚等同志。辽县中心区领导着和顺、辽县、榆社、武乡4个县的牺盟会工作。从太原出发时党组织关系由徐子荣同志负责，一直率领我们7个人到达辽县，住在我1936年冬在辽县工作时的贫民学校。

牺盟总会任命我到辽县中心区工作时，我先给冯瑞如、王善玲写了信，说明我什么时间可回辽县，她们在盼望着我的到来。我们定居后，在徐子荣同志领导下积极开展工作，对牺盟特派员们进行了分工，决定张天乙同志到武乡任牺盟特派员兼公道团团长，张忠厚任辽县特派员。不久八路军129师到达辽县，住在城西西河头。当时129师师长是刘伯承，政委是张浩。后来晋冀豫省委负责同志李菁玉、李雪峰也来了，他们住在129师师部，白天来到我们这里研究如何开展党的工作。李菁玉、李雪峰、徐子荣是晋冀豫省委领导同志。李菁玉是书记，李雪峰是组织部部长，徐子荣是宣传部部长。他们指示党要以牺盟会中的党员为中心，成立辽县县委，指定侯振亚任县委书记，我为组织部部长，刘广德为宣传部部长，大约在1937年10月，辽县正式成立了党的县委，接受省委领导。过了不久，党又派来陈舜英、贾庭秀两位女同志，又派来县长欧阳景荣。李雪峰亲自参加了县委成立会，宣布省委对我们分工的决定。大约在10月，李菁玉调到冀南，李雪峰任省委书记。紧接着薄一波同志带决死一总队到了沁县，成立牺盟上党中心区，调侯振亚回沁县，负责筹建牺盟上党中心区工作。侯振亚走后，李雪峰同志对县委作了重新调整。县委书记由我担任，陈舜英任组织部部长，刘广德仍为宣传部部长，贾庭秀为副部长。在新的县委班子调整后，李雪峰指出，今后我们的主要任务放到发展党的工作方面，牺盟中心区的工作可一般照管一下，我表示坚决按省委指示办理。1937 年 11 月，李雪峰临时到黎城、涉县开辟工作，把辽县县委工作交给 129 师张浩领导，张浩同志对我工作的指示，和李雪峰指示的一样。在 1937 年冬季，牺盟会的积极分子冯瑞如、王善玲、杨尚宇已具备了入党条件，首先吸收他们几个人入党。后来又吸收了武光汤入党。个别发展党员不适应当时的抗战形势，李雪峰同志指示：要在全县建立党的组织。具体做法是先开办一个农民训练班，挑选一部分牺盟会中的积极分子、小学教员及从太原回县的学生和贫雇农到训练班学习。学习内容除讲抗日民族统一战线外，主要讲党的路线、方针、政策、斗争策略、党组织的基本原则、党纲等。我和陈舜英同志具体主持了这个训练班。在学习中发现了积极分子和愿意参加共产党的人，加以特别训练，另行编组，专门讲党的发展与建设问题。我们在每个区均物色培养了至少两三个党员。这样做便于以区为单位，建立党的支部，发展党的组织。在这个训练班中，共发展了 10 多名党员，每个区至少有两名。这就为在辽县全面开展党的工作打下了基础。新中国成立后一度在国务院机关党委任副书记的王锐，当时就是在训练班中入党的。我和陈舜英同志是他们 10 多名同志的入党介绍人，在入党时，均填写了入党志愿书，进行了宣誓。

薄一波同志在 1937 年 10 月到沁县后，开办了“随营学校”。让各个县推选学员，我介绍了王善玲、赵瑞文等 4 人到沁县随营学校学习。王善玲到沁县后她母亲找到我，说我把她女儿调走，今后还能见面吗？我说学习之后就回来，她母亲放心了。老人们总是想把自己的子女永远留在身边。

1938 年 1 月，我在辽县牺盟中心区任秘书（兼任辽县县委书记），接到薄一波同志的电报，让我星夜赶到沁县，有紧急要事相商。我将电报内容报告了雪峰同志和张浩同志，他们不让我走，我请雪峰同志与薄一波直接交涉。薄一波说明，是梁化之来沁县，要我回牺盟总会工作的，李雪峰才放我到沁县。我找了一匹马，星夜赶回沁县，到了专员公署见了薄一波。薄说：梁化之来要人回牺盟总会工作或受县长训练，指名让我去。我吃过晚饭就与梁化之、薄一波一起乘坐着梁化之的吉普车，到了长治开会。当时我并不清楚为什么要我到牺盟总会工作，我向薄一波同志提出，我不愿意受县长训练，也不愿意到牺盟总会工作。在我的要求与坚持下，在长治未参加会，薄一波同志与梁化之商量后就同意我回沁县牺盟中心区协助侯振亚同志领导晋东南牺盟会工作。于是我由长治乘汽车返回沁县牺盟上党中心区。

1938年1月，辽县中心区撤销合并到上沁县中心区，薄一波同志调来许多特派员，其中有王书良、陈大东、韩鸿宾、周化南等，在女同志中有黎颖、孟松涛、姜涛、刘生兰、张玉玲、王善玲、史云等。上党中心区领导着整个晋东南各县的牺盟会工作。当时敌寇未占领晋东南，那里还是一块统一的根据地。

我在牺盟沁县中心区工作不久，就遭到敌人第一次九路围攻。决死一总队领导机关和牺盟会成员，均转移到沁县西山一带，薄一波、侯振亚和我，住在沁县西山的一个叫登山角的小村子，在这个村里，我们的一些同志积极学习军事，练习打靶，准备粉碎敌人进攻。敌人九路围攻，在刘帅指挥的129师与决死队的打击下，很快被粉碎了，晋东南又成了一块暂时比较安定的地区。但在粉碎敌人九路围攻中，暴露出阎锡山委派的旧县长的腐败无能，既不能保证军队在战争时的后勤供应，又不能发动群众抗日。于是改造旧县政权的任务，就提到议事日程上来。安子文与薄一波同志商议，县政权必须改造，必须派共产党员去任县长和公安局局长。但对县长人选问题酝酿数次。我记得开始让周化南去，安子文说周不是党员，安子文提出，新的抗日县长必须是共产党员；有工作能力，能打开局面；在战争中能坚持工作，解决好八路军、决死队的供应问题。对抗日县长的要求是很高的，但当时的特派员中对当县长并不感到重要，认为县长是当官的，还受过去县长尽是贪官污吏的影响。后来安子文、薄一波同志决定，让我到沁县任抗日县长。我开始不同意，薄一波、安子文给我谈了多次。谈到马列主义原则，说列宁讲过，“革命的目的，就是为夺取政权”。经薄、安的教育，我同意到沁县任职，同时派了王墉同志当公安局局长。薄一波同志送给我一支手枪、一匹缴获日本的大洋马，我就走马上任了。

2. 在沁县任抗日县长

我是在1938年三四月，粉碎敌寇第一次九路围攻之后担任沁县县长的。接了县印，奉薄一波同志命令与指示，我将前任县长李醉天逮捕法办。他的罪行是在八路军决死队粉碎敌人九路围攻时，没有认真解决供应问题，擅离职守。当时薄一波同志指示我们法办枪决，当我们决定枪决李醉天，并写出布告准备第二天执行时，他买通看守的司法警察在深夜逃跑投敌了。

我初任县长时，在沁县群众与士绅中有不同的反映，群众说青年县长，敢作敢为，接近群众，不像过去的县老爷，群众不能见面。地方士绅阶层的人说，这样的年轻人能当了县长吗？沁县历史上从未有过这样年轻的县长。对我不予信任。

我任沁县县长后，在薄一波、安子文同志指示下，首先抓了解决军队的供应问题。在粉碎敌人九路围攻后，沁县先后驻的有八路军总部，有决死一总队，有冯钦哉的国民党军队，有武士敏的一六九师，每天的粮食供应十分紧张，我必须首先解决这一重大问题。为了摆脱事务工作，在人员缺乏的条件下，我让我义父史鉴古来做内部的接交工作。我义父当过多年阎锡山时代的县公安局局长，他熟悉县府内部事务，可助我一臂之力。他负责县政府内部事务，我就摆脱了许多烦琐的事务，专门保证解决军粮的供应问题与发动群众武装群众问题。为了保证八路军联络处的经费开支，薄一波派了戴祖武担任会计。薄一波同志当时指示我，主要抓好几件事，解决军队的粮草供应与八路军联络处的经费开支；充分发动群众，组织自卫队，防敌锄奸。安子文同志的指示与薄一波同志指示一样，他强调了政权改造、合理负担、党的组织发展问题。领导同志的指示，我都明确了，如何具体组织实施，我尚无经验。特别是保证军粮供应问题，我请示了薄一波、安子文。安子文同志带我到小东岭村八路军总部，见到了朱总司令和左权同志，朱总司令和左权同志说，目前部队亟须解决的问题是吃饭问题，这问题必须用政府权力解决，办法是采取合理负担，“有钱出钱”“有人出人”“有粮出粮”。左权同志还说，在南仁有八路军的伤病员医院，要特殊供应，如军鞋、白面、羊肉、鸡蛋，这需要发动群众来解决。你这个青年县长，要坚决完成。左权同志讲到这里，让警卫秘书把南仁医院院长宋德贵叫来，告诉他我就是抗日县长，有关南仁医院伤病员需要特殊照顾问题，可直接请示地方官县长解决。安子文和我完全接受了朱总司令和左权副参谋长的指示。安子文出主意说，你回去把沁县存粮的大地主请来开会，采取自报公议的办法，至少要解决一万石粮食问题。薄一波同志也指示我要迅速采取合理负担办法，解决八路军的供应问题。我当即召集了当时县政府了解地方财主存粮情况的几位同志，开出名单，然后召集了地方士绅和地主座谈会。先谈了抗日的重要性，其次谈到部队供应问题，传达了朱总司令、左权副参谋长和薄一波、安子文同志的指示，请大家自动报名。开始只报了六千多石，我说不够，大家再开明一些。在会上有存粮的人互相了解，他们说，某某人还有粮，可以多出。采取这种自报公议办法，结果报了一万多石粮食。这就是沁县有名的解决“万石粮”的经过。解决了“万石粮”，左权同志很高兴。他说我是能干实事的县长。沁县当时有十二万人口，到十二月政变前，沁县人民共拿出了粮食十二万石，有力地支援了抗日战争，对党、对政府、对军队做出了重要贡献。

第二件事抓扩军问题，扩军首先是补充决死队的。薄一波同志对这件事抓得很紧，他指示各县均成立人民抗日武装自卫队，每县至少有100人，他派了自卫队队长和教导员，党和群众都发动起来参加自卫队。扩大军队的办法是：每个村均成立不脱产的自卫队，经过训练和教育，到县里参加武装自卫队。在县里经过半年或3个月的训练，再补充到正规军队，然后再采取这个办法一层高一层地提训，这样就不致使群众感到一下子离开家乡的困难，也减少了家庭的阻力。扩大军队形成自然的趋势进行得越来越顺利。党员在扩军中首先报名参加，真正起到了模范作用，乡镇的领导干部子女和群众一样，争先当抗日自卫队模范，因此很快扩大了我们的军队——决死一总队。

第三件事抓政权组织的改造问题。我初到沁县任县长，薄一波同志只派了一位王墉同志任公安局局长，不久王墉同志调走，派来谭永华同志。谭永华到武乡当县长后，又派了郭鸿弯。我对沁县政权改造的迫切性认识，是从李醉天私逃引起的。薄一波同志指示旧人员必须陆续更换。

改造旧政权时，县委书记高扬文同志给我派来温附山、李纪三、张克熏等六七位县科长、区长，他们均是共产党员，当这些新的血液加进来，担任了县政府职务，我负责的沁县政权才有力地发挥了作用。后来县委又派来一批共产党员干部，担任了区长，把区的政权改造了。在共产党员区长的领导下，在农村中的党员用民众选举的办法担任村长，基层政权也得到改造。从县长、科长、区长、村长，一级一级进行了彻底改造，使政权发挥了很大威力。党的决定，县政府的指示，均能贯彻执行。对政权的作用我有了较深刻的体会，在当时的黄河日报上发表了我写的一篇《政权的威力》的长文。

我在沁县任县长，大约三年时间。在这段时间里，我遇到不少问题，例如在统一战线内部的斗争问题。冯钦哉部下的一六九师（群众叫“一路狗屎”），驻扎在子洪口，但粮秣供应均靠沁县、武乡两县。一开始他们均给粮秣款，后来看见给八路军供应不给钱，他们也不给了。为此事我报告了薄一波同志，薄一波同志坚持用粮必须给钱，八路军虽无钱付给，也要开给收条。可是一六九师的头头们对薄一波的专员公署要动武力，把机关枪架到行政专员公署门口。薄一波同志向朱总司令作了汇报，朱总司令指示，要请他们吃一顿好餐，严厉指出抗日高于一切，摩擦是破坏统一战线的。薄一波对我说：“你今晚筹备一桌好饭，我请一六九师头头吃饭，你也作陪。”我当晚准备好饭，一六九师团以上干部参加。薄一波同志讲了许多服从大局的话，抗日必须团结，粮秣供给是群众的血汗，必须付款，八路军也要付款，只等中央拨下来就付，等等。经过这一有策略的斗争，一六九师才把机枪搬走，没有开火。朱总司令、彭副总司令还指示安子文同志做国民党师长武士敏的工作，向他强调指出抗日统一战线的重要、团结抗日的重要。经过做工作，以后摩擦少了，武士敏将军坚决抗日，在中条山战役中英勇牺牲，为了纪念武士敏殉国，当时把沁水县改为士敏县，证明我党对抗日统一战线是言行一致的。这次斗争，实际上是国民党中央军与中共、山西新军在统一战线内部的矛盾，同时也反映了国民党蒋介石与地方实力派之间的矛盾。当时中央军把决死队看成是阎锡山的部队，故意寻找借口，进行刁难。因之统一之中的矛盾，矛盾的统一，是合乎辩证规律的。

我在沁县任职期间，对农村宗派斗争有了初步认识。当时松村的一位干部叫边某，是县武装科科长。他片面地反映松村李某是恶霸，通敌，要求枪决，向八路军联络处也告了状。因此决定对李某实行枪决。当天我带了10多个骑警到松村，准备召开万人大会实行枪决。到松村口时，有几十个人跪着向我哭泣，哀求饶李某的命，并说是自己一姓与姓边的过去祖先结下了世仇，边科长倚仗权势进行报复。我看到这种悲惨情景，产生了疑惑，于是我在万人大会上宣布，今天不能枪毙人，等查清后再说。我回县后派人调查，并责问了边某，才了解到松村群众之间纠纷是人民内部矛盾与历史仇恨。有的干部掌握了政权，就利用职权，假造情况，趁机报复。我查清了这一情况，没有枪决人，只将边某撤职，避免了一场冤案。通过此事我感到，政权是一种极大的权力，你掌握了政权，如果为人民做好事，就能深得民心，造福人民；如果以权谋私，滥用权威，就会贻祸人民，丧失政权威信。同时认识到，划清敌我矛盾与人民内部矛盾，是十分重要的。

我在沁县任职之初，党的组织叫八路军工作团，团长（秘密叫县委书记）史文俊，是经过长征的农民干部，后来犯了错误，安子文同志把他调走，派高扬文同志任八路军工作团团长，安子文告诉高扬文，一定要尊重地方政权。因此扬文同志和我的关系甚好，互相支持，团结一致，工作开展得很顺利。八路军工作团开会决定大事时，均通知我参加。我在工作中有什么问题与困难也向扬文同志报告。我和扬文同志经常保持密切联系，哪个区有多少党员，谁是支部书记，我都清楚。互相了解情况，工作密切配合，使党和政府的领导人均能在自己的岗位上发挥作用。

当时在八路军工作团里，有个叫苏平的女同志非常能干，工作踏实。还有一个叫陈光的女同志，工作也很好。她们在扬文的领导下，对沁县发展党、发展妇女工作均起了很大的作用。牺盟会的孟松涛、黎颖、张日薪，热情很高，对县政府的工作大力支持，在动员、组织群众抗日方面起了积极作用。因为当时牺盟会是公开的，党还处在秘密状态。

沁县由于工作开展得很顺利，在晋东南有模范县之称，特别得到八路军总部左权同志的表扬。这首先是由于薄一波、安子文同志的领导正确，同时在发动组织群众方面，在扩军方面，在解决万石粮方面，在政权改造方面，许多工作都是高扬文同志动员共产党员带头来执行的，这使我深切地认识到党的领导起决定作用。再加上牺盟上党中心区派来得力干部，县政府全体同志的积极努力，沁县工作才能得到这样的好评。

十二月政变后，我坚决要求离职。安子文、薄一波同志答应了我的要求。接替我工作的是岳维藩同志，此时太岳区领导机关已转移到沁源。岳维藩同志调走后，王金林同志担任沁县县长。

我离开沁县后，回到牺盟会上党中心区，特委决定让我搞一段时间青救会工作。不久，我要求到北方局党校学习。时间是1940年，学习了8

个月。

3. 关于“沁州路线”问题

太岳区是晋冀鲁豫边区的一个重要战略地区。北面抗御平遥、介休之敌，西边策应晋西和晋西北抗日根据地，威胁同蒲路之敌。南接豫西，威胁陇海路，东以白晋公路为界。在日寇第二次九路围攻之后，把晋东南白晋路跨县地区分给太行、太岳领导。太岳区成为晋冀鲁豫边区、北方局驻地的西面屏障。据说朱总司令在1937年秋日寇向平型关进攻之前，在五台山曾告薄一波同志，带领决死一纵队到晋东南，说这里是个战略要点，八路军总部将来也要到这里，指挥华北的抗日战争。在日寇侵占晋东南之前，太行、太岳还是一块统一的根据地，阎锡山对这个地区十分重视，委派薄一波同志为第三行政专署专员兼保安司令，驻在沁县；委派戎伍胜同志为第五行政专署专员，驻在长治。薄一波领导的决死一纵队，把沁县作为太岳抗日根据地的中心。最先是薄一波、安子文同志为首，十二月政变后，陈赓将军领导的386旅也到了太岳区，薄、陈、安成了太岳抗日根据地创建与发展的领导人。

我1938年1月从辽县调到沁县后，听到有种所谓“沁州路线”的说法，这是指薄一波同志为首的“路线”，意思是沁县合法性太大，自上而下的作风较浓，太受阎锡山的框框限制。对这个问题，应从当时山西的实际情况出发来考虑。在党中央与北方局的领导下，薄一波同志回到山西，与阎锡山建立了特殊的统一战线。所谓特殊，就是在阎锡山所允许的情况下，开展轰轰烈烈的抗日运动。当时党的活动与发展，处在秘密与半秘密状态中。从决死队与牺盟会来说，没有阎锡山的同意，根本不可能在太原组织起军政训练班，吸收全国许多省市热血抗日的青年；不可能组织既合阎锡山的法，又是党领导的约5万人的决死队与其他部队。没有阎锡山给予的合法地位，就不可能组织牺盟会协助员与特派员，深入山西各县农村，进行抗日动员；共产党员也不可能利用合法形式，开展党的工作，这种路线是得到党中央肯定的。

日寇占领太原后，阎锡山统治山西的局面受到破坏。阎锡山领导的机关与军队，大部集中到晋南临汾一带，当日寇沿同蒲路南进时，阎锡山渡过黄河到达陕西秋林地区。阎锡山的旧军队与国民党的中央军，以阵地战对付日寇，已经基本破产。因此在同蒲路北段以东和晋西北，已经基本上没有阎锡山的旧军队与国民党军队，阎锡山的旧政权已全部解体。只有八路军和决死队，在敌后开展了游击战并建立了抗日根据地。在这些地区当然不能按阎锡山的框框办事，共产党可以公开活动，可以重新组织抗日政府，大力发展党员，充分发动群众，扩大八路军。但在晋南与晋东南一带，阎锡山仍坚持了自己的统治，对已破碎的江山，不肯轻易放弃。他在十二月政变前，对驻扎在晋西、晋东南的决死队，既想靠又怕靠不住，最怕决死队、牺盟会与共产党成为一家。他曾先后派邱仰浚、梁化之来晋东南视察，实际上是来侦察决死队、牺盟会与共产党的关系，试探薄一波的态度。因此，在阎锡山还暂时统治的晋西、晋南、晋东南，不能不在形式上维持阎锡山的旧框框，工作方式不能不讲究策略。因而在这些地区，党员只能利用牺盟会的合法形式活动，在决死队中也不能公开发展党员。党的组织名义上也只能以八路军工作团的方式出现，如太岳特委叫八路军联络处，县委叫八路军工作团，区委叫新华报社发行处。采取这种策略，党有了很大的发展，实际上突破了阎锡山的框框。因此，在当时的情况下，党采取什么样的工作方针和策略，完全应当根据当时当地的实际情况而定，既不能强求一致，又不能不顾客观情况，这才是实事求是的态度。

我想举自己亲身的经历来说明这个问题。1937 年 10 月至 1938 年 1 月，我在辽县任县委书记，当时冀豫晋省委书记李雪峰同志与 129 师政委张浩同志指示我，要以发展党发动群众为主，以扩军补充八路军为主。对牺盟会的工作（当时我兼辽县牺盟中心区秘书）不应放到首位。彭真同志来到辽县，住在 129 师师部，找我谈话时，也强调了这一点。我认为他们的这些指示，是适合当地当时情况的，因为在白晋路以东，已没有阎锡山的军队，在这个地区，再强调不冲破阎锡山的框框是错误的。在1938年3月，我调沁县任抗日县长，情况就不同了。其特点是阎锡山还能直接统治，并有晋绥军与国民党军冯钦哉、刘戡的部队，梁化之还来沁县、长治视察。太岳区领导人薄一波、安子文同志采取了灵活的斗争策略：以牺盟会的名义组织群众团体，以八路军工作团的名义发展党员。在决死队中不能发展党员。我觉得在当时的情况下，薄一波、安子文同志采取的做法是正确的。在党的发展与发动群众方面，均未受到影响，而且发展的速度也快，质量也好。对旧政权的改造，委派党员任抗日县长，也是以三专署名义进行的，使阎锡山无话可说。因之所谓"沁州路线"实际是一条正确路线。正因为执行了这条路线，使当时太岳区的工作，取得很大成绩，左权将军说："沁县是模范县。"这是薄、安正确领导获得的荣誉。不懂得斗争策略，不从当时的实际出发，硬说"沁州路线"是错误的，实际是对党的路线不理解。1938年秋，朱老总、彭老总在小东岭召开的东路军会议，充分肯定了沁州工作，对太岳区领导人薄一波、安子文同志的领导艺术也进行了充分肯定，因此所谓"沁州路线"的提法是不妥当的。

4. 在北方局党校学习时期

北方局党校教育长是杨献珍同志，他是专门讲《联共党史》与哲学的，我和侯振亚每晚均到杨献珍住处，请他谈哲学问题。杨献珍说："讲哲学，不能泛泛而谈，必须结合实际，要举许多实际例子来说明哲学问题，这样就能使同志们把实际经验提高到理论高度来认识。"杨献珍同志讲《联共党史》也是结合中国实际讲的，所以深得人心，对大家教育很大。罗瑞卿同志讲军队中的政治工作。他把政治工作讲稿印成几本书，内容丰富，通俗易懂，深受军队干部的欢迎。李大章同志讲党的政策，刘锡五、张衡宇同志讲党的建设与政权重要性问题。彭老总、杨尚昆同志抽时间讲全国形势与国际形势，使大家能理解大局，放眼观察世界。皖南事变之后，中央决定新四军独立自主地发展为8个师，由陈毅同志任新四军军长。党中央对蒋介石一面抗日一面反共的政策，采取团结其抗日方面，斗争其反共方面的策略，在斗争中做到了有理、有利、有节。

党校分为12个支部，黄胜明是党校的总支书记，郭峰是第一支部书记，我是第一支部的支部委员。在我们的小组里，有两位是八路军总部的后勤总务人员，一个姓赖，一个叫谢寒初。我们在课余时间，经常聊天。谢寒初因为搞八路军总部的后勤工作，对朱老总、彭总、左权等领导同志的工作作风体会极深。他谈到朱老总对干部像慈父一样，从不发脾气，关心爱护干部，干部有错误时，耐心教育，所以干部们非常尊重朱总司令，无顾忌地向他反映问题，谈心里话。对彭老总的看法是，对干部要求极为严格，原则性特强，生活艰苦朴素。严于律己，宽以待人。有一次过春节，大家想改善一下生活，把后勤部自己养的猪杀了，给彭老总送去3斤肉。彭总问：这肉从哪里来的？谢寒初回答说是自己养的，过节之日，大家让送几斤肉给首长，改善一下生活。彭总说："拿回去你们吃吧，你们100多人，平均每人不到1斤肉，为什么送我3斤？"在彭总威严下，谢寒初只好把肉拿回去。有一次几个干部下馆子喝点酒，被彭总看见了，狠狠地批了一顿。彭总穿的裤子从来都是补丁数处。对彭总的严以律己、坚持原则、党纪严明、生活俭朴，大家都十分敬重。对左权将军的评价是：作风细致，亲自动手，学习勤奋，工作踏实，每转移到一个新的住地，左权总是先把朱、彭的住处安排好，把电台放到重要位置，然后自己安排一个小房间。一切都安排好以后，他就翻阅俄文报纸，了解国际形势。这是谢寒初和我们在聊天中谈到的一些情况。领导人的这些优良作风，是在长期革命斗争中形成的，对干部有深刻的教育作用。1938年秋，我在沁县任抗日县长时，在安子文同志的带领下，曾到小东岭村见过左权同志，他看到安子文和我到来，非常热情，对如何解决八路军供应问题作了许多具体指示，使我对左权同志的平易近人、工作细致的作风有了切实体会。

在党校学习时，得到情报说敌人要“扫荡”。为了及时转移，左权同志把我调到总部，让我带路。因为我是武乡人，在辽县当过县委书记，对辽县的道路较熟悉。我到总部接受任务后，随着彭、左带领的总部人马在敌寇“扫荡”中转移，总部得知了敌寇围剿的路线，在夜行军中转移到外线麻田，敌人未找到总部。在行军时天下大雨，直到深夜才到达宿营地，我们的被褥均被淋湿了，用火烤时彭总的夫人浦安修同志把帽子烤了个洞，第二天照样戴着。天明了，我们大队人马转移到辽县东边，距敌人远了。当时因行军连水都喝不上，时值深秋，路两边柿子树成片，柿子熟透了。两个炊事员挑着笨重的炊具前进，连累带渴的走不动了，在柿子树下休息时，顺便拾了几个掉到地上的柿子吃了。这时彭老总带的总部人马过来了，看见炊事员吃老百姓的柿子，大发脾气，批评他们违反军纪，侵犯群众利益，罚炊事员站到树下向群众道歉。老百姓和柿子的主人，均对彭老总（群众称为首长）说：我们这里有个规矩，柿子熟了，过往的行人要从树上摘下来吃，主人是不允许的，如果拾落到地上的柿子吃，不算偷，不算拿，随便吃，请首长理解我们的规矩，不要处分这两个炊事员同志。经过群众的解释，彭老总才让炊事员一起随军走了。在长途行军中，彭老总、浦安修、左权同志均和大家一起步行，走累了，偶尔骑一阵骡子。因为领导者以身作则，我们有骡马的干部均两条腿走路，未敢骑马。领导者与干部群众同甘共苦的优良作风，鼓励和温暖着每个人的心。

我在党校学习之初，正遇上关家垴战斗。驻辽县敌人派一个大队一千余人，要破坏黄崖洞兵工厂。在彭总指挥下，我军包围了敌人，计划歼灭。但敌人占据了关家垴的山头阵地，在四周麦地挖起战壕，架起机关枪，我们部队一冲上阵地，即被敌人机枪扫射，伤亡很大，因此未能全歼顽敌。经过两个昼夜激战之后，辽县敌人又派出一个大队，把被我们包围的敌人接走了。在敌人撤走以后，彭总在关家垴召开了团以上军队干部的现场会，总结了失利的教训。在《彭德怀自述》这本书中，有一个镜头，是彭老总拿着望远镜，观察战场情况，这就是彭总在指挥关家垴战斗中的英姿。

在党校毕业时，每期总要开几天斗争会，斗争对象是入校前有错误的同志。均是在入学时，原单位党委将本人的材料送到党校总支，校部暂时保密，学习结束时，校部即将材料公布于众，召开斗争大会。我们这期的斗争对象，是八路军总部后勤部的赖××。他的错误，主要是男女关系问题，提高到腐化变质的高度来批评。八路军对党风军纪，向来十分严格，这种斗争会，主要是为了教育干部，但方法值得研究。对另一位同志的问题的处理就好得多，刘××，在私生活上严重腐化，她到党校学习时，太岳区党委组织部的领导同志并未将她的材料送给党校进行批判，只是严厉地批评教育了她，最后她承认了错误，组织就给她改正错误的机会。因此我觉得对犯了错误的同志，如果不是反党和路线性的问题，就不应在党内发动群众进行批判和斗争。

在北方局党校学习八个月，是在敌人残酷“扫荡”中坚持学习的，使我们在理论水平上，在对党的路线的认识上有了很大的提高，当时干部争上党校的热情很高，说明干部有学习的积极性。

我们在党校学习时，太岳区党委对我们是十分关心的。有一次薄一波同志到北方局开会，时值严冬，他看见我们穿的衣服很单薄，就给了我们几个人每人一件羊皮大衣。领导人对下级干部的关心，鼓励了我们学习的积极性。

5. 在绵上县任县委副书记

1940 年春，我从北方局党校回来，牺盟会的组织活动，由于阎锡山发动的十二月政变，已基本结束了。我们在牺盟会工作的年代里，觉得自己合法活动的观念太浓，工作一直浮在上层，于是我和侯振亚同志商议，请求组织上调我们到基层锻炼。我俩向安子文同志提出要求，安子文同志非常赞成，委派侯振亚同志到沁源县任县委副书记，委派我到绵上县任县委副书记。我到绵上县工作前，安子文曾给我讲了彭湃同志搞农民运动的斗争史实，对我启发很大，我高兴地扛上自己的行李，到绵上县任职。我在绵上，到基层蹲点时，发现了一个叫药彦明的“地雷大王”，为了开展民兵工作与地雷战，我和他经常在一起，研究地雷战问题。他造的地雷是用石头制作，在圆的方的石头中间，凿一个弯度很大的洞，内装火药，安置导火线。在敌人进攻时，将地雷埋在敌人必经之路，敌人踏着地雷与导火线引起爆炸，威力很大。药彦明的地雷，杀伤了不少敌人，曾得到太岳军区与区党委的表扬。安子文同志几次提到他的地雷杀敌作用，并推广应用。我在晚上经常与群众座谈，讲形势和政策，讲毛主席的《论持久战》，听众很多。在青石桥一带，有许多小煤窑，群众一面务农，一面采煤，我曾被群众带领下过小煤窑，那时挖煤的条件很恶劣，有的通道只能过一个人，背筐煤出来，要费很长时间，危险也很大。我对农民的艰苦劳动有了更深的了解。

1941 年秋，敌人进行大“扫荡”，我们接到情报后，星夜即往琴峪转移，走到峡谷地带与奔袭太岳区领导机关的敌人相遇。被迫给敌人带路的是我们的一个农民，看见我们说：“快上山，快上山，后面就是敌人大队人马。”我带领游击队和干部三十余人，迅速向山上转移。山上青松参天灌木成林，我们潜伏在深山密林之中，敌人未发觉，但我的骡子和被褥及两袋面粉却被敌人抢走了。天亮时，我们已爬上高山峻岭，看见日寇在山下的村子里吃饭休息，有些敌人在院内和场上就地而卧，我们向敌人打了几枪，伤亡不知，后来我们怕暴露目标，迅速转向琴峪，在琴峪住了一个多星期。

琴峪是我们区政府所在地，工作做得不错，区长叫陈桂荣，是个女同志，风华正茂，精明能干，工作做得很出色。区委书记是曹显耀，当时患病休息，有人说他患的是花柳病。我未及时去看望，他很生气，说领导不关心干部。于是我赶到他家里看望，他感到心情愉快得多了，说领导上的关心，比医生送药都起作用。

琴峪这个村子，不临大道，深在山区，自然条件很好，满山青松翠柏，敌人数次“扫荡”，均未到这里，群众生活安定富裕。晚上民兵站岗放哨，消息灵通，敌人大“扫荡”的动态我们都能掌握。

在反“扫荡”中，有一次薄一波、陈赓领导的两个团的兵力，转移到大林渠时被敌人发觉了，日寇集中兵力，围剿大林渠，计划夜晚包围，白天歼灭。薄、陈发现了敌人的阴谋，迅速将两个团的兵力，以班排为单位，在茂密的森林中星夜转移出来。次日日寇包围合剿时，扑了一个空，我无一人伤亡，但敌却遭到我外围部队的袭击。我认为这是在日寇紧密包围、敌强我弱的情况下，顺利由内线转入外线，打击日寇的胜利战斗。我为此曾写了一篇文章，在山西党史资料上发表了，有一次薄老对我说，那次被敌人包围我们很狼狈，几乎被敌人活捉，哪能说是胜利呢？我说，虽然狼狈，但由内线转入外线，乘机袭击敌人，还是胜利的。

在 1941 年敌人大“扫荡”时，我们根据太岳军区与区党委的指示，要干部与群众生活在一起、战斗在一起。我们县委的一些干部与群众一起，深入当地的煤窑内。这里的煤窑经过多年开采，有容纳上千人的大洞。干部与群众钻到煤窑中避敌，但不幸被敌人发现了，向煤窑中放了大量毒气，进行残酷熏杀，死了一百余人，我们几个优秀的青年干部与群众一起牺牲了。敌人这次“扫荡”仅绵上就牺牲了七百余人。

6. 在太岳区任一专署专员

我在绵上县工作不及半年，就被调到太岳第一专署任专员（晋冀鲁豫边区编制为第七专署），地委书记是刘植岩，组织部部长是彭德，宣传部部长是林纪青，军分区司令员是苏鲁，副司令员是余则生，第一副政委是王观潮，参谋长是吕尧卿，我们这个班子，是团结一致的，工作配合得很好。

七专署所辖的县有沁县、屯留、襄漳、长子。专署的主要任务是运用政府权力，协助农会进行减租减息，以调动农民生产积极性；动员青年入伍，进行优抗抚恤；征收爱国公粮和军布；在敌人扫荡时，进行空室清野……在对敌斗争上，省军区决定采取武工队的形式，深入敌占区活动，打击汉奸，摧毁死心塌地的伪政权，带领民兵破铁路、割电线。在对伪政权问题上，一开始采取了“左”的政策，只要是敌占区的伪政权，一律采取打击办法。这种错误，使敌占区的人民，一面怕敌，一面怕我。敌占区人民说，“心爱祖国爱不上，仇恨敌寇无法想”。反映了我们对敌占区群众和伪政权执行极“左”政策造成的不良后果。经过长期斗争的实践，证明敌占区的“伪政权”，绝大多数是“两面政权”，是真心向我，假心应敌的。举一个例子，有一次屯留县城的敌人空虚，距城仅十里路的余吾“伪政权”，向我们报告了敌情，让我们组织骑兵到余吾镇示威，以震慑敌人。军分区接到情报后，将军分区、地委、专署的人员和马匹集中了七十多，领导同志均参加了，到达余吾镇，群众沿街热烈欢迎，自动送饭送草。当我们吃过午饭撤走后，“伪政权”即向敌人报告说：有二百多骑兵到余吾，吓得敌人恐慌万状。这种“两面政权”就是这样采取各种手段对付敌人的。给敌人送情报时，总是在我军撤退到安全地带后送出，并扩大了我军的数目以威慑敌人。当给我们偷送公粮后，即报告敌人说：昨夜来了很多的八路军，抢走不少粮食，这样可以要求敌人减轻他们的财粮负担。这是群众创造的一种对敌斗争策略。在敌强我弱的敌占区，不组织维持会是不可能的，关键是我们要善于利用这种组织开展对敌斗争。当时一些“左”的同志对敌占区的伪政权，不分别对待，均当作敌伪而严厉打击，是十分错误的，是违背党对敌占区维持会的政策的。后来总结了经验，纠正了。

我们在对敌斗争中，曾有相当程度的麻痹思想。大约在1943年，军分区、地委驻在沁县松交村，专署住在屯留县罗村。正值春节之际，我们准备在正月十五日，请一个戏班子来唱戏，以缓和一下在战争中艰苦紧张的气氛。正在这时，驻沁源县的敌人，深夜包围了松交军分区。敌人采取深夜包围、黎明袭击的战术，时届黎明，包围军分区的敌人，首先用机枪扫射，分区司令员苏鲁与第一副政委王观潮，冬衣都未能穿上，即从后墙低处逃到北山，参谋长品尧卿、政治部主任刘正平被俘，敌人把电台全部抢走，还抢走20多名妇女和30余匹马。在这紧张战斗的关键时刻，我们驻扎在松交的警卫团，却未发现敌人，一枪未发，造成太岳区抗日战争以来最严重的损失。这一事件产生的原因，是我们派往沁源县的情报员秘密投敌，但我们的情报机关一无所知。这个叛徒在敌人包围松交一星期之前，回到松交司令部，详细侦察了司令部、电台、警卫团所在地。军分区还认为他在敌人据点工作很辛苦，用好酒好饭进行了热情款待。这个叛徒详细了解了我们的情况后，迅速返回沁源城内，亲自带领敌人两千余人夜袭松交。事情发生后，太岳军区对军分区警卫团团长和政委进行了撤职处理。军分区参谋长，在得到沁源敌人出发的情报后，未向司令部报告，是严重的失职。从这一事件中，我们总结了两条经验教训：第一，在敌人包围的根据地，应该随时提高警惕，不应有一点麻痹思想，情报要准确及时掌握。第二，对我们派往敌占区的情报人员，政治上应严格审查，思想上应经常进行抗战必胜的教育，要求他们要有民族气节，对敌人动态应认真核实及时报告。

7. 参加太岳区整风学习

1942年至1943年，我们抗日根据地日渐缩小，百团大战后，敌人回师华北，对抗日根据地采取“铁足奔袭”“铁壁合围”“铁滚战术”。在春秋两季，为了破坏根据地的春耕秋收，进行残酷频繁的“扫荡”，造成敌占区逐渐扩大、抗日根据地日渐缩小的形势，再加上群众负担较重，生活严重困难。在这种形势下，党中央提出了“精兵简政”的方针，太岳区决定把岳北三个小专署先采取专署兼县办法，后来合并为一个大专署——岳北专署。

1943年，王鹤峰同志参加整风学习的成绩较好，党中央让他迅速回太岳区，领导太岳抗日根据地的工作，加强整风。他从延安回来，经过八路军总部、北方局回到太岳区。路经屯留八泉村，当时我们机关驻在这个村子。他给我谈了延安整风的情况，并送给我一本整风文件，他说马上要开财经会议，财经会议结束后，立即进行整风。

1944年年初，太岳区党委、行署召开的财经会议结束后不久，我就到太岳区整风学校学习。在1943年秋，据说在小李村整风时，把太岳区地专以上的部分领导干部集中起来，首先学习整风文件，提高思想，接着就是审干。在审干中，采取了极“左”的逼供信的手段，让干部交代政治问题。把牛佩琮、王旭、史健、裴丽生等同志均当作特务来整，搞得人人自危，有的硬着头皮顶住，有的伪造事实，以图过关。这种做法，是王鹤峰同志从延安整风带回来的康生的做法，这种“特务如麻”的指导思想，伤害了许多好同志。后来党中央毛主席发现了康生搞的极“左”错误，规定了九条方针，才将整风引导到正确道路，对被搞错的同志进行赔礼道歉。

太岳区整风，在毛主席九条方针之后，从“逼、供、信”，转到以正面学习、提高觉悟、自我检查为主的健康轨道。我们整风学校大约有九百人，集中在古堆园村，分了九个支部，领导是太岳区党委书记王鹤峰同志，具体工作的是郭钦安、刘有光、闫定礎等同志，我是第一区会的支部书记。校部领导整风的方法是：一开始学习整风文件，重点批判教条主义。学习了马列主义与中国革命相结合，毛主席关于整顿“三风”的指示，有五六本书。这种学习对干部教育很大，对王明的教条主义对党的危害有了初步认识。但在干部中，对蒋介石有无革命性问题思想并不明确，对蒋介石抱有幻想，因之开展了对“蒋介石无有革命性”问题的讨论。有的同志认为，蒋介石不是从来就是反革命的，在大革命时期，随着孙中山搞民主革命，推翻满清政府时是革命的，只是在“四·一二”政变后，才是反革命的。持这种观点的是极少数人，绝大多数同志认为蒋介石从来就是反革命的。他现在一面标榜抗日，一面积极反共，就不能真心抗日。这场争论，解决了广大干部对蒋介石标榜抗日，实际防共、反共的本质的认识，去掉了对蒋介石的幻想。对教条主义未有展开深入讨论，因为太岳区的党政军各级领导干部中没有明显的教条主义对象，只是从文件学习中了解了教条主义对党的危害，对毛主席指出的马列主义与中国实际相结合的路线有了较深认识。在思想觉悟提高的基础上，进入个人检查阶段，检查以个人检查为主，小组讨论帮助，结论由支部来做，党支部书记与委员的结论由校部审查后做出。在我的支部中有100多人，大多是太岳区土生土长的干部，少数是从全国各地来的。审查的结果是，有六七个青年参加过三青团，但没有组织活动，留有尾巴的只有一人，其余干部均初步审查清楚了，干部中犯有男女关系错误的有二十多人，对这一问题，只作个人检查，大家进行批评帮助，材料不装入档案，领导上不予追究。

我认为太岳区党委整风是有成绩的，是在中央统一布置下进行的，但在毛主席发表了九条批示之前，小李村的整风，以“特务如麻”的指导思想，用逼、供、信的办法伤害了许多好同志。在总结太岳区工作时，王鹤峰同志曾向这些挨整的同志进行过赔礼道歉。主要是我们未从太岳区广大干部的实际情况出发，照抄照搬延安整风中康生和其他同志的极“左”的错误做法，造成了极坏的影响。其次，在整风中如何把党中央的精神与太岳区实际相结合的问题，领导上曾数次提出，但实际上未能解决得很好，领导思想主要是怕犯右的错误。这些错误和不足，我个人认为不能怪怨王鹤峰、郭钦安同志，应从当时的历史条件出发，这就是我对太岳区整风的认识。我认为太岳区整风应分两个阶段，在毛主席九条方针指示之前，是按照康生“特务如麻”的指导思想进行审干的极“左”阶段；在毛主席九条方针之后，即以正面学习整风文件为主，在提高理论水平的基础上，自觉地检查自己，进入健康发展的阶段，“特务如麻”的指导思想基本得到了纠正。

8. 在三专署工作时期

1945年5月，太岳区整风结束了，党分配我到第三专署任专员。三专署的地委书记是刘尚之，军分区司令员是张祖谅，班子团结得很好。

三专署领导临汾、曲沃、翼城、襄汾、安泽、绛县、浮山等十多个县。我在专署工作时期，患了失眠症，在病重期间，专署工作主要由赵源、温附山负责。这时我得了一个男孩子，是抗日战争胜利那天生的，因此起名史和平，但和平并未到来，蒋介石发动的内战又打响了，这是解放战争的开始。

我在初病之际，正遇上徐帅攻打临汾的战斗，太岳行署主任裴丽生和我担负着攻克临汾战役的后勤任务，裴丽生是后勤总指挥，我是副职。在徐帅的英明指挥下，我们发动群众支援战争。攻克临汾是极艰巨的任务，临汾俗称卧牛城，城墙高而厚，建造结实。徐帅指示先用炸药爆破夺取东关，再主攻临汾城。要攻克临汾城必须采取挖坑道炸城墙的办法，为了掩护我军挖坑道，需要征集10万块门板。徐帅命令裴丽生和我连夜召集县长、县委书记会议，在一个星期内，一定要发动群众献出10万块门板。任务布置下去，群众踊跃捐献。群众无门板掩屋，真正成了“夜不闭户”。群众说：“只要能攻下临汾，使我们能安居乐业，何惜几块门板呢。”但我们考虑到，群众捐献出门板后，经过战争会有损失的，为了使群众放心，我们规定了几条办法：第一，在每块门板上均写上某县某区某村某人的门板，以便战后好认领。第二，如果在战争中损失了门板，可以在合理负担方面给以减轻，以示赔偿。第三，军队对群众捐献的门板，要十分爱护，使用合理，以减少群众的损失。有了这三条规定，群众无私地拿出了自己支援战争的物资，在党员带头的情况下，很快地完成了任务。不仅在征集门板方面，就是在运输弹药、供应军粮、转运伤员方面，群众都是在党员的带领下，争先恐后，保证了任务的完成。徐帅在攻克临汾后，对团以上干部讲话时说：“临汾战役的胜利，如果没有群众的支援，临汾是攻不下来的。”徐帅高度评价了群众支援战争的贡献，并鼓励了我们做后勤工作的同志。

临汾攻克了，徐帅命部队立即撤离城内，所有战争物资，部队一物不动，均交后勤指挥部处理。命令军队不准进入民房，不能违犯军纪。军队领导认真执行了徐帅的指示。但有一个新入伍的士兵，进城后乱搞男女关系，被举报。军队领导为了严明军纪，即召开群众大会，要执行枪决。当军法官一下这一命令，群众立即起来请愿。群众说："国民党军与阎锡山的军队，像土匪一样，我们每家每户均不能幸免。八路军只这一件小事即执行枪决，那么我们的儿子谁敢参加八路军呢？"由于群众的苦苦哀求，军法官才请示了最高领导，未执行枪决，给以严厉的军纪处分。

解放战争时期，亦正是土改深入的时候，许多农民进城抓地主，临汾的地主大部分均在临汾城内兼营工商业。因此，解放临汾后，我们片面地认为，为了保护农民的利益，可以让农民进城抓地主，并写在安民布告上。这布告一贴出，即犯了重大的政治错误。中央从延安发来了电报，严厉批评了临汾的安民布告，说允许农民进城抓地主，必然要破坏新解放城市的工商业。我们为此事向党中央作了检讨。

解放临汾后，临汾中学、临汾师范和女师中的一些知识分子，由于对共产党的政策不了解，情绪不稳定。我就到临汾师范学校，把教职人员集中起来，进行了党的政策宣传，又对他们的生活困难给予解决，发给了不少面粉。之后他们揭露了梁培璜制造毒气的罪行，并带领牛佩琮和我，到敌人存放毒气的地方，将制造毒气的仪器拿出来拍照，准备公布敌人的这一罪恶行为。

临汾解放不久，中央因吕梁地区贫困，决定将临汾划归吕梁。在交接中，因冀南票子折合问题，太岳行署主任牛佩琮与晋绥行署主任武新宇发生了争吵，使交接停顿了一个时期。后来太岳区党委派郭钦安同志来协调，我协助进行交接。武新宇代表吕梁接，郭钦安代表太岳区交。我们根据中央指示，从大局出发，主动做了让步，顺利地完成了交接任务。交接结束后武新宇同志设宴招待了我们。大家说：太岳区与晋绥是兄弟地区，应和睦相处，永不搞山头。

9. 冶头会议

冶头工作会议，是晋冀鲁豫中央局召开的，主要为了贯彻刘少奇、朱德同志在平山召开的土地会议精神。我们太岳区地委级以上领导干部，均集中到冶头。会上首先传达了刘少奇同志报告的精神，一是平分土地，满足贫雇农要求；二是家庭是地主富农成分的干部，要严格和家庭划清阶级界限，如有包庇家庭的，要开除党籍；三是要充分发动群众、信任群众、依靠群众。我当时听了刘少奇同志的讲话精神，感到土地问题是关键问题，必须解决，但又感到有一种“左”的气氛。

这个时期，刘邓大军已进入大别山，陈毅元帅带领的新四军向豫东、山东以南挺进，以成配合之势。陈老总在会上给我们讲了话，主要讲全国战争形势问题，鼓励大家贯彻好土地会议精神，充分发动群众，支援战争。

冶头会议主要是由薄一波、李雪峰同志主持的，我们首先讨论了如何满足贫雇农、下中农的土地要求的问题。许多人认为，要满足贫雇农、下中农的土地要求，必须平分土地，但平分土地，只把地、富的土地拿出来（地、富留一份）还不够，还必须动一部分富裕中农的土地。可是要动富裕中农的土地就会损害中农利益，引起中农不满。我当时的看法是既应满足贫雇农的要求又要保护中农的利益。对干部问题，我认为参加革命多年的地富子弟，绝大多数已与家庭断绝经济关系，仍然联系的是极少数。对充分发动群众、依靠群众的问题，我认为应该是加强党的领导，加强政策与思想教育，不应群众想怎么办就怎么办。应把群众引导到正确的政策方面。“左”的思想，并非来自群众，而是来自干部与领导。可是冶头会议在极“左”思想的影响下，有一种越“左”越革命的气氛。在一次散会后，我遇到了薄一波同志。我说这次会开得是成功的，对我们教育很大，对平分土地问题，大家有了信心，但也使人人紧张，都在想自己是否已经犯了右倾错误。薄一波同志说，要警惕地富思想、地富路线。我说，我是中农思想，还不够贫下中农思想、贫下中农路线。

冶头会议开的中间，国民党派来飞机扔炸弹，我们跑到山上的核桃树下隐蔽，未被敌人发现。以后我们就分散到冶头附近的小村庄，白天开小组会，晚上开大会。在大会的发言中，越“左”越能得到掌声。我也检查了自己保护中农土地不动的思想。有些同志说，这就是地富路线。总之，对于这次会议，我认为在促进土改、平分土地、对干部进行阶级教育方面有很大的收获，但会议的总的格调是“左”的，使党的土改工作和干部政策受到了不同程度的影响。

我 1938 年 2 月到太岳区工作，1948 年 7 月离开到了晋中，在太岳根据地工作了十年之久，经过抗日战争和解放战争。太岳这块在战略上极为重要的根据地，也经历了创建、发展、巩固的过程。太岳区在薄一波、陈赓、安子文同志的领导下，坚决贯彻了党中央、北方局和八路军总部朱德、彭德怀同志的指示，团结了广大干部，调动了群众的积极性，提高了部队的作战素质，发展了党和广大群众的组织，为抗日战争和解放战争做出了应有的贡献。在十多年的烽火岁月中，太岳区军民团结战斗，粉碎了敌人频繁的扫荡，歼灭了成千上万的敌人，创造了几个突出的中央称赞的战例和事例。如围困沁源的斗争，是抗日根据地树立的第一个旗帜，曾受到党中央的表扬，延安解放日报也发表社论，表扬了围困沁源的斗争。陈赓指挥的消灭国民党天下第一军的战斗，不到一小时全歼顽敌，我无任何伤亡，中央发了贺电和社论表扬。太岳纵队七次粉碎了敌人打通临屯公路的妄想。沁县人民以保卫延安、保卫毛主席为己任，形成了“二一二”大参军热潮。徐帅指挥的攻克临汾、运城直至解放太原的战斗更是气魄宏大，指挥高超。这些载入史册的事迹，值得我们很好地回忆，认真地总结，从中汲取教益。

我在太岳区工作期间，除从薄一波、陈赓、安子文同志那里得到许多具体指导帮助外，还有几位同志的优良品质和作风使我永记不忘。如王鹤峰同志坚韧不拔，既坚持党的原则，又灵活运用政策的作风；顾大川同志认真学习马列主义，坚持真理、不畏权势的高尚品德，聂真同志顾全大局的精神，卫恒同志埋头苦干、艰苦朴素的作风，裴丽生同志工作细致，深入实际，保证军需安全的工作能力，郭钦安同志坚持原则、爱护干部的作风等，还有刘植岩、高扬文、刘尚之、刘有光等同志都有许多好的品德、好的作风值得我很好地学习。

10. 在晋中任行署副主任

1948 年 5 月，临汾战役胜利结束。徐帅指挥的八路军迅速北上，在清扫了太原周围各县的敌人之后，使晋西北、晋冀鲁豫、晋察冀大部分地区连成一片，太原、吕梁、太岳、太行各县大部分解放了。晋冀鲁豫中央局和晋冀鲁豫边区政府，决定成立晋中行署。晋中行署于 1948 年五六月间成立，领导干部主要由晋绥的干部组成，同时吸收了太行、太岳、晋察冀部分领导成员。晋中区党委由罗贵波任书记，解学恭任副书记兼组织部部长，池必卿任宣传部部长，农村工作部部长由武光担任。军区由肖文玖任司令员，行署由牛荫冠任主任，我为副主任、区党委委员。晋中行署很快地组织起来，干部来自各个山头。行署的秘书长是张隽轩，行政处长是张干承，建设处长是曹言行，司法处长是黄石山，他们都是晋绥来的。我是在患大病后来到晋中行署的，身体很弱，区党委让给我改善伙食，我的身体才逐渐好转起来。

来到晋中行署，正值徐帅指挥解放太原附近城市的战争，支援任务十分紧迫。区党委召开了地委书记会议，行署也召开了专员会议，主要抓了两项任务。第一，积极动员人力物力支援战争；第二，在解放了的地方，立即进行土改，充分发动群众。支援战争是在区党委统一部署下由政府负责的，区党委决定牛荫冠同志到前方组织支援战争的工作，我在行署主持内部工作。

史怀璧

一九三四年武乡党与中共山西工委联系的经过

赵瑞璧

1934年2月，武乡党组织遭到了破坏，主要负责人李逸三被捕，史怀璧等同志外逃，武乡党组织与上级党组织失去了联系。

1934年深秋河水开始冻结，同志们催促我与上级党组织联系，但这是一个难题，何处去找？在我们的印象中，太原国民师范有共产党，由于找组织心切，决心去试试看，我带了干粮，我父亲送我过了漳河型村口经榆社、太谷，抄近路到了太原。先住到国民师范学生段书曾的宿舍，段（张庄村人）家距我家二里地，乡亲关系可以作掩护，第二天找到赵益三，他也是国民师范学生，我来太原的目的主要是找他，因为1933年夏，武乡暑期小学教员讲习会，是他陪同于怡清、李曙放两位教员从太原来武乡的，他和李逸三等关系密切，我认为他是革命青年，同时他和我又是小学时的同学，即使找不到党，想他也不会出卖我，我和赵益三谈得很直率，说明我的来意，看看他的态度。结果他摇了摇头走开了。

但第二天他主动找我，说给我找个住的地方。我欣然答应了。他把我引到岗上正太铁路工人宿舍区高沐鸿隐蔽的地方，三间套房，我住在里间，高沐鸿住在外边。赵益三简单吩咐了我几句，叫我不要乱跑，他就走了。我吃饭没钱，高沐鸿给了我三元多。第二天上午，赵益三来了，说找到了山西工委（自武乡党组织遭破坏后失掉联系），山西工委交他办这件事，已约好晚上和山西工委接头，暗号是我与赵益三在街并行，相遇时，赵停步踏脚，我也止步，对方停步答话。

我和山西工委接了两次头。第一次，某日晚七时左右，以逛街形式，边走边谈，在按司街接上头，经过西羊市、桥头街、柳巷，也去过开化市、大钟市等外，九时许，行人渐少了才分手，并约定了下次见面地址，但互不告说住地。第二天上午九时左右，阳光东照，我按约定时间来到东门外环城路徘徊，但许久不见来人。突然，从一土丘后露出一人，我认出正是昨晚谈话的同志。他换了件呢子大衣，头戴礼帽，三十来岁，中等个子，教员模样。这次谈了两个多小时，打了炮散去（十二点新南门上打午炮报时）。

这次主要是研究以后工作，他代表山西工委对我作指示：（一）决定由我负责领导武乡党的工作；（二）整顿党组织和抗债团的组织；（三）利用合法形式进行斗争，隐蔽好党团组织；（四）由武乡党派出交通员，并规定了通信联络办法，当即告我山西工委通信地址是山西大学，我回去后和山西工委通过信，以亲友互致问候反映情况，武乡党的通信处是榆社云簇某商号（李丙权记得号名）。同时派出李丙权同志为武乡党交通。以后李丙权数次来太原，山西工委也从上海寄来宣传品，如“抗日武装自卫委员会”“告全国同胞书”等，从此武乡党在中共山西工委领导下工作，直至1936年2月第二次遭破坏，我和几个同志被捕了。

以上是武乡党和中共山西工委联系的经过。至于在山西工委领导下进行工作，代表山西工委和我谈话的是谁，当时不允许问，新中国成立后我问赵益三，他说此人叫王继尧，牺牲还是在何地？未找到。

回忆三十年代初武乡农民“五抗”运动

武三友

我是武乡胡庄铺村人。从小家里很穷，吃了上顿没下顿，外债累累。无奈从九岁开始，到下关、朴窑底等村放羊，十四岁起在段村镇清盛源家当长工，前后整整二十个年头。穷困的生活，沉重的压迫，使我恨透了骑在穷人头上作威作福的封建地主阶级。1931 年，武华等同志在段村组织抗日反帝大同盟支部，经常深夜在地洞里油印革命宣传品。当时，我正在武家扛长工。在武华和赵圭璧同志的启发下，逐步懂得了一些革命道理。1933 年，由武华和李逸三介绍我加入了中国共产党。从此走上了为天下劳苦大众翻身解放而奋斗的道路。就在这一年，武乡县地下党组织领导群众开展以“五抗”为中心的农民运动，组织上让我担任了抗债团团长，北良侯村李尚文同志担任副团长。在艰难困苦的岁月里，我们始终坚定不移地听党话，跟党走，为了斗垮封建地主和反动官府，在白色恐怖中，经历了许多惊心动魄的斗争。回忆当年抗债团那种不怕困难危险，顽强战斗的革命精神，令人感慨万千。

一

1930 年，蒋阎混战之后，晋钞倒台，通货膨胀，封建高利贷残酷剥削农民，地主的利息由月二分猛增到一角，“驴打滚”“憋毒纸”等剥削形式花样百出。最普通的租佃形式是：1. 死租地。土地出租后，不论年成好坏，地主一律按照定额收租。2. 活租地。不定租额，按收成对半分粮，田赋杂税由佃户负担。3. 伙种地。由地主出牲畜、大农具，肥料种子双方负担，佃户出劳力，伴租额很高，有的对半分，有的四六分，佃户还得给地主负担磨面、拉煤等杂役。4. 认粮种地。地主的坏地，收成往往不够缴纳钱粮的负担就让佃农耕种不收租，却负担钱粮。5. 钱租。农民租种地主土地，成约时由地主规定缴纳钱的租子。到收获期粮价下降，地主按原额收钱，粮价上涨时，则按成约时的粮价折收粮食。地主除了按约定租额收租外，还要进行大斗收租、转嫁负担等额外剥削。农民终年劳动所得，充其量也只是个人不致饿死。东区吴家岭村有弟兄二人，到却净村租种地主土地近百亩，除给地主出了牛的草料及归还种子外，又代地主出了一半负担，劳动一年，两人只分得一石多粗粮。

和土地直接联系着的，还有各种形式的中间剥削。由于军阀混战、差役繁重，苛捐杂税多如牛毛。而这些税款都由地主士绅们包出，从中敲诈勒索。一两粮银，官府实收三元三角，而经过他们代纳，农民就得出到十元。据调查，监漳有一户叫赵德成的佃农户，租田十八亩，收粮十五石七斗。出租子六石三斗，剩下九石四斗，可卖七元七角钱。而负担的田赋款六元二角，自己纯收入一年仅有一元五角钱。钱紧利重，农民不得不把自己赖以生存的一点土地当成抵押品奉送债主，而地主则利用“开条子”“双头马”等残酷手段疯狂掠夺土地。武乡逐渐形成了四大家、八小家、七十二个圪撑家，大中小地主阶级统治网。四大家中的赵家庄大地主赵太和，从 1931 年到 1933 年两年时间里，土地由原来的五十顷猛增到一百多顷。贾豁镇大地主高长寿、大有镇地主裴会保都在这两年内土地由二三百亩剧增到两千多亩，地租也由每亩二斗加到五斗至七斗。武乡四大家首户南沟郝泉香一家就有四千多亩土地，故城镇街道的楼房多属于他，其中一半是粮食仓库，每年囤粮五千多石。他还先后开设了五家当铺，通过抵押东西获取高额利息，每年至少可牟取暴利十万吊钱左右。剥削者不仅以经济手段从事兼并，还有一套十分阴险的连骗带逼的手段，千方百计把农民拉下债坑。岸北村地主黄林忠，凡遇到披麻戴孝者就要讹诈，说死者生前欠他多少钱财，死无招对，穷人惧其权势，只好忍气还债。人们称之为“孝帽债”。高额地租与高利贷的榨取，苛捐杂税的盘剥，致使农村急剧破产，大批农民流离失所，在饥饿和死亡线上挣扎。大西沟村共有二十一户人家，就有十九户无法生活外出谋生。正如一首民谣所说：“农民头上三把刀：赋多、租重、利息高；穷人面前三条路：逃荒、要饭、坐监牢。”

二

哪里有压迫，哪里就有反抗，压迫越深、反抗越烈。自古道，官逼民反。1933 年 5 月初，李逸三、高沐鸿、史怀璧即开始组织抗债团，发动穷苦农民和小学教员参加，向封建地主、官僚资本开展斗争。初秋，在“流动图书馆”的旧址，召开了农民抗债团大会，出席者有李逸三、高沐鸿、武光汤、史怀璧、赵瑞璧、武贵同、王锦心、李福元、李尚文和我等十名同志。会上选举我为抗债团团长，李尚文为副团长，规定发展一名抗债团团员，交一个大铜圆。抗债团成立后，即在《武乡周报》上发表了抗债团宣言。史怀璧带了一百多份传单到沁县散发，当他从沁县返回武乡城关镇时路经聂村，聂村已把宣言贴了出来。同年八月，中共武乡县委在县城（今故县）正式成立。下设东区、中区、西区三个秘密支部。李逸三、李尚文负责西区支部，史怀璧和我负责中区支部，赵瑞璧、程登瀛、李福元负责东区支部。各支部加强了对抗债团的领导，发动了以抗债、抗租、抗粮、抗税、抗丁为中心的农民运动。抗债团的建立，符合了广大农民的意愿，受到了群众的热烈拥护。经过秘密发展，很快发展到二百多人。我们边宣传边发动，“五抗”运动如火如荼，迅速开展起来。我们趁段村镇赶集时到千佛塔里召开秘密会议，决定加强宣传，大贴标语，扩大影响，让群众认识到团结起来的力量，大灭地主老财的威风。哪里穷人多，就往哪里贴，发动穷人起来斗争。哪里富人多，也往哪里贴，威吓地主老财。谁有大饥荒，贴在谁家门上。要求每个抗债团团员都要提高警惕，思想上要有充分准备；贴标语路上遇到坏人，要善于周旋，能躲就躲，不能脱身时，先下手为强。如被敌人抓住，要严守秘密，不准供出别人。

最大的一次宣传是1933年腊月二十四日晚上，抗债团团员兵分数路，分头行动。东区支部负责墨镫以下，故城以上。中区支部负责故城以西，坡底以东。西区支部负责坡底以上，分水岭以下。一夜之间，将标语贴遍了四大镇八小镇，从东到西二百多里的大路两旁。标语口号有："年头坏、不还债、没衣穿、没饭吃，哪有钱还债！""地主要钱如要命，农民卖儿卖女还不清，穷人哭得泪淋淋。""穷人们站起来，打死恶霸地主不顶命！""穷人联合起来，不给地主还债！""共产党来了，地主寿命不长了！"群众街谈巷议，添枝加叶，出现了不少传奇性的说法。说共产党一天夜里在某地开会，不知道人有多少，反正把十亩麦地踩了个平，烟头拾了一箩头。抗债团是党领导下的外围组织，为了便于活动，我们采取了"桃园结义""拳房学武""姐妹会""钱子会"等旧名义进行公开活动，抗债团团员都参加了练武，东区支部的魏名扬，西区支部的李尚文都组织了拳房。段村精通武术的有武丙魁、武贵同、李兆庆、胡海亮等人。晚上练拳时，村上不少人都以为是闹红火，去看热闹。练完拳，我们就研究行动方案，贴完标语，回去住到拳房，这样扎拳房的合法形式，掩护了地下斗争。

据汇报，西区支部在北良侯村成立抗债团后，由李红福担任团长，李华英担任副团长，抗债团团员中有12名党员做骨干。他们的活动范围东至段村，西到南关，北至榆社云簇，南到沁县交口。10月，抗债团从周报社拿回标语五百多张。李华英、李书田等六人，深夜从北良侯出发，路经西良、五科、权店、南沟、五峪、信义、故城、邵渠、山交、岸北、石仁底、陈村、西交沟等15个村庄，贴满了大路两旁和故城区政府及各字号档柜。鸡叫回村，一夜往返70多华里。一次县委只发下数张样品，需要抄写。李含明上山割柴买纸，李尚文等连夜誊写一千多张，第二天晚上出去张贴。

东区抗债团团员李旭，胆大心细，神出鬼没，经常单人独马行动，晚上从蟠龙出发，经洪水一直把标语贴到辽县温城一带。

在贴标语造舆论同时，抗债团组织群众与地主展开了多种形式的斗争。有的硬抗，有的软顶。我们从团员中选拔了一批忠实勇敢、身强力壮的同志组成硬抗队，以强硬手段，专门对付那些最反动的家伙。下北漳村地主李林春，外号“活阎王”，谁要欠下他的债，要不上钱，破衣服也要剥一件。一次他到窑上沟村向煤矿工人逼债，被埋伏在路旁的东区抗债团硬抗队员王中秀等用鞭杆打在要害处，不久就死了。西区抗债团也宣传：“若不催垮孝帽债，群众就要受大害”，黄林忠以后再不敢借端敲诈。广大农民有抗债团撑腰，胆子就壮了。对借的钱欠的租迟迟不交，当年冬季就抗住了武乡大恶霸范希云的债务。范在武东石科一个行政村（包括四个小村）一百五十多户人家，就霸占着土地二百多亩，每年向穷人索租九千余斤。一天，范的狗腿子来向穷人收租时，在抗债团团员的带领下，大伙一拥而上，有的说：“年景坏，打不下粮食怎能交租？”有的说：“要租没有，要命有一条！”通过斗争，全村共抗住范希云等地主的地租二万七千多斤，占原定租额的百分之六十。在抗租的同时，一并抗住赵太和等地主的利息一千多元。地主豪绅恐慌不安，马牧村的郝士清、沙河头村的窦桂馨、圪嘴头村的郝培兰等找到县长吕曰新告状。段村村长武德恒说：“看他们把武乡闹成什么样子，乱七八糟的，这叫怎么办？”吕曰新无可奈何地说：“我的二堂都给贴上标语了，人证、物证都没有，我有什么办法？你们找我，我去找谁？”以后，不少地主都感到世道要变了，害怕农民人多势众，停止了收租要债。有的不到天黑就关上大门。段村地主武保年晚上带上人打上灯笼才敢出门。在抗债团的领导下，全县抗住了百分之七八十的各种租税，逐渐出现了债主不要账、穷人不还钱的局面，初步取得了抗债的胜利。农民欢欣鼓舞，奔走相告：武乡出了共产党，穷人往后就有了活路了。

三

抗债团的斗争，有力地打击了地主乡绅横行乡里欺压百姓的行径。广大群众认识到，只有把地主官衙一齐打倒，才能彻底翻身，革命热情很高，斗争目标更加明确。在党的领导下，抗债团从经济斗争上升到政治斗争。1935 年 4 月，北良侯村举行庙会，恶霸地主李廷弼强收庙产，管庙账目不公开，少支多报，趁机大发横财。抗债团派了专人监视他。庙会结束后，李廷弼伪造证据，欺骗群众，抗债团副团长李华英当场撕毁假清单，揭发了李的贪污事实。通过查证，事证确凿。抗债团发动群众告状。在铁的事实面前，旧政府只好让其退回了赃款。

记得段村选举村长，抗债团通过斗争，粉碎了旧政府假选举的阴谋。那是 1934 年腊月，县长派苏承审员带着五名警察到段村选举村长。在这之前，旧村长武承志就到处活动，找亲戚、访朋友，收买人心，让选他。抗债团决定选举倾向革命的武子会。武子会是个年轻人，家境贫穷，思想比较进步。选举开始后，苏承审员讲话，说年满十八岁的公民才有选举权。选举中，抗债团团员和青年学生都投武子会的票，武承志看到形势不妙，急忙宣布停止选举，重新规定二十岁以上的青年才有选举权。这一下，我们便在下面吵嚷起来，你拥我挤，一片混乱。坐在台上的国民党大特务头子武誓彭也被抗债团团员推到了台下，人们说："你在外面当官，回来村里给谁当官？"乘混乱之际，我们摔碎了警察的三支大枪。群众见出了事情，怕受牵连，都想离开。我们把玉皇庙的大门关上，一个也不让走。大家纷纷责问苏承审员和武承志为什么说话不算数，出尔反尔。苏让我们选举代表，一个一个讲。开始有武珠亮发言："你们为什么随便改变选民的年龄？要[illegible]为八十岁以上才有选举权，恐怕全场更找不出几个。"我接着说："我认为高小毕业的青少年就有选举权，前面的选票不能作废。"苏见众怒难犯，只好按照我们说的来办。经过酝酿，监票人换成了抗债团团员武文华、赵月旺。武承志见大势不好，偷偷溜掉了。选举结果，武子会一千多票，武承志一票，群众无不拍手称快。通过斗争选出的村长武子会，后来多次给我们通风报信，掩护张贴标语，为党办了不少好事。

20 世纪 30 年代初期，武乡农民开展的“五抗”运动，是在党的领导下，宣传学习苏区农民运动经验的产物。抗债团的活动，沉重地打击了地主阶级，大大鼓舞了人民群众的斗争意志，有力地推动了附近各县农民运动的开展。为后来开创抗日根据地实行减租减息以至土地改革创造了重要的前提。

程容自述

程　容

我原名叫程登瀛，后改作程容。1916 年出生于武东马汉脚村的一个富农家庭。

大革命时我在县立第一高级小学上学，当时不大懂事，只记得国民革命军北伐攻下武汉全国人民欢庆，我们学校还搞了提灯会（类似现在的火炬游行），开了隆重的庆祝大会。当时有力的口号是“打倒列强”“打倒军阀”“反对贪官污吏”“反对土豪劣绅”，当时最流行的革命歌曲也是这些内容，有一支歌至今我还会唱：“打倒列强，除军阀，努力国民革命，齐奋斗。”每句反复四音八句。大革命时武乡的情况是：1926 年第一次反贪官劣绅的斗争，以“星光社”为核心，高沐鸿等被官府扣押，但斗争还是取得了胜利。接着是 1927 年的小学教员罢教，要求增加工资，这也胜利了，工资增加一倍。这些斗争都是革命的青年与一些留并学生为骨干组织的，他们在斗争中受到很大的锻炼，斗争的每一次胜利，影响都很大，都激励着要求进步的武乡青年！

1930 年我考入县师范学校上学。“九一八”事变，日本帝国主义侵占我东北三省。武乡在太原、北平等地上学的学生参加了抗日宣传和抵制日货活动。他们回县后，开展了抗日救国宣传，这些活动我都参加了。随着抗日救亡运动在全国开展，蒋介石镇压抗日救亡运动更加残酷。日寇节节进攻，蒋介石节节退让，民族危急！国家危急！我是爱国青年，当然义愤填膺。

我这个小知识分子，摆在面前的是：当个小学教员，不闻不问身外事，而终此一生吗？不能！武乡革命传统的影响，青年追求光明的思想，我决不甘心这样！可是面对这一系列问题，我怎么办？得不到解答，思想上陷入苦闷、彷徨，又加旧的包办婚姻给我带来精神上的痛苦，这样，国家民族的、社会的、个人的问题，都提出了许多个为什么，出路何在呢？

我上学时爱看些文艺的东西，1932 年年底高沐鸿同志回到了武乡，他在大革命时就办进步刊物，20 世纪 30 年代初，他已是颇有名望的文化人。1933 年年初，我慕名去找他。他平易近人，谆谆诱导，讲了很多我没有听过的国家民族革命的大事。在接触中，我没有走向初衷——文艺，而是大开眼界，知道了一个新的世界、新的事业，对我来说，实在是茅塞顿开，思想第一次解放。高沐鸿是我第一个启蒙老师。后来高又把李逸三同志和武光汤同志介绍给我，紧接着就在县里办起了周报和流通图书馆，我就成了周报社的常客、图书馆的积极读者。

李逸三同志是武乡最早的共产党员，他参加了大革命，又在苏区搞过土地革命、武装斗争，坐过监狱，是我很崇拜的人，是李把我引向革命，走上为共产主义事业奋斗的道路。1933 年年初由他介绍我参加了中国共产党。我是 1933 年 8 月前发展的第一批党员中的一个，与我同期入党的还有武三友、赵瑞璧（向荣）、李尚文和王锦心等同志。

武光汤同志比我年长，他为人正直，有正义感，不流于俗，他在武乡早期的反帝反封建的革命斗争中，就给我留下很深的印象，我很尊敬他。在武乡早期党的地下活动中，高沐鸿、武光汤、武骏图同志都是革命的积极支持者，是做了大贡献的。

武乡在太原、北平等地上学的进步青年王玉堂（冈夫）、段若宗、赵益三（于林）、魏煜、魏玉田、李晖、李晔、段宏绪、赵圭璧等人中，有的是共产党员、共青团员，有的是外围组织的成员或思想进步的青年。他们接受社会主义思想早，我把他们看作“大学生”，我是“小学生”，但我们之间在思想感情方面有很多共同的地方，这个思想渠道是很容易接通的。他们在宣传革命的活动中，在发展反帝大同盟组织中，在高沐鸿、李逸三、武光汤等同志的支持下，由赵益三、魏玉田等同志组办的小学教员暑假讲习班，现代思潮研究，以及印发传单、张贴标语等活动，大部分我都参加了。他们虽然是暑寒假中回来，来去匆匆，但他们火一样的革命热情，对武乡青年的思想影响很大，对武乡革命活动的推动也很大。此间，我与高沐鸿、李逸三、史怀璧、赵瑞璧和王锦心等都过往甚密，读了些宣传马列主义的书和进步刊物，也读了几部马克思原著，其中有《共产党宣言》（陈望道译）、《反杜林论》（吴黎平译）等。同时有李逸三、高沐鸿等同志的启示，我接受了马克思主义，并看到了中国的光明与未来，精神上有了寄托与力量。

1933年决定出刊《武乡周报》，成立“武乡流通图书馆”，暑假小学教员讲习班、反帝大同盟、共青团、抗债团也相继成立。在太原、北平等地上学的学生，暑假云集武乡，真是革命狂热的1933年夏季。这时建党的条件成熟了，要求建党的激情很高。李逸三同志是大革命时的党员，有丰富的经验。他前后几次到太原，通过武乡在并的进步学生和参加党的外围组织的成员去找党的关系。最后于1933年8月接上了党的关系，并返武乡正式建立了中共武乡党组织（即中共武乡县委）。我记得最初武乡县委由三人组成，李逸三任书记，赵瑞璧搞组织，史怀璧搞宣传，我是委员，负责青运工作。9月，县委开过一次会，地址是在高沐鸿家西房开的，这是我第一次参加县委会。李逸三同志在会上讲了形势，并提议我和武三友参与县委工作。根据会议的中心议题，全县划为西、中、东三个党的活动地区。指定我与赵瑞璧同志为东区党的负责人。我们在武东区发展的第一个党员是李福元，第一个党支部是窑头支部。10月，我参加了县委在流通图书馆召开的武乡抗债团（农民革命组织）的成立大会。会后我们在武东区发展党员的同时，也进行了发展抗债团组织的秘密活动。作为党的外围，抗债团在发动群众等方面起了积极作用。

1933年下半年，武乡革命活动从学生到农民、从城镇到农村发展很快，但由于我们“左”的做法，写标语、发传单等，活动已有所暴露。本来地方上的地主豪绅们早把周报社、图书馆视为眼中钉，最阴险的是蒋介石国民党山西头目武誓彭更是两眼盯着武乡的情况，而阎当局已把武乡划为四个“赤区”之一。《武乡周报》的言论、思想倾向，敌人早已注意，并从北平被捕的进步学生的信件中找到与武乡周报社的联系。敌人又抓到了李逸三所写的《二次世界大战》一书。军警逮捕了李逸三同志，同时逮捕了武光汤、武骏图二同志，高沐鸿、史怀璧二同志被通缉，周报社、流通图书馆被查封。高沐鸿同志于1934年过春节后就离开了武乡，走前与李逸三、武光汤、史怀璧、赵瑞璧等同志分析了当时的局势，一致认为公安局局长梁楫阴险狡诈，武二氓（武誓彭的弟弟）来去匆匆，局势将会日益紧张，要提高警惕。当时对文件图书做了清理转移，县委同志到各地作了应付突然事件的部署，但是我们还是警惕不够，没想到敌人行动会那么快。第一次大破坏，对武乡党组织是一次严重打击，但是党的基层组织没有破坏，这就是党的活动又能继续前进的基础。

1934年秋，武乡党组织派赵瑞璧同志去太原，经赵益三同志转山西工委，赵向山西工委汇报了情况，山西工委作了整顿恢复武乡党组织的指示，决定重建中共武乡县委，新的县委由赵瑞璧、武三友与我三人组成。赵瑞璧任书记。接着是清理组织，恢复党和抗债团的活动。我们接受了第一次遭破坏的教训，注意了秘密工作与利用合法形式的问题。县委决定利用旧社团公开合法的形式，以掩护党与抗债团的活动。为此，武乡东、西两区都先后组建了武术团（拳房）等，秘密进行党的活动。

1935年家历三月二十四日，正是南神山庙会时期，我与赵瑞璧、李炳权、王锦心、魏怀德、李福元、武寿彭一道在密林中召开了著名的南神山会议，赵瑞璧讲了当时的政治形势与面临的严峻局面，决定了有关武乡党组织与抗债团活动的几个问题。这是在武乡建党史上的一次具有重要意义的会议。

南神山会议后，武术团、姐妹会等发展很快，党与抗债团也有较大发展。在武东区开始组建更大规模的群众性组织——“淡饭会”。1935年冬，赵瑞璧同志和我几次研究如何发动更广泛的群众问题，就研究把抗债团改为“淡饭会”，或另组织一个“淡饭会”的组织，口号是“吃不起盐的人联合起来”。曾研究过“现在连盐也吃不起了，这是什么世道！”这话谁也可以说，什么地方也可以说，实际这个说法的本身就有很大的鼓动性。因为吃不起盐的都是贫苦农民，这是和千家万户都有关的事，可以更广泛地团结基本群众。我们研究后，觉得另组织“淡饭会”好些，并在武东地区传达了。后来“淡饭会”组织同旧势力“官盐店”进行了针锋相对的斗争。

1936年2月，中央为了推动全国抗日，红军东渡黄河，决定北上抗日。阎锡山惶恐万状，疯狂地镇压革命人民，在全省搞白色恐怖，在被划为四个“赤区”之一的武乡，敌人先下手了。很快，赵瑞璧、李炳权、任丑儿、魏富锁、魏怀德五同志被捕，我与武三友因敌人追捕而离开武乡，武三友同志走石家庄、大同等地，我经石家庄去北平与高沐鸿、赵石宾等同志在一起。1936年9月，中共中央北方局、中共北平特委先后派一些同志去西安，我也去了，并参加了双十二“西安事变”，目睹张（学良）杨（虎城）两位将军的爱国义举，更加激发了我奋起抗日救国之热忱。1937年6月返回北平。

七七事变后，我随民先总队部路经石家庄到达太原，加入了薄一波领导的牺盟会。在军政训练班学习一个多月后，我被派到教三团任政治工作员。1939年，赴革命圣地延安马列学院学习。“晋西事变”后，调晋绥边区，先后在地委、中央分局党校等处工作。1949年随军南下，到达四川重庆，担任中共中央西南局组织部的组织处处长，兼管中共西南局纪律检查委员会办公室工作。

西南土改基本结束后，我调西南军政委员会合作事业局任副局长，并被选为全国供销合作社第一届理事会理事。

1955年调北京，先后在农产品采购部、全国供销合作总社、商业部任局长。1960年调返四川成都，任中共中央西南局财贸办副主任。“文革”期间在“干校”。1974年调任四川省财办副主任兼中国人民银行四川省分行党委书记。

从1989年起，历任全国政协第五届、六届、七届委员。

第二部分

峥嵘岁月稠

武灵初

我于1894年出生于武乡县段村镇一个书香之家。在省立第一师范学校学习期间，就开始从事爱国进步活动，参加了伟大的“五四”爱国运动。1920年3月在太原参加了社会主义青年团。1927年，蒋介石背叛革命，实行反共反人民的独裁统治，当时我极为愤恨，多方开展反蒋活动，虽遭受打击迫害，被国民党中央开除党籍，但我毫不屈服，更积极地进行革命宣传，推动进步青年走革命道路，教育子女跟共产党走。抗日战争开始后，我前往晋西北参加了战地总动员委员会的工作。1938年10月，由杜任之同志介绍我加入了中国共产党，努力协助党组织积极筹建抗日武装。1939年赴陕甘宁边区参观，并受到毛泽东主席的接见。之后，受党派遣重返阎锡山统治区，长期从事地下革命活动，宣传党的抗日主张，开展统一战线工作。

早年加入社会主义青年团

五四时期，我在太原山西省立第一师范（以下简称“省立一师”）读书，参加了反帝爱国运动。“五四”运动后，白话文开始盛行，省立一师语文老师杨廉甫编了白话文选集，学生高大虹和高仰慈倡议写白话诗，知识青年要求民主自由的空气很高。在此情况下，为了继承“五四”光荣传统，1920 年 3 月，太原社会主义青年团诞生了。

当时，我通过同学高仰慈的介绍，认识了山西省立一中学生王振翼，王振翼介绍我加入了太原社会主义青年团。建团具体经过是：先进行个别谈话，后由从北京大学回省的高君宇在省立一中校内主持开会。出席会议的有省立一师学生武灵初、高成哲，山西法政专门学校学生梁震，山西商业专门学校学生姚錞，省立一中学生李叔荫（李毓棠）、贺昌（贺其颖）、王振翼等。第一批团员编为一个小组，推举王振翼任组长。第一次团的会议宣布：太原社会主义青年团的任务是继承“五四”光荣传统，提倡科学、民主，反对北洋军阀，反对帝国主义，努力宣传马列主义。规定每个团员要学唱国际歌，要服从组织，要保守团的秘密，每周要参加一次组织生活会。

1920 年 5 月，在太原市桥头街开设了“晋华书社”，公开出售马列主义书刊。晋华书社由社会主义青年团团员和进步学生共同集股创办，经过团小组讨论，决定由社会主义青年团团员姚錞担任经理。团小组会议也多在晋华书社召开。

1920 年纪念“五四”一周年时，以团组织的名义，由王振翼领头，贺昌、李叔荫、武灵初等人在太原城内分四路散发《共产党宣言》和革命传单千余份，军警在我们身后跟着，没有公开干涉。

1921 年团组织中出现了思想斗争。一次是和梁震的斗争，因为他是崞县人，怕他与阎锡山有联系，开会就不通知他了。另一次，是和无政府主义思想的斗争，高成哲想介绍高仰慈入团，王振翼说我们和高仰慈只是朋友关系，他信仰无政府主义，不予发展。当时还批判无政府主义错误，指出：只有实行无产阶级专政，革命才能成功，才能消灭阶级。再一次，就是反对和平妥协思想的斗争。我认为孙中山是彻底的革命家，主张联合孙中山。团组织批评我，说我们的革命是无产阶级革命，根本不同于资产阶级革命。因此，从 1921 年 3 月以后，团小组开会就不再通知我参加了，只是由王振翼和我“个别联系”，这种“个别联系”一直延续到 1927 年。

在我未离开团组织之前，团小组开会讨论过创办《平民周刊》。大家提出梁震搞《平民周刊》不合适，改由贺昌负责，《平民周刊》是山西第一个反阎革命报刊，每次发一两百份，多由社会主义青年团员撰稿。开始是油印，后改石印，宣传马列主义，揭露军阀势力黑暗统治，积极开展反蒋抗日运动。我由于受孙中山先生的革命影响，为了寻求救国的道理，于 1925 年加入国民党，次年被选为国民党太原市党部委员。

1927 年蒋介石叛变革命，发动了“四一二”对共产党的大屠杀之后，在国民党内部也进行了打击“左”派、排除异己的“清党”运动。由于我思想“左”倾，信仰和积极宣传孙中山先生“联俄、联共、扶助农工”的三大政策，所以我就第一个从太原市党部被清洗出来。之后，刘定安等也先后受到排挤。

我被清洗之后，仍回学校从事教育工作，当时我担任太原一师附小主任。1929 年年初，我向教育厅提出到外地视察教育的要求，经批准之后于同年 3 月离开太原，先到南京，后到上海，又到日本东京。在南京住的时间较长，先后结识了武和轩、赵光庭，由他二人介绍参加了国民党改组派。到上海原想和共产党取得联系，但因当时风声很紧，因此和高沐鸿等人只做了一般联系，没有提出申请。其后又到日本，当时东京也正在查抄共产党嫌疑分子。不能久待，于 8 月又返到南京，受改组派中央的指令，回山西做好刘定安、郭任之的工作，和他们共同建立山西改组派组织。我带着这个指示先到北京找刘定安（当时他正在北京闲住），向他讲了全国形势。传达了改组派中央的指示精神，刘欣然同意。我们即先后回到太原，开始着手准备。8 月下旬，中国国民党改组同志会山西分会宣布成立。由郭任之总负责，刘定安负责组织，武灵初负责宣传，武和轩、员星三负责联络，魏世俊负责青年工作。办公地点起先设在一师附小，后又迁到南华门晋北矿务局办事处（员星三住处）。从 1929 年 8 月建立到 1932 年年初蒋汪合流，汪精卫投降蒋介石，宣布改组派解散止，虽历时两年半，但在反对蒋介石国民党对内独裁统治、对外妥协投降等方面做了以下工作：

1. 发展组织。当时吸收的对象主要是被蒋介石国民党清洗出来的党员和干部，反对蒋介石，要求改组国民党和思想激进的青年。先后发展上层人员（即领导干部）约一百五十人，除太原外，运城、大同、长治、忻县、武乡等市县教育基层组织，分布在各市县的领导干部有五十余人，下属群众有万余人。

2. 创办小报《喉舌》。由郭任之主办，主要用于揭露蒋介石的罪恶，宣传孙中山的三大政策和国民党省党部抗衡。

3. 成立青年图书馆，由我负责。记得当时图书馆董事有：田天德、魏德旺、武华、霍善清、王实卿等。它的任务是介绍进步书籍，组织各学校的进步青年。当时各大、中学校都有馆员（全市约有 300 人）定期取得联系。

4. 促进冯阎倒蒋。蒋、冯、阎混战只是军阀之间的权势之争，但是山西的改组派在反蒋这点上跟冯、阎是一致的。具体做了以下工作：①进行“促进冯、阎合作，声讨蒋介石”的宣传鼓动工作。②1930 年三四月，发动数千人包围了省党部，驱逐当时省党部负责人苗培成、姚大海、韩克温等人，宣布成立“中国国民党各市县联合办事处”。③组织慰劳队，到前线慰劳冯、阎反蒋战士。④宣传抗日。“九一八”之后东北大片国土沦于日本之手。为反对蒋介石的不抵抗主义，促进抗日救亡运动的发展，于 1931 年 12 月 18 日又发动青年学生第二次包围国民党省党部，省党部一些匪徒开枪打死青年学生穆光政，打伤多人，造成流血事件，激起公愤。省党部负责人韩克温等被软禁，省党部关了门。⑤组织学生运动，驱逐太原一师顽固校长黄丽泉。改组派和蒋介石国民党的斗争虽是国民党内的派系之争，但是在坚持孙中山的三大政策还是反对三大政策，是坚持民主政治还是执行蒋介石的独裁统治的斗争中，却表现了国民党内“左”派和右派的斗争。尽管被一些投机、钻营、反动的政客如汪精卫之流操持了领导权，但也不能因此而否定它在历史上的作用。

支持进步青年的革命活动

“九一八”事变后，国家和民族处于生死存亡的危急关头，内忧外患使我十分愤慨。为了宣传动员民众抗日救国，启发教育广大青年走上革命道路，我各方周旋筹办起“太原青年图书馆”。当时馆内存书，除一般工具书外，多为传播马列主义的革命书籍，诸如马克思的《资本论》《共产党宣言》《政治经济学批判》；列宁的《哲学笔记》和高尔基的《母亲》；托尔斯泰的《战争与和平》，以及苏联的小说名著《铁流》《被开垦的处女地》《钢铁是怎样炼成的》等。还有中国左翼作家鲁迅的《彷徨》《呐喊》《三闲集》《而已集》《狂人日记》《阿Q正传》；郭沫若的诗集《尼罗河上》；茅盾的小说《子夜》《林家铺子》；巴金的小说《家》《春》《秋》；邹韬奋的《萍踪寄语》；郁达夫的《冲出云围的月亮》；冰心的《冰心文选》；丁玲的《莎菲女士的日记》等；创造社的成仿吾和狂飙社的高长虹、高沐鸿等著的小说、诗歌和散文；也有《三国演义》《水浒传》《红楼梦》《西厢记》《镜花缘》等古典名著。并订有许多进步报纸和杂志。这个图书馆虽是当时在阎锡山政府批准备了案的，但其经费来源多为各方捐助。实际上我们秘密地和地下党（团）合作。馆员发展到近千人（多半在各县、市），太原市的三百多馆员，大部分是分布在山西大学、太原一师、国民师范、成成中学、新民中学、进山中学等大、中学校的进步青年。

这些常来借阅进步书籍的武乡籍革命青年有赵益三、段若宗、魏玉田、段宏绪、李廷枢、李畯、李玮、李晔、武华、赵圭璧等，我为了引导他们走上革命之路，尽量为他们提供方便，不仅借书阅览，有的还寄宿馆内进行革命活动。国师学生领袖段若宗，系武乡茅庄人，除完成功课外，常来馆内借阅进步书刊，并以“赤松”和“赤子”等笔名，在国师校刊和别的进步报刊上发表抨击时弊的杂文，同时还转借或购买了《苏俄的真相》和《青年的信仰》等进步书刊，邮寄给武乡故城、县城高小和师范进步同学，帮助启发他们奋起革命。若宗是一位才华横溢的革命青年，他有高度的组织能力和写作能力。1934 年入党后，次年赴天津参加了中共北方局会议，参加发动“一二·九”学生抗日救亡运动。同年 10 月，代表国师等四校抗日学联去北平出席华北学联筹备会，亲笔起草“国师学生抗日救国会为呼吁停止内战、一致抗日告全体同胞书”，组织了近万名学生上街游行，大散传单，引起敌方注视，最后惨遭阎锡山当局杀害。李畯、李晧弟兄俩，均是省立一师学生，他们酷爱文艺，常来借阅革命书刊，尤其在反对一师反动校长黄丽泉的斗争中表现极为勇敢，后来都加入了共产党，为革命献出了宝贵生命。进步青年魏玉田来馆读书后，均要写出读书笔记，并向进步学生和工人夜校讲授马列主义，又不断回武乡向县师和一高学生宣传革命道理，组织和引导青年运动。据说有王锦心、张桂森、李衍授等进步青年在他和李逸三的启发教育下，加入了地下共青团。武乡西良侯村李廷枢，随父李景莲先生在太原进山中学读书，他不断来馆读书，并与密友共商革命策略，后在反会考的学生运动中做了大量的宣传鼓动和组织工作。1934 年入党后，在革命活动中被捕，与王若飞等关在一起，建立了党支部，开展了狱中斗争，听说在抗战中壮烈牺牲。使我印象最深的是魏煜这位智勇双全、有胆有识的青年革命家，他于 1929 年考入国民师范，受革命思潮影响，1932 年参加抗日反帝大同盟，同年冬加入中国共产党，后来几乎停止学业，成为职业革命者。在 1934 年春夏之交，魏煜隐名匿姓，化名张健民，隐蔽在青年图书馆搞地下活动。他在工人、学生、警察中广交革命朋友，白天在里屋同来人密谈，晚上外出奔走联络。有时工人打扮，穿短衣短裤骑脚踏车奔走；有时着长衫短褂坐黄包车回来，衣着常变，飘忽不定。在那腥风血雨的白色恐怖日子里，他沉着老练，又十分机灵。一天，他和宁云程（馆内教员）在攀谈，突然闯进一个穿长衫戴礼帽的人，和他们敷衍了几句，扭头走了。魏煜熟识其人，他是国民党山西省反省院的管理主任魏晋三，当即就差人去买回火车票，化装上车奔石家庄去了。刚跑出去不久，图书馆来了六七名荷枪实弹的宪兵，喊叫着“魏煜是共产党，抓住他”！结果错抓去宁云程同志。又经过魏晋三出面辨认确证不是魏煜，才将宁放回。事后，我听说是武誓彭打发魏晋三来侦探魏煜，准备密捕。最后，国民党反动当局发现我办的青年图书馆不断藏匿有共党嫌疑的人，先找种种借口命令将馆址移到太原精营南横街2号，不久又让搬到达达巷13号。最后这个图书馆被阎锡山当局查封了。在这之后，我预料馆办不成了，就陆续将一大部分进步书籍转回武乡，给了高沐鸿、李逸三、武光汤等革命者新创办的“武乡县流通图书馆”，对他们在故乡创建地下党、团组织，起了一定的准备作用。

1933年，我看见太原的白色恐怖气氛越来越严酷，就是同情、支持革命的人也不断遭到打击迫害。于是我就毅然决然离开山西，到了石家庄铁道部扶轮第二小学当校长。因为搞教育工作多年，省外也还有点名气，担任教育工作总还有人聘请的。但我不管到了哪里工作，对革命者仍然同情与支持，因为从蒋介石到阎锡山我认清了他们镇压革命、残杀青年的反动本质，我以教育工作者的合法身份，团结教育铁路工人，资助从太原、武乡出入娘子关的进步人士和革命青年。

我所处的石家庄，正是山西的出入过站，1933年至1936年年底，武乡有高沐鸿、魏煜、李畯、赵圭璧、武英、程登瀛、武三友等进步人士和地下党员，他们这批革命青年由此路过，大部分是被逼而来，处境多数困难，我和在该校工作的任象贤、李步蓬等同乡，在可能的情况下，力所能及地资助他们一些路费，并解决食宿问题。1934年春，武乡党组织遭破坏后，高沐鸿被反动派当局通缉，无奈决计出走北平，路经我处住了两个月。平时，由地下交通员李步蓬照顾他，为了掩护身份替高跑些腿。一次李步蓬骑车子外出送信，被特务砍断手腕，砍伤了后脑勺。从此沐鸿迅速离校，我们也更加注意了。到了暑假我和象贤到北平看望沐鸿同志，在长谈中，我们将武乡在北平求学的有志青年杜炘介绍给他，后来沐鸿在革命方向上对小杜做了指导，小杜也挤出些钱资助沐鸿的流浪生活。1935 年冬魏煜由太原来到石家庄，和象贤同居一室。为安全起见，我利用他才学渊博、口才流利的特点，安排他这位“张先生”给扶小高年级带英语和史地等课程。在授课之余，在一些忠诚可靠的学生中传播进步思想，揭露国民党腐败无能和不抵抗政策，学生们很钦佩他年轻有为，能力出众。可惜他 1936 年在上海联系工作时被捕，被国民党反动派残害于苏州反省院狱中。1936 年春，武乡地下党组织遭到第二次破坏，赵瑞璧、魏怀德等 5 人被押至太原审讯。程登瀛、武三友脱险来到石家庄，因山西反共当局对他们下了通缉令，小住几日后，我指点程奔北平找沐鸿联络定夺下步去向，三友向我取了盘费，原计划去延安，后过不了阎军哨卡，只好到大同一个厂子做苦工。总的来说，我为支持革命的新生力量，做了一些力所能及的工作。也可以说是一个革命支持者应尽的义务。

教育子女永远跟共产党走

由于我早年受山西最早的共产党人高君宇和贺昌等同志的影响较深，由一个激进的民主主义者，到接触马列主义。尤其在第一次国共合作的大革命浪潮中使我进一步明确了孙中山“联俄、联共、扶助农工”和“实现耕者有其田”等革命思想的含义。也认识到只有和共产党联合起来“打倒军阀，打倒列强”，劳苦大众才能获得真正解放。所以，我不仅在进步活动中对新思潮身体力行，而且在对待子女上也以革命思想哺育他们。我的长子武英（即武光清），是我 1924 年暑假接他来太原上学的。当时学校的国文、历史等教材中均选有“国耻纪念日”的内容，因为他品学兼优，是革命的童子军，每年遇到“五一”“五四”“五七”“五九”和“五卅”等纪念日，他都随学生队伍上街集会游行。1925 年他年仅 14 岁，但多次问我和历史教员：“中国政府为什么要和外国洋人订这不平等的 21 条呢?”我讲解说：“这是中国军阀政府腐败无能，所以常常对列强投降屈辱，就订了这些卖国条约。”他开始有了爱国主义思想萌芽。1926 年大革命高潮波及太原，在纪念“五一”“五四”和“五七”等节日时，武英又问我说：“为什么北伐军先要打倒帝国主义和军阀呢?”我比较系统地给他讲了日本帝国主义想吞并中国，国内各派军阀又都是帝国主义依附的反动势力，他们都是大革命的敌人，必须统统打倒！从此他读书看报之后，都要写出感想，记成笔记。1926 年 7 月武英从高小毕业后，选考了太原国民师范学校。我问他为啥考此校，他回答说：“一来是省府所办，二来国师学生比较进步，我愿住这所学校。”他因结识了李逸三、杜润生、王书良等学生，也于是年冬加入了国民党“左”派。原来，我和李逸三、高沐鸿等武乡留并学生成立“星光社”，创办油印《星光》小报，揭露武乡贪官污吏的劣迹时，对武英就产生影响。这年放了寒假，我和他回到武乡，县衙对我们这批革命的新兴力量，图谋报复，沐鸿让我先回太原避风，他们决心和官府斗到底。当时武英不畏强暴也参加了这次斗争，当县衙将沐鸿、辅唐等 15 人捕押后，他这个 15 岁的少年随群众游行、请愿，还去监狱探牢送饭。这种实际斗争使武英对打倒官府地主的斗争理解得更加深刻了。回到太原他问我：“帝国主义靠军阀，军阀依靠这些贪官污吏和土豪劣绅来统治压迫人民。”我告诉他：“你的看法很正确。”

1927 年春，武英到了学校，在报纸上看到蒋介石叛变革命，发动了“四一二”反革命政变，阎锡山也紧步蒋介石后尘，在太原开始了“清党”运动，要清除共产党员。武英认为这是一种倒行逆施的反动政策。他在课堂、操场，甚至街头、饭场愤然议论起来。因此，他被校方怀疑为共党嫌疑分子，行动受到特务监视。他毕竟是一个有才学的年轻人，灵机一动，为转移反动派的视线，他整天搞起体育活动来，不几天就成了太原市有声望的篮球运动员，不断外出赛球，又结识了许多体育运动员。1929年，国民党在山西成立体育运动分会时，他很靠近这个组织，这样为联络进步学生，开展反蒋活动，创造了有利条件。1931年武英从国师毕业后被分配到山西省立第一实验小学教书，因他经常召集进步青年到住处开会研究反蒋抗日斗争，1933年后半年被校长辞退了。这时我也受到排挤和迫害，失了业，无法生活。无奈才由在体育活动中结识的外地朋友，介绍他到洛阳扶轮小学当了教员。在这里巧遇到旧友杨星吾，杨是地下共产党员，因而在政治方向上给了武英更加明确的指示。他懂得了只有在共产党的领导下，反蒋抗日斗争才能取得彻底胜利。1936年薄一波等共产党人回到山西同阎锡山搞统一战线，成立了牺盟会，太原抗日救亡运动又高潮起来，武英才慕名而返回太原上了山西大学，参加了牺牲救国同盟会。七七事变后，他所住的山西大学决定南迁，他就毅然回到武乡，光荣地加入了中国共产党。历任武乡县游击队队长、抗日县政府教育科长、榆社抗日公安局局长。后来又任武乡县县长、太行二专署秘书主任、邢（台）西县县长。解放战争时期，任太行行署建设处处长，随刘邓大军南下开辟新区，先后任桐柏县县长、桐柏专区专员。1949年全国解放，任中南区合作事业管理局局长、中华全国供销总社常务理事。1955年因患脑出血在北京病逝，葬于北京八宝山革命公墓。

次子武华，乳名绵生，1917年10月生于故乡。1928年7月随我到省城上了山西省立第一师范附小19班。1929年我因受到蒋、阎迫害，失业后，无力供他在省城读书，只好又回到武乡县立第二高小念书。1930年他毕业后又到省城，考入第一师范34班学习。从他幼小的心灵里迸发出这样的誓言：“要想使父辈不失业，我们不失学，必须打倒蒋、阎反动派才行！”因革命斗争，蒋介石国民党开除了我的党籍，阎锡山迫使我失了业，加之日寇又发动了“九一八”事变，使祖国东北三省沦落在日本帝国主义的铁蹄之下。内忧外患使武华更坚定了奋起反蒋抗日的决心和信心。1931 年武华参加了左联及抗日反帝大同盟。1932 年太原青年图书馆改选，武华被选为宣传委员。同年参加了地下共青团，后加入中国共产党（这是我后来听说的）。武华酷爱文艺，最喜欢阅读鲁迅名著《狂人日记》《阿 Q 正传》《孔乙己》等书。有一次他对我说："我最赞成鲁迅先生提倡打落水狗，一定要打死它!"我问："为什么?"他说："狗性生来是咬人的，即使是落水狗，打不死还会扑过来咬人的。"当时许多同学都私下对我说："平时武华虽沉默寡言，一旦运动来了总是站在反蒋、阎斗争的最前列。"年底，反帝大同盟被阎锡山当局破坏，武华立即返乡隐匿，并与家中雇工武三友（地下党员）发动农民进行抗租抗债斗争。当地土豪劣绅向县府密告，阎锡山逮捕进步青年时，武华适逢赴并联系工作幸免。我托人给他打招呼后，武华又返回武乡另一个地方隐蔽数日，偕同东村段宏绪（地下党员）同赴北平找到党组织，继续从事革命活动。1933 年任北平东区区委宣传部部长。同年 6 月被捕，因无证据，7 月找保释放。同年 10 月复返唐山巡视工作，路经天津返北平时又在天津被国民党三团二次逮捕。他化名李子魁，判刑 3 年，押往南京陆军监狱。以后一直以李子魁之名和我通信，从信中得知他仍爱看文学作品。根据他的要求，我前后给他寄去《世界文库》共 12 册。他和我二年的通信中，内容一向乐观，确实具有无产阶级的大无畏精神。1935 年我到南京开会，曾去探监一次，在铁栅栏外看到武华仍戴着脚镣，我想着在青天白日之下，父子见面如隔天河，十分愤慨。武华倒还坚强，他微笑着对我说："不要难过，没有什么，期满后就出去了。"他接下我送的五块银洋和衣物，安慰我说："我身体会好起来。"1937 年七七事变后，他来信说："国共要二次合作一致抗日，我出狱后立即返晋抗战，请速寄路费来……"9 月的一天，我按照武华信中预定的到并日期，冒着日机轰炸的危险到火车站接他。只见他面黄肌瘦，穿着半旧学生制服，手提两个书包缓缓走出站来。回到家晚饭后，他告诉我："回来就是为尽快参加抗日。蒋介石抗战靠不住，我们只有下到农村，深入发动与组织群众，坚决以武装力量才能打败日本帝国主义。”住了三天，武华就去平定教五团训练处找到出狱不久的同乡李逸三商定回乡搞游击队，李给予鼓励。他途经和顺、辽县到达武乡洪水镇，碰上了正在宣传抗日救亡的霍正光、杜月兴等工作员，武华用辩证唯物主义观点对当时日寇进犯、全国抗战的形势作了具体分析，大伙都听得入了迷。后来，他和武英、杜野坪等在武乡拉起了一支游击队，军粮装备一时难以解决，便到武西南沟找他舅父要了大批粮食，还拉上他的马作了战马。1938 年 3 月中旬，武华带了游击队先到武乡陌峪集中，后奉命开赴黎城东阳关，编入谢（家庆）、张（国传）大队，经过半月军训，又和王维纲率领的磁县游击队合并，统一整编为八路军挺进支队。8 月中旬就开过平汉路，到冀鲁豫平原开辟新区去了。1939 年 5 月，武华又调回太行军区 32 团担任团政治处副主任，部队又驻防在平汉路西邢台、沙河一带开展游击战争。后来敌占武乡东段村后，武华又调回武乡担任敌工站站长。1943 年 6 月 3 日早上，日军包围监漳泉背村，武华被抓进蟠龙敌据点，由于叛徒出卖，惨遭杀害。据说他在日军面前，威武不屈，坚不吐实。头颅被悬空示众，尸体投入枯井中。这都是新中国成立后听大女儿武铭讲的。

长女武铭，从小天资聪颖，勤学刻苦。在武乡读了小学，后到太原新民中学读书。因此校多为贫民子女，所以这里的学生一般刻苦朴实。1937 年七七事变后，他和王玉华等女青年，积极响应党“深入乡村，发动群众，开展抗日游击战争”的号召，返回家乡，在县工委书记王玉堂和杜野坪等同志帮助下，光荣地加入了中国共产党。在县动委会的领导下，她们十几个人结合“九一八”纪念活动，组织了“武乡留外学生话剧团”等文艺宣传队，排演了《警报》《放下你的鞭子》等剧目，武铭、王玉华亲自扮演了剧中的主要角色。她们先后到段村、故城、蟠龙、洪水等较大村镇进行抗日宣传。她们这些刚从城市回来的女学生，大胆活泼，敢于登台演戏，受到观众欢迎，但同时也受到社会保守势力的种种责难，却使交通闭塞的武乡民众大开了眼界，尤其在妇女界产生了极大的影响，对动员妇女参加抗日起到了一定的推动作用。平型关大捷后，八路军总部南下洪洞路经武乡时，她们组织群众在连元村热烈欢迎八路军进驻武乡。当她亲眼见到朱德总司令和左权参谋长给武乡牺盟游击队讲话时，高兴得几乎跳起来。从此，她对八路军、共产党更加信赖与敬仰。接着，党组织指示成立了武乡妇女救国会，武铭当选为第一任妇救会主席（亦称妇救秘书）。新中国成立后，她随军南下安徽开辟新解放区，据说 1956 年还以妇女界党员代表，荣幸地出席了中国共产党第八次全国代表大会。同时，杜野坪同志担任了“武乡县抗日学生联合会主席”，这是我在太原时就认识的一个德才兼备的有志青年。他虽然出身于一个小官僚家庭，但在我和沐鸿等人的指点下，思想追求进步。他在太原新民中学上学时，对武乡一些地富出身摆着少爷、小姐架子的学生很反感，不愿与他们来往。尤其是魏煜写信让他叛逆封建家庭，奋起参加革命。他原来在太谷铭贤高中毕业后，考入北平大学法商学院。1935 年在北平加入党领导的民族解放先锋队，任小队长。次年加入中国共产党，任北平党学委西南区交通员，参加了“一二·九”学生运动。抗战爆发后回到太行山区工作。后来他和我大女儿武铭结了婚，历任太行区党委宣传部干事，敌区工委书记，襄垣、辉县等县的县委书记。1947 年带病随军南下，为开辟和创建大别山根据地倾注了心血。后任安徽省委农工部副部长，1962 年在青岛病逝。他是一名有魄力且善于深入群众的好干部。

我三子武蕴，抗战开始由武乡抗日儿童话剧团调到沁县“民中”学习，后来在太行区参加党的新闻工作，新中国成立后也一直战斗在党的新闻战线上，先后在《山西日报》和新华通讯社工作。

抗战时期我战斗在吕梁山区，子女们大多在太行区工作，由于敌人封锁线所隔，无法来往。现只将抗战前和新中国成立后知道的一些情况记录于此，难免有误，请后代与知情者斧正。

我与故乡的早期革命活动

高沐鸿

1901年11月，我出生于山西省武乡县城内（今故县）一个向着地主经济急剧发展的家庭里。我的父亲青年时期曾流浪在外，不事生产，同时亦无遗产可继。但到了中年（在我出生前不久），即买骡马跑运输，开始搞起家务，逐步发达起来。到了我十三四岁时，家中又置买土地收取地租，一面仍搞运输。在我22岁时父亲去世，家中尚余有土地顷余，牲口两头。记得我的幼年时代完全生活在这样一个富裕的家庭里，9岁开始入私塾读书，14岁入高小。因为我生长在这样一个家庭，在我幼稚的眼光里，便从雇工和农民方面开始看到一点社会面貌，即贫富悬殊的阶级分野和贫富不平等现象。又因我入了学校也就听到一些时局情况，如不断的战争与混乱等，不过这都是些浮浅的印象，并未加以分析。

17岁我到太原入省五年制的第一师范学校读书，毕业前二年，适逢中国发生了五四爱国运动。这使我思想起了一个决定性的变化。我接受了民主主义思潮，便从根本打碎了幼年时代沾染的一些封建的思想方法。同时父亲也于此时去世，家庭由我管理，我的思想行动也完全获得了自由。加之，当时武乡留并青年学生接受新潮流的影响，对当时本县豪绅把持县政、贪污自肥、包揽词讼非常愤慨。于是在武灵初的帮助下，我组织李逸三等青年学生，筹办了“星光社”，创刊了油印小报《星光》，专门揭露和批驳武乡当权的劣绅及其走狗，并讽刺县长吕绍岩娶老婆大肆诱人送礼等劣迹。与此同时，武乡豪绅在并子弟以籍禹攸、赵晋祥等人为首亦组织了“南亭学社”来对抗我们进步的“星光社”，但因涣散无力，不久就销声匿迹了。我们《星光》报对武乡官府地主的斥责，引起县长与士绅们的仇视，乃于

1926年冬，太原学生寒假归县时，将我和王缙等人扣押月余，没有被抓的进步学生们，依靠家庭关系或社会地位，大肆活动，散发传单造成舆论。当时，一些被痛斥的狗腿爪牙，在社会舆论压力之下，偷偷溜跑了。县长要判决我们几个人，记罪时，吓得将衙门悄悄关上。此时，适逢城内赶集，进步学生们就号召群众说："衙门里杀人！"用石头把衙门砸开，千余群众一拥而入。县长不敢往下宣判，只好命令警察将我们几人关回监狱，我们拒不入狱，警察因同情进步力量也不听从指挥。县长无法，又让士绅出面调停，释放了事。第二天贪官（县长）吕绍岩便弃官潜逃了。

这是武乡新生力量第一次向反动势力进攻，乃告胜利。反贪官污吏斗争告捷后，进步力量又以反对土豪劣绅和贪污自肥为宗旨，号召在县的进步知识分子，组织了"公民会"，参加者多为进步分子，如武光汤等，他们利用庙会唱戏，进行宣传，影响颇大。武光汤等还领导了小学教员的加薪斗争，罢教四十多天。结果，全县教师加薪两倍，斗争获胜。《南亭学社》那帮人，对"公民会"抱仇视态度，又以地主赵晋祥（郑峪村人）为首组织"国货实践团"，以对抗我进步力量。后来因我从学生时代起就酷爱文学，喜欢游历，所以，我常常远走四方，寻求革命真理，从事文艺创作。不仅先后在太原、北平、上海等地参加进步文艺社团，并从事革命活动，而且随时以邮寄进步书报和通信等方式，支持故乡进步力量的革命斗争。有时逢时过节或返乡养病也直接参加了李逸三、史怀璧、赵瑞璧、程登瀛、武三友等同志领导的武乡地下斗争。

细溯我接受新思潮，走上革命文学道路之源头，还得从1917年，我在太原省立第一师范（校址即在太原第十中学校内）读书时谈起，当时受五四运动新思想、新潮流、新文化的影响，我便和同校的张友渔、张仪丁（张友渔的弟弟）、张向彝、郭树棠、刘奠基等一伙志同道合的热血青年，组成了"共进学社"，办起了《共鸣》刊物，极力宣传新思想、新文化，抨击黑暗的旧世界。由于自己酷爱文学，看了当时介绍到中国的不少进步文学作品，以及鲁迅、茅盾主办的文学杂志，受到了新文艺思想的感染、熏陶。诸如郭沫若的诗歌、郁达夫的小说，对自己均有很大的启发教育。此后，我便尝试地写过一些短诗。从此，我便步入了文学生涯的蒙童时代。

在师范学校读书时，我在第十二班，我的一位叔伯哥哥叫高隽夫，比我高一班，在第十一班。和我哥哥同班的有个叫高仰慈的同学，笔名叫高歌，是山西省盂县人，和我哥哥很要好，通过我哥哥的关系，我也和高仰慈很熟惯。高歌有个哥哥叫高仰愈，也叫高长虹，出身于破落的书香门第，因而，他也曾用过“高残红”的名字。在我们上学期间，高长虹在盂县老家，由于从小舞文弄墨，又受五四运动的影响，在 1925 年前后，就在茅盾主编的《小说月报》上，用“残红”笔名发表短诗。1923 年，我师范毕业，被正式分配到太原师范附属小学当教师，校址就在太原市三桥街。由于高歌的引荐，我和高长虹在太原见了面。他吃苦耐劳、能个人奋斗的事儿，我早有所闻，对他很崇拜。特别是由于文字的姻缘，我便和高长虹交成了好朋友。在文学创作上，我俩互学共勉，在他的影响下，我于师范附小任教期间，写了《天河》一书。主要内容是写青年人的恋情的，后来在上海光华书局正式出版。同时，我还写了《夜风》一书，主要是写青年人的苦闷的，后来在上海泰东书局正式出版。在此期间，我又写了《狭的囚笼》，里面收集了几篇近乎小说的散文。在这个集子里，主要写的是，在无政府主义思想的影响下，青年人在十字路口彷徨徘徊，充满着个人的忧郁苦闷。他们想把这个旧世界给破坏了，但新的东西是什么？又怎么去谋求？不得而知。于是，青年人还是苦闷彷徨、徘徊不已。后来，我又用了一星期的时间，一口气写成了五六万字的中篇小说《红日》。我写作的动机，是想给青年人解除苦闷，指出前进的方向，但由于我思想上仍没有摆脱无政府主义思想的束缚，小说没有故事、没有情节，只有满腹的牢骚和低落的情绪，没能达到预想的目的。此后，这部小说在上海泰东书局正式出版了。

1926 年，高长虹到了北京，结识了鲁迅先生。我听朋友说，在这期间，高长虹反帝、反封建的思想坚决，又极力支持新文化运动，还有文学创作的才能，鲁迅先生对他很器重，两人来往甚密。关于这些，在鲁迅先生的日记里有过不少记载。在北京，高长虹曾多次为鲁迅先生主编的《莽原》撰稿。在他的举荐下，我也曾在《莽原》上用“成均”学名发表过一篇反映青年人反对旧世界的杂文（具体名字我记不清了）。

高长虹于1927年离开北京，到了上海。他到上海后，便和几个志同道合的青年组织起了“狂飙”社，出版了《狂飙》周刊，由高长虹负责组织稿件，出版刊物。《狂飙》创刊时，我仍在太原师范附属小学教书。《狂飙》刊名，是高长虹邀我亲笔写的。此后我还给《狂飙》上写过发泄个人苦闷的《在隧道中》一文。1928年，在高长虹的邀集下，我离开太原，去上海和他们一起办《狂飙》刊物。在上海，大概是1928年的春天，向培良的一位湖南老乡到了上海，就和我们住在了一起。向培良给我讲了这位客人的一段经历，因为这个人的经历和我当时的思想很吻合，对我启发很大，我就以此为模特儿，写了长诗《湖上曲》，发表在向培良办的《青春》杂志上。后来，还是在向培良的帮助下，在上海正式出版了这部长诗。

在此期间，我还写了长篇小说《少年先锋》，这本书是在真人真事的基础上写成的。我有个老乡叫李逸三，他的年龄比我小几岁。北伐时期，他就在太原国民师范上学，后来参加了北伐军。1927年12月广州起义失败以后，李逸三回到自己的家乡，在共产党的领导下，组织起青少年进行革命斗争，我写的《少年先锋》基本上就是这一史实的忠实记载。这本书，1929年在北京出版。

1928年冬季，我患了吐血症，高歌把我送到了一所日本人开的医院里，经过诊断，我患的是初期肺病，肺病就是痨症，在当时是个不治之症，我的思想负担很重。在这个医院里足足住了三个月。病好了，但以前所赚的一些稿费也花光了。出院后，我在上海无法度日。

1929年春天，我离开上海，回到了家乡山西武乡县。当时的武乡，封建地主阶级层层盘剥，再加贪官污吏横征暴敛，民不聊生。我便给当时的《山西日报》文艺副刊《前线上》写些稿件，抨击那种不合理的社会，同时赚点稿费度日。1930年，又由朋友介绍，到了绥远省立图书馆工作。其间，曾主办过《绥远日报》的文艺副刊。

1931年“九一八”事变爆发后，东北国土大都沦陷，日寇横行，紧迫关内。由于过分劳累，再加忧国忧民，我的吐血病又犯了。当时我国政治形势的失利和病痛的折磨，我的彷徨之感，比在上海时尤甚。国民党政府腐败无能，帝国主义列强虎视眈眈，感到这样下去，实在没有出路。因而，我便辞掉职务，第二次回到家乡武乡县。回到家乡，仍不能逃脱亡国灭族的劫难。一个热血男儿哪能待在家里坐以待毙呢？于是我又离开了武乡家乡。当时我的一位老乡叫武灵初在太原办了个图书馆，我就在他的图书馆里打上了主意，决心在书本里寻求自己的出路。我在这个图书馆里，看了不少的社会科学书籍。由于这些社会科学书籍对我的启发教育，再加目睹的客观现实，使我的思想认识有了一个很大程度的飞跃。使我认识到，只有共产党才能救中国，只有跟共产党闹革命，才是中国人民的唯一出路。

1933年，我第三次回到武乡县家乡，在共产党的领导下，和李逸三、武光汤等同志一起，办起了《武乡周报》，用报纸团结了广大知识青年、小学教员等中小知识分子。并用张贴标语、散发传单等形式，发动群众抗租、抗债，同封建势力开展斗争。这样便大大激怒了国民党反动派。

1934年，我因故外出时，敌人查封了《武乡周报》，逮捕了李逸三、武光汤等同志，并在各地对我进行通缉，我在山西无法继续存在下去，便到了北京。1935年，红军东渡后，我直接接触了中国共产党。在党的培养教育下，于1936年冬，在北京由常芝青同志介绍，加入了中国共产党。

同年冬天，由于大势所趋，盘踞在山西的土皇帝阎锡山，又和我们搞统一战线了。这时，党派我同常芝青同志一起，回到太原，领导山西的文艺工作。当时，我们在《山西日报》上开辟了《开展》副刊专栏，组织鼓动抗日的文艺作品。1937 年 10 月，党准备撤离太原，指示我们进入山区创立抗日根据地，我和徐子荣、王玉堂等同志回到了晋东南；常芝青、张稼夫等同志到了晋西北；部分同志到了晋察冀，去开展抗日工作，以农村包围城市，对日寇进行坚决打击。11 月，太原沦陷，阎锡山的旧政权全线崩溃，拼命逃窜。他们逃，我们接收，我还去榆社县当了一年的抗日县长。1939 年 7 月，北方局由潞城迁到武乡县后，我又随北方局回到了武乡，在北方局杨尚昆、李伯钊等同志的领导下，成立了晋东南文化界救国委员会，我担任秘书，处理救国会的日常事务。

回忆武乡建党前夕的几场斗争

武光汤

在大革命浪潮的影响下，山西群众性的反帝反封建的革命斗争，也接踵而起，沉重地打击了军阀阎锡山的封建统治。在斗争中为了广泛发动群众，我们武乡进步力量注重把反帝反封建的革命主张，同人民群众的经济斗争和自身求解放的要求紧密结合起来，这样，也取得了不少胜利。现将我亲身参加的几次斗争记述如下。

小学教员大罢教

1927 年春天，我被委任武乡城关第一国民小学校教员。这是我第一次由学校走到社会。当小学教员虽然是一件很苦的事，但在当时还是一件不容易得到的差事。我所在的学校是武乡最好的学校，每月也只能领到三元钱工资，还得自己做饭吃。其他二、三等学校的工资更低，最低的每月只能领到一元八角钱。因此，改善教员的待遇，是当时全县小学校中普遍的要求。

当年 5 月，由我和第二国民小学教员李誉甫发起，召开全县小学教员大会。在会议上决定向县政府提出改善教员待遇、增加工资的要求。当天下午即派代表向县长请愿，我也是当时的代表之一。但这一合理要求竟被县长和县士绅四巨头会议拒绝了。怎么办？这是必须立刻决断的问题。要么向他们屈服，放弃我们的要求；要么就得开展斗争。经过星夜会议的酝酿，激进派占了上风，一致决议全县小学教员总罢教，不达到增资目的，绝不开学。

这是我出生以来在社会上做的第一件大事。我是刚由师范学校毕业的学生，同年毕业的同学大都分配当了教员，他们是这次斗争的骨干。由于这次要求增薪的会议是我发起召开的，另外我在师范学校学习时经常考第一，同学们很看重我，也很拥护我，我也就成为这次罢教的领导者。

这次罢教组织得还好。为了监督一部分动摇不定分子，把当时三百多个教员，按照地区远近组成小组，互相监视，并建立了通信联络组织，规定没有小学教员联合会的通知，谁也不准开学，谁开学捣谁的牌子。这样一来，把一些思想动摇的老教员也组织进来了，因而罢教一直坚持了四十多天。我们罢教闹得省里也知道了，派来省督学研究解决。经我们申诉意见以后，省督学也认为工资太低，要求合理，但指责我们不应当罢教。

我们的罢教斗争取得了胜利，工资增加了一倍，县长也被撤职了。

这次斗争对我的锻炼太大了，增加了我斗争的勇气和发动群众的经验。这次斗争，使当时的执政者对我十分仇恨，因而在复课后不久，即借口我回家未请假而将我解职了。我当小学教员前后共有半年，在校教书也只不过三个多月时间。

驱逐贪官张扬祚

1932 年春天，正值阎冯联合对蒋作战失败，冯部退回山西，部分驻扎武乡，大部分队伍路经武乡赴河北、豫北等地，因而武乡兵差繁重，民不聊生。这一情况，给贪官劣绅以借机发财、贪污勒索的好机会。他们使用的办法是：

一、借口给军队长官行贿，贪污自肥，送五百报一千。当时的军队坏得很，不给头子们送点钱，差就支不过去。而当地政府官员和办差的士绅们很愿意承办这种事，在他们看来，这是一举两得的好事，一来行贿成了合法的，二来行贿的支出可以正式记入财政局的账簿。

二、征集粮秣，大秤收小秤出。办差人员又和磨坊代交，只付款不交面，这样就把多数老百姓的面，非常容易地落到了办差人员手里。

三、征集骡马大车支军差，扩大支差数目，用五百要一千。群众怕支差、怕军队的弱点被办差的老爷们利用，只要给他们出点钱，送点贿赂，就可以把牲口放回。

当时的县长张扬祚（垣曲人）贪污受贿的手段更多，打官司的人只要给他行了贿，就可以取胜。他给阎锡山卖大烟土，一两只给八钱。甚至在号房内公然贴出“外来印花一律无效”的红谕。官绅相互包庇、互相勾结，真是贿赂盛行、贪污成风，全县人民敢怒不敢言。

这些肮脏的勾当，首先使留并（太原）学生甚为愤慨。我和其他同学便运用青年学生的这一热情，发动了清算差务账目的斗争，并搜集了张扬祚的十大罪状，向政府控告，争取合法斗争。

但事情发展并不顺利，由于清查账目的青年人没有经验，明知有弊也一时查不清楚，而那些家伙们又以隐藏单据、混淆账目等办法抵赖。张扬祚则千方百计要收拾我们，并且已经签好了逮捕我和其他几个同学的命令。我们为了坚持这一斗争，乘寒假学生回家之际，集中了青年学生五十余人，准备木棍、砖石与之对抗。我们支起大锅吃饭，每日来往的不下百余人，成群结队上街宣传。这样把个贪官给吓住了，逮捕的命令虽然签发了，但始终没有敢执行。

斗争一直坚持到旧历年关，同学们有点厌倦，大部分人想回家过年。正在这时张扬祚被撤职的命令来到了武乡。首先得到消息的当然是张本人，他十分恐慌，生怕我们把他扣起来，借口到蟠龙验尸，绕道西营转虒亭，乘汽车逃到太原。他绕了个大圈子逃走了，可见他当时的恐慌状态。

撤职的命令一宣布，同学们更活跃，立即召集了大会，到县政府把士绅们给张扬祚立的“德政碑”推倒，把“勤政爱民”的匾额捣毁，并要求政府立刻交代账目。同时还派任象贤等几个人到南沟、西汤汽车站，准备把张扬祚截回。当时他们因连夜出发，在南沟休息了一下，赶到西汤汽车站时，张扬祚已经过去了。

这一斗争的胜利，震动了武乡的上层，鼓舞了青年一代，为武乡开辟革命工作创造了有利条件。几个月后，我们便在武乡建立起周报社、通讯局、清理田赋局、印刷合作社、流通图书馆等公开合法组织，逐步发展成为我党的工作阵地。

改革封建田赋制

武乡在1932年春，驱逐贪官张扬祚的斗争胜利以后，做了许多兴利除弊的事情，整理田赋即其一例。

武乡农民对国家交纳的田赋，在明代是征收粮米的，到清代逐步将粮米折合为色银，改按色银征收。据《沁州志》记载，武乡县在清顺治至康熙年间的情况是：民田五十七顷五十亩三分九厘。土地分上、中、下三等。上地每亩征粮七升九合六勺二抄；中地每亩征粮五升三合八勺二抄；下地每亩征粮二升七合七勺一抄二撮五圭一粒。每升粮米折银七厘二毫七丝五忽九微四纤四沙三尘三渺三埃七漠。全县共折色银八千九百二十七两五钱二分九丝八忽五微（丁徭粮银未计入）。以后在各朝虽有多次加征、蠲免、附加，大致还在上述数字。

到民国以后，又将征收色银改为征收银圆（包括以后发行的纸币）。每两色银折征银圆三元，地方附加税每两三角，征收费每两三分，共计每两色银折征银圆三元三角三分。但是征收的方法，仍然因袭过去的旧习，因而弊端丛生。农民负担远远超过了这个数字，每两色银，即需要交纳五元，甚至有交纳七八元的。这就大大加重了农民负担，因交田赋而破产的农民也比比皆是。

当时的田赋征收情况和整理改革的办法是：

一、将征收田赋由里甲制改为编村制。民国以后的行政单位是编村制，而交纳田赋却是里甲制。农民交纳田赋，不在本村交纳，而必须找里甲长交纳。里甲制是氏族沿袭而来的。武乡共分十里，一百六十甲，即段村里、信义里、长乐里、南关里、石盘里，还有敦义里、崇仁里等。大都是以原住地为里名的，但也有以其他名字为里甲名字的，如崇仁、敦义，武乡就没有这些地名。由于年代久远，人民互相迁移，原来本属一个里甲的人，现在已经分住本地，甚至有遍布武乡的。比如武姓家族是段村里十二甲，属于这个里甲的人，现在就分布在几个村庄。这就给催收和交纳田赋以很大不便，里甲长也利用这个特点在征收田赋时加收各种费用。因此，将征收田赋的里甲制，改变为编村制，由编村村长直接催收，使农民就地交纳，就可以减轻负担。

二、将征收田赋的代征代纳制，改为由农民直接交纳制。过去征收田赋，大部分由商号代征代纳。商号利用农民怕到官府的恐惧心理和春夏之交青黄不接、不能按时交纳田赋的困难，趁机加收代纳金，每一两粮银规定应交三元三角三分，商号就要向农民征收七八元，能在春季少交些钱的农民，每两最少也要交五元。如不委托商号代交，即由里甲长直接催收，里甲长同样也要加收手续费、垫款费、旅途食宿费等，比由商号代征代纳加收的还要多。这是多么严重的盘剥呀！因此在田赋改革后，即明令禁止由商号代征代纳的办法，改为由农民直接向所在编村交纳的办法。这对中间剥削者是个严重的打击，也是减轻农民负担的重大改革。在代征代纳制度废止后，仅城关因此而倒闭的大商号即有七八家，其他城镇商号也有因此大量倒闭的。

三、将过去到县过粮制，改为在编村过粮制，以简化过粮手续。过粮就是土地买卖后，将卖方土地所随的粮银，转过到买主名下。整理田赋前，土地转移后的过粮手续，是县政府第二科负责办理，再加之当时征收田赋是里甲制，往往一个村的人，属于若干个里甲，这就增加了过粮的烦琐手续。对每个里甲每年应交纳的粮银，都要重新核算清楚，造册下发。由于当时土地流动性大，过粮户增多，过粮也成了农民的一种严重负担。有时还要向办理过粮的人员行贿送礼，才能过粮，而且在过粮中常常发生差错。有些农民，土地早已出卖了，但粮银下不了户，还得负责交纳田赋；甚至有些地主趁机讹诈农民，买地时少带粮银或不带粮银。因此形成有些农民土地少粮银多或无地仍负担粮银的不合理的情况。实行由编村过粮后，就可以根据其地亩情况和应该随带粮银多少，就地划拨，非常方便。

四、将随意加征改为按定额交纳。武乡为了整理田赋，成立了武乡县田赋局，由田赋局直接向各编村催交。每年粮银只加征一角，作为编村征收费和田赋局的公务费开支。此外，不准任何人再向农民加收任何费用，使农民负担大为减轻。

武乡实行田赋改革，只用了一年时间，雇用几十个人，就完成了。主要的工作是按编村将农户的粮银核对登记清楚，按地属主人的原则，人户在哪里，土地在哪里，田赋就在哪里交纳的办法，以编村为单位重新编制田赋粮银新册，将以里甲为单位的田赋粮银旧册一律作废，使农民住地和纳赋地点统一起来。这样就方便了群众，减轻了负担。全县人民对整理田赋是十分称赞的。

抗日战争爆发以后，我们党在根据地实行了合理负担。全国胜利以后又改为向农民征收农业税制度，从根本上才得到改革。当时整理田赋虽然属于改良主义的办法，但仍然不失为一种进步的措施，应该作为一种历史事件加以记录。

在白色恐怖的日子里

武光汤

1926 年，风起云涌的大革命高潮影响和震动了武乡新生革命力量的兴起。当时，在省城上学和工作的进步知识分子武灵初、高沐鸿、赵益三、魏玉田等，不断返县举办各种传播新思潮的讲习会。尤其是武乡在国民师范上学的李逸三，为寻求革命真理，到了当时的革命中心武汉，后又参加了广州起义，突破国民党加入了中国共产党。他这一举动对武乡进步知识分子影响极大，使大家思想更加解放，向往革命的劲头更足了。于是武乡的民主势力，由追随孙中山的新三民主义，进而演进到接触和学习马克思主义。

特别是1932年10月，李逸三由南方归来后，给我们介绍了苏区革命斗争形势和经验教训。我们听了很新鲜，也都愿意跟他一起干革命。接着，李逸三一面到县立师范和男、女高小进行革命讲演，一面注重了在农村中开展农民运动。为了加速革命宣传活动，我们利用当时的县长吕曰新是高沐鸿的老师这一有利条件，办起了《武乡周报》和“流通图书馆”，在农民中组织了抗债团。在刚刚创建的武乡党组织的领导下，开展了轰轰烈烈的抗租抗债等斗争，使官府和地主豪绅受到了极大震慑，纷纷到县衙告状。县公安局也将武乡地下党组织和地下共青团组织贴标语、撒传单等实况密报山西省防共当局。

由于行动过“左”，不注意斗争策略。致使武乡党组织在1934年3月12日遭到第一次破坏，我和李逸三、武骏图三人被捕，高沐鸿、史怀璧等被通缉。原来沐鸿同志有所察觉，他临离开武乡时，嘱咐逸三和我们说：“我走后因白色恐怖形势所逼，县长吕曰新的态度会变，公安局局长梁楫是个狡猾的家伙，你们一定要注意。”果然不出高所料，他走后形势日趋恶化。因为在太原的国民党反省院院长武誓彭，对武乡革命力量极端仇视，他密报阎锡山，把武乡划为山西“四大赤区”之一。

具体回忆当年情景：1934年3月12日早晨，县公安局密令巡官带领荷枪实弹的警察偷偷包围了《武乡周报》社和“流通图书馆”住院。史怀璧是前一个钟头——东方闪亮离开报社到沁县联络关系，并张贴抗债团传单。武骏图是头一天深夜整理了几个稿子，睡得过晚，他忽然听到门前有跑步声和枪栓撞击声，一头起来刚穿好衣裤，巡官带着持枪的黑兵就把他抓去了。我当时正在田赋局办公事，公安局派人叫去逮捕了，在缉捕我们的时候，公安局大概按照捕人惯例，还请来了城关街街长梁用之做见证人。当场并未搜索我们的住宅，只命令把铺盖搬出去，将门加封上锁。最危险的是挪动史怀璧的被褥时，有一本文件掉在地上，这文件就是当时县委出的党内刊物《上党红花》，据武骏图后来讲，还有一本省工委传来的党刊《红旗》小册子，如果这些文件全被敌方缴获，作为铁证，我们的案情就会扩大。但巧得很，这本文件正落在街长梁用之脚前，他根据平日听到我们这些办报人有嫌疑，意识到这些文件有问题，就十分机警地用脚踏住文件，并乘满屋子警察混乱地搬东西，自然地慢慢挪动双脚，把这份文件踢进了正在熊熊燃烧的炕火内。这是多么惊险而又侥幸的事啊！街长梁用之当时虽算上层人物，但比较正直，思想不太顽固。其子梁东初在他这位同情革命的老先生教养下积极参加了抗日革命工作。

县衙和公安局当时还关注的另一个地方是我们办的“流通图书馆”。据后来所知，在他们分头去北良侯家里抓李逸三，到周报社和田赋局抓我们的同时，敌方想从图书馆抓些把柄。当时馆内书架上摆满了一般可以公开借阅的书籍，在书架下面的柜子里却密藏着很多马列主义的书刊，而且还有《共产党宣言》和《大革命史》之类的秘密读物。但是，公安局只讲了抓人时那种凶神恶煞的气焰，以此吓唬群众不再革命。对于搜捕证件这项细致手续上，还是缺乏训练。当时只是把门上贴了公安局的封条，而天窗竟未加封，也没有留兵看守现场。同情革命的人，利用这个漏洞，当天晚上，李三牛等同志便迅速行动起来，他们搭人梯，从天窗进去，把所有的秘密书刊和机密文件全部取出，连夜转移到乡下找可靠同志保存起来。当时的公安局局长梁楫虽然反共坚决，但没侦破经验。直到我们被捕后的第三天，他才派出大批人员启封搜查，当然只能是一无所获。现在看来，当时我们的革命活动还是取得多数人的同情与支持。

再说公安局去北良侯抓李逸三时，怕这位参加过北伐军，在洪湖苏区做过红军指挥员的人当场反抗，巡官和警察赶着马，诱骗逸三同志说县长请他有要事商谈。李在南方多次遭捕，斗争经验十分丰富，加之对武乡这个地方军警捕人十分蔑视，他被带到县城，加上铐镣押下监牢，敌人以为这下子可把武乡这个大共产党吓住了，谁知，未到晚上，李就累得呼呼直打鼾声，警察们言传，李楷（逸三别名）可真是个铜心铁胆的硬汉子。后来，武三友去监狱探视逸三同志时，他怕三友看见手铐脚镣过分紧张，听不懂他暗示狱外党员下一步的工作方向，就故意将铐镣用衣襟遮盖起来。武三友回去对狱外同志说：“李楷坐监狱和平日在家一样，还是谈笑自如，但话中有话，暗示咱们要转入农村去活动。”大伙听了人人佩服这位坚强不屈的共产党人。

原来我们被捕后，初审法官就是县长吕曰新，吕是高沐鸿在太原一师的老师。他到武乡后听说光靠住士绅，不拉住我们这批反对旧势力的新生力量，官位不稳。这样一来通过沐鸿介绍，他和我们这批进步知识分子熟悉了。我们公开办起的周报社和图书馆，都是在他同意的情况下兴办的，并给了一些经费支持。这样就让我们把他牵住了。我们被捕后唯一的证据就是周报社由武骏图剪辑资料，李逸三执笔编印的《二次世界大战》这本小册子，而我们一直坚持的口供是：“周报是吕县长让办的，兴办流通图书馆县长还捐助了20元钱。”所以在越来越严酷的白色恐怖形势下，吕曰新内心有顾虑，生怕我们这伙“政治犯”的案情扩大，牵连到他丢了官帽。因此他就敷敷衍衍过了几堂，没有敢向我们多提问题。记得在最后一次审讯时，他曾问过我们武乡县城和故城、洪水东西乡沿途出现过“拥护共产党”“穷人没饭吃没衣穿，哪有钱粮出租还债”等，这些标语传单是谁写的？我们都说不知道，他也不敢深追，而且在问讯这类口供的时候，吕曰新便把录事供单要过来握到手里，不让承审员录供。因此，我们的案卷里始终没有涉及武乡共产党活动这类问题。吕曰新对我们并不是什么照顾，除怕把自己牵连案子里之外，还受到社会上和抗债团里一大部分同情支持我们的人的压力，使我们初次得以保释。倒霉的是吕曰新胆小软弱，控制不了其下属，对于保释我们一事，县公安局局长梁楫不断从中作梗，并接连向省防共委员会告状，结果吕曰新被阎锡山撤职，我们又二次被捕，押解到太原审判。终因证据不力，从县公安局到省法院，反复审讯一年之久，直到 1935 年夏天才结了案，李逸三判刑 6 年，我和骏图各判了三年。

转眼到了 1936 年春天，陕北红军开始渡河东征抗日，吓慌了山西土皇帝阎锡山，他坐立不安，采取了狗急跳墙、乱捕滥杀的镇压手段。一天清晨，阎锡山警备司令部派了几千军警，突然包围了国民师范，除捕去国民师范学生段若宗、乔增录、邢思礼、刘定国、曹津、张清源等一批地下党员、学生领袖外，还把当时寄宿在国师的临时“客人”一齐抓去。当时史怀壁恰好也在国师暂住，结果混在几百个学生和外客中也被逮捕到太原警备司令部。

我出狱后在省教育厅当了个职员，当即听武乡老乡传来怀璧遭捕的消息，正考虑如何营救，适逢正在警备司令部任录事的武乡段村人武子惠（和我同村）跑来告诉我说，“你的表弟史怀璧也被抓了，他现在改名史进，眼下官方还不知道他的真名实姓和在武乡被通缉外逃流浪等情况，只要有具保即可很快获释”。我得讯后，马上去找在太原避居的高沐鸿同志，打算用他的名义把怀璧保出来，以免小事弄大。但高不在家，他爱人告诉我说：“沐鸿已外出三天未回家，大概因这段风声太紧哇！”我当时虽然拿上沐鸿的名章，趁他面子大些好保怀璧迅速获释。但转念又想：“高三天未归，估计也可能被捕了。”后来才知道沐鸿是躲到东岗避风去了。仔细考虑，用高的名章投保，很可能弄巧成拙，反而连沐鸿带怀璧这两个上次在武乡脱险而被通缉的人，统统暴露了身份，使我们受到更大的损失。因此，只好立即将高的名章送还。当时担保事急，无办法只好以我的名义投保。保状送去后，怀璧很快就被释放了。估计当时我这个“政治犯”虽然刚出狱不久，但敌人忙于大面积镇压，一时也未弄清楚“武兴周”就是我武光汤。而被捕的人很多，去投保的人络绎不绝，警备司令部也搞不清所有的底细。

怀璧由警备司令部保出后，我发现太原街头捕人的警车叫着不断驰过，为了使他迅疾出逃，我把自行车借给他，帮他从大北门逃出了太原市。但不巧得很，当他飞车出北门时，正碰上了国民党反省院的魏晋三，此人知道怀璧过去有共产党嫌疑，也知道怀璧近日在国师被捕，对于怀璧能够很快获释感到突然，当日便把怀璧出大北门的消息报告给反省院院长武誓彭。武便立即打电话到警备司令部追查此事，该处不认账，武誓彭又亲自去查，从保状中查出史进的名字和具保人我的名字，就断定史进即史怀璧化名，他出北门一定是要去其叔父史鉴古（我的舅父）担任公安局局长的平鲁县去，于是武誓彭和当时的警务处处长项道龛研究逮捕史怀璧的办法（武、项和警备司令均是当时省防共委员会成员）。项道龛很讨厌武誓彭高傲而狡猾的为人，且又和怀璧叔父史鉴古要好，力主怀璧这案由他办理，并向省防共委员会保证，如果史怀璧到了平鲁，他的部下（当时各县公安局统归省警务处管辖）定会缉拿归案。这样，就由警务处直接给史鉴古打一电话，命令称：“查共党史怀璧从国师潜逃你局藏匿，仰迅速扣获送县处办。”当时武誓彭去追查怀璧被我保释和省防共委员会决定重新逮捕怀璧的消息，我很快就知道了，便给我舅父史鉴古发了一封急信，让事先把怀璧放跑。但是赶到平鲁的当天下午，逮捕令早已到了，而我发出的信第二天上午收到。接到缉捕电报，我舅父（怀璧叔父）惊恐万状，生怕连累了他，不知如何是好。捕了怀璧怕是凶多吉少，放走吧，自己也有被捕的危险。父子相随逃跑吧，留在平鲁的家眷怎么办？经过两个昼夜的考虑，分析了各种结果，决定采取先逮捕而后营救的办法。我舅父史鉴古当时分析道：其一，案情未必重大，唯一的就是和我（武光汤）有关的部分，但我当时已出狱；其二，只给公安局有通缉电令，县政府未接到逮捕怀璧的通知，也说明案情不大；其三，我舅父与省里项处长和平鲁的丁守愚县长关系好，有营救的有利条件。

将怀璧逮捕后，送交县政府，又由我舅父把他保回来，后向省警务处报告已经将怀璧缉拿归案，同时申辩经审讯无任何嫌疑。至于名字之差，史进是官名，怀璧为小名，并非有意化名隐瞒。省里项处长接到我舅父的报告后很高兴，当即向省防共委员会吹嘘他的部下好。项又反向武誓彭要史怀璧的证据，武誓彭拿不出来落得非常难堪，最后省防共委员会将此案交警务处全权处理。

半年后，我舅父调回太原，怀璧问题遂由警务处作出决定：查无实据，交家长严加管教。就这样利用统治阶级的矛盾和各种有利条件，保住了怀璧和我没有出了大的问题。当时在阎锡山镇压人民的腥风血雨中，革命同志之间是生死与共、患难相依的。总之，在白色恐怖的日子里转危为安的一幕幕情景，是终生难以忘怀的。

洪水镇突围前后的斗争形势

武光汤

1938 年 9 月，我从辽县奉调到榆社县担任抗日县长。当时心里有些担心，正值共产党八路军刚刚开辟根据地，加之敌机不间断地轰炸扫射，日军也不断地对根据地进行围攻和“扫荡”，我们这批缺乏武装斗争经验的地方干部，深感在战争环境中工作，必须紧密地依靠人民军队和地方武装。所以，我在榆社县政府工作的近 3 年当中，除协助县委改造了各级旧政权，实行了合理负担，建立和完善了工、农、青、妇、武等各救会，扩大了游击队，基干队和民兵自卫队以外，还特地团结县委政府全班人马，从人力、物力、财力上支援了八路军的百团大战，打击了国民党顽固派妥协投降暗流，振奋了广大军民抗战到底的决心和信心。

百团大战之后，日军活像挨了打的疯狗一样，对太行抗日根据地实行了烧光、杀光、抢光的“三光政策”，妄图摧毁广大军民的生存条件。进行报复“扫荡”的日伪军，这股子刚过去，那股子又袭来，搞得村村房屋化灰烬、庄庄百姓离家园。日军所到之处，一路烟火、一路血迹，烧不掉的窑洞也要洒上毒水，就是河滩路上的石头也要挑得翻过来，路边一株株小树也都一刀两断，其残酷劲儿用语言无法形容。当时从整个太行第三军分区来看，日军占领白晋沿线之后，把前锋据点伸进两旁各县。到 1940 年 7 月，武乡县东村、段村也打下了“钉子”。1941 年春天，日伪将“维持区”扩大到 50 华里之外。日伪汉奸到处猖獗，制造变天空气，叫嚷“中日亲善”，反动会道门也蠢蠢欲动，散布谣言，挑拨军民关系。就在这环境十分险恶的时候，上级调我回武乡（东）担任抗日县长。领导谈话时说：“光汤同志，你对武乡人熟、地熟。抗战前你们搞过地下斗争，有一定的政治影响，特别是搞统战工作。你自己是知识分子干部，对武乡一些统战人物一定要稳住……”于是这年 4 月我按照组织调动，回武乡（东）县抗日民主政府工作了。

回到武乡（东）县政府，听了关于全县战斗与生产、群众生活、干部状况，尤其是敌我斗争等方面的汇报，深感情况险恶。以前敌占段村后洪水一带就算武东山区的后方，现在日军在辽县城、榆社杜余沟等地扎下据点，洪水地带也成为周围各县大据点日军奔袭的重要目标，因为这里驻着太行第三军分区、太行三地委和县、区政府、部队生产部门和商店等。

1941 年“五一”节前夕的一天，我下乡到了洪水镇。当晚在洪水召开了区干部会议，检查春耕工作。正好洪水唱戏，区长郝耀同志要我登台讲演，趁看戏人多进行宣传动员，加紧春耕和备战工作。我虽然答应了，但是因听完大家汇报又详细布置下段工作，区干部会议一直未能结束，腾不出手来，又不想影响观众看戏，只好作罢。不想这一偶然的情况却为洪水突围创造了条件。原来日伪的武装特务已化装成乞丐，趁唱戏热闹偷偷混入洪水镇。如果我一登台讲话，就暴露了，自然会成为他们袭击的目标，给党造成不必要的损失。散戏后，返回区公所院子。我同郝耀同志睡在一盘炕上。天刚闪明，突然枪声大作，我们急忙起来穿好衣服。郝耀从墙上取下短枪便往外冲。我一看大门口已经堵满了日伪军，没法突出去了。我们急中生智，返回来把一堵后墙推倒跑了出去。几十个干部分头向各个房东报了警，就掩护老百姓一口气跑了五六里，才转入山沟安全地带。当时，群众沿河沟乱跑，有的手中提着裤子，鞋都顾不得穿就闯出去了，好在受过军事训练的干部群众都有点突围经验。

这次突围，侥幸脱险，原因有 3 个：第一，因为当晚洪水镇住下 3 个到兵工厂修机枪的决死队战士。当敌特向日军报告洪水镇并无守军时，便大摇大摆地开进了街心。这 3 个战士发现日伪已暗暗扑进街心，无法突围时，便登上屋顶，朝街心打起机枪来。这下把日伪军打得晕头转向，到底摸不清八路军有多少人，反正他们一听打响机枪，便立刻将已进入街南头的士兵一律撤回街北头。这是我们和群众能够从敌人包围中突出去的重要原因。当即我们以此为例，深刻教育干部群众："没有一个人民的军队，便没有人民的一切。"第二，因为区公所是当天晚上才由苏峪沟挪出洪水来的。我们的游击办公日军摸不准。再加上我们当天晚上集中思想召开会议，未登台讲演暴露目标。区公所大门根本没有门扇，如暴露了目标，日军就会迅速扑到我们睡觉的屋内，轻而易举地把我们活捉住。这又说明战争岁月游击战术处处能取得神效。第三，这次日伪奔袭的目标主要放在抢劫八路军 385 旅的合作社，他们想抢回货物食用，当天日伪的特务就潜藏在合作社门市部对面。因此，日军一窜进洪水，就先把合作社包围了。货物一抢而光，经理也被他们杀害了。这血的事实告诫我们："麻痹大意就会吃亏！"

当我返回到县政府住地时，县府的工作人员都在焦急地找我。他们听说洪水被敌包围时，都十分担心我。当时县长被包围的消息很快就被传开了，有的说我鞋子都没穿就跑出去了，实际上我怕暴露目标主动丢掉了一顶军帽，其他毫无损失。当时我爱人碧涛同志正在太行三中学习，听到我们在3位决死队战士的机枪掩护下祸中脱险的消息，对人民战士异常感激。

在严酷的战争年代，这样的事情是屡见不鲜的，大的每年总会碰到几十次，小的每天都会遇到。有一次，日军到了小西沟村口，我还提着公章文件包，枕着手枪睡觉哩。不一会儿，日军炮火连天压过来了。他们从村东进了村。我们一骨碌爬起来从村西溜出去，三弯两拐沿着曲折的羊肠小道同他们捉迷藏。当敌兵找不见我们，垂头丧气地返走时，却被县独立营揍了个落花流水。事后再来报复我们时，摸进去是一座座空院子。

使我印象最深的是，武乡工作正处于十分困难的时候，县委、县政府先后组织县、区主要干部学习了邓小平同志在中共中央北方局机关刊物《战斗》上发表的《反对麻木，打开太行区严重局面》一文，使我们明确了造成根据地面临困难的原因：除日寇、汉奸从各方面加强进攻，国民党顽固派对根据地的袭击和扰乱之外，我们工作中也有许多弱点和漏洞。尤其一些同志对局势的麻木，是造成严重局势的主要原因。

根据邓小平同志上述文章的精神，宣传部部长彭涛于1941年6月27日代表中共晋冀豫区党委，对照武乡等县的对敌斗争状况，拟订了一份工作指导性文件《晋冀豫区的新形势与新任务》，对一年来全区的社会变动与阶级变化的情况作了深入分析。并指出：根据地社会的发展与阶级斗争将带着非常生动与复杂的性质，严重的形势仍未过去。从敌我力量对比看，敌人仍占优势，敌人对华北不会放松。根据这一形势，他在文件中向全区人民提出了新的任务：一切为了武装对敌斗争，这是我们第一等的重要任务，也是我们生死存亡的问题。没有对敌斗争的胜利，则谈不到根据地的巩固。要求各级干部"必须树立对敌斗争的观念，树立爱护军队和爱护根据地的观念，把对敌斗争观念深入到各方面、各种工作中去"。要求全区党员和各级干部以至群众要组织民主政治与民主斗争。学习民主斗争，克服党员封建落后意识，掌握斗争原则，积累经验，在斗争中做到有理有利有节。并再次提出“群众工作是一切工作的基础，需要进一步深入群众运动”，做到“把群众利益与抗战利益的结合，劳力与武力的结合”，打开群众工作的狭隘局面，引导群众参加各种社会事务和各种斗争。文件最后强调指出：“对敌武装斗争，民主政治与民主斗争，各种建设事业的群众性，是3个任务，也是3个环节，是相互影响、相互推动与相互依存的。而群众运动是一切工作的基础，民主是发动群众运动，团结各阶层之中心环节。但一切为了对敌斗争，一切围绕武装对敌斗争，这是今后总的对敌斗争的方针。”彭涛代表中共晋冀豫区党委向全区人民提出的新任务，为太行人民战胜困难，经受严峻的考验，统一了思想认识，提供了具体的方针和办法。接着，县委领导经过反复讨论，认真地下去摸清农村基层阶级斗争和对敌斗争的实际情况，并以区召开村干部紧急会议，宣传贯彻了上述精神，给干部群众进一步擦亮了眼睛，明确了新的斗争方向和策略。

武乡产煤出铁，号称“粮仓”，又驻有许多首脑机关，是敌我争夺的中心地区。武乡原来有一定的群众基础。但是自“百团大战”后，这里出现了一些干部消沉、群众工作难以开展、顽固派乘机兴风作浪的困难局面。彭涛帮助县委领导同志分析原因：主要是对干部的教育抓得不紧，错误地理解了“保障人权”；在作风上对基层干部批评责备多于耐心教育和实际帮助；对斗争形势的艰巨、复杂估计不足，给顽固分子以可乘之机。尤其在日军“扫荡”后，干部群众产生了悲观失望的情绪。根据这些分析，彭涛指示县委、县政府从囤粮、减租减息、解决土地入手，用算账对比的方法发动群众，并把群众的积极性组织到大搞春耕生产中。同时，抓好群众武装斗争，号召党员军事化，对顽固分子进行坚决斗争。彭涛一针见血地指出：不能因为怕“左”而不敢斗争。不斗争，并不能克服过“左”的错误。有斗争历史和斗争经验的群众，长期不发挥他们斗争的积极性，是必然走向消沉的。群众的消沉，增加了党的争取形势好转的困难。在彭涛的指导和帮助下，武乡的局面很快有了好转。为了巩固和发展这一形势，彭涛于

1941年5月组织召开了武乡（东）县委扩大会议，并作了《一年来转变武乡工作的经验教训》的报告。他总结了转变的两个关键：一是掌握民主斗争，二是掌握武器。他指出：民主斗争是民主政治下的政治斗争，是统一战线政策下的阶级斗争，是为实现党的政策而斗争的群众斗争。但是关起门来搞民主斗争是不行的。因为当前强大的敌人日本帝国主义威胁着我们的生存。因此武装斗争不仅是对敌斗争的关键问题，而且是生死存亡的大问题。没有对敌斗争的胜利，转变是谈不上的，我们对敌人是不能讲民主斗争的。这样一来，我们县党政主要领导回顾检讨了以往顾此失彼的缺点错误，通过加强对各群众团体的领导和充实完善“三三制”政权，发扬民主，搞群众性的选举工作，调动了各阶层抗战的积极性。

1943年10月9日，太行区党委正式任命彭涛任太行三地委书记。当时三地委一直转战于武乡洪水一带山村里。

从1941年根据地出现严重困难时，彭涛就和太行第三军分区的军民战斗在一起，领导他们开展对敌斗争，克服面临的严重困难。他担任三地委书记、三分区政委后，同三分区司令员陈锡联、副司令员鲁瑞林等同志团结一心，共同战斗，克服了重重困难。首先着手抓的是发动群众，开展武装对敌斗争。他特别重视武装建设，对地、县、区的基干武装力量作了调整。同时积极发展民兵组织，建立了武工队、游击队等，形成了一个强大的游击集团。在加强组织建设的同时，他十分重视对民兵的文化、军事训练，努力提高广大民兵的文化水平和军事素质。加强民兵的组织纪律性，增强民兵的战斗力。他强调开展武装斗争要积小胜为大胜。号召民兵要每天消灭一个敌人。他十分注意及时总结和推广武乡民兵在斗争中创造的有效的好方法和好经验，如窑洞战、地雷战、麻雀战、格子网等灵活机动的游击战形式，打得日伪胆战心惊，使我们的武装斗争开展得有声有色，演出了一幕幕威武雄壮的活剧，充分显示了人民战争的巨大威力。在对敌斗争中，我们还组织武工队到敌占区开展斗争，打击汉奸首恶分子，争取中间人物，建立表面上是日伪、实际上是为我们工作的两面政权，为我们提供情报，然后我们的敌工人员和武工队员像孙悟空一样钻进敌人的心脏里去战斗，收到很大成效。

1942 年至 1943 年，太行根据地发生了严重的旱灾和蝗虫灾害，大片禾苗枯死，大片庄稼被蝗虫吃掉。抗灾救灾，尤其是粮食问题，成了太行根据地一个突出问题。另外，大量的灾民流入武乡根据地，日伪特务也趁机混入，刺探情报，破坏捣乱，使根据地斗争更加复杂，面临着更为严峻的考验。为此，区党委召开了紧急会议，部署抗灾救灾工作。全县党政军民齐动员，投入这场斗争中，抢种补种庄稼，安置灾民，征购粮食，度过灾荒。同时，开展锄奸反特活动，斩断敌寇爪牙。不久区党委给三分区下达了到敌占区去征粮 20 万石的任务。

为了完成征粮 20 万石的任务，彭涛召集各县县长进行了研究，统一部署了这次行动。决定分区派一名负责同志专门抓好这项工作，同时派出一个团，保卫征粮工作。他还指示各县发动群众，组织一支浩大的运粮队伍。由于当时军情紧急，因此安排在白天征粮，晚上运粮。武乡接敌区干部还带领民兵群众到段村敌据点边的上城、下城、富庄去征粮。沁武新三区由部队带领我们的征粮队深入白晋线各据点附近去征购粮食，使敌占区人民的对敌斗争开展得如火如荼。这样，经过军民的共同努力，终于完成了全县的征粮任务。不仅对解决部队吃粮问题和全区救灾作出了贡献，而且通过到敌占区买粮，起到了稳定根据地货币（冀钞）、使伪币贬值的作用，取得了对敌经济斗争的重大胜利。

在抗灾救灾中，县委、县政府动员全体军民人人动手，生产自救，队伍开荒种地，掀起了一个规模空前的大生产运动。我们深入群众中，到一个村就挨家挨户访问。同时，抓住典型，推动全分区的工作。当我们发现树辛村的党员李马保开荒种地，一年中不仅收粮 200 多石，而且还种了不少蔬菜，支援地方驻军的先进事例后，就和彭政委一道立即到树辛村，住在李马保的家中，给他讲搞好生产的意义，进一步启发他的觉悟，激发他的生产热情，使李马保生产劲头更大了。我们总结了李马保的先进事迹，进一步推动了大生产运动。李马保光荣出席了太行区第一届群英大会，被授予边区“劳动英雄”的光荣称号。

1943 年，武乡根据地军民在太行第三军分区政委彭涛和司令员陈锡联、鲁瑞林的组织指挥下，主力部队和民兵发起了对蟠武沿线据点的进攻。1943 年日军 5 月“扫荡”后即占了蟠龙镇，在根据地腹心安下一颗“钉子”，并不断向边沿区村庄骚扰，还派遣特务混入根据地捣乱。日军占据蟠龙镇，对我们是很大的威胁。从 1943 年 6 月起，三分区就对蟠龙镇实行了围而不攻的方法，致使日军龟缩在镇子里。7 月 27 日，三地委专门召开会议，研究了蟠武线的斗争问题，决定作好长期斗争的打算，组织好群众围困敌人，坚持据点周围的游击生产，这样把敌人围在据点里达 8 个半月之久。1944 年 2 月 27 日，终于收复了蟠龙镇。29 日，三分区的指战员又同二分区的部队共同收复了榆社县城，扫清了沿线据点，吹响了局部反攻的战斗号角。

武乡各阶层生产情绪是怎样提高的[①]

武光汤

武乡（东）在春耕运动以前，地主阶层由于去年退租清债，转移了一部分土地，在群众运动中有的又遭到群众打击。因此，生产情绪一般低落，甚至有顽固分子造谣说：家产是祸根之苗。这样更引起地主阶层心理上的不安。中农以下阶层，虽然获得一些利益，增添了几亩土地，但未能及时转向生产，有些人还硬钻“算旧账”的空子。贫农生产上有困难，也不能

① 本文原载 1943 年 7 月 1 日晋冀鲁豫边区政府编印的《边区政报》第 24 期。

专心生产，干部与民兵则迷惑于领导群众斗争，轻视劳动。因此，如何克服与转变这些现象，成为开展春耕运动时的先决条件。我们在转变群众生产情绪的动员上，针对各种不同表现，运用各种不同的动员办法，曾收到不少效果。

一、对地主阶层与上层分子，主要是安定他们的情绪，使他们相信政府政策是不会变的。只要执行法令，政权中还有他们的地位，在各阶层座谈会上，把地主士绅及农民代表都请到一块儿，一方面动员地主士绅，把清债退租中的问题提出来（特别是过火行为与偏向），由政府答复，统一规定解决办法；另一方面由农民代表适当进行自我批评，保证今后不能对地主士绅有人格上的侮辱，并指出今后群众运动的方向。结果在双方自动的检讨下，产生了团结生产的新气象，相当地安定了地主阶层的情绪。

二、富农的生产情绪，由于我们从各方面的动员，今年转变得比较好。首先是调整主雇关系，克服雇工怠工看不起雇主的不良现象。经过几个雇工复工大会与各地的主雇座谈会，这个问题是基本上解决了。主雇关系的改善，使我们感觉到很满意。特别是一、二、五区，雇工们不只是不怠工听指挥，而且进一步替雇主订生产计划，把雇主的地当作自己的地一样去经营。一区寨坪一个富农说："今年头儿（即雇工）真好，不说他们也动弹，咱也得好好干几天。"韩壁的主雇座谈会上，双方都对过去作了检讨，雇工提出不怠工增产保证后，一个雇主说："这样咱就多用半个人。"主雇关系的改善，对于富农生产情绪的推动意义是很大的。二区韩壁、西堡一带，雇工都比去年增加，一般的富农上粪，每亩平均在40担以上，就是证明。其次是政府用奖励生产的办法，各区选择经营土地好、生产不比战前减低的富农，奖给"生产建国"四字匾额，在群众大会宣布发奖。一区东庄冯予青，接到奖匾后，用纸包好说："等我儿子娶媳妇时，把它挂起来。"自己对生产更加努力，同雇工一样起早搭黑。因为富农一般是爱面子的，政府送匾，对富农阶层鼓动意义很大。最后是政府布告减低前五等地的应产量（因为去年丈地前五等应产量与实产量脱节很远）。同时，在节省劳力方面也规定雇工民兵执勤受训的时间，这对富农生产情绪的提高也有很大意义。

三、一般群众，我们提出：全力进行生产，达到丰衣足食，并克服群众运动中的经济主义倾向，把群众运动引导到生产上来。经过动员之后，中农转变最快，生产情绪也较高涨，五年来没有修的地和垒的堰，今年都修起来了，参加互助也较热烈积极。贫农则因生产中有实际困难，如春荒问题，使他们对生产感到棘手，不得不拿出一部分时间，驮炭担脚，维持当前生活，在最先我们发现贫农生产情绪不好，感到奇怪，认为贫农在群众运动中得到土地，为什么会生产情绪不好呢？殊不知正是因为增加了几亩土地，春荒的困难更加重了。耕牛、农具、肥料都感到不够，又不能一下解决，因此在做法上是救济春荒，帮助贫农调剂耕牛，从互助组中克服一切困难。这样，生产情绪也逐渐提高起来。

四、干部民兵轻视劳动，这对于群众的生产情绪，也有直接影响。过去干部脱离群众，主要有两个方面：一个是作风生硬，不民主，行政命令；另一个是不参加生产，形成干部的超人现象。民兵则借口集中，把青年人晚上集中在一起，半夜不睡，早饭时不起，有人劳动，大家还骂他“经济脑袋”。根据这些现象，我们在干部民兵中，提出“劳动神圣”“轻视劳动是不革命思想”的口号。在“三一八”民兵检阅大会上，对民兵又做了深入动员，奖励了民兵中又战斗又生产的模范劳动英雄。并经过武委会系统，进行具体组织工作。首先在民兵中组织集体担粪修地，互相竞赛，这样就把民兵的气儿转过来了。在干部中，组织讨论，反对轻视劳动，不参加劳动的倾向。结果绝大多数的干部又重新回到生产中来。由于干部与青年民兵参加劳动，带动了各阶层人士，特别是落后群众。而且也克服了干部、民兵与家庭的对立。一个老汉曾高兴地说：“去年说也不动，今年不说也动。”又一个说：“干部动弹，咱还能不动?!”有些干部一面自己劳动，一面领导群众进行生产，而且有些还创造出新的领导生产的办法。如西堡村村长自己生产，快到了结束时，即跑到别人家地里巡视，碰见 5 人也开会，碰见 3 人也谈谈。中村村长，挤出劳动的时间来，到附近村检查。但也有一部分干部，只顾自己生产，而放弃了组织群众，领导群众，甚至有的使自己完全孤立，到处找不到事干，表现慌乱。

五、对于懒汉，我们也是根据不同对象，采取不同的动员方法，过去轻视劳动的青年民兵与干部动员到生产中以后，使懒汉没有了隐蔽的地方，失掉了借口，完全暴露与孤立出来。然后分别用下面几个办法进行动员：

1. 召开懒汉会，大部分懒汉生活都很困难。因此，让懒汉自己检讨受穷的原因：“如果生产搞好，是否可以不受困难？”这一办法最成功。在五区寒广村开了座谈会后，12 个懒汉，第二天就有 10 个上了地，当时本村正唱戏，他们也没有去看唱。

2. 群众讨论救济春荒时，不救济因自己不劳动而遭到困难的人家，经他们再三要求后，也只救济懒汉的女人孩子，以刺激懒汉。

3. 组织劳动互助、克服困难时，一种办法是孤立懒汉；另一种是把懒汉组织进互助组内，第一天先从懒汉家开始。他们在大家劳动的感动下，自己到人家地里，自己也不敢懒了。这种办法，收效很大。

4. 如果经过前几种办法仍然不劳动的，只是些“二黄风”、流氓、赌徒等，让儿童捉他，并在大众黑板上宣传他的名字，也起作用，但一般不采用这种办法。

总之，我们在动员各阶层的生产情绪的工作上，是有很大成绩的，但我们没有在群众生产情绪的基础上及时地进行生产组织工作，曾有一个时期是自流的发展，使春耕工作推迟了一步，是值得检讨的。

大革命前后的武乡

武骏图

传说中的武乡义和团运动

武乡位于太行山西麓，地势崎岖，历代居民除少数地、富外，百分之九十以上均是劳动人民。他们勤劳朴素，勇于斗争。自鸦片战争以来，帝国主义从军事、经济、政治、文化各方面综合侵华，同时又以宗教和毒品毒化我民族，因而武乡地面也出现了腐蚀人民身心健康的鸦片、榨取人民膏血的洋货与麻醉人民思想的天主教堂。当时天主教堂以上司村为主，一边麻醉人民，一边与官府勾结，危害群众，终于在1900年，武乡和华北各省一样，爆发了义和团反帝运动。一月之内，义和团组织风起云涌，遍及全县，首先将上司村教堂焚毁，以泄积忿，其他各地教堂也有相继被焚毁者。如沙河头村义和团出发到襄垣赵家岭追捕洋人，活动极为有力。虽然这一运动由于没有正确的领导失败了，但在内外敌人双重压迫下，奋不顾身英勇反抗，充分表现了武乡劳动人民高度的民族斗争精神。

从熟荒与比粮看官逼民反

鸦片战争后，外有帝国主义者，内有封建势力，加紧对人民进行双层掠夺，无止境地对人民搜刮金银，以致造成银价不断上涨、粮价不断下降的形势，人民称之为“熟荒”。尝闻父老谈及当时事态犹有余悸，询其底细，始知所谓“熟荒”者，乃是五谷丰收，谷贱伤农，反动政府倚仗权势责打拘捕人民，催交银税，以致人民十室九空无法谋生之意。当时银子差不多已被内外剥削阶级席卷一空，再也无处找寻。及至甲午、庚子两次战役赔款后，“熟荒”达到顶点。当时穷者固然水深火热，虽地、富亦有难以度日者。仅段村一村事例即甚多，其他各村当可想见。与此同时，县衙为催交银税，采用层层压榨的“比粮”办法，极尽剔骨敲髓之能事。所谓“粮”即按地亩抽税，以硬货币“银子”交官，历史上称为“田赋”，“比粮”为县官的主要任务，县官逼衙役，衙役逼里长、甲长，里长、甲长直接向各花户催收。在年年“熟荒”情况下，人民无法交纳银两。县官就三日一小比，五日一大比。“比”的意思，就是县官坐大堂用责打管押的办法催交银税。每次比粮，必将催交不回银子的衙役、里长、甲长和欠粮户，不问皂白，一律鞭笞交加，打得屁股血肉飞溅，凄惨疼痛之声，往往从早至晚，不绝于耳。这种淫威，直至民国二十年（1931）前尚未稍煞。村人每闻衙役到村催粮，人人色变，大有“老翁逾墙走”之势。以上见闻为今日五六十岁的人脑海中较深的印象。简略记之，借以味嚼今日劳动人民之精神。

进步力量之成长和发展

1919年划时代的“五四”爱国运动，燃烧遍及全国，同样也震醒了武乡人民，认识到长期穷困的根源，并想摆脱其桎梏。当时在太原的知识分子武灵初、高沐鸿等多人首先接受了这一伟大的新思潮，逐渐从省（当时他们在山西一师附小任教）回乡传播发动，形成一股小知识分子的进步力量，到了1926年为了更好开发民智，便在省组织了个“星光社”出版油印刊物，揭露武乡官绅贪污公款、鱼肉乡民的事实。“星光社”的活动与《星光》刊物的宣传，惹恼了武乡反动势力，武乡官绅趁星光社同人春节返籍之际，由县长吕绍岩唆使他的一个公款局局员魏山珠出面捏造“星光社”用文字骂人并有政治嫌疑，因而于农历腊月十五前后，将高沐鸿、王子绅、杜辅唐等多人逮捕，激起全县公愤。元宵节前后，数百群众示威请愿，高喊“打倒贪官土豪”口号，吓得县官吕绍岩紧闭了县衙大门。后阎锡山山西省当局恐事态扩大，先密令调走吕绍岩后，将高沐鸿等释放。在这个民主运动的胜利基础上，一般进步群众便在县成立了“武乡公民会”监督县财政的开支，并在县教育界、财政界中插入一批青年分子，但这些人很多成分不纯，不久就变成了新土劣。其罪恶行为较之前官绅有增无减，更为露骨。如曾担任县财政局主任的高子巍，外号“高豹子”，在1927年冬晋钞跌价的时候，他贷给段村属村小庄村王姓一百元银洋，当写贷款文契时，将一百元银洋写成文契，就变成了八百元银洋，并采用大地主赵太和高利贷剥削办法，在文契上写明三年本利不还，王姓情愿将自己楼房一座、土地一顷二十余亩，全归高子巍所有。这事虽经段村人反对作罢，亦可见新土劣剥削程度，等于公开抢劫。这种败类，实为这一民主运动的污点。但总的来说，这一民主运动乃为武乡政治运动的开始，并启发了以后武乡人民敢于斗争的勇气，则是事实。

革命力量和国民党的关系

1926年夏，国共合作的国民党山西省党部派师范附小教员焦如琨、武乡学生李逸三，经武灵初的介绍，在武乡段村葆粹两级学校组织秘密县党部，由武谢堂负责，共有三十余名青年知识分子参加。此后虽未进行活动，而进步刊物和宣传品，源源寄来，对鼓舞革命青年思想起了一定的作用。次年春武乡县党部保送段村人韩效曾，通过南北军阀处搜查的危险，赴黄埔军校学习，后因脚病学业未成，故于南方。李逸三同志突破国民党组织，参加了共产党，为我县参加党最早的一人。

1925年至1927年，武乡进步力量在省县，公开和秘密地配合中国大革命进行了多次斗争。特别在1925年春，阎锡山为筹扩军经费，强向人民征收房契税，当时武乡县县长高槐，又是一剥削能手，三月之间即勒诈到银洋十六万元之巨，为全省一百零五县征收最多之第二位，因此激怒了武乡人民。6月以县立初级师范为中心，武乡群众发动了反房税的斗争，兼反土劣贪污。不久房税停止，高槐逃走，土劣均受到惩罚。1927年7月，武乡县党部由秘密变为公开，迁移到城内由武光汤等负责，从此与土劣等进行公开的会议斗争。

到1930年春蒋阎大战，阎将国民党右派省、县党部一律查封，利用国民党“左”派自行办理山西党务。武乡土劣们趁机指使国民党员李子恒等冒充“左”派攫夺党权。哪知当时国民党“左”派山西省主要领导人之一武灵初早已将进步力量团结在实行民主反对独裁的共同愿望之下。以武光汤为首的前县党部，早已是“左”派的据点，土劣们又落了个空。

1931年春国民党右派在阎锡山失败之下恢复了党部，武乡县党部在进步力量暗中指导下，由一灰色人赵奇甫出面应付国民党右派省党部。另由一非国民党员武骏图利用县党部，团结小学教员和贫雇农参加革命。仅在段村即发动起贫雇农武三友、李兆庆、武贵同、木匠魏富锁等三十余人。同时又公开收集贪官张扬祚、劣绅范丹初、高子巍在宋哲元军驻县办差务时期的贪污事实准备发动斗争。武光汤、任象贤等则在太原联络旅并一百余名大中学生，扩大声势，准备先驱逐贪官，然后清算一群土劣。

11月由县教育会、县农会等五个团体出面向阎省府控告张扬祚贪污，不料右派省党部因枪杀爱国运动群众又被查封，贪官劣绅急欲趁此机会进行报复，终因我们不是依靠右派省党部，又发动的力量较大，连公安局局长燕华栋亦不得不在紧张时派警察保护我们，以防贪官张扬祚狗急跳墙，利用巡缉队扩大事态（队长由张的侄子担任）。我们亦自动摘去县党部牌子，换了县农会名义，一样干了起来。

次年3月贪官张扬祚被阎省府撤职，群众迫使劣绅将送给贪官的“德政”牌匾，从县府大堂上摘下来。接着就组织起清查财政委员会，继续对土劣进行清算，为民申愤。但因此次运动部分人只是反贪官，部分人与土劣有关系，到1932年夏，清查会就只剩下武光汤、武骏图、任象贤等三五人。从此进步力量有些小的分化，如赵奇甫借进步力量当了财政局主任，即与旧势力同流合污起来，到1932年进步力量认识到真正救国途径只有共产主义。后武乡革命的领导权，才完全落入进步力量手中，同时国民党的组织也全部转入代表地富的人们手中。

党领导下革命运动的兴起

自 1928 年起，开始认识到国民党独裁专制，不亚于封建王朝，卖国罪恶比北洋军阀尤甚，“九一八”事变后，痛震心弦，而国民党不加抵抗，令人深感亡国惨祸迫在眉睫。过去在武乡的几次政治斗争虽获胜利，政治舞台上也换了一批新人，但不久之后，这些人变得更坏，前有高子巍，后有赵奇甫，为此类型代表人，长期下去还得再斗争，虽一个县的革命也革不完，大而国家小而家乡，均感到前途暗淡，忧心如煎之至。适高沐鸿于 1932 年秋由绥远返籍养病，李逸三亦于此时由国民党汉口监狱释放回乡。旧友相逢促膝谈心，当时已认识到打倒一批人再换上一批人不是解决问题的办法，只有从制度上彻底改变，才能见效。中国革命须依照马列主义解决，即世界人类真正幸福亦离不开它。李逸三又把从参加广州暴动（1927 年冬）直到汉口被捕前这一阶段红军的真实情况经常介绍，理论与实际相结合，我始恍悟救国有道。从此研读马列主义书刊，初步接受了共产主义思想，找到了安身立命之所。这时李逸三、高沐鸿等同志遂筹划以武乡为中心发动群众运动进行革命。因武乡正位于太行山麓，东接河北省，东南接河南省，是一个天然三角形有利地带。1933 年春，高沐鸿、李逸三、武光汤、武骏图、史怀璧等先后创办“武乡周报社”“武乡流通图书馆”“武乡印刷合作社”作为革命据点，合作社由武光汤负责，着重经济工作方面，并代表二者进行对外交际，流通图书馆则由李逸三负责，暗中进行组织工作。首先将 1931 年在段村团结的三十余名贫雇农加强思想发动，作为基础，陆续向全县发展抗债团中的十人小组。如小学教员王正大、程登瀛、王锦心、赵瑞璧，以及贫农魏名扬等数百人参加，十人团是每十人为一小组。不留姓名，只交一个铜圆代表一个人，到 9 月已发展到 800 余人。

“周报社”由武骏图负责，公开宣传反帝反封建揭露国民党卖国行为和县内土劣罪恶事实，启发民智，广泛传播革命思想，鼓舞人民斗志。史怀璧担任十人小组联络之责，5 月曾反对阎锡山官办盐店，在社论中指出，官盐店成立后，人民每吃一斤小盐，即须多交两个铜圆的利润，多数归于阎省府，少数归于大富商人。8 月派李逸三到太原与中共山西省地下党取得联系。上海中共中央机关报亦每期寄来五份，加强指导。农历腊月在杜辅唐家中，我们召开了主要骨干小组长会议，决定发动一次全县性的穷人团抗债运动。一夜之间由西而东 250 余里全县主要村庄都张贴了抗债标语和口号，引起统治阶级和地富们极大震惊。是年 10 月 11 日国民党特务在北京大批逮捕了两次学生，从被捕的武乡旅京学生武华（段村人）、李旭华（磨里村人）等处查出武乡周报社来信，更引起山西省防共委员会的注视，把武乡划为山西“四大赤区”之一。我在 12 月收集到一些有关世界各国人民革命形势的材料，李逸三连同他收集到的这类材料，编了一本《二次世界大战》，最后李逸三写了几句结束语。中有：“当战争开始时是多角形的战争，最后要变成两条线的战争，这两条战线上，一条是打着白旗，下面只有两亿五千万人，另一条是七八亿被压迫者，谁胜谁败，自可一目了然”。用周报社的名义刊印出来。1934 年 1 月我们研究了 1933 年做法，认为过于暴露目标，正拟把主要力量转入农村，积极组织贫雇农充实力量。突于 3 月 12 日阎县府奉省防共委员会密令，以武乡周报社刊发“二次世界大战”公开宣传赤化，挑动赤白战争罪名，将李逸三从北良侯村家中，将武光汤、武骏图从周报社内同时逮捕。高沐鸿于事发前数日因事由武乡到太原，史怀璧则在本日黎明时动身去沁县接关系，故二人未被逮捕。但阎省府通缉令迫使他们无处藏身了。

我们当时被捕的情况异常紧张，全县二百余名武装警察荷枪实弹，终夜在城墙巡守，以防人民暴动。公安局局长梁楫系一狡猾特务，多方搜索我们的组织证件，但终未找到线索。当搜查我们住室时，从史怀璧铺盖内掉出《上党红花》和山西省委刊物《红旗》等书，适梁楫正在详细检查我的书信，城关街长梁用之便用脚将这些书踢入炕火内烧毁，未被搜去。在狱中看守我们三人的武装警察不分昼夜均在三十人左右。这时上海党中央报纸和红色书刊，仍源源寄来，由警察们转给我们，因为警察中，除老警察外，新招收的高小毕业生大部同情革命，并有参加抗债团者（如雨沟村魏怀德），因之使特务梁楫未能施其狡猾伎俩。后为慎重起见，我们才主动函告上海："武乡失火，暂勿寄来。"我们当时认为事变发生，有关组织证件未被反动官庭抓到，抓到的仅《二次世界大战》一书，问题就不大。不料在六、七两个月先后将我们三人押解太原伪防共会，经过几道出生入死的审讯处所，终以刊印《二次世界大战》一书的罪名，判了李逸三六年有期徒刑，武光汤、武骏图各三年有期徒刑。我们直到 1935 年至 1937 年才先后出狱。回想起来由于经验不够，使革命受到不应有的损失，这是我们的错误，但因群众的自觉帮助，隐瞒了组织证件，未使事件扩大以致完全暴露了革命目标，乃不幸中之万幸。这一时期武乡革命表面上暂时消沉下去，实际上是星星之火继续燃烧着，及至七七事变后，八路军到达武乡，在党的正确领导下，一触而燎原之势成，武乡人民群众全面卷入了抗日斗争浪潮。

从支持家乡的地下斗争到留学日本的进步活动

赵圭璧

1932年7月，我从太原山西省立第一中学初中毕业后，应先期在北平从事革命活动的王守贤同学（曾任山西省委党校副校长）的邀约，偕同段宏绪同志来到北平。在原山西省立一中图书馆主任张磐石老师和王守贤同志介绍下，我和段宏绪及先后来北平的同学丁文发、谷克敬（即谷景生）、成子安等加入了反帝大同盟。8月，我考入师大附中高中部，段宏绪进入河北省立第十七中学。李畯同志已在北平从事革命活动，张磐石同志是北平文总（“左联”“社联”“反帝大同盟”等党的外围组织总称）负责人。我们到北平不久，王守贤同志和前几班一中同学魏拯民（原名关有为）被河北省委派到东北支援义勇军抗日活动。魏拯民同志到东北充任杨靖宇将军的政委，后来牺牲了。他和丁文发同志都是山西屯留县人。第一次派来领导我的是师大附中前期同学袁君实同志（当时名叫袁行简，新中国成立后任沈阳化工学院副院长）。同年冬季，因反帝大同盟的工作忙就离开学校专做革命工作，这时我由山西会馆移到反帝同盟租借的北新桥雍和宫喇嘛庙内，专做刻写印刷革命文件。此时从太原、石家庄来到北平的武华、魏煜同志，一时没有住处也住在我这里，忙时也帮我印刷文件，他俩的组织关系仍不在我这里。革命纪律不准发生横的关系，他俩的具体工作情况我不大了解。只知道我们都是革命同志，在精神物质上相互支援。

1933年春，我被调到宣武门内天仙庵内编辑印刷《反帝新闻》，离开了喇嘛庙，和武华、魏煜分了手。为保证工作安全，隔些时候就迁居。不久又搬到温家街五号。此时我的领导人是反帝大同盟河北省委秘书长金锡如同志（新中国成立后任重庆大学副校长，民盟中常委），由他送来《反帝新闻》原稿和革命文件，我刻写、印刷、装订好，由他取走。金锡如同志当时是东北大学教授，经济条件好，纸张印刷器材，以及我的生活费和房租等均由他支付。据说他当时交党费四五十元银洋。我的住址保密，不与外界发生联系，不参加其他活动，与同乡同学不相往来。1933 年是国民党特务组织宪兵三团进驻北平的第二年，也是北平地下党遭受破坏最严重的一年。据我所知，这一年遭受破坏最大、被捕人数最多的有三次：第一次是 4 月 23 日地下党组织革命群众公祭李大钊烈士逝世七周年（1927 年被张作霖在北平处以绞刑）举行公葬的示威游行，队伍从宣武门外停放灵柩的浙寺出发，经西单、西四、西直门到西山万安公墓安葬。游行队伍一面宣传一面与反动军警格斗，沿途被逮捕数十人。第二次大逮捕大体是在同年七八月份，因我已回武乡工作，详情不悉。武华、李晙同志都是这次被捕押送南京的。第三次即 10 月下旬我和李旭华同志被捕的一次，先后被捕 60 余人。北平市包括河北省不少地下党领导人都在这次被捕了，我的同案人金锡如、徐光远、李旭华都是这次被捕的。被捕原因主要是出于共产党河北省委组织部部长高洁民叛变。东北大学的几个教授除金锡如外，还有张世五（新中国成立后任沈阳矿冶学院教授，已故）、袁素欣（原名原明道，新中国成立后任水利部总工程师），以及东北留德学生夏鲁梅、新中国成立后任北平市委宣传部副部长的白涛（原名白常玉）、东北本溪市委的杨大姐（真名忘记）、重庆工作的何树成等均被捕。

1933 年 12 月的北平《世界日报》《北平晨报》均有详细报道。标题为《大批共党解送南京》，有姓名、籍贯、担任革命职务等。1954 年审干时曾查阅到这些报纸。

由于革命组织遭受破坏，反帝大同盟的印刷机关停止。我搬到和平门外西河沿武华同志居处同住，我们白天外出活动，到一些厂矿如丹华火柴公司、门头沟煤矿等地发展组织，晚间回来研读革命文件，生活极为艰苦。武华同志好学能说，工作特别努力，敢说敢干有股闯劲儿。这时我们都是共青团员。后来由于白色恐怖严重，武华同志派到唐山、古冶一带工作，我回到武乡工作。

1933年7月中旬，我回到武乡县城（今故县），住在高沐鸿家中。我携带的文件有河北省《高阳、蠡县农民暴动的失败教训》《对“左”倾机会主义立三路线的批判》，以及江西苏区反“围剿”情况、反帝同盟的宣传资料等，这些文件是我当时印刷过经常学习的资料。当时李逸三、高沐鸿、武光汤、史怀璧等同志都在县城，正办理《武乡周报》和暑期小学教员讲习会。原来我从段村二高毕业后，曾在武乡县立师范学习一年，不少同学已是参加讲习会的小学教员。我在这些小学教员中和当时县立师范的学生中进行革命宣传，也介绍过其中一些人加入李逸三等同志成立的“流通图书馆”。

我在武乡办的第二件事是在小学教员讲习会上作政治报告。报告内容依稀记得是北平市和江西苏维埃区域的革命情况和日本帝国主义侵入华北的民族危机等，报告时有魏玉田、赵益三（于林）等在课堂巡视，课后与几个学员进行谈话。

第三件事是筹备成立反帝大同盟武乡支部。所印出的标语、传单，内容有“打倒日本帝国主义”“反对日本帝国主义入侵华北”“江西苏维埃政府万岁”“共产党万岁”等，有的还贴到县政府大门上。由于这些过“左”的冒险做法，引起县政府、县公安局注意，我不得不提前离开武乡重返北平。临离武乡前，李逸三、高沐鸿同志交办两件事：其一，我回北平后尽量多寄回一些革命文件。其二，要求北平地下党组织联系山西地下党领导武乡的革命组织。这两件我都办了。离开武乡后继续与逸三等同志保持通信联系，直到我11月被捕时为止。

1933年8月下旬，我回北平途径石家庄，在扶轮小学当会计的任象贤同志曾给予我经济上的援助。回北平后反帝大同盟和我接头的换成徐光远（原名杨云章，安徽人，新中国成立后任江西省财政厅厅长，“文革”中迫害致死)，他是反帝大同盟党团组负责人。这时我住在反帝大同盟租定的和平门外香炉营头条××号，有前后两院，有前后门进出。我被分配做反帝大同盟宣传领导工作，也就是被捕后敌人称的宣传部部长，主要是印制宣传品，向有反帝组织的大专院校发行并领导写粉笔标语，以及组织进行集会等（1986年北京市党史资料征集委员会来函要我提供这方面的资料。征集资料范围是建党和第一、二次国内革命战争时期下限到党支部的正、副职，团的区、县委成员，外围团体的主要负责人。我作为反帝大同盟的负责人之一，提供了这方面情况。北京地下党史可能有此记载)。

1933年11月初我被捕了。情况是：10月下旬的一天，在我处开会，可能是纪念苏联11月7日革命节筹备会时间约定是下午两点，但一点左右，敌特便衣数人从后门进来直奔我室。当时我正在院内，一看情况不对，抢过邻居小孩手中的铁环一面滚动一面跑到前院，从前院逃脱了。后门因有敌特守护，我无法施行约定的安全讯号（后门左侧下放一空火柴盒)，到两点徐光远来了，后门无安全信号本不应进去，他正在离后门不远处犹豫疑惑时，敌特出来把他逮捕了。

李旭华同志当晚带着武乡寄给我的两封信（其中一封信署名“蕃蒂”)，他来后被在我家蹲坑的便衣特务进行人身搜查。在他身上搜出两封信，敌人硬说那封信署名“蕃蒂”的是“反帝”的谐声，所以把他逮捕了。以后又到他住的山西会馆宿舍搜出共青团文件和《武乡周报》等。李逸三同志富有革命经验，尽管署一个带有浪漫蒂克的“蕃蒂”的女性名字，仍有使人疑为“反帝”化名之可能，但我想总不会有露骨的革命词句。所以在审讯时，我坚持说是我一个家乡女友（指已故的高力同志）来信。至今我不知来信具体内容，估计敌人从信中找不出切实证据，而且远在山西的阎锡山统治的县城，未作为重点审查，不了了之。

李旭华、徐光远被捕后的三四天，我在北京大学红楼后网球场和反帝大同盟同志接头后，出了校门向西走的路上被捕，被捕时曾与敌特进行格斗，另一个敌特过来才制服了我，加上第一次捕我时逃脱了，所以一进宪兵队我就受了重刑（1978年李旭华同志来信倒忆说：“我记得你是在我被捕后三四天被捕的，你被捕一进看守所就戴着脚镣，审讯时受过重刑，曾多次看见你到医疗所治伤”）。在北平宪兵三团近一个月的审讯，全部60多人都结了案。

12月初，专车押送往南京国民党宪兵司令部拘留所，宪兵司令是国民党杀人不眨眼的谷正伦，在那里经常拘留“政治犯”二三百人，主要是共产党人，大都是从上海、北京各地送来的，从那里送往雨花台枪毙的革命烈士成百上千。有名的文学家丁玲，党内的知名人士陈丕显、向忠发当时都关押在那里，我县的武华、李晙同志当时也关押在这里。每日早上往厕所倒马桶时，几次碰见过，但不能说话，不久他俩就判刑送到南京监狱了。我从苏州反省院释放后，暂往南京监狱看望过李晙同志，1936年他病逝狱中，和武华同志在拘留所是最后一次见面。我和段宏绪同志是段村二高小同学，在山西省立一中又是同班同住一个寝室，同去北平，彼此相知较深，感情笃厚。从1935年春季在北平云山别墅见面后，他到张家口参加抗日同盟军牺牲于塞外，年仅十八岁（武乡在国内二次革命战争时期牺牲的烈士，多数与我在一起生活过或在一个战壕里战斗过。每逢革命节日，我内心总泛起深切的怀念之情）。

1934年4月我与李旭华和北平来的几位被捕同志押送苏州反省院。我当时伪称十七岁，未达十八岁成年年龄，得到从宽处理，否则也到南京监狱服刑去了。

1934年冬获释重返北平。昔日的革命同志在白色恐怖下不是被捕，也大多离开北平。有幸在地安门外集贸公寓见到了高沐鸿同志，曾给我以生活上的帮助，我曾带他到草岚子监狱探视了在押的我县老革命王玉堂同志。

1935年夏，应出狱已赴日本的袁君实同志的邀约，东渡日本，当时日元贬值，一块银洋可兑换日元两元，生活费和上海、北平差不多，一个月有30元就可以。我国不少革命者前辈如董必武、鲁迅、郭沫若曾在那里学习过。国内视为禁书的马列主义书籍如《资本论》，列宁、斯大林的著作，在日本都公开出售，这些对我具有很大的诱惑力。在当时来说，是学习革命理论的较好场所。在东北大学教授金锡如和原明道（即袁素欣，出狱后任南京中央大学水文系教授，新中国成立后任水利部总工程师）的资助下，到达日本东京，和袁君实、刘披云（新中国成立后任云南大学校长）、李肇嘉（李林，新中国成立后任北京市社会科学研究所所长）同租一个房子，自行起伙。任白戈、张百川（新中国成立后任驻芬兰大使）、王国权等左翼人士经常到我们这里。

这年冬天我们都加入了社会科学研究会，这个会是党的东京特支负责人王之光（新中国成立后任纺织工业部化纤学院院长）、谢树椿（新中国成立后任贵州医学院党委书记，已故）组织的，与当时国内的“社联”性质差不多。一方面研究唯物辩证法、政治经济学等社会科学，另一方面参加留学生中的政治活动如开时事座谈会，组织左翼名流报告会，和国内官方派留学生斗争等。东京当时的革命组织还有“左联”东京支部，由上海周扬直接领导，任白戈、林基路（原名林为梁，20世纪40年代在新疆被盛世才杀害）、林林、张香山、魏猛克等有六七十名成员。他们出版过《杂文》《质文》《东流》等文艺杂志，得到郭沫若同志的大力支持。“左联”同志除从事文化战线上的活动外，也积极参加其他的政治活动，因此和研究社会科学方面的同志大都认识。1936年中国左翼留学生在日本做过不少有意义的政治活动，如成立“中国留日学生联合会”，和国民党的旧学联做斗争。山西留日学生当时有七八十人，也分左右两翼。雷任民、段云（原名段连云，曾任国家计委主任，写得一笔好字）、甄华（原名甄梦华，曾任山西大学校长）、侯俊岩（抗战时任山西工卫旅政委，新中国成立后任北京市教育局副局长、高教部司长）等，均为左翼学生中的中坚，也是山西留日学生会中的负责人。有些留日左翼学生如李长庚、苏锡作、李仰邺等在抗日战争中牺牲。阎锡山派的右翼留学生，以后大多不知去向。

“左联”方面的同志曾组成话剧团，出演《日出》《茶花女》等进步戏剧，追悼鲁迅、高尔基逝世纪念活动。请郭沫若和日本的进步作家如秋田雨雀作报告。经常召开时事座谈会、文化座谈会，宣传党的抗日统一战线政策。“西安事变”后曾在东京留学生中普遍展开讨论。此外，在留日左翼学生中成立研究社会科学小组，如“唯物辩证法研究小组”“资本论研究小组”，我参加了资本论研究小组。个人阅读，集体讨论，获益不匪浅。

“世界编译社”是社会科学研究会和其他进步团体中部分成员组织的，其宗旨顾名思义是编译一些书籍。当时日本翻译苏联的书籍、文章很多，计划从日文报纸杂志和翻译苏联的进步作品中编译成中文，也计划敦促郭沫若同志翻译《资本论》德文原版第二卷和第三卷，当时国内只有陈望道翻译的日文本一卷，后以征求预订户不多而经费又困难等原因作罢。袁君实同志翻译过《唯物史观》一书，在上海出版。张友渔同志编过一本《中国新闻史》也以世界编译社名义出版。上海柳乃夫编过一本有关日本研究的书，也以编译社的名义出版。后来编译社成员发展到七八十人，如任白戈、雷任民、王兰西、王国权、王之光、谢树椿、李肇嘉（李林）、卢耀武、曹汀、杨宪吾、杨承基、袁君实、赵圭璧……到1936年西安事变以后，随着国内政治形势的变化，编译研究、学习时间少了，基本上从事抗日进步活动。我们这些大学生只在学校挂个名，不大去上课，我当时在日本大学社会科。关于“世界编译社”的详细情况，卢耀武同志（新中国成立后在东德大使馆工作，后任文化部一个局长）在全国政协文史资料中有专文叙述。

1937年日本帝国主义为大举侵入中国做准备，大肆逮捕留日学生并驱逐出境。这一年四五月，先后有两批留学生遭逮捕驱逐出境。6月初“世界编译社”的主要成员王之光、杨宪吾（新中国成立后任北京市干部学校副校长）、卢耀武、杨承基（新中国成立后在贵州工作）、赵圭璧等被日本警视厅特高科逮捕。在逮捕我的过程中还有个小插曲：6月初日本警视厅大肆捕人，风声很紧，我已买好船票要回国，我将爱人安置在好友住的下宿馆。当我回原住处取行李时，便衣警察已在那里等我将我逮捕。在日本警察捕我的同时，另外警察到我爱人住处逼她随警察到我可能去的地方找到我，怕我跑掉。警察带着我到警察署经过新宿（东京电车汽车的中枢大站）时，碰到我爱人和随她的警察，我爱人以为我未被捕，未同我打招呼，实际我后面已跟着两个捕到我的警察。我主动向她说我是在被捕解送警察署去，真是啼笑皆非。这是我一生中的第二次被捕。我在世田谷区警察署拘留过程中，曾受到特高科警察的拳打脚踢，山西同乡会以武人逵为代表随我爱人来警察署探监。审讯重点是我们近期以来的一切活动，他们都有记载，说我们进行宣传共产抗日活动违反了他们的治安法规，7月1月宣布驱逐出境，押送回国。我被送回天津，其他人回上海。我爱人不愿在日本一个人住下去，也自愿陪我回国。我们坐的是货船，沿神户、大连等港口起装货，就把我解到当地海上警察署，面向墙壁站立，直至开船再押回船上。一般邮船从中国到日本只走三四天，而我们搭乘的货船却走了10天。7月10日即“卢沟桥事变”发生的第四天，我们才回到天津。当时日本报纸和国内一些报纸均有详细报道。回到北平后，一些进步团体给以欢迎接待，在一些大中学校我介绍过受日本帝国主义迫害的经过。20世纪30年代中，我的一些革命活动大致如此。

我在故乡的战斗历程

李衍授

早期的革命活动

我接受革命思想的启蒙教育是从20世纪30年代开始的。当时的形势是："九一八"事变后，日寇占领东北，不断侵扰华北，全国人民抗日怒潮高涨。蒋介石卖国求荣，对日寇的侵略节节退让，实行不抵抗主义，提出"攘外必先安内"的反革命政策。对广大人民实行残酷的剥削压迫，在全国实行白色恐怖，镇压共产党和革命人民，集中大量兵力，围剿苏区红军。人民处在水深火热之中。中国向何处去？成为人们议论的中心。

1933年，我在武乡县立师范读书，和一些要好的同学也常议论一些国家大事。传闻太原、北平一些学生参加共产党进行抗日反蒋的革命活动，敢于向国民党反动政府做斗争，我听后极为钦佩。这些传闻在我心中留下了深刻的印象，成为我学习的榜样。

1933年，李逸三、高沐鸿、史怀璧等革命青年，在武乡从事共产党组织的创建活动。为了创造一个公开活动的环境，由高沐鸿、武光汤倡议，创办了"流通图书馆"和"周报社"。这是当时的条件下吸引群众、团结革命青年的有效方法。历史证明，它起到了极其重要的作用，图书馆有不少书刊是公开出版物，好作掩护。同时也有不少革命书刊是秘密的，如《政治经济学大纲》《反杜林论》《大革命史》等，这些革命书籍都比较详细地作了阶级分析，揭示出革命斗争的实质。《反杜林论》当时看不懂，只觉得很深奥。《政治经济学大纲》一书从生产力、生产关系方面研究了资本主义的腐朽没落和必然灭亡的规律，无产阶级社会主义革命必将随时代的发展而前进。这些思想对我启发很大，增添了革命斗争的信心和勇气。除流通图书馆外，周报社的影响也很大，内容也是进行反帝、反封建、反官僚资本主义的宣传，广泛地吸引了广大群众。我当时如饥似渴地阅读这些革命书报，甚至蒙着被子偷偷阅读，觉得这就是革命。

在此期间，通过高沐鸿、武光汤等人的关系，征得师范校长王敏政的同意，李逸三到师范作了多次讲演。李逸三同志参加过大革命，参加过南昌、广州起义；参加过苏区红军，革命经历丰富。他的讲演，受到同学们的热烈欢迎。他用亲身的经历、通俗易懂的道理，阐述了中国社会性质，地主资本家剥削工农的状况，揭露国民党蒋介石对外采取不抵抗政策，对内残酷压迫人民的反动本质。号召青年人要认识社会，善于思考，为改变现状勇于斗争。同时也讲述了苏联十月革命在列宁领导下取得了伟大的胜利，建立了第一个社会主义共和国，消灭了资产阶级政权和一切剥削阶级，在全世界产生了巨大的影响。苏联革命成功，给我国革命斗争的前景树立了光辉的榜样。大家听了非常兴奋，认为在我们国家通过革命打倒蒋介石国民党反动政府也可以取得这样的胜利。李逸三同志还写了一本小册子，叫《二次世界大战》，他向学生们讲述时，大家听得很入神。主要论点是分析了帝国主义之间的矛盾、帝国主义与半殖民地之间的矛盾、帝国主义与本国人民的矛盾。第一次世界大战在俄国取得了革命胜利，第二次世界大战一定会在许多国家取得革命胜利，特别讲述了中国革命斗争必将取得胜利。他生动地介绍了南方苏区红军进行土地革命斗争取得的胜利。讲述了在中国只有进行土地革命，打土豪分田地，才能动员人民、武装人民，以武装的人民反对武装的反革命，中国革命才能取得胜利。

除李逸三、高沐鸿之外，影响较大的还有武灵初。他的公开身份是国民党改组派，与蒋介石的国民党不同。他向学生们讲述了大革命形势，号召同学们起来参加斗争，他的讲话也使大家受到了鼓舞，启发了革命斗争的意识。

由于听了他们的讲演，学习了革命书刊，我在思想上产生了很大的震动，开始走上了革命的道路。当时参加革命斗争活动，在组织上是极为严密的，一般都是采取个别交谈，单线联系。在学校和我经常联系的是王锦心，共产党秘密县委和学校联系的是史怀璧，我是在他们领导下参加革命活动的。1933 年秋，经王锦心同志介绍，我参加了中国共产主义青年团。我所进行的革命活动基本上是进行社会调查和秘密宣传；调查地主剥削农民情况、“官盐店”的罪行，以及学校中国民党的活动情况，同时有计划地张贴标语，散发传单，号召人们起来进行反对官僚地主恶霸和抗日反蒋的斗争，斗争的重心是在农村。当时武乡农村的情况是：农民债务繁重，苛捐杂税多如牛毛，佃农种地主的土地，把收成的一半要交给地主。在生活无奈的情况下只好向地主借债，又要遭受高利盘剥。农民生活越穷困，也就越倾向于革命。我们青年学生通过走亲戚串朋友等方式，在农民和青年学生中搞秘密串联；发动他们向地主开展各种形式的斗争，如抗租抗债、反对“官盐店”等。我们还针对国民党反动政府欺压人民的罪行，发动了宣传攻势，贴标语散传单，启发人民起来斗争。记得最惊险的一次是 1933 年冬的一个夜晚，我和王锦心等人到夜深人静时分，翻墙跳进县政府院内贴标语散传单。我们从过堂贴起，一直贴到院子的各个角落，刚要离开时，忽然碰到了一个查巡的警察。我们想躲开，已来不及了，心里想，这下可坏了，等那人走近一看，原来是王锦心的一个亲戚。他也是一个穷苦人，对我们贴标语颇有好感，所以低声说：“你们快走吧！”于是我们赶紧从另一个地方跳了出去。正好那天夜里下着大雪，把我们的脚印都掩盖住了。第二天，看到满院子的传单标语，县府上下一片惊恐。由于王锦心亲戚的保护和天公作美，反动政府未查到任何踪迹，虽然气急败坏，也只好不了了之。这件事对于打击反革命势力、鼓舞人民斗志，产生了一定的影响。

在地下党组织的领导下，革命活动日益发展，引起了反动政府的恐慌，加紧了对革命活动的镇压。1934 年春节，武乡党组织第一次遭到了破坏，书记李逸三同志被捕，副书记史怀璧同志也被通缉跑到外地，县立师范学生中张超也被关押，坐牢一个多月，我们与上级组织失掉了联系，活动也暂时停止了。之后，为了继续革命，我和王锦心等人到太原求学，以便寻找革命组织。在武乡的秘密革命活动就暂时告一段落。

抗战初期的革命工作

1936年后，随着抗日救亡运动的兴起，我又投身于革命斗争的行列。我们这批在太原上学的青年，先是参加了太原的学生运动。之后，陆续返回武乡，从事抗日救亡的宣传工作。1937年7月，我回到故乡，首先与杜炘、武铭、王玉华、李安唐、李旭、史玉麟等青年学生取得联系，我们自动组织起来，下乡宣传抗日救亡，活动两个多月，武乡县委得以恢复之后，县委书记王玉堂找到我们，和我们取得联系。王玉堂的公开身份是抗日自卫队总队长，他是利用总队长的名义进行活动的。王玉堂了解到我们参加过共青团，有着良好的政治素质和革命斗争积极性，就和我们谈话，介绍我们加入中国共产党。1937年10月，由王玉堂主持，经杜炘介绍，我与史玉麟、李旭、李安唐、武铭、王玉华、李生旺等在县城文庙（原县立师范校址）内集体入党。以杜炘为首，组成了党支部。这是抗战以来武乡第一个基层党组织。加入党组织后，我们的活动也就更有组织性，目标更加明确。当时，随着抗日工作的开辟，党的主要任务是发动群众，组建抗日游击队，我们到大有找见魏名扬、王占鳌等人，他们在当地有一定影响，以教拳练武为名，动员青年参加抗日游击队。我们这样活动一个月，招收100多人，后统一编到部队去了，那时，八路军地方工作团也经常指导我们的工作。1937年11月，129师在辽县举办抗日军政学校，党组织动员我们去学习。我们把招收的队伍交给八路军，就去军校学习了。129师师长是刘伯承，政委是张浩，徐向前为副师长兼任军政学校校长。刘伯承、张浩、徐向前经常给我们讲课，讲述抗日战争形势、我党我军的对敌策略，以及在发动民众，开辟抗日根据地工作中的具体问题，等等。经过三个月的学习，我们提高了认识，懂得了怎样适应斗争形势，放手发动群众，开展党的工作。当时冀豫晋省委负责人李雪峰也住在辽县，给了我们许多有益的指导。我们在辽县度过了春节，1938 年 2 月回到武乡。我被党组织分配为五区区分委书记。先在郑峪一带活动，后到了段村、洪水、石门等区工作。当时的主要任务，就是发动群众，动员粮食、兵源，组织抗日自卫队，发展党员，建立农村党组织。当时党的活动是利用牺盟会的合法地位进行的。通过一段时间的大发展，农村党员数量迅速增加，逐步建立了农村党支部。为了提高党员素质，适应斗争形势，我们把对新党员、新干部的政治教育放在首位，县、区都经常举办党员训练班，让党员学习党的基础知识，进行思想意识训练，要求每个党员做到服从党的决议，遵守党的纪律，保守党的秘密，完成党所交给的各项任务。通过培训，党员的素质得到大大提高，在抗战中发挥出积极的作用。

艰苦的游击岁月

1938 年 4 月反敌“九路围攻”胜利之后，开始了抗日根据地的建设，我们的工作也就越来越深入发展。这一年，除了继续发展党组织，建立群众组织外，主要的工作是改造各级旧政权，建立抗日民主政权。为了发动群众和封建势力把持的旧政权做斗争，我们经常以牺盟会的名义，深入农民家中，做艰苦细致的访问、调查和动员工作。一开始，有些群众不信任我们，怕我们与旧势力“官官相护”，不敢揭露旧村长的恶劣行为。后经我们反复动员，在行动上和群众站在一起，逐渐打消了他们的顾虑，群众才敢于起来斗争。改造旧政权的工作持续一年时间，产生了党领导下的抗日民主新政权，更有利于我党抗日政策的全面实施。

1939 年后，农村的主要工作是推行减租减息、合理负担政策。合理负担的实质是提倡有钱出钱、有粮出粮。由于农村负担的粮款，是按地亩摊派的。地主、富农所占有的好地和中农、贫农所占有的坏地平均摊派，实际上是地主、富农把钱粮负担转嫁到中农和贫农身上。我党针对这种不合理的状况，提出了合理负担政策，贯彻了阶级路线。首先得到了广大中农的坚决拥护（因中农占有一定数量的土地，受益也深），而减租减息则给广大贫苦农民带来好处。因此，这两项政策深得农民的拥护，调动了他们的抗战积极性。除了实行减租减息、合理负担，我们还搞了囤积公粮运动，征集了大地主的多余粮食，以供军需。

1940 年“百团大战”后，敌人的“扫荡”空前频繁，制造了许多触目惊心的惨案。我们根据地军民面临很大困难，斗争十分艰苦。在这种情况下，党内有一些人出现了悲观动摇情绪，有的干部脱离革命，回家去了。我当时任县委宣传部部长，我们及时找他们谈话，动员他们回来工作。虽然挨过骂，但还是收到一定效果，使一些同志又重新归队。我们在上级党委的领导下，以坚定的信念和顽强的斗志，克服了重重困难。在征兵工作出现难题后，县委决定我们机关干部首先参军，这样才能动员群众参军。1941 年 11 月，县委在大陌召开征兵会议，我与农会主席姜一、青救会主席王国培、建设科科长何奉先等干部带头参了军，与当时报名参加的青年组成一个营，我任营教导员，统一编到 772 团。部队组建后不久，敌人开始大“扫荡”。我们部队反“扫荡”胜利后，上级决定调我们队到太岳区。这样，我们于 1942 年初离开了武乡。1943 年 7 月，又调回武西县任宣传部部长。1943 年冬，太行区党委开展整风运动，地委在黎城县南委泉村举办县级干部整风班。我们参加了整风班学习，学习期间，我们认真听取了讲课，暴露了思想，提高了认识，每个人都受到一次深刻的思想教育。我们在那里学习三个月后，返回武乡，部署县、区级干部整风。1944 年 5 月，上级调我到太行区七地委安阳县委工作，我就再次离开家乡，在新的工作岗位上继续为党工作。

抗战初期建党建政工作漫忆

史玉麟

在纪念中国共产党成立七十周年前夕，许多难忘的往事一直萦绕在我的脑际，尤其是在那烽火连天的抗日战争年代。我们在共产党领导和八路军的帮助下所做过的一些工作，至今记忆犹新。

发展党的组织

1937 年，我刚 21 岁，由于抗日战争爆发，太原学校停办，李安唐偕我回武乡县城和杜炘（杜野萍）等同志，到聂村、段村一带以牺盟会名义宣传抗日工作。在太原失守（11 月 8 日）前夕，11 月 5 日由中共武乡县临时工作委员会书记王玉堂同志主持，杜炘介绍我和几位同志入党。入党仪式在武乡县城文庙一室内举行，当时一起参加中国共产党的有李安唐、李衍授、武铭、王玉华、李生旺。由王玉堂同志讲述了中国共产党的性质是无产阶级先锋队，最终目的是从建立社会主义直到建立共产主义，当前主要奋斗任务是团结一切可以团结的力量抗击日本侵略者，创建敌后抗日根据地，把抗日民族革命战争进行到最后胜利。参加者均以表态形式作了宣誓：服从党的领导，执行党的决议，保守党的秘密，放手发动群众，广泛宣传群众，组织地方武装，坚持抗战到底，打败日本帝国主义，建立新中国。随后以杜炘同志为首组成党支部，带领我等深入农村开展工作，以大有镇泰山庙为基地，同魏名扬同志会合，组建牺盟游击队，发展党组织，向地主征借粮草。从现在看，那是七七事变后在武乡第一批集体入党，建立的第一个基层党支部。此时正在贯彻执行中共中央北方局作出的《关于目前形势和华北党的工作任务》的决定，刘少奇也发表了《为华北广大群众的抗日救国运动而斗争》的文章。为了适应抗日战争的需要，武乡由开始建立区级党组织向县一级扩展，成立了中共武乡县工作委员会。

组建地方武装

1937年11月末，杜炘带领李衍授、李安唐、史玉麟、武铭、王玉华等到大有镇泰山庙同魏名扬等同志会合，组建牺盟游击队，魏名扬任大队长，杜炘任政委，李安唐、李衍授、武铭、王玉华、史玉麟任政治工作员，史玉麟还兼军需供给。当时，八路军派丁教练员协助我们进行军事训练。大家学习热情很高。魏名扬是事变前武乡的老党员，其他人大多是新党员。当时，党虽然不公开，但游击队一成立就在党的领导下秘密工作，主要任务是发展党组织。学习政治，组织军训。每天早晨爬山、跑步、刺杀、投弹、射击，进行基本动作训练。同时，分头下农村发展游击队员，先后入队的有王占鳌、张凤銮、张实生，加上魏名扬、王宗秀等先组织了十几个人，很快发展为二三十人的地方武装，我们所需的粮草就地到该镇富户裴玉澍（小名会保）家征借。那时很强调三大纪律、八项注意，每天都以歌声唱出。以上可以说是县级地方武装在武乡发展的开端。

当时115师和129师地方工作团，根据洛川会议精神和八路军总部的指示，与牺盟会相互配合，通力合作，大刀阔斧地积极开展群众抗日救亡的各项工作，进一步增强了武乡党组织的战斗力，使共产党、八路军的威望在太行山上越来越高。

1937年12月至1938年1月，我129师抗日军政学校轮流培训地方党政军干部，当时武乡去了不少同志。党组织于11月末派以杜炘为首，李衍授、李安唐、王占鳌、史玉麟、张实生、张凤銮、赵石甫、吕顺、王廷章、常贵生（常悦）、姚茂堂、赵寿彭、赵树仁、杜根尧、史建唐、史民章、李贵兰、陈来生等20多人到辽县大营盘129师抗日军政学校学习。我和李衍授、李安唐、杜炘等，由陶鲁笳带领到了学校，编入连队。我们三连政治指导员是陈庚辛，连长是一位老红军，每天带领我们上山学习军事知识，如战斗队形蛇形、雁形，不规整的散兵线等。党支部的组织生活过得很严格，那时正进行反托派斗争，对我们有很大提高。校长徐向前、师长刘伯承、政委张浩、政治部主任宋任穷等分别给我们上课，归纳起来，在军事上讲游击战术“敌进我退，敌驻我扰，敌疲我打，敌退我追”的十六字方针。党课讲党的性质、任务和扩大统一战线及红军二万五千里长征等课程。时间一个多月，1938 年元月结业，回到武乡。

我们的体会：党在抗日战争初开辟根据地时，对干部教育十分重视。特别是党的基本知识教育如保密问题、批评与自我批评、民主集中制原则等，讲得多、用得好，学以致用。并加强党性、纪律性教育，提高了我们的战斗力。

当我们 20 多人学习完回到武乡后，当时在女子高小旧址，正在结业的牺盟村协助员举行训练班考试，县委让我们 20 多人也一起参加考试，我考了第一名。高沐鸿同志在结业时讲话说：“我们参加革命就是要送命，不怕牺牲，如果谁害怕就请回去。”这充分说明党对党员，以及参加抗日的同志在思想上的严格要求。从发展组织中即强调思想政治教育，这对后来在巩固抗日根据地上起了极大作用。

接着，将训练班 40 人分作 10 多个组，每 3 个编村分作一个牺盟中心村。每组 3 人，设组长 1 人、组员 2 人，并登记造册。我被分配到蟠龙、韩家垴、东沟等村工作。我任组长，郭星来、石耀中是组员，我被指定到二区成立党支部。名义上任命我为牺盟区特派员，实际上在二区开展党的工作。区党支部我任支书，赵晋烈任组织委员。当时，党组织发展以牺盟会名义进行，方式多数用活动分子会议形式进行，成为在农村党组织的建立和抗日斗争蓬勃开展的开路先锋，也是武乡抗日干部中的中坚。在七七事变后发展党的组织中无疑这部分人是星星之火，在武乡抗日革命中起了燎原作用。它确实配合了八路军总部的工作，为中共中央北方局、八路军总部进驻武乡奠定了坚实的基础。

随后在八路军工作团的宣传协助下，武乡县党组织深入宣传《抗日救国十大纲领》，使其在农村遍地开花结果。牺盟村协助员，以及一部分村抗日自卫队队长不完全是党员，但都是抗日积极分子，都在发动抗战，发展牺盟会员。党的宣传组织工作起了开路先锋作用。尽管中间有少数人如史鉴唐、李天机等经不起险恶环境的考验，中途蜕化落伍甚至叛变革命，但绝大多数同志均成为党的骨干，以后逐渐担任了各重要领导职务，为抗日战争和解放战争的胜利作出了贡献。

建立民主政权

中共武乡县委和部分区分委建立后，在领导全县人民抗击日本侵略者的艰苦奋战中，取得了一定成绩。但战争日益残酷，任务更为艰巨。为了进一步组织群众、宣传群众、武装群众，发展壮大党的组织，改造旧政权，建立抗日民主新政权，已成为当时一项非常迫切的政治任务。

1938 年 4 月，太行军民一举粉碎了日军的“九路围攻”。此时我们大部分工作人员在县委领导下，发动群众配合军队作战。我和一些同志深入东、西风烟，以及宋家庄一带工作。粉碎“九路围攻”后成立了区动委会工作队，我任四区区队长。不久又正式成立四区区政府，由李效纲任区长（未入党）。我任区分委书记，王宗琪任组、宣委员，后又建立了洪水区分委，还有李旭同志发展了一部分党员，赵晋烈、赵华甫、吕顺、王廷章、张子玉、李逢时等。不久又将工作队改名为牺盟区分会（实际上是区分委），我任区分委书记，此时对上我直接与八路军工作团团长陆清廉同志联系。陆对我们作具体指示，那时中心工作是贯彻《新形势下省委工作的新任务》的决定，也称《六月决定》，大力发展党员和健全党的组织。1938 年 6 月，在蟠龙一带不少村庄都成立了党支部。如义安村张士魁（张帆）负责，石门村冯青云、米如珍负责，韩壁王群（王海成）负责，王家峪李兴唐负责，魏庶民在姚庄等地负责，姜一在陌峪负责。我把张俊德、王尚贤等同志叫出来工作，发展为党员，又将郭星来介绍入党，派他们到村里发展党员。那时砖壁也成立了党支部。蟠龙李玉田、张万寿同志在法云寺小学任联合校长，也被介绍入了党，魏怀德、史法云（史云）入党后就投身于发展组织的工作。陆清廉一再强调：“我们必须把群众工作作为建立根据地的最基本工作，《六月决定》中心任务是大力发展党员和健全党组织。依靠党的组织去发动群众。”我们都按照县委要求去工作。

当时的建制是抗日大编村。原来48个大编村村长都是由阎锡山从太原专门训练后任命的，比如白河村刘肇祥、洪水村冯汉莲、东庄村霍汉弼、蟠龙安××、东沟王玉清、土河刘吉昌（刘庆武），等等，一开始对抗日都不大积极。我们深感在开辟抗日工作中有阻力，最明显的是在大囤粮中不顺利，地主对减租减息是明减暗不减。从1938年4月在全县开展了群众性的民主斗争，改造各级旧政权，运用基层党组织以村牺盟协助员、自卫队大队长这批骨干力量，将旧村长赶跑或者撤换，如白和、广志、韩家垴、烟里的村长就撤换了。当然也有些村长被教育过来了，如土河村长刘吉昌、东庄村长霍汉弼等都被起用了。这就是武乡自下而上改造旧政权的开端。1938年7月，即七七事变周年之际，陆清廉同志指示我随同晋东南特委住在陌峪村。特委对外称“先遣支队”，由杨树根任队长、魏晓云任组织部部长。我奉命到晋冀豫区党委机关那天，正碰上他们从襄垣往沁县北社村搬家，搬家尚未就绪，书记李雪峰、组织部部长何英才、宣传部部长徐子荣就在李书记的办公室给我们布置了“发动武乡全县群众向旧县长郭××进行斗争”的任务。我们回去向县委书记刘建勋同志作了汇报，之后，即进行充分动员准备，以纪念双十二“西安事变”两周年，拥蒋抗日为名，通知乡下群众踊跃参加大会。我带领故城三区群众到旧城东门外，万人大会经过激烈的斗争，把县长郭××赶跑了。事后，刘建勋同志拿出区党委正式文件，指示我任武乡县委副书记，刘称他是中心县委书记。我的工作也由区上调回县牺盟会担任秘书工作，张烈、王锦心负责。王锦心同志每天同我们研究唯物辩证法，不久刘建勋同志指示我代表县委同籍新田同志一起到榆社参加中心县委会议，传达《省委决定》，进一步发展党员，扩大党的组织。榆社县马定夫同志也参加了会议。会毕，我同籍新田徒步从榆社山上到达和顺白珍村晋中特委驻地。书记陶希晋、组织部部长王孝慈、宣传部部长赵德尊，李修仁同志也代表辽县（今左权）去参加了会议，在这里又待了半个多月，主要是学习毛主席著的《论持久战》。我们通过学习，对抗日工作的方针政策和开展游击战争等更加明确了。

9月，刘建勋同志对我说："西区（第三区）石汝麟同志调走了。牺盟区秘书武镇藩有问题，武西驻着友军169师，又得改造区政权，任务很大。"指示我代表县委以党内区分委书记去工作，工作了一个时期仍回辽县。当时区分委组织委员李汉卿、宣传委员程晋儒（后叛党）住在故城。这个区各主要大村都有了党员，甚至建立了党支部，比如李生木就是石盘丈牛坡党支部书记，该村还有女党员，那时李务滋同志在故城任牺盟村协助员，李克诚任山交村协助员，基础好的要算北良侯支部，李如恒在玉品任支书，北良侯村村长李尚文，此村建立了区级群众组织，李含明在区任农会工作。农会全面工作还是武三友负责，区青救会秘书肖焕云。我去后还是大量发展党员，比如10月茅庄白德元、白秀琴、白兰香都是我同武三友介绍入党的。白德元很积极，又在茅庄发展了白木荣等多人入党。当时发生三件事：（一）同169师关系经常发生"摩擦"，他们对我们的开展工作，如实行通行证制度，执行儿童站岗，他们阻拦，有的儿童还被打。我请刘建勋想办法，他一再教育我说："统一战线就是矛盾的统一体，矛盾是绝对的，统一是暂时的，我们既要斗争，又要团结他们。"（二）敌机对故城频繁轰炸，迫使区分委机关迁移到北良侯村。（三）刘建勋同志一再指示改造区政权，是我代表县委的一项专门任务，当时三区区长是个反动家伙，对他进行了调查，发动群众将他赶跑，这是由村到区继续改造旧政权的斗争，新任命史雅清为区长。贯彻了红五月斗争精神，让我代表县委主持一段时间三区工作。

开展反顽斗争

不久刘建勋同志又对我说：在反顽斗争中建立新政权更为重要，也更加艰巨，又派我去涌泉任五区区长，彻底改造旧政权。我是1939年6月去的，当时正处于反顽斗争中。蒋介石确定了“溶共、限共、防共、反共”的反动政策，破坏我们抗日工作。阎锡山也暗派晋绥军军官教导团、民大五分校、敌工团、精建会来武乡活动。当时在涌泉的代理人就是武济文。群众纷纷揭发，我去之后，经县委批准首先发动群众对武济文进行斗争，打击了顽固势力的嚣张气焰，增长了群众的斗志。在反顽斗争中镇压罪魁，打开局面。当时区分委书记是李安唐，组织委员武在堂，区干部有郝凝和、韩振声、张汉卿、史永芳、史纪功等，任务十分繁重，曾被敌人包围过区公所。突然接到县政府委任状，撤销旧行政科长刘文政，任命史玉麟为科长，我去后又起用了张寿书、霍汉弼任科员，当时县政府秘书武光清、教育科科长李旭华、公安局局长张滔，我们组成党组，执行县委布置的任务。因谭永华县长刚从沁县调来，没有组织关系，我到县后陆续调王道隆任司法科科长，武在堂任建设科科长，不久武光清被调到武西区，任命我代理武乡县县长，谭永华又调到抗大学习。其间由李友九主持县委工作（公开身份是八路军工作团），此时正处于12月事变前夕，山西顽固派的逆转已到了最紧急关头。国民党又派武誓彭到第三区任督导专员，武乡又挂起了国民党县党部的牌子，重新登记和发展国民党员，并向共产党提出“收复失地”。蒋阎顽固势力互相呼应，大肆宣扬什么“一个党、一个主义、一个政府、一个领袖”，等等，拒绝执行合理负担，有钱出钱、有力出力的政策，破坏参军参战，进行暗杀活动。1939年冬到了紧急时期，加之县上调整布置改变村建制，发生内部纠纷，使敌特趁机捣乱，如姚庄区长胡健被打，内部又不团结。最后，县委书记李友九决心将内部不团结的现象克服掉，同时提出“欢送敌工团到敌区去”的口号。1939 年 11 月，严肃处理了活庄事件，并在 129 师除奸部的协助下，公开判了一些反动头面人物如李振晋、赵贵堂、史鉴官等。同时，我党大力宣传“坚持抗战，反对投降，坚持团结，反对分裂，坚持进步，反对倒退”的《七七宣言》，认真贯彻执行中共晋冀豫区党委于年初及时发出的“各地党组严正立场，对于搞‘摩擦’者要坚决揭露和打击”的指示，和顽固势力开展了有理、有利、有节的斗争，终于打退了敌人的猖狂进攻。到 1940 年 4 月李友九同志找我谈话说：“上级调你到晋冀豫区党委训练班学习，县长由王捷山正式接任。”我同陈大东、武光汤一起去的训练班，听了杨尚昆书记关于建党、建军、建政和保障人权的报告，又经过学习、讨论，总结了前两三年对敌斗争的经验教训，从理论上提高了一步。训练班结束后，我就离开武乡到了新的战斗岗位。

任武乡基层区委书记

姜 一

1939年2月，县委派我和大活庄的王振民同志去晋东地委党校学习。晋东地委驻在辽县的西河头村，党校在大营盘村。我和任爱生、陶精华、任生俊、王朝晋等同志编为一个学习小组，时间是两个月。地委书记陶希晋给我们上党纲、党章课，组织部部长赵德尊讲党的建设，赖若愚讲群众工作，刘伯承师长也来党校给我们讲了一次游击战争的课。彭德怀副总司令从河北回到八路军总部，在129师作了一场“关于在统一战线中坚持原则立场的斗争”的报告，我们党校的学员也都去听了。学习结束后，晋东地委把我留在了地委组织部任干事。

5月，日军开始对我晋东抗日根据地实行“扫荡”，地委转移到和顺县的李后沟。当时任地委宣传部部长兼武乡县委书记的刘建勋，回地委开会时，要我回武乡工作。他开完会后，我就随他一块回到了武乡，任四区（蟠龙区）区委副书记，区委书记是李逢时，他公开职务是区牺盟分会负责人。我被安排在“中国人报社”，和组织委员王贵生、宣传委员李心田一起，以公开卖报的身份下乡做党的支部工作。这时，八路军总部和中共中央北方局进驻武乡，全县的抗战形势形成高潮，农村的党组织有了很大发展，各编村都建立了党支部。晋冀豫区党委指示我们，建设和巩固抗日根据地，改造村政权，实行民主政治，坚持持久抗战。为此，县委书记刘建勋、组织部部长魏效泉、宣传部部长王宗琪等在曹村召开了干部大会，贯彻区党委指示，号召开展“红五月”斗争，发动群众以民主选举的形式，改造村政权。我们区委的工作，就是深入农村，依靠党支部和各救国会团体，充分发动群众，开展民主选举，改造村政权。不到半年的时间，我们通过各种各样的斗争和民主选举的形式，把阎锡山的村长都赶下了台，选上了共产党员和进步人士担任村长，形成了真正的基层抗日民主政权。在这场民主斗争中，我看到了被发动起来的人民群众的伟大力量，同时也暴露了少数干部存在的“左”的思想。如有一些地方发生了强迫命令甚至打人现象。韩家垴村少数干部斗争旧村长时，搜出了洋烟土，他们就私分了，在群众中造成极坏影响。后来，群众将此事举报到区上，我们对其中的2名干部进行了严肃处理。

这年的冬季，日军先后占领白晋铁路线武乡县境内的南关、权店、南沟、故城，武乡县的形势日趋紧张。12月，阎锡山的反共面目彻底暴露，他根据蒋介石“消极抗战，积极反共”的方针，调集晋绥军突袭我山西抗日决死队，暗杀牺盟会的进步人士，并派遣“晋绥军军官教导团招生处”“民大五分校”“敌区工作团”等特务组织，潜入我武乡抗日根据地，暗杀抗日干部，袭击抗日部队，破坏抗战工作，制造了“活庄事件”。我当时正在辽县黄漳村参加边区党委为成立边区参议会而举办的党校学习班学习。党校结业时，边区党委书记兼党校校长李雪峰为我们作了反顽斗争的报告，他要大家提高警惕，与国民党顽固派斗争到底。

我回武乡时，县委正在大活庄召开会议，处理国民党特务在大活庄暗杀我抗日干部的事件。为了适应对敌斗争形势的需要，县委将武乡县原来的5个行政区，改划为12个区，决定我到一区（洪水区）任区委书记。

原一区区委书记李天机（后退党叛变）向我交代完工作后就回县里去了，县委又派武忠书、韩廷秀两同志来一区，分别担任区委组织委员和宣传委员。当时一区区长是王宣恒，副区长刘家兴，农救会会长吴家儒，工会主席郝耀，青救会会长董宏，妇救会会长赵敏。12月下旬，我在区里召开了各村党支部书记和各救国会干部会议，布置了下段工作，然后我就回县里准备过春节。就在这时，阎锡山派驻武乡县的国民军官教导团一伙特务，于12月28日夜窜入马堡村，偷袭马堡河滩，打死打伤我八路军供给部运输队官兵4人。事件发生后，129师锄奸部跟踪这帮特务到了洪水区，并通知县委立即派人前来协助调查。我和县公安局的刘汝昌同志连夜赶到了洪水，找到129师锄奸部的李益民部长，商量如何破案。经了解，这股特务已窜到马堡、洪水、新村、墨镫等地，我们及时召集这4个村的党支部书记、农会干部开会，发动群众，查清这伙特务住在哪个村子、哪些人家里，和哪些人有联系。没过几天，马堡村小学校长向我们报告，他们学校的女生李乃琴说她家里住了好些人，白天不出门，一到晚上就出去了。洪水支部的同志反映，有一个杂货店经常有人进进出出。经县公安局和129师除奸部共同侦察摸底，终于搞清了这帮特务就藏在马堡村李振晋、李振玉、沈昌信等人的家里，和洪水的张照儿、赵晋祥的杂货店有密切来往。我们迅速采取果断措施，将这帮特务全部抓获，并交129师除奸部带走了。同时，我们还逮捕了李振晋、李振玉（这二人曾任过阎锡山的县长）、沈昌信、张照儿、赵得元（他是赵晋祥杂货店的交通员）等人，因赵晋祥不在，让他给溜了。经过审讯，查清了马堡、洪水这两处是国民党特务的秘密联络站，负责人是赵晋祥、李振晋、李振玉，马堡交通站站长是沈昌信，洪水交通站站长是张照儿，他们企图暗杀我抗日干部和八路军官兵，破坏抗战。1940年1月16日，武乡县代理县长史玉麟派县司法科的同志来洪水区，召开了有数千人参加的公审大会，对李振晋、李振玉、沈昌信、张照儿这4名反革命分子依法执行了枪决。

1940年春，晋东地委确定在武乡县开展创建实验县工作，以便培养典型创造经验，推动各县扎扎实实地贯彻落实边区党代会精神，转变党的作风，依靠人民群众，壮大党的组织，开展游击战争，为建设巩固的抗日民主根据地而斗争。为此，县委召开了动员大会，部署开展实验县的工作。实验县的工作内容，主要是动员人民群众争当抗战模范，改进干部的领导作风，培养积极分子，搞好生产，发展党员等。农村主要以抓好春耕生产来创建实验支部。在洪水区，我和武忠书、韩廷秀分头抓墨镫、寨坪、白和这3个支部的工作。我在墨镫村召开党员秘密会议，先在党内统一思想认识，然后召开群众大会，动员大家搞好春耕生产，多打粮食，以实际行动支援抗战。在党支部的带领下，墨镫村的各项工作开展得很出色，春耕生产搞得轰轰烈烈，涌现出了一大批积极分子。

4月，区党委发出了《整党与建党是目前的重要任务》的指示，要求全区各县着手开展整顿党的组织。根据这一指示，武乡县委于5月在姚庄村召开全县党的活动分子大会，动员和部署整党工作。晋东地委为了加强武乡县委的领导，特派地委宣传部部长温建平同志来武乡兼任县委书记，李友九同志为副书记。温建平同志在会上作了报告，他说："自从开展创建实验县工作以来，全县的春耕生产形势很好，各地发展和培养了一批积极分子，各个党支部也发展了党员，壮大了党的力量，为完成各项抗日工作创造了良好条件。但是，由于根据地刚刚建立，发展党员带有某种突击性质，致使一些不符合入党条件的人也被吸收进来了。有些党员虽然成分好，但思想觉悟需要进一步提高。还有少数流氓无产者和投机分子，甚至阶级异己分子也混进了党内。在党员队伍里出现了一些贪污腐化、作风恶劣等现象，降低了党的威信。更为严重的是，个别国民党特务分子混进了我们的党员队伍，他们千方百计地探听我军情况，造谣惑众，破坏统一战线，给根据地建设造成极大威胁和损失，影响了党在群众中的威信。"李友九同志作了会议总结，他强调："要把区党委的整党决定贯彻到各级党组织中去，先从农村各支部开始，进行整党摸底。在整顿党组织的过程中，要健全党组织生活，开展批评与自我批评。在培养积极分子、发展新党员的问题上，要采取逐个审查、培养，个别接收的办法，整顿支部与改选支部相结合。对于清查出的阶级异己分子要严肃处理，是国民党特务分子，开除出党后要交公安机关法办。"

县委会议结束后，我回到洪水区召开了有各村党支部书记参加的区委扩大会议，开始部署整顿村党支部的工作，我在墨镫村组织党支部的同志通过开展批评与自我批评，对前段的组织发展工作进行了认真总结和清查，发现该村党组织存在的主要问题是：有些党员思想觉悟不高，个别中农出身、表现不够积极的人也被吸收到党内。所以，对该村的党员主要是进行阶级教育，提高他们的思想觉悟，在群众中起党员的先锋模范作用。对个别富裕中农出身表现不好、经教育后仍不够党员条件的，我们就劝其退党。在洪水区董家庄，我们查出了一名阶级异己分子，立即将其开除出党。在全区整党中，对发现的问题我们主要采取了三种处理办法：一是成分好但觉悟不高，这主要采取批评教育、提高思想觉悟；二是富裕中农出身的党员表现不好，对其进行教育仍不改正的就劝其退党；三是个别阶级异己分子，我们坚持清除出党。在我区整党期间，还没有发现混进党内的国民党特务。通过对党组织的整顿，大大提高了党员的思想觉悟，增强了各村党支部的战斗堡垒作用，带动了农救会、工救会、妇救会、青救会等各救国会组织，胜利完成了上级交给的各项任务。

同年7月4日，日军沿着白晋铁路线向我抗日根据地逼近，占领武乡县段村一带，切断了武乡县与武西办事处的联系。为了适应对敌斗争形势的需要，太行行署以段村为界，将武乡县划分为武乡（东）、武西两个县，从武乡县调一部分领导干部到武西县工作。县农救会主席武三友同志也被调到武西县工作。7月底，县委决定调我到县农救会接替武三友同志的工作，一区区委书记由武忠书同志担任。从此，我便离开了洪水区，到武乡县农救会任主席。

率队参加百团大战

姜 一

1940年8月，为了彻底粉碎日军的囚笼政策，振奋敌后根据地和全国军民的抗战信心，制止国民党顽固派的投降活动，八路军在华北500里长的战线上发动了震惊中外的百团大战。

8月20日夜，在彭德怀副总司令的指挥下，各根据地统一行动，打响了正太铁路规模空前的破击战。太行军区命令武乡县出动民兵和民工2000多人，配合八路军主力部队作战。县委决定由我和县武装科科长史昭青等几个同志带一个民兵支队和民工团，在辽县县城以西至榆太路以东的石匣、红渡铁路沿线展开破击战。我们带着民兵、民工在主力部队的掩护下，冒着枪林弹雨和敌机的轰炸、扫射，对铁路、公路、桥梁及一切建筑物进行了彻底破坏，搬枕木，抬铁轨，能搬走的搬走，不能搬走的就地烧毁或埋掉。

9月20日，百团大战进入第二阶段，开始攻打敌人据点和县城。我和史昭青同志率领民兵支队1000多人跟随主力部队，参加了攻打红渡炮台、辽县县城的战斗，为作战部队扛云梯、抬担架、送伤员等。八路军129师385旅14团副团长吕世英率2个营打开了一个缺口，攻入辽县县城。日军从太原派来增援部队，并已到达榆社。针对这一情况，彭总命令攻城的部队撤出战斗，向西疾进打敌援兵。我们民兵紧随主力部队向榆社方向追去。到达麻亚山时，正赶上我军与敌军接上火，号角齐鸣，杀声震天。部队在前面打，我们在后面运送伤员。突然，飞来3架敌机，向我们民兵支队进行疯狂地轰炸、扫射，当场炸伤了3个民兵和1个哨兵。我当即派人把这4名伤员送往八路军385旅战时医院。就在这时，几百名日本鬼子从北面向我们冲来，把我们民兵拦腰切成东西两部分。史昭青同志率一部分人朝东面转移，我和青年团的几名干部带另一部分民兵迅速朝西面山上转移。我们刚爬上山顶，突然从山背面又冲过来一股敌人。在这紧急关头，我八路军第13团的李营长率领部队及时赶到，从侧面拦住了敌人。在李营长他们的掩护下，我们安全撤退到南面的山脚下。大家从早上到中午还没吃饭，肚子饿得咕咕叫。部队同志把我们带到385旅政治部所在的村子住下，给我们搞饭吃。

战斗结束后，我把两处的民兵集合起来一清查，发现走散了100多人，牺牲了4人。我安排人掩埋好烈士的遗体，带领全支队民兵回到了武乡县。

正太路破击战结束后，日军对我太行根据地进行疯狂的报复性“扫荡”，连续几次实行惨无人道的“三光”政策。面对日寇的“扫荡”，武乡县委、县政府组织全县民兵开展了英勇的反“扫荡”斗争。县委安排我随县长王捷三同志一道到一区、二区，领导洪水、石门两区的反“扫荡”斗争，同时与八路军部队取得密切联系，随时保证部队的粮秣供应。我俩一到苏峪沟村，就找到了129师师部的周光坦部长。因部队要粮很急，周部长不愿王县长和我离开他，要我们随部队一起行动。我们觉得这样不行，和部队在一起当然很好，但我们还要领导当地的民兵开展反“扫荡”斗争。再说，如果找不到村干部和群众，从哪里去弄粮食呢？经与周部长商量，决定让王捷三同志留在他那里，随部队行动，我则到一区指挥部，找村干部搞粮食。

我在苏峪沟找到一区副区长刘家兴，然后又一同到苏峪沟村和鳌垴村找到村干部，动员群众立即从地洞里挖出谷子，碾了2300多斤米，马上送到部队。之后，我又到小西岭、显王、泉河等村，组织民工送粮草，从而保证了部队的粮草供应。

一天，我忽然接到王捷三同志的通知，让我和一区区委书记武忠书火速赶到石门村。我不知道发生了什么事情，就在泉河村找到武忠书同志，一同赶到石门。当时部队正在开会，彭总在作报告。我军决定发起关家垴战役，歼灭日军三十六师团冈崎大队，129 师投入 4 个旅的兵力，加上八路军总部的炮兵，由彭总亲自指挥。因王捷三县长随总部后勤部队走了，就要我和武忠书同志给部队带路。10 月 29 日夜，武忠书引着 385 旅，我引着 386 旅 772 团，冒着淅沥的小雨，踏着泥泞的山间小道，朝关家垴方向疾进。

关家垴位于太行根据地的腹心地区，在当时我八路军总部所在地砖壁村正北 13 里处。那里山岭起伏，沟壑纵横。关家垴是群山环抱中的一个高高的山岗，北面是悬崖陡壁，下面是一条深沟；南面一个山坡连着一个山坡。敌人占领这块高地后，迅速构筑了工事，企图顽抗待援。合围关家垴的部队共分四路：一路部署在东北和东南侧，一路在西北面，一路由南向北推进，一路由西向东封锁住敌人西逃的道路。四路劲旅在关家垴布下天罗地网，让敌人插翅难飞。部队赶到关家垴后，在对面的山坡上隐蔽下来。当时已进入秋季，气候变冷，又下着小雨，我们冷得直打哆嗦。

30 日拂晓，战斗正式打响。我军从西北、东北、东南方向向关家垴敌人阵地同时发起了攻击，总部部署在关家垴西北和西南两处山头上的大炮也发出了轰鸣声。战士们一跃而起，冲向敌阵，枪声、手榴弹的爆炸声响成一片。到天亮时，部队已冲上了关家垴的山头。到中午时分，我才退到后面休息一下。然后，我又带着民兵配合部队的后勤人员，冒着敌人的炮火，来回奔跑数十里，把上千担饭送到火线上，又把几十名伤员抢救下来，送到野战医院。战斗持续到 31 日天明，我军将敌冈崎大队大部分歼灭。在这次战斗中，洪水区、石门区的干部、群众出了大力。

战斗结束后，部队留我们一部分同志在 386 旅政治部休息，我美美地睡了一大觉。下午打扫战场时，我们在关家垴村背后山沟里发现了一名日军，他拿着枪不打人，我们民兵又听不懂他说的话，就把他送到旅政治部。经翻译一问，才知道他原来是一个反战同盟战士。他说已饿了两天没有吃饭，要东西吃，该村的群众马上煮鸡蛋给他吃。第二天，马堡村民兵用担架送来了一个日本兵和一匹马。部队敌工科长一问，也是一名反战同盟战士。他带着一支枪，拉着一匹马，藏在一个破庙里，后被群众发现。该村民兵见他是日本人，上前就打，把他打得不能动弹，村干部只好把他抬到部队。他通过翻译问我们："你们（指我军）不是优待俘虏吗？现在怎么不仅不优待，不给饭吃，还把我打得要死呢？"

敌工科长向他作了一番解释，劝他吃了饭。饭后，这名日军对我们讲了一些日本军队里的情况，说日本兵里也有反战同盟战士，他们赞成日本共产党的主张。我们这才知道日本共产党也是反对日本帝国主义侵略的，这对我们教育很大，认识到了优待俘虏政策的重要性。后来，这两名反战同盟战士在部队里经过训练，在反"扫荡"斗争中起了很大作用。

关家垴战役结束后，百团大战胜利告终。武乡县委接到边区政府的电话通知，说冀太联办副主任戎伍胜（即戎子和）同志从辽县来武乡，不知他已到了哪里，让我们派人到辽武边界迎接。县委安排我去。于是，我和洪水区的韩廷秀同志到与辽县接壤的马堡、墨镫等几个村庄打听，后在通往辽县的路上接到了戎伍胜同志，并陪他在洪水区住了一天。第二天，我们一同回到了县委所在地王庄沟村。第三天，县政府召开会议，戎主任在会上传达了冀太联办的重要指示。他说："我们太行区的反顽斗争取得了重大胜利，制止了国民党顽固派的投降活动；关家垴战役歼灭日军一个大队，给敌人以有力的打击，鼓舞了全国军民的胜利信心。但是，也暴露了我军的实力，日本帝国主义一定会对我们太行根据地实行报复'扫荡'，战争将更加残酷，今后我们将会面临更加严重的困难局面。"戎主任要求我们要作更艰苦的思想准备，要动员全体党员，搞好军民团结，共渡难关。李友九、王捷三同志代表县委在会上表示，要提高信心，团结奋战，准备战胜各种困难。

1940年11月，我参加了县委在红岭寺召开的会议。会议总结了当年秋季反“扫荡”斗争工作，准备在春节期间开展拥军爱民的联欢活动，并布置了年关反“扫荡”的准备工作。会议结束时，宣布了王捷三县长工作调动，新来的县长是徐林汉同志。之后，县直机关又召开全体干部会议，要求大家克服困难，既要过好春节，又要深入发动群众，实行空室清野，准备反击敌人的年关“扫荡”。会议要求大家如果没什么大事，就不要回家过年了。

会后，县委领导机关移驻姚庄、沿土凹，各救国会搬住苗杜村。一部分同志下乡贯彻县委会议精神，一部分同志在家准备过年。因机关炊事员家里有事回去了，我们就自己动手干。男同志搞柴火、买菜、弄粮食，没有白面自己推磨；女同志打扫卫生、做饭。过年的东西都准备就绪了，下乡的同志也都回来了。我们正要蒸馍馍时，侦察员急匆匆地送来情报：鬼子开始“扫荡”了。

围困蟠龙斗顽敌

姜　一

1943年5月，日军三十六师团二二二联队对我根据地进行大“扫荡”。大队长小林带着伪军段丙昌部，在柳沟驻剿了7天，对该地的煤铁藏量进行了勘察，为以后的掠夺性开采作前期准备。尽管在我军的炮火猛烈轰击下暂时撤退，但日军还贪婪地观察了蟠龙镇与周围的侯家垴、白家庄、胡峦岭等军事战略地形，图谋占据蟠龙。

蟠龙镇位于武乡县东部蟠洪河北岸，抗战前就是一个有三四百户人家的繁华集镇，是太行三分区的政治、军事、经济、文化的中心，一条通往晋冀鲁豫边区腹地的交通要道从镇边穿过，镇子南北的黄土丘陵山地，是丰富的产粮区，我八路军的兵工厂也设在这里。抗战以来，日军一向称这里是八路军的衣粮弹药库，于是想方设法要占领这个战略要地。

6月14日，日军葛目联队的小林大队指挥伪剿共军第一师赵瑞、段丙昌部，共约3000人，由大汉奸郝竹亭带路，侵占了武乡东部重镇蟠龙，在我太行根据地腹地插上了一把刀子，使我三分区的形势发生了严重变化。敌人一来，就在东面侯家垴、北面白家庄、西面李家坪修筑碉堡。为了打通蟠（龙）武（乡）公路，又在沿途的马家庄、型村寨、胡峦岭、老风坪等高地修建护路据点，成为敌军的补给线。敌人以蟠武公路为界，割断了武乡县委与前方指挥部的联系。县委根据上级指示，结合对敌斗争的实际，将蟠武公路以南的七区、八区、沁东三区行政上划为路南办事处，李甫堂为主任（他于1945年调任修武县副县长，1946年被捕牺牲），李尚春负责武装工作，我负责党的工作。7月，路南办事处移驻高岭、漆树坡、上司村，这一带成了段村、蟠龙、沁县、襄垣四路敌人合击的中心目标。敌人妄图摧毁我处于三角地带的党政机关，对这一带实行反复“扫荡”，有时在不到一个月的时间，敌人对这方圆只有三五十里的地带竟“扫荡”了十几次。针对这种险恶情况，我们发动群众打窑洞，搞空室清野，加强民兵的联防作用。不论是段村、沁县的鬼子，还是襄垣县的敌人，只要他们一出动，我们就能得到情报。我们对付敌人的办法是：半夜起床吃饭，天不亮就组织群众进洞，民兵在外面监视敌人，与敌周旋。

7月的一天（即敌人对我漆树坡村的一次大“扫荡”刚过去的第三天）夜里，鬼子们又出动了，从四面八方扑向漆树坡村。我和李尚春同志组织群众乘天黑转移进洞后，就带领民兵从高岭向西转移，想绕到敌人背后，给他们来个突然袭击。因情况有变，结果被敌人打了回来。我们返回到村里，又朝北面冲击。漆树村的北面，只有里把路就是上司村，那里有西通二十里铺、东连监漳的一条大道，冲过那里便可转移到外线去。我们一冲到上司村，便碰上那里的民兵，说敌人早已占领了村子。我们又折回，在上司村一个民兵的引路下，转向东边的下司村，但下司村也有敌人。我们冲了三次都突围不出去。很显然，漆树坡村已陷入了敌人的重重包围之中，我们再也突不出去了。

我们简单地商量了一下对策，认为敌人的这次围剿非同一般，敌情十分严重，不能硬拼，先退进窑洞。村南面的山岭下，有两个窑洞，一东一西，中间只隔着两道小圪梁。李尚春带着一班民兵进东沟窑洞，我和指导员武志芳带另一班民兵进西沟窑洞。我们还没走到洞沟，敌人就从东北方向朝我们杀了过来。我随手摘下带着的望远镜，想看看到底是鬼子还是伪军，如果是鬼子就进洞，倘若是伪军就杀他个狗日的。武志芳带着民兵爬过了小圪梁，准备进洞。一股敌人冲上圪梁，把我和上司村带路的那个民兵压在洞沟下，与武志芳他们隔断了。上司村民兵看到沟底有条水渠，拉着我钻进水渠沟隐蔽起来。

敌人就在圪梁上，我俩躺在水渠沟里一动也不敢动。指导员武志芳带着民兵正进窑洞时，被敌人发现了。他们这个窑洞是挖在沟半崖上，要搭梯子才能进去。一个班的民兵都已进了洞，武志芳留在最后，他刚爬上梯子，3 个伪军就已到了他跟前，大喊大叫着向他扑来。武志芳见上不去了，就与敌人拼开了刺刀。窑洞里的民兵见指导员与敌人拼刺刀，就在洞口朝敌人射击。在民兵们的掩护下，武志芳一口气拼倒了这 3 个敌人。与此同时，大股敌人已赶了过来。因寡不敌众，武志芳同志壮烈牺牲。洞内民兵见指导员已牺牲，赶快把梯子拖进洞里。敌人全力攻打窑洞，一场惊心动魄的窑洞保卫战开始了。

这个窑洞挖得很好，洞内有上下两层，拐了三道弯，上面挖有通气眼。一进洞口有个深坑，上面架有木板，把木板抽掉，敌人进不去。

敌人先从村里找来梯子，逼迫伪军上去，被民兵一阵枪打了下来。接着，又运来柴火，在洞口点燃用烟熏，洞里的民兵动员群众用被子堵住洞口，烟进不去。敌人正感到无可奈何时，却发现了气眼。于是，敌人集中力量从上面往下挖，一直挖通气眼。残暴的敌人一面挖气眼，一面在洞口的正对面架起大炮猛轰。一共打了七八发炮弹，终于把窑洞打开了。王磨儿等3位民兵当场中炮身亡，其余的13位民兵也全部壮烈牺牲，只有王二孩藏在洞内的陷阱里幸免于难。敌人把躲在窑洞里的群众，不分男女老幼，全部拖出来杀害了。

我当时藏在水渠沟里，听到外面打枪，不知发生什么情况。我想不能老是这样躲着。于是，我同上司村的那个民兵从渠沟里爬出来，翻过圪梁跳到高粱地里。敌人发现了我们，举枪就打。我俩沿着路沟跑，一口气跑到杨桃沟，碰到了七区干部韩凤高。我要他赶快到东垴一带寻找我们的部队。韩凤高在东垴找到了769团，部队闻讯迅速赶到漆树坡村，与敌人展开激战。敌人见我主力部队赶来，便慌忙撤走了。

敌人刚走，躲藏在窑洞陷阱坑里的王二孩就跑到杨桃沟向我们报告："洞里的人都死了！都死了！"

我们和八路军干部战士一起朝窑洞跑去。只见窑洞完全被打塌了，洞口下一块谷地里横七竖八地躺着被敌人残杀的群众和民兵的遗体。已经牺牲了的武志芳指导员躺在地上，眼睛仍睁得大大的。看到这惨景，在场的人没有一个不掉泪的。经仔细查看，有12个人还活着。后来，西沟窑洞的人也来了，大家把受伤的群众和妇女、小孩送回家，帮助牺牲的民兵家里料理后事。

当天晚上，我们在漆树坡村召开了追悼大会，附近各村的干部、民兵也都来了，整个会场哭声一片。面对鬼子的残酷屠杀，参加会议的人个个义愤填膺，人们发出阵阵吼声：

"坚持抗战！消灭敌人！"

"清除汉奸！为死难烈士报仇！"

追悼大会上，当场就有16名青年报名参加民兵。

第二天，敌人又来“扫荡”。不过，敌人这次没占到便宜。敌军从二十里铺撤退时，遭到漆树坡村民兵的伏击。在追击敌人的时候，打死了一名骑马的日本军官。

为了打破敌人长期占据蟠龙的企图，粉碎日军从政治上、经济上“蚕食”我根据地的阴谋，我太行区党委和太行军区决定，将蟠（龙）武（乡）公路以南的前方指挥部、路南办事处划归襄垣县委领导，以襄垣县为依托、769团为骨干，在高岭一带建立游击兵团，由769团团长郑国仲任司令员，襄垣县委书记杜野平任政委。武乡前方指挥部归游击兵团统一指挥。769团1营营长李德生率部和我们前方指挥部就住在漆树坡村。

7月中旬，我太行三分区奉八路军总部和刘邓首长的命令，集中9个团的兵力，由陈锡联司令员统一指挥，乘敌立足未稳之际，运用“困日打伪，以强攻弱”的战术，发起蟠武战役，攻歼蟠龙周围，以及蟠武公路沿线的日伪据点。7月18日深夜，我太行三分区主力部队在民兵的密切配合下，在长达50里的蟠武线上，向敌军发起突然攻击。经过一夜激战，我军拔掉了蟠武公路两旁的侯家垴、白家庄、里庄、马庄、胡峦岭等敌军据点十余处，歼灭日伪军1000余人。战后，敌人被迫龟缩到蟠龙镇内，不久日军又调来了山本大队和沁县伪警备队以加强蟠武公路线上的防务。

蟠武战役之后，三分区司令部和三地委于7月下旬召开联席会议，通过对敌人动向的研究和分析，大家认为：敌人已加强了蟠龙镇的兵力和防卫，如果这时强攻，势必造成我军的重大伤亡。因此，会议提出了“坚持长期围困，逼退蟠龙敌人”的方针，在武装力量配备方面，实行主力兵团、地方兵团和民兵自卫队三结合。县委根据这一精神，在全县各区、村都成立了党政军一元化领导的前方指挥部，领导群众开展对敌斗争，坚持边作战边发展农业生产，在围困线上构成了一个相互策应的游击网络。

在三分区司令部和县委的具体领导下，我们对蟠龙镇的敌人采取了以下几项斗争措施：一是将敌占领区的16000多群众，有组织地转移出去，并动员当地的干部、民兵和群众安置好难民的生活，把敌人所占领村庄的老百姓和物资隐匿一空，使敌人占领的村庄见不到一个人、捞不到任何可以补给的东西。二是民兵配合武装部队采取游击战术，寻找各种机会扰乱和袭击敌人，如摸敌哨兵、烧仓库、割电线、劫武器弹药等，有条件时拔掉敌人的据点。三是破坏交通，断敌给养。对出来“扫荡”的敌军，采取大股伏击、小股歼灭的办法，如果敌人大批出动，就对其实行骚扰，或乘敌据点兵力空虚之机，配合主力部队抄他的老窝。同时，切断敌人与外界的联系，造成敌人供应上困难，使蟠龙变成一座四处无援的“孤岛”。四是组织干部与部队对敌展开政治攻势，宣传“今年打败希特勒，明年打败小日本”的形势，瓦解伪军，镇压罪大恶极的汉奸。

围困蟠龙的斗争开始后不久，李家坪村的民兵抓住了一名从蟠龙来的伪军，并从他身上搜出了大汉奸郝竹亭给李香亭的一封信，信中让李发展“新民会员”，秘密开展活动。我们立即逮捕了李香亭，并连夜进行了审讯。李承认了此事。县委将这一情况报告了晋东地委，地委根据北方局对太行区关于开展除奸反特问题的指示，决定广泛开展除奸反特的斗争。8 月下旬，我们在广志村召开了反特紧急动员大会，李香亭在会上交代了早在敌人占领蟠龙之前，郝竹亭、李香亭曾在祥良纸坊与肖方亭、魏云亭等人密谋，充当敌人的帮凶等情况。动员大会后，我们一面继续审讯特务分子李香亭，一面发动群众揭发可疑分子，先后在上北漳、王家峪、型塘等村，挖出了一批“新民会”分子。根据区党委的《关于开展反奸运动肃清特务的指示》精神，我们制定了“开展坦白运动，挽救上层分子，以救人的态度处理特务问题”的工作方针，主要有以下几个方面：一是对参加特务活动的一般人员进行集中教育，向他们讲清形势和政策，促使他们坦白交代，和其反动组织划清界限；二是组织坦白分子帮助、启发尚未觉悟的特务分子；三是对不同情况参加特务活动的人员，要区别对待，团结、教育、挽救上层分子，孤立、揭露、批判极少数拒不坦白交代和暗藏的特务分子。

经过一段时间的发动和教育，我们彻底搞清了特务分子的活动情况，逮捕了汉奸、特务肖芳亭、魏云亭，查出了其后台史标青。9月上旬，县委、县政府在洪水、苏峪、土河等地分别召开了群众大会，公开审判了史标青、肖芳亭、魏云亭等罪大恶极的汉奸、特务分子，对他们执行了枪决。这样一来，既震慑了敌人，除掉了特务集团，又教育了群众。

自蟠武战役以来，我蟠武沿线军民共3000多人投入了这场历时8个半月的围困斗争，使蟠龙敌军就像一头野牛撞入了人民战争的火海之中，被烧得焦头烂额。据武（乡）东7个区的统计，仅广大民兵开展地雷战、麻雀战两项，就毙伤敌人1669名，军民共进行大小战斗3275次，总共歼敌2100多名。在我强大的政治攻势下，共有240多名伪军投诚或投降。据后来被我军缴获的伪“剿共军第一师”副师长段丙昌在写给师长赵瑞的信中，不得不发出这样的哀鸣：“原以为大军所至，‘共匪’胆寒，民众依归，事实殊出意外，至今民众屡屡不返，治安更是风雨飘摇，前途困难重重……”在我广大军民的团团包围之下，敌人被迫于1944年2月27日退出了蟠龙镇，在漳河两岸满山民兵、部队的呐喊和枪炮声中，夹着尾巴狼狈逃回段村老巢。

3月4日，太行三分区和武乡县委、县政府，在蟠龙镇召开万人大会，隆重庆祝蟠龙胜利解放。河滩广场上，锣鼓喧天，红旗招展，人山人海，欢声雷动。会上，769团6连被授予“围困蟠龙模范连”，14团营长钟明锋为英雄营长，关家垴民兵班长关二如、马家庄民兵指导员马应元为太行区一等杀敌英雄，韩壁村农会主席韩国栋、树辛村党支部书记李马保等为模范抗日干部，窑上沟民兵张家班、秦家烟李家两兄弟、李峪垴村“地雷大王”王来法等，为名震太行的抗日功臣。大会还对在围困蟠龙斗争中英勇牺牲的烈士们进行了哀悼。

迎接抗战最后胜利

姜　一

1944年3月中旬，县委书记麻贵书、副书记赵迪之参加完地委的整风，回到武乡后，我就去地委在砖壁举办的整风学习班学习。

这次整风学习班从3月开始到11月结束，共举办了8个月。由地委书记王一伦主持，石汝麟为秘书长，三分区的一位科长任学习班的支部书记。整风学习班的学员来自地委、行署和各县，共分3个组，我被编在第二组，并被选为支部委员、党小组组长。这次整风学习共分为三个阶段。

第一阶段是学习文件。我们学习了毛主席关于整顿“三风”的文件，提高对整顿“三风”的认识，端正学习态度，清除思想上的各种顾虑。学习毛主席关于整顿“三风”文件的精神实质，就是联系思想实际，以文件为镜子，对照个人的思想，认识主观主义、经验主义和教条主义的危害性。通过学习毛主席有关整风的指示和刘少奇同志的《论共产党员的修养》《论党内斗争》，使我们深刻认识到开展批评与自我批评的极端重要性，它是我们党的优良传统和作风，是共产党区别于其他任何政党的主要标志。

第二阶段是联系自己的思想实际进行自我检查。在整风学习班的全体大会上，军分区党委书记彭涛同志作了动员报告，他提出进一步深入开展整风的要求，指出要联系思想实际，从检查主观主义入手，开展自我批评反省思想运动，把解决非无产阶级思想作为整风运动的重点。我首先从理论联系实际出发，对自己思想上的主观主义进行了反省。在小组同志们的帮助下，查主观主义的危害，经过自我检查，我认识到主观主义是一种唯心主义的思想，主观意识脱离实际，凭想象办事，因而不会取得工作上的圆满效果。为了做好我们的各项工作，就必须放手发动群众，正确执行党的政策，激发人民群众的抗战热情，深入调查研究，理论联系实际，使自己的工作思想符合客观规律，这样才能使我们的各项工作做得更好。其次，检查了宗派主义、山头主义和小团体主义的作风。在整风中，通过交流思想和开展自我批评，使我认识到搞好团结是革命胜利的根本保证，只有克服宗派主义、山头主义，才能更好地增强革命队伍里的团结。再次，检查了贪图安逸的享乐主义思想。通过反复学习党章、党纲，明确了我们无产阶级政党是以解放全人类为己任，共产党员除了本阶级的利益，绝没有个人的享乐可图。在中华民族生死存亡的紧要关头，共产党员应时刻牢记“先天下之忧而忧，后天下之乐而乐”，必须站在斗争的最前列，带领群众同日本帝国主义作殊死斗争，任何动摇、怯懦和追求安逸的享乐主义思想都是错误的。

第三阶段是加强党性学习，回忆历史，提高阶级觉悟，增强党性观念。通过回忆自己的成长历程，使我认识到，我出身于一个贫苦的农民家庭，是在党的培养、教育下走上革命道路的。我们穷人，也只有在共产党的领导下，才能推翻地主、官僚统治阶级的剥削和压迫，求得翻身解放。通过对自己前段工作的总结、检查，使我认识到群众力量的伟大，明确了我们党的工作方法就是听取群众意见，集中群众智慧，依靠群众力量，从群众中来到群众中去，走群众路线的工作方法。在今后的工作中，我一定要摆正自己与群众的关系，加强与人民群众的联系。

整风学习的最后阶段，是进行总结和鉴定。正在这时，由于武乡县委书记麻贵书同志调地委工作，赵迪之同志接任县委书记，地委通知我提前结业回县委工作，准备迎击敌人的秋季“扫荡”。于是，我便提前结束整风学习，回到了县委驻地活庄编村小庄村，任县委副书记，具体负责县委的日常工作。

在这段时间，武乡县委主要抓了两件事：一是县委根据太行三分区、人民武装部整训指示，决定由县武委会牵头，在全县范围内广泛开展以提高干部、民兵军事素质为主的练武活动，加强对敌斗争，积极做好对伪军的争取工作，进一步缩小敌占区。二是县委在总结1942年以来的“双减”、反霸斗争运动的经验教训的基础上，在根据地内又深入开展了“双减”复查运动。根据县委分工，县委书记赵迪之负责领导“双减”复查运动，我则负责领导武委会军训工作，由武委会的赵志云、李尚春具体分管民兵、干部的训练。那时，769团、决九团驻在武乡东堡一带，他们在搞好自己部队的军事训练的同时，还热心帮助当地的民兵、干部搞实弹练习，把军事技术教给民兵，并响亮地提出了“军民团结，互学提高”的口号。时至隆冬，寒风凛冽，一队队战士、民兵在操场上操练，雄壮威武，杀声震天。部队官兵手把手地教，当地民兵认真地学，战士与民兵之间、民兵与民兵之间展开了练兵比武竞赛，出现了军民同练武的动人场面。通过近两个月的群众性练武活动，更加强了军民之间的团结，进一步密切了干部与群众之间、民兵与群众之间的关系，巩固、壮大了民兵队伍。

在抓军训工作的同时，我们还有计划地组织民兵配合突击队轮番出击，打击出来骚扰根据地的敌人，同时做伪军家属的工作。我们通过这些家属与不少伪军建立了联系，有的伪军为了给自己留条后路，也托人送信给我们，要求与我们建立关系。

一次，魏家窑村一个伪军家属送来一封信，说他当伪军的儿子愿意反正立功。于是，我带着六区武委会主任王占鳌去做这个伪军家属的工作。1945年3月15日，我俩去了魏家窑村一个药铺，这个药铺是我们的秘密联络点，我想找药铺的魏掌柜了解一下那伪军家属的情况，并让他把伪军家属找来谈谈。正当魏掌柜给我们谈情况时，该村的一名地下党员突然跑来报告：“敌人来了，已从北面进村了！”

我一听敌人进村了，就想赶快离开此地。魏掌柜拦住我俩，说：“你们现在不能走，敌人可能已到了高处，你们一出去就会被发现，还是到药房里躲躲吧！”

这时，外边放哨的人说，敌人已到药铺门口了。我看已来不及走了，只好躲进药房里。药房里放的都是中药材。不一会儿，一个伪军小队长带着两名日本兵走进了药铺。他们是从白家窑催交粮款，路过这里“打秋风”的。药铺魏掌柜好生招待他们，又是端茶又是送烟，可这几个家伙还是不满意，最后送给那伪军小队长2000元钱，搞了半个小时才把他们打发走。我和王占鳌正准备出来，这几个家伙又突然返回药铺。我心里一惊，暗想：一定是敌人发现了我们。当时我俩身上都带有短枪，如果敌人进来搜查，我们就干掉这几个狗日的！

等了一会儿，仍不见动静。原来是伪军小队长的草帽忘记拿了，他回来拿上草帽就走了。

见敌人走远了，魏掌柜才进药房，对我说：“好险哪！谢天谢地。你们赶快走吧，如果出了事，我就是跳进黄河也洗不清。”

这时，在外面放哨的那位同志进来说：“敌人已出村了，你们可以走了。”

从这次遇险可以看出，这个魏掌柜是可靠的。于是，我让他转告那位伪军家属，请他到小店村找我们再谈。说完，我们就离开魏家窑村回到了小店村。

为了争取伪军家属，瓦解伪军队伍，武乡县委研究制定了这几项措施：一是通过做好伪军家属的工作，对伪军不断进行分化、瓦解，送宣传品进去，对他们进行形势教育，如今年打败希特勒，明年打败小日本；当伪军没有好下场；等等。二是要他们为自己留条后路，随鬼子出来“扫荡”、抢粮时，自己不要做坏事，要尽可能地保护老百姓的利益；三是对已争取的伪军家属要进行保护；四是对屡教不改、死心塌地跟日本鬼子跑的“铁杆汉奸”坚决镇压，对其家属实行孤立、打击。

由于采取了这些措施，一段时间后取得了明显的效果。有不少伪军通过其家属带话给我们，愿意同共产党、八路军建立联系，为自己留后路。

我们在争取和瓦解伪军的工作中，花了很大劲争取“剿共军”第一师参谋主任张效翰反正。张效翰是武乡县王海峪村人，又名张保良，他的妻子是王镇中的妹妹。抗战初期，张效翰参加过决死队，任一纵独立营营长，听说还曾加入过共产党。1939年“十二月政变”时，他在团长逼迫下，随队叛逃，投靠了阎锡山。后来又随赵瑞、段丙昌投靠日寇，任“剿共军”营长、团长直到师参谋主任。日军侵占段村后，他和赵瑞、段丙昌等领着“剿共军”第一师，追随日寇对我根据地进行疯狂“扫荡”，为敌效劳。他还亲自带伪军在南亭、曹村屠杀我干部、群众十多人，是个为当地群众痛恨的汉奸分子。蟠龙解放后，由于抗日战争形势不断好转，加上伪军不断有人逃跑、投降，县委经研究，决定做他的策反工作。

我和县长武光清把他妻子的哥哥王镇中叫到县委谈话，要王去做他妹夫张效翰的工作。开始王镇中不肯去，说：“他是叛徒加汉奸，是十足的反革命，我早就不和他来往了。”

我再三动员他，说这是瓦解伪军的工作，为了抗战的胜利，我们需要争取张效翰。武光清同志强调说：“这是党的工作需要，你必须去！”

王镇中这才接受了任务，到王海峪村说服他妹妹进段村做张效翰的工作。王的妹妹在段村住了几天后，张效翰让她给我们带回了6个字：“懂、待、机、照、应、泄。”表明愿意和我们建立联系。4月，我们派前方指挥部的干部与张接过一次头，我们向他提了三点要求：第一，要他不要做损害老百姓的事，尽可能保护群众利益；第二，我们派些人进去，协助他做些策反工作；第三，日军有重大行动时，如“扫荡”、抢粮等，送情报给我们。张效翰表示愿意为抗日做点工作。后来我军解放段村时，张效翰率部起义，为解放段村做了贡献。

我们开展的这次强大的政治宣传攻势，对瓦解伪军、打击敌人的嚣张气焰起了很大的作用。

1945年5月底，赵迪之同志工作调动，地委决定由我任武乡县委书记。同年6月中旬，武乡县召开了首届参议会。武光清县长在会上致了开幕词，我代表中共武乡县委作了政治报告。我在报告中说："这次参议会是代表全县各界参政的议会，议员中，共产党员占三分之一，工人、农民、知识分子占三分之一，教育界、工商界等民主人士占三分之一。所以，我们这次参议会真正体现了'三三制'的精神。"我讲到这里，全场顿时掌声雷动。

大会发言时，大家都争先恐后，十分踊跃。特别是劳动模范李马保、王海成，纺织能手王春花，教育界代表李家树、安文兰等的发言赢得了阵阵掌声。一些工商界、学术界等社会团体、组织也派代表在会上发了言，向大会表示热烈祝贺。这次大会主要通过了关于《贯彻减租减息方针，发动群众，发展生产，团结抗战，争取抗战最后胜利》的决议。在大会结束时，代表们一致提议，以大会名义电慰八路军和新四军全体指战员。最后，大会在高呼"团结抗战！争取最后胜利！"的口号声中胜利闭幕。

8月12日，武乡县又召开了有60多位参议员参加的座谈会，我正在主持会议时，忽然接到通知，让我去地委参加会议。我让武光清同志主持座谈会，自己则赶到地委开会，这次地委会议，主要是传达晋冀鲁豫军区关于认清当前形势，准备对敌人举行反攻的指示精神。会议还未开完，8月15日，我们就接到中央发来的电报：日本帝国主义已宣布投降了！面对这一新的情况，地委书记王一伦马上作了大会总结，并指示我们回去后，要随时作好受降的准备。

会议一结束，我就连夜赶回县里。当我走到三角坡村时，只见那里的群众已在开始敲锣打鼓庆祝胜利了。村干部见到我，便拉着我给他们讲话。因我要急着赶回县里布置工作，所以我没答应。我一回到县委，县里正在召开庆祝抗战胜利的座谈会。会上宣读了给陕甘宁边区和毛主席发的贺电。我们还选举了刘亚雄、杜青史为出席解放区人民代表大会的代表。座谈会一结束，我马上又召开了县委紧急会议，经分析当前的形势，决定立即派侦察员前去了解段村和沁县敌军的动向，同时成立武乡县支前指挥部，组织民兵自卫队，动员全县干部和群众，准备随时开赴前线，配合主力部队到沁县、段村受降，收复失地。

这时，我们又接到上级指示，要求为主力部队769团和14团补充兵源。县委迅速向各区、村布置任务，并派干部分头下到各区帮助开展工作。我连夜赶到一区、二区，召开会议，动员党、团员带头参军，并提出了“谁种桃树谁吃桃，抗战胜利果实全靠我们自己保”的口号，在全县很快掀起了参军热潮。在这次参军热潮中涌现出了许多可歌可泣的动人事迹，出现了父送子、妻送郎、兄弟双双上战场的感人场面。关家垴村民兵杀敌英雄关二如，带领100多民兵集体参加八路军；监漳村的暴莲子带头送两个女儿参了军；朱家山的一个村子一次就有14人报名。仅十多天的时间，全县报名参军的就达820人，为769团补充新战士540人，为14团补充280人，胜利完成了上级交给我们县的任务。

8月18日，县委接到上级通知，说太行军区李达司令员和三分区司令员鲁瑞林要来漆树坡村，要我和县长武光清赶去接受任务。我当时正在龙湍村组织干部集训，当即我将集训的事交给王玉轩同志负责，便和武光清一道赶到了漆树坡村。李司令员对我们俩说：“敌人拒绝向我们投降，我军决定攻打沁县县城，请你们动员地方的干部搞好部队的后勤工作。”我们立即通知七、八两区和沁东区，组织民兵准备参战，并组织了一支担架队迅速赶往沁县，还在七区禄村设立了战时医院。这些工作准备就绪后，我们俩跟李、鲁两位司令员到了沁县北部的檀山。

此时，我军已将沁县县城包围了，两位司令员召开了战地会议，参战的6个团的团长、政委都参加了会议。李司令员面对地图，将参战的部队分为两个梯队：决九团、13团、14团为第一梯队，主攻县城；769团、决三十一团、警卫团为第二梯队，阻击敌人的援兵。

8月20日拂晓，战斗正式打响。到太阳出山时，我14团副团长吕世英带领一营已突破了敌人的防线，将城墙炸开了一个缺口，攻入城内俘获了两名伪军。突然，一股日军从东门向我军反扑，情况十分危急。李司令员立即命令炮兵开炮。在我军炮火的打击下，日军逃回了城里。这时，14 团的吕副团长带着攻城部队撤了下来。我军从俘获的伪军口中得知，前天日军从长治撤回一个联队，正驻在沁县城内，经我军侦察，这一情况已被证实。如果我军强攻，势必造成重大伤亡。因此，李司令员当机立断，停止围攻沁县县城的战斗，转为攻打段村之敌。部队沿着沁（县）武（乡）公路向武乡方向转移，我也随着李达司令员一同前往。

当天晚上，我们到达段村南部并住了下来。李、鲁两位司令员连夜召集部队指挥员开会，分析敌情，了解敌军驻防情况。李司令员决定：31 团、769 团和决九团分别从西、北、东三个方向进攻段村，13 团驻守沁武公路的长街，14 团驻守松村准备阻击从沁县、南沟两据点的敌人援兵，武乡、武西两个民兵独立营配合主力部队作战，武乡一、四区民兵配合部队围困松村一带的敌人，武西民兵埋伏在段村周围，配合部队阻击白晋线来的敌军。敌人占据段村长达 5 年之久，在城的四周修筑了坚固的防卫设施，城墙高 7 米，墙上有射击孔，围墙四角还筑有碉堡，墙外有 6 米宽的壕沟，城郊北面的王家垴、东村山上都有据点，各有一个连驻守，城内主要街道都修有工事，东北角有日军驻守，房顶上都有碉堡，有“剿共军”第一师驻防伪县公署，还有伪警备队，共约 2000 人。在千佛塔上还有一个重机枪连，控制着全城。敌人以坚固的工事与我军顽抗，拒不投降。

8 月 25 日，在李、鲁两位司令员的亲自指挥下，我军对段村之敌发起猛攻。决九团集中火力攻打东村碉堡，并向伪军发起宣传攻势，敌警备队一个连缴械投降。31 团、769 团一个营分别向王家垴、北山据点发起攻击，31 团炸毁了敌碉堡，守敌一个排全部被歼。14 团攻击城东门据点，由于敌人在千佛塔上的重机枪猛烈扫射，我军伤亡很大，攻击未获成功。李司令员随即命令 14 团停止攻击，当即召集 14 团、31 团领导重新部署战斗，我和武光清同志也参加了。会上有同志提出，必须搞掉千佛塔上的敌重机枪火力点，否则攻城将十分困难。但千佛塔为段村一大风景点，也是国家文物，不能用炮轰，只能设法避开敌重机枪的威胁。会议最后决定：从城郊庄稼地里挖一地道，一直挖到城墙下，再用炸药包把城墙炸开，深入塔底，点燃稻草，把敌人从千佛塔上熏下来，以此搞掉敌人的机枪火力点。被毁坏的庄稼，待战斗结束后再赔偿。作战会议一结束，我就和武光清找区干部计算毁坏的庄稼地应赔多少粮食，鲁司令员指挥部队连夜在城郊高粱地里挖地道。

26 日拂晓，沁县日军一个中队外加不到 1000 人的伪军，沿沁武公路来增援段村之敌，遭到我打援的 13 团、决九团猛烈阻击，敌人很快退回到沁县。这时，攻城的部队已将地道挖到了城墙下，并埋上了炸药包。随着“轰”的一声巨响，城墙被炸开了一个大缺口。李司令员发出攻城的命令，我 769 团、决九团立即从这个缺口冲了进去。我一营指战员攻入城内到达千佛塔下，点燃柴火，端掉了敌人的机枪火力点，打死、俘虏敌军一个连。三营长带领全营战士冲向城头，占领了敌人的据点。31 团也攻下了设在城南的敌人碉堡，后又沿街冲向城内，占领了敌人的“维持会”，打掉了敌伪军“指挥部”。我军两个营扫清了城头敌人之后，全部转入巷战。769 团 2 营攻占了王家垴据点后，从西面突入与决九团会合，之后又与“剿共军”激战，连续打退了敌人数次反扑。匪首段丙昌带领残部逃向西北方，另一部分伪军被我军死死压在宝塔的东面，完全失去了抵抗力。当夜，匪首段丙昌带残部 100 多名伪军和“维持会”的头目，从城西北角地道里逃跑了。我军发现了地道口，马上进行拦截。在我军全力围攻下，几百名伪军被迫交枪投降。到了 27 日上午，只剩下少数日军在一座碉堡里拼死顽抗，我军工兵班将这座碉堡炸毁，全歼了这股敌人，段村终于获得了解放。

这一仗，我军歼灭日军一个小队、“剿共军”1100 多人、伪警备队全部。段村的解放，是日本投降后我太行军区收复的第一座县城，也是我军由游击战向阵地战转变的开端。它极大地鼓舞了根据地的人民群众，锻炼了部队，为以后上党战役的胜利奠定了基础。段村战役得到了根据地群众的大力支持，当得知攻打段村时，不少村干部和群众自发组织起来，送粮送饭。史家垴村16名妇女两天时间磨面几百斤，送给作战部队。攻城开始后，段村周围30里以内的妇女干部带领当地妇女冒着敌人的炮火，往段村前线送饭。

9月5日，武乡和武西两县群众万余人在段村召开大会，热烈庆祝段村解放。在庆祝会上，武乡县政府对一批罪大恶极的汉奸分子判处了死刑，公祭了在抗日战争和解放段村战役中牺牲的死难烈士，并动员广大群众参军参战，解放武乡全境。

武乡军民在太行边区党委和行署的正确领导下，经过八年的浴血奋战，终于迎来了抗日战争的最后胜利。

保卫抗战胜利果实

姜　一

日本鬼子一投降，阎锡山就奉蒋介石之命，从晋南调集大军攻占我上党地区，企图抢夺共产党、八路军在此坚持八年抗战得来的胜利果实。根据党中央的指示，我晋冀鲁豫军区司令员刘伯承、政委邓小平在襄垣县召开紧急会议，部署反击，命令太行、太岳、冀南各部队向国民党军队展开自卫反击战。1945年8月中旬，上党战役正式拉开了序幕。

上党战役开始后，上级通知武乡县委，让我们立即组织人力、物力支援上党战役。我马上召开了县委会议，布置参战任务。会议决定以县支前指挥部的名义，动员全县民众，组织民兵，由县武委会干部带队，开赴上党前线，配合我正规部队与阎锡山军作战。上党战役期间，正是秋收季节，我们一面组织民兵参战，一面带领群众在后方开展生产互助，使参战人员情绪高涨，无牵无挂，安心上前线。民兵英雄王来法率领李峪垴村的民兵，日夜兼程，到大桥沟执行警戒任务。他们接到情报，说有阎锡山的残余部队100多人向大桥沟方向窜来，便在白晋公路上埋上地雷。当敌人闯入地雷区后，即被炸死炸伤50多人，除少部分跑掉外，其余的都当了俘虏。胡峦岭村带着民兵一个班在老爷山和磨盘垴激战，俘敌8人，缴获机枪1挺。武乡县民兵在随军作战中，先后多次参战，受到前线指挥员的表扬。上党战役是我解放区军民在抗战胜利后第一次向国民党军队展开的大规模自卫反击战，打退了敌人对我解放区的军事进攻，巩固了解放区，保卫了我们的抗战胜利果实，以实际行动有力地配合了毛主席在重庆与国民党蒋介石的谈判。

10月28日，根据晋冀鲁豫区党委和边区政府的指示，武乡县和武西县合并为新的武乡县，我任县委书记，李务滋任副书记，王贵生任组织部部长，王大明任副部长，李树田任宣传部部长，赵廷梁任副部长，县长是武光清，副县长李玉田，秘书王玉轩，武委会主任李尚春，合作社主任姚茂堂。抗日战争胜利后，随着武乡行政区划的变更和对敌斗争的需要，县委遵照上级党委和军分区的指示，于10月底将原武乡、武西两个独立营合并整编，正式组建了武乡独立团，冉光华任团长，李文清任政委。武乡独立团的成立，标志着武乡县的地方武装从组织领导到指挥作战方面完成了由游击战向运动战的转变。

10月10日，国共两党在重庆签署了“会谈纪要”（即双十协定）。然而，阎锡山却拒不执行停战命令。为了劫取抗战胜利果实，阎锡山把国民党武乡县党部从孝义迁回南沟，使该地又成为反动派的活动中心。南沟附近的故城、邵渠、茅庄、山交沟、信义等村镇，都是刚解放的新区，由于日、伪军在这些地区长期统治，旧的封建势力和汉奸、恶霸、反动地主的气焰十分嚣张。同时，盘踞在南沟的阎军也频繁对我新区进行骚扰，抢粮抓丁，捕杀我党员、干部，残害无辜群众，并与当地汉奸恶棍相勾结，妄图卷土重来，复辟国民党的反动统治。

为了打击敌人的嚣张气焰，武乡县委决定，调集县独立团和区游击队，在军区主力部队的援助下，围歼盘踞在南沟、沁县一带的敌人，保卫解放区。同年10月底，侦察员送来情报，说驻南沟的敌人又出来抢粮食。冉光华迅速率领独立团兵分两路，与敌人展开激战。战至天黑，除少数敌军向沁县方向逃跑外，其余全被我军击毙或俘虏，并缴获敌马车12辆、步枪100余支。群众无不拍手称快，把我们这个团称为“老虎团”。

11月6日，我们接到内线情报：“沁县城之敌200余人，定于9日对长街一带进行偷袭。即速告之。”独立团为了迷惑敌人，于7日拂晓向西转移，夜晚又突然返回，隐蔽在距长街5千米处的松树庄一带。9日凌晨，沁县伪省防军（即抗战时期段丙昌的伪“剿共军”，战后逃到沁县城为阎锡山收编）特务营约200人向长街扑了过来，当敌人闯入我伏击圈时，立即遭到我军的猛烈攻击，顿时阵营大乱，死伤60多人，敌特务营长也被击毙，其余的敌军纷纷缴械投降。这一仗我军俘敌60多人，缴获机枪1挺，步枪、手枪共120余支，还有一部分军用物资。

11月中旬，地委通知我去开会，主要议题是加强新解放区的工作，进一步发动群众，坚持对敌斗争等问题。回来后，我及时传达了地委会议精神。针对新区尖锐、复杂的斗争形势，县委认为：新区工作必须从解决群众迫切要求入手，广泛发动群众，开展反奸清霸斗争，保护人民群众利益。县委分工是我到故城，其他同志到山交沟、信义、高台寺等边沿村庄。我们首先从救济困难户入手，然后通过宣传党的政策，开展诉苦活动，从中培养积极分子，进而发动广大群众，积极参加反奸清霸斗争。在故城镇，我们召开了反奸清霸的群众诉苦大会，广大群众纷纷起来，控诉、揭发汉奸恶霸的反动罪行。通过群众诉苦和控诉阎锡山破坏停战协定等罪行，大大提高了广大群众的阶级觉悟。在群众初步发动起来的基础上，我们及时将运动由反奸除霸引向组织清债，并帮助贫苦农民从地主恶霸手里夺回了失去的土地、耕牛、农具、粮食、衣物等生产资料和生活资料。通过这一系列的斗争，农民在经济上有所改善，在政治思想上有所提高，他们决心跟共产党走，与国民党反动派作斗争。

为了对付南沟的阎锡山军对我解放区的袭扰，我们根据边沿区对敌斗争的特点，实行军民联防作战的办法，以县独立团和区游击队为骨干，加强各村民兵组织建设，做到主力部队与地方武装密切配合，村与村相互支援，一方受敌八方出击，从而形成了坚强的战斗堡垒。故城、邵渠和茅庄等村的民兵工作开展得比较活跃，他们组成了联防连，由茅庄武委会主任任连长，经常活动于南沟一带的边沿线上，配合主力部队，多次打击阎锡山军队对我解放区的袭扰。

1946 年 1 月 13 日午夜，国共两党签订的“停战协议”正式生效。我六纵 16 旅进驻故城镇，该旅 48 团驻信义村。1 月中旬，我 48 团团长、政委和武乡县七区区长张国士、武工队长白德元等，在河底村与国民党武乡县党部书记姚志远进行隔河对话。我方向他们提出了三项条件：（一）双方要严格遵守停战协定，保证不先打第一枪；（二）停战后不准出来骚扰村庄；（三）驻原地待命，不准轻举妄动、破坏群众生产、侵犯群众利益。当天上午，我 16 旅 48 团全副武装到五峪坪、河底村向南沟之敌示威一次。可是，没过几天，当我 16 旅奉命调离后，驻南沟的阎锡山军队就悍然破坏停战协定，向我方打响了第一枪，并冲出南沟车站，窜至五峪坪、信义等地抢粮、袭击我独立团和游击队。我独立团奋起反击，将敌人打得狼狈不堪，逃回据点。

同年 2 月，阎锡山秘密调动 8 个师 2 万多人，纠集当时盘踞在白晋线上的日军第十四旅团（部分被收编的日军），在赵承绥的指挥下，向驻守在白晋线上的我军发动大规模进攻，妄图打通白晋线，再次侵占我晋南解放区。对于国民党破坏停战协定的行径，我党本着“有理、有利、有节”的原则，给敌人以坚决还击。3 月 2 日，武乡县政府、县参议会、县武委会和各群众团体，联名向北平军调部控诉段丙昌的罪行，强烈要求归还我被侵占的白晋地区。为了痛击阎锡山军队的南犯，我军于 1946 年 3 月日 11 至 23 日发起了白晋战役。参加战役的有晋冀鲁豫军区第六纵队、太行部队和太岳部队，我武乡县独立团也参加了战斗。我军在人烟稀少、后勤供应困难和风霜雨雪的恶劣条件下，与装备精良的国民党军队展开激战。经过半个月的战斗，歼灭敌军 4000 多人，截断了白晋线，迫使阎锡山军接受停战。

在此次战役中，武乡县委组织全县人民踊跃支前，动员一切人力、物力参战。战役开始之前，为了架通关河桥，接通白晋战役的运输线，在县委领导下，支前民工不顾天寒水冷，解衣涉水打桩架桥，并从白晋铁路线上拆回铁轨、枕木，昼夜架桥。我与县长武光清、县委副书记李务滋、副县长李玉田等人，都到现场指挥施工，并参加劳动。在全体民工们的努力下，终于修成了一座铁轨枕木结构的 54 丈长的大铁桥，从而保证了武乡东部地区粮食、弹药等一切支前物资及时运往前线。在整个白晋战役中，武乡民兵分为三个支队：一支队保卫兵站；二支队运送弹药、抬担架；三支队配合主力部队作战。当时太行部队在武乡县义门村设有前方兵站，在山交沟设有后方医院。我们组织全县人民把军粮、弹药送到义门村兵站，把伤员送往山交沟医院，并动员妇女组成看护组，沿途慰劳部队——烧开水、煮饭、救护伤病员。武乡县在这次战役中，共运送军粮 40 余万斤，出动参战民兵 1440 多名、民工 6000 余人，协同部队破坏铁路、割断电线 120 华里，使阎锡山军交通阻塞、通信中断，为保证白晋战役的胜利，保卫我太行、太岳解放区起了重要作用。

1946 年 6 月初，我与县长武光清到晋冀鲁豫区党校参加学习，主要是学习中央“二一指示”。就在我们学习期间，武乡县发生了“青修惨案”。6

月 8 日，晋绥察国际善后救济总署检查官安定远等，由沁县来武乡解放区商谈救济物资运输事宜。国民党特务李庆一以阎锡山联络代表的身份陪同前来，趁机进行侦察和间谍活动。我前方指挥部和区委负责人按分区指示，以礼相待，对特务李庆一暗中侦察我军情况毫无警惕。在李庆一返回沁县的第二天，也就是 6 月 18 日凌晨 4 时，阎锡山部段丙昌率千余人从沁县出发，兵分两路包围了我第八区的几十个村庄，逮捕我解放区村干部 29 人、民兵 118 人、群众 110 人，抢劫步枪 150 余支和大量的粮食、财物、牲畜等，制造了“青修惨案”。蒋匪军惨无人道地将我被捕的干部群众刀刺枪打、挖眼睛、割舌头、剖肚肠、狼狗咬、砍人头等，手段极其残忍。在这次惨案中，共牺牲村干部 20 人，民兵 6 人，群众 1 人。专署驻八区工作队的史占标同志及政治部工作人员亦都壮烈牺牲。

同月 26 日拂晓，在段丙昌的指挥下，南沟伪警备大队的冯子明带一伙伪军出城围剿我故城联防民兵，伪营长孟廷甫带领一个营的兵力外加机枪连，另从沁县固义向故城方向进犯，两股敌人加起来近千人，将故城驻邵渠村的干部、民兵包围。我干部、民兵浴血奋战，终因寡不敌众，全部被俘。该镇武委会主任程宏亮、妇联主任李馥兰和民兵共 5 人被敌人抓到南沟杀害，并抢走枪支 12 支、牲畜 20 多头。这就是“邵渠事件”。

国民党蒋匪制造的这两次惨案，激起了我武乡人民和太行区军民的极大愤慨，我们决心为死难烈士们报仇，给敌人以坚决回击。7 月，区党委已接到中共中央的电报，内容是国民党蒋介石首先破坏停战协定，挑起了内战，已向我解放区大举进攻。区党委要我们在党校学习的干部就此结束学习，马上回到工作岗位，准备对付国民党挑起的内战。我和武光清同志回到县里后，立即动员干部准备自卫，反击敌人。

7 月 20 日，武乡县委在蟠龙镇召开了有 8000 多人参加的追悼“六一八”死难烈士和反内战动员大会，太行区党委、太行军区、太行行署、武委会及各地群众均献了花圈、挽联。我在会上讲了话，愤怒声讨段丙昌的罪行：侵占我段村、蟠龙；多次袭击我军，制造“青修惨案”“邵渠事件”；残杀我干部、民兵和群众，烧毁房屋，毁坏耕地，抢杀牲畜，掠夺财物；等等。然后，我们为在惨案中牺牲的死难烈士举行了追悼和公祭。民兵们举枪宣誓：一定要化悲痛为力量，誓死向段丙昌匪军讨还血债。会后，我们在《新华日报》上发表了题为《愤怒声讨敌伪十大罪状，召唤太行军民奋力自卫反击》的文章。在我解放区军民的奋力反击下，盘踞在南沟的段丙昌匪军终于在7月24日全部逃窜。我军奋勇追击，到8月，分水岭和南关等地的国民党军队也全部逃窜。至此，武乡全境获得解放。

附：在故乡的早期革命活动

苦难的少年时代

1919年1月，我出生于山西省武乡县李峪垴村一个贫苦的农民家庭里，父亲按字辈为我取名叫姜书祯。我家祖祖辈辈以务农为生。生母早亡，由继母理家。我童年时代，在本村上了三年小学。石科村崇新寺学校里有位老先生在教书，我们村有两户人家的孩子都在那里读书。父亲看我读书心切，想让我长大后有点出息，也把我送到这所学校里上学。读了一年后，我就考取了县高小。

那时，我家里十分贫寒，土地不多，又有外债，打下的粮食还要卖一部分还债。我放假回家过年时，地主上门来逼债，父亲外出躲债不敢回家。除夕的晚上，我们全家人都伤心落泪。这使我的思想受到了很大震动。刚过完年，地主又来逼债，逼得我父亲实在没办法，只好把3亩好地卖了抵债。我看家境实在困难，确实无钱供我读书，只好中途退学了。打这儿以后，我感到这世上贫富差别太大，穷人受欺压，在我幼小的心灵里就深深地埋下了仇恨旧社会、仇恨地主老财的种子。

外祖母见我中途退学实在可惜，就让我到她那里去读书。外祖母家在姚庄村，那里有所学校。父亲一边流泪，一边对我说："孩子，你就去姥姥那里读书吧。你一定要学成一个有用的人，长大后不再受人欺负。"

我怀着沉重的心情，默默地记住了父亲的话，心里暗暗发誓：一定要好好读书，成为一个有用的人，让全家人也能过上好日子。

在姚庄学校里，我和张桂森、张超在一起读了一个季度书，后因父亲身体不好，家里没人种地，我只好又辍学回家务农。

当时，因山西军阀阎锡山银行倒闭，晋钞作废，地主豪绅趁机掠夺农民，债主逼债，搞得山西民不聊生，大批农民破产。在这种情况下，武乡县的地下党组织秘密组织起了"抗债团"，以"桃园结义""拳房学武"为名，以抗债、抗粮、抗租、抗税、抗丁等"五抗"为内容，发动农民群众，与地主老财展开斗争。1933 年冬，共产党员魏名扬来我村教拳，宣传地主老财不劳动，却有权有势，靠收租放高利贷剥削、压迫穷人，共产党领导穷人抗租抗债，反对剥削，是穷人的救星等革命思想，并在村里组织"抗债团"与地主老财作斗争。跟他学拳的徒弟李宏胜、姜天明等人参加了"抗债团"，后来我父亲也跟着参加了，并把"抗债团"的宣传品带回家。我看了"抗债团"的宣传材料，觉得上面讲的话很有道理，也很合我的心意，于是就去问魏名扬："抗债团在哪里？我也要参加！"

魏见我态度坚决，便告诉了我，并再三嘱咐我一定要保密。后来，经魏名扬介绍，我也参加了"抗债团"。因我当时年龄很小，只有 15 岁，不易被人注意，魏名扬就叫我以走亲戚为名跑交通，到各村送信。1934 年春夏，我先后送过好几次宣传品。

1935 年春节，在太原国民师范读书的我村青年姜仰峤回家过年，他向我介绍了苏联十月革命的情况，说那里是共产党领导无产阶级掌握政权，穷人翻身作了主人。我们现在是国民党统治着，国民党代表地主、资产阶级的利益，压迫剥削穷人。他还对我说："光有抗债团还不行，必须在共产党的领导下进行无产阶级革命，走苏联十月革命的道路，中国才有希望。"并启发我跟着共产党干革命。这给我影响很大。从这以后，我开始知道了苏联十月革命和共产党。

这年的农历九月，魏名扬找我谈话，姜仰峤从学校回家后，也找我谈话，讲的都是革命道理。不久，由魏名扬介绍，我正式加入了中国共产党。直到这时我才知道，魏名扬、姜仰峤都是共产党员，姜是在太原国民师范读书时，由段若宗介绍入党的。段若宗是太原国民师范学生运动的领导人之一、武乡早期革命活动者，1936 年 4 月在太原被国民党杀害。

参加武乡地下党的斗争

1935 年，红军长征到达陕北后，准备东渡黄河，进入山西。阎锡山对此十分恐慌，深感"晋陕毗连，陕北红军之活跃，实威胁山西之安全"。为了巩固其在山西的反动统治，阎锡山一面派兵过黄河进剿红军，一面将全省划分为 12 个防共保卫区，在保卫区内加强各县的村政权建设，并要各村选举村长和副村长。

针对这种情况，武乡地下党东区支部（当时武乡县委把全县划分为东、中、西三个党的活动区，东区以窑头为中心，由赵瑞璧、程登瀛负责）指示我们，要想尽一切办法把村政权掌握在我们的手里，与敌人展开合法斗争，掩护党的活动，以内外两手来对付国民党反动派的突然袭击。我的家乡李峪垴属型村编村管辖（当时全县共划分为 5 个行政区、48 个编村，型村编村辖 16 个自然村），村长是峪口村的王水林（国民党员）。党支部经研究，决定推荐思想进步、有正义感的姜永昌（姜仰峤的父亲）当村长，并要求党员到各村开展活动，造舆论，拉选票。支部安排我和姜天明在李峪垴和龙湍村活动，找熟人拉选票。经过地下党的积极努力，终于击败了国民党的候选人王水林，姜永昌当选为村长。这是我们地下党组织的一次成功的活动，也是我们村的共产党与国民党在争取群众方面所取得的第一次胜利。

这年的冬天，阎锡山为了防共、限共，又在全省范围内组织起“防共保卫团”，把“好人团”改为“公道团”。还强迫农民出钱，在县城组建“防共保卫团”，村村成立联防队，以此对革命力量实行武力镇压。形势逐渐变得紧张起来。在这种情况下，党组织采取断然措施，烧毁了所有文件，隔断横的联系，实行单线联系、单线领导，并对党员进行气节教育，活动更加秘密了。当时，我只能和我的入党介绍人魏名扬联系，在支部里我只接受组长姜天明的领导。

东区地下党支部领导人程登瀛给魏名扬送来了指示信，信中指出：“党员要注意隐蔽，保存革命实力，要选派一些机智勇敢的党员打入敌人的‘防共团’‘公道团’，这样能及时探听到敌人的消息和行动，掌握敌人的武装，保护党和群众的利益。”那时阎锡山的“防共团”是富人当兵穷人出钱，家里有50亩地者才能加入，但富人子弟不愿当兵，就雇人顶替。“公道团”则是从自耕农以上的家庭中挑选16岁至38岁的男子组成。根据东区支部的指示，魏名扬等人便利用这个机会，通过村长姜永昌的活动让魏名扬、李宏胜、赵恩全、牛得堂等人顶替富人当兵，打入了峪口段“防共团”，同时安排我和李祥孩打入了“公道团”。

不久，国民党武乡县政府派来了一名政治工作员，叫来克安，是姜仰峤的同学。他思想比较进步，后于1938年参加了共产党，南下后在湖南省工作，新中国成立后曾任湖南省航运局副局长。来克安来后就住在姜仰峤家里。组织“公道团”时，由村长姜永昌召集全村16岁至38岁的男子开会，由来克安点名挑选，在全编村共挑了120人，其中有我和李祥孩。被选入“公道团”的人，集训一个星期，每人发一本防共手册，向团员灌输“公道团”的主张，即“拥护好官好绅好人，反对坏官坏绅坏人”。推选我为村“公道团”团长，郝本源为副团长，李祥孩、李永昌、王垠旺3人为干事，我们这5人组成村团部，归区团长王捷书领导。村“公道团”的主要任务是：组织十家联保，督促站岗放哨，查访嫌疑人。

峪口村是“抗债团”活动的中心，被国民党政府视为“赤嫌村”。“防共团”成立后就派了一个16人的小队驻在峪口村，因小队里有我地下党员赵恩全、李宏胜，所以我们能不断得到消息。有一天，魏名扬带信说，“防共团”对党员王马孩有怀疑，让他提高警惕。果然没过多久，“防共团”就对王马孩家进行了搜查，由于事先作了准备，他们抄家时没发现任何可疑的东西。可是“防共团”认为王马孩有嫌疑，要把他带走审问。后经村长出面，并写了具保，才没把他带走。

后来，国民党武乡县政府借故把姜永昌的村长给撤了，另换成魏磨锁为村长。这个国民党村长一上任，就为“防共团”大造声势，说这个村有可疑分子，说那个村有问题，使村民们对他十分反感。有些村民反映，魏磨锁买了骡子，有贪污行为。地下党认为这是搞掉这个国民党村长的极好机会，决定发动群众检举、揭发魏磨锁的贪污行为，把他搞倒搞臭。于是，由王马孩、魏名扬、姜仰峤拟出行动计划：首先由村“公道团”根据村民们的举报，核实其贪污行为的事实，然后由我在村团部召集团员们开会，整理魏的材料，写出检举报告。报告写出后，我和副团长郝本源一道上县团部报告。武乡县“公道团”副团长谢联芳接见了我们，此人思想比较进步，他看了我们写的检举材料后，连声说一定要查办，并带我们到国民党县政府作了汇报。

几天之后，县里派区“公道团”团长王捷书下来调查。因这帮家伙都是国民党的人，官官相卫，县里对魏磨锁的贪污行为不但不处理，反而说我人小年幼，办事不稳，应予以撤换。结果，我被撤了村“公道团”团长的职务，郝本源的副团长职务未动。我怕出什么意外，就跑到姜仰峤那里躲避，他当时在义务学校里任教。我在他那里住了几天后才回家。

没过多久，我记得是1936年开春的一天夜里，王承尧突然来我家，他告诉我：武乡县党组织遭到破坏，县委书记赵瑞璧被捕。为了安全，他要我三天之内离家，到外面躲避一阵子。

第二天吃完早饭，我就借口走亲戚离开了家。先在我姑妈家住了一天，后又到犁坪我表姐夫袁长春家。我想老住在表姐夫家也不是个办法，最好离开武乡县躲一躲。于是，我和表姐夫袁长春商量，想到外面找个事做，他同意了。我偷偷回家把外出做事的想法对父亲说了，父亲也想不出别的办法，只好同意了，并给了我500块铜钱。我和袁长春一道跑到太原，因找不到工作，就替人打短工，干些又苦又累的杂工活，工钱却很少，难以糊口。当时，由于红军已东渡黄河进入山西，太原形势更紧张了，我俩也不敢与家里联系，生活十分艰难。为了生计，袁长春找了他的一位亲戚杜青史，杜把我俩介绍给西北实业公司炼钢厂（即现在的太原钢铁厂）修理部的吴廷杰，经吴的帮忙，我俩改名换姓，考入该厂当了学徒工，每人每月有3块钱，除了吃住外，还可剩1块多钱。

到了这年的8月，红军已经回师陕北，太原的局势稍有好转。赵瑞璧被押到太原审讯，终因证据不足，加上地下党组织通过上层关系做工作，赵被保释回家。这时，魏名扬知道我在太原西北实业公司炼钢厂做工，就写信要我回去。9月，我从太原回到武乡，恢复了党组织关系。当时，我们村已有7名党员，正式建立了党支部，并选我担任党支部书记。

由于日本帝国主义向华北逼进，中国共产党提出的“抗日民族统一战线”的政策深入人心，群众性的抗日民族解放运动迅速掀起高潮，山西的形势发生了根本变化，阎锡山不敢再公开反共，但党的活动仍处在秘密状态。同年12月，爆发了震惊中外的“西安事变”，国共合作的抗日民族统一战线初步形成。我们在上级党组织的领导下，带领党员投入到了伟大的抗日民族解放运动之中。

投入武乡抗日救亡运动

1937年7月7日的“卢沟桥事变”，震惊了全国人民，中华民族处于紧急关头。这时，上级党组织向我们传达了《中国共产党抗日救国十大纲领》和《八一宣言》，我们开始了有组织的宣传抗日活动。我小时候的同学杜炘、石汝麟等同志从太原回到武乡，在大有镇召开群众大会，宣传抗日救国，并通知我和李宏胜去参加会议。听了他们在大会上的讲话，我心情十分激动，也很受鼓舞，就想出来参加抗日救亡工作。

9月18日，我参加了在武乡县城召开的纪念“九一八”大会。县“牺牲救国同盟会”特派员韩鸿宾（共产党员）在会上作了报告，号召全体民众踊跃参加“牺盟会”。大会结束后，经杜炘同志介绍，我填表参加了“牺盟会”组织。10月，县里又召开动员大会，国民党武乡县县长朱理、特派员韩鸿宾、县“公道团”团长张天乙、中共武乡县委书记王玉堂（他公开身份是县抗日武装自卫大队大队长）等到会，并先后在会上讲话，号召全民抗战，抗日救国，发展地方武装。会后，杜炘、魏名扬就在大有镇泰山庙成立了抗日游击队，魏名扬任大队长，杜炘任政委，这实际上是我们党在武乡建立的一支抗日武装。我和李宏胜回村动员了一批青年一同参加了游击队，其中有我的两个叔伯哥哥姜国祯、姜希祯（他后任40团副连长，1945年在横岭牺牲）。

参加游击队后不久，即11月，上级通知我去县委党员培训班参加培训。当时培训班办在窑头村，除了与我同组的赵天恩、王锦心外，其他的我都不认识。学习的内容有：中共抗日救国十大纲领、游击战争、党的建设、争取千百万群众进行抗日救国、统一战线政策，等等。因我去晚了，只听了晋东特委的杨树根、县委书记王玉堂在培训班上的讲话。学习结束后，县委让我回本村，动员党员参加抗日自卫队，争取当选武装干部，掌握抗日武装。

我回李峪垴村后，进驻武乡的国民军官教导团第五团（团长贾毓芝、政治主任梁膺庸）派到庙岭编村工作的干部赵天德、贾林庆找我接上了关系，我们组建起了村自卫队，每个星期天组织自卫队员到庙岭村公所操练一次。在组建村自卫队时，我们与村长赵琦（国民党反动分子）发生分歧，经多次斗争还是不能达成一致意见。后来，县牺盟会和县自卫大队派来李尚春同志，负责民主产生村队部。根据县里规定，村自卫队长由村长兼任，副队长由自卫队员民主产生。在选举会上，赵琦提名国民党骨干分子王用恩，而王道祥、王守玉、王茂功、姜天明等人一致提我为候选人。投票结果，我的票数最多，教五团的赵天德、贾林庆两人当场宣布我当选村队副。可赵琦却借口王用恩的文化程度比我高，年龄比我大，非要王当村队副。在场的大多数队员不同意，会场上争吵得十分厉害，许多队员还退出会场以示抗议。李尚春见状，当即说道："请大家不要走，今天是民主选举，我看就按民主选举的结果往上报，由县大队最后决定！"赵琦对此也无可奈何，只好改口："按选举票数的多少上报县里。"

后来县里集训村队副是通知我去的，这实际上是确认我为村队副。我们同国民党争夺抗日武装领导权的斗争，终于取得了胜利。

这年的12月，我参加了县自卫大队在县城文庙高小里举办的全县各村队副的集训，时间是两个星期。学习结束后，县委的同志找我谈话，说监漳编村的暴本堂同志身体不好，不能胜任工作，那里又是一个封建堡垒，没有一个党员，县委决定调我到监漳编村任村队副。县委还指示我：去后既要抓自卫队的训练工作，也要做好党的工作，注意了解各阶层的动态，培养积极分子，发展党员，建立党支部。县自卫大队给我开了介绍信，要我赶快走马上任。

我没回家就直接赶到了监漳编村，找村长杜子汉报到。他虽然是阎锡山的人，但还是很热情地接待了我，并表示愿意与我共同做好村自卫队的组训工作。在召开的自卫队分队长会议上，杜村长在会上对我的到来讲了一番"客套"话，又对自卫队的组建、训练工作做了布置和安排。会后，他对我说："我年纪轻，又是外村人，来这里工作感到很孤单。你来了我很高兴，我们一起合作，共同搞好这里的工作。”他还向我介绍了这里各阶层的情况。

春节过后，我到各村把自卫队的班、组建立起来，开始集训，每周训练2天。我在组织训练的同时，还找些队员座谈，了解情况，结识了一些成分好、思想进步的积极分子，就把他们作为党员发展对象进行重点培养。经过一段时间的谈话、培养和考察，我先后发展了任四孩、任思元、李茂志、李克俊、张存林、王三苟等7名党员，并成立了党支部，由我任党支部书记，任四孩为副书记。支委会研究，下一步的工作重点是继续物色、培养积极分子，发展党员，壮大党的组织。

不久，日军3万多人兵分9路向我晋东南地区发起全面进攻，我们支部成员带领村自卫队，动员群众坚壁清野，准备迎战敌人。1938年4月，日军侵入武乡，村长杜子汉借口回家逃走了，村民们纷纷逃难。当时只有副村长在村公所，我也没有作战经验，就和副村长找到任四孩、分队长李克俊，带着两个自卫队转移到花莲脚村。八路军总司令朱德、副总司令彭德怀指挥129师于4月16日在里庄、长乐一带与日军激战一天，歼灭日军一〇八师团2200多人，粉碎了敌人的9路围攻，大大鼓舞了人民群众的抗战信心，在群众中树立起了八路军是真正抗日救国的人民军队的形象。后来，区上通知要监漳编村组织自卫队送军粮、打扫战场、运送伤员。由于村长不在，我和副村长商量，决定由副村长带些民夫去送军粮，我和分队长带着自卫队到里庄参加打扫战场。我们一到里庄，看到敌人的尸体、死马遍地都是。分给我们的任务是抬送2名伤员，掩埋敌军的尸首。在打扫战场时，我从一个被打死的日军上尉身上搜到了一支钢笔，这也是我第一次见到钢笔。

5月，上级通知我到八路军工作团去汇报工作。那时的八路军工作团就是县委机关。我一进去，工作团团长、新任武乡县委书记陆清廉要我谈谈在监漳编村工作的情况。我向陆书记详细汇报了组训自卫队、发展党员，以及建立党支部的情况后，他又问了我各阶层的动态、贫雇农的生活状况、债农租佃情况等。最后，陆书记给了我一份《当前抗战动员的大好形势报告》，对我说："'牺牲救国同盟会'在山西影响很大，我们党要利用这一合法组织，广泛发动和组织群众，在其基础上发展、巩固、壮大党的组织。"他还说："因你已参加了牺盟会，所以组织上决定让你到牺盟会工作，到姚庄编村任协助员，由柴玉堂同志接替你在监漳编村的工作。"我表示服从组织分配。陆书记当即给大有区牺盟分会的魏效泉同志写了介绍信，要我回去把监漳编村的工作移交给柴玉堂同志，就去找魏效泉。

我在大有区牺盟分会找到了魏效泉（他后来任过县委组织部部长、襄垣县委书记，1947 年 10 月病逝），他看了陆书记写的介绍信后，就同我详细谈了姚庄编村的情况。村长叫李封，是阎锡山的人，他是当地封建势力的代表；村队副李清义，是共产党员，此人我认识。该编村的大活庄建有党支部，书记是王丙文，姚庄、陌峪等地还没有党支部。魏效泉同志和我谈完情况后，就陪我到姚庄编村与村长李封见了面，又与李清义同志接了头。不久，姚庄编村划归蟠龙区（即第四区）牺盟分会领导，大有区牺盟分会撤销，魏效泉同志回县里去了。四区区委书记是史玉林，他又是区牺盟分会的负责人，组织委员是赵悦祥。我与区委接上组织关系后，通过区委又与大活庄村党支部接通了关系。牺盟会协助员的工作职责，是协助村里做抗日宣传工作，在学校和青年知识分子中发展牺盟会员。我依靠大活庄党支部的同志，首先发展了一批青年牺盟会员，组成了村牺盟会，然后又以村牺盟会的名义深入发动群众，组织起了农民抗日救国会、青年救国联合会、妇女抗日救国会、手工业工人抗日救国会、蟠龙区纪念"七七"大会等抗日组织，并在这些组织的带头人中发展了一批党员。姚庄编村的工作逐渐打开了局面。

同年 8 月，晋东特委的杨树根同志带部队来到了姚庄编村的陌峪村驻扎，县委指示我们要安排好特委的住房，供应好粮食。一天，杨树根同志把我找去了解情况。听了我的工作汇报后，他很感兴趣，并指示我：要在群众中进一步开展抗日救亡的宣传活动，搞好调查研究；改变过去按土地多少摊派公粮的做法，实行有钱出钱、有力出力的合理负担政策，减租减息，改善农民群众的生活；要在群众斗争中发现和培养积极分子，在成分好、政治上可靠的积极分子中发展党员。

就在这时，县委、县政府又发来指示，征集公粮，要求对富户实行合理负担。我们在村公所召开会议，商议摊派公粮的事宜，各救国会的负责人都参加了会议。会上，多数人坚持按有粮出粮、有力出力的政策，实行合理负担，而个别村副却替地主老财说话，提出富户多出、一般户少出。村长李封也说公粮的负担面要大些，这实际上是让无粮户也要负担，因而引起了贫苦农民的不满。我和李清义同志找李封谈了一次也不解决问题，经过2天的激烈争论未有结果。大活庄党支部的同志提出要组织群众上区里请愿，要求实行有粮出粮、无粮不负担的征粮政策，撤掉不执行政策的村长李封的职务。我和农会的干部支持大活庄支部的意见并到各村发动群众到区上去请愿。经过几天的工作，我们动员了700多请愿的群众，由我和农会主席张林春带领，上区里请愿。当时四区区长是李尚春，他问明情况后，肯定了有粮出粮、无粮不负担的政策，并答应了请愿群众提出的撤换李封村长的要求，上报县政府。没过几天，县长下令撤掉了李封村长的职务。经群众民主选举，副村长、共产党员王镇中当上了村长。我们又在陌峪村发动群众，斗争了反动的村副韩晋卿。经过这次争取合理负担的斗争，我们进一步发动了群众，打倒了反动村长李封，圆满完成了上面下达的征集公粮的任务，并在斗争中发展了一批党员，成立了姚庄编村党总支，我任总支书记，农会主席张林春任副书记，村长王镇中、村队副李清义等为总支委员，形成了编村的领导核心。

这年的12月12日，我参加了县牺盟会在县城东门外河滩举行的以“拥蒋抗日”为主题的全县万人大会，牺盟会特派员张烈主持了大会。1939年

1月，三专署调老红军谭永华任武乡县县长。这次大会标志着我们党在武乡改造旧政权斗争取得了初步胜利，从此拉开了武乡县自上而下改造旧政权、建立新政权运动的序幕。同时，在全县范围内大张旗鼓地发动群众，开始了轰轰烈烈的减租减息运动。

姜　一

第三部分

武乡创造实验县工作回顾

温建平

1937年年底，我跟随刘少奇同志工作，并与彭德怀副总司令一道从革命中心延安来到了山西，参加了中共运城河东特委工作。不久，临汾失守，同蒲路被日寇打通，奉命将汾西部分并入晋西南。我们上了中条山，到达夏县，后与晋豫区合并，我任中共晋豫特委委员兼任中共夏县中心县委书记。于1939年7月1日，我被调到太行山抗日根据地。在这里，就我在武乡搞实验县试点期间的情况作一简忆。

组建中共武乡实验县委

1939年秋，我被调至晋冀豫区委党校工作。同年9月10日，中共晋冀豫区党委在武乡东堡村举行了第一次区党代表大会。那时，我以区委党校代表的身份参加了会议。那是我第一次到武乡。会上，为了更好地贯彻执行党的方针政策，并应付日益严重的可能发生的突然事变，区党委把武乡确定为实验县，以便培养典型，创造经验，推动全区各县工作的深入开展。

当时，三地委书记是侯富山（阳泉人），刘建勋任组织部部长，谷景生任民运部部长，我任宣传部部长。中共晋冀豫区党委民运部部长彭涛同志，为摸索典型示范经验，多次给我们传达有关武乡工作的指示，并着重分析了在武乡创造实验县的重要战略意义。从军事斗争上讲，武乡是三分区的门户，直接控制白晋路，是对敌斗争的前卫屏障，与太岳根据地联系的重要纽带；从经济上讲，武乡资源丰富，产煤出铁，粮食产量丰饶。是太行根据地物质生产的重要基地；从政治上讲，武乡建党早，政治基础好，群众经过斗争锻炼，革命觉悟高。特别是八路军总部、中共中央北方局等许多首脑机关长期驻扎在这里，可以直接聆听上级首长对武乡工作的指导。这些得天独厚的条件，对武乡创造实验县都十分有利。

于是，1940 年 3 月，为了加强实验县领导力量，地委派我去武乡蹲点工作，并兼任中共武乡实验县委书记，李友九同志任县委副书记，组织部部长为陈舜英，宣传部部长是王宗琪。在武乡，我到任后面临的局势是：由于敌人的频繁“扫荡”，干部队伍中出现了一些消沉现象；群众工作难以展开，顽固派又趁机兴风作浪；对各级干部的政策教育抓得不力，错误地理解了“保障人权”政策，束缚了广大干部的手脚。在工作作风上，领导对基层干部批评多于耐心教育和实际帮助。尤其是在敌人“扫荡”后，干部、群众产生了悲观失望的情绪，针对这种困难局面，县委为了扭转形势，打开工作消沉的状态，彻底改变干部的生硬作风，认真总结了经验教训，从囤积公粮、减租减息、解决土地问题等方面入手，用算账对比的方法发动群众，并把调动起来的群众积极性投入到了当时的大搞春耕生产中。同时抓好群众的武装斗争工作，号召党员军事化、战斗化，并对顽固分子进行了坚决斗争。

1940 年 7 月 4 日，日军占领段村一带，中共武乡实验县委对武西地区的领导工作受到极大的阻碍。县委根据上级党委指示，决定先设武西办事处，后不久正式分为武乡（东）、武西两县。原来实验县委的宣传部部长王宗琪被调配到武西任中共武西首任县委书记。此时，虽分为两县，但实验县试点还是武乡（东）、武西统一搞的。分县后，我以地委领导名义继续指导武乡（东）、武西的全面试点工作。

中共武乡实验县委党校的创办

1940 年 4 月，我初到武乡不久，中共武乡实验县委为了整顿各级党的组织，转变党的工作作风，在创造实验县的同时，创办了实验县委党校。校址先后迁居于武乡盐土凹、姚庄、大有、横岭等地。我的夫人苏光同志任校党委书记，陈平同志任校长。党校教员有从区党委党校派来的吴江涛、吴锋、彭淦等，区党委还特地派陈光华同志（朝鲜人）来武乡协助创办党校工作。党校先后举办过三期基层党员培训班，共 1500 余名。主要培训对象是区村干部，每期 30 人左右。培训内容是党的基础知识、党风问题与战争动员等。

中共武乡实验县委党校的创办，大大提高了党员素质，增强了武乡党的战斗力，对转变工作作风，完成武乡当时各项生产、战斗任务，都起了一定的推动作用。

之后不久，中共武乡实验县委党校改建为地委党校，仍由苏光、陈平同志负责，继续在武乡开办。

武乡实验县首次活动分子动员大会

经过一系列的工作，县委于 1940 年 4 月召开了武乡实验县首次活动分子动员大会，我代表中共武乡实验县委在会上作了总结报告。

当时的报告共分两部分。第一部分是，贯彻政治动员的原则，深入发动全党为创造实验县而奋斗。报告开头重点从军事、经济、政治、党建等方面分析了在武乡创建实验县的优越性与必要性。还阐明了武乡有区党委、地委的直接帮助与领导，有我党我军野战政治部、民运部的指导与影响，并有了辽县、榆社等县为我们提供创造实验县的宝贵经验，所以，武乡的实验县前途光明，通过实验县试点，可望成为全区的模范县。报告在分析了当时党内外存在的强迫命令代替民主、工作方法简单极“左”等不良作风后，要求与会党员多学习，增加学问，就会有办法。

第二部分是：经过春耕运动，继续整党，深入创设实验支部。这部分讲述了要向群众谈已得胜利；为群众解决实际困难；贯彻县委整党计划，动员全体党员进行实验工作竞赛；制定出内容充实的工作标准；根据各地具体情况分类型进行改造。总之，克服行政命令过“左”等不民主的领导方式，是转变武乡工作的关键所在。

大会最后向全县参与实验县工作的2500多名党员发出号召：人人争当实验县的实际创造者与领导者，争当劳动模范和战斗英雄，在伟大的斗争中锻炼提高自己，真正使武乡实验县的工作局面彻底改观。

动员民众参加白晋北段破击战

1940年5月初，正当实验县的工作刚刚开始布置，还未全面开展工作的时候，县委就接到了立即动员大量群众去配合白晋路一带的部队，执行作战破路的任务。

为了在极短的时间里，动员大量民众上阵又不至于中途涣散，彻底完成支援前线任务，我就召集实验县委的其他同志一道，商量了兵源问题。当时大家一致认为：不能把这一次战争动员的工作同实验县的工作对立起来，相反应通过这次战争动员来奠定实验县工作进展的基础。支援这次白晋北段破路战役，只是在特殊情况与特殊条件下，用特殊的方式推进实验县工作；同时通过这次动员工作，可检阅一下武乡实验县党与群众的组织力量。在提高对敌斗争觉悟的口号下，提高群众对敌斗争的信心，进一步推动战争准备的各项工作，整顿与健全群众组织，这就是当时县委在动员工作中所认识与把握的指导思想。

首先，实验县委制定出了动员参战人员的标准与方式。在动员方式上，大大改变了过去强迫命令的作风，而采取了说服教育的政治动员方式。动员的步骤是，先动员县区干部，然后将干部立即分散下乡，到各村闾召开干部动员会，再让村干部挨户进行动员，或在民革室召集村民大会，布置征兵任务。当时提出的动员口号是“为保卫春耕而参战”，干部带头参军，等等。我记得当时较大的动员有过两次。第一次是在5月3日，在武乡（包括武西）动员了6100多人；第二次是5月9日，这次仅在武东一、二、三区和四、五区各半个区，就征得民兵与民工4000人以上，而且群众的情绪较上次更好。总计两次共动员民众达10000多人次。

上万人被动员起来了，必须有很好的组织。当时，我们的组织规定是，60人为一个分队，先在村上集合，再在区上集合并编成大队（每个大队1000人）。在出发前制定了严格的行军纪律。同时组织妇女、儿童备水沿村欢送。当时，县委特别注意到，党的保证与领导是决定性的一环。党员都参加到了群众中去，在村干部动员之后，即召集广大党员开会，在党内提出保证，在进行群众编队的同时有计划地分配党员到各班组，班长由党员担任，分队长是村农会秘书，指导员由村党支部书记兼任。这样就组成了强有力的作战阵容。

5月5日，战斗打响后，武乡共出动10000余名民兵和民工，配合各路部队，向白晋路北段的大小车站、据点进发，展开了破击战役。仅用了两昼夜激战，就把敌人经营一年之久的白晋铁路破坏了100多华里，摧毁大小桥梁50余座，有力地支援了即将到来的百团大战。同时，武乡作为区党委的实验县，在战争动员，以及后来的正式作战中，真正起到了先锋模范作用。

直到1941年1月，我才调离武乡，返地委工作。

我在武乡工作的时候

李友九

我于1939年10月至1942年1月在武乡县委工作，其中实验县阶段任副书记协助书记温建平同志。这两年三个月时间，党和武乡人民给我许多教育，其中使我初步懂得发动农民减租减息，才能建设好党，才好团结地主抗日，教育最为深刻，对于我这未经高租重利盘剥的知识分子来说，太重要了。《史稿》正在这种思想启发之后写出来的。

我在武乡工作的时候，可以分四段回忆。因已有《史稿》，且限于篇幅，只说个轮廓。

第一段是反顽斗争。我十月中旬到职，六万石囤粮已完成。向副书记武锡九、组织部部长魏效泉了解情况后，即去砖壁找总部民运部部长、区党委委员王卓如（不久调渤海）。他嘱咐整顿好党，准备击退反共势力进攻，与地委指示一致。下去调查，感到党发展得很大但有点乱，个别支部连党员确切人数都说不清，作风有行政命令脱离群众现象。因形势紧，全力投入反斗争。只通知停止发展党员。反顽胜利，但有“左”的偏差。因敌工团从事暗杀而将十二人全部处决，错误对待杜生旺三同志，选武三友为农会主席正确，但对赵晋臣未适当安排，等等。此时洪水区委书记李天机叛变，记得当年春我在晋东地委党校讲《论新阶段》，他曾提问既坚持统一战线，为何又抓阶级斗争。我按主席原意答复：阶级斗争是客观存在，只能调节以利抗日而不能取消，讨论中他仍不服，其叛变影响很小。

确实整顿党是在实验县时期，建平同志抓骨干训练，我在下面跑组织清理，认识水平和组织状况有不少改善。原来中农骨干较多，因为党是在改造政权、合理负担斗争中发展起来的，自然从中农涌现的先进分子较多。

此时大量提拔雇贫农骨干是正确的。保障人权亦使行政命令作风大有转变，虽然发生地主趁机打击干部，但总的干群关系密切了，此时减租清债未深入开展，抗日根据地缺乏坚强的群众基础，是最大弱点。

这个弱点到第三段暴露出来了。百团大战后，日寇进行三次报复“扫荡”和一次年关“扫荡”，群众生命财产损失很大，虽对敌更仇恨，但对我埋怨。悲观情绪产生，一些干部垮台不干，维持区扩大，工作遇到严重困难。石门区委书记王琼，在房屋被烧光、家属严重埋怨下，动摇回家，我到他家动员亦不归队。但基本骨干尚能坚定而耐心地说服群众，恢复正常工作秩序，虽很艰苦，但逐步推进了。此时区党委要求从斗争中发动群众。县委执行这一方针，抓紧关系农民切身利益的问题，一是当年囤粮的合理负担，二是减租。这为转变准备了条件。

第四段是困难局面的转变，从 1941 年 3 月底反维持开始，接着以“两面作战”（一面干部自我批评，一面揭露顽固派）击退田庄等村国民党向我的进攻。反维持反顽固的胜利鼓舞了群众。发动群众的经济内容，根据群众要求又加清债。此时农村已借不出钱，反高利贷不再是减息而是清债。按年利一分（10%），一本一利的规定清债，不少可改回抵押土地自耕，贫苦农民盼望已久，群众斗争初战胜利。五月初彭涛同志总结经验，指出“关键是掌握民主斗争”，即“民主政治下的政治斗争”和“统一战线政策下的阶级斗争”，其形式应是说理斗争。党员干部一致拥护，有的同志认为“只要叫斗争，工作就有办法”，直到 1942 年 1 月我走，局面逐步转变，虽未形成强有力的群众运动，已有一定的群众基础。2 月日寇连续 20 天清剿，敌人比三次报复“扫荡”和年关“扫荡”还多，国民党亦极力散布悲观情绪，但群众无激烈波动，干部有消极而无垮台，均与上次不同。

武乡群众运动的蓬勃兴起，是在麻贵书主持工作时。1942 年年初，党中央总结各地五年来发动农民的经验，作出《关于抗日根据地土地政策的决定》和《关于执行土地政策决定的策略的指示》，指出“联合地主抗日”

“必须采取先打后拉”，先“确立群众力量的优势”后“说服农民争取地主”。武乡减租清债斗争的有力发展，以及随着引起群众性游击战争的开展与参军的踊跃，使我认识到以前不敢加强党的领导，放手发动群众的局限。

附：《武乡建党十年史稿》补校

《武乡建党十年史稿》交稿印出后，细心的读者可以发现，其中提出第三层次的校正是加附注，而《史稿》一条附注也没有。原因是我已于今年五月中旬交校正稿，其中并无附注。以后仍不放心继续调查，发现原校稿有差错又加修改，并请李楷同志写了补充和更正，约定于六月初寄出校正的定稿。但我到六月十二日才寄出，编辑同志为赶在“七一”出书，没有按照校正的定稿重新校正。现经协商，武乡政协和编辑同志给我改正错误的机会，谨向他们致谢，向读者道歉，并作以下十处补校。其他次要的，就从略了。

一、篇名改为《史稿》不甚妥善

根据主编意见，我已将篇名改为《武乡建党十年简史初稿》（1932年10月—1943年3月），并两次拒绝改为《史稿》的建议。张磐石同志主编的《太行革命根据地史稿》，集三省的力量，精心编写，历时四年，才称“史稿”。赵如巽等纂修的《历史稿》，故朝遗老的观点反动，但历时十四年、大体汇集了一代史料，因未定稿而称“史稿”。这篇仓促写成，未经讨论的初稿，称“史稿”实有未当；因变动不大再补校。

二、小标题前三个要补校，后三个要注原文

前三个小标题，应当分别为：一、武乡建党前的反封建斗争（1925年冬—1932年10月）；二、白色恐怖下武乡党的建立与坚持（1932年10月—1937年7月）；三、抗战后在改造政权斗争中武乡党的发展（1937年7

月—1939年5月)。补校第一个小标题，因我党史料不必标出国民党的形成。

第四个小标题未改动。五、六、七三个小标题已补校，但未附注原文，违背要让读者了解原文，以便判断的要求。这三个小标题原来是：五、新政策与战争开始频繁——武乡党的消沉；六、工作的恢复与再度消沉；七、重新发动群众的武乡党。

三、抗战前武乡党员发展到200人左右

首先本书五页二十二到二十五行将原文校得严重失实，应当补校为原文：在这种影响之下，党的组织有很大发展，达到200人左右。(注：这个党虽然坚持了当时及以后的斗争，但是，也有其严重缺点，“要加的是”此处未交代清，当时调查党员200余人左右应为200人左右，这是到抗战爆发，与十二页表下一行，党从二百余人的旧有基础相符。)

其次，六页六、七两行“段村方面最好也只有一半党员能活动（按：应为抗债团员，下句同）”，应把按语删去。同页二十、二十一两行“当时抗债团和党员是二而一的，党形成了一个无大活动力的宗派”。应在这里加注：“抗债团和党二而一，不符合实际情况；虽有人误解，党自己严加区别。”

再次，七页二十行以下“党员亦继续发展，从当时的十三四人到1936年春二次破坏发展到数十人”，应补校为“党员亦继续发展，到抗战爆发有200人左右”。按语“原文无此句，共53字”，相应将“53字改为37字”。

我之所以出这个差错，是因为轻信个别同志的判断，认为发展到200多人的是抗债团，而党与之分不十分清楚，实际上没有那么多。经过与更多的同志讨论并共同回忆，重新肯定原文。我在1942年秋调查时，武乡党已合法活动5年，战前支部骨干均健在，15个支部在何处（包括武西），各有党员多少（不包括武西），可以共同回忆清楚。应当认为，武乡党经过发

展、清洗，再发展，到抗战爆发有党员200人左右，这个记载是有根据的。当时能判断各支部负责人的成分（首先是说上姓名），可为旁证。

四、抗战前发展党员并不马虎

五页最后两行说党员“发展是马虎的，特别是以拳师魏名扬为中心发展的那部分（约占全县的一半）更加马虎”。这不符合实际情况。为此，六页四、五行加按语“这是发展抗债团的方式，魏名扬同志发展党员，并不如此简单”，但这按语不确切，其实这是在发展党员。应将按语改为：“这是调查中魏名扬自述，但他事先对这些徒弟进行阶级教育，并宣传苏联穷人翻身的好处。”说当时发展党员马虎，以偏概全。

五、抗战后党大发展，并未变成“农民的联盟”

十二页表下十四、十五两行“党的水平是大大降低了，党的先锋队性质模糊了，实际上成为农民的联盟”。应加按语“党在大发展中一时水平有所降低，但这一估价太片面”。

同页十九、二十两行“因此把党的基础放在当时比较活动的富裕中农与富农身上”。后半句应补校为“比较活跃的中农与个别富农身上”。

十三页九、十两行“也助长了帮口观念的生成”。应加按语“这个评价错误”。

六、群众斗争方式及党群关系表述有不确切处

十四页二十一行“吼叫的方式代替过去请愿的方式”应加注“当时群众把喊口号称为吼叫，下同”。

十五页四、六、七行“干部党员，以及一部分先进群众”“他们成为超越一切的力量，甚至以为这就是无产阶级专政”。应将“超越一切”补校为“高超”，在“甚至以为”前加“某些同志”。

十六页十行“扩大帮口的自流发展倾向”，十四行“趋炎附势的普通分子”，二十页六、七行“某些干部还在耀武扬威，发展脱离群众的倾向”，应删去“扩大帮口的”“趋炎附势的”“耀武扬威”。

二十页二十行“300个党员且不要也好为300个宝贝蛋不要也好”之误，宝贝蛋指党员。我记得这是专署某负责同志批评东堡区党员作风不好的一句话。

七、反顽斗争中党员发展不止一倍

十六页十一行“党比前一阶段几乎扩大了一倍，达到5500人之多”，此数不确切，大概是从整顿后武东有党员3700多人，武西有1300多人，共开除550多人的记载算出来的。按照十九页十八行“党的组织缩小到3700多人，洗刷了四分之一”，这及以下是武东的数字，共洗刷数已有1200人，同页十九行“洗刷的方式非常简单，大部是割断关系就算拉倒”我记得这种割断关系不算开除党籍，以免伤感情。因此，整顿前全县（连武西）党员尚在6200人以上。也就是原来2500名党员，这一阶段发展不止一倍。我当时写成几乎扩大一倍，可能是将全县的2500名党员与武东近5000相比之误。

八、逮捕并准备处决杜生旺等三同志是错误的

对于公审处决赵琦、王成文、史鉴官等，十八页十九、二十行指出“这是县委领导小资产阶级冲动情绪的表现”。但对十七页二十七、二十八行叙述的“逮捕了与国民党勾勾搭搭利用政权的某些官僚主义错误鼓动工人打村长，包围区公所的工会干部杜生旺等”这件事，没有检讨，应当这里加注：“逮捕的杜生旺、贾志厚、张玉堂三位县工会主要领导干部，均是党员。当时他们有工团主义思想倾向，刘建勋曾批评未解决，除本文所述错误，与国民党顽固分子史鉴官来往亦不检点。此事应采取党内批评与自我批评的方式解决，逮捕是错误的。1940年春，经地委批准，已搭台准备公审处决三人，因八路军总部干预而停止。不久查明是冤案均释放。我代表县委分别向三人道歉，杜拒绝，贾不表态，张接受。此事主要责任在我。”

九、县委认识不够一致不宜说成团结不够

十三页六、七两行把县委认识不够一致说成团结不够已校正，但二十五页二十、二十一两行“但由于干部的调整，县委不团结的现象没有了，认识基本上是一致的”，尚未相应校正。应补校为“但由于形势的发展，县委认识不够一致的现象没有了”。

十、一九四一年秋参军450人，开小差只20来人

三十一页八、九行“结果是四分之三的跑回来了。这是不算太小的失败”。此事传闻失实，据带头参军的李衍授、姜书祯（姜一）、王国培提供的材料，过白晋路只开小差20来人，在襄垣根据地边沿打短工不敢回家，后为军分区收容，就地组成武工队，为姜一领导。

一九九一年十一月十日补。

武乡大生产中领导与群众结合的经验

麻贵书

去年的大生产运动，武乡有很大成绩，也取得不少经验。

一、敬爱英雄

广大群众组织起来参加大生产是和“上面”对劳动英雄的敬爱与奖励分不开。

前年秋后县里总结了生产，给劳动英雄李马保、王海成奖励了牛，别的劳动英雄也得了重奖。洞上村在生产大动员时，他们给劳动英雄奖励，戴花让他们和主席一样上了主席台，懒汉们列成队站在群众的一边。县里接受了他们的经验，在树辛村召集了全县劳动英雄会，所有县区干部都听他们的报告，在开会来的路上搭了彩楼，欢迎欢送，有的劳动英雄感动地说：“从前是受苦汉，今天成了新状元。”李马保回忆战前，被迫下地，逼到辽县刨地时大哭起来，不少的干部及劳动英雄也跟着流下了泪。当他们想到今天真正翻了身，抬了头，但还没有完全摆脱穷困的时候，就很坚决地组织起来进行大生产。

会后在党政领导下，互助运动很快展开了，这时人们新的劳动观念树立了，今年五一节有个工人说：“劳动英雄是新状元，当个劳动英雄就当足了，再还能当个甚呢？”说起工人不易娶到老婆时，有人就说：“你当个劳动英雄，还怕没人嫁你？”如果你随便问一个小孩：“你大了当甚？”他会很快答复你：“当个劳动英雄。”

由于领导上对发现新的积极分子不够及时，由于对扶植劳动英雄的领导集团及英雄的助手鼓励不够，也发生了一些问题，有的说：“不管怎样做也是人家一个人好!”有的干部说:“咱们革了几年命,也没人奖励咱!”有些劳动英雄受了刺激就感到“上面”对我好,你们对我不好。这个问题今年王海成及东堡红旗队的经验解决了。

王海成自边府开群英会回来,他感到自己不够憨厚,做了自我批评,群众就选他当政治主任。后来他又发觉干部嫌他包办,新的积极分子得不到鼓励感到苦闷,自己又做了自我批评,并且领导群众总结生产,选拔新的积极分子,这样经常检查自己是否脱离了干部、脱离了领导,是否脱离了助手、脱离了群众的英雄,是会得到群众拥护的。

东堡红旗队于成立一周年时,总结了一年来所得利益是教育自己、教育群众,同时为红旗队的创始人史成富等十余人祝贺,给区政委籍希俭同志挂牌,外村也有剧团赶去参加。这样使他们深切感到红旗队是光荣的,红旗队的英雄、红旗队的干部是光荣的,帮助红旗队的领导者是光荣的。县里接受了他们的经验,结合庆祝三大喜事同庆祝武乡执行组织起来大生产的一周年,并发动各村总结春耕成果,选拔新的积极分子。

二、思想领导与实际作风

紧接着树辛村劳动英雄会,领导上更明确地指出“组织起来,是由穷到富必由之路”,“不是一般的组织工作,而是几千年来生产方式的大变革”(彭政委),“组织起来顶机器,人人劳动建设新社会”,“先动手后号召”(李马保),“劳动英雄是新社会的状元,革命的功臣”。这一连串的动员,打破了干部“每年总来这一套,咱们不管,谁还不知道生产”的思想,也打破了富裕中农怕上升的思想、贫农认为算老账就能发家的思想、懒汉等着吃救济的思想。

这个思想的打通,是全体干部检查了树辛村工作后体会的,他们看到几年来没有修的边堰,树辛村一春天就修了三分之一,在这里组织起来就是顶了机器。

思想领导的另一特点是贯彻了激发群众的历史自觉，不论拥军还是祝寿也都采用这个办法。当大家想到旧社会的痛苦时大家是愤恨的，当大家想到今天翻身时，就很自然地呼出："拥护共产党，感谢八路军。"

因为领导上为群众的热情所迷惑，也发生了一些偏向，就是忽视了等价交换及计算作风。因此谁强调等价交换，好像谁就成了自私的落后的人了，有的人说："吃亏便宜谁在乎那些，不然怎么叫作互助？"有人找干部帮助算账，有的干部怕麻烦就推开了："你们开个会检讨检讨吧。"广志村模范青年赵文敏组，为了响应上级刨秋地的号召，不说好工价，见闲地就刨。漆树坡妇女武爱兰组，沾了互助纺织的光，军队去了就给洗衣，有了病人就派人照管、请医生，甚至有时把全村吃的水都给担了，这种热情是不能持久的，而等价交换也发生了好些问题。今年整顿互助时，马岚头村一个七十岁的老汉李永庆说得对："咱瞧着互助也赶工，就是不分个你我，如果论个你我，咱也参加。"王三说："等价不交换互助也枉然。"有的说："互助夺红旗谁不知道光荣，还不了工就是没心情。"有不少村发现了这些问题很快得到了解决，马岚头政治主任王二孩提出："清理欠账干部起模范，谁短群众的工谁先还。"为了工票交流及时，有基础的合作社统一出工票，不少村庄增多了晌数以便计工，采用分票厘票以便等价交换；采用了当日给工票不用记账等好办法。现在领导上已加以传播与推广。

三、对待生产运动中的落后分子

懒汉二流子是生产运动中的落后分子。过去春荒时，政府帮助他们，发救济粮，很多人有意见："政府保证不饿死一个人，咱们慢慢动弹吧。"前年准备大生产，为了纠正这个偏向，提出："不救济懒汉"，群众很拥护。但是怎样帮助他们生产呢？大家不很注意，有时劝他们不听就采取硬的办法，捉他们集体开荒，或采取其他办法丢他们的人，这些办法很难使他们转变。劳动英雄李马保的办法就不是这样，他分析懒汉有两种：一种是没有生产能力的破落户的浪荡子，这是极少数，对这些人很难一下转过来；另一种是长期被剥削，失掉了生产工具又失掉了生活兴趣的人，这是多数。对这些人应多帮助、多感动。领导上传播了这个办法，收到很大效果，如寨坪张水旺的娘，她是抗属，故意讨饭吃，败坏寨坪村的名誉，大家很为难。后来大家想了个彻底的办法，给她领下粮食，找下纺车，借下花，并承认她纺花还有本领，又从思想给她解决问题："不要把光荣事（抗属）办成丢人事（懒）。"这样她才动弹起来。

还有一种"托奸客"（尖人，极端自私），他们认为世界上都是"尖头人"，太老实了就会吃亏，对待这些人最好的办法是多给他们动弹动弹，这对他们格外好。道行沟村有个王二孩有些"奸"，大家都知道他。一天大家给他家干活，该歇了，他说："歇歇吧？"大家越动得有劲："再干一会儿吧。"该吃午饭了，他说："天不早了回去吧！"大家越动得有劲："再迟一点没关系。"这样他到了别人地里再也不敢"奸"了。转变这些人必须发动群众，因为他们的困难绝非少数人能克服的，从群众的利害上说，群众也愿转变他们，"不能因为他们少数人败坏了大家的名誉，或阻碍大家争取模范队模范村"。陈家塬村干部提出："他们的坏是咱们的害"，发动了群众。其他村对这些人也有同样感觉。因此，领导上总结与传播了他们的经验。

四、发动革命竞赛建立群众性自我批评及学习制度

工作好的村愿意各方面好，工作差的村可不愿各方面坏，这对一个人也是一样的，抓住这种争胜心就能开展革命竞赛。但群众真正竞赛起来，有时是不合乎领导者的意图的。比如我们给一个村、一个队、一个人奖励了旗。这时别的村、别的队、别的人不服气，于是订条件，下挑战书，找评判人，并在竞赛中注意克服自己缺点，学习人家的好处，愿意赶上人家或超过人家的。这种竞赛是公开的、友谊的，过去我们提倡这样做，但是这样做的并不多，多的就成为形式。另一种竞赛是不大公开、不大友谊的，

这种竞赛既没有条件又没有评判人，或有也是形式，专门找人岔口，不学习人家经验，对自己的缺点掩护原谅，对自己成绩夸大虚报，这种竞赛不大好，我们不愿意要，但这种竞赛方式相当多。今年兴了夺红旗，争胜心更大了，柳沟一个队没有夺上红旗，队长动口说：“这一次不行下一次来，下一次不行再来，再不行死也死在红旗下。”这种竞赛领导上就难处理，去年 11 月群英大会时，为了争夺“全县第一”这个牌，几乎搞倒了两个模范村。过去所以难处理是因为竞赛者既不容易承认别人的好处，向人家学习；又不肯承认自己的缺点，有意识地克服自己的缺点。因此我们领导上就容易讨厌、批评，结果是抑止了这种争胜心，妨碍了运动的开展，或者根据奖品不是根据具体条件来处理这个竞赛，结果是发展了锦标主义。正确的办法应是怎样呢？

（1）韩壁村及马村的经验好，他们从具体计算成绩出发，进行群众总结、群众评分（当然与领导结合）。每一个工作一总结，总结本身就选择了优胜者。韩壁采用死棋活牌，马村干脆不要牌采用评分制，这样第一更不敢自大，其他相差无几分争起来也怪有劲。

（2）发动群众相互检查及自我批评。去年群众检查比较好，有时赶集走亲戚也受村公所委托去检查别的村。但自我批评做得不好，有时候关起门来偷偷自我批评，怕别人别的队听见，这样就形成嫉妒，总结时谁也不理谁，争个不休。关于这方面，在武乡还缺乏正面的经验。

（3）奖励与学习结合。最好的办法是奖励要具体，奖励他哪一点就号召别人向他学习哪一点，不论哪一种模范，只要有区以上政府及周围村的公认，就很容易变成一个村、一个队或一个人的优良传统。现在县里注意了这样做，做的办法是多奖励，开展各方面的模范运动。

一往情深忆武乡

赵迪之

在战火纷飞的年代，我先后担任过中共武乡县委的宣传部部长、副书记、书记等职，共达5年之久。那时在中华民族生死攸关的时刻与武东群众白天黑夜战斗在一起，结下了如山似海的革命情谊。我虽身为县委的一个领导人，武东群众却把我作为自己行列里的一员。人们不称我的职务和名字，都亲切地叫我“赵大姐”。久而久之，“赵大姐”三个字取代了我的真实名字。那时，在武东山区，一提“赵大姐”，群众无人不知，可是一说“赵迪之”，连一些村干部也不大清楚是谁。关于当时县委的全面工作许多老领导都谈得不少了，现在我着重回忆一下，我在武乡工作时期的妇女运动。

抗日战争初期，我在太行区党委宣传部工作，1940年冬季，为了深入基层，同广大区、村干部一起粉碎日本帝国主义的野蛮“扫荡”，太行区党委组织工作队去武乡。我作为这支工作队中的一员，奔赴太行山丘陵地带的武东县，当时，武东山区刚经过百团大战，敌人对根据地的腹心地区加紧治安强化，进行经济封锁，不断地举行连续“扫荡”，企图压缩根据地，消灭我抗战军民。这时，充分发动群众，加强军民团结，努力克服经济上的困难，巩固抗日根据地，成为首要任务。发动妇女群众是一支不可忽视的力量。可是在所有的村庄里发现武乡的妇女有两种少见的陋习，一是普遍不参加农业生产劳动，二是生了小孩后不肯吃饭。一个月才喝几合米的米汤。动员全民抗日，开展生产运动，男女都应参加。特别在当时男人中年参加“自卫队”，经常出去参战；青年组织“青抗先”送公粮，有的去参加八路军、游击队。在家种地的男人不太多，妇女理应成为发展生产和支援战争的主力军。可是妇女不但不参加农业生产，生了小孩还不吃东西。坐一个月子像生一场大病，躺在炕上好长时间恢复不了健康。有不少妇女坐月子把男人拖在家里侍候，不仅损害妇女儿童的健康，还直接影响了生产和抗日救亡运动。

我们经过研究，决定帮助妇女革坐月子不肯多吃饭和缠脚的命。如现在办这两件事恐怕不会费多大劲的。可在那时候呀，还很有点不容易。要挨家逐户去宣传坐月子吃点鸡蛋、白面条、小米捞饭等，会对身体有好处，身体会复原得快，对母子都有利。可是她们却说：我们不能比你们（女八路干部）。你们是侉子，你们那里水土软。吃了好的能克化掉，我们这里水土硬，吃了好的消化不了，会得月子病。让她们把缠脚布放开，她们不敢，一怕别人笑话，二怕闺女大了嫁不出去。

后来，各区、村的妇女干部，广泛向妇女和农民开展宣传工作。当时，农村里的封建夫权思想还很严重，做妇女工作还必须做好男人的思想工作。让男人克服大男子主义，提倡男女平等和睦幸福家庭。武东地区封建思想很浓厚，人们对它并不认识。大讲武东的“四大家、八小家、七十二个圪撑家”对农民的束缚剥削。农民的土地不仅属于封建地主，甚至娶媳妇的头一夜也属封建地主霸占；通过耐心细致的宣传教育，她们逐渐认识了封建的可恶性，逐步鼓足勇气同欺压妇女和农民的各种封建残余势力做斗争。

在帮助妇女争取自由、获得解放中，有两件事我还记得比较清楚，一是组织妇女上识字班。妇女不上地，有时间，每天下午各村的妇女骨干召集妇女到一起认字，扫盲。学习抗日政府有关抗日运动的号召和规定，那时农村里的妇女干部不像现在这样尽是青年人。大部分是三十多岁和四十岁上下的中年妇女，这些妇女中，有许多人工作很积极，事迹也很感人。那时她们到一块儿开会、识字，不称名道姓。认为叫名字难为情，而是互相叫对方男人的姓名，比如你是哪个男人的爱人，就称你是谁家谁家的。到人家串门，首先问家里有人吗，假若男人不在，就回答家里没人，好像女人不算人。由此可见，封建思想是多么根深蒂固。办妇女识字班的目的，就是让妇女从文化上获得解放。妇女识了字就容易明白许多革命道理，可以使头脑清醒起来，能进一步认清封建主义给妇女带来的罪恶。当时，武东的妇女大部分都到识字班扫过盲。有的人识了不少字。有的人虽然没认下多少字，可经常听下乡抗日干部到识字班讲抗日运动，思想认识就有很大提高，对推翻封建主义、解放妇女、发动妇女参加抗日救亡运动起了很大作用。

二是教育妇女做安家计划。什么是安家计划？比如一个家庭种有多少亩地，一亩地能打多少粮，能收入多少钱。这些粮和钱如何开销。让妇女做安家计划，让妇女参加家庭的经营管理。过去一个家里总是男人说了算，妇女仅仅是个做饭、养孩子的。妇女做了安家计划，能学会如何管理家庭，各样东西该如何开销，学会节约过日子。男人见妇女把家里的事管理好了，就逐渐看得起妇女来了。男女平等的问题，就可逐渐得到解决。同时，男人可以减少牵挂，出去能安心当兵、安心工作。留在家里的也能集中精力搞生产。在发动妇女做安家计划的同时，特别注意发动妇女参加生产。要让妇女在政治上得到解放，首先必须让妇女在经济上获得解放。妇女也像男人一样上地参加生产，在农业生产上创造出财富来，在经济上才有发言权，才能使在政治上获得的解放有可靠的基础。当时，由于不断发生战争，大部分男同志离开村子去参加打日本鬼子。从支援战争和维护群众生活出发，也迫切要求妇女走出家门上地生产。

妇女从一个长期闭塞、封建主义严重统治下的家门往出走是很困难的。首先会遇到家里公婆和丈夫的反对，这说明反封建不单要在妇女中进行，还需要在全体群众中进行。为了普遍提高人们的思想觉悟，我们不光组织妇女上识字班，学文化、学政治，还利用晚上时间组织男同志一起上识字班，学习政治。经过做这些工作，男同志的思想搞通了，还积极支持妇女上地参加生产。对于个别顽固不化、不让妇女参加生产和抗日救亡工作又打骂妇女的男人，村里的妇救会召集妇女开会，对其进行必要斗争。别小看这些终年不出大门的妇女，一经发动起来还真厉害呢。那些有打骂妇女行为的男人，一开始还盛气凌人，不把妇女放在眼里，可一上会，让他往妇女中间一站，再经妇女们七嘴八舌地斗争一场，傲慢劲就不见了，脑门上还出汗呢。

我印象最深的是武乡群众特别好。拥军、爱干、爱国家，只要干部下去发动，不论什么工作，拥军、优抗、合理负担、变工、互助……对抗日有利的工作一经布置，马上就会搞起来，而且搞得都不错，妇女工作也是这样。那时候，咱们八路军在太行山的人数很多，军队做衣服的厂子不多，规模也小，满足不了军队的需要。因此，军鞋主要靠根据地的妇女做。武乡的妇女每年要给军队做大量的鞋，每人每年平均做五六双，还给军队绣米袋、做炒面等。到 1944 年，在姚庄成立了第一个县办纺织合作社。这个合作社全部是由女同志主持的，还锻炼了妇女的组织能力。织出的布一是供军队用，二是卖。1945 年，我离开武乡的时候，这个合作社还专门织了一个褥面子给我，是黑、红、绿、白等几种颜色线以条形织成，美观、自然，很好看。从那时到现在 40 来年了我还一直铺着它，每年夏天我拿出去晒，这是件珍贵的纪念品，我怎么也舍不得丢掉。它是在战争年代养育过我的那块根据地的妇女用手一针一线织成的，它上面凝结着老区人民多么深厚的阶级情谊。

在抗日救亡运动中，武乡的群众是作出了很大贡献的，为八路军支援了几百万石公粮，有成千上万名青年人参加了决死队和八路军。这也和妇女的积极支持分不开。就妇女本身而言，在抗日运动中曾涌现了许多先进模范人物，如窑湾的胡春花、马牧的郝菊花、马堡的石榴仙等。

在武乡工作的年代，县委机关住在农民家里。武东的各个村庄差不多都去过，不论去哪里，都和群众一起吃，早上吃煮疙瘩，中午和子饭，晚上浆水稀饭。天黑了就睡在一个土炕上。老乡像亲人一样对待我们，至今我还惦记着那些忠厚、朴实、亲切的人们。

提起那时的妇女工作，我自己做得太少。对那一段的妇女工作只能谈个大概情况。具体工作由当时的县妇救会主席范承秀同志做，她对那段的妇女工作是做出了显著成绩的。

在前方对敌斗争的艰险岁月中

姜 一

1941年，在国民党政府的消极抗战、积极反共的形势下，出现了对日寇妥协投降的空气，日本侵略军停止了对蒋管区正面进攻，回师华北，发动了“治安强化运动”后，沁县、段村之敌加紧了向内地袭击包围我区乡政府，捕捉我抗日干部，实行治安强化中以经济掠夺“蚕食”我根据地，扩大维持村，北至古台、型村，南至高岭、上司、沁东一带，都已变成“维持村”，建立了伪组织，扩大了敌占区，妄图分割我抗日根据地，形势十分严峻。

武乡人民在党的领导下，坚决贯彻党中央的“坚持抗战，反对投降；坚持团结，反对内战；坚持进步，反对倒退”的方针，在极端恶劣的环境下坚持抗日武装斗争，针对敌人的“治安强化运动”中的经济掠夺，武乡军民在反“蚕食”、打“维持”的斗争中取得了初步胜利，到1942年春季打垮了一部分村的维持，这些村的民兵开始恢复组织起来，正当斗争处于紧张阶段时，突然区委书记李毓秀、区长铁英被敌人袭击捕捉了。

两位区的领导被敌捕后，区村干部群众自然受到一定影响，情绪有些低落。领导无首有些干部不敢工作，有的自动回家，对敌斗争很受影响。这时我正由386旅772团因病来到太行区留驻三军分区，决定让我到白晋线武工队去。此时，地委要我回地方，组织部部长王谦同志亲自找我谈话决定我仍回武乡县委。县委经研究要我到前方工作，先代理区委书记，并派武镇华同志任区长。我即随李务滋同志到了三区；我们面临的首要工作是先稳定干部情绪，克服悲观思想。

5月中旬在漆树坡召开了干部会议，传达研究了县委反“蚕食”打

"维持"的精神，布置了继续开展反"蚕食"、打"维持"工作。为了更好地组织民兵配合主力加强武装斗争，县委决定县武委会副主任李尚春同志也到前方工作，进行了一段武装出击，打"维持"，捉汉奸，开展政治攻势。把反"维持"的斗争局面推到了魏家窑、马庄、南亭、檀山一带，使形势大有好转。

为了进一步展开尖锐复杂的对敌经济斗争，同时开展反奸反霸斗争，加强敌占区工作，县政府成立"路南办事处"，李甫堂同志任主任，充实加强了三区干部队伍，并调王庭章同志任区委书记，申怀珠、梧光任副书记，王用予任组织委员，常久通、王哲任宣传委员，魏兆槐、张贵成任副区长（他俩做敌区工作，不公开身份），武委会主任王占鳌，副主任崔进光、王尚贤，农会主席常子荣，青救会董宏、王兆宇、张怀瑾，妇联主任段梨萍，公安助理员刘汝昌、阎福旺，粮食助理员张国方，财政助理员侯通，工商管理员赵林田。为了对敌斗争，县委决定"前方指挥部"由姜一、李尚春、李甫堂、王庭章和武镇华五人组成。在县委领导下前方工委加强了统一领导，更有力地开展了对敌斗争。

对敌开展经济斗争的首要任务是武装斗争，依靠根据地的民兵游击队配合。主力部队不断出击，打击敌人"蚕食"、掠夺等，支持发展民兵武装，建立民兵联防岗哨和民兵游击小组，实行劳武结合，监视打击小股伪军汉奸抢粮活动。在宣传、发动、组织群众的同时，积极开展武装斗争，组织民兵爆炸组和游击队，对敌伪展开针锋相对的斗争。1942 年秋，区游击队摧毁敌伪据点一处，打死了伪班长，活捉伪军十余人，缴获步枪十余支。同年冬，在段柳攻打日军据点，抢回日寇洋马十匹，军用物资一批。1943 年，由梧光等人组织带领民兵，利用清明节上坟之机，将日伪便衣、大汉奸米来锁智歼于里庄。

坚决打击死心塌地的汉奸，保护群众利益，争取群众支持抗日工作。一方面积极开展武装斗争，同时开展了反奸反霸斗争，组织统一行动。在段村县敌占区及时抓获了一批作恶多端、危害人民的“维持会”会长、敌伪情报员，如石鼻村的王龙龙、阳城村的小五则、沁县的韩小旦、蒋家庄的魏金生和日寇便衣。罪大恶极的大汉奸曹村的贾毛团等都是统一行动抓获的。另一方面是组织公审大会，对罪大恶极的汉奸、恶霸、死心塌地的“维持会”会长进行了公开审判。在佛爷顶召开了万人公审大会，将涉腰村的汉奸连安云、山阳垴村汉奸张银旺、沁县汉奸特务武凹孩当场镇压。接着第二次在圪老湾又公开镇压了兴盛垴维持会长武二臭、南亭村维持会长武保孩、暴家峪村维持会长李永旺。两次大会共镇压大汉奸6名，同时在沁县的杨家庄也召开了公审大会，将大汉奸赵金生、赵同喜等4人镇压。打击了敌人的气焰，鼓舞了群众对敌斗争。从此以后，反“维持”斗争就打开了局面，并建立了抗日民主政权，从武乡到沁县的游击区，我们都派了抗日村长，如魏家窑赵庭水、松庄村武先云（后是姚自新）、曹村武更保、代照岭村武成俊、沁县白家沟李然平、小东岭村王满囤等。

为了对敌斗争的需要，在敌占维持村还利用两面政权，打掉死心塌地“维持”敌人的“维持会”，换成明里“维持”敌人、暗里为我办事的两面政权工作人员，要求他们能给我送情报，保证我抗日干部的安全，不掠夺群众财物，不办坏事，如富庄的段仲旺、沁县的史来销就是“两面派”“维持会”会长。

对敌经济斗争的中心问题是粮食问题，在粮食斗争中，随着打“维持”斗争的推进，逐步加强了商业贸易，在圪老湾设立了粮店，实行统制贸易，取消了私人粮店，使我们根据地的冀南钞票和农村社会商品流通了。既稳定了粮价，吸收了“维持村”人民来圪老湾粮站卖粮；又稳定了冀南钞票价值，扩大了冀南钞票的流通，挤掉了伪钞。敌伪人员出来强征粮食时，我独立营配合民兵坚决打击。在“维持村”秘密发动群众，以合法形式和维持会配合，诉苦哀求减免。为了争取伪敌人员，曾经采取以明捉暗放征购人员，明送暗夺被征的粮食，设法打乱敌人征粮计划。在秋收、夏收季节全力动员军民，进行激烈的粮食争夺战，发动群众反对敌人抢粮，组织武装力量保卫秋收，打击敌人抢粮。强征、动员帮助群众突击收割，实行快打快藏。使敌人治安强化的抢粮征粮的计划破产。

在反“蚕食”、打“维持”和对敌经济斗争的同时，针对敌人实施奴化政策，我们由近到远的开展政治攻势，根据区党委宣传指示，军队、干部、民兵统一行动，互相配合。军队掩护，白天在接敌区，晚上到维持村，向广大群众和伪政人员家属进行宣传苏联红军的胜利，世界反法西斯胜利，今年打败希特勒，明年打败小日本；宣传我军在各个战场的胜利和反“扫荡”中歼灭敌人的消息；宣传抗日斗争持久战三阶段，现在已进入最后阶段，抗日快要胜利了，日本帝国主义兔子尾巴不长了；等等，使群众看清形势，要他们告诉伪军人员也要看清形势，不当死心塌地的汉奸，要人在曹营心在汉，争取解放留后路。通过这一政治宣传攻势，深入段村、沁县、段柳周围村子，结合捕捉打击汉奸，“维持村”很多群众逐步和我们夜间接近联系起来，一些抗日积极分子不断给我们反映情况，转送情报和伪军人员的消息，“维持会”伪村长的态度逐步有了变化，有些伪军家属也愿意和抗日干部接头谈话，大大有利于我们对敌斗争中利用伪村“维持会”的两面政权，不断争取一些抗日积极分子。

为了深入开展敌占区工作，加强党在游击区的领导，在条件成熟的地方，区委在维持区增设了小分委委员，武乡段村方面前方小分委富庄村张贵珍、高家庄高德全、新庄村刘朴则、阳城村李新春；沁县方面踏地王晋生、梁村李付银、小东岭阎福旺、阎秃孩、荆村史保银。游击区的小分委，如南亭李梦松、李振中，阳城村张存旺。经过了解原先可靠的党员逐步恢复建立了一些党的支部和小组。秘密地开展工作，发现一些积极分子就作为党员发展对象，通过他们了解伪军家属及伪军人员的情况。

在打“维持”镇压汉奸，开展政治宣传攻势的情况下，又开始了做伪军人员工作。通过他们家属摸清其态度，针对他们的情况，先宣传抗战快要胜利，日本帝国主义必然失败，使他们伪军人员和敌占区人民了解抗战胜利的形势。先做好伪军家属工作，通过他们和得力亲戚、上层人士做伪军人员的工作，争取伪军的主要对象是警戒队和伪政人员，使群众干部少受损失。要他们了解今年打败希特勒，明年打败小日本的道理，认清形势不要做坏事，在可能情况下给我们通风报信，敌人重大行动给送个情报，同时我们也保护他们的家属，并向他们讲明我们对伪军政策，只要反戈一击就可以既往不咎。经过一段时间的工作，有一些伪军通过家属和我们建立了一些不固定的关系。如曹村西沟一警戒队副小队长王某某、魏家窑魏人潘的侄子魏某某、松庄籍某某、五龙头阎某某等，这些人中有的也起过一些作用。为营救李毓秀通过一些关系使其得以越狱逃跑出来。敌占蟠龙以后1943年12月，地委分区在苏峪沟开过一次城市工作会议，当时老麻、赵大姐去区党委整风。我去参加了，记得是王一伦、车敏樵二同志主持的会议，重点是争取群众，做伪军政人员工作。通过各种方式掌握敌人动态情况，分化瓦解敌人内部，争取拉出来、打进去，为对敌斗争创造有利条件，从内部攻破。武乡县城工部负责人是武光清同志，因他是段村人，又是县长有影响、联络城市工作的，南有武清华、北有郑文魁。从此以后，加强了城市工作，争取过一些伪军人员，段村警戒队小队长某某某、魏人潘的侄子、沁县敌人红部翻译官某某某、段柳伪军宋某某也起一定作用。当时曾通过李竹山旧故找魏人潘营救出王兆宇同志，还通过史家垴维持会找魏将李梦松同志保出来，并通过翻译官杀掉投降的王世杰。警戒队小队长王某送过一次重要情报（1944年5月“扫荡”情报），当时李雪峰同志来到漆树坡时说这次情报很重要，应予表扬。

越到抗战最后阶段，日寇越垂死挣扎，进一步实施治安强化占我蟠龙，向我心脏地区插进一把尖刀，妄图分割我根据地，更加疯狂地袭击“扫荡”，寻找捕捉我区、村干部，不断突袭性地在夜间包围村庄，妄想摧毁我区、村政权，歼灭我军队和民兵武装，掠夺群众财产、抢粮食，破坏生产，我广大干部群众和民兵武装为了坚持对敌斗争，避免损失和牺牲，都在野外打下明的、暗的窑洞，组织民兵白天夜间站岗放哨，劳武结合，夜间民兵游击小组活动。这些地区的群众晚上经常到窑洞里睡，窑洞成了对敌斗争的阵地，也成为群众生活的依托，窑洞越打越高级，明窑洞也打成暗窑洞，有的村窑洞打到村外野沟里，即便敌人发现包围了，也能转移走，就是所说的窑洞是“楼上楼，拐三关，熏不进，走得脱”。接敌区群众经常在窑洞睡觉，不少人发了疥疮病，尽管生活非常艰苦，但他们不甘忍受日寇奸淫掳掠，坚持斗争越战越强。军队依靠群众，群众热爱军队，军民团结，亲如一家。干部关心群众，群众拥护干部，干群关系非常密切，都是抱着一个抗战必胜的信念。

1943年6月，敌占蟠龙以后，路南前方指挥部住地的高岭、漆树坡、上司村一带成为段村、蟠龙、沁县三股敌人合击“扫荡”的中心，一个多月袭击合围十来次，合围的目标是“前方指挥部”。敌人每次拂晓合击包围村子，找不到干部又返回段村、蟠龙、沁县了。敌人每次出发到达我联防地区，我们都能接到情报，天不亮群众就进洞，我们和民兵部队就转移到敌人合围外线，到接敌区附近。有一次合围，部队已经转移到外线，我们与民兵转移到兰家垴时，敌人发现了，追不上我们，就用炮击，打伤了李甫堂同志的左膀，我腿也受了伤。我们一直转到南亭。又有一次，敌人合击包围高岭、漆树坡、上司、小店村一带，魏兆魁同志受伤被捉去，敌人把我们一直追到襄垣龙王堂以南。大概是第七次合击包围漆树坡时，发生了惊天动地的窑洞战。敌人用大炮打开窑洞，支部书记、民兵指导员武志芳同志和民兵群众15人壮烈牺牲。最后一次我们向东转移，刘汝昌同志被敌人打成重伤，抢救无效牺牲于杨桃沟，当天漆树坡民兵队长武全木带领民兵在二十里铺阻击敌人时，被敌人打伤，不幸牺牲于高地。在这段斗争中，由于我们缺乏机动灵活，转移的地方又不够远，没有把敌人引开，使这些村庄遭到很大损失。

为了粉碎敌人对这一地区的袭击合围，有力打击段村至蟠龙交通线的敌人，以至围困蟠龙、区党委、军分区决定以襄垣县委为中心，以769团为主力成立这一地区的游击集团，郑国仲团长为司令，襄垣县委书记杜野平任政委，并把前方工委和三、七两区暂划为襄垣县委领导。我就这样暂时参加了襄垣县委。这样，有力地打击歼灭了来袭击“扫荡”之敌，巩固了这块根据地。由于我游击集团主力不断出击段村至蟠龙补给线上的来往之敌，也就更有利于孤立、围困了蟠龙之敌。到10月，形势逐步稳定，我们就回归武乡了。冬季，老麻和赵大姐去地委整风，我即调回县委主持工作。

对武乡土改与支前工作点滴回忆

王　平

1948年6月，我调武乡县工作，任县委书记，到1949年2月离开武乡，总共待了不到一年的时间。时间虽短，但武乡广大党员干部和群众那热爱党，热爱革命，艰苦奋斗，顽强上进的精神，给我深刻的教育，至今不能忘怀。在上级党委领导下，在县委共同努力下，做了以下几项工作。

一、支援晋中战役

1948年6月19日，晋中战役打响了，武乡人民全力以赴支援前线，县委向全县人民发出“打倒蒋阎匪，解放全中国”的口号，并以“一切服从战争，一切为了前线”为指导思想，发动全县民兵和民工组织了后勤团，紧随部队参战支前。全县组织了运输、担架、毛驴、牛车、砍柴、炊事、押俘等88个连队。在各个支前连队中，党员干部和民兵带头，以身作则带动群众。广大妇女群众，积极参加生产，做军鞋、备军粮，全力保证部队作战需要。

武乡经过土改运动，分得了土地的群众，保卫家乡，支援前线的革命积极性空前高涨，广大民兵自卫队纷纷到区、村政府报名参战，各级党委都把支前工作放到首位，青壮年党员更是踊跃参战。

二、结束土改补偿中农进行纠偏工作

1948年下半年，中共武乡县委根据中央领导关于纠偏的有关指示和太行区党委的具体部署，进行了全面的土改复查，认为在对待中农上，在三方面严重地侵犯到他们的利益：第一，在政治上，中农被排除在土改复查之外，靠边站，由贫农团主宰一切，“说啥是啥”，自己把自己孤立起来；第二，在划分阶级成分上的扩大化，严重地危及中农，把过去雇过一些短工、季节工，实行出租少量土地，以及经过查三代把前辈虽是地主、富农，早已下降为富裕中农和中农水平的农户，也划成了地主富农，这样，使他们在政治上和经济上都受到损失；第三，在“平分土地”与“打乱平分”这一绝对平均主义分配原则的指导下，所实行的“抽肥补瘦，填平补齐”的分配方法，在地富已无肥可抽、无地补平的情况下，就抽到中农身上，使全县约三分之一的中农利益不同程度受到侵犯。

县委鉴于上述情况，进行了纠偏工作。首先在26个村结合农村整党同步展开。纠偏的主要方针是：紧紧依靠和通过党支部，教育贫雇农去巩固团结中农，大家团结一致，做好纠偏工作，巩固土改成果。工作的主要内容是提高觉悟，贯彻中共中央正确的土地政策，恢复党支部的领导，补偿中农受到的损失，妥善安排地主富农的生活。

为了完善纠偏工作，县委根据中共晋冀鲁豫中央局发布关于工商业政策的指示，及时召开了工商税务会议，纠正了侵犯工商业的一些“左”倾错误，广大工商业者解除顾虑，放心经营，大胆发展，各种物资纷纷投入市场。其次，县委还将在开展“挤封建、追三代”斗争时错误地挤回老家的干部和教员，给予甄别平反，重新分配和返回教育工作岗位。

三、结合土改进行整党

从1948年8月开始到1949年3月结合土改结束，对基层党员进行总结起来教育。为此，县委对农村整党工作进行了实事求是的分析。认为武乡农村基层党支部经过整顿，各种问题已经基本得到解决，但由于“左”的偏向的影响，许多干部受到过火的批评和错误的处分，有的地方发展得还相当严重。因而，县委于1948年8月30日至10月28日，集中两个月时间，在柳沟举办了两期农村党员干部培训班，参训的人数1253人，每村平均7人，参加会议的大都是村党支部书记、副书记、支委、村长、农会干部等骨干党员。这次整党培训班，方法是组织学习中央有关整党文件，提高认识，分清是非，发扬民主，逐个进行谈话，让大家无保留地陈述自己的缺点和意见。然后调查核实重新做出结论，部分错了的部分纠正，全部错了的彻底平反。在整党训练班上，县委将区、村干部分三类：第一类是好干部，其表现是立场稳定，斗争坚决，大公无私，为贫雇农拥护信任的；第二类是较好的党员干部，其表现是思想行为、作风上虽有缺点，但不是投机分子，其错误还未严重到为群众普遍反对的程度，还可以转变好；第三类是坏干部，其表现是包庇封建势力，严重贪污，多占果实，压制群众民主，群众对他普遍不满。县委根据上述三种党员、干部的表现分别给予表扬鼓励、批评教育和经群众批判后撤销职务，或开除其党籍。

整党培训班结束之后，县委结合结束土改工作，在全县范围内继续整顿农村党组织。重点是调整领导班子，加强农村党组织建设，除加强政治思想教育外，普遍在支部中，建立了三个制度，即工作制度、民主制度和学习制度。

通过整党，对全县党组织的思想建设与组织建设又大大提高了一步，对进一步动员群众，发展大生产运动，支援全国解放，从思想和组织上创造了良好的条件，鼓舞了广大农民群众保家保田、参军参战的积极性。

四、支援干部南下开辟新区工作

1949年，随着全国解放区的迅速扩大，为了尽快向新解放区输送干部，太行区党委根据中央精神，指示各地委要进行干部摸底工作，做好充分准备，坚决完成大批外调干部支援新区的光荣任务。

为了保证外调干部的质量，武乡县委根据上级党委的指示精神，曾做了严格规定，调出干部必须称职，政治上确实可靠，历史清白，身体健康；妇女干部必须是区级以上的职务。为了使外调干部能自觉地服从组织调动到新区工作，各级党委都做了大量的思想工作。

武乡县委做了深入细致的思想工作，同时也运用批评与自我批评的武器，对那些斗志松懈、不想继续革命的干部进行了严肃批评。对表现积极的则进行了表扬鼓励，以树立正气。对家庭确有困难的，合理地加以解决。对少数品质恶劣、对抗组织的，经教育批评无效者给予党纪处分。通过这么耐心的思想工作，广大干部思想觉悟迅速提高，他们积极报名，争着随军南下北上，去开辟新解放区工作。

1949 年 2 月，由县委副书记秦定九带领科局级、区级领导干部安家秀、赵苏健、李尚仁、申步超、王贵方、赵兆文、聂石柱、阎树青等 14 人，一般工作人员 23 人，赴福建省南平地区开展工作，当时称“南征队”。

在干部外调中，武乡将自己德才兼备的好干部支援了新区，为开辟和巩固新解放区作出了卓越的贡献。

第四部分

英雄的武乡英雄的人

肖永银

回首40年前的今天，伟大的中国人民抗日战争取得了最后的胜利，中日两国兵戎相见的历史至此结束。尽管岁月无声流逝，但人们每当回顾抗日战争的艰难历程，首先想到的是当年抗击侵略者的每一寸土地，特别是血战八年的太行山区。这是华北抗日战争的主战场，也是我终生难忘的第二故乡。

正像当年的一首歌里所唱的："我们战斗在太行山上，山高林又密，兵强马又壮。敌人从哪里进攻，我们就叫它在哪里灭亡！"对于我这个曾经长期战斗在太行山上的老战士来说，这里的一山一水、一草一木，我都感到十分亲切，尤其是曾经一道同生死、共患难的武乡人民更使我永远难忘。而正由于我们根植于太行人民这块博大的土壤之中，才得以在战火中生存、发展、壮大。而唯因武乡的人民对我们的大力支援，我们部队在反"围攻"、反"清剿"斗争中才取得了一次又一次的辉煌胜利。

1937年年底，我们八路军129师，根据毛主席创建以太行山为依托的晋冀豫抗日根据地，开展独立自主游击战争的伟大指示，迅速发展抗日人民武装，投入了创建太行抗日根据地的斗争。1942 年年初，我们 385 旅第 14 团开进武乡、榆社一带，从此便与武乡人民风雨同舟、浴血奋战，粉碎了日本侵略军一次一次的残酷“扫荡”。

1942 年和 1943 年，是抗日战争接近胜利而又极端困难，处于“黎明前的黑暗”阶段。日军对我根据地进行了空前残酷的大“扫荡”，施行了野蛮的“三光政策”。同时，根据地由于连年灾荒，老百姓吃糠咽菜，人民生活极端困难。尽管如此，武乡人民仍然同我们相濡以沫，把省下的一点小米、苞谷送给部队。在频繁的反“扫荡”斗争中，老百姓常常奋不顾身地把我团伤员从火线上抢救下来，有不少老乡就牺牲在抢救伤员的枪林弹雨之中。王家峪、韩壁、窑上沟一带的乡亲们经常把抢救下来的伤病员，背回家里抚养。记得在 1942 年 5 月反“扫荡”中，我团有一个叫靳小瑞的战士身负重伤，窑上沟王锦云和他村群众冒着生命危险，把靳背到一个洞内。每天夜深人静时，给他送来一小罐小米粥。后来鬼子走后，小靳伤也好了，群众把他送回部队。今天，靳小瑞同志身为师级干部，但每时每刻想念着武乡人民。像这样许许多多的动人事迹，都饱含着当年太行军民血肉相连的鱼水深情。

抗日战争是一场残酷的战争，我们的部队时有伤亡，但很快就有新兵入伍。这都是和武乡人民的无私援助分不开的。当时的武乡确实涌现出许多“母亲叫儿打东洋，妻子送郎上战场”的动人事迹，使我们的部队始终保持着充足的兵源。

对自己的部队，人民群众是当之无愧的伟大的母亲；对敌人，人民则是英勇善战、不屈不挠的巨人。在历时十四年的抗日战争中，我们部队所取得的每一次胜利，荣膺的每一枚勋章都是人民所授予的崇高荣誉。在强敌面前，因为人民站在我们一边，自始至终并肩杀敌，我们的部队才变被动为主动，以弱胜强，转败为胜。1943 年 11 月 21 日，《新华日报》（华北版）以“包围圈里的模范连”为题报道说：“14 团 11 连的周围都是敌人的据点，他们在当地群众的帮助下，巧妙地打击敌人……村子里的群众认识十一连的每一个战士，十一连的战士也认识每个民兵……民兵像日军的影子一样一步不离地跟着，敌人的一举一动都向十一连报告，十一连选准机会巧妙地打击敌人。”军民就是这样，在战火中筑成了一道坚不可摧的铜墙铁壁。英雄的胡峦岭民兵和我 14 团 3 营配合作战，成为闻名太行的军民联防典范。由于老根据地广大人民群众的支持、配合，在坚持武乡地区抗日斗争中，我们不仅粉碎了日军多次进攻，而且使根据地得到了进一步巩固和扩大，并参加了收复武乡段村的激烈战斗。这些都为以后上党战役的胜利作了充分准备。

今天，我们纪念抗战胜利 40 周年，就在于不忘却伟大而艰难的民族解放斗争，缅怀无数流血牺牲的人民英雄。我们向全世界再次宣告：中华自有雄魂在，中华民族不可侮。在纪念抗战胜利 40 周年前夕，我要说的最后一句话是，非常感激武乡党、武乡人民在艰苦卓绝的抗日战争中对部队的大力支援。我们永远不会忘记子弟兵与太行人民在血火连天的岁月中结下的鱼水深情。

国际友人在武乡

郝雪廷　著

【作者简介】

郝雪廷，山西省武乡县人，1958年生。中国作家协会会员，山西省戏剧家协会会员，山西省中共党史人物研究会副会长，八路军太行纪念馆研究部原主任，山西大学马克思主义学院、山西财经大学马克思主义学院特聘教授，太行干部学院特聘专家，山西电视台“文化讲堂”特邀主讲人。先后出版纪实文学《八路军改编纪实》《追寻八路军总部》《游击队长魏名扬传奇》，长篇小说《太行山上》以及抗战史研究专著《八路军序列沿革研究》《抗战英魂录》《烽火留声——八路军将领故事集》等30余部。央视20集电视专题片《抗日中坚八路军》策划人之一；八一电影制片厂6集专题片《八路军与武乡》、山西电视台8集专题片《太行山上》撰稿人。多次接受中央电视台及有关省电视台的采访，曾获全国名人作品展示会银奖，山西省社会科学研究成果奖等。

【内容简介】

抗日战争时期，我党、我军非常注重发展国际统一战线，许多国际友人如史沫特莱、米勒、林迈可、爱德华、柯棣华、巴苏华、武亭、谢宾元、陈光华等人先后来到武乡，从事抗战工作。他们与八路军一道成了抗日先锋。八路军与国际间的交往历史较为少见，八路军总部在武乡期间，有众多国际友人在此活动的历史更是鲜为人知。为全面了解八路军与武乡的辉煌历史，作者借助长期从事军史研究之便，在浩瀚的资料中，挖掘、整理、编写出了这部书稿。其中主要收集记载了抗战时期在武乡生活战斗过的国际友人，从另一个侧面反映了武乡在抗战中的宏阔历史画面。

积极投身敌后抗战的国际团体组织

“我们的敌人是世界性的敌人，中国的抗战是世界性的抗战。”中国遭受日本法西斯的疯狂侵略，中国人民艰苦卓绝的正义斗争得到了世界上爱好和平、主持正义的国家和人民的深切同情和真诚帮助。来自五大洲的国际友人与中国人民患难与共，从多方面给以中国实际援助。特别是一些外国朋友与国际团体来到武乡八路军总部，积极投身敌后抗战工作。

活跃在太行山的印度援华医疗队

80多年前，中国大地处处燃起抗日烽火，各国人民纷纷给予声援。宋庆龄和中国共产党审时度势，共同向山水相依的邻邦——印度发出呼吁，得到了印度国民大会党在道义和物质上的大力支持和帮助，尤其是印度援华医疗队远道来华、援助抗日，更加坚定了中国人民抗击日寇的信心。两大文明古国的人民联手谱写了一曲同仇敌忾、合作互助的友谊之歌，成为中印关系史上一段佳话。

在中国抗战开始后，印度国民大会党（简称“国大党”）决定派遣医疗队援助中国，国大党主席尼赫鲁把自己的妻弟爱德医生从西班牙国际纵队调回，委托他率领印度国大党援华医疗队来华参与抗战

印度援华医疗队的组建与印度国大党领导人尼赫鲁有着直接的关系。

印度国大党主席尼赫鲁是一位具有世界眼光的政治家。贾瓦哈拉尔·尼赫鲁1889年出生于安拉阿巴德的婆罗门贵族家庭。1905年就读于英国哈罗公学，两年后入剑桥大学三一学院，三年后获自然科学荣誉学位。后又进入伦敦内殿法学会，1912年获律师资格。同年回国，在安拉阿巴德高等法院任律师，并投入争取印度独立的政治运动。1916年5月在国大党年会上第一次遇到甘地，甘地坚持反英斗争的行动使他很感动。1918年起任国大党全国委员会委员。1919年阿姆利则惨案发生后，参加国大党组织的调查委员会。1920年参加甘地领导的非暴力不合作运动，次年被捕入狱。印度独立前先后8次被捕，在狱中度过9年。1923年、1927年先后两次任国大党总书记。1926年尼赫鲁游历了西欧和苏联，受到马克思主义和苏联社会主义建设的影响。1928年他与鲍斯共同建立全印独立同盟。1929年当选为国大党主席。

1937年7月7日，日本法西斯继吞并中国的东北三省后，又向中国华北地区发动了侵略战争，在北京宛平卢沟桥遇到坚决抵抗。9月14日，尼赫鲁向印度新闻界发出声明："对这一悲剧不能袖手旁观。因为这也许对印度本身产生相当大的影响。我们必须组织抗议活动。"9月20日，尼赫鲁致信移居英国的印度人为支援中国成立的伦敦委员会，"尽管我们自己眼下软弱无力，为中国人民做不了多少事情，但我们的心是和他们在一起的，我们应该竭尽全力地帮助他们"。并号召印度全国在1937年9月30日、1938年1月9日等日子里多次举行"中国日"，在全国上下掀起了一场声势浩大的援华抗日活动，如集会游行、发布宣言、捐款献药、抵制日货、不为日本运输、不生产战争物资等。

时任保卫中国同盟主席的宋庆龄对尼赫鲁的行动表示感谢。宋庆龄早在1927年就曾与尼赫鲁有过交往。就在此时，史沫特莱遵照宋庆龄的意见，在八路军总部致信尼赫鲁请求支援。同时，史沫特莱还建议，让朱德总司令也给尼赫鲁写一封信。朱德总司令在发自华北前线的信中说："希望得到印度人民在道义和医疗等物质方面的援助……我们正在为志愿军向国内外筹款，史沫特莱小姐告诉我们，可以同你商洽。她确信以你为主席的印度国大党，一定能捐赠给我们一笔款子，来支援志愿军。"

1938年7月7日，宋庆龄也致函尼赫鲁，并托一位年轻的英国人约翰·利宁经印度回英国时带去，信中表达了中国人民的意愿："获悉印度人民所表示的同情和支持，深为感谢和极受鼓舞。我借此机会表示我们的感激和同志情谊。"

尼赫鲁收到朱德、宋庆龄和史沫特莱的信后，表示他会以最大的努力给予支持，并开始筹集资金，把印度国大党关于向中国派遣一支医疗队的设想付诸实施。在国大党第五十二次会议上通过派遣医疗队援助中国抗日的决议。之后，尼赫鲁在英国访问期间，把自己的妻弟爱德医生从西班牙国际纵队调回，委托他率领印度国大党援华医疗队来华参与抗战，并参加了伦敦委员会为爱德举行的送行活动。爱德离英返印，开始组织一支前往中国的医疗队。不久，一支由五位大夫组成的援华医疗队成立了。队长爱德，副队长卓克，队员柯隶棣尼斯、巴苏和木克吉。1938 年 9 月 1 日，五位大夫携带了 54 大箱药品，一些医疗器械，一架轻便 X 光透视机，一辆防弹救护车和一辆卡车，在印度最大的港口孟买，登上“拉吉普塔纳”号英国邮轮，漂洋过海，向中国进发。1938 年 9 月 17 日，爱德一行到达广州。

印度援华医疗队迫切希望能够尽快投入实际的援华工作，到达八路军抗战前线为部队服务，但由于国民党政府的刁难和阻挠，他们费尽周折才来到延安

医疗队到达广州码头后，宋庆龄和各机关团体代表及印籍侨民等 2000 余人到广州码头欢迎。宋庆龄、何香凝等人到码头登上“拉吉普塔纳”号英国邮轮，对医疗队来华服务的热情和精神，表示敬佩和感谢。宋庆龄从早年就投身反对帝国主义侵略的战争、保卫世界和平的斗争，享誉世界。今天，印度援华医疗队来到中国，国母宋庆龄亲自迎接，这让爱德他们非常激动。

第二天，是“九一八”事变七周年纪念日，医疗队队员在广州瞻仰了中山纪念堂、黄花岗七十二烈士墓和十九路军抗日阵亡将士墓并敬献了花圈。晚七时，广州市民不畏日军飞机的轰炸，举行了抗日火炬游行示威活动，穿着军装、背着步枪的青年高举火把，还有一队车身两侧贴着画有敌人狼狈相的爱国招贴画和漫画的卡车，宋庆龄与群众一起行进在游行队伍中。这壮观的场面给医疗队队员留下了深刻印象。

宋庆龄问他们需要什么帮助，爱德只提出了一个问题，就是如何同八路军取得联系。早在来华以前，因为有朱德将军写给尼赫鲁的求救信，特别是爱德听说过许多八路军英勇抗战的传奇故事，因此，在与中国政府驻英官员商谈来华事宜时，他就有去八路军那里工作的愿望，因而，提出了医疗队打算去中共领导的军队中工作。宋庆龄听了很高兴，说医疗队可在长沙或汉口由史沫特莱安排会见周恩来，医疗队可向周恩来提出到延安去的请求。

于是，医疗队便迫不及待地向武汉进发了。他们长途跋涉，经衡阳、长沙，辗转来到武汉。第二天，他们就找到汉口长春街，在一幢四层楼房见到了八路军驻武汉办事处的负责人董必武、叶剑英，说明他们的来意，几天后又见到了周恩来。周恩来认真分析了情况，考虑到当时国共正处于合作的上升阶段，由于国民党方面不赞成印度医疗队到八路军那里去，为了调和关系，周恩来建议，医疗队先在国统区的武汉、宜昌和重庆工作，然后再考虑去延安。周恩来的豁达、大度，令医疗队的队员们非常赞叹，给他们留下了深刻的印象，也受到了极大鼓舞，更加坚定了要到八路军那里去工作的决心。

印度援华医疗队迫切希望能够尽快投入实际的援华工作，直接为抗战部队服务。但是，随着日寇的猖狂进攻，国民党反动派节节败退，医疗队不得不从武汉转到宜昌，他们被安排在一所国民党陆军医院工作。由于距前方太远，那里也没有多少事情可做，医疗队又乘船到达重庆。他们到重庆后，接待他们的是中印文化协会的谭云山教授。谭云山是一名杰出的中印友好使者，1928 年 9 月，应泰戈尔邀请抵达印度，任教于泰戈尔创办的印度国际大学，从此致力于传播中国文化，潜心于佛学和印度文化的研究。并在《东方杂志》上撰写了大量关于印度文化、民族运动的文章，受到印度朋友的赞赏。他提出了在中印两国分别建立文化协会，以主持两国文化交流的大胆设想，得到泰戈尔的赞同。经过努力，中印两国文化协会分别在上海和印度的圣谛危克坦宣告成立，增进了两国友好往来。泰戈尔提出在印度国际大学设立中国学院，作为交流中印文化、传播中国文化的固定据点，并将这一重任交给谭云山去完成。他不负重托，往返于中印两国之间，经过精心筹办，印度国际大学中国学院于 1937 年 4 月 14 日正式成立，并受命担任首任院长，后回国筹办了中印文化协会。印度医疗队来到重庆后，他与队员们多次交谈，了解到医疗队队员一心想为中国抗战出力，想走到抗日最前线的愿望。谭教授一边表示愿意帮助他们实现这个愿望，同时也根据他们的意愿，为每一位印度大夫取了一个中国名字，在每个人的音译名字后面加了一个“华”字，分别为：爱德华、卓克华、柯棣华、巴苏华和木克华，以表示他们热爱中华，同情和支持中国人民的正义战争。

印度援华医疗队的出现，标志着中印关系进入新的阶段，它是被压迫人民和被压迫民族互相支援的象征。正如爱德队长在给尼赫鲁先生的汇报信中所写的：“对于我们医疗队在国际上所受到的重视，印度人民所知甚少。若就医疗技术而言，我们对中国朋友的帮助并不大，但从道义和政治方面看，我们在此工作具有重大意义，不仅中国朋友，包括我们自己在政治上的收获都是巨大的，远远超过了我们原来的估计。”

医疗队在国统区的武汉、宜昌和重庆工作了半年。短短的几个月里，印度援华医疗队目睹了国民党政府的腐败无能，他们大失所望，坚决要求到延安去。印度援华医疗队要求到延安去的具体行动，得到八路军驻重庆办事处的鼓励，董必武立即给毛泽东主席发了电报，并安排行程。国民党当局十分恼火，行政院院长孔祥熙、考试院院长戴季陶等先后出面阻拦，或恐吓或引诱，但医疗队全体成员不为其所动，据理力争，坚决拒绝国民党要员的劝阻。国民党当局竟拒绝供给医疗队北上所必需的汽油等物资，企图以此扼杀医疗队北上计划。爱德华队长非常气愤，他草拟了一份要印度援华委员会送汽油到重庆的电报，然后和柯棣华等人一起在使馆区大肆张扬。怕在国际上丢脸的国民党当局，只得屈服，发给印度援华医疗队军事安全通行证并供给汽油。

费了一番周折后，在多方努力下，1939 年 1 月 22 日，印度援华医疗队在“工合”国际委员路易·艾黎的陪同下离开重庆开赴延安。

印度医疗队的大夫们没有辜负尼赫鲁的期望，在延安兢兢业业工作着，他们以极大的热忱帮助医院技术建设，为八路军培养了大批医护人员

经过20天的长途旅行，1939年2月12日，印度医疗队到达“革命的耶路撒冷”——延安。

这一天，延安刚刚下过一场大雪，陕北高原一片白茫茫，虽然十分寒冷，但数千名欢迎他们的民众，早已等待在清凉山下。等到他们乘坐的贴有印度国大党纺轮徽标的救护车开过来时，欢迎队伍列成两条长龙，举着彩旗唱着歌曲向他们涌来，高跷队表演着中国民间舞蹈，延安的娃娃和小八路也赶来欢迎，其热闹气氛比起前几天闹元宵也毫不逊色。八路军后方卫生部部长姜齐贤等领导前往迎接，与他们一一握手、拥抱，互致问候。

2月14日，在延安八路军卫生部大礼堂举行了印度援华医疗队欢迎晚会，毛泽东等中央领导出席。次日，毛泽东在杨家岭住处会见印度援华医疗队全体成员。毛泽东亲切地招呼爱德华等人在自己身边坐下，气氛十分热烈，毛主席说：“中印两国在历史上有着传统友谊，现在同受帝国主义的欺凌和压迫，应该团结起来，互相学习，互相支援，完成民族解放独立的共同任务！”

根据八路军卫生部安排，卓克华和木克华被派到张村驿卫生学校从事培训工作；爱德华和柯棣华、巴苏华则来到距离延安40华里的拐峁八路军后方医院。当时，八路军军医院正在拐峁筹建新址，三位大夫热情地参加了建院活动。医院建成后，五位印度大夫又自愿捐款，宴请一起工作的八路军同志。《新中华报》为此发表了专题报道，称赞印度大夫以中国解放事业为己任，在延安工作积极，与八路军同志感情笃厚。

5月24日，毛泽东曾写信给尼赫鲁：“我们非常高兴和荣幸地接受印度国大党为支持中国人民抗战派来的医疗队。我想告诉您，印度医疗队已经在这里开始工作，并受到八路军全体指战员的热情欢迎。每个同他们接触的人都为他们与我们同甘共苦的精神所深深感动。我们借此机会感谢伟大的印度人民和印度国大党，感谢你们为我们提供的医疗和物资援助，希望印度国大党和人民继续帮助我们把日本帝国主义赶出中国。"

尼赫鲁回信："数年来，我们满怀钦佩地注视着你们的事业和八路军的战斗历程。自从日本侵略中国以来，印度人民一直全力声援中国人民。我们希望能为你们所从事的伟大事业提供一些援助。然而，如你所知，我们自身也正在为争取自由而斗争。我们的精力都倾注在这一斗争之中。但是，为了表示对你们的声援，并出于援助你们的愿望，我们代表印度国大党向贵国派遣了一支医疗队。访问中国并向中国人民亲自转达印度人民的良好祝愿，是我殷切的期望。如果国际局势允许，我有可能在今年 8 月底或 9 月去中国做短期访问。若能成行，我将愉快地期待着同你会晤，并向八路军战士致敬。"

印度医疗队没有辜负尼赫鲁的期望，在延安兢兢业业工作着，他们以极大的热忱帮助医院技术建设。每次发现疑难病例，他们总是以诲人不倦的精神给同志们详尽讲解。对于在校的学员和在职的医生、护士，他们尽最大努力帮助其提高技术。医疗队还经常到附近的部队巡诊，送医药给需要帮助的人，去抗大、陕北公学做防疫检查，在抗大检查饮用水。这期间，卓克华大夫由于年迈体弱，加之延安地区寒冷，他对饮食起居条件不能适应，于 1939 年 5 月 24 日离开中国返回印度；木克华大夫则因突然得了肾脏病，需要回国手术，于 1939 年 8 月 2 日取道重庆回国。

日本侵略者集中了大量兵力向我敌后抗日根据地疯狂进攻，前方的医疗救治，出现了极大困难。为此，爱德华多次找后方卫生部部长姜齐贤，提出了要去八路军战斗最前线的要求。他说，前方每天都在战斗，每天都有流血牺牲，作为医生必须到前线才能发挥最大的能量，抢救更多的伤员是他们的职责。在爱德华大夫的一再请求下，中央批准了他们上前线的请求。但由于敌军封锁和黄河发大水，三位大夫迟迟不能成行。

1939年10月29日，毛主席在杨家岭特地请医疗队队员吃午饭。席间，毛主席告诉他们，朱德总司令已经从山西晋东南发来电报，欢迎他们到前线去。毛主席还希望他们学习好、工作好、宣传好，把印度人民对中国人民抗战的同情心转达给根据地人民。

爱德华、柯棣华、巴苏华和另一位来自德国的年轻医生汉斯·库尔特·米勒，一起离开延安，奔赴太行山抗日前线。他们从延安出发乘汽车到达西安，经潼关到河南渑池，在渑池兵站的护送之下渡过黄河，向晋东南敌后抗日根据地进发。这里有许多敌人据点，通过敌占区的行军是极其危险的，护送战士吩咐他们要小心谨慎，许多次是八路军、游击队先对盘踞的敌人发动进攻，钳制敌人出动追击，然后趁这个机会护送他们过了封锁线的。经过艰苦行军，爱德华等人终于来到了设在武乡县土河村的八路军野战卫生部。

在太行山前线，为了救护伤员，医疗队队员走到抗战最前沿，冒着敌人的炮火，实行战地抢救

印度援华医疗队来到武乡之后，朱德总司令听说援华的外国大夫来了，立即要接见他们。1939年12月21日，野战卫生部孙仪之部长，带领爱德华一行三人，骑马来到了八路军总部所在地王家峪村。

朱总司令在简朴的办公室里和他们彻夜长谈，向三位国际友人讲了世界形势和抗日战场的概况，详细分析了游击战争对殖民地人民争取独立的重要性，介绍了八路军坚持敌后抗战两年多来取得的巨大胜利和主要经验。同时，也告知了加拿大国际主义战士、优秀医生白求恩不幸因公殉职的消息。

朱总司令还特地请老乡张福星，准备了一桌“太行饭”来招待他们。开饭的时候到了，朱总司令风趣地说：“咱们八路军成立以来，就是靠这小米加步枪，把飞机加大炮的日本鬼子打得焦头烂额。”

朱总司令的话使他们深受鼓舞。饭后，队长爱德华让柯棣华读了他们向总部提出的到抗日前线的申请。朱德当即答应了他们的要求，并作了具体安排。在武乡，医疗队队员立即投入紧张的工作之中。由于日军经常“扫荡”，为了及时救护伤员，他们把救护所设在前沿阵地，冒着敌人的炮火，实行战地抢救。一次战斗中，敌人的炮弹把他们救护所隐蔽的围墙都炸塌了，同志们考虑到印度友人的安全，一再要求他们撤下去，可他们坚决不肯，并说：“医疗救护的距离越近，伤员的救治就越迅速，为了伤员，我们要在最前沿。假如我们不能与你们同生共死，我们就不配在八路军中工作。”

然而队长爱德华却很快因病重不得不回印度治疗，1940 年 2 月离开太行回国。柯棣华和巴苏华则受聂荣臻司令员的邀请，于 1940 年 4 月前往晋察冀边区，接替已故加拿大医生白求恩的工作。于是他们经过积极准备，离开武乡启程前往晋察冀。路上他们曾经冒着生命危险越过敌人严密封锁的平汉铁路，参加了破袭石德铁路的战斗，参加战场救护工作，多次举行报告会，介绍印度人民援华情况，给根据地人民以极大鼓舞。6 月，巴苏华和柯棣华经过冀南、冀中到达晋察冀边区，受到晋察冀军区聂荣臻司令员的热情欢迎。白求恩卫生学校和白求恩国际和平医院的同志们更是欣喜若狂，举办联欢会欢迎他们到来。

1940 年 8 月 20 日，著名的“百团大战”打响了。巴苏华和柯棣华分别参加了四分区和三分区的战场救护工作。行前，二位战友提出挑战：“要及时地施行手术，不在火线上遗失一个伤员，同时还要节省材料。”他们在不同的地方相互勉励着，用自己的行动开展了竞赛，在前线的 13 天里，柯棣华收治伤员 800 多名，其中为 580 人施行了手术，平均每天除施行手术 43 人次外，还要再治疗近 30 个伤员，工作量之大超出常规。而巴苏华大夫也为 500 多名伤员施行手术，还在敌机轰炸后，不等敌机离去就冒着硝烟冲到战场上去抢救伤员。

“百团大战”结束后，巴苏华和柯棣华收到毛主席的电报，要求他们立即返回延安。原因是考虑他们的安全，同时印度方面也来电报催促他们回国。柯棣华经过认真思考，决定留在前线工作，以弥补白求恩逝世给八路军医疗工作带来的损失，由巴苏华回延安说明情况。这样，这对老战友就此分手了。

随着巴苏华大夫返印，除柯棣华大夫牺牲在中国外，其他四位大夫全部归国，印度援华医疗队完成了她的历史使命

1941 年 1 月 5 日，柯棣华就任白求恩国际和平医院院长，继承了白求恩大夫的未竟事业。在就职欢迎会上，柯棣华激动地用中文说：“我决不玷污白求恩的名字，我要像他那样，献身于你们和我们的、也属于全人类的反法西斯事业。”此后，柯棣华除担负着繁重的行政领导工作外，还担负着大量的外科手术，同时，还挤出时间为卫生学校编写了数十万字的教学讲义。不管战斗多么频繁，工作多么紧张，每到深夜，柯棣华那间小屋里橘黄色的灯光，总是照出他伏案工作的身影，并且传出英文打字机的敲击声。

柯棣华在晋察冀边区工作与生活的日子里，正是晋察冀边区最艰苦的时期，日军施行极为残忍的“三光”政策，根据地十分困难。1942 年 7 月，柯棣华加入了中国共产党。在艰苦的岁月中，柯棣华和当时卫生学校的护士教员郭庆兰建立了深厚的感情。在聂荣臻司令员的关怀下，柯棣华与郭庆兰举行了简朴的婚礼，一年后生下一子，取名印华，以纪念中印两国人民的友谊。

长期艰苦紧张的生活和超负荷的工作，使柯棣华的身体越来越差，特别是他在从太行到晋察冀的行军途中，吃了不洁的猪肉，患了绦虫病。他只顾给八路军伤员治病，从来没把自己的病放在心上，最后发展成为癫痫病，从 1942 年起发作的次数越来越频繁。同志们多次发现他发病后四肢摔伤，嘴里流着鲜血。聂荣臻司令员非常关心他的身体，为此提出三点方案：

一、到延安休养一段时间；二、通过地下党的关系到附近城市住院；三、到香港或印度去治疗。但他却拒绝党中央和晋察冀军区为他安排回印度或去香港治疗的机会，他说前线需要我，我不能离开，坚持带病工作。1942年12月9日，柯棣华病逝于河北省唐县，年仅32岁。

1941年2月，巴苏华大夫奉命返回延安，担任八路军总医院五官科主任。由于他出色的工作和边区人民对他的信赖，被选为陕甘宁边区参议员，还负责编辑朱德任主席的东方民族反法西斯同盟的《中国报道》杂志。直到1943年6月回国，巴苏华是医疗队中援华时间最长的一位大夫。

至此，除柯棣华大夫牺牲在中国外，其他四位大夫全部归国，印度援华医疗队完成了她的历史使命。

新中国成立后，中国人民更加怀念柯棣华大夫和印度援华医疗队的朋友们。1957年，医疗队的卓克华、巴苏华、木克华和柯棣华的哥哥孟凯什访问中国。1957年12月1日，印度援华医疗队队长爱德华，在访华期间病逝于北京协和医院，并将骨灰的一半撒在黄河。巴苏华回印发起组织了全印柯棣华纪念委员会，并任该会主席；他还多次访华，1986年病逝后，骨灰一半葬于中国……

萌芽于武乡的华北朝鲜青年联合会

朝鲜是我国山水相连、唇齿相依的邻邦。自1910年日本吞并朝鲜后，朝鲜人民不畏强暴，奋起反抗，为了恢复祖国独立和民族解放，开展了长期艰苦卓绝的反日独立斗争。由于日寇的残酷镇压，大批志士移民海外，使海外的朝鲜独立运动蓬勃开展，而尤以中国境内的朝鲜反日独立运动（以下简称“独立运动”）为最。在独立运动中，中国境内先后存在过许多党派、团体，华北朝鲜青年联合会（以下简称“朝联”）就是其中一个有影响的组织。而华北朝鲜青年联合会最初的筹备工作，就是在武乡进行的。

听了石鼎的报告之后，中共中央北方局、野战政治部立即召开会议，并与当时在武乡的朝鲜籍人士，一致同意，组建华北朝鲜青年联合会

中国共产党一直关心、支持朝鲜的独立运动。早在第二次国内革命战争时期，就有一些朝鲜志士来到江西中央苏区和中国共产党并肩战斗。其中最著名的是武亭，在红军连队中创立炮兵，后参加长征到陕北。抗日战争爆发后，又有大批朝鲜青年奔赴延安。到1940年，仅从延安抗日军政大学毕业的朝鲜革命青年就达40名之多。

1939年年初，在延安的武亭等11位朝鲜独立运动志士联名致函中国关内地区的朝鲜反日独立运动著名人士金九、金若山等26人，呼吁中国境内朝鲜反日运动者团结合作，建立反日民族统一战线。“我们要不分主义和党派，只要是希望祖国解放和独立的同胞，唯有在祖国独立的旗帜下团结起来”。

在抗战中，中共中央和毛泽东主席十分重视解放区朝鲜干部的工作，指出：“尽快组织起八路军内的朝鲜籍干部，把工作重心转移到培养和造就本民族干部队伍，为解放本民族积蓄力量”。八路军总部对在八路军中的朝鲜籍士兵也非常重视。

1940年夏，在重庆的朝鲜义勇队，准备将义勇队的成员分拨各地，分别组成华北支队、华中支队和华南支队，到八路军、新四军和华南纵队之中去，决定将工作重心由敌前改为敌后。为使华北支队尽快组建，让义勇队成员尽早开赴太行抗日前线，由义勇队负责人之一的尹世胄化名石鼎，来到太行山与八路军联系。他经洛阳八路军办事处到达太南地区，新一旅派人护送他到武乡八路军总部。石鼎来到武乡，受到彭德怀、杨尚昆、左权、罗瑞卿、陆定一等领导的亲切接见。石鼎谈了将朝鲜义勇队拉到太行山抗日前线的想法：从他们旅华的生活实践中看到，只有中国共产党和八路军才是中国人民的希望，才是朝鲜人民的真正朋友，所以决定离开国统区到敌后根据地来和八路军、决死队并肩打鬼子，学习游击战术，以便将来打过鸭绿江，解放自己的祖国。

朝鲜义勇队是在中国抗战开始后，由在华朝鲜青年组织的一支抗日武装。朝鲜义勇队在对敌宣传、情报、特工、抗日宣传、敌后工作、军民合作、军队政治工作、扩大武装队伍、争取国际援助、加强朝鲜独立运动各党派间的团结等方面都做了大量工作，成为中国抗日战场上一支威名远扬的队伍。但是，在国统区他们的活动处处受限，特别是抗日战争转入相持阶段后，蒋介石消极抗日，继而支持韩国光复军，并处处打压朝鲜义勇队。由于国民党的消极抗日和对朝鲜人的歧视态度，使这些具有强烈爱国主义、国际主义思想和民族自尊心的朝鲜青年极为愤慨，他们决定离开国统区，奔赴八路军、新四军领导的抗日战场。

当时，在华北参加抗战的朝鲜人很多，他们不仅精通朝鲜语，而且也熟习日语；再加上日本在控制朝鲜以后，为弥补兵员的不足，推行了一系列奴化朝鲜人的政策，在朝鲜大量征兵，也就是说侵华日军中有相当数量的士兵是朝鲜籍。这样组织朝鲜人来参加中国抗战，在朝鲜侨民和侵华日军的朝鲜籍士兵中积极开展宣传工作，揭露日军的欺骗宣传，报道中国、苏联、美国、英国等国反法西斯斗争的胜利消息，宣传朝鲜民族抗日、民族独立的思想，鼓舞朝鲜侨民抗日的胜利信心，有着极其重要的作用，所以，我党早有成立一个在华朝鲜人抗日团体的想法。石鼎的到来，是促成尽快组织成立华北朝鲜青年联合会的动因。

听了石鼎的报告之后，中共中央北方局、野战政治部立即召开会议。同时，将当时在武乡的朝鲜籍人士，包括总部炮兵团团长武亭、北方局党校组织科科长陈光华等人，召集起来进行了研究。经过讨论，一致同意，组建华北朝鲜青年联合会。由于武亭担任总部炮兵团团长，工作非常繁忙，就抽调陈光华与石鼎一起，组成“华北朝鲜青年联合会”筹备组，设在武乡县烟里村。他们不仅对在八路军中的朝鲜籍人士进行登记，还通过各种方式取得联系，广泛征求意见，草拟了《华北朝鲜青年联合会》纲领草案，并要求华北各根据地的朝鲜籍人士推选代表，准备赴武乡参加成立大会。

到 1940 年 10 月，筹备工作基本就绪，但是，当时“百团大战”正在激烈进行，日军遭到我八路军严重打击后，也对我根据地进行疯狂报复，特别是八路军总部所在地武乡成为敌人报复性“扫荡”的重灾区，日军多次对八路军总部机关驻地砖壁、烟里、土河等村进行偷袭。虽然敌人在我八路军部队的打击下暂时退了回去，但从各方面情况看来，日寇通过密集的电台信号，已经侦察到我八路军总部机关的方位。为保证总部机关安全，八路军总部于 11 月 4 日离开武乡，经黎城、涉县，向辽县一带转移，因而，朝联的成立工作只好暂时搁浅。

1941 年 1 月 10 日，在八路军总部的关怀下，召开了由各地区朝鲜代表参加的会议，成立了华北朝鲜青年联合会，选举武亭任会长

1940 年 11 月 8 日，八路军总司令部移驻辽县武军寺村，中共中央北方局移驻下武，野战政治部移驻滩里村。石鼎、陈光华驻在上武村，继续完善朝联的筹备工作。经过紧张筹备，一切工作已经完善，经北方局与野战政治部批准，准备召开成立大会。由于上武村较小，不适应召开大会，便选址在桐峪镇。这里是辽县南乡最大的村庄，八路军许多机关都曾在此驻扎，有着很好的群众基础，也有较大的场地适应召开大型会议。各地代表从四面八方来到桐峪。1941 年 1 月 10 日，在八路军总部的关怀下，召开了由各地区朝鲜代表参加的会议，成立了华北朝鲜青年联合会。

大会通过了朝联的纲领，主要内容是："1. 团结流亡在华北的朝鲜青年，参加光复祖国大业。颠覆日本帝国主义在朝鲜的统治，建立自由的朝鲜民族共和国。2. 拥护朝鲜全民的反日战线，发动全朝鲜民族的解放战争。3. 共同努力保护华北各地的朝鲜人，特别应对青年给予政治、经济、文化等利益。4. 保护在中国沦陷区痛苦呻吟的朝鲜人民，特别是青年，要进行安定的工作。5. 反对日本帝国主义侵略中国，积极参加中国的抗日战争。6. 资助台湾解放运动、日本人民革命的反战运动，以此结成韩、台、日民的反日联合战线。"

华北朝鲜青年联合会，正如该会纲领中所说的那样，为团结居住在全华北以至全中国的朝鲜青年，使其以参与朝鲜独立大业为第一目标，致力于结成朝鲜抗日民族统一战线。针对以往独立运动中党派林立的状况，强调各团体团结的重要性，"对于中国各地的朝鲜各革命团体，主张不分阶级、党派、性别、宗教和信仰，团结一致"。指出要积极参加中国抗日战争，中国的抗日战争是和我朝鲜民族解放运动有着密不可分的共同的联系的。显然，中国抗战胜利的曙光，即朝鲜民族获得解放的希望。会议规定目前联合会的工作任务是：积极参加中国抗日战争，打击日寇，促进朝鲜民族解放事业的发展，抓紧培养干部；统一中国境内的朝鲜各革命团体；将在华北的同胞扩大到革命战线中来。

华北朝鲜青年联合会经过推荐与选举，确定了朝联的领导成员：由武亭任会长，李维民任组织部部长，振光任宣传部部长，韩得志任经济部部长。朝联成立时驻在桐峪，后由于形势所迫，曾迁至黎城县看后村，1942

年 7 月又转到河北省涉县中原村。

为了更好地进行抗日斗争，朝联在八路军总部的支持下，让朝鲜义勇队从重庆开到河北涉县，于 1941 年 6 月成立了朝鲜义勇军华北支队，作为朝联的下属军事组织。由朴孝三担任支队长，李益世任副支队长，金学武任政治指导员，下辖第一、第二、第三队和留守队，分别由李益星、金世光、王子仁、吕运吉任队长；另有金昌满等日军占领区工作队员 17 名。朝鲜义勇队华北支队主要由三部分朝鲜爱国抗日志士组成：一部分是以武亭为首的在中国共产党中的朝鲜志士；第二部分是原朝鲜义勇队的大部分成员；第三部分是华北地区的朝鲜侨胞。

华北朝鲜青年联合会成立以后，便遵照自己的纲领，积极开展各项活动。直到 1942 年 7 月，改组为朝鲜独立同盟

华北朝鲜青年联合会成立以后，便遵照自己的纲领，积极开展各项活动。首先建立健全各地分会：1941 年 7 月 8 日，在延安成立了陕甘宁支会；1941 年 11 月 10 日，成立了晋察冀支会；1942 年 5 月 5 日，成立了山东支会；后又陆续在冀鲁豫、晋西北等地设立支会。

二是开展武装宣传工作。在朝联的领导下，朝鲜义勇军华北支队队员皆配备了武器。在八路军的配合下，分成若干支武装宣传队，活跃在华北太行山、晋察冀边区、晋西北、山东、安徽等抗日根据地、游击区和沦陷区开展武装宣传。该组织的武装宣传工作分为对敌宣传和对朝民众宣传两部分。对敌宣传包括散发标语传单和阵地喊话，以及教育日俘。从 1941 年 7 月至 1942 年 8 月，共散发中、日、韩文传单 3 万多张。

三是直接参加军事战斗。朝联指挥下的朝鲜义勇军华北支队，多次与八路军并肩作战，奋勇杀敌。从 1941 年 7 月到 1942 年 8 月，参加大小战斗共达 40 余次。

四是开办军政学校，为了接纳北上的朝鲜义勇队队员和奔赴华北的朝鲜抗日志士，培养干部。1941 年 8 月，在桐峪镇设立了朝鲜义勇军干部训练班，对参加的学员进行共产主义思想教育和军事政治训练。

1942 年 4 月，朝鲜革命领袖、朝鲜民族革命党中央常务委员金斗奉等大批朝鲜抗日志士从国统区到达华北，为组成更加广泛的革命团体。7 月 11 日至 7 月 14 日，朝联在太行根据地的河北省涉县中原村召开第二次代表大会，会议决定将朝鲜青年联合会更名为朝鲜独立同盟。至此，朝联完成了历史使命。

华北朝鲜青年联合会在华北敌后虽然仅仅存在了一年半的时间，但是，其组织得到较大发展。朝联的发展壮大，使朝鲜革命志士在艰苦的抗战环境中增长了斗争经验和进步思想，为朝鲜的独立和建设培养了许多政治军事人才。华北朝鲜青年联合会的抗日斗争，不仅在实践方面有力地支援了中国的抗日战争，而且在精神方面极大鼓舞了中国人民的抗日斗志。同时，它也在中国抗日军民的帮助下，团结了一大批朝鲜志士，共同抗战，成为在华朝鲜人反日建国的一面旗帜，壮大了打击日本侵略势力的国际反法西斯统一战线。

朝联与华北军民并肩战斗、相互支持、生死与共，结下了深厚的友谊，巩固发展了朝中世代友好。正如朝联成立时指出的那样，“要很好地理解中华民族的抗日战争，朝鲜和中国同生死、共荣辱，同舟共济”。

诞生于武乡的日本人反战组织——觉醒联盟

1939年11月7日，由杉本一夫发起，并由小林武夫、冈田义雄、高木敏雄、吉田太郎、石家修、松井英男等7名日本士兵组成的，在山西省武乡县王家峪村成立了第一个在华日本人反战团体——觉醒联盟。

抗战期间，中国人民抗击日本侵略的正义斗争，博得了国际社会和各国人民的广泛同情与支持。在华日本人组织反战同盟，那些曾经在战场上的鬼子兵，经过反省，站到了反战的行列中，组织起了这样一支特殊的国际主义队伍，他们被中国老百姓称为“日本八路”。他们的出现及其抗日义举，被称为“世界战争史上的奇迹”。

为了加强敌军工作，八路军总部在各根据地及部队中普遍成立了敌军工作部，在中国共产党抗日统一战线政策的指导下，各抗日根据地的日本人反战运动逐步发展起来

在敌后抗日斗争中广泛组织和发动日本人的反战运动，是中国共产党在抗日战争中始终坚持的一项重要政策，也是中国共产党反法西斯统一战线思想的具体体现。在这项政策的指导下，八路军敌工部大力开展对俘虏的教育工作，敌后日本人的反战运动从无到有、从小到大，在抗日战争中发挥了重要作用。

早在抗战爆发之初，中共中央就本着反法西斯统一战线的思想，在十大纲领中提出了建立反侵略同盟和联合日本工农人民反对日本帝国主义的主张。

1937年9月25日，中国共产党又发表了《告日本陆海军士兵宣言》（以下简称《宣言》），指出：中国人民进行的是反侵略的、正义的民族解放战争，针对的只是日本的军阀，决不反对日本的工农。《宣言》向日本士兵宣布了中国军民奉行的优待俘虏政策，并号召日军士兵掉转枪口，反对侵略战争，与中国军民联合起来反对共同的敌人。为了更好地体现这一政策，感化日军官兵，促进日本人反战运动的兴起和发展，八路军总部于1937年10月25日向所属部队发布命令，敦促各地部队严格执行俘虏政策："一、对于被我俘虏之日军，不许杀掉，并须优待之。二、对于自动过来者，务须确保其生命之安全。三、在火线上负伤者，应依阶级友爱医治之。四、愿归故乡者，应给路费。"

但当时由于日军士兵日本军国主义的教育，思想极为顽固，在著名的平型关战斗中，原计划抓一些俘虏，一一五师师长林彪曾说："我原来还想多抓些俘虏拉到太原街上示众，结果一个也没抓到。"其实战斗中还是抓了一个日军俘虏，不过不是八路军抓的，而是附近农民抓的。农民们绑住俘虏的手想把他送给八路军，可日本兵却疯狂反抗，被愤怒的农民把俘虏打死埋在山上。有一位营长背起一个半死不活的日本伤兵，准备送往急救站，半路上伤兵稍稍缓过劲儿来，一口咬掉了营长的耳朵；还有一位通讯员收电话线时，发现汽车底下躺着一个日本伤兵，受了重伤，呻吟不止，通讯员掏出纱布准备为他裹伤，结果那伤兵却扬手一刀刺进了通讯员的腹部……在这场战斗中，1000多名日军士兵战死，八路军战士也付出了牺牲600余人的代价。这么大的伏击战没有抓到一个俘虏，可见日军顽抗到了何等地步，双方搏杀的残酷程度由此可见一斑。

八路军总部非常重视敌军工作，改编之初就在八路军政治部下设了敌工部，由周桓任部长，蔡乾任副部长。1938年年初，蔡乾任部长，副部长先后由谢振华、漆克昌担任。八路军各师均有敌工部机构，各旅、团也配备专职人员负责此项工作。

1938年10月，毛泽东在六届六中全会所作《论新阶段》的报告中，深刻阐述了各项战略任务，其中，组织日本人的反战运动，建立广泛的反侵略统一战线占有重要地位。毛泽东指出：抗日战争是长期的，因此，各项方针也应着眼于长期性，必须争取建立包括日本军民在内的共同的反侵略统一战线。为了达到这个目的，必须教育全体抗日官兵区别对待日军上级军官和下级官兵，区别对待日本帝国主义和日本人民，以广泛的宣传，逐渐感化日军官兵。尊重并优待俘虏，对其进行教育，经过他们去影响其余，促进反侵略统一战线的建立和发展。

为贯彻这一思想，八路军总部在各根据地及部队中普遍成立了组织日本人反战运动的敌军工作部和敌伪军工作委员会。在中国共产党抗日统一战线政策的指导下，各抗日根据地的日本人反战运动逐步发展起来。

随着根据地俘虏人数的增加，俘虏教育的任务也越来越大，杉本一夫提出了成立一个由日本人自己管理的反战组织的设想

事情要从杉本一夫被俘说起。1938 年 7 月 29 日清晨，八路军士兵打进邢台双庙村，在火车站附近的村公所里俘虏了满铁土建公司派驻华北职员、负责石料厂监工的前田光繁。当时，前田光繁心里感觉他死定了，因为他一直以来听到军国主义上级的宣传是：八路军很残暴、很凶狠，抓住俘虏会凌迟处死的。然而，他不仅没有被杀，而且亲身体会了八路军优待俘虏的政策，八路军自己吃赖的给他吃好的，自己走路让他坐车……为了不让他的家属受害，还为他改名为杉本一夫。在 129 师师政治部敌工部部长张香山的教育下，他懂得了共产党的信念、八路军的三大纪律八项注意，也了解到这场战争不仅是日军对中国百姓的残害，而且日本人民也是战争的受害者……

经过半年多的教育，他真正认清了日本侵华战争的本质，于是在张香山的建议下，他开始参加八路军的工作，成为 129 师敌工部的成员。

1939 年夏，八路军总部来到武乡后，从前线送来的日本俘虏渐渐多了起来。因为敌工部了解到，给日军送回去的俘虏，日军当局就会立即把他们隔离起来，或送进监狱，或秘密处死。为此，野战政治部敌工部决定创办一个俘虏教育班，专门教育日本俘虏，让他们转变思想，到反战的阵营中来。根据杉本一夫的表现，野政决定调他来做管理俘虏的工作，用这些日本人来教育日军俘虏的效果最好，他们可以用自己当俘虏的亲身经历，来感化有相同处境的俘虏。这种教育方式收效明显。没多久，送来的俘虏，思想基本都有了转变。

随着根据地俘虏人数的增加，全部组织集中在野政进行思想教育，有很大难度。野战政治部准备将他们分散调往各地区和各部队，专门从事敌工工作。那么，如何保证各根据地间的俘虏工作相互配合和有机联系，这便成为敌工工作的最大难点。为此，杉本一夫与几个人商量，成立一个由日本人自己管理的反战组织，在之后的俘虏工作中，随时交流，总结经验，相互研究，这样不论在对日军的宣传上还是在对俘虏的教育上，都会更为有利。但是，由日本人自己来做这个工作，八路军领导会不会同意他们的想法？杉本一夫便亲自找野政敌工部副部长漆克昌汇报。漆副部长立即将他们的建议汇报给野政领导，野战政治部领导经过认真研究，认为这是一件极好的事情，对敌军工作将起到重要作用，很快同意了他们的建议，并指定由杉本一夫牵头负责筹备工作。

最先参加筹备工作的人员除杉本一夫外，还有小林武夫、冈田义雄、高木敏雄、松井英男、吉田太郎、石冢修等人。

在漆克昌副部长的指导下，筹备组成员立即开展了筹备工作。筹备组设在武乡县枣林村。对于杉本一夫来说，筹备组织一个反战机构，这是没有先例可以参考的，所以他感到很困难，没有经验，筹备工作无法开展，不知道该如何起步。杉本一夫找漆克昌同志帮助，在漆克昌的支持下，首先制定了一个类似组织章程的工作纲要，让大家讨论研究并进行修改，之后还制定了一些工作守则、联系措施等。

正在他们有条不紊地准备时，突然从重庆传来一个消息，说日本知名进步作家鹿地亘正发起反战呼吁，准备在重庆组织“在华日本人反战同盟”。为了与鹿地亘配合，南北呼应，形成一个更大的反战群体，野政首长建议，希望他们立即与鹿地亘联系，如果可以的话，成立“在华日本人反战同盟”华北支部。这样，杉本一夫马上就给鹿地亘写信，可是很久没有等到回音，他们有点着急。经再次请示，野政决定，为尽快推动华北前线的敌军工作，根据地自己成立独立的反战组织。

经过紧张筹备，敌后抗日战场上的第一个日本人反战组织——觉醒联盟，在山西省武乡县王家峪村正式成立

在整个筹备工作过程中，还有一项工作让大家颇费脑筋，那就是这个组织叫什么名字合适？他们想了好几个名字都感觉不恰当。有一天，野政敌工部干事、曾留学日本的右江书，给他们送来几本日本编辑出版的杂志，其中有一本杂志上报道了泽村贞子女士组织了一个左翼启蒙剧团。泽村贞子是日本著名演员，曾主演过《内街交响曲》《巧克力与士兵》《浴池新娘》等影片，是日本当时最有影响的演员之一。她之所以成立这个左翼启蒙剧团，起名“唤醒队”，主要是在国内进行反战宣传，希望通过这个组织来呼唤更多的日本军人觉醒，参加到反战的行列中来。这条消息引起了他们的注意，能不能利用这个创意，把他们的组织叫作“唤醒联盟”，唤起在华日本军人思乡厌战的情绪，唤醒来中国参战的日本军人放下屠刀，挣脱法西斯的统治。

经过讨论，大家一致同意了这个建议，因此就将该组织定名为“唤醒联盟”，并决定找一个有意义的日子正式成立。11 月 7 日，是苏联庆祝“十月革命”纪念日，22 年前的这一天，列宁领导的布尔什维克党 2 万名赤卫队员和革命士兵在 10 辆装甲车的配合下，包围了沙俄资产阶级临时政府的最后据点——冬宫，推翻了沙俄专制统治，布尔什维克党在俄国夺得政权，确立了苏维埃制度，世界上第一个社会主义国家光荣诞生。为了表达他们的革命性，“唤醒联盟”的成立日就确定在这一天。

1939年11月7日，在武乡县王家峪村口的一片空地上，由经过教育思想转变了的日本俘虏在此召开了“唤醒联盟”成立大会。会议在简朴庄严的气氛中进行，会议由野政敌工部副部长漆克昌主持，杉本一夫作了筹备工作报告，宣布了组织章程和工作纲要。八路军野战政治部主任傅钟、副主任陆定一等首长也到会祝贺。大会通过了“唤醒联盟”的宗旨，即“呼唤广大日军士兵觉醒，反对非正义的侵略战争，揭露日本法西斯破坏和平与侵略中国的本质与罪恶。号召中日两国人民团结起来，共同打倒日本帝国主义。”会议选举杉本一夫为会长，这是敌后抗日战场上的第一个日本人反战组织。

“唤醒联盟”正式成立不久，他们就发现一些问题，当他们的资料传进敌人的据点时，却而产生了反作用，天皇是日本神教的重要组成部分，也是日本人生活与精神的重要支柱，天皇在日本人心中的地位是举足轻重的。“唤醒”是使人醒悟的意思，用这个名字显得太狂妄，只接受天皇引领精神的日本人，怎么会让他们来唤醒呢？为了避免引起日军士兵的反感，马上决定组织更名。那么究竟起一个什么名字最好呢？这个问题又重新让他们思考起来，就在这个时候，松井英男突然发现他们这个组织的中文译名为“觉醒联盟”，便说：“我们能不能叫觉醒联盟呢？”

“觉醒”与“唤醒”虽然只有一字之差，但词意却有极大不同。“唤醒”是使人醒悟，是施于别人，是被动的；而“觉醒”则是自我觉悟，是主动的。要让日军士兵主动加入反战行列，成为反法西斯的一员，这才是他们的初衷。因此大家都感觉这个名字好，就决定改名为“觉醒联盟”，并创办了机关刊物《觉醒》。

关于鹿地亘的消息，后来他们才知道，鹿地亘在重庆发起成立“在华日本人反战同盟”并不顺利，工作无法开展，鹿地亘只好转道桂林。1939年12月，才在桂林成立了西南支部；1940年7月，“在华日本人反战同盟”总部在重庆成立，鹿地亘任会长。这个组织是通过日本革命志士的努力，并在中国共产党人周恩来、郭沫若等的关怀、支持下建立的。由于国民党政府的阻挠，重庆总部与华北敌后战场上建立的反战组织联系很少，互不隶属。

日本人反战组织，经过了华北日本士兵觉醒联盟——在华日本人反战同盟——日本人民解放联盟的演变，在东方人民反对日本法西斯的斗争中发挥了重要作用

由杉本一夫发起成立日本士兵“觉醒联盟”的消息传出之后，在整个华北根据地的敌军工作中引起了极大反响，各根据地纷纷效仿。1940 年 6 月 2 日，在一一五师敌工部的支持下，由本桥朝治发起组织了日本士兵觉醒联盟山东支部；1941 年 8 月 15 日，水野靖夫创办了日本人觉醒联盟冀鲁豫支部；1941 年 11 月 25 日，秋山良照建立了日本士兵觉醒联盟冀南支部；1942 年 8 月 1 日，渡边三郎组织了日本士兵觉醒联盟太岳支部。日本士兵觉醒联盟，培养了一批反战活动骨干，在日军中的影响日益增大，八路军的俘虏政策在日军士兵中或明或暗地传说着，例如 1942 年在榆（社）武（乡）公路上的白庄战斗，一次就俘虏了 6 名日军士兵，与前几年的情况有了很大的不同。

1940 年 4 月，日共驻共产国际代表野坂参三从莫斯科经新疆，穿越封锁线，秘密来到延安，受到毛泽东等中共领导人的热烈欢迎，并留在延安和中共一起反对日本帝国主义的侵略战争，领导在华日本人的反战活动。根据当时的形势，野坂参三化名林哲，后改名冈野进以日共代表身份公开露面。

1940 年五一劳动节，在延安的日俘士兵森健、高山进、市川春夫等人在八路军政治部敌军工作部的帮助下，创建了“在华日本人反战同盟延安支部”，刚到延安的野坂参三也积极参与了该组织的创建工作。反战运动迅速开展，相继在冀中、晋察冀、山东、华中等抗日根据地建立了反战同盟支部。这些反战组织利用书信、报刊、广播等形式，沟通日本士兵的民族感情和同胞情谊，并介绍八路军和共产党的情况，以便更好地反对法西斯战争。1942 年 6 月，在延安的日本人在反战同盟的基础上，创办了“在华日本共产主义者同盟”，于同月 23 日在延安日本工农学校召开成立大会。推举斯大林、季米特洛夫、市川正一、毛泽东、朱德为大会名誉主席团成员。冈野进致开幕词，并作了同盟成立经过的报告。他说：“参加本同盟的人都经过严格审查，全体盟员共 24 人。从出身来看，职员占 50%，工人占 33%，农民和小商人各占 8.5%。本同盟不是共产党，而是接近共产党的组织。参加本同盟的人，必须在各方面都起到模范作用。希望全体盟员为将来做一个真正的共产党员的标准而努力，为推翻日本的天皇制度，建立新日本而努力。”大会号召，遵循中共与日共的道路前进，打倒日本法西斯，建立人民政权。大会通过了《在华日本共产主义者同盟章程》，选出冈野进、森健中、小路静男、大山光美、杉本一夫、松井、高山为同盟领导人。

1942 年 8 月，在延安召开了华北日本士兵代表大会和反战团体代表大会。会上提出 14 个方面 200 多条有关日本士兵向日本军部的要求。大会决定将“日本士兵觉醒联盟”和“在华日本人民反战同盟”合并为“在华日本人民反战同盟华北联合会”。从而使华北地区抗日根据地内的各个在华日本人民反战团体，在组织力量、思想认识和行动方式等方面达到空前统一。到 1944 年，反战同盟的组织已发展到 13 个支部，一批批反战同盟的朋友奔赴我八路军各个战区，他们和八路军战士一道对日军喊话、散发传单、写信和做日本侨民工作。1944 年 1 月，在华日本人反战同盟扩大执委会在延安召开，根据几年来的工作情况，制定新的工作方针以指导今后工作，并讨论如何组织“日本人解放联盟”。1944 年 4 月 9 日，解散了“在华日本人反战同盟”，正式成立了“日本人民解放联盟”，标志着日本人民在延安的反战斗争进入一个新阶段。1945 年 8 月 15 日，日本宣布无条件投降。30 日，日本人民解放联盟、日本共产主义者同盟和日本工农学校等单位，在延安举行出发回国纪念大会。会后，其组织成员相继返回日本。

日本人反战活动取得了很大的成绩，这些成绩主要有：一是在对日军的反战宣传、瓦解日军士气、唤醒日兵觉悟这一中心工作方面，发挥了无法替代的特殊作用，贡献突出。二是在抗日工作的其他战线，如根据地的生产运动、抗日宣传、军事教育、卫生服务等方面，也付出了巨大努力，业绩卓著。同时，不少反战盟员与八路军、新四军并肩作战，血染沙场，谱写了一曲曲国际主义壮歌。在华日本人的反战活动，促进了日本士兵和日本人民的觉醒，加速了日本法西斯灭亡的进程，有力地支援了中国人民的抗日斗争和日本人民的反战斗争，在东方人民反对日本法西斯的斗争中发挥了重要的作用。日本人反战组织成员与根据地军民同心协力，并肩战斗，用鲜血和生命援助了中国人民的抗战事业，并用他们的正义行动，鼓舞了抗日军民斗争的勇气和争取最后胜利的信心。他们以实际行动向我们表明了日本人民对和平的热爱，增强了我们维护和发展中日友好关系的信念。

日本人反战组织，经过了华北日本士兵觉醒联盟—在华日本人反战同盟—日本人民解放联盟的演变壮大后，到 1945 年 8 月，共发展建立了 2 个地方协议会、4 个地区协议会、20 个支部，盟员达 1000 余人。1945 年 9 月至 1946 年上半年，随着抗战胜利，日本人民解放联盟成员大部分陆续回国，联盟自行解散。

为了中国人民的正义事业

追求和平与正义，是人类社会的永恒目标。

中国抗日战争爆发后，许多爱好和平的各国人士，抱着追求人类和平的美好理想投身到中国人民的正义事业中来。许多国际友人远渡重洋来到中国，为了支持八路军抗战，他们来到太行山上。众多国际友人把青春、热血乃至生命都献给了中国人民的独立和解放事业，献给了人类的和平事业。

中国人民抗日战争既是正义的民族解放战争，也是世界反法西斯战争的重要组成部分。中国人民不仅是为了民族独立和解放而战，也是为了世界和平而战。中国人民追求和平与独立的正义战争，理所当然地得到了世界上爱好和平的各国人民的帮助和支持。

卡尔逊，第一个考察根据地的外国官员

卡尔逊

卡尔逊，全名埃文斯·福代斯·卡尔逊，生于1896年。美国少将。1912年参加陆军。1927年至1929年第一次来华，任美国海军陆战队第四团情报官。1933年至1935年第二次来华，在美国驻北平使馆卫队中做情报工作。1937年卢沟桥事变后第三次来华，在前往晋察冀、冀南时途经武乡。在以后的18个月里，作为美国海军部观察员一直和中国军队在一起，考察了抗日战争的正面战场和敌后战场，亲身经历了上海抗战和台儿庄战役，热情赞扬前线士兵的勇敢精神。曾说服美国亚洲舰队总司令哈里·欧文·亚内尔海军上将和蒋介石，在斯诺和周恩来的帮助下，进入八路军活动区进行考察，同八路军将领和战士们一道步行或骑马4000千米，足迹遍及5个省，多次冒险偷越日军封锁线，经历许多场小规模战斗。他从游击战争的发展看到日本侵略者必败的前景，从共产党、八路军身上看到中国的希望。1942年，被罗斯福总统提升为少将，领导海军陆战队近战兵。灵活运用八路军的游击战术，袭击日本占领的太平洋岛屿，战功卓著，三次获得海军十字勋章。1946年卡尔逊以少将军衔退役，他再也没有被委派指挥任何部队。1947年5月，溘然辞世，享年51岁。1940年曾著有《中国的双星》《中国的陆军组织和军事效率》两本书并出版。

1938 年 1 月，曾路经武乡。

这是一位美国军人的故事。

从他 1927 年第一次来到中国，便喜欢上了中国。之后他又两次来到中国，特别是在抗战之初，来到共产党领导下的抗日根据地，看到八路军与根据地人民同甘共苦、浴血奋战，深受感动，毛泽东、朱德与他坦诚相见，使他看到了中国的希望。他怀着善良的愿望，为中美共同利益大声疾呼，他曾经寄希望于蒋介石，劝说他摒弃成见，与共产党联合一致抗日，以求民族独立和解放。然而，这个愿望破灭了。太平洋战争爆发后，他受命组建“工合营”，在两艘美军潜艇的配合下，奇袭日军在吉尔伯特群岛的总部所在地马金岛，取得了第二次世界大战中美军首次两栖登陆战的胜利，令美国人民为之振奋。1942 年 11 月，在瓜达尔卡纳尔岛战役中，又运用八路军的军事战术开展了几个月的丛林游击战，伏敌 30 次，以死、伤各 17 人的代价，共歼敌 800 人，被称为美国海军陆战队历史上最重要的一次巡逻作战。因功被授予海军十字勋章，成为美国反法西斯战争的英雄和美国历史上最有影响的 13 位海军陆战队将领之一。

他就是卡尔逊将军。

在八路军根据地考察，他最大的感受就是：中华民族的脊梁还在，没有人能战胜这样的民族

卡尔逊，全名埃文斯·福代斯·卡尔逊，1896 年出生于美国一个公理会牧师的家庭。早年辍学，16 岁参军，曾任罗斯福总统在佐治亚州温泉公寓的侍卫官。1927 年第一次来到中国，很快就喜欢上了中国。从 1927 年 2 月第一次到上海，到 1929 年 9 月回国，其间，卡尔逊“开始走上有政治头脑的道路”，并于 1929 年 6 月作为海军上将布里斯托尔的参谋人员参加了孙中山先生的葬礼。1933 年到 1935 年再次来华，在美国驻北平公使馆任《公使馆卫队新闻》编辑。1937 年春天，卡尔逊第三次要求到中国执行任务的申请被批准了。起身前一周，卡尔逊受到罗斯福总统的单独接见。此时，正处于世界大战全面爆发的边缘。罗斯福多给卡尔逊一项十分特殊的任务："希望你不时地给我写信，告诉我你眼里的中国已经发生的和将要发生些什么。"

当卡尔逊乘"麦金利总统"号轮船抵达上海，正是中国全面抗战爆发之时，日军的飞机正在狂轰滥炸。美军驻亚洲舰队司令亚内尔改派卡尔逊作为情报观察员，去了解中国人与日本人如何作战。卡尔逊和其他观察员在租界边缘楼房中租一个窗口，就能清楚地看到这场战争的详情。当他们看到中国军队在日本的坦克、大炮射程内英勇进攻，又一排排倒下时，这个传教士儿子的内心激起强烈义愤。他很想拣起中国人的步枪向日军开火，卡尔逊对身边的观察员说："真想冲过去，拣起阵亡者的枪跟鬼子拼呀！"但是，美国当时还没有对日宣战，他只能咬咬牙控制住自己的情绪。

难道除了作战不力的国民党军队外，中国再没人抗日了吗？中国还有救吗？卡尔逊面对和他一起目睹淞沪抗战的悲壮和惨烈的记者埃德加·斯诺，内心想起了斯诺所写《红星照耀中国》一书中的情景。他对斯诺说："在尼加拉瓜，我到处追击桑地诺领导的游击队，花了两年的时间，因此，我并不低估在中国这样一个幅员辽阔的国土上打游击战的可能性，但是关键要有好领导和高昂的士气。我本人到目前为止还没有见过像你书中所写到的毛泽东、周恩来、朱德和彭德怀等将领那样的中国人。他们可能是不同的。如果他们真正是士气高昂和纪律严明，如果他们的领导，真像你所说的那样足智多谋，如果……那么就有理由相信中国的未来可能是属于他们的。可我怀疑是真有那样的人，还是你凭空编造出来的？""你有这么多怀疑，为什么不亲自去看看呢？不过到目前为止，还没有任何一个外国军官敢勇敢地穿越封锁线到他们那里去。"斯诺的激将法确实有点儿灵。卡尔逊动了心思，他耸耸肩说："我已经有了想法，可是如果我出现在朱德的司令部时，他们会怎样对待我呢？会把我当作老牌帝国主义的间谍吗？"斯诺说："共产党的胸怀和太平洋一样。"

卡尔逊决定去华北，并将申请通过端纳递给蒋介石。端纳认为他不会有所收获，而且去内地旅行有困难、很危险。卡尔逊的回答是："我不要求政府保证我的安全。"没想到卡尔逊的申请很快得到批准。于是，他带了埃德加·斯诺写给武汉八路军办事处的一封短信，介绍他是一位思想公正、有强烈抗日要求的军官，他想亲自去看看共产党领导的八路军的抗日斗争。武汉八路军办事处与延安联系后，很快安排了他到敌后游击队根据地去旅行。1937 年年底，卡尔逊来到了位于山西洪洞县内的八路军总部，会见了八路军总司令朱德等人。之后八路军政治部主任任弼时委派战地记者周立波，陪同美国军官卡尔逊前往前线考察，并充任翻译。

1937 年 12 月 26 日，卡尔逊背上干粮袋，在一支小部队的护送下，开始向千里之外正遭受日军疯狂进攻的晋察冀抗日根据地进发。卡尔逊此行准备考察晋察冀、冀中、晋绥。周立波带他离开洪洞，翻越太岳山。1938 年 1 月 3 日，经过山西第三行政公署到达武乡，在武乡县城小住一晚，第二天又继续东行，此时的武乡虽然还未遭受日寇入侵，但这里的人民抗日热情已经十分高涨，到处可以看到组织起来的游击队伍在训练，也可以看到少数的八路军在宣传，时而也可以听到游击队员们高呼着抗日口号。更让他感到特别的是，武乡沿途的村庄里，居然到处贴满标语，内容都是欢迎卡尔逊的，"欢迎美国志士参加中国抗战""欢迎美国参战国来华"……武乡是个很早就有了共产党组织的县份，全面抗战开始后，民众抗日热情也极度高涨。虽然卡尔逊并不是来参加中国抗战的，只是来看看中国军队是如何作战的，但在共产党、八路军活动的区域，能表现出如此友好的气氛，卡尔逊的心中还是非常高兴。徒步行走 100 多里，又住在武乡东部的洪水镇，这里是晋东南北部的一个繁华的大镇，镇上也贴满了欢迎卡尔逊的标语，特别是人们看到了他这个大鼻子外国人，感觉格外新鲜，不由得围拢过来，并窃窃私语着。卡尔逊虽然会中文，但他还是听不懂百姓们说的是什么，因为他们的地方口音太重了，所以卡尔逊只是用微笑来和老百姓交流。

第二天，卡尔逊一行继续北行，他们经过武乡最东端的墨镫一带，这里是产煤区，一些小煤窑正在生产。可这简陋的生产方式让他感到好奇，井边支着一个转动的木架，四个人绞动着木架，把挖的煤绞上来。他走过去说："这样的方式，太原始了。"可窑工们看看他，不解地摇摇头，不这样怎么能把煤拿上来呀？他又说："你们为什么不用电呢？"窑工们回答："电在天上呢，能打死人，谁还敢弄它？"卡尔逊双手一摊，显得无可奈何地摇了摇头。离开武乡了，但走出很远，卡尔逊还一直与周立波谈论着走过武乡的感受。

在七六九团孔庆德将军的护送下，卡尔逊越过正太铁路，进入晋察冀边区。

在这次考察中，前后总计 50 余天，行程 1600 多千米。他先后考察了晋察冀、晋中、冀中、晋西北等敌后根据地。卡尔逊了解到一个全新的世界，他知道了什么是"三大纪律八项注意"，知道了什么是"统一战线"。他听到许多新词汇：军民鱼水情、政治思想工作、官兵一致、全民族共同抗日等。他的眼睛为之一亮，犹如发现了新大陆，心中涌起阵阵波涛。他看见过世界上好多国家的军队，却从未见过像八路军这样的军队与军官。他也为自己十年前在中国参与游行的行为感到几分惭愧。那时他是多么无知。

在这里他最大的感受就是：中华民族的脊梁还在，没有人能战胜这样的民族。

在延安的窑洞里与毛泽东会谈后，他的心底形成了一个预言：中国共产党必将在中国取得胜利

从八路军抗日根据地返回的时候，卡尔逊还专门前往临汾访问了阎锡山。之后渡黄河，经西安，3月初回到战时首都武汉。3月下旬，卡尔逊又往徐州和台儿庄前线访问，会见了程潜、李宗仁、孙连仲等国民党军将领。看到阵地战前线的军事行动，也看到了游击战的前线。这两类战争，后者似乎更适合中国的目标。这是他考察的结果。

再回到武汉，他找到国民党专门负责国际宣传的副部长董显光，希望他能安排一次与蒋介石见面的机会。董曾在美国基督教长老会的帮助下，赴美密苏里大学和哥伦比亚大学留学，是卡尔逊的旧时相识，自然是竭尽全力。

当时，蒋介石夫妇刚刚被美国《时代》周刊评为“年度伉俪”，心情极佳，再者说得知这位卡尔逊扮演着罗斯福特使的角色，蒋介石还希望得到美国的各种援助，所以也就慷慨答应了。谁知道在与蒋介石一个小时的谈话中，他们的这次会见并不愉快。

卡尔逊诚恳地介绍了他对八路军的认识，感到八路军在前方浴血奋战，是抗日的主力军，竭尽全力呼吁，政府应该“结束过去兄弟间的流血”，给予八路军援助。他对蒋介石说：“八路军是一支抗日生力军，他们在前方几乎天天与日寇作战，可是他们衣单食薄，急需食品、爆破筒和打坦克的弹药，尤其是医药和绷带。委员长，我以一个军人的名义代他们提出请求，请您尽快地向他们提供援助！”

听完董显光的翻译，蒋介石的脸上露出一丝不快，他看了看表从沙发上站起来，说：“感谢你对中国人的抗战表示同情。几个月来，你辛苦了。我还有一个重要会议，失陪了。”卡尔逊感觉到了话不投机。但他性格耿直，他深信自己的眼睛，他的所见所闻，已经深深印在自己的观念之中，他不会改变自己的看法。于是他又会见了周恩来、博古等人。

1938 年 4 月，卡尔逊又北上考察敌后的整个游击区。他先经郑州去西安，拜访了西安行营主任兼陕西省政府主席蒋鼎文。蒋劝告说："这样的旅行将是非常危险的。你为什么要去冒险呢?"卡尔逊回答道："我来自一个国家，那里的人民把自由、平等视为不可或缺的。为了保持这些权利，我们国家的人民经受过很多痛苦。我看到中国人民同样爱自由爱平等。从我已经看到的，我相信他们为了后代的自由平等，准备牺牲自己的享受、家庭以至生命……我将向全世界报道。以自由的名义，这种冒险是我国任何一个人都乐意去做的。"

虽然蒋鼎文不同意他北上，但卡尔逊还是在八路军西安办事处会见了林伯渠，并在林伯渠的安排下，正好与自愿为八路军服务的加拿大护士琼·尤恩一起，于 5 月初到达延安，成为第一个也是 1944 年 7 月美军观察组到延安前唯一访问过延安的美国官员。

毛泽东在卧室兼办公室的土窑洞里接见了卡尔逊。这是毛泽东第一次直接同一个具有官方身份的美国人进行谈话，而且这个人还负有定期向美国总统直接报告中国情况的任务。毛泽东就国内外多方面问题同卡尔逊进行了畅谈，从持久战、统一战线、减租减息、实行民主，到战后重建等问题。谈到美国对中国的帮助，毛泽东表示感谢美国对中国抗战的支持，同时，毛泽东直言日本会与美国开战，还指出美国向日本提供的战需物资达到了日本在海外采购的一半以上。卡尔逊听到这里惊得目瞪口呆，这是他根本想不到的。他的内心受到伤害，感到丢脸。

卡尔逊发现毛泽东的办公室里只有一支蜡烛、一面土炕、一张木桌和几架图书，他为如此简朴的共产党领导人而赞叹。在一支蜡烛黯淡的灯光中，毛泽东与卡尔逊一边喝着茶，一边剥着花生进行了彻夜长谈。从这样的交谈中，他体验到了国共两党领袖的做人差距。也在他的心底形成了一个预言：中国共产党必将在中国取得胜利。

为了促成卡尔逊第二次到敌后根据地考察，毛泽东特意安排刘白羽和欧阳山尊、汪洋、金肇野、林山等陪同，毛主席作了安排后，还给卡尔逊写了一封短信。

卡尔逊先生：

多谢你送给的烟！

现有一文艺工作团与先生五个人同行，先生的工作可从他们得到些便利，他们的工作也请先生给以可能的助力。主任刘白羽先生来见，请接洽，你要的翻译也由刘先生负责物色。

敬礼！

毛泽东

五月九日

卡尔逊一行从延安出发，一路访问了晋绥、晋察冀、太岳、冀中、冀南、鲁西北。卡尔逊在内蒙古、绥远地区，会见了爱国将领邓宝珊、马占山；在晋西北，会见了贺龙、肖克、赵承绶；在五台山地区，访问了聂荣臻、彭真，详细了解了晋察冀边区代议制、合作社流动银行、财政收支、军事战斗、人民运动，以及地主与农民间的合作等问题；在冀中，会晤了吕正操，询问了开展平原游击战的方法；在冀南，会晤了徐向前、邓小平、宋任穷，了解八路军收编土匪的工作和抗日救国的十大纲领；在鲁西北内陆，会见了沈鸿烈、范筑先。这一次考察行程 5000 里，历时 4 个月，曾 3 次冒险越过日军防线。

卡尔逊向罗斯福总统专门报告了这次延安之行。在报告中，他把延安称作“中国自由之源泉”，从延安的八路军身上，他“看到中国人民也同样热爱平等自由，看到了那种曾经在莱克星顿、特伦顿和瓦利福并激励我们祖先的同样的精神”。他也把在八路军前方考察到的日军情况报告给罗斯福："日军的攻击力差，运输系统不协调，空军和地面部队配合不好，武器质量低劣，依赖重型装备，指挥官缺乏想象力和主动性。"

卡尔逊在太行山上

这次考察路线，他看遍了华北所有敌后根据地。在外国记者招待会上，他向记者们绘声绘色地讲述他在华北敌后的见闻，并且使用让专业记者听起来都为之感动的美好词句，赞颂敌后抗日武装的英勇斗争，对于记者们的提问，也是有问必答，这在汉口的外国记者团中引起了一股不小的波澜。

卡尔逊在公开场合，如此盛赞共产党和八路军，有人为他感到担心。果然他的署名谈话公开发表时，被美国海军新闻检察官扣押，不久还接到不得在公开场合发表谈话的警告，并招致了他的上司奥弗莱什的批评。为此，卡尔逊断然决定辞职回国。

卡尔逊终于完成了他组建一支像八路军一样的部队的美好愿望，在突击队的日常训练中，时时刻刻以八路军官兵平等的精神为榜样

回国后，他按自己的认识和信念，自由地写完了《中国的双星》一书。不久卡尔逊又在政治上露了面。1941 年 1 月 31 日的《洛杉矶时报》和《洛杉矶每日新闻》同时刊登了卡尔逊的访谈：预计美日在 90 天之内将会爆发战争，日本人有可能搞不宣而战的伎俩。1941 年 5 月，卡尔逊重新穿上他心爱的军服，任圣迭哥埃里奥特兵营第二团作战情报官。

1941 年 12 月 7 日，日本制造了"珍珠港事件"，偷袭了美国在太平洋的海军基地，因而爆发了太平洋战争。虽然比卡尔逊的预言晚了一段时间，但还是被他言中了。于是卡尔逊成为美国有名的预言家。

1942年2月5日，卡尔逊受命组建第一独立营，或称“工合营”。“工合”这个原本是中国工业合作社简称的一个中文语汇，被卡尔逊和他的突击队“喊”进了美国词典。这个词原义还有另外一个意思是：同心协力、热烈、狂热极度的兴奋与激动。这是卡尔逊对自己行走山西52天众多体悟的浓缩提炼，在晋西的烽火线上，他曾问一个参加救助的民工：“你为什么要打仗？你的同胞为什么不怕死？”“因为我们是为了救国！”那人答道。“那你们怎样去救国？”“通力合作，不怕死就能打败鬼子。”“通、力、合、作？”卡尔逊没有听清那人带着浓重口音的四个字。“工——合！”那人又把四个字简化成两个字。“工合！工合！”这两个字在卡尔逊心中留下了浓重的一笔。为此就将自己的部队命名为“工合营”。罗斯福总统对此也很重视，把他的爱子詹姆斯·罗斯福送到卡尔逊身边担任独立营参谋主任。

卡尔逊完成了他组建一支像八路军一样部队的美好愿望，在突击队的日常训练中，时时刻刻以八路军官兵平等的精神为榜样。他与普通士兵一样站岗值勤、排队打饭、露宿野外、背着挎包和武器参加急行军。每周五，独立营依照八路军的样子召开民主讨论会，每个士兵都可对一周训练中不尽如人意的地方发表自己的意见，参谋主任小罗斯福还像八路军中政治委员一样给大家作形势报告。会议间隙，大家都会要求他们的“老头子”给大家吹段口琴，听他讲他在中国时与八路军并肩行军的故事……

1942年8日9日，美国海军“舡鱼”号与“鹦鹉”号潜艇，载着独立营官兵离开了珍珠港，驶向2500英里以外被日军占领的吉尔伯特群岛的马金环状珊瑚礁岛。指挥者是卡尔逊和罗斯福总统的儿子小罗斯福。在日本人根本想不到的海岸，他们悄悄登陆了。土著人自愿来做向导，告诉卡尔逊岛上有日军300人，还有油库、电台、小型运输舰、水上飞机和其他设施。卡尔逊利用八路军的游击战术做好部署，然后命令右翼冲向油库、电台，左翼吸引日军火力。一千桶贮藏在岛上的高级航空汽油着火了，浓烟滚滚、遮天蔽日。两座电台被炸。美国部队打了就走的游击战术，使日军投下的炸弹炸了自己人。日军共死亡300人左右。“袭击者”的任务按计划全部完成，以损失30人的代价奇袭日军据守的马金岛，取得了第二次世界大战中美军首次两栖登陆战的胜利。

马金岛之战获胜，鼓舞了美国民众的心。《纽约时报》《纽约先驱论坛报》对该战与卡尔逊予以报道。同年11月，在成为美军从防御到反攻转折点的瓜达尔卡纳尔岛战役中，卡尔逊又亲率突击队在岛上开展了几个月的丛林游击战，伏敌30次，以死、伤各17人的代价，共歼敌800人，被称为美国海军陆战队历史上最重要的一次作战。卡尔逊因功被授予海军十字勋章，成为美国反法西斯战争的英雄和美国历史上最有影响的13位海军陆战队将领之一。

二战结束后，卡尔逊已经是一位准将。他像史迪威一样，确信美国支持蒋介石打内战和反对共产党领导的人民力量的政策严重损害了美国，也损害了中国，以及两国的长远关系。这时的卡尔逊再次——因为在战斗中负重伤，他不再在部队服役而主动退役了——以他独立的品格和忠诚的姿态站了出来。1946年11月17日他又发出了一个振聋发聩的声音：“我经过考虑后的意见是，我们的子孙后代将把杜鲁门执政时期，美国政府对中国人民的背叛，视为美国外交上从未有过的一大错误。”

历史已经证明卡尔逊的远见卓识。美国在他辞世25年之后，从终点又回到了起点——1972年，尼克松来到了北京，中美关系全面解冻，翻开了新的一页。

史沫特莱，永不妥协的斗士

史沫特莱

艾格尼丝·史沫特莱，美国著名记者、作家和社会活动家，1892年2月23日生于美国密苏里州奥斯古德镇。曾当过侍女、烟厂工人，后到《纽约呼声报》工作，开始了文学生涯。1928年作为德国《法兰克福报》特派记者来中国。20世纪30年代初，曾协助“左联”开展活动。1937年到延安。后到山西前线，对八路军和根据地作了大量报道。1938年成为中国红十字会志愿人员，活跃在抗日战场和敌后根据地，写了不少报道。1941年返回美国后，继续为支援中国抗战而写作、演讲、募捐。1949年被美国当局指控为“苏联间谍”而遭受迫害。1950年5月6日在赴中国途中病逝于英国牛津。按照她的遗愿，骨灰安葬在北京八宝山革命公墓。一生著述甚多，主要有《中国红军在前进》等。

1937年11月，随八路军总部进驻武乡。

艾格尼丝·史沫特莱这个名字，对我们来说并不陌生。她是一位美国著名记者、作家和社会活动家，一个杰出的与众不同的女性。史沫特莱1928年年底来华，在中国一待就是12年。抗战初期、中期，她目睹日本对中国侵略，向世界发出了正义的声音。她的《中国红军在前进》《中国人民的命运》《中国在反击》《中国的战歌》等专著，向世界宣传了中国的革命斗争，成为不朽之作。她亲自护理伤员，组织医疗活动，用行动唤醒有良知的人们。她访遍了中国华北、华中的大部分地区，用热情召唤更多的国际友人，一同为中国抗战出力。史沫特莱，中国人民的朋友，在生命的最后 20 年中，她以全部的精力投入中国人民的革命斗争中。

坎坷的经历，奋斗的人生，追求真理的她，以《法兰克福报》特派记者身份从苏联辗转来到中国

艾格尼丝·史沫特莱（Agnes Smedley），于 1892 年 2 月出生于美国密苏里州奥斯古德镇，父亲是个近乎文盲的贫苦农民，在那个贫困的破房子里，和只有小学文化程度的母亲陆陆续续生了一大堆孩子。史沫特莱就这样被草率地带到了人间。父亲不甘心就这样一贫如洗下去，却又缺乏发财的途径，就常常烦闷地在外喝酒、游荡。史沫特莱在巴掌大的土地上长到了十岁，就开始边读书边当女佣替家里分担重负，后来还当过侍女、烟厂工人、推销员，卖过报纸。

她目睹了因贫穷而早衰的母亲从 30 岁起就开始牙齿脱落，头发变白。那时她以为天下的女人生了孩子都会变成老太婆。不久，16 岁就出嫁的姐姐死于产褥感染，给了史沫特莱关于女性悲剧的第一次教育。母亲托人抱回了遗孤，仅仅两周后母亲也撒手人寰了。这是第二次教育。经历了这噩梦般的一切，史沫特莱曾经绝望地想，女人一结婚，就会成为男人的奴隶。这个阴影几乎笼罩了她的一生。母亲死后的那段日子，她茫茫然不知怎样活下去，但还是被逼无奈成了母亲的替身在忙碌着。她必须要抚养两个弟弟和姐姐遗留的幼儿，过着望不到边的暗淡日子。18 岁那年，在一次和只会喝得酩酊大醉的父亲吵架后，她终于无法忍受了，毅然离家出走到外面去独立谋生。

20 岁那年，史沫特莱与具有反压迫新思想的青年厄内斯特相恋了，但她的内心始终忘不了母辈的悲剧。在她的印象中，女人一旦迷恋上一个男人，就会导致屈从于这个男人的惨痛命运。一种病态的、荒凉的戒备心理使她固执地认为，“性”不是“爱”的一部分，而是意味着暴力。她凄惨的成长经历如一道阴影盘桓在她的心头久久不散。于是，她向恋人提出了几点要求：不做家庭主妇，要外出工作，要完全平等，特别是不要孩子——而她不要孩子的本意是不想过性生活。厄内斯特对她的偏执要求并不在意，一概应允。于是两人结伴去登记结婚。缴纳美金手续费时，她坚持每人各付2.5美元，她的解释是不想依赖男人。厄内斯特原谅了她的固执。接下来，史沫特莱又一意孤行地多次终止妊娠，她的丈夫逐渐变得难以忍受，最终使这场别扭的婚姻仅维持了三年。

1916年史沫特莱来到纽约，为宣传社会主义思想的《号角》杂志撰稿。1918年，因声援印度独立运动而被捕入狱六个月。出狱后侨居柏林，在这里与印度革命领导人维伦德拉纳什相爱，动荡中过了八年同居生活，并积极投身印度民族解放运动。她曾在柏林会见尼赫鲁。由于在德国曾像个孤儿一样浪迹天涯，无处容身，后来返回美国，谁知她又被美国怀疑为间谍入狱，家人与她脱离了亲属关系。世态炎凉使她淡漠于血缘、亲情和祖国的存在，获得的却是不分种族、国家的一种模糊世界意识。1928年，她争得了自由，便以《法兰克福报》特派记者身份从苏联辗转来到中国。

西安事变中，她用英语向全世界广播，引起全世界轰动，成为一个知名人物，但也永久地被贴上了中国共产党辩护人的标签

她从苏联首先进入中国的东北，随后南下。经北平、南京，于1929年5月到达当时中国政治、文化中心——上海。在上海，史沫特莱首先接触到一批受过西方教育的知识分子，包括学者胡适、杨铨，以及浪漫主义诗人徐志摩等人。她同他们一起参加雅致的宴会，有时在月光下乘黄包车兜风，但她并未迷恋这种生活。1929年秋，史沫特莱受社会科学研究所所长陈翰笙之邀，到无锡做两周调查，之后又与新西兰社会活动家路易·艾黎一起参观了一些工厂，查看了工人忍饥受冻的悲惨情形。在上海生活的耳闻目睹，对无锡农村社会经济和上海的劳工状况所做的实地考察，使史沫特莱对中国社会内部存在的严重不公平现象，以及中国人民因深受帝国主义压迫而造成积贫积弱的现实有了深入认识。她没有想到，资本主义、帝国主义，会给人类带来如此巨大的灾难，使亚洲落到了这样的地步。

1930 年夏，史沫特莱由上海来到广州，打算实地考察广东缫丝业及蚕农和缫丝女工情况。在广州，她匆匆走访了广州军政界长官，德国驻广州领事馆及文化界名流，随即前往广东缫丝工业中心南海、顺德、三水一带考察。一个多月后，当她重返广州刚刚在旅馆住下，国民党广州市警察局来人向她展示了逮捕证，罪证是：根据上海英国警务局提供的公文认定，史沫特莱是一名持美国假护照的俄国布尔什维克。警察扬言要驱逐她出境，最后抄走了她的美国护照。

史沫特莱与宋庆龄等中国民权保障同盟成员在一起。右起：黎沛华、史沫特莱、宋庆龄、鲁迅、林语堂

这对于史沫特莱来说，失去护照即意味着失去人身自由。对于上海英国警务局莫须有的指控，她向广州警察局的解释无济于事，史沫特莱十分愤慨，随即设法报告德国驻广州总领事和美国驻广州总领事，要求他们出面干预这一案件。面对当时国民党的白色恐怖，史沫特莱蒙受种种人身攻击和威胁，作了勇敢斗争。在中国，她曾到农村了解农民的生活，又去工厂了解工人的生活。与中国左翼文化界人士鲁迅、茅盾、冯雪峰等都有过交往。史沫特莱将鲁迅所写的《黑暗中国文艺界的现状》一文翻译成英文，

并在1931年6月的美国《新群众》上刊登出来。该文刊发后，世界各地的作家、艺术家给国民党发了几百封抗议信和电报。1931年8月，她还协助宋庆龄成立中国民权保障同盟，并担任了英文杂志《中国之声》的主编。她冲破国民党的新闻封锁，为外国报刊撰文报道江西中央苏区土地革命运动。

史沫特莱不只自己写文章寄出去，并且帮助左翼文化界与国际进步机构建立联系，如与美国的《新群众》杂志等，她用各种方式，团结在上海的外国人，向他们宣传、募捐，组织他们替革命工作做交通，并动员有关人员到红色区域去。

1932年1月28日，日本发动了一·二八事变，淞沪抗战爆发。史沫特莱作为一名战地记者，搭车来往于战火前线，写了不少关于中日双方的战斗、十九路军的英勇奋战，以及轰炸给人类造成的苦难等报道文章。在上海期间，由于史沫特莱在关于中国的报道和著作中，旗帜鲜明地热情讴歌了中国共产党领导的中国人民的解放斗争，因而受到国民党反动派的迫害，并被《法兰克福报》解除聘约。

1933年5月，史沫特莱离开上海来到苏联莫斯科，在这里，她将她的新旧作品，加工汇编成《中国人民的命运》，如实地记述了中国人民的悲惨生活，揭露了中国的黑暗现实。1934年，她又从江西苏区的两位红军指战员周建屏和陈赓那里获得材料，撰写成《中国红军在前进》。在书中，史沫特莱用生动的语言，记述了红军从1928年以来用犁和锹对抗装备齐全的蒋介石国民党军队，使革命洪流不断壮大的史实。

1936年，在中共地下党员刘鼎的安排下，史沫特莱到达西安，等待被邀请前往延安。在这期间，驻守西安的张学良、杨虎城将军发动了震惊中外的西安事变。周恩来率中共代表团到达西安，史沫特莱在与周恩来进行了简短交谈之后，开始每晚在张学良的司令部进行40分钟的英语广播。概述当天西安事态的发展，并报道与这场事变有关的内容。她的报道在全世界引起轰动，使史沫特莱成了一个知名人物，并永久地被贴上了中国共产党辩护人的标签。

由于被贴上了这样的标签，有关方面考虑到再邀请她去延安，写出来的报道会被人们认为是不中立的，这才改邀斯诺访问延安。1937 年 1 月初，史沫特莱正式接到中国共产党的邀请访问延安。

她跟随八路军总部转战各地，与八路军战士同吃同住，增进了与他们的感情，并写成一本书：《中国在回击》

访问延安，这是史沫特莱等待了多年的愿望。她虽然在中国已居住了几年时间，但西北的黄土地对她来说还是陌生而神秘的。史沫特莱是继斯诺之后，冒险进入中国工农红军控制的陕北根据地采访的第二个外国记者。她在泾阳县红军驻地待了一星期时间，接到司令部的通知，让丁玲陪她同车来延安，她高兴极了。刚到延安，史沫特莱就发表了富有鼓动性、充满个人激情的演讲。在演讲中，史沫特莱热情赞扬了中国人民抗击日本侵略者的斗争，表示："你们不是孤立的，你们的斗争是正义的，你们是世界伟大的反法西斯运动的一部分。"

在延安，她见到了毛泽东、张闻天、朱德、彭德怀、王稼祥、左权、贺龙、陈赓、萧克、陆定一、萧劲光等中共领导人。在交谈中，由于朱德总司令是在贫困的农村中长大的，生活中与她有许多共同点，因而她对朱德产生了一种纯朴的真诚的敬仰之情，并决定为朱德立传。史沫特莱和她的翻译吴丽丽每星期都有两三个晚上与朱德在一起交谈，系统地专访朱德。

1937 年 7 月 7 日，卢沟桥事变爆发。8 月，红军主力改编为八路军，开赴华北前线抗击日本侵略者。9 月 16 日是一个阳光明媚、秋高气爽的日子，宝塔山上那古老的宝塔显得更加巍峨、雄壮。这天上午，古城门口聚集着一大群人，欢送史沫特莱和一批刚从抗大结业的学员赴山西抗日前线。史沫特莱一直想早日赴前线采访。但是非常不幸，当她骑马赶路正要出发时，从马上摔下来，背部受了伤。毛主席对她的病情非常关注，让她休息治疗，等伤好了再出发。可是史沫特莱上前线心切，不等康复就要出发，毛泽东主席便派了两个战士抬着一顶藤轿来送她。就这样，史沫特莱携带了打字机、照相机和简单的行李，赴八路军抗日前线进行采访。她很快赶上了驻扎在太原的八路军，然后到达山西北部山区五台县南茹村找到了八路军总部，成为八路军中第一个随军外国记者。

史沫特莱在太行山与朱德总司令合影

不久，随着战局的变化，总部要向南转移，深入太行山区创建抗日根据地。史沫特莱这位身体瘦弱的外国妇女，克服了难以想象的困难，冒着烽烟战火，跟随着朱德的流动司令部行军。11 月 15 日傍晚，八路军总部来到武乡县东村。史沫特莱在这天的日记中写道：

当我们快到武乡时，月牙儿已经弯弯地挂到了半空。我们沿着那条蜿蜒于荒山之中的羊肠小道前进。山下是开阔的河谷，弯弯曲曲的鬼（关）河就从河谷里穿过……

在窄窄的街面上形成了深深的车辙，只有在陡峭的山边上才铺了些石子。当我们在这些路上前进的时候，我想这里正发生着一种无法形容的伟大事业；为了广大工农群众，为了受压迫的人民谋求解放这样一个人类历史上最伟大的运动，而进行斗争的这一部分中国人民的双脚正从这里踩了过去。这场斗争还得经过很长很长的时间。但是，这场斗争的开拓者、先锋队，尽管衣衫褴褛，装备很差，可他们的形象却无比高大，意义无比深远……在这周围的茅棚土屋，不知经过多少风风雨雨，民间的辛酸却依然在重演着，直到来了八路军……

这天晚上，朱德总司令在段村镇给前来欢迎的广大民众与牺盟会游击队员进行了振奋人心的演讲，之后，丁玲率领的战地服务团，在街头教周围的群众跳中国舞和弗吉尼亚乡土舞。八路军政治部主任任弼时在东村接见了武乡地方党组织负责人。而史沫特莱不顾行军的劳累，在东村一所青砖挂面的四合楼院内，采访了彭德怀副总司令，请教八路军今后将采用什么样的战略战术，来对付武装到牙齿的强敌，并就一般国际、国内形势，谈了好几个钟头。

史沫特莱与八路军战士同吃同住，她关心普通士兵的生活，增进了与他们的感情。史沫特莱跟随八路军在太行山区转战，前后将近 3 个月。她把这段战斗生活用日记体写成一本书：《中国在回击》，副标题是“一个美国妇女和八路军在一起”。这本书于 1938 年在美国出版后，同她 20 世纪 30 年代初写的《红色的中国》一书一样，在国际上影响很大。

由于她的心灵在这个世界上除了中国任何地方都未能找到安宁，所以她希望自己的骨灰能和死去的中国革命者同在

1938 年 1 月，史沫特莱前往汉口。途中在风陵渡渡黄河时，遇到一支从华北撤退的国民党部队。她万万没有想到，离开晋北和晋东南前往武汉访问的路上，竟然遇到了国民党兵。特别是她看到有一位身穿单衣的伤员躺在血迹斑斑的帆布床上，没有被盖，冻得直打哆嗦。史沫特莱质问一个头戴皮帽、身穿大衣、足蹬皮靴的军医官，这家伙一问三摇头，蛮横无理。史沫特莱出于义愤，打开自己的行李，拿出一条军毯，又从身上脱下大衣，盖在伤员身上。她以为这样做会唤起军医官的怜悯，岂知他发出嘿嘿的冷笑声，丢下伤兵自顾自地上船离去！这一幕与她在八路军中的感受形成鲜明对比，她愤懑地把风陵渡的见闻告诉了记者。过了几天，1938 年 1 月 15 日的汉口《新华日报》登载出来，国民党恼怒非常。

在汉口，她以英国《曼彻斯特卫报》记者和中国红十字会工作人员的身份，一面救护伤员和难民，一面报道中国抗战，并向世界性组织呼吁救援。史沫特莱以她火热的心吸引着来华的外国人士，这些人虽然身份不同、政见不同，但都在史沫特莱的带动下，积极为中国抗战出力。她还多次访问美国大使馆，向大使和武官介绍八路军的活动。

史沫特莱从抗战初期就为救助伤员奔走呼吁，美加医疗队、印度援华医疗队来华，都是史沫特莱奔走呼吁的结果。1938 年 11 月，史沫特莱在云岭新四军军部，名义上是起草一份给红十字会的详细报告，但她认为自己真正的使命，是向上海和香港宣传新四军医疗队。她为上海的《密勒氏评论报》写了一系列文章，后由《曼彻斯特卫报》转载，详细报道了新四军的处境和对药品的需求。她私下还求助一些英国朋友，以及美国红十字分会。

然而，也有人诬蔑史沫特莱是拿"八路军的津贴"。她冷冷地回敬："正相反，我是用我的收入津贴了八路军！"史沫特莱发自中国的正义呼声，连同斯诺、斯特朗及其他外国记者的报道，引起了世界各国的极大关注。在她的努力下，可观的援助纷至沓来。

1941 年 5 月，史沫特莱因病回到美国，但她仍然表现出对中国抗战事业的忠诚。她到处演讲，撰写文章，介绍中国抗战的真实情况，为中国的抗战募捐。她在《中国的战歌》一书出版后，又开始写作朱德的传记《伟大的道路——朱德的生平和时代》。

1949 年，史沫特莱又一次成了自己祖国"不受欢迎的人"。于是只能逃往异国，但她毫无遗憾之心。她准备取道英国来华。在英国，她把完成朱德传记当作首要任务。她因十二指肠病症赴英国牛津治疗，仅靠牛奶维持生命，可她仍不肯放下《伟大的道路》书稿的修订工作。1950 年 4 月，她在致友人的信中写道：“由我的著作而获得的全部收入，不论来自何处，全归中国人民解放军总司令朱德将军所有，由他按照他的愿望处理，那就是说，建设一个强大和自由的中国。如果中国大使馆来到了，如果能为我的遗体只唱一首歌，中国的国歌，我将不胜感激。由于我的心灵在这个世界上除了中国任何地方都未能找到安宁，我希望我的骨灰能和死去的中国革命者同在。”

她曾在遗嘱中留下这样的话：“不论在什么情况下，美国人都没有要求得到我的骨灰的权利……我死后，不要让这些东西靠近我的身边。”她热爱自己的民族，但她更痛恨敌人。她的精神和信念已超越了生死，无论是否活着，她都炽热、坚忍而纯洁，像一团灼人的烈焰，又像一块晶莹洁白的玉石。

1950 年 5 月 6 日，由于病情恶化，史沫特莱在伦敦不幸死于手术台上，终年 58 岁。遵照她的遗愿，将她的骨灰运往中国北京。次年 5 月 6 日，在北京为她举行了追悼大会和隆重的葬礼。她的骨灰被安放在北京八宝山革命烈士陵园的苍松翠柏间，一块大理石墓碑上用金字镌刻着朱德写的碑文：“中国人民之友美国革命作家史沫特莱女士之墓”。中国人民，将永远悼念这位美国人民的优秀女儿和中国人民的忠实朋友。

林迈可，八路军通讯的洋先驱

林迈可

林迈可，英国人，本名迈克尔·林赛（Michael Lindsay），牛津大学毕业。1938年来华，任燕京大学经济学院导师。1939年秋曾到武乡八路军总部，1941年，到八路军晋察冀军区，从事无线电工作。后到延安，建立了第一座国际电台，可发射无线电信号到达旧金山和南印度洋，被聘为八路军通讯部技术顾问和新华社英文部顾问。中国抗战结束后回国。由于受政见影响，后迁往澳大利亚，之后又定居美国马里兰州。1954年，林迈可夫妇曾随英国工党主席、前首相艾德礼访华，受到周恩来总理的友好接见。之后又数次来华，并继续为中国做有益的事。

1939年8月来到武乡八路军总部，住两个多月。

在中国人民抗日战争的艰苦岁月里，许多国际友人千里迢迢、远渡重洋来到中国，支援中国抗战。特别是他们克服重重困难，来到太行山上，成为抗战前线的一员，这极大地鼓舞了中国人民，他们在中国人民抗日斗争史上留下了辉煌的篇章。

在许多国际友人中间，白求恩的名字可谓家喻户晓。然而，同样是“不远万里来到中国”，为中国抗日事业作出巨大贡献的林迈可却鲜为人知。

林迈可在北平城外的西山上旅行度假，遇到了一支队伍，让他发生了兴趣

林迈可，原名迈克尔·林赛（Michael Lindsay），林迈可是他到中国后为了适应中国人叫法而使用的中文名字。他出生于英国的一个世代书香家庭，祖父是一位历史学家，曾在苏格兰格拉斯哥神学院任院长多年；父亲是一位哲学家，曾在牛津大学贝里奥学院任院长，为英国上议院议员，并被英皇封为男爵；林迈可自己原先在牛津大学学自然科学，后又学电子学、经济学、哲学及政治学。大学毕业后，他从事教育，担任澳大利亚南威尔士州工业调查所所长助理，1937 年受燕京大学校长司徒雷登之聘为经济学导师，并领导创办牛津大学式的导师制。然而，就在林迈可到达北平（今北京）后不久，卢沟桥事变爆发，中国全面抗战开始了。由于燕京大学是 1916 年由美国美以美会所办的汇文大学，北美长老会、公理会所办的通州协和大学，英国伦敦会所办的华北协和女子大学等三所教会学校合并而成，日军出于外交关系并没有触动英美在华利益，所以燕京大学一直平安地继续着教学，算是战争中唯一的安定之所。

1938 年 4 月的一天，林迈可到北平城外的西山上旅行度假，说来也巧，正好遇到了一支队伍。英国人并不怕军队，所以他就与士兵们谈论起来，交谈中他知道了这支打游击的队伍是八路军，并了解到八路军队伍的武器条件非常差，枪支型号太杂，有的枪支和子弹不配套，而且数量少，几个人合用一支枪，有人只背几颗手榴弹，还有的人就背着一把大刀。他们的生活条件极为艰苦，米袋子里装着一些水煮过的小米，在山坡上，掏出来吃一两口，再喝几口冷水就算是一顿午餐。尽管他们当中许多人是新兵，没有什么作战经验，但从他们的话语中却能感觉到，他们坚持抗战，并且对抗战必胜的信心是非常坚定的。这一切，让林迈可非常感动，于是他产生了进一步认识八路军的想法。有一天他又看到一个美联社驻北平记者霍尔多·汉森的报道说，在冀中有一个有趣的组织在发展。这个组织是否也是八路军呢？林迈可十分好奇，便与燕京大学的几位年轻教师商议，决定利用复活节假期去充分了解一下这个组织。他们来到了冀中任丘，找到了吕正操将军的司令部，吕将军得知这位外国人是有名的无线电专家，便组织根据地军民热情欢迎和接待了他们。吕正操还与林迈可进行了亲切交谈。当得知林迈可想更多地了解八路军，想结识八路军更高的长官时，便派士兵护送他们越过平汉铁路，到达设在阜平山区的晋察冀军区司令部。在这里，林迈可见到了晋察冀军区司令员聂荣臻将军和晋察冀边区行政委员会主任委员宋劭文。在根据地，林迈可看到一片片热火朝天抗日的景象：群众积极组织支前抗战，妇女们在做军鞋、补军衣，新招募的军队在操练，兵工厂的工人在紧张地制造枪弹，乡村小学校在教学生“打倒日本帝国主义”的课文，特别是根据地人民新颖的文化活动——在一片开阔地里演出抗战话剧。艰苦的抗战与崇高的热情形成鲜明的对比，这在林迈可心中留下了深刻的印象。林迈可表示，他要以最大的努力来支持八路军抗战。

访问了晋察冀边区，林迈可深感边区抗战物资的匮乏，也为边区军民艰苦奋斗、自力更生和坚持抗战的精神所感动，为八路军的精神所感动。回到北平，他积极参加抗日地下活动，凭借外国人的许多特权和方便，为根据地做了许多工作。他购买了一批日本人严格控制的医药物品，以及八路军急需购买却无法购买的无线电台零件，他还借用燕大校长司徒雷登的专车，把二十九军撤出平津时赠给附近八路军但八路军当时无法运出的六皮箱军用器材，分三批次送到北京西山大觉寺交给八路军；同时他还利用业余时间装配无线电收发报机，通过妙峰山交通线送到晋察冀根据地。

在八路军总部，林迈可感激地说，这里的一切，使我对中国人民的抗战有了更深刻的认识

1939 年夏，林迈可在英国著名地球物理学家赖朴吾、著名文艺家赵明、燕京大学发电厂的地下党员肖在田等人的陪同下，由冀中军区司令员吕正操派人护送，徒步行走1000里路程，到达晋东南抗日根据地，来到武乡县砖壁村找到八路军总部。此时，八路军总部刚刚来到砖壁村不久，又刚刚经过晋东南第二次反九路围攻战斗，总部的工作非常繁忙。但是，当朱总司令听说从燕京大学来了一位外籍教授时，非常高兴，他立即接见了这位千里迢迢远道而来的客人。朱总司令的秘书龚澎会一口流利的英语，她来充当翻译。当她介绍自己是燕京大学历史系的毕业生时，一下子拉近了距离。朱总司令介绍了八路军在非常艰苦的条件下坚持华北抗战，而国民党政府限制八路军部队扩大、发给的军饷少得可怜。尽管这样，八路军还是克服一切困难，在抗战前线打了一个又一个大胜仗。林迈可说，对于八路军的艰苦卓绝与极端困难，他已经有所了解，对于中日战争，作为第三国人他原来是中立态度，但是，他渐渐地认识到日本帝国主义的残暴，认识到中国人民的觉醒，认识到八路军在艰苦的条件下坚持抗战的信心和决心，所以他在尽自己的最大努力支持八路军，并表示以后还会继续不断支持。朱总司令对于林教授的态度给予了很高评价，并希望他能动员更多的国际友人来支持八路军抗战。

在砖壁村，林迈可先生还见到了彭德怀副总司令、左权副参谋长、傅钟主任等八路军领导，当林迈可得知八路军总部的通信设备极其简陋，经常出故障，他主动要求帮忙进行检修，在总部通信科科长海凤阁的陪同下，来到通信营。他对总部的几部电台进行了认真检查，发现有的零件老化，有的大小不配套，这样的设备很难保证通信质量。林迈可问，有没有备用的零件？海凤阁说，本来无线电原件十分奇缺，再加上日本鬼子严密封锁，我们很难搞到无线电原件。林迈可耸耸肩，如果知道是这样，他会想办法带一点原件过来的，可现在远水不解近渴呀。他又打听有没有代用的办法，这时海凤阁让人找来几部战场上缴获来的坏电台。林迈可如获至宝，于是利用坏电台的零件进行了技术改造，使总部的通信设备性能有了极大改善。

在砖壁村八路军总部的十多天里，林迈可忙忙碌碌。他在维修电台时，不仅认真修理，而且还把零件代用互用的原理、计算公式等都讲给了我们的技术人员，并专门组织了几次讲座，为大家讲解了无线电理论及实用技术。他走的时候，总部首长都非常感激他，说他帮了八路军的大忙。可他却说："是我应该感激八路军首长对我的教诲，这里的一切，使我对中国人民的抗战有了更深刻的认识。"

林迈可离开太行山前往西安途中，接到上级的命令，到重庆担任英国驻华使馆新闻参赞。半年后他绕道香港从海上回到北平。又受校长司徒雷登博士之召，复返燕京大学执教。这期间他多次购置西药和无线电器材，如治疗疟疾的奎宁，在药店里是以克为单位出售的，而林迈可为八路军购买的数量一次就是上百斤。为了将物资顺利运送到根据地，林迈可利用英籍身份，冒着生命危险，骑着自己的摩托车一次又一次顺利通过日本人的检查口。他与共产党的特工人员一起，成功地为八路军运送了大量的稀有物资，使晋察冀根据地的电台、临时武器库和战地医院保持了正常运转。有时物品多了他就借用校长司徒雷登的汽车运输。

林迈可与妻子李效黎

为打通国际通道，林迈可自制大功率电台，成为八路军通信工作的洋先驱

1941年12月8日，林迈可的妻子李效黎起得很早，当她打开收音机的德语电台，突然听到一则消息，日军偷袭珍珠港，太平洋战争爆发了。林迈可意识到日美已处于战争状态，日军会包围燕京大学。于是，他马上联系班·威廉等朋友，带了一些简单的行李和无线电零件及所有的枪支匆匆离开燕京。就在他们离开十多分钟后，日本宪兵就赶来搜查他们住的房子，但已昌人去房空。

林迈可夫妇与班·威廉等人在我党地下工作者的帮助下，避开敌人的封锁线，经过长途跋涉，安全地到达平西冀热察挺进军司令部，见到肖克将军。过了农历春节后，他们离开平西，沿着秘密通道前往晋察冀军区，聂荣臻将军为他们的到来开了欢迎大会。聂荣臻将军希望他们留下来帮助指导通信工作。林迈可愉快地说，我就是来工作的，并且要成为八路军的一员。聂荣臻批准了他的请求，任命他为晋察冀军区参谋处通信顾问。就这样，林迈可夫妇到军区电台去工作。在这里，他帮助改善和调整军区及各军分区的通信系统，他几乎跑遍了晋察冀军区和冀中军区的所有军分区，并负责开办无线电通信培训班，为八路军培养了一批通信人才。

林迈可为八路军的通信人员讲解通信技术

林迈可夫妇在晋察冀边区工作了两年多。当他发现延安没有任何国际联系渠道时，就向晋察冀军区参谋长唐延杰提出到延安，帮助我党建立与美、英等同盟国的无线电联系，他的想法很快得到中央的同意。1944年春天，林迈可夫妇跟随一个军事训练学校400人，经晋绥军区前往延安。在晋绥军区，他们住了一个月，林迈可用了三个星期的时间把司令部的电台设备仪器全部重新调整好，还训练了一批能操作电台的技术人员。

到达延安的第二天，朱德总司令就来看望他们。“我们是老朋友了”，这是朱总司令见到林迈可的第一句话。林迈可听后十分激动，他紧紧握住朱总司令的手说：“我们是老朋友，但现在我又是您手下的一个新兵，希望您早日给我安排工作。”

不久，中共中央邀请林迈可到杨家岭做客。在杨家岭大礼堂后的土窑洞前，毛泽东、周恩来、邓颖超等来迎接他们。毛主席详细询问了林迈可来中国以前的情况，对他说：“不管你是什么原因来中国的，你能帮助我们打日本人，我们很高兴的。我们感谢你的努力，你还能和我们一起过艰苦的生活，这是很不简单的。”林迈可握住毛主席的手说：“现在我已经是一名八路军战士，请主席尽快给我安排工作吧。”毛主席劝他们夫妇多休息几天，可林迈可急不可待，说：“让我坐着会生病的，还是让我工作痛快。”两天以后，朱德总司令就正式任命林迈可为八路军总部通讯技术顾问。

林迈可上任的第一件事，就是建议建立一部大功率收发报机，以便和美国、英国、印度等地联系，让外部世界知道共产党、八路军抗日根据地的消息。这是中共梦寐以求的事，但因国民党政府的阻挠，一直无法得到这样的设备。林迈可经过一段时间的考察后，他认为按已有的材料完全可以建立一台1000瓦的发报机，利用旧卡车的发动机来带动发电机，可提供足够的电力，并制作了大型天线。很快，在他的努力下，延安建成第一台国际电台，可以将信号发射到美国的旧金山和印度等地，影响甚大。新华社的消息，通过这台设备向国际广播，美国政府在旧金山收到了来自延安的英文广播。在延安，林迈可一方面为延安的通信和新闻事业尽力，另一方面，他还不遗余力地撰写新闻稿介绍边区概况，请经过和离开延安的外国人带走，或发送外国报社，或传送给任何对抗日根据地感兴趣的人，以扩大宣传。

中国抗战胜利后，人民来不及欢庆，就笼罩在内战的阴云里，蒋介石不仅发动了上党战役、邯郸战役，又重兵包围延安。林迈可不愿意看到抗战胜利后中国再起内战，决定回国，他想通过向英国人解释中国局势，利用英国人对美国的影响，来阻止中国发生内战。临行前，毛泽东又与他进行了长时间谈话，反复强调他和共产党人对和平的希望。不久，林迈可、李效黎带着女儿爱丽佳和在延安白求恩国际医院产下的第二个孩子詹姆斯，搭乘美军观察组的飞机离开延安，经重庆回到英国。在英国他尽其所能地宣传了中国的抗日根据地和抗日战争。

由于国民党驻英国使馆向英外交部提供了林迈可与中共领导人密切关系的情报，并说李效黎是中共党员，致使他们返英后深受怀疑而未被重用。后来林迈可夫妇迁往澳大利亚，后又去美国马里兰州定居。

1954 年，林迈可夫妇曾随英国工党主席、前首相艾德礼访华，受到周恩来总理的友好接见。之后又数次来华，并继续为中国做有益的事情，他为自己的诺言努力着，直到最后一分钟。

何克，生命化作艳红的山丹

何克，原名乔治·霍格，中文译名乔治·何克，生于1915年，英国人。1937年，年仅22岁的他刚刚从牛津大学毕业后来到中国，在美国合众国际社从事自由撰稿工作，被任命为视察员，并将所见所闻向国外进行报道。先后到八路军总部与晋察冀军区采访，撰写了大量的文章，向国外通信机构发稿。1940年到宝鸡参加“工合”组织的管理，任培黎学校校长。1945年病逝于甘肃山丹。

1939年8月经晋察冀军区来到武乡八路军总部，住了两个多月后，前往宝鸡参与“工合”的领导工作。

何克

在抗战时期，许许多多的国际友人来到中国，参加了中国的抗战事业，特别是像白求恩、柯棣华等人和八路军一道，在艰苦的抗战岁月里，为中国抗战作出了巨大贡献，在中国已是妇孺皆知，但还有一位名叫何克的英国人，他的事迹却鲜为人知。正像新西兰著名作家和诗人、国际主义战士路易·艾黎在《从牛津到山丹——乔治·何克的故事》一书中所写的：“在中国几乎没有宣传过乔治·何克。他一生的经历确实是丰富和有意义的。我想将此书译成中文出版能鼓舞众多人，并能加强真正的国际主义事业。”

当周游列国的何克，看到日军践踏中国大陆的悲惨景象，他决定留下来，将战争实情告诉全世界

乔治·何克，原名乔治·霍格（George Hogg），大概由于翻译的缘故吧，人们都愿意叫他“何克”，而当时在武乡，人们则叫他“何果”。他1915年出生在英国一个中产阶级家庭。1937年，在何克跨出校门的时候，姑母穆里尔·莱斯特正筹划为基督教和解团工作，以及与各地的“和解联谊会”会友建立联系，何克决定陪姑母进行环球旅行。他们首先到了美国，为了节省经费，何克采用搭便车的方法，独自横穿了美国大陆，广泛地接触了社会各阶层的人物，看到了美国人民生活的各个方面。在西海岸他与姑母会合，然后到了日本。当时在法西斯统治下的日本，实行军国主义政策，发动了侵略中国的战争，然而它却标榜是为帮助中国建立“王道乐土”。他发现平民百姓对政府的宣传深信不疑，认为日本军队是在帮助中国。这就是他最初对中日战争的认识。可是，当1938年年初他来到中国上海，看到刚刚沦陷的上海，到处是悲惨的景象：战火焚毁的村庄，无辜被害的居民，在饥饿伤痛中挣扎的士兵，无家可归蜷缩在水泥路面上的临产妇女……这哪是什么“乐土”？

按计划，何克将在上海逗留两天时间，再前往印度，她姑母与甘地有过一番友好的交往，准备再次会见甘地。然而看到如此情景，他毅然放弃与姑母经印度回英国的打算，决定留下来，“实地了解中国人民和他们面临的问题，将战争实情告诉全世界”。他挥别姑母说：“我不能丢下这些人们。”此后，他一生再也没有回到英国。

为了消除语言上的障碍，他开始学习汉语。并当了一名临时通信员，开始为英国老牌报纸《曼彻斯特卫报》撰写有关中国的稿件，后来又成为美国合众国际社的特约记者，对中国进行实地采访，同时致力于帮助战火中的中国人民，撰写了大量文章，深刻揭露日本侵略战争给中国人民造成的沉重灾难，并进行了激烈的控诉和鞭挞。

他来到中国的汉口，在这里认识了美国著名记者、作家和社会活动家艾格尼丝·史沫特莱。相同的思想让两人很快成为好朋友，当时史沫特莱知道，美国记者埃德加·斯诺和新西兰作家路易·艾黎正为组织“中国工业生产合作社”而奔波，需要人手，便推荐了何克。在美国基督教青年会的花园里，史沫特莱把乔治·何克介绍给比他大 18 岁的路易·艾黎，后来何克与艾黎成了朝夕与共的亲密战友。“工合”是以安排在战争和水灾中失去家园的难民，生产抗日军需和民用品为目的的生产性组织。乔治·何克便以工合视察员和外事秘书的身份，开始了他的游历，足迹遍及中国的大后方和边区，促成了许多工业生产合作社的建立，成为“工合之父”路易·艾黎的得力助手。“工合”运动有效地支援了抗日战争，何克为此很兴奋。他给母亲写信说：“现在是我为中国工作的时候了。”

为了真正了解八路军，他设法来到八路军总部，在这里看到了根据地军民的抗日热情，他看到了一个崭新的中国

何克最希望能到抗日根据地和延安进行考察。1938 年 6 月，在史沫特莱和八路军驻武汉办事处的安排下，他从汉口坐火车到了西安，随后乘汽车于月底到达延安。在延安，何克看到中国共产党像磁石一样吸引着广大民众投奔到抗日的队伍中来。大批“眼中放射着年轻人胸怀理想的光芒，满怀着火一般为国捐躯的热望”的青年，从新加坡、马尼拉、新西兰和夏威夷等地长途跋涉来到这里，为抗日的共同目标而奋斗。他参观了抗日军政大学、陕北公学和延安艺术学院，这里没有特权，教员、政府官员、军队首长和学生们一样过着艰苦的生活，但是他们信心十足，干劲很高。何克所到之处，看到人们虽然生活艰难，缺衣少食，但无一不积极投入抗战，这种精神使他肃然起敬，他对共产党开始钦佩起来。虽然仅有一周的光景，但对延安精神感受颇深：“在那里卖茶人不肯收我的茶钱，他们叫我朋友。

不多久我就升入‘同志’一级了。延安的学生人数和牛津一般多，有四千男生、一千女生，分属抗日军政大学、陕北公学和延安艺术学院。除本部学校外在整个地区还有分校，在分校学习的还有好几千人，我现在处在红色中国的心脏里，它现在红得不厉害，但无疑是这一抗日运动在全国最强有力的中心”。

一周之后，何克离开延安，回到武汉。他没有停留，又到上海、北平（今北京）等地活动。在此期间，他还陆续向国外发表了许多抗日见闻以支持中国抗日战争。

1939 年春夏，何克在北平为“工合”筹措经费活动后，他想跟活跃在北方山区的共产党、八路军取得联系，前去采访，便独自一人从北平步行上路。然而，不幸的是，在出发的头一个夜晚，他就染上了要命的副伤寒，畏寒高热，腹痛腹泻，病倒在离北平不远的一家乡村小旅店里，他感觉命悬一线，怕是要死在这山村了。幸运的是，旅店里又住进一位 40 来岁的女护士——凯瑟琳·霍尔，她的中文名字叫何明清，是新西兰人，受新西兰圣公会的派遣来到中国进行医疗救护，支持中国抗战。当时她正携带着一批从北平购置的药品，准备运往晋察冀边区。凯瑟琳用一条毛毯把昏迷不醒的何克裹起来，抬上骡车，拉到了晋冀交界曲阳县一个叫宋家庄的小村。在凯瑟琳的救护下，何克奇迹般的好了起来。他清醒之后，惊喜地发现自己已经身在红色边区，进入晋察冀抗日根据地。更幸运的是，当晋察冀军区司令员聂荣臻得知他的到来，便邀请他访问了军区司令部，并与他进行了长谈，为他介绍了八路军如何克服困

美国合众国际社特约记者何克在军政民抗日拥蒋大会上讲话

难，与日寇进行坚决的战斗。随后，在聂荣臻司令员的安排下走访前线，了解抗日游击战场，目睹了八路军与日本侵略军的战斗。通过数日的采访，他深深地喜爱上了这支队伍，他感到八路军才是真正的抗日队伍。

何克参观八路军缴获的敌军重要文件，左起：聂荣臻、翻译刘柯、何克、邓拓

为了对八路军有更多的了解，他向聂司令员提出想到八路军总部采访的恳求。聂荣臻通过电台与总部取得联系，得到总部的许可，聂荣臻特地为他配备了四名警卫和一位翻译陪同，前往八路军总部所在地武乡县。于是，他跨过正太铁路，在129师部队的护送下，来到武乡县砖壁村八路军总部采访。朱德总司令得知这位来自英国的和平使者专程来采访，在百忙之中特地抽出时间来，多次与他进行交谈，朱总司令的平易近人给了他极为深刻的印象。这时的何克，已比较熟练地掌握了汉语，因而能够对根据地人民的斗争和生活有比较真切的了解。这期间，八路军总部正在土河村召开武乡士绅座谈会，他还采访了前来参加座谈会的士绅们，士绅们的爱国热情，也深深感动着他，特别是大家踊跃捐钱捐粮，为抗战奉献着自己的力量，使他看到武乡民众对抗战的支持是何等热烈。在武乡，他结识了许多朋友，学会唱一些抗日救亡歌曲，一有空就情不自禁地唱了起来。他还深入八路军野战政治部、兵工厂、制药厂，以及作战部队进行采访。他认为抗日根据地是他“生活过的全世界中最美好的地方，是牛津大学也比不上的”，八路军“是世界上最好的军队”。结束考察后不久，何克写了《我看到了新中国》，真实地记录了他在延安和抗日根据地的所见所闻，揭露了国民党官僚统治的腐败没落，赞扬了中国共产党领导下的抗日根据地。该书

后来在美国和英国得以出版，他以激扬的文字记录了抗战见闻，系统全面地把我党领导的全民抗战传达给了世界。由于日寇扫荡，战乱中他把外文打字机埋在了砖壁村八路军总部院子里，可是日寇走后，返回来怎么也找不到埋在什么地方了。直到1974年，在重新修复八路军总部砖壁村旧址时，才从院里地下挖出了这台打字机，还有军用地图24张。后经曾在砖壁战斗生活过的八路军总部作战科科长、解放军总后勤部副部长王政柱确认，他说：“这是在总部工作过的英国记者何克先生用过的外文打字机，当时因总部撤退时带不了那么多东西，又怕在撤退途中发生意外，所以就埋在了总部院里。”

何克在武乡使用过的外文打字机

在双石铺，何克担任了培黎学校的校长，他一心想把自己的学生培养成为新中国奠定工业建设的石基

何克在八路军总部住了一段时间，为了“工合”事业，他决定离开太行山，经西安到宝鸡“工合”办事处。何克到了宝鸡后，艾黎确信有了一个得力的助手，便任命他为秘书兼视察员，并将所见所闻向国外进行报道。何克也已经领悟到他和艾黎肩负着同样的重担，进行着共同的战斗。“工合”得到了宋庆龄的支持，促使国民党继续抗战仍是“工合”的主要任务之一。安排难民，生产军需和民用品，筹集资金转送延安，“工合”有效地支援了中国抗日战争。何克以十二万分的热情开始了“工合”的工作，哪里有“工合”，哪里就有何克的足迹，他走遍了乡村、县城。到1941年，

“工合”已发展到3000多个，成为抗日救援的一支重要力量。

1940年年初，“工合”组织在江西赣县开办了第一所培黎工艺学校，之后又陆续在陕西宝鸡、湖北老河口、广西桂林、陕西双石铺和河南洛阳开办了几所培黎工艺学校。但是，由于种种原因，这些培黎工艺学校大多停办，只有艾黎担任校长的陕西凤县双石铺培黎工艺学校还在支撑着，这里也只有三间房子，十几个学生，一个老师。学校奄奄一息，处于停办边缘。1941年初春，艾黎为让这所学校起死回生，委派何克来双石铺培黎工艺学校负责管理工作，不久担任校长。何克没有辜负艾黎的信任，他的到来是培黎工艺学校得以发展的重要转机。

何克认识了一位叫聂长林的共产党员，他正被国民党追杀，有四个儿子，分别叫聂广淳、聂广涵、聂广涛、聂广沛，由于孩子的母亲病重，无奈只好把孩子们送到孤儿院，当时老大12岁，最小的才3岁。何克和艾黎不仅亲自把孩子母亲送往医院进行救治，还把孩子们从孤儿院带回家。何克给孩子们洗澡，买了新衣服给孩子们换上。就这样，三家不同国籍的人在中国那战火纷飞的年代里组成了一个特殊的大家庭。中华人民共和国成立后，老大聂广淳写了一本回忆录《我们四兄弟的两位异国父亲》，记录了那份刻骨铭心的博大父爱。

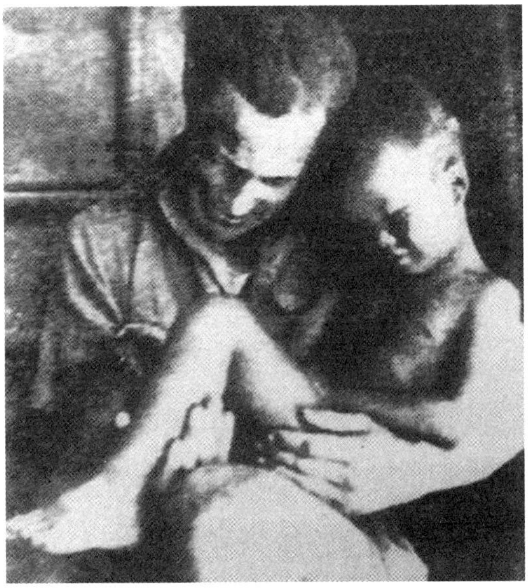

何克抱起收养的孩子聂广沛

在何克的努力下，双石铺培黎工艺学校已经发生了很大变化，不仅有百余名学生，学校还建立了两个小型纺织厂、一个机械厂，安装了一台小型水力发电机组，可以为学校教学、生产提供电力，学校走上了健康的发展之路。为了把学校办得更好，何克和艾黎在自己挖的窑洞里，反复探讨教学方法和教育方针，几经斟酌，终于确定了“创造分析，手脑并用”的办学方针。为了树立学生们的远大志向，极大地启发他们的劳动、学习积极性，何克还写出了师生喜爱的《校歌》。

我们生活
我们学习
我们生活学习在培黎
纺织车辆
钢铁机器
工业技术都具备
求知生产不相离
毋自暴
毋自弃
亲爱团结
齐心合力
发挥合作精神
为新中国奠定工业建设的石基

由于“工合”积极参与抗战，与国民党之间的关系已经恶化，艾黎在双石铺接到重庆国民党政府的电报，电报说：“行政院决定终止你中国工业合作社技术专家的职务。”并且许诺给艾黎提供经英国去新西兰或艾黎愿去任何地方的头等船票。

国民党方面的流氓行径，让艾黎和何克非常生气，他们更加坚定了自己的信念。

面临战争与征兵的严重局势，为保护这群孤儿，培黎学校进行了一次小长征，在山丹，何克的生命化作艳红的山丹

随着战争的发展，当地人不仅仅受日军进犯的威胁，特别是国民党凤县三青团团书记梁维厦等人到学校强行要求16岁以上学生集体加入三青团，企图从政治上控制学生，并让学生入伍加入国民党青年军，一次又一次被何克拒绝了。

1944年夏秋，局势愈发动荡，国民政府提出征兵10万的要求，16岁以上的男孩子全要被送上战场，经常有军队闯入教室试图拉壮丁，还有一名老师也被抓了起来。何克闻讯，他不想让学生们去缅甸战场，更不想让他们把枪口对准八路军。在一个寒冷的午后，学校的一个孩子偷偷跟着何克爬到了校园背后的山顶，结果看到这位年轻的校长坐在一块大石头上，俯瞰着山下的学校哭泣。这样一来，军队的指挥官对何克非常不满，还曾将何克拘捕了一个星期之久。但政府逼得越来越紧，除此之外，来自日本侵略者的威胁也不得不考虑了。此时，50万日军再次掀起了大规模地面军事行动，包括西安、宝鸡，甚至小小的双石铺，都可能沦陷于日军铁蹄之下。

作为一名英国公民，何克原本可以明哲保身地独自离开中国，但是他没有丢下培黎学校和孤儿们。在这样的情况下，为了保护这群孤儿，艾黎和何克几经斟酌，讨论决定转移学校。该把学校转移到哪里去呢？艾黎提出，搬到甘肃山丹。艾黎说："红军长征的时候曾到过那里。"一听这话，何克终于下了决心："好吧！就让我们去那里迎接红军的第二次到来吧。"

那里距离戈壁沙漠700英里，是个更为安全的小镇。从双石铺到山丹，孩子们必须徒步翻越六盘山，山高超过3600米，路途长达1000千米，有些教员并不同意这样的大迁徙，认为距离太远了。但是何克最终还是决定出发。当年11月，由33名孩子组成的第一组队伍偷偷启程了。

这是一次庞大而复杂的行动。要搬走的东西实在太多。光机器设备就有大约15吨，更何况何克连腌咸菜的大缸也不舍得放弃。1944年隆冬，何克率领运输队和30名学生，开始了迁校的“小长征”。迁校队伍，顶风雪，迎严寒，途经天水、秦安、兰州，翻越4800多米的高山，长途跋涉1100多千米，历尽千辛万苦，终于在1945年3月辗转到达山丹。近年，由中、澳、德三国共同拍摄的大制作影片《黄石的孩子》，就是以此故事为原型拍摄而成的。何克身先士卒，带领学生们投入整修新校舍的工作。拾砖铺地，严封门窗；安装机器，发电照明；筹备师生口粮，组织师生开课，安置从各地投奔来的贫寒子弟上学，还要应付当地官场、衙门的干涉、破坏，学校工作繁多，千头万绪，都被乔治·何克安排得井井有条、妥妥当当。他的这种高尚的国际主义精神，鼓舞了全校师生的斗志。正当何克为办好山丹培黎工艺学校艰苦奋斗、、为新中国培养人才的时候，在一次打篮球时，他的脚趾不幸被碎玻璃片扎破，因当时缺医少药，致使病情恶化，被感染为破伤风。1945年7月22日，何克的心脏停止了跳动，时年刚刚30岁。

关于“培黎学校”的来历，据说有两重意思，一是纪念美国人约瑟夫·培黎和他的教育思想，另外一个是“等待黎明”。约瑟夫·培黎是天主教徒，福音训示：“去变卖你所有的一切，把它分给穷人。”这两重意思何克都做到了。何克去世后学校给他立了一块碑，一位英国诗人的诗句镌刻在上面：

彩色绚丽的生命啊，
光辉而又温暖，
为了它，人们一直奋发向前。
他已逝去，从此不再奋战，
在战斗中逝者的生命，
却更加光辉灿烂。

赖朴吾，中国人民永远的朋友

赖朴吾

赖朴吾，英国著名地球物理学家、数学家，生于1910年。1932年到中国，1936年起任教于燕京大学。一贯同情中国革命，曾参加过中国工业合作协会及其国际委员会的工作。1939年在中共北平地下党员的陪同下，和在燕大任教的林迈可等外籍教授徒步越过日伪封锁线，访问了敌后华北抗日根据地，受到朱德、彭德怀、聂荣臻、萧克等八路军将领的接见。1952年回国后，曾与夫人合写了《中国1932至1980》等文章。

1939年夏，曾到武乡八路军总部参观，驻扎两个多月。

他是一位优秀教师，受埃德加·斯诺的影响，产生了要到共产党活动的区域去考察的愿望

赖朴吾（Ralph Lapwood），英国人，国际著名的地球物理学家、地震学家、应用数学家，1909年9月23日生于英国的伯明翰。自幼学习勤奋，天资聪慧。1928年以优异成绩进入剑桥大学，在圣约翰学院主修数学。1932年获学士学位，1934年获硕士学位。之后来到中国，在上海麦伦中学教数学，为了更好地进行教学，他还学了一年中文。

他是一位优秀教师。他精心准备课堂教学，把充满方程式及数学概念的数学课讲得不仅逻辑严密、条理清晰，而且生动活泼、深入浅出。他精心设计各种试题作业及每堂课的小测，以期督促学生预习、复习，牢固掌

握知识，练好基本功，并弄清每个学生的不同学习水平，因材施教，他对学生的要求真挚而又严格。

他不仅重视智育，也重视德育和体育。在麦伦中学时，他组织学生利用业余时间为周围工厂的贫苦工人办夜校，开展文化活动；寒暑假去贫困的农村办诊所、当小老师，不顾寒冬酷暑、旅途劳累，住在废弃的小庙里。尽管生活艰苦，但在他的感召下，这支为工农服务的中学生队伍愈来愈壮大。

1936 年，应校长司徒雷登的邀请，赖朴吾受聘于燕京大学数学系任教。当时燕大的学术气氛非常浓厚，教学思想比较自由开明，在图书馆里可以看到马、恩、列、斯的一些著作的英译本。司徒雷登是基督教徒，但他主张宗教与大学教育分离，学校世俗化，不要求学生信教做礼拜。为了提高学校的知名度和吸引力，学校重视聘请中外知名学者任教。师资水平一直保持在全国高校前列。中国教授、讲师日益增加，占三分之二。在中、外籍教授、讲师和他们的夫人中，许多人理解和同情学生的进步思想倾向和他们的抗日爱国主张，支持他们的活动。突出的如新闻系讲师、有名的美国记者埃德加·斯诺和他的妻子海伦·斯诺，心理学教授夏仁德，经济学、逻辑学教授林迈可等，赖朴吾也是其中突出的人才之一。中共华北局书记林枫同志到燕大来讲解形势政策，他们都要去认真听讲。赖朴吾非常支持中国共产党的抗日救国主张，是一位激进的人士。后来，他兼任燕大体育委员会主席，不仅积极开展体育运动，还注意体育道德的培养。他要求与学生同吃、同住，去了解、关心和帮助他们，他自奉甚俭，对学生却总是慷慨相助，在学生中享有很高的威望。

1937 年年初，斯诺从陕北苏区访问归来。在一个春光明媚的下午，在夏仁德家的客厅里，他热情地向燕大 20 多个进步同学介绍了此行见闻，赖朴吾也专门来旁听。当他看到斯诺刚刚写成的《红星照耀着中国》初稿和 200 多张在陕北苏区拍摄的照片，也不住地赞赏。从此也产生了要到共产党活动的区域去考察的愿望。

他千里迢迢来到太行山，在八路军总部的两个多月里，使他对这支军队有了全新的认识

抗战爆发，北平失陷。燕大好些同学奔赴抗日敌后根据地，这其中有大批共产党员、“民先”队员。1939年，在中共北平城委的领导下，建立了燕京大学新的支部。在党的领导下，大批热血青年都投身抗战洪流，积极开展抗日宣传、组织工作，向晋察冀抗日根据地捐献物资，输送知识分子。赖朴吾等外籍教授也热心为抗战做一点工作，他们组织了电信器材、医疗器材等根据地奇缺的物资，通过秘密渠道送到了晋察冀。

为了全面了解八路军，1939年夏他与英国籍学者、燕京大学教授林迈可，美国心理学家、燕京大学教授夏仁德一起，商定准备前往八路军抗日根据地。但为帮助进步学生转移，处理进步学生藏在他那里的秘密文件，夏仁德没有及时成行。当夏仁德气喘吁吁地往返于女生宿舍和西校门之间，帮助一个又一个被日军驱逐出校的女同学运走行李之后，就被日军逮捕了，直到日本投降后才出狱。所以此行夏仁德教授也就失去了机会。

赖朴吾与林迈可一起，在著名文艺家赵明、燕京大学发电厂的地下党员肖在田的陪同下，离开北平来到河北武强县，找到了冀中军区司令员吕正操，说明他们的来意，吕司令员说，要到太行山，最危险的是过平汉铁路，为保证他们的安全，吕司令员立刻决定从军区警卫部队中抽调精干的小分队护送他们前往太行根据地。这一路他们徒步行走了1000多里路程，终于到达晋东南抗日根据地，来到了武乡县砖壁村的八路军总部。

在砖壁村，朱德总司令得知他们的到来，当即接见了他们，并给他们介绍了根据地军民在艰苦的条件下坚持抗战的情况。为了让外国朋友更多地了解根据地，八路军总部还安排他们参观了八路军总部柳沟兵工厂、后勤部被服厂、卫生部制药厂等企业；到炮兵团看了战士们的军事训练；到野战医院看了八路军伤员在缺医少药的情况下，依然精神百倍。在这里，他了解到八路军在如此艰苦的环境下，仍然有很高的抗日热情和旺盛的革命斗志，坚持在前方打了一个又一个胜仗。两个多月的参观，使他对八路军有了全新的认识。

事隔几年，赖朴吾对此行依然历历在目，他曾向学生介绍说：“一到了那里，就像到了另一个中国。那里的人民和这里（指大后方）大不一样。他们很有信心，很有勇气，很有精神。见到他们，你就会相信，日本人绝对征服不了中国。”他还提到在八路军总司令部住了三天的感受，朱总司令平易近人、关心部下的作风，给他留下很深的印象。

他是非常虔诚的基督徒，不是马克思主义者。他所做的这些介绍，没有任何慷慨激昂的词句，只是如实地叙述自己的所见所闻。他是科学家，尊重事实。他以强烈的正义感，由衷地关心中国人民的命运。他对中国人民有真挚的友情，愿意为中国人民的幸福贡献智慧与精力。

受路易·艾黎之邀，他曾参与“工合”，他几乎跑遍了大后方，为在国际上募捐起了很大的作用

为了支持中国的抗日斗争，真实地向国际报道中国人民抗日斗争的实况，协助中国人民的老朋友、新西兰人路易·艾黎的“工合”（即“工业合作协会”）工作，他离开武乡之后就直接经西安去了成都。他积极参加工业合作社运动，成为失业工人和难民生产自救、支援抗战而兴起的一支独特的经济力量。在那硝烟弥漫、战火纷飞的艰苦岁月，它为供应战时军需民用、特别是援助中国共产党领导下的人民游击战争作出了重要贡献。作为“工合”的视察员，他几乎跑遍了大后方。其丰富的视察材料及精确的统计数据为在国际上募捐起了很大的作用。

太平洋战争爆发后，燕大被日寇封闭。1942 年燕大辗转搬迁成都复校后，他为了支持学校复校，又返回学校任教，不仅克服困难，认真教学，而且从需要出发，毅然开设了一门新学科——数理统计。他还挑起了理学院代理院长及数学系系主任的重担，集院、系行政杂务于一身，解决方方面面的问题，以确保顺利进行教学并保证质量。他和中国人民一起度过了艰难的抗战岁月。

他的夫人兰畦是出生在中国的新西兰人。他们俩都是学生爱戴的师长和真挚的朋友。在那“闲谈莫论国事”的年月，他们却常常让出家中客厅任凭学生纵谈救亡、民主运动。那时对待肺结核病，不少人谈虎色变，他们却将患病学生留在家里精心照顾。

赖朴吾与夫人兰畦

1946 年，他利用休假时间回剑桥大学攻读博士学位。在老科学家杰夫里斯（Harld Jeffreys）指导之下研究有关地震学方面的一个重要课题 Lamb Problem，成绩卓著，其研究成果被广泛引用。1950 年获博士学位。在此之前的 1949 年新中国成立前夕，他满怀激情奔回燕大销假。他在数学系任教，同时兼任学生生活辅导委员会主席，他以其在师生中的威信努力疏通校方与革命学生的关系，协助了护校及迎接新中国诞生的工作。

他热爱中国，关注中国，他最后的遗嘱就是将骨灰撒在燕园临湖轩后的未名湖畔

中华人民共和国成立了，他感到欢欣鼓舞，他和学生一起并肩游行，参加开国大典。他总是把自己置于中国学生群体之中。蔬菜供应困难，就跟学生一道在校园内开辟菜地，支援食堂。在抗美援朝运动中，他捐赠了大笔钱，而他家里的餐桌上却常常是极简单的饭菜。

1952年，他虽是在那特定的情况下离开了中国，但在他心里始终装着他热爱的中国。他利用一切机会宣传新中国、介绍新中国，为中英友谊搭桥铺路。他时刻关心着新中国，当他得知十一届三中全会后恢复“工合”，立即提供线索让我们收回29万港币外汇。

1953年他开始在剑桥大学数学系任教，先后担任讲师、大学学监、总务会议主席、以马内利学院院务委员、数学教务主任、研究生导师、理论地质学系副教授等，1972年被任命为以马内利学院副院长，直至1976年退休。

剑桥大学由于受老科学家杰夫里斯在应用数学和理论物理学上的成就而成为国际地球物理学界人士所向往的访问和进修中心。杰夫里斯退休后，赖朴吾接替了他的职位，以其在理论地震学方面的杰出成就，保持了该校在这方面的声望和地位。

赖朴吾在学术上的卓越成就使他在国际上有很高的知名度。其代表著作有《普通微分方程》、《地震后地球引起的震荡》（与一日本教授合著）、《瑞雷原理地球物理学方法》（与一澳大利亚教授合著）。他发表了许多有关地震学和弹性力学的学术论文，其理论广泛被学术界采纳并引用。他曾多次代表英国出席国际地理及地球内部物理协会的各种会议，曾担任英国首席代表达10年以上，他曾是联合王国地震学会和地球内部物理学分会主席、英国地震学协会委员会副主席。

他虽是科学家，但并未置身于国际事务之外。他热爱和平、反对战争、反对原子武器，曾与剑桥大学科学家合写了《誓死保卫和平》一书。他热爱中国，利用一切机会去工厂、去学校宣传中国。他和兰畦写了《经历中国革命》，他还写了《1939，逃出北平》《中国，1980》，在《中国从1932到1980》中将新旧中国做了鲜明对比，介绍了新中国的发展。1952年之后，他曾四次访问中国，特别是20世纪80年代，他连续访问中国三次，那时他的身体已经很不好，有心脏病，每次讲完课腿都肿得厉害。但即使是自费，他也坚持每两年来中国一次，他要将先进的科学、教学方法等，以及他所知道的一切奉献给中国，并把中国的发展情况带回英国。中国，对他来说是第二故乡，他呕心沥血在所不辞。1984 年 4 月 2 日，在他身体非常虚弱的时刻又来到了北京。他仍然兴致勃勃地与老友欢聚、参观，神采奕奕地讲学，但是九天之后他安息了。在弥留之际他叮嘱兰畦：“不要开追悼会、不要竖纪念碑，唯一的希望是把骨灰留在中国。”现在他的骨灰撒在燕园临湖轩后未名湖畔的小山坡上。这里有他喜爱的三棵黄刺梅，还有几块天然的石头，上面刻着放大了的他的亲笔签名。他墓石旁边，是美籍教授夏仁德的墓石，尽管他的骨灰并没有在这里。在这两块墓石上面有块牌子，刻着三行英文字，即“赖朴吾、夏仁德花园”。每年 9 月 23 日赖朴吾的诞辰，都有他的友人和学生来此扫墓。

赖朴吾在燕园的墓碑

兰畦对中国也怀有深厚的感情。她一直致力于和平友好工作。1952 年亚太和平会议在北京举行时，她曾作为澳大利亚代表来京出席大会，并于闭幕式上在天安门主席台上发言，博得热烈掌声。1960 年她应中国保卫世界和平大会的邀请访问中国。1964 年、1980 年、1982 年、1984 年，他们夫妇二人多次访华。赖朴吾逝世后，她仍不断来华，继续致力英中友好工作。1993 年 9 月 27 日她在英国逝世。

浊漳河畔的国际主义医士之光

中国人民的抗日战争得到了世界各国人民的广泛同情和大力支持。抗战时期，许多国际友人不远万里，漂洋过海来到中国，帮助中国人民的抗日战争，以白求恩为代表的加拿大、印度、波兰、苏联等国的大批国际医护人员来到中国，投身抗日斗争。他们在极其恶劣的工作和生活条件下，开展救死扶伤的工作，挽救了大量抗日军民的生命。他们把中国人民的抗战作为自己的事业，与自己的命运紧紧联系在一起，把青春、热血乃至生命都献给了中国人民的独立和解放斗争。我们永远铭记这些国际友人的历史功绩和他们伟大的国际主义精神。

爱德华，漂动在黄河里的友谊精灵

爱德华

爱德华，印度北方邦哈都县人。本名马登·莫罕拉尔·爱德，生于1886年。毕业于英国爱丁堡大学，获博士学位。中国抗战爆发后，呼吁支持中国抗战，经印度国会批准，组建了印度援华医疗队并担任队长，率队来到中国，1939年抵达延安，在八路军医院工作，后到晋东南八路军总部，受到朱德总司令的接见，1940年因病回国。1957年来华访问，因病逝世于北京协和医院，遵照他的遗嘱，其骨灰分别撒入印度恒的河与中国的黄河。

1939年12月来到武乡八路军总部，在武乡工作两个多月。

爱德华医生用实际行动来支援中国抗战，并表示自己愿意参加医疗队，到中国去

爱德华博士，本名马登·莫罕拉尔·爱德（Madan MohanlalAtal），1886年10月9日出生于印度北方邦哈都县一个有名望的家庭，后来担任印度总理的英迪拉·甘地夫人是他的外甥女。爱德自幼热爱医学，立志用医疗手段为苦难的印度人民服务。他青年时代就读于英国的爱丁堡大学，毕业后获博士学位，并成为英国皇家外科医学会的会员。其精湛的医术为同行们所称道。

不仅如此，爱德还是一位坚定的反对殖民主义的战士。1936年2月，由西班牙工社党、共产党、共和左翼、共和联盟、劳动者总联盟等进步组

织组成的人民阵线，在大选中获得多数票，成立了联合政府，为通过和平道路发展民主制度开辟了美好的前景。西班牙共和国成立不久，以佛朗哥为首的军队将领，在德、意法西斯支持下，于1936年7月18日发动了武装叛乱。德、意法西斯不仅以大量武器装备支援佛朗哥，而且还派出武装力量，对西班牙进行干涉。酷爱自由与独立的西班牙共产党人、各种进步力量和全体劳动人民奋起保卫共和国。

各国无产阶级和热爱自由的人民都站在西班牙共和国方面，掀起了声援西班牙人民的群众运动，这种声援的最高表现就是著名的国际纵队的组成。54个国家的反法西斯主义者冒着被本国反动政府追捕的危险，跋山涉水来到西班牙。他们当中有工人、农民、职员、学生和知识分子，以共产党员为核心力量。此时，爱德医生为支援西班牙人民反法西斯斗争只身奔赴西班牙马德里，参加了国际纵队红十字小组的工作，冒着浓烈的战火硝烟，以手术刀为武器，援助西班牙人民阵线的正义斗争。在保卫新生的共和国、保卫西班牙的独立与自由的战斗中，国际纵队立下了不朽功勋，谱写了一曲可歌可泣的国际主义之歌。

1937年7月7日，日本帝国主义一手策划挑起了“卢沟桥事变”，中国的抗日战争全面爆发，从长城内外到大江南北，千千万万的中华儿女一致投入到这关系到民族存亡的全民抗战之中。在国际上，也有许多国家声援支持中国抗战，比如印度国内发起了声势浩大的援华宣传活动。这时，爱德医生正刚刚离开西班牙来到伦敦，当他看到这一消息，便毫不迟疑地向全世界发出呼吁：一个被殖民主义奴役的民族，一定要对另一个遭受法西斯蹂躏的民族给予同情。他要用实际行动，来支援中国抗战。他认为，假如援助中国，最好的方式就是派遣一支医疗队前往中国，因为在残酷的战斗中，是很需要医疗工作的，这也是他一位医生的职责。于是他急忙回国，向政府提出请求援助中国，并表示自己愿意参加这样的一支医疗队，到中国去！

就在这时，国际友人史沫特莱写信给印度国大党主席尼赫鲁，信中称八路军在救护和给养方面存在严重问题，并且呼吁印度“派出合格的医生为所有的中国军队服务”。接着，八路军朱德总司令在华北前线也亲自给尼赫鲁写了一封信，信中说：“希望得到印度人民在道义和医疗等物质方面的援助……我们正在为志愿军向国内外筹款，史沫特莱小姐告诉我们，可以同你商洽。她确信以你为主席的印度国大党，一定能捐赠给我们一笔款子，来支援志愿军。”

尼赫鲁公开发表了这两封信并开始筹集资金，把印度国大党关于向中国派遣一支医疗队的设想重新提出来付诸实施。

1938 年 7 月 7 日，宋庆龄也致函尼赫鲁，并托一位年轻的英国人约翰·利宁经印度回英国时带去，信中表达了中国人民的意愿：“获悉印度人民所表示的同情和支持，深为感谢和极受鼓舞，我借此机会表示我们的感激和同志情谊。”因此，爱德的建议立即得到了印度国大党主席尼赫鲁的支持，鉴于爱德的声望和他对中国抗战的热忱，尼赫鲁在筹集资金、物资的同时，立即组建一支医疗队，亲自委派其妻弟爱德担任队长率领赴华，作为印度人民的友好使者援助中国人民的抗日战争。

这一活动得到了印度人民特别是工人、农民和学生组织的广泛响应。经过 6 个多月的紧张准备，1938 年 9 月 1 日，由爱德任队长、卓克任副队长，以及柯棣尼斯、巴苏、木克吉等 5 位医生组成的印度援华医疗队，携带了 54 大箱药品，一些医疗器械，一架轻便 X 光透视机，一辆防弹救护车和一辆卡车，在印度最大的港口孟买，登上“拉吉普塔纳”号英国邮轮，漂洋过海，向中国进发。1938 年 9 月 17 日，爱德一行到达广州。

医疗队在武汉、重庆等地工作，爱德华多次向政府请求要到抗日最前线的愿望

医疗队到达广州时，致力于战时医疗救济和儿童保健工作的孙中山夫人、时任保卫中国同盟主席的宋庆龄前去迎接，并登上“拉吉普塔纳”号邮轮，对医疗队来华服务的热情和精神，表示敬佩和感谢。宋庆龄早年就投身于反对帝国主义侵略的战争和保卫世界和平的斗争，享誉世界。埃德加·斯诺在宋庆龄的帮助下，从西安到了陕北，成为第一个到红区采访的西方记者，驰名中外的《西行漫记》最终得以面世；国际主义医务战士白求恩的医疗队，通过宋庆龄的介绍，最后到达解放区工作；新西兰国际友人凯瑟琳·霍尔经宋庆龄联系，在中国河北等地开展救死扶伤工作……宋庆龄的名字像一面旗帜，感召着学生、士兵、工人、农民、知识分子、爱国将领、海外华侨、外国友人，他们有的贡献财力，有的献出青春甚至生命，以各种形式投入到伟大的中国人民抗日战争的滚滚洪流。

今天，印度援华医疗队也有国母宋庆龄来亲自迎接，这让爱德他们非常激动。宋庆龄问他们有什么需要帮助，爱德只提出了一个问题，就是如何同八路军取得联系。早在来华以前，因为有朱德将军写给尼赫鲁的求救信，特别是爱德听说过许多八路军英勇抗战的传奇式故事。因此，在与中国政府驻英官员商谈来华事宜时，他就提出了要去八路军那里工作的愿望。

当他们从宋庆龄那里得知，要同八路军取得联系，可以到武汉去找周恩来。爱德队长非常高兴，于是便迫不及待地率队向武汉进发了。他们长途跋涉，经衡阳、长沙，辗转来到武汉。第二天，他们就找到汉口长春街，在一幢四层楼房里找到了八路军驻武汉办事处的负责人董必武、叶剑英，说明他们的来意，几天后又见到了周恩来。周恩来认真分析了情况，考虑到当时国共正处于合作的上升阶段，由于国民党方面不赞成印度医疗队到八路军中，为了调和关系，周恩来建议，医疗队先在国统区的武汉、宜昌和重庆工作半年左右。在与中国共产党领导人的接触中，他们的大度、他们的豁达、他们的精神，给医疗队的队员们心中留下了深刻的印象，也受到了极大鼓舞，更加坚定了要到八路军那里去工作的决心。

就这样，医疗队在武汉开始工作。不久，国民政府迁往重庆，医疗队随之西行，先在宜昌的一所国民党陆军医院工作。但由于距前方太远，那里也没有多少事情可做，医疗队就又乘船到达重庆。

到重庆后，接待他们的是中印文化协会的谭云山教授，他们多次交谈，表达了一心想为中国抗战出力，想到抗日最前线的愿望。谭教授一边表示愿帮助他们实现这个愿望，同时也根据他们的意愿，为每一位印度大夫取了一个中国名字，在每个人的音译名字后面加了一个“华”字，分别为：爱德华、卓克华、柯棣华、巴苏华和木克华，以表示他们热爱中华，同情和支持中国人民正义战争。这样爱德医生也就称为“爱德华”医生了。

但是，事情并不顺利，虽然谭云山教授曾多方奔走，但医疗队要求去延安的行动，还是受到国民党政府的重重阻挠。先是戴季陶出面向爱德华等人大讲“三民主义”的优越，而爱德华则针锋相对地指出“社会主义终归要代替资本主义，这是事物发展的规律”，结果，谈话不欢而散。接着又是孔祥熙等人出马阻挠，爱德华大夫义正词严地说：“我们是医生，是来为战地提供医疗服务的，这样一直在后方，根本见不到伤员，我们的存在还有什么意义呢?”最后国民党当局甚至以拒绝提供去延安所必需的车辆汽油相要挟。然而，这仍然不能动摇全体医疗队员的决心，爱德华当即草拟了发给印度国大党的电稿，要求从印度运送汽油到重庆，并与其他队员一起将此书在外国使团住区传播张扬，终于迫使国民政府不得不答应他们的要求。

1939 年 1 月 22 日，爱德华一行终于得以成行。爱德华在工合国际委员路易·艾黎的陪同下，率领医疗队全体队员登上一辆标有印度国大党纺轮徽标的救护车，后随一辆装满药品等物资的卡车，开始了向延安进发的艰难旅途。

在延安，他不敢想象八路军在如此简陋的条件下进行医疗救护

1939 年 2 月 12 日这一天，延安地区刚刚下过一场大雪，陕北高原的早春仍然十分寒冷。但这时已有2000多人的欢迎队伍，在翘首期待着印度援华医疗队的到来，其气氛比前几天闹元宵的欢乐一点儿也不逊色。当爱德华等5位医生和工合国际委员路易·艾黎走下汽车，欢迎的人群中响起了雷鸣般的欢呼，八路军后方卫生部部长姜齐贤等领导同志与他们一一握手、拥抱和互致问候。2月14日，延安举行了印度援华医疗队欢迎晚会，毛泽东出席。次日，毛泽东在杨家岭住处会见印度援华医疗队全体成员，并亲切地招呼爱德华等人在自己身边坐下，气氛十分热烈。

他们很快就投入了紧张的工作。卓克华和木克华被派到张村驿卫生学校从事培训工作。爱德华和柯棣华、巴苏华则来到距离延安40华里的拐峁八路军后方医院，这所医院共有25孔窑洞，能够设置200张病床。尽管当时八路军的物质条件极为困难，医院里多是采用一些代用品，这对曾经在英国皇家医学院进修、在拥有先进设备的医院工作过多年的爱德华医生来说，简直不可思议，他不敢想象八路军在前方浴血奋战，却又竟是在如此简陋的条件下进行医疗救护，他对八路军医务工作者大为赞扬。爱德华说："我真没想到，八路军能够利用各种方法来克服困难，我亲眼看到了医疗史上的奇迹！"

爱德华大夫一来到医院就开始忘我地工作，而且对医疗队的其他队员也要求十分严格，使他们竭尽全力地进行工作。作为队长，他还不断到张村驿卫生学校去，对卓克华和木克华大夫的培训工作进行检查，爱德华还耐心地给八路军医生和护士讲课，态度和蔼可亲。他经常奔波于崎岖的黄土路上，为患者诊疾治病。

1939年7月10日，周恩来骑马过延河时，由于马受惊摔伤了右臂。爱德华大夫得知这一消息，立即与柯棣华、巴苏华一起，向延安城奔去，从拐峁到延安有40华里，他们走着走着天就黑了，而且又下起雨来，爱德华急于赶路，不慎从高大的马背上摔了下来，但他不顾自己的伤痛，继续向延安城疾驰。就这样，爱德华大夫忍痛又行走了几十千米，他们翻山越岭，坚持为周恩来精心疗伤。

这年10月，医疗队的X光机由香港经过长达一年的时间运到延安。那天赶上敌机空袭，整整轰炸了一天，爱德华率领全体队员冒着危险，很快将机器安装起来。在此之前延安从来没有X光机，这台小型的X光机在当时无异于雪中送炭。机器安装好，可当时延安没有电，为了让设备发挥作用，每当需要用这部机器透视或拍照片时，就派人赶着马车去中央军委借用仅有的一部发报机专用的手摇发电机。就这样，这部X光机在爱德华等印度医生的操作下，为救护负伤的战士作出了可贵的贡献。

作为医生必须到前线才能发挥最大的能量，抢救更多的伤员是他们的职责

在延安的工作和生活是紧张而愉快的。但是爱德华却一直找后方卫生部部长姜齐贤，提出了要去八路军战斗最前线的要求。他说，前方每天都在战斗，每天都有流血牺牲，作为医生必须到前线才能发挥最大的能量，抢救更多的伤员是他们的职责。在爱德华大夫的一再请求下，中央批准了他们上前线的请求。这期间，卓克华大夫由于年迈体弱，加之延安地区寒冷，对饮食起居条件不能适应，于1939年5月24日离开中国返回印度；木克华大夫则因突然得了肾脏病，需要回国手术，于1939年8月2日取道重庆回国。

1939年11月，爱德华、柯棣华、巴苏华和另一位来自德国的年轻医生汉斯·库尔特·米勒，一起离开延安，奔赴太行山抗日前线。他们从延安出发乘汽车到达西安，经潼关到河南渑池，在渑池兵站的护送之下渡过黄河，向晋东南敌后抗日根据地进发。这里有许多敌人据点，通过敌占区的行军是极其危险的，护送战士吩咐他们要小心谨慎。爱德华非常沉着，不断激励自己的战友："假使我们被日本法西斯杀死，我们后面会有更多的朋友到中国来！"

经过艰苦行军，爱德华等人终于来到了设在武乡县土河村的八路军野战卫生部。当朱德总司令听说援华的外国大夫来到太行山，立即要接见他们。1939 年 12 月 21 日，野战卫生部孙仪之部长，便带领爱德华一行，骑马来到了王家峪村。

这一天，八路军总部朱总司令的小屋里，比往日热闹了许多。朱总司令向来自异国的朋友介绍了中国抗战的形势、敌后各战场的概况和八路军游击战争的主要经验。为了欢迎他们，朱总司令还特地准备了一桌以小米饭、南瓜菜为主的“太行饭”宴请贵宾。朱总司令风趣地说：“由于根据地的条件差，这算是武乡最好的饭菜了，咱们八路军就是靠这小米加步枪，把飞机加大炮的日本侵略军打得焦头烂额。今天，虽然没有鱼肉，但我们有热情，等到打败日本鬼子后，我一定用最好的酒菜招待你们一回。”

1939 年 12 月 21 日，朱德在王家峪八路军总部接见了印度医疗队，从左至右为马寒冰、米勒、爱德华、朱德、柯棣华、孙仪之，该照片由巴苏华拍摄

饭后，队长爱德华向总部递交了到前线进行战地医护工作的申请。开头几句是这样写的：“因为我们想到目前的国际形势是有利于我们印度人民从英国的统治下获得解放，从正在积极为解放事业而战斗的中国人民那里了解一些情况，对我们三个印度人来说，是一个难得的机会。”

总司令当面答应了他们的要求，并且让总部根据他们拟定的工作计划作了具体安排，还指令三八五旅部队负责他们的安全。很快他们就到八路军野战医院工作了。爱德华用他精湛的医术为八路军伤员精心治疗。然而，正当爱德华准备投入新的艰巨斗争任务时，无情的病魔却向他袭来，长途的跋涉，艰苦的生活，终于使他病倒了。朱总司令非常关心他的健康，可是前方的缺医少药，爱德华大夫的病情越来越重，在这样的情况下，在总部首长的劝说下，他不得不回国，两个月后，爱德华大夫离开前线返回印度。

在中国的母亲河里，永远漂动着一种国际间伟大的友谊

回到印度后，爱德华一边治疗，一边继续为援助中国人民的正义斗争奔走呼吁。并将他在中国八路军中的所见所闻，向印度人民作了介绍。

1951 年 1 月，爱德华出席日内瓦世界和平理事会执行委员会会议，途中特意绕道中国。回国以后，他热情宣传在新中国的见闻，还在孟买印中友协成立大会上作了充满激情的关于新中国的报告。1957 年 10 月，已经年过古稀的爱德华再次来华访问。此行的目的是渴望写一本关于新中国的书，以进一步促进印中人民的互相了解和友好团结。

可是，由于旅途劳累和病情严重，他一下飞机便病倒了。在协和医院，爱德华还是忍受着疾病的折磨，在病床上做着关于新中国的建设情况调查。每当听到中国所取得的新成就，他那苍白的脸上便泛起欣慰的笑容。11 月 5 日，周恩来总理到医院探望他，他非常激动，并表示一定要坚持把这本书写完。然而，残酷的病魔却无情地吞噬了爱德华大夫的生命，12 月 1 日，印度前援华医疗队队长、世界和平理事会副主席爱德华大夫病逝北京，他的写书计划也成为永久的遗憾。周恩来总理作为主祭人出席在陶然亭殡仪馆举行的追悼会，并致悼词说，伟大的印度人民和他们的优秀儿子爱德华博士对中国人民的崇高和珍贵的支援，是我们永远不会忘记的，爱德华博士将永远活在中国人民的心里。

爱德华大夫作为一名坚强的反法西斯老战士和国际主义者是当之无愧的队长，他的勇气和热情曾鼓舞医疗队的其他成员在战火纷飞的华北工作。爱德华对中国怀有无限的深情，他临终前要求将他的骨灰分别撒在印度的恒河和中国的黄河里，在中国的母亲河里，永远漂动着一种国际间伟大的友谊。

柯棣华，伟大的国际主义战士

柯棣华

柯棣华，本名德瓦卡纳思·桑塔拉姆·柯棣尼斯（Dwarkanath Shantaram Kotnis），1910年出生于印度孟买省绍拉浦尔镇。他4岁上小学，9岁入中学，1936年毕业于格兰特医学院，获得医学学士和外科学士的学位，并留校任教，后任住院大夫。1938年9月1日随印度援华医疗队来华支援中国抗战，取名柯棣华。1939年2月，到达延安，任八路军军医院外科主治医生，后任晋察冀边区“白求恩国际和平医院”院长。1942年7月，加入中国共产党。1942年12月9日，因癫痫病发作不幸与世长辞，享年32岁。葬于河北省石家庄市华北军区烈士陵园。

1939年12月，柯棣华来到武乡八路军总部，次年4月离开武乡到达晋察冀军区。

60多年前，正当中华民族处在灾难深重的时刻，由五位医生组成的印度援华医疗队，受印度国大党的派遣和印度人民的委托千里迢迢来到中国，支援中国的抗日战争。在他们当中，有一位年轻的外科医生，在艰难困苦的岁月中救治八路军伤员，被任命为白求恩和平医院的第一任院长，并加入中国共产党，后因积劳成疾，以身殉职，成为继白求恩后又一位为中国抗战事业献身的国际友人。他的名字叫——柯棣华。

我的家庭确实遭到了巨大的不幸，但这里千千万万无辜受难的人民更需要我。在我没有实现我向印度国大党所做的保证，至少在中国工作满一年之前，我决不回印度

柯棣华，本名德瓦卡纳思·桑塔拉姆·柯棣尼斯（Dwarkanath Shantaram Kotnis），1910 年出生于印度孟买省东南部一个名叫绍拉浦尔的小镇。他 4 岁上小学，9 岁入诺斯科特中学，1921 年，转入汶各尔拉的一所中学，并参加了学校的童子军。这使他从小就养成了遵守纪律的习惯和乐于助人、自我牺牲的精神。1928 年考入浦那德干学院医学预科，1931 年进孟买桑达尔达斯医学院深造，同年冬考入印度著名的医学院——格兰特医学院，1936 年毕业，获医学学士学位，并留校任教，后任住院大夫。其父原是一棉纺厂经理，后当选为市政议员，在市政府主管教育和卫生。

1938 年印度国大党领袖尼赫鲁应中国八路军总司令朱德请求，决定派一支小型医疗队到中国，表示印度人民支持中国人民抗日，得到印度社会各界的支持和响应。1938 年 6 月 29 日，这一天被孟买的居民命名为“中国日”。柯棣华在这一天申请加入援华医疗队，并想方设法求见了印度援华医疗队筹备会主席麦太大夫。柯棣华的母亲早年聋哑，她希望儿子留在身边陪伴。柯棣华说：“妈妈，现在有很多中国母亲和姐妹正在遭受侵略者的凌辱和屠杀，为了更多的母亲和姐妹，我才和您分离，到遥远的中国去。”为了说服妈妈，他写信给在绍拉浦尔市政府供职的父亲说：“他（指麦太大夫）向我指出了前景黑暗的一面——要冒生命危险，失去深造的机会和有发展前途的工作，等等。我并不认为这些事情是那样阴暗，所以我毫不犹豫地提出了申请，并尽可能地宣传我的特长，急切地盼望入选。”父亲写信给他表示：“我高兴地告诉你，你母亲也不会扯你的后腿。”

柯棣华和爱德华、巴苏华等 5 位医生参加赴华医疗队的消息，就像长了翅膀，很快传遍了印度。柯棣华的家乡，绍拉浦尔医疗协会举行招待会为他饯行。在招待会上，人们赞扬他的自我牺牲精神，向他表示祝愿，并赠给他一些医药，以表示对这一事业的同情和支持。就这样，柯棣华毅然放弃报考英国皇家医学会的机会，参加了医疗队。

1938年9月17日，印度援华医疗队到达中国广州。在广州码头，他们受到了中国群众的热烈欢迎，并受到保卫中国同盟主席宋庆龄的迎接。9月29日，医疗队经长沙辗转来到汉口，被中国红十字会编为第15救护队，先后在汉口、宜昌、重庆等地工作。在这期间，医疗队员们请中印文化协会主席谭云山为他们每个人起一个中国名字。谭云山提议：在每个人名字后面加上“华”字，这样柯棣尼斯就变为柯棣华了。

早在来中国之前，医疗队就听说八路军与国民党不同。因此，他们渴望到共产党领导的敌后战场去。刚到中国时，他们就向前来迎接他们的宋庆龄提出到华北前线工作的请求。到武汉后，他们又向周恩来提出了同样的要求。在重庆，他们第三次向董必武提出了去延安的请求。经过多方努力，医疗队获准前往延安。就在这时，柯棣华接到“父亲突然亡故，母亲卧床不起”的消息。八路军驻重庆办事处的同志和其他几位医生劝他回国料理后事，他强忍悲痛说：“我的家庭确实遭到了巨大的不幸，但这里千千万万无辜受难的人民更需要我。在我没有实现我向印度国大党所做的保证——至少在中国工作满一年之前，我决不回印度。”

他还向队长爱德华表示，纪念父亲最好的行动，就是帮助中国人民把日本侵略者赶出去。柯棣华强忍失去父亲的巨大悲痛，同援华医疗队的队员们一起登上一辆标有印度国大党徽标志的救护车，离开大后方重庆向延安进发。

医疗救护的距离越近，伤员的救治就越迅速，为了伤员，我要在最前沿。假如我不能与你们同生共死，我就不配在八路军中工作

1939年2月，医疗队抵达延安。

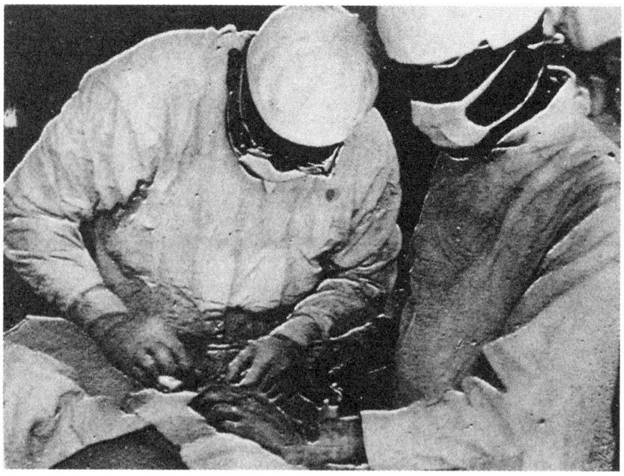
柯棣华大夫在为八路军战士做切除阑尾手术

很快，柯棣华等五人分别被安排到延安后方卫生学校与八路军总部拐峁医院工作。柯棣华第一次见到窑洞中搭建的医院，大为惊叹。由于医疗设备紧缺，救治工作中存在诸多困难。没有电，只能在正午阳光最明亮的时刻进行手术。尽管条件简陋，但柯棣华却把每天的工作都安排得满满的，他亲切对待病患，并且医术高明，很快得到了大家的信任和尊重。

然而，在延安这个地方，并不是最前线。柯棣华说："我来中国的目的是直接为抗日的军民服务，我是外科医生，也要学白求恩那样，到前方为受伤的战士做手术。"他希望能够直接在火线上救伤兵。他们多次向党中央提出请求，终于在一天清晨，他们接到通知，中央同意他们到太行前线，医疗队的三位医生——柯棣华、爱德华和巴苏华，在八名警卫和两名军官的护送下，乘卡车离开延安，冒着风雪和严寒，昼夜兼程，奔赴太行山。

1939 年 12 月的一天深夜，太行山山西境内的一处村庄里忽然响起了猛烈的枪炮声。原来，护送柯棣华他们的游击队员正在分别对两个村子里的日军据点展开佯攻。而此时，柯棣华他们正在两个村子的间隙中穿行，耳边的枪炮声一直隆隆不断。柯棣华他们一路上提心吊胆、小心翼翼。足足步行了五十多千米，终于成功穿越了敌人的封锁线。12 月 21 日，柯棣华等人终于在武乡县王家峪村见到了朱德总司令。

之后，他在土河村野战卫生部驻地曾给他大妹希拉写了一封信，描述了他从延安到武乡的艰险历程，特别是描述了他见到朱德总司令的情景：

"到达后不久，八路军总司令就会见了我们。这支军队几乎在整个华北抗击着日本侵略者，然而他们的司令员每月只拿着5元的薪金（相当于11卢比），吃的饭也极其简单。由于所有的军官都拿着这样微薄的薪金，所以在同样经费开支的情况下，这支军队在编制上可比其他军队有更多的兵员……"

也正是八路军的这种精神，让柯棣华如此感动，他到达武乡后就立即投入紧张的工作之中。为了及时救护伤员，他们把救护所设在前沿阵地，冒着敌人的炮火，实行战地抢救。一次战斗中，敌人的炮弹把他们救护所隐蔽的围墙都炸塌了，战士们劝他和伤员撤退到安全的地方。可是他却说："医疗救护的距离越近，伤员的救治就越迅速，为了伤员，我要在最前沿。假如我不能与你们同生共死，我就不配在八路军中工作。"

然而队长爱德华却很快因病重不得不回印度治疗，柯棣华和巴苏华则受聂荣臻司令员的邀请，于1940年4月前往晋察冀边区，接替已故加拿大医生白求恩的工作。于是他们经过积极准备，离开武乡启程前往晋察冀。

一路上他们经过冀南、冀中、平西，最后到达设在河北省唐县葛公村的白求恩医院。这一路走了四个月时间，但他们一刻也不休息，除了行军就是救治，一路上，柯棣华与巴苏华大夫共进行手术数十次，诊治伤病员2000余名。

然而在这个艰辛的过程中，柯棣华却因为一次饮食，为他之后的健康埋下了巨大的隐患。有一次他们到了八路军驻地，战士们为了欢迎他们，专门为他们杀猪烧肉。他们来到前线也难得吃一次肉，见到猪肉也很高兴，为了赶路，匆匆忙忙吃过饭就走了。谁知道由于这个肉没有煮熟，这头猪还患了绦虫病，柯棣华也因为吃了不好的食品，得了一个难治的病。

这里是白求恩工作过的地方，你们的学校也以白求恩光荣的名字命名。我一定要像他一样，献身反法西斯斗争的伟大事业，决不玷污白求恩的名字

1940 年 8 月，柯棣华来到河北省唐县葛公村，参加了白求恩卫生学校工作，担任白求恩卫生学校外科教员。

此时，八路军总部正在华北地区发动了著名的百团大战，柯棣华立即投入战地救护工作。晋察冀军区进行涞水战役时，柯棣华奉军区司令部之命，出发去军区的南线，负责阵地救护工作。在 13 天的战斗中，他接收了 800 余名伤病员，其中施行手术的达 558 人。由于战斗不断，伤员也就不分昼夜陆续送来，他看到送到救护所的伤员，作为医生他不顾一切地工作着，三天三夜未曾睡觉，始终以最大的热情坚守岗位，使众多的伤员得到及时治疗，脱离生命危险，重返前线。

柯棣华在唐县军城向白求恩墓敬献花圈

1941 年 1 月，柯棣华由于工作出色，并富有极强的组织能力，经晋察冀军区批准，他正式参加了八路军，并被任命为晋察冀军区白求恩国际和平医院第一任院长，仍然兼任白求恩卫生学校教员。他认识到，这是共产党、八路军对他的极大信任，同时也感到自己肩负重任，必须竭尽全力工作，才不辜负八路军首长对他的重托，才不会辜负八路军战士浴血奋战的付出。柯棣华在日记中写道："这里是白求恩工作过的地方，你们的学校也以白求恩光荣的名字命名。我一定要像他一样，献身反法西斯斗争的伟大事业，决不玷污白求恩的名字！”这是他的心声，也是他此后一切行动的最好概括。

此时，正是抗日根据地最艰苦、最危险的时候。他根据医院的实际情况，结合白求恩的工作经验和自己的实践，制定出了一套适应战争环境的医院管理制度，还在休养治疗的伤员中建立了班、排临时组织，让他们在休养期间也能成为一个有序的整体。为了提高所有医护人员的技术水平，他常常选择难度较大的手术，组织突破取得经验，并经常组织学习，把自己的医术毫无保留地传授给了八路军的医护人员。柯棣华对中国的中医也很感兴趣，他深入研究中医理论，为了解决西药不足的困难，他还研制出了治疗中急需的中西药结合的“定骨粉”，对治疗骨折起了很好的疗效。

为了更好地了解中国，为中国人民服务，柯棣华大夫孜孜不倦地学习中文

柯棣华身上充分体现了白求恩那种毫不利己、专门利人的精神。他总是把危险和困难留给自己，把安全与方便让给别人。一次，他们驻扎的村子遭到敌人的突然袭击，他们刚刚住下，敌人就包围了村子。八路军领导一边组织警卫排打开缺口实施突围，一边让柯棣华在突围时跟着队伍前头出去，可他就是不肯，他要把所有伤员都转移走自己才肯离开。首长说那样太危险了，你是医生你先突围出去可以救更多的战士。可他说，如果战士们牺牲了我还救谁？就这样，他随最后一批同志突围出来，并和战士们一样背起伤员迅速转移。

柯棣华时时以共产党员的标准来对照自己，他向组织提出了申请，立志做一名无产阶级的先锋战士。1942 年 7 月，柯棣华光荣地加入了中国共产党，他在党旗下庄严宣誓："为了反对法西斯斗争直到胜利，为了实现共产主义而奋斗，我要将一切包括我的生命献给这壮丽的事业。"

如果不参加八路军，得这个病，我会悲观的。现在，我却满怀信心，因为只要和边区人民在一起，我也会像希腊神话故事里的安泰那样获得力量

柯棣华的工作态度好，从来不发脾气。有一次，一个护士没做好病人手术前的排便工作，一上手术台，病员的粪水就喷到柯棣华身上。他没有发火，自己一声不吭换了衣服，重新把手消毒后，再接着做手术。这个护士本来应该受到批评，但柯棣华考虑到她是个新手，缺乏经验，所以不但没有批评她，在做完手术后，还和颜悦色地教她如何灌肠、排便，使这个护士很受感动。1941 年冬天，有个伤员右脚腕受伤，后来右脚肿得像个水桶，整条腿不能动弹。医生们决定将膝部以下锯掉，以免引起大腿糜烂。正巧柯棣华来到驻地，他查看了伤员的腿后，果断地说："不需动手术，要保住这条腿！"从此，柯棣华一天三次为病人洗伤换药。一个月后，伤员的腿奇迹般的治好了。

柯棣华对待伤员、病人一丝不苟，而对自己却从来不在意。

就在他吃了生猪肉之后半年多时间里，他发现自己得了病，腹部常有痛感，后来渐渐感觉腹胀不适，间或恶心、呕吐，并伴有肛门瘙痒，且在内裤上发现了白色节片。作为大夫他根据自己的症状，分析自己患了可怕的"肠绦虫病"。

因当时无对症药物，他也没当回事，可是病症越来越严重，他也从来没跟任何人讲过。只是有一次与一位老中医探讨时，老中医说，他记得古医书《千金要方》里，曾有石榴根皮可治绦虫病的记载。于是，他就偷偷地喝泡了石榴根皮的水。

这事让妻子郭庆兰发现了。郭庆兰是一位优秀的女青年，为了抗击日本帝国主义的侵略，离开了条件优越的北平协和医院，来到艰苦的晋察冀白求恩卫生学校担任了护士教员。柯棣华来到白求恩卫生学校工作以后，在烽火前线抢救伤员时，两人相互关怀，密切协作，逐渐增进了感情，后经晋察冀军区司令员聂荣臻给他们做媒结成了伴侣。

郭庆兰发现柯棣华偷喝石榴根皮水之后，就再三追问，柯棣华才承认在晋察冀巡诊途中因吃了有绦虫的猪肉，患了绦虫病。喝石榴根皮水是从老乡那里听到的偏方。当时，为了不影响工作，他们俩约定，她替他保密，而他要听她的话，保重身体。可是这偏方也不很见效，柯棣华夜以继日地工作，生活条件极其艰苦，病症越来越重，身体慢慢地衰弱下来。凶残的敌人每隔几个月就“扫荡”一次，“扫荡”断粮时，他吃过生小麦，连食盐都没有，真是困难极了。在这种艰苦的情况下，1941 年 6 月，柯棣华病了，由于发烧，他自己就开了药方当疟疾治，其实他的绦虫病从这时起就已发展成为癫痫病了。

1942 年 6 月，柯棣华的病情已经到了非常严重的地步，校长江一真向他转达了聂荣臻司令员的三点建议：一、到延安休养一段时间；二、通过地下党的关系到附近城市住院；三、到香港或印度去治疗。柯棣华思索良久说：“我想，我还是留在这里吧！如果不参加八路军，得这个病，我会悲观的。现在，我却满怀信心，因为只要和边区人民在一起，我也会像希腊神话故事里的安泰那样获得力量。”郭庆兰不再说话了，她知道柯棣华的态度已不可改变。

这年 8 月 30 日，柯棣华和郭庆兰爱情的结晶——一个健康可爱的男孩呱呱坠地。因为孩子诞生在白求恩国际和平医院，刚开始大家商量着，给孩子起了个乳名叫“白生”，后来，聂荣臻司令员得知了这个消息，经过认真推敲，建议他们取中、印人民友谊的意思，给孩子取名叫“印华”。柯棣华夫妇非常感激聂荣臻司令员，欣然接受了这个富有意义的名字。幸福快乐的时光实在是太短暂了，此时的柯棣华接连不断在犯病，上级多次劝他离开前线去治疗，可他说前线需要我，我不能离开。12 月 6 日，柯棣华房东大娘在外村住的弟弟被抬来了，他病得很重，病人已不省人事，眼看就不行了。柯棣华一检查，发现是慢性阑尾炎，已经化脓，如果再晚半天，就没命了。柯棣华就为病人先抽脓，第二天动手术。手术后柯棣华满脸虚汗，他自己的身体并不比病人强多少。那天晚上，他还硬撑着几次去探望病人，又一宿没好好休息。8 日，他还给病人检查、换药，接着在葡萄架下给学员讲课，又抢救从冀中送来的一批重伤员。他就这样忘我地工作，可是可怕的病魔已经缠绕了他。这天傍晚，他回到宿舍，又振作精神编写《外科总论》的讲义。突然，他的癫痫病再次发作，身子猛地向后一仰，摔倒在地上。领导和同志们相继赶来，对他进行紧急抢救。他苏醒过来，伴随着急促的喘息，艰难地吐出一句话：“谢谢大家，请休息吧，我没什么事。”接着又一次昏迷过去。一切抢救无效，9 日凌晨 6 时 15 分，疾病终于夺去了柯棣华宝贵的生命，年仅 32 岁的柯棣华，心脏停止了跳动，伟大的国际主义战士和我们永别了。

《晋察冀画报》刊发的悼念柯棣华同志专刊

柯棣华的去世，引起边区军民最深切的悲痛。晋察冀军区为他举行了隆重的追悼会，并将他安葬在河北省唐县南关镇烈士陵园，与白求恩同志长眠在一起。

巴苏华，国际主义和中印友谊的真实见证人

巴苏华

巴苏华，全名比乔埃·库马尔·巴苏，印度达卡（今孟加拉国达卡市）人，出生于1912年3月。1936年毕业于加尔各答印度医科大学，后留附属医院当住院大夫。1937年抗战爆发后，朱德同志呼吁世界人民支援中国的抗战，他参加援华医疗队来到中国。1939年抵达延安，在八路军医院工作，后到晋东南八路军总部，受到朱德总司令的接见，之后受派到晋察冀军区担任医疗任务。1941年2月，从晋察冀返回延安，在八路军后方卫生部附属医院任耳鼻喉科和眼科主任。1943年6月回到加尔各答。1976年的冬天，率领全印柯棣华大夫纪念委员会代表团来华访问。1986年病逝，其骨灰一半留在印度，一半送来中国。

1939年12月，巴苏华来到武乡八路军总部，次年4月离开武乡到达晋察冀军区。

印度著名医生巴苏华，是中国人民的老朋友。在中国抗日战争的艰苦岁月里，他主动放弃了优越的生活，毅然远道而来和中国人民并肩战斗了5个多春秋，为中国人民的解放事业作出了自己的贡献。新中国成立后，他又先后8次来华访问，以极大的热情辛勤耕耘中印友谊的沃土，促进了两国人民的文化交流和友谊事业的发展。巴苏华的名字，深深刻在亿万中国人民的心中。

在中国处于危亡的时刻，巴苏医生毅然报名参加援华医疗队，来到中国

巴苏华，全名比乔埃·库马尔·巴苏（Bejoy Kumar Basu），1912 年 3 月 1 日出生于印度达卡（今属孟加拉国）。巴苏从小喜欢医学，中学毕业后，考入设在印度最大的城市加尔各答的印度医科大学，在校期间就加入印度共产党。1936 年毕业后留校，在该校附属医院任住院大夫，他为了更好地学习掌握医学技术，一边工作一边学习，并报考通过了高级住院医生学位考试。

1937 年中国全面抗战爆发后，朱德同志呼吁世界人民支援中国的抗战，印度国大党主席尼赫鲁也向新闻界发出声明："对这一悲剧不能袖手旁观。因为这也许对印度本身产生相当大的影响。"他号召印度全国多次举行"中国日"，在全国上下掀起了一场声势浩大的援华抗日活动：集会游行、发布宣言、捐款献药、抵制日货，并于 1938 年夏，组织了由 5 位大夫组成的一支援华医疗队。巴苏医生毅然报名参加援华医疗队，于 1938 年 9 月 1 日，踏上了既充满艰险又具有历史意义的征程，经过半个多月的行程来到中国。

到了中国以后，本来他们非常想到八路军中去，国民党政府却给予种种限制，无奈只好在武汉、重庆工作了 3 个多月时间。这期间他亲眼看到国民党政府反动腐败，消极抗战，节节败退，非常气愤。这年十月，他和医疗队其他 4 位大夫会见了当时正在武汉的周恩来同志和叶剑英同志。周恩来和叶剑英同志亲切热情地欢迎他们，向他们分析了抗战形势，阐明了毛主席关于抗日战争的战略方针。他们深受感动，一致决定到陕北根据地，为中国共产党领导的抗日军民服务。为了表示对中国人民的热爱，在中印文化协会谭云山教授的提议下，他们每一个人都在自己名字后面加上一个"华"字。这样巴苏大夫也就成了巴苏华大夫。

1939 年 1 月，他们多次申请去延安的要求终于得到批准，巴苏华等 5 位大夫高兴万分。他们迫不及待地收拾行囊，赶忙启程，在工合国际委员路易·艾黎的陪同下，医疗队全体队员登上一辆标有印度国大党纺轮徽标的救护车，开始了向延安进发的艰难旅途。

1939年2月12日这一天，延安大雪初晴，空气清新。在凛冽的寒风中，2000多人组成的欢迎队伍翘首以待。经过长途跋涉、辗转千里的印度援华医疗队来了，当印度“五华”从救护车上走下来的时候，迎接队伍中响起了热烈的掌声。

来到宝塔山下，延水河边，看到一派朝气蓬勃的革命气象，巴苏华是何等兴奋啊！特别是毛主席对他们无比关怀，出席了欢迎他们的集会，还多次会见了他们。这使他感到无比温暖和鼓舞。根据地火热的战斗生活，同志们团结友爱的关系和艰苦奋斗的作风，使他感到幸福地生活在灿烂的阳光里，心中充满着信心和希望。

巴苏华与爱德华、柯棣华被分配到距离延安40华里外的拐峁八路军后方医院，苏井观任院长，汪东兴任政委。这所医院很简陋，不管是办公室、手术室，还是病室，全是清一色的土窑洞，设置有200张病床。当时八路军的物质条件极为困难，医院里多是采用一些代用品，这条件与印度医科大学附属医院相比，简直是天壤之别。可是巴苏华感觉，八路军战士在这样的条件下依然浴血奋战，他们的精神真是太伟大了。

后方医院的条件如此简陋，那么前方医院呢？是不是更简陋？也更需要他们去工作吧。于是他们一直请求到抗日的最前线去。有一天，中央军委总政治部组织部部长胡耀邦，受毛泽东主席和王稼祥主任的委托，来拐峁八路军后方医院看望印度援华医疗队的队员。医疗队队长爱德华还专门请胡耀邦同志吃了一次印度饭菜，吃饭的时候，他们再次递交了一封请求信，要求中央批准他们到抗日前线去。

在胡耀邦同志的努力下，中央终于批准了他们的请求。

为了前线的需要，他不顾个人安危，强烈要求到抗战的最前沿

这年初冬，当延安大批干部奔赴敌后开展游击战争时，巴苏华和柯棣华、爱德华大夫也强烈要求到敌后去，为我们的伤病员服务。临行前，毛主席出席了欢送会，对他们亲切勉励，嘱咐他们先到晋东南见朱德总司令，然后到晋察冀找白求恩同志。

1939 年 11 月，爱德华、柯棣华、巴苏华组成的医疗队和另一位来自德国的年轻医生汉斯·库尔特·米勒，一起离开延安，奔赴太行山抗日前线。在八名警卫和两名军官的护送下，乘卡车离开延安，冒着风雪和严寒，昼夜兼程，向晋东南进发。经潼关到河南渑池，他们换乘了马匹，在渑池兵站的护送之下渡过黄河。这里接连不就断有敌人的据点，通过敌占区的行军是极其危险的，护送战士吩咐他们要小心谨慎，特别是敌人封锁了交通线，如跨过敌人交通线时需要等待机会，有时还要通过与当地游击队联系，采用调虎离山的办法，引开敌人的视线。

前方的紧张气氛，让他们感到了医疗工作的重要。经过艰苦行军，巴苏华等人终于来到了设在武乡县土河村的八路军野战卫生部。当朱德总司令听说援华的外国大夫来到太行山，立即要接见他们。1939 年 12 月 21 日，野战卫生部孙仪之部长，便带领爱德华一行三人，骑马来到了王家峪村。巴苏华在这一天的日记中写道：

今天早晨在孙部长陪同下，我们骑马走了 30 里，到达一个靠近武乡的村庄，八路军总部就设在这里。我们把马拴在农民的土房前面。有些农村妇女在屋子外面磨面。

我们看见了一个显得挺老的人从屋里走出来。他的额头上布满了皱纹，饱经风霜的脸上满是笑容。他伸出双手向我们表示欢迎。开始我们简直不敢相信这样一个衣着简朴的人就是朱总司令。他热情地把我们领进他的办

公室。这间办公室不过是一家农民的房子。我们发现墙上挂满了华北、中国、亚洲和世界的地图，地图上插满了不同颜色的小旗。

炕就占去了房子的一半，所有的家具，只不过是几把椅子、一张小桌和一盏煤油灯。总司令通过一位英语说得很好的女译员龚澎和我们交谈。他谈到了游击战争对殖民地人民的重要性，这种游击战是反对帝国主义、争取民族解放的一种手段。他还简单明了地对我们说，八路军不仅在山区，而且在平原使用游击战术。跟他一块在村里的合作饭馆饱餐一顿后，我们被领进了一间农民的小茅屋里，这间小屋就在一条结了冰的小河对岸。

这则日记生动地记录了朱总司令在王家峪八路军总部接见印度援华医疗队的情景。

为了让他们与八路军有更多的接触和了解，八路军总部为他们拟订了一个“8 个月计划”，即除了在卫生部野战医院进行医疗工作之外，还要参加八路军的种种政治活动，学习八路军的游击战术，参加各种会议和会见，还向他们介绍了敌后战场的概况和八路军游击战争的主要经验。1940 年 3 月下旬，三八六旅在屯留张店袭击日军第三十六师团一部，八路军总部专门安排巴苏华、柯棣华随该旅七七一团参加战斗，以便他们深入观察抗战形势。这次战斗中，消灭日伪军 500 余人。但由于日军使用化学武器，八路军中有 400 余人中毒。巴苏华、柯棣华得知消息，马上给予处置，减轻了中毒程度，在短时间内得以痊愈。这段短短的战斗经历，使巴苏华认识到我军所以克敌制胜，在于党的坚强领导和政治工作、优良的革命传统作风和同群众密切的鱼水关系。他曾极其兴奋地对翻译同志这样评价这段战斗生活：“我在八路军部队里的经历，让我学到了许多在任何学校里都学不到的东西。”

后来队长爱德华大夫也因身体原因返回印度，这样他们这支医疗队就只有他与柯棣华大夫了，他俩决心在八路军中完成他们的事业。由于白求恩大夫去世，根据晋察冀军区的医疗工作需要，张店战斗结束后不久，八路军总部派部队护送他们去晋察冀。他们穿过冀南，进入冀中和平西，在沿途施行了50余次手术，诊治了2000余名伤病员。最后，到达河北省唐县葛公村的晋察冀白求恩卫生学校及附属医院。一年多的时间里，巴苏华大夫的足迹遍及了3个省100多个县，遭遇过敌机的轰炸和堵截。敌人从前面来，他们就绕到后面去；敌人分几路来，他们就插空隙，有时一天需要搬三四个地方。这充满传奇式的战斗生活，却被巴苏华大夫风趣地称为有意思的长途旅行。

巴苏华与晋察冀军区司令员聂荣臻同志在一起

1940年秋八路军进行“百团大战”期间，晋察冀军区决定“以内外夹攻，密切协同配合作战之方针，击退进犯之敌，粉碎敌之围攻”。并对部队进行了相应部署：一分区部队积极袭击平绥铁路沿线之敌。巴苏华大夫率巡回医疗队北上到晋察冀第一军分区的前线，在长城脚下一个叫葫芦沟的村子里建立了医疗站。他用一头驴子驮来一架折叠式木箱，里面装着手术器械等用品，没有病床，就用农民家里的破门板拼起来，铺上一把干草便是褥子，药粉、药丸都放在帆布袋里挂在墙上。尽管条件如此艰苦，巴苏华大夫仍以“及时抢救伤员、不丢掉一个伤员、节省医药用品”为己任，亲临火线救护伤员。战斗异常激烈，伤员连续不断，巴苏华大夫就在隆隆的炮声中为伤员做手术，经常忙得顾不上吃饭。这充分显示了巴苏华为了中国人民的解放事业，不畏艰苦、不怕牺牲的崇高的国际主义精神和强烈的责任感。

1941年2月，巴苏华大夫奉命返回延安，担任八路军总医院五官科主任。由于他出色的工作和边区人民对他的信赖，他被选为陕甘宁边区参议员，还负责编辑朱德任主席的东方民族反法西斯同盟的《中国报道》杂志。直到1943年6月回国，巴苏华是医疗队中援华时间最长的一位大夫。

巴苏华工作过的延安后方医院旧址

一生十余次访华，是国际主义和中印友谊的真实见证人

1943年6月，巴苏华回国以后，他一直想念着中国，并发起成立全印柯棣华大夫纪念委员会，继续为加强中印两国人民友谊贡献力量。

巴苏华很小的时候就知道中印交往的历史，知道玄奘、法显、义净等人的故事。参加中国抗战的经历更加深了他对中国人民的了解和感情。他把在中国生活的经历作为他一生最大的荣幸。在中印人民是兄弟的20世纪50年代，他曾数次造访中国。

1957年，巴苏华回国后第一次来华访问，见到了毛泽东、朱德、叶剑英、聂荣臻、彭真等党和国家领导人，在他对中国医学考察中，对中国的针灸疗法产生浓厚兴趣。1958年冬，巴苏华大夫再次来到中国，在中国住了6个月，潜心学习中医针灸术。回国以后，他在孟买和加尔各答开设针灸诊所，为农民免费治病，收到良好效果，深受国人欢迎，并在全国许多地方培训针灸大夫，积极传播中医针灸技术。

1973年4月至7月，巴苏华大夫再次来到中国并住三个多月，学习和研讨针灸技术。回国后，巴苏华向全印医学科学院、印度医学研究理事会、加尔各答医学院介绍中国的针灸术，引起印度医学界的重视。到20世纪70

年代末，印度已有30多家针灸诊所，主要开设在加尔各答、孟买、新德里、高哈蒂、昌迪加尔、卢迪阿纳等地，仅西孟加拉邦柯棣华大夫纪念委员会就在加尔各答市郊建立了19个针灸诊所，培养出针灸医生150人。印度的针灸医生不仅在治疗常见病方面取得了显著成绩，而且在一些疑难病症的治疗上也获得了可喜成果。

中印恢复大使级关系后，巴苏华大夫于1976年12月、1978年8月、1979年6月、1980年9月、1982年12月、1983年8月、1985年10月至12月，多次率领友好代表团或以个人身份访问中国。

1982年，巴苏华大夫应邀率团前来参加纪念柯棣华大夫逝世40周年的活动，并且他把1938年至1943年在中国所写的全部日记赠给了中国对外友好协会。这部30万字的日记，记录着有关抗战的珍贵史实，也凝聚着中印两国人民的深厚友谊。

1985年，已是73岁高龄的巴苏华大夫，又一次来到中国。这一次他是应我国对外友好协会的邀请来华治病的。他来到北京后，住在协和医院里，中央领导同志曾到医院亲切看望了他。后来，他病情好转，回到印度。但不久病情恶化。病中，他仍思念中国和中国人民。他在病榻上忍受着巨大的病痛，把他在中国抗战时期所写的几十万字日记整理成书稿，取名为《延安的召唤》，书的内页上写着“献给朱德总司令和八路军的英勇战士们”，以表达他对中国共产党、八路军和中国人民的最后思念和深情友爱。本书被誉为“国际主义和中印友谊的真实见证”。

巴苏华大夫于1986年10月12日逝世，终年74岁。遵照巴苏华大夫的遗嘱，他的骨灰一半安葬在石家庄烈士陵园，与他的亲密战友柯棣华、爱德华一起安息在中国大地，他的名字也永远铭记在中国人民的心里。无论中印关系出现什么情况，是阳光灿烂，还是阴云密布，巴苏华大夫始终高举中印友谊的大旗，义无反顾，为中印关系的改善和发展作出了不可磨灭的贡献。

米勒，莱茵河畔走来的国际主义勇士

米勒

汉斯·米勒，1915 年出生于德国莱茵区杜塞尔多夫。1933 年中学毕业后到瑞士，进入巴塞尔大学医疗系学医，1939 年获瑞士巴塞尔大学医学博士学位，同年来到中国。经廖承志和爱泼斯坦介绍到延安，并参加了八路军，随印度医疗队到达太行山区，在八路军总部野战医院工作。1943 年 1 月，返回延安，在联防司令部门诊部当医生，后在国际和平医院担任内科主任。解放战争时期，担任冀察热辽军区野战总医院院长。新中国成立后，于 1951 年 1 月加入中国国籍，先后任长春第三军医大学附属医院院长、教授，沈阳医学院第二附属医院院长兼儿科系主任。1957 年加入中国共产党。1960 年到北京积水潭医院任内科教授，1972 年后任北京医学院副院长、北京医科大学顾问等职。1994 年逝世。

1939 年 12 月米勒来到武乡，在八路军总部野战医院工作，在武乡驻扎近两年时间。

为支持中国抗战，他毅然决定来到中国，冲破重重阻挠到达延安，经毛泽东主席批准，他成为八路军的一员

汉斯·米勒（Hans Muller），1915 年 1 月出生在德国的美丽名城杜塞尔多夫。米勒家境贫寒，6 岁时到一所私立小学读书，他学习很用功，仅用 3

年时间就读完了4年小学课程。1924年，他考入兴登堡中学，不仅出色地修完了学校规定的课程，还学习了拉丁文、希腊文、法文和英文。中学毕业后，德国正处于动荡不安之中，为了谋生，他参加了劳动服役队。不久纳粹开始反犹太人，由于父亲是犹太人，米勒不得不逃出劳动服役队，离开德国到瑞士投奔他父亲在瑞士巴塞尔大学担任医学系主任的老朋友。

在瑞士，他考入巴塞尔大学医疗系。由于他的刻苦努力，先后获得内科、外科和妇产科三科毕业证书。此时，整个欧洲战云密布，动荡不安，瑞士因是中立国，许多国家的共产党人都流亡这里，米勒也常常参加他们的集会，并结识了一个名叫蒋兆先的中国学生。他从蒋兆先那里不仅了解了中国的社会、历史和文化，而且了解到中国人民已经在世界的东方展开了全民族艰苦卓绝的反抗日本法西斯侵略的伟大斗争，了解了中国共产党及其领导下的完成了二万五千里长征的红军。1938年，米勒因积极参加反法西斯主义的活动，被瑞士警察局勒令半年内离境。米勒不顾一切，日夜苦读，终于在半年里完成了关于心脏病突然死亡原因的论文，获得了巴塞尔大学医学院授予的医学博士学位。

毕业后，米勒不能在瑞士停留了，但也不想回到纳粹德国去，一位朋友要他去南美开设诊所。正当徘徊之际，他遇到了无罪释放的蒋兆先，蒋兆先表示打算回国，也动员米勒到中国去，共同参加中国共产党领导的抗日战争。于是米勒毅然决定与蒋兆先一起到中国去，但行前蒋兆先因有事未能与米勒同行，他让米勒到香港去找“保卫中国同盟”。

1939年4月10日，米勒离开瑞士，只身前往法国南部的马赛港，登上了驶往香港的“杜美号”邮轮。抵达香港后，他会见了廖承志及宋庆龄的助手爱泼斯坦，当他得知廖承志先生就是中共在港的八路军办事处负责人时，便提出要求，希望中共党组织尽快安排他到革命圣地延安去。6月中旬，米勒参加了“保卫中国同盟”组织的一个医疗物资运输队，从香港出发经越南海防到达广西镇南关（即今日的友谊关），进入他毕生工作和生活的归属之地——他的第二故乡中国。他们途经南宁、桂林、重庆、成都到达西安。在西安八路军办事处，他巧遇美国著名记者埃德加·斯诺。斯诺对米勒这位追求真理与正义的德国青年极为赞赏，分手时，把他在延安用过的行军床、蚊帐等生活用品，送给米勒留作纪念。

同时，米勒也遇到了国民党当局的阻拦，拒绝为他签发进入延安的过境证。这时，米勒拿出了中国政府驻瑞士使馆签发的护照，说："你们政府同意我访问中国任何地方，如果阻拦我的行动，一切后果由你们负责。"这样才得到允许，乘坐一辆救护车开往延安。

1939 年 9 月，米勒终于来到中共中央所在地延安，受到毛泽东的热烈欢迎和亲切接见。为了欢迎这位外国朋友，毛泽东在他住的窑洞里设便宴招待米勒，由八路军卫生部的阿裔美国人马海德作陪并担任翻译。他们边吃边聊，谈到德国占领波兰的国际形势，米勒根据对德国和世界情况的了解，说道：希特勒发动的侵略战争，必然会失败；世界人民的反法西斯斗争，最终一定会取得胜利。

毛泽东对这位国际友人的观点表示满意，便问他愿不愿意参加八路军，米勒高兴地说，我来中国就是希望参加八路军才来的。这样米勒就成为八路军中的一员。根据他的医学特长，卫生部部长姜齐贤征求了米勒对工作的意见，决定安排他在延安拐峁后方医院担任外科医生。在这里，米勒认识了先期到达的印度援华医疗队的爱德华、柯棣华和巴苏华等人，共同的志向和理想，让他们成为要好的朋友。

米勒在战争年代留影

1939 年 7 月，日伪军纠集九路兵力，向晋东南地区进行了第二次九路围攻，敌后根据地军民的抗日斗争进入相当艰苦的时期。米勒到达延安后不久，经常听到前方传来缺医少药的消息，在此形势严峻的时刻，米勒毅然提出到抗日前线的申请。当时后方卫生部出于安全考虑，不希望外籍朋友到前线去，但米勒却说："作为医生，如果不能到打仗的前线去救治伤员，那就失去了救死扶伤的职责，还是让我去前线吧。"

在米勒和印度援华医疗队医生的再三请求下，中央终于批准了他们的申请。1939 年 11 月 4 日，米勒同爱德华、柯棣华和巴苏华一道从延安出发，经过艰苦的行程，穿越了敌人的封锁线，于 12 月 21 日，终于来到武乡县土河村八路军野战卫生部。朱德总司令得知他们到来，专门在王家峪八路军总部招待了他们，并鼓励他们为中国人民和全世界人民的正义事业，贡献出自己的一分力量。

在太行抗日前线，这位高个子的外国大夫，备受军民欢迎，他经常带领队员，在枪林弹雨中，巡回诊疗在各部队之间

八路军总部安排米勒等人在各机关单位参观访问，了解八路军的情况。由于沿途过于劳累，年过半百的爱德华大夫因病返回印度治疗；柯棣华、巴苏华又调往晋察冀军区工作。而米勒大夫则留在了太行根据地，在八路军总部野战医院工作。

总部野战医院设在土河村，有 100 多名伤病员，都是各战斗部队送来需要住院治疗或施行手术的重病号。这所设在农民家里的医院，条件是非常简陋的，它没有正规的病床、病房和手术室，医务人员都住在老乡家。米勒初到土河村时，住在农民申邦治家中。申家共有 3 间房，中间的堂屋是做饭的地方，东、西两间是住房。申邦治一家挤在一间东房里，而把西屋让给了米勒住。太行山区的冬天是很冷的，最低气温常在零下 20 多度。申邦治一家对这位八路军的外国医生极为热情，每天夜里，总是把炕烧得暖暖和和的，生怕米勒受凉。

老百姓对他的关心，让米勒大夫极为感动，也让他把所有的激情融入工作中。有一天，卫生学校的一名学员，因在抢救伤员时不幸摔伤，膀胱肿胀，解不出小便，十分痛苦，医院请米勒诊治。米勒仔细检查后确诊是尿道断裂，必须马上进行手术。于是他及时采用肛门后侧切开术，把断裂的尿道缝合起来，几天后病人就治愈出院了。这是米勒在太行山区施行的第一例手术，也使他的高超技术在土河村引起了轰动，人们很快便知道了八路军中有一位外国神医，前来求医的人蜂拥而至。这一下可忙坏了米勒，他除了在医院为伤病员治疗外，村里的农民有病时，都来找他，甚至妇女生孩子，也请他接生。无论是刮风下雨，或是半夜三更，米勒不辞辛苦，对群众有求必应。武乡的老百姓都说：“米拉（武乡人读“勒”为“拉”字的音）可是位好大夫。”

米勒做事原则性非常强。有一次，一名住院的八路军干部，要求米勒给自己注射葡萄糖。米勒考虑到葡萄糖极为缺少，不是危重病人，是不予注射的，于是，他向那名干部解释，说他不需要注射，希望求得谅解。谁知那名干部摆起了老资格，并开口骂道：“老子革命多少年了，在前线打仗卖命，这里的葡萄糖就是老子打邯郸抢回来的，凭什么不能注射?”米勒大夫见他不讲道理，便严肃地说：“首长同志，你干革命是为了民族解放，还是为了自己用葡萄糖?”一句话问得那个干部目瞪口呆，后来那个干部想通了，不仅来给米勒大夫道歉，而且还在多次打仗中，把缴获的药品都送到了医院。

为了解决药品不足的问题，米勒认真学习中药学，他把卫生材料厂同志们编写的《太行山药物学》看了许多遍，并抽空上山采来许多中草药，用水洗净，切成薄片，根据伤员的病情，配料熬汤药，分发给患病的战士们。草药治病的奇效，使米勒极为惊奇和兴奋，他没有想到山上挖来的草药，竟然能解决问题。此后，他多次找老中医虚心请教，学习用中草药治疗疾病，并和熟悉草药的卫生员，多次上山，采回当归、黄芩、柴胡、知母、大黄、益母草、车前子等10多种药物，切碎、晒干、包好，贮藏起来，以备随时取用。在医疗实践中，米勒学会了一些治病的偏方、土方，缓和了当时缺乏药品的困难。

1940年年底，为了精简机构，压缩人员，八路军总部决定，八路军总部野战卫生部和129师卫生部合并。当时的医院都是住老乡家里，人手少，药品缺，医疗条件差，米勒和他的战友们克服了种种难以想象的困难，因陋就简，坚持医疗工作。他用农家门板做手术台，用蜡烛代替无影灯，抢救了许多危重伤员。由于他个子高大，当给伤员在低矮的门板上查体、换药或做手术时，常需要俯下身子，甚至跪在地上操作，他从来不说一声累。特别是遇到紧急情况，还得背起医疗设备躲避敌人。

一天晚上，米勒正在给伤员进行治疗，突然接到敌人“扫荡”的消息，米勒和指导员紧急磋商后，决定由指导员带100多名经治疗已能走动的伤员，到青纱帐里藏身；米勒和另外两名医生，把医院全体人员组织起来，用担架抬着100多名不能走动的伤员，到山上隐蔽起来。谁知此时出了变故，一名被俘的日本伤兵趁乱逃跑，致使医院的驻地暴露了。医院连夜转移，高大的米勒把自己骑的骡子让给了重伤员，而自己却背着一支步枪，走在队伍的前面。艰难的负重行军，让他们人困马乏，但是米勒始终没有抛弃一名伤员。经过两天多的周旋，终于甩掉了敌人，找到了部队，把全部重伤员都带了回来。

1941年到1942年，日本侵略者对敌后抗日根据地加紧进行了频繁的大规模“扫荡”，敌后的军民正处在最艰苦、最困难的时期。

为适应斗争形势的需要，野战卫生部决定组织一个流动手术队，为重伤员做手术治疗，由米勒任流动手术队队长。米勒身负重托，置个人安危于不顾，经常带领队员，在枪林弹雨中，巡回诊疗在各部队之间。

1942年年底，米勒大夫因长期劳累，体力下降，疾病缠身，在进行抢救伤员的手术时，曾几次昏倒。彭德怀副总司令、邓小平政委十分关心他的身体，不仅亲自去看望他，而且为了米勒的健康和安全，八路军总部决定护送他回延安。米勒只得遵照首长的指示，离开他生活战斗三年时间的太行山，回到延安。

回延安后他还是那样辛勤工作着，先在联防军司令部门诊部当医生，身体稍有好转后，他又主动要求前往甘肃前线战地医院工作。后来中央考虑到他的身体状况，还是调他回到延安的国际和平医院。

经过长期苦战，米勒同中国人民一起，迎来了新中国的诞生，又以满腔的热情投入新中国的卫生事业的建设中

1945 年德、意法西斯在欧洲彻底失败，这年秋天日本法西斯也被迫向中国投降。第二次世界大战以世界人民的胜利而宣告终结。此时，米勒感到他为求世界和平的目的已经达到，所以产生了归国的打算，经朱总司令同意，他准备绕道东北，经苏联返回德国。

他来到东北后，见到了卫生部门的朋友李资平，看到眼前由于国民党蓄意挑起内战，中国人民还在流血牺牲，于是他改变了主意，决定继续留在中国，为中国人民的解放事业贡献力量。

在这里，米勒认识了一位日本姑娘中村京子。中村京子和那个年代的许多日本青年一样，在一切为了“圣战”的狂潮下来到中国，被分配到辽宁锦州“满铁”护士学校学习。时隔不久，中村所在的护士学校被中国的军队接管。八路军是她平生见到的第一支军队，他们待人可亲，没有因为日本是战败国，就对她苛刻。当时 15 岁的中村京子消除了恐惧心理，她想自己还得活下去，于是决定跟八路军走。

1946 年秋天，医院抽调人员参加前线手术队，中村带头报了名，来到了米勒任队长的前线手术队。米勒不懂日文，中村不会德语，所以，他们从认识的那天起，就把汉语作为交流的语言，汉语成了他们了解对方的纽带。在前线手术队紧张的工作当中，中村很敬重医术精湛的手术队队长米勒，已过而立之年的米勒也很满意中村尽职尽责的工作态度，渐渐地被这位干练又细心的年轻女护士所吸引。不久，在他们之间就产生了特殊的异国情缘。

然而不久，因工作需要，中村要调回后方医院。米勒以为这位日本姑娘已决定回国，今后相见遥遥无期。没想到时隔两年，在平津战役结束后他们再度重逢。在中国共产党中央领导人的关怀下，1949 年春天，34 岁的米勒和 19 岁的中村京子这对有情人终成眷属。

经过长期苦战，在中国共产党领导下，中国人民终于推翻了压在自己头上的三座大山。米勒同中国人民一起，迎来了新中国的诞生，又以满腔的热情投入新中国的卫生事业的建设中。

1950 年，米勒担任长春第三军医大学第一临床医院院长，之后又继任科研处处长职务。不久抗美援朝战争爆发，第三军医大学成为一个重要的后方医院，米勒把自己的医学经验和对中国人民的热爱，都倾注在“最可爱的人”志愿军战士的身上。为了表达自己对中国军人、中国人民的热爱，米勒正式向有关部门提出加入中国国籍的要求。他的要求迅速得到了组织上的批准。不久，米勒被调到沈阳中国医科大学担任内科教授。1957 年他又加入了中国共产党，米勒从一名反法西斯战士，成长为一名共产主义先锋战士。从此，他更加勤勤恳恳、兢兢业业，把全部的智慧和精力，献给了中国人民。

1960 年，米勒因长期操劳和营养不足，患了“心肌衰竭”症。经过两年的休养，他逐渐恢复了健康。组织为了照顾他，将他调到北京积水潭医院。正当米勒在新的岗位上继续发挥才干的时候，一场史无前例的“文化大革命”开始了。在这场运动中，米勒遭受了不公正的对待。他写信给周恩来总理，表达自己对中国人民的感情，反映自己目前的处境，并要求批准他回德国去。百忙中的周总理接到信后，立即作了批示。

1972 年夏，在周总理的关怀下，米勒来到北京医学院任副院长。期间，他为乙型肝炎疫苗的研制做了大量工作，并因此获得科技成果一等奖。

米勒教授经常牵挂着太行老区。在他病重期间，曾给家属留下遗嘱，病故后将他的骨灰撒在北京一部分、太行一部分、德国一部分，或者在八宝山买一块墓地同已故好友马海德安葬在一起。1994 年 12 月 4 日，米勒同志因患心肌梗死在北京逝世，这位献身中国革命 55 年的国际友人，受到了国家的高级礼遇，党和国家领导人为他送了花圈，并以杰出的国际主义白衣战士称誉，在《人民日报》《地质报》等报刊，登载了他的生平事迹。在他去世后，虽然他要求撒骨灰之事未被上报批准，但充分体现了他对太行革命老区的一片爱心。正如其生平文章中介绍的那样："在艰苦的战争年代，他以忘我的工作精神和精湛的医术，为中国人民的解放事业作出了贡献。抗日战争期间，他和中国军民一起战斗在太行上，为八路军第 129 师的战士治伤救命；在八路军总部所在地山西武乡县的群众中也留下了深刻的印象……"

米勒回访武乡老区土河村与老房东申邦治畅谈

金达莱绽放在太行山上

中国抗日战争，不仅是灾难深重的中华民族自身求解放、求自由的斗争，而且是遭受日寇侵略压迫的亚洲各国人民相互支援、共同救亡图存的斗争。正是在这场斗争中，中朝人民空前团结起来，用不屈的民族精神和无私无畏的国际主义精神筑起一道正义之盾，同仇敌忾，共赴国难，最终取得了反侵略战争的伟大胜利。

随着来华参加抗日的朝鲜青年日益增多，特别是在1940年为了迎接从重庆北上的朝鲜义勇队，根据八路军总部和中共中央北方局的提议，由朝鲜人武亭、石鼎、陈光华等人在武乡筹备成立华北朝鲜青年联合会。1941年1月10日，朝鲜革命者在华北的第一个革命组织——华北朝鲜青年联合会在山西辽县桐峪正式成立。华北朝鲜青年联合会是朝鲜革命力量在华北的第一面旗帜，它的成立为朝鲜革命运动在华北的开展打下了良好的政治基础和组织基础，当朝鲜义勇队到达太行根据地后，立即同华北朝鲜青年联合会会合，在政治上接受其领导，从而进一步扩大了华北朝鲜抗日武装——朝鲜义勇军。他们是绽放在太行山上的金达莱，在中华民族面临国家危亡、民族涂炭的关头，用自己的血肉之躯同中国人民一起铸成一道抗击日寇、保卫家园的不可逾越的长城，为中国抗日战争的胜利，为亚洲各国人民的独立和解放，谱写了一曲国际主义的悲壮战歌。

武亭，八路军炮兵的先驱

武亭

武亭，原名金武亭。1905年出生于朝鲜咸镜北道镜城郡。1919年，参加了朝鲜“三·一”反日爱国运动，由此走上革命道路。1923年年初，来到中国寻求争取朝鲜独立复国的道路。1929年参加红军，历任排长、连长、营长和团长等职，并参加了中央苏区的五次反“围剿”。长征开始后，任军委第一纵队第三梯队队长兼政委，1934年12月，任红三军团炮兵营营长。长征结束后，武亭进入红军大学学习，后担任红军总部作战科长。红军改编为八路军后，任总部炮兵主任。1937年年底接受组建八路军炮兵的重任，并于1938年1月任八路军总部炮兵团团长。1941年，任华北朝鲜义勇军司令。抗日战争胜利后，武亭回国，历任朝鲜临时人民委员会中央委员、劳动党第二书记、朝鲜人民军第二军团长、首都防卫司令官等职，1951年7月病逝于平壤。

1939年武亭率八路军总部炮兵团来到武乡，关家垴战斗结束后离开。

在我军发展历史上，炮兵作为独立兵种的正式出现，应该追溯到战火纷飞的抗日战争年代。1938年1月28日，八路军炮兵团在晋西南的临汾县刘村正式成立，并召开了隆重的成立大会。会上，由八路军驻晋办事处主任彭雪枫代表总部宣读了《中共中央军委关于成立八路军炮兵团的决定》

和干部任命状，任命武亭为团长，邱创成为政治委员。从此，在我军的编制中有了炮兵这一新型兵种。提起八路军的炮兵，我们不能忘记它的创始人武亭。

一个热忱的爱国青年，为求真理越洋来到上海，成为革命暴动的英雄

武亭，原名金武亭，由于到中国参加革命后一直使用武亭这个名字，所以许多人不知道他的原姓氏，都以为他姓武。1905 年，武亭出生于朝鲜咸镜北道镜城郡的一个农民家庭。早年，他单身到汉城读书，由于家境贫寒，学费难以为继，多次中途辍学，不得不做报童、饭店伙计和各种杂役挣钱，靠半工半读以维持生计。

1919 年，14 岁的武亭参加了著名的“三・一”反日爱国运动，这是他革命生涯的起点。而后考入了当时朝鲜最好的中学——中央高普。他在这里结识了汉城的高丽共产党组织的领导人吕运亨，并深受其影响，从事革命活动。1923 年 3 月，为了寻求复国的途径，他渡过鸭绿江来到中国，经东北到了北平。他首先进入文化大学，学习汉语。1924 年进入北方军官学校，学习炮兵专业。毕业后，被任命为炮兵上尉。他军事才能过人，年仅 22 岁就成了炮兵中校。1925 年，他加入了中国共产党，随后，他放弃了在军阀部队里的军籍，参加了第一次国内革命战争和北伐战争。1927 年，蒋介石镇压共产党，对他也下了逮捕令，他被迫转入地下秘密活动。蒋介石对他恨之入骨，屡屡悬赏缉拿。他又转到汉口继续工作，不久在武昌被捕并被判处死刑。当时，万名中国学生进行了示威游行，反对蒋介石的白色恐怖政策，并要求释放武亭和其他政治犯，他才得以逃脱。随后党组织派他到上海，在中共旅沪朝鲜人支部工作。

武亭自幼秉性直爽、刚毅，但脾气暴躁。当时，旅居上海的朝鲜人较多，有民族主义者、无政府主义者，也有各流派社会主义者，成分十分复杂。由于信仰、政见的不同，内部矛盾十分尖锐，常常因此大动干戈，被日本奸细所利用。武亭看不惯这些，加上他典型的暴烈性格，对不同政见的人绝不客气，常出现违反地下工作纪律的现象。在一次集会上，他听到一个在旅沪朝鲜人当中有点名气的民族主义者在台上侃侃而谈，影射攻击共产党，便怒不可遏。他不顾地下工作纪律，跳到台上把那个演讲者揪下来大声呵斥，并用自己随身携带的樱木棒子痛打一顿。

1929 年他作为组织者之一参加了上海工人暴动。他虽然是外国人，但由于他的军事才能，被推举为总指挥。起义被镇压后，他被英国人逮捕，同年 10 月 10 日，被判刑 2 个月。获释后，他经香港又辗转回到内地湖南，来到了彭德怀将军的麾下，参加了红军，担任排长。

他参加了红军，北方军官学校的经历，使他成为红军中唯一的炮手

1930 年，彭德怀亲率红三军团攻占岳州。当时，停泊在洞庭湖畔的英、美、日炮舰企图阻止红军，炮轰岳州城，造成许多红军战士和市民死伤。彭德怀十分气愤，准备以牙还牙。他调出缴获来的几门野炮和山炮，但整个军团内除了他自己没有一个人会打炮。正当彭德怀急得团团转的时候，听到报告说有个叫武亭的排长求见，并向彭德怀请求由他来指挥用炮反击。彭德怀欣然同意，并给他配备了几十位战士。武亭带领战士们架起炮，并向他们交代操作要领，因没有炮兵测远仪器，自己抬手目测瞄准，指挥战士们准确地向敌舰发射。肆无忌惮的敌军舰，遭到突如其来的炮火攻击，落荒而逃。从此，武亭被誉为神炮手名扬于整个红军内。彭德怀十分欣赏这位异国来的性格、作战作风颇似自己的年轻指挥员，将他留在自己身边，爱惜如宝，悉心培养，常常委以重任，使武亭能够成长为独当一面的军事指挥员。战斗结束后，红三军团组建了军团山炮连。武亭因其独特的军事才干，担任连长职务，从此，他有了用武之地，并主动担当了炮兵教练工作，培训了一批炮兵骨干。

1931 年 6 月，武亭调任刚成立不久的中央军委炮兵团团长。在红军时期，参加了中央苏区的五次反“围剿”，并立下赫赫战功，也因此不断升迁，直到进入中国共产党军事委员会，这对于一个没有政治后台的外国人来说，的确是破格晋升。中央苏区遭到国民党的破坏，中国共产党为寻求从江西瑞金到达附近的安全地带，决定转移根据地。武亭跟着中央红军踏上了二万五千里长征之路。武亭出任军委纵队第三野战梯队司令，指挥包括炮兵营、工兵营、运输第一大队和附属医院在内的技术兵种，后又改任红三军团炮兵营营长。在整个长征过程中，他一直留在彭德怀身边工作，协助彭德怀指挥作战，并得到了很好的保护。当初，在中央根据地跟随红军踏上长征路的十几位朝鲜人，大都在长征路上牺牲了，在红三军团司令部工作的武亭，成为为数不多的幸存者之一。

红军到达陕北后，武亭被派到红军东征部队搞了一段侦察工作，归队后被派到红十五军团七十四师任参谋，协助这个师的参谋长、在长征中侥幸生存的另一位朝鲜人杨林，掩护红军东征主力和中央机关安全渡河。之后，武亭转入红军大学任特科营营长兼炮兵科教官。

中国全面抗战爆发，经彭德怀推荐，他组建了八路军炮兵团

1937 年 7 月，中国全面抗战爆发。8 月 25 日，根据国共两党协议，中国工农红军改编为国民革命军第八路军，28 日，武亭应彭德怀召唤到八路军总部，被任命为炮兵主任。同年年底，八路军总部准备在原有的山炮连、迫击炮连的基础上建立直属炮兵团，在彭德怀的推荐下，八路军总部责成武亭组建这个新兵种。次年 1 月，八路军炮兵团在临汾县刘村正式成立，下辖 6 个炮兵连和一个观测队。任命武亭为团长，邱创成为政委，匡裕民为参谋长，袁光为政治部主任。

炮兵团建立伊始，一无装备器材，二无炮兵人才。武亭和同志们四处奔走解决装备，制作器材，招揽人才，同时得到了兄弟部队的支援。他们以 1936 年红军东征时缴获的 4 门山炮和阎锡山从山西撤退时扔掉的 11 门大

炮作为家当，开始创业。不久，一一五师送来在平型关战役中缴获的一批骡子、马车等牵引运输工具；周恩来也十分重视炮兵建设，特意委托八路军武汉办事处购买了两部炮台镜、一具0.7米测距机和测远镜等炮兵器材。为了培养炮兵教官，武亭自己动手编写教材、制作教具，并组织讲课，手把手地向战士们传授操作要领和技术，为我军培养出大批的炮兵骨干和指挥人才。1938年8月，在汾阳抗日前线，炮兵团配合我军对日军作战。发射炮弹20余发，歼敌800余人，击毁汽车2辆，首战告捷。

1939年夏，炮兵团跟随八路军总部进驻武乡，团部驻扎在窑上沟村。在武亭团长的领导下，炮兵团多次配合步兵作战，深入敌占区，对敌车站、涵洞、桥梁、碉堡、通信设施进行炮火打击，多次受到总部表彰。特别是在百团大战中，发挥了突出的作用，在榆辽战役、正太路战役中炮兵团以独特的优势给敌人以有力打击。在关家垴战斗中，炮兵团将三营四门日造41式山炮和一门阎造山炮布置于东南方向，直接受彭总指挥；并以一个排由副营长朱光和指导员谢英带领，布置于北面；迫击炮队由迫击炮主任赵章成带领，布置于西面；我步兵进攻正面。总攻开始后，炮兵根据彭总电话指示的目标，经过观测瞄准，首先对敌前沿阵地进行猛烈射击，摧毁了敌部分前沿工事，支援步兵突破了阵地。激战一天，炮兵团共发射山炮弹、迫击炮弹200余发，给敌人以重大杀伤，有力地支援了各部队的攻击，将冈崎大队大部歼灭。炮兵团在朱总司令和彭副总司令的领导下，转战敌后，战斗十分频繁，打了许多胜仗。但由于蒋介石发动第二次反共高潮，在以重兵包围和进攻我解放区的同时，还停发了我军的军费和装备、服装等，对我边区实行了严密的经济封锁，切断了边区和外界的经济联系。与此同时，日本侵略军紧密配合国民党反共反人民的罪恶活动，对我抗日根据地实行疯狂、残酷的“扫荡”和“蚕食”，想要把我根据地压垮、吃掉。在此极端困难的情况下，1941年年初，中共中央考虑在华北敌后作战的炮兵团装备繁重不便机动，弹药缺少，粮秣困难，决定将炮兵团调防延安。炮兵团离开武乡，经过大约20天的长途跋涉，经晋西北返回延安。

为朝鲜民族解放，他重返太行山，组织领导了朝鲜义勇军

1941年1月，炮兵团返回延安后，根据中央指示开赴南泥湾，执行朱总司令倡导的“屯田政策”，一面开荒生产，一面监视国民党反动派对边区可能发动的进攻。而此时，武亭接到了新的任务，让他前往太行山负责领导朝鲜义勇队。武亭依依不舍地离开自己心爱的炮兵部队，再次来到太行山。中共中央和毛泽东主席十分重视解放区朝鲜干部的工作，指出“尽快组织起八路军内的朝鲜人干部，把工作重心转移到培养和造就本民族干部队伍，为解放本民族积蓄力量”。

1938年10月10日，在八路军驻武汉办事处的协助下，朝鲜义勇队在武汉成立。由在反对日本颁布的“朝鲜征兵制”过程中来到中国的一批朝鲜革命青年组成，1940年冬和1941年年初辗转到达延安、太行等地。武亭再到太行后，很快组织在太行山的朝鲜人士，在辽县桐峪召开了“华北朝鲜青年联合会”成立大会，并选举武亭、陈光华为正、副会长。

武亭与郑律成等在太行山

武亭的传奇经历具有广泛的号召力，原来在国民党控制下的朝鲜义勇队有90%的成员从洛阳、重庆等地辗转来到太行山。他们被编入华北支队的各个分队，分别前往冀鲁豫、晋察冀、太行山等地区，开展敌后游击战和瓦解日军的斗争，并参与抗日根据地基层政权的建设活动。武亭和华北朝鲜青年联合会的威望越来越高，朝鲜著名的独立运动领袖金斗奉也慕名从重庆前往太行山；远在朝鲜国内

的吕运亨也派自己的联络员金命时，从汉城来到延安和武亭会面，商讨联合建国问题。

1942年7月11日，华北朝鲜独立同盟和朝鲜义勇军成立。作为同盟中央执行委员和义勇军司令的武亭，在其中起了关键性作用，特别是在组建义勇军方面，他专心训练和指挥这支还很弱小的队伍，相信总有一天会率领他们光复自己的祖国。而当时很少有朝鲜人从义勇军身上看到朝鲜独立的希望，他们认为朝鲜还会被占领许多年。但是武亭是乐观的，他坚信朝鲜的独立指日可待。1944年8月，日本帝国主义的覆灭已经是很明显了，武亭敏锐地预见到苏联会设法控制朝鲜。在他的建议下，朝鲜革命军政学校的全体成员自1945年1月底起，从太行山出发，行军2000里，穿越日军三道封锁线，于4月7日抵达延安。这只是一个开端，华北的朝鲜革命者逐步集中到延安，进入军政学校学习，为迎接祖国的光复做准备。8月11日，朱德总司令向各抗日根据地发布总反攻命令，其中第六号命令是“武亭、朴一禹率领朝鲜义勇军完成配合苏联红军解放东北和朝鲜人民的任务”。同年9月初，武亭率部进军东北。11月初集结在沈阳的朝鲜义勇军召开全体军人大会，把全军一分为二，一部分三个支队深入东北各朝鲜族地区，配合东北抗联和关内来的八路军、新四军帮助朝鲜族人民进行土改，建立人民政权，达到彻底解放东北之目标；另一部分由武亭率领进入朝鲜，完成建党、建政和建军工作。

回到祖国，他忍辱负重，为民族解放事业流尽最后一滴血

在武亭回国之前，1945年10月28日，新成立的北朝鲜五道行政局选举中，武亭被选为第二号领导人——行政局副委员长。武亭担任这个职务直到1946年4月，在这个月进行的选举中，他被排挤出领导层，派去担任人民保安干部学校的炮兵教务长。1948年，他被任命为第二人民保安干部学校的校长。武亭非常缺乏政治斗争的技巧，或者准确地说，他并不擅长

争权夺利。由于为人刚直，所以还在延安的时候，他就多次因为坚持自己的意见和独立同盟的其他领导人发生过冲突，以至于他与大多数独立同盟干部不和，很多人非常讨厌他。最后中共为了避免内斗，不得不让他专门负责义勇军。

1948 年 2 月，朝鲜人民军成立，武亭正式担任炮兵总司令，中将军衔。同年 9 月 9 日，朝鲜民主主义人民共和国成立，武亭被任命为民族保卫省副相（相当于国防部副部长），仍兼任人民军炮兵司令。朝鲜战争爆发后，1950 年 7 月 10 日，武亭接替金光侠任第二军团军团长。由于他在长征时期的旧疾胃溃疡剧烈发作，正在朝鲜指挥中国人民志愿军的彭德怀立即把他送到东北最好的医院，这是由罗马尼亚人在长春开设的，然而由于他的病情严重，医院已经无力回天了。武亭最后的愿望就是能够死在他的故土——朝鲜。于是，在 1951 年 7 月，他被接回朝鲜，不久以后，武亭在一间普通的军人医院里去世，时年 46 岁。

陈光华，将生命的瞬间定格在太行山上

陈光华

陈光华，原名金昌华，1911 年出生于朝鲜平安南道大同郡平川里。1931 年在朝鲜国内中学毕业后，积极参加反日活动。后来到中国留学，1936 年加入中国共产党。1937 年毕业于广州中山大学教育系。在校期间，曾参加了著名的“一二·九”学生抗日运动，并参加了韩国国民党朝鲜青年前卫团及中国青年抗日同盟。1937 年底到延安进入中央党校学习，1938 年抵达太行山，先后任先锋剧团团长、晋冀豫区党委宣传部干事、中共中央北方局党校组织科科长等。1941 年与武亭、石鼎等人一起创办了华北朝鲜青年联合会，任晋冀鲁豫支会会长，1942 年 5 月在反“扫荡”中牺牲。

1939 年夏陈光华来到武乡，在北方局党校任职，1940 年年底离开武乡。

在河北邯郸晋冀鲁豫烈士陵园的左权将军墓两侧有附墓六座，分别安葬着冀东抗日联军政治部主任杨裕民、华北版《新华日报》社长兼总编辑何云、冀南银行第一任行长高捷成及第二任行长赖勤、中共北方局政权工作部秘书张衡宇、华北朝鲜青年联合会负责人陈光华等烈士。

中学毕业后，积极参加反日运动，后流亡到中国从事抗日活动

陈光华，原名金昌华，朝鲜平安南道大同郡平川里人。1931 年中学毕业后，积极参加反日运动，后流亡到中国。1934 年考入广州中山大学（双

下简称“中大”）。在读书期间，他参加了由中共中央原上海中央局党员王均予秘密组织的“中国青年同盟”（后改称“中国青年抗日同盟”）。

1935年，北京学生举行“一二·九”抗日示威游行的消息传到广州，在中山大学引起轰动，各学院的学生激动地奔走相告。12月12日，广州学生也举行游行示威，4000余人的队伍浩浩荡荡涌向市中心。金昌华也是这次活动的组织者之一，由于多年来受日本帝国主义侵略和国民党反动派的残酷迫害，爱国青年学生把压抑心头多年的悲愤之情一下子发泄出来。他引领队伍高呼口号：“打倒日本帝国主义！”“反对华北自治！”“全国人民团结起来，一致抗日！”同学们义愤填膺，街道两旁的群众也一起高呼口号，向游行队伍报以热烈的掌声。

1936年10月19日，我国伟大的文学家、早年在中大任教的鲁迅先生不幸逝世，中大萧隽英教授主办的《群声报》10月20日发布了“鲁迅逝世”的消息，并在鲁迅生前讲过学的地方——广州文明路中大附中礼堂举行广州文化界追悼鲁迅先生大会。中大学生金昌华、黄焕秋、陈原及东北流亡学生赵君哲等，演说时义愤填膺、声泪俱下，控诉了南京政府对鲁迅的迫害，决心要举起鲁迅拥护真理、坚持正义和自由的大旗，学习他的伟大民族精神，为团结抗日、为追求中国的光明前途而斗争。同年，金昌华加入中国共产党。1937年，他大学毕业后来到武汉，在这里参加了韩国国民党朝鲜青年前卫团，从事抗日活动。

1937年年底，根据中共中央长江局的安排，金昌华更名为陈光华，来到延安，进入中央党校学习。中央党校的学习主要是自学。在学习期间，他踏踏实实认真学习马克思列宁主义理论知识，理论水平有了很大提高。

他主动要求来到太行山前线，无论是搞宣传工作还是组织工作，都是样样出色

1938年春，陈光华主动要求到抗日前线，经批准调他到太行山，先来到129师先锋剧团担任团长。他组织剧团成员，一方面排演短小精悍的文艺节目来宣传抗战；另一方面深入各村发动群众，组织群众，动员一切力量投身抗日队伍中来。他的工作受到了师首长的表扬，基于他的工作成绩，他被调入晋冀豫区党委宣传部。宣传部和组织部都是党委的重要部门，但是这个机构人很少，连部长在内也就四五个人，陈光华每天都处于紧张的工作状态中。在政治部从事宣传工作，有很多具体任务要完成。要动员起全国同胞共同抗日，就必须通过政治宣传，把抗战的政治目的告诉人民，使人们懂得为什么抗日、怎样抗日。根据毛泽东在《论持久战》提出的“动员了全国的老百姓，就造成了陷敌于灭顶之灾的汪洋大海，造成了弥补武器等缺陷的补救条件，造成了克服一切战争困难的前提”。为了做好抗日宣传工作，他们深入群众中去，动员报社、学校、宣传团体、文化艺术团体、军队政治机关、民众团体，及其他一切可能的力量，向后方群众、前线官兵进行广泛宣传鼓动。宣传员不辞辛劳、不分昼夜，深入村村户户，结合群众切身利益进行宣传，人民群众的抗日热情很快被激发出来，形成了有钱出钱、有力出力、纷纷报名参军的热烈场面。留在后方的群众，尤其是战场附近的农民，踊跃出粮、出民工，为军队送饭、送情报、抬伤员、运送弹药物资。

为了把宣传工作深入敌人心脏，因为他懂日语，主要担负着对日军展开的宣传战。他经常用日语写一些标语，来瓦解日本士兵，也写告日本士兵书，油印后散发到日军的据点里，对日本士兵宣传我们的俘虏政策，劝告日本士兵放下枪支，不要为侵略者当炮灰、做无谓的牺牲。唤起和加深敌兵厌战怠战情绪与思家思乡情绪，促其觉悟，放下武器，以达到削弱敌军战斗力之目的。

1939年春，中共中央北方局决定成立党校，陈光华调任北方局党校组织科科长，他离开区党委到潞城中村北方局党校报到。在北方局党校学习的学员，多为八路军的旅、团级干部，这些人在前线都是很能打仗的战将，有很高声誉。能和这些人打交道，陈光华很是高兴。虽然他是党校的管理人员，但他常常与学员们一起学习，不管是政治理论课，还是军事课，特别是八路军的军事原则、战略方针、游击战的战术原则等，他都学得非常认真。

1939 年 7 月中旬，日寇“九路围攻”晋东南，党校经黎城的上遥、北下庄，涉清漳河，翻山进驻武乡县烟里村。敌人“扫荡”被我军打垮后，八路军总部和北方局决定继续开办党校第三期，并扩大学员人数。党校第三期在武乡县下北漳村开学，党校工作人员和机构极少，校长是朱德总司令兼的，没配政委，也没政治部，连校务部也没有，只有个党总支、管理科、组织科。党总支负责党校的全面领导工作，管理科负责后勤，组织科负责人事。陈光华在党总支书记刘华清的领导下开展工作。

当时根据地的粮食供应不足，他们常到附近的襄垣、武乡、榆社等县去背粮担菜，来回一趟往往要一整天。为了补充生活，他们还在下北漳村前的河滩上，修起一条 70 多米长的“军民坝”，造地 200 多亩。管理人员和学员们一起挖坝基，抬石头，调灰泥，垒石坝。石坝砌好后，又一起垫土、平地，种上了粮食、蔬菜，然后又浇水、施肥、锄草，特别是蔬菜油绿苗壮，五花八门，基本达到了学校自给。

他推荐朝鲜同志到 129 师，从旅到团都配备了朝鲜籍敌工干事，使全师敌军工作大大向前迈进了一步

1938 年 2 月，日本颁布“朝鲜征兵制”，并在北平、天津等地建立了“朝鲜征兵特别训练所”，强行征集华北敌占区的朝鲜人，为其侵略战争充当炮灰。这更加激起了朝鲜人民的无比愤慨。1938 年 7 月，为扩大朝鲜人民抗日影响，朝鲜爱国人士在武乡成立了朝鲜义勇队，也有大批朝鲜青年来到太行根据地。同时，朝鲜义勇队领导人石鼎也与八路军总部联系，准备将义勇队的部队开到太行山来，组建朝鲜义勇军华北支队，与八路军一起参加抗战。

为了更好地团结根据地的朝鲜民众，中共中央北方局和八路军总部决定，派陈光华与石鼎一起，组织“华北朝鲜青年联合会”，迎接义勇队战士们到来。带着这一重任，陈光华离开北方局党校，与石鼎一起开始筹备工作。1940 年 11 月，日寇多次扫荡武乡，他们不得不离开武乡到辽县桐峪镇筹备。1941 年 1 月，40 多名从延安抗日军政大学毕业开赴华北抗日前线的朝鲜青年来到太行山，10 日，他们在辽县桐峪镇成立了“华北朝鲜青年联合会”。会议通过了“朝鲜青年联合会”以“团结朝鲜青年，抗击日寇，光复祖国”和“拥护朝鲜全民族的反日战线”为纲领，“誓志推翻日本侵略者统治，与中国人民共同为民族解放而奋斗”。彭德怀副总司令参加了成立大会，并在大会上作了激动人心的报告，高度赞扬了朝鲜人民反对日寇压迫和参加中国抗战的英勇精神。推选武亭担任总会长，郑律成担任副会长。陈光华担任华北朝鲜青年联合会晋冀鲁豫支会会长。

陈光华组织领导的朝鲜义勇队徽章

不久，义勇队部分成员来到太行，参加华北抗战。1941 年 7 月，在桐峪正式组建了朝鲜义勇军华北支队，支队长朴孝三，副支队长李益世，政治指导员金学武。隶属于“华北朝鲜青年联合会”领导。朝鲜义勇军华北支队主要由三部分朝鲜爱国志士组成：一是以武亭、陈光华为代表的中国共产党党内的朝鲜志士；二是在华北的朝鲜侨胞，以及后来反正的日军朝鲜籍士兵；三是原朝鲜义勇队的大部分成员。为防止留在朝鲜国内的亲属遭到迫害，大多数义勇队队员的名字都是化名，而非其原来的朝鲜名。在这一批朝鲜同志中，一大部分都是抗战前因反日流亡中国的，抗战爆发后到了延安，他们都能讲流利的汉语和日语，文化水平较高，对日本国情有较多了解。根据陈光华的建议，多数都被分配到129师的师、旅和军分区政治部敌工部门。129师主力部队从旅到团都配备了朝鲜籍敌工干事，使全师敌军工作大大向前迈进了一步。

在反“扫荡”战斗中，义勇军战士抱定了必死的决心，终于冲破敌人的重重包围，陈光华同志在战斗中不幸牺牲，将年轻的生命瞬间定格在太行山上

1942年5月，日军第一军纠集3万余人，对太行、太岳抗日根据地发起称为“第二期驻晋日军总进攻”的大规模夏季“扫荡”。19日，日军第三十六、第四十一师团和独立混成第三、第四旅团主力共2.5万余人，分四路对太行根据地北部地区进行扫荡，企图消灭我八路军总部机关。24日夜，各路日军对八路军总部驻地麻田村附近的窑门口、青塔、偏城和南艾铺地区构成合围。

朝鲜义勇军战士在书写标语

朝鲜义勇军华北支队与八路军总部、中共中央北方局、北方局党校等重要机关被包围于涉县、辽县之间的十字岭地区。其时形势十分危急，天上敌机轮番轰炸，地上日伪层层合围。野战政治部主任罗瑞卿率领野政直属队，边冲边打，一路冲杀到黑龙洞峡谷，发现敌人已经布好了阵势把山口堵死了，就命令129师13团抢占青塔后山，掩护部队从青塔后沟北坡登上东山，却又受到东山方面敌人的顽固截击。罗瑞卿组织警卫连发起多次冲锋，想杀出一条血路，但因为这一带山高沟深、地势险要、易守难攻，只有一条被称为“天绝栈”的羊肠小道可通过，地势十分险要，战士们一队队倒下，一队队又冲了上去。几次冲杀，伤亡惨重，仍未能冲破敌人强大的封锁线，一时处于胶着状态。

这时，朝鲜义勇军这支半武装半宣传部队数十名带武器的干部，组成敢死队，向罗瑞卿请战。罗瑞卿怕损失这支受过正规训练、懂日语的国际队伍，再三告诫前来请战的义勇军领导人陈光华：“我们同生死共患难，但不能同归于尽。”希望他们杀敌时注意保护自己。陈光华、石鼎、金学武等率领敢死队冲上黑龙洞峡谷西边的山头和敌人展开近距离激战，出现了短兵相接、激烈肉搏的场面。勇士们抱定了必死的决心，把集束手榴弹绑在身上，专往鬼子聚集的地方冲，冲到人群中就拉响手榴弹，所到之处，敌军魂飞魄散，鬼哭狼嚎，不敢抵挡。就在他们的硬拼之下，把日军的“铁壁”撕开了一个缺口。野政直属队几经曲折，终于突出了重围。但令人痛心的是义勇军中的陈光华、石鼎等同志在战斗中光荣牺牲，将生命的瞬间定格在太行山上。

1942 年 9 月 18 日，晋冀鲁豫边区党政军民，同朝鲜独立同盟、朝鲜义勇军，为反“扫荡”中牺牲的朝鲜革命烈士陈光华、石鼎同志举行了追悼大会，与左权将军一同安葬于涉县石门烈士公墓，并为烈士刻石树碑，激励后人，同时，对在“反扫荡”中牺牲的胡维伯、孙一峰、韩成道、朴吉车、王现淳等朝鲜烈士也进行了公祭。

中华人民共和国成立后，其遗体移葬于河北邯郸晋冀鲁豫烈士陵园，陈光华烈士之墓紧挨着左权将军的墓穴。斗转星移，时空变幻，然而巍巍太行却永远抹不去那遥远的记忆。

石鼎，血洒太行的义勇军领袖

石 鼎

石鼎，亦名石正，原名尹世胄，朝鲜（今韩国）庆尚南道密阳邑人，出生于1901年。1919年11月，在中国东北参与创建和领导朝鲜义烈团。1932年起，入南京朝鲜革命学校学习并任教员。1935年参与创建朝鲜民族革命党，成为领导中坚。抗日战争期间，参与创建朝鲜义勇队，被称为该队之“灵魂”。1941年起率部北渡黄河，进入华北抗日根据地，参加抗日战争。次年5月，在反“扫荡”战斗中英勇献身。

石鼎于1940年秋来到武乡八路军总部，驻扎两个多月。

石鼎，亦名石正，原名尹世胄，朝鲜（今韩国）庆尚南道密阳邑人，出生于1901年。1919年“三·一”独立运动时，即参加革命事业，奋斗二十余年。曾在中国东北与关内创立并领导朝鲜义烈团、朝鲜民族革命党，以及南京朝鲜革命干部学校。1920年被敌警逮捕，入狱8年。1937年全面抗战爆发，开始组织朝鲜义勇队，积极参加中国抗战。1941年7月，率该队来华北太行山抗日根据地，并领导华北朝鲜青年联合会，与中国并肩同日本侵略军作战。1942年5月28日，在太行山反“扫荡”战役中中弹丁山西偏城花玉山，殉难时年42岁。

1942年10月10日，中国共产党领导的晋冀鲁豫边区党政军群各界为纪念尹世胄将军，曾建立了墓碑。碑文简明扼要地记载了尹世胄将军一生的奋斗业绩，表明他不仅是韩国独立运动的领袖和先驱，而且也为中国人民的抗日战争事业贡献了自己宝贵的生命。

白云低垂，群山含悲，安息在巍巍太行山中，奔腾清漳河畔的尹世胄将军将永远活在中国人民的心中。

从“三·一”独立运动到朝鲜民族革命党成立，他成为争取民族解放的中坚力量

1919年1月，朝鲜废帝高宗计划向巴黎和会派遣密使控诉在日本统治下的苦难，希望有朝一日能赶走日本人，但计划泄露，被日本人毒杀。这一事件，激起朝鲜人民多年的积愤，成为反日爱国运动的导火线。2月8日，朝鲜留日学生在东京发表宣言，号召人民“为自由而溅其热血”，得到国内学生的响应，3月1日在汉城塔洞公园集会，发表独立宣言，举行游行请愿，这就是著名的“三·一”独立运动。“三·一”运动遭到日本殖民者的残暴镇压，运动主要人物也遭到日本统治者的迫害，尹世胄作为这次运动中的主要骨干，也遭到追捕。不得不离开家乡，避走于中国东北，寻找新的革命道路。

这一批逃亡青年来到中国以后，集中在吉林城巴虎门外，在金若山将军领导下，尹世胄、梁健浩、韩凤根、韩凤仁、金玉等13人，发起成立了朝鲜义烈团，决定以暗杀为手段，实现朝鲜独立的目标。朝鲜义烈团的成员们，是一批甘愿为民族解放事业献身的志士，他们先后发动了数十次暗杀破坏活动，沉重打击了日本帝国主义的侵略气焰。

尹世胄将军是朝鲜义烈团的中坚骨干，他不仅参与组织各种义烈斗争，而且身体力行，冲杀在斗争的最前线，并为此付出沉重代价。1920年6月，他策划组织了引爆日本朝鲜总督府等重要机关的重大行动而不幸被捕，直到1927年才刑满释放。由于义烈斗争并不能从根本上动摇日本的殖民统治，而且由于敌我力量悬殊，敌人高度戒备，暗杀的成功率不高，自身的牺牲却很大。1926年金若山决定停止朝鲜义烈团的暗杀活动，寻求新的反日斗争方法。尹世胄出狱后便积极参与组织了民族主义和共产主义两个阵营的联合阵线——新干会，专门从事反日活动。

由于新干会内部闹不团结，又受到共产国际的压力，1931年年初，新干会的左派领导人要求把它解散。为了寻求救国之路，1932年尹世胄再度来到中国。其时，金若山将军已将朝鲜义烈团的活动中心从中国北方移往中国国民政府所在地南京，并谋求中国官方的支持，在官方提供经费、物资、训练场地，以及教官的条件下，创办“朝鲜革命干部学校”，为朝鲜独立复国运动培养政治军事干部。尹世胄一到中国，就应金若山之邀参加了这一工作。

1932年10月20日，朝鲜革命干部学校，对外称“中国军事委员会干部训练班第六队”，在南京汤山开学，尹世胄作为第一批学员入学受训。政治教育的内容有朝鲜历史、朝鲜义烈团史、各国革命史、世界政治经济、三民主义等；军事训练则以步兵操典、射击、爆破、炸弹制造、特务工作、突击性技能等为主要内容。次年春，首批学员毕业后，尹世胄留任朝鲜革命干部学校教官。

1935年夏，随着日本法西斯向中国华北的节节推进，中日关系高度紧张，朝鲜反日独立运动再度高涨的时机即将来临，在金若山将军的积极推动下，朝鲜义烈团、朝鲜革命党、韩国独立党、新韩独立党、大韩独立团在南京举行代表大会，大会决定将五团体解散，在此基础上，新组建朝鲜民族革命的最高组织——朝鲜民族革命党，其纲领为：“集中全民族的革命力量，打倒倭敌，来争取民族的自由独立。”大会选举了金若山为该党总书记，尹世胄当选首届15名中央执行委员之一。

后来，金若山又与军事委员会别动总队总队长康泽合作，在江西星子军分校合办了军事委员会政训班朝鲜学生队，主要让朝鲜人学习对日情报搜集，也就是在这些基础上，日后才会有在中国战场上出现的朝鲜义勇队，尹世胄也跟着调到该校任教，直到抗日战争爆发。

金若山、尹世胄等在中国创办各种学校，为朝鲜独立复国运动培养了大批军事政治人才，也为中国的抗日战争作出了重要贡献。

在中国全面抗战开始后，尹世胄积极组织在华朝鲜青年，在汉口成立了朝鲜义勇队

1937 年 7 月 7 日，日军向宛平城卢沟桥发动进攻，中国当地驻军第二十九军奋起还击。第二天，中共中央即发布《中国共产党为日军进攻卢沟桥通电》，指出："平津危机！华北危机！中华民族危机！只有全民族实行抗战，才是我们的出路"。号召全国同胞和军队团结起来，筑成民族统一战线的坚固长城，抵抗日本侵略者。中国共产党从中华民族的根本利益出发，坚定地举起了抗日的旗帜，中国工农红军也改编为八路军东渡黄河，挺进抗日前线。并积极发动群众，组织抗日武装，建立抗日民族统一战线，开展了广泛的游击战争，与日寇展开了艰苦卓绝的英勇斗争。

中国全面抗战，得到了世界各国人民的支持，朝鲜民族革命党也积极参与了中国抗战，将在华的朝鲜青年组织起来，在汉口成立了朝鲜义勇队，号召"唤起不愿做殖民地奴隶的千百万朝鲜同胞，在朝鲜义勇队这面旗帜下集合起来，更联合在法西斯军阀压迫下的一切民众，打倒我们真正的敌人日本法西斯军阀，以完成东亚真正永久和平"。

尹世胄将军是协同金若山将军组建朝鲜义勇队的重要助手，也是负责朝鲜义勇队政治宣传和理论建设的主要领导人。担任朝鲜义勇队政治组组长，同时也是义勇队总部机关的 13 个领导成员之一。朝鲜义勇队在对敌宣传、情报、特工、抗日宣传、敌后工作、军民合作、军队政治工作、扩大武装队伍、争取国际援助、加强韩国独立运动各党派间的团结等方面都做了大量工作，成为中国抗日战场上一支威名远扬的队伍。为了搞好抗日宣传，尹世胄还创办了朝鲜文刊物——《朝鲜义勇队通讯》，并亲自担任主编，他认真研究中国抗战，撰写了大量的文章，号召朝鲜义勇队为中国抗战作贡献。他提出，“作为朝鲜革命者的本队全体同志，对于中国抗战的支持和援助，不是平常的形式，而是依靠不畏牺牲的精神，直接参加到火线上，和中国英勇将士们同生死共甘苦地与敌人血肉相见”。并告诫朝鲜同胞，中国抗战与朝鲜革命有着十分密切的关系，“只有在毁灭共同敌人日本帝国主义之后，朝鲜民族才能重见独立自由的天地”，“我们除了协同中国抗战将士与敌人肉搏以外，再也找不到其他的道路”。

在尹世胄的号召下，朝鲜义勇队和中国人民一道浴血奋战，抗击日寇，有许多同志为此献出了生命，在抗日战争史上写下了一曲国际主义的悲壮战歌。

从 1938 年至 1940 年的两年间，义勇队转战于 6 个战区 13 个省份，他们在抗日前线印发宣传册，散发传单，张贴标语，参加过武汉会战，以及昆仑关、中条山等战役。朝鲜义勇队左翼色彩很浓，与我党关系密切。金若山是韩国临时政府的反对派，与韩国临时政府主席金九政见不合，1939 年年初，在蒋中正撮合下，两人于 7 月间联合发表《告统治同胞书》。但因美洲韩侨团体抵制金若山的左翼色彩，金若山、尹世胄决定单独行动，增建义勇队第三分队，主要在前线负责对日广播、审讯战俘和翻译截获的日军文件等工作。1940 年，朝鲜义勇队发展到 318 人。1941 年 4 月，朴孝三、金世日等 120 名主力队员集体投向八路军，迫使金若山放弃反对金九的立场，发表声明加入临时政府。

为尽快组建华北支队，尹世胄更名石鼎，来到太行山八路军总部，受到总部领导的欢迎

朝鲜义勇队在中国抗战中可谓战绩卓著，但他们在国统区的活动处处受限，特别是抗日战争转入相持阶段后，蒋介石消极抗日，继而支持韩国光复军，并处处打压朝鲜义勇队。

国民党的消极抗日和对朝鲜人的歧视态度，使这些具有强烈爱国主义、国际主义思想和民族自尊心的朝鲜青年极为愤慨。他们从生活实践中看到，只有中国共产党和八路军才是朝鲜人民的真正朋友。他们决心和八路军并肩打击日本鬼子，以便将来打过鸭绿江，解放自己的祖国。

1940 年朝鲜义勇队在重庆召开了扩大干部会议，准备派义勇队的成员分赴各地，分别组成华北支队、华中支队和华南支队，到八路军、新四军和华南纵队中去，决定将工作重心由敌前改为敌后。前往华北的成员在朴孝三、金学武的率领下，从重庆出发，历经万县、老河口、西安、洛阳等地到达豫北林县。

为使华北支队尽快组建，让义勇队成员及早开赴太行抗日前线，尹世胄化名石鼎（亦称石正）提前来到太行山与八路军联系。他经洛阳八路军办事处到达太南地区，新一旅派人护送他到武乡八路军总部。石鼎来到武乡，受到彭德怀、杨尚昆、左权、罗瑞卿、陆定一等领导的亲切接见。石鼎谈了将朝鲜义勇队拉到太行山抗日前线来的想法：从他们旅华的生活实践中看到，只有中国共产党和八路军才是中国人民的希望，才是朝鲜人民的真正朋友，所以决定离开国统区到敌后根据地来和八路军、决死队并肩打鬼子，学习游击战术，以便将来打过鸭绿江，解放自己的祖国。石鼎的请求得到了总部首长的极大支持。129 师刘伯承师长和邓小平政委得知这一消

石鼎在太行山上

息，立即命令三八五旅派一个连前往黄河边，去接应新来太行山根据地的朝鲜朋友。

石鼎被安排在野战政治部工作，在武乡的两个多月时间里，他跟着政治部的同志们学会了许多东西，特别是联系群众、组织群众，他看到了根据地人民与八路军打成一片，积极组织支前，为八路军运送物资，这使他懂得了只要依靠群众，任何困难都能克服，任何敌人都能战胜，最终才能取得抗战的胜利。

之后，根据129师刘伯承、邓小平首长的安排，朝鲜义勇队开到河北涉县，派石鼎同志提前到涉县做准备工作。根据刘、邓建议，中共中央北方局也将派在北方局组织部组织科工作的朝鲜青年陈光华随同一起去涉县。1941年1月10日，在陈光华和石鼎的努力下，华北朝鲜青年联合会正式成立。

朝鲜义勇队成员在129师三八五旅战士的接应下，渡过黄河，经阳城、平顺，到达豫北林县。林县抗日根据地，是八路军最早开辟的根据地之一，1938年2月，129师太行第四游击支队在纪得贵的带领下进驻林县北部地区，动员全民族抗战，从而开辟了这块根据地，这里是通往冀南、冀鲁豫，以及华中的重要通道，八路军还在这里建立了交通线。华北支队来到林县以后，在这里作了休整，太行五分区司令员皮定均，知道他们刚从南方过来，专门让后勤部门准备了冬装，给他们更换，这让异国的朋友们感觉到了无限的温暖。同时，皮司令员还派八路军的军事干部来帮助他们进行军事训练，讲游击战术，讲群众基础，这些对他们来说十分新鲜，在与国民党部队一起抗战的两年多时间里，从来没有接触过这样的知识，现在感觉非常新奇。

休整一段时间后，他们于1941年5月底抵达河北省涉县西达镇，并于1941年6月成立了在华北朝鲜青年联合会领导下的朝鲜义勇军华北支队，支队长朴孝三，副支队长李益世，政治指导员金学武。后转移到山西境内的辽县武军寺、桐峪、麻田等地，与八路军一起投身抗战之中。

凶残的日军包围了偏城花玉山，进行梳篦式搜索，中朝军队并肩战斗，石鼎将军和他的战友陈光华不幸牺牲

朝鲜义勇军华北支队主要由三部分朝鲜爱国志士组成：一是以武亭、陈光华为代表的中国共产党党内的朝鲜志士；二是在华北的朝鲜侨胞，以及后来反正的日军朝鲜籍士兵；三是原朝鲜义勇队的大部分成员。为防止留在朝鲜国内的亲属遭到迫害，大多数义勇队队员的名字都是化名，而非其原来的朝鲜名。他们都能讲流利的汉语和日语，文化水平较高，对日本国情有较多了解，因此多数都被分配到师、旅、军分区政治部敌工部门。129师主力部队从旅到团都配备了朝鲜籍敌工干事，使全师敌军工作向前大大迈进了一步。

朝鲜义勇军华北支队成立伊始，就把配合对敌斗争、开展武装宣传工作作为重点工作之一。他们认识到，在敌后的几十万朝鲜群众，这还不包括东北的，如果被动员起来，将是一支难以估量的力量，将对中国抗战与朝鲜革命有极大的帮助，对于发展敌后游击战争有极大的影响，在政治上可能推动整个朝鲜革命的蓬勃发展，动摇敌人的统治，使中国抗战胜利与朝鲜革命的成功，更迅速到来。

石鼎作为华北朝鲜青年联合会的主要领导人，积极领导朝鲜义勇军华北支队，在华北各根据地展开了声势浩大的政治宣传工作。他号召所有队员，为配合八路军作战，在华北支队内编成武装宣传队，全体队员均配新式武器，开赴前线，进行瓦解敌军及唤醒沦陷区朝鲜人民之工作。在支队组建后的一年时间里，他们就散发了中、朝、日三国文字的传单227种，13万张，贴墙壁标语1500多条。他们的宣传工作有力地驳斥了敌人“日鲜一致”“东亚民族解放战争”的欺骗宣传，动摇了日伪军的军心，并极大地鼓舞了华北民众团结一致、共赴国难、争取最后胜利的决心和信心。

对于朝鲜义勇军的一系列政治宣传工作，八路军野战政治部主任罗瑞卿给予了很高评价：他们不但用枪弹射击日本法西斯野兽，他们还把真理的火炬，照在敌人的思想阵地，现在千万个被法西斯愚弄的人们心里，正广泛地燃起了他们散布的火种，这火势方兴未艾，将来总有一天，它会成为燎原的烈火，将彻底焚毁日本法西斯的统治。这支部队也是一支能征善战、智勇双全的战斗队，他们多次参加战斗，协同八路军消灭日伪军。

1942 年 5 月，日军纠集 3 万兵力，再次对太行抗日根据地发动了空前残酷的大“扫荡”，企图一举扑灭八路军总部和随军作战的朝鲜义勇队华北支队，形势空前严峻。22 日午夜时分，八路军总部召开会议，并分析了敌我态势，面对日军重兵的多路合击，我主力部队已转出外线，但中共中央北方局、八路军总司令部、野战政治部、后勤部、卫生部、军工部，以及新华日报社、朝鲜义勇军等尚处在敌军的合击圈内。面对重兵压境的危急形势，合击圈内八路军能够应敌的兵力很少，只有为数不多的警卫部队，等待他们的将是极其残酷的战斗。为了保存实力，掩护总部机关转移，义勇军战士们也主动承担了阻击任务。当时留在包围圈里的朝鲜义勇军只有 30 余人，以及 20 多支步枪、3 挺捷克机枪和 1 挺轻机枪。虽然力量单薄，但他们非常英勇，在八路军副参谋长左权将军的统一指挥下，义勇军配合警卫连打开一个缺口，保护彭德怀副总司令、罗瑞卿主任向外突围。其时，在天上，有 6 架敌机轮番进行轰炸、扫射；在地上，密集的敌人发动一波又一波进攻。左权将军在指挥战斗时，一颗炮弹落在他的身边爆炸，弹皮打在太阳穴上，当场牺牲在十字岭东坡。在这场战斗中，朝鲜义勇军和总部警卫连奋勇杀敌声，激战竟日，毙敌 300 余人，完成了保护总部首长和干部突出重围的任务。

然而凶残的日军一直盘踞在辽县、涉县交界的大山里，进行梳篦式搜索，28 日，中朝军队不幸再次被日军包围在偏城花玉山，我军组织中朝将士英勇反击，朝鲜义勇队华北支队奉命夜袭日军，激战 5 小时，夺取了日军占据的山头，并坚守前沿阵地。中朝军队并肩战斗，粉碎了日军的大扫荡。但在这次战斗中，中朝方面也遭遇重大损失。朝鲜义勇队重要将领石鼎和他的战友陈光华壮烈牺牲。

太行、延安都为石鼎等烈士召开了追悼会，烈士的英名永远镌刻在太行山上

尹世胄、陈光华烈士牺牲的消息传出后，中国军民无限悲痛，采用各种方式深切悼念亲密战友的殉难。反扫荡战役结束后，中共中央北方局和八路军总部为这次战斗中牺牲的烈士召开了隆重的追悼会。华北朝鲜青年联合会陕甘宁边区支会也在延安专门举行追悼朝鲜义勇队石鼎、陈光华等烈士的大会。八路军朱德总司令亲临讲话，称颂“为自由而死的战士，他们的生命是永在的，将永远生活在争取自由的中朝人民心中。他们殉身的事业将有更多的战士担负起来，把它完成”。同日，《解放日报》刊载了石鼎（尹世胄）、陈光华、张文海三烈士的简历，并刊载了朱德的文章《为自由而死生命永存》、叶剑英的文章《悼朝鲜义勇军阵亡同志》、肖三的文章《纪念抗战中的中国死难的朝鲜同志们》、艾青的悼诗《献给反法西斯斗争中殉难的朝鲜烈士们》等，在延安形成了一个悼念的高潮。

韩国朝鲜义勇军研究会会长金台洙一行，在晋冀鲁豫烈士陵园参拜朝鲜义勇军烈士石鼎（尹世胄）墓

1942 年 9 月 18 日，晋冀鲁豫边区党政军群各界在太行山上的涉县石门村举行公葬左权将军暨朝鲜抗日烈士大会，在被称为“晋冀豫花园”的清漳河畔涉县石门村，树起了朝鲜烈士纪念石塔，八路军 129 师师长刘伯承将军、朝鲜义勇军

代表崔昌益等参加典礼，并为烈士墓地掩盖黄土。参加典礼的群众多达5000余人，这在处于紧张的战争环境的敌后抗日根据地是史无前例的。迄今中国河北涉县石门村还保存有石鼎、陈光华两烈士陵墓的遗迹。1950年10月10日，中国官方将尹世胄将军的陵墓移往新落成的河北邯郸晋冀鲁豫烈士陵园第二墓区，以供后代永世瞻仰和纪念。

金雄，抗大毕业的朝鲜大将

金 雄

金雄，曾用名王信虎，中国共产党党员，毕业于黄埔军校。1936年赴延安，入抗大学习，毕业后任抗大军事教员，后调八路军第二纵队、第五纵队，新四军第三师，曾任第三师八旅作训科副科长、科长。1941年，参与组建华北朝鲜青年联合会苏北分会。1942年，他担任了抗日大学第五分校的教育长。1943年夏，任二十二团参谋长。抗战胜利后，任东北民主联军李红光支队司令员。1947年回国，先后任人民军训练局长、第一军团长、中朝联合司令部副司令员。1953年任民族保卫省副相，并晋升为大将。1956年3月，金雄大将曾率人民军代表团访华。之后从朝鲜政坛上消失。

1940年，金雄任抗大教员期间曾随总校到达武乡，并驻扎半年之久。

他是一位威名远震而又扑朔迷离的将军。他的事迹似乎很明显，但他的经历确实又很模糊，因为留下来的可查史料并不多，所以他的故事确实是知者甚少的。

为了改变自己国家的命运，他决心到红色苏区去取经

金雄，亦名王信虎，1914年出生于韩国庆尚北道。20世纪30年代初，与一批流亡爱国青年一起为寻求救国之道来到中国，先后在沈阳、天津等几个城市谋生。为了实现报国之志，1933年9月，他考入了南京中央军官

学校（前身为黄埔军校），在第十期步兵班学习。因为日本人的干涉，当时军校里的朝鲜学员都不能公开自己的身份，纷纷改名为比较中国化的姓名，金雄就改名为王信虎，从此，这个普普通通的中国名字伴随他十余年之久。与金雄同班的有两位朝鲜同学，一位是信仰共产主义的朝鲜义勇团团员崔仁（化名王子仁），另一位是来自上海的大韩民国流亡政府的崔德新。来自一个共同的国度，为了一个共同的目标在异国学习，三人的关系自然是很亲密的，但是闲暇之余，崔仁和崔德新却为了朝鲜光复的途径和未来的社会制度争吵不休。金雄此时还没有接触过多少政治理论，他总是在一旁倾听，当两人吵得实在太过火时则加以劝解。

金雄与同时流亡中国就读于黄埔军校的朝鲜人崔德新在一起

在军校里，金雄接触了不少进步青年，渐渐对共产主义产生了向往，他认为要争取民族独立解放，就要革命，就要建立自己的红色政权，同时，他也听到了中国共产党在江西创建苏维埃共和国的消息，这使他更坚定了信念，希望有一天，在自己的国家也开辟一片红色的天地。

1936年，军校生活结束了，崔仁继续回到朝鲜义勇团的后继——朝鲜民族革命党，崔德新也继续回到流亡政府麾下，后来成了一名光复军军官。金雄却认为现在回国条件并不成熟，既然要改变一个国家的命运，就要学到好的经验，所以他决心到红色苏区去取经。此时，红军早已离开江西北上，经过长征到达陕北，于是他通过在军校结识的地下共产党同学介绍，秘密前往中国西北的红色圣地——延安。

由于他出色的学习成绩，抗大毕业后留校任军事教员

金雄到达延安以后，虽然有南京地下党的介绍，但由于红军初到陕北，而且周围还有国民党大兵压境，时常有国民党特务活动，金雄这样的外国人的到来，不能不引起怀疑。于是，金雄经过了一段时间的等待，实际上是中央社会调查部通过各种渠道对他的历史进行审查。几个月后，中国形势发生了巨大的变化，日本帝国主义制造了震惊中外的“卢沟桥事变”，中国的民族矛盾成为主要矛盾，国共两党开始了第二次合作，红军也改编为八路军走上了抗日前线。此时，金雄接到通知，中央决定让他进延安抗日军政大学学习。抗大是为抗战形势需要培养骨干的学校，既重视政治教育，也重视军事教育，严格的军事生活，包括步兵战术原则、游击战术、军事地形学、单兵动作，等等，同时也有队列、射击、投弹、爆破、伏击等。他是第二次进军校，在南京黄埔的训练打下了军事专业的基础，所以在抗大，他很快显露出了自己的水平，在同班学员中他成为佼佼者。特别是有一次毛泽东主席到抗大视察，还进行了讲演，毛主席对抗大学员寄予厚望，要求广大知识青年在战争中学习，也要把知识贡献于战争，他说，你们不远千里、几千里而来延安的目的当然不是升官发财，而是抗日救国。

毛主席的话对金雄的震动很大，也使他更加努力学习了。他一心想学到丰富的军事知识，用来反对日本帝国主义，争取朝鲜的解放和独立。由于他出色的学习成绩，1938 年春毕业后，留校任军事教员。1939 年，根据党中央命令，抗大总校在副校长罗瑞卿的带领下东迁晋东南，因汾河涨水，转道晋察冀，于 1940 年 2 月，来到武乡县蟠龙镇，金雄也跟随总校来到武乡。

要说当教员，是一件艰辛的“苦”差事，因为抗大的教学对象不同，要求不同，从而增加了教学的复杂性和艰巨性。特别是抗大来到武乡后，学员来自四面八方，他们中有身经百战的高级干部，也有来自国民党统治

区的男女青年，而更多的是当地游击队及地方干部，他们年龄不等、文化程度不同、经历各异、生活习惯不一，由于这种情况，教员就必须从实际出发进行教学，做到“因材施教”。比如八路军中的高级干部，他们原在红军中就成为军事高级指挥员，有着丰富的作战经验，但是文化水平低，有人甚至是文盲，这就需要增加文化课分量；而来自各地的爱国青年有文化基础，有抗日热忱，但对军事知识几乎是空白，这又需要严格进行军事训练；对于根据地地方干部和游击队干部，由于方言严重不好沟通，形成了障碍。但金雄克服了一切困难，除认真授课外，还经常不断和学员进行个别交流，了解他们的学习需要。但是当时没有成熟的军事教材，他就千方百计从前线部队作战的实践中吸取新的经验，充实教学内容。同时又要研究日军的《步兵操典》《作战纲要》和缴获的、搜集到的有关敌军资料，进行研究，做到知彼知己，把研究的成果运用于教学实践和战争实践。还要进行正规的队列训练和步兵战术、兵团战术（高级队）的训练，以适应今后战争形势的发展。

在武乡的日子里，虽然抗大教学条件比红军时期有较大改善，但仍然是很困难的，教学与生活的条件也很差，例如：没有像样的图书馆、资料室、专修室、兵器陈列室，也没有像样的课堂、演习场，等等，甚至教学用的油墨、蜡纸也没有，常常是组织学员去山上砍松树，用松油来自制油墨。更困难的是，老师和学员的粮食非常紧缺，没有蔬菜，每天吃的是黑豆，菜也是用盐水泡过的黑豆。尽管这样，他们还是克服困难，坚持教学，日本鬼子来了就躲在山上学习，等鬼子撤走了再回来。

尽管如此，金雄依然与学员们一起克服困难，坚持教学与军事训练。

由于八路军南下需要军事干部，金雄离开抗大到了抗日前线

1940 年 7 月，组织决定，调金雄作为军事教员随八路军第二纵队南下苏北，他只好离开武乡，到达阳城跟随部队南下。当时，八路军第二纵队大部已经开赴冀鲁豫，金雄跟随部队来到冀鲁豫，为了部队正规化训练，分配他到第二纵队司令部队列科工作。

八路军第二纵队根据中央军委关于协同新四军发展与巩固华中抗日根据地的指示，决定由纵队政治委员黄克诚率第三四四旅和新编第二旅南下豫皖苏边区。5月，上述部队在冀鲁豫边区会合后，于6月中下旬进抵安徽省涡阳县新兴集地区。7月，与新四军第六支队（欠第四总队）合编为八路军第四纵队，直属八路军总部，彭雪枫任司令员，黄克诚任政治委员。8月，中共中央中原局根据中共中央的指示，将进入陇海铁路以南、津浦铁路以东、淮河以北的皖东北地区的八路军部队和原在该地区的新四军部队及地方武装，统一整编为八路军第五纵队，归中共中央中原局指挥。黄克诚任司令员兼政治委员，韩振纪任参谋长。

八路军第四、第五纵队的成立，需要大量军事干部，金雄在第二纵队没住一个月，就奉命南下，编入八路军第五纵队。第五纵队主力东渡运河，打退了日伪军和国民党顽军的10多次进攻，初步开辟了淮海区抗日根据地。与此同时，留在皖东北地区的第五纵队一部，就地坚持斗争，配合新四军第五支队和地方武装，进行反“扫荡”作战，拔除日伪军据点多处，抗日根据地发展到淮宝地区，并沟通了与皖东抗日根据地的联系。短短几个月，第五纵队开辟了包括皖东北、淮海和盐阜地区约1000万人口的抗日根据地。

在新四军中，金雄从组织朝鲜独立同盟到担任军事指挥，他的军事才能开始崭露头角

也就在此时，蒋介石集团掀起了第二次反共高潮。1941年1月发生了皖南事变，蒋介石倒行逆施，宣布新四军为叛军，并撤销新四军番号。在这样的形势下，1月20日，中共中央军委发布重建新四军军部的命令：以华中总指挥部为基础，重建新四军军部。任命陈毅为新四军代理军长，刘少奇为政治委员，张云逸为副军长，赖传珠为参谋长，邓子恢为政治部主任。同时，将八路军第五纵队改编为新四军第三师，师长兼政委黄克诚。金雄任三师敌工科的干部，每天忙着侦察、审俘、破译。这时的他，仍然不是什么风云人物，只是一位普普通通的抗日战士。不久又担任新四军第三师八旅作训科副科长、科长。1941 年，他和同为敌工科干部的朝鲜人李成镐建立了华北朝鲜青年联合会在苏北根据地的分会。1942 年 8 月，华北朝鲜青年联合会发展为朝鲜独立同盟，他自动转为独立同盟的成员。1942 年，他担任了抗大第五分校的教育长，并分管外籍学员队（主要是朝鲜人），他把在抗大总校的优秀教学经验，全部运用到教学实践中，还翻译了日军的《步兵射击教程》，作为抗大的教材。

1943 年夏，他又调任二十二团参谋长，与团长陈发鸿一起，带领该团先后参加了盐阜地区反“扫荡”作战、黄营战斗、单家港战斗，以及讨伐伪军徐继泰部战役。该团勇猛作战、作风过硬，打得日寇胆战心惊，所以被誉为“虎团”。1944 年 10 月，盐（城）阜（宁）地区军民向合德（今射阳）日伪军发起进攻，二十二团担任主攻任务。19 日深夜，金雄与团长陈发鸿率团先后夺取南圩门敌碉堡，攻占伪警察局和四丈河边敌炮楼。继而率部攻克陈家炮楼，俘敌 65 人，毙伤敌 30 余人。21 日，率部对合德日军发起总攻，团长陈发鸿在战斗中牺牲，金雄继续指挥部队，终于打退了敌人，取得胜利。

1944 年 1 月，他协助李成镐在泗洪县半城镇组建了朝鲜义勇军华中支队。彭雪枫师长出席了华中支队的成立大会，并做了《中朝两民族携手并肩作战》的报告，他说：“今天到会的盟员还不多，但革命的力量从来是从无到有，由小到大，新生的力量是永远不会被消灭，最后一定会胜利的。”

朝鲜义勇军华中支队全体指战员，在金雄等人的领导下，与新四军一起战斗，一同保卫抗日民主根据地，成为抗日力量的中坚，是反法西斯斗争中的一支新生力量。

金雄奉命踏上了回国的旅程，赫赫战功晋升为大将

抗美援朝战斗中，彭德怀与金雄在一起

日本投降之后，第三师奉命进军东北，与此同时，朝鲜独立同盟和朝鲜义勇军也进入东北。其第一支队初期仅有60余名干部，而后经抚顺、本溪等地赴通化地区扩军。1945年年底，由通化、柳河、清原3个朝鲜族中队和集安、桓仁2个朝鲜族大队，正式合编为朝鲜义勇军南满第一支队。1946年2月16日，东北民主联军总部决定将该支队易名为李红光支队，任命金雄为司令员，崔仁为副司令员。

金雄没有辜负上级领导的期望，他虽然在职时间不长，却成绩斐然。李红光支队成立后即在通化一带担任保卫地方和剿匪任务，到1946年7月止，不到半年的时间，匪患已经全部肃清。中国内战全面开始后，金雄率领该支队主要在南满进行独立作战。1947年4月，该部参加了东北民主联军的夏季攻势，从三源浦、柳河出发，进攻沈长铁路中段之敌。由于朝鲜人民军建设急需军事干部，金雄奉命踏上了回国的旅程。

回到朝鲜后，金雄主要担任了人民军的训练工作，1948年2月人民军成立后，他任总参谋部的少将训练局长。不过很难想象他到底能够为塑造未来的人民军发挥多大作用。1950年6月，金雄被任命为中将军团长，为朝鲜解放战争作出了贡献。

在中国人民志愿军入朝作战之后，中朝军队互不相识，作战当中又不协调，经常造成矛盾和误会，甚至出现误把对方作为敌军的情况。金日成

到北京与毛泽东会面，决定建立中朝联合司令部，金雄出任联合司令部的副司令员，同时也是人民军前线司令官，负责指挥前线作战的人民军部队。此后的近两年时间里，金雄继续指挥前线人民军和志愿军密切配合作战。1953 年 2 月，金雄因其赫赫战功，被晋升为大将，出任民族保卫省副相。1956 年 3 月，金雄大将曾率人民军代表团访华。

郑律成，奏响嘹亮的军歌

郑律成

郑律成，原名郑富恩，1914年出生在朝鲜（今韩国）全罗南道光州杨林町一个贫苦家庭。1933年春来到中国，进入朝鲜在华抗日团体开办的南京“朝鲜革命干部学校”。1937年到延安，进入鲁迅艺术学院音乐系。调太行山，任“华北朝鲜革命军政学校”教育长。抗战胜利后回朝鲜工作。任朝鲜人民军协奏团团长，朝鲜音乐大学作曲部部长。1950年在北京定居，并且加入中国籍，在北京人民艺术剧院创作室工作，1976年病逝于北京。

1942年郑律成从延安到太行山，在武乡住了半个多月，并进行了采风活动。

1988年，经中共中央批准，中央军委主席邓小平签署命令，将公木作词、郑律成作曲的《中国人民解放军进行曲》，正式定名为《中国人民解放军军歌》。

而《中国人民解放军进行曲》这首威武雄壮、高亢嘹亮的乐曲，原名是《八路军进行曲》，创作于1939年，抗日战争胜利后，将《八路军进行曲》原歌词作了适当调整，改名为《中国人民解放军进行曲》。这首歌，从抗日战争时期到解放战争时期，再到共和国建设年代，鼓舞了千百万中华儿女。而这首军歌的作曲者却是一位来自朝鲜的国际友人——郑律成。

为求报国之志，他离开祖国来到中国。看到日寇蹂躏的上海，郑律成决心投身抗战事业，郑律成背着曼陀铃，怀揣《世界名曲集》，踏上奔赴延安的征程

郑律成，原名郑富恩，后因酷爱音乐，改名律成。他的父亲是个爱国者，他的三个哥哥先后为朝鲜和中国的革命事业献出了生命。1933 年春，郑律成和一批朝鲜爱国青年一起，辞别日军铁蹄践踏下的故土与亲人，乘船经日本长崎到达中国南京。来到南京后，进入朝鲜在华抗日团体金若山、尹世胄等人组织的“义烈团”开办的南京“朝鲜革命干部学校”。

毕业后，到电话局谋了一份工作，同时从事抗日救亡活动，在工作中他想方设法收集日本人的情报。为了更好地掩护身份，领导上资助他去上海学习音乐。他的音乐才华从此崭露头角。1936 年春，南京进步青年吴金燧、林克、杨波人组织成立了救亡组织“五月文艺社”，郑律成也成为该社的成员，并被选为理事。为了让更多的人了解“五月文艺社”，振奋社员精神，积极参加抗日救亡，他们决定创作自己的社歌，于是由五月文艺社社员、中共地下党员邹趣涛写出歌词，郑律成谱写了他音乐生涯中的处女作——《五月之歌》。

1937 年 8 月 13 日，日本侵略者挑起了“八一三”事变。也就在这一天，19 岁的郑律成结识了著名爱国音乐家、《黄河大合唱》的曲作者冼星海。在与冼星海交往中，郑律成为这位年轻音乐家的爱国风范所折服，从而更加坚定了他用美妙音符坚持抗战的决心。郑律成来到炮火隆隆的上海，投入抗日救亡的宣传活动中，也就在此时，他结识了中国共产党人、左联作家杜君慧，他第一次了解到中国共产党领导下的延安抗日根据地的情况，深感这是自己所向往的地方。

1937 年 8 月 13 日，日军进犯上海，这一天，郑律成应刚刚完成《民族交响乐》和《救国军歌》乐曲的冼星海之邀到上海。看到日寇蹂躏的上海，郑律成决心投身抗战事业，他在上海参加战地服务团，并创作了歌曲《战斗妇女歌》《发动游击战》等，用音乐来为抗战服务。不久，他联系了中共地下党员杜君慧，并表达了想去延安的愿望，杜君慧带郑律成到上海八路军办事处找到潘汉年，为其开具了去延安的介绍信。

此时，上海战事危急。郑律成和姐夫金山、杜君慧同志一起撤到南京。他想立即动身去延安，无奈缺乏盘缠。为了解决经费问题，杜君慧又把他带到“七君子”之一李公朴先生那儿，李公朴先生听了他的诉说，非常支持郑律成的行动，慷慨解囊，立刻拿出30块银圆。恰在这时，八路军总部高级参议宣侠父来看望杜君慧同志，听说郑律成想到延安去，也热情地为他写了一封介绍信，让他带到西安八路军办事处去找中共代表林伯渠。

一切准备就绪，郑律成即将去一个新天地了，他不能不留恋那些给他指明了航向的领路人。离开南京的那天晚上，他在杜君慧家吃过晚饭后，亲切地说：“我就要走了，让我最后一次弹个曲子给你听吧。”惜别情依依，他弹起了心爱的曼陀铃，把他对同志的深切的挚爱、离别的惆怅，用激昂、悲壮、怀念的旋律倾诉出来。第二天，郑律成背着曼陀铃，怀揣《世界名曲集》，踏上奔赴延安的征程。

文艺工作者虽然不能拿枪上前线，但可以为抗战提供优秀的精神食粮。他与公木合作，创作了振奋人心的《八路军大合唱》

西安七贤庄，是八路军西安办事处所在，这里被誉为红色桥梁。抗日战争爆发后，延安成为全国人民进行抗日战争的指挥中心，千百万爱国青年和进步人士为了报效中华、拯救民族危亡、寻求革命真理，从海外、沦陷区、大后方来到西安，要求办事处介绍他们前往延安。

当郑律成来到七贤庄，已经有大批平津爱国青年和东北、华北、西北等地的革命学生到达这里，准备前往延安。可见，当时爱国青年经西安去延安已形成了一股潮流，汹涌澎湃，势不可挡。在八路军办事处办理了手续，郑律成与一大批爱国青年一起，不畏艰险，长途跋涉，奔赴延安。在西安至延安六百多里的路上，人流滚滚，络绎不绝，他们成群结队，满怀激情，心向中国共产党，走上革命的征途。1937 年 10 月，郑律成到达延安，根据党中央的安排进入陕北公学，毕业后又在鲁迅艺术学院音乐系学习。同时也开始创作歌颂延安的歌曲。1938 年春，他创作出了一首歌叫《歌唱延安》，在与中央首长联欢晚会上，郑律成和鲁迅艺术学院音乐系任教员的女歌唱家唐荣枚，共同演唱了这首歌，毛泽东等听了后异常兴奋，并亲自指示中宣部将此歌改名为《延安颂》，在延安进行了广泛传唱。有多少热血青年就是唱着这首歌奔赴延安的！当时郑律成也没有想到这首《延安颂》有如此魅力。

郑律成因此而声名远扬。1938 年 8 月，郑律成从鲁艺毕业，被组织分配到抗日军政大学，担任音乐指导。不久，他又创作了著名的《延水谣》，这是继《延安颂》之后又一首优秀的抒情歌曲。他以陕北民间音乐为基础，谱写出这首唱起来既亲切又新颖的歌曲。这首歌一经传唱，风靡延安，直至全国。

郑律成在延安

1939 年，郑律成加入中国共产党，这更激发了他的创作欲望。他与青年诗人公木在一起工作，同住一个窑洞，同饮一桶水，同吃一锅饭，两人情深意长。郑律成也很赞赏公木的诗，两人在一起合作，一个写词，一个谱曲，相得益彰，合作得非常融洽。

有一次郑律成突然向公木提出：“你是从前方来的，让我们携手合作为八路军歌唱吧!”公木说:“咱们不是一直在为八路军歌唱吗?”郑律成进一步说:“我是想,咱们搞一部大合唱!”于是两人共同研究主题,确定题目,公木深感歌唱八路军是文艺工作者的共同责任,文艺工作者虽然不能拿枪上前线,但可以为抗战提供优秀的精神食粮。公木激情万丈,仅用了三四天就完成了歌词的创作。而郑律成常常守在公木身边等着拿歌词,没有钢琴、手风琴,只是一边打着手势,一边哼着旋律,经过几个昼夜的努力,曲子就谱完了。这一组歌词包括《八路军军歌》《八路军进行曲》《快乐的八路军》《子夜岗兵颂》《骑兵歌》《炮兵歌》《军民一家》《八路军和新四军》等八支歌,歌唱八路军,要的就是这个“八”字。

1939年冬,“鲁艺”音乐系将作品油印成册,并在杨家岭中共中央大礼堂由郑律成指挥进行了专场演出,雄壮的军歌震撼了大礼堂,人们沸腾了。不久,《八路军军歌》和《八路军进行曲》即正式刊登在《八路军军政杂志》上,军歌由此传唱到塞北高原、长城内外,大江南北,鼓舞着八路军健儿奋勇杀敌。

就在他刚刚转为正式党员不久,明朗的天空,飘过来一层云影。由于延安“左”的路线影响,郑律成在政治上受到了怀疑。有关领导得到通知,提到朝鲜人情况复杂,今后不仅不再吸收他们入党,已经入党的也停止党籍。只有两个人例外:一是八路军炮兵团团长武亭;一是正在中央党校学习的朴一禹。郑律成也被叫去谈话,提到他在南京、上海的那段历史,需要向组织认真交代,他怎么去监听日本人电话的,收取的情报送到哪里了,他同朝鲜民族解放同盟的几个主要领导人有何关系,等等。郑律成一向把监听日本人的电话当作自己参加抗日斗争的光荣史,并不止一次地在自传中写过。朝鲜解放民族同盟原来是从金若山领导的朝鲜民族革命党分离出去的一个“左倾”进步组织,几个主要领导人都参加过广州起义,信仰共产主义,怎么也不对了?中央组织部也亲自过问其事,并说:“因为你写了《延安颂》等歌曲,表现比较好,所以现在还保留你的党籍。但是你必须就上述问题向组织上说清楚!”

但这并没有影响郑律成为抗战贡献力量的决心。他知道自己在南京监听日本人的电话，由于是高度机密，从来没对别人说过，当时在南京的朝鲜同志都不知道，只受金若山领导，是单线联系。他在南京上海所做的事，一切都是为了抗战。这件事后来八路军炮兵团团长武亭从前线回到延安，才得以证明。

延安文艺座谈会后，郑律成毅然决定要到前线去，用音乐作为武器，成就了他毕生的奋斗

郑律成在指挥唱歌

1942 年 5 月，中共中央宣传部在延安杨家岭召开文艺座谈会，出席的作家、艺术家及文艺工作者共 140 余人，会议由中宣部部长凯丰主持，毛泽东主席两次到会并作了重要讲话。毛泽东的《讲话》依据马克思主义基本原理，总结了五四运动以来革命文艺运动的历史经验，提出文艺是为人民大众的，首先是为工农兵的，为工农兵而创作，为工农兵所利用的，明确提出了文艺为工农兵服务的方向。

在毛主席发表演讲时，郑律成坐在前排静静地听着，细心地记着，他感到毛泽东主席的讲话，为广大文艺工作者提出了今后的目标，文艺工作者必须深入抗战最前线，这样才能与广大工农打成一片，才能写出振奋精神的好作品，这才是中国现代文艺运动史上的一次伟大革命。会议结束后，郑律成毅然向中共中央提出，要到前线去，到战斗最需要的地方去。

因为当时他已身患肺结核，前方医疗条件不好，组织考虑怕他受不了，就没有同意。可他一直写请示，还多次找组织请求，中央终于批准了他去太行山八路军总部。郑律成与武亭一起离开延安向太行山进发，沿途有八路军战士转送，经过晋绥、太岳部队护送到白晋铁路边上，由太行三分区部队接到了武乡县王家峪村。这里曾是八路军总部所在地，这里的百姓与八路军一起生产，一起战斗，而且这里也是民歌的家乡，老百姓一边干活一边唱着山歌，这让郑律成非常兴奋，于是他决定在这里住几天，进行采风活动，每天早起就去听老百姓唱山歌，并将曲谱记在他的笔记本上，有时听不懂武乡话，就认真打听唱词是什么意思。他在武乡的半个多月时间里，记录了四五本笔记，直到离开时还恋恋不舍。

之后，在部队的护送下，经辽县麻田、涉县王堡，来到了位于涉县赤岸村河东的朝鲜独立同盟和朝鲜义勇军总部驻地——中原村。在这里，他受命担任“华北朝鲜革命军政学校”教育长。学校原只有八九十名学员，但很快就发展到三百多名。无论是在学校里，还是在村子里，郑律成为了更好地和军民沟通，主动学说汉语，并很快和当地群众打成一片。在艰苦的环境里，他和大家一起上山开荒、种粮种菜，去各村进行宣传，在墙上用日语写抗日标语，给群众表演节目。尤其是他们配合八路军地方武装去日军封锁线边沿和炮楼周围，待天黑后用日语喊话，开展反战宣传。在他们的反战宣传作用下，确实有厌战的日本兵偷偷跑来投诚，加入日本人组成的日本反战同盟或日本士兵觉醒联盟。还有被日本逼迫来到华北的朝鲜妇女，也寻机跑来参加朝鲜义勇军。1944 年春天，郑律成从太行返回延安。

抗日战争胜利后，在华的朝鲜同志终于盼到能够回到离别许久的祖国怀抱。郑律成思乡心切，心儿早已飞向祖国。遵照八路军总部关于朝鲜同志随部队进军东北迎接朝鲜解放的命令，郑律成与夫人丁雪松一起随大军徒步北上，回到自己的祖国。1946 年，郑律成从朝鲜劳动党黄海道委宣传部部长任上，调任朝鲜保安队俱乐部部长，并创建了朝鲜人民军协奏团。这期间，金日成多次接见协奏团成员，郑律成创作了大量歌颂朝鲜军民解放斗争的歌曲，包括《朝鲜人民军进行曲》，这使他成为一支笔写出中朝两国军歌的曲作者。由于郑律成出色的工作，朝鲜人民会议、人民委员会、文学艺术总同盟等机构，先后4次向他颁发金日成等同志签发的奖状与奖金，1948年还荣获“共和国模范劳动者”称号。

郑律成与爱人丁雪松在一起

到了1950年，中朝两国正式建交，按照两国的约定，郑律成和他在中国的夫人丁雪松必须面临国籍的抉择，夫妻之中，必须有一人加入另一方的国籍。而此时，朝鲜半岛局势紧张起来。在中朝两国领导人的协商下，1950年郑律成又回到了中国，并加入了中国国籍，分配到北京人民艺术剧院工作，后调到中央乐团创作室。

1966年“文革”厄运降临，郑律成也受到了批判，1976年10月“四人帮”被打倒后，郑律成重燃激情，他的内心再一次涌起了创作的欲望，并作出计划，要为纪念建军50周年写一部多乐章交响合唱《万岁！光荣伟大的中国人民解放军》。12月5日，郑律成在张家口看了京剧《八一风暴》。这是粉碎“四人帮”之后，周总理形象第一次搬上艺术舞台，郑律成兴奋的心情溢于言表，他也准备写作一部歌颂周恩来的组歌。那几天，由于心情过于激动，7日那天他感到头晕，想去郊区透透新鲜空气，他来到昌平运河边上。可惜这一去就成了永别，因突发脑溢血，人民音乐家郑律成溘然倒下，他构思的几部未完作品也成了他的终身遗憾。

从俘虏到反战勇士

抗战期间，中国人民抗击日本侵略的正义斗争，博得了国际社会和各国人民的广泛同情与支持。“在华日本人反战同盟”就是其中一支特殊的国际主义队伍，他们被中国老百姓称为“日本八路”。他们的出现及其抗日义举，被称为“世界战争史上的奇迹”。而这一组织源于1939年11月7日，由杉本一夫在武乡发起组织的日本人觉醒联盟。在此觉醒了的此日本俘虏，与中国人民一道，为打击侵略者做出了努力。

杉本一夫，在华日本人反战同盟的发起人

杉本一夫

杉本一夫，原名前田光繁，日本富山人，出生于1916年。小学毕业后到一家商店当学徒，并半工半读上夜校。17岁跑到东京当了海军，因病提前退役。1937年6月，来到中国沈阳进入“满铁”公司。1938年年初，作为满铁土建公司派驻华北职员调邢台，在双庙火车站附近监工。7月被我八路军俘虏，经过改造，后牵头成立了第一个日本人反战组织“觉醒联盟”。1942年参加在延安召开的日本人民反战团体代表大会及华北日本士兵代表大会，并当选为“反战同盟华北联合会”会长。抗战胜利后，赴东北协助成立了东北航空学校，并担任政治指导员。1958年回到日本，经常参加中日友好活动，并出版了《八路军中的日本兵》一书。

1938年夏，杉本一夫来到武乡。

由于工作的需要，我有幸拜访了许多老将军、老首长、老八路。在数以千计的老八路中，有一位日本籍的老八路给我留下了难以磨灭的印象。那是2005年8月，山西省委、省政府在八路军太行纪念馆召开纪念抗日战争胜利60周年大会，武乡县政协副主席王毅等同志带着一位满头银丝的老人，向八路军纪念馆捐赠了一把军号。这位老人就是前田光繁先生，当年在武乡时，名字是杉本一夫。

那是一个凌晨，他尚在梦中，一支枪管突然冰冷地顶住了他的脑袋，他睁开眼看到一群八路军士兵已经站在他的跟前，他立刻意识到自己被俘了

杉本一夫，真名前田光繁，杉本一夫是俘虏后为他改的假名。1916 年出生于日本京都一个小手工业家庭。他家里主要是制作、出售“友禅染”，也就是一种丝绸印染花布。小学毕业后，由于厌恶考试，便到一家商店当学徒，并半工半读上夜校。17 岁跑到东京当了海军，由于生病体弱，提前退役。病愈后，1937 年 6 月，他只身跑到沈阳，进入“满铁”公司做土建管理工。“满铁”的全名是南满铁道株式会社，总社设在日本东京，后迁至大连。这个名义上经营铁路的机构，实际上是为日本侵略中国东北服务的特殊机关，是日本帝国主义移民侵略政策的先锋队。它不仅控制着南满铁路及其支线的铁路运输，而且兼营煤矿、航运、码头、炼铁、电力、粮食加工、日用品生产等八十多个部门，控制了大半个东北的经济命脉。1938 年春，日军为了控制平汉铁路，从满铁调来大量铁路管理人员，前田光繁作为满铁土建公司派驻华北职员，来到河北顺德（顺德是邢台的旧称）。前田光繁来到这里被调到邢台往南一个叫双庙小村子里工作，这里有一个石料场，专门供铁路铺设的石子，他作为石料场的监工住在村公所里。

1938 年 7 月 29 日清晨，他尚在梦中，一支枪管突然冰冷地顶住了他的脑袋，睁开眼，他看到一群八路军士兵已经站在他的跟前，他立刻意识到自己被俘了。此前，他一直听到的宣传都是“如果被八路抓住就死定了”。前田光繁颤抖地等待着那声枪响，可是怕人的事并没有发生，他听到的是“穿上衣裳，跟我们走”。前田光繁当时想，死在哪里不一样，为什么还要让跟着走？难道还要送哪里去用酷刑吗？他想问一问，可又不会说中国话，而且看到战士们那一脸的怒气，只好听天由命，反正是一死，有什么可怕的。

八路军并没有杀他，而是抓着他跟着八路军行军。从平汉铁路一直向西南方向，走进了太行山的深山里。他累得像一部散了架的机器，可看看带他一起走的八路军战士，仍然是那样的精神十足，见他们说说笑笑，也看不出要杀他的样子。在行军的几天里，许多事都让他难以解释。每天吃饭时，八路军的士兵自己吃野菜糠皮小米汤，而专门花钱让老百姓给他做米饭甚至还有炒蛋、肉菜！有时见他走得累了，实在跟不上队伍，就让前田光繁搭乘老乡的牛车、骑老乡的毛驴。小战士吃自己背着的小米，却尽量给他找来馒头、烙饼。

这让他心底升起一团疑云。这样一来他倒是吃不下睡不着了，于是他问身边的八路军，可是他的汉语太差，只有几个简单的词汇再加上手势。大概八路军士兵也听懂了他的意思吧，给他说了许多，他只听懂了“优待”“不杀俘虏”的意思。在转移途中，前田光繁看到了一路上沿途几乎被烧光的村子，看到了一家五口被日军惨杀后的现场。这是前田光繁从未见过的景象，他开始相信日军的野蛮行为是事实。这中间，他也想过逃跑，可四周山连着岭、岭接着山，山上满是树林，连路也没有，往哪儿跑？再说即便是跑了，半路找个吃的，张嘴一口日本话，他知道老百姓对日本鬼子是多么仇恨，还不让老百姓给打死吗？还是听天由命，看八路军怎么优待吧……

经过半年多的教育，他真正认清了日本侵华战争的本质，于是他开始参加八路军的工作，成为敌工部的成员

最终他被送到了驻扎在武乡的129师师部。师政治部敌工部部长张香山对他进行了教育。张部长曾留学日本东京高等师范，说着一口流利的日语。张香山首先对他说：“为了避免日本军国主义对俘虏士兵家属的迫害，保证他们的安全，我建议你改一个新的名字吧，你看叫杉本一夫可以吗？”

前田光繁点点头，就这样前田光繁改名为杉本一夫。接着张香山又说：“你要是愿意的话，就同我一起住在这个屋里吧。”他没有想到一个八路军的领导，居然会主动与他这个俘虏住在一起，这使他真正感觉到了八路军对俘虏的优待。于是，他们之间进行了交流。

杉本一夫从他参军到后来进了满铁，受到的教育就是“忠于天皇和帝国，当俘虏是人生最大耻辱”，以死报效天皇是他听到的最多的训词。所以，他几次对张香山说：“希望你们还是杀了我，要不我回去也躲不了严刑拷问。”可张香山说：“你这不是为难我吗？不杀俘虏是我们的军纪，难道你要逼我犯错误吗？”杉本一夫说：“我死在你们的枪下，我的灵魂还是一个帝国的英雄，可我回去被处死就成了大和民族的罪人了。”张香山说：“你为什么老想到回去呢？当然你如果实在想回去，我们可以送你回去，但是你要想好，回去后将是什么样的后果……中国有句古话：既来之，则安之。你有机会看看我们的生活也是难得的人生经历呀。”此后，张香山慢慢给他讲日军对中国百姓的残害，讲自己留学日本时参加的反战运动，讲日本人也是战争的受害者，讲共产党的信念，讲八路军的三大纪律八项注意……

杉本一夫与张香山两人在一间屋同住十天十夜，也长谈了十天十夜。这十天的长谈，让杉本一夫豁然开朗，真是与君十日谈，胜读一世书。张香山成了他的老师和兄长。而此后半年中，他更是耳濡目染了八路军的伟大。“八路军……是一座学校，由朴实的、俭朴的、意志坚强的人们构成。”

经过半年多的教育，他真正认清了日本侵华战争的本质，于是在张香山的建议下，他开始参加八路军的工作，成为敌工部的成员。当时，因为日本士兵长期受军国主义影响，战斗中就是剩下一个人，也会负隅顽抗，因此杀伤多、俘虏少，就是被俘也会自杀或逃跑。让杉本一夫这样的日本人来做敌工工作，效果要好得多。由于杉本一夫与其他几名俘虏的参加，129 师对日军的宣传工作打开了新的局面，他们不是拿着武器同日军作战的战斗部队，而是做日本士兵的思想工作，他们经常不断地把一些写好的宣传品送到日军据点里，有时到据点附近喊话、宣传，揭露军国主义的骗人鬼话。还编一些宣传反战的歌词，用日本人都熟悉的曲子来唱。通过这些宣传，在许多日本军人心里产生了厌战情绪，收到了一定的效果。

为了使更多的日本士兵加入反战的阵营，做侵华日军的反战宣传工作，他发起成立了由日本士兵参加的“觉醒联盟”

杉本一夫组织部分日军俘虏学习

1939年夏，八路军总部来到武乡后，从前线送来的日本俘虏渐渐多了。因为敌工部了解到，送回去的俘虏，日军当局就会立即把他们隔离起来，或送进监狱，或秘密处死。为此，野战政治部敌工部办了一个俘虏教育班，专门教育日本俘虏，让他们转变思想。根据杉本一夫的表现，就调他去做管理俘虏的工作，用这些日本人来教育日军俘虏的效果最好，因为教育者本身有过当俘虏的经历，了解他们的思想苦闷，同情他们的处境，对他们真诚相待。这种教育方式收效明显，没多久，送来的俘虏，思想基本都有了转变。

随着这些人数的增加，野战政治部准备将他们分散调往各地区和各部队，专门从事敌工工作。这时，杉本一夫与另外几个人商量，可不可以成立一个由日本人自己管理的反战组织，从而保证相互配合和有机联系，这样不论在对日军的宣传上还是在对俘虏的教育上，都更为有利。可是八路军会不会同意他们的这个建议呢？杉本一夫决定把他们这个想法向野战政治部首长汇报，请求组织同意。

野政通过研究，很快给了他们答复，同意他们的建议，并授意让杉本一夫等人筹备。没过多久，从重庆传来一个消息，说日本知名进步作家鹿地亘正在做对侵华日军的反战宣传工作，并发起组织了“在华日本人反战同盟”的行动。野政首长建议，为了与鹿地亘配合，是不是与他联系一下，南北响应，成立“在华日本人反战同盟”华北支部呢？于是杉本一夫马上就给鹿地亘写信，可是很久没有等到回音，他们有点着急，经再次请示，野政决定我们自己组织。

由于是头一次做这种工作，没有经验，筹备工作无法展开，后来在敌工部的帮助下，首先拟订了简要纲领和守则，经过大家讨论研究并修改定稿，然后又研究组织名称，他们在曾留学日本的日语教员江右书带来的日本杂志上，看到了日本著名演员泽村贞子女士，曾组织了一个左翼启蒙剧团，叫作“唤醒队”，他们希望通过这个组织来呼唤更多的日本军人觉醒，所以把这个组织命名为“唤醒联盟”。

1939 年 11 月 7 日，是苏联庆祝“十月革命”纪念日，为了表达他们的革命性，“唤醒联盟”的成立日就确定在这一天。在武乡县王家峪村口一片空地上，他们召开了成立大会，八路军总部的首长也到会祝贺，会议在简朴庄严的气氛中宣告反战组织“唤醒联盟”正式成立。“唤醒”是使人醒悟的意思，他们觉得有些狂妄，担心会因此引起日军士兵的反感。就在这个时候，发现中文译为“觉醒联盟”，因此就决定改名为“觉醒联盟”。杉本一夫的努力，使“觉醒联盟”成为第一个在华的日本人反战组织。

后来才知道，鹿地亘发起成立了“在华日本人反战同盟”并不顺利，1939 年 12 月，才在桂林成立了西南支部，1940 年 7 月，“在华日本人反战同盟”总部在重庆成立，鹿地亘任会长。

他多次到据点边、战场上对日本士兵喊话，宣传八路军优待俘虏的政策，使不少日本士兵站在了反战的行列中

“觉醒联盟”成立后，成员们分赴各地区、各部队进行反战宣传鼓动工作，他们深入阵地前沿，冒着枪林弹雨，用扩音器向日军喊话，阐述侵华战争的非正义性，并散发日文传单，对瓦解敌人的军心起了重要作用。

杉本一夫留在野战政治部敌工部工作。

1940年10月下旬，日军三十六师团两个大队800多人被围在武乡县关家垴一带，八路军副总司令彭德怀得知这一消息，立即决定消灭这股日寇，于是立即组织正在武乡休整的129师劲旅参加战斗。129师师长刘伯承和政委邓小平，命令三八五旅、三八六旅、新十旅及决死一纵队两个团，还有八路军总部特务团、炮兵团进入战斗。

战斗打得很激烈，日军困兽犹斗，急了眼往外冲，我们的部队死劲往回打，而且包围圈越来越小，日军的飞机白天飞来狂轰滥炸。就在这个关键时刻，杉本一夫提出去火线呼吁日本士兵投降，129师政治部蔡主任鼓励他说："很危险，要多加小心，祝你成功。"于是他在新十旅参谋的陪同下赶往火线。

杉本一夫在前线对日军士兵喊话

实际上八路军不但将日军紧紧包围，而且做好了最后总攻击的一切准备，进行喊话宣传，也是我军仁至义尽，给他们最后一个机会。快到半夜时刻，一小队八路军战士，掩护着杉本一夫悄悄地接近敌军阵地，在战壕掩体里，漆黑的夜，什么也看不到，但是隐约可听到敌人阵地里的响动，可见距离是多么近。尽管日军是"武士道精神"的狂热信徒，但当前日军部队已陷入一筹莫展的绝境，有的可能会响应呼吁来投降。那么，只要存在这个可能性，呼吁他们投降就是战场上的人道主义。说是"喊话"，但没有扩音器，唯一的武器是手工做的喇叭。杉本一夫深深地吸了一口气，就开始用日语大声喊话：日本士兵们，现在八路军停止了射击，你们不要开枪了，听听我们的喊话吧！我是日本人，过去曾是你们的战友，现在是八路军中反战觉醒联盟的一员，我们的目的是让战争早日结束，尽力挽救战友们的生命！现在你们已经被八路军紧紧包围，快下决心，放下武器投诚，突围是没有希望的，八路军绝对不杀俘虏，保证你们的生命安全，想想吧，你们在家的父母、爱妻、子女绝不想看到你们的骨灰……各位的对手八路军绝对不是匪徒，是一支非常优秀的正规军，从来不杀害俘虏，我就是很好的见证人。你们不要受上级军官的欺骗，放心到我们这边来吧！不要开枪，把枪高高地举着走过来，八路军绝不会向走过来的人开枪。集体来也行，个人来也可以，过来吧！各位！给我回话，我在等待着你们的回话……

在喊话的过程中，对方很少开枪，但也没有回话。为了给日本士兵最后一次生存的机会，八路军已经做到了仁至义尽，只好吹起冲锋号开始冲锋。经过一段时间的激烈战斗，枪声和喊杀声逐渐稀疏，最后消失了。战斗结束后，八路军战士把俘虏交给了杉本一夫。其中的俘虏就说，当时听到他的喊话，也不想拼命打了，可是指挥官在身后急得直嚷：“这是阴谋，别上当，开枪，开枪！如果被八路军俘虏了就会统统被杀死。”他们也没有办法，只好对着八路军开枪。

当这些俘虏在八路军中体会到了八路军优待俘虏的政策，都一个个站到了反战的行列中。

他永远不会忘记自己参加八路军时的声明：既然知道中国的抗战是正确的，那么对于我来说，除了支援这个抗战之外，没有别的办法

1942 年 8 月 18 日，日本人民反战团体代表大会及华北日本士兵代表大会在延安闭幕。大会是在三天前开幕的，出席会议的有中、日、朝代表 1000 余人，包括驻华北日军八个部队的代表，以及延安、晋察冀、冀中、山东、太行、太岳、冀南等地日本人反战同盟团体的代表。朱德、吴玉章等出席大会并发表讲话。会议决定将 1939 年 11 月成立的“觉醒同盟”和

1940年3月成立的“反战同盟”合并，成立“反战同盟华北联合会”。会议揭露了日军侵略罪行，反映了日本士兵的愿望，统一了华北反战团体的力量。

大会讨论并通过《日本士兵要求书》，向日本军部提出了228项要求，包括要求严禁长官用私刑、反对屠杀掠夺中国民众、反对检查信件、收殓死者尸体，等等。杉本一夫也前往延安出席了这次大会，特别是在这次大会上，他当选为“反战同盟华北联合会”会长。他的工作更加积极，也更加紧张。从此，他在延安努力做着反战工作，扩大反战组织，到1944年，反战同盟已经发展到13个支部，盟员223人。

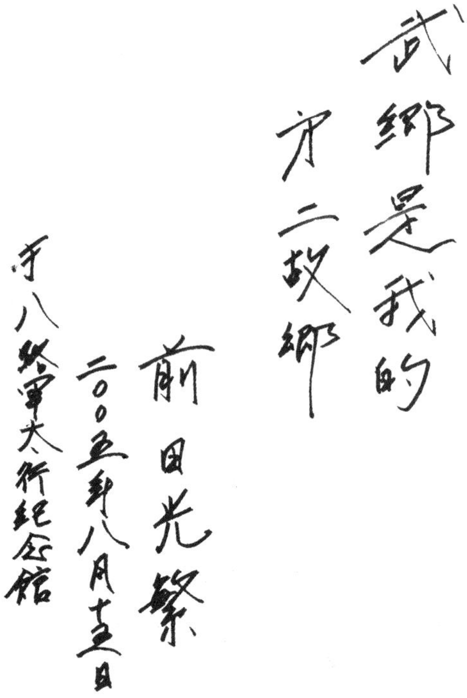

2005年杉本一夫（前田光繁）重访武乡时写下的题词

杉本一夫在延安日本工农学校里待了4年，过了4年的窑洞生活。在这里，每个工农学员都受到优待。当时，毛主席和朱总司令每月的零花钱是5元，天天吃的是小米饭。而工农学员每人每月的零花钱有3元。

1945年8月15日，日本天皇宣布无条件投降了。听到这个消息，工农学员们冲到学校操场上，已经睡觉的也一下子从被窝里跳起来。有人找来锣鼓猛敲，高声喊着：“这一天终于来了！”

但东北的局势又变得复杂而严峻了，因为那里有大批日军和日本侨民需要遣返，急需会说日语的同志。9月18日，杉本一夫遵照上级指示，跟随八路军首长，率领250名日本工农学校学员从延安出发，赶赴东北，从事战后日侨安置处理工作。这期间，杉本一夫的工作重点就是帮助东北民主联军说服、动员原日本航空教练队的教员、技师和飞行员，成立了第一个航校——东北航空学校，并担任政治指导员。

1958 年杉本一夫回到日本，同时也恢复了自己的原名——前田光繁。他被认为是危险的赤化分子，找不到合适的工作，只好打零工，直到岁 80 高龄，还在做烧锅炉的工作，收入甚微。但是，他并不为自己一生的努力而后悔，还经常参加中日友好活动，到处讲他的奇特经历，讲日军侵华战争的罪恶，讲八路军的人道主义，在报刊上写了大量文章。1984 年他和另一位反战同盟老战士香川孝志合出了一本书《八路军中的日本兵》，真实地反映了他们在中国的经历。

他永远不会忘记自己在公开宣布参加八路军时的参军声明："既然知道中国的抗战是正确的，那么对于我来说，除了支援这个抗战之外，没有别的办法。"

香川孝志，被《论持久战》改变了命运的俘虏

香川孝志

香川孝志，又名梅田照文，1915 年出生于日本四国岛的德岛县阿波町一个农民家庭。毕业于国士馆专业学校（今国士馆大学）。1938 年 1 月入伍，3 月到中国服役，守备石太线，1940 年在百团大战中被俘。1941 年到延安入日本工农学校学习，1945 年到八路军野战政治部工作。后回国，曾与前田光繁合写《八路军中的日本兵》一书。

1940 年 8 月被俘后，香川孝志曾被送至武乡八路军总部，在日本人觉醒联盟改造，后参加反战活动。

日军独立混成第四旅一名叫香川孝志的伍长在战斗中被八路军俘虏。他知道自己成为俘虏的第一反应，就是想用自杀来效忠天皇。然而，当他接触到“日本人觉醒联盟”的杉本一夫，并得到一本小册子，即毛泽东的《论持久战》。他读完这本书，尽管还不能完全读懂，但他的感觉可以说是如雷击顶，非常震惊。毛泽东对中国抗战的精辟分析，彻底改变了他的命运，这位日本战俘获得了新生。

战斗中，他向八路军施放了毒气，却使自己中了毒，迷糊中成了八路军的俘虏

香川孝志，亦名梅田照文，1915 年出生于日本四国岛德岛县阿波町一个农民家庭。从小喜欢武术，考入东京都国士馆专业学校，即现在的国士

馆大学。他进入该校体育学部攻读柔道运动，毕业后到大阪府任警察柔道教师。

中日战争开始后，日本帝国主义为占领中国更多的土地，在国内大规模征兵。1938 年 1 月，任柔道教师的香川孝志也应征入伍了。他被编入新组建的独立混成第四旅团第十四大队。经过短暂的训练，3 月份，第四混成旅团便在旅团长河村薰少将率领下从天津塘沽登陆，投入侵华战争，先后在河北冀中一带参加了几场战斗。7 月初编入第一军建制，部队跟随新任旅团长片山省太郎来到山西，司令部设在山西阳泉，主要负责守备平定县娘子关以西至太原、榆次的正太铁路西段。正太铁路是河北平原通往山西的最便捷、最现代化的交通运输线，是连接平汉、同蒲两条铁路的纽带，是日军在华北的重要战略运输线之一，所以日军不惜用重兵防守。香川孝志在这条铁路线上多次与八路军交战，也立过不少战功，一年后，被提升为伍长，主要负责寿阳县上湖至芦家庄之间一座桥梁的碉堡守备。

1940 年 8 月，八路军发起了以袭击正太铁路为重点的交通破击战，也就是著名的百团大战，八路军在华北主要交通线上同时向日寇发起攻击。其中的正太铁路西段破击战于 8 月 20 日打响，八路军 129 师主力与决死第一、第三纵队共十多个团，在阳泉至榆次铁路沿线，向驻守的日军第四旅团发起攻击。

一个夜晚，八路军准备破坏上湖至芦家庄之间的铁路桥梁，于是袭击了修筑在桥头的日军碉堡。而这个碉堡里有一个步兵班 12 名士兵把守，香川孝志担任伍长。对于只打游击的八路军香川孝志原是没有看上眼的，因为他们的武器非常低劣，而自己的碉堡里配置了先进的轻机枪，还有掷弹筒，八路军是不可能攻下他们的碉堡的。可是没有想到的是，八路军战士会那样勇猛，就在袭击碉堡的战斗打响以后，没有一刻钟时间，使他亲眼看到 5 名同伙被打死。他带领其余人做顽强抵抗。然而在强烈的攻势下，他们的抵抗显得有些力不从心，他深知如果丢失碉堡，桥梁被八路军炸毁，即使他活着回到上级跟前，也将会受到什么样的处罚，所以香川孝志拼死作战，眼看着八路军就来到碉堡跟前了，香川孝志便决定使用最恶毒的武器，他戴起防毒面具冲进八路军群中施放了毒气弹。

就在他躲回碉堡里，没想到毒气随着他的返回，弥漫进碉堡里了。他刚刚摘下防毒面具，就被自己施放的毒气弄昏迷了。中国人有句古话叫"搬起石头砸自己的脚"，香川孝志，施放毒气弹，结果却让自己中了毒。

不知过了多久，他在迷糊中醒过来，却发现自己成了八路军的俘虏。

在武乡改造的日子里，他得到了一本《论持久战》，从此改变了他一生的命运

由于接受了日本军国主义的反动宣传，他感觉做了八路军的俘虏，是必死无疑了，与其死在八路军的刀下，不如死在天皇的像前。香川孝志首先想到的是寻找机会逃跑，回到自己的中队。尽管丢失了碉堡，但他还是想回去向天皇忏悔，哪怕以死效忠也不足惜。然而就在八路军押解他路过芦家庄时，他发现原来他们中队的驻地已成一片废墟。他们的中队也被八路军端了吗？他感到十分沮丧，自己连站在天皇像前悔过的机会也没有了，顿时情绪低落，不知所措。

他不知道接下来将会发生什么。八路军将会如何杀掉他？这是他心里想得最多的问题。不过，有件事他却想不通，那是在八路军押送他的路上，他不知道要押到什么地方，只有跟着走，八路军找当地的干部安排让他吃饭，没想到的是把好吃的给了他，而八路军战士却只吃些野菜充饥。有一顿饭八路军给他端来一碗面条，可是很淡，他吃不下去，看到农家的桌上有盐，他就悄悄放了一点。当时根据地非常缺盐，老百姓几天才吃一点呢。老百姓见他这个日本鬼子偷吃了盐，非常恼火，嘴里骂着，并操起院里的扁担就朝他打了过来。这时，押送他的八路军战士上前拉住发怒的百姓，并从身上掏出点钱赔偿给了那位农民。晚上睡觉时，八路军战士在户外过夜，却让他们睡在屋子里。八路军为什么会这样呢？

他被押解到武乡县刘家嘴村，当时129师师部驻在这里。在这里他被移交给了师政治部敌工部。敌工部部长张香山，对他说的第一句话就是用日语告诉他：“八路军不杀俘虏。”张香山曾在日本留学，他的日语非常流利。听到日语，香川孝志的心情稍微平静了一些，但内心仍有恐惧和抵触。张香山耐心给他讲了许多，并说：“考虑到你们被俘后，让你们的上级知道了可能给家属带来麻烦，所以希望你能改一个名字。”

在张香山的建议下，他改名为梅田照文，从此，香川孝志就变成了梅田照文。

在刘家嘴住了几天，张香山不断为他做思想工作，可是他却一直在沉默之中。很快师部要转移，为了让香川孝志思想转变，师部决定将他送到“日本人觉醒联盟”。这是年初由经过改造的杉本一夫、小林武夫等几位日本俘虏自发组织的日本人反战组织，驻扎在距八路军总部不远的枣林村。在这里，杉本一夫给他讲了自己的被俘经过，讲了八路军对待俘虏的政策，同时也送给他一本翻译成日文的毛泽东写的小册子——《论持久战》。

这就是一本改变了他一生命运的书，他开始读《论持久战》这本书。毛泽东在此书中，把中日战争分为防御、相持和反攻三个阶段，作为军人，香川孝志意识到，目前战争正处于相持阶段，按书中的说法，这一阶段将持续相当长的时间。但书里写道：中国共产党所提出的全面全民族抗战路线和持久战的思想，才是唯一能使弱国打败强国、夺取抗战胜利的正确的路线和战略总方针。香川孝志后来在回忆这段经历时这样描述他看了这本书后的反应：“我感到吃惊，心情变了。世上竟有如此卓越的学识和理论，能学到手再死也不迟啊！”

于是，香川孝志没有自杀，他想真正懂得，为什么在根据地的墙上会同时出现“欢迎日本兄弟们”和“打倒日本帝国主义”这样的标语。渐渐地，他认识到日本帝国主义到别国领土是烧杀抢掠、为非作歹，不是“建立大东亚共荣”；中国人民的反抗是理所当然的事，而不是“不明事理”。

香川孝志有了明显的转变，他不仅没有自杀，并且主动要求参加了觉醒联盟，走上了反战之路。1941 年 6 月，香川孝志被送到了延安。

在延安日本工农学校，他努力学习，最后成了学校的政治常识老师

香川孝志到了延安之后，被送进刚刚成立的日本工农学校学习，成为该校第一批学员。这所学校就是为培养和教育日本战俘，由八路军政治部决定建立的。日本共产党领袖野坂参三担任校长，开始有学生四十来人，后增加到一百多人，他们大多 20 多岁，出身多是工人、店员、农民，是应征入伍的。学校根据学员的程度及有效学习的需要，把学员组织成 A、B、C 三个班。A 班的教育内容是初步了解社会主义理论，解剖原始社会到资本主义社会的发展过程。B 班的程度稍高一些，学习理论上更深层次的有关帝国主义时代政治、经济的分析，学员都是来到八路军一年以上的。C 班是由水平最高的学员组成，主要科目是《联共（布）党史简明教程》。香川孝志在课堂上认真听课做笔记。

在学校里，通过学习政治学、经济学、社会学、日本问题、中文、时事等课程，接受政治教育、文化教育。香川孝志看到，毕业于东京帝国大学经济系的学校领导王学文，脚穿草鞋，头戴草帽，爬过宝塔山，淌过延河水，风雨无阻地来给他们上课。这种敬业精神令他与同学们十分佩服。对于这些中学毕业占不到 10% 的学生，所学内容显得很深奥，但王先生却能用通

延安日本工农学校学员 1944 年在宝塔山下留影。前排中为香川孝志

俗易懂的语言与例子、平易近人的态度和作风，使他们掌握课程内容。

对他们生活上优待，每日有白面或大米，也有肉吃，发纸烟。而延安各单位主食是小米，半月才能吃一次白面或肉。八路军战士每月的津贴只有一元五角，香川他们却能拿到三元，要知道毛主席和朱总司令也不过只拿五元。当时延安的物价是猪肉五角一斤、大碗肉面一角三分一碗，烟一角一包。八路军的艰苦生活，与给他们的优惠待遇，形成了巨大反差。这使一大部分学员的思想有了很大改变，特别是香川孝志，由于其积极的表现和努力的学习，结业后，被留下担任了A班带政治常识的教师。同时，还经常为八路军战士教柔道。

在一次演出结束时，一位八路军领导和他握手，原来正是《论持久战》的作者，这让他感动万分

1942年8月，香川孝志出席了在延安召开的“华北日本士兵代表大会”和“全华北反战团体大会”，香川孝志自愿并热情地投入反战工作。他写传单标语，通过慰问袋与日本士兵通信，希望日本兵弃暗投明。

日军轰炸延安，香川孝志明明看见它只炸了几间无人居住的房子、炸死一头驴，日军的报纸却说炸毁了延安全部的军事设施。香川孝志就把自己亲眼所见的事实，写成传单，送到日军的军营，让那些不明情况的日本兵了解他们正在受到什么样的欺骗。

在香川孝志等反战宣传鼓动下，有不少在延安日本工农学校学习的学员，又返回前线与八路军一起做日本士兵的工作，他们通过散发传单和送慰问袋，使用电话和扩音器直接喊话，瓦解了日军的战斗力。

为了做好反战宣传，1943年，香川孝志和几个学员共同构思并创作了一幕反战小话剧《岛田上等兵》。剧本大意是，日本士兵岛田向他的上司——中队长提出了正当的要求，可是上司不仅没有答应，反而给予岛田严厉的体罚。于是，岛田和士兵们团结起来，打死了中队长，投靠了八路军。

这幕话剧，在鲁艺老师的帮助下，经过精心排练，取得很好的演出效果。香川孝志在话剧里扮演中队长，一开始他感觉演顽固的中队长不光彩，排演中思想不集中、动作不准确，而且也表现出了不想对自己的属下那样凶狠。鲁艺的老师来辅导他，并给他讲演反面角色，就要表现出他残暴的一面，这样才能激起人们的愤恨，才能让有良知的士兵起来消灭他，从而走到八路军的行列中。通过说戏，香川懂得了演戏必须演到位，才能达到良好的效果。他从华北日军里发生的许多事情中得到启发，全剧从士兵是穿着军服的日本劳动人民的指导思想出发，着力刻画了下级士兵在日军等级制度下，怎样遭受残酷压迫。经过认真排练，正式公演时取得了成功。

该剧累计公演了一个多月，党中央的许多干部也都去看了这部戏。有一天他们演出结束后，几位领导同志上台与他们握手，有一位领导握住香川孝志的手说："你们这个戏，内容很丰富，演技也很好，希望你们以后多创作这样有意义的好戏。"后来有人告诉他，和他握手的那位领导就是改变他命运的毛泽东主席的时候，这让他激动万分。

1945 年 8 月 15 日，日本宣布无条件投降。正在王家坪八路军政治部帮助共产党从报刊上分析日本形势的香川孝志，像无数中国人和许多爱好和平的日本人一样欣喜万分。

不久，延安日本工农学校结束了其历史使命，根据党中央的决定，大部分人员奔赴东北、华北、华中战场，帮助我军接受日伪投降，有些人一直留在中国，有些还与中国人民肩并肩、手挽手，参加了解放战争和抗美援朝战争。香川孝志，跟随野坂参三回到自己的国家。

新中国成立后，香川孝志曾到中国访问，并出版《平凡士兵的不平凡体验》，还与前田光繁合著了《八路军中的日本兵》。书中他明确表示："战前的日本，由于走了违背同包括中国在内的亚洲各国人民友好的错误道路，招来了自我毁灭。今天我们绝不能重蹈覆辙。"

山田一郎，一个不再逃跑的日本军医

山田一郎

山田一郎，原名佐藤猛夫，日本人，1910年出生，日本神奈川县横滨市人。1937年毕业于东京帝国大学医学系，1938年5月应征入伍后任军医。1939年5月被派到中国，8月被八路军俘虏，加入日本反战组织。1940年6月担任八路军129师卫生部野战医院内科主任、副院长兼卫生学校讲师。1944年12月到延安的日本工农学校学习。1945年旁听了中共七大。1946年1月回到日本，2月加入日本共产党，后一直从医。1985年后担任日本共产党中央顾问。

1940年秋，山田一郎曾随129师野战医院进驻武乡。

在战争中，没有一个人想当俘虏，被敌军俘虏会是什么结果？可是山田一郎还是被八路军俘虏了，于是他一直想逃跑，实在逃不脱就自杀。然而，当他想到“不入虎穴，焉得虎子”的中国古训时，决定去认识一下八路军。通过与八路军的接触，这个顽固不化的山田一郎，居然改变了看法，成为反法西斯的英雄。

梁山战斗中他成了八路军的俘虏，可他顽固不化，一直想逃跑，不惜冒着生命危险跳湖

山田一郎，原名佐藤猛夫，1910年出生，日本神奈川县横滨市人。他出生于日本的律师家庭，家庭条件非常优越，所以也享受了良好的文化教育，从小到大都在一流学校就读。由于对医学的酷爱，考取了日本最高学术殿堂——东京帝国大学医学系，1937 年 4 月毕业后，进入东京同爱纪念医院内科，由于他成绩突出，不久便调入该院的医局（研究室）从事医学研究工作。由于侵华战争的需要，日本军方招募大量军医，佐藤猛夫也被列入其中，他于 1938 年 5 月应征入伍，分配在东京附近的世田谷陆军第二医院服役。同年 12 月晋升为日本千叶县佐仓五十七联队第一大队中尉军医。1939 年 5 月该部接到命令西渡来到中国。佐藤猛夫被编入日本华北派遣军第三十二师团长田大队，他作为长田部队所属的高级军医，驻扎在山东省汶上县城。

也就在这个 5 月，我八路军主力继续东进，在肥城陆房地区粉碎了敌军 5000 多人的九路围攻，歼敌达 1300 多人，迅速打开了鲁西地区抗日斗争的新局面。我军的作战行动大大震动了山东日军，他们没有想到在其迅速击溃国民党军后会遇到新的强劲对手。

1939 年 7 月底，驻鲁日军第三十二师团决定对其心头之患八路军一一五师展开“扫荡”行动，于是调集长田大队气势汹汹地一头扑向鲁西平原。大队长名叫长田敏江，少佐军衔，虽然官衔不大，但由于其出身是日本天皇的外甥，所以备受日军高层重视，为此专门为他加强了 1 个炮兵中队、1 个骑兵中队和伪“皇协军”1 个连。8 月 2 日清晨，长田敏江率领他的大队人马排着浩浩荡荡的行军队形，开进了梁山地区。可是就在这次梁山战斗中，耀武扬威的长田大队被我八路军六八六团打得全军覆没，长田敏江也成了刀下之鬼。佐藤猛夫也因头部负伤昏死过去而被俘。

为了避免日本军国主义对被俘士兵家属的迫害，八路军总部规定凡被俘日军士兵都要改一个新的名字，佐藤猛夫就改名为山田一郎。这个山田一郎虽然个子不高，相貌温和，看上去是一个典型的知识分子性格，然而，他却又是非常顽固的。

当山田一郎被我军医疗人员救醒，他知道自己做了俘虏后，心头升起的第一个想法就是逃跑，如果不能逃跑就求速死。八路军的敌工人员多次跟他讲日本侵略战争的非正义性和中国抗日战争的必胜性，他一概听不进去。八路军战士又让被俘士兵看各种书籍，同他们打扑克、赛排球，还向他们学习打棒球。在这种情况下，与山田一郎一起俘虏的几个朋友都已经有了转变之心，唯独山田一郎顽固不化。他还私下拉拢与他一起被俘的几个人密谋逃跑，并乘机观察逃跑路线，画图研究地形，研究逃跑方案。

不久，日军又一次“扫荡”，山田一郎等人被八路军小分队押解到一个非常隐蔽的湖心小岛上。9 月 13 日入夜后，狂风大作，暴雨倾盆，看到八路军战士放松了警惕，山田一郎认为机会来了，便组织一同被俘的其他 5 人一起出逃。他们冒着暴风骤雨，跳在湖中拼命狂游，天黑得伸手不见五指，他们不知道该向什么方向游，反正是宁可被淹死也不做俘虏，就这样折腾了大半夜，黎明时分终于登上湖中的另一个小岛。忍饥挨饿过了一天，第二天晚上，又跳入湖中狂游，而后又登上一个小岛。这时，他们只剩下了 3 个人，有 3 人在狂风暴雨的湖中淹死了。在岛上，两天没吃东西的山田一郎等人终于精疲力尽地躺倒再也爬不起来，又被八路军给抓了回去。

逃跑的念头一直没有打消，直到有一天他患了伤寒，八路军为救他把所有的好药都用完了

为了教育山田一郎，根据八路军总部建议，先后从山东转往冀中，又转往太行，无论到哪里，无论八路军的敌工人员如何做思想工作，山田一郎始终不认为各种各样的照顾有什么值得感谢的，也不为八路军敌工人员关于“回去会被宪兵队枪毙”的话感到恐惧，而是他随时随地都准备着再次逃跑。并且想：回到日军后，报告完八路根据地的一切情况，我就自杀！此时的他完全是日本武士道精神的牺牲品。

秋去冬来，山田一郎一直没有找到逃跑的机会。有一天，敌工部的一位领导来找他，问他："山田，你是一位医生，想不想去我们八路军的后方搞医务工作？"山田一郎想，去后方吧，逃跑将更困难；不去吧，八路可能怀疑。怎么办？山田一郎最后下了决心，去！去八路军后方，可以接触到他们的指挥机构和高级指挥官，不入虎穴，焉得虎子！到了后方，我可以窃取八路军的机密，还可以寻找适当的机会暗杀八路军的领导干部。这样，再回日军去，自己被俘的责任就会轻一点，然后再清清白白地自杀！

就这样，山田一郎被送到河北涉县王堡村129师师部。师敌工部副部长张香山，早年留学日本，精通日语，张香山给他送来一些日文书，并认真和他交谈。他虽然表面上应付着说接受八路军的领导，也在医院做些简单的工作，可是在他内心还坚定着决心不能抛弃自己的信念：逃跑、暗杀八路军领导……

根据师部安排，决定调山田一郎到设在辽县羊角村的野战医院，让他真正从事医疗工作。八路军和根据地人民对这位日本俘虏很尊敬，当他来到羊角村时，村里的群众专门欢迎他。可是山田一郎心里依然想着逃跑，在工作之余的早晚，他都要出来散步，目的是为了观察周围的地形，还偷着绘了地形图。同时，他还用不太熟悉的中国话向保管员们打听情况，了解到距离这里最近的日军辽县据点有一百几十里，根据自己掌握的情况，估计一天一夜就可以跑去的。于是，他又开始策划偷取武器，最好能弄一支手枪，遇到紧急情况可以防身，再到迫不得已的关键时刻，还可以自杀……

他冷静地等待着逃跑的最佳时机。然而，此时正是百团大战的第三阶段，日军在我八路军的打击下，组织了大规模的报复"扫荡"，特别是太行山区成为日军报复的重点。为了疏散隐蔽，也为了更好地为战地服务，129师野战医院决定，分成几所分院转移，山田一郎所在的分院转移到了武乡县青草烟村。此时正值关家垴战斗激烈进行，医院送来了大批伤员，作为一个医生，山田一郎还是努力为他们治疗，半个多月时间里，他一直忙得不可开交。不过他心里想，设法取得八路军的信任，好乘机逃走。太行山的深秋初冬已经很冷了，但医护人员和伤员们都还穿着单衣，后勤管理人员特意给山田送来厚衣服。

有一天，山田一郎突然感觉全身不适，乏力，食欲减退，咽痛，咳嗽，鼻子流血，后来发起了高烧，烧得他晕了过去……等他稍有知觉，他意识到将发生一件可怕的事情，他可能患了伤寒。他是一个医生，他知道患这种病非常危险，何况是在缺医少药的八路军根据地……

山田一郎在炕上昏昏迷迷睡了几天，他也说不清楚，但当他头脑间或清醒一阵子时，总是听到有人在照顾他，特别是有一次他听得非常清楚，像是一位八路军的领导问，什么药可以治这病？有医生说金鸡纳霜、奎宁、盘尼西林，那位领导就说，想办法把所有好药都拿出来，一定要治好山田一郎的病。

在八路军医生的救护下，他终于躲过死神，当他醒过来时，从破了的窗纸看见太行山上的积雪，显得那样刺眼。这时听到守在身边的护士喊："司令员，山田一郎醒了。"只见一位戴眼镜的年长军人站在身边，记得见过他，刚到太行山时，听他讲过话，他是129师师长兼太行军区司令员刘伯承。护士说，司令员知道他得了伤寒，已经来看他几次了，还专门吩咐把医院仅有的西药都给他用了，今天又从百里之外踏雪给他来送补品。

"一位八路军高官，管着几十万人的司令员，居然对一个死不悔改的日本兵如此照顾，原来共产党、八路军如此仁义，我为什么还一直坚持要逃跑呢？"他对自己说，"再重新开始一次人生！既然早晚都得死，何不在八路军中对高中时代就已道听途说的、现在被八路军视为真理的马克思主义、共产主义，用自己的身心去探索、学习，弄个究竟？如果那时候还是不能使我信服，再去死也不迟。"

后来，山田一郎在《太行山——我的第二个诞生地》一文中，写出了他当时的内心世界："待我醒来时，发现自己躺在火炕上，一个女护士在炕边儿护理着我。她一会儿换水枕，一会儿烧火炕，忙个不停。我才意识到自己得了场大病，不过当时身不由己，只觉得心里爽快，头脑清醒多了。后来，刘伯承司令员特意从涉县军区司令部赶来看我，还送我一桶酱菜，这种东西在当时是十分昂贵的。在这种关怀和照顾的环境中，我不久便又穿上了白大衣，为伤员治病，不过这次我是出自真心，想站在八路军同一立场上工作。在早晨和下班后的晚上自由支配时间里，我读《贫乏物语》和关于马克思主义的书。晚上把油灯拨亮，记笔记，往往精读到深夜。”

日本浪子回头了，他不仅当选边区参议员，还入了党，成为著名的世界反法西斯战士

山田一郎的心里有了“新生”的感觉，他终于摆脱了那个纠缠他一年半之久的逃跑念头。之后，山田一郎利用业余时间读关于马克思主义的书，并借来毛泽东的《论持久战》和刘少奇等人的著作，他还常参加日本人反战同盟会议，了解时事问题和国际形势。1941 年春，山田一郎的思想立场发生了根本转变。

看到山田一郎的转变，八路军首长非常高兴，山田一郎后来救了多少八路军的伤病员，没有人统计过。但他一丝不苟的工作态度，认真负责的工作精神让所有人感动。1941 年 6 月，八路军总部卫生部任命山田一郎为野战医院内科主任。他还主动申请加入了由前田光繁等人发起成立的“在华日人觉醒联盟”，从事医务工作，参加反战同盟活动，阅读进步书籍，关心时事。曾将中国共产党关于纪念七七抗战的

山田一郎在日本人反战同盟大会上发言

宣言等文件翻译成日文，向日军据点发送。他还被边区民众选举为边区参议员，同年7月，出席了晋冀鲁豫边区临时参议会，成为晋冀鲁豫边区唯一的日本籍参议员。

一年多的工作，使他认识到了共产党真是为解放劳苦大众服务的，是为了中国民族事业而努力的，他决定为共产主义而奋斗。1942年6月，他用中文写了一份要求加入中国共产党的申请书，交到八路军野战卫生部政治部主任手中，不久组织决定接收这位异国的优秀军医。他的工作更努力了，经过一年预备期，1943年6月被批准为中国共产党正式党员。这一天，他在日记里写道："无论如何我都想成为一个真正的共产主义者。向着自己所坚信的通往真理之路迈进。"从此，反战成为他不可动摇的信念。1943年3月出席晋冀鲁豫边区日本士兵代表大会、日本人反战同盟大会，被选为在华日本人反战同盟晋冀鲁豫边区分会执行委员、常务委员。同年春，卫生部决定让山田一郎担任八路军野战医院副院长兼卫生学校讲师。在反"扫荡"战斗中，他多次带领医护人员走到战斗最前沿去抢救伤员，受到军区的表彰。

1944年9月，山田一郎离开太行山向延安进发，12月到延安后，进日本工农学校学习。1945年4月至6月旁听了中国共产党第七次全国代表大会。1946年1月，作为日本共产党总书记野坂参三的随从人员回到日本。2月加入日本共产党。不久担任三田医院内科主任。后主动申请到日本共产党诊所工作，任所长。1947年4月其所在诊所改名为代代木诊所，仍任所长。1951年至1954年当选为日本共产党涩谷区议会议员。1952年出任代代木医院院长，1977年任名誉院长，始终为患者提供热情周到的医疗服务。1985年后担任日本共产党中央顾问。

山田一郎在他的回忆录中写道："我把山西省的太行山视为我的第二诞生地。那里有我烦恼生活的记忆，也有脱胎换骨后难以忘怀的与亲爱的同志们共同度过的苦与乐，还有那许多令人思慕的回忆。"

吉田太郎，从顽固军人到反战勇士

吉田太郎

吉田太郎，日本人，出生于1913年。1937年参军，同年8月来到中国参加了侵华战争。1938年在翼城县被俘，后到八路军野战政治部从事反战工作。1939年11月与杉本一夫等人一起成立了华北第一个反战组织“唤醒联盟”，1940年就读于抗大第六期，1944年到延安。抗日战争胜利后回国。

1939年夏，吉田太郎来到武乡。

在陈斐琴的抗战笔记中，有他翻译的日本人反战同盟战士的一首诗，表现出了反战思乡的情绪

在原海军政治部文化部部长陈斐琴的抗战笔记中，曾有他翻译的日本人反战同盟战士的一首诗。陈斐琴在20世纪30年代初曾留学日本，精通日语，后来参加了八路军，曾在八路军野战政治部从事敌工工作，他翻译的这首诗题目是《思乡曲》，内容如下：

在故乡，
那漏的茅屋里：
等候着，
毫无希望的春天。
妻和女，
是如何的寂寞呀！

回想起，
前年离开家门时，
妻子啊，
给我那个保命符，
真可怜，
她为我祈祷的心！
这封信，
是我爱妻写的呀，
月光下，
看着不觉泪直流。
我的心，
飞到难忘的故乡。
你走后，
小孩每天叫爸爸，
春天哟，
虽然又回到人间，
但是呀，
母子们的春天呢？

这首诗的作者叫吉田太郎。

读这首诗，能让我们看到一位日本士兵，夜望星空，在他的幻觉里，看到自己故乡的茅屋，凝视着远方的妻子和尚在怀中的女儿。回忆着自己被征兵，离开家乡时，与妻子含泪告别时的情景，不禁又一次打开妻子写给他的那封不知看了多少回的家书：女儿每天都叫喊着“爸爸”，我们在远方等待着你离开那可怕的战场，回到自己的家里来……

通过这首诗，更使人慨叹，引人沉思。它揭露了战争的发动者是军国主义的残暴统治者，他们把战争的灾难，施加在中国人民的头上，同时也施加在日本普通百姓和士兵身上；反映了有良知的日本士兵是希望过平安温馨的生活的；证明了到别国的土地上、闯入别人的家园去进行侵略战争，是不得民心和军心的。

在“扫荡”时，一群吃西瓜的日本鬼子，被我决死队包围，狡猾的敌人负隅顽抗，最终成了我军的俘虏

吉田太郎于1937年春被强征之后，经过洗脑教育，8月份就上了轮船，也像其他的士兵一样，被送到中国战场上，胸中装着帝国军人的荣誉，佩戴着“正义之剑”，勇敢地奔向中国华北战场。

当时吉田太郎被编入第二十师团。1938年3月，日寇第一军根据晋南地区东有平汉路、西有同蒲路，以及黄河天险的特点，对晋南山区的进攻采用了中央沿同蒲路前推、西翼进行策应的作战方法，共使用4个师团的兵力，以第二十师团担任主攻。第二十师团沿同蒲路及其两侧由太谷、平遥经介休、霍县、临汾、曲沃、运城，攻占至永济、风陵渡。

吉田太郎就驻扎在曲沃县城。在这里，他们经常不断出兵“扫荡”曲沃、翼城，这里是通向中条山的官道，也是日军进攻山区的主要通道，他们在城东的交里桥设立哨所，架设吊桥，围上铁丝网，成为鬼子的桥头岗哨。白天放下吊桥，对行人搜身后方可通过，但必须向鬼子鞠躬行礼。夜里抽走吊桥禁止通行。日军哨所烧饭的燃料就是在附近村落拆房抢劫的木料，可见日军残害百姓到了令人发指的地步。一次在下裴庄拆房时，见一农妇牵头黄牛去饮水，鬼子竟狞笑道：“牛肉大大的好！”便要夺走那头黄牛。老妇不肯，鬼子便抽出军刀剁了她的双手。

日军在这一带无恶不作，给当地百姓造成极大威胁，百姓们真是深恶痛绝。他们组织夏季“扫荡”，8月6日，来到翼城县南唐乡，远路行军加之游击队的打击，使他们又饥又渴，7个日本鬼子来到了符册村南门外小庙前，见到一片西瓜地，于是就不顾一切地跑去地里摘了好多西瓜，然后来到小庙前坐在阴凉下吃西瓜，那狼吞虎咽的姿态可以看出他们是何等饥渴难耐了。

不过一向十分嚣张的日本鬼子，根本不知道他们的行踪被村里的民兵发现了。这位民兵看到鬼子正在吃西瓜，他就立即跑到南边的东下坪村去找决死队。当时，山西新军决死三纵队八总队一大队三分队队长张裕龙正奉命带领20余名战士在该村催运军粮。张队长听到这个消息，得知7个鬼子孤立无援，决定去打他个措手不及。于是，在符册村那位民兵的带领下，迅速赶到符册村东口的山坡上，经过观察地形，张队长立即果断下达了命令，将24名战士分为两个班，并命令一个班由村东进村，绕到庙北进行突袭。张裕龙自己则带领另一个班来到小庙东南，准备两面夹击吃西瓜的鬼子。

就在他们秘密向敌人靠近的时候，却发生了突发情况，一个鬼子突然扔掉西瓜，拿起枪向村里射击。张裕龙心想："是不是发现了我们绕进村里的那个班？"不行，不能让敌人占了主动。张队长立即传令，向敌人开火，密集的子弹便朝小庙跟前的鬼子射过去。

原来那鬼子是滑头，经常要在突然间来一个火力侦察，看附近有没有八路军。可是没想到一打枪，真的遭到了袭击，鬼子吓得晕头转向，不知所措，掉头就向西逃跑。

张裕龙看到敌人逃跑，也带领战士们向西追赶，鬼子边跑边进行还击，双方展开了激烈战斗。村里的那个班听到枪声，迅速从符册村西面冲出来，向敌人投掷手榴弹，炸得敌人乱了阵脚，转头继续向西逃窜。

张队长正要带战士们追赶，这时小鬼子耍了花招，他们也来了个分兵，7个鬼子突然分成两路，4个爬上了坡，3个顺沟而跑。决死队的战士们只能分头去追击。当张裕龙带几个人顺沟追击，突然3个鬼子不见了，他们立即搜寻，原来都躲在一块玉米地里。双方对视，鬼子举起枪准备射击，幸亏张裕龙手里一直握着一颗已经将拉环戴在小指上的手榴弹，他随手甩出去，烟雾中，3 个鬼子都被炸死，他们缴获了三支三八式步枪。他们又继续追寻其他战士们，到了羊舌村附近时，一名战士向张裕龙报告，两名鬼子已经击毙，缴获步枪两支，另外两个鬼子负伤钻进窑洞内继续顽抗。

我军喊话发动政治攻势，可这俩鬼子死活不缴枪，并不断向洞外打冷枪。他们决定用烟熏，于是找来麦秸点燃了推进了窑洞内。等了好久里面没有声音了。决死队战士冲了进去，里面的鬼子已经死了一个，另一个也被熏得不省人事了。

顽固的吉田太郎，在八路军优待俘虏的政策感化下，终于有了转变，用他的文章来说，就是“武士道精神垮了”

这样，决死队就抓到了一个日本俘虏，这个俘虏就是吉田太郎。

村里跑来的几个老乡恨透了鬼子，都想把这个鬼子干掉。张裕龙见俘虏还有气，一边解释上级的政策，一边让人找来冷水往他头上泼，过了好长时间他才醒了过来。这时，张队长根据他们制定的俘虏政策，用他没有学好的日语说：“八路军、决死队不杀俘虏，优待俘虏。”

可是吉田太郎并不认可。他的心里只想着“圣战”，他是帝国的军人，是刚强的勇士，宁死也不做俘虏。他听懂了张裕龙的话，但他却瞪着眼，盯着周围的每一个人，然后，叽哩呱啦说了一通日本话，张裕龙就学了几句简单的劝俘虏的话，他说的什么谁也听不懂。吉田太郎原以为张裕龙懂日语，就用日语讲他是为了帝国的圣战，要维护帝国军人的尊严，他不做俘虏，让他们将他杀掉。这时，他见大家都没听懂，便怪声怪调地喊叫“我的死啦，死啦”，并在自己的脖子上做着手势比划着，要求把他杀掉。

这时，有位战士见他这样顽固，冲过去就要用刺刀往死捅他，张裕龙立刻拦住了他，并说，咱们必须遵守纪律，不杀俘虏，用政治宣传来感化他们，瓦解敌军。吉田太郎负了重伤，又被烟熏中毒，不能行动，张裕龙让战士们找来了一块门板，准备把他抬回去送到总部处理。可吉田太郎死也不肯走，他故意从门板上滚了下来。这样连续几次，又有个战士说，这样不识好歹的东西，干脆杀了他算了，费这劲干什么。张裕龙批评了那位战士的思想，然后命令战士解下绑腿，把吉田太郎捆在门板上，把他抬到翼城县南常村决死三纵队八总队驻地。

为了更好地给这位日本俘虏治疗，决死三纵队决定送他到八路军野战卫生部医院。这样就将他送到了潞城中村，并很快为他治好了伤，还送他到野战政治部组织的学习班去学习。一开始，他仍然坚持要以死来向天皇证明自己的忠诚。可是八路军始终是以人道主义去教育他，渐渐他发现八路军并非他在自己部队中听到的那样残暴，特别是八路军让他给家里通信，他还收到了妻子的来信，妻子在信中表达了对他的思念和刚刚学会叫爸爸的女儿每天喊着“爸爸”。此时，他才感觉到，原来在军队里灌输的“武士道精神”，不过是让他们为法西斯卖命的骗人幌子。

吉田太郎在一篇《武士道精神垮了》的文章中写道：“8 月 6 日我在战斗中负重伤被俘。当时我真顽固，认准了只有封建的武士道精神才是帝国军人的灵魂。然而，由于周围同志热情的国际主义援助，我这个顽固分子也不再墨守成规了。他们帮助我树立了新的人生观，使我沿着中国同志指出的真理道路前进。”

从此，吉田太郎悔过自新，很快站到了反法西斯的一面。

从抗大到工农学校，他成为反战的勇士，离开中国的时候，他表达了自己的心声：日本人民和中国人民永远站在一起

从此，吉田太郎参加了野战政治部敌工部的工作。他开始把自己的转变和八路军的俘虏政策写成文字，送到周围的敌人炮楼里，用他的感受来感化更多的日本士兵。为了团结更多的日本士兵加入反战的行列，他与杉本一夫等人，于 1939 年 11 月 7 日十月革命纪念日这一天，在武乡县王家峪召开“唤醒联盟”（后改为“觉醒联盟”）成立大会，组建起了华北战场上第一个由日本人自发成立的反战组织。

根据他的要求，“唤醒联盟”成立不久，他就回到决死三纵队八总队去，做对敌军瓦解工作。整日工作不辞劳苦，生活上也要求和战士们吃一锅饭，不接受任何优待条件。他常常在战斗中，给被包围住的日本人宣传八路军俘虏政策，并不断在《新华日报》上发表对日军宣传教育的文章。

1939 年 12 月，在阎锡山发动的十二月事变中，决死三纵队内部也发生了叛乱，第八总队在沁水县苗沟村召开会议，反动军官副总队长袁士琏指挥荷枪实弹的士兵突然包围了会场。院里院外，布满岗哨，出鞘的刺刀、拉线的手榴弹，堵住了会场的门窗。反动军官总队长孙瑞琨，手拿着子弹上了膛的手枪，宣读了阎锡山所谓“韩钧叛变”的电令后，并说：“我是奉阎司令长官的命令清查‘叛军’（诬蔑决死队）的。”他们名为“召开军政干部会议”，实为发动反动军事叛变。紧接着，孙瑞琨、袁士琏放走了一部分忠实于阎锡山的军事干部，把其余 60 多位政工人员和进步军官，用绳索一一捆绑起来，武装押解到晋城县监狱。杀害了全部党员和部分政工干部，后又将其他人押送到阳城县岩山村阎军第八集团军孙楚总司令部。

吉田太郎也被孙瑞琨、袁士琏等人胁迫到阎锡山部队中。开始他也弄不明白是怎么回事，过了不久他就发现，阎锡山部队不仅不打日本人，反而专找跟日军打仗的八路军和决死队作对，特别是阎锡山的军队内部纪律涣散。孙楚部的领导知道他是日本人，就没关他的禁闭，而是利诱他到阎锡山的部下去干事。吉田太郎一下子就拒绝了，这下对方大为恼火，便也将他囚禁起来。当时，正是数九寒天，冰天雪地，而囚房里既不生火，又无被褥，还不给水喝，每人每天只能吃到少量半生不熟的玉米糁糁，真是饥寒交迫，干渴难耐。即使是成为他们的俘虏，哪里能与八路军相比？他几次设法逃跑，他要返回八路军中，可是一直没有机会。4 月下旬，日军“扫荡”岩山，孙楚率部撤离阳城县岩山村，把关押在岩山村的所有决死三纵队和一些地方上的被捕人员统统捆绑起来，押到靠近豫北的阳城县析城山下西蟒圪台。途中，吉田太郎与其他两名同志，冒着生命危险，趁押解人员不注意跑进了树林中隐藏起来，最后克服重重困难，跑回到武乡八路军野战政治部敌工部。

吉田太郎回到武乡后，在武乡蟠龙镇的抗大总校刚刚开学，根据他的表现，八路军总部决定保送他上抗大学习。在抗大他一边学习汉语，一边学习政治、哲学等，成为优秀学员。毕业后继续从事敌工工作和觉醒联盟的领导工作。就这样，他在太行山上战斗4年多时间。1944年，吉田太郎先生赴延安日本工农学校学习。这年冬天，工农学校学员自编自演反战剧《岛田上等兵》，剧本大意是日本士兵岛田向他们的上司——中队长提出了正当的要求，可是并没有得到回应。于是，岛田和士兵们打死了中队长，投靠了八路军……吉田太郎扮演了主角岛田，根据他的生活经历，着力刻画了下级士兵在日军等级制度统治下，怎样遭受残酷的压迫并进行反抗的故事。这个话剧首演，毛泽东主席曾前往观看，并非常赞赏，使得原计划公演三天的话剧一直公演了一个多月。

抗战胜利后，吉田太郎回到日本和家人团聚，临别时延安的八路军首长专门请他吃了一顿饺子。他永远记着这顿饺子，他说："日本人民和中国人民永远站在一起，我要把中国饺子的制作方法带到日本去。"据说，吉田太郎回到日本后，开了饺子馆，专卖"中国饺子"。

战斗在抗日前线的归国华侨

在中国抗战的艰苦历程中，情系中华的海外华侨华人，秉承“国家兴亡，匹夫有责”的古训，同仇敌忾，万众一心，纷纷成立各种救亡团体，通过各种方式和渠道，支持中国抗战。抵制日货，在经济上给敌寇以沉重打击；通过募捐筹赈、认购国债、侨汇等方式，在财力方面大力支持危难中的祖国；为抗战捐献飞机、大炮、汽车、弹药、衣物、药品等数十亿元的军需物资，支援在前线浴血奋战的抗日军民；更值得称颂的是，有数万名热血华侨青年，冲破重重障碍，回国参军参战来到抗日前线，还有许多人为国捐躯。

在抗日战争中，一批又一批华侨热血青年从海外回到战火纷飞的祖国，和祖国军民一起，与敌人浴血奋战。当时，武乡是八路军总部长期驻扎的地方，许多华侨青年为走向抗战最前线，长途跋涉来到武乡，他们在八路军总部的领导下，在不同的岗位上，用自己的青春书写了壮丽的人生。

白刃，抗大走出来的归侨军旅作家

白刃

白刃，原名王寄生，著名的归侨军旅作家，笔名王爽等，1918 年生人，原籍福建石狮永宁人。他从小跟随叔叔到菲律宾谋生，1936 年开始发表作品，参加编辑《救亡月刊》。1937 年从菲律宾回国，1938 年到延安，并就读于抗大，翌年加入中国共产党。抗大毕业后，历任八路军一一五师司令部参谋，一一五师政治部新闻干事，《鲁南时报》总编辑，《战士报》主编，丹东广播电台台长，滨海军区《民兵报》总编辑，《山东画报》副主编，新华社记者，中南军区编辑科长，四野文化部创作员，北京市文联专业作家，总政治部创作员，长沙警备区顾问，解放军艺术学院研究员，专业作家。著有长篇小说《战斗到明天》《南洋漂流记》《白刃小说选》《白刃剧作选》，诗集《野草集》，话剧剧本《兵临城下》，战斗通讯《无敌英雄》，传记文学《罗荣桓元帅纪事》等。曾获中国人民解放军二级红星功勋荣誉章，享受政府特殊津贴。

1939 年年底，白刃在调往山东之前曾到武乡八路军总部。

在中国全面抗战的艰苦历程中，情系中华的海外华侨华人，秉承“国家兴亡，匹夫有责”的古训，同仇敌忾，万众一心，纷纷成立各种救亡团体，通过各种方式和渠道，支持中国抗战。有数万热血华侨青年，冲破重重障碍，回国参军参战，菲律宾归侨、著名军旅作家白刃老先生就是他们当中的一员。

他早年接触革命，当他得知中国工农红军北上抗日，经过二万五千里长征抵达陕北延安时，希望的种子便在心中萌发，产生了投奔延安的强烈愿望

白刃原名王寄生，原籍福建石狮。1918 年出生。由于家庭困难，14 岁时他就跟着叔叔去菲律宾谋生。到了菲律宾后，少年的白刃当起了学徒，烧柴火、买菜、擦玻璃，什么都干。正好他工作的店里有许多旧书，一有时间，他就一头扎进书堆看个不停，他虽然没念过多少书，但在这一时期的学习，对他一生的影响是很大的。在菲律宾白刃还卖过报纸，卖过蚊香，他每天从早晨五六点钟起来，一直到晚上九十点钟才休息。卖报纸时，天不亮就得到报馆拿了报纸跑着出去，一份报纸只能赚一分钱。后来由于当地经济不景气，白刃失业了。这时的白刃有着强烈的求知欲，于是辗转到了马尼拉，开始了他半工半读的生活。

青年白刃在广州留照

1935 年，他在菲律宾马尼拉华侨中学就读。湖北籍教师董冰如领导进步师生组织了“人人日日抗日救国会”。董冰如原名董锄平，1922 年加入中国共产党，曾参加八一南昌起义，是一位老革命。在董老师的教育、引导下，白刃不仅参加了救国会，而且还成为救国会的常委，参加编辑《救国月刊》。曾在该刊发表揭露汪精卫勾结日寇的文章。不久，当他知道中共中央和工农红军北上抗日，经过二万五千里长征抵达陕北延安时，希望的种子便在心中萌发，产生了投奔延安的强烈愿望，可是由于他一直靠半工半读度日，没有一点积蓄，不免为回国旅费发愁。1937 年年初，他的叔父和两位同乡筹建民生公司，准备回国开发海南岛，聘请白刃担任翻译，愿意为他负担回国旅费。白刃欣然应允。3月初，他带着董冰如老师写给海南岛专员黄强的介绍信，便离开马尼拉启程回国。

七七事变爆发后，中国处于战乱之中，民生公司对海南岛的开发也只得被迫中断。于是白刃和几位一同归来的华侨来到南京。当他们看到报纸上的广告，政府要组织战地服务团，他们就去报名。可是负责人一听他说是华侨，就说："你们是华侨，不能报名。"白刃不解地问："怎么不行？我们是从南洋回来抗日的！"对方回答说："现在有好多汉奸，谁知道你们是什么人派来的？"白刃一听非常生气，一腔热血回国抗日，却被怀疑是汉奸。一气之下，他决定回福建，于是回到厦门。因为集美学校是华侨陈嘉庚先生创办的，学费非常低，这对贫困的白刃来说是很有诱惑力的。

来到集美，总算找到一个落脚的地方。可他身在学校，内心仍向往着延安，于是他千方百计联系到了昔日的老师董冰如。后来收到董冰如的回信，董老师说他已经回国，现在汉口，在周恩来手下工作。并在信中鼓励他到北方去参加抗战，最好是到陕北去！白刃就开始在读书的间隙外出打工，积蓄一点钱作路费，准备去陕北。

1937年寒假，白刃回到老家，耳闻目睹泉州驻军旅长钱东亮在沿海督建"国防工事"时，横征暴敛、鱼肉百姓，动用大量的人力物力，加深当地百姓痛苦的事实，于是写了一篇通讯《国难严重下的泉州军政》，以"王爽"的笔名，寄给汉口李公朴先生主编的《全民周刊》，于1938年5月发表。钱东亮大发雷霆，下令严密追查，据传话的人讲，如查到就要他的命，白刃只好连夜离家出走。在福建无法立足了，怎么办？他下定决心一定要到延安。

跟随抗大，长途跋涉来到晋东南，成了一名特科学员，在这里，这位追求真理和光明的归侨青年，光荣地加入了中国共产党

于是他乘船经汕头到达九龙，又从九龙来到广州，想办法找到广州八路军办事处。广州八路军办事处为他开具了去延安的介绍信，这样他经汉口、西安等地，一直往北走。一路上到处有人盘查，再加上日本飞机轰炸，他历经千难万险，终于在1938年10月，到达革命圣地延安。

根据中央安排，他进入抗日军政大学学习，被编入抗大第五大队。由于延安住宿条件差，一下子住不了那么多学员，他们这个大队就驻扎在西北古城庆阳。编进班里训练了一段时间，他担任新兵队的副班长。这年12月，中央决定由抗大第五、第六大队组建抗大第一分校，由何长工任校长，周纯全任副校长，黄欧东任政治部主任，开赴晋东南办学。

新的战斗生活开始了！“到敌人后方去，把鬼子赶出境……”同学们唱着雄壮的歌曲，离开庆阳，踏上新的征程，向晋东南挺进。时间正值隆冬，黄土高原非常寒冷，尤其是对他这个在南洋生活惯了的学生来说更是一种考验。白刃主动帮女生或瘦弱的同学背行李，一方面帮助了同学，另一方面也使他驱逐了寒冷。在黄河边，看到咆哮的河水犹如万马奔腾，在陡峭的峡谷中响起雷鸣般的回声，顿生惊心动魄的豪情。过了汾河，沿途看到遭日寇洗劫过的村庄城镇，皆成废墟瓦砾，同学们义愤填膺，恨不得血刃敌寇，为死难同胞报仇！

经过20多天的长途跋涉，年底，白刃与抗大一分校的学员们抵达山西屯留县故县村。这里地处上党盆地，东望太行山，地临漳河水，真是个敌后办学的好地方。校部在这里安营扎寨，开始了有规律的学习、战斗生活。根据战争的实际需要，八路军总部命令一分校组建特科营，下属防化队、工兵队和机枪队。白刃分配在防化队，共有50多名学员，驻扎在平顺西沟村。当时的课程主要学习毒气的种类、性能、化学成分和防毒知识。由于日军在“扫荡”中到处施放毒气，根据地军民不知道怎么防护，经常有中毒现象发生，威胁很大，因此，学毒气知识，特别有必要。

在太行山上，抗大分校学员的条件十分简朴，每人每天的伙食标准是5分钱菜金，包括3钱油、3钱盐和1斤蔬菜，主食小米饭管饱吃。最使大家

白刃在抗大时留影

胃口大开和念念不忘的，是晋东南生产的小米，非常好吃，据说在很早以前就是宫廷贡品。但由于日军经常“扫荡”，根据地的物资供给时有困难，特别像食盐有时就见不到了。没有盐不仅淡饭不好吃，而且长时间吃不到盐，浑身上下发软没劲。为了解决这个问题，他们在老百姓的指点下，自己动手挖硝土熬土盐，总算渡过了难关。

在班上，白刃是有名的文化兵。为了庆祝中国共产党成立18周年，学校组织各学员队排练文艺节目，防化队老师就把任务安排给了白刃，让他创作一个与众不同的节目。他就编写了一部大型活报剧叫《天堂地狱》，这是白刃根据《政治经济学》中有关资本主义危机情况的阐述内容编写的，把美国、苏联和非洲人搬上舞台。演出后，指导员找白刃谈话，说他马列主义学得不错，对当前政治形势有认识，叫他写入党申请书。就这样，这个一直追求真理和光明的归侨青年，光荣地加入了中国共产党。学校组建了宣传队，白刃又被抽到宣传队工作，使其文艺特长得以充分施展。他们写标语、说快板、拉洋片、演街头剧、唱抗日歌曲、召集群众会……利用一切群众喜闻乐见的文艺武器，宣传中国共产党的主张和抗日救国道理，动员群众支援抗日军队，粉碎日寇的进攻。

他目睹了一场惊心动魄的白刃肉搏战，写了一篇通讯《在观察所》，署名白刃。白刃这个名字居然成为当今中国文坛上一位部队作家富有传奇性的笔名

太行山的生活条件虽然艰苦，但他还是坚持学习，特别是1939年7月日寇为围攻八路军总部和129师首脑机关，开始了对晋东南地区的第二次九路围攻。白刃他们不得不经常不断行军转移，在行军的空隙，还要坚持上课，直到完成了全部课程。到11月完成了规定学业，准备分配时，抗大一分校第5期在太行山上举行了毕业典礼。他们防化队是八路军中第一支防化技术队伍，八路军总部提出要由总部首长来分配，这充分说明他们的重要性，学员们为能见到总部首长而高兴，全队学员在军事教员尹健的带领下，离开西沟村，来到了武乡县王家峪八路军总部。到总部后，左权副参谋长接见了他们，并作了重要讲话。

他们这一批防化学员的毕业，填补了八路军防化部队的空白，防化队的学员分配到所有八路军部队，三个师和晋察冀军区都成立了防化勤务主任室。当左权知道白刃是一位华侨学生时，还与朱总司令一起与他进行了亲切交谈，朱总司令关心地问他，回国后生活习惯不习惯，在学校学习有没有负担，并鼓励他要想办法多向国外宣传八路军抗日的内容，号召更多的华侨来支持中国抗战。白刃非常兴奋，表示要坚决为中国抗战贡献自己的力量。

根据总部安排，白刃被分配到一一五师司令部当参谋。不久，一一五师开始挺进山东敌后的长途跋涉。他们冲破平汉铁路和津浦铁路敌人的两道封锁线，挺进到山东敌后沂蒙山区，开始了新的战斗生活。

1940年2月，为向鲁南北部天宝山区发展，打通与鲁中区的联系，一一五师代理师长陈光、政治委员罗荣桓，指挥部队一举攻克鲁南山区费县至滕县公路上的重要集镇白彦，全歼驻守该地的伪军。日军为重占白彦，控制鲁南山区，又数次出动兵力向白彦进犯，被我军击退。3月19日，日伪军又出动2000余人，再次向白彦进犯。21日晨，日伪军再次进占白彦和官庄。当晚，一一五师六八六团、特务团、苏鲁豫支队分别从西北、东南方向隐蔽接近白彦，随即发起冲锋，并展开了激烈的白刃巷战。至22日拂晓，日伪军大部被歼，匆忙施放毒气后溃退。

白刃刚到山东不久，他目睹了这场惊心动魄的白刃肉搏战。战斗结束后，作为一一五师防化参谋兼新闻通讯干事，他写了一篇通讯《在观察所》，发表在《时事通讯》上，为了突出这次白刃格斗，他署名白刃。从此，白刃这个名字被沿用下来，成了当今中国文坛上一位部队作家独具特色的富有战斗性及传奇性的笔名。

1945 年，白刃任东北安东（丹东）广播电台台长，后任西满军区宣传科长兼《反攻报》主编、东北后勤教育科长兼《后勤报》主编、新华社前线分社记者，并参加了辽沈、平津两大战役。

白刃是一个多产作家，可谓著作等身，他常说：艰苦的抗战岁月是我永远也忘不了的，也是我永远写不完的素材

白刃先生于 1936 年开始写作，文学创作成了他最大的爱好，在紧张的战斗间隙也从未间断过。解放战争后期，白刃的工作相对稳定了，于是他就开始酝酿构思长篇小说《战斗到明天》，小说反映敌后根据地一群知识分子在民族抗敌战斗中，不断在战斗里成长的故事。1951 年年初，小说写成后，受到人民文学出版社的青睐，准备为他出版。白刃拿着校样来拜访茅盾，希望他为这部作品写一篇序。茅盾读了样稿，很是赞赏，他在序中写道："读了《战斗到明天》，我很受感动。这部小说对于知识分子，是有一定的教育意义的。"白刃在该书出版后，原拟一鼓作气，续写第二、第三部的续集。但是，不幸文坛"左"风顿起，他的这部小说首当其冲，《战斗到明天》出版后不到一年，白刃受到了所在部队粗暴的批判。批判这部小说歌颂小资产阶级，歪曲工农兵形象。白刃只有检讨的份儿了。之后，《战斗到明天》虽然经白刃不断修改，在 1958 年再版，然而再进行续集的创作计划也随着不断进行的政治运动而搁下了。这期间，白刃成功编写了第一个剧本《糖衣炮弹》，并在中南军区的文艺汇演上荣获了优秀奖。

1955 年，白刃转业到北京市文联，响应中国作协的号召，当了一名没编制、没工资、差旅费自理、以稿费为生的职业作家。虽然在八年的职业化中，白刃曾被诬为漏网右派，下放到湖北荆江分洪、京郊官厅水库和北京顺义县农村改造思想，生活也全无着落！但这一时期也是他创作的高峰期，先后又写了歌剧《荆江风浪》、话剧《白鹭》。1959年，沈阳军区政委周桓同志看了《白鹭》后，即写信给白刃，约他写东北解放战争题材的戏，在周桓政委的帮助下，他与洛汀、李树楷同志到处搜集了两个月的材料，最后由他一人执笔，仅仅用了不足一个月的时间，就写出了反映长春起义的剧本——《兵临城下》。剧本写好后，首先在东北上演，引起东北人民群众的热烈反应，轰动一时。中央随即调到首都公演，又获得极大成功，誉满京城。《人民日报》《解放军报》《光明日报》《剧本》等全国各大报纸和刊物都相继发表文章，新华社发了电讯，热情赞扬此戏。全国二三十个剧团争相上演。周恩来总理看了他这个戏，给予了充分肯定，并在1963年四五月间，将白刃接到中南海，进行了亲切谈话。周总理围绕着艺术和政治的关系，特别是如何运用旧的艺术手法表现新的政治内容，进行了讨论，在周总理的关怀和指导下，《兵临城下》拍成了电影。

1963年，白刃重新穿上了军装，调回了解放军总政治部，被授予上校军衔，恢复了工资，专业从事文学创作。可就在他酝酿着新的革命战争题材的长篇巨著时，《兵临城下》又被江青等人点名批判了。林彪委托江青炮制的《纪要》上，点了白刃的《兵临城下》《战斗到明天》，白刃又一次遭到批判。在接受批判的这段时期，正是白刃精力最充沛的岁月，这段黄金时段处在"左"风猛刮之下，他度过了三十余年的磨难。"文化大革命"开始后不久，他就被下放到甘肃天水；1969年到红山口参加"学习班"；1970年被下放到湖南攸县农村当农民，喂猪、种茶；直到1974年才得以恢复工作，调到长沙警备区任顾问；1979年调北京解放军艺术学院，白刃为了夺回失去的十年时间而加紧写作，几乎每年出版一本书。在近一个世纪的生涯中，白刃扛过枪、打过仗，不过他人生最辉煌的还是从事文学创作。1997

年，白刃以其超常的韧劲，推出了长达 48 万字的《战斗到明天》（续集），这年他已是 79 岁高龄。《战斗到明天》伴随他一波三折战斗了 45 年，白刃终于写完小说的续集，了却了一桩心愿。

白刃是一个多产作家，可谓著作等身，主要作品有长篇小说《战斗到明天》《南洋漂流记》《龙真人别传》；短篇小说集《白刃小说选》《平常人的故事》《激流》；戏剧《白刃剧作选》《糖衣炮弹》《白鹭》《兵临城下》《战火纷飞》《乌金城》《香港之梦》《莲花湾》；诗歌《铁脚团长》《前进的回声》《野草集》；散文通讯《无敌英雄》《香港见闻》《永不凋谢的花》；传记文学《罗荣桓元帅纪事》；电影文学剧本《兵临城下》；长篇唱词《沉冤记》等 30 余种书籍，计 500 多万字。

20 世纪 90 年代，中国华侨文学艺术家协会成立，白刃以其在侨界和文艺界的崇高威望，被聘为顾问。回国投身抗日战争的那段不平凡经历，仍是白刃文学创作的重要题材。他说："我是老华侨、老军人、老党员、老作家，很多'老'字！但艰苦的抗战岁月是我永远也忘不了的，也是我永远写不完的素材！"

王耀华，被称为孤胆英雄的优秀敌工干部

王耀华

王耀华，祖籍广东澄海，1918年出生于泰国北榄坡府廊坡镇。为学汉语，6岁回广东老家，13岁又返泰国，毕业于泰国北榄坡中华学校。1936年春，他参加了泰国中共领导的华侨抗日救国会，1937年1月在曼谷加入中国共产党。1937年12月回国到延安参加革命，入抗日军政大学学习，毕业分配到八路军总部敌工部工作，后调华中新四军敌工部，盐阜区盐东县敌工部部长。抗日战争胜利后，任第四军政治部民运部部长，华中军区政治部民运部民运生产科科长等职。新中国成立后，任驻越南副武官、解放军南京外语学院武官系主任、安徽省建设兵团副师长、安庆军分区副司令员等职。被授予中华人民共和国三级独立勋章，三级解放勋章。1988年被授予二级红星勋章。离休后任全国侨联委员，安徽省侨联副主席。

1939年夏到1940年年底，王耀华任八路军总部敌工部干部时长期驻扎武乡。

王耀华从小受爱国主义思想影响，当祖国抗日救亡运动不断高涨的消息传来，在泰国的他便积极投身于抗日救亡的斗争之中

王耀华，祖籍广东汕头澄海县。父亲王潮炳早年因生活所迫谋生于泰国，并在泰国与华裔姑娘阿莲结婚，后定居在泰国北榄坡府廊坡镇，靠经营小商品为业。由于勤劳简朴，悉心经营，渐渐开始发达，家境也富裕起

来。他的父母先后生养子女多人，活下来的仅有兄妹4人。王耀华出生于1918年6月，由于从小受泰文环境影响，不会讲汉语。父亲为了让他不忘祖国，在他6岁那年，将他送回汕头老家，以学习汉语，了解中国历史，直到13岁时才返回泰国。北榄坡府是泰国华人的主要聚居地之一，这里有专门的华侨学校，他进入北榄坡市中华启明小学插班读书，由于他学习认真，3年就读完了6年课程，毕业后留校当了一名校工。在学校期间，他受班主任陈集伍先生的爱国主义思想影响很深，陈先生常常给他们讲中国历史上著名的爱国人物岳飞、文天祥、林则徐等的事迹，这在王耀华的心中留下了深刻的印象。

“九一八”事变发生后，中国国内抗日救亡运动不断高涨的消息传来，海外侨胞特别是华侨青年心情激动、精神振奋，互相传颂着十九路军淞沪抗战、东北抗日义勇军的壮烈事迹。为了了解国内动态，一些华人购买了国内出版的报刊，特别是争相阅读邹韬奋、胡愈之、杜重远等人主办的《生活》《大众生活》周刊和巴黎出版的《救国时报》等抗日进步报刊。在海内外的华文报刊积极宣传、动员下，泰国的华侨进步组织为声援国内抗日救亡运动也积极行动起来，组织华侨青年参加公开和秘密的抗日活动。如为国内抗日力量募捐；撰写公开信，号召人民抵制日货；散布传单宣传中国工农红军长征北上抗日和中共抗日救国政治主张，等等。在抗日救亡的热潮中，王耀华参加了中国共产党领导下在泰国华侨中组织的华侨抗日救国会，积极投身于抗日救亡的事业中，并于1937年1月在泰国曼谷加入了中国共产党。

得知中共曼谷地下组织决定输送一批华侨青年回国参加抗战的消息，他主动报名，加入第一批泰侨赴延安的行列

“七·七”事变爆发后，中国全面抗战开始。中共曼谷地下组织决定输送一批华侨青年回国参加抗战。王耀华得知这一消息，便立即向党组织提出了归国抗战的请求。同年11月，中共组织在启明学校召开会议，曼谷的中共组织负责人黄耀环庄严地向王耀华等7名党员宣布：根据本人申请和组织决定，你们是第一批送往延安抗大学习的人员，由杨柳、张庆川负责带队，路费自筹，并于12月28日动身，由中共党员、华侨钟若潮负责护送他们到香港，然后由香港经广州、武汉、西安等地到延安。为严格保守秘密，此举也不允许向亲友透露。接着黄耀环又嘱咐道："去延安要做好充分的思想准备，远离父母和家乡，越洋跨海，投身于抗日斗争的第一线，将会遇到许多意想不到的困难，特别是北方的生活条件远远比不上泰国。因此，要准备过好生死关、气候关、生活关、走路关……"

对此黄耀环特地和王耀华交谈，说他家里生活条件优越，仅凭一时的热情是不够的，去了延安，怕他吃不了那里的苦。因为当时王耀华的父亲王潮炳，靠自己的勤劳简朴，已经把一个以经营小商品为主的街头小摊，悉心经营成了一个百货俱全的大型商铺，家境过得富裕起来了。

但面对这一切，王耀华却看得很平淡，他说："作为华侨，我们的祖国已经被侵略者任意践踏，我们躲在国外日子过得再好，难道能承受得了国土沦陷的耻辱吗？即使日后的路再怎么艰难，我也不怕，哪怕是流血牺牲，奔赴延安参加抗日的决心决不改变。"

抗大毕业后，他被分配到八路军总部敌工部工作，多次只身闯进敌人据点进行策反，人们称他为孤胆英雄

1938年元旦到来之前，王耀华与侨胞青年杨柳、张庆川、朱田、韩道良、牧军、林柔（女）先后聚齐，自筹了路费，搭乘一艘英轮，由钟若潮护送离开曼谷港。没有告别亲友，没有告别父母，他们只是望着渐渐远去的海岸，心里默默地留下自己的祝福：父母兄弟姐妹们，等待我们打败侵略者之后凯旋吧。

就这样，他们踏上了归国抗战的旅程。英轮在风浪中航行，他们一行首先到达香港。钟若潮在香港八路军办事处为他们办理了介绍手续，而后经广州、武汉，到达西安。在七贤庄，他们来到西安八路军办事处，办事处的同志介绍说，目前全国各地到延安的人太多，延安一下子接纳不了，八路军在云阳安吴堡开办了青年训练班，让他们先到那里学习，然后再由安吴堡到延安，或者到华北敌后去工作。

1938年2月，也就是农历春节刚过，北方的天气还非常寒冷，王耀华等7人一起来到了安吴堡。在安吴堡，王耀华等人参加了青训班的学习，冯文彬、胡乔木两位领导怕王耀华等海外来的青年不习惯北方的严寒，将自己身上的皮大衣披在了王耀华等华侨青年的身上。同时，怕他们身体不适应北方的生活习惯，还专门安排伙食科，要适当给他们吃一点大米，以调节他们的生活。这一切让他们感到了温暖，也促使他们努力学习，掌握更多的知识，为抗战服务。

三个月后，王耀华等人被推荐到延安进入抗日军政大学学习。在抗大，他聆听了毛泽东和其他中共中央领导人的讲话和演讲报告，受到了很深刻的教育和启发。抗大的校风及革命传统，给王耀华留下了不可磨灭的印象。

抗大毕业后，根据中共中央有关部门决定，张庆川和林柔被派回泰国。朱田、牧军、韩道良3人被分配到抗日前线后不幸牺牲。王耀华被分配到晋东南八路军前方指挥部教导大队任见习排长，不久，调八路军野战政治部敌工部工作。敌工部主要是搞政治情报、战略情报和策反敌方军政人员等工作。当时八路军总部已经移驻武乡，为了做好敌工工作，在工作之初，他拟了十多条日语口号，如“缴枪不杀”“优待俘虏”“我们是共产党领导的八路军”等发到各部队，在连队中教战士呼喊，以便在火线上使用。特别是经常不断与从前方送来的一些日本战俘交谈，给他们讲八路军的政策，讲日本军国主义对世界人民的危害，讲日本人民与日本帝国主义的区别。与主动参加了八路军的日本俘虏杉本一夫、松田英男等人一起给从战场上俘虏的日本士兵做思想动员，使他们认清了侵略者的面目。1940年元旦，在杉本一夫等人的发动下，一部分被俘的日本士兵发起成立了“日本人觉醒联盟”，组成了第一个在华日本人反战组织。王耀华还只身一人到段村、襄垣、沁县等地的日军据点附近对日本士兵喊话、散发传单，使部分日本士兵产生了厌战心理，总部首长称他是孤胆英雄。

1941 年，皖南事变后，中共中央决定在江苏盐城重建新四军军部，王耀华被调任华中新四军军部敌工部干部。

在任新四军盐东县联络处主任兼县敌工部长时，王耀华做了大量卓有成效的工作，打开了盐东县敌工工作的局面

1941 年夏，日军占领盐城后，为更好开展对敌斗争，中共盐阜区组织将盐城划分为盐城、建阳、盐东 3 个县。王耀华调任了盐东县联络处主任兼县敌工部长。联络处下设伍佑与卞仓、盐城、南洋岸与北洋岸、花川港 4 个敌工站。主要负责搜集军事情报、购买军需物资、争取和瓦解敌伪军等复杂而危险的工作，在他的领导下，联络处与日伪军展开了殊死斗争。

为瓦解北洋岸据点伪军军官，王耀华在正确分析该据点内伪军军官的各方面情况后，亲赴伪军据点开展策反工作。起初，据点内伪营长态度不够诚恳，经王耀华连续“攻心”后，逐渐表现出了相当的诚意，终使策反取得成功。1942 年深秋，王耀华从伪军一二九团副团长处，获得敌人将分兵合围新四军一师二旅旅部的情报，使我军得以安全转移。

1943 年初春，为营救被日军关押的新四军两名中级干部，王耀华进入日军设防重镇盐城，通过内线接头与日军宪兵队翻译直接谈判，最终营救出了被关押的新四军被俘人员。这年 4 月，为严惩日伪特工人员，王耀华率领武工队进入南洋岸镇，活捉了 4 名作恶多端的日伪特务，打击了日伪军的嚣张气焰，鼓舞了群众抗日斗志。

王耀华出色完成任务，受到我苏北军政机关的嘉奖。为配合反“扫荡”，上级决定，由王耀华指挥执行瓦解伪警察大队的任务。他只身进入敌人据点，策反伪军营长汪德盛，奇袭警察大队并将这些伪警察全部俘获。为了建立秘密联系点，他还经上级同意，策反了警察大队队长孙玉康，释放了全部俘虏。从此，我军与该大队建立了特殊的关系，并通过该大队运送军需物资、掩护过往人员。因长期在敌占区活动，王耀华成为敌人缉捕的重点对象。1944 年 5 月的一天他在盐城执行任务时，被日方密探发现，日本宪兵队很快封锁通道开始搜查。危急之中，王耀华藏到伪警察大队队长孙玉康家后院的一口空棺材里，才得以脱险。

有一次，王耀华接到新四军第三师副师长张爱萍的亲笔来信。信中写道："耀华同志，听说你们盐东县敌军工作做得不错，请你通过关系，设法给我们买一架望远镜，以应工作需要，务必请你代劳，望从速办理。"为迅速购买到张爱萍副师长所需的望远镜，王耀华立即通过伪军中可靠关系，仅用了不到半个月时间，就由南京买到一架德国进口的高倍望远镜，送给三师，当张爱萍得到这架望远镜时非常高兴。

新四军第五团 1000 余人，加上轻重武器，需要迅速渡过盐东下仓镇日伪军据点附近的串场河。为保证大部队及时顺利通过，五团领导联系王耀华让他想办法。经反复考虑，决定采用伪军军官让出路来放新四军大部队通过的办法。他亲自到日伪军下仓镇据点，通过我们策反的军官帮助，周密安排放行计划，使第五团部队仅用了几个小时就全部通过串场河大桥。

在盐东县 3 年多的敌工斗争中，由于王耀华认真贯彻执行中共的策反和敌工工作方针政策，紧紧依靠苏北抗日根据地党政军民组织的指导和协助，充分利用了敌伪营垒内的各种矛盾，开展了大量卓有成效的工作，打开了盐东县敌工工作的局面。

无论顺境逆境，他都有坚定的革命信念，虽然一生坎坷，却忠贞不渝，书写了豪迈的军旅人生

抗战胜利后，王耀华先后担任华中军区政治部民运部科长，华东野战军军官教导总团副教育长，苏南军区党委巡视团副团长等职。新中国成立后，他被送入解放军外语学院学习，毕业后，调到总参二部机关从事军事外交工作。1957 年，王耀华被派任中国驻越南大使馆副武官。他认真贯彻执行我国外交的“五项基本原则”，为发展中越两国人民和军队的友谊作出了积极贡献。1958 年，越共领袖胡志明主席亲切接见了王耀华，并紧握着王耀华的手说：“越中人民是好兄弟！”1961 年，王耀华调任总参二部广州局处长。1963 年至 1964 年他又被送入解放军北京政治学院学习。毕业后，调任解放军南京外语学院武官系主任，从军事外交战线转到了军事外交教育的岗位上，王耀华尽快进入角色，为军队培养了大批军事外交人才。

但是不久，“文化大革命”爆发了。在“文革”中，王耀华遭受了林彪、江青两个反革命集团的残酷迫害。

1975 年，邓小平同志出来工作后，将党和国家的工作重心重新转移到社会主义现代化建设上来。“文革”的动乱基本得到制止，王耀华也得到解放，他担任安徽省安庆军分区副司令员，开始了民兵和地方人民武装的领导工作。直到十一届三中全会之后，他的问题才真正获得平反，并得到落实，1979 年 5 月，纠正了长达 13 年的冤案，为他彻底恢复了名誉。他又担任合肥警备区顾问组组长，作为第二线的主要领导人，积极支持第一线领导开展工作。

20 世纪 80 年代后，他离休并担任了中华全国归国华侨联合会委员，安徽省侨联副主席、省儿童福利基金会副主席。这期间，他积极宣传党的华侨政策和改革开放政策，关心鼓励侨胞来华投资。其亲家刘荣坤先生是泰国荣兴泰信托公司的董事长，有意资助家乡建一所学校。王耀华得知后，承诺协助办好这件事。在他的努力和协调下，刘先生一次性投资人民币近百万元建成潮阳谷饶“新坡中学”，在当地产生良好的反响。1990 年他第二次去泰国探亲时，还应邀到华人慈善团体做有关中国改革开放和发展中泰友谊的报告，消除了侨胞对改革开放的疑虑。

王耀华日常生活俭朴，把积蓄下来的钱捐助于公益事业，先后为希望工程、慈善机构捐款上万元。2000 年，王老从媒体得知我国目前用于医学研究的人体标本相当匮乏，萌发身后捐献遗体的想法。他的想法得到了家人的理解和支持，并到有关部门办理了无偿捐献遗体的相关手续。他还立遗嘱提出身后不搞遗体告别、不开追悼会，把丧葬费的三分之一捐献给希望工程。

谢宾元，朱总司令表扬过的抗日兵工

谢宾元

谢宾元，原名谢星，原籍广东三水，1918年出生。幼年时随母亲赴新加坡谋生。14岁便进一家机械厂当学徒。1937年年初加入马来亚共产党领导的青年团，不久正式转为马共党员。1939年5月，响应“南洋华侨筹赈祖国难民总会”的号召回国投身抗战事业，在八路军兵工企业从事技术工作。新中国成立后，先后在太原重型机械厂、太行机械厂、阳泉水泵厂、太原拖拉机配件厂和太原电影机械厂担任厂长。1976年，谢宾元调回山西省机械厅，后受命组建了省机械设备进出口公司，并担任党委书记兼副经理，直至1983年离休。

1940年谢宾元来到武乡，在柳沟兵工厂工作，1942年调武安梁沟兵工厂。

在抗日战争时期，有一位年轻的技术工人，自愿放弃在新加坡吃穿不愁的小康生活，为支援祖国的抗战事业，义无反顾地回到祖国，之后投身兵工和机械工业战线，历尽艰辛，为祖国的独立解放作出了贡献。他把一生奉献给了军工和机械事业，直至1983年离休，其经历颇具传奇色彩。

为了生存，漂洋过海到异国他乡谋生，祖国需要他，他又毅然回国投身革命

这位老人名叫谢宾元，原名谢星，原籍广东佛山三水市人，生于1918

年。在他七岁的时候，由于警卫军第一团攻入三水县城，与桂系军阀古日光部发生战斗，整个三水处于战乱之中，他的母亲只好带着他跟随逃难人群，远渡重洋去了新加坡。14岁那年，谢宾元进了一家机械工厂当学徒工。虽然他年龄不大，但是非常机灵，很快就掌握了技术，为了挣钱，曾先后在德国人和英国人开办的工厂做过工。他勤学苦练，在工厂里先后干过车、铣、刨、磨多个工种，掌握了一手好技术。回国前，他已经是一个从事机工工作8年的老工人了。

早在学徒时期，谢宾元就受到彭海涵等一些进步人士的影响，参加了共产国际外围组织的进步活动。通过进步报纸，他了解到中国共产党的主张，看到了中国的希望。1937年年初，他加入马来亚共产党领导的青年团，不久转为马共党员。

卢沟桥事变的消息传到新加坡后，广大爱国华侨义愤填膺、群情激昂，他们组织集会游行，强烈抗议日寇的侵略行径。对于海外游子来说，祖国就是母亲，就是靠山，就是他们的根。这种与祖国休戚与共的关系，使每一个爱国华侨都焕发出极大的民族热情。特别是他曾看了一些反映中国情况的纪录片，日本帝国主义对中国人民的大肆屠杀和蹂躏，一种强烈的民族自尊心让他怒不可遏。他恨透了日本军国主义，同时也使他认识到，国家不富强，便会落到任人宰割的地步。他常常与身边的华人工友说，日本这样一个弹丸小国，居然到我们中国杀人放火，咱们一定要把日本鬼子赶出中国去。并决心“一有机会就回国参加抗日报国”。

年轻的谢宾元参加组织了“南洋机械工人救济祖国难民委员会”和“新加坡华工抗敌后援会”，由于他在宣传发动中非常积极，不久被大家推选为爱国组织的领导成员之一。他在侨胞中发动募捐，宣传抗日救国，抵制日货，在实际斗争中得到了锻炼。

1939年5月，在马来亚共产党的领导下，“新加坡救济中国难民委员会”通过各种渠道，筹集了一批急救药品、医疗器械、文具纸张等，总共有100多吨物资，准备运回国内援助中国的抗日战争。他们通过共产国际远东局，与香港八路军办事处取得联系，准备设法将这批物资转运回国。但是如何运回，又是水路又是陆路，又是敌人的轰炸，存在许多困难，要想安全运回，必须派一批机智灵活、敢于吃苦的人来护送。谢宾元早就有回国参加抗战的打算，这次对他来说是一个极好的机会，于是他主动报名，参加护送货物的队伍。很快，由谢宾元等16人组成的运送救援物资组顺利成立。

他们准备出发了，可是谢宾元还没有给母亲提过他要回国的事，战争的风云变幻莫测，这一去不知何时才能回来，如果母亲拦着不让他走怎么办？他想了两三天，最后还是决定悄悄地离开。在这关系到命运、前途和国家的大事面前，谢宾元毅然背着家人做好了回国的一切准备，临走的时候，他写了一封家信，并拜托他的知心好友为他转达："我走后，你再将消息告诉我弟弟，嘱咐他'我救国，你养家'。"临出发的那一天，已出嫁的姐姐不知从哪里得到了他要回国的消息，匆匆赶来阻拦。但谢宾元已登上启程的轮船，谢宾元站在晃动的轮船甲板上，朝着姐姐挥手告别，并嘱咐她和弟弟好好照顾母亲，他要去参加抗战，解救祖国母亲了。

谢宾元等人冒着生命危险，经历了千辛万苦，走过了一条险恶之路，为抗日根据地运送了大批物资

谢宾元一行从新加坡出发后，乘货轮经香港在越南海防登陆，经镇南关（今友谊关）接货入境。为了接应他们这支运输队，香港八路军办事处与中共中央南方局联系，周恩来派出他的副官龙飞虎和邱南章，以及殷承桢、赖祖烈等一批押运官，来到边境欢迎他们。

当时，我八路军在此开辟了一条途经贵阳、重庆、宝鸡到西安的运输线。但在抗战的情况下，加上国民党反动派的无理阻挠，运输任务的完成，是非常艰难的。当时日本飞机不断来轰炸，经常交通阻塞，走的路又长，路上山多路横、河多难走、关卡重重，这给运输工作带来很多困难，任务十分艰巨，这是谢宾元第一次经历的一条充满险恶的征程。

由20多部汽车组成的远征队刚刚驶出镇南关，日军飞机就开始跟踪，几乎天天“光顾”。只要是晴天，从上午九点至下午三四点，敌机总要沿着公路低空盘旋，用机枪扫射过往的车辆及行人。在八路军派来的护送人员提示下，谢宾元和同志们用树叶对汽车进行了伪装，以避开敌机的侦察与扫射。而且他们还在每辆车上都安排人专门观察敌机动向，随时指挥车内的司机进行隐蔽。尽管如此谨慎，仍难免有被击中的汽车。

除了天上的敌机轰炸，还有地上的山路崎岖。自古道，“蜀道难，难于上青天”，川黔公路非常难走，特别是重庆附近有名的“吊死崖”就非常典型。狭窄的路旁是深达十几丈的悬崖，崖下遍布汽车残骸。可见这里就是通往阎王殿的望乡台，一不小心，就会掉进万丈深渊。因为他们这支运输队是自愿报名来的，有的人并不是职业司机，走这样的路自然非常危险，结果两辆汽车翻下悬崖，车毁人亡，惨不忍睹。尽管如此，他们不得不日夜兼程，朝前赶路。

还有更危险的就是过渡口。川黔一带江河多，而且水流湍急，靠船来过这样的渡口实在是危险。当地摆渡是靠船夫拉船沿河岸行进，把渡船拉到一定角度后，猛然松开，让船只顺水流自行冲到对岸。船在河中将是什么命运，完全靠运气，整艘船的存亡全在于船夫凭经验掌握角度。而天上的敌机又不停地俯冲扫射，炸弹不时在船的周围爆炸，掀起几米高的水柱，溅击着渡船和上面的人，随时都有船翻人亡的危险。谢宾元置生死于度外，指挥若定，与战友们顽强机智地一次次把抗战物资护送到对岸。

就这样，谢宾元等人冒着生命危险，历经了千辛万苦，经过贵阳、重庆、宝鸡、咸阳，一直到西安。走过了这条险恶之路，为抗日根据地运送了大批物资。当他们尝试了这条运输线后，便成了新加坡到延安的运输通道，他们通过这条运输线，运送了一批又一批的抗战物资，直到西南公路被日军完全切断为止。

直到此时，他才向组织提出自己的请求，要求转赴延安，他要参加国内的抗日战争。

他要求到最艰苦的地方，在太行山上，他先后在五个兵工厂工作，无论到哪里他都是厂里的生产骨干

此时，抗日战争正进入最艰苦的岁月，侵略者妄图尽快征服中国，对抗日根据地进行了惨无人道的疯狂“扫荡”。经常能听到从前方传来的消息，前线急需武器、弹药，兵工生产迫在眉睫。于是，谢宾元立即说，他不去延安了，要到抗日最前线去，要到前方的兵工厂去，因为他有技术，有精湛的机械加工技术。组织考虑怕他吃不了前方的苦，他说，只要能为抗战出力，什么样的苦也能吃。他放弃了奔赴延安的要求，踏上了奠定他日后事业基础的新征途。

按照西安八路军办事处的安排，他经洛阳来到了太行山根据地。

1940 年 1 月的一天，谢宾元来到武乡县王家峪八路军总部，他被安排在下合村总部招待所。当朱总司令听说有一位从新加坡回国参加抗战的同志，徒步远涉从西安走上太行山，来支持我们的兵工生产，便亲自到下合村的总部招待所去看望他。

这是一个让谢宾元永生难忘的日子。他刚到下合村第三天，招待所的同志就告诉他：“总司令看你来了。”谢宾元没有想到他一个普通工人，会受到如此礼遇，非常激动，虽然由于长途跋涉他患病发烧，但此时他浑身是劲，一下子跳下炕来，直挺挺地站立，向总司令敬礼，说：“总司令好！”朱总司令亲切地握住他的手说：“快坐下！快坐下！”总司令与他挨着坐在炕沿上，十分关切地问暖问寒，打听他一路上好不好走，过敌人封锁线时顺利不顺利，海外华侨对抗日的态度怎么样……

谢宾元按捺住自己兴奋的心情，一一作了回答。说到海外华侨的动态，谢宾元说："大家都懂得'国家兴亡，匹夫有责'的道理，非常关心祖国的命运，有钱出钱，有力出力，全力支持祖国抗战。我在国外经常看报，还知道平型关大捷的战况呢！"朱总司令听了连声说："好！好！好！"谢宾元迫不及待地说："总司令，快给我安排工作吧，我这样坐着身体难受。"朱总司令笑笑说："你这几天有病，要好好休息，只有养好病，有一个好身体，才能好好工作，是不是？"接着，派总部卫生所的医生来为他看病。

这次士兵与将军的会面交谈虽然只有20多分钟，但谢宾元觉得像是游子见父母，久旱遇甘霖，激动的心情久久难以平静。他暗下决心：一定要好好工作，以优异的成绩报答首长的关怀！

三天后，他被分配到柳沟兵工厂。这里地处太行要地，丘陵起伏，峡谷幽深，便于隐蔽生产；这一带盛产煤炭、鸡窝铁矿石、坩子土、硝土、硫黄等，有丰富的原材料，清末就开办了开源铁厂，是八路军建立的最大规模的兵工厂。

初到武乡柳沟兵工厂，一切都那么陌生，衣食住行与新加坡迥然不同，他面临十分艰苦的环境和生活条件，谢宾元在吃、住、行各个方面非常不习惯。久居城市走惯柏油马路的他，在这河滩、山沟里不免步履艰难；在新加坡吃的是大米、白面，这里却是煮黑豆和玉米。他的肠胃本来就不好，现在吃这些东西更难消化，但他一直咬牙坚持，从不叫一声苦，不搞一点特殊。

工厂的生产条件很差，设备简陋。车刀磨损后，由于没有砂轮机，只得用磨盘改制的手摇砂轮机去磨，因为手摇转速太慢，实际上根本磨不动车刀。谢宾元动脑筋、想办法，先想加挂两组齿轮来调整转速，可是没有齿轮，他又试验摸索出把磨损的车刀加热，趁红热时用锉刀锉，再用油石磨的土办法。就这样，他解决了生产过程中的一道道难题，与大家用简陋的设备生产出性能良好的武器。当朱总司令听到谢宾元用小改革解决了大问题的时候，称赞他是抗日兵工的楷模。在这里他搞了许多小发明，大大节约了生产成本，解决了工作难题。

1942年，军工部又调他到位于武安县的梁沟兵工厂，此时该厂正试制驳壳枪，由于结构比较复杂，试射后零件变形、破裂，枪栓退不到位，不能射击更不能连发，试验失败。他们就组织研究、探讨失败的教训，谢宾元和试制工人继续研究，重新设计，简化机构，决心再试验。由任继周负责描图、谢宾元负责机械加工，景绍斌、张金元做样板、钳工和总装。经过几个人的共同努力，终于在1943年春制成口径7.5毫米驳壳枪。经过试验，射击正常，可连发射击30余发。该枪送往军工部展览会展览，受到八路军总部首长的称赞。

1944年9月，谢宾元又调到武安脑沟兵工厂。调到新的单位，他仍然废寝忘食地紧张工作，仅用了20天时间，就在这个厂试制成功了第一门五〇炮。

设在左权县（原辽县）西安村的子弹厂，主要是复装子弹，但由于子弹头生产出现问题，生产的子弹质量不过关，组织上又调他去当部主任，帮助解决技术难题。谢宾元没日没夜刻苦攻关，终于独自解决了工具问题，又与同志们一起解决了子弹打出去成横弹的难题。子弹质量终于过关，并开始批量生产，他因此荣立“刘伯承工厂运动”特等功，被授予银质奖章一枚。

在解放战争时期，我军战事节节胜利，势如破竹。前方不断传来胜利的消息，但是也传来供给不足的消息，作为兵工工人，谢宾元要用他的努力来支持前线战斗，他带领工人们夜以继日地工作着。1948年，谢宾元在附城兵工厂与工友合作，试制成功了小型水压机，解决了压制大口径炮弹的关键设备，为人民军工制造一二〇、一五〇迫击炮创造了条件。迫击炮试制成功后，由于战争急需，太行军区军工部又给谢宾元布置了3个月完成120门炮的硬任务。当时生产条件有限，而炮弹生产的要求又特别严格，炮筒公差不能超过2丝（2/7根头发粗细）。他每天早上七点开始工作，夜里两三点钟才能回去休息，有时还忘了吃饭。为了生产合格的产品，他多次晕倒，又坚持站起来。生产中精益求精，终于使造出的炮无论在外观、光洁度还是精准度上，都完全达到要求，受到军工部的表扬。

谢宾元让人们交口称赞的不仅是技术，还有他的为人。有一位四川来的同志对热处理技术掌握不好，造出的枪筒经常报废。当时兵工厂里的钢材是战士们用生命换来的，非常珍贵。谢宾元就耐心给他讲解，如何控制金属加热的温度和时间，循循善诱，终于使这位同志掌握了热处理技术。

谢宾元拼命工作，由于严重缺乏营养，患了疟疾，“打摆子”，可是好的药品都调到前线了，后方缺医少药，厂部卫生所没办法治他的病，只能给他配点中药熬着喝，军工部领导知道以后，专门特批了4针奎宁，可他死活不接受，说他能坚持，好药还是送到前线去吧。为了让他早日康复，军工部长把战场上缴获的白糖派通讯员步行一天，给他送去半斤，他十分感激，也更加坚定了他革命到底的决心。

新加坡的亲人几次写信来让他返回新加坡，他却说，新中国就要成立了，我们的祖国百废待兴，我不能离开

在艰苦卓绝的抗日战争和解放战争中，谢宾元始终没有离开过自己的战斗岗位。新加坡的亲人几次写信来让他返回新加坡生活。他说：“新中国就要成立了，我们的祖国百废待兴，我怎么能离开呢?”

就这样，这位从海外归来的赤子，把生命中最诚挚的爱，无私地奉献给亲爱的祖国和人民。

1950年4月，原来的兵工厂合并调整，组建成新的工业企业。谢宾元被组织上安排到中国第一个重机厂——太原重型机器厂参加筹备工作，并让他担任车间主任。他走出太行山，来到了大城市太原，在重机厂筹备中，他先后完成了组织生产、南下调集大型物资设备等任务，并攻克了桥墩弧度板、加工不锈钢的韧度等技术难题，使重机厂按时投产。

20世纪70年代，谢宾元（前排戴眼镜者）重访晋东南革命根据地时，在兵工厂遗址前留影

1960年以后，他先后调任太行机械厂、阳泉水泵厂、太原拖拉机配件厂和太原电影机械厂厂长岗位。特别是在太原拖拉机配件厂，由于产品质量不过关，当时濒临停产的边缘。组织上把这一难题交给了谢宾元，他临危受命，为了挽救这个企业，他一头扎进车间，与工人们打成一片，经过许多技术改进和革新，终于解决了质量问题，救活了一个厂。工人们对他很敬重，在“文革”期间，有个别人说他有海外关系要批斗他，可工人们就是不答应，千方百计保护他，工人们自愿组成看护组，每天在他跟前守护着，使他少受了许多冲击。

1976年，谢宾元调回山西省机械厅。两年后，已经60岁的他，本来已经到了退休的年龄，可是厅党委又安排他组建省机械设备进出口公司，并让他担任党委书记兼副经理。他没讲任何条件，硬是在一无所有的情况下，组建起了一个进出口公司，而且把这个公司办得红红火火，直至1983年离休。

林有声，干戈立志斩楼兰的华侨八路

林有声

林有声，祖籍福建同安，1920年出生于马来西亚。1936年回国在厦门集美学校读书。1938年秋参加革命，1942年5月加入中国共产党。1939年抗大毕业后到三八五旅，历任参谋、训练队长、军分区作战股长、参谋主任、团参谋长、副团长、31师副参谋长、12军参谋长、江苏省军区司令员等职。荣获二级独立自由勋章、三级八一勋章和二级解放勋章。

1939年到1945年，林有声长期驻扎武乡。

中国全面抗战爆发后，许许多多的热血青年抛家别子，走上抗日前线。在厦门的集美学校，也有几位学生，为了挽救民族危亡、抗击日寇侵略，自发组织了经过延安直达抗战前线的豪迈壮举。临行前，他们的老师曾为他们壮行而填写了一首歌词：

丈夫非无泪，
不为别离伤，
风萧萧兮水潺潺。
祝君此去，
深入民间，
干戈立志斩楼兰。

他们的传奇经历为集美校史书写了光辉的一笔，在这几位学生中就有一位马来西亚归侨，后来成为解放军的高级领导，他叫林有声。

国家兴亡，匹夫有责。这句话像烙印印在林有声的心上：读好书，拯救祖国的危亡

林有声，曾用名林有生，1920 年 9 月出生于马来亚（今马来西亚），祖籍福建省同安县（今厦门市）。父母早年到马来亚做苦工，历经艰辛创立了家业，他是父母唯一的儿子。童年时，他在马来亚华侨学校读书，并结识了学校里的一些进步华侨教师，听他们讲述了祖国的悠久历史和灿烂的民族文化，讲述了近代以来帝国主义入侵给中华民族带来的巨大苦难。这使得他幼小的心灵萌发了强烈的爱国热情，也产生了对帝国主义列强的无比痛恨之情。

1936 年夏，林有声在马来亚马六甲市培风华文学校读初中，当他得知初中毕业的堂兄和十几个同学相约，要回国到厦门集美学校读书时，立即请求父亲，让他和堂兄一起回国求学。

林有声要回国读书的动因，得从“九一八事变”说起。日本帝国主义侵吞东三省，不仅震动了全国，对南洋的震动也同样强烈。马来亚的华侨很多，大多是中国东南沿海的穷苦群众，为争温饱、养家糊口，才离乡背井下了南洋。林有声的父亲也是在这样的背景下带着家人到南洋的，他在马六甲市码头当工人。

11 岁的林有声永远不会忘记“九一八事变”后的一堂历史课。历史老师把一张画着中国地图的大画挂在黑板上。那是一片桑叶，一条毛虫正爬在桑叶上凶残地啃食，东北边好大一块已被它吃掉了。毛虫头上戴着一顶军帽，一团红徽赫然帽上。老师悲愤地讲述了日本帝国主义侵占我东三省，国民党卖国不抵抗、拱手相让的惨痛事实后，眼噙泪水望着大家。顿时，教室里的空气像凝固了一样，同学们眼里也有了泪花。林有声似乎听到了毒虫喳喳的啃啮声，像在啃啮着他的心，他感到了真切的痛。老师最后满含期望地说："国家兴亡，匹夫有责。同学们，你们要好好读书，长大了要用你们的知识去唤醒民众，拯救祖国的危亡！"

这段话像烙印印在林有声的心上：读好书，拯救祖国的危亡！

集美学校是华侨领袖陈嘉庚先生专门为培养华侨子弟创办的，有很好的师资和教学设备，学费也不贵，是真正获得知识的最好场所。当时，林有声一家七口，父母及三男二女五个兄弟姐妹，全靠父亲一个人在码头做工维持生活，日子很艰苦。但父亲深感自己没有文化的苦楚，知道儿子勤奋好学，见他去意已定，于是答应了他的请求，并想方设法为他凑足了30元学杂费，还为他添置了一只皮箱。

于是，林有声在1936年的夏天回国，到厦门进入了集美学校。

为了投身抗战，他与几位志同道合的青年一起，历尽艰辛，终于来到了梦寐以求的延安

集美学校早在中国大革命时期就具有光荣的革命传统，中国共产党的许多早期党员和工作骨干都是从这里走上革命道路的。林有声进入集美学校后，在这里接受了许多革命思想。1936年12月，震惊中外的西安事变爆发并且和平解决后，使林有声进一步加深了对伟大的中国共产党和中国工农红军的理解和认识。此时，他开始向往革命，向往延安。

"七·七事变"发生了，日军侵犯平津；"八·一三"又在上海燃起侵略战火；1937年10月，日军就侵占了厦门的前沿海岛金门。这时的东南沿海，已放不下一张安静的课桌，集美学校也被迫疏散到闽南山区。他所在的中学部，搬到了安溪县的文庙中。学校组织了多种形式的抗日宣传活动，林有声全身心投入其中。安溪地方偏僻，很难获得抗日战事最新消息。他和几个同学在物理老师的指导下安装矿石收音机，每天都要认真收听、记录抗战消息，然后刻印成传单散发。他还和同学们一起高唱《义勇军进行曲》《松花江上》等抗战歌曲，到城乡广泛宣传、发动群众。

不久，到1937年放寒假，学生纷纷离校回家，只剩下五六十人，大都是海外侨生。他们还要坚持抗战宣传。一天，林有声在安溪街上一家小书店寻找抗日宣传材料，突然发现了一本小册子，上面介绍了八路军东渡黄河、开赴前线和日寇浴血奋战的情况，还登载了延安抗日军政大学在全国招生的消息。他如获至宝，立即买了下来，如饥似渴地读了一遍又一遍。面对国民党的丧权辱国、腐败无能，而共产党、八路军却英勇抗日，走上前线，他心里感觉到，这才是中华民族希望之所在。于是他暗下决心：到八路军中去，上前线抗战救国去。

林有声愈是这样想，心情也就愈强烈。回到学校，他首先和同宿舍的好友陈耕国商量，得到了他的支持，然后又秘密联系了李金发、林步悌，因为他们都是一起从马来亚回国的侨生，平时来往较多，而且也是很说得来的。随后，又联系到了一位印尼侨生和一位菲律宾侨生参加，再加上内地学生刘两全，总共七人。他们进行了秘密协商，首先是几位同学立即写家信，以要下学期学费为由，让家里寄钱来作为北上的路费。然后设计了北上路线，决定由厦门乘船赴香港，再转广州，去找八路军办事处，然后经西安到延安。不久，收到家里寄来的钱，他们就秘密出发了。

在厦门买船票时，印尼和菲律宾的两位同学就动摇了，于是互道珍重分手，剩下五人到了香港。当时，广州正遭到日本飞机的狂轰滥炸，他们决定暂住香港，由陈耕国和刘两全先去广州寻找八路军办事处。可这二人一去不回，他们带的钱本就不多，又买了些北上御寒的衣物，生活上出现了极大困难。等了两个月，陈、刘二人终于回来了，带回来的却是八路军办事处不同意他们去延安的消息。就在这时，陈耕国突然病了，上吐下泻，制止不住，送医院一检查是霍乱，林有声又发了疟疾，他们感到前所未有的孤独与无助。这时刘两全坚持不住，提出要回家了，余下四人省吃俭用，自己开火做饭。一天，林有声上街买菜，巧遇集美的同学王寄生（后改名白刃），他们决定到西安，然后再联系西安八路军办事处。

七贤庄——西安这个不起眼的院落里，人头攒动，林有声等人被编入学兵队，领到了一套灰色棉军装，左胸上戴上“八路军学兵队”的队章，踏上了去延安的徒步行军路程。

1938 年 9 月，林有声终于来到了他梦寐以求的延安。

在抗大，他被选为优秀学员编入特训队，成为八路军中第一批防化兵

在延安，他被编入中国人民抗日军事政治大学学习。此时，中共中央召开了六届六中全会，会后，党中央与八路军总部领导人就抗大办学问题进行了磋商，朱德、彭德怀、左权电复毛泽东、王稼祥、滕代远：“估计今后形势更加严重，前后方交通更困难，往返需时更多，以及延安物质条件更加难解决，同意抗大一部分来晋东南成立分校。”

1938 年 12 月，林有声所在的大队被编入新组建的抗大第一分校，奔赴敌人后方的晋东南。1939 年 1 月 3 日，他们从陕北延长出发向东挺进。正是隆冬季节，天寒地冻，北风呼啸，西北大地白雪茫茫。行军中，不慎将物品掉在雪沟里，林有声为了刨出物品，双手被严重冻伤，多处溃烂化脓，可是当时又缺少医药得不到很好的医治，结果造成了 4 个指头残废。到了晋东南后，根据八路军总部指示，在党校学员中挑选文化程度高、政治条件好、身体健康的 50 人，组建了第二十七队，也就是防化队，林有声有幸入选，住在平顺西沟村。防化队是为了对付敌人在战场上使用毒剂而设立的一个特殊训练队，也是我军第一个防化干部训练队，在这里政治、军事课程较少，只占 30%，而 70% 是防化专业课，但当时由于条件差，只有几个从敌人那里缴获来的防毒面具，讲毒剂时，学员们都是直接嗅到毒剂的，有时大家眼泪直流，但都感到新奇。为了给学员讲发烟剂课，党校派他和徐行老师一起到卫生部的仓库里寻找原料，总算找到一瓶四氯化碳、一瓶锌粉、一点氯化钾……回来后在课堂上做了发烟实验，学员们非常高兴。

他们就是在这样艰苦的条件下进行学习的。到 7 月份日寇开始了对晋东

南的第二次“九路围攻”，他们经常在行军转移，在行军的空隙，还要坚持上课，直到完成了全部课程。11 月完成学业，全队学员在军事教员尹健的带领下，来到武乡县王家峪八路军总部，听候分配。他们防化队要由总部首长来分配，这充分说明他们的重要性，学员们个个兴高采烈。到总部后，左权副参谋长接见了他们，并作了重要讲话。他们这一批防化学员毕业后，八路军的三个师和晋察冀军区都成立了防化勤务主任室，在各旅都设立了防化干部。林有声被分配到 129 师任防化参谋。

先后参加了无数次大小战斗，太行三分区几个县遍布他的身影

林有声到 129 师司令部任防化参谋后，实现了他上前线抗击日寇的真正愿望。这期间，他一直转战在武乡、辽县、涉县、和顺一带，哪里有战斗，他就往哪里走，因为他时刻提防着日寇在战场上使用化学武器，一有空就向战士们讲解防毒知识。

根据师部安排，他的主要任务是跟随三八五旅，负责处理突发事件。在白晋线战役中，他跟随部队打进了日寇盘踞的武乡南关火车站，在这里发现了日军保存的大批化学武器，为了保护广大军民的生命，制止敌人使用毒药，他冒着生命危险，在没有防毒设施的情况下，销毁了这批化学武器。特别是在百团大战中，日军所到之处不仅烧杀掠抢，令人发指的是临走时还要施洒糜烂性毒药，致使不少战士、百姓中毒。为此，他在部队与民兵训练班上，多次讲解化学防护知识，让大家懂得了自我保护。

1941 年，林有声正式调往第三八五旅司令部任防化参谋。当时敌后形势更加残酷，日寇使用化学武器也越来越多，他的工作量也越来越大。到 1943 年春，由于斗争形势的需要，三八五旅与太行军区第三军分区合并，随之斗争环境更为艰苦。这主要表现为日军大“扫荡”愈加频繁，以及对抗日根据地边沿实行了“蚕食”政策。为进一步加强对敌斗争工作，从 1943 年起，林有声主动要求只身到祁县、太谷等敌占区的格子网，去调查了解部队开展游击作战的情况，此举得到了军分区鲁瑞林司令员的支持。

祁县、太谷地区地处小平原，交通发达，是日军较早攻占的地区之一。为强化“治安”，日军在这里三里一碉，五里一堡，实行“囚笼”政策，同时加强了伪地方政权的建立。因此在这一带开展游击战争是十分困难的。但是，林有声通过深入调查了解，发现该地区游击武装在党的领导下，发动群众深入瓦解敌军的工作非常活跃，游击部队领导坚强，此外作战中战术灵活，确有许多创造性的好经验，于是加以总结并写成了调查报告，在全区面上进行了推广，对更好地开展抗日游击作战起到了较好的推动作用。为此，受到了鲁瑞林司令员和129师李达参谋长的很高评价。

1944年3月，林有声参加军分区整风运动学习。在这次整风中由于极“左”思想影响，林有声因其海外归侨身份受到重点“审查”，但他始终心怀坦荡，无私无畏，坚信中国共产党是伟大的光荣的正确的党，坚信党是会做出公正的结论和迅速扭转这一偏差的。不久，上级很快纠正了这种错误政策，使他得以重新投入工作。

此后，他担任第三八五旅兼太行第三军分区训练股股长，同时还担任了分区干部轮训大队队长，在武乡培训了大批营、连、排级干部，使许多工农出身、没有文化的青年骨干，在政治上、军事上都有了极大提高。1945年他又担任了旅和军分区参谋主任等领导职务。在整个抗日战争期间，他先后参加了反击国民党顽固派的斗争、白晋战役、武沙战役、邢沙永战役、蟠龙战役、蟠龙围困战和祁县战役，以及多次反击日军“扫荡”的作战。

他以干戈立志斩楼兰的决心，把一生献给祖国，为了祖国的事业他终身无悔

抗日战争胜利后，林有声调任新成立的晋冀鲁豫野战军第三纵队第七旅司令部参谋主任，参加了邯郸战役。不久又任二十团参谋长。1947年4月在大湖营战斗中，他亲临前沿抵近指挥，不幸双腿负伤，经3个月治疗才基本恢复。1949年春，渡江战役期间，在二野第三十一师赵兰田师长领导下，率领一部劈开江堤，为渡江船只由内湖直接进入长江做准备工程指挥任务，为强渡长江出色地完成了作战任务。渡江战役后他被任命为师副参谋长。1950年10月，林有声踏上抗美援朝的征程，在指挥作战中功绩卓著，被朝鲜民主主义人民共和国授予一级自由独立勋章和一级国旗勋章。

1953年秋，林有声回国，调任中共中央军委作战部作战处副处长，后任师长。在“文革”中，因为所谓“海外关系”，他由野战军调省军区工作。对此，他不计个人得失，坚决服从命令。在江苏省军区工作一干就将近20年，在担任省军区副司令员兼参谋长和第一副司令员期间，他积极协助黄朝天司令员和钟国楚政委（兼省委书记）工作，主管全区战备和训练。他勤勤恳恳，一心扑在海防的战备训练，以及国防施工建设上，省军区所辖各部队、军分区，以及海岛、海防前沿的连队哨所、民兵团营都留下过他的足迹。

十一届三中全会后，他担任了江苏省军区司令员。他一直记着在集美时老师送给他们的那首诗，“干戈立志斩楼兰”。在新的历史时期中，他注意总结和研究部队和民兵工作的新特点，不断摸索和平时期建军的新特点和新路子。1980年军队精简整编后，为进一步加强海边国防建设，他撰写了《以军分区为基础组建预备役师是快速动员的主要形式》的军事学术论文，在《军事学术》上发表，引起总部有关方面的关注。1982年他担任省军区顾问后，热情支持新干部工作。并经常深入海边和内陆军分区及部队检查指导工作，了解部队生产经营情况，积极出主意、献计策。与此同时，他还担任省人大常委、驻苏部队解放军代表团团长的重要工作，为改革开放继续贡献智慧和力量。

1986年经总政治部批准，他携夫人与阔别了50多年远在马来西亚的亲人相见。他的姐妹们的孩子——几个风华正茂、有着高等学历的华侨后代，也回国来探望他，总要问：你有自己的洋房吗？有汽车吗？拿高薪吗？然后提出一个问题："你在国内经历了这么多危险、吃了这么多苦，不后悔吗?"林有声回答："我没洋房，没高薪，汽车是公家给我配的。但无论经历多少风险，为了祖国的事业，为了世界的和平，我的生活很有意义，终生无悔!"

江苏省侨联主席郁美兰，省侨办副主任丁荣与马来西亚归侨、江苏省军区原司令员林有声合影

离休之后，林有声以对革命历史负责的态度，积极参加省军区的党史军史编纂工作，并担任了省军区军史战史编写领导小组组长。他领导编著的中国人民志愿军第十二军上甘岭战役纪实《鏖兵上甘岭》一书，作为革命军事历史读物正式出版发行，收到了较好的社会效果。

黄登保，八路军中的华侨炮兵先锋

黄登保

黄登保（1918—1988），厦门禾山祥店人，出生于华侨家庭。少时就读于鼓浪屿英华中学，民国24年（1935），迫于生计南渡到菲律宾朗吗倪地市，在舅父经营的汽车零件商行当伙计。抗日战争爆发后，经香港八路军办事处介绍回国参加抗战，1938年6月参加八路军。先在陕北公学学习，并加入中国共产党，后又上抗日军政大学学习。毕业后，分配在八路军总部炮兵团工作，任驭手班班长，后任排长、连长、大队长。抗战胜利后，他随同炮兵学校校长朱瑞等奔赴东北，着手组建中国人民解放军的炮兵部队，曾任东北牡丹江炮兵团团长、炮兵师参谋长等职。参加辽沈战役、平津战役和解放雷州半岛战役。中华人民共和国成立后，他是抗美援朝第一批进入朝鲜的志愿军，1952年奉调回国。翌年，被调往南京军事学院炮兵系任副主任，后又创建炮兵学院，任训练部副部长，从事培训炮兵干部的工作。还参与领导导弹部队的初建工作。1955年被授予大校军衔。1958年调中国人民解放军炮兵司令部，任副参谋长、副司令等职。1979年和1984年先后当选全国侨联常委和副主席。1984年离休后，主持编写《炮兵史》。

1939年秋，黄登保随炮兵团到达武乡，百团大战结束后调回延安。

1993年，鹭江出版社曾经出版过一本纪念中国人民解放军原炮兵副司令员黄登保的小册子。书中，总参谋部炮兵部部长杜常青赋诗一首，称赞黄登保是“驰骋万里岂百战，巧使神炮无虚发”。而曾任人民解放军炮兵司令员和沈阳、北京等大军区司令员的陈锡联，还为该书写下“炮兵名将，功在千秋”的题词。黄登保，是一位菲律宾归侨，中国全面抗战爆发后，他抱着参加抗战、报效国家的愿望归国，成为人民军队中优秀的指挥员。

辍学的他背井离乡去菲律宾朗吗倪地谋生，亚洲的抗日运动已经兴起，在革命浪潮的冲击下，黄登保萌发了回国参战报效祖国的念头

黄登保，原籍福建厦门，生于1918年。他的父亲在菲律宾谋生，供他在国内上学。1931年，黄登保上了位于鼓浪屿的英华中学，这是一所颇有名气的教会学校，英语教学甚佳。父亲期盼他打好基础，学有所成，日后成为对国家对社会有用之才。

1935年，由于家里无力再接济他念书，黄登保只好离开厦门，沿着父亲的路，南渡菲律宾另谋生路。他漂洋过海到了菲律宾朗吗倪地。在这里，他找到了一份工作，在舅父经营的汽车零件商行当伙计。此时，日本政府的侵略行为已经十分明显，亚洲国家的抗日运动已经兴起，黄登保也怀着一腔热血，积极参加当地抵制日货、捐款捐物支援祖国等抗日救亡活动。

卢沟桥事变爆发后，“血战到底”的标语很快遍布菲律宾华侨社会。在祖国全面抗战的新形势下，菲律宾华侨在李清泉的号召下，于卢沟桥事变后的第4天在马尼拉成立了“菲律宾华侨抗敌后援会”，开展声势浩大的抗日救国运动，黄登保也积极参加了这一组织。菲华抗敌会采取多种多样的募捐方式，如纪念日捐、航空捐、医药捐、义卖捐、寒衣捐、娱乐捐、小贩捐、迎神拜香捐、婚丧喜庆捐等，为祖国抗战捐赠物资。在革命浪潮的冲击下，他萌发了回国参战报效祖国的念头。

1938年，黄登保与几个志同道合的华侨青年一道，来到菲律宾首都马尼拉，通过秘密关系介绍，踏上了回国抗战之路。经南洋中学校长王雨亭先生介绍，他们到香港找到八路军驻香港办事处领导廖承志，说明他们的情况，要求介绍他们回祖国为抗战服务。在廖承志同志的帮助下，介绍他们到延安。于是他们又历经艰辛北上，抵达延安之后，黄登保先到陕北公学学习了3个月。他如饥似渴地学习马列主义著作和毛主席的论著，学习中国历史，阶级觉悟和理论水平有了质的飞跃，政治思想上实现了从爱国主义到共产主义的过渡和转变，光荣加入了中国共产党。

组织上为照顾华侨，把黄登保分配到后勤部队，可他坚决不同意，经过几天的死缠硬泡，终于分配到战斗部队，他成了八路军总部的一名华侨炮兵

陕北公学毕业后，黄登保急于上前线杀敌，申请进入抗日军政大学。1938年12月，黄登保随抗大一分校开赴山西抗日前线。在尖锐复杂的对敌斗争环境中，他和战友们既学政治又学军事，既学理论又学技能。1939年6月，黄登保从抗大毕业，组织上照顾华侨，怕他到前线生活不习惯，把他分配到后勤部队，他不同意，坚决要去战斗部队，于是找抗大一分校校长何长工，坚决要求分配到抗战前线的战斗部队。何长工见他态度坚决，便问他："八路军总部成立一个炮兵团，正需要人，你愿意去吗？"黄登保痛快地回答："太愿意了！"

此时炮兵团跟随八路军总部驻防武乡，他就来到武乡县窑上沟村炮兵团报到，从此黄登保与火炮结下了不解之缘。炮兵团里，为培养炮兵骨干专门成立了一个炮兵教导队，其主要成员来自三方面：参加过长征的老红军战士，新参加革命的青年知识分子，自愿转入革命阵营的原国民党炮兵教官和炮校学员。黄登保属于第二类。老红军经验丰富，作战英勇，而且特别能吃苦耐劳。黄登保处处向他们学习，努力改掉自己身上的知识分子习气。黄土高原的气候和生活习俗跟南方迥然相异，黄登保开始很不适应，但他总是咬牙坚持，以红军战士为榜样激励自己。吃苦在前，享受在后，越是艰险越要往前冲。来自国民党军队的炮兵教官知识丰富，专业内行，黄登保虚心向他们请教学习，用他们的专业知识武装自己。在特殊的环境中，炮兵边打仗边学习，人人努力掌握弹道学、数学等专业知识。八路军的炮兵部队在战斗中成长，黄登保也从一名爱国华侨青年，锻炼成长为一名既有坚定信仰，又有杀敌本领的优秀抗日军人。

由于黄登保学习刻苦，不久就离开教导队，被任命为“驭手班”班长。当时每门大炮都有两个班——“炮手班”和“驭手班”。“驭手班”的活最为艰苦，边打仗边调教马匹、喂养牲口，休息睡眠时间较少，体能消耗很大。黄登保总是竭尽全力去完成任务。半年之后，他被提升为炮兵排长，并被评选为模范共产党员。

八路军炮兵团在行军中

八路军这支炮兵部队，主要装备武器是山炮，另有少量的野炮和重迫击炮，大都是从敌人手中缴获的。行动时，没有机动车牵引，全靠牲口驮运，一门山炮就需要数头高骡大马。炮手和驭手工作之繁重可想而知。特别是在百团大战中，他们发挥了非常重要的作用，在关家垴战斗中，彭德怀副总司令亲自指挥炮兵团。炮兵团按团长武亭的部署，参战炮兵配置在关家垴周围三个方向上：3营的4门日造41式山炮和1门阎（锡山）造山炮位于东南方向，直接受彭总指挥；7连1排由副营长朱光和指导员谢英带领，位于北面；迫击炮队由迫击炮主任赵章成带领，位于西面；我步兵进攻正面。炮兵根据彭总电话指示的目标，经过准确瞄准，首先对敌前沿阵地进行猛烈射击。步兵在炮火掩护下，迅速发起攻击。各炮以最快的发射速度，在一分钟内打出25发炮弹，霎时间形成一片密集火网。战斗结束后，彭总夸赞他是爱国华侨参加八路军抗战的光辉典范。

鉴于敌人疯狂报复，反复对我进行“清剿”，山炮在敌后活动越来越困难；同时，陕甘宁边区面临国民党顽固派企图掀起规模更大的第3次反共摩擦，时刻需要应付突然事变。1941 年 3 月，中央军委决定把炮兵团撤回延安，以加强边区防御，只留一个炮兵连在敌后坚持活动。命令下达以后，黄登保他们带着 12 门大炮和 100 多匹马，经过紧张的急行军和艰苦的战斗，跨越敌占区晋中平原的数道封锁线，经交城、方山、临县，渡过黄河，胜利抵达延安。自此黄登保踏上了新的征程。

在延安，黄登保所在的炮兵团也进驻南泥湾开展大生产运动。身为第 7 连连长的黄登保率全连奋战南泥湾，他吃苦耐劳，以身作则，在垦荒中因过度劳累昏倒在工地上。但当他苏醒后又继续坚持开荒，深受全连官兵的敬佩和赞扬。在大生产运动中，黄登保连成为先进连队，副排长冯国任这位红军老战士被联防军评为“劳动英雄”，代表全连出席了陕甘宁边区劳模大会，黄登保本人也被评为“生产模范”。

黄登保在八路军总部开展的大练兵运动中，也走在了全团部队的前列。他领导全连官兵苦练射击本领，使连队在大练兵比武中取得了优异成绩。他个人被联防军授予“贺龙炮手”的光荣称号。此后，他奉命调任延安炮兵学校队长，从事八路军的新建兵种——人民炮兵的军事教育工作。在教学和演练中，他认真授课，耐心施教，培养出了一批又一批人民炮兵射击和指挥人才，壮大了人民炮兵队伍的技术力量，被人们誉为“华侨炮兵”。

解放战争中，黄登保从北打到南，参加了无数次战斗，屡立战功，他的论文为炮兵的攻坚作战提供了宝贵经验

抗日战争胜利后，黄登保在朱瑞校长的直接领导下，随延安炮校到达东北。在此期间，他担任了炮校大队长，为发展东北人民解放军特种兵部队力量，加强特种兵部队建设作出了贡献。为加强东北野战军攻坚力量，他调任民主联军炮兵团长，并参加“三下江南”作战。在战斗中，为了指挥方便，在零下 40 度的严寒里，他连帽耳朵也不放下来。当战斗结束时，才发现耳朵已遭严重冻伤，形成痼疾，以后每年冬季冻伤都复发。但他自己却全然不顾，这种不畏艰险的精神给予全团官兵极大鼓舞。他在作战中历来执行命令坚决，即使到了十分危险的情况下，也能临危不惧，指挥若定。1947 年 6 月 13 日，他所指挥的炮一团奉命配合东野第一纵队第二师攻击四平。当日晚，在炮兵团占领阵地时，由于国民党军炮兵的疯狂袭击，使炮兵团部队进攻准备遭到了极大破坏。团政治委员李苏，以及黄登保的警卫员等十多位指战员先后牺牲。紧接着又下起了暴雨，道路泥泞，火炮行进十分困难。黄登保不顾敌炮火的狂轰滥炸，指挥部队排除一切困难坚决占领阵地，并带头冲向炮火和大雨之中排除险阻，奋力前进。他的大无畏气概带动了全团官兵，使火炮提前进入阵地。在总攻发起后，以猛烈的炮火严惩了国民党守军，完成了炮火支援任务。

黄登保在指挥作战中计划周密，运筹部署精力过人。1948 年 1 月，炮一团配合东野第二纵队参加歼灭国民党新五军的作战。5 日，因第二纵队实施分割包围新五军，我炮兵暂时用不上，第二纵队刘震司令员、吴信泉副司令员即指示炮一团集结待命。此时，黄登保敏锐地意识到，战斗进程将迅速发展，炮兵很快就可能用得上。于是他按照纵队首长的要求一方面将主力集结待机；另一方面，部署第二营人不离炮，马不离辕，隐蔽送至战斗最激烈的闻家台、王道屯附近的树林中，随时准备投入战斗。此外，他还亲率指挥部人员深入二纵六师指挥所，了解前沿作战情况和指挥员意图，并察看炮火行动地形，做好了充分战斗准备。次日，当二纵首长急需炮兵配合时，他立即指挥全团配合第二纵队第六师对国民党新五军军部、第四十三师、第一九五师发起全线火力急袭，大量杀伤了敌人有生力量，为第二纵队顺利结束战斗，全歼新五军，活捉该军军长陈林达创造了极为有利的条件。

为适应解放战争战略决战的需要，东北野战军炮兵司令部进行了 1948 年夏季整训，提出必须提高炮兵射击技术的新要求。黄登保对此十分重视，他立即着手进行各类专业技术训练，并重点进行好观测专业的集训，他与战士们同吃同住同训练。他亲自担任教员，指导各类观测器材的操作，以及射击诸元计算和观测作业。他严格检查验收，对每项动作和操作都要求精益求精。在他的悉心组织指导下，经过几十天训练，各项射击技术水平有了长足进步，一些战士骨干也能胜任连排级射击指挥，使部队素质进一步提高。在辽沈战役、平津战役中，炮一团都作出了很大贡献，并多次受到上级表彰。战斗结束后，他还撰写了《辽沈战役义县作战炮兵开突破口的经验》一文，发表在第四野战军的《特种兵》杂志上，为炮兵的攻坚作战提供了宝贵经验。

1949 年年初，他担任第四野战军炮兵师参谋长，随部队参加南下作战，为全国的解放作出了新的贡献。北平和平解放时，他率部参加入城仪式，接受毛泽东、朱德、周恩来等中央领导的检阅。

从炮兵教学到炮兵主要领导成员，他的职务几经调整，但无论在什么岗位上他都为炮兵事业呕心沥血

中华人民共和国成立不久，朝鲜战争爆发，黄登保奉命随炮兵第 8 师参加抗美援朝战争。在第一次战役的东线黄草岭阻击战中，他深入第一线，指挥参战炮兵部队与美军和南朝鲜军激战 12 昼夜，支援志愿军陆军部队击退美军多次猛烈攻击，保障了西线志愿军主力作战。在朝鲜，他几乎参加了所有的大战役，他的炮火让美军胆战心惊。

抗美援朝战争结束后，他率部回国。根据他在炮兵方面的才能，中央军委决定调他担任南京军事学院炮兵系副主任和炮兵学院训练部副部长。职业变了，职务变了，可他的专业没有变。在军事院校从事炮兵教育，担负着培训炮兵指挥军官的任务。这个任务要比自己做炮兵指挥更重要、更神圣。他正确执行中央军委制定的教育训练方针，周密组织教学和科研活动，从射击学科到实弹演习，从测地指挥到侦察与反侦察，对学员进行了严格的教学训练，为培养人民解放军炮兵的中高级指挥人员做出了大量富有成效的工作。

1956年，黄登保调任中央军委炮兵技术部副部长，之后又任炮兵司令部副参谋长、副司令员。黄登保成为人民解放军炮兵的主要领导成员。地位变了，担子重了，但他的思想和作风没有变，仍保持革命战争年代一往无前的劲头。

这一时期，中央军委决定，为加强炮兵的作战能力，开始组建战略导弹部队、战役战术导弹部队，他参与领导了炮兵导弹部队的初建工作，为导弹部队的建设付出了大量心血，高度重视炮兵的作战、教育训练、学术研究，以及司令部建设工作。随着装备技术水平的提高，对炮兵的专业技术要求也大大增加，他孜孜不倦、善于思考，理论联系实际，在繁忙的作战和工作中，撰写出并发表过不少有价值的军事学术文章。

从20世纪50年代到60年代，美国一直将中国视为敌国，美国决策者认为，中国富有侵略性，威胁着美国的利益。特别是进入1963年后，美国政府内关于“中国威胁论”逐渐占据上风，美国公众开始视中国为对世界和平的最大威胁。然而事实却是美国一直在对中国进行大量军事侦察。在反对美蒋侦察作战中，人民解放军炮兵在打击国民党空军P—2V、F—101等侦察机时，曾发生过几次失利战斗。总参谋部指示，炮兵研究总结经验教训，提出新的作战方案。黄登保主持召开全军高射炮作战会议，协助匡裕民副司令员进行了大量的工作，终于制定出了有效方案，解决了作战中遇到的困难和问题。他不仅重视炮兵的教育训练、基层建设，而且对中印边界自卫反击战，以及援越抗美作战如何发挥炮兵的作用，都提出过一些很有见地的建议。1964年，他带领总参工作组视察援越抗美的两支高炮部队，这两支部队曾分别击落美机23架和32架。黄登保认真听取了部队领导汇报，在听取了各方面的意见后，他透彻地分析了作战形势，使指挥员们明确了坚持正确作战指导原则的重要性和必要性。为遏制敌人对中国使用核武器，他参与组建第二炮兵。

在“文革”期间，黄登保由于自己的华侨身份，也受到了怀疑，海外关系使他受到了冲击。但他坚持正义，坚持抵制林彪、“四人帮”对炮兵的干扰和破坏，虽然条件很差，但炮兵的作战训练一刻也没有停顿。1979年，他还参加了人民解放军对越自卫还击作战。为了适应部队进入热带雨林地区作战，炮兵与步兵更好配合，通过分析研究和考察，对炮兵的使用，提出了一些很有见地的意见和建议，他撰写的《热带山岳丛林地区作战对地面炮兵的运用》一文还在全军性学术刊物《军事学术》上发表。在他的指挥下炮兵在自卫还击战中起到了重要作用。

黄登保从军中退出第一线后，又成为侨联副主席，他一心扑在侨务事业中，为侨界所做的两件事颇受称赞

1979年，黄登保作为人民军队的归侨代表出席了全国第2届侨代会，并当选为全国侨联常委，但当时他还任军中要职。1984年，他由副司令员岗位退居二线后，又被选为第3届全国侨联副主席。他说，既然被选为侨联的领导，那就要为华侨事业出力，不能当有职无事的空头领导。从此他一心扑在侨务事业中，想侨之所想，急侨之所急，不辞辛苦为归侨侨胞解决生产、生活问题；倾尽爱心教育、培养归侨侨胞子女；脚踏实地为归侨侨胞办实事，实事求是地反映群众的呼声。尤其是他求真务实、不图虚名的作风，经常深入基层了解情况，在侨务系统中颇有口碑。

1985年3月，他和全国侨联秘书长张楚琨率领“全国侨联赴广西慰问团”，行程1500余千米，对广西广大归侨、侨眷、华侨农场进行了深入调查研究，实事求是地汇总了农场生产体制僵化、生产手段落后、归侨人员生活较苦的情况，并将调查情况汇报中央。事后中共中央和国务院根据他们的调查反映和有关部门的调查材料，很快作出了《关于国营华侨农场经济体制改革的决定》，使华侨农场走出困境，开始了新的发展，为加快华侨农场经济发展步伐，彻底改变华侨农场面貌奠定了良好的基础。

我国的华侨遍布世界各个角落，而广大华侨对祖国建设作出了很大贡献。中国开始改革开放不久，海外华侨对国内的形势都不太清楚，为了更进一步拉近祖国与海外侨胞的联系，充分发挥海外华人华侨在推进中国的改革开放和现代化建设，促进中国和平统一、发展中国与所在国及其人民的友好关系等方面的重要作用，1986 年 9 月至 10 月间，黄登保率领中国武术气功团，访问了南美的阿根廷、乌拉圭、厄瓜多尔、秘鲁、委内瑞拉和巴西 6 国。历时 51 天，先后在 14 个城市进行演出，吸引华侨观众达 10 余万人。这次出访，不仅在海外播下了友好的种子，同时也团结了一大批华侨。秘鲁首都利马市市长专门举行了隆重的欢迎仪式。在欢迎仪式上，利马市市长热情地赞扬了华侨为秘鲁经济发展和民族独立所作的贡献，并用汉语高呼“中国万岁”。有一位在当地开餐馆的台湾同胞找到了黄登保说，一定要单独宴请来自祖国的文化使者。席间，这位台胞表达了自己思念祖国和希望两岸早日统一的心情。黄登保出访南美 6 国中，每到一地，都广交朋友，传播友谊，为祖国赢得了荣誉。在侨务工作中，他还经常接待来自海外的侨胞和台胞，并鼓励他们为实现祖国统一大业贡献力量。他对侨务工作付出了极大的热情和心血，赢得了广大归侨及侨联各级干部的赞赏和信赖，他在侨界享有很高的威望。

通过黄登保的努力，吸引了很多华侨、华人直接投资，参与祖国经济建设，大大促进了我国的基础产业、基础设施建设，为产业结构改造和技术提升作出了重大贡献，成为中国经济快速增长的强大动力。华侨、华人为中国现代化建设提供了宝贵的人才、技术、信息资源，以捐助、资助的形式兴办教育和公益事业，这种爱国精神在广大侨胞中源远流长。

彭光涵，国旗诞生的历史见证人

彭光涵

彭光涵，原名彭海涵，1918 年 10 月生，祖籍广东陆丰县人。1928 年随家赴马来西亚，1937 年加入共产党。1940 年回国，来到八路军总部，并上抗大学习，毕业调延安中共中央海外工作委员会工作。1946 年后，任朝鲜华侨联合总会宣传部部长、哈尔滨市南岗区区长、中共中央统战部研究员。新中国成立后，历任国家侨委委员、政策研究室副主任、办公厅副主任、司长，广东省外办、侨办副主任，国务院侨办秘书长、副主任，中国华侨历史学会副会长，全国侨联顾问。第五、第六届全国政协委员。彭光涵任第一届政协国旗、国徽、国歌、国都、纪年方案审查委员会秘书，见证了新中国第一面国旗的诞生。

1940 年秋，彭光涵来到武乡，在野战政治部工作。

八路军里有个“外国人”每天都要洗澡，这成了武乡的一件稀罕事。因为在抗日战争时期，当地老百姓从来没有洗澡的习惯，见到这个每天都要光膀子洗澡的人自然格外注目。

其实，说他是外国人，他又是中国人，因为他当时有双重国籍，他叫彭光涵。

为谋生跟随母亲来到南洋，年轻的彭海涵渐渐接触了革命，积极参加抗日活动，为支持中国抗战奔走呼号

彭光涵，原名彭海涵，祖籍广东陆丰县，客家人，父亲早亡。1925 年，彭湃以海陆丰为基地领导农民运动蓬勃发展，斗地主，分田地。彭海涵的几个哥哥也参加了农民自卫组织，他也跟着当了儿童团员。后来海陆丰边界赤卫队被围失利，海陆丰人民武装斗争便暂告停止。而地主又组织还乡团，开始残杀暴动的农民。残酷的形势无法生活，因母亲是印度尼西亚人，会说印尼话，也会说马来话，全家人只好背井离乡，跟随母亲拉家带口下了南洋，在马来亚安家种菜、种树胶。那里的气候好、土地肥，树木又多。砍了树盖房，开了地种菜，挖了塘养鱼。生活总算有了着落，他哥哥还去英国人办的橡胶园打工。

为了改变生活面貌，彭海涵的母亲让他去读书，可是家里穷，交不起读书的费用，只好半工半读给华侨学校帮工来维持学业。他的学习成绩非常突出，经常在学校里考第一，因而受到华侨商人郑经伦青睐，在郑先生的资助下才坚持下来，后郑经伦又介绍他到新加坡南洋华侨中学。经过一家人在马来亚的努力，总算是有了一点积蓄，不仅还清了初到南洋所借下的债务，还在马六甲和新加坡开了两间药房。

1935 年，17 岁的彭海涵在马来亚加入共青团，不久又加入共产党，开始了他的革命生涯。后来他又到了新加坡，曾任新加坡共产党的市委委员。中国全面抗战爆发后，他积极参加了抗日活动，并参与组织了“华侨抗日救国会”（后更名为“马来亚华侨抗敌后援会”），与陈嘉庚先生组织的“新加坡筹赈会”一道，为中国抗战筹款，征集棉衣、药品，组织了大批物资送回国内。同时还动员“南洋机工”回国服务，朱德总司令赞扬过的优秀军工、新加坡归侨谢宾元就是在彭海涵等人的动员下回国工作的。当时，筹到的物资都是通过各种渠道交给了国民政府，所以绝大部分物资都被国民党政府独吞了。当他们得知八路军、新四军在前方打仗非常艰苦，而且物资匮乏时，毅然决定进行“分筹分汇”，将一部分汇给了八路军、新四军。

为了更好地支持八路军、新四军，彭海涵倡议，在“马来亚华侨抗敌后援会”内专门组织了援八援四委员会，即专门援助八路军和新四军的分支机构，由彭海涵担任援八援四委员会副主任，运送了大批物资给八路军、新四军。1939 年他又与陈嘉庚主席合作，动员和领导了马来亚新山龙运铁矿 3000 多华工集体离职行动，断了日本在马来亚最大的制造枪炮的原料来源。他们还和印度阿拉哈全印度国民大会协调，动员印度 300 名矿工一起行动。同时还在马来亚、新加坡，参与领导了为抵制日货、对不法奸商的“割耳朵”行动，当时风行南洋各地，对抵制日货起了很大的作用。由于一直参与领导新马抗日救亡运动，英国殖民当局怕得罪日本军国主义，只好压制抗日。1940 年 4 月，英殖民政府驱逐彭海涵回国。

彭海涵离开马来亚，返回香港。在香港八路军办事处的指导下，他经中共在当地的负责人廖承志的安排，长途跋涉经过粤北、桂林、贵阳来到重庆。一路上，彭海涵还受组织委托，带着彭湃烈士年幼的儿子彭士禄，他们以兄弟相称作为掩护。从香港到桂林，经贵阳到重庆，遭遇日机狂轰滥炸，满眼都是难民和伤兵。一路上历经千辛万苦，留下永难忘怀的记忆。

在我党的护送下，彭海涵等人来到了重庆八路军办事处，周恩来副主席亲自接见了他。在谈话中，周恩来同志细心打听着他的情况，并建议，为了安全起见，把彭海涵的名字改为彭光涵，从此，他就使用了彭光涵这个名字。根据廖承志同志的安排，重庆八路军办事处准备转送他到延安，然而，当他到达西安后，由于国民党的重重封锁，去延安的路不通，他们无法过去，在西安八路军办事处的中共代表董必武的介绍下，他来到朱德、彭德怀领导的晋东南抗日前线。

太行山的生活非常艰苦，他顽强地战斗在抗日前线，为了更好工作，彭总推荐他上了抗大

彭光涵一行在八路军战士的沿途护送下，渡黄河、过敌人封锁线，走了半个多月，才来到太行山。

当彭光涵来到武乡八路军总部时，正是“百团大战”时期，日军为报复我军，组织了残酷的大“扫荡”，实行烧光、杀光、抢光的“三光”政策，根据地真是没吃没穿，以野菜、树叶充饥。老百姓也十分艰苦，但有点吃的就给八路军送来。彭光涵一直在海外生活，对太行山的生活根本不习惯，为了照顾他，彭德怀同志特意安排给他开小灶，吃好一点的饭菜。原来他以为八路军战士都是这样的生活，通过几天的观察，看到战士们的碗里有很多野菜，他说什么也不能这样搞特殊了，他克服了一切困难，坚强地生活下来。一次，八路军三八五旅组织打日军的仓库，他们集中火力，打死十多名鬼子，缴获大批武器、粮食、物资，生活才有了一些改善。

彭光涵被安排在野战政治部工作，他虽然刚到八路军中，对这里的情况还不大了解，但他积极主动，勤奋好学，跟随老八路深入部队调查研究，总结抗日游击战争政治工作的经验，也到农村去组织民兵自卫队、组织支前民工，给老百姓讲他的经历，讲他放弃南洋的舒适生活回国参加抗战的信心，这对根据地民众影响很大。

太行山老百姓的习惯是睡土炕，可是他却只习惯睡床板，老乡为了让这个“外国人”能生活得舒适一些，就把自己家里的木板拿出来，帮他支个床来睡。特别是他过惯了热带的气候，每天要洗澡，从老乡家借来饮牲口的大石槽，每天傍晚都要站在石槽边光膀子洗澡，村里的大人小孩都很好奇地来围观。只有妇女们一到傍晚都不敢出门，就怕看到“外国佬”的光膀子。他这种生活习惯非常卫生，因此，他身上就没长虱子，也就没有传染上疟疾。在当时，部队要从很远的地方背军粮、拉装备，可是许多战士都“打摆子”病倒了，只有他没事，他也就成了运输队的骨干。

不久，日军又一次组织重兵侵犯武乡，重点是袭击我八路军总部机关。为安全考虑，八路军总部只好离开武乡，向辽县一带转移，彭光涵也跟着离开了武乡。

1942 年，中共中央决定在延安专门成立海外工作委员会，彭光涵受命调回延安，参加“海委”工作，团结和动员海外华侨华人参加抗日统一战线

按照彭德怀副总司令的安排，彭光涵到邢台抗日军政大学第七期学习。当时由于日军“扫荡”，抗大学员根本不能安然地学习，经常是日军来了就和老百姓一起反“扫荡”打游击，敌人走了就学习，他们的连队在太行山上与敌人周旋，杀伤敌人数百人，缴获不少武器弹药。彭光涵在战斗中不怕苦、不怕死，被评为“模范党员”。

在抗日军政大学学习的时候，班里的学员大都是老红军、老干部，几乎都是身经百战的老战士。上课之后要实习，彭光涵跟着这些老红军一起去打伏击、端炮楼，打一些小仗。这些老红军太会打仗了，跟着他们基本是没有伤亡的。彭光涵也有他的长处，给大家讲国际反法西斯战争的形势，讲国际共产主义运动。他在新加坡读书时，曾在图书馆借到过英文版的马克思的《资本论》，所以，他在班里还给大家讲马克思主义的基本原理。由于彭光涵国际共产主义运动讲得很好，他在抗大毕业后，就担任了抗大政治教员。

在抗战中，华侨华人为中国抗战作出了极大的贡献。1941 年，中共中央发出指示：“必须大大地开展南洋与英美各地的华侨工作。华侨工作的方针应当是团结全体华侨，团结其各阶层各党派，共同进行反日斗争”。为了加强抗战期间的侨务工作，1942 年，中共中央决定在延安专门成立海外工作委员会，简称“海委”，由朱德同志任书记。同时，还成立了海外工作研究小组，专门研究侨务工作及世界反法西斯统一战线问题，也由朱德同志任组长。为了团结更多的侨胞，中央决定调几位华侨同志来“海委”工作，中共中央还组织一些革命青年，秘密到南洋工作；组织上海救亡演剧二队到南洋进行抗战宣传和演出。这些对团结和动员海外华侨华人参加抗日统一战线，积极投身中国和世界反法西斯的斗争起到了很好的作用。

1942 年 5 月，彭光涵接到通知让他去延安。当去延安的同志都集中在八路军总部所在地辽县麻田时，正遇上日军进攻总部，他们和敌人打了三天，杀伤敌人数十人。这次总部突围战斗非常激烈，我方牺牲很大，八路军副参谋长左权，就是在这次突围中牺牲的。突围后彭光涵离开太行山前往延安，到中共中央海外工作委员会工作，这期间受到毛主席、周恩来、朱德、陶铸、叶剑英等领导的亲切关怀和教诲，特别是他们对归侨的关心和重视，让其深受鼓舞。

正是由于中共中央的重视，侨务工作在抗日战争时期有了比较大的发展，最终在海外形成了最广泛的统一战线，实现了“围绕大目标，建立大联合”的新局面。众多海外华侨华人在海外组织抗日救国团体，踊跃捐款捐物，回国参战；开展经济制裁、削弱日本经济军事力量，以及坚持抗战，反对分裂和维护抗日统一战线等，华侨华人以空前的民族热忱，支持和参加了祖国的抗日战争，为中国共产党领导中国人民取得抗日战争的全面胜利建立了丰功伟绩。

1952 年彭光涵和妻子吴昭在北京

在延安，他亲眼看到延安军民团结、艰苦奋斗、坚持抗战，特别是又一次见到了陈嘉庚先生。陈嘉庚在到延安前听到的是重庆方面对共产党、八路军的诬蔑宣传，当陈先生来到延安后，彭光涵把他到根据地后的所见所闻，以及所经历的事向陈先生作了汇报，陈嘉庚听了他这位归侨青年的汇报，从此真正改变了对共产党的看法。回到重庆后，在欢迎会上陈先生如实讲了延安的情况和自己的感受，受到蒋介石国民党的威胁，尤其是他人还没有回到新加坡，蒋介石就派亲信吴铁城到南洋各地进行“倒陈”活动，并通过外交关系告诉英殖民政府陈嘉庚是共产党，要求驱逐陈嘉庚、胡念之、李铁民等爱国侨领。1946 年，彭光涵前往朝鲜任华侨联合总会宣传部部长。哈尔滨解放后，他回国任哈尔滨市南岗区区长。

在新政协筹备中，彭光涵根据小组和周恩来的意见，修改了 32 号国旗图案，并赶制出第一面绸料的五星红旗，他是五星红旗诞生的历史见证者

1948 年，在人民解放战争取得节节胜利，中国革命进入新高潮的形势下，中共中央郑重提出：“各民主党派、各人民团体、各社会贤达迅速召开政治协商会议，讨论并实现召集人民代表大会，成立民主联合政府。”这一号召迅速得到了在香港的各民主党派和民主人士的热烈响应。随后，中共开始邀请和护送各民主党派和民主人士北上解放区，并就筹备召开新政协问题同他们进行了商讨，1949 年 3 月，中共七届二中全会批准了新的政治协商会议及成立民主联合政府的建议。不久，随着国共北平和谈的破裂和南京、上海的相继解放，新政协的筹备工作迅速提上日程。

此时彭光涵也接到通知，调回北平参加了新中国的筹建工作。9 月 22 日，人民政协会议第一届全体会议通过主席团提议，成立六个分组委员会。其中第六小组是负责国旗、国歌、国徽、国都、纪年方案审查，彭光涵担任该小组秘书。在讨论国旗方案时，在全国各地寄来的 2992 幅国旗设计方案中，经过两次筛选后，38 套国旗设计方案成功入围，小组成员推荐的国旗图案《复字 1 号》和《复字 4 号》。由于《复字 1 号》图案中间有一杠代表黄河，有代表提出有分裂的含义，因而反对意见立刻多了，而《复字 4

号》图案上头三分之一是黄的，下头三分之二是红的，上头一个星星，黄是代表黄种人，代表和平，红代表革命，投票也未过三分之一。此时，彭光涵推荐了一个新的方案，也就是位列第32号的曾联松设计的“红地五星旗”图案。当时因设计原稿上，最大的一颗星里还带有镰刀、斧头的图案。有人认为，这和当时苏联的国旗太像了，作为主权国家，我们的国旗图案一定要独立。于是，此类图案被否决了。彭光涵于是把“红地五星旗”的方案汇报给毛主席，毛主席考虑之后，还是认为“红地五星旗”的设计好，并且提议，可以把代表含义改为“共产党领导下，我国人民的大团结”。最终，去掉了镰刀和斧头图案的“红地五星旗”中选，并在改名为“五星红旗”之后，成为中华人民共和国的国旗。

中华人民共和国成立后，彭光涵历任国家侨委委员、政策研究室副主任、办公厅副主任、司长，广东省外办、侨办副主任，国务院侨办秘书长、副主任，中国华侨历史学会副会长，全国侨联顾问。是第五、第六届全国政协委员。参与了新中国成立初期很多侨务政策的制定。“文革”期间，侨务机构被撤销，许多归侨侨眷因“海外关系”蒙受冤屈，彭光涵也被下放至兴隆华侨农场劳动。三中全会以后，彭光涵又到国务院侨办任要职。在中国引进的外资中，有百分之七八十是来自海外华侨华人、港澳台同胞的投资，这与他的工作是分不开的。1984年，彭光涵老人离开工作岗位，但他始终“离而不休”，年过九旬的他与海外华侨华人及国内侨界交流依然频繁。

钟嘉华，从爪哇投身抗战的归侨八路军

钟嘉华

钟嘉华，祖籍广东大埔，1915 年出生。念完小学、中学后远走印度尼西亚去其叔父的店内帮工。海外侨居 5 年之后，于 1937 年回到广东读书。1938 年参加革命，进入安吴堡青训班学习，同年加入中国共产党。后又进入抗大学习，后任第三大队队列干事、队列股长、总务股长、卫生队指导员，抗大第三团团部指导员，抗大第五分校第四队指导员，新四军司令部政治协理员，华中局政治教导队政治协理员，新四军兼山东军区保卫部秘书，华东军区政治部组织部干部科副科长，第三野战军政治部组织部干部科科长，华东军区干部管理部军衔奖励抚恤保健处第二副处长，南京军区政治部军衔处处长、组织部副部长，第三十四师政委，安徽省军区政治部主任、副政委、省军区顾问。1957 年获得二级解放勋章、三级独立自由勋章；1988 年获独立功勋荣誉奖章。

1940 年，钟嘉华随抗大三团来到武乡，后调往华中。

1932 年，钟嘉华就弃学来到远离故乡的印尼中爪哇省，在他叔父经营的商店中当了一名店员，为了抗战他毅然回国

钟嘉华，1915 年出生于广东省大埔县三河坝一个贫苦农民家庭。从小即失去父亲，是母亲省吃俭用、拼命劳作供他在本乡读小学。读完小学

后，钟嘉华深知母亲的辛苦，他执意不再读书，要靠自己的劳动来为贫苦的家庭做一点努力，可是母亲硬是要他读书，母亲说，没有文化永远也改变不了贫困。他在母亲再三劝说下，又进入三河中学继续读书，直至初中毕业。

此时，母亲已再没有能力供他继续升学了。钟嘉华就准备靠自己的双手来劳动，帮助母亲渡过生活的难关。就在这时，在印度尼西亚经商的叔父知道了他的消息，来信让他继续读书，并给他寄来了读书的费用，钟嘉华在叔父的资助和母亲的劝说下，又进入汕头的教会学校尝光中学继续读书。在尝光中学里，钟嘉华学习刻苦，求知欲十分强烈。就在他读完高中第二年级后，他听说叔父在印尼开办的商店需要店员，就几次给叔父写信，请求去印尼给叔叔帮工。母亲也感到学做生意是谋生的好机会，也支持他。1932 年，钟嘉华就弃学来到远离故乡的印尼中爪哇省，在他叔父经营的商店中当了一名店员。

中爪哇省位于爪哇岛中部，印尼的华人很多，所以许多国内的消息都会很快传到这里。“九一八”事变后中国东北沦亡，国内抗日救亡运动日益高涨，在印尼华侨中也兴起了抗日热潮，爪哇的各种进步书刊也大量宣传抗日的内容，钟嘉华闲暇时经常读一些报刊，受益匪浅。国家兴亡，匹夫有责，他再也不能安心从事店员工作了，一心想回国参加抗日救亡运动，于是向叔父提出回国的要求。叔父担心他年少势孤，只凭一时的热情难以成大事，觉得此举欠妥。叔父劝他冷静，先留在印尼继续工作，等待印尼华人组织救亡团体时再参加也不迟。而钟嘉华归国决心十分强烈，特别是卢沟桥事变发生之后，他更加坚定了信心，叔父见无法拦阻他，最后终于同意了他的回国要求。1937 年秋，钟嘉华回到了日夜思念的大埔故里。

历尽千辛，来到延安进入抗大学习，从陕北到太行再到华中，作为优秀的领导干部，一直从事政治工作

为了寻求革命，他来到了梅县，先进入广益中学继续学习文化。梅县是著名革命老区，红军最早活动的地区之一，他想通过梅县的活动来寻找前往延安的方式，无奈他人地生疏，只好又再次返回汕头尝光中学。在母校，开始与中共一些地下组织成员有所接触，在他们那里看到了中国共产党许多关于抗日战争的主张和政策的文件；看到了许多介绍延安及抗日民主根据地的文章。至此，向往中国革命大本营延安的心情再也按捺不住了。

1938 年 2 月，钟嘉华通过汕头地下党组织介绍，与几个志同道合的青年一起，毅然踏上了赴延安的征途，他们几经周折终于到达了西安，并找到了西安八路军办事处。在西安八路军办事处的介绍下，他来到了中共在安吴堡开办的青年训练班。

当时，包括沦陷区在内的全国大批青年学生奔向西北，要去延安，给西安八路军办事处增添了压力。为了接收这些要去延安的青年学生，中共中央先后从抗大、中央党校选派了一批经过长征的干部和具有一定文化理论水平的干部作为骨干力量，在安吴堡创办青训班，由中共中央青年部部长、西北青救会主任冯文彬任主任，不久胡乔木担任了青训班副主任。

钟嘉华在这里学习了两个月，根据他的学习成绩，被推荐进入中国人民抗日军政大学第四期学习，他被分配到第二大队第四队。他们住在延安附近，首先开始的是挖窑洞建校舍的劳动，经过两个星期的突击，他们挖好窑洞，垒起土炕，并用白灰水粉刷，光线明亮，清洁整齐。窑洞建成后，他们还一鼓作气修了一条 3000 多米长的盘山公路。被人们称为“抗大公路”。钟嘉华在劳动中表现得非常积极，很快于 5 月 9 日就被吸收加入了中国共产党。毛泽东到抗大视察时曾提出，抗日军人必须具备三个条件：一要开展，就是政治方面知大局、顾大体，因此在军事方面要讲点战略问题、兵团以上的问题。二要积极，就是要有政治热情和政治积极性，有了这种积极性就可以战胜工作中的困难。三要有朝气，就是要有蓬蓬勃勃向上发展之气。在毛主席指示的指引下，在学习期间他认真学习，各科成绩优良。7月，未到毕业时间，就被组织决定提前分配到第三大队担任队列干事。

在延安，他政治上和思想上找到了归宿，精神上彻底获得了解放。无论在工作或者学习、生活上热情都十分高昂。他在工作中表现得非常突出，不久，他担任了队列股长，1939年年初又担任了总务股长，5月调往卫生队任政治指导员。这年7月，抗大根据党中央与八路军总部指示，总校迁往晋东南敌后办学，以方便为前方培养大批军事干部。抗大第三大队随总校开赴抗日前线，于是他跟随队伍从延安出发，向晋东南挺进。由于汾河水涨无法渡河，总校只好转道晋察冀，在从晋察冀到晋东南中途，第三大队被调往冀中，同时改编为第三团，由刘忠任团长，黄志勇任政治委员，钟嘉华则担任团部政治指导员。抗大第三团在冀中开始开办军事教育，招收抗日青年入学，为八路军各部队培训干部骨干。1940年6月，根据总校指示，第三团从冀中来到武乡抗大总校归建。钟嘉华随团也来到武乡。当时在抗大是“边抗日、边劳动、边学习”三结合的办学方针。那时物资极端匮乏，学习条件很差，树下是课堂，马扎当凳子，膝盖当桌子，废纸记笔记，麻纸两面写字，用木棍、手指在沙土上练写字。正值日本鬼子对我根据地实行“三光”政策，对太行山区进行大“扫荡”，抗大学员们开出一小块一小块荒地解决粮食与蔬菜问题。那时日本鬼子搜山像梳子一样对八路军进行围攻，我们抗日健儿被围在山上经常缺吃少喝。在武乡期间，他积极组织学员参加了根据地的反“扫荡”作战，特别是到武乡不久，八路军总部对华北日寇展开了以破袭交通线为主的规模巨大的百团大战，第三团也参加了战斗。11月间，总校从第三团抽调了100名教职员，组成第二华中派遣大队，由洪学智、吴胜坤同志率领，去华中新四军盐阜地区，加强在江苏省盐城县成立的第五分校，又有一大部分教工调往山东，本期结束时，第三团建制撤销。

作为政治协理员，他以高度的责任心做好了该队的政治思想工作，受到了华中局有关领导的好评

钟嘉华也被编入华中派遣大队。在南下途中，华中大队途经冀南、鲁西南、鲁南、滨海、淮海等抗日根据地，持续达 7 个多月时间。其间，连续作战数十次，通过日伪许多道封锁线。在异常艰苦的条件下，最终于 1941 年 6 月抵达新四军军部所在地江苏盐城。华中大队并入抗大第五分校，钟嘉华任第四队（政治队）政治指导员。

在华中，从 1941 年起，日军转而以新四军为主要打击对象，对新四军和华中敌后抗日根据地不断进行“扫荡”，而华中国民党军队继续执行既抗日又反共的方针，在皖南事变后，侵占豫皖苏边区。华中敌后抗战面临敌人夹击的严重形势，开始进入严重困难时期。

同年 8 月 13 日，在一次与日军的交战中，钟嘉华率队与敌激战，战斗中不幸右脚负伤，因无法随部队行动，只得隐蔽在当地老百姓家里养伤，脱离了部队，又缺医少药，他的伤势一直没有好转，5 个月后转移至阜宁县新四军第三师后方医院，才进行了手术治疗，1942 年 3 月得以重返第五分校。

1943 年 2 月，钟嘉华调任新四军司令部任政治协理员。政治协理员相当于政治委员、政治教导员、政治指导员等，一般设置在非作战单位，所以这些单位就实行军事主官为主，政治协理员为辅的管理结构。他的主要职责是负责机关政治工作，他一直认为政治工作是各项工作的基础，只有做好思想政治工作，才能在抗日前线取得胜利。他的工作做得扎扎实实，得到上级的信赖。同年 12 月，中共华中局成立政治教导队，钟嘉华奉命担任政治协理员。该教导队是华中局的政治保卫队，工作任务很重要，他以高度的责任心做好了该队的政治思想工作，受到了华中局有关领导的好评。

抗日战争胜利后，由于山东部队主力调往东北，遵照中共中央军委指示，新四军军部率主力一部由华中北移山东。1946 年 1 月，新四军军部与山东军区机关合并，组成新四军兼山东军区，钟嘉华调任新四军兼山东军区保卫部秘书。次年 1 月，因华东地区人民解放军统一整编，撤销新四军兼山东军区，以及留在苏北坚持斗争的华中军区的番号，成立了华东野战军和华东军区。他担任了华东军区组织部干部科副科长，负责干部调配和任免工作。当时有位叫孟晋之的战士，在学习中有问题想求教他，就写信向钟嘉华询问“如何加强自我修养”，钟嘉华认认真真地写了回信，从自己的心得体会侃侃而谈，一谈就谈了 10 页纸。这封信让孟晋之保存了很久，他说：“我经常拿出来看，这封信对我一生影响很大。”由于后来失去联系，直到 2009 年，孟晋之还通过《深圳晚报》发出了《老战友钟嘉华，你在哪里》的公开信，可惜他收到的是钟嘉华将军的儿子钟深的回信：“家父已于 2008 年 2 月在家中因心脏衰竭谢世。”

钟嘉华（前排中）与战友们在一起

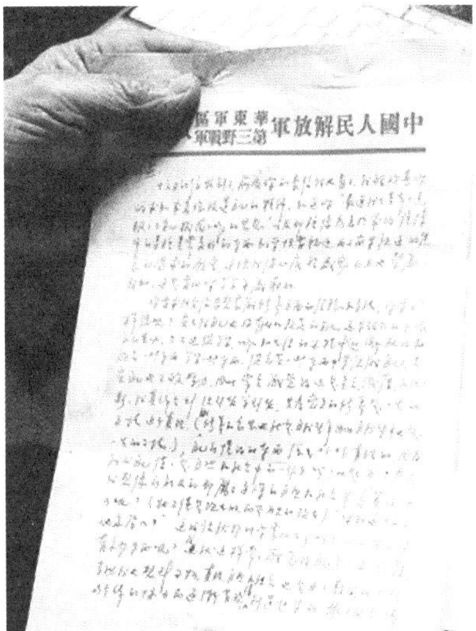

钟嘉华写给孟晋之的信件

由于部队和机关作战频繁，人员变化很大，干部工作虽然位于后方，但工作量大任务十分繁重。在军区政治部主任舒同和副主任唐亮、张凯的领导下，虽人员较少但工作效率很高。

他为人正直，实事求是，公道正派，从不利用手中所掌握的管理干部的权力谋个人私利，临终时，他依然嘱咐家属子女不向组织提任何要求

1949 年 4 月，中国人民解放军横渡长江，一举攻陷南京，钟嘉华也随同新改编的第三野战军领导机关渡江。部队占领南京后随即向上海方向进击，发起上海战役，是役后上海解放。1950 年 4 月，中共中央决定撤销野战军和兵团两级机关，第三野战军机关与华东军区机关合并，机关也由上海迁到南京。钟嘉华出任组织部干部科科长。当时的上海百废待举，他每天忙得不可开交。1951 年 1 月，成立华东军区干部管理部后，他调任军衔奖励抚恤保健处第二副处长。1955 年 4 月成立南京军区，他先后担任军区政治部军衔处处长和组织部副部长。在大军区机关中，他为人正直，实事求是，公道正派，从不利用手中所掌握的管理干部的权力谋个人私利，由此得到了上级党组织的信任和部队的尊敬，并被评选为军区机关的工作模范。

为加强部队建设，1963 年 10 月，他由机关下到陆军第 34 师任政治委员，为完成江苏北部沿海的守卫，以及国防战备施工等艰巨任务作出了重要贡献。此后，他先后担任安徽省军区政治部主任和副政治委员。安徽是遭受林彪、江青反革命集团破坏的重灾区，为稳定安徽的局面，保卫社会主义建设的已有成果，他做了大量的工作。

十一届三中全会以后，他担任了省军区顾问。退居二线后，他仍不知疲倦地为军队建设调查研究，出谋划策，做好新老干部间的传帮带工作，受到了省军区机关和部队的赞誉。1982 年，经中共中央军委批准，钟嘉华离职休养。1988 年被授予独立功勋荣誉勋章。1993 年，钟嘉华老将军突然患病瘫痪在床，2008 年 2 月不幸辞世。临终时，他依然嘱咐家属子女不向组织提任何要求，表现了一位共产党员的优秀品格。

图书在版编目(CIP)数据

不能忘却的初心；国际友人在武乡 / 温海明主编；郝雪廷著. — 北京：中国文史出版社，2024.11.

（武乡红色文化撷英）. — ISBN 978-7-5205-4902-8

Ⅰ. I251

中国国家版本馆CIP数据核字第2024T87T28号

出 品 人：彭远国

责任编辑：秦千里

出版发行：中国文史出版社

社　　址：北京市海淀区西八里庄路69号院　邮编：100142

电　　话：010-81136606　81136602　81136603（发行部）

传　　真：010-81136655

印　　装：山西人民印刷有限责任公司

经　　销：全国新华书店

开　　本：16开

印　　张：164.5

字　　数：2300千字

版　　次：2024年11月　第1版

印　　次：2024年11月　第1次印刷

定　　价：850.00元（全五册）

WUXIANG WENHUA JICHENG
WUXIANG HONGSE WENHUA
XIEYING

武乡文化集成·卷二

陈建祖 主编

武乡红色文化撷英

烽火中的报道

姜向东 主编

中国文史出版社

《武乡文化集成》编委会

总　序

甲辰之岁，万象更新。武乡热土上，乘新时代之春风，政治、经济、文化一体推进，正所谓政通人和，百业俱兴。

自古以来，莫不盛世修书，藉以兴文化俗。今有《武乡文化集成》之问世，摘精选要，撷英荟萃，乃国内县域文化系统整理出版之巨创，亦寻祖根，追文脉，固根基，增强文化自信之壮举，可庆可贺也！

文化之兴，缘于地理；或曰据于地理，乃出人文。

太行逶迤，上党巍巍，雄视华北，俯控中原，自古乃兵家必争之地。元人熊戴歌咏曰："天下多名山，太行居第一。泽潞伯仲间，上党天下脊。屹立界中原，形势控南北。"武乡踞上党北缘，乃千年名邦，抗战圣地。其东有板山竦立，如长城蜿蜒；其中有漳河流金，泽润乡里；其西则俯视晋中，藏风聚气。此土此境，古有商周遗物，有石勒要寨，有寺院林立，绵绵不绝，而民风俭啬，勤于耕读，崇尚勇武，远近闻名。清代乾隆《武乡县志》"风俗篇"云："武乡之为县，在万山中，金玉珠贝无所产，商贾舟车不至，民安于畎亩、诵读，无逐末游食、猎取富贵之人。""其民质而不嗇，其俗俭而不猥。"此乃武乡传统文化之概要，民风之底色，文化渊源之所自。追溯千余年传统文化，不亦绵长醇厚乎！

帝制灭而共和兴，社稷衰而危亡存，仁人志士，前赴后继，奋起斗争。武乡籍共产党人、革命先驱李逸三、史怀壁、武三友等，建立中共武乡县委员会，组织"五抗"，风起云涌，艰险曲折，板山漳河间，闪耀赤色曙光。全面抗战始，抗日烽火燃烧在太行山上，八路军总部、中共中央北方局、一二九师师部开进武乡，先后驻武乡王家峪、砖壁诸地，朱德、彭德怀、左权、刘伯承、邓小平、杨尚昆等在此指挥抗战，武乡乃成太行根据

地之重镇。长乐村战斗，歼寇两千；百团大战，威震敌胆。柳沟设兵工厂，肇始军火生产，装备抗日武装；抗大、鲁艺，学校遍及山乡僻壤，培植红色基因。武乡儿女，慷慨参军，牺牲何止千万；家乡父老，纳鞋交粮，自愿支援前线；太行奶娘，忘我取义，哺育革命后代。仰望太行之巅，遍布民族脊梁；回首抗战圣地，鲜血浸染。《少年先锋》，如诗华章；抗战篇章，辉煌绚烂。此乃武乡近世文化之鲜明本色。回首武乡之红色文化，不亦感人至深乎！

斗转星移，国运昌隆；改革开放，其命维新。武乡大地，文脉绵延，异彩纷呈。其初有高沐鸿之《太行吟》，冈夫之《故城谣》，张万一之剧作《小二黑结婚》，歌咏烽火岁月，隽永悠长；继之有寓真之《行道集》，赓续家国情怀，书写不尽之乡愁。抗战文化则梳理备至，书写将军之百战智勇，战士之慷慨赴死，军火之急急生产，民众之纷纷支前，友邦之慷慨资助，红色文化，洋洋大观。作者群起，深研备至，提炼太行精神，表彰抗战英模，可歌可泣，化育万民，进而为新时代不忘初心、继续前进之强大动能。回首七十年文化景象，不亦壮观乎！

武乡文化，厚重绵长，总而成之，采而辑之，舍我其谁！县委县政府下决心，定大计，集贤能，编方案，以规范性、系统性、权威性为基准，博采旁搜，摘取英华，卷次三分。首卷为历史文化，通览千载；继之以红色文化，特色引领；卷三是现当代文化，文苑集萃，遂成20册，汇千万字，煌煌然为武乡文化史上之空前巨著。武乡文脉，一以贯穿，高如板山，长若漳河，实乃空前之壮举，既为资政要览，亦成万民寻根溯源、永久承传之宝典，具彰往而昭今之效，其价值、意义不言而喻，无庸赘述焉。是为序。

中共武乡县委员会

武乡县人民政府

2024年6月

凡 例

一、本丛书以马克思列宁主义、毛泽东思想、邓小平理论、“三个代表”重要思想、科学发展观、习近平新时代中国特色社会主义思想为指导，选取武乡文化精华，编纂而成。

二、本丛书以基础性、系统性、权威性为基本编纂标准。

三、本丛书以武乡籍贯的作者为主要选取对象，以描写或记述当今武乡地域范围内的文化为内容选取标准。

四、本丛书选取的著作体裁不限，主要选取学术著作和文学作品。为了全面记述武乡的历史文化，特别组织作者新撰了武乡历史文化的通览性著作。

五、本丛书按照历史通览、文化特色、时代新篇为基本分卷依据，分武乡历史文化通览、武乡红色文化撷英、武乡现当代文化集萃3卷，共33种著作，编为20册。

六、本丛书为集成性著作，尊重原著内容的完整性，一般不作增删；为保持观点正确、内容准确、体例统一所做的修订，均经作者完成，并经专家予以审定。

七、本丛书对每一部入选著作的内容及其作者均予简介，以便阅读和使用。

八、本丛书根据各书特点而区别整理方式，涉及古文、文献等，予以标点，并适当注释；涉及文化遗产等内容，则以图文结合的方式予以记述。

【主编简介】

姜向东，1966 年生，山西省武乡县人，现任太行干部学院党委委员、副院长，曾任武乡县政府办主任、财政局局长。任现职以来，主要从事抗战史料的挖掘和整理。主持编印了本院干部教育系列教材《抗大在太行》《关家垴战斗汇编》《战火中的武乡》《魂铸太行》等，并主持修复关家垴歼灭战遗址。贾云：1990 年生，山西省榆社县人。太行干部学院助理讲师。主要进行抗战期间文字资料的数字化，编辑整理本院干部教材。

【内容简介】

太行革命根据地从 1937 年 10 月创建，到 1949 年 8 月撤销，近 12 年中，我党领导根据地军民进行了艰苦卓绝的政治、经济、军事斗争，最终取得了对日伪及国民党反动派的彻底胜利，同时实行了新民主主义的政治、经济、文化等各种政策，为新中国的建设积累了宝贵的经验。这一时期，我党创办的《新华日报》《解放日报》《人民日报》等主要新闻媒体发挥了刀与枪的战斗作用，全面、真实地记录了全国革命斗争的光辉历程，留下了极其丰富的史料，仅太行革命根据地的资料就数不胜数。为了便于了解和研究这段历史，编者以八路军总部曾经长期驻扎过的长治地区，尤其是武乡县为中心，把该地区在上述新闻媒体中的所有报道资料进行详细收集整理，按时间为序进行了编辑，期望通过这种方式清晰地呈现这段纷繁而厚重的历史。各篇报道均标明原创作者或资料提供者姓名，其报道内容一律保持原貌；由于收集的报刊资料部分缺损，少数篇目出现了部分文字空缺，或为避讳部分历史人物的姓名，均以“□”代替；为保密起见，本书中出现的“X”为原史料中原始模样；原文的行文习惯和用字习惯，也一仍其旧，不作修改。本书曾于 2021 年由新华出版社出版。此次收入《武乡文化集成》，删减了部分内容，并作了进一步校对。本书在编辑过程中很可能存在文字错误和史料遗漏，恳请读者和熟悉太行革命根据地历史的专家学者加以指正。

目　录

1938 年

激战七小时肉搏十余次

苦米地旅团被击溃

敌因突围不逞竟施放毒瓦斯

（本报潼关 18 日专电）我第八路军捷报：我刘师林师一部昨在武乡东南将敌苦米地旅团辎重全部截获后，将敌苦米地旅团全部包围，自晨 8 时许至午后 3 时肉搏 10 余次，激战甚烈。敌军最后施放喷嚏性毒瓦斯，因风向不适，我无大损害，卒将敌全部击溃。正聚歼解决之际，敌由辽县方向增援 2000 余人，迄黄昏仍在激战中。

武乡之役我军毙敌 1500 余

我叶团长成焕负伤指挥殉国

（本报 19 日潼关专电）18 日晚我第八路军刘师林师一部，继续将敌苦米地旅团及由辽县方向增援之敌 2000 余人，全部击溃后，敌退据武乡顽抗，我继续猛攻。18 日 1 时许，敌突围向沁县逃窜，我当即克服武乡县城，复跟踪追至沁县城仍继续猛攻中。是役毙敌 1500 余人，多为手榴弹刺刀所毙，缴获正清查中。我叶团长成焕阵亡，其余伤亡亦达千人。

——《新华日报（武汉版）》1938 年 4 月 20 日　二版

粉碎日寇九路大举围攻晋东南区的经过
（节选）

像疯狂的野兽一样的敌人

敌人对付民众的残酷，实在是谁也意想不到的。有许多事情，不但民众听见了要怀疑，就是我们自己听见了，也要怀疑到它们的真实性。比方说吧，一个辛苦地替你的军队带了几十里路，还不时用笑脸望着你，你能无缘无故地一刺刀送进他的胸膛吗？一个抱着孩子的女人，跪下来向你叩头的时候，你能够摔死那个孩子，强奸了母亲，再用刺刀划开她的肚皮么？当然绝对不会，而且也很难相信哪个会这样做。真是何苦呢？你或者也会这样说，而表示怀疑。然而这两件事全是事实，第一件事发生在榆社附近，第二件事发生在武乡东部的马庄。同样的事，更残酷的事，说起来叫人无从置信，然而偏偏是事实。在晋东南各地，发生了无数的类似的行动，只要在敌人到达的地方，就能看见敌人残虐的痕迹。

——《新华日报（武汉版）》1938 年 4 月 19 日　二版

火劫的武乡城

敌人到武乡县城后，就放火烧城。武乡的一条大街上，只剩下些断垣残壁，随处可以看见来不及逃走的老百姓的尸体，横在路边上，倒在余烬中。他们有的是被刺刀戳穿胸膛的，有的是被石头打碎了脑袋的。凡是日本兵走过的地方，可以破坏的东西没有不破坏的。满街丢着破烂的家具，堆着马粪，撒着粮食。可怜这个背山面水的美丽的城市，正当四周的野桃开得灿烂的时候，变成一堆瓦砾场，刚从山上面回来的老百姓们流着泪凭吊……

数十里的火光

敌人在榆社遭到徐（海东）旅截击，退回武乡的时候，沿途几十里的村庄，都被敌人纵火焚烧。从沁县之北的小山头上向东望去，一路黑烟，拖上几十里路上，黄昏之后，火光还是熊熊的照耀着。事后调查的结果，被烧焚了的有河南沟、高家沟、南北向阳村、谭村、台曲、三文沟、河内、朝邑、魏城镇、西方山、上关等 29 个村庄。一路上杀死了不少的老百姓，这些被杀的民众的姓名，已经由我们的政治工作人员收集起来了。

地狱的窑洞

徐××（海东）部收复武乡之后，走过东北刘（马）庄的一个小土坡，看见一个老头子，睡在斜坡上，似乎睡得很热。二个战士走上去喊："老乡！老乡!"老乡可不答应，战士去看，原来他的胸膛已被刺刀戳穿了，头垂下来，雪白的鬓上也染着鲜红的血。有几个战士就走下土坡来，发现一个土窑洞，进去一看，全是一个个鲜血淋漓的尸体，横七竖八的躺了一屋子，数一数，大约有 40 几个人，这里面有老太婆，有小孩子，年纪轻的女人，下体剥的光溜溜的浸在血堆里。

据当地老百姓说，单就刘（马）庄一地，就被敌人屠杀了 89 个民众，年轻的妇女们在被侮辱时，已被禽兽似的敌人咬破了面、乳头，最后一个个被刺刀戮死。

畜牲的受难

在敌人到的地方，牛、羊、猪和鸡都被残杀干净。距武乡西方八里路段村和东村回来的政治工作同志的报告，这两个村子的动物，除掉狗之外，什么也看不见了。田野里躺着牛的尸身，走上去看，却是被杀掉了的。牛身已被割去吃掉了，剩下的就扔在地里，满地都能看见牛蹄、羊蹄、猪脚，鸡毛洒满了道路，像特别铺好的羽毛路，但是踏上去的时候，就会踏着干瘪的鸡头和鸡爪子。偶然也瞧见肿胀着的一只全鸡，拔掉了半身毛，就被扔掉，大约是吃不完了。

段村的一个老百姓流着泪告诉这位同志说："咱们村子上谁家不养几只鸡？现在你看得见一只鸡的影子吗？"又说："日本人来的时候，我们来不及理会牲口，都往山上跑去了，牛都系在村上，日本人就在那儿把牛杀来吃了。正在农忙，家也完了，什么都完了！"说着说着，就哭起来。

东村和段村都是临浊漳水的肥沃地方，是这一带稀有的富庶区域。现在房子烧掉了，家具打碎了，粮食喂牲口，吃不了的，都给糟蹋烧掉了，只留下一部分好的，敌人用本地的驴子和骡子驮着运走了。后来这些驴子和骡子又被徐（海东）部和刘（伯承）部抢了回来，由老百姓认领了回去。

——《新华日报（武汉版）》1938 年 5 月 19 日　二版

1939 年

武乡县自卫队举行战斗大演习

武装民众的模范

（本报武乡专访）筹备了 20 天的二四区模范自卫队战斗大演习，已于本月 15 日正式举行，演习时间将继续三天。其意义为加强自卫队的战斗力，加强自卫队的实际教育，以高度的军事力与政治力来迎击敌人的新进攻。兹将其布置经过及演习情形简略地分述于下：

事先的布置

事先布置，可分为三方面：第一，地区方面：以二区为根据地，四区为进攻的部队，参加人数，每区规定为 500 人，另外发动非模范自卫队及男女群众担任运输、救护、侦察等工作；第二，领导方面：以县长为最高司令员，区牺盟特派员为政治委员，兼民运部长。第三，评判方面：由县政府武装科科长与牺盟负责同志、公安局同志共同组织评判委员会。

演习的记号

演习分为日间演习和夜间演习，演习的武器，双方皆以各种不同的旗帜为标记。敌方的杀人放火也以旗帜做记号，以纸炮当作炸炮弹的音响。二区为阻止敌方的进攻，事先便破坏敌方必定经过的道路，进行防奸的工作，密派了侦探到敌方去。同时，彼此都举行空室清野，以困对方。战斗时彼此互设埋伏，互争山头，互相袭击，如有未逃者，将其代表武器的旗帜缴获，便当作俘虏。如在战斗时丢失了武器，便当作阵亡。

——《新华日报（华北版）》1939 年 3 月 23 日　一版

长乐村之战

——粉碎敌人“九路围攻”晋东南一周年纪念

唐　恺

地点：武乡长乐村。时间：民国27年4月16日。史诗般的英雄：刘（伯承）师×××（386）旅×××（772）团与×××（771）团，徐（海东）旅×××（689）团。

粉碎敌人对晋东南的“九路围攻”的决定战斗。现在要歌颂的这个战斗，永在人们的心里活着，永在伟大的中华民族解放史上活着。也许，还永在“皇军”的心里活着！

战斗的前两日，已经是黄昏了。抗战的英雄们正在那里休息，因为这几天来，天天作战，天天袭击。诚然，他们太疲乏了！

但是，疲乏并不能屈服他们，他们知道敌人还未完全消灭，还在顽强地进犯，他们还要准备迎接更激烈的战争。

突然，来了命令：星夜赶往武乡。这命令来得很紧急。当时还不知道是赶去消灭九路围攻的敌人主力，但是，每一个人的心都在跳动了。像是在迎接这一个重大的事件的来临似的。

几分钟后，队伍集合好了。几天的疲劳已在同志们的脑海里消失了。大家带着一颗兴奋的心，踏上了征途。在夜色朦胧中前进，向武乡去的那条道路上前进。

走了一整夜，天明的时候，赶到武乡。侦察员回来报告，说敌人已去榆社。

但我们不能放松这一部分敌人，因为是主力。解决了他们，粉碎敌人的围攻，就有把握。因此，我们还要赶往榆社去。同志们，你们愿意去消灭敌人吗？叶团长立刻集合了队伍，作紧急的训话。

回答他的是一片巨大的、肯定的呼声。这时大家才知道，原来是赶来消灭敌人主力的啊！为什么不赶到榆社去呢？但是，试想一想吧：100 余里的高速度的行军，出发前的几天的疲劳，这一夜已经使他们的体力失去了原有的强度，军事家是不能像诗人那样夸耀真实的啊！

但是英雄的奇迹就在这种情况之下产生了，大家只经过很短时间的休息，又赶走了疲倦，重新开始战斗行军。

“榆社快到了！”同志们互相交换的视线中反映出这句话，行将爆发的热情一层比一层紧张。

突然，远处卷起的灰土带回了侦察员的飞驰的马蹄声，同时，带回来一个消息，说敌人又回到武乡去了。

妈的！鬼子又逃回武乡了，老子还要追！非消灭他娘的不可！这个同一的愤感，在每一个同志的心坎里翻腾，恨不能立刻在日寇面前爆裂。

现在，一切俱已计划就绪，立刻绕道追击敌人。团长亲自率领一班战斗员先走，侦察敌情与战场的地形。

不久，大队也移动了，行军的速度也增高了。跟着一阵一阵的怒火燃烧着每个人的心，不，每个人的手，每个人的脸……真的，谁还挡得住这一支铁流！

在返武乡的道上，遇见了把敌人从榆社赶走的徐旅×××（689）团，使人更为兴奋。

同志们，今天我们要同你们比赛打敌人！×××（689）团的同志们在向我们挑战了！不，他们正在鼓动我们，也在鼓动他们自己。感谢他们先说出了我们所要说的话。在彼此的呼喊声中，我们听见了行将来临的胜利的前奏曲。

最有趣的是：从武乡到榆社，又从榆社回武乡，我们同敌人走的是两条平行的路，只隔一个山头，然而，皇军却不知道我们！

抵武乡时，知道了敌人仍有南窜模样，顿时下了命令，决定了布置作战的办法：×××（771）团×（一）营从武乡西面的小道，绕到敌前面堵击，×××（772）团由东面绕过去，徐旅×××（689）团则集中于通辽县的大路上，堵击增援的敌人。以最高速度的行军，我们赶到了离武乡30里左右的长乐村，眼看着一场血战，要在这里开始了。

长乐村位于两山之间，地形对我们就有利，东面山坡下埋伏的是×××（772）团，西面的是×××（771）团×（一）营，一切的战斗准备尚未结束的时候，皇军就已经莅临了！时间是很局促的，立刻枪声大作，手榴弹也开始爆炸了！

这战斗开始就在本质上确定了遭遇战的典型，虽然事前曾有埋伏的计划。因为时间上的关系，可惜这计划未能实行，否则敌人早被一鼓作气歼灭了。

由于指挥员的机断敏捷，敌人一个联队立刻被截为数段。同志们的奋勇冲锋，敌人的顽抗，战斗的猛烈是可想而知的。就在这里，伟大的中华男儿表现了无上的英勇与牺牲的精神，从握步枪的，直至拿梭標的，掷手榴弹的……

"砰……砰……轰……轰……"拼刺刀的声音，追击的杀喊声，挨了梭标的皇军的哀号声，狼狈的窜逃声……这一切，象征着这场恶战的汹涌。

在人道的立场上说，在正义感上说，日寇的侵略战争都是要引起全世界唾弃的。但在革命的立场上说，我们的民族的自卫战争，又在人类解放史上，反映了无限的光辉，试看看下述几个英勇的例子吧：

杜德镇，五连的指导员，以干部的模范精神，领导冲锋，并高呼口号"不打败敌人不是中华民族的好男儿！不下火线！"这一阵冲锋，结束了100余皇军的狗命。只是，我们的不幸，英勇的杜德镇同志也壮烈地牺牲了！

同样的例子，三营指导员秦忠玉同志，一面呼口号，一面掷了20余个手榴弹。结果敌人毙伤40余，秦同志也负了伤，临下火线的时候，还向其他同志要手榴弹，呼口号。

一营一连的战斗员刘世治同志，也表现了英勇的模范。他看见敌人的一架机关枪阻碍着他这里一群同志们冲锋，立刻奋不顾身抄到敌人后面，一刺刀停止了那个架机关枪的敌人的呼吸。这样，机关枪也夺过来了，也帮助了同志们冲锋。

使人惋惜的是团部通讯员，一个众人爱戴的16岁的青年——邓世珍同志的牺牲。他从未参加过战斗，但是，这一次却表现了无上的英勇。从别人手里硬夺了5个手榴弹，当场打死了19个敌人。当其余的敌人窜入一个窑洞的时候，他一个人奋勇追击，结果，寡不敌众，这一枝青春的火花，被无情的枪弹夭折了！

在这许多英勇的例子里面，还有新战士的份儿，二营机枪连就有一个。战斗开始的时候，他就说“妈的！我只有锚子，今天我非要夺敌人的枪来打不可！”一冲锋，他就刺死了一个敌人，只是他的希望还未实现，刺死的是一个马夫！正在愤恨之间，另一个握着步枪的敌人冲过来了，于是，愤恨顿时转为兴奋。哈哈……你这个娘卖屁的，给老子送枪来了！连说带冲，梭标的尖头已经插进送死鬼的胸膛，这一次他胜利了。夺下了敌人的枪弹，他又奔跑到了一个地方射击去了。在冲锋的时候，还是用他的梭标。

这都是，血战中的几个英勇的典型。

同志们还在怒吼，枪弹还在空中飞舞，手榴弹还在爆炸，血还在飞溅，战斗还在继续，继续……

狼狈的皇军太可怜了！只打得他们直往大车底下钻！

妈的！钻在大车底下！杀他娘卖屁的！这已经是胜利的呼声了。

经过了十几次的肉搏，被压入深沟里的敌人早已无能为力了，几乎全部被歼灭，这残部还不是瓮中之鳖吗？

这时每个人的脸上都显出了胜利的微笑。眼看着苫米地旅团长亲自指挥的“皇军”战死殆尽了！

正于解决战斗之际，在通辽县的大道上，赶到了增援的工滕联队，这是我们早就预料到的。来吧！既来之，则击之。给他一个迎头痛击，我们要打一个更大的胜仗！

这一战，徐旅×××（689）团大施威风了，正当×××（772）团消灭深沟里的残敌的时候，他们与工滕联队，在东北角上，点起了第二把火。恶战又开始了。

砰……轰……杀喊声复起。尚未飞散的烟雾又渐趋浓。远远地我们看见，徐旅的英勇冲锋，与敌人肉搏了六七次。这，对于我们，是鼓励与兴奋。

“好！他们真正跟我们比赛杀敌人了！”同志们都这样兴奋地自语，回忆着徐旅所说过的壮语。于是，热血上涌，又是一个冲锋，杀尽残敌。

解决了这里的战斗，我们又飞奔向那一方，东北角上，第二个战斗的火焰之中。每一个人都在高呼“同志们，杀啊！我们来同你们比赛了！”又是鼓励，又是兴奋。

这一场激战，延至黄昏。结果，工滕联队溃不成军。

长乐村的战斗至此告终。是役，毙敌2000以上，毙敌战马400余匹，获步枪200多支，机枪十余挺，锱重一部。

打扫战场以后，夜深了。

现在，一切俱已静寂。大道上的野火带去了“皇军”的梦幻，也带去了抗战英雄们的憎恨愤怒，暂时地。

——《新华日报（华北版）》1939年4月15日　四版

加紧动员　故城（武乡）惨劫　防敌奸计

此次敌人进占武乡故城镇，诡计异常毒辣，据本报前方特讯，经过如下：14日上午12时，敌军以2000兵力向故城进犯，其先遣部队大部系在平遥、介休一带强拉的老百姓所组成，伪装我国军，行近故城时，且高呼

“打倒日本帝国主义”等口号，该村居民以疏于警戒，通讯网更不健全，以致为敌所欺误作自己军队。敌伪军当时并未暴露真面目，分别进占全村。当民众各个回家午餐时，敌伪立即将全村包围，树立旗帜，张贴荒谬标语。这时，民众已欲脱不能。敌伪一面大施奸淫劫掠，一面将全村壮丁悉数逮捕，强令穿着敌军服，并构筑工事。现故城敌军有小股时时四出搜山，在故城镇建筑碉堡，并于四周架设大炮。还有一点，即随敌军所到之处及其附近，武装汉奸极为活跃。这证明了我们紧急动员工作中，还有着缺点，对于放哨警戒，健全通讯网，锄奸等工作，应该有更切实的领导和动员。

——《新华日报（华北版）》1939 年 4 月 19 日　二版

武乡榆社沦陷地区惨遭浩劫

（故城特讯）此次进占故城之敌，屠杀惨绝人寰，已志前报。近又在故城组织伪维持会，找到当地流氓四名，勒令其向民众散发“良民证”，凡领到“良民证”者，即被强迫代修工事。同时拉去大批壮丁，迫令穿着敌军军服，编入军队，昨日即拉去自卫队员 30 名，寇军中介休平遥人甚多，均系被拉来者，故战斗力亦极为薄弱。现我武乡、石盘、云簇镇等地，均为此敌寇伪军占领，肆行烧杀淫掠，故城、五峪、西汤、分水岭白烟四起，云簇镇火焰冲天，石盘方面则已成一片焦土，沁县南涅水村亦被焚毁民房甚多。故城有七八岁小孩八人，亦被敌寇以刺刀活活刺死，茅庄、温康、界豁等地居民被杀者数十人。

奸淫妇女情形亦极为残酷，故城方面，有 19 个妇女被奸，死一人，伤一人，年老妇女亦难侥幸。16 日有一妇女被敌轮奸，其夫出而央求，当被杀死，此妇亦于轮奸后被剖腹毙命。劫掠行为亦无微不至，举凡现金、首饰、衣服、牲口、粮食均被劫掠一空，甚至蜜蜂巢亦被掠去，故寇伪到达之处，居民大部逃避。故城镇被骗居民，亦正在陆续逃走。敌军粮食，大感困难，派有汉奸多人，四出搜刮与侦察我军情形。故城方面之汉奸，多属去年在各地蛰居之柿饼小贩，或着便衣，或着军服，均在敌军驻地左右前后大肆抢劫。居民对敌寇恨之刺骨，咸欲寝其皮而食其肉，正在准备武装反击，以驱逐敌寇出境。

——《新华日报（华北版）》1939 年 4 月 21 日　一版

武乡故城敌窜分水岭

旬日来敌军自平遥介休突入分水岭，进占权店，西侵云簇、故城镇。本报已先指出敌军绝无孤军深入胆量，近日益为明显，云簇镇之敌已于 14 日为我击退。进犯故城镇敌军在我四周不断袭扰下，亦已窜回分水岭。在我大军紧紧追迫下，予敌人以正面的痛击，为期当在不远。敌军兵力的不足分配，在此次进犯中更为明显，大部为威胁迫诱的居民，战斗力的薄弱，自可想而见。若我军政民能有更密切的配合动作，动员工作更加加紧、切实、适时，敌人纵然施其横暴的新进攻，亦无足虑。

——《新华日报（华北版）》1939 年 4 月 21 日　二版

夜袭云盖山

李治明

从南关镇向东面攀上来，约二里地就是云盖山（或柳贝山）。这山与乔家凹倾斜起伏连绵着，山西面有七八座窑洞，敌人的重要阵地就在这里。

4 月 21 日晚，黑暗的天幕笼罩着南关的地面，蒙蔽了敌人展望的眼睛。

就在这时候，从前庄村子涌出了一条长龙，经乔家凹向云盖山蠕动着前进。

达来咖，达马来！（那个，站住！）轰！一颗炸弹飞过去了，回答了敌人哨兵的“达来咖”，轰轰轰……山崩地裂似的回声，在山谷里回旋了几分钟。我们的勇士，飞也似的冲到了敌人内壕和铁丝网内，“野郎”们吓坏了像石头样的滚下山去了。

不客气的很，新式轻机关枪和手榴弹，一阵阵向滚下山去的鬼子，和向我们反冲锋的部队追逐着，接着吻！眼瞧着一个个在前面倒下了。

炮声逐渐稀疏，在黑暗里，手摸到的是死尸，脚踏上的又是死尸，在炮火的余声中，掺杂着敌人伤兵的呻吟、悲鸣。

在一个死敌的身上，搜索到了一个望远镜，一支六轮手枪，一顶钢盔，这当然就是日本军官的“赠礼”。

时间快四点，东方微现着一线曙光，全体同志都带上了胜利的笑容，安全离开了云盖山。

——《新华日报（华北版）》1939年5月5日　二版

白晋路情况趋紧

南关敌五路南犯　昨又退回权店镇

（本报17日专电）白晋公路之敌连日增加甚多，计来远镇一带增2000余，南关柳贝村一带增骑兵千余，北关增2000。15日南关敌步兵骑共2000分五路南犯，一部千余于下午5时进占五峪、信义。故城镇之敌，当晚退回权店，正积极构筑工事。另一部500余进占石盘镇，当晚亦退回胡庄，我某师某旅正向该敌进击中。

——《新华日报（华北版）》1939年6月19日　二版

白晋路敌侵入沁武

（本报前方5日急电）白晋路之敌自4日侵占漳源镇后，于是夜继续南犯，侵据沁县城。于次晨在敌机掩护下，分三路进犯：一沿白晋公路南犯，于是夜侵入新店；一向西南犯南里，趋故县，在南里与我军一度发生激战，迄晚敌已进至窑上；一路西犯，侵入开村、郭村，冀家凹亦发现敌踪。我军民早有准备，布置严密，激战即将展开。4日白晋路敌另一部向东进犯武乡，武乡城亦于5日为敌所陷，现敌我仍在激战中。

——《新华日报（华北版）》1939年7月7日　二版

积极迎接敌人进攻

武乡各界举行座谈会

检讨过去工作　决定今后努力方向

（武乡特讯）县府为了将在此次敌人进攻中而获得的经验教训作为未来大战中的准备，特于日前召集党政军及民众救亡团体代表30余人，举行座谈会，检讨此次战争中的优缺点，当决定今后应努力的方向：（一）县、区、村必须坚持阵地，不离开自己境界；（二）动员一切生动力量，迎接战斗；（三）积极动员新战士，造成各区、村干部及群众参战的浪潮；（四）帮助各抗日军解决粮秣问题，提高各抗日军的信仰，改进军民关系；（五）严密布置战时情报网、除奸网、交通网；（六）破坏路道；（七）积极在敌后方建立抗日政权；（八）加紧战时宣传工作等。

——《新华日报（华北版）》1939年7月29日　一版

白晋公路北段两侧

敌寇四处骚扰

屠杀！奸淫！劫掠！奴役！

（本报专讯）现集结于白晋路沁县及其以南地区之敌，正积极修复公路，构筑据点，并特派一二百不等之轻便部队向公路两侧四处骚扰，抢掠民众财物耕牛，无所不为其极。其白晋路上权店一地，近有各处抢来之民妇达300余，供兽性淫欲，稍有不从者即枪杀，此类惨无人道之事，时有所闻。武乡县石北镇附近村民被敌抢粮部队杀害十余名，权店东坡村民被杀害五名。同时敌寇为修路筑碉大肆捕捉民众，强迫修路，不从者即遭杀害。敌为修路筑碉将沿路树木大肆砍伐，如树木缺少时，即拆毁民间房屋，民间所有桌凳、门板等已全被寇敌抢去作修桥补路之用。

——《新华日报（华北版）》1939年8月1日　二版

统一行动予敌寇迎头痛击

武乡军政民组织联席会

加强领导机构坚持持久抗战

（武乡30日特讯）本县县府为加强县区村领导战争的组织，坚持敌后抗日政权，特于日前举行军政民第一次联席会议，商讨战时一切工作，并成立军政民联席会。其组织系统，暂设正副委员长各一人（由县长及牺公特派员兼），下设四部：一、总务部：掌管战时交通联络差务秘书等工作；二、武装部：掌管游击队、自卫队、公安局的配合作战，领导担架队、情报网及除奸网，并附设新战士动员委员会；三、政治部：掌管武装部队的教育，布置敌区工作，指导战时民运工作，优待抗属等，并附设战时宣传工作联系会；四、参谋部：掌管募捐慰劳救治灾难、战时生产等，并特设破路工作指导委员会，区村组织亦仿此，惟不得超过七人为原则。此外，由该会各负责人，共同组成除奸委员会，以专司处理除奸工作。最后关于军政民联系问题，讨论甚为详尽，八路军129师386旅政治部苏精诚发表意见，更得到参会人士的热烈赞同。今后我军政民定能精诚团结，而予敌寇以迎头痛击。

——《新华日报（华北版）》1939年8月1日 二版

白晋路东六县民众兴建叶丁团长纪念碑

（武乡7日特讯）路东榆社、武乡、辽县、和顺、襄垣、黎城等六县民众举行追悼八路军丁思林、叶成焕二团长大会，已志前报。兹悉大会并决定于武乡×（长乐）村建立叶丁二团长纪念碑及“长乐亭”，现已筹措经费600余元，正积极进行兴筑，预期“九一八”举行落成典礼。并闻大会定由18集团军朱彭总副司令及薄专员题字纪念碑亭，传叶丁二团长身前忠勇为国事迹将彰于后世云。

——《新华日报（华北版）》1939年8月9日 二版

提高广大民众参战热情

武乡土河农民开会

彻底解决合理负担减租减息问题

改选农会秘书充分发扬民主精神

（武乡通讯）本县属土河编村农民救国会，于9日午举行全体大会，计到所属各附村农救会员共200余人，精神均极集中，会场情绪至为热烈。

主席为农救会秘书刘时云，报告开会意义后，会员提出要案多件，当即集中讨论改善生活的问题。讨论正进行中，忽有官牛甲闾长申德□和村民马□故意离开会场他去，复又转回会场，用欺骗的言语诱惑到会群众，谓：农抗会开起来与人民大大不利，以后人民的赋税一定更多，负担将日更加重，你们千万不要上他们的当。然群众皆明了他们有所用意，毫不为所惑。模范自卫队当一拥上前将他们拘捕，大家发言指责他们破坏新法令，破坏会场秩序。决定交村公所扣留他们，并罚马□三石麦子救济难民。随着大会仍继续进行讨论，当决议：一、关于合理负担：凡租自耕地均不在合理负担之列，反对摊派的办法，应该按“有钱出钱”的原则，并通过不出合理负担的贫农十余户，其他各户合理负担重新调查整理。二、关于减租减息：今年因武乡一带冰雹为灾，麦无收成，除大会议决概不交租外，并向租户商借余粮，重新整理减租减息，交换新契约。三、关于改善雇工生活，议决：雇工工资增加十分之一，雇工不得无故解雇，雇工生病不扣工资，并须由雇主酌量予以医药费。临时动议时，因有会员要求改选农会秘书，当由全体举手表决通过，并选举张步巍为秘书。全场充分发扬了民主精神，空气极呈融洽，大会于下午8时始行圆满闭幕。

——《新华日报（华北版）》1939年8月21日　一版

武乡士绅召开反投降会议

武乡县士绅筹备会于9日举行，到会士绅郝煴、裴玉树、魏麟祥等20余人。开会时由谭县长说明开会的意义及士绅在抗战中的工作，嗣由行营耿视察员、牺公、八路军×旅代表等讲话后，即有士绅魏麟祥先生讲话，特别强调反对和平投降妥协的重要性。魏文焕先生更指出敌人组织伪政权大多利用地方坏绅，士绅应速起反对，坚决不为敌所利用。各士绅均热烈发言，态度激昂。下午继续讨论合理负担及士绅工作诸问题，最后大会一致决定20日在××村举行反对和平妥协屈服投降紧急会议，并联名函请名儒硕彦一致参加，会议内容容待续志。

——《新华日报（华北版）》1939年8月23日　一版

洪水民众大会速写

15日的那一天，武乡第二区洪水编村的全体村民，聚集在破庙的会场上，有秩序地站在自己的组织里——农救会、工救会、青救会、自卫队……没有开会前，都已在议论着，计划着，满腔的愤怒急待发泄。

村长是一个农民爱戴的领袖，出现在民众的面前，带着农民固有的淳朴的气质向大家说话了：“我是才当村长，不管什么事情都得大家帮忙，我今天要求大家替我解决困难，要想以后给大家做事做得好，必须彻底清理以前的账！”这话，的确是打中了民众的心坎，群众沸腾起来，“我们要求旧村长算账！”接着是一声巨响，“对，我们实在是受不了啊！”

“大西岭村的村副过去负责制村民的通行证，每条向老百姓多要了一分五厘钱，大约一共多赚三四十块私饱了自己，还是和北反头村副一起干的！”“大家说这样徇私舞弊的人应该怎样办？”牺盟协助员这样问。“扣起！”这声音立刻得到了全场的响应，“大西岭的村副还私吞了500斤公粮，我做证人。”一个农民这样喊了出来，终于在民众激烈的要求下，两个贪污的村副被扣起来。

又是一声呐喊，“公道团村团长私吞慰劳伤兵的捐款，”“对，慰劳他自己吧！”讥讽的呼号，像一颗炸弹。“范家岭闾长，违抗阎主任法令，乱派合理负担”，在民众愤怒的发泄下，还有另一个闾长不遵法令的事情也被提出来。每一个人名提出时，都是全场的，响应无数的人，无数的心，是一致愤恨，五个民众的罪人被扣押起来，民众的力量表示了无限的伟大。

延长了三四个钟头的民众大会，已到了黑夜。各村政领袖接受了民众的要求，圆满地宣布了处理的办法，并要求民众以后继续不断地提出来，把这些有碍抗战的贪污腐化的分子逐渐清除出去，使抗战顺利地进行。

高度的怒吼震撼了夜空，民众的巨吼“铲除汉奸!”“铲除汪派托派!”“打倒日本帝国主义!”“……”结束了这个有生气的大会。

(本报特约通讯员燕军)

——《新华日报（华北版）》1939 年 8 月 23 日　一版

武乡四区村干联席会　布置战时工作

(武乡 23 日讯) 本县第四区区署、牺公及工、农、青、妇各团体，为了迎接敌人新进攻，特于 20 日召开全区各村干部联席会，到会者共 50 余人，除主席报告开会意义并作政治报告外，并针对着战争形势及本区工作基础，布置工作数项，内容颇为详尽，兹分志于下：

一、紧急动员工作

1. 粮秣：公粮及军用代购粮秣，迅速动员，完全由村副闾长负责，模范自卫队概不代催。2. 武装：动员新战士，各村以团体机关为单位，每单位动员一人，并保证切实优待抗属。其次为加紧自卫队训练，模范队每月逢单日下午训练一次。集成归队运动由各团体共同进行。3. 空室清野：加紧检查，如顽固分子不听说服，必要时没收其粮食。4. 破坏道路：河滩多积累石头于道路两旁，山坡大小路都须破坏。5. 鞋及麻：8 月份每闾五双鞋必须完成，尽量动员麻，以备慰劳时之用。6. 募捐：迅速结束以前布置的募捐钱及日用品等物，以备劳军并优待抗属。

二、组织工作

1. 各团体切实分清基本会员与普通会员。2. 各民众团体，继续发展与巩固组织，吸收好分子，清洗坏分子。3. 切实划分小组过组织生活。4. 加强组织教育。5. 识别与善于运用干部，提拔好的，清洗坏的。6. 在募捐动员中加强宣传教育工作。7. 划分除奸小组，加强教育。8. 建立汇报制度，各团体半月汇报一次。

三、宣传工作

1. 宣传要点，针对目前政治危机，揭破敌人诱降政策及“以华制华”阴谋，说明敌人进攻形势及应对办法，特别揭破敌人利用汉奸挑拨离间欺骗民众，联系到加紧除奸工作。

2. 宣传方式，主要是充实民革室利用各种大会，其次组织宣传队，贴标语漫画，散传单小册子等。

四、武装工作

1. 教育训练模范队，每月逢单日下午。训练交通情报员，每月为双日下午。半月内本编村检阅一次，一月内到办事处集训一次，担架队也参加。要求游击小组起模范作用。

2. 除奸每小组查路查店查哨查户口站岗放哨，切实执行。

3. 情报交通工作，如情报站每天侦察一次，报告村公所。交通不得贻误时间，不能代替，每天向县府区各送信一次。

4. 担架，每编村20副，日前军情动员时，必须迅速集中村公所。（静函）

——《新华日报（华北版）》1939年8月27日　一版

武乡韩壁编村　彻底整顿合理负担

慎重周密村干会议持续八日

主张公道村民一致表决通过

（武乡特讯）县属韩壁编村，于本月17日起举行干部会议，计到会30余人。为了改善民生，发扬民主，当场即提出合理负担应重新摊派。经过干部的决议，关于此项应组织合理负担审查委员会。村长张志达、区农会代表王群、村农会秘书李金书、牺盟协助员曹国祥、牺盟秘书李春沼五人，为审查委员会的当然委员，并选出各救工作同志十人为该会干事；大会继续了八天。

合理负担　施行办法

第二日审查委员会第一次开会，拟定：（一）审查的标准：1. 尽量发扬民主精神；2. 纠正过去不合理的现象；3. 确实做到有钱出钱有力出力；4. 反对逃避合理负担；5. 无力出合理负担者可不出；6. 分摊合理负担，应按实际的收入与支出。（二）审查的办法：1. 农救小组提出名单讨论；2. 分派干事下乡切实审查；3. 设立意见箱；4. 根据农救小组讨论来初步审查；5. 整理意见箱中的意见；6. 根据上述几条重新审查工作；7. 经过村干部与士绅联席会议提出意见；8. 群众大会作工作上的最后决定。（三）审委之受罚规定：1. 审查委员无故不到会者，处 1 元至 5 元之罚金；2. 审查委员有偏见者处 5 元至 15 元之罚金；3. 审查委员有贪污行贿者由群众大会公审。

第三日农救会分组讨论，提出各户名单互相讨论，以小组五人通过为标准，真正的发扬了民主的作风；第四日发动干部下乡彻底调查；第五日审委会根据农救小组讨论及调查所得作初步审查；第六日整理意见箱中之意见；第七日审委开会依次审查。

全体村民　一致拥护

第八日上午举行各村副、闾长、各救代表、士绅及审查委员出席会议，计到会共 40 余人。大家作慎密的再度审查，当即指出尚不合理的数户，当场由各干部审查而决定。下午接着就是群众大会，到会 500 余人。经过热烈的讨论之后，全体一致正式通过合理负担名单，确定了每人应负担的数目，但唯恐再有错误，特由大会制定了审查错误办法：1. 不公平的限定在一月内可呈交村公所重新审查，若仍没解决，可向区公所或县府呈请；2. 各村设意见箱征集意见。大会随即在热烈的欢呼声中结束。

大会结束后，审查委员会便总结此次大会的经验教训。但根据总结，这大会虽然还很公平，并充分发扬了民主作风，审查委员尚称公正无私，然而并非没有缺点，这就是：1. 一切工作尚没有彻底推行；2. 各干事下乡调查不够详明；3. 个别同志责任心不够，讨论精神不集中，因而群众意见还没有十足反映。

——《新华日报（华北版）》1939 年 8 月 29 日　一版

武乡士绅大会圆满结束

通电　反对妥协　枪决汪逆

严惩平冀事件祸首并通过要案多起

（本报特讯）晋东南反对和平投降妥协大会第一次在武乡×（土河）村出现了，而且还是由士绅们首先举起了反对投降的旗帜！21 日，全体士绅代表 60 余人，全部到会，尤其是崔作云先生挣脱了敌人的包围，越险破障，自敌区前来开会，更令人钦佩！

作为会场的大门，悬着：“只有彻底肃清‘反共’‘防共’‘反对牺盟会’的汪派汉奸，才能粉碎敌寇围攻，争取相持阶段的到来！”的醒目标语。开会时首先由魏翔先生报告开会意义，接着有耿视察员和张特派员的政治报告。下午是国际国内政治报告，通俗明白，于是士绅们皆相顾而笑曰：“只有抗战才有前途！”

武乡士绅高举反投降旗帜

第二天继续开会，上午报告目前战局及士绅们在坚持抗战巩固抗日根据地中的任务。士绅代表李香亭先生讲演，他激动地说：我们今天好像是黑暗的天空出来的明亮的月光一样，有路可走了！更说和平妥协就是自杀政策。要活，只有巩固和扩大统一战线，坚持抗战到底！

下午，魏荣宗、李振基、崔作风等先生都先后发表了极动人的演词。夜晚，为八路×旅野火剧社庆祝武乡士绅反对投降大会胜利公演，“张团长”“小白龙”演技精熟，全场为之泪下。士绅代表当送该社价值30元之礼品，并一再地说：人家为了救国，牺牲老母妻子，我们呢，太惭愧了！

第三天大会通过了九个提案：一、请求政府处决汪精卫、周佛海、陈碧君等及其党羽，并严惩平江、河北两事件祸首张荫梧等；二、反对抗粮抗差鼓动有钱不出钱，要求政府法办此等行动；三、拥护新法令并保证确实执行；四、请政府普遍民选村长；五、要求政府肃清长毛道、孔子教等，并枪决其首领；六、贫苦人家支差，由村公所酌给津贴，七、应由政府通令各村公所，确实收到登记秋收粮食，除按人口必需消耗者留用外，尽数归公保存，以资统计而利起派；八、应规定合理负担重新审核标准，以资划一而期公允；九、应规定民选村长资格，以资遵守避免争执等。此外并通过反对和平投降妥协宣言，及通电呈蒋委员长等严惩汪逆党羽及平江、河北事件凶手（电文附后），大会遂圆满结束。

大会通电

国民政府主席林、军事委员会委员长蒋、行政院长孔钧鉴：

汪精卫叛党卖国，通敌求和，丧心病狂，莫此为甚！国逆周佛海、陈璧君等，助纣为虐，无法无天。此等奸贼，一日不除，则心腹大患，将有增无已。又报载：27集团军派遣军队将新四军平江通讯处主任涂正坤及八路军副官罗梓铭等戕杀或活埋。又闻河北民军总司令张荫梧，不明大义，屡向八路军挑衅，狂杀抗日志士，今又在深县围攻吕纵队赵承金、赵东环两部，惨杀400余人。一波未平，一波又起，冀西八路军桂支队第3营全数又尽被歼灭。在此国难益形严重，抗战愈加艰苦之生死关头，此种亲痛仇快之事件不断发生，我等闻讯，念及抗战前途，想之痛心。为杜绝祸患，拟将汪逆及其党羽一律捉拿枪决，没收其财产，并将制造平江及河北两事件之祸首依法严处，以儆效尤，而利抗战，临电不胜迫切持命之至！

武乡全县士绅大会　谨叩　2月23日

——《新华日报（华北版）》1939年8月29日　一版

武乡韩壁编村雇工雇主会商改善雇工生活

（本报特讯）武乡二区韩壁编村，由农会发起于上月26日下午4时，召开全编村雇工雇主联席会议，出席雇主20余人，雇工代表6人（全编村雇工共80余人，长工、羊工——牧羊的人，均在内）。此外，尚有区村农会代表、区村牺盟会代表、村长等。主席为村农救秘书，首先报告开会意义以及上次区农救代表大会关于改善雇工生活的决议，作为此次讨论之根据。始由雇主魏柳堂先生讲话，所谓改善雇工生活为改善人民生活之一部分，雇工生活之改善，可使雇工生活安全，安心生产，以增加抗战力量。此外，雇主魏文兰先生也出席讲演，他对于主席报告之区农救代表大会之决议，完全赞成，并且诚恳接受他们（雇工）的要求，同时更希望大家（雇主）亦如此，并且对魏柳堂同意。最后有一雇工代表讲演，他说道："生活改善以后，定当好好教育所有雇工，努力工作，增加生产，以增加抗战力量，并且要努力纠正怠工等现象。"

然后，大会决定：一、雇工工资增加十分之一；二、按期发工资；三、不得借口灾荒减少工资；四、雇主要给雇工负责医病，养病期间，不得扣发工资；五、雇工支差，雇主应发给足够粮食，并另外每天发洋一角，如雇工替雇主支差，除发足够粮食外，并每日发洋三角，每年并发鞋一双。关于羊工，决议：一、增加工资十分之三，每年并发毯一块；二、不准打骂小羊工；三、不得无故退工，必要时，须经工会许可；四、羊工所生产羊毛卖不出时，由工会发资或由羊主收买等。此外：一、雇工也不得无故退工，退工时得经工会许可；二、女工一律也照此决议与男工同等待遇；

三、女工应参加农会雇工小组；四、雇工今后要上夜校，使之有受教育的机会。大会于夜色苍茫中，圆满结束。（棣）

——《新华日报（华北版）》1939 年 9 月 1 日　一版

武乡中村展开民主选举

合理负担为改善民生主要一环，一般民众对于此项工作颇为关切。中村编村近来为选举合理负担审查委员屡次发生争执，兹摘录数则略见一斑。

1. 沙坡村顽固分子企图把持选举，于选举前贿赂收买村民，选举时民众发现情形有异，立即宣告停止，无结果而散。第二天进行重选，到男女村民 70 余人（1 闾），结果以 43 票获得全胜。

2. 响黄闾长不承认民众选举的代表，硬叫他自己的兄弟去代替，并向民选的代表施行种种威胁，民众群起反对。一时闹到村公所，在村长支持下重新选举，结果以九对一获得圆满结果。

3. 下寨村富农利用其私选的“闾代表”向农民恐吓，不许任命选举代表，农民大都反对，即将坏“代表”包围，并发动闾长向地主提出抗议两点：一．取消私选代表，重选新的代理，并当众认罪；二．警告地主，不准欺压农民，富农俯首应允始圆满解决。

——《新华日报（华北版）》1939 年 9 月 1 日　一版

武乡韩壁等编村军民组织军事联合委员会

加强自卫队的军政训练　积极行动配合军队作战

（本报特讯）8 月 26 日上午，在武乡韩壁编村的民革室里，整齐地放置了十几张桌子和椅子，桌子上放了二十几个盛满白开水的粗碗，凳子上坐着二十几个纯朴的青年，有的穿着农民服装，有的穿着灰色的军衣，不大整齐地闲杂着。这就是韩壁、东西堡、土河、石门、烟里、王家峪等编村前来开会的自卫队中分队长及八路军的代表。

会场的空气，显得活泼而又严肃。每个同志都争先恐后地提议着自己觉得应该提的问题；每当一个问题提出的时候，必然有一番热烈的讨论，继续至几十分钟之久。

“我觉得为了建立我们工作上的联系起见，我们应成立一个联合委员会。”

“对，这个我同意，不过最好叫作军事联合委员会吧，因为这是为了促成部队和民众武装间的联系。”

“对，这个我们都同意。”大家都嚷着。

于是在一阵热烈的讨论中得出了以下的决定：

一、为了建立工作上联系起见，特成立韩、东、土、石、烟、王军事联合委员会，以韩壁中队长李怀广为主任，八路驻军李治明为副主任，魏步亭、李进堂、王成武、韩治安、□□□、姚进芳等六同志为委员。

二、自卫队目前的中心任务：（一）巩固和扩大自卫队组织，加强自卫队军事政治训练；（二）配合正规军和游击队的积极行动：游击、侦察、警戒；（三）模范自卫队要锻炼成为强有力的游击队，扩大游击小组的组织；（四）加紧抗日戒严：严查行人，捉拿汉奸，封锁消息。

三、在8月25日到9月5日的十天功夫，各编村展开一个热烈的竞赛：（一）学会使用武器——特别是模范自卫队。1. 学会如何打手榴弹，还要求打得远；2. 步枪怎样瞄得准，如何装退子弹；（二）在政治上要了解我们有什么条件能战胜敌人；（三）唱歌：要求精神好，合音调，唱“王家庄”歌子；（四）政治讲演比赛，题目为：1. 自卫队目前的中心任务；2. 我们的胜利条件。

继续又讨论了些充实委员会的工作问题，充分表现出大家对前途的热望。直到下午3点钟才圆满结束。

——《新华日报（华北版）》1939年9月3日　一版

武乡区干会议

反对投降妥协　克服一切困难
注意民主民生　动员群众参战

（本报专访）武乡区干会，于敌人再度进袭的紧急情况下，在上月30日开幕于××村。这次会议的中心任务，是如何反对投降妥协，克服一切危难，动员广大群众，巩固抗日阵地，粉碎敌人围攻；除三五两区因路途阻滞，未能参加外，一、二、四三个区各团体负责人，均前来参加，30余人精诚团结，济济一堂。

牺盟会张烈先生报告了目前政治形势，指出目前国内国外反动降日的危机，仍然存在。午后三区牺盟分会秘书报告七、八两个月来的工作，一区的主要特点是迎接战争的空舍清野、破路、除奸、游击小组、袭击敌人等工作的活跃。二区表现在开展民主改善民生工作，在8月份一个月中，民选了两个村长六个村副，惩罚了七八个坏人。四区的特点是洗刷贪污的运动高涨起来，大大小小自发的群众运动不下20余次，揭发了不少贪污分子，发挥了民众潜藏着的伟力，提高了群众对各种参战工作的热忱。

第二日特别提出了两个问题讨论，认为要动员广大群众参战，必须开展民主改善民生，当就此两点讨论具体的办法。

随着做了工作总结并检讨出还存在的许多缺点，如工作作风，干部政策的不注意，民主民生的忽视，武装民众的不够等，才结束了这个会议。

——《新华日报（华北版）》1939年9月5日　一版

热心救亡　踊跃输将
武乡东沟村士绅王耀垣先生受奖
热心爱国　毕竟光荣

（武乡通讯）四区东沟编村富户王耀垣先生，年20余岁，平日热心救亡，出粮出款，莫不踊跃输将，颇得村闾赞誉，迭呈请区公所褒扬。四区当局为鼓动全区士绅爱国热忱，特于2日前往东沟召开民众大会。民众参加者300余人，当由李区长报告王耀垣先生平日爱国输将情形，群众高呼口号，情绪空前热烈，嗣复代表该区各界赠锦旗一面，红底蓝边上写“热心救国”四字，随风招展，璀璨夺目。一时鼓掌呼口号，全场沸腾。在热烈掌声中，王耀垣先生踱到台前，他说：“本人过去对国家无大贡献，今承诸长官父老过奖，当更加努力，为国效劳。”后由各团体列队送奖旗至王先生家，音乐铿锵，歌声洋溢，沿途民众都说：“热心爱国毕竟是光荣的啊!”

——《新华日报（华北版）》1939年9月7日　一版

参军——武乡敌区青年激昂从戎

武乡第五区山交编村青救会员李俊才、杜茂生，因该村临敌区很近，遭受日寇奸淫掳掠烧杀等已成家常便饭，对敌异常愤恨，李杜二人遂日前毅然参加我武乡八路军游击队。闻该村各团体等均热烈欢送，并赠送手巾鞋袜等慰劳品多件。（步云）

——《新华日报（华北版）》1939年9月9日　一版

王家峪模范自卫队扰敌

白　克

西山顶上太阳的余光，透过密密的树林，斜射在打麦场上。这里集合着几十个衣服掺杂、精神健壮的青年，这是王家峪模范自卫队出击敌人的一个下午。

队伍好像长蛇一样地开始在山沟里的大路上蠕动了。每个人都怀着一颗好奇、兴奋而略带畏惧的心。

渡过漳河，夜幕已逐渐扩展着，大地被吞噬在黑夜里，月亮也慢慢地高升起来，他们继续前进。

大概是12点左右吧，队伍才停止在上司村大路的一边，静静地等着，一切都是沉默。银白色的月光，透过了浮云，透过了树梢，映在地上，只有黑蜮蜮的田禾，在微风中吹着口哨。每个人的心里，像被无数条无形的线牵引着，紧张而又严肃。

两个黑影朝我们这边走来，在离队长不远的地方停住了，气吁吁的，用细小的声音报告着侦察到的一切。

“前边小店村有几十个敌人，他们都睡了……”

“我还看到那家伙在土台子上放哨，不知他心里想些什么，还踱着方步呢。”

队伍不久便紧张地向目的地进发……

“砰……砰……砰……”

和过大年一样的鞭炮声，撕破了原野的沉默。这时大家的心里，只有说不出来的兴奋，敌人已仓皇逃遁。

第二天的下午，王家峪的广场上，又拥挤着更多的群众，听他们谈论着这次胜利的经过。

在这天晚上，模范自卫队里又增加了七位民族战士。

1939 年 9 月 4 日

——《新华日报（华北版）》1939 年 9 月 9 日 一版

武乡韩壁等编村 十天竞赛运动圆满成功

参加实际战斗 抗敌情绪空前高涨
积极提高学习 强固自卫队的基础

（武乡通讯）本县韩壁、土河、东西堡、王家峪、石门、烟里的模范自卫队，在六村军事联委会和地方政府的努力领导下，发动的“十天竞赛”（见 3 日本报第一版）在 5 号结束了。

经过这次竞赛运动：1. 自卫队的组织已有了初步健全的基础，各种抗日戒严和除奸的工作也加强了；2. 提高了学习的热情，上课、出操、开小组会、读书读报都踊跃地参加，有一部分还做笔记；3. 抗敌情绪空前高涨，王家峪和烟里的自卫队还打了一次游击，表现得特别英勇和能吃苦耐劳；4. 模范自卫队真能起模范作用，影响了普通自卫队员，有八名自动报名加入。但这次训练课目和教材不一致，教育方式和领导方式还不大好，甚至还有部分对自卫队组织意义认识不清楚，和发生打骂的现象，这又是它的缺点。

军事联合会根据这次工作的检查，决定加强自卫队的政治军事教育。政治教育要使他们能了解持久战和中国抗战必胜的道理；军事教育做到战斗和阵中勤务的演习，如班的进攻防御，利用地形地物和化装侦探等。

——《新华日报（华北版）》1939 年 9 月 11 日 一版

有钱出钱有粮出粮有力出力　贡献一切给予国家
武乡富绅踊跃捐输深明抗日大义
慷慨解囊救国是富绅好榜样值得表扬学习

（武乡通讯）本县洪水编村士绅张宗良、张翊汉、张荣汉、董鸿儒四人，深明抗战大义，救国素不后人，更能切实执行阎司令长官所颁布的：有钱出钱，有粮出粮，有力出力之抗战法令，最近自动地输捐款项粮秣贡献国家。计：张宗良捐款100元，粮80石，张翊汉捐款50元，粮40石，张荣汉捐款40元，粮50石，董鸿儒捐款30元，粮20石。闻所捐款粮，已由当地政村分别转交政府及军队，作为救国之用。此种爱国的热情，值得大家来表扬与仿效的。

——《新华日报（华北版）》1939年9月19日　一版

武乡士绅座谈会圆满闭幕
拥护八路军坚持华北抗战
提出当前任务团结抗战巩固根据地
并通电拥护武乡谭县长张特派员

（本报特讯）武乡士绅座谈会已于20日圆满地结束，详情见志前报，兹又悉参加该会之士绅，共达47人，均系社会硕彦，望众乡里，计到会者有王敏政、王建都、史标青、申步青、申国贤、石斯珍、李中元、李化南、李香亭、李康、李泉、李培荣、李凤洲、李振瑨、李喆、杜青史、吴文彦、周兴、郝玉泉、郝培兰、郝象升、郝培堂、郝茂森、郝文昭、范希云、郭衍宗、郭衍汾、高子豹、张士堂、张承武、程世芳、冯步云、张高翔、杨起秀、赵希森、赵晋侯、裴玉树、暴来庆、刘述尧、关守城、魏孝钦、魏云亭、魏韶、魏文澜、魏培柽、萧兰馨、窦一山诸先生（依笔画之多少为序）。在这个座谈会上，士绅们非常热烈。杜青史先生，家中只有四五十亩地，他自动愿捐一部分地给政府，并捐现款百元；李景行和魏文澜各捐粮五石，萧兰馨捐绵羊十只。

在热心讨论中，重要的决议案有：一、县政府聘请士绅为经济委员，常助政府筹粮款，并宣传出粮出款为光荣；二、推举士绅参加县优抗委会，进行优抗事宜；此外大会并发表三个电文：

一、拥护朱彭总副司令电

国府主席林，委员长蒋，暨各战区司令长官，各军政机关，各团体，各报馆，转全国同胞钧鉴：第二战区副司令长官兼18集团军总司令朱德将军，副总司令彭德怀将军，在蒋委员长领导之下，领导华北抗战，保卫晋东要地，训练有方，指挥若定，奋我军心，寒彼贼胆，而风纪严明所过无犯，诚为一路之福星，万家之生佛，民众爱戴，乡里称颂，民等托庇仁宇，莫名感激，爰于绅民会议，议决通电拥戴。务恳军政各长官精诚团结，抗战到底，国家幸甚！华北幸甚！

山西武乡县绅民同叩

二、拥护谭县长及张特派员电

第二战区司令长官阎，副司令长官朱，民政厅长邱，第三区行政督察专员薄钧鉴：武乡毗连燕豫，地瘠民贫，倭奴迭攻，蹂躏不堪。财力物力，均形凋敝，幸我谭县长莅任以来，极力振刷，数月之间，百废俱举，并由张特派员领导民众，精诚团结，和衷共济，劳苦不辞，坚持抗战成效卓著，人民爱戴，感激无既！兹于绅民会议议决通电拥护，谨电奉闻，聊表微悃！

武乡县绅民同叩

三、告晋东南士绅书

当抗战进入相持阶段，敌后情势日益严重之际，同人等愿在蒋委员长领导之下，加强团结，巩固根据地，坚持华北抗战，争取最后胜利，仅提出我士绅之当前任务，愿共我晋东南士绅努力实行之：

以出钱出粮坚持抗战为绅民无限光荣；

努力参加生产合作事业，加强经济建设；

士绅应为执行抗战法令之模范；帮助政府解决其困难；

保障抗属不受饥冻，不受灾害，救济灾难民；

提倡宣传文化教育，努力学习抗战理论，力求进步。

——《新华日报（华北版）》1939年9月25日　一版

积极训练着的模范自卫队

武乡××编村自卫队，是第二次集中训练了。在训练中间，他们都很高兴，在讲课时，他们顶爱听的是与战争有联系的事，一般说，这些集中起来的农民都很积极听话。又一次，我们讲到紧急集合，白天就要演习，那时天气还很热。第一声长哨响了。大家就睡，因为习惯，有的把衣裤脱光，钻到被窝里去，一会果然鼾声响了。后来集合哨一响，马上很静的都跑到集合场去，可是在棉被下，蒙得满头大汗，大家一边掏出手巾，不停的擦着汗，一边嘻嘻笑呢！

那一天，来了次夜间演习，太阳将落山时，红光还斜挂在土墙上。这里，集合了一群精神强壮、衣服掺杂的农民们，他们不停的蠕动着嘴巴，从口袋里掏出馍来嚼着，谁还叽叽咕咕在讲“今天咱们打个游击呢！”

不久天色变成黑漆漆的，一声长哨响了。便开始在黑暗中出发了。当前面侦察传来发现敌人的消息时：“前面有敌人啦！”大家都伏到谷子地里去了。在他们中间有一个农民打了一下手电筒，便立刻遭受了大家的责备：“你娘的，打手电，前面有敌人呢！”

处处都机警细心的动作着，到夜深12点，月光照着了道路，他们回来了，走着、走着，突然一个农民去捉着指导员的手，兴奋的颤着嘴唇说："什么时候，我们真的去捉几个鬼子！"

现在，他们懂得了，怎样打手榴弹、放枪、怎样埋伏、打敌人，他们等待着一次"实际"的行动。

——《新华日报（华北版）》1939年9月25日　一版

无上荣光　武乡东庄编村慰问抗属

（武乡通讯）二区东庄编村，最近由该村各干部发起慰问全村抗属，经各附村宣传后，即造成一个热潮。全村捐输踊跃，不到几天，即得米麦1.6石。南瓜豆荚1800余斤，当由该村干部及儿童团等敲锣打鼓，登门送达，面致慰问，并唱歌欢呼，极尽盛仪。现该村抗属及一般群众，均感莫大兴奋，咸愿进一步参加抗战，发动壮丁入伍云。（风）

——《新华日报（华北版）》1939年10月9日　一版

武乡村级以上干部会议
到会400余人　总结过去经验　布置今后工作

（武乡通讯）武乡县府牺公为总结过去工作，检讨经验教训及布置今后工作，特于本月10日召集全县村长以上干部会议，计到会者约400余人，会期四日。第一日为政治报告，对全武乡县三年以来的牺盟会工作，有详细之总结；第二日讨论；第三日布置今后关于开展民主，改善民生，开展敌占区工作，反对顽固分子，动员群众参军参战，开展游击战争等工作；第四日为总结，预计此会圆满结束后，对武乡县全县工作定有迅速地开展。（秋）

——《新华日报（华北版）》1939年10月15日　一版

武乡组织盲人宣传队

（武乡通讯）本县牺公联委会，为动员一切力量，参加抗战起见，特于本月初将本县所有盲人，组成盲人宣传队。队员共有七组，当时还民选了张丕新为该队秘书。这批盲人，爱国热忱，素不后人，但一向为人漠视，现在一旦有机会参加抗日工作，都非常兴奋。闻该队将有一短期训练，一经熟练，即分赴各村宣传。（正风）

——《新华日报（华北版）》1939 年 10 月 19 日　一版

南关（武乡）击溃敌九百
毁灭无线电一座

17 日在大雨中，我八路军某部又在南关北×里之处设伏，伺击自南关北开之敌。移时，敌军 900 余果自南关开来，我军跃出猛击，大雨之中，展开壮烈的白刃格斗，毙伤敌极重。敌寇不支，狼狈向南关败退，我军直追掩杀，当即冲入镇内，与敌继续搏斗。同时，并向敌营房猛扑，攻入敌电台，击毁敌无线电台一架，全部工作人员悉数授首，缴获长短枪 20 枝，并分军一部于战斗激烈时，趁机大事破坏工作，彻底炸毁南关附近 4 孔大桥一座，砍断电杆百余根，收回电线 200 余斤，全胜而退。

——《新华日报（华北版）》1939 年 10 月 23 日　二版

武乡干部大会通过　准备成立县参会
通电拥护阎司令长官进步主张拥护梁化之薄一波等宣言

（武乡 2 月 1 日电）经过逾周来之武乡第一次扩大干部会议，已于 17

日闭幕。计此次到会之来宾有武乡县国民党书记长赵先生，共产党代表王先生，八路军代表陈旅长，二区专署秘书王世英先生，此外牺公及各救国团体代表多人，到会村级以上干部400余人。大会总结过去工作经验教训，并确定今后之工作计划，综合起来可分为民主及民生、动员参战、开展敌占区工作、进行经济建设，以及巩固抗日根据地、克服妥协危险、打击顽固分子等问题，内容甚为丰富。闻关于发扬民主方面，已决定目前积极加强群众民主教育，讨论县参议会组织具体办法，并准备成立县参议会。

又讯：此次大会并通过六个重要电文，分致阎司令长官、梁委员、薄专员等，拥护阎司令长官进步主张，拥护梁薄等巩固团结、坚持进步、抗战到底的宣言。并拥护谭县长张特派员领导武乡工作。

——《新华日报（华北版）》1939年10月25日　一版

屡袭敌寇交通
焚毁南关（武乡）棉衣万套

（华北新华社晋东南23日电）晋冀豫我八路军对敌交通线不断进袭。18日，白晋北段敌重要据点南关又为我八路军×部袭入，与据守之敌激战3小时，我冲入镇内与敌搏杀，将敌运存之军服万余套全部焚毁，并击毙敌数十名。

——《新华日报（华北版）》1939年10月25日　二版

武乡五个士绅放弃债权

（武乡讯）韩壁编村韩苏金，借给韩海生大洋2元，自愿放弃债权，捐助国家。魏文澜，借给李金山铜元80串，张廷相铜元5串，王国桢大洋13元，自愿全部放弃债权永不索取。韩二银，借给梁江换大洋5元，宪永泉

15.5元，自动放弃债权。韩德成，借给申利成大洋5元，也放弃债权。魏培桎，为号召“优待抗属”以身作则，对抗属所借的钱，全部放弃债权，殊堪钦敬。（白克）

——《新华日报（华北版）》1939年11月3日　一版

欢迎妇女儿童考察团

（本报特讯）十八集团军总部（驻武乡）文艺习作会，于本月19日举行青年导师鲁迅先生逝世3周年纪念座谈会，并欢迎全国妇女儿童考察团。主席致开会词后，即讨论现阶段中文艺运动的民族化与民间化问题及以后怎样巩固文艺习作会的组织，继请考察团代表陈波儿女士报告该团的产生及这次考察的经过和工作情形，极为详尽。

——《新华日报（华北版）》1939年11月3日　一版

炸毁大铁桥　毙敌百余名

我八路军某旅一部，于5日晚袭击沁县北南关镇之敌，我军奋勇突破敌之四道铁丝网，占领敌之碉堡数个，冲入镇内，与敌巷战数小时，毙敌百余名，生俘敌伪军三名，缴获步枪七支，军用品甚多。同时并将南北关间敌新建之大铁桥一座炸毁。被炸铁桥之工程，约在一星期以内亦不易修复。当着敌寇积极准备大举犯北线时，我军袭入敌重要据点，炸毁重要铁桥，是具有直接打击敌寇进犯之计划的重大意义的。

——《新华日报（华北版）》1939年11月11日　二版

巩固根据地保证民食　武乡囤积救国公粮

县属第四区为尽速完成囤粮计划，特于5日在×村召开全区士绅会议，被邀出席士绅30余人，共商实行囤粮方法。当决定：按照“有粮出粮”的原则囤粮；在调查有粮各户的期内，由各有粮户自动报告粮数，然后按累进法摊派；各有粮户如有以多报少或不报的情事发生，则该户之粮全数充公。但报告存粮时，各有粮户当除去每人每月二斗食粮的最低生活必需。(魏树明)

——《新华日报（华北版）》1939年11月13日　一版

武乡突击队　下乡作宣传

（特讯）武乡县区级干部为积极完成囤积公粮，已组织了突击队，分途下区村领导帮助工作。5号到8号，各区村都忙着召开士绅会议或群众大会，进行宣传动员；听说该队将要下乡工作一个月，这样积极工作下去，自然不难得到圆满的结果。(正风)

——《新华日报（华北版）》1939年11月19日　一版

全国文协晋东南分会月底（于武乡）成立

（本报特讯）全国文艺界抗敌协会晋东南分会，将于本月底成立。第一次筹备会于11日举行，全国文协代表叶以群先生及李伯钊、荒煤、蒋弼等先生均参加，当即分配起草会章及工作计划，并拟发展文艺通讯员。目前出版文艺通讯一种，供后方各杂志采用。(荣辛)

——《新华日报（华北版）》1939年11月25日　一版

村副起模范作用　影响富绅也弃债

（武乡讯）土河编村嘴则村村副杜甲寅，执行抗战法令，不遗余力，并以身作则，自愿担负二等合理负担，并自动放弃54户债权，共洋490余元，粮20余石。他向债户宣布说：“我为了改善大家的生活，增强抗战的力量，所以凡是借我杜甲寅名下的粮款一概都不要了。”同时还影响了同村的富绅杜高阳先生，他也放弃了140元及20石粮的债权，村民都被感动了。于是发起向他们敬献荣誉旗。（青林）

——《新华日报（华北版）》1939年11月27日　一版

捐款公布（武乡）

武乡姚家庄天主公教信友为河北难民捐助姓名列后：

姚家庄农会会员捐洋2元8角，姚家庄自卫队员捐洋2元8角，姚家庄工会会员捐洋2元8角，姚家庄妇抗会会员捐洋2元8角。乐家坪信友捐洋8角，蒋家庄蒋凤明同志捐洋1元，禄村公教信友捐洋7角，赵三孩同志捐洋1角，杨孟荣同志捐洋1角，赵大胜同志捐洋1角。上司村蒋司铎捐洋5元，姚家庄赵司铎捐洋5元，程锦华同志捐洋2角。

——《新华日报（华北版）》1939年11月29日　中缝

晋东南成立文抗协分会

（本报特讯）中华全国文艺界抗敌协会晋东南分会，11月28日在××县×村（武乡县下北漳）召开成立大会，正式宣告成立。该日天气晴朗，晋东南文艺工作者李伯钊、刘白羽、荒煤、伊林、洪荒、全国文协代表叶以群等 40 余人分由各处齐集于贴满庆祝大会成立标语之会议厅，朱副司令长官亦亲临指导。在充满兴奋喜悦气氛中，推举孙泱等五人为主席团，宣布开会。大会主席孙泱说明大会成立意义后，全体一致欢迎朱副司令长官致训词，朱副司令长官对当今文艺工作之主要任务，有极可宝贵的阐明。叶以群先生代表全国文协说明对分会今后开展敌后文艺运动的希望。末由李伯钊报告一年来晋东南文化文艺运动发展情形及今后应该努力方向，即通过简章、大会宣言，并讨论提案数件。其中主要的是加入晋东南文协分会，参加晋东南文救总会，共谋开展晋东南文化运动，经一致表决通过。最后选出李伯钊、高沐鸿、刘白羽、荒煤、王玉堂、朱光、洪荒、蒋弼、袁勃等 13 人为分会理事，负责推进分会工作。

——《新华日报（华北版）》1939 年 12 月 5 日　一版

敌后文艺堡垒

晋东南文协正式成立

朱副司令长官亲临致训

中华全国文艺界抗敌协会晋东南分会定上月底成立一节，已志前报。兹探悉该会于上月 28 日在武乡×村（下北漳）召开成立大会。是日天气晴朗，晋东南文艺工作者李伯钊、刘白羽、荒煤、洪荒、伊林、全国文协代表叶以群等 40 余人，分由各处齐集会厅，朱副司令长官亦亲临指导，予大会以极大兴奋。大会主席孙泱说明文协分会成立意义后，全场一致欢迎朱副司令长官致训词。朱副司令长官首对晋东南文协分会成立，表示极诚欣慰，今后必能有组织地推动敌后文艺运动；同时对于当前文化工作的任务亦有极宝贵的阐明。他希望文艺工作者以笔杆抗战，打击投降妥协的危险，击破敌寇汉奸的阴谋，发挥抗战真理，为保卫中国文化而战。次由叶以群代表全国文协说明对晋东南文协分会的希望。李伯钊报告晋东南文艺运动现状及今后工作方向。以后，即讨论大会宣言，提案及分会章程，均经一一通过，并一致决议：以大会名义电蒋委员长、阎司令长官及坚持敌后抗战的朱副司令长官、彭副总司令致崇高敬礼。最后选举李伯钊、何云、孙泱、刘白羽、王玉堂、荒煤、蒋弼、张香山、洪荒、高沐鸿、袁勃14人为理事，推动分会今后工作。该会闻并于上月30日举行第一次理事会议，当推选李伯钊（组织）、蒋弼（出版）、孙泱（研究）、玉堂（总务）、洪荒为常务理事。即将分别在太南、太岳、太北、冀西等地开展文艺通讯员运动，并出版文艺刊物。

——《新华日报（华北版）》1939年12月7日　一版

白晋铁路南关九孔铁桥再遭我炸毁

（华北新华社晋东南6日电）我八路军×旅一部，2日将白晋铁路北段南关镇北关之间司庄9孔铁桥全部炸毁，并破坏铁路一段。查该铁桥已为我军破坏一次，敌费很大工程，经6日始修复，现破坏工程较前更大。同时，一部将该段电杆砍断数十根，收电线千余斤。

——《新华日报（华北版）》1939年12月13日　二版

白晋北段紧张　权店敌东犯

（华北新华社晋东南12日电）权店之敌千余，附炮8门，于11日经故城东犯，是日晚侵入涌泉镇。12日晨继续向东南进犯。经我八路军×部节节阻扰，12日午在武乡西北之马牧一带与我对战中。

——《新华日报（华北版）》1939年12月17日　二版

白晋北段寇拼力进犯　八路军英勇退敌

（华北新华社晋东南14日电）由南关东北进犯之敌，12日在前后庄附近被击毙十余，退回南关。由故城经涌泉东犯之敌，12日晚窜抵段村（武乡西），当与我军发生激战，死伤甚众。13日晨，我×主力部队赶到，加入战斗，敌不支向故城溃窜。我乘胜追击，连克段村、涌泉、故城。是役毙敌百余。

——《新华日报（华北版）》1939年12月19日　二版

武乡民众武装大检阅

声援晋西抗日武装

（武乡特稿）武乡民众武装大检阅，于20日举行，参加者5000人。是日7时，各村民众武装，依次鱼贯入场，精神奕奕。检阅后，该县指挥部即号召参加该部之子弟兵团，当场报告者200余人。继由七县民众代表报告晋西事件（按：即决死二纵队被袭击事件），民众闻讯，吼声四起，当即通过决议，电呈阎、朱、杨司令长官，严惩祸首。其电文如次：（上略）我七县民众闻晋西噩耗，莫不愤慨填胸，一致表示坚决抗议，（中略）查惨案之起，实投降之序幕，敢请我公秉团结抗战之要旨，严厉制裁罪魁祸首。

——《新华日报（华北版）》1939年12月27日　一版

1940 年

为充实力量迎接新的战斗
热烈纪念本报周年
全体职工踊跃献金
朱副司令长官亲临致训

（特写）从一号那天起，一个盛大的狂欢节日，降临在报馆所在地的××村（武乡县安乐庄）。在这具有海岛风味的山村，层层依山而立的鸽子笼似的家屋的墙壁上，完全被红绿标语所缀满。欢腾的歌声，从漫漫的溪谷里荡起，一直飘过白头翁般积雪的山头。早晨，太阳的金轮，愉快地跳出太行山脊，人们整批整批地去参观展览会。各色各样的图表，说明着一年来奋斗的过程；枯燥的数目字，在这里显示出它并不枯燥的意义。

3 号的大会上，正式选出了共产国际领袖，世界革命导师斯大林、季米特洛夫，及中国共产党八路军领袖毛泽东、洛甫、朱德、彭德怀、杨尚昆、陆定一、李大章诸同志为名誉主席团。

团结广大民众　依靠广大民众

会场上，第八路军的慈父——朱副司令长官的出现，像永恒的太阳出现于天堂，永远是带给人们以慈祥微笑。这位不久以前刚过 54 岁大寿的人，就在指挥晋东南国军举行“冬季攻势”，胜利地领导八路军收复黎城、东阳关、涉县、潞城的后三日，包围长治，刚跳下战马；他安详地坐在讲演台的伟人像下，群众的欢声一停，他便起身讲话了。语音是洪亮而深沉。他以长者的风度，说明本报一年来的成绩，对于一年来馆中同人的工作精神，诸多嘉勉。最后，他说：“1940 年的环境将更加险恶，投降妥协危机依然严重存在，希望你们接受一年来的经验教训，继续担当起宣传组织全华北一万万军民坚持抗战、坚持团结、坚持进步的伟大任务，加紧对马列主义的学习，使工作与学习彻底打成一片；同时团结广大群众，依靠广大群众，一面扩大报纸的范围，一面严防日寇汉奸顽固分子的阴谋破坏！……”

朱副司令长官就是这么一位巨人，他把一切都说得那么简单、具体。他重视文化工作，正像他注视战争一样。

笔杆配合枪杆　打到鸭绿江边

李大章同志指示我们：“本年开始华北新华日报的任务将更加繁重，它必须在动员全华北人力物力，克服妥协投降危机，准备反攻力量的过程当中，更益发展壮大自己。同时更要帮助华北各地方报纸的发展，提高技术，改进内容。一年来的工作经验，已为这一艰巨任务打下初步基础，今后需要全馆全体工作人员，更加团结，更加提高工作热忱，用笔杆配合枪杆，胜利打击敌人，准备将来把报馆搬到北平天津去，搬到鸭绿江边去！”

李伯钊同志说：“一年来，华北新华日报全体同志的克服困难艰苦卓绝的奋斗精神，正是人类所赖以创造光辉灿烂的新社会的基本精神，希望今后更加发扬光大！”

孙泱同志说明华北广大人民的期待本报，犹如黑夜期待灯塔，冬天期待太阳。“同志们，你们的努力愈大，新华日报的灯塔愈亮，汉奸顽固分子愈痛恨愈害怕，日本强盗愈发颤愈打抖，人民大众所沾的光便也愈多愈大，愈会热烈拥护你们！”

来宾讲演完毕，已近下午4时，西山迎接太阳渐渐下坠，天气益发寒冷起来。但会场群众的热情热烈情绪，却有增无已。

一个庄严热烈的颁奖仪式正在进行着。

一群劳动英雄　这是我们的模范战士

在会场前面，靠近讲演台的两排长条桌上，摆满着花生、麻糖、烟卷等慰劳品，一群劳苦功高的劳动英雄们，在被当作上宾似的招待着。在他们当中，端正地坐着那位一再冲过白晋公路、邯长公路两道封锁线，把1万份的报纸带给不止1万个读者手中的×××同志。他是我们的“过封锁线专家”。此外，还有几个制造油墨、打纸版、铸字机的发明家。收发股的“老魏同志”，已经年近六十，但老当益壮地每天跑动着他的老腿，从未遗失过一封信，一篇稿件。还有那个年岁小得可笑，然而一年来勇敢刻苦的“小鬼×”，现在坐在那里吃起糖来了。

是的，这是一群模范的劳动英雄！有了他们这种坚韧性的奋斗精神，才使新华日报华北版，当去年“七七”在敌人围攻中还能坚持出版（当时距离敌人只有10多里），以及后来在游击环境当中从未关停出报的历史上空前伟绩，得到充分的说明。

更加热烈的场面，在募捐运动当中展现了镜显

为了表示对于新华日报的无限忠诚与爱护，工友彭立成同志等自动要求减低每月的薪金，全馆所有的职工，一律捐出了他们一个月的津贴。甚至马夫、交通员、勤务员也在内。一个叫作刘×生的“小鬼”，慷慨地拿出他的全部财产1元5毛钱，这是他积蓄着预备买鞋袜用的，“捐了吧，”他一面掏出钱来，说：“没鞋没关系，但我们报纸可要印得更多更多。”

当主席宣布辽县×村的老百姓，在我们分销处元日召开的军民大会上捐洋5元的消息时，大家都兴奋了。八路军火星剧团的同志们，把伙食费捐出了10块钱，他们准备束紧了裤带。

关心敌后文化工作的朱副司令长官，彭副总司令为本报捐洋600元的消息，使欢呼的口号声音，更加响亮了，虽然人们的嗓子已逐渐嘶哑。

更充实本报内容　把报纸送遍华北　把影响深入群众

最后，由本报何云同志总结一年来的工作。为了报答一年来全华北军

政民各方面对本报的扶助与厚爱，为了肩负起更加繁重的任务，号召全体同志秉持过去克服困难艰苦奋斗之精神，努力迈进，排除万难，决心要充实内容，更推广发行，更加改进一切，为坚持敌后抗战，坚持团结进步而矢志奋斗到底！

是的，世界上尽管有着千千万万的报纸，但也许敌人后方的环境是更为艰险的；世界上还有报纸，有着比我们更多的千万读者，但我们与读者更相依为命。这些读者群众，他们的目的是齐一而上的。在今天，他们完全把我们的报纸当作精神的食粮，当作争取抗战胜利，争取中国人民彻底解放的有力武器。

大会一致决议，通电向中国共产党诸领袖致敬，向朱彭总副司令及前线将士致敬，向重庆新华日报总馆致敬！

然而，我们还有不易克服的许多困难，全华北的同胞们，全国的同胞们，对于你们襄助的手，我们将永远欢迎！（火）

——《新华日报（华北版）》1940 年 1 月 7 日　一版

白晋线寇图挣扎

四路窥武乡已被击退

（华北新华社晋东南 3 日电）一、沁县、故城镇敌千余于上月 31 日晚分三路东犯，其一路进占武乡西之西河底，一路进占武乡西南西岭上，另由故城东犯敌亦进至武乡西北之坡底，形成包围武乡之势。当经我八路军×旅分途阻击，至晚敌不支纷纷回窜。

——《新华日报（华北版）》1940 年 1 月 7 日　二版

南关铁桥第二次的爆破

俞　远

“……首长今天给了我们新的任务，地点还是南关铁桥，要彻底破坏……”这是八路军某团某连张连长在军人动员大会上的开场白。

“为了完成冬季攻势，配合友军反攻长治，克服妥协投降的危机。因此，这次破坏比上次意义更加重大，我们一定要完成上级给我们的任务！同志们！有没有把握完成呀？”“有！”坚强的信心散发出像春雷似的喊声，震撼了山谷。

在太岳山中，一条灰色的人流，沿着崎岖的小道蜿蜒地前进着。道路是熟悉的，不过这次增加了四五寸厚的雪，除了灿烂的星光外，更没有上次那样好的月色，四周都是沉寂的。

在大约离桥×××的山坳里，队伍停止了，分配任务后，张连长又发出了他的命令：作业手伪装。十套崭新的与雪一样白的伪装衣，被十个作业手穿上了，要是不这样的话，桥西300米高地，就有一个“乌龟壳”雄赳赳地矗立着。

沿着山沟十个伪装了的工兵健儿，向铁桥前进，刚要出山沟转弯处，张连长在先头用手向下一按，立刻就像有十个白熊蹒跚地蠕动着。

接近桥身，各人的位置，无须再指定，已照上次一样的排列好了。每人都在暗想，幸亏侦察得确实，要不每人增加一斤黄色药，包你不能完成任务——彻底破坏。你光看18根桥脚半径就有50生的，每洞又加上两根钢铁的支柱，不折不扣的比上次要更加牢固一倍。熟练的手法没有十分钟，作业已经完成，张连长绕了一圈，一一的检查过，大家于是从身上掏出点火具，口笛嘘……嘘……的一声，九点火光一齐烧着九条导火索上，十条好汉刚转进山沟，就像天崩地裂似的轰轰的一响！火红遍了半个天，九洞铁桥就在这一巨响中，消灭了。

“乌龟壳”内的机关枪，惊慌的发出哒哒哒尖叫，哭丧着桥的毁灭。南关的敌人，放射了26响礼炮，庆祝八路军的胜利！

归途人一个没少，还增加了37根日本电杆，抬上1100多斤电线。

以后九天南关没有再听见火车的狂吼。

——《新华日报（华北版）》1940年1月27日 二版

宪运深入下层 武乡登记选民

（武乡讯）武乡各村现正纷纷登记公民，选举参政员的工作，也在积极筹备中。同时，武乡县府将各区重新割分，予以缩小，将5区改划为12区，借以加强工作效能。（逢原）

——《新华日报（华北版）》1940年2月5日 一版

白晋两侧八路军连续获胜

（华北新华社晋东南6日电）沁县北故城敌千余，附炮十余门，7日晨分两路东犯。一路东南进占涌泉镇，其主力则同时犯陷楼则峪，劫走粮食200余石，并焚毁民房十余所。我驻在附近之八路军某旅闻讯，当遣一部联合地方武装，前往袭击，当毙敌百余，夺回粮食一部，残敌急回窜故城。我伤亡约50余名。

——《新华日报（华北版）》1940年2月13日 二版

分水岭工人90杀敌脱难

供敌寇奴役何异马牛　铁锹歼敌哨夺枪归来

（武乡通讯）分水岭敌修路工人中，内有90人，突于上月某晚，乘夜色苍茫，相率逃出，投奔某地我八路军，请求入伍杀敌。话语人：彼等系去年敌寇“扫荡”冀中时，为敌逮捕运来晋东南者。三月来，在饥寒交煎中，在敌寇刺刀监视下，流转于太谷、祁县、来远、东关镇、分水岭等地，为敌人修路、修桥，劳苦不啻牛马，闻有30余人被敌寇惨杀。“我们是中国人，决不能为日寇作替死鬼”，乃决定拼死逃出。出险时，年壮者在前，以铁锹打死敌哨兵二名，夺得步枪二枝，不幸有三人未到，恐已遭敌寇毒手了。他们到八路军×部，八路军就开了一个欢迎大会，这85名民族志士从此走上了光明的前程。(锡章)

——《新华日报（华北版）》1940年2月13日　一版

在武乡宪政座谈会上

本报特派记者　林　火

本月14日，武乡县各界在××村举行宪政座谈会。从到会群众的异常踊跃和他们欣喜的面色上，充分表示出敌后广大人民对于宪政运动的注重与关心。宪政运动的中心特点，即是彻底实行民主。今天已经初步得到民主权力的华北人民，对于宪政问题感到高度兴趣，实在不是没有缘由的。

座谈会上，18集团军政治部傅钟主任关于宪政问题的报告，特别引起到会群众的注意。他指出在目前环境下，实施宪政，不仅是我国军队的内政改革问题，实乃全民生死存亡之所系。因此，宪政的实施，同时，也是一个艰苦奋斗的过程，需要全民努力，一致促其实现。关于实施宪政的目标及努力方向，他提出三点意见：（一）需要真正代表民意的国民大会；（二）需要切实保障人民利益代表人民公意的宪法。（三）需要真正民主的宪政。总之，我们的宪政，应该是完全以人民意志为依归的政治，由全区大多数人民，管理国家的政治。因此，须特别强调提出中山先生所首创的，人民有选举、罢免、创制、复决等四权，真正做到“以民为主，以民治国”。他又指出召集国民大会，实施宪政的先决条件，应该是立即实行民主自由，立即改革充实行政机构，并由政府明文规定，全国人民除汉奸外，在法律上、政治上一律平等。同时，更要彻底反对一切借口阻碍宪政实施的胡说，而在敌后华北，目前尤应一面普遍成立各级宪政促进会，召开座谈会，扩大深入宪政宣传，同时，彻底实行民主，普遍民选官吏，使华北成为实施宪政的模范。

这时，露天会场上，热烈的掌声忽为喧天动地的锣鼓笙歌声所掩盖，原来大有、姚庄等编村，所组织之“八音会”“秧歌团”等，特来歌舞祝贺。

农民们不但用歌舞的旋律来歌颂，同时，也用言语和行动，来表示他们会竭诚拥护。姚庄的农会主任说：“祝贺你们大事成功，建立新中国总要办到。”大有编村并赠给座谈会一面“建国基础”的锦旗。

一阵热闹过后，谭县长在掌声中起立，作了十分精彩的报告，并具体说明开展武乡的宪政运动，需要广泛深入组织民众，教育民众，以民主精神和知识，普遍建立民意机关，栽培民主作风。同时，尤不应片刻忘记与民生改善相联系。

事实证明，今天敌后人民，由于比较自由民主政治环境的熏陶，他们不仅对于宪政运动表现热烈关心，同时，从他们正确的提案上，更证明着他们关心宪政的惊人知识，总计提案不下20余起，兹摘要归并如下：

甲、要求政府彻底改革，并充实各级行政机构，彻底实行民主政治。

乙、要求修改国民大会组织法及选举法，国民大会应由真正的人民代表组织之。因此，应取消以往关于代表的指定、圈定等办法，并取消民国28年度政府所指定之国大代表。而选举方法，应采取平等、普遍、直接、不记名的方式，并应废除一切财产、信仰、思想、男女等限制。

丙、要求政府严令规定全国人民、各党各派，除汉奸外，在法律上、政治上一律平等，严令取消“防止异党办法”“清理异党实施方案”，及一切歧视其他抗日党派的办法。

丁、要求政府彻底保障全国人民有言论、集会、结社、出版、信仰、思想绝对自由。

戊、电请政府严厉制裁投降妥协分子，坚持团结抗战。

己、扩大国民大会职权，除决定预算决算外，并有权力决定一切内政、外交、文化、教育、财政等方面的基本方针，监督政府执行一切议决案的最高权力。

庚、要求政府对全国抗日部队，待遇一律平等，并明文规定士兵有选举权及被选举权。

辛、在武乡境内，迅速成立“村政委员会”，并制定办事条例，严厉制裁村政人员的滥用职权。

会场上，每个提案的发言人，均有充分而热烈的发挥，在辩论上，显示出人民从实际中得到的民主教育是如何深刻。士绅魏柳堂先生的发言尤为精辟，他说：“宪法须由人民来制定，因为人民是最知道他自己迫切要求的，除他们自己之外，谁能做得主呢?”“魏先生实行真民主，反对假民主”的呼声，更是代表了全国公正士绅的意见，应该是全国人民的一致要求。

最后，决定成立武乡宪政促进委员会，推举武三友、□灵山、魏化价、郭茂宏、李玉田、史逢麟、李祖寿、张涓、□□海九位先生为筹备委员，会议便在无限兴奋中结束。

——《新华日报（华北版）》1940年2月17日　二版

我八路军英勇迎击　敌犯武榆败北

（华北新华社晋东南27日电）白晋路敌寇于26日起，分路出动，其主力步骑兵500余，自沁县以北之故城镇东犯，经大良、小良窜抵魏城镇。另一路600余，自沁县北犯，陷我段村（武乡西），经我八路军某某等部，分头迎击，在魏城镇一带，开展激战。该敌不支，分道窜逃。南窜之敌，与段村敌于27日拂晓会陷武乡。北窜者有犯榆社模样。我军一面跟踪尾追，一面遣劲旅一部，合围武乡。当与敌发生激战，敌军在我压迫下，无法支持，狼狈弃城而逃。27日晚，武乡城即为我军克复，我正乘胜追击中。

——《新华日报（华北版）》1940年3月1日　二版

人民不需要“训政”！

——姚庄民选大会记

本报武乡通讯员　友　农

（武乡通讯）2月27日，天气稍阴。姚庄村公所同志说：“今天恐怕开不成会了，据说敌人又出来扰乱，离咱姚庄只20里呢！”但约莫10点钟，公所里却挤满了人，老的少的，还有小脚女人，都来参加选举，选他们自己的村政委员。天气很冷，他们也不怕，女人还骑了毛驴赶来。他们怕什么呢，他们要民主，要自由与打倒日寇！编村虽是缩小了，到的还有400多人，他们不怕敌人呢！

开了会，每个人手里拿着选举票，便各自在心中想自己赞成的人，很久，很久，才把烧着的香在名单上戳下去，一下两下。一个老人，手都打战了，戳下去，戳了那么个大洞，近旁的女人看了都笑了起来。

选举结束，张效先当了村政主任委员，王三元等是行政、教育、武装、粮食、财政等委员。另外还选了村民代表王丙文等30人。

后来，村民杨万法身穿破袄，腰束布带，上台讲话，他说："同志们，咱们要实行民主才好，还要打倒顽固分子与日寇！完了。"大家都拍手赞成。

王丙东、王贵明、王三林、张耀中四位士绅先生也上台讲话，当场焚烧了118张契约，共计洋346元，钱3418串。他们说，实行民主，就要实行改善民生，所以他们先做榜样。大家都拍手喊口号："我们要实行民主，要改善民生！"

因为编村改变了，大家又重新选举自己工农青妇牺公的各个领袖。选好了，大家才欢欢喜喜地散会。散会时，一个老人说："我们现在有了民主，我们能管国家大事，我们都好了。"真的，民主才是抗战的必由之径。

——《新华日报（华北版）》1940年3月11日　一版

武乡成立村政会

（武乡讯）武乡县对民主运动之推行，自来不遗余力。本月15日，在全县各区行政干部会议上，对民主问题，讨论尤为热烈。当即通过村参议会组织条例，及村政委员会组织条例，并决定各村迅速成立村政委员会，分行政、武装、文教、食粮、经济建设等委员，以便广收民意，扩大民主范围。全县人士对此会议决定均十分注意，以为武乡民主运动，从此当有更进一步之开展，尤其是一般民众闻之，十分兴奋。（胡素）

——《新华日报（华北版）》1940年3月11日　一版

武乡妇女踊跃从军

（武乡讯）武乡四区为提高女权，发动妇女积极参战，保卫家乡，特成立妇女自卫队，号召全区妇女参加。该区妇女，经二年来抗战之锻炼，久欲从军报国，效木兰之故事，突闻此讯，莫不喜形于色，踊跃从军，其中仅韩家垴编村自愿入伍者便有 47 人之多，其他各村，也在踊跃报名。现该自卫队已正式开始训练，一般妇女职员，情绪热烈，空前少见。又上月 16 日，树辛编村召开妇女大会，当场有妇女刘换云等 30 余人，深感目前妥协投降之危机十分严重，非民众急起自卫，不能争取时局好转，乃自动报名参加该县子弟兵团。古代有过女子队伍，叫作娘子军，是很稀罕的，在抗战过程中，这将是常见的事情。（韩践）

——《新华日报（华北版）》1940 年 3 月 17 日　一版

敌后教育新光辉

抗日军政大学莅临晋冀豫边（武乡）

（华北新华社讯）抗大已于月前由晋察冀移至晋冀豫边。远道跋涉，备尝艰苦，一群中华优秀子孙，英勇武装，冲破数重敌寇封锁线，沿途群众，烧水煮饭，欢迎备至。闻该校决定于本月 25 日正式举行第六期开学典礼。该校校风，向来活泼严肃，团结紧张。一切成绩，冠于全国。此次远行止甫定，坐未安席，但为增加抗战生产计，即踊跃响应朱彭总副司令号召，积极开垦荒地。

——《新华日报（华北版）》1940 年 3 月 25 日　一版

“抗大”开学

（特讯）中国人民抗日军政大学，目前自晋察冀边区来到晋东南。经短期布置后，校务方面业已就绪。闻已于本月15日在某地（武乡县蟠龙镇）举行开学典礼。与会来宾、学员数千人，情况之热烈，前所罕见。

——《新华日报（华北版）》1940年4月17日　一版

抗大开学典礼（特写）

伏　流

我看来，第3月15日下午2时，在一个山沟里（蟠龙）的草坪上，一列一列看不见尾巴的队伍，昂着头向会场上涌来，绿树、红花、柔风、蓝天，一切都被欢悦所鼓舞，会场上的国旗在迎着春风而招展。

20方丈大的草坪上，坐满了3000多倚枪的抗大战士，会场前台的两边，扯满了大幅的浓色的纪念画，四边有几个装饰得挺漂亮的灯塔，上面写着：“愈抗愈大”“为创造成千成万的铁的干部而斗争”的红底白字，这个会场是热烈、庄严。抗大——这伟大历史时代的产物，拥抱着无穷无尽的力量，深入到敌人的心脏里了。

在严肃的国际歌声里，大会宣布开幕，主席致开会辞后，在掌声与欢呼声中，朱总司令出现于他的几千个孩子的面前。“拥护朱总司令！欢迎朱总司令给我们指示！”喊声里充满了热爱与敬仰，而朱总司令的话语简要而亲切的：“抗大第六期在敌后方开学上课，有着很重大的意义。照六期的条件要比过去几期更好了，因为抗战已经快三年啦，你们可以学习三年抗战的经验教训。同时，第六期又在敌后方开办，这也是学习上的好的条件，因为敌后战斗更紧张，实际生活更丰富。大家要努力学习！抗大是中国共产党领导下的学校，在过去几年中已经培养出好多真正的八路军的干部……锻炼了好多英勇有为的知识分子到前线上去。”

彭副总司令，向大会喊出：“抗战需要铁的武装力量，需要把游击队变成正规军，要把正规军变成铁军！而抗大就是这种铁军骨干的创造者，铁的八路军骨干的创造者……”

他激昂地用事实揭示出汪派汉奸破坏抗战、破坏团结的罪恶，他要全体抗大教职员提高对汪派阴谋活动的警惕性！

最后，抗大罗副校长有力地做了大会的结语：“接受各位首长的指示，全体学员干部动员起来，为实现学校新的任务，新的方针而奋斗，坚决完成六期教育计划！”

晚7时，辉耀的灯光下，抗大文艺团最精彩的节目开始了，在这些节目里已经反映出抗大在开始一个更新的时期。

——《新华日报（华北版）》1940年4月19日 一版

民众报信设伏歼敌
地方武装协同除奸

4月15日，白晋线上，武乡县属故城镇、涌泉镇之敌人四百余，分两路出犯，我驻军××纵队某部，事先已得到群众报告，当设伏于镇涌泉附近常家垴一带山地，使敌人进入常家垴村时扑了个空。正惊慌失措间，四外山上我军杀声忽起，一时枪声大作。我军有计划地让过敌人之先头部队，拦腰一击，敌兵200余被我围在核心，激战6小时，结果敌死30余，伤60多，遗尸十数具，豕突狼奔，狼狈窜回原地。

此次××纵队在涌泉作战，更有武乡县游击队、民众团体之配合，将故城汉奸维持会完全破坏，捕获汉奸5名，伪维持会副会长等两名，因依仗敌势，作恶多端，已被明正典刑，其余三名正在严加审讯中。

——《新华日报（华北版）》1940 年 4 月 23 日　二版

武乡盲人宣传队　深入抗日宣传

（特讯）武乡盲人宣传队，在“反对汪逆出卖华北委员会”的领导下，深入乡村，宣传反汪、春耕、民主，异常活跃。全队 70 余人，他们以三弦、胡琴，弹唱抗日鼓书，深得民众之欢迎，且为民众所乐于接受。虽成立不久，而收效颇大。顷悉该队于本月 13 日，在姚庄村举行队员大会，检讨工作，并学习新词。大家对民主政治，表示极大之热诚，对汪逆组织伪“中央”，表示万分愤恨。大会结束后，即分组下乡工作。(原·践)

——《新华日报（华北版）》1940 年 4 月 25 日　一版

晋东南妇女宪政促进会正式成立

（特讯）晋东南妇女宪政促进会，于 4 月 12 日在太北某地（武乡）正式成立，到太南、太岳、太北代表数 10 人。大会当选举刘亚雄、康克清为正副理事长，陈光、浦安修、李伯钊、刘湘屏、刘建星、丁一、赵漪、张华清、王琪、王炤等为理事。并通过关于改善妇女生活，提高妇女地位，保育儿童，促进宪运等提案 10 余件，即宣告闭幕。(棣)

——《新华日报（华北版）》1940 年 4 月 27 日　一版

太北民众迎接“扫荡”紧急动员

（太北特讯）自敌寇再度打通白晋路后，扬言即将出犯太北，太北形势因之转紧。不仅如此，敌寇且已于上月24、25日，分兵犯我武乡三交沟、常家垴。我太北民众，刻正紧急动员起来，提出保卫根据地，保卫家乡，武装保卫春耕等壮烈口号，准备予蠢动之敌以严重打击，据讯：

武乡敌寇走卒——无耻的汉奸，近极活跃，我十二区支干队，即于上月底抓获汉奸4人，均天津人，据供：他们是来侦察地形及军情，以便敌人进攻的。因此，武乡各地自卫队、妇女自卫队、儿童团等，已极度提高警觉，布置了哨岗，务使敌探汉奸，一个也漏不了网。

——《新华日报（华北版）》1940年5月5日　一版

晋东南万余青年热烈纪念五四

人山人海盛况空前

（本报特讯）晋东南青年纪念五四与第二届中国青年节大会，于某地（武乡县蟠龙镇）盛大举行，到会的抗大、八路军青年战士代表、鲁迅艺校、晋东南青总代表团及群众共约万余人，盛况为去年元旦拥蒋大会以来所仅有。主席台周围装饰巨幅漫画，其中以一手持随风飘展的鲜艳大旗之青年，推动历史巨轮前进一幅最为动人。午前进行军事竞赛，数千健儿驰骋广场，各显身手。午后竞赛继续进行，至3时，大会于热烈鼓掌声中开始。一致推选国民政府林主席、蒋委员长、孙科、陈诚、何香凝、阎锡山、毛泽东、林祖涵、朱德、凯丰、彭德怀、聂荣臻、吕正操、冯文彬、陆定一为大会名誉主席团。宋一平、曹克琳、彭华、石民、伊林、蒋慕岳、关绍基等为大会主席团。

组织青年一代　坚持华北抗战

主席宋一平同志说："没有华北青年的斗争，没有八路军等抗日部队与广大人民的奋斗，不会有现在的华北。"随着他便分析了目前的紧迫政局，勉励青年：要更加发扬五四时代为革命斗争的精神，坚持华北抗战。要把华北青年的一代全组织起来，以青年的坚强堡垒参加华北反"扫荡"斗争，以青年的紧密团结促进全国的团结。同时，青年要有组织地参加军队，扩大抗日武装。最后，要加紧学习，掌握抗战的理论，进行胜利的革命斗争。

接着，八路军野战政治部傅钟主任响亮提出：保护青年，正确地认识估计青年在中国革命的先导、启发、桥梁作用，反对敌寇争夺、欺骗、扼杀青年。抗大副校长罗瑞卿，青总代表团石民，八路军青年战士代表均先后精辟论述纪念五四与第二届青年节的意义和目前争取青年民主权利，保障抗战胜利的斗争的方针。

争取民主权利　保证抗战胜利

最后，于五一纪念节参加八路军的日本兄弟松井、吉田等出现在主席台上，博得全场的掌声。到会的日本兄弟均振臂欢呼，中日人民打倒共同敌人（日本帝国主义）的伟大誓愿交流在一起。他代表日本士兵的反战组织"觉醒联盟"向英勇善战的八路军，及艰苦奋斗的华北敌后青年致敬。并介绍了参加中国抗战的日本青年，在日本军队内被军阀蒙蔽欺骗的士兵及日本国内工农大众的反战情形。末尾，他希望中日青年携手前进，为埋葬日本帝国主义，争取中日人民的解放而斗争。

野火晚会
朱副长官巨像屹然出现　群众肃然致敬欢声震野

天已经暗淡下来，通过两个临时动议：以大会名义发起组织晋东南青年宪政促进会，通过反汪拥蒋，庆祝西北青救三周年，建议三民主义青年团，继承革命传统，成为全国青年的抗日组织等三个通电。并举行宣誓，表示抗战到底的决心！

吃过晚饭，举行野火晚会。青总代表团给朱彭总副司令献旗后，抗大文艺团等剧团合唱《黄河大合唱》。接着广场中间燃起火来，一时火光迸射，黑暗顿消。红焰辉映出青年们坚毅振奋的面孔，抗大学生在火苗周围化妆舞蹈。正当欢呼若狂的时候，巨幅朱副长官的画像突然屹立火炬中，群众肃然致敬，拥护朱副司令长官，拥护朱副长官主政河北的声浪震撼山谷。大会结束了，火光更加熊烈，照遍整个旷野。

——《新华日报（华北版）》1940 年 5 月 9 日　一版

主动出击打击敌寇“扫荡”
总攻白晋北段我军大捷
收复南关歼敌六百扫清来漳段敌寇
彻底破坏白晋铁路进行各个歼灭

（本报随军记者武乡南关 7 日 0 时 30 分急电）白晋北段我八路军××、××等主力部队，突以雷霆万钧之威力，全线出击，迄发电时止，战斗犹在胜利进展中。兹据记者所获战斗详情报告如次：

八路军××、××、××等主力部队，为配合晋南战事，先发制人，主动进行反“扫荡”，奋力向白晋北段东西两侧地带集结。××、××、××等部，在机敏神秘之行动下，先后于5 日下午分别到达指定地点。秣马厉兵，待命出击。我指挥战局之××将军，乃于 5 日深夜发出向白晋北段之总攻击令。我全体指战员奉令后，莫不振奋神威，以排山倒海之雄伟声势，揭开年来晋东南空前壮烈反“扫荡”之序幕，而南关争夺战，则为我军旗开得胜之第一声。

南关镇为白晋全线之咽喉，敌军兵力之转换点，敌近年来竭尽心力，构成碉堡线。5日深夜，我八路军之基干兵团×××师×××旅展开猛烈攻势，敌人凭借险要碉堡，死命顽抗。我军在敌寇紧密火网之下，前仆后继，一再猛冲猛打，血战至烈。战至拂晓，守敌大部为我消灭，碉堡为我各个占领，南关已完全入我掌握。所余残敌，以南关为必守之地，且犹冀南北敌军来援，而当时在我健儿威逼下突围亦已绝不可能，乃退据一隅，占据房屋，死力顽抗。我军亦抱定必胜之心，继续猛攻，誓必消灭之而后已。激战至6日黄昏，战斗始告结束，残敌除纳降者外，600余众悉数授首，南关乃为我正式克复。敌军在南关堆积之大批粮秣、武器、弹药、器材，全部为我缴获，现正清查中。我军又乘胜向北挺进，收复来远，包围子洪口，并分兵杀奔平遥、太谷、祁县。一面又向南“扫荡”残敌，刻来远（南关北）迄漳源（南关南）段之敌已全部为我肃清。

我分布白晋北段全线之部队，亦于5日深夜，同时向敌各据点进击。将全线节节斩断，沁县南北炮火连天，战况极烈。

武乡以西故城之敌，首先陷入孤立状态。在我猛攻下，狼狈西窜，奔入漳源。我××有力部队，当将漳源严密包围。沁县、新店、虒亭、夏店各据点亦经我分别围攻，敌军完全陷入分崩离析状态，各点不能取得联络，全线动摇，我正加紧围歼中。

路工反正　民众奋起

我军于猛烈进击时，一面协同民众大举破坏白晋铁路。一日夜间，子洪口迄沁县之新修铁路，大部为我破坏，而其间来远漳源段，则连同路基，全部为我挖毁。敌寇辛苦经年，深入我晋冀豫腹地之干线，为我一日夜拆毁，成绩之伟大，实为抗战史上所罕见。敌寇胁迫之修路工人，大部来自山东、河北，乘我军大举进攻之际，纷纷逃出，先后投入我军者，已达百余人。

白晋北段自于客岁7月间沦陷后，沿线民众在日寇蹂躏下惨痛万分。我军此次大规模全线出击，民众兴奋百倍，莫不自动跃起，参加作战，协助我军，大批输送战利品。而箪食壶浆慰问我军，接济火线者，更络绎不绝于途，我军士气亦为之益壮。（贻）

——《新华日报（华北版）》1940 年 5 月 9 日　二版

岂容敌寇横暴摧残

白晋路工反正抗战　六百同胞重见天日

（太北讯）被敌寇强迫修筑白晋铁道的同胞，因不堪继续忍受惨绝的虐待，连日酿成抗差逃跑之巨潮。据统计，仅上月 28 日到 30 日三天内，分水岭至权店一段，逃跑路工达 300 余，已纷纷向我抗日政府投奔，请求参加抗日部队。

（又讯）白晋路南沟村，我被迫修路同胞 300 余，于上月 28 日正当敌强迫由火车输送至沁县之际，突有数人高呼："不愿做亡国奴的人要逃跑反抗！"霎时间，300 多人即跳出火车四散飞奔。敌工兵见势不佳，当即开枪扫射，但我 300 同胞，已及时逃出苦难，投入祖国怀抱。（棠）

（太岳讯）沁县牛寺村，被迫强征修路工人 59 人，于日前相继逃出虎口，投奔沁源，参加决死队×团抗日。沁源军政民各界 2000 余人，特开盛大欢迎会以表欢迎。（行）

——《新华日报（华北版）》1940 年 5 月 11 日　一版

白晋战役成绩辉煌

（华北新华社太北前线 7 日电）我军总攻白晋北段战役，详情如此：

此次我军全线总攻白晋路北段，北起太谷，南迄襄垣，战线长 200 余里。目的乃在彻底破坏白晋北段铁路公路，主动打击敌寇“扫荡”太北企图，而配合晋南战事。参加战役者，有我八路军××、××、××等主力部队，及决死队×部。采取东西夹击之方式，向全长200余里之白晋北段同时动作，致使敌寇陷入分裂孤立之绝境，不能互相呼应，惶乱迷惑。而我全体指战员，复刚毅勇猛，势如猛虎，乃得从容就预先部署之计划，展开如意之战局，予敌痛歼，先后计三昼两夜，获得惊天动地之辉煌战果。

战役于5日开始，我军分数路出击：

猛攻南关

第一路为×旅主力，猛攻南关。赖我全体指战员之忠勇奋发，血战16小时，终将守敌全部歼灭，收复南关。同时，当南关争夺战激烈之际，我×旅另一部向南挺进，分向分水岭、勋欢进攻，阻敌北援，恶战彻夜，6日晨攻入分水岭，夺下碉堡多座，歼敌极众。同时并将自权店北援之敌击退。另一部则向来远以北各据点远征，阻敌南援，当晚摧毁来远以南敌军各据点，保卫子洪口，使敌不敢妄动。

冲入权店

第三路为我八路军某纵队，担任攻击权店至漳源镇段任务。该部于5日夜经一度激战后，首先冲入权店，与敌展开巷战，将停于权店之火车一列、汽车三辆全部炸毁。次晨南沟敌200余，企图来援，亦为我击溃。漳源西北之故城，经我彻夜猛攻，于6日晨收复该地，缴获极多。

总攻发动时，呻吟于敌寇铁蹄下将近一年之白晋沿线居民，莫不百倍兴奋，黑夜里，成群结队，奔向白晋干线，自动参战，除临时自动参加破路之民众不计外，仅就经过群众团体动员，有组织之参战民众即达二万以上，在破路工作上，发挥伟大力量。至于被敌寇自东北、冀鲁强征之路工，乘机投入祖国怀抱者达千余人，当即参加破路工作。

战 果

此次战役，收获巨大。全线歼灭敌人在1000以上（伤者尚不在内），缴获步枪400支，皮鞋1000双，西药一部，无线电台一架，电话机三副，望远镜二副，其他粮秣军用品无算。共计破坏铁路百余里，公路百余里，大小铁桥300余座，炸毁火车站三所，火车三列，车厢三十余辆，汽车十余辆，胶皮大车50余辆。损毁弹药百余万发，西药仓库一座，汽油仓库一座。撤回铁轨1000余条，收回电线数十里，烧毁枕木数万根。修路工人1000余反正。在此次战役中，我全体指战员莫不发扬高度之自我牺牲精神，冲锋陷阵所向无敌，卒胜利完成战斗任务，用我热血头颅换取十倍百倍之辉煌战果。总计两昼夜间，我军伤亡营长以下400余名。

——《新华日报（华北版）》1940年5月11日　二版

抗大全体教职学员
热烈纪念成立四年

（特讯）抗大4周年纪念大会，于六一在晋东南（武乡）举行。到有抗大全体教职学员，及晋东南各团体代表，彭副总司令、杨尚昆同志，也在百忙中赶来，并先后作精辟训词。陈赓、罗瑞卿（按罗副校长已新任为第十八集团军政治部主任）、张际春、何长工及新任副校长滕代远诸同志均相继讲演。大会于深夜始告结束，会场情绪极为热烈庄肃。

——《新华日报（华北版）》1940年6月7日　一版

八路总部修建河堤
足能灌溉良田万亩

（特讯）八路军总部（驻王家峪）为了增加生产，巩固根据地，乃决定在驻地附近漳河之畔，修建河堤。整个直属队×万人一齐出动，分为固定劳动队与临时劳动队两种，轮流值工。机关人员并实行礼拜六劳动制，时间规定一个月，自本月25日开始，预计修成后，可有万亩肥田足资耕种。（云）

——《新华日报（华北版）》1940年6月23日　一版

寇图抢劫麦收
敌增万余进犯太北
长乐西营附近展开战斗

（华北新华社晋东南28日电）晋冀豫各线敌寇，迩来遭我不断袭击，受创甚重，白晋、同蒲、正太各线，在我不断破袭下，日夜不安，况值此麦收成熟之际，更图抢劫，故自本月下旬以来，调集重兵于太北外围，亟图进犯。计自23日起，沁县增敌近万，辽县敌增至6000，其他虒亭、新店等地，亦纷纷增加。于25日开始，分数路出动，进犯太北，详情如次：

25日辽县敌2000余，分两路出动，沿辽武大道进扑洪水、蟠龙。我军当即派遣有力部队，前往阻击，刻敌在温城以北一带滋扰。沁县之敌，为配合辽县敌军行动，于26日派出步骑200余，经段村向武乡长乐村一带进犯，此刻正与我在长乐附近对战中。同时，由沁县增往虒亭之敌千余人，27日进犯史北镇，与我发生激战，迄薄暮时，敌军窜抵西营西南地区。我军以骑兵奋起向该敌猛袭，当在磁窑头附近，击溃该一部。迄28日晨，我敌犹在西营附近继续对战中。

此次敌寇进犯，行动极为迟滞，复以我军在各路均配备有相当兵力，配合地方民兵武装，将予敌寇以重大打击。唯此次敌寇进犯，适值麦熟之际，关系于我抗日根据地之军食民生者，至为巨大，愿我各地军民奋起迎击，粉碎敌寇此次进攻，武装保卫麦收。

——《新华日报（华北版）》1940 年 6 月 29 日　二版

武乡附近连日激战　毙敌 300 余

（华北新华社晋冀豫 7 月 2 日电）襄垣西营地区之敌被我八路军击退后，28 日其一路千余当即向武乡城逃窜。在城东之上、下司村、赵家岭一线复遭我×部截击。激战至 29 日午，武乡之敌，虽数次来援，但均在我军英勇冲击下，敌伤亡甚重，不支逃向段村。30 日晨武乡、段村一带之敌，复集结分四路向我反扑，激战六小时，我军再度将敌全部击溃，毙敌 300 余名。

——《新华日报（华北版）》1940 年 7 月 5 日　二版

大军四路进迫收复武乡

（华北新华社晋东南 6 日电）白晋路东侧，我八路军连日极为活跃，并将武乡之敌交通线全部控制，形成大包围。武乡之敌千余，极为恐慌。三日，该敌人在我军威胁与不断打击下，不能支持，狼狈向段村逃去，武乡当告克复。

——《新华日报（华北版）》1940 年 7 月 9 日　二版

太北武乡积极屯粮

太北的武乡，先后召开了屯粮会议。武乡的屯粮工作队有了很大的成绩，每区每村在短期间都将完成囤积数目，并且在屯粮工作中，还解决了一部分老百姓的痛苦，使他们了解了政府的财政经济政策，提高了政府的威信，巩固了乡村的团结。

——《新华日报（华北版）》1940 年 7 月 25 日　一版

晋东南克复武乡城

（中央社汾阳二十四日电）晋东南我军大举向北进攻，势如破竹。2 日晚迫抵武乡城郊，猛烈进攻，敌据城顽抗，搏杀极为激烈。我军浴血奋斗，前仆后继，迄 3 日晨，我遂由东南门冲入，展开巷战，挥刃斩杀，敌尸遗横街，敌因伤亡过众，卒无法挣扎，夺路逃窜，武乡即告克复。

——《新华日报（重庆版）》1940 年 7 月 25 日　二版

盲人宣传队动员屯粮

（武乡讯）本县牺盟会领导下的宣传队，响应政府的屯粮号召，日前在×村召开全体会员会议，情绪非常热烈，决定最近宣传工作中心，内容着重屯粮和除汉奸，当晚即在东沟村进行扩大宣传，收效极大。（民庶）

——《新华日报（华北版）》1940 年 8 月 15 日　一版

武乡五千民众　庆祝百团伟大胜利

同时举行生产品展览会

（太北讯）本月10日，武乡县于××镇正式举行庆祝百团大捷及生产展览会，到会有县府、各救团体及附近群众共约五千余人，并有八音会、佛教音乐团及盲人宣传队到会助兴。生产展览品多为毛织品、棉织品、矿产、药材及五谷、陶器等，共有二三百种。悠扬音乐声中，大会正式开幕，首由王县长报告百团大战的经过及意义，号召群众以实际生产工作来庆祝百团大战。此外并有各群众团体等代表讲演，大意均为拥护八路军并响应王县长之生产号召，群众情绪甚为高涨，拥护百团将士之口号声震山谷，傍晚时大会始告结束。（友晟）

——《新华日报（华北版）》1940年9月17日　一版

武乡群众武装数千
配合军队克复榆社

分队长光荣负伤

（武乡讯）上月月底，武乡青抗先、自卫队及群众数千余人，配合八路军某部主动地向榆社敌人展开剧烈的战斗。敌人在榆辽公路上的据点小岭底的攻克，榆社城的收复，他们起了很大的配合作用。特别是青抗先，更显示了他们积极勇敢的精神，在他们破坏榆辽公路时，分队长张树庭、队员杨生如等三人，均光荣负伤，现已送八路军某医院诊治。全县闻讯，纷纷前往慰劳，青救会并拟予以奖励。（李青）

——《新华日报（华北版）》1940年10月5日　一版

敌兵万余进犯太北
漳河沿岸各路血战

（晋东南22日电）第十八集团军总司令部发表公布称：

向我太北清浊漳河及西侧山地“扫荡”之敌，共约万余名，并每日有飞机5架助战，计战况如下：

……

武乡敌千余，同日东犯，当晚进抵马庄。次晨，该敌分向大有、蟠龙进犯。向大有进犯之敌，当晚南窜，与长乐村东范之敌会占蟠龙。刻仍与我××旅激战中。

……蟠龙敌22日晨在飞机掩护下，向以东山地进犯，与我×××旅在河不凌、蜂坡、东湾（均蟠龙东）之线激战整日，敌伤亡甚多。23日，敌在飞机掩护下，再度东犯，与我×××旅在蟠龙东之南垴、长立头等高地进行激烈之争夺战，敌我死伤均重。

——《新华日报（华北版）》1940年10月25日　一版

前方急电！
洪水蟠龙（武乡）间围歼敌寇
民众踊跃参战

（本报晋东南前方29日22时专电）窜入太北之敌，经我大军分头扑杀，血战一周，迭在西井、左会附近地区予以重创。该敌周来在我日夜袭扰下，疲惫不堪。27日起，即纷纷突围逃窜，我军乘势猛杀，斩获极众，刻西井、桐峪已无敌踪。残敌一股千余，则于28日南窜，已为我包围于洪水、蟠龙间之山地，刻我正缩小包围圈，加紧聚歼中。此次敌寇进犯，暴行空前残酷，受害民众骤闻敌寇为我包围，莫不兴奋若狂，踊跃奔驰前线，协助军队作战，情绪至为高涨。

——《新华日报（华北版）》1940 年 10 月 29 日　一版

踊跃参战
民众争先送饭担架
本报职工火线服务

（本报特讯）自围歼关家垴（武乡）敌寇消息传出后，各团体机关、各村民众，莫不兴奋若狂，立即组织送饭队、担架队、慰劳队，分赴战地，冒枪林弹雨为我军服务。××庄一位六旬老翁，亦自愿参加担架队，并说："我胡子这么长了，还要来抬伤兵，因为他们是为了我们大家流血的。"××村两位十五六岁的女孩子，也要从 10 里外把饭送到火线上去。本报全体职工，则组织战地服务团，分担架、运输、慰劳、送饭、战地警戒等 5 个队，分 6 批于今晨黎明前，到达火线上，入夜犹在服务。

——《新华日报（华北版）》1940 年 10 月 30 日　一版

前方急电！
关家垴顽敌大部被歼灭

（本报晋东南前方 30 日 22 时急电）死守关家垴、柳树垴附近之残敌数百，在敌酋板津（冈崎）大队长督率下，拼命挣扎。黄昏以后我军重新展开猛烈攻势。各部健儿发挥高度之机敏与勇敢精神，奋力前进，冒如雨之弹火，直入敌阵，血战至 22 时，敌军大部已为我歼灭，缴获轻重机枪步枪辎重极多。现仅余残敌四五十死守最后阵地，我军正乘胜"扫荡"，不久即可全部肃清。

——《新华日报（华北版）》1940 年 10 月 30 日　一版

太北我军继续反“扫荡”

石门口外歼击顽敌

关家垴展开壮烈争夺战　敌机成群更番狂炸无济于事

（华北新华日报晋东南前方 30 日 18 时电）自左会南窜，逃入洪水、蟠龙之间山地残敌，经我某某等部劲旅四面压迫，迄 29 日，该敌已全部被我压缩于关家垴及其附近地区。入夜 10 时开始，我即不断以小部队袭扰，彻夜枪声不绝，敌寇恐慌万状，坐卧不安，疲惫不堪。我各部大军见时机已熟，乃于拂晓 4 时左右以四面包围形势，开始攻击。我布置于××、××方向之炮兵，首以密集炮火，向村外集结之敌猛轰，发挥巨大威力，予余敌重伤，寇军顿时大乱。我×部健儿，随嘹亮之冲锋号响，直扑村侧高地，一度血战，当即将该地攻克。我××连在×连长亲自率领下，乘势追杀，直逼村落，战况愈趋激烈，敌寇凭村固守，死命挣扎。×连战士，鼓勇猛进，莫不以一当十，我×连长×政指先后负伤，仍坚决不下火线，继续指挥冲杀。敌寇虽极顽强，但经×连一番痛杀，伤亡惨重，势愈狼狈，大部遂为我驱压至半山。敌我双方，各据关家垴半个村落，相峙对战。残敌一部见势危急，企图突围夺路南窜，乘隙窜据石门山北高地后继续向石门后山猛扑，我军沉着应战，敌反复冲杀至六次，终不得逞。激战至 9 时左右，我后突遣一部向该高地展开反冲锋。双方以手榴弹、掷弹筒互掷，交锋激烈。后敌机三五架飞来助战，在我军阵地上，更番轰炸，竟日未止。我军将士，冒敌机弹雨，各路继续攻击，毫不稍怯。及至黄昏时分，我攻势愈猛，步枪机枪声，密如连珠，关家垴与石门西北山坡均弹尘弥漫，火花乱飞。迄发电时止，我歼敌战斗，仍在顺利进展中。

炮兵神手　弹无虚发

（本报30日时讯）关家垴歼灭战中，我救出被敌寇抓去而充作马夫之民众多人。据称，该部敌军系于阴历九月六日自太原出动，经沁县武乡左会而窜西井，与辽县之敌回合，为敌寇此次“扫荡”太北区主力部队之一，沿途遭我重大打击，伤亡惨重。近复由西井，经左会、显王等地拟向沁县回窜，不料部队包围于关家垴，痛苦万分。

又称：今晨拂晓，我炮兵射击极为准确，第一炮正中敌密集队伍，第二第三炮均打入敌军骡马辎重丛中。敌兵当即大乱，彼等乃得乘机逃出，为我军所俘。

——《新华日报（华北版）》1940年10月30日　一版

关家垴血战歼敌　坂井大队歼灭殆尽

我缴获步机枪掷弹筒等

（华北新华日报社晋东南前方31日6时电）此次为我包围于石门口外之敌，系片山旅团之坂井（冈崎）大队，约八九百人，附伤病兵百余，驼骡毛驴民夫四五百。自30日晨4时起，经我整日围歼，伤亡逾半。一部由敌酋坂田亲自率领，退入关家垴村后山上之窑洞中，凭据坚固工事，拼死顽抗；一部占领石门后山柳树垴高地，死命顽抗。我军于同日黄昏以后，即分路向两地残敌进击，一路自关家垴东北面山地，节节攻击，以手榴弹集中抛掷，火光起处，敌兵血肉横飞，嚎声四起。血战至21时，我军终将关家垴村后山头完全占领，残敌数十，退缩于最后几间窑洞中。

我另一路同时又向柳树垴附近之高地进攻。该处为敌我必争之地，我军战士于进入战斗后，奋勇当先，先仆后继，冲锋四次，战况至为壮烈，毙敌甚众。是役，先后毙敌300余，缴获步枪200余支，轻重机枪4挺，其他掷弹筒、弹药等军用品甚多，现正在清查中。

——《新华日报（华北版）》1940年10月31日　一版

晋东南武乡附近毙敌近千

（中央社洛阳九日电）由武安进犯漳河沿岸地区之敌，连日在桐峪西井□□岭一带与我军某部展开激战，歼敌甚众。上月30日敌千余，在武乡东南蟠龙镇东北关家垴、柳树垴一带被我击溃，毙敌七八百名，缴获步枪300余枝，及军用品极多。

——《新华日报（重庆版）》1940年11月10日　二版

关家垴歼灭战

袁　勃

10月中旬，敌人从各据点抽调集中一部兵力向我太北区进行更大之“扫荡”，敌人主要合击地区是武乡以东之山地。开始敌人从沁县、辽县、黎城各据点出动，分数路进犯。我太北军民在有力之配合下，于蟠龙、西营、洪水附近，予敌以严重之打击，于是敌狼狈窜回。

19日敌复从辽县、沁县各据点出动，继续“扫荡”太北，并以一部兵力“扫荡”清漳河沿岸，其所经之地，烧杀奸掳残暴的畎行，开历史之新纪元，非近代之弗朗哥所能及其万一。

敌寇各路经我军沿途截击，陷入困顿的悲境。29日敌军数路约千余，集结于左会山以西，企图回窜沁县巢穴。然我大军早已跟踪追击，这股敌人进到关家垴、柳树岩、垴上时，已是寸步难行了。

是夜，在星光迷离中，我八路军决死队的健儿们抱着强烈的为“民众复仇”的信念，像一群善于狩猎的名手，机敏的满布在关家垴四周起伏的山头，将冈崎大队这群恶兽驱进了罗网。打破深夜的寂静，我神勇的炮手们穿越过迤逦的山坡奔赴前线。日本人想逃命，曾打算从蟠洪河道向蟠龙逃窜，事实证明河旁山地上所交织的火网已经封锁住了这条道路。他们只有苦闷地瞭望颤抖的群星，等待最后的命运。

30日拂晓，稀疏的枪声忽然在关家垴的上空涌出一团团火花，这火花照亮了我们每一个战士的心，同时，正是宣判恶兽们最后命运的信号。这时，关家垴的敌人，有的在睡梦中被我们机敏的战士用刺刀结束了他的生命。从此便开始了激烈的争夺战，手榴弹像火星一样在关家垴背后高山上不停地飞爆，垂死的敌兵的哭嚎与杀声混成一片，敌人不得不畏缩地再退到关家垴的屋宇与窑洞内，作最后的挣扎。同样激烈的争夺战，也在柳树垴的高地上进行着。柳树垴是关家垴西南方一里许的一个高地，100余顽强的敌人早抢上了这个山头。为顺利歼灭关家垴的敌人，必须首先消灭柳树垴的鬼子。在“坚决消灭柳树垴的敌人”的命令下，我英勇的战士们匐匍着爬上山坡与敌人进行激烈的争夺战，喊杀的声音振动了山谷。决死队二营教导员的右臂不幸中了敌人的枪弹，但他仍然坚决的率领着战士们向前冲锋，直到把敌人一度打下了小坡。可是敌人知道柳树垴高地的得失可断定他们最后的命运，这个山头往返的争夺便随着晨光愈益剧烈了。

争夺关家垴山包，在这次歼灭战中占着胜利与否的决定作用。关家垴在山腰里构成了一个北高南低的村庄。敌寇把四挺机枪，一个小队，分放在利用山顶两块坟地所筑成的阵地里。

夜，3时半，很黑。总部警卫连的战士们，悄悄摸向关家垴山包。到山头了，看见两个哨兵，无知觉的呆站着，当他们还不及分辨出对面有没有

“敌情”的时候，已作了刺刀的靶子。接着警卫连的刺刀和吼声，把敌人驱逐出阵地，压制到山阶坡下去了。

聚歼战开始了。关家垴山包上的敌人，凭据山包阶坡，顽强地冲锋了三五次，但都被警卫连打垮。

敌人从左前侧山坡上的窑房，不断地用机枪侧击，警卫连巩固山包阵地，受到很大的威胁。“一班随我，消灭机枪!”唐连长吼着，一直跑到窑洞口外，依着墙向里边扔了大量的手榴弹，把敌人的机枪哑巴了。

排长南海斌同志，由山阶上跑下去，从十数个敌人手中夺下了机枪，并且把敌人打退。

山包被警卫连占领了，敌人退到关家垴村。

天明时敌寇在四架飞机掩护之下反攻关家垴山包，唐连长亲身使用一架苏联式的机枪，阻击着敌人。在三个钟头里，敌人冲了五次，但都被我军打退。

翌晨，关家垴附近完全为硝烟所笼罩了。从望远镜的孔中瞭望，关家垴西南方的山头上尚有少数残敌顽守着那已为我炮火击毁的工事，从左面山坡上昂起的我们的平射炮，那雄壮的炮口，直冲着那山头上的少数“皇军”，在宣布着他们的死刑。当每一个炮弹开花的一刹那，那就是清算了他一笔残暴的血债。

我们的平射炮已经把那个山头上的少数“皇军”完全埋葬了。敌人的飞机呜呜而来，那声音，恰有点像送丧者的悲鸣，它哭丧着在关家垴的上空盘旋着。当它第一次突然下降时，一颗炸弹爆发在敌人据守的阵地中，“皇军”总算得到了他自己飞机的“恩惠”。

敌机一直继续了一个上午的乱炸，正如我们战士所说：“飞机又来吊孝了。”

中午，民众们组织的送饭队都英勇地赶到了第一线。这时《新华日报》所组织的战地服务队也从远方赶到了前线，救护队冒险走上柳树垴的山坡去抢救伤员。战斗仍在剧烈地进行，敌机不断的无目的投下炸弹。

黄昏在连续不断的手榴弹爆炸声中抖擞着。我们的冲锋号从四面响起。迫击炮弹把残敌从工事中赶出，再经战士们一直冲入村中，纵横斩杀，“皇军”的血沾染了关家垴的土地。关家垴完全为我们占领了，四围山岭上烧起了胜利的火把……

——《新华日报（华北版）》1940 年 11 月 15 日　四版

我们一枪不响的占领了山包

——记警卫连的战绩

郭绍汤

29 日夜，“大烧大杀”左会山地，骄矜着“回到沁县大大的休息”而犯扰关家垴一带的冈崎大队，被我八路军决死队重重包围起来了。

争夺关家垴山包，在这次歼敌战中占着胜利与否的决定作用。关家垴在山腰里构成了一个北高南低的村庄。敌寇把四挺机枪，一个小队，分放在利用山顶两个坟地所筑成的阵地里。

夜，下三时半，很黑。警卫连的战士们悄悄摸上关家垴山包。到山头了。看见两个哨兵，无知觉的呆站着，当他们喊不及分辨出对面有没有“敌情”的时候，已做了刺刀的靶子。接着警卫连的刺刀和吼声把敌人逐出阵地，压退到山阶坡下去了。

聚歼战开始了。关家垴山包上的敌人，凭据山包阶坡，顽强的冲锋了三五次，但都被警卫连打垮。

敌人从左前侧山坡上的窑房，不断地用机枪侧击，警卫连巩固山包阵地，受到很大的威胁。“一班随我，消灭机枪！”唐连长吼着，一直跑到窑洞口外，依着墙向里窜，大量的手榴弹把敌人和机枪送命了。

排长南海斌同志，由山阶上跳下去，从十数个敌人手中夺下了机枪，并且把敌人打退。山包被警卫连占领了，敌人退到关家垴村里。

天明时敌寇在四架飞机掩护之下反攻关家垴山包，唐连长亲身使用一架苏联式的机枪，阻止着敌人。在三个钟头里敌寇冲了五次，但都被打退。

31 日早晨，我在××晤见了唐连长，他和林指导员在炕上躺着。在这次歼敌战斗中，他们都带了彩。然而，他们愉快地说："我们一枪不响的占领了山包。"

——《新华日报（华北版）》1940 年 11 月 15 日　四版

武乡游击小组缴获洋马枪炮

（武乡讯）敌人此次在关家垴惨败后，残敌三五向辽县一带退窜时，为武乡县属一区×村游击小组张来水、李世英、李二贵、郑五孩等沿途截击。他们勇敢异常，夺得洋马一匹，掷弹筒两个，子弹百余排，刺刀八把，并其他胜利品甚多。某部鉴于彼等能果敢杀敌，并迭有缴获，特赠该游击小组步枪三枝，子弹若干发，想该小组组员均异常兴奋。（高）

——《新华日报（华北版）》1940 年 12 月 7 日　一版

敌寇自供：关家垴之役两队长阵亡

（本报特讯）武乡关家垴之歼战中，敌冈崎大队被我消灭殆尽。顷据日文"大阪每日"11 月 2 日报载："31 日洪水东方高地关家垴之役，冈崎谦受、今富先（光）藏两个部队长阵亡。"可见敌军狼狈之状，即敌寇亦难于掩饰。

——《新华日报（华北版）》1940 年 12 月 7 日　二版

反“扫荡”中青抗先深入虎穴
纵火焚敌南沟车站
烧毁汽油4000箱车厢140卡
车站木房40余载重汽车3辆

（本报晋东南特讯）武乡榆社襄垣的青抗先，在此次敌寇反复“扫荡”和我们反“扫荡”的战争中，经过无数次斗争的磨练，已经在浊漳河的两岸迅速发展壮大起来。从开始建立的第一天起，这支没有受过训练和缺乏武装的新生队伍，就勇敢地和有现代最新式武装的敌人斗争着。根据30个村的统计，从10月10日至11月25日止，前后活动总在50次以上，参加火线上的运输救护和后方勤务者，除襄垣未详细调查外，计武乡有799人，榆社304人。另有三县模范的青抗先331人，更经常活跃于敌人附近，迭次破袭，他们曾两次深入沁县至东村之间，将一座百孔木桥彻底破坏。在大小战斗中，计毙伤敌寇8名，俘虏敌寇1名，活捉汉奸8名，解救修路工人83名，民夫7名。缴获掷弹筒2个，机关枪弹7000发，桥板100余块，铁轨40余根，骆驼3头，牛2头，骡1头，煤油2桶，白面150斤，并其他军用品多种。10月13日，正当敌寇以4000兵力向我武乡以东山地进攻的时候，武西青抗先队员×××等三人，乃于是夜潜入南沟车站，摸至敌之汽油储藏所，我英勇青抗先三同志，当即从怀中取出引火物，纵火焚烧，一时烈焰千丈，蔓延全站。他们即趁混乱之际，连声大呼：“八路军来了！”守敌仓皇出奔，悉数窜入碉堡，机枪炮弹一齐乱发。我×××三同志乃乘机返回。事后调查，是夜共烧毁敌汽油站一座（计有汽油4000箱，分储于20间屋内），车站木房40余间，车厢140卡，车头8个，载重汽车3辆。据估计，敌寇此次损失，不下百余万元。这次袭扰，大大兴奋了远近民众，提高了青抗先的信心。

——《新华日报（华北版）》1940年12月11日　一版

武乡青年三勇士　将得荣誉之奖励

（本报特讯）我武乡×村青抗先×××等三人，于10月11日晚绕过敌寇哨兵，深入白晋路敌南沟车站纵火焚烧敌汽油火车，获得伟大胜利等已志昨报。兹悉当地政府，以该青抗先队员，仅三人竟能建此奇功，殊属英勇超群，拟给予最荣誉之奖励云。(山)

——《新华日报（华北版）》1940年12月13日　一版

1941 年

武乡六千民众武装大检阅

楼则峪祁村等地荣获锦旗　光荣新战士饱受人民赠礼

（晋东南讯）武乡西乡各区，于去年 12 月 12 日，分别举行群众武装检阅大会，会上并欢送新战士上前线杀敌。计×区到会群众 2 千余人，×区到 1 千余人，×区到 3 千人，××两区各动员新战士×名，×区并当场动员新战士四名。当他们为群众热烈拥上台去的时候，欢呼声和掌声响彻云霄。各村民众纷纷争先给战士们赠送礼物，手巾、山鞋、大洋、冀钞、羊肉等，转瞬间即堆满台上，赞颂的欢呼，不绝于耳。新战士们均眉笑脸开，倍觉光荣。午后，大会先后举行政治测验和武装大检阅，数千青抗先，均精神百倍，各不相让，结果，楼则峪、祁村等村，各夺得优胜锦旗一面。这支不可轻视的力量，一致决议通电全国，请求国民政府、蒋委员长，严厉制裁亲日派阴谋家，坚持抗战到底，他们誓以必死之心，战胜凶恶的日寇！（瑛）

——《新华日报（华北版）》1941 年 1 月 3 日　一版

破袭白晋北段　救出路工

（本报特讯）上月 21 日，我决死队×部，配合武乡独立营及青抗先各一部，破坏白晋路五里铺、勋欢间路基一段，收回电线百余斤，救出铁路工人 110 余名。（强展）

——《新华日报（华北版）》1941 年 1 月 7 日　二版

武乡自卫队青抗先全县大阅兵

（本报特讯）武乡上月27日在××村举行全县武装检阅大会，并欢送在乡战士上前线。到会的青抗先、基干队、自卫队等2000多人。检阅结果，八区第一，获旗一面，手榴弹3箱，县武装科决意为完成350名青抗先，380名基干队而斗争。

——《新华日报（华北版）》1941年1月9日　一版

墨蹬村民皆俊杰　43人齐参军

自卫队替抗属担煤挑水　民兵给军队放哨抬伤兵

（民革社讯）武乡县属墨镫村，地邻辽县温城，时遭敌寇袭扰，对敌斗争情绪至为高涨。今春参加抗日军者前后已达43人。近有四人因病回家，病愈后全村民众即热烈开会欢送归队。在大会上决议今后必须竭力优待抗属，并成立优抗委员会，决议全村自卫队轮流为缺乏劳动力之抗属无代价担煤挑水。（骏·军）

（又讯）武乡县属墨镫村之自卫队青抗先，于上月15日敌寇出犯黄土岭时，配合军队作战，抬送伤兵。并为恢复部队疲劳，当队伍胜利归来时，他们都自动说：你们好好睡觉，让我们放哨！终夜轮流站岗警戒，至堪钦服。（家骏）

——《新华日报（华北版）》1941年1月11日　一版

武乡加紧开渠

以实际工作成绩　响应联办号召

（太北讯）为着用实际成绩来响应联办变十分之一的旱地为水田的号召，武乡开渠工作，正在加紧进行中。除监漳渠（长10里，内有石工2里，费洋2500元）现已竣工外，上北漳渠亦正在筹划进行。该渠长5里，约需洋1000元。一俟春暖土消，即可动工。前者可浇地2000多亩，后者可浇地2000多亩，对于根据地的群众生产，贡献颇大。闻领导开渠工程者，为武乡名绅郝竹亭先生。郝先生为工作终日奔波，使军民兴奋。（言）

——《新华日报（华北版）》1941年1月19日　一版

襄（垣）武（乡）敌图窥蟠龙西营

（华北新华社晋冀豫17日电）敌三十六师团及独立第四旅团各一部约5000余，自10日起，分途向太北区“扫荡”。其中襄垣增敌千余，夏店及东村（武乡以西）有敌各500余，企图向蟠龙、西营地区进犯，我正严阵以待。

——《新华日报（华北版）》1941年1月21日　二版

敌寇“扫荡”武乡　到处散放毒菌

（特讯）此次敌人“扫荡”武乡地区，曾到处放毒，毒品已发现的有两种：一种是黏性的固体；一种是粉末状的。前者往往放于土炕上，房屋内，遇热（如烧热炕）就散发；后者则往往投入水井中。闻武乡砖壁一带，已发现此种毒品，并有人因此而中毒。当地民众因此益增同仇敌忾之心，对

敌寇之阴谋毒计更形警惕。(黄)

——《新华日报(华北版)》1941年2月15日　一版

武乡妇救贷款一万元开展纺织业

(晋东南太北讯)武乡县救妇会，顷以贷款一万元，开展农村纺织业。从2月20日起，暂以500元组织农村妇女300人作一试验。到3月底以前，计划把全县妇女都组织起来，发给棉花，普遍推行。并规定纺织一斤棉花，只交五尺长、口条形、12两重的土布一块，其他剩余作为纺织者的报偿。同时，在春耕时间，她们还要保证参加春耕及站岗放哨的工作。(明)

——《新华日报(华北版)》1941年3月7日　一版

简　　讯

抗大六分校定于“三一八”纪念日在××县(武乡)正式举行六分校成立及第八期开学典礼。并发出函件，邀请各界派员参加指导。

——《新华日报(华北版)》1941年3月13日　一版

盘踞武乡敌寇之阴谋

盘踞武乡东村、段村之敌，遭我民兵不断袭击，恐慌异常，乃倡议在两村周围修筑城墙，并计划召集居住敌占区的士绅26人，组织修城委员会，主持其事。不料我居住敌占区的士绅，均深明大义，坚决拒绝敌寇邀请。敌寇恼羞成怒，乃将各士绅予以种种惩罚。因此各士绅均深感居住敌占区之苦，纷谋迁入我根据地。(农)

——《新华日报(华北版)》1941年4月9日　一版

英勇民兵保卫春耕
太北（武乡）掀起百人大战

（太北讯）武乡全县精锐民兵在徐县长等亲自率领下，配合我八路军、决死队各一部，于3月26日，展开第一次武装保卫春耕的“百人大战”。当夜各部同时出动，我英勇青抗先一部，果敢杀入敌寇据点东村、段村附近之各村庄，将所有维持会完全摧毁。敌寇龟缩于据点以内，恐慌万状，不敢稍动。结果一夜之间，将四、六、七、八各区之维持会，完全扫清。仅八区即捉获维持会的伪员50余名，4个区合计，当在150名以上。估计短期以内，敌寇再不敢出来破坏我们的春耕。此外，襄垣等各县民兵，也先后展开了保卫春耕的“百人大战”。（农）

——《新华日报（华北版）》1941年4月15日　一版

太北汉奸蠢动
大家急起除奸

（冀太区讯）入春以来，敌探汉奸在我抗日根据地内到处蠢动，并已造成不少血腥惨案，如：……二、3月4日夜，有汉奸二人，竟敢潜入武乡县冀家垴村长徐永盛家里，用手榴弹、火柱将徐村长打死。自此以后，武乡第七区一带汉奸便蠢动起来，甚至每日竟敢三五成群，混入各村杀人。……（金）

——《新华日报（华北版）》1941年4月25日　一版

春耕动态

武乡原计划在春耕期间，完成水田6000亩，截至3月中旬，即已完成一半。又该县雇主为提高雇农生产热忱，自动将政府所规定之实物工资3石5斗提高到4石或5石5斗。(农)

——《新华日报（华北版）》1941年4月27日　一版

武乡竞选运动白热化

高沐鸿等五人发表竞选政见

（晋冀豫太北讯）武乡竞选参议员运动，已造成全县民主运动空前盛举。日来发表竞选政见者有高沐鸿、魏文兰、姜书桢（姜一）、李步云、陈舜英等多人。各个候选人的竞选政见有一个共同特点，就是他们不但在竞选的政见中一致拥护中共中央北方局15项主张，而且他们的政见都是根据15项主张的原则的。

高沐鸿先生在他的竞选政见的序言上说："本人愿以下列政治主张，向武乡全县农工青妇文化各界同胞宣布这一光荣伟大的竞选盛典。"高先生的竞选政见，包括开展群众游击战争，实行民主政治，改善人民生活等八项，是很完善的一套参政意见。在政见的末尾，他并发出这样的誓言：本人自身保证，不渎职务，不作官僚，不忘人民，永远为人民利益而奋斗。(刚)

——《新华日报（华北版）》1941年6月17日　一版

晋冀豫敌犯太北（武乡）为我击退

（华北新华社晋东南22日电）"扫荡"太北区之敌，20日经我八路军于武乡东上北漳地区予以打击后，乃西窜武乡东村。敌一路千余人昨（21日）复北犯贾豁，刻与我决死队激战中。

——《新华日报（华北版）》1941 年 6 月 25 日　二版

武东营民兵扬威

击毙敌寇三名夺获机枪一挺

（晋东讯）此次敌寇“扫荡”浊漳河流域，我各地营兵民兵配合军队作战，曾起了很大作用。武（乡）东营兵民兵曾击毙敌寇三名，夺获轻机枪一挺及衣服耕牛等甚多。他们都很兴奋地说：“今天和去年不同了！”

——《新华日报（华北版）》1941 年 7 月 3 日　四版

白晋线南关（武乡）敌强行抽丁

（华北新华社晋冀豫电）白晋路方面南关敌，向各商号征派壮丁，第一次 40 名，第二次 200 名，各商号均无法应付，已多关门逃亡，仅存烧饼铺一间，现南关已成荒凉世界。

——《新华日报（华北版）》1941 年 7 月 27 日　一版

决死队协同营兵袭入南沟站炸火车头一个

（华北新华社晋冀豫 20 日电）上月 28 日，决死×纵队××团，配合武西独立营及区游击队，夜袭白晋路之南沟车站。我军甫至铁丝网附近，即被敌哨发觉，当以手榴弹将敌哨兵炸毙。我英勇战士随即斩断铁丝网，双方展开猛烈战斗。我另一部冲至车站，以手榴弹炸毁火车头一个，并埋设地雷炸毁抽水机一架，战约两小时任务完成即行撤退，是役毙伤敌伪甚众。

——《新华日报（华北版）》1941 年 9 月 23 日　二版

实行自给自足

武乡士绅集资开办各种工厂

（本报晋中讯）武乡参议员史标青先生暨当地士绅等 20 余人，于日前发起筹资开办工厂，已志前报。兹闻于 9 月 24 日成立股东大会，将议定章程，筹策一切进行事宜。日昨并发出告各界同胞书，略谓：对敌经济斗争，首在开发根据地资源，增加生产，发展国民经济，以达到自给自足的目的；并指出今后敌寇对我经济封锁与掠夺必将加强，军政民生活必需品，须实行自力更生，因此号召爱国人士踊跃投资，以建立各种工厂。闻集股数目共计 5 万元，以 300 元为一股。

——《新华日报（华北版）》1941 年 9 月 27 日　四版

月夜军民联欢
晋东中秋劳军

（本报晋东讯）晋东武委会与上月民兵检阅大会上，曾发起爱护边区子弟兵运动。现以中秋节到来，特指示各县，进行有组织的劳军，如月夜开军民联欢会，写慰问信，及在可能的物质条件下，进行物质慰劳等。闻武东（武乡东）方面，已准备大批物品，以慰劳我英勇杀敌的八路军。

——《新华日报（华北版）》1941 年 10 月 5 日　四版

保卫秋收保卫村选
展开全面游击战
武乡民兵积极出动
打击敌寇抢粮阴谋

（本报晋东讯）9月15日上午11时，武乡东村之敌百余，向东往监漳一带出动，带有运输队及汉奸60余，向西营猛扑，企图抢夺我秋收粮食。我八路军某部配合民兵，当即将敌击溃，毙敌5名，伤敌10余名。又武乡独立营及八九两区民兵积极出动，一个半月中配合正规军袭击敌据点东村30余次，并将附近维持会摧毁。（庆祥）

——《新华日报（华北版）》1941年10月7日　四版

武乡监漳村村选
选出各阶层人士

武乡监漳村村选，已于9月20日完成了。全村出席公民共465人，占全村公民人数75%强，当即选出了村政委员会委员崔万和等27人，其中有地主一人，富农7人，中农9人，贫农7人，工人二人，商人一人，包含着各阶层人士，新村长崔万和及副村长郭福贞当选出后，民众热烈庆祝，送礼献花、游行、演剧，空前热闹。（友农）

——《新华日报（华北版）》1941年10月7日　四版

太行各区加紧备战工作
武乡妇女迎头赶上

（新华社晋冀豫分社讯）武乡二区大陌村，在政府发出备战号召后，马上就进行秋收、备战与武装保卫秋收工作，并动员妇女参加妇女自卫队，学习军事。该村妇女自动参加妇卫队者达50余人，并学习瞄准射击。又该村妇女已定做鞋公约，加紧做鞋，保证战时战士鞋袜之供给。

——《新华日报（华北版）》1941年10月9日　四版

武乡水利建设
开渠7条灌田40余顷

（本报晋冀鲁豫讯）武乡今年水利建设，成绩优越，现已超过原定计划三分之一，共计开渠7条，可灌田40余顷，其中最长者为黄广渠（上黄崖至广志），全渠长达10余里，可灌田20余顷。预计全县每年可增加粮食产量二万多石。（治民）

——《新华日报（华北版）》1941年10月21日　四版

武乡新发明煤气灯

（本报晋中讯）武乡武子会近发明一种煤气灯，制法极为简单，只需用砂壶或铁壶一个，壶内装煤，四周密封，仅留壶口，装上一小钢管，置火上加热，煤气从钢管内冒出，然后用火一点，即可发出光焰，光度远胜油灯。（治民）

——《新华日报（华北版）》1941年10月23日　四版

武西植棉试种成功　展览成绩

（本报晋东讯）武西一带因气候关系，向不植棉。今春春耕时，为响应政府提倡植棉口号，该县神西村民众，特合伙研究种棉方法，购置大批棉种，集体栽培。闻此次试种结果，已获得良好之成绩，所产棉花质量洁白，每株有结成 30 至 40 个棉桃的。日前陈列在漳西生产展览会上，颇获观众赞许。

——《新华日报（华北版）》1941 年 10 月 25 日　四版

武乡各地民众纷纷劳军

（本报晋东讯）武乡在 9 月份中，各地纷纷慰劳军队。据四个区的统计，劳军物品共有菜蔬 55 担，粉条多斤，纸烟一批，被慰劳者除八路军决死队外，尚有营兵及榆社受伤之民兵。（克）

——《新华日报（华北版）》1941 年 10 月 25 日　四版

决死队某部出击武乡东村

毁敌工事缴获食粮

（本报晋东讯）上月 27 日，决死队一部配合武乡民兵及群众等，出击东村段村，当将敌包围于山头碉堡内，不能越雷池一步。我军民即冲入东村段村，将敌工事加以破坏，并缴获粮食 30 余石，其他军用品日用品若干。战至晌午，沁县敌 600 余来援，我以任务已达，胜利返防，附近民众，莫不兴奋。

——《新华日报（华北版）》1941 年 10 月 27 日　四版

武东十日推销公债九万

（晋东讯）武（乡）东在迎战工作中，同时展开了推销公债运动，十日之内，就推销了九万元。推销办法，值得介绍的：一是由县长召开士绅会议，有八位开明士绅，当场就认购了1850元；其次又利用集训小学教员的机会，发动各区小学教员购买公债竞赛，结果又推销了1750元。(友莲)

——《新华日报（华北版）》1941年11月27日　四版

武东营兵出奇制胜　郝家垴歼敌十余

（晋东讯）11月3日我武东独立营之一部，配合八区游击队，在距离敌寇据点东村2000米之郝家垴，布置伏兵疑兵，并在郝家垴通东村之隘路口，埋下大批地雷。东村敌寇发觉我疑兵后，当即发枪射击，继而追击，在追击中间先后踩踏我埋置地雷，被炸死十余人。我伏兵复乘机射击，神枪手张向仙一枪一个，又打死敌寇三人。敌寇狼狈万状，乃仓皇溃退。是役，我亦伤亡三名。(烈光)

——《新华日报（华北版）》1941年12月1日　四版

武乡参议员郝培兰先生筹资兴办实业

（晋东讯）武西参议员郝培兰先生，自边区临参会闭幕返县后，即商同武乡参议员高沐鸿先生等，号召本县士绅，积极筹办实业，开设工厂。郝先生除不辞辛苦，东奔西跑，招徕股东外，复慷慨出资5000元以为倡。此外，高沐鸿先生亦出1000元，陈守义先生出500元，闻不日将收集数万元

资金。现正着手物色干部，积极筹办中。（常健）

——《新华日报（华北版）》1941 年 12 月 3 日　四版

武西民兵　联防宣誓

（晋东讯）武乡顷决定以自然村为基础，组织民兵联防。每个联防区内，都成立了指挥部，县区干部深入联防区，加强领导。上月 20 日敌抢粮队到米家垴一带抢粮，被我第×联防区民兵百余人奋勇击退，并将所劫财物夺回。

又武西九区×村，距敌据点仅十数里，敌寇时有骚扰可能。该村民兵特于上月 23 日举行宣誓："不当汉奸，要捉汉奸，不怕敌人，要打敌人"。在他们影响下，全村公民，亦均纷纷举行宣誓。（宗良）

——《新华日报（华北版）》1941 年 12 月 5 日　四版

爱国男儿奋臂蜂起

太行各县参军潮澎湃

干部首作模范率领群众参军

（本报太行讯）边区各地参军运动，现已卷起汹涌浪潮。晋东武乡 11 月 30 日所召开之参军座谈会中，有 55 位干部当场报名参军。农救会姜书祯（姜一）并负责动员××名新战士参军，其中有妇女干部 8 人，东庄工会秘书韩成义，墨镫村长×××，虽年已五旬犹慨然要求到八路军去做个伙夫。

——《新华日报（华北版）》1941 年 12 月 17 日　四版

民兵战线

（晋东讯）在上月敌“扫荡”中，武东一区左会民兵袭击敌哨兵班。战斗一小时，敌不支溃退，我缴获步枪一枝，子弹97排。又敌到洪水时，派出10余人至寨坪烧杀，我武委会主任率领民兵将敌击退，获小地雷20个。又五区基干队在殷士敏同志领导下，从洪水到墨顶神山一带，不断打击敌人，毙敌多名，敌负创后又向民兵包围，我民兵当即机动转移，殷同志竟于是役光荣殉国。（村田）

——《新华日报（华北版）》1941年12月19日　四版

武乡干部参军者五百人

（华北新华社晋冀豫14日电）太北反“扫荡”胜利结束后，参军热潮，澎湃展开。本月1日，武乡各救干部座谈会上，工会干部袁勃光愿带50个工人参军。农救主席姜书珍（姜一）、青抗先大队长王国培首先自告奋勇要带100名会员参加边区子弟兵。而羊工李三孩以为抗战四年来羊工能够增加工资，改善生活，都是边区子弟兵所赐给他们的利益。他起立声称：即日起与羊工算清账目，并带十名羊工参军。现该县二区已有200个区村以下干部要求上级批准参加边区子弟兵，全县总计有500个干部要求参军。边区女参议员高成绚自己参加八路军，并劝武乡妇女保证不拖丈夫的尾巴。

——《新华日报（华北版）》1941年12月19日　四版

熬制食盐

冀南银行贷款万元襄助

（新华社晋冀豫分社武乡讯）近日敌寇对我区经济封锁异常严密，企图困死我抗日军民。为了粉碎敌寇对我食盐的封锁阴谋，我冀南银行特贷款一万元帮助于××等地推行熬盐工作，以冀食盐之自给自足。

——《新华日报（华北版）》1941 年 12 月 23 日 四版

图骗我民众当炮灰 敌进行反英美宣传

武乡教堂惨被捣毁

（太行讯）自太平洋战争爆发后，晋中冀西敌占区之敌，即疯狂进行其反英反美之宣传，在各处城墙街道间，写贴种种荒谬标语，专门造谣之各种伪报杂志，连日均以大部篇幅发出无耻谰言，谩骂英美，鼓吹太平洋上皇军之战功。本月 17 日，有敌机七架，连日在我武东一带散发大批反对英美之荒谬传单，狂吠："中日人民联合起来"，企图诱骗我民众，为敌作侵略之炮灰，并挑拨我人民与友邦之关系，转移敌后人民坚持抗战之决心。

（又讯）敌占区内各地英美之天主教堂，基督教堂，近来纷纷被敌捣毁，各该教会所有财产亦被敌侵占没收，并将教堂内之神像祭台等物捣毁。神父、牧师、修女等之遭逮捕拘禁，凌辱者已层见叠出。据晋东讯：盘踞武乡东村之敌寇 50 余名，于本月 10 日，进犯我上司村时，将该村天主教堂内所有财物，抢劫 ·空，天土等神像，悉被捣毁无遗，堂内天土教徒均遭敌寇百般凌辱，一顿毒打。

——《新华日报（华北版）》1941 年 12 月 27 日 四

1942 年

太行区教育新建树 新建学校即将开学

（太行讯）筹备数月来之太行第三中学，业已筹备就绪，已决定本月10日在武乡某地正式开学。该校分初中、简师两班，学生140余人。闻该校校长暂由三专署教育科长兼任。教务主任赵文敏，教员王子宽、李瑞珍、路扶之、吴大林诸先生等，均服务教育界有年，曾任战前各中学之教员。

——《新华日报（华北版）》1942 年 1 月 6 日　四版

粉碎治安强化　武乡敌拆毁民房 50 间

（太行讯）武乡敌为准备建筑营房三百间，连日将敌占区之民房大肆拆毁，致使敌占区人民，均露宿街头。现武乡城内被拆民房已达50余间，同时敌寇强迫敌占区人民在领身份证时，乘机调查各村青年妇女，黑夜即抢来奸淫，仅东段村一地，数日内被劫去妇女即达16人之多。

——《新华日报（华北版）》1942 年 1 月 10 日　四版

武乡盲人宣传队广泛宣传

武乡盲人宣传队，日前召开全体队员大会，到盲人30余人。会上各盲人均踊跃发言，讨论配合目前对敌宣传及动员参军工作，并用参军中之各种模范例子，编制小曲，分头出发弹唱，广泛进行宣传工作。（治安）

——《新华日报（华北版）》1942 年 1 月 12 日　四版

武（乡）东热烈劳军优抗

（武东讯）武（乡）东于年初展开热烈的劳军优抗运动。二区各村干部暨小学教员，率领儿童，携带大批蔬菜、挂面等，到部队及抗属家中慰劳，军队则分别在驻地召开军民联欢会。（超然）

——《新华日报（华北版）》1942 年 1 月 13 日　四版

简　讯

（晋东讯）武乡西南沟东村之敌约 800 余，于上月中旬进扰×地时，我××村民兵班长任成木因独自前往侦察，不幸为敌所俘，敌百般拷打，迫其说出我各机关之地点。但仍坚不吐露一字，大义凛然，光荣殉国。（仲平）

——《新华日报（华北版）》1942 年 1 月 15 日　四版

武乡新建工厂两座

（武乡讯）为发展根据地农业，武乡×区郝茂林、赵富林等，近集资数千元，创设水胶工厂及草帽工厂各一所。现已开工，出品颇为优良。（正）

——《新华日报（华北版）》1942 年 1 月 20 日　四版

为清丈土地
武乡大批训练公正人员

（晋东讯）武乡为保证负担公平，现决定于今年 2 月份，普遍进行清丈土地。所属各村村政委员会，已选出大公无私、熟悉土地情形之人员，共计876人，到县受训，训期5天，内容以实际练习为主，预计分三期完成训练。(易凡)

——《新华日报（华北版）》1942年1月24日　四版

太北各地市集商业日臻繁荣

（太行讯）武乡洪水之集市，原为每旬三、六、九三天，后以市场繁荣，贸易发达，原有集日不敷需求，乃改为每旬二、四、六、八四天。蟠龙集市原为每旬三、六、九三日，现则改为一、三、六、九四日。上述各地，营业贸易日益繁荣。桐峪、洪水、蟠龙、西营诸镇道上，商贾络绎不绝，各镇商店林立，贸易数额倍增。(彤)

——《新华日报（华北版）》1942年1月28日　四版

武乡决定今年生产计划

（晋中讯）武乡××两区，于本月24日召开生产大会，讨论增加生产，以求自给自足。兹决定成立毛笔厂、造纸厂、熬盐厂等；并计划今春生产盐×万斤，增植棉田×千亩，及组织儿童拾粪队与成立妇女纺织小组。(田)

——《新华日报（华北版）》1942年1月31日　二版

晋东（武乡）小天使活跃

儿童举行游艺大会

（晋东讯）武（乡）东为活跃儿童生活，特于本月15日，以区为单

位，举行儿童游艺大会。(铁)

（晋东讯）武（乡）四区，于本月 17 日召开全区儿童游艺大会。参加儿童共 700 余人，大会进行两日。会中有政治算术测验与军事检阅，及游艺表演，姚庄表演叠山、白家庄表演刺刀、北社表演音乐宣传。并有儿童成绩展览室，内陈列儿童之作文、漫画、壁报、大小楷书等，甚得观众好评。最后并进行选举儿童团区团长，当选出王水林为正团长，韩保国为副团长，魏振华为政治委员。继之宣誓就职，儿童前往献花送礼者颇多，情绪至为热烈。此次游艺会，以姚庄成绩最佳，白家庄次之，当即分发奖品，儿童欢欣雀跃。(治)

——《新华日报（华北版）》1942 年 2 月 2 日　四版

蟠龙激战击落战机
寇军六千图盘踞蟠龙
赶修东蟠公路运送大批食粮

（华北新华社太行 6 日电）（一）4 日上午自桐峪窜向蟠龙之敌，于洪水以东白草坪山地遭我特务团一部猛烈阻击，搏杀竟日，毙敌百余。（二）4 日下午，敌我激战于蟠龙附近时，敌机一架，低飞助战，当为我神枪手以步枪瞄准射击，命中敌机要害，被迫降落蟠龙以北庙（苗）杜附近，全部焚毁，驾驶员悉数焚毙。（三）各路之敌，现集中蟠龙者，总数在 6000 以上，洪水、东庄，亦各有敌千余，刻正赶修东庄至蟠龙间之公路，并以小股向该线西北进行反复清剿，我八路军×部，正猛烈侧击中。（四）长治方面，寇囤积 40 余日之军粮，连日北犯蟠龙、东庄一带，似有长期盘踞之企图。

——《新华日报（华北版）》1942 年 2 月 7 日　一版

敌寇四千围攻左会

我军早已转移寇又扑空

（华北新华社太行前线11日电）洪水蟠龙敌约4000余人，7日进至拴马、石瓮一线，再向前推进至大井沟、湾则村，一部占领白草坪山地，积极修筑重炮阵地，企图以主力猛扑左会、黄烟洞山地。9日拂晓，该敌即开始猛攻，以重炮掩护步兵分路进击，炮声隆隆，可远闻数十里。桐峪之敌，亦进至小寨沟，包围黄烟洞山地之侧背，企图围歼我×部，实则我水腰黄烟洞修械所早已迁移，山内房屋均为我破坏，我军并无一兵守戍，该地仅有我军去冬歼敌之遗迹，敌九牛二虎之势，又复扑空。

——《新华日报（华北版）》1942年2月11日　二版

武乡武装宣传队深入敌占区宣传

（晋东讯）武乡县府教育科，于上月25日组织武装宣传队，深入七、八两区之敌占区进行宣传。至上月底止，共进行26个村的宣传，每村都召开过群众大会，到会群众共1338人，并先后访问敌占区士绅及知识分子8人，散发宣传品千余份，收效甚大。(农)

——《新华日报（华北版）》1942年2月11日　四版

猛烈展开对敌宣传

武西武装宣传队深入敌占区宣传

（晋东讯）武（乡）西县于上月25日召开宣传会议，决定猛烈展开对敌宣传攻势。会后立即组织武装宣传队两队，于翌日出发至白晋沿线之敌占区内进行宣传，久遭敌寇欺压之敌占区同胞，闻我抗日工作人员前往，莫不欣喜万状，群集欢迎，并痛诉敌寇暴行。经我宣传后，该地同胞，又当场宣誓："誓死不当伪军，不当顺民。"（平）

——《新华日报（华北版）》1942 年 2 月 12 日　四版

干部楷模！广志村长虎口救民

（武乡讯）本县若干村干部，在此次 2 月反"扫荡"战争中，以英勇模范之行动，拯救了不少民众，并为抗属解决了许多困难。上广志村长在敌人进村之后，首将本村抗属安置于安全窑洞中，继又亲自为抗属送饭四次。下广志村长亲率民兵于 6 日夜冒险进入敌兵警戒线，往返四次救出妇孺十余人。战后其家庭虽受重大损失，但仍积极工作毫无怨言。（小航）

——《新华日报（华北版）》1942 年 3 月 13 日　四版

坚决抗击敌寇"扫荡"

太行（武乡）民兵新春立头功

（华北新华社太行讯）太行山上的民兵，在此次反"扫荡"战争中，以其固有的英勇姿态，活跃袭击装备优良的敌寇。他们对保卫家乡和根据地，已成为正规军的有力助手，真正起了很大的作用。上月 4 日，武乡洪水民兵 27 名，伏击敌伪军 30 余于董家庄附近，激战一小时，毙伤敌联队联络长以下 5 名，生俘敌兵一名，缴获步枪一枝，子弹 202 发，及其他军用品一部。同日武乡寨坪民兵 32 人，于红土垴附近袭击行进之敌，后敌大举增援，将我民兵重重包围，但我民兵在青年部长张磨锁领导下，奋勇突出重围，并将进击之敌击退。此役我毙伤敌伪5名，张磨锁为敌炮弹所伤，光荣殉国。5日，武乡显王民兵42人，伏击行进之敌，战斗一小时，毙敌三十六师团七二联队文书长以下三名，缴获手枪一枝，望远镜及军用地图各一副，我青年部长房马江，基干部长阎步高及模范射击手张小三等三名，光荣殉国。

——《新华日报（华北版）》1942年3月13日　四版

壮志不甘囚阶下
张根孩自救救人

（武乡讯）武乡寨坪村民张根孩等8人，于上月敌寇进扰时，闻敌逼近，急即钻入一窑洞内躲藏，旋为敌寇发觉，派伪军前往抓捕。伪军赶至洞口，喝令张等速即出洞，张力主宁死不出作囚，唯其余7人，一时胆怯，相继出洞，当被伪军一一用绳捆住。斯时伪军发觉洞内还有一人，乃高呼：“还有哪一个，也出来！”张答道：“你进来！”一个伪军遂应声进洞，张即在暗中瞄准进洞伪军，猛发一枪，立中伪军足部，伪军负伤大叫一声。张乃再发一枪，当将该伪军击毙。洞外两伪突闻洞内连续发出枪声，顿时魂飞魄散，抱头鼠窜。张遂大踏步出洞，将7个胆小之同伴全部解放。（远）

——《新华日报（华北版）》1942年3月14日　四版

日兵大正痛绝战争　义斩敌酋来归

（华北新华社太行讯）敌于此次“扫荡”我太行区，士气极为颓丧。2月上旬，犯蟠龙之敌36师团，阿部工兵联队士兵大正，不甘敌官之残暴压迫，更感侵华战争之无望，乃杀死敌中队长荒田，向附近我军投诚。大正原系东京某中学毕业，参加侵华战争已经三年余，现年25岁。本社记者特前去访晤，当记者述明来意后，大正谈日军内部反战厌战情事甚详，达两小时之久。彼曾亲见长治葛目联队反战弟兄百余人之大举暴动，虽该事不幸被特务分子侦知，遭受镇压未果，然给36师团士兵之影响却极深刻。彼继谓太平洋战争爆发后，长官虽大吹胜利，然士兵对战争之厌恶已达高度，闻“战争”二字则感头痛，尤以老兵为甚，悲观失望情绪普遍增长，自杀、酗酒、发疯等情事常不断发生。

……

记者再询问对我军之感想若何，大正乃笑答曰：“早在二年以前，已得见八路军之宣传品，无奈彼时尚染有浓厚之武士道精神，对之格格不入，然战争之经验，使我豁然觉悟，最近更得见朱总司令颁布优待日人投诚之命令，更使我觉醒，故毅然来归云。”

——《新华日报（华北版）》1942年3月15日　四版

太行民兵战线强固　武乡毙俘敌伪80

（武乡讯）129师刘师长曾誉为“打出来了”的武（乡）东民兵，在此次反“扫荡”中，又一次发挥了无限的威力，创造了光辉的战绩。据不完全统计，该县民兵共先后作战30余次，毙敌43名，仅东田（东堡）村一战，即毙敌10名；此外，击伤敌伪32名，俘获敌人1名，伪军11名，炸毁敌汽车2辆，缴获长短枪各1支，及其他军用品甚多，此外并夺回耕牛220头，驴3头。（远）

——《新华日报（华北版）》1942年3月16日　四版

爱护军队的模范　边区人民的光荣

（太北讯）武乡墨镫村附近山上，有一“侉子”（乡间对河南、山东籍客民之称呼），其家留有决死队三伤员寄宿养伤。当上月敌人进犯该地时，彼不顾危险，连续将三伤员背至远处一山沟中隐藏，不幸于返家途中与敌遭遇被俘。敌迫其说出军民牲口、粮食等所藏存地点，彼伪装不知，敌愤极，即用刀向彼臂膀猛砍一下。旋彼乘敌不备逃跑，不料逃回家中，又被敌人所执，复被敌砍两刀。彼乃痛极倒地，佯装死去，敌走后，彼复负创赶往远处山沟内，将三伤员背回家中，妥为安置，并云：“只要我一天不死，就一天不能委屈你们。”忠义楷模，实堪传之史册。（畏、远）

——《新华日报（华北版）》1942 年 3 月 20 日　四版

慈母推爱女坠崖　敌寇淫威过于猛虎

（武乡讯）太行山上的妇女们，学会了斗争，她们常以自己的生命，保护洁白的身体。上月×日，武（乡）东型唐（塘）村某老太婆，闻敌逼近，即带着两个女儿，向山上转移。在一个狭窄的山路上，她们不幸遭遇了敌人。强奸的威胁使老太婆失去了母鸡护雏的能力，忍心地将两个亲生的爱女，推下数丈高的山崖。当时敌人见状，羞愤交集，于是执着枪刺，直向老太婆扑去。一分钟后，这个英勇的母亲，也就安心地躺在自己的血泊里。（钊）

——《新华日报（华北版）》1942 年 3 月 25 日　四版

图分割太北根据地
敌寇修筑武榆公路

（华北新华社晋东南 3 月 20 日电）敌春季“扫荡”太行区遭我粉碎后，武乡东村之敌，自上月中旬以来，时以三五百人往榆社地区窜扰，同时，该敌复连日维修武（乡）榆（社）公路，企图缩小我太北根据地，我太行×分区部队，正向敌奋勇进袭中。

——《新华日报（华北版）》1942 年 4 月 1 日 二版

晋东三千军民公葬郭国言将军
公祭范郭并检阅民兵

（晋东讯）上月 22 日上午，在武乡洪岭山巅，晋东 3000 军民，隆重追悼范郭二司令员，并检阅全区民兵。主席刘专员亚雄致开幕词后，由决三纵队政委王一伦报告范郭二司令员之斗争史略。继由边区政府建设厅总长刘岱峰说明今年春耕贷款利息减免一厘后，又由 18 集团军总部代表方炽，129 师师部黄副主任，中共晋冀豫区党委彭涛同志相继讲话，一致号召晋东各界加强团结，为死难烈士复仇。时至中午，乃举行公祭范郭二司令员典礼，并公葬郭司令员。当为民族为阶级苦斗十余年之郭司令员安息于洪岭之侧时，黄副主任于墓前发表演说，慷慨悲壮，激励 3000 军民。下午，晋东武委会主任郭万甫作民兵反“扫荡”总结报告，号召全晋东民兵向武东学习，伏击敌人尾巴，夜间扰乱敌人，并指出二月反“扫荡”中某些村庄之民兵与敌打硬仗之不智。最后特公布此次杀敌成果、英勇善战之民兵名单，并颁发奖品。大会乃于薄暮中闭幕。（航）

——《新华日报（华北版）》1942 年 4 月 1 日 四版

晋东总结民兵战绩

武东荣获第一名

（晋东讯）此次晋东区受奖民兵以武东居首，计受集体一等奖者有洪水、涌泉、蟠龙、大有等12个村，各得步枪一枝，手榴弹十枚。受二等奖者有武东马堡、义安、韩光（汉广）、杨桃湾、榆社屯村、襄垣西营等17村，各得步枪一枝。个人受一等奖者有武东××韩书贞、××李福心，榆社××当家三弟兄等共14人，各得洋30元；受二等奖者有武东××李二孩，襄垣韩福金，榆社白村民兵等共12人，各得洋20元；受三等奖者有武东××宁二孩，榆社××田观丁等14人，各得洋15元。此外，更有若干干部受领三专署奖状及文具多种。而于二月反“扫荡”中光荣殉国之民兵家属，亦于大会上当场抚恤。（航）

——《新华日报（华北版）》1942年4月1日　四版

武东宣慰团努力下善后工作良好

灾民住食困难全部解决

（武乡讯）战后武（乡）东善后工作，经过该县军政民各界所组织的宣慰团之努力，业已初步完成，社会秩序与群众情绪亦已恢复战前状态。据调查：在该县第五区内的13个村中，无房住者计有58户；有房无门窗者93户，现已全部调整解决。至于灾户的粮食问题，在群众的互助互救下，已获得了适当的解决。例如上广志村自动借给下广志村粮食4.8石；寒光（汉广）村灾户20户已由该村村长借得粮食6石；史家垴6家灾户，已借到粮食5石。此外，该县县政府亦已拨款400元分别救济各地受灾民众。（钊）

——《新华日报（华北版）》1942年4月2日　四版

旧阴谋新花样　武乡敌寇假作慈悲

图饵我敌占区群众上钩

（晋东讯）武乡敌人顷向八区十余村庄下令粮款免征。据熟悉敌人之一般人士估计，此乃敌寇假慈悲的怀柔政策。缘自去年武东积极开展对敌斗争以来，成绩颇佳，而更使敌寇头痛者，厥为原有维持村群众亦消极抵抗敌之暴敛。××等村群众，曾向敌要求放伪村长回村办公，否则不交粮款，敌不允，群众亦不交粮款。又××村一带，因敌勒索过苛，亦曾向敌要求减轻。敌于无可奈何之余，乃将该村士绅魏人凡拘于东村，迫其就任伪县长，然魏先生气节凛然，坚决不从，敌亦无奈，遂卑鄙地假借魏先生名义下令各村粮款免征一半。但仅此一半，群众亦抗拒不交。敌计穷，乃向该八区十余村下令粮款免征，以图缓和群众斗争情绪，并乘机破坏之，然后再以建立仓库为名大肆劫夺八区粮食。（航）

——《新华日报（华北版）》1942 年 4 月 5 日　四版

武乡寇祸影响春耕　政府放春贷十万元

（晋东讯）边府鉴于武乡此次被灾之惨重，仅耕牛一项即损失达四百余头，因特拨给该县春耕贷款十万元，以为购买耕牛、农具、种子之用。现该县县政府已将此款按具体情形分别发放。闻此次受灾最重之石门、监庄（监漳）等村，已先后向县府借得此项贷款各 3000 元。（易凡）

——《新华日报（华北版）》1942 年 4 月 13 日　四版

简　讯

（太行讯）武（乡）西简政工作，已于日前全部完成。武西县将原有之6个区划成3个区，并将原有村镇，合并为行政村18个、联合村12个、镇公所一个。（健）

——《新华日报（华北版）》1942年4月13日　四版

武东民兵生产有方

（晋东讯）武（乡）东县武委会，近号召各村民兵加紧生产，每村开荒五亩。现各村民兵除开荒外，并筹划其他手工业等生产。如一区东庄民兵已将所得奖金30元，抽出一部，购买竹条，集体编制竹筛等物出售，获利颇大。他们对于生产已感到极大兴趣。因为去年五区西沟村民兵，曾以午睡时间集体开荒二亩，收谷五斗，出米后得洋40元，以之购买日用必需品，开一民兵合作社。至现在止，所赚之钱已经开支了民兵队部的经费及其他如检阅、解决个别民兵困难等费用外，尚余盈利400余元。此种成绩，大大地刺激了各村民兵的生产热忱。（克基）

——《新华日报（华北版）》1942年4月14日　四版

寇修武榆辽公路　企图割裂太北区

我民兵营兵积极破击中

（太行讯）据榆社来人谈，敌人企图打通武东榆社辽县西公路，封锁割裂根据地之交通。3月中旬，由东村（武东）经韩村、榆社，修筑汽路，现已延伸至辽西洪都一带，长达120余里。每日自武乡提来五六百民夫，以稳扎稳打之法，逐步推进。敌人每修10里，必先打下临时据点，从路之两侧，派出敌军，严密警戒。沿路所经村庄，不论房屋、田园平毁无遗，并日遣数辆汽车，将各村所有之农具、粮食、衣物等洗劫一空，装上汽车运往敌占区。敌人此等强盗兽行，到处播下血海深仇之种子。武榆辽一带之民兵营兵，在愤恨之余，白天则埋伏袭击，曾数度打击由韩村出扰之小股敌人，数日内即打死三个敌寇，入夜即率领民众，进行破路。他们决心要将敌人的汽路破得七零八落。（语）

——《新华日报（华北版）》1942 年 4 月 15 日　四版

武东民兵发起三项竞赛
生产杀敌爱护武器

（晋东讯）武乡东一区，于上月 26 日召开全区武装干部会议，到会 50 余人。会上各村武装干部，纷纷代表本村民兵，提出挑战。特别是在 2 月反“扫荡”中曾经参加战斗的村子，和受奖的村子更当场表示，决心创造更英勇光辉的战果，争取模范。杨李枝对寨坪提出今后看谁杀敌最多；墨镫对马堡保证开荒五亩。此外，会中提出三项号召：（一）反对不良习气，积极参加生产，民兵要做劳动英雄；（二）每村创造三个射击手，标准是三枪打死一个敌人；（三）爱护武器，不损失一支枪，不乱打一颗子弹。（克基）

——《新华日报（华北版）》1942 年 4 月 16 日　四版

晋东敌占区同胞无法过活
敌寇搜刮花样出奇

（晋东讯）据敌占区来人谈：敌人对我沦陷区资财的搜刮，近更花样百出。武乡段村之敌，日前竟强迫敌占区内已经结婚的女子，不论她的丈夫是否存在，只要她是在民国27年以后出嫁的，一律须向敌人补领婚姻证书。并规定领取此项证书时，每人须缴伪钞7元。同时敌人又向每位住家强发灶君爷神像一张，索取伪钞3角，皇历、日历各一本，勒交伪钞2.3元。此外敌并禁止东村、段村之女子出嫁外村。（铁锋）

——《新华日报（华北版）》1942年4月19日　四版

晋东妇救4、5两月完成大选

武东已开始进行并提出奋斗目标

（晋东讯）晋东区妇救分会，现决定于今年4、5两月内完成该会大选，连日该区各县均纷纷讨论布置，决定分期完成。现武（乡）东县妇救已开始进行大选，并提出该县妇女目前奋斗目标为：（一）反对买卖婚姻；（二）辅助春耕生产；（三）争取家庭和睦；（四）实行减衣缩食，反对浪费现象；（五）经常备战，彻底空室清野，督促男人打窑洞。

——《新华日报（华北版）》1942年4月20日　四版

武（乡）东李镜英先生关怀建设

（武乡讯）武（乡）东士绅李镜英先生，对于根据地之生产建设事业，素极关怀。最近李先生又向该县县政府建议，希望能设法训练全县妇女，改良纺织技术，使该县家庭手工业获得进一步的发展，并表示愿意将自己的媳妇女儿，首先送入工厂学习，以资提倡。（子会）

——《新华日报（华北版）》1942年4月21日　四版

辽县出扰寇军洗劫洪水回窜辽县

（华北新华社太行25日电）向洪水（武乡东部）出扰之敌，在我地方武装某部连续打击下，于今日下午10时退回辽县城。我军一部并在霍山（洪水镇北）进击撤退之敌，予以打击。此股敌自21日拂晓包围洪水至撤回辽县城，曾反复袭扰洪水4次之多，每一次均带民夫多名抢劫财物。据悉：此次洪水镇已被敌劫掠一空，多数民众之零星日用物品亦多被敌掠去。敌行动极为狡猾，在21日拂晓奔袭包围洪水之前一日，适值该村骡马大会，并演旧戏，敌便衣队竟伪装我军趁机混入该村侦查甚久，并在老百姓家中做饭休息。由于当地军民警惕性不高，致使敌得售其奸，在敌人往返4次袭扰中遭受不少损失。

——《新华日报（华北版）》1942年4月27日　二版

武乡士绅裴玉树先生响应政府捐资办学

（晋东讯）自边区实行简政后，公立小学略见减少，政府为补救计，曾通过小学村立及私立办法，奖励私人捐资兴学。兹悉武乡名绅裴玉树先生，向以敦厚诚朴著闻，抗战以来，对根据地贡献尤多。最近裴先生因闻政府号召私人捐资兴学，特自动成立小学一所于该县下（夏）家沟村，招收附近儿童入学，并聘请服务小学教育多年之李林先生担任校长，依照边区小学设备标准，积极筹备开学。同时裴先生亲往县府教育科请为备案并购买小学课本，现该县政府已准予备案，并对裴先生之热心教育表示钦敬。（真）

——《新华日报（华北版）》1942年4月28日　四版

武乡菜树庄民众在敌炮火下春耕

（武乡讯）武乡县菜树庄民众，对战争素有准备。本月22日，敌寇“扫荡”武乡时，该村群众仅距敌人五六里，尚能在我军掩护下实行一面春耕，一面作战。民众进行耕作时，均携带行装，置于耕地之侧。虽在我敌炮火连天声中，民众亦秩序井然，沉着耕种。（礼）

——《新华日报（华北版）》1942年5月4日　四版

武东民兵截获敌抢劫枪弹财物

（武乡讯）4月22日，敌寇“扫荡”武东，在×庄大肆抢劫后，一敌兵将抢得之布匹等物及步枪一枝、子弹百余发，用毛驴驮上，随敌大队出发。甫出该村，因驴驮过重，行动甚慢，敌兵与毛驴相聚渐远。该村民兵王双应、王五孩等四人，久伏路侧，待机而动，一俟毛驴行近，乃以机敏动作将驴上财物枪弹等一并截获，待看押之敌兵发觉，彼等已无踪影，该敌兵徒唤奈何，垂头而去。事后我民兵将毛驴财物均送还原主，枪弹归民兵自用，远近闻讯，莫不称赞。（单）

——《新华日报（华北版）》1942年5月6日　四版

寇惨屠武乡民众
只有奋起复仇才是出路

（武乡讯）上月22日晨，敌寇奔袭包围武乡洪水，我方损失颇重，已志前讯。兹悉该敌此次进扰，原分三路，所经村落亦烧杀极惨，计武乡大有镇被敌用刀杀死我民众46人，其中有4人为敌人从外村抓来之民夫。贾豁被杀 8 人，1 人被火烧死，1 人被剥皮，并烧毁房屋百余间。峪口村被灾更惨，全村被杀者 20 余人。从外村抓来之民夫被杀者有八九十人之多，其中有 4 人生殖器被割而死，2 人脚后跟被剁掉，1 人身中数十刺刀者极多，全村充溢血腥气味，惨不忍睹。群众受此灾祸以后，益知今后敌寇此种奔袭进扰，将日愈频繁与残酷，现对此血债深仇，莫不愤恨切齿，势必奋起复仇。

——《新华日报（华北版）》1942 年 5 月 7 日　四版

武乡战后积极春耕

（武乡讯）武乡战后的春耕工作，在政府极力帮助下，恢复甚为迅速。在春耕工作中，民众并表现出一种空前未有的互助精神，和一种沉毅的英勇斗争姿态。上月榆辽敌进袭洪水，沿途大有、峪口、贾豁、上下广志等村均受灾极惨。据不完整调查，计伤人 200 余名，被掠夺与杀害之耕牛达 140 余头，影响今年春耕至巨。但战后，第三专署、×军分区、县政府及各救分会等立即组织慰问团，协同医生分赴被灾各乡救济慰问，并携带春耕贷款 7000 元，直接贷给灾民。因之社会秩序很快恢复常态。同时政府为突击战后春耕工作，并积极调剂畜力人力，提出“以现在的牛工，换将来除苗时的人工”的口号。调剂畜力促进互助，若本村耕牛损失太多时，由区负责调剂，各区则由县调剂。如六区峪口村损牛最多，现已由外村调剂耕牛十余头前来助耕，被助农户很为感激，自动提出：“保证与自己的牛一样使用，肥来肥去，锄苗时保证还工”。目前群众生产情绪极为高涨，敌人退后之第二日即牵牛荷锄忙丁耕种。在炮火声中群众仍勇敢坚持春耕阵地，民兵尤积极武装保卫。如韩壁距敌仅 12 里，民兵昼夜轮流派人到王家峪、蟠龙镇等地侦察警戒，保卫人民安心耕种。西堡村民更是备战不忘春耕，农民带着老婆小孩全家人去春耕，男的在地里耕种，女的就在地边做饭，小孩在地内玩耍，一遇情况十分紧张，他们就带着耕牛农具一齐转移。

——《新华日报（华北版）》1942 年 5 月 8 日　四版

难活下去

——武乡敌占区妇女生活之一

从敌人实施四次“治安强化”运动以来，在经济上的搜刮，花样翻新，日益加剧，近更规定各种妇女均须到伪组织去登记，并缴纳登记费。年满 17 岁的闺女缴 6.4 元，寡妇缴 8.4 元，离婚妇女缴 12.4 元。这在表面上似乎是明文规定，使人民强行认为是“合法”，但这并不能满足其无底的欲望，于是看见妇女所带之银器首饰，均公开掠夺，强迫妇女将所喂养的鸡蛋无代价交出。

敌人对妇女之侮辱，其方法也日新月异。敌人除了强迫各村供应妇女以发泄兽欲外，并强迫民众夜间早睡，不准闭门，不准点灯，以便敌人随时闯进民家强奸妇女，反抗者立遭惨杀。敌人将青年妇女强迫组织青年班，每日晚间必须到敌酋处点名。所谓点名，即是将这些无辜的青年妇女拨给士兵轮奸一夜。每当敌人增防或换防时，在临行时间都必须强迫妇女“欢送，欢送”，以此来夸耀“皇军”是如何深得民心？这些是妇女必须遵守的事情，而在临时遭到不测的侮辱更是不可计数，如敌人对于正在走路的妇女，可随时喝令停止，而“自然”地走向前去将妇女的裤子脱掉，这在敌人看来是应有的“特权”！

那里的姊妹们看见妇救会的干部，即流泪诉说着她们悲惨的遭遇。常带着无限悲愤心情说：“难活下去！什么时候才能把日本鬼子赶走！”但另一方面群众也懂得敌人是日益迫近死亡。他们说：“人疯了乱跑，狗疯了乱咬！”

我们要告诉受难的姊妹们，这些无人性的野兽，在两年后将受到应有的惩罚。我们的意志不要消沉，应锻炼得更坚强，以准备迎接日本法西斯的灭亡时日。

——《新华日报（华北版）》1942 年 5 月 17 日　一版

武乡模范民兵关二孩大显身手

摸哨杀敌夺牛割线

（武乡讯）曾获年关反“扫荡”奖金之白河村民兵关二孩，又于此次反“扫荡”中大显身手。5 月 22 日，他听到敌犯武乡，即携枪荷锄，候敌于山岗之上。23 日，敌一部押民夫百余，路经白河河滩，向辽县进扰，当即让过先头部队，瞄准后尾连发三枪，一时敌寇慌乱，民夫 15 名乘机逃脱，待敌展开还击时，关已转至二里外之山头。敌重整队伍，前进至此，他又瞄准尾部发枪二响，当毙伤敌各一名，获得血绒衣、衬衣各一件。统计自年关反“扫荡”以来，关二孩共击敌三次，摸敌哨三次，夺回耕牛一头（值洋千元），割电线十余斤，战绩累累，堪为民兵楷模，县政府特于民兵检阅大会上发给奖金 20 元，以鼓励其杀敌情绪。（易凡）

——《新华日报（华北版）》1942 年 7 月 1 日　四版

武乡民兵伏击敌人

毙“太君”一名　伪军两名

（武乡讯）5 月 22 日东庄民兵伏击由洪水犯石门之敌，解救被俘群众 17 名；同日芝麻角民兵截击由石门返回洪水之敌，解救民夫六人，并缴获若干零星用品。23 日白河民兵 12 人在中队长梁青祥领导下，伏击洪水回窜辽县之敌，击毙所谓“太君”者一名及伪军二名，缴获电线十余斤及其他

零星物品一部。(庶清)

——《新华日报（华北版）》1942 年 7 月 2 日　四版

太行反“扫荡”战中
段村伏击歼敌一中队汽车十余辆

（新华社晋东南某地 1 日电）上月中旬，太行三分区我军某部某日设伏于武乡段村、张家沟一带。敌一中队百余人附汽车十余辆载运粮弹颇多，向榆社奔驰，9 时敌驰入我火力圈内，立即展开激战。我军奋勇直前与敌迫近肉搏，血战延续至中午，将敌全部歼灭（内中队长一、小队长三），汽车全数烧毁，是役我生俘敌兵 10 余名，缴获轻重机枪 6 挺，掷弹筒 5 个，步枪 50 余枝，子弹万余发，其他军用品及粮食甚多。东村、榆社敌闻讯急驰来援，但已无济于事，来援敌并被我阻击于上下石拐等一带。此次伏击战斗能将敌全部歼灭，全在于伏击企图隐秘，敌情侦察明确之故。

——《新华日报（华北版）》1942 年 7 月 3 日　二版

武乡进行清债换约　旬余处理千余件

（武乡讯）在二区清债换约的进行中，充分表现了债主和债户，地主和佃农的团结精神。农会和士绅组成的清债小组，积极进行工作。在 6 月 13 日后的十几天内，仅石门，韩壁两村，共处理债务、换约问题 1100 多件。进行中，绝大多数的债主（如石门的张受书，卫振邦等）都很慷慨地退出旧约，地主和佃农共订的新约，都是五年期限。因此，一般农民莫不喜眉笑眼，齐说“脱去了一顶愁帽子”。(友农)

——《新华日报（华北版）》1942 年 7 月 16 日　四版

武（乡）西某村农民纷纷要求参加农会

该会与群众利益密切结合

（晋东讯）武（乡）西游击区××村，自反维持斗争尖锐展开，多数农民纷纷自动参加村农会后，村农会工作遂得长足发展。自本月一日起，该村农会会员大会连续进行三天。前农会主席×××一向不顾农民利益，包庇地主债主避免减租，甚至敲诈民财，维持敌人，经过一番批评与讨论，一致决议将其罢免，并另行选出×××为农会主席。新主席当场宣布4项主张：（一）保证实行公平负担；（二）按年成减租；（三）实行清理旧债；（四）清算维持时之账目。群众无不拥护，并提出将会员郭××之负担减为实收数10%，郭××等11家，过去负担过重，今后一律减轻。农会威信大为增高，自动要求参加入会者共86人，都说："农会真顶事，可惜从前咱们不知道！"（忠）

——《新华日报（华北版）》1942年7月22日　四版

树叶发全老婆纺棉　武东开展纺织运动

专署拨发生产贷款三万元

（晋东讯）武（乡）东一带农村妇女，日来到处展开纺花织布的生产运动。武东有句俗话说："树叶发全，老婆纺棉。"据她们的经验，在五六月间纺一斤棉花要比冬天纺的，可以多织一大尺至两大尺布。三专署为鼓动农村纺织的发展，日前特拨生产贷款三万元，供武乡、榆社、襄垣妇女发展纺织之用。各村妇女闻讯，更为兴高采烈，纷纷成立生产互助组，纺织热忱较日前更加提高。

——《新华日报（华北版）》1942年7月23日　四版

襄武辽矿工联合会举行扩大干部会议

了解矿工痛苦　掌握工运领导

（晋东讯）襄（垣）武（乡）辽（县）矿工联合会，于12日在武乡某地，召开扩大干部会议。除各县矿工负责干部，晋东各救分会出席外，并有工总主席毛齐华、宣传部长苏群、农总农业工人部长耿万青、中共晋东地委代表、第三专署建设科长、晋东武委会代表等参加。会议历时四日，凡有关矿工生活，如劳动、工资、家庭、教育等问题，均有做详细讨论，其中以“滚分窑”问题，讨论至为热烈。滚分窑系少数人集资开办的私营小煤窑，带有二种剥削性质，大家认为改成合作社或劳资合办之股分窑，最为恰当。其他尚有发动和欢迎资本家投资经营矿场，以救济失业工人等问题，亦讨论出具体办法。最后布置最近工作，首先实行精工，对所有懒汉，以及为逃避支差而来矿场工作的份子，决定加以调查，劝导其积极工作，如说服无效，则加开除，以加强矿工的组织性。次为整顿干部及工人作风，反对行会和帮口作风，以“忠实团结，积极斗争，艰苦顽强”12字，进行矿上矿下的工人教育。关于此次会议之重要收获，据襄武辽矿工联合会负责人赵丑孩谈称：乃是具体地了解了矿工痛苦和特点，便于矿工运动之掌握与领导。同时，取得了党政军民各界对矿工运动的了解与援助。(克基)

——《新华日报（华北版）》1942年7月24日　四版

晋东三军分区查获私运法币四万余元

武东民兵查获大批走私米面

（太行讯）敌伪为了捣乱我根据地金融，打击法币，曾想尽各种办法，向我根据地倾销法币。6月初，有榆（次）太（谷）等地奸商私带交通银行十元一张的法币四万余元，一张一张的卷成捻子，打在麻绳里面，偷偷地运入我根据地内，企图在襄（垣）武（乡）一带推销，捣乱我金融市场，当为我三军分区查获，除将其私运法币全部没收外，并将该奸商等扣留。此事发生后，已引起各方注意。

（武东讯）武（乡）东县一区民兵，努力帮助缉私工作，已获显著成绩：日前戈北平民兵，查获走私小米 1310 斤，白面 400 余斤，及大烟土 9 两，抓获嫌疑犯 2 名。新村民兵，查获走私小米 2 石余，麦子 2.6 石，及仇货一部。南台民兵，查获走私米麦共 3 石余，又抓获嫌疑犯 1 名，搜出伪票 46.5 元。此外白和、东庄、苏峪、井湾、墨镫、寨坪等村民兵，共查获走私白面 600 余斤，米麦 3 石余，及仇货一部，现已全部送交税务局处理。（庶清）

——《新华日报（华北版）》1942 年 7 月 25 日　四版

武东士绅裴玉树自动清算旧租债

（晋东讯）武（乡）东士绅裴玉树先生，家道殷实，有地七八十顷，武榆各地民众，和他有租田、借债关系的很多。近来裴先生为了切实执行政府的减租减息法令，使自己的佃户债户，可以减轻一部分负担，大家携手抗日，坚持两年苦关，特于日前自动的通知四乡和他有租债关系的人，前去结算。办法是：押典土地一顷以上的，按政府法令清算，不足一顷的，特别从轻清算；没有押品的债款，一律依法清理。此种义举，深得各界钦佩赞许。

——《新华日报（华北版）》1942 年 7 月 27 日　四版

六月前后的东沟村

郭 忠

武乡东沟村，有几十家佃户，从前租种的石板村王金景、王变书的三顷多地，生活很苦。抗战后，20多家佃户变成了中农，可是他们身在福中不知福，说这是“年月的过，才得到的好处”。因此每逢敌人“扫荡”过后，他们总是骂军队，骂干部，把亲人当作仇人看，交公粮也一定偷偷的在小米中搅上糠、土块或石子。

今年6月间，农会研究了村里的特点，了解到上升中的贫农、中农，承典地的不少，但他们担心典主随时卖地，农会于是提出“要求典地定年限”的口号来发动群众。群众起来了，口号变成了实际，30多家的租地、典地，都定了年限，同时还清理了十几户的旧债。

在一次群众大会上，农会向胜利了的群众问：

“咱这些好处，没有农会能不能搞到？”

“不能！”群众肯定地说。

“不在根据地行不行？”群众以同样的口吻答道：“不行！”农会代表又问：

“根据地要是没有军队行不行？”全场突然大叫起来“不行！不行！”还有人生气样地说：“那怎么能行？”

“好”，农会代表继续说：“咱们以后交公粮，不要掺水上糠了，做鞋要做的结实些，好不好？”

“好！好！”群众都笑眯眯的。

隔了些日子，第三军分区请东沟做95双鞋，不到5天做成了。样儿又好又结实。我住的房东对我说：“给军队做鞋，可得好好地做，不然对不起军队，人家要批评，多难看!”

听说在上月26日到29日的3天当中，东沟去年欠下的20多石公粮也交清了，而且还是顶好的米。

——《新华日报（华北版）》1942年8月12日　四版

武乡妇女纺织热

每年4月间，武乡的妇女就开始了纺织。特别是那些中老年妇女，对纺织工作情绪极高，技术又很熟练。她们在纺织上所得的利润，可出合理负担，贴补家庭日常生活费用，使他们在纺织工作上有无限的兴趣。就是社会各界人士亦称赞：好妇女，勤织布，一个女人能顶二个汉，提高妇女这才算。究竟妇女从纺织中得到多少利钱，让我们来算算这笔账。

1. 一个精干妇女，6天可纺织完1斤花。（一）每个妇女每天可纺花3两至5两，一斤花可纺14两线，3天完成。（二）每个妇女1天可织布3尺至5尺，1斤花织10尺布，二天完成。

2. 据1942年5月15日市价，1斤花14元，1尺布2.6元，那么（一）1斤花变布卖出可得洋28元，对半利。（二）一个月内如果轮转三次即可得利40余元。（三）平均每天可得利润3至4元。

这样我们可以看到：现在一个短工受苦1天，工资2元，可是一个妇女，每天从纺织中得利即等于男工两人的收入，这在家庭中是很大的一笔收入呵!

为满足广大妇女的渴望，晋东区举办纺织贷款共3万元，襄、榆、武各1万元，贷款办法：各人贷款不能超过1斤棉花价洋，抗属可贷2斤棉花价洋，互助小组可贷3斤至5斤。贷款必须用于纺织工作，需按期清利，三个月一还本，可留下再生产基金，违犯贷款纪律时由小组会批评。同时为提高生产技术，专署特开办纺织训练班，第一期40余人，多为村中有经验之纺织者，和妇救会的生产部长，定八月初开学。这个消息大大兴奋了各村妇女，她们都争先恐后地报名，愿自带粮食前去学习。

武乡妇女的纺织热潮正日益开展着。

——《新华日报（华北版）》1942 年 8 月 19 日　四版

武乡敌占区籍先生恳遵根据地法令

（武乡讯）武乡敌占区××村士绅籍××先生，唯身久处敌寇淫威之下，但始终没动摇悲观过，他常对人说："堂堂华夏，岂有亡国之理?"日前籍先生听说我根据地内要清理旧债，他便自动把附近村庄借他钱的文书，不辞艰险，亲自送来根据地清算，并说明其中大部分文书是利钱已收过原本一倍，应本利全清，焚烧文书，其他也愿按照抗日政府法令，得到合理解决。这种公平正直的精神，四乡闻讯都很钦佩。

——《新华日报（华北版）》1942 年 8 月 21 日　一版

白晋线寇偷袭石盘镇遭我反包围

益子中队长以下五十送命

（新华社太行分社太行 25 日电）白晋线分水岭之敌百余，14 日拂晓，突然包围石盘镇，分头入村洗劫。我某基干团闻讯赶到，当伏于村外，猛予袭击，敌虽死命突围，但在我痛击下，死伤累累，狼狈而逃。是役计毙敌益子中队长以下 50 余，洋马 10 余匹，缴获骡马 10 余头，步枪 3 枝，并截获群众被劫的耕牛 30 余头与财粮等物，我军当即退还原主，村民非常感奋。我方亦伤亡排长以下 10 余人。

——《新华日报（华北版）》1942 年 8 月 27 日　二版

宣传品飞进分水岭　敌军官顿下戒严令

（晋中讯）在政治攻势当中，武（乡）西曾对游击区的部分青年，进行了特别教育，共开座谈会三次，到会的有××人。另外还在某些村庄，加强了岗哨、情报、游击小组，活捉了11个维持分子。武装工作队把宣传品送进敌占点分水岭，吓得敌军官手忙脚乱，立刻下令戒严一天。南沟敌人则从东村调来“奠基队”两班，加强防务。本月10号，工作队和敌人遭遇，打了两个半钟头，我工作队员赵力军，于是役中光荣牺牲。日前县府检讨这次政治攻势，指出工作上的缺点主要是粗枝大叶，不调查群众切身痛苦，讲起话来千篇一律，老百姓听不进去，并且没有及时揭发坏分子的造谣阴谋。比方在×××村群众会上，有个别坏蛋说：“伪政权能打垮，抗日政权也能打垮。”“村里有了抗日干部，就得出公粮，没有抗日干部，就不用出”。但那时主持会场的人，对于这些谬论，却没有给以驳斥，以致弄得进步的群众也不敢讲话了。末了，县府还得出一个教训，参加政治攻势的人，千万不要带文件，行动应机敏灵活。（仲平）

——《新华日报（华北版）》1942年8月27日　四版

武乡全县有力干部　建立三道攻心战线

（晋东讯）对敌的攻心战正在武乡全面开展中，该县三道政治攻势战线，现已建立成功：敌占区是第一道；游击区是第二道；根据地边缘是第三道。全县有力干部在三道战线上十分活跃。一周来，已激起各方面的深刻反响，敌占区老百姓说：“东村（敌大据点）这里再有一年就行了”。汉奸颓废情绪，大为增长，纷纷传说：“中国两年就要胜利，趁早拉倒吧，改行吧”。伪军的觉悟也大为提高，传出风声：“八路军打，我们就反正”。×

区区干队和××等村民兵，在配合政治攻击中，袭击段柳敌据点一次，地雷炸死一名“太君”，并收回电线500多斤，拉回200多只羊，活捉敌军一名，坐探一名。

——《新华日报（华北版）》1942年8月29日 四版

武乡农会公布农民斗争纲领

（太行讯）武乡农会公布农民斗争纲领：（一）反对村本位，打破村包庇，要求全县土地评议合理公道。（二）彻底调查财产，反对隐瞒自私。（三）要求公、庙、社等地及户产合理租借，反对霸占。（四）会员要积极参加武装训练。（前）

——《新华日报（华北版）》1942年8月31日 四版

杨村长慷慨就义

（武乡讯）上月4日，武（乡）西×村抗日联合村长杨进标（金彪），深入到南沟敌据点附近工作，不幸被敌人捕去。敌除施以“灌冷水”“狼狗咬”等毒刑外，并把他捆在一根露天柱子上，强迫村中老百姓去打他耳光。敌人问他：“你为什么投入八路军？”他只答复了两句话：“杀割由你，抗日由我”。后来杨村长即被敌人杀死，壮烈牺牲。原来杨村长，是前年春天从南沟“维持会”反正过来的。反正时，他曾引导我们独立营拘捕汉奸杨进儒和杨明德（杨进标的胞兄），深能认清敌我，大义灭亲。近几年来，他热心抗日工作，颇为群众所拥护。这次他的死讯传出来，武西一县老乡，无不同声悼惜。

——《新华日报（华北版）》1942年9月5日 一版

武西群众纷起劳军

（晋东讯）自8月14日，我决死纵队一部在武（乡）西石盘镇歼敌胜利后，群众纷纷举行庆祝，并掀起劳军运动。榆武各地士绅座谈会上，经武西参议员郝芝亭先生，榆社参议员张企西先生的发起，携肥猪3口及纸烟等物，亲赴该部表示慰劳。连日各地群众前往慰劳者，更络绎不绝。截至日前止，该部先后收到的慰劳品，计有肥猪13口，鸡蛋400颗，蔬菜、水果20余筐，其他白面、纸烟、手巾、鞋袜等物甚多。

——《新华日报（华北版）》1942年9月7日 四版

襄武妇女热心纺织

两县成立促进会

（晋东讯）第三专署之襄（垣）武（乡）妇女纺织训练，日前已经毕业一批。她们在学习中，得到不少实际知识，以为今后工作中，应为密切两县妇女团结，推进纺织技术，她们自动成立一襄武妇女纺织促进会，还选出桑桂英、成爱堂、刘爱梅、杜金兰、崔云亭为常委，并聘请邓专员、陈扬之、武子会为名誉会长。

——《新华日报（华北版）》1942年9月8日 一版

武西常家垴常河清发明新式掷弹筒

（晋东讯）武（乡）西常家垴村武委会主任常河清，近发明一种新式掷弹筒，可以打手榴弹，且射程可达一二里地远，效力较手掷之手榴弹为大。现武西各地民兵，正竞相仿造中。（青）

——《新华日报（华北版）》1942年9月10日 四版

敌“扫荡”武西一周计划　一天被我打得稀烂

事后鬼子内部互相埋怨

（晋东讯）据情报，白晋线南沟、分水岭两据点敌，因前次（8月14日）奔袭武（乡）西石盘镇惨败归去后，相互间大加埋怨，并推卸战败的责任。分水岭敌人认为南沟敌没有同时出发配合行动，致使它在石盘整天被包围，一日坐视不救。而南沟敌人却认为分水岭敌出发太早。各执一词，互相攻诘，现双方正向长治敌酋控诉中。自7、8月以来，我武西反维持逐步胜利，以石盘为中心的“维持村”，均先后被我打垮，敌为挽救颓势，乃向我武西作一星期的短期“扫荡”。分水岭敌百余奔到石盘，当天就遭我决死队×团的包围，消灭30余，敌中队长也为我击毙。直至敌狼狈败退时，南沟敌人才进到山交沟一带，同时又遭我游击区民兵不断袭扰，立即窜回，敌所谓一星期“扫荡”，时仅一天就被我完全粉碎。(家军)

——《新华日报（华北版）》1942年9月10日　四版

武乡转入战争状态　各村加强民兵训练

（太行讯）眼看着秋禾日渐黄熟，庄户人家又想起敌人的秋季大“扫荡”，备战空气已开始在全区波动。武乡县政府已通令全县，于本月10号完成合理负担工作后，即及时转入战争状态。该县指挥部近亦指示区村民兵指挥部，即日恢复工作。民兵隔日训练一次，着重瞄准射击与伏击战备。除奸工作亦重新整顿布置，防止敌探汉奸混入根据地刺探消息。(易凡)

——《新华日报（华北版）》1942年9月14日　四版

武乡县指挥部召开备战动员大会

（武乡讯）武乡县指挥部9日在某地召开扩大的备战动员大会，到会区村各级指挥部干部百多人。会上号召：在可能到来的秋季反“扫荡”中，每村最少打死一个敌人。全场的回答是：不成问题！两天的会期里，马县长曾做了深入的动员，并检讨出过去有的民兵不配合军队，部分村长怕死，不领导民兵，有的自己不领导备战，空喊民众备战；没有认真优待抗属，以致影响了反“扫荡”战争的顺利进行。他们对今后配合军队作战，掩护群众转移，民兵作战，打窑洞地道等问题，做了详尽的讨论和决定。从会上所举行的中共两大文献的测验看来，干部们都坚信两年胜利，并具有克服困难的精神，决心广泛开展群众游击战争，争取时间，渡过黎明前的黑暗。（丙昌）

——《新华日报（华北版）》1942年9月19日　四版

太行民兵备战保卫秋收

（新华社太行19日电）秋禾将熟，本区民兵又将从事武装备战，保卫秋收。武乡县政府，通令各区村，于10日内完成合理负担后，全县即转入战斗状态。县民兵指挥部，整训民兵，着重瞄准射击与游击战术，恢复区村指挥部工作，重新布置群众锄奸网。

——《解放日报》1942年9月21日　一版

水贞姑娘有志气　宁死不做汉奸妻

（晋东讯）武乡敌占区某村闺女高水贞（今年17岁），日前跑到抗日县政府，说汉奸抢着要娶她，她死了也不愿意，明年鬼子就要垮台了，她不愿投降敌人，便一下跑来根据地，请政府给她想个办法。她又说："警备队常到村里来，稍有名声的（好看）妇女，敌人汉奸就不肯放手，如果跑了，就叫村里的汉奸找回来。奸淫是常事，不管老少，来慢了刀就搁到脖子上，多怕人！最近又下了命令，不准妇女纺花织布，穿的用的都要到段村（敌据点）买，如果纺花机给敌人看见，不是烧了就是捣毁，衣服都穿不开啦！"现政府非常关心她，除了好好招待她外，并准备介绍抗日工作。（丙昌）

——《新华日报（华北版）》1942年9月21日　四版

某团筹建黄烟（崖）洞纪念塔

武乡民众纷纷捐助砖石

（太行讯）今年11月11日，是有名的黄烟（崖）洞保卫战一周年纪念日，为了表扬这次出色战斗的殉国烈士，×团现正筹建黄烟（崖）洞殉国烈士公墓及纪念碑。武乡的民众和工匠听到后，多自动涌来参加建筑，并慨然以砖石等物捐助。黄烟（崖）洞战斗至今还振奋着根据地广大人民的心灵，"太行有个黄烟（崖）洞……"的歌谣，现已普遍流行晋东各县。（镇浪）

——《新华日报（华北版）》1942年9月22日　四版

游击战争到处发威

弄得白晋路火车站前后装车头

（武乡讯）本县接敌区的群众游击战争，近广泛开展。某日50个敌兵到下岭村抢东西，被某地民兵追击了六、七里，结果三名敌兵负伤，抢走的两头黄牛也给截回。4日20多个敌人到郑家垴包围抓丁，没抓成就被民兵打走。5日40多个敌人到阎家后底抓走一个青年，不料附近民兵突然在半路出现，把敌人赶跑后，救出那个青年。6日80多个敌人把××村包围三次，说是因为他们不出十个壮丁的缘故。群众早知道敌人的鬼把戏，敌未进村他们就跑光了。敌人没办法，只好强迫伪村干部，不出人就出伪币3000。刚要交款，敌又忽然变卦说：交了钱也不行，非要人不可！敌占区青年知道妥协不顶事，都气愤地说：还是打游击拼一拼吧！这种情绪很普遍，使得抗日地方武装都成了耳聪目明的“地头蛇”。某部曾经一枪不发在段村七八天内就抓了伪警备队及路警15名，缴获骡四头，破路十余处，断桥两座，割电线4000余斤。弄得白晋路上的火车，前后都装上车头，防备走不通时好向后转。某日段村敌召开“自卫团检阅大会”，事先给敌占区各村下通知：按时全数报到，迟到或不到者，以通匪论罪，想用这办法大批捕壮丁。当日不想会场四周，突然响起游击队的枪声来，于是会场秩序大乱，自卫团也趁机跑光了。到现在半个月没开成。（丙昌）

——《新华日报（华北版）》1942年9月22日　四版

武乡小学教育　现有显著进步

（武乡讯）武乡小学教育，过去曾一度消沉，儿童失学现象也较多。近经整顿，已有显著进步。现该县共有小学160多个，入学儿童达7千多，乡

人经教育说服，多已自愿让子女入学。贫苦儿童，则实行隔日制和半日制，儿童很少逃学的。（昌）

——《新华日报（华北版）》1942 年 9 月 28 日　一版

寇强迫敌占区人民缴粮

（太行讯）边区四周各据点之敌，近到处疯狂抢粮。武（乡）西南沟据点的敌“仓库”，已于上月完成三所，该敌曾强迫故城等“维持村”缴出谷子 755 石，麦子 10000 斤，最近又新派每闾缴谷子 150 石，麦子 1000 斤。××等村群众，因无法交出，纷起抗缴，于是敌就四出抢劫，并在坡底、山曲烧房 30 多间，威胁民众赶紧缴粮。

……

——《新华日报（华北版）》1942 年 9 月 28 日　四版

武乡李士奇放弃债权

（太行讯）现服务于决死队的李士奇，日前发出一声明书给他的亲朋及债户，声明自愿放弃债权。李士奇是武乡砖壁村人，抗战前他家在本乡附近一带，放出制钱 1700 多串，大洋 1400 多元，药账 2500 多元，所有文约契据、账簿等，过去均系他祖父李甫新所经手管理，近年来因为战争关系，早已停止收息。去年夏天，他祖父逝世，契约、账簿复被敌寇烧毁，李士奇见近来政府正在各地履行清理旧债，故特发出一个声明，自愿放弃债权，不但不收分文利息，且原本典药账亦全部不再收回。（明）

——《新华日报（华北版）》1942 年 9 月 28 日　四版

武乡医界团结　成立医学研究会

医生照顾病人将一请就到

（晋东讯）武乡七区于日前成立中西医学改进研究会，全区中西医生将踊跃参加，共推张模宏为主任委员。在第一次研究会中，除讨论了怎样对付敌人的病菌和毒气外，并决定了今后工作的方向：一致要求政府发给行医证。行医时取消摆架子，一请就到。对贫寒抗属、荣誉军人等，均不收医费，以示优待。并严格执行行医纪律，看病要仔细，开方要注明病源、病状、诊断、处方，在药方的后面，一定要签名盖章等。（雪）

——《新华日报（华北版）》1942 年 9 月 30 日　一版

白天打洞收秋夜里秘密埋藏
武乡秋收紧张

（太行讯）太行全区秋收，已步入紧张阶段。武乡在突击空气下，庄稼已割了一半。该县的秋收，并与备战工作结合在一起，白天打洞收秋，夜里秘密埋藏。不让一颗粮食放在场，准备战争反“扫荡”，这已成为武乡民众一致的口号。

——《新华日报（华北版）》1942 年 10 月 15 日　四版

深入腹地掩护抢粮　武乡敌施反复“清剿”

赶筑武蟠公路捕捉后方机关

（新华社太行分社 26 日电）“扫荡”晋东晋中之敌主要企图之一，乃在抢秋粮。时以一部牵制我军主力，同时分队四出搜刮民间粮食。武乡境内，已实施反复“清剿”，抢粮抓丁，摧毁资财，征集大批民夫，赶修武乡通蟠龙之公路，拟用汽车将抢得粮食迅速西运。刻敌我之间，到处展开剧烈斗争。（一）盘踞韩壁、土河坪之敌，24 日午前两点，复分三路向我小岭山、南山头、石门、郊口等地进犯，我军当于石门一带予以阻击，毙敌十余，我仅伤战士两名。该敌屡攻不逞，复经我军反击，战至 25 日 10 时左右，敌不支乃向西营退去。（二）由左、榆、洪杜出动之敌，已于 22 日退回榆社，其由武乡进犯贾豁之敌一部，同日下午又窜至宋家庄。大道场其余之敌，当日在上下细烟、树底（大有附近）一带集中。又“扫荡”之敌组有 300 人左右之轻快部队，专事捕捉我后方机关，殊堪警惕。

——《新华日报（华北版）》1942 年 10 月 27 日　二版

武乡韩壁关家垴之敌　分途败退中我埋伏

（新华社太行分社晋东 3 日电）由沁县再度侵犯武乡之敌两千余，复分两股（每股千余人）窜抵韩壁与关家垴。我军当即奋起迎击对战一日，至 3 日上午，寇不支，分自关家垴、韩壁撤回蟠龙、西营。韩壁之敌，途经马鞍山，突遭我某旅伏击。激战多时，毙伤敌极众，正清查中，刻韩壁一带已无敌踪。

——《新华日报（华北版）》1942 年 11 月 4 日　一版

武乡连日歼敌 300 余

民兵发挥威力配合作战

（新华社太行分社晋东 3 日电）窜犯晋东区腹地之敌，自 27 日来，仍继续向我进行反复的清剿。我军在民兵协助下，奋勇作战，连日以微小之牺牲，换得巨大战果，先后已毙敌在300以上。

27日，东村敌300余开往蟠龙，我××旅配合民兵300余人，当在上下型塘布置阵地，突予伏击，经一小时激战，敌负创败窜蟠龙。是役毙伤敌伪80余名，洋马六七匹，缴获洋马6匹，军用品甚多。民兵在战斗中，无不奋勇争先，竞相杀敌，夺获器械弹药军用品极多。兴高采烈，情绪高涨，倍增杀敌雄心。

28日，蟠龙敌300余向拐垴进犯，中途又遭我××旅及民兵200余之猛烈侧击。对战两小时，我军民凭借有利地形，击杀敌兵50余，我无一伤亡。次日，敌千余人复自西营出击，行至拐垴一带，迂回枣林我军，我军奋勇突围，敌未得逞。

29日，砖壁之敌300余，经庄底北犯，中途，我×分区有力部队予以急袭，毙敌30余，击伤敌40余，打死洋马10余匹。

30日，西营敌千余，进犯崔家庄、涧庄一带，骤遭我伏军痛击，毙敌80余，缴获洋马7匹。

窜至崔家庄之敌31日配合西营出犯之敌两路进扑马鞍山。我军当在起伏山坳中展开麻雀战，枪声四起，子弹横飞。经一夜激战，敌始得于1日晨到达土河坪、韩壁、王家峪。3日敌又退向马鞍山，复遭我沿途截击，毙敌伪30余，我缴获轻重弹药甚多，我方亦伤亡10余人，当晚敌仍退回王家峪。

蟠龙、中村一带之敌纷纷南撤，其经东田退西营之一股中我伏击死伤30余，现敌仍集结西营、王家峪约3000余，有再欲东犯模样。

《新华日报（华北版）》1942年11月6日　一版

晋东军民英勇保卫粮食

到处袭击敌运粮队

（本报特训）晋东晋中各地敌我粮食争夺战仍在激烈进行中。据最近本报晋东区访问前线来讯称：记者此次随×分区狙击部队，出入于武乡一带敌人抢粮区，辗转周旋十余日，每到村庄，均多为敌包围搜索，甚至有一夜包围三次者，许多窑洞掏空了，放在村里的粮食被抢劫一空，仅只武乡下寺烟的一个窑洞，就被抢去200多石的粮食。因好些村的男人都转移到清剿区外，敌人随赶着老弱妇女□□□□□则被敌人强迫星夜盘剥，在蟠龙洪水一带，掠夺的财物粮食，络绎不绝地往马庄运送（汽道由武乡修至此）。武乡东山敌人，在抢粮后更放火焚烧村庄，桥南、祥良、向阳等村被杀200余人。敌于抢粮之余，更大肆宣传要在据点30里内，进行坐庄搜剿，胁迫维持。在敌人占领区更是日夜催征交粮。白晋线上，现正实行逐户搜查，轮番抢索。

但同时，记者更兴奋地看到了该区军民的一致反抗：我分区主力，积极活动于敌之两侧，到处截击敌运粮队。武乡××两区的民兵和武装工作队，深入清剿圈内，在枪弹中，掩护民众快打快藏，小股敌人到处遭到民兵袭击。只在峰头的一次伏击中，民兵就打死了一个敌“太君”，夺回了粮食。沿途的每一个山头，都有民众的瞭望哨，飞速地传送着情报。敌人还未到这村庄，民众就很早的隐蔽了，甚至有很多村庄，在敌人刚去一二里后，交通和情报就恢复起来，场上打谷的老乡又动手了，风车的声音隆隆作响，藏粮的老乡又紧张忙碌起来。

——《新华日报（华北版）》1942年11月7日　一版

武东各村民兵施神勇

连日掩护群众突围　好男儿临危不苟与敌偕亡

（太行讯）上月23日，武（乡）东敌人包围了大水凹、东庄、泉河、斗翻坡、响黄等村，村民及逃难民众，全数被围。我××等数村民兵，即英勇赶往援助，掩护退却，乃将民众全部解救。其中有东庄一民兵，突破包围，奋勇搏杀，被四个鬼子追踪，几被活捉，该民兵乃坚决拉开手榴弹的线，高呼："倒运的鬼子来吧！"在手榴弹的爆炸声中，与两个鬼子同归于尽。24日午夜，敌又以隐蔽爬行法偷偷地包围了柳树烟、王庄、狼卧脚等村，但亦因该村民兵英勇掩护群众突围，村民受害者极少。经过这两次战斗，各村民众均竭力称赞民兵为"坐地救星"。

——《新华日报（华北版）》1942年11月9日　一版

反对敌穷搜暴掠　晋东军民英勇护粮

深入清剿圈内掩护快打快藏　出没敌人侧后截击寇运粮队

（本报特讯）晋东此次敌我粮食争夺战，颇为激烈。据最近本报晋东访员来信称：记者此次随三分区狙击部队，出入于武乡一带敌人抢粮区，辗转周旋十多天。所到村庄，多为敌人包围搜索，甚至有一日包围三次者，许多窑洞挖空了，放在村里的粮食全被抢光，仅武乡下细烟村的一个窑洞，就被掘去200多石。另据三个村不完全的统计：大陌村损失粮食200多石，土河坪损失300多石，韩壁损失400多石。好些村庄因男人都转移到清剿圈外，敌人遂赶着逃避不迭的妇女儿童，成群地向汽车道上运粮。没打的粮食，敌人则迫星夜抢剥。蟠（龙）洪（水）线上，敌抢夺的大批粮食，络绎向马庄（公路从武乡修到这里）运送。武乡东山敌人，在抢粮后，更放火焚烧村庄。敌于抢粮之余，并大肆宣传，要在据点30里内，进行坐庄搜剿，胁迫各村“维持”。但同时，记者更兴奋地看到了该区军民的一致反抗：我分区武装积极活动于敌之侧后，出没无常，到处截击敌人运粮队。武乡某某两区民兵和武装工作队，深入清剿圈内，在枪林弹雨中，掩护民众快打快藏。小股敌人，到处遭到民兵袭击。峰头村一次伏击中，民兵毙敌“太君”一名。

——《新华日报（华北版）》1942年11月11日　四版

你看强不强

——血战半月的武乡民兵

武乡民兵从10月20日起，结合着全县民众到处对敌袭扰、阻击、反包围，掀动起“村村杀敌”的竞赛。敌人抢一颗粮，都被打得头破血流！

他们胜利的序幕是这样拉开的：

10月21日，左权县敌进到白河方同时，苏峪的民兵，在高寨上设下埋伏。敌前头部队30多个靠近了，一声“齐射”，两杆排子枪，放倒了5个敌人，3个受伤，剩下的都在河滩里乱跑。后面敌人赶到，用炮轰击；民兵却连影儿都不见了！

胜利的消息传到××，那里的民兵正忙着掩护伤员转移，这消息激动了他们，在指导员带领下，主动地向闫家庄村外找敌作战。8支枪分占了山的两面，杨李两个射击手先匍匐到离敌50步远的地方。敌人刚出村，骑马的便被打掉了脑壳盖。敌人发狂了，50多个抱枪冲上来。民兵边打边撤，翻过许多山沟土梁，敌人没有找着一个民兵。

在民兵这样沿途阻击下，敌人预期合击的目的被迟滞了。来自白晋线的敌人，也遭到这样的“招待”，五、六区民兵到处袭扰，敌人不敢随便去找牲口，黄烟一带，敌军抢了几条牛，民兵便在后紧追，枪子打得太急，鬼子只好把牛放下来。

×、×区的民兵，在配合正规军作战中，到处高喊着："不让敌人由我们村边通过!"从夏店虒亭出动的敌人，仅在鹿竹凹一个山沟里就被兜打了一夜：起初，敌人不还枪，只是见人便追，后来民兵化整为零，则还打两侧，摸尾巴，闹得敌人分不开方向，不知道哪里才好，只得绕个大圈，才过了鹿竹凹。民兵们还送了他一程，才收拾地上的罐头，子弹和洋马。我军型塘战斗中，那里的民兵竟能独当一面，还夺取了洋马两匹，弹药和用品一部，因为这样，×村由一条枪变成了有八条枪所武装起来的民兵了。

4000余敌人在大有等处扎下临时据点后，构成了纵深30余里的清剿圈，圈里的民兵没有放下枪，他们由阻击敌人转到反清剿、反包围的局面里去，扎的有区司令处所，仍照样发挥民兵的威力。

25日前夜，敌人在清剿圈运动兵力，把搜山队由20人增加到四五十人。东村敌人修汽路到马庄，抢运我们的粮食，到处追逐民兵，勒索民众抛粮（各村民众都在同敌人兜圈子，敌人找不到一个可利用的人），并把兵力伸到边沿上，实行连续包围、奔袭，错综复杂的战斗形势中，全武乡人民在日夜游击生活里，展开了爆炸运动。

敌人清剿圈内的×××村，民兵把手榴弹埋在谷草里面，火线拉开来，当敌人拿草去烤火时，三个炸得没有了身子，三个受了重伤。同时在村的另一面地雷也响起来，民兵又趁机先后打倒四个敌人。从此，敌人搜山队的活动的劲头，越发小了。

四区铁净沟里，爆炸也在日夜威胁着敌人的运粮队，里庄滩的汽车炸翻了××、×××、××几个村子，先后炸死的敌人就有十来个。敌人运粮已花了很大气力，现在还要花更大力气，去掘发运粮道上的地雷!

到战斗末尾，敌人更狂暴起来，在武乡南部一带的窑头、里庄滩等地，敌人用半天工夫，专门搜掘我们的藏人洞，那里的民兵发掘后，抬着土炮去打，先对准打了两炮，敌人受伤的少，不理会，第三炮正落在鬼子堆里，刹时都乱窜开了。夜晚，百余民众在民兵掩护下安全转移。在汽路附近，敌人想尽一切办法来抓人运粮。妇女、老汉都抓，××民兵应请出征五区，把 13 个妇女从敌人手里夺回来，××庄民兵也抢回了 80 多石公粮。

血战半月，武乡的民兵同民众更习惯于战争生活了，驻敌最多的五区。整天弥漫在炮火里。民兵不离敌人，民众不离民兵，吃饭、睡觉、退却、转移，老乡们都听民兵的话。五区××村，那是一条联络线，敌人每天要往返好几次，而那里的人民没有惊惶，山头上有哨，敌人一来，民兵便指挥群众退却，敌人走了，村民又回到村里来碾米、挑水、藏粮。靠着民众与民兵的紧密结合，被民兵杀伤的敌人超过了我民众与民兵的伤亡数（一区敌伪伤亡 35 人，民众与民兵约 20 人）。这就是武乡民兵在这次战斗中的收获。

如今，敌人狼狈退出了我们的根据地，武乡的民兵却在清算着胜利品，笑唱着："民兵枪声到处响，打它个麻雀仗，打他个冷不防，试试老子神枪手，看看老子强不强！"

——《新华日报（华北版）》1942 年 11 月 13 日　四版

敌三十六师团新兵厌战无斗志

军官失依托迭被我击毙

（武襄前线讯）敌三十六师团的部队素养与作战意志，在粮食战中，显出可惊的低落与消沉。此点可从下列各项事实看到：（一）21 日敌百余名在两架飞机与侧翼的山炮掩护下，猛攻（武乡）砖壁后山，但绵亘整日的三次冲锋，均为我两个班所击退；又 23 日夜，敌奇袭石门时，100 多轻装的战斗兵以刺刀扑杀一小山头，第一次被我用手榴弹击退，第二次被我用刺刀肉搏击退，而守军仅有 5 人。该敌人以同样冲锋扑向另一侧崖，企图从另一方面扫除前进中的障碍，结果被我一个班阻遏了 4 小时，终于懊丧转去，一无所获。纵观两周来敌类似的攻击，莫不为我少数兵力击退。（二）两周来敌大小指挥官为我毙伤者甚多，因其士兵多系厌战反战的新兵，指挥官再也不能与行伍之后“押队进攻”，故不得已立于队前，随时有为我射倒的危险。而周来在襄武边界为我正规军与民兵击毙者，目前已知有少佐以下7名。（三）27日百余敌于上下行塘中我伏击时，队前的指挥官即撇下队伍，企图单人匹马落荒而逃，不做任何抵抗，其部队则恐慌万状，并有伏地哭泣者。

——《新华日报（华北版）》1942年11月16日 二版

敌人洗劫了韩壁

华 山 苏 众

10月21日清晨，我们走进韩壁，呵！完全不相信，这就是六天前我们曾经走过的村庄。

街道、谷场和房屋里，撒满了半尺厚的谷草、草灰，敌人同牲口在上面践踏得一片凌乱。紫黑色的瘀血在草上凝结着，大堆的是牛血，小堆的是猪血羊血；一堆草灰里，还仰卧着一个浑身烧成焦黑的人，鸡脑袋和猪头曝晒在太阳下，随处都可以看见一只牛头，一条猪腿，上面还有毛，却已被“皇军”啃得露出红涔涔的肉。假如不是我们在一个乱草堆里看见了百余太空瓶——“皇军”军用白酒的空瓶，我们会忘了这就是敌人224联队部驻了六天的地方，完全要认为是野兽住过的巢穴。

全村的门窗桌椅和木制用具都不见了。墙角、屋檐下架满敌人临时的锅灶，打谷场周围一堆堆的谷草以及未打完的谷子，变成黑灰。韩壁寨上有一个4顷多地的大户，场上推着刚从地里收回的40石谷子和20石豆子，现在都成为好些荒凉的灰冢。

村里的每一家都是一样，门前是一摊子锅碗的碎片，屋里洒满了小米、玉茭、山药。炕和墙全挖烂了，一个炕上或一间屋里，你可以看见被敌人挖开的，两个罐子样的深洞，就像人挖了眼剩下的空虚的眼眶。这个村空室清野的工作没做好，老百姓喜欢把粮食藏在院屋里的“暗窑”同地窖中，或者以侥幸的心情在“门前地”马马虎虎地挖个坑，埋的东西浅，有些还明摆着新鲜的痕迹，这些粮食窖现在全部被敌人挖开了。没有被践踏烧毁的粮食，都为敌人搅入泥土和粪灰。

那百几十匹敌人的牲口不用人喂，往场里收的秋粮丛中一放，敌人就去挖粮食和找野窑去了。它用机枪扫射羊群或是把抓到的牛羊猪往火堆里赶。老百姓的牛，因为仅仅是拉到山沟里，没有草和水，一天两天，受不住饿，这些牛就扯着缰子回到村里来，受了敌人的宰割。

这次敌人已经装不出伪善的面孔，没有散一张传单，没有说“皇军打光八路军就回国去，老百姓大大的好的”之类的话，逮住人就是一刺刀或者一枪，妇女遭到的是轮奸和凌辱，用村里老百姓的话说“这五天给糟蹋了 40 多个。”

这种兽性的“杰作”集中表现在一口窑中。那是一口非常秘密的野窑，在一个从平坡突然陷下去的深坑的一端，有一道黑洞洞的狭长的崩土裂缝，和人身那样宽的洞口就开在裂缝的侧旁。按照政府所号召的政府打窑三原则，必须是：一、敌人来了找不到；二、找到以后进不去；三、敌进以后我能出。但是，那口窑只做到了第一条，所以在兽性的敌人跟前，惨剧终于发生了。19 个敌人像贪婪的野兽，一声不响地在那里守望了三天。到了 23 日的午后，一个三天没有吃喝的妇女从洞里爬出来找东西吃，暴露了一切秘密。

敌人往里打枪，吆喝着叫他们出来，最后两个敌人亲自钻到洞里，把三个年轻妇女拖到外面轮奸、戏谑，然后倒提起他们的腿，从土台上扔下深沟。野兽们却在一边欢叫着，用“人命游戏”来娱乐自己！当他们笑得疲倦的时候，就燃起大火熏着洞里的中国人民。

据一个幸而没有被熏死的母亲说：那里共藏着 23 个妇女老弱，现在只还有六个没丢了命，但是她的一个11岁的小孩，却在她的怀中窒息死了！

全村已知名的死者共37人，被烧毁运走的粮食共700多担，所有的碎锅铁具都给敌人搜刮净尽，偌大的村子再找不到一堆完整的谷草。23头耕牛和40多只猪给杀吃光了，100多只中弹的羊还躺在自己的血泊中……是的！敌人在绝望中显出了原形，中国民众也清楚地看到这是胜利前的生死斗争。死者中间，年青的史莫德就用菜刀砍死了一个敌人！史××曾将一个找花姑娘的敌人推下深沟。韩壁的民兵，五天来就没有远离过村子，回答这笔血债的是每天在山梁上响着的枪声。他们睁着气红了的眼睛说："狗日的凶吧，明年就要和你算总账！"

——《新华日报（华北版）》1942年11月16日　四版

旧式武器演出重大作用
武乡民兵战功丰伟

南沟受困300余敌狼狈不堪　范家岭烤火一堆鬼子葬身火窟

（晋东讯）武乡民兵在此次反"扫荡"中，半月来共毙敌116名，伤敌87名，缴获步枪8枝、掷弹筒1个、炮弹5箱又13个、子弹700发、洋马3匹，抢救群众600余人，夺回牲口22头。在全部战斗中，地雷及旧式武器，曾演重要作用，敌兵受地雷炸毙者即有70多人。民兵还创造了有名的南沟战斗。上月22日下午，敌300余名，自范家岭向广志退却，路经南沟，××村民兵随着排子枪放射，杀声突起于四山，敌以为中我正规军埋伏，仓皇不知所措。十几分钟过后，反战歌悲愤的流入敌人疲困的心中，古昔张良垓下围霸王的惨剧，乃重演于南沟山峦，敌兵斗志顿懈。是役民兵毙敌多名，获枪三枝。22日上午，300敌人向范家岭进发，刚刚进村，两颗地雷的巨响中，敌死伤六名。敌还停于村外烤火，不意带地雷的手榴弹又于草堆中爆炸，一堆烤火敌人六七名，连死带伤，无一侥幸。敌惶恐由村外绕小路向广志退却。上月25日，敌30余名，在窑头搜掘藏粮窑洞，××民兵为保卫群众利益的意念所鼓舞，坚决以枪火射向敌人。敌一面以机枪还击，一面继续搜掘窑洞，民兵继见五人被拉出洞口，遂急燃土炮火斗，晴天霹雳震寒敌胆，不及辨识方向，扭头就跑，群众200余人，得免于难。此外，民兵继于型塘战斗中，配合正规军毙伤敌百余人。上月22日，××民兵在飞机轰炸，地上炮火的飞迸中抢救决死队伤员五人。而××民兵掩护群众藏粮，更博得光荣赞誉，一老汉并以十包纸烟相慰劳。也就是在22日这一天，民兵高贵堂，正守望在山头上，远望大股敌人从广志出发，向洪水前进，他静等敌先头部队过去，不慌不忙地瞄准敌人屁股连发四枪，有三个敌人死在白龙庙，一个挂了彩。敌人犹豫了半小时才又前进。到24日敌人又从洪水返回，高贵堂遂拦腰打了三枪，敌死二伤一。敌人恼羞成怒对着山头狂射，高贵堂却是招手，敌气恨地说："民兵的厉害!"对于高贵堂的神技，当地老百姓没有更多的话语来表达他们的崇敬，只说："真算话!"

——《新华日报（华北版）》1942年11月16日　四版

战士的翅膀

——记匡排长和他的民兵

本报特派记者　华　山

队伍决定从韩壁转移出去，上级给排长匡朝德一个命令：带一个班就地打掩护。

敌人从四面围拢来，所有的炮火全落在他们这个小山包上。整个排给埋葬在硝烟和黄土堆了，对面谁也看不见谁。预料大队已经走远了。匡排长决定从包围中分散撤退，和他一路的只有一个战士。

没有找到队伍，他们到了北上河（合），附近都有敌情。从武乡城往长乐到蟠龙是敌人的抢粮运输线，蟠龙大河两岸经常游动着轻装的敌兵。平常只要手头抓住一个班，匡朝德就可以凭着七八年来的战斗经验，就地侦察、警戒、打游击，很有把握地在据点群中来回窜。但是现在他们只是两个人。地形不熟悉，身边也没有地图。

他想起好些在五月反“扫荡”中失散的同志来。没依没靠的，独个儿饿着肚子钻山沟，连水也喝不上一口，老百姓都翻白眼珠子说：“游击战怎的打到洞里来了！”这不是玩意儿，匡朝德参加革命到现在还没钻过洞。队伍找不到，自己总得想个办法。

这时候他碰上几个民兵，他们都是年轻小伙子，没步枪的也拿着三两颗手榴弹。他们说：“敌人是两条肉腿，咱也是两条肉腿，怕啥?”不过四面的枪炮一响，民兵们就没主张了，因为他们不会打仗，连炮弹是往哪里飞也分辨不出。这会子碰上匡排长，他们却高兴得不得了。民兵有了胆量，匡排长也有了耳朵和眼睛，他们就在附近放心地打起游击来，三天打了四仗。

第一次在××沟。有三个鬼子到村里嚷着要花姑娘，民兵把匡排长带到隐蔽的坎梁上，他“啪”一枪就放倒一个鬼子，其余的都吓得跑了。老百姓把他们迎进村子，小米萝卜山药蛋吃不完，被子一条又一条地往里送，匡排长不愁吃也不愁喝，老百姓也敢回村子打场取东西，安心空舍清野。

匡朝德在山梁上边走边唱四川小调，好自在！民兵也乐得从这条沟翻到那条沟，把他带到×××。民兵说：韩壁那边过来了六七十个鬼子，果然不错，是押辎重往回运的。匡排长立刻指挥民兵打麻雀战，自己瞅着为首的一个指挥官，一勾动指头就把他翻下洋马……

他们游击到上下行唐（型塘），又碰上同样的货色。这次民兵的枪法也生效了，圪梁上看得很清楚，掩护交通的敌兵在河沟里倒了几个。只两三天工夫，他们的子弹多了好几倍。日本纸烟罐头有的是，什么日本手榴弹呀、洋毯呀、皮带呀……“嘿，没匡排长咱管保得不上！”民兵蹦跳着说，并且拦住不让匡排长回部队，“等咱打出胆来你再走”。

跟着他的民兵越来越多了，匡朝德的四川小调越唱越对劲了。10月27日那天他们碰到团里的11连。

11连在胡峦山一带打游击，××庄的老百姓和他们混熟了，大家都是用名字亲热地叫着每个当兵的，队伍一天没回村子，老百姓就惦记着问："咱们11连怎的还不回来?"当队伍打过仗以后，老百姓就骄傲地告诉旁人："咱们11连准又打胜仗了!"这一天老百姓又等着听胜利消息。

原来匡朝德给民兵带来了情报：敌人每天都在运输线上来回过，现在又有100多敌兵掩护着一百几十匹牲口，从武乡解运军火辎重到蟠龙去。活跃在胡峦岭上的正规军和民兵夹河安排下一个伏击圈来。匡排长和他带领的民兵自然隐蔽在这个预伏在上下行唐（型塘）附近的阵地里。

好大的排场！一百多匹牲口只有一个骑兵率领着，白色的一队，黄色的一队，杂花色的一队，在河沟里拖成一条颜色的带子，夹在前后两队战斗兵之间。为首的是一个骑马的指挥官，身边伴着一个汉奸模样的人物。"好像在他家里一样的放心了!"谁在喉咙底骂着，可是手榴弹刚一响，那个大模大样的指挥官却连队伍也顾不上指挥，拍着马紧靠着河沟的侧沿企图独个儿落荒而走。

他并没有来得及逃脱，崖头的火力是分工好的：机关枪扫射密集队伍，掷弹筒和手榴弹去打藏到周边的牲口和人堆，步枪兵的特等射手呢，就去打头里的指挥官。于是他的坐下马在凄厉的子弹啸声中，突然一条腿站起来，把他抛落在河滩上，像翻倒一只笨重的包裹。

"注意呀，你们的炸弹又回来了!"匡朝德向挤到他脚下土壁边的敌人嘲弄着，把拾来的日本炸弹扔下去……虽然我们只是一个连的火力，轻装的敌人半个钟头也没有还击一枪。

不知哪里来的那样多的民兵，两百多人把山头布的满满的。前面还在打着呢，他们就溜下河沟去牵洋马搬炮弹。只有民兵的担架队是失望的，虽然过去几天他们的救护工作做得很不坏，把彩号送到最秘密的野窑并且给他们送棉被热米汤，今天旁人却并不怎样理睬他们。因为只有敌人才有彩号，而那些躺在河沟的彩号自然有敌人扯着双腿拖走，或者捆到洋马身上和尸首一起运回武乡城的。

敌人一面抢山头一面挖坑埋辎重，一面空出牲口运尸首抬伤兵，忙了三个钟头还没运完。老百姓指着一路上滴溜的血迹说：“看咱们的 11 连又打了四五十个鬼子！”他们拉着战士们到家里吃捞饭热米汤，民兵紧跟着匡朝德说：“可不要回部队去！”……

在韩壁失散的战士又找到了两个。他们在四、五区和匡排长一样地领导着民兵，一样地被民兵和地方政府苦留着不放。战士们都很有把握地说：“和这样的民兵在一起，哪里不能够独个儿打游击！”

——《新华日报（华北版）》1942 年 11 月 17 日　四版

不愧为模范村

战争时民兵显功

（武乡讯）四区某村，原是全区工作的模范，这次反“扫荡”中，敌人曾去该村 20 次，但该村工作始终坚持着。岗哨不曾间断，老百姓听从民兵领袖的指挥，和敌人兜圈子，不曾吃过亏。特别是敌人到村的前一会，一家老乡刚把谷子从地里担回来，发愁来不及打收，民兵即发动人来帮忙，转眼间已打完藏好，没有损失一点。在这次战争中，该村民兵曾打过一次敌人的尾巴，追击几个掉队的敌人，得步枪一枝，子弹 50 发，炮弹 11 个，猪肉 20 斤，毛衣一件。老百姓对民兵爱护备至，纷纷慰劳他们。

——《新华日报（华北版）》1942 年 11 月 18 日　一版

武乡人民祝捷劳军

（晋东讯）武乡正进行善后工作。从本月9日起，武乡在全县范围内，以村和联防村为单位，举行反“扫荡”胜利祝捷大会，普遍展开劳军运动，并总结战争经验检查藏粮，修整民兵，准备武器以迎接敌人新的进攻。（克）

——《新华日报（华北版）》1942年11月19日　四版

武乡人民英雄　群起赤手搏敌

（晋东讯）武乡人民在此次反“扫荡”中，单人赤手搏击敌人之英勇故事，迭出不穷。上月23日，××村史生金为敌人俘获，敌迫其下高崖捕捉群众，史乘敌人不备，顺手推敌下沟。又该村韩募法，病中闻敌人将至，遂怀揣菜刀，躲于山沟。当三个搜山的敌人走近，他乃猛扑敌人，夺步枪一枝，扔下山沟，然后又用菜刀砍死敌人一名，直至他死在敌寇刺刀下，菜刀犹握在手中。又魏文修，此次敌逼他引路挖窑，他一连引过四个空窑，死于敌手。23日黄昏，×××村长杨北方，指挥民兵掩护群众突出敌围后，只身与敌搏斗，两敌人死握住他的步枪，往来争夺半晌，杨村长乃用最后一颗子弹，射倒一敌，然后又以刺刀刺向另一敌人的身上，因用劲太猛，该敌带着他的刺刀滚下山沟。27日杨村长又带领300余群众转移，被敌发现，他与太行三中一学生，共同击退尾追敌人五六十名。24日，敌于××庄抓住董林青，企图得些消息，但董是一问三不知，两敌人怒以刺刀戳董，他乃施展平日所学国术，赤手与敌搏斗，敌连刺12刺刀，都没有刺中，乘敌喘息稍停，跳沟而逃。（霄、唐、昌）

——《新华日报（华北版）》1942年11月19日　四版

还是打的顶事

伯　章

韩壁给鬼子糟蹋了五天，×××可啥事也没有，×××离韩壁才×里地，于是老百姓说：这可不是关帝老爷把鬼子挡住了！

原来路口有座关帝庙，老百姓商议等“扫荡”过后，凑钱唱戏杀猪“谢老爷”。

没有几天鬼子到了×××，这回鬼子并没有被关帝爷“挡住”，他们到×××要牵牲口抢粮食。

鬼子在村里闹哄哄的，还几百人一大堆，一颗炮弹忽然落到人堆里，登时把人堆炸乱了。这是八路军在山头打的炮，还有机关枪，还有步枪，还有手榴弹。没打死的敌人都钻进场子旁边的几口窑洞里，头都不敢露一露。

在窑洞里躲了一夜，第二天鬼子就跑光了，八路军和民兵就边追边打。

老百姓捏把汗赶着回村看，这三天两夜不知村子给糟蹋成什么样子。看来看去只一家丢了几斗粮，原来头一天鬼子住在那两间房子里，顺便就给挖走了。

再到处看一看，村边和沟里新挖了几个丈来宽的土坑，坑里的木柴草灰还露着好些烧剩的人骨头。坑边躺着的门板全是淋漓的血迹，有人看见鬼子抬来70多具尸体。这准是鬼子的火葬坑。

这回老百姓不说是关帝爷打走的了，他们说：“还是打的顶事，没丢粮还捞了个本！”

——《新华日报（华北版）》1942年11月20日　四版

种瓜得瓜，种豆得豆！

——武乡反“扫荡”经验之一

郑 远

这次晋东反“扫荡”，武乡民兵，曾与敌人交锋200余次，毙伤敌人200以上，而武乡全县人民的死伤不过200左右，其中民兵损伤不到十分之二。他们一天以12次的战斗来扭住了大股和小股的敌人，一直到把敌人打退为止。

如果说，2月反“扫荡”时，民兵和民众在严重清剿环境下，还缺乏着坚持的力量，群众对军队帮助和爱护不够周到，潜伏的特务分子还造谣破坏，战时社会秩序比较混乱，那么这次的情形就完全两样。这次，除了四五个村外，其余都打响了；过去的窑洞是避难所，这次却变成了斗争的阵地；过去民兵一受损失便无法齐集，这次却成了打不烂的队伍。像××村民兵七人被敌打垮后，分做六股跑，当晚便集中一起；许多民兵遭受伤亡后，村民马上进行抚恤，他村民兵前来打气，斗争情绪立刻增强；埋枪的现象是稀有了；有的是民兵骄傲地鼓励着自己说：“我们像八路军一样！”这次，不但谣言绝少，而且各阶层空前的团结，连×村一个7岁小孩被俘后，亦无口供，至于拒绝引敌抢粮的可歌可泣的事实更是层出迭现。这次，人民空前的自动爱护抗日军，在战争紧急时，冒着枪林弹雨给军队送情报，救彩号，并代为换便衣，保存武器，甚至有的还突破重围背送后方医疗，而在战争胜利以后，连小贩都以纸烟零食争相慰劳。

武乡反“扫荡”的胜利，正表示出武乡对敌斗争力量较2月时是增强了。这一力量增强的原因，却正是数月来蓬勃开展的群众运动。今天的胜利，也可以说是过去群众运动的总结。

具体说来，第一，6个月来的武乡群众运动，曾解决了减租减息案件1.2万余件，清债、退约、换约、定年限者不计其数，巩固了群众的利益，使每一个人都深受其惠，大大地提高了群众为保卫自身利益而斗争的积极性，加强了群众的组织力量。这便成为游击战争的坚实基础，所以群众虽受严重考验，而能始终坚持斗争。这一点，实在值得那些对土地政策尚未认真执行的地区的注意。

第二，武乡在群众运动进行中，曾同那些单纯解决群众的经济问题，而不联系到其他工作的那种观点，进行过斗争。他们曾进一步在群众运动中加强了武装建设。大家都注意到民兵工作，并清楚认识发动群众的目的，正是在于有效地进行对敌斗争。因此，在发动群众期间，曾经整顿民兵，进行了一次普遍的训练，并将斗争所得的一部分利益，用来购置子弹和武器。此外并在群众运动热潮下，以短短半月时间扩大营兵五百余名。这些日益壮大的武装力量，在这次武乡反“扫荡”中，已经充分地表现了英雄气概，证明他们是武乡人民坚持斗争有力的依托。这一点，应当给那些先发动群众，后进行武装工作的“阶段论”者一个当头棒喝，也教训了一些只知做群众工作不注意领导武装工作的工作人员，使他们重新认识群众运动与战争中间不可分离的血肉关系。

第三、武乡在二月反“扫荡”后，曾经发动了热烈的反维持反特务的斗争，曾经发动群众，将所有的维持份子和特务分子，分别地做了适当的处理，在群众中普遍地进行了气节教育；而随后群众政治觉悟的提高，爱护群众的思想也就深深浸透到群众心中去，使军民团结无比坚固。这一点，正批评了今天某些地区，在发动群众中忽视政治斗争，忽视进行爱护军队教育的现象。

武乡反“扫荡”胜利的经验，证明了“种瓜得瓜”“种豆得豆”的道理。群众运动中潜伏着最伟大的群众力量，我们倘能扶植它向更深入和宽广的方面发展，它便会在残酷斗争中给敌人以双倍的打击；如果不继续做，那么就会受不起战争的严重考验。

——《新华日报（华北版）》1942年11月21日　一版

包围圈里的模范连

明　天

10月20日的下午，蟠武线上情况愈紧了。

左权县敌人到了温城，榆社敌人进到了郭郊，武乡敌人到了龙王堂。

×团的11连，在钟营长率领下，奉命留在蟠武线上，以×××为中心，沿着蟠武大道活动，打击敌人的运输队和抢粮队。

敌人以蟠武路作为轴心，构织着纵深的包围圈，现在11连就在这圈里，开始来完成他的任务。

×××是他们过去担任警戒住过的村庄，那里的民兵早就搞得很密切，群众是熟识的彼此可以叫出名字来，地势那更不必说了，过去无数次的野外演习，使他们熟悉了每一条小道，每一个山峦。

20日深夜，11连到×××时，正当敌人逼近，村里紧张得透不过气来。

“喂，咱们11连来了！”村民彼此传说着，民兵立刻集合了起来，在钟营长的指挥下，附近村庄的民兵也很快地有了联系。

部队与民兵混合的侦察组分头出发了。四野山头民兵秘密地布置了警戒。从深深的黄土层里，挖出了锅来，许多的老乡在帮助煮饭。他们不让11连过多的疲劳，要让战士们养精蓄锐去打击敌人。

民兵们就像是“皇军”的影子一样，任何诡秘的敌人，都脱离不了他们的追随。因此，11连每天都可接着许许多多的情报。

从21日起，到27日止，他们在录村、胡峦岭、龙湍、下合、李峪打了七次仗，杀伤了“皇军”30余，洋马三匹，每次都是出其不意地来一阵密集的扫射，或者是敌军大部过去了，尾巴却挨一顿痛打。李峪战斗就是王班长率领六班，痛打了“皇军”的屁股，打得皇军的头不得不回转来时，他们却撤走了。笨猪似的敌军，一座山又一座山辛苦的来找他们。敌军恨透了，几次三番，三番几次地合击，11 连在民兵的协助下，使敌人每次都扑了空。“生龙不敌地头蛇”，敌人真没有办法！

看见敌人不断地来往在下型塘的路上，钟营长打埋伏的念头动了。他看了下型塘的地形，地形倒是很好，难的就是腹地埋伏。一打响后，保不定韩壁、蟠龙、长乐的敌人会一齐出动，处在这包围中间，搞不好，就坏了。

毕竟瞎子营长（群众对他的称呼）是有本事的，他想出办法了，他派人联络武乡×区的指挥部和×区×××的民兵。在 28 日的早上，×××、××××、×××、××、×××、××、××……等处的民兵共 280 名，都分别布置在附近 15 里路的山头上，监视和迷惑韩壁、蟠龙、长乐的敌人。

瞎子营长把 11 连第 3 排布置在下型塘对面落凤坪的半山腰，两个排放在下型塘村边，这样两面可以扫射那宽达 300 米毫无隐蔽的河渠。

9 点钟了，一望漫长的河渠里，还毫无一点动静，“不来了吧”，许多人都这样想。

忽然河下边，监漳村响起了一声清脆的枪声，接着又是一声，渐渐地好些山头上在凌乱地放着枪，像接什么官，沿道不停地放着爆竹似的。落凤坪山上的民兵又按捺不住了，不管怎样制止他不要暴露，兴奋的心，使 30 多个头都露出了。他们清楚地看见河渠里 100 多个“皇军”走着，满不在乎地放着枪，拉成一条线……

敌军发觉了他们，为首一个突然跳下了洋马，与一个鬼子咕噜了两句，就离开行列奔向一个小高粱地里。30 多个鬼子在向落凤坪的半山腰来了！

“打呀！”一个民兵着急地叫着，敌人全都还未走入火力圈，所以人家没有动静。他忍不住放了一枪，接着半山腰罗指导员指挥的一挺机枪和步枪响了！40 匹洋马折回头向麦峪（陌峪）沟里狂奔着，驮的东西抛了一河渠，河心的敌军一股风似的卷向河的对面——下型塘。不料更密集的子弹掷弹筒弹像陡起的冰雹一阵紧似一阵地迎面打来。许多敌军不动了，他们长眠在沙滩里，其余的乱糟糟像打慌了的老鼠东跑西跑……

山头上的民兵跳起来了，毫不隐蔽地立着，兴奋使他们忘了一切，发狂地鼓着掌，叫喊着“打得好哇！打得好哇!”

足足25分钟，皇军才喘息过来，开始进攻威胁最大的落凤坪。

政指罗树春一面指挥30个健儿沉着地射击，一面告诉山上民兵迅速撤退。一点钟过后，罗指挥员率领三排安全转移了。当敌人攻击落凤坪时，副指导员张庆河以一挺机枪掩护着×××的民兵，王海水等十余人奔下山坡，在麦峪（陌峪）沟里牵了三匹洋马，抬了四箱山炮弹，还拾了不少的毯子、大衣、皮鞋和钢盔……

下午4时，张庆河同志率领二排撤到×××，你看多少的群众和民兵在迎接他们呵！亲热地问长问短的人还没散，一锅一锅热腾腾的饭和水就送来了。

如今，11连已成了一个光荣的番号，四区群众一谈起这次战争来，他们就要说：“咱们的11连……”

——《新华日报（华北版）》1942年11月21日　二版

地雷使敌走投无路

武乡7雷杀敌23名

（武乡讯）此次“扫荡”武乡敌人一部，于上月27日过××村时，在村边道上，踏发民兵埋设之地雷7个，当时一片响声，惊天震地，共炸死敌人8名，伤15人，死伤洋马两匹，骡一匹，获得地雷战上稀有光辉战例。据×区负责同志谈，该村地雷埋设技术很好，埋设是采取间接形式，而不是直接式的。当第一个地雷炸开时，敌人惊惶，不敢走路中间，但在路边上，又踏响了另外一个，使敌走投无路。（梅岭）

——《新华日报（华北版）》1942年11月21日　四版

武乡敌定“抢粮周”

（晋东讯）武乡敌于上月深入我腹地抢粮，惨败回巢后，复定本月3日到9日为“抢粮周”。武西小股敌人，连日在根据地边沿的岸北、高仁、陈村一带大肆抢劫，3日曾在岸北抢走40石。敌抢粮行动诡秘，事先即派特务侦察，深夜包围村庄，拂晓退走。如抢不到粮食，即大肆破坏，仅在陈村一地即毁铁锅80多口。按武乡敌在五次“治运”中，计划在全县抢小米682500斤，杂粮56200斤。除向我根据地抢粮外，主要在敌占区强征或掠夺。武西松坡之敌，前曾令每闾交粮150石，近又勒令各村在全部粮食中扣除一月食用，其余在一星期内全部交工仓“保管”。（冰流）

——《新华日报（华北版）》1942年11月23日　四版

祝捷声中　武乡加紧屯粮

各村群众争先早交

（晋东讯）武乡的屯粮工作，已决定于本月底全部完成。屯粮工作队，已分赴各地突击进行，各区现均以“由大村到小村，由大户到小户，由沿大路村到山庄”的次列征收。有些村子，已配合祝捷大会，展开“快交粮，交好粮”运动。日前圪针滩战斗时，民众们冒着炮火赶着牛运送公粮的英勇故事，已到处传遍。特别是三、七两区，在战争中即已征收起公粮千石以上，至本月20日，已全部完成。各村群众，因负担减轻，并受胜利消息的鼓舞，无不争先早交。最近四、五两区群众，家家“炕谷”碾米，日夜忙碌。营窝村武委会主任，对财粮工作极为热心，除及早将自己应交者全部交送外，并督促全村完成与妥为保管，得到大家的称赞。（光）

——《新华日报（华北版）》1942年11月24日　四版

民兵是怎样斗争着的

——武乡反“扫荡”经验之二

郑　远

武乡民兵的骁勇强悍，敌人是深深领略过的。这次“扫荡”前夜，白晋线上有些伪军公开向敌人说：“与其叫民兵打死，地雷炸死，不如让你们先杀死吧！”于是这些人当场被敌枪毙示众。

敌人“扫荡”时到处找民兵，一听到民兵打枪，前面敌人装作毫不理会的样子走过去，后面敌人却四面八方地包围捕捉，发现民兵就死命追赶，口口声声喊“捉活的”；发现不了民兵，便站在山头，装腔作势，故作恐吓。为了暗害民兵，敌人多在黑夜反复实行合围，抓住老百姓便实行挑拨：“民兵打皇军，所以‘扫荡’延长三天”，“我们杀民兵，不杀老百姓”；并且还强迫老百姓领着去找民兵，找不着即加杀戮。

民兵以群众为中心的活动着。敌人搜山了，立刻在大小圪梁上，布满监视哨，随时指挥群众转移，掩护群众藏粮，保护群众担水做饭。××村民兵指挥部每晚开会研究敌情，讨论怎样保卫群众的具体工作。敌人在那里共住了六天，结果只找到二斗谷。据说过去每次战争之后，这村谣言最盛，而这次群众却交口称赞“民兵顶事”。

民兵从敌人手中解救了不少民夫和妇女。栗家沟五个被敌俘去的妇女，当她们被民兵救出时，噙着热泪说“做鞋卖了也要慰劳民兵”；姚庄两名著名吝啬的老汉，当见到自己的肥牛由民兵抢救送回来时，立刻感激得自动去慰劳民兵；某村民兵领袖陈兆岭带领民兵打退敌人运粮队，群众纷纷要求民兵去自己家里住。这一切都说明武乡民兵真正在为保卫群众利益而进行灵活的斗争，群众得到了实际利益，民兵也就能在群众中生根。

民兵创造了灵巧的斗争方式，地雷战被在杆草里、粪堆里布置着，敌人神经质的感到到处都插有“有雷”的暗记，不敢轻易举步。麻雀战成为民兵主要战术，有的村庄民兵组织步枪和手榴弹混合的小组，隐伏暗地打冷枪，敌人死了还莫名其妙。在敌人行进中，他们以迅速集中的方式打排子枪，错乱敌人队形，杀伤敌人的人马。最应该受到夸奖的是×××民兵，在李永昌与李克勤的领导下，茫茫的黑夜里，经常集合着青年民兵到敌人住宿地唱反战歌、麻雀战歌，呼喊瓦解敌人的口号。有的民兵自动在墙上写争取伪军的标语。武乡民兵的特点，是能够勇敢地接敌侦察，敌人的迷惑欺诈，瞒不过民兵的耳目。尾击在民兵认为是笔好生意，而两个人的摸哨，三个人的突袭，据民兵自己说，是最能以少胜多的战法。所有这些创造，都表现了群众性游击战争的特色。

武乡民兵能够进行这样出色的斗争不是偶然的，他们有相当坚强的组织和纪律。民兵本身有着较好的分工，×区，根据干部条件、武器数量、工作基础编成战斗队，一小部留指挥部专作情报工作；一部分留本村探送情报，防备小偷和内奸。又在战斗队中设一事务长及伙夫，专司民兵伙食供应，保证吃盐吃水吃热饭。民兵还按编队，自编暗号，来迷惑敌人。在执行纪律中，有的地方曾规定了：“不瞄准不打”，“对群众有利就打”，和“最便宜有利的时候打”，这确是针对着有些民兵的乱打硬打而提出的。此外在分散与集中上，都明确地规定集合地点、分散的方向和规则，所以打不烂也拆不散。

指挥上最重要的一环是民兵连防线的建立。依靠着联防，情报飞速地在各村传播，一遇敌人便前后左右举行出击。他们并且常常围绕着独立营或野战军进行游击活动。敌人在武乡内地腹背受击，就因为他是陷入了这样一个游击运动中。

但并不是说武乡民兵是毫无缺陷了。不是的，据笔者观察，武乡民兵有以下值得注意的地方：第一是民兵组织性的发挥，落后于民兵自发的斗争热情。民兵内部还没有自觉的政治工作，干部培养的少，以至于民兵还没能普遍发挥作用。第二是联防力量还不大，特别是独立营与民兵缺乏紧密的直接的配合。第三是有阵地的打排子枪，多于隐蔽式的麻雀战，往往会使子弹消耗过多。第四是民兵指挥部有时缺乏对敌情和敌人行动规律的研究，发生麻痹心理，疏于警戒。第五是旧式武器没有充分使用，地雷还嫌少些。

武乡民兵是打出来了，这里衷心地祝它更加健壮起来。

——《新华日报（华北版）》1942 年 11 月 25 日　一版

窑洞保卫战

程　光

武乡××村外，红土崖上，在一个离地三丈高的地方，黑黑的现出了个小小的洞口。洞口虽小，如果你要费点力慢慢地爬进去，一定会使你惊讶：里面深得很，大得很呢！这是由 15 家老乡合力挖成的，他们早已计划着，在敌人“扫荡”的时候，找一个暂时安全的藏身处。

武乡人民已经在窑洞中流过血，大家是知道得很多。以往敌人“扫荡”的时候，许多人躲进窑洞里，一旦被逮着了，总是活的进去，死的出来，这些血淋淋的画面，谁忘得了呢。

这次敌人“扫荡”武乡，××村的十五家老乡，在夜里，就带上些吃的用的，用绳子把八十几个人都吊进洞里去，男子汉们拿着大刀，手榴弹和铲子，“敌人不来便罢，来，就和他干。”他们都这样想着。

一天清早，七八个鬼子气势汹汹地把洞口监视起来。从山上用绳子吊下来了两个鬼子，但洞口很黑，看不见什么，他们就试探着往里爬……

“轰！”一颗手榴弹炸了。老乡们开始了紧张的防卫着“咕噜噜……”在炸弹片里鬼子吼叫了。外面的敌人忙着往上拉绳子，但是已经迟了，躺在他们眼前的是两个血淋淋的尸首。

鬼子不甘认输，接连又一次一次的吊下两个人。可是，瞧罢，鬼子见了绵羊就变老虎，见老虎就变做了绵羊，眼瞧着洞口，怕死，不敢往里爬，气忿忿的下来，结果只得悄悄地吊下去。

鬼子把火焰腾腾的草捆抛下去，但顷刻就被扑灭了。第二次又抛下去，又很快地被扑灭了。鬼子接连不断地往下抛，还夹着干柴碎棒；然而中国的男儿准备了一切，他们把每个人带来的米、炒面也都集中了起来，用土、用米、用炒面，完全把火扑灭了，直到夕阳西沉，鬼子再也想不出办法来，野兽样的在山上吼叫了一阵，拖着两个死尸走了。到晚上，这十五家老乡，也从洞口吊下来，转移到了另一个山沟里。

——《新华日报（华北版）》1942 年 11 月 25 日　四版

晋东人民狂热劳军

一路踊跃输送有如赶集行商

（晋东讯）此间民众的劳军热潮，已非统计数字所能表现。因为白天登记的数目，到晚上就成了“明日黄花”！而且老百姓都熟悉哪一个部队给他们打过仗，瓜菜猪羊全是自己直接追踪送去的。他们要在“出过大的”粮食保卫者之前，亲致心底的谢意。反“扫荡”战争已经结束半个月，但是正规军、营兵和民兵，每天仍可以收到鲜肉和活羊，连队里几乎每顿饭都有丰盛的肉菜。武乡、襄垣边境的老百姓挑着一担担的生熟食品，到处打听“在马鞍山打仗的队伍”。一路上看去就像赶集的行商，因为藏在一条沟中的 2000 多老百姓，没有那一仗就会全给枪杀了。七区的慰劳品简直就是一群“山坡羊”，除了 20 多只羊以外还有 40 来只鸡。武乡下合有一个老百姓，欣庆家里的粮食没有受到损失，特意到蟠龙割了一斤猪肉，打算全家吃一顿。回到家一面切肉，一面想，终于又把切好的“肉钉子”包起来，

送给村里的队伍。他红着脸对一个八路军的战士说："肉太少了！这是该你们吃才对!"（华山）

——《新华日报（华北版）》1942 年 11 月 28 日　四版

老二的一颗地雷

李　剑

在武东×区所有的大小村子里，谁都知道老二，他一颗地雷炸死了四个日本兵，一匹牲口；武东庆祝反"扫荡"胜利的大会上，他获得了头等奖。

提起这颗地雷来，话就长了。还是今年夏天敌人"扫荡"时，他向村长要了三次才要到的，要来时还签字画押，保证打死三个敌人。

10 月 19 日的晚上，村公所接到情报，说有 100 多敌人，明日有向××进攻的可能，各村严加小心，防备敌人拂晓包围。老二听到这个消息，心里兴奋得不得了，为了实现他的诺言，保证打死三个敌人，看地形，探情报，忙了一夜。

第二天天蒙蒙亮的时候，100 多个敌人，还带着民夫、牲口一大群，朝着老二埋地雷的那条路来了。前面几个尖兵，大摇大摆地过来了，当他们走到离老二隐蔽的地方约莫四十米远的光景，老二突然大喊一声："同志们打呀"！敌人一听，以为中了埋伏，也顾不得打枪，扭转屁股就跑，这一来恰中了老二的计策，人、牲口都乱了，东南西北乱窜起来，突然"轰"的一声，地雷踏响了，四个日本兵升了天，连裹腿部炸成碎片，身子更不用提了，一匹黄色的骡子，动也不动躺在地上。

敌人更加慌乱了，后边的部队散开在一个山头上，迫击炮、机关枪响个不停，好像遭遇了劲敌，打得好激烈。其实老二就从顺沟下去了。

二个钟头以后，敌人才停了打枪。这天敌人就没敢通过老二埋地雷的这条路。

——《新华日报（华北版）》1942年11月30日　四版

曹金魁掩护退却有功　祝捷会上荣获首奖

（晋东讯）此间各界及×旅，于20、21两日，分别在武乡某某两地举行秋季反“扫荡”祝捷大会，到7000余人。×旅政治部主任、三军分区政治部郭副主任、武乡武县长等均曾发表演说。会中有×旅连队干部24人、战士33人，武乡模范干部与民兵50余人受奖，内有×旅一炊事班长曹金魁受一等奖，因为他曾以擀面杖与三敌人搏斗，掩护全班安全退却。×旅并奖给配合军队作战有力的×××等四村民兵步枪各一枝。各机关团体及民众并于会上热烈慰劳×旅将士，计猪16口，羊46只，鸡15只，菜蔬32担，粉条20余斤。会末，武乡五区民兵并向四区民兵提出挑战，以不叫敌人抢走一粒粮食，每个战斗队至少打死三个敌人为条件，四区民兵当勇敢接受。（战旗　丹　明）

——《新华日报（华北版）》1942年11月30日　四版

武乡妇女爱护军队　忙里偷闲赶制棉衣

（武乡讯）×区××村，自从驻扎我军×部以来，不到几天，军民关系搞得很好。近日来，因该部尚差五六十套棉衣未缝好，当即派员与该村村长与妇救会商量，每逢一套，酬赏手工钱三元。第二天，前妇救会秘书改眉召开了个妇女会，商量了一下，大家都说：缝！不要钱，没了八路军还能有咱妇救会？于是领上布和棉花，朝夕赶制。仅仅四天，棉衣全部做成，又整齐又结实。在送棉衣的时候，他们还写了这样一封信附在里面：各位首长和同志们，衣服缝的不好请原谅，以后再有缝的，不嫌坏，便请多送

给我们缝。今后请多多帮助我们上课，讲讲报纸上的事情。(丙)

——《新华日报（华北版）》1942 年 12 月 1 日　四版

武西群运胜利　救济群众千余

（武乡讯）从 8 月份起，武（乡）西在办理合理负担过程中，开展了反维持、反埋伏的群众运动。三月来计有较大斗争 26 次，参加者 5202 人，查出黑地 25 顷 98 亩及埋伏粮食 858. 5 石，埋伏款 8800 元，“维持”退款 78170. 7 元，“维持”退粮麦子 44 石，小米 7. 5 石，并清埋旧债 73 件。全县得到救济的群众共 337 户，1542 人。(安力)

——《新华日报（华北版）》1942 年 12 月 2 日　一版

武（乡）东县政府救联会布置村选工作

（晋东讯）武（乡）东县政府、救联会，于 11 月 27 日，在×地召开全县扩大干部会议，布置村选工作。为使村选工作与其他工作适当配合及顺利进行起见，会上决定把整个工作分为 4 期进行，每期为 20 天。第一期是动员期，配合爱护子弟兵的教育，不放松备战工作。第二、三、四期为正式选举期，彻底检查土地负担政策与优抗工作，并进行明年的春耕准备工作。对村选的具体办法及村政组织机构与代表会的职权问题，都有详尽的讨论，确定村长一般的不脱离生产，今后负担工作由代表会办理，不另选评议会，这可使代表会不致空洞。闻该县村选动员工作，将于日内开始进行。(岳五)

——《新华日报（华北版）》1942 年 12 月 4 日　一版

模范妇女的故事

在11月21日，武（乡）东人民在庆祝反“扫荡”胜利的大会上，有三个模范妇女受到了表扬与奖励，她们的模范事迹是这样的：××妇女吴银香，当敌人快到××时，她带了20多个妇女躲在一个窑洞内，不一会儿，她听到了有挖洞的声音，于是她轻轻地对妇女们说：“鬼子挖咱们的洞了，大家快来堵洞口，不让鬼子挖开。”20多个妇女在她的鼓舞之下，大家把洞内预先准备的石头，一齐搬去堵洞口，一会儿便把洞口堆起了好几层石头，外边的鬼子费了两个多钟头还挖不开，只好扫兴走了。××妇救会秘书孙芝兰，在敌人进占××后，她坚决不钻洞，与指挥部在一起行动。当民兵探回消息时，她立刻将消息转告十来个窑洞的妇女，使她们安心；在民兵疲乏时，她站在圪梁上替民兵放哨。这种果敢的精神，曾博得村人的赞许。××庄妇女杜换则，在“扫荡”时被敌人捉住了，敌人要她说出民兵在哪里，她死也不肯说：“你杀了我，我也不知道。”正在缠绕不清的时候，民兵来了，打了几枪，把敌人吓跑了，杜换则也趁机跑脱敌人的手。（伯英）

——《新华日报（华北版）》1942年12月4日　四版

经常备战保护粮食

武乡举行藏粮检查

（武乡讯）武乡的藏粮大检查，现正配合着突击藏粮、交粮及一把米救灾运动，普遍在全县展开。经过上次反“扫荡”战争，各地粮食，虽已大部在战争中抢藏了，但还有很多粮食，存放欠妥当。故各个区村从12月初起，决心要从反复的检查到细密的组织，以彻底完成此项工作。五区一带部队配合当地检查小组，日夜轮番进行互助检查，到一村查一村，住一家查一家。张庄、芦家掌的民兵，更为积极。就是过去对藏粮较疏忽的六区，也已为藏粮热潮所推动，逐渐克服以往的麻痹状态。日前，各村联合进行了一次大检查。检查中除挨户进行外，暗中发觉的，也多恳切劝说，叫他立即埋妥。野外伪装不好之处，都叫另行选择适当地形，重新掩埋。闻待各区检查完毕后，全县举行一次更大规模的最后检查。（光）

——《新华日报（华北版）》1942 年 12 月 10 日　四版

武西敌寇兽行

血洗山交沟村　死伤被俘民众 60 余人

（晋东讯）武（乡）西南沟敌百余，于上月 29 日下午 9 时分两路出发，半夜将二区山交沟村包围，拂晓时敌即以轻重机枪、掷弹筒、步枪刺刀，向我山交沟的男女老少，进行了惨无人道的大屠杀。霎时全村鲜血遍地，尸体狼藉，惨不忍睹。敌人于发泄兽行以后，又纵火焚烧民房，始呼啸而去。计此次被杀村民共 25 人，伤 13 人，被俘 25 人，烧毁房屋 60 余间。我武西县政府闻讯后，即派员赶赴山交沟村慰问被难家属，办理善后工作，并为此次事件，印发告武西全体同胞书，号召为山交沟死难同胞复仇。

又讯：敌人此次包围武西山交沟村有几个特点，殊堪注意：（一）在时间上打破拂晓包围的规律，而采用黄昏出动，半夜包围；（二）不走正路，从后面包抄；（三）伪装我军，说是×旅从路西过来的。对敌人这种诡秘行动，该村未加警惕。29 日黄昏，该村曾接到两次情报，说敌人有包围该村的可能，但村干部都不以为意，半夜曾闻有枪声，也还不动，只是将群众叫起做饭。拂晓发现敌人时，包围已成，致受到这次惨痛的损失。

——《新华日报（华北版）》1942 年 12 月 14 日　一版

关心雇主利益　砖壁雇工检讨工作

（武乡讯）本县砖壁雇工，因已到场光地尽，下工算账的时候，为使明年主雇关系更加密切，特于本月5日举行检讨会，24个雇工除两个请假以外一律出席。李桃成首先检讨自己，说：我回家迟来了四五天，这是不对的。接着李林旺说掌柜的没有给他吃过一顿白面，他生了气，种麦时，他扔坏了掌柜的家具；反“扫荡”时他没给掌柜的拉牲口，在地里休息吃烟的时候也过多。胡金生在全年的劳动中，很出力气，且严格遵守劳动纪律，除得到大家的赞誉外，主家又给他加了一斗小米的工资。刘秃孩提出了自己最关心的问题：他的工资原和主家说好的是一石米，五斗谷，五斗麦，五斗杂粮；现在主家却给他一石谷，五斗米，五斗麦，五斗杂粮。他要求评评是非。结果有中人证明，按照原来规定解决。会末大家提出争取明年的模范雇工，当场并有五个雇工愿意参加民兵，但表示目前还愿意给掌柜的做上几天活后再去报名。（丙昌）

——《新华日报（华北版）》1942年12月14日　一版

太行军民全体动员
妥为藏粮防敌搜捕

（新华社太行12日电）由于敌我粮食斗争尖锐，全区藏粮工作之动员检查，均极深入。据悉，武乡若干地区部队，配合当地检查小组，日夜轮流进行按户检查，发现不妥处，即恳切劝说，重新掩埋。某地民兵实行战斗演习，假装敌人，相互到邻村到处搜索，发现可疑之处，即插上标记，然后由区村干部评判何村藏的好。此外并普遍进行保护公粮的宣誓，组织五家联保。一家损失，五家负责。

——《解放日报》1942 年 12 月 14 日　一版

武乡筹备过新年

（武乡讯）武（乡）东县宣联会，本月 9 日召开各剧团、盲人宣传队会议，讨论年关宣传与救灾公演等问题，计到剧团八个，盲人宣传队 24 人，当审定盲人宣传队之唱本，并发起宣传联欢。

——《新华日报（华北版）》1942 年 12 月 17 日　四版

武乡成立私塾 53 所

（晋东讯）武乡自简政以后，按边府公布的成立私塾办法，现已设立了 53 所私塾，正在筹备成立的还有 35 所。这些私塾，都在自然小村凹，有的是政府发动成立的，也有自动设立的。教员由各村聘请，食宿薪金少数是公产，大部分是由学生分摊，穷家少出些。

——《新华日报（华北版）》1942 年 12 月 18 日　一版

武乡救联会集训全县群运干部

（武乡讯）此间县救联会正集中全县各区村工农会干部，举办一个八天的短期训练班，除了交流半年来领导群众运动的经验教训外，并进行各种基本政策法令的教育，使这批富有斗争经验的基层干部，能够更正确地进行工作，纠正偏向。训练班并着重讲授与研究组织建设与群众运动的联系问题，使今后的工会和农会，能够在运动中发展和改造自己，使之成为有独立解决问题的力量，有广泛群众基础的自觉的队伍。闻参加训练班的干

部共150多人，从13日起，已陆续报到，三两天内就可开课。(华)

——《新华日报（华北版）》1942年12月21日　四版

盲人宣传队弹唱救灾

(武乡讯) 武乡的盲人宣传队，近来为了募捐救济五六两专区的灾胞而整天忙碌着。本月5日晚，该队在树辛村弹唱灾区的情形，和“两年胜利有保证”的歌曲，老乡们听了莫不深为感动。当场就有一个雇工，自动捐出小米三升，接着大家踊跃认捐，一夜之间，共捐得糠10.7石，冀钞22.5元，小米3.2斗。该队除感谢群众的好意外，将募得的粮款，如数送交救灾委员会。(更生)

——《新华日报（华北版）》1942年12月21日　一版

冬学中的父子两

村　田

黎明。张蛮则，一个8岁的小孩，就从被窝里伸出头来，眼望着窗子渐渐的发亮、大明，他默默地在背诵着昨天在学堂里新上的一课书。清晨起床，用花手巾包扎在头上，护住小耳朵，夹着书和小黑板，向学校走去，手指冻成明晃晃的像几根小红萝卜。

武乡寨坪村的冬学开课才一个多月，张蛮则已认识了一百多字，算术学会加减法，校长不时赞扬他说：“蛮则，实在心灵呀！整个学区，没有比他更聪明更勤学的了!”因此，张蛮则成了这个学校的辅导生，经常有三四个年龄相仿的儿童，围着他问字。

他放学回家，总是埋头在炕上复习功课和写字，有时到外面去找红、黄、白等色的小土块，装了半口袋回来，在小黑板上写写画画的，因为学校发的五支粉笔太不够使了。

张蛮则的父亲张中德，已是上 40 岁的人，也当了寨坪村冬学的学生。他虽然脸皮已开始打起褶皱来，加之一家四口的生活重担都落在他的肩上，但他对村上的工作，总是积极的负起来。他一个人担任了村中的农会、情报、放哨、打窑洞、识字等五个班长的职事；尤其是对上冬学，自己起着模范作用，没有缺过一次课。他不认熟字就不离开冬学课堂。回家时常找人问各种菜名的写法，把村公所给的旧收条拿出来对看、学写。他常对人说："不认路条，放哨不便；不会打菜条，卖菜不便"。

每至夜深人静，张中德家还点着亮，炕中央放着火盆，老婆缝衣裳，中德和蛮则伏在炕沿读书写字，只有"不成才"的大孩在打鼾。

"爸爸，这两个什么字？"蛮则写了"藏粮"两个字问。

老眼瞅了一阵，认得"粮"字，认不得"藏"字；想哄蛮则说："那就不成个字样！我就没见过……"

蛮则笑了，翻出书来："你看，这不是藏粮的藏字？"父亲笑着："我忘了！"蛮则胜利了："我怎不忘呢？"

前几天，村里人发现中德会写卖菜条了，都很称赞他，问他"为啥进步这样快？"他笑着答复大家，我自己没用啥大功夫，多亏我家蛮则，他白日上学，黑夜教我，有时还要盘问我。这两天，教我洋码字，加减法我快学会了……

——《新华日报（华北版）》1942 年 12 月 22 日　四版

豁免粮食800石　武乡减轻灾区负担

因群运展开屯粮已迅速完成

（晋东讯）武乡县府顷决定减轻秋季反“扫荡”中被灾村及极贫户之负担，全县计共减轻粮食800石。里庄在秋季反“扫荡”中，曾为敌盘踞，损失较重，县府决定豁免该村全部负担，并救济该村极贫户。（岳五）

（晋东讯）武乡的屯粮工作，自上月20日开始，经过各级财粮干部的努力，20天即已全部完成。土河村因动员深入，只用了五天功夫，接敌区某村则仅用了三天工夫。今年公粮之能够迅速完成，其主要原因，即是通过了群众运动，打破了村包庇；查出了大批黑地。且因反埋伏深入，查出不少存粮存款，负担较前公道合理，故群众均积极缴纳公粮。（岳五）

——《新华日报（华北版）》1942年12月25日　四版

59岁的老羊工献铜元10吊造子弹

（武乡讯）本县五区陶家沟羊工王金元，现年59岁，从10岁起便替人放羊，每年冻干耳朵，赚铜元数10吊，还天天受羊主压迫与剥削。抗战后，成立羊工会，他最先参加，做了羊工会的模范会员。去年年关“扫荡”时，他的羊全被敌人赶走，他没羊放，生活顿形困难；后来，羊工会给他找了羊主，从此，他对抗日工作更加积极。本月2日，他自动献出铜元10吊，送政府造子弹打敌人，保卫家乡。（振华）

——《新华日报（华北版）》1942年12月30日　四版

三军分区忽视民兵冬训

（武乡讯）本县民兵冬训，正在紧张进行中。本县驻军，都选派坚强干部前往指导。三军分区也派了10个同志来帮助，可是里面有两个是医院的休养员，一个是负伤未愈，还离不开棍子；一个是生胃病的，不能走得过快。这种忽视帮助民兵冬训，是极不应该的。

——《新华日报（华北版）》1942年12月30日　四版

1943 年

太行知识界活跃
武乡举行反法西斯座谈会

（武乡讯）武（乡）东县政府，于上月24日至26日，邀集该县知识分子200余人，举行反法西斯座谈会，会上发起组织青年反法西斯大同盟，当选出张炳林等七人，准备与各界所产生的代表，共同成立委员会，并以大会名义发出告敌占区知识分子书。（友农）

——《新华日报（华北版）》1943年1月9日　一版

武西成立流动图书馆

（武乡讯）武（乡）西的知识分子，深感阅读书报的困难，该县教联会和民教科，特于上月发动各区成立流动图书馆。现已正式成立7个，共收到捐书与借书150余本，并收得捐洋80余元，以备购买新书之用。（友农）

——《新华日报（华北版）》1943年1月9日　一版

武东救联号召会员爱军爱干部

（武乡讯）武东救联于日前向全体会员发出号召，展开普遍检查与讨论合理负担、减租、清债以及婚姻、支差各种法令的执行情形，寻求还有那些问题未得适当解决。号召中更指出，没有八路军就没有今天的生活改善，地位提高，每一个会员应认识爱护边区子弟兵的重要，加强爱护军队，检讨过去的爱军优抗。此外复指出，各村会员应爱护干部，认识干部是自己

选出的，干部不好的地方提出批评，使每个干部都受到群众的监督，提高干部威信，培养一批真正为群众所爱护的群众领袖。（岳五）

——《新华日报（华北版）》1943年2月1日　一版

群众运动改造一切　武乡人民思想革新

人民已相信：命不命由人定

（武乡讯）此间群众运动开展中，人民正逐步摒弃旧的思想，改变着自己。现人民之求神、靠命运、看风水等迷信观念已渐次淡漠，而以积极的斗争观念代替着命运论。以往一般人都以为“富贵天定”，富的是“命该富”“占的风脉好”。六区水泉村33户人，30户全穷，都说是“气脉顺村外河道跑了”，便在村东修起财神庙“坐脉”，敬河神“挡脉”，虽花钱不少，而穷困依然。但自去年减租后，农民生活改善，几户贫农上升为中农，人民始认识自己原先为啥穷，今天生活是怎样改善的。故“命不命由人定”，“受人剥削过不好，打算不到也受穷”等新的观点，已在人民中逐渐生长起来。（光）

——《新华日报（华北版）》1943年2月5日　一版

琐事争执减少　家庭关系和睦

（武乡讯）武乡人民虽有不少还常闹家庭纠纷，但新的家庭关系已有初步萌芽，父子、婆媳、夫妇、兄弟间，有事多能和睦商讨。以往夫妇发生争执，男打女是常事，女的被打过重时，即跑到娘家诉苦，现在则有“妇女同是人，男女要平等”的舆论，改变着夫妇间不正常的关系。妇女如有问题，就找妇救会，她们说：“大家会给我把事办好。”特别是大家庭妯娌多的人家，以往“闲话”最多，因吃喝穿戴常常闹气，现则放掉琐事争执，而要看谁在冬学里识字多来较高低。家庭琐事有的建立了轮流制，合理分担。妇救会解决婆媳、夫妇间争执，亦力持公平，使家庭关系较为和睦。

《新华日报（华北版）》1943年2月5日　一版

群运走向更高阶段　武乡展开村选运动

发挥广泛民主贯彻三三制精神　并使用新的村政机构

（太行讯）武（乡）东村选工作，现已开始，群众已经发动的村庄，正进行中。落后村庄则俟群众充分发动后，在半年内一律完成。今年村选决彻底贯彻三三制的精神，照顾各抗日阶层的政治地位，发挥广泛的民主。按县府规定的试验办法，今年村选采用直接的民主普选，每40个公民选举一个代表，组织代表会，取消公民小组。村政委员与代表会代表合一，村长、副村长、村政委员会各委员及副村村副，均由代表中互推担任，村中工作由代表会决议后，大家执行。据武东某负责人称：代表会代表与村政委员合一后，即可充分发挥其立法、执行的最大作用，代表会不能代表民意的偏向，即可因而纠正云。(庄)

（晋东讯）武东县府根据精兵简政的精神，规定在开始村选的村庄，试验采用新的村政机构：即在正副村长下，分设民事、宣教、财经、粮秣、后勤、优抗、公安委员各一人，取消各种委员会，由各个委员专门负责，使村政机构更简单灵活，减少许多不必要的会议，发挥更大的工作效率。又武东县府为节省民力，厉行节约，决定村长基本上不脱离生产，只在游击区、落后村庄及某些工作特别繁忙的村镇，酌量设立一部分脱离生产的村长，但此数不超过原有脱离生产村长数目的三分之一。(庄)

——《新华日报（华北版）》1943年2月9日　一版

武西涌泉减租后数十佃农加入农会

（武西讯）自减租法令颁布后，本县涌泉村迄未执行。去年 10 月间，该村佃户 36 家曾向地主要求减租，未获答复。上月 15 日，该村各救组织改选会上，会员 220 余人，要求农会领导执行减租法令。19 日，农会召开地主佃户座谈会，到地主 28 人，佃户 40 人。会中农会主任说，执行减租法令，一面保证减租，一面保证交租，是照顾双方利益的。并批评地主过去未能执行减租法令是不对的，还提出减租办法两点：（一）退租以二年为限。租种地、代种地按二五减租；（二）孤寡其他无力经营土地者，可斟酌情形少退一部分，当获得地主、佃户双方同意。会后五天内将地主应退租额均全部交出。由于农会领导有方，群众均认识农会确能代表自己利益，当有佃户 40 人参加农会。（宗良）

——《新华日报（华北版）》1943 年 2 月 11 日　一版

民兵质量空前提高

武乡民兵响应彭副总司令号召

（武乡讯）武乡民兵二次冬训，已于 1 月 24 日胜利结束，当日举行毕业典礼。他们在军事上、政治上都提高了一步，用他们自己的话来说："都摸着了一些！"经过这次集训，民兵对于旧式武器，都有了进一步的认识，土枪土炮增加甚多。很多人都愿意参加地雷组。现在民兵都已分散回家，准备战争及春耕。武委会日前提出号召，"响应彭副总司令每天打死一个敌人的号召，并保证民兵不荒一亩地，每亩地增产粮食三升"。受训民兵，均

表示定能保证完成。(庄、丙昌)

——《新华日报(华北版)》1943年2月11日　四版

武乡赵宣德发明耕田器

每天可耕十余亩

(武乡讯)本县上司村村民赵宣德，年已60余岁，去年曾发明机器磨，得到政府奖励和各界人士赞扬。最近他又发明一架耕田器，耕法是用两个人踩踏，每天可耕地十余亩，较牛耕大为便利，日前已试验成功。

——《新华日报(华北版)》1943年2月13日　四版

武乡排演戏剧　准备元宵出演

(武乡讯)武乡将于元宵节举行庆祝新约宣传周，现正积极筹备。现各地宣传小组均已建立。该县大批小学教员及在乡知识分子曾响应宣传会的号召，从事创作，已有大量作品寄至宣联会，其中以秧歌为最多，计30多本，剧本十多册，其中以《王大娘诉苦》《劝懒汉》《赤胆忠心》为最好。宣联会已审查完毕，正印刷中，并已有一部发到各村，村民正练习排演，准备在元宵庆祝新约大会上出演。(易凡)

——《新华日报(华北版)》1943年2月17日　一版

武东人民练武　准备打击敌寇搜山

(晋东讯)白晋线敌，最近运来大批军火，传敌拟在“扫荡”时占据最高山头，牵猎犬四出搜山。武东人民为粉碎敌人侵扰，已准备炸弹、砍刀

等武器备战训练。他们说："反"扫荡"中要杀个敌犬不留。"(庄)

——《新华日报(华北版)》1943 年 2 月 17 日　四版

打走鬼子后武乡闹元宵

(武乡讯)段村敌于上月 18 日奔袭贾豁扑空后，敌在贾豁曾打锣鼓、唱秧歌半天，企图诱骗我群众回家，群众知道敌人诡计，无一人受骗。而当敌于 19 日早上退出贾豁后，一个钟头内，全区锣鼓便都响起来，各村俱悬国旗庆祝新约。故人人都充满了胜利信念，却净村的秧歌队，马庄的八音会，树辛村的剧团等，俱有精彩表演。在元宵节的夜里，到处唱着一种脆而劲的歌声："过了元宵去参军，打走鬼子享太平。"

——《新华日报(华北版)》1943 年 3 月 1 日　四版

黎武的客民

本报特派记者　李　庄

"我们不叫'侉子'，我们叫'客民'，你怎么还这样随随便便地称呼呢?"这种亲切、和气的抗议显示了外乡人和当地人的大团结。"侉子"们每当提出这种抗议时，总感觉到有一种骄傲和欢愉。而现在脸上的，是一种热烈、跳动的笑容。

在武(乡)黎(城)一带的高山上，住着近千户被当地人称为"侉子"的外乡人，这个包含着轻蔑、歧视的称号，曾经深深地刺痛了他们的心。

从民国 4、5 年起，逃荒的林县人开始居住到这座草芥荒凉的高山上。

在新生的繁茂的灌木丛中，替山主把荒山开成黑色和棕色的坡田。他们以自己的劳力取得使用权，再向山主出地租。后来的“侉子”欲取得坡田的租佃权，须向山主出钱作为开地的代价，这笔钱应该由开荒的“侉子”得，但是山主却无理地“笑纳”了。“侉子”有任何问题都得找山主，山主是“侉子”的政府，对他们实行各种管理及超经济的剥削。

“都是些受苦、可怜的人哪！”“侉子”们常常受到当地人的同情与称赞。但是，这种同情与称赞却是带着轻蔑意味的。“侉子”才上来时，没有土地，没有家当，甚至没有饭碗，有的简直像乞丐一样，一切都得求助于山主，叫老爷，赔笑脸……他们披星戴月像牛一样的受苦，种上莜麦、荞麦等晚秋作物，终年吃野菜和糠秕。他们自给自足的自耕自食，只在卖粮食、卖菜蔬、买咸盐、秤棉花的时候，才偶尔到集市上去一下。当地人除了收租子，也很少到山上去。他们处在几乎与世隔绝的山野中，口音几十年都不变，嫁娶也只限于“侉子”本身的范围内，从不与当地人发生婚姻关系。在冬天，他们有时也成立一种季节性的小学校，先生、学生都是“侉子”。他们的生活很可怜，甚至衣服的颜色和款式也与当地人不同，自己形成一个小社会。

很多“侉子”因为自己的勤奋刻苦发了家，不用巴结当地人。经济地位的提高使他们更加不满于当地人的歧视，歧视的空气促成“侉子”内部的团结。从本能出发，他们又共同歧视当地人。抗战以前，许多“侉子”买卖毒品，以佐家用，当地政府和地痞流氓常常借机敲诈他们。他们又常受到豪绅、恶霸的欺侮与压迫。当地有些坏人和一部分“侉子”的对立，发展为当地人和外乡人全面对立。这种对立是旧的统治者欢迎的。“侉子”本身是团结的，据说他们有自己的“政权”组织。

抗战以后，抗日政府给“侉子”带来的好处太多了。“侉子”改成“客民”，这在精神上是一种很大的兴奋和鼓励。“客民”这是一个多么亲切、平等的名词呀！“客民”贩卖毒品的现象已经绝迹了，政府《土地法》

确定了他们的土地使用权和较一般地租更低的租额（因为山地收成较低）。由于反“扫荡”战斗要转移的关系，当地人和“客民”接触的机会大大增加，彼此关系渐趋密切。“客民”对自身的事和国家的事都关心。他们现在有问题都找村公所，村中任何性质的会议，村公所通知了他们，他们一定不辞跋涉地赶往参加。沿东山一带的反恶霸和减租减息等执行政府法令的活动，“客民”都是积极的参加者。武乡墨镫在1月份进行了更加广泛的民主村选，“客民”选出三个自己的代表，参加了村民代表会，这些代表能够最彻底的代表他们的利益。“客民”成了公民，这种政治权利的获得，在他们有生以来还是第一次，难怪他们要说：“抗战政府好，是照顾大家的呀!”

——《新华日报（华北版）》1943年3月3日　四版

——《解放日报》1943年3月17日　二版

武乡的新女性

本报特派记者　李　庄

孙芝兰，武乡一区妇救常委，今年20岁，中农。经常督促妇女上识字班，现在能读简单的信。战时随指挥部领着大家打游击，几次代替民兵传送情报。她在工作中没有耽误家庭劳作，和婆婆、丈夫的关系非常好。她能经常替妇女解决日常生活的困难，调解家庭纠纷，因此得到全村人的尊重。她的长处是既能团结青年妇女，又能和中年、老年妇女说得来。她很了解妇女的生活和情绪，群众很愿和她在一块。墨镫赵□雷逼死老婆时，她会领着七八十个妇女到墨镫为该村妇女声援。质问村公所为什么对这种惨剧放着不管。村公所答应了妇女的要求，现正继续调查、审讯这个命案。县妇救会把芝兰作为妇女干部的模范，号召全县干部学习她。

路流香，今年30岁，有一个小孩。丈夫是个矿工，家里很穷。丈夫每天的工资只有5.5元钱，将够一家人吃。她去年5月以给旁人奶孩子得来的钱买了二斤棉花，努力纺织，每天能织一丈布，到年底，赚了自己、丈夫和孩子的三身新棉衣及十几斤棉花。这个家庭还有三亩地，在农忙时，丈夫拖犁，老婆下种；或老婆收割，丈夫挑回家来。一切轻活，她都能做。家中推磨、担水、做饭等杂事当然是她一身承担的。夫妻们在劳作上无形之中分了工，两个人分别解决家中的衣、食问题。因而相亲相爱，关系很好。她是妇救小组长，识字班、民革室每次必到。她在学习上喜欢问人，请干部把字写在墙上，现在已经认识了七八十个字。在今年的参军运动中，她向其他会员挑战，要在本家（姓）内动员一个新战士，结果，她的任务顺利地完成了。

陈银花，19岁，一个村的妇救秘书。喜欢请干部们讲解各种抗战的道理，所以进步很快。在一次群众大会上，他会把土地、劳动、婚姻等重要法令都编在小调里唱了出来，博得全村的称赞。她的学习很努力，已由文盲变得能看简单的信了。工作方面，常常调解会员们的家庭纠纷，旁人非常尊重她的意见。初结婚时她和丈夫感情很好，但因丈夫只是埋头“受苦”，对一切新事物及各种抗日活动都少参加、不关心，因而“没有进步”，两个人的距离渐渐远了。她感到苦闷，想离婚，经过干部们多次劝导，慢慢认识到自己应该在这方面也作妇女的模范，于是打消了离婚的要求，决心好好地规劝丈夫，帮助他进步。

——《新华日报（华北版）》1943年3月9日　四版

敌无耻暴行　毒杀我伤兵

（晋东讯）武乡西南沟之敌，上月12日在茅庄战斗时，俘去我受伤之战士二名，敌将我一重伤战士百般虐待，复将另一轻伤战士打慢性毒针后放回，该战士到队后不久即毒发身死。我军民目睹敌人此种阴险伎俩，益

增杀敌决心。（辛丹）

——《新华日报（华北版）》1943 年 3 月 11 日　四版

敌伪士气低落　娃娃兵怕地雷

（晋东讯）2 月 25 日奔袭我武（乡）西后庄等地之敌，内中有一多半是敌之娃娃兵与伪军。部队很疲劳，战斗力不强，特别是娃娃兵怕地雷，据被敌抓去的民夫说：“有好多娃娃兵，一面吃生红萝卜与小米饭，一面哭；伪军更时常叹气诉苦：在家没法，出来更没法，白天吃不好，夜间还得挨冻，这罪谁还能受!”这些情形，都充分体现了敌伪军士气的每况愈下。

——《新华日报（华北版）》1943 年 3 月 15 日　四版

生产战线上的娘子军　武乡妇女勤劳耕织

（武乡讯）本县马村 50 个妇女，年初就定下一年生产计划，除积极参加农业生产，送饭、割庄稼、拾粪外，并拟从做家内琐事里节省 3675 个工，进行纺织。（纪明）

——《新华日报（华北版）》1943 年 3 月 19 日　四版

大众文化活跃太行

武乡举行社火演剧竞赛

（武东讯）本县于本月 11、12 两日在×地举行拥军拥政及全县社火、剧团竞赛大会，并欢送新战士入伍。到会农村剧团 23 个、文武社火 40 余个、全县民兵男女群众万余人。第一日举行欢送仪式，妇女给新战士送花。接着各村社火举行大竞赛，晚间由该县光明剧团及各高小剧团演出精彩节目。第二日各剧团分两处竞赛，敌占区×村剧团亦远道赶来参加大会。他们演出《敌占区人民的生活》，剧情极为动人。各村社火、剧团差不多有四分之一到三分之一的妇女参加，××等三村高跷队全是妇女。许多戏剧秧歌小调的内容形式都是群众自己创造的。竞赛结束，剧团是监漳荣获第一，社火是王家峪第一，各得优胜旗一面。个人得奖者，敌占区剧团×××得奖状一张；戏剧作者张万一、暴银照等五人得奖；演员得奖的有妇女孙芝兰、青年张法旺、儿童梁冬云、王印祥等。（一平、友农）

——《新华日报（华北版）》1943 年 3 月 21 日 一版

春贷在武乡

李 庄

经过减租减息，武乡的贫苦农民们收回了被夺的押地。雇工、贫农也因生活的改善添置了不少小块的土地，租地的佃权得到保障，农民们也有决心下“本钱”增加生产了。但是，这些获得土地的农民大都缺乏必要的农具和肥料——这个问题是很难解决的。

武乡 93 个农民代表，曾在去年 12 月 29 日开过会，讨论怎样解决这些困难。他们一致要求政府举办春耕贷款，以便购买肥料和农具。

不久以后，抗日政府便分配给武乡 15 万元的春耕贷款，这消息很使大家兴奋，“政府真是关心老百姓啊！”农民们互相传告。政府减租减息政策替农民解决了不少的生活问题，现在又直接拿出这样大的一笔钱，帮助大家春种，这在精神上的鼓励远胜过经济上的补助。

但是，农民们也记起了过去的经验。在前年，干部们害怕穷人还不起，贷款大部给了中农，款下来的时间非常晚，中农们有的拿它还了账，喝了酒，做了生意，甚至还有赌钱输光了的，真正用到生产上的反而很少。“政府是看不起咱们的”。贫农们不满地说：“他怕咱们还不起!”

今年可不同了！农民代表大会早已决定：贷款按照“不要平均，不要分散”的原则，主要贷给贫农、贫苦抗属和佃农。个别中农可用一部分贷款补充牲口。

贷款是一件大事情。各村的农会小组首先讨论，哪个人最需要贷，哪个人可以缓一缓。根据每个人的土地和生产资本的比例，尽量确定最少的对象，提到民革室讨论核准。被允准的对象组成小组，互相研究自己能够想出多少办法，还缺少多大数目——以确定贷款的多寡。然后把全村总数送交政府，请求检查和拨发。

贷款小组互相保证，贷款必须用在生产上。用在生产上的贷款，将来就容易还。贷款的用途，主要应该是集肥（开油房赚油饼，请羊卧地等），但也可购买必需的农具，因为贫苦农民要求农具，比要求肥料还要迫切些。

1 月 20 日前后，贷款已全部发到农民的手中，很及时，不像往年那样雷早雨迟。但据检查，一二区贷的较好，每户最多八九十元，最少二三十元，得到贷款的，大多为贫农及佃农。四区较差，一方面款既分散，另一方面干部得到的，按比例还比群众多。这些缺点，都在最近先后分别得到纠正了。当然彻底纠正，还应该进行更深入检查才行。

——《新华日报（华北版）》1943 年 3 月 25 日　一版

武乡先进村村选完竣

彻底贯彻了三三制精神　各阶层利益均获得保障

（太行讯）武乡某些先进村庄之村选业已完竣。一区墨镫、寨坪、杨李枝等三个行政村，共选出村代表 65 人。其中地主富农 15 人，中农 24 人，贫农 23 人，雇农 3 人。除杨李枝照顾三三制较差外，墨镫、寨坪都进一步贯彻了三三制的精神。地主富农对于自己代表的光荣当选，深感满意。一般中农、贫农的代表，都是在群众运动中替大家谋过福利的，更得全村公民的拥护。各阶层在村选中都得到了一定的政治地位，农村团结更趋巩固。各村群众在选举大会上，都有很多意见向新代表会提出。墨镫群众提出的土地、负担、贪污、婚姻等问题达 25 件，均经新代表会圆满解决。墨镫地主李□风当村长时曾贪污大批款项，如果全数赔出，即须变卖家产。新代表会照顾李某生活，已予以适当解决。群众都说："新代表不但有权利，而且是照顾大家的呀！"纵观三个村庄的选举，参选人数平均不及公民总数 80%。可见一部公民对参加政治生活尚未引起很高的兴趣。故村选前的宣传动员工作，应引起各级干部很大的注意。(庄)

——《新华日报（华北版）》1943 年 3 月 27 日　四版

武乡民兵树功　毙敌挺身队长

（太行讯）武乡敌挺身队队长李逆树枝于上月 23 日被我击毙，全县抗日军民兴奋异常，敌伪极感恐慌。原李逆于上月 23 日夜率队奔袭西沟村，当时天寒地冻，我伏于山岗上之民兵，乘李逆在一谷场上烧火取暖之际，突以排枪集中射击，遂将李逆及其他两特务击毙。按敌武乡挺身队，均系由宪兵队、警备队抽调之死心汉奸，专门侦察、逮捕抗日干部。平日以敌之地方特务系统为头目，侦悉我工作干部之行踪后，即乘夜奔袭包围。故此次李逆被诛，武乡人民没不称快。(庄)

——《新华日报（华北版）》1943 年 4 月 3 日　四版

洪水骡马大会万人争购农具

（武乡讯）上月 21 日洪水举行空前热烈的骡马大会，期长三天，会上摆设的犁、耧、耙、镰等农具，和牲畜市上的牛、驴、骡、马，拉长有半里地，每天到会购置农具、牲畜的老百姓，在一万以上，会场秩序很好，市价平稳。（春田）

——《新华日报（华北版）》1943 年 4 月 9 日　一版

富农景全珍等努力增产
打粮总数超过战前
武乡县府送匾奖励

（晋东讯）武乡县府顷以“生产建国”四字之匾额，奖给模范生产经营者景全珍、曹化炯等人。景全珍为吴村人，抗战前种地 120 亩，雇工三人，每二亩卧一夜粪。抗战后照旧用人上粪，产量总数较战前增加五石多，他常对人说：“咱村×××才不对哩。多打些粮食，出了负担，剩下还不是自己的？”曹化炯为庙岭人，抗战前种八九十亩地，用雇工三人，每亩上 20 担粪，收粮 80 余石。先后仍用三个雇工，每亩上粪 30 石。并因努力修地垒堰，去年收获 100 余石。东堖李世贞种地 100 余亩，父子三人上地，用一个雇工，养两头牛，一群羊，每两亩地卧一夜粪，去年收获七八十石，除自家开支及交负担外，尚有许多盈余。今年春荒，他借了两石粮食给贫苦人。据记者调查，抗战后一般土地产量降低的主要原因：为人工、肥料的减少，个别大户不了解政府的土地、负担政策，因而影响了生产情绪。若真正了解政策如上三位者，则增加生产，改善了自己的生活，堪为群众生产之模范。（庄）

（晋东讯）武乡人民之生产情绪，今年普遍高涨。“鸡鸣早起”的劳动习惯，又渐次恢复。农民经过减租减息，生产情绪固然更为增高，即一般富裕之家，也因对于政府负担政策之深入了解，而逐渐恢复过去的生产情绪。政府照顾人民春耕，提前于农闲时完成义运，深为各阶层人民所称赞。当此风和日暖之时，在广漠重叠的黄土层上，到处活跃着劳动的人群。垒堰修坡，极形忙碌。据有识者谈，此为抗战六年来未有之现象。但人民生产情绪上升之自发原因较多，春委会尚缺乏有力的领导，今后亟应努力纠正。（庄）

——《新华日报（华北版）》1943 年 4 月 17 日　一版

共愿加强民主团结

武乡各阶层开诚畅谈

彭涛同志说：六年抗战的坚持，是团结的总结

（晋东讯）武乡于本月 8、9 两日召开各阶层人士座谈会，到根据地、敌占区各阶层代表 60 余人。大家本着团结民主的精神，开诚畅谈，情绪极为融洽。武县长首讲：“由于政府政策的正确，各阶层人士的赞助，各种法令已大体施行。群众经过普遍的发动，坚持了长期残酷的战争。但在执行法令的过程中，发生了一些偏向，政府对此极为关心，希望大家多多反映意见，共谋克服纠正”。到会人士发言极为踊跃，一致称赞政府政策的正确，唯对执行政策中的各种偏向，如少数落后分子抗拒法令，及少数群众的行动过火，少数村干部的不民主作风提出若干意见。×士绅谓：“忠恕之道，在于责人宽，责己严。我们富有者中有些人抵抗法令，阻碍群众运动，今天应该自己批评。我们今天应该互相让些步，在认识上求得一致，必能精诚团结。”在无数发言中，证明进一步推行民主确为各阶层人士的普遍要求。某农民代表说：“只要大家都能愿意民主，团结一定会更好起来。”救联会代表诚恳地说：“因各阶层的人士执行法令，工农生活得到相当改善，

群众游击战争乃能普遍发展，保卫了各个阶层的利益。”他对群众运动中一部分农民的过火行动及少数工农干部不民主的作风，表示当加以纠正。将教育干部和会员，克服这些不健康的现象。“救联会一定负责调节社会纠纷，保证农民交租交息，并使救联会成为努力生产、团结抗战的中心。”共产党代表彭涛同志说：“六年抗战的坚持，是团结的总结！只要今后能亲善团结，不但可以争取抗战早日胜利，而且可以保证和平建国的成功。”最后，武县长负责解答了各种具体问题，大会遂在团结兴奋之气氛中圆满结束。（庄）

——《新华日报（华北版）》1943 年 4 月 19 日　一版

西川的合作社

本报特派记者　李　庄

武乡西川，是一个穷得惊人的小村庄。全村 60 余户、320 余人，种着 500 多亩地。全村只有三家共雇着两个长工，没有一个出租土地的地主。全村共有六七十个壮丁，到外村给人做长工，或经营各种本钱极小的生意。

全村的娘儿们都会纺纱，每一家都有增加一些副业收入的要求。它具备了成立合作社的好条件。

在今年 1 月 20 日，一个生产合作社组织起来了。

在成立合作社以前，有一个毛织厂的代理人××来这里组织妇女纺毛线。他从去年 10 月开始活动，当时毛价很低，他规定纺一斤毛线的工价为三元。他在发毛收线时，常常“脱秤”，收毛线时又多方挑剔，村人深感不便。合作工作队和村干部于是建议：全村自己成立一个合作社。村人听说这个建议，又问了具体做法，都感觉“好是好”，“就怕不容易办到”。前几年村干部向村人“动员”过合作股金，当时说的也很好，以后那些股金都“连根烂了”。村人记起这种痛苦的教训，都有些观望和犹豫。

村干部说：这个合作社在本村成立，大家都看得见，负责人由自己选举，账目按期公布，还选举监事会，监督负责行政事务的理事们。

这样，村人才大胆地参加了。170多个社员，共入1400余股，每股一元。另外，又向工商管理局贷款10050元，资本已不算小。社员中贫农占90%，中农占10%。七个理事（正副主席在内）、七个监事，都是群众选举的。

这是一个生产合作社，其主要业务是纺毛。合作社买入生毛，雇弹工弹好，把熟毛发给社员，每纺一斤工价三元，合作社收了社员的毛线，再卖给工厂。社员既得工价，又可分红。一个熟练的纺娘每天可纺一斤半线，普通的也可纺一斤。但因生毛不易买，所以纺线受了很大的限制。两个月来，纺娘最多的得到140多元工钱，普通的在百元左右。这对农家的日常开支不无小补。

但是，合作社目前遇到一个很大困难：原料缺乏。该村附近的羊毛不但贵，甚至快买不到了。社的负责人决定：今后将大量织布，做毡帽，造铁铧。这是可以的，不过这三种业务中除了织布以外，都是工场经营的方式。社方雇用工匠专门制造，社员只能分红，不能直接参加生产，本村群众劳动力仍然无法利用。这不是开办合作社的最终目的。群众希望今后各方面注意奖励养羊，禁止大量屠杀。合作社本身，则应多经营能够吸收广大群众参加劳动的业务（如织布等）。

另据该社负责人称：该社目前还没有赚钱，所入仅敷所出，无法扩大业务。不能赚钱的原因，据记者考察，有如下数点：（一）开支太大。这么一个规模不大的合作社，竟有六个脱离生产的人员（理事会正、副主席，采购员，工务员，保管员，会计员），购买的家具又相当多。几个工资很高的弹工，因为原料困难，没有发挥最大的劳动效能。（二）资金较小。毛线送到工厂里，有时不能立即拿到钱，这使生产资本更缺乏，常常形成周转不灵的现象。（三）缺乏必要的技术，管理未臻完全合理，监事会不起作用，理事会既缺乏严格的集体领导，又没有建立起强有力的团结核心，其中可能走了一些弯路。

当此合作事业在本区将要大量开展的时候，记者希望各有关部门对此给予更大的关心。上述诸点，差不多都是因为对于这一幼稚事业帮助、领导不够而发生的。如果不能创造一些真正符合群众切身利益的模范合作社，那么，合作事业的大开展是困难的。

——《新华日报（华北版）》1943 年 4 月 19 日　一版

洪水妇女拥军　争代缝洗被服

（武乡讯）洪水妇救会，自动替军队拆洗衣服被盖，用肥皂水煮过后，再下河洗得白净净的，然后再买线缝补好。妇女×××，还自动上街买了 1.5 尺新布替军队补被子。军队知道后，非常感动，当即给她们肥皂、线、布和手工钱，妇救会坚不肯收，并说：“自家人，是本分呀，没有军队，还有我们吗?”（村田）

——《新华日报（华北版）》1943 年 4 月 23 日　四版

武乡盲人宣传队分赴左榆等县组织盲人

（武乡讯）盲人宣传队自 1938 年成立以来，对发动人民积极参战，揭发敌人欺骗宣传，贡献很大，深为各界赞许。本月 7 日是该队成立 5 周年纪念日，全队集中在××村举行庆祝会，检讨工作，并请联合校长李文忠报告春耕宣传的中心，准备大量编制新唱本。该队近接专署指示，抽一部分人到左、榆、襄、沁等县，组织盲人，使盲人都有工作做，且教以新唱本，扫

除旧有麻痹群众的坏唱本。当组成了四个小队，准备即向各县出发。(村田)

——《新华日报（华北版）》1943 年 4 月 27 日　一版

武西泉之头努力纺毛

每月收入数达万元

（武西讯）武（乡）西三区泉之头村共有 94 户，15 至 50 岁男 177 人，女 142 人，是本县农家副业生产情绪较高的村庄。该村除 20 余富裕户外，大部穷苦中贫农都参加抓毛、纺羊毛线，维持生活。据统计抓毛纺毛户共 48 家，纺毛线妇女 51 人，抓毛男子 33 人，他们抓毛 1 斤，可赚洋 3 元，纺毛 1 斤，可赚洋 4 元。去年冬闲时，为了供给××合作社生产，全村展开热烈的抓、纺运动。一劳动妇女李兰娥，一天能纺较粗毛线 4. 5 斤，工作紧了，她连夜还能熬三灯油。去年 11 月初到腊月中旬 40 日内，全村共纺毛线 2000 余斤，进款 14000 余元。现在全村又承揽毛线 1600 余斤，他们计划在春耕空隙中，完成这一生产工作。(常健)

——《新华日报（华北版）》1943 年 4 月 29 日　一版

武乡寨坪模范雇工张三保努力增产

拟出工作计划保证一亩多产五升

全村工人大受影响工作情绪高涨

（武乡讯）武东雇工正以积极的生产热忱参加春耕生产，现已陆续涌现新的模范人物，深值一般农村工人学习。一区寨坪村雇工张三保，一向工作积极，每年秋收，他种的 30 亩地都比别人打得多。今年春耕开始时，村工会召集工人讨论增产的重要，他在会上提出自己一定以实际行动实现工会的号召。春耕开始后，工会召开第二次会讨论送粪、早种，张三保便在会上提议，变工互助，五个人可以做六个人的事，雇工也可以试行，当得雇主同意，他即联合四个工人实验这一办法，结果很好。从此村中便产生了四个工人互助组，集体送粪，集体下种。直至工会召开第三次会，检讨春耕工作时，张三保便当场提出自己的工作计划，自愿一个人保证种35亩地（5亩麦、30亩秋田）。该搂便搂，拔苗要好，除草要勤，并保证按平常年景一亩多产五升粮。这个计划激励了村中二十几个工人，一致提出要向张三保看齐，并当场决议工人互助组和村中的21个互助组提出竞赛，请村干部作评判；同时，他们还和临近各村工人提出友谊挑战书，请区工、农救当评判员。现在敌情紧张，全村工人均提出不睡午觉的口号，争取快种，准备反“扫荡”。工作情绪极为高涨。（万春）

（又讯）武乡姚庄雇工王三孩，日前因事误工两天，乃想各种办法弥补。他黎明上地，月夜回家，深得村人赞许。（丙昌）

——《新华日报（华北版）》1943年5月1日　一版

韩壁荣誉退伍军人从事农业生产

（武乡讯）在韩壁安家的十个荣誉退伍军人，今年除一个因病没有劳力外，九个都参加了农业生产。村公所给他们分配了30多亩地。据估计：今年如果雨水调和，至少可收30石粮食，加上公家发的给养，生活绝无问题。去年这十个人只有三个经营农业，其余有一人做工，六个经商。今年他们感觉经商有赔有赚，易受敌灾，又见群众积极春耕，便决定改行种地，这实在是一个很好的转变。其中有郭子英者，去年种了七亩地，打四石多粮食，衣食无缺。今年除种五亩地，还要植树两株，养猪一口，并和村中青年提出生产挑战，堪称荣誉军人的模范。（庄、岳五）

——《新华日报（华北版）》1943年5月5日　四版

寇军三万窜犯太行 我军阻敌战斗猛烈

（本报太行11电）“扫荡”太南、豫北之敌，经友我两军部队协力夹击，敌锐气顿挫，遂于上月底，除以一小部维护交通外，大部主力北移参加对我太行区之“扫荡”。此次参加太行“扫荡”之敌约计50个大队3万人之兵力，均于上月底本月初由南北各方调集于白晋、平汉线上，继转长治、潞城、微子镇、武安、彭城、左权、武乡、襄垣等地，由敌酋冈村亲自指挥。本月5日敌开始对我太行中心区发动“扫荡”。

（本报太行11日电）5日由白晋路开长治敌3千，同日潞城亦增敌3千，原集潞城之敌3千人，于五日晨分两路北返黎城。武乡敌2千余人，亦于同时出动，向武乡东之蟠龙“扫荡”。截至近日止，我区军民正与进攻之敌在黎城、涉县、麻田、洪水、蟠龙地区进行猛烈之战斗。

——《解放日报》1943年5月14日 一版

进犯之敌如陷网罗 太行民兵杀敌保家

（太行讯）我全区民兵在此次反“扫荡”战中，展开广泛性的群众游击战，使进犯之敌到处受到堵截、骚扰与追击，如限网罗，惶恐万状，真正完成了保卫家乡的任务，证明我全区民兵的战斗力已空前提高。据报道，在此次战斗中，武乡东×村民兵，不断消耗敌人时间，保护群众利益，共夺回牲口13头，夜晚抢出未及空室之农具。特别是武乡××等村民兵与正规军配合，强袭柳沟之敌，获光辉战果。及敌回巢途中，各地民兵更形活跃，不断截击尾追敌人，武乡民兵直追敌至东村据点。

——《新华日报（华北版）》1943年5月25日 一版

老鼠过街，人人喊打

——介绍三分区群众性游击战

本报特派记者　李　庄

来时“招待不周”，去时“热烈欢送”，是三分区此次反“扫荡”战争的最好说明。

敌人撤离洪水两小时后，我到洪水街上巡视了一周。我发现敌人把涂了马粪的门扇作了切菜的案板；因为土炕大部均经自动拆毁，敌人只能睡在街道上。他们在冲要路口构筑了简单的巷战工事，工事附近布满大小便的遗迹。这很容易给人一种天真的印象：敌人和猪有什么显著的区别呢？

他们不敢随便行动，怕碰响地雷（厕所都被视为危险区），虽然这样谨慎，在武乡还是踏发了二三百颗。

根据地对于敌人的招待太冷落，这只能在欢送时补偿了！所以在洪水—蟠龙—长乐—东村的河滩上马上就布置了一个隆重的行列。

正规军分遣活动，在县、区、联防、村之间各有分散活动的游击部队和相当集结的机动部队，准备打击敌人，对付清剿。部队的游击小组作为民兵的核心，形成严密机动的游击网坚持腹地游击战争。配置在要点的机动部队，负责解决决定意义的战斗。

一看见部队，民兵的胆子就更壮了，他们听见哪里有枪声，就自动向哪里过去。敌人成了落水狗，民兵们说：“再不打还等什么呢？”于是遍地是枪声，敌人完全困惑了。

眼看敌人要窜回老巢，部队和民兵冒着大雨，日夜在山头上警戒着、埋伏着。

敌人的牲口成群，伤兵又多，行动很笨重。走河滩虽然对他极为不利，但是已经不能像窜来时那样的翻山越岭了，大雨加上石头蛋，大皮鞋走在河滩里，一步一滑，敌人也实在太苦了。

部队和民兵结合，真是不可战胜的力量。民兵路熟，在这里打了，马上绕近路赶到前面去，五个人可顶十个人。他们爬山相当快，部队的行军力无形中也提高了。有部队的领导，民兵又可以沉得住气，警戒、侦察，作为部队的有力助手。要证明这一点，我们就看看 13、14 两日的情形吧。

14 日清晨，敌人开始由洪水向蟠龙西窜，这时沿河的山梁上，布满了部队和民兵。枪声整日没有停止过，“吱、吱”，子弹在敌人的行列里飞过去。还枪吧，要耽误时间，不理吧，只能干生气，白受损失。怎么办呢，敌人只得采取了后一条可怜的道路。他们经过下寨，“砰、砰”两枪，敌人一个指挥官滚下马来，接着又死了一匹洋马，等到他们停止搜索时，人不见了，这是民兵打的。第二批敌人又经过下寨，最初还是稀落的步枪，也许敌人认为这还是民兵吧，他们没有理。但是，错了，这回是××团。当敌人进入我伏击圈时，机关枪、掷弹筒一齐射击，敌人死伤了四五十个人。到处挨打，不辨虚实。在牛家岭又遭到正规军的伏击，敌人又死伤了二三十个，以说明同日由蟠龙西窜段村之敌的厄运。

……该敌道经胡峦岭，遭我×部伏击，先以手掷弹投射手一部隐伏道旁，待敌接近即猛烈投掷，继以机枪扫射，毙伤敌伪 30 余名……该敌行经型村，又遭我××民兵打击，并踏响地雷 3 颗，毙敌 8 名。窜至李庄附近，又遭我×部及七区游击队打击，毙伤敌伪 20 余名……该敌绕道赵家庄，又投入我六区游击队及××庄等村民兵之伏击圈内，四面夹击，毙敌 3 名，伤敌 8 名……

敌人的主力由洪水到蟠龙，30 里路，几乎用了一天的时间。14 日夜里，15 日白天，部队和民兵先后袭击蟠龙五次，敌人乱打枪炮，惊恐异常。改于 15 日夜里偷偷西窜。但是他没有想到，我们在白天已经把地形、射界……都看好了。

这实在是一个恐怖而兴奋的夜。五、六区没有挨河的民兵，下午自动向河滩靠拢，旁处的部队，也很自然的向这里集中。

一句话，枪炮整整打了一夜。敌人在河滩里到处乱窜，我们在两边山上集中的射击。长乐一带的河滩很宽，敌人容易躲避，我某部队于是悄悄潜入河滩里，占领有利的阵地，机枪加步枪，敌人弄不清有多少人。有时候，在他的队伍里就响开机关枪了——真是“四面楚歌，草木皆兵”。

敌人没有法子走，弄了两三门炮，边打边逃。黑夜里没有目标，他向着所有的山头盲目乱射。“啊哈！谢谢你——”炮弹发出火光，这正是使我们的战士发现目标，便于瞄准的好机会呀！

群众这时也不害怕了。从附近的窑洞里钻出来，爬在山上，呐喊助威。这好像是一个愉快的元旦，欢呼和爆竹、震动了五峰山连绵无尽的山峦。

当夜晚间，一直把敌人送回了段村。16日清晨，我随一些群众去参观战场，河滩里满是杂乱的足迹，斑斑的血迹，死牲口，来不及拖走的尸体，陷在泥里的皮鞋，和敌人遗弃的抢了来的衣服、枕头、糠炒面……

正因为我们的兵力是围绕着广大群众的，它究竟有多么大，敌人是想象不到的，再加上敌人做贼心虚，他自己把自己更弄糊涂了。×村30个民兵，每人间隔20步，占领了四五里宽的阵地。只是其中的一个山梁，有部队一挺机关枪，敌人躲过他们，奔向对岸，但那里却有一挺重机关枪，两挺轻机关枪。七区民兵动员了十几门土炮，配合着×部一门迫击炮，同时发射，完全把敌人吓住了。灵活的战术如果为革命的武装所掌握，其效力真是无穷的啊！

——《新华日报（华北版）》1943年5月25日　一版

武乡各村民兵山沟中吃洋马肉

（晋东讯）武乡民众这次在战争中饱尝洋马肉。14、15两日，洪水—蟠龙—长乐河滩上，躺满洋马的尸体。只下寨附近就有十匹之多。各村村干部，当将此种洋马肉大部分分给没有饭吃的贫民，一部分作为民兵的慰劳品。躲在山沟吃马肉，虽在敌寇压境的战争环境中，大家均极兴奋。(庄)

——《新华日报（华北版）》1943 年 5 月 25 日　一版

武乡庆祝战争胜利　全县突击完成春耕

（晋东讯）武乡群众现正狂欢鼓舞庆祝反“扫荡”的光辉胜利，并积极突击春耕。因气候关系，武乡下种工作较太行各地为晚，现杂粮已多种毕，谷子在大部村庄亦已种有二分之一。夏雨绵绵，土松气爽，农民荷犁赶牛，忙碌于山间道上。此次“敌人是硬打走的”，群众亲眼看见部队到处作战，兴奋异常。在战争中，军民仍抓紧一切空隙，坚持生产。六日夜里，记者巡行于一区。当时敌寇已至洪水，群众纷纷转移。是夜繁星满天，各村民兵沿路警戒，答问之声遍满坡间，农民则赶牛掩犁，夜间播种，野外睡觉。各地分散活动部队，在战争中曾积极掩护并帮助群众春耕，监漳一日种谷八九十亩，即多得部队帮助之力。欧团×连为完成彭副总司令的号召，在战争空隙中，曾全部上山种谷，成绩极佳。(庄)

——《新华日报（华北版）》1943 年 5 月 25 日　四版

武乡各地群众热烈慰劳军队民兵

（太行讯）反“扫荡”战争胜利结束后，日前各地群众纷纷慰劳军队与民兵，其情绪之热烈，实为空前。当武乡驻军及民兵强袭柳沟，军队一面与敌浴血搏斗，一面从窑洞中背负群众出险时，脱险群众无不感激涕零，现武乡民众正掀起普遍热烈的劳军运动。×村民兵此次杀敌果敢，保护了群众利益，村中士绅赵靖忠先生捐助民兵买枪弹洋 100 元，他说：“如果没有民兵及咱队伍保护，咱村财产眼看着就要被鬼子抢光!”

——《新华日报（华北版）》1943年5月27日　一版

“扫荡”太行区的敌人在晋东

辛　丹

5月5日，晋东周围各据点之敌，以突然的行动，三面向根据地进犯。晋东区的军民们，立刻拿起武器，正规军进到指定的活动地区，到处的民兵立刻集合起来了；老弱妇孺有秩序地进行转移。

当日下午榆社的敌人在沿途民兵的监视和打击下，到了大岔沟。部队还未全部停下，忽然从岭上打来了一阵排子枪，打倒了两个哨兵。敌人的部队混乱了。于是敌人再也不敢走下面河沟里，改沿山梁的小路前进，不料刚刚爬到杀虎道场村的半山坡处，决死队早已在山坡上架起了机关枪，于是激烈的战斗开始了。到天黑时，敌人增加了十几个死尸和伤兵，及三匹断了气的洋马——这算是根据地军民欢迎的礼物。

黑夜给敌人带来了新恐怖。进入下广志的敌人中了民兵的埋伏。突然无数手榴弹与子弹凌空飞来，七八个敌人倒了下来。敌人恼羞成怒，拼命向山上冲去，刚爬上山坡，两个地雷轰然地响了，又是七八个敌人重新倒下去。等皇军爬上山头时，民兵们却已走得不知去向。

其他各路的敌人，没有例外的也受到同样的“招待”。到处都是民兵，到处都是地雷，摆在敌人面前的是死亡与恐怖。

假如说，民兵是在零碎的消灭敌人，那么正规军便是在整批的消灭敌人了：

大岔沟的敌人首先被决死队阻击，毙伤十余人。自戈北坪向天凹前进的敌人，被八路军打回山腰，又被决死队接着给以火力杀伤，20多个敌人

“无言凯旋”，600多匹牛羊被截下来……

接着宿在柳沟的敌人，被八路军乘夜奇袭——一中队敌兵被消灭了。

7日进入根据地的敌人，除柳沟留驻一部外，大部分八路军和决死队立刻回到了白晋线、武榆路、沁武路的大小据点上，敌占区的老乡们兴奋传说着：“鬼子去‘扫荡’根据地，八路军来“扫荡”鬼子的老巢啦!”

6日决死队将北河（沁县北）敌碉堡炸毁了。7日决死队结合武（乡）西独立营在沁武路上，打击自东村向沁县运送伤兵之敌，被我活捉1人。其余溃败后，又和八路军遭遇，被我活捉6人，打伤7人。8日，八路军攻开了良庄（沁县东十余里），守敌全部被俘，缴获掷弹筒2个，机枪4挺，步枪20余枝。10日下午决死队结合榆社营兵，打击榆社出犯段家庄之敌，被我毙伤8名，并夺回粮食10余石，耕牛30余头。

不断的胜利，使根据地人民的战斗情绪，像是燎原的烈火，群众们像是对待子弟似的到处关心与帮助军队，他们自动搬运伤兵，向火线上送水送饭，到处可以看见到民兵与军队同宿同行。

自8日至13日，在晋东军民抓紧了战争中的空隙，准备自己的力量，给自涉黎撤回的敌人布置好了“欢送”的仪式。

12、13日拖着疲劳的两腿的敌人陆续返回了。

在洪水至东村90里长的河道堤岸上，正规军、民兵，都等待在所有山头上，给敌人制造无数道“天险”。

进入洪水之敌准备仍然沿上广志、大岔沟顺原路撤退，但先头警戒部队刚一登上大西岭的山梁，就遭到×××决死队八路军迎头痛击。敌人受到重大伤亡，连冲数次，均被击退，只得改变原路撤退的计划。

民兵像是一群招惹不得的蜂，随时随地的排枪、冷枪使敌人一个、二个、三个……倒下。

根据地在敌军眼中，实在是一个天大的危险地带，在这里多留一点钟，“皇军”命运就要像阳光下的雪人，一点一点地被消化。

14 日夜敌人借着落雨时间，向南偷跑了。天明后，敌先头部队刚刚越过祥良村，八路军的炮弹从山上飞下来了。后边辎重队走到下寨村口，又在八路军机枪扫射下，送掉四十多条生命和十余匹洋马骡子。

另一部走到胡峦岭，又吃了八路军一阵手榴弹，……

在长乐、峪口的大河两岸，八路军、决死队、独立营、民兵插花的部队，“恭候”已久。彻夜枪炮声，“皇军”的头、腹、尾部受着痛击，当离敌据点东村还有 20 里时，敌人吓得用跑步狂奔回去。

如今晋东区的正规军、民兵又拿起锄头；当地农民露着兴奋的笑容，像春潮一样自动地进行慰劳子弟兵；在漳河岸上 5 月的路旁绿柳下，站着那零散的、成群的人们，都在歌唱新的胜利。

——《新华日报（华北版）》1943 年 5 月 27 日　二版

强袭柳沟

本报特派记者　李　庄

敌人在武乡县柳沟村扎下临时据点，300 多个群众被迫出了村庄。

群众根据过去的经验，以为柳沟是不至于被敌人占据的，所以没有准备足够的粮、水，仓促间钻入了窑洞。谁知敌人为了搜劫资财，掩护其山左主力的侧翼，竟从本月 7 日起，在柳沟村打了个临时的“钉子”。群众闷在窑洞里，又饿又渴，焦急万状。

这情况，急坏了洞外山上的干部和民兵，他们天天打枪、袭扰，但是解救不出这批被困的弟兄。敌人是板本部队的一个中队，相当骄横顽强。他们在沟的东西山上，安置了两个配有轻机枪的军士哨，主力在村中构筑工事，配备有掷弹筒和重机枪。

这情况，很快地传到××团的耳朵里，赵兰田政委决心强攻柳沟，营救这几百不能出洞的群众。

11 日，赵政委带领几个连、排干部，到柳沟附近侦察地形。在距离村庄 300 米的一个山包上，他们爬下来，细心观察村里的一切。敌人太狂妄了，有的在村里疯狂地敲打抢来的破锣；有的作做着低级的使人作呕的游戏；两个黄衣野兽正把一个披头散发的妇女，拖入村边的树林中……干部们看着敌人这种非人的兽行，眼珠子都要气破了。有人本能地拔出手枪。但是，赵兰田告诫大家："这是侦察，还未到战斗的时候……"人们憋着气，看清了进出道路，射击距离……

夜来到了。缺月清风，正是夜袭的好机会。×个连的兵力——×个排突袭村庄，×个排摸哨棚。附近的民兵集合了一百多人，大家兴高采烈，准备出出五天来的闷气。自卫队组成的担架队随后跟进，观战的群众爬满附近的山头。

敌人有时候狡猾如狐，有时又蠢笨如猪。他们以为今夜仍如前几夜一样平静，至多不过听些"土八路"的疏落枪声罢了。但是，他们才点过名，我们的队伍就悄悄地开进了。

一排的战士由村长领着路，迅速而隐蔽地向着沟东北山包的哨棚摸去，相距十几米时，似睡似醒的哨兵才发觉了。这家伙"呼噜呼噜"地叫起来，接着就打了一枪。还没有等他再拉开枪栓，30 个手榴弹几乎同时飞进哨棚里。哨棚顿时烧起来，12 个敌人只跑了一个。我在沟里的主力随着手榴弹的轰隆声冲进村子。慌张乱跑的敌人到处碰到向他们杀来的刺刀。15 分钟以后，他们才在敌火力掩护下收拢了队伍，依据房屋负隅抵抗。

敌人慌乱得实在可笑，有的竟把没有拉线的手榴弹抛出来，我们的战士替他们拉开线接着抛回去。日本的手榴弹质量很好，只是把他们自己的人炸倒了。排长李子修非常沉着机警，有三个落在他身边的手榴弹没有爆炸，都被他拉开导线扔还了敌人。

战斗延续了一小时，敌人开始进行绝望的反冲锋，肉搏战开始了。据在暗影里打冷枪的民兵们说，敌人的“呀、呀”喊杀声是那样的有气无力，我们的“杀、杀”喊杀声却使人惊心动魄。战斗中常常出现奇迹，这次近战，我们没有一人被刺伤，敌人死在我们刺刀之下的却有十二三个（我们拼刺经常是二对一——两人对付一个敌人）。

经过两小时战斗，被困的群众乘机钻出窑洞，只村长一个人就引出两窑洞的人。群众五天没有吃喝，老弱妇孺连话都说不出来了，怎么能够跑路呢?!于是，战士们把他们背起来，一直转移到五六里外的安全地方。群众感动得又哭又诉：“又打仗，又背人，除了八路军，天下哪有这样的队伍?!”部队杀伤敌人、拯救群众的目的已经达到，于是迅速地撤出战斗。这次突然猛烈的短促袭击是成功的，敌人伤亡 45 名，我们伤亡 6 名，并且缴获了一挺轻机枪、十几支步枪以及其他军用品一部。

此后，该部又派遣一个排的兵力，结合民兵围困敌人。组织特等射手，专打冷枪，迫使敌人困守柳沟，不能行动，直到狼狈退走。这三几天内，又毙伤十几个敌人。

——《新华日报（华北版）》1943 年 5 月 27 日　四版

敌兵情绪颓丧　涂写厌战标语

（武乡讯）此次反“扫荡”中，敌兵厌战情绪到处流露。武东某村墙上，曾发现这样的日文字迹：“来到贵地，米也没有，薪也没有，什么也没有”“八路军，你们战果办好了，要再好一点，日军便打归了”。（明）

——《新华日报（华北版）》1943 年 5 月 29 日　一版

武乡民兵战绩辉煌
缺点仍多亟待克服

（晋东讯）据武乡指挥部×负责人称：武乡民兵此次单独毙敌283名，民兵牺牲4名，负伤12名。这种光辉战绩，在短短的十天战争中，实是令人兴奋的。并谓，民兵在战术方面虽有许多成就，但尚存在着若干缺陷，如能及时克服。收效自能更大：（一）民兵不愿单独活动，仍多集中作战，在环境严重时，容易遭受打击。（二）不善于夜间行动，有时不敢接敌活动。（三）盲目蛮干，不善于利用地形地物，有时充大胆，不愿隐蔽身体。（四）个别武装干部领导能力较差，不能成为民兵的有力核心。又××庄及××山两村指挥部，因干部麻痹，也遭受重大损失，深值检讨。（庄、昌）

——《新华日报（华北版）》1943年5月29日　一版

武乡人民觉悟提高　爱护部队如兄弟

（晋东讯）由于武乡人民斗争觉悟的普遍提高，在此次战争中到处见到他们爱护部队如同自己的兄弟子女。战争开始时，我军某部进入七区××时，群众即热烈欢迎，民兵担任警戒让部队休息，并主动给部队让屋子、借东西；部队做饭烧柴，群众坚决不要付钱。10号敌一部从该村河滩窜来，我军即以一部占领高地，一部配合民兵掩护群众转移，敌我接触后一战士负伤，两个妇女即自动拿出自己的几个鸡蛋送给他，并且说："不要担心，情况紧了，我们安插你。"战斗结束后，该部转移时，村民送来黄米数斗，让部队吃枣糕。14号，我军一部在××××上作战时，该村妇女30多人一天往火线上送了两顿饭。送信、带路等工作，村民均踊跃担任。战士们都很兴奋："到哪村都不感困难，我们应该好好打鬼子！"群众也说："部队很辛

苦，我们应该帮助。”据分区某负责同志谈：军民关系的密切，为此次反“扫荡”中最满意的一件事。(丙昌)

——《新华日报（华北版）》1943 年 5 月 29 日　一版

第五连

苏　棣

在天凹打了一仗，第五连转移到大西岭。

这时，武乡二区就吵嚷开了：“还是第五连能打敌人，能救老百姓。

那一仗，毙伤 15 个敌人，救出二十几个群众，十几条牲口。

本来，第五连早已和群众结成了血肉不分的关系。这是“朱德警卫团”的一个模范连。从前就打过许多脍炙人口的战斗，群众纪律特别好，还不断帮助群众春耕……

这次到大西岭，是为了在战斗中能继续生产，三分区的敌人（除柳沟外），这时已全部东窜涉、黎，天又下了雨，正是突击春耕的战争空隙。××团向总直、师直的挑战书上有一条：“无论在何种情况下，都要完成生产任务……”而没有部队的掩护，群众在这“大局未定”的时候，是很难安心耕种的。

这个连今年开了 200 多亩荒地，每个班都种了几分菜园，每人还种两颗南瓜。而今新雨初晴，正是种谷子的时候。

13 日清晨，部队吃过早饭，一部分已开始耕种了，群众笑眯眯地端着饭碗，憧憬着今秋的收成。五连这时接到情报，六七百敌人已到新村，正向洪水前进。连长把三排布置在洪水、大西岭间的山包上，派半个班向洪水搜索。二排昨夜已外出活动，一排仍继续生产。

敌人追逐着洪水的群众，群众都往大西岭跑，于是一个排的兵力，抵住了三百敌人的进攻。大西岭群众听到五连“立即撤退”的劝告，都说：“忙什么呢？一排还在抢种呢！”一排也真沉得住气，战士们互相勉励着：“干哪，三排弟兄们已干上了，赶紧种完去替他们……”

恰恰种完三亩谷，连长命令“一排占领村边的山包，掩护三排转移。”一排放下镢头，接上火，洪水和大西岭的群众安全的转移入了后山。

这天的敌人相当顽强，两门炮掩护着，分三路向大西岭攻。连长只命令一挺机关枪开火，战士听他的口令，打排子枪。敌人的火力虽强，不知是我们隐蔽得好，还是他的射击技术太差，竟没有起什么杀伤的作用。一、三排互相掩护着，轮番着退，倒替着打。敌人占领了两个小山包，相持两点多钟。当他们由山上仓皇向下退时，排子枪发挥了极大的威力，战士亲眼看着敌人倒下了40多名。

敌人的收获是什么呢？群众已完全撤退，他没有得到破坏任何东西的机会。只有×班副张银宫一个人受了机关枪伤。他是一个很好的共产党员，勇敢、积极，黄烟洞保卫战时，博得全连的赞誉。当他受了重伤，连拿起手榴弹投掷敌人的力气都没有了，而敌人已经逼近的时候，他机敏而巧妙地把身上的文件、笔记本、子弹隐藏在敌人不容易发现的地方。他从前曾说过：“作敌人的俘虏是可耻的”。

五连在活动中，没有感到过任何的困难，民兵总是紧紧地跟随着它，他们自愿担任侦察、向导，配合着警戒或战斗。在十天之中，我没有见过它——五连——一天没有相随着民兵。群众是热情的，他们帮忙提水，村干部保证在任何情况下都供应粮食……

“这样的部队怎样能失败呢？”我几次静静地想。他到处都能看到人们亲切的笑脸。但是敌人是中国人民的敌人啊！

14日早晨，五连吃了一半饭，情报又来：敌人正由洪水西退，先头部队已到下寨附近。人们放下饭碗，冒着冷雨，踩着泥泞的路。40分钟跑了十里地，赶到下寨的北梁。部队埋伏在距河滩200米远的地方，在这里打了一个漂亮的游击战。敌人伤亡 50 多个，打死十几匹洋马，缴获军用品一部，五连只有两个轻伤。

反“扫荡”中，五连共毙伤一百一二十个敌人。平均一个战士打死了一个。敌我伤亡确乎是 40∶1。现在，他们以战斗的坚强勇敢的精神，突击还未种完的谷子。

——《新华日报（华北版）》1943 年 5 月 29 日　四版

《解放日报》1943 年 6 月 16 日　三版

武乡民兵建奇功　反“扫荡”中毙敌九十

（晋东讯）武乡独立营在此次反“扫荡”战争中创造了该营自成立以来的辉煌战绩。该营结合六区游击队及×等八个村的民兵，形成机动坚强的游击集团，沿途截击过路之敌，收效极大。本月 6 日，该营以三个班的兵力在窑头设伏，以机步枪猛击敌尾，当时距敌仅 250 米，敌仓促不及展开火力。十分钟后，共毙敌十余名（内指挥官一）、洋马一匹。13 日夜，又结合民兵在同地设伏，以短促火力射击，毙敌六名及洋马一匹。15 日夜，该营配合民兵伏于李庄村外，距敌通路仅 20 米，以手掷弹猛击敌密集西窜部队，毙伤敌伪 30 余名。该营又火速绕走近路，至距郭家沟河口 15 米处又配合游击队伏击同敌，消耗手掷弹 43 颗，毙伤敌伪 40 余名，以上共计毙敌 90 余名，我仅牺牲 1 人，2 人受伤。据该营负责人称：该营大部为去年动员的新战士，虽少战斗经验，但因政治质量较高，且营、连干部每人掌握一个班，领导坚强，加以战士们地形熟习，又有民兵协助，故能在距敌 15 米处设伏，以短促突击的火力予敌以不意的打击。（庄）

——《新华日报（华北版）》1943 年 5 月 29 日　四版

每五颗子弹打死一个鬼子

王大可

在这次反“扫荡”战争里，许多地方的民兵不但打响了，而且打得很漂亮。这里就来具体的介绍武乡××村民兵的英勇活动。

当敌人“扫荡”开始，××村民兵就在估计敌人可能首先到来的方向和村庄设立了一个小的指挥部，专门担任侦察警戒，并且约定了各种联络以及告警的信号。

果然7号下午后敌人顺着山梁过来了。最初因为他们的前哨部队穿着便衣，在较远的地方不易分辨。直到距村半里，民兵指挥部才紧急的向群众发出了转移的命令，但已经来不及了，敌人直扑向村里。

立刻，有几个民兵奔向山头，散开，集中火力于最前面的野兽们。每个民兵不过打了三两枪，仅仅用去22个子弹，就打死了三个。因此敌人的前哨部队被阻滞了，民众们得以趁机安全的转移。

接着大队敌人到了，民兵们又灵活地改变了作战的方法。三十几个人划分成七个小组，或在山顶或在山腰，每组相距约有半里，都隐蔽在那些易于观测敌人而同时又能最好隐蔽自己的地方，向着凶傲的敌人打冷枪。

清脆的子弹声音到处发出嘶嘶的响声，敌人有些莫名其妙，不知从哪里打来这么多枪，只得仓皇地绕过村庄窜去了。直到敌人大队的末尾走进村庄时才发现了在山上的原来是民兵。这时他们恼羞成怒，于是有几十个上山来捉。可巧，碰到的正是我们的两个模范射手。他俩沉着地打着枪，像猿猴一样矫捷地穿过山头相互掩护着离开了。而敌人呢，徒劳往返，只有气愤地退下山去，匆促地再去追赶他们的大队，而且比上山时又少了两个。

11号，已经有少数的敌人被打的向着他们的来路蹿回去。民兵们在山上远远地放哨，用手榴弹的爆炸，指挥和掩护了民众们的安全转移。

12日，大股的敌人已经过去了。有十几个敌人带着三十多头牛，四五匹马，在大队的后面踟蹰的走过来，到水沟休息下来喝水。像这样的好的时机，怎能错过呢？有几个民兵很快的瞄准了，啪啪……立刻马嘶牛吼，敌人仓皇窜走，东倒西歪的留下了三个尸体，民兵还仅仅打了11颗子弹啊！

在这些战斗里，民兵不仅是完成了他们掩护群众转移，保卫自己的村庄的任务，而且以小的代价取得了较大的对敌人的杀伤。一共用了42颗子弹，打死了八个鬼子，平均每射击五发，就要了鬼子一条命。

××村民兵获有如此结果，绝不是偶然的。因为在××村民兵的训练，一向是着重于射击技术的提高。今年全县民兵大检阅的时候，××村32个民兵就有四个得奖的模范射手。

据他们的经验，练习射击准确，并不怎样困难，只要经常练习，熟能生巧，自然就日渐娴熟了。

——《新华日报（华北版）》1943年6月1日　四版

武乡集会祝捷劳军

（武乡讯）敌于5月16日晨挨打退走后，全县于17日解除戒严令，立即恢复战前状态。各村召开民兵及群众各种会议，总结战争庆祝胜利。群众自动组织慰劳军队民兵，区村公所近日不断接得大批慰劳品，转送给军队。军民关系经过此次战争益加密切。大小村庄恢复恬静活跃的生活秩序。各高初小学已经复课，蟠龙市集的繁荣仍不减战前景况。田亩间的农民更唱起了：“鬼子常常来‘扫荡’，一回一回滚他娘”的胜利歌声。（丙昌）

——《新华日报（华北版）》1943年6月1日　四版

武乡栗家沟战斗生产结合主雇互相关心

（武乡讯）本县五区栗家沟在此次战争中，群众的行动秩序井然，特别对于生产方面，人人重视，毫无懈怠。当情况稍稍缓和，妇女就又开始做鞋底、缝衣服，没有一个闲人。同时，经过这次战争，雇工雇主关系更加密切，如雇工刘保定是民兵，积极完成他的战斗任务，并且给主家送饭喂牲口，从不误事。雇主刘会保，经常照顾雇工家里的给养，敌人刚退走，雇工们就开始整理谷地，农村里更充满融洽气象。

——《新华日报（华北版）》1943 年 6 月 1 日　四版

武乡下北漳村村长试用骨肥成功
全村群众竞相效法

（武乡讯）今春政府曾极力提倡使用骨肥，本县下北漳村的农民都不放心用，说："从来就没听说过，怕不准当。"近经该村村长制出骨肥，下在菜地试验，结果长出来的菠菜特别肥嫩，比之别家的长得又快又好，村人才相信。现大家都到处搜集兽骨做肥料。（小流）

——《新华日报（华北版）》1943 年 6 月 5 日　四版

李保贞英勇杀敌　恢复民兵光荣称号

（武东讯）武乡××村民兵李保贞，过去因犯过严重错误，曾被该村武委会开除民兵队籍。在此次反"扫荡"中，他要求和民兵在一起活动，表现异常勇敢。当敌人住在该村时，他积极活动，先后打死两个敌人。战争结束后该村武委会认为他既能服从指挥，又能勇敢杀敌，在行动上表现他已

知积极进取了，遂在民兵总结会上，决议恢复了他的民兵队籍。(丙昌)

——《新华日报（华北版）》1943 年 6 月 5 日　四版

辛勤纺织　劳动妈妈获奖

（武乡讯）本县一区生产总结大会上，曾以小米、手巾、袜子、杼子、锭子、缍子等物奖给模范纺娘石榴仙。石榴仙是马堡村人，年虽已 57 岁，而生产热情颇高。她每天微明起床，除吃饭外，不离布机。她有两架机子，别人每日织七尺，她却织两丈；且纺的纱细，刷的布匀，织的花样又新。故邻人福金等十多家和她变工，请她刷布，别人则帮她纺花；她一本互助精神，耐心的地把本事教给别人。村人赞她又能干，为人又好，称她为“劳动妈妈”。她除积极参加劳动外，并热心从事村中工作，每天开会她都参加。三分区彭政委曾亲自访问她一次，并承许给她一部织机，她的劳动热情遂更加提高。(村田)

——《新华日报（华北版）》1943 年 6 月 13 日　一版

太行军民急起护粮　寇窜蟠龙企图抢麦

（新华社太行分社太行 15 日电）14 日晨，武乡东村敌 600 余，附工兵数十，经长乐、胡峦岭东犯，午后窜抵蟠龙，刻仍驻扎于蟠龙附近，并一面不断派遣小股四出窜扰，一面在蟠龙街内修筑房屋；并准备修通东村到蟠龙公路。据此估计敌之企图，似在以有力部队挺进到我腹心地区，在蟠龙构筑临时据点，抢夺根据地粮食，并借此将我军部队纠缠于腹心地区内，以达成其在敌占区内掠夺粮食的目的。我三分区军民，除在敌出动时，在敌前进路上，沿途施以不断的打击外，并已一面派遣有力部队，抵达蟠龙附近，结合各该地人民武装，组成强有力的游击集团，昼夜轮番以冷枪射击、地雷轰炸敌外出小股部队和敌探间谍，围困封锁该敌。另一面则又同时派遣机动部队在东村至蟠龙路上，以神出鬼没动作，打击往返于东村蟠龙间的敌伪小股和准备修路部队。

——《新华日报（华北版）》1943 年 6 月 17 日　二版

武乡军民情深

绍　明

有一次，住在胡峦岭的八路军，到监漳一带背粮，出去很早，到黑还没有回来。老百姓站在村头上张望着，等着，都说：军队背粮该早回来了，不是背不动了哇？于是干部、群众一共 43 个人去接，走到半路，正好和背粮的军队走个碰面，他们赶紧把粮袋从军队的肩上移到自己的肩上，大家高高兴兴地回村子。

“俺胡峦岭的军队”，胡峦岭的老百姓总是这样亲切的称呼村里的我军，你说老百姓和军队有什么隔阂呢？真像一家人啊，军队的衣服，妇女们给他们洗，军队住在谁家，谁家就不再感到人手缺少。

——《新华日报（华北版）》1943 年 6 月 21 日　一版

白晋沿线我军活跃

决死队打下南关车站

（新华社太行分社太行 20 日电）6 月 10 日晚 12 时，我决死队×团×连打下白晋线之南关车站，守站敌兵 30 余名全部被歼。计毙敌车站分站长成田清助以下共5名，生俘伪军10名，缴获机枪1挺、重掷弹筒1个、步枪15枝、手枪3枝、指挥刀1把、电话机5架，毁碉堡1座，捣毁停车间1所。我×连政指李文林同志光荣牺牲，3名战士负轻伤。我军于月来在白晋线上之活动，使敌伪惊惶万状。近来日兵装病者日有数起。这次南关车站为我攻克后，祁县、沁州之敌更益形狼狈。沁、武敌占区群众，为我不断地胜利所鼓舞，纷纷自动帮助军队。

——《新华日报（华北版）》1943年6月21日　二版

武乡敌继续增加　寇图伸入根据地劫粮

（本报讯）敌近在太行各区普遍布置抢粮，而以白晋沿线两侧为其抢劫主要地区。目前正全力搜刮敌占区，并积极准备突入根据地驻剿驻抢。武乡方面，14日进据蟠龙之敌，正在村中强组“维持会”，并在胡峦岭、长乐沿路扎下钉子，加紧修筑东村至蟠龙公路。15日，又从段村增来敌两千，向我腹心地区前进，扬言久驻抢粮。

——《新华日报（华北版）》1943年6月25日　四版

白晋线上我克南关车站

（新华社太行22日电）6月12日晚12时，太岳我决死队某团一个连，攻克白晋线上之南关车站，守站敌兵30余全部被歼（内有敌分站长成田清助一名），缴获机枪1挺，长短枪18支，重掷弹筒1个，电话机5架，毁敌碉堡1座，停车场1所。

——《解放日报》1943年6月25日　一版

连袭蟠龙设伏马庄　我军痛击抢粮敌

（新华社太行分社太行20日电）窜抵蟠龙企图抢粮之敌，系敌36师团小林大队，原数600余人。遭我打击后，于17日由段村调动伪“剿共”第一师赵瑞部1500余人，前来增援，分在侯家垴、胡峦岭、长乐村、马庄构筑临时据点，继续修武蟠公路，而敌之大部队则集结白晋沿线，大肆抢麦。三分区我军与民兵，密切配合，不断予敌打击。16日我某部伏击由段村出修公路之敌，并驱散民夫。入夜，我军另一部袭蟠龙，毙敌十余。17日，我某部结合民兵×百人，于马庄伏击伪军赵瑞部队，在我迫击炮、轻重机枪之猛烈火力下，激战数小时，伪军死伤盈百。当夜我某部接连袭扰蟠龙敌伪三次，予以重大消耗杀伤。19日某部在马庄伏击敌之运给队，当毙敌20余名，我伤1人。其他型塘、陈家垴等地，亦曾阻击或击退敌之抢粮部队。

——《新华日报（华北版）》1943年6月25日　二版

跟共产党走没错的

根据地民生改善　王海成饮水思源

（新华社太行分社太行29日电）共产党诞生的22周年和抗战6周年纪念日“七一”“七七”即将到来的时候，在敌后抗日民主根据地的人民的心里，更加兴奋地泛起了对共产党八路军无限爱戴和感激，共产党和八路军带给他们幸福的生活，是难以遗忘的事实。武乡劳动英雄王海成，便是这千万人当中的一个例子。工海成过去和现在一样是勤劳俭朴的农民，但是过去虽然自己有七八亩地，每年只打六七石粮食，租人家3.8亩分地能打3.5石多粮食，交租就要1.6石；借了人家1石粮食、20元钱，每年要出5斗小米和7.2元钱的利息，一年光是租利就要5石粮，再加上田赋和派款，一年的辛劳所得依然是饥饿和穷困。有一年，短少债主的6毛钱利息，连过年吃的2升麦子也被拿走了；地主的羊群，一次就把王海成3亩地的麦苗吃光了，他没有得到一点赔偿，还听了满耳蛮不讲理的恶言。那时候村公所里没有穷人说话的地位，他忍住眼泪往肚里淌。这样终年吃糠咽菜，在孩子啼饥、妻子埋怨的时光中过活，王海成就不敢想还有翻身的日子。抗战以后，共产党和八路军来了，根据地换了一个样子，为了要不分贫富协力抗战，实行合理负担，减租减息，抗日民主政权的政策法令，增加了他们的斗争勇气。1938年就首先领导农民起来执行这种进步的政策法令。当减租减息之后，他更加努力生产，早起晚睡，景况一天天好起来了。现在他已拥有25.5亩上中等土地，养一头好牛，住着四、五座大窑，过着富裕中农的生活。去年一年就增置了7亩好地。他现在的生活每天能吃一顿白面两顿米饭，年年都有余粮。王海成也不再受人欺凌了，在村里和别人一样的自由说话提意见。王海成的儿子已送到学校里读书，也不像王海成儿时的那样不幸了。王海成从他亲身体验的经验当中，种下了对共产党八路军深切的敬爱与信赖。今年5月反“扫荡”中，他冒着弹火在火线上背下伤兵，战争结束了，他又热烈地组织拥军运动。共产党八路军每一个号召，都得到他热情的拥护，现在他还正在领导和推动着村里的生产运动。

——《新华日报（华北版）》1943年7月1日　二版

东蟠路联防线坚强

武乡坚决反敌抢粮

要抢一粒粮拿血来换

（武乡讯）盘踞蟠龙、胡峦岭抢粮的敌人，每天四出活动，企图袭捕我机关及群众，但终未得逞；我全县党政军民，展开了顽强的反抢粮斗争，各地岗哨严密，特别是沿东蟠路各联防，坚强异常，村与村都有联系，甲村有情况，乙村便立即配合行动打击敌人。同时我正规军与地方武装，昼夜不停地围困袭扰敌人，各区村都提出学习×区的斗争精神，争取反抢粮斗争的胜利。光××两区民兵打死敌人 30 多个，夺回牲口七头。在此次作战中，各村民兵以轻便行动，截击侧击敌小股或运输队，收效颇大；地雷战也继续发扬威力了；打冷枪更在各处普遍展开，致使不少敌人突然中弹倒毙，还摸不着枪子从何处而来。×村民兵，夜间赤身提枪，俯伏向胡峦岭前进，结果在敌哨兵前，将数窑洞群众全数抢救出来，一枪将敌哨兵放倒。×夜民兵摸进蟠龙，拉出黄牛毛驴各两头，同时每夜进行抢□□□□□异常，老百姓都很坚决地说：“鬼子要抢一粒粮，都得拿血来换。”（丙昌、村、穗田）

——《新华日报（华北版）》1943 年 7 月 5 日　四版

王文奎不为敌屈

至死保守粮食秘密

（武乡讯）本月 16 日，蟠龙敌人拂晓包围活庄村，村民王文奎（年 28 岁）一时未及转移，被敌捉住，问他“八路军在哪里?”和“粮食藏在什么地方?”问一顿打一顿，他虽被打的全身伤痕，始终没告诉敌人什么，并高喊大骂：“老子什么也不知道，要杀就杀。”敌人即将他吊在树上，用火焚烧，直至他最后一口气，还喊出反抗的口号。这种至死不屈的中华男儿，实为我边区公民的模范，全村男女老少，一致誓为他复仇，并决定战争结束后，全村举行公祭烈士。

——《新华日报（华北版）》1943 年 7 月 5 日　四版

苦斗六年再接再厉
万众一心顽强搏敌
男子前线打仗妇女服务后方

（晋东讯）在残酷的敌后搏斗了整整六年的太行军民，目前正以再接再厉、万众一心的阵容打击敌寇，保卫粮食。晋东敌寇 14 日占据蟠龙，13 日夜，村长和农会主席就领着全村 1110 人转移了出来，离开了家门。这样转移他村，是有许多困难的，但事实相反，他们遇到的不是困难，而是热切的关怀和帮助，锅碗烧柴住房，都在他村群众的支援下，圆满解决了。

夏麦已熟，而当下没了吃的，这是他们迫切的问题。抗日民主政府立刻派人进行了调查和组织，200 多群众当下得到了救济，每大口粮食五升、糠一斗，每小口粮三升、糠五升。各系统仍定期开会，过着有秩序的组织生活，组织打短工等。为了恢复蟠龙附近人民的经济生活，安定社会秩序，政府贷给蟠龙 43 个商人冀钞×××××元，开办了新的集市，这些都是属于后方指挥部领导的。前方的指挥部，组织起一切能劳动的人，在八路军和民兵掩护下，到敌人窝里去抢麦，抢麦运动，不分日夜在枪炮声中进行着。蟠龙的人民更勇敢了，已结成一支强大的队伍，与敌顽强搏战。（丙昌）

（晋东讯）蟠龙失陷后，武乡全县进入紧张战斗中，妇女们也显示了空前的英勇，大家都有一个决心，坚决打击敌人，争取胜利。某日，在急剧的炮声里，河西沟转到了两个彩号，这时男人们都到前边打仗抢粮去了，妇女们都自动担任起后方勤务的光荣任务，她们说："哼！这点事还办不了！"干部姜焕荣立刻领了八个妇女，愉快地抬着彩号去了，路上是那样的加油加快；为着减少彩号的痛苦，半路又由洪岭村妇女自动迅速转换，伤兵们留着感激的眼泪，忘掉了自己的创痛。（范承秀）

——《新华日报（华北版）》1943 年 7 月 7 日　四版

民间的左权将军

李　庄

在晋东民间流行的歌曲，恐怕再没有比“左权将军纪念歌”这样广泛这样深入的了。武乡一带的青年儿童甚至妇女，只要一有空闲的时间，就会很自然地唱起这支沉痛的曲子

“左权将军家住在湖南醴陵县，
他是中国共产党优秀党员；
参加中国革命整整 17 年，
他为国家他为民族费尽心血；
狼吃的日本五月“扫荡”咱路东，
左权将军麻田附近光荣牺牲；
左权将军牺牲为的老百姓，
咱们武乡老百姓要与他报仇恨……”

其实，除了这支歌外，还有更多关于左权将军的生平琐事，在民间像神话般地流传着。

有一次，我住武乡王家峪一个比较漂亮的院子里，听见一个老太太和一个战士吵嚷起来：

“你这个队伍凭什么这样横？”她叫喊着说：“借东西是可以，你得和气些呀？你知道总司令和参谋长都叫过我老太太吗？”

老太太大约有 60 岁的年纪，她声音很大的叫嚷着，简直把那个战士弄得不知道该怎样，直到战士果真说了几句好话，老太太不久也就缓和下来，

递给战士一个筛面的箩。

老太太在抗战以前没有见过兵。她对我说："什么时候听人说过兵，我的骨头就软了。"从前，曾有一个区警到过王家峪，老太太一天没有敢出门。以后来过第三军（曾万钟部），老太太被兵骂过好几顿。大约在一个不冷不热的下午，左权将军们来了。老太太心神不安地看完他们，从他们身上很快得到一种新的东西："这些人说话都是笑嘻嘻的。""护兵"们也被"管教"得很有礼貌，老太太的胆子慢慢壮起来了。

这时老太太向我叙述起他这一辈子最光荣的遭遇：只要一说话，左权将军总先叫她一句老太太。有一次，还亲手递给他孙子两个蒸馍。她认为这是一件大事情，因为左权将军是个省吃俭用的人，她曾看见一个"护兵"倒掉半碗米饭，被左参谋长严厉地"训"了一顿……

"凭良心说，他是天下顶和气的人……"老太太再三重复着这句话。接着，她说："这个人为着公家的事情可以七天七夜不睡觉。大前年夏天，场里晒麦子，半夜下起雨来，我们一家人都去抢场，他在房子里还看书呢……他叫他的'护兵'去帮助我……"

左权将军牺牲的消息传到王家峪，据老太太的儿媳说，她的婆婆足足哭了三顿。他甚至公然埋怨"老天爷"，"为什么这样的人还会活不长呢?"

某天傍晚，汉广村的民兵们住在一个快要流干了的小溪旁，闲话 1940 年的三次反"扫荡"，有一个坚持说他曾看见过左权将军——骑着一匹高头洋马，身上挎着八支枪，左右指挥军队作战。他说："敌人离村子五里路，他才走的，真是个厉害人。听说朱总司令身上才有九支枪……"

我心中暗自好笑，他们哪里来的这八支枪九支枪的传说。他们还说了许多更天真的话，例如过雪山的时候，雪总有两三丈深，左权将军陷进雪里，一跳就跳出来了……。

今年 4 月中旬，我因事到了关家垴，很想凭吊一下这个歼敌八百的新战地。一个 40 岁左右的老乡自愿担任我的向导，他是参加过那次战役的。他领我到村南一块狭仄开旷的高地上，指着村北的小山坡说："敌人就在那上面，我们的队伍要冲锋，必得经过这里。他们就是让我带路。当然，我那时有些怕，不过连长说：老乡，你怕什么？副总司令和左权参谋长就在南坡上，他们指挥总没有错的。我一听，对呀。连长拉着我的手，三步两步，就飞过去了，没有一个人受伤。这回我亲眼看见了总参谋长。听说有他在，人们就都不怕了。"

老乡的话大概有些夸张。我后来和他细谈，他实在有些汉广那"八支枪"的心里，他们的想法都是同样天真的。

我还听到河西沟一个老太太讲过几段有趣的故事。她说，这是一个到索堡送公粮的老乡告诉她的：左权将军现在住在一个美丽的山坡上，房子盖得非常好。其实，左权将军并没有死，他只是累极了，要休息一下。他可以活到日本打出去的那一天，再升天堂。他现在还不断地工作，有什么事情，就给别人托梦。有一个老头儿就在墓旁看见过他……

当然，这是一个假故事，但是它种在淳朴的人们的心里，却是真的。

——《新华日报（华北版）》1943 年 7 月 7 日，五版

武乡军民密切结合抢割敌巢周围新麦

打埋伏布地雷打击敌抢粮队

（晋东讯）近半月来，武乡敌我粮食争夺斗争极为激烈。武乡蟠龙的敌人，不断小股四出抢粮和抢割民间麦子。武（乡）西段村等据点之敌，每日都纠集民夫，随带镰刀、大车向据点周围抢掠。7 月 1 日，蔚家渠滩被段村敌抢割去麦子 100 多捆，同时在长庆村将高某等两家割回的 70 多捆麦子全部烧掉，还烧了三间房子。在这种情况下，武乡党政军民全体动员起来了，一方面加紧抢收；虽然该县麦子熟的较别县迟些，但由于干部的督促，采取了随黄随割，零割与集体抢割等办法，各基点村做普遍动员，提出"龙口儿盗田"（快收以防大雨雹灾的意思），"狼口儿抢粮"（快收防敌

抢走）的口号，并把麦收造成群众性的运动。接敌各村，更展开激烈的武装抢收。4日，党政军民配合，在枪炮底下，在蟠龙外围抢割回来200多亩麦子。8日晚，我军民×百余人，又在区指挥部组织率领下，到侯家垴敌据点附近抢收。敌在我武装包围中不敢动一动，当晚即割回60余亩麦来。三军分区直属队，近已停止一切次要工作，在驻地附近帮助群众突击麦收，两日内割完60多亩。现沿蟠龙到城关线上，除敌据点外，已割了十分之九以上，不日即可全部收完。目前中心问题，则为严格检查藏粮的工作，各区村正进行中。另方面是不断打击敌人抢粮活动，上月28日，长乐敌80余到石科刨出十多石粮来，正高兴时，被我×部赶得扭头就跑。“七七”我×部设伏于城关外，敌百余从段村出扰，进入我伏击圈时，被我猛烈火力杀伤，敌顿形混乱，死伤50多个而逃。民兵的地雷战，也发挥了极大效力，从左权来洪水的敌人，沿途被炸死两个小队长和七匹洋马。从马庄下来的敌人，一连踏响两颗地雷，吓得呆了，进退都感艰难。蟠龙村里于日前晚间又爆炸了一个地雷，使敌人抢粮狡计难于有所收获。（丙昌、王树、何适）

——《新华日报（华北版）》1943年7月21日　四版

我军痛歼蚕食敌寇　武蟠全线攻势大捷

攻克碉堡八座毙俘敌伪五百　缴获机枪13步枪二百余枝

（新华社太行分社太行20日电）本月18日夜，我子弟兵129师有力部队及决死队一部向白晋、武蟠、榆辽、平辽敌之交通线展开全线破袭作战，尤其在武蟠线上发动勇猛顽强的攻击。激战两昼夜，歼灭跃进我腹地蚕食之敌小林大队与伪赵瑞部的有生力量，给企图“扫荡”太行区敌寇以有力打击，详情如此：一、我某某有力部队在18日夜23时的同一时间内，对武蟠线上之胡峦岭、蟠龙、白家庄、侯家垴四个据点展开攻击，顿时火光冲天，炸弹与机枪交响，爆炸之声，如雷贯耳。守备敌伪企图拼死顽抗，但经我军数次勇猛顽强的白刃格斗，激战经夜，先后将胡峦岭守备伪军一个营歼灭，攻克侯家垴、蟠龙各两个碉堡，并攻入村内，消灭伪军两个连。19日我各部队再度猛攻被围敌寇，入夜，猛烈冲击之结果，首将胡峦岭据点碉堡顽抗之敌两个小队全部歼灭，继乃攻克奶奶凹据点，该据点伪军的一个连除死伤大半外，余皆一一被俘。在我全面猛烈地攻势威胁下，18日由型村、马庄进到下良之敌300余，于19日仓皇窜回段村。同时段村敌寇进至离据点五里之上下关，企图东援，经我有力部队迎头痛击，当即逃回原地。综合两昼夜战果，计毙伤日寇两个小队长以下约70余人，俘日兵四名，消灭伪军两营以上的兵力，计毙伤270人，俘获210人；攻克碉堡8座，获步枪220枝，轻机枪13挺，重机枪2挺，迫击炮1门，其他军用品无算。

——《新华日报（华北版）》1943年7月23日 二版

武乡民兵神出鬼没 抢粮敌寇大大吃亏

（晋东讯）半月来，武乡民兵，在残酷的反抢粮战斗中，给予以蟠龙为中心四出抢粮之敌以很大打击。11日，敌30多个一连四次带到栗家沟刨窑洞，都被民兵冷枪打退。13日夜，×村民兵中队长、指挥员个带一小组，悄悄摸进后张庄，向敌兵住院内投放手榴弹九颗，炸死敌三个，炸伤七个。14日，侯家垴敌人包围马兰头、王家角两村，事先被我民兵发觉，掩护民众安全撤退。当敌人在王家角挖窑洞时，我民兵配合某部将敌三面包围，被我打死打伤20余名，仓忙丢下羊牛九头和粮食逃走。×村自卫队班长白玉贞，黑夜脱光衣服，摸进敌喂牲口院内拉出一牛一骡。又××村民兵于本月7日配合军队设伏王家垴，民兵李玉山一人，曾一弹击毙二敌，夺获三八式步枪两支。11日，该村民兵李德厚、李成堂两人，侦知敌寇由城关向王和垴出动，当赶到二亩沟大路上埋下地雷，霎时被敌踏着，炸毙敌六名，

伤七人（内敌中队长一名）。（叶枫、青萍、白欣、丙昌）

——《新华日报（华北版）》1943 年 7 月 25 日　四版

武东反蚕食六周总结

民兵杀敌 370

创造赤身战术抬枪发挥威力　建立边防野外生活坚持斗争

（武乡讯）武东在 8 月 1 日，庆祝反蚕食初步胜利，作了初步总结。此次反蚕食斗争开始时（6 月），由于忙于 5 月战争总结，忙于战后各种工作致放松戒备。起初是处于混乱被动状态，一时助长了敌寇的凶焰；但是由于各级指挥部的不断努力，围困敌人，直至蟠武战役，我军英勇杀敌过半，打痛了伪军，消耗了敌人，兴奋了群众，给敌蚕食、掠夺计划重大挫折。六周以来，民兵单独毙伤敌伪即达 370 余名，缴获轻机枪 1 挺、步枪 10 余支、子弹 1000 余发、抢救群众 800 多，夺回麦子 50 多顷、羊群 300 余只、牲口 50 余头。创造了赤身战术、地雷手榴弹配合战，纠正与克服了夜间不敢接敌的恐惧心理。从民兵亲身的经验中看，体验到手榴弹、夜间杀敌是最便宜的战术。边防的建立与健全，对阻止敌蚕食活动与安定社会秩序，都起了决定的作用。粮食斗争是胜利了，虽有极小损失，却不能降低胜利的意义的。建立起野外生活，坚持了斗争。尤其是破获了武乡重大的特务案件，获得反特务斗争的大胜利。民兵不分昼夜，与敌搏斗，更创造了不少的模范战例：

模范战例

如××庄民兵 7 月 8 日，埋地雷两颗，设伏于该村高崖上，当敌碰响地雷时，民兵即连摔手榴弹 12 颗，炸死敌十几个。×××民兵李玉山 7 月 10 日，配合军队，隐蔽在培神庙拐，一颗手榴弹打死 2 个敌人，扛回 2 支步枪。××民兵6人，与敌8人遭遇时，沉着打了6枪，打死3个，打伤1个，敌人一枪未还，退回蟠龙。××民兵真真假假在十几个地方，才埋了两个地雷，敌人寻了两点钟，没有寻见，结果不寻了，可是踏响了，一下炸死7个。×××民兵上月16日，4人4枪，打死敌人4名，最后被敌发觉隐蔽处，指导员武志芳不顾一切，用刺刀一连刺死3个敌人，终于壮烈牺牲。7月20日，敌增援部队经武家岭向蟠龙前进时，见×××村一块瓜地（西瓜），企图吃瓜，不料一到瓜地边，周围即踏响3个地雷，躺倒8个敌人，再没有一个敌人敢进瓜地里。×××一个村（距敌据点只有一里远），战斗过14次，就打死23个敌人，打伤10个敌人。能获这样惊人成绩原因，就是战斗过一次，马上就检讨，没有吃过亏，越打越有劲，抬枪的作用很大。

受奖英雄

不少的游击小组、战斗英雄、抢麦英雄，都获得人们热烈的欢迎和奖励。计：王来法等游击小组，每组奖洋30元。李保凤等游击小组，每组奖洋20元。战斗英雄：张清河、张海水、白玉贞、侯家紫、韩会、牛兴旺、李春旺、陈金平等每人奖洋20元。抢麦英雄：李马保、姚玉成、张致香（女）等，每人奖洋30元。另外，民兵张门小、董二旦、张毛孩、魏二秃、李海泉等破获特务案有功，每人奖50元。

在斗争中，改造着人民武装，建设着人民武装，结合防旱自救运动，以高度紧张的战斗姿态，巩固游击网，打击敌人，困死蟠龙，已成为目前的战斗行动。（丙昌）

——《新华日报（华北版）》1943年8月17日　四版

每日击毙敌伪十人
武东民兵战绩辉煌

（新华社太行12日电）武（乡）东县在8月1日，庆祝反“蚕食”胜利，作了初步总结。六周以来，民兵单独毙敌伪即达390余名，平均每日毙敌10人。缴获轻机枪1挺，步枪10余支，子弹1千余发，抢救群众800多，夺回麦子30多石，羊群300余只，牲口50余头。

——《解放日报》1943年8月19日　一版

如何度过“光绪三年”
老农谈采菜的重要
指出武乡青年尚漠视灾情

（本报讯）武乡今年的旱灾，据老农谈：为光绪三年以来最厉害的一次。光绪三年由于人们对灾荒没有准备，曾饿死许多人。老农谈及当时惨痛情形，潸然泪下，据称：一年旱霜，收成极坏；二年大旱，收成不好；三年亢旱，只收了二三成；三年冬与四年春，人们的饥荒达到极点。小道场当时有160口人，结果饿死50多人。郝家岭120口人，饿死59人。当时到处一片哭声，野狼断路，有钱买不到米。没有死于光绪三年的人，几乎都是用野菜、树叶、树皮救了命。但目前中年青年，对灾情的可怕仍极模糊，不知节食节用，做长期打算，有的仍一天三餐白面，让人心焦。谈到吃野菜，老农说，有许多中年青年的农民，深感没有保存野菜的办法，因为野菜是极容易腐烂的。可以先把野菜蒸熟、晒干，这样可以去毒防腐。再把晒干的菜叶稍微湿一下，压紧，放在囤里，可以一年不坏。据说：许多树皮都能吃，但是玉茭杆和干草万不能吃。光绪三年死的人，一部是因

为吃了这两种东西。玉茭杆和干草的火气太大，吃了肚胀，不能大便，人会活活胀死。(庄)

——《新华日报（华北版）》1943 年 8 月 23 日 四版

妇女王书兰五天采菜千斤

（武乡讯）近日全县掀起了采菜运动，据检查结果，大半村庄已完成与超过积菜计划。却净妇女王书兰，五天采菜即达千斤以上，每天早起回来还不误做饭，并不断以实际行动影响村中妇女挂菜和晒洗菜。村人都说她“比男人还强!”（丙昌）

——《新华日报（华北版）》1943 年 9 月 1 日 四版

太行我军破击白晋路
攻入洪（分）水岭车站

（新华社太行 8 日电）军息：（一）上月 27 日夜 11 时，我决死队某团一部，在贾团长指挥下，破击白晋线。经一小时战斗，即将洪（分）水岭车站攻克，毙伤敌伪十余名，生俘伪军一名，缴获冲锋机枪一挺，手枪一支，步枪三支，指挥刀一把，马一匹，无线电收音机一具，电话机七架，枪械二件，子弹一箱，其他军用品等甚多。（二）28 日，武榆路之我决死队×团×连一个班，配合地方游击队，假充伪民夫，于下午 2 时出敌不意，打进吴家庄炮台，我以锹镢石块作武器，与敌战斗，将守敌全部歼灭，敌死六名，重伤一名，我缴步枪二支，军用品一部，我阵亡一轻伤二。

——《解放日报》1943 年 9 月 10 日 一版

打击盘踞蟠龙敌寇
武东涌现杀敌英雄

（本报讯）自6月14日敌寇进占武（乡）东蟠龙、胡峦岭后，我当地军民，即起来为保卫自己的家乡而战。几个月来，民众在艰苦顽强的斗争锻炼中，已不断发生许多可歌可泣的事例，涌现了英勇无比的杀敌英雄，这里只选几件告诉大家：当敌人在胡峦岭打下钉子以后，××村只隔一条河沟，全村民兵在村指挥部的领导下，展开积极活动，不断将出来的敌伪军打得头破血流，获得空前惊人的成绩。计两月内，作战16次，打死敌人32个，打伤敌人15个，活捉伪军及民夫14个，缴获枪3枝、毛驴1头。据这村报告说：他们每次打仗后，马上开会检讨，得出经验教训，想出杀敌的更好办法，因此没有吃过亏。在民兵中的政治工作，做得深入，及时起了保证作用，使大家越打越有劲，所以被全县称为战斗的模范村。在另一村庄中，创造了一种赤身战术，这村名叫××庄，属五区管。8月9日那天，敌人大举“扫荡”我五区，该村前任民兵中队长白黑宇，率领民兵四人、自卫队员一人，提出“保卫咱村”的口号，进行夜袭。自卫队员白玉贞，首报奋勇，赤膊进村侦察，随后民兵分两路摸进去，正是敌人准备出发的混乱时候，我民兵即连摔出手榴弹12颗，杀伤敌人10多名，又乘敌人大乱之际，拉出牲口两头。还有一件发生在秦家堙附近，我自卫队员李金河、李星云兄弟两个，于8月15日回家去抢麦子，不让敌人吃，不幸被4个敌人捉住了，敌人交给铁锹去“干活”，让一个敌人看守着。他俩心里很焦急，忽见三个敌人在村外沟里强摘老百姓的果子吃，看着就上来了。李星云等敌一爬上岸，就用铁锹从敌鼻子上铲进去，接着李金河眼疾手快，也用铁锹从敌后脑门铲过来。不过一分钟，一个敌人被打死，其他敌人吓呆了，他俩拿上一枝三八式步枪和一件雨衣，胜利的跑回来了。（牧）

——《新华日报（太行版）》1943年10月7日　二版

太行军民备战 蟠龙群众抢收秋禾

（新华社太行23日电）敌占武乡蟠龙虽四月有余，但蟠龙群众的对敌战争情绪，一日比一日的高涨着。庄稼熟了，蟠龙群众很快地发动了抢收运动，在敌人的碉堡炮台哨棚下去抢收，由四至五人组成了抢收小组，除老弱病残外，一律参加。内有四个妇女胡金平、白拴纪、李爱香、韩兰村四人组成一组，由武委会主任领导。敌人白天割，她们黑夜抢割，整整十夜，都是满载而归，每人每次收二斗至九斗。虽然敌人每夜打枪，但她们在枪林弹雨中完成了抢收任务。更值得表扬的，是她们那种英勇的姿态，在武乡全县是空前的。在总结会上，大家都提出这四个妇女的成绩最大，他们手利如刀，动作迅速，每次除自己闹够按自己力量背的一斗外，还帮助男人。在接近敌炮台下抢收时，大家劝她们不要去，留在后边拾，她们坚决不依说："我们动手多抢一粒，敌人就少抢一粒"，县妇救会和政府已通令奖励她们四人。

——《解放日报》1943年10月25日 一版

打破"嫁汉吃汉"想法

武乡娘们学纺织

（武乡讯）武乡县妇救会，为了生产自给，完成纺织任务，一方面发动与组织妇女，另一方面以改良工具提高技术，增加生产效率，开办三次手拉机织布训练班，受训者共30人。县区干部均已学会，成为直接的组织者与指导者。9月份在战争空隙中（蟠龙敌经常出扰）学会14人，30天竟织成100斤布，且织得很好。其主要经验有：训练时期以20天左右为宜，更重要的是人数不宜过多，否则都学不成"全手"。新学员每二人一架机子，切勿四人或五人合用一架，可以一村两人，一人专学织布另一人打线穗、按线头等；更多使她们实习□□政治课、组织工作和技术训练，各占三分之一。在政治课上，主要树立劳动光荣的观念，打破“嫁汉吃汉”和“有米有面好妇妻，没米没面两分离”的恶俗。

——《新华日报（太行版）》1943 年 10 月 25 日　二版

武乡纷纷互助藏粮

（本报讯）记者日前在××一带巡视武乡秋收情况，“夜收明打远埋藏，不让敌人抢走一颗粮”，已成为大家的行动口号。沿途看见无数男女，遍布在山野区，成群结伙，边割边送，各村打场碾谷，格外忙碌，习于“秋收不忘备战”的农民，现在突击收藏。秋收突击中干部小组长以身作则，群众中的劳动英雄，也层出不穷。如杨坡庄李某（是个半雇工），今年春耕时就被×区选为劳动英雄。今秋自己收得很早，在互助组里也很卖力，对于给主家收割更为殷勤，起早搭黑没误一点工，深得大家的赞佩。武乡民众在秋收中，村与村都能积极支援，秋收完了的多自动到他村揽工。本月 16 日，一区马堡、曹家庄等村群众 60 多人，由村干部带领到寨坪帮助收割，使有病的、人力赶不来的户都很快的完成秋收。尤应特别提出的，全武乡今年秋收与藏粮是同时进行的，事先各家就把粮洞修好，他们普遍认为“在外是和敌人伙的，埋藏好就是我的”。因此，窑洞的选择及打成都有改进，而收与藏的迅速是已往所不及的。

——《新华日报（太行版）》1943 年 10 月 29 日　二版

劳动英雄李马保丰收

每亩增产二斗　菜根长到三斤重

（本报武乡特讯）继王海成之后劳动英雄李马保，于今秋丰收完毕时召开家庭会议，检查今年旱涝不均中的全部劳动收获。当以原定生产计划为标准，一一计算，结果多打粮食6石多，超过预定数的三分之一，大部超过了应产量，平均每亩比去年多收2斗多，为武乡全县人民增产中的一个模范。上月23日，在县召开的生产积极分子会上，马保亲带自己从战争里开荒新种的大菜根1个（重3斤），赶来参加。到会人都很惊讶，齐声赞佩。武县长逐一检查他的计划执行情形，原拟种谷13亩、玉茭2亩、黄豆7亩、高粱1.5亩、荞麦等5亩多，因地多不好，预计可收粮18.1石，收南瓜80个、芥菜和干菜300斤，可顶粮2石多。除去负担3石，家里6口人，每人尚不足1.5石，需以糠菜补足。今夏入伏天旱不雨，马保看势不好，便日夜努力并设法达到增产目的。他除保持勤俭劳动、互助变工、修边扶堰、增肥（每亩增20担）和多锄一遍外，为补天灾歉收，迅速改种新谷子“一糙细”2亩，收了2.1石。于敌人“扫荡”中，在窑洞旁开荒1.2亩，将去年换的7斤“菜根秧”打下的籽，于夏至前撒上，一般比旁人早种10天，故今秋每个能长3斤重，共刨了14担，合1000多斤，山药27担、南瓜110个。以菜顶粮，如此一来，全家不但可够吃，还能剩余粮2石多。马保自己提出：“明年升为富农，追上吴满有”的奋斗目标，经过今年他与全家的积极生产，现已打下了初步的基础。（光）

——《新华日报（太行版）》1943年11月1日　二版

吃苦过来的李马保

劳动英雄李马保，现年27岁，武乡五区×（树辛）村人。苦家出生，12岁时就跑到外乡，给人家放牛糊口，父亲在辽县大山上坐庄一辈子，但每年总是连菜汤也塞不饱肚。马保17岁时，父亲担沙锅赔了本，借钱30元，马保只好以干瘦的身子挑起这个重担，一连当了八年长工，但是利滚利，年年欠累，驮了13年，每到腊月二十九，主家逼在门上，只好偷跑开，五更响了炮才敢回来。有一次，主家给拨走了锅，卷走了席子，哭哭啼啼，全家流着泪过年。抗战后，共产党八路军来了，抗日政府实行减租减息，改善了大家生活，马保才喘了口气。（民国）29年马保家天天给军队碾米，几个月就赚了12石糠和粮，于是又买上两口小猪喂大，卖了几百块钱，先后就置下十亩地，全家能够吃了。马保脱掉了“愁天帽”，参加抗日工作也积极了。（民国）30年退租，他又得了二石粮，经过他勤劳生产节约储蓄，今春又买到八亩中地，光景是日渐宽裕起来。在武乡奖励劳动英雄中，屡次都有他的名字。在今年政府增产号召下，他更加刻苦踏实，以增产模范而出现在全县人民面前。记者问：“你富了对穷人怎样？”他即欣然回答说：“我的骨头从穷人里长出来，我至死也不能忘掉穷人的苦楚。”（光）

——《新华日报（太行版）》1943年11月1日　二版

武乡号召大量造肥　李海川粪多收成好

（晋东讯）武乡救联会、武委会于上月17号号召全县各救会员、全体民众大量造堆肥。再三说明“能种巧种不如莽汉上粪”的道理，具体要求明年每亩地多上十担粪，并提醒大家如果忽视造肥，明年的增产计划就会落空。因此必须抓紧当前草木已黄的机会，突击造肥，家家打一个堆肥坑，造一堆堆肥，在一个月内每亩完成三担。堆肥的原料很多，凡是秸秆、杂草、尘土、灶灰、破烂的青草蒿、烂瓜果等都行，特别是野草老蒿更好。制法是把以上原料切碎，一层土一层草地堆起来，从顶灌几担大粪，烂到明春就能用。坑最好挖三四尺深，四五尺宽，这样肥份不易失去，而造路肥的办法也可以大大利用。（振华）

（武乡讯）上广志60岁老汉李海川，种植十五六亩地，薄的要命，村公所给他评的等级，最高的是六等，剩下的都是九等十等。他说："人家有好地土的，是靠地土养活人，咱的地土不好，是靠人养活地"。他怎么养活地呢？重要的是多上粪，天没亮他就担着粪筐沿路拾粪到地里去，晚上从地里回来又拾一遭粪，光这样就拾了30多担。今年春耕时，他在年初二就往地里送粪，光是七亩谷地就上了70担大粪，40多担小粪，还有120个油饼，七亩杂田也上了300担小粪。以后他又锄了三遍，这样秋季就收了六大石谷子，三大石杂粮。像今年这样坏的年景，像他这样坏的地，能有这样多的收成，实在是不错的。所以政府在秋收大会上，特别奖给他犁地铧子一个。他高兴得很，说："动弹是为了咱自己，可是政府却夸了又夸，奖了又奖，还是闹养种，好好动弹是根本，要是我再小30岁呀，嘿！咱可更要卖力好好动弹哩"。（伯英）

——《新华日报（太行版）》1943年11月3日　一版

王海成李马保会见

约定响应明年大规模生产号召

（本报讯）劳动英雄王海成与李马保，上月24日在×村会见，彼此交谈农业经验，准备迎接明年大规模生产运动。

王海成首先谈出自己在技术上的改进办法，他说："在耕地上一般人讲究深耕，但不知具体运用。据他的研究，耕地要能适宜于田禾的生长，必须保持熟土的复原，故须在耕地时翻些生土上来。种麦地可深耕，但谷地杂田则不宜，因深耕翻土的生土未经风化，会影响苗的生长；因为麦子的发育期间，天气热，雨水也多，尘土容易融渗好，且与麦性也很合适，随着他检讨到一般人过去的锄地多是犯了平均主义，不管什么庄稼都一样锄，这也影响到粮食的产量。拔苗要留单株，使根子不受牵动。苗垅上的土要上圆，豆子根道长，宜深镢，玉茭、糜、黍类多是须根，浅锄较好。因为锄得好，同等的一亩玉茭，我打了 1.2 石，比旁人多 4 斗，豆子也一亩多打 3 斗。”

接着，马保也将自己今年早锄的好处讲出：天旱便宜早锄，今年他头伏锄出的地，因草少，虽天旱苗亦未受大影响，一下雨，苗发得很快。所以，收粮多，颗粒大，如果等到二伏、三伏时才锄第二遍，产粮就减少了。

在目前农产物普遍发霉的问题上，他俩也作了研究，认为除天雨气候等影响外，种子的选、存是个很重要的问题。已往的选种不仔细，没有把它当作“命根”看，未到地里选，也未分别选，选下后不好好晒，因战争影响，多急打急放，致种子潮湿生病。马保的办法是：把种子分别选下，就原穗晒干，备战时用一瓦罐密封好，藏在透风处或粮囤当中干燥的地方(用大葫芦也可)。当种时选用温汤浸过，将最好的种上。这样足可减少田禾的发霉，因此今年他的田禾很少发霉。

对于施肥，他俩共同感觉：深耕巧种不如拙上粪，这很有道理，但重要的还必须把粪上得及时，合土性。如黑土粪上在背坡地，调节气候物性，红土压沤的粪上在白土地，可调剂土壤，骨肥劲大耐久，蔴饼就急发苗等，同样需要“见机而作”。

特别是在几年来的战争生产中，人们多早种，涉及季候变化的问题，根据新的经验现在不但可打破旧的习惯，可早种，而有些庄稼早种上反而收得好。这除经管土地施肥锄耘等有关系外，对于农时的变化，他俩现在研究，并拟提出请本区科学家解答。

最后，海成虚心地向马保请教如何发展互助组的问题。

谈至此，两人相约：大家齐努力，响应政府明年大规模生产的号召。（程光）

——《新华日报（太行版）》1943 年 11 月 5 日　三版

武东群众新建十多个合作社

（晋东讯）武（乡）东合作事业近有很大开展，干部对合作生产，在认识上已有了转变，因之引导群众，都踊跃走上合作生产的道路。目前群众自动组织的合作社已不下十余个，只石泉、贾豁、树辛等三个合作社的资金，即达七万元，其中最好的是群众踊跃出资经营的榨油消费合作社。另外还成立了个光华纺毛联合社，由××等四社共出资二万元组成，现在已开始制造毛毯。其他如土河、关家垴等数村，也都在纷纷集资，筹办合作社。（于会）

——《新华日报（太行版）》1943 年 11 月 19 日　二版

胡峦岭歼敌记

天　晓

胡峦岭是敌人在蟠武路上的重要据点，驻日军一个小队，伪“剿共军”一个营。7 月 19 日晨开始的蟠武战役，我 386 旅××两部奉命歼灭此敌。截至 20 日，晨四时战斗胜利结束，共计：毙日军智田少尉以下 28 名，生俘日军 4 名，毙伤伪军赵得×部营长以下 150 余人，俘伪军 42 名，缴获重机枪 1 挺，掷弹筒 4 个，轻机枪 4 挺，弹药万余发，敌人一月半里所抢得的粮食，全部为我夺回。下面便是这个战斗中的琐记。

胡峦岭是×部的老家，这里有他们开垦的荒地，有他们培植的菜蔬，每个干部和每个战士都熟悉这里任何一间房子和任何一条道路，因此他们担任进攻胡峦岭的任务连老百姓也说“保管能行”。但干部们并未因此骄傲起来，他们第一天夜晚就在马团长率领下去偷看地形。

胡峦岭变了，从普通的乡村变成了一个坚固的大堡寨。平坦的高地边沿挖了曲折的战壕，紧紧围住，这里有隐蔽的机枪阵地和坚固的散兵坑。一切通此村的道路，都被深深的外壕切断，战壕外面绕着一层挂着铃铛的铁丝网，铁丝网与战壕之间密布着地雷，西庄村头高高地耸立着一座大碉堡，把四周的一切工事都控制在它的火力下。

19 日晨经过三个小时手榴弹激战，才完全占领了野外工事。我们的部队偷偷地爬过铁丝网，越过地雷阵，像暴风雨一样的闯进了村庄，把敌人压缩在那所高耸的碉堡里。

从俘虏的口里和摆在阵地上的死尸伤兵看来，我们断定消灭“剿共军”的任务是胜利地完成了。

突然从东边的窑洞里射出了重机枪子弹。我们已进入院子的部队，幸亏路熟又退了出来，这时让两个班的工兵来一显身手。

工兵把炸药装进窑洞的窗洞内，一面墙立即塌下来，从窑洞里惶恐地跑出第一个日本人向我们急促地行着“作揖恭礼”。当我们停止射击后，他机警地返回窑洞去，请出了二十几个焦头烂额的伙伴，这时敌人的重机枪便转到我们战士的手中了。

碉堡里住着日军的一个小队，他们看见了“剿共军”溃败缴枪，并不出来援救，却很沉着地躲在里面。19 日夜晚部队把碉堡团团围住，机枪和大炮都找好了自己的阵地，司号员站在月荫下发出雄壮的冲锋号。随着号声我们的战士一起一伏地迅速向碉堡踏进，当第三次冲锋号响过的时候，手榴弹把碉堡打得像锯齿一样残缺不全，里面除过两挺机枪两个掷弹筒十几支步枪和一些弹药而外，完全堆满了死尸，简直变成了一所大的坟墓。

我们凭些什么才得胜利的呢？

第一、凭我们视死如归的战士。如王文泰同志是年轻的指导员，战斗未开始前，他这样的向战士们动员着："这一次的仗是救武东老百姓，我们无论如何要打好，同志们如果看见我后退一步，你们就用枪打死我……我保存了公家800元，都与经济委员交清楚了，我死了以后你们找经济委员算账。"战争开始，他在最前面领导战士冲锋，当他受伤躺下的时候，还不断地挥手大呼："同志们不要管我，往前面呀！"

又如李世合同志是一个非常的布尔塞维克干部，他代理×连连长，他握着八个手榴弹喊了一声"×连同志们跟我来"，就像箭一样奔向碉堡去。在距碉堡廿米远左右的草地上，他向敌人一连投掷了五个手榴弹，每投出一个，他都从容地抬起头来审视炸弹爆炸的地方。第五次以后，他的头便永远不再抬起来了。

八路军拥有无数像王文泰，李世合一样的战士，他们为了人民，完全忘记了什么是个人的生死，就凭这种气概，他们把所有的手榴弹投向了敌人，使敌人的一切火器都失去了效用。

第二、是有与八路军血肉相连的人民。在胡峦岭参战的民众超过军队六倍以上，他们有背枪的战斗民兵，有抬担架的救护队，有搬运资材的，有抬着面条、水果的慰劳队。

战斗还没有结束，搬运资材的老乡就随部队冲进了村庄，抢出弹药马匹粮食……络绎不绝地往外搬运，群众情绪非常高涨，到处送开水送面条、设立慰问站，妇女亲自上前线，慰问伤兵，许多负伤的民兵和民夫都这样说："在我×分区腹地，哪能让敌人住""与其不能回家种地，何如和他拼命"。内中有一个民兵看了战士负伤，拼命向前抢救，结果自己也带了彩，回来很兴奋地说："军队是为了什么，我的带彩也不是一样光荣吗？"所以，这次所有负伤的指战员沿途输送毫无阻碍。

日军和伪“剿共军”驻了一个半月，在胡峦岭找不见一个老乡。八路军刚来了一个早晨，胡峦岭就聚集着上千的民众，难怪“剿共军”在墙上悲惨地写着：“见了军队不回来，就不是好百姓。”的确，对于日寇和“剿共军”来说，根据地是没有好百姓的。（新华社太行通讯）

——《解放日报》1943年11月20日　四版

《新华日报（重庆版）》1943年12月12日　二版

模范雇工赵龙孩
尽力动弹60亩打粮80石
很会打算领导雇工互助生产

（本报特讯）武乡洪水雇工赵龙孩，在他一年的努力中，现已得到显著成绩。不但将主家刘家祥60亩地全部种好，且因互助勤劳，耕耘得法，在他领导下的五个雇工，共种地210亩，今年收成都很好。他种的23亩谷，收42石，11亩茭子收25.6石，豆子7亩收8石，2亩山药除刨吃了些外，还收回21担，连其他杂粮共收80余石，大大超过了去年的产量。今秋麦地10亩也及早种上了。秋收赶的早，十多日即完，因早就闹好了窑洞，打晒好后，便很快地藏进去。现在他领导下的互助组，秋地也快耕完，刘主家的地只剩9亩多了。

赵龙孩自今春初和主家定好合同后就上了工，掌柜领着他到地里绕了一圈，他心里盘算了一下，和主家商议：“今年咱的养种，要拿大主意，保管收成坏不了”。他趁早把全年的烧用准备好，一连挑了200担煤，地一开冻就担粪，并和自己那道街的主家雇工商量好，大家互助。从此，他们便相互变工，动弹中，说干就干，很少休息，每天下工，总比别人做得多。这样干活，旁的人都到刘主家去打听，问这个“好头儿”是怎么干起互助的？随着村里变工互助的也多起来。互助到一月头上，因为龙孩种的地比旁人多20亩，他要清账、还工，旁人不愿那样，都说："你多打算，我们多出力，互助好就补出来了"。于是龙孩正式被推为组长，把组内所有的地，还有两犋牛等共同安排了一下，有计划的分工合作，突击下种。拔苗时，他还实行了早拔早锄先定苗的办法，而互助组的"小轮"工（季节中的某一项工作）"大还套"（农忙时的主要工作），从下种起就走入正轨了。苗将要锄完时，龙孩有了病，刘掌柜赶快请医生抓药，并给龙孩打上"火烧"吃，主雇一家真分不出彼此，于是病很快就治好了。

（又讯）雇工赵龙孩于秋耕完时，受主家嘱托探家回来后，主雇交谈甚为融洽。目前。龙孩就要工满，刘掌柜正在恳切留他，龙孩没给家中商妥，未做做后决定。但他正在沤粪及准备肥料。（程光）

——《新华日报（太行版）》1943年11月21日　二版

政府号召变成群众行动
武乡大规模造肥
大道荒坡街头巷角遍设肥场

（本报讯）武乡造肥运动已经展开。五区广志河一带的大道上，已铺满了煤灰、垃圾、庄稼杆，路面都一改旧色。村内的街上，各户也依房基分段，垫上了道土；村头巷角太阳常晒的地方，也有不少新的粪堆出现。"家家增肥，户户有个粪坑"的口号，已经变成人民的行动。记者日前路过洪水镇，亲见老乡在骡马市场上，争着打扫小粪。清晨路上拾粪的人也增加不少。东庄房孩全爷俩，在卖煤回来的路上，见天要挑回一担杂粪。

造肥能手何宁旺谈熏肥方法

（又讯）武乡造肥最紧张的是杏树堙村，每家都修了粪池，把烂草和垃圾填在堆肥里，把柴灰黑土另外积起，准备灌上大粪，伴成粪堆，然后用灰撒盖在上面（防备跑了劲），准备明春地一开就当栽瓜的底肥用。全村普遍采用的办法是刮荒土熏草皮。造肥能手何宁旺，秋收刚完就着手挖荒土，一片老大的荒坡，就是他的造粪厂，现已造肥700多担。在熏过的土上，他又拦上羊卧了几夜，粪上加粪，肥劲更大了。据他称：熏粪来得快又有劲，在目前肥料短少的情况下，可以大大提倡，这不但造得多，而且上在地里还有调剂土壤的作用。熏过的“粪盘”，来年还可以撒菜。熏粪的方法，要注意：选草多土厚的坡，赤褐色的土，草皮要刨成块，不可过厚，熏时把碎柴放在当中，周围用草皮层层垒起，一块块交错的压住，中间不可留空过大，最好放柴碎草皮，然后燃着，叫它慢慢火烧烟熏，就能把土燃焦。

（又讯）随着造肥运动的开展，武乡不断产生新的造肥方法。最近东山的村子，正互助割柴熏粪，柴草不多的，除了造路肥集杂粪，有的在田里把翻起的庄稼根也熏过，或加麦糠熏粪。以往人们不相信的骨肥，经过今年实验成功，各地都抢着拾骨头了。白反头村张赖孩，见驻军用骨头烧火，他急忙到山上砍柴去换。一、五区现已积下千多斤骨头。

王海成挖泥熏土　李马保勤修圈坑

（又讯）武乡劳动英雄王海成天不亮下地拾粪的习惯，因为敌占蟠龙，受到限制，现在他正挖池泥熏粪土，增加肥料。特别起劲的是李马保，他根据自己明年增产计划，要在今冬完成全数肥料的四分之三。因此，他发动全家积粪，除了扫街垫圈让妇女又多置了一个干水盆，把每天洗过碗的水积起来，倒在茅坑里。马保则在自己的互助小组里，商量出“勤修圈坑，常加杂草，一月翻三遍，两月出一圈”的办法，用人工加快沤粪。雇工劳动英雄赵龙孩，在和主家订下明年复工合同后，根据主雇商议的生产计划，首先开了两个粪坑，切杂草造肥，他说：“庄稼户闹粪首当先”。熏荒土的事，他打算在小雪前后做完。

群众造肥情绪很高 领导还得加强

（又讯）据记者了解：武乡民众造肥情绪很高，“粪是老本，上不上就打不下”，一般人都懂这个道理。然从目前全区造肥看来，真正把这个运动有组织地推进还很差，多半是群众自发进行。由于领导上掌握不紧，使秋收后的集肥工作，因突击备战而耽搁了。而区村干部对这一工作认识还不够，说了不组织，甚至个别的还说“那臭浑浑的事”，少数群众，对造肥抱着“还不紧用，日子还很长”的想法，这都妨碍造肥运动的开展。今后要使造肥运动积极扩大，干部必须深入到群众当中，根据各地具体情况（如一、二、八区靠近大山，可大量互助割柴熏粪），配合订按家计划，有组织地推动，并及时交换经验教训，进行造肥技术指导，使这个工作能够经常化才好。（程光）

——《新华日报（太行版）》1943 年 11 月 23 日 一版

武西楼则峪义仓屯糠粮 70 石

（武西讯）县府、各救会囤积义仓的号召，各村部积极响应。楼则峪三天工夫，屯谷 23 石、糠 10 石。他们是利用农民夜校，动员大家自愿屯集的，神前村也已经屯起 13 石谷、20 石糠现在还正继续屯。

——《新华日报（太行版）》1943 年 11 月 23 日 一版

武乡发粮 30 石 组织难胞开荒

（武乡讯）从敌人占了蟠龙以后，该村群众两千多人就转移到各村住。政府除了帮助安家救济以外，还把没收的汉奸土地，分给他们种。现在为了更好地解决他们的生活问题，又组织大家开荒，确定每人在地冻前开 5

亩，荒地由难胞所住村的村公所找。为了解决开荒当中的困难，政府发救济粮 30 石。(苏建)

——《新华日报（太行版）》1943 年 11 月 25 日　一版

上广志备战紧　干部组织杀敌团

（武乡讯）本县五区上广志村指挥部，上月 29 日开村指挥部会议，讨论备战。决定动员群众，彻底空室清野，把粮食藏好，接连检查过三次，大部分已完全埋好，少数埋得不好，又动员他们转移地点重新埋藏。同时，大家还提出不让鬼子抢走一粒粮食的口号。民兵和村公所的干部，组织了杀敌团，互相提出杀敌竞赛条件：第一、每人要杀一个敌人。第二，看机会，明抢暗偷敌人的东西。第三、要破路割电线，阻止敌人行动。(克勤)

——《新华日报（太行版）》1943 年 11 月 29 日　二版

王家峪民兵初试土炮
一炮打死六个伪军

（武东讯）王家峪联防民兵，本月 15 号在王家圪塔，架起土炮，伏击侯家垴出来的 20 多个伪军。当伪军接近土炮约百余米达时，民兵即将土炮燃着。轰的一声，炮内铁块一齐飞出，登时打死伪军六人，其他的伪军都被吓跑。这次战斗，使武东民兵非常高兴，相信土武器是有很大作用的。(惊宇)

——《新华日报（太行版）》1943 年 11 月 29 日　二版

武乡纺织工作开展

武西五百妇女参加

（武乡讯）武西今年的纺织工作比去年搞得热闹，已有500多个妇女参加，去年的纺织贷款，因为是由商店发展，不公道，不少贫苦的妇女得不到。今年检讨出了这个教训，由银行贷给全县五万块钱，决定由妇救会贷出，还同时进行动员纺织工作，她们有几种办法，值得各地学习：一、每个人贷两斤花的款，每满两月交回贷款，避免拿去做别的事用了，或将来闹不清手续。二、互助纺花，只求互相学习与督促，并不集体作活，以免耽搁工夫。三、出卖布可以自由，如有困难，由商店负责取布纺花。四、棉花由合作社代买，只取手续费，不能从中赚钱。

（武乡讯）武东妇救会，号召全县会员授资组织纺织合作社，每股暂定四元，使贫苦妇女也能参加，现在各村正在组织。（克勤）

两个纺织能手

（武乡讯）上广志孙闺女，是个56岁的寡妇，单凭自己纺织，养活母子两人。她的男人，自前年被敌人杀死后，她15岁的儿子，只得在外给人放牛，自己给人做针线，赚的钱买了几斤花作本，从此就开始纺织。只就去年一年，纺了120多斤花，织布1200多大尺，今年又纺了80多斤花，织了800多尺布。卖的钱，除两人穿吃外，还置下了三亩多地，她计划今冬年前在纺织折花，把纺下的线匀细，不弄圪塔。线要用白面浆，浆时，拌些杏仁或桃仁粉在里面，既不易结圪塔，又不易断线头。（勤）

——《新华日报（太行版）》1943年12月3日　二版

上广志粮食藏得好　政府赏洋 160 元

（武乡讯）武东上广志村，今年藏粮工作做得好。村里干部在秋收时，就向大家动员过三次，开村民代表会，讨论藏的办法，然后进行互助埋藏，每家除了吃的外，全部藏到山沟里去。经过县、区、村干部先后检查过五次，藏得不好的，认真重藏。最后经武县长亲自去进行第六次检查，确是藏得秘密，找不出一点破绽。县政府拿全县藏粮情形来看，认为上广志在五区是坐了□□，赏给 160 块钱，鼓励全村的干部和民众。

——《新华日报（太行版）》1943 年 12 月 7 日　二版

从研究妇女痛苦着手

武乡五区动员纺织

四区妇救会主席亲自领导一个组

（武乡讯）为了组织大批妇女纺织，县工商局、五区妇救会，在上月 29 号，开全五区妇女干部会，参加的 50 多人。第一天讨论妇女的家庭地位和痛苦，有个干部说：徐兰香先前不大多做活，家里人都虐待她。今年 8 月，她凑了 80 元钱，买了二斤花，抽空纺织，到 9 月织成五斤布，赚回本钱，还做了一条裤子，又给家里称了不少盐。家里看她很有本事，都对她好了些，大家变了，都觉得妇女要提高家庭地位，只有好好生产。接着区妇救会干部提出要做生产计划，大家都同意。第二天，她们讨论决定：一编村组织一百个妇女（老的小的三人顶一人），阴历 11 月一人织五斤布，12 月织四斤布。五个人凑钱买一架旧机，做三个纺车。现在全五区有两架织机（手拉梭机），一架组织八个人，配合旧机，组织妇女，教她们学新技术。有的妇女称不起花，工商局介绍到银行贷款，妇救会负责动员她们的男人和公婆，给她们买二斤花，保证到旧年底还上，至少还给男人做条裤子。末了，决定明年一个妇女要喂两只母鸡，到明年秋天下 120 个鸡蛋，纺四斤花，明年纺织的本钱就够了。这个会的最大好处，是从研究妇女痛苦来动员纺织的。（益文）

（又讯）武乡四区妇救主席杨珍兰，亲自到河西沟动员纺织。先开了个积极分子会，讨论组织互助组的办法，接着成立一个模范小组，杨珍兰当组长，拿这个组，推动全沟的 27 个组。现在都忙起来了，马闺女订了一个超过一月织五斤布的计划。河西沟的消息传遍了全四区，到处都组织纺织。现在有五个编村，组织了 96 个组，495 个妇女参加了。（黎明）

上广志村屯义仓

（武乡讯）上广志村，前些日子群众商量妥当，现在已经屯起 20 多石粮。全村老百姓都很喜欢，觉得明年的灾荒，有办法度过了。

——《新华日报（太行版）》1943 年 12 月 17 日　一版

超过政府造肥要求　李马保已经不缺粪

（武乡消息）劳动英雄李马保，已经弄下 1560 多担粪（900 多担羊粪、200 多担熏粪，220 多担大粪，170 担沤粪）。他有 26 亩地，一亩上 65 担，能上 24 亩，剩下的 2 亩，他打算赶上羊群卧一夜。政府原来号召一亩地上 50 担到 60 担，现在他已经超过政府的最高要求。

王金木弄粪也很下功夫

（武乡消息）在造肥运动当中，武乡陶家沟的王金木，也是顶下功夫的一个，他已经弄了 500 多担熏粪，拾下 260 多斤骨头，四个沤粪池，明年能出 500 多担，一个茅房能出 100 多担。通讯员去访问过他，他说：八路军来了，咱才有了生活。先前咱没钱依傍，光靠挑扁担、跑腿、当长工吃饭。

如今咱熬过来了，已经买下8亩地，典了5亩地，老婆也会纺织，不愁吃穿了，咱起五更睡半夜，闹养种可是有心情哩。(克勤)

——《新华日报（太行版）》1943年12月19日　一版

冬学学生李瑞唐订出自个学习计划

（武乡讯）胡庄村的冬学，已经发现了一个模范青年学生，他叫李瑞唐。在开学的那天，他就订出自己个人的学习计划，计划这一冬认会300个字，还要能写能用。对政治要做到教员讲的，十句要记住九句。珠算学会加减法和两位数乘法。唱歌要教几个会几个，这一时期里，果真这样做了，能按时到，很守学校的规矩，听课时很细心，教员讲的，他大部能一五一十地讲出来。(勤)

——《新华日报（太行版）》1943年12月19日　二版

高贵堂是神枪手也是好雇工

（武乡消息）神枪手高贵堂，是半个雇工，做活很出力气。雇主李效堂有28、29亩地，全靠高贵堂种。全年打了19石（大石）粮食，除了半个工钱、负担、消耗外，净长出了二石粮食。他知道是高贵堂的大功劳，就很好的对待高贵堂。高贵堂也说："把我自己的工耽误了，也不误主家的工"。他除了在地里做活，还常帮主家担水磨面，主雇搞得很亲热。前些日子下工结账的时候，两家又定下了明年的合同。

（武乡消息）高贵堂对通讯员说："战争来了咱打仗，战争过去咱生产"。他真算是个好干家，在全村生产总结大会上得了奖。现在已经沤好两池粪，有200担，熏了300担粪，打算明年赶羊群卧卧夜地。

——《新华日报（太行版）》1943年12月21日　四版

武乡一区八个村子砍下16万捆柴

能熏九万多担粪

（本报消息）“靠山的吃山，靠水的吃水”，武乡的造肥运动，就是按这句老话办的。一区靠东山的八个村，砍柴熏粪，半个月砍了15.88万捆，按六捆柴熏一担粪算，能熏九万多担。六区数丰台坪、贾豁这些村做得好，他们靠造路肥、沤粪池、扫庙土、煤灰，光贾豁已经积下4千多担熟肥。二区王家峪，靠刮河边的淤土烂草造肥，南上合村也用这样的办法，已经造了3千多担粪。这村还在煤窑旁边拾铜夹石，又当粪又能改造土壤。八区除了割柴熏粪，买粪造肥的人家也多起来了。改造了不少压油房，靠麻饼也增加了一批肥料，靠游击区的村子，除了把因为逃难撒散的肥料收起来，还发动打□窑洞，收拾烂草麦秸，增加肥料。五区的造肥运动正在扩大，劳动英雄李海川，正发动大家扫树叶填粪堆。

（本报消息）武乡在造肥运动当中，互助顶了很大事。一区的雁过街、羊圈这些村子，割柴熏粪做得不错，就是沾了互助的光。以前互助没劲的户，现在也有劲了。互助最好的，还是贾豁姓韩的模范农家，他领导十多个人，四天就造了3千多担粪。

——《新华日报（太行版）》1943年12月23日　一版

武乡造肥经验不少

干部先动手起作用顶大

（本报消息）武乡不少区村干部先动手造肥，推动了群众的造肥热劲。四区王庄沟村长苑尚庆，旁人见他造肥很有劲，都嚷着：村长都干起来了了，咱也干！接着全村就动起来了。到现在，苑尚庆不论出村做啥工作，都要捎上粪筐。三区的农会主席常子荣，也是这样。走到那里拾到那里，大家都叫他是“拾粪家”。可是，也有些“扯淡”的村干部，像下寨一个姓霍的村干部，整天也不知道干啥，这里跑跑，那里溜溜，三天还担不出一担大粪。杨李枝村农会主席李□□，光说漂亮话，自己不下手，弄得全村的造肥工作都没搞好。洞上村一个干部说：“上边叫做，不得不闹”。把地修起来了，他也不管了。铁净村有个干部，外号叫“大不成问题”，只在场里堆了些柴草，也没挖坑，也不灌水，保准不会沤烂。

（本报消息）武乡组织造肥的方法，一般是先让积极分子（像模范农家、劳动英雄）起模范作用，带着群众干。另外，按现在上粪的一般标准和增加产量的要求，按户、按亩、按地等，详细计算一下，让群众集体商量造肥办法，定出计划，扩大造肥的原料。有个别村子、个别人还提出了比赛。（光）

——《新华日报（太行版）》1943 年 12 月 23 日　一版

武乡边沿地区　军民亲热得很

（武乡消息）武乡的边沿地区，军民亲热得很。天冷了，老百姓腾出房子来，给军队住，四区有好多村子，把军队让到暖窑处住，铺上席子，烧上炕。军队节约，都吃杂粮，老百姓替他们磨成面。队伍刚驻下，村里的抗勤主任，民事委员，村长就去问长问短：要啥？说一声就现成呵。××村队伍的伙房里，柴堆着烧不完。军队借什么东西，老百姓都是说：先尽军队用吧，吃苦打仗的人。前几天，有一个班在××村刚歇下，几个老百姓就手提着挑的送去了一堆山药蛋、南瓜，另外几个老百姓就动手洗，大家说：放心吃吧，用不着向上级报告。（光）

——《新华日报（太行版）》1943 年 12 月 27 日　一版

武东三颗地雷炸死八个敌人

（武乡消息）本月11号，武东五区前方×村中队长，埋下四颗地雷在大路上。当天。敌人包围后烟庙一带，踏响三颗，敌人炸死八个、炸伤三个。（友农）

——《新华日报（太行版）》1943年12月27日　二版

武乡县长亲自检查优抗

（武乡消息）新年快来了，武乡县政府除向各区村布置检查优抗工作的执行情形外，武县长还亲自拜访驻村的抗属。经过谈话后，对那个村里的两个好代耕队赞赏了。对没有负起自己责任的六个代耕队员，叫村干部批评他们。村里的抗属见到武县长这样关心他们，都感谢得很。现在那几个不负责的代耕队员，亲自到抗属家里道歉，并保证明年定要给抗属养顾好，如果做不到，愿意受罚。（健）

——《新华日报（太行版）》1943年12月27日　二版

纺娘王改贞　本钱越赚越多

（武乡消息）××村妇女王改贞，今年50岁，是从敌占区搬过来的，全靠纺织吃饭。10月10号，合作社借给她2斤棉花，连她自己的凑了5.4斤。第一次织了5斤布，织了1件单衣，剩下的还换了8斤棉花。第二次织了153.6尺，换了16斤棉花。第三次，拿1斤花纺了换，又织了252尺布，做了1个门帘，1条裤，下剩的换了11斤棉花。第四次织了184尺，换了

24 斤棉花。别人告诉她说，自己到集上卖布吃亏，她很着急，后来村里合作社理事主席和她讲好，以后织了布，送到合作社，不论给钱、给棉花，都比集上沾光，她很愿意。（益文）

——《新华日报（太行版）》1943 年 12 月 29 日　一版

上黄岩合作社真正为群众
拿出大批东西贱卖
都这样替老百姓打算盘　东西就不会越来越贵

（武乡消息）上黄岩合作社，看到集上什么东西也涨钱，就开了个理事监事会，决定要把盐、棉花什么的，按至少的价钱卖给穷老百姓。从 12 号起，洪水集上，1 斤棉花卖到 65 元，1 斤盐卖到 20 元，合作社卖的棉花是 56 元 1 斤，卖了 40 斤，盐是 10 元 1 斤，卖了 30 斤。以后，集上的棉花又涨到 100 元 1 斤，合作社卖的是 70 元，卖了 42 斤，盐涨到 30 元每斤，合作社卖的是 15 元，卖了 49 斤。到 21 号，算了算账，10 天当中，光棉花和盐，老百姓就省下 3395 元。连上煮青□□□□□针、线，一共省下 3545 元。这村一满才 773 口人，就省这么多钱，要是全太行区都这样做，都把东西拿出来贱卖，别再放着不动，别故意多要钱，都替老百姓打打算盘，东西就不会再涨得那么厉害。（惠）

——《新华日报（太行版）》1943 年 12 月 29 日　一版

武乡工商局买棉花贷给妇女

（武乡消息）12 号，县工商局请全县合作社理事监事开会，专门动员解决妇女的买花困难，费了一天一黑夜的工夫，决定从银行里把贷款全领回来，买成棉花，叫合作社贷给妇女。贷款共满是 11 万元，买了 2000 斤花。另外又从商店里，按市价 55 元，卖给各村合作社 100 斤棉花，补充穷妇女的本钱。到 20 号，才 8 天，棉花就涨到 100 元 1 斤，要是把款贷给妇女，让她们自己买花，不光误了工，还要吃大亏。这样，妇女们都拥护工商局和合作社。(益文)

（工商总局消息）工商三分局，有个好办法开展纺织运动，就是谁到公营商店里卖一斤花，商店贷给他一斤棉花，棉花比市面的价钱贱，布织好就给钱，保证织布的能挣钱。这个办法，省了今春纺织救济时发花发米收贷的麻烦，这能提高布的价钱，改良技术，各地可以学习。

——《新华日报（太行版）》1943 年 12 月 29 日　一版

1944 年

武东二区想出好办法

义运中也能办冬学

（武东消息）本县二区自 12 月 6 号开始推进后，各地冬学男子班，渐渐冷落下来。后来经过大家讨论结果，想了新办法，就是继续动员没有参加义运的义务教员都参加义运，担任义运里的政治指导员。担粮食不说多少，专做时事教育和生产教育。家里的女子班由村干部、小学教员办理。这样义运与冬学结合了，还可拿冬学保证义运的胜利完成，把冬学由房子里搬到路上去。这几天照着这个法子办，收了很大效果。(大光)

——《新华日报（太行版）》1944 年 1 月 1 日　二版

李马保计划今年升为富农

武乡劳动英雄李马保，已经订好了明年的生产计划，他的计划是根据他要升为富农的要求订出来的，“准备争取每亩地增产 3 斗粮”。因为全家一条心，今年冬天的生产准备工作又做得很好，所以他这个计划已经有了很好的保证。现在他用 1. 5 石粮食踩了两个双圈，光老羊粪就加了 400 多担，每亩地比去年可以多上 15 担粪，他并且计划继续沤圊，作为锄苗时上追肥用。另外，他又用两石多粮食，新买了 5 亩多地。前几天，马保在家检查生产准备工作时，重新向全家说明，旧历年前各方面都必须准备好，从眼下起，牛就要加料，再用 3 斗多粮食买煤，把明年烧的闹足。马保现在正向地里担粪。并且村里人互助变工，在劳动中大家交谈生产经验，研究明年全村的生产办法。他还要抽出百把个工，和大家互助，领导全村的生产，他很了解“大家生产闹不好，一个人好也是不行的。”

——《新华日报（太行版）》1944 年 1 月 1 日，五版

劳动英雄李马保推动全村互助担粪

一家一个泔水盆积下好多粪

（武乡消息）劳动英雄李马保，上个月号召全村互助担粪，起先只有两个人和他一块担，接着又有四个人参加他的互助组，大家劲头满大地从街上走过去，流氓刘□水看见，羞得躲不迭。来旺奶奶高兴地说：“俺来旺，往常年三月里还不担粪，今年冬天，一早就担箩头走了”。大家担了三天，全村人都眼红了，一齐愿意互助担粪。十多个民兵商量好变工担粪，村长和武委会主任看见很好，就在民革室里讨论出计划，把全村人都编成小组。现在全村都忙着往地里担粪，到上月 28 号，李马保的粪，就都担到地里了，统共用了九天功夫。(友农　振华)

（武乡消息）上月 27、8 号，李马保接到两封信，是县长和农会给他的。请他到县里过新年，商量今年的生产工作。他打算 29 号动身，就趁 28 号的晚上，和 29 号早上，打扫了一个麦糠窑，连糠带土弄了 70 担，铺到大门边，拴牲口踩粪。(友农)

（武乡消息）李马保的村里，去年 10 月，都听了李马保的话，一家放了个泔水盆，积脏水朝茅坑里倒。两个月来，足足弄了 2400 担大粪。单是李马保家，一个泔水盆，就多弄了 50 担大粪。李马保嘱咐通讯员，把这个方法传出去，叫大家都用。(友农)

——《新华日报（太行版）》1944 年 1 月 11 日　一版

慰问抗属

武东下黄岩村新年前三天，全村进行慰问抗属和荣誉军人。民众送给他们小米 4 斗，山药蛋 180 斤。儿童们唱秧歌，有四句秧歌是：军人家属听我言，抗战胜利已不远，你儿子前方去抗战，光荣牌挂在你家门前。

——《新华日报（太行版）》1944 年 1 月 11 日　二版

武乡七区到处买羊喂

（武乡消息）七区的人，都到处买羊，连从来没喂过羊的人家也买羊踩粪了。东皋王金堂他们五家，凑了 1.9 石米，买了 43 只，合伙喂。洞则上村任丙中买了 16 只，他打算再买，凑成一群（40 只）。算起来，5 个村 11 户，已经买了 243 只。现在还有不少人家，东跑西问地买羊。岭头、禄村等 9 个村，就有十来家子攒着小米到外区买羊。（建业、郝协）

——《新华日报（太行版）》1944 年 1 月 15 日　一版

在发展农业生产的政策下，主雇关系协调，羊工的生活改善

武乡的羊群繁殖了

程　光

在晋东南的武乡有两种羊群：一是里成班，主家养羊，雇用羊工，完全是雇佣关系；另一种是外成班，主家将羊包给羊头，啥也不供给，羊工靠卖毛卖粪维持生活。虽然名义上粪由羊工卖钱，实际每年粪最值钱的时候羊被主家扣住卧地，不给任何代价，因此，羊工每年所得仅能维持自己生活。同时外成班，还有另一层剥削关系，大羊工欺负小羊工，大羊工把全部收入据为己有，除吃饭外，几乎使小羊工作着无偿劳动。

抗战后，羊工有了自己的组织。在抗日政府的劳工政策下，工人职业有了保障，生活也慢慢改善。前年规定：羊卧地时，主家也须出十分之七

的粪钱，去掉羊主白卧地的剥削。为照顾小羊工的生活，采取了合作制，以“把式”好坏，分五、三、二等，按成分钱，通过合作制消灭了大小羊工间存在的剥削，并争取羊群的里成班。为照顾主雇双方，在转向里成班后，要克服个别工人鬼捣羊毛，骗取雇主的恶习，定有卖毛卖物的“凭条”制。这些改善主雇关系，提高生产的措施，建立了主雇平等的关系，激发了工人的自觉，前两年在这方面有了相当的收效。

几年来，随着战争的破坏，农村牲畜的枯竭，羊群有了很大的变动，而外成班的继续存在，使得武乡羊群问题更为严重。无论羊主羊工，都几乎变的无利可图了，这是今天发展羊群最大的困难。

这困难表现在几方面。先从主家谈起，倘以战前说，养上 60 只羊，每年“捉”30 只羊羔，就能顶替上卖出的 20 多只老羊的空子，扣去 3 石料的消耗，还大有剩余。羊毛羊粪又是一笔可观的收入，这自然是有利的。以今天看就不一样了。今春一只羊 30 多元，而费用就得 50 余元，那能够本呢？羊毛销路不广，一个羊收上 3 斤毛，仅赚几块钱。在天旱的时候，羊粪也没人要，羊不值钱，里成班的羊主说“贴不起了”。外成班的羊工连嘴都糊不住。在这不景气的时候，羊工不能饿着肚放羊，后经工会调解，乃有“里外混成班”的出现。由主家供给一部分粮食，把羊继续放起来。

灾荒的发展，已威胁到羊群，现羊的料和盐都少了。而羊在一定时期不吃料，就要消瘦（特别在下羊羔后更需用料），春夏“跑青”时，不喂盐羊不肯吃草。据羊工谈：养羊盐料当先，不喂盐料冬季瘦了身，来年就跑不上坡，羊的毛水不顺，羊毛羊粪自然就少了。这样，大羊在生殖时，不是“落羔”，就是生下小羊，跌倒老羊，羊病同样也会增多，现在的羊群大多是不很壮实的。

武乡的羊群现在处于灾难的边沿上，以二区为例：前年有 140 余群（约 7 千只），去年少了十多群，今年又少了十二、三群（多半是零星卖出、病死、伤亡、宰杀）。人们也曾想过法儿来拯救羊群，如为羊找代用食品，“马兰草”

顶料，割绿荞麦喂羊等。为防止羊生病，开春灌以大麻油等都也有些收获。武乡工会在处理这些问题时，也做过不少的努力，如教育员工使他们发扬和主家同甘共苦共患难的精神。一区羊工夏季集了许多菜，并且自动减低自己生活的水平。过去一日 2 斤多粮，现在改为 1.4 斤，掺糠吃菜，这是很好的。但由于灾难加重，工人教育还差，仍然有个别坏羊工，无故卖了羊主的羊，或将羊打坏。在今天，坚持生产，奖励养羊的要求下，这是不允许的。

今秋种麦前后，武乡开展卧地运动，扶助中、贫农卧地，大家生产情绪提高，争先卧地，羊粪也就值了钱。有些新升起来的中、富农，也开始买了羊，如一、六区就有小份羊出现。但是，发展小份羊，并不是没有阻碍，还要注意新升上来的富农、中农，他们想买羊多上粪，但又害怕买上羊增加负担，又怕用上坏羊工不好管理，这就需要深入宣传政府奖励农业的生产办法和新负担法令。工会要加强羊工教育，青年羊工抗日活动很积极，但是劳动差，老羊工放羊好，但是不积极参加抗日活动，工会努力把这种现象消除掉。发扬工人互助，打破封闭观念。在目前困难情况下，尽可能扭转成里成班。更要贯彻政府保证羊群的法律，减少宰羊。多给羊毛、羊粪找出路，这是保证羊群的基本办法。

——《新华日报（重庆版）》1944 年 1 月 16 日　二版

某村合作社真算话　组织铁匠铸铁铧

（武乡消息）去年 12 月，××村合作社，组织了十来个铁匠，铸铁铧，每月能铸 3 炉，每炉是 240 口，到今年 3 月，能出 2880 口。按现在的物价算，每日成本是 11 元，决定开春就卖，总比市上的要便宜，这个合作社真是跟农业弄到一块了。（益文）

——《新华日报（太行版）》1944 年 1 月 17 日　一版

武乡新开 11 个合作社
集股 26 万元

（武乡消息）去年 10 月底，县工商局提出了办合作社的新办法，11 月就得到很大成绩。整理了旧社，算了 10 个社的账，除了石科村赔了 1000 元以外，9 个社赚了 17616 元，群众买货省了 31000 元。全县各村都开了理事监事会，石科等 4 个村还改选了理事主席，提高了群众的情绪，扩大了 26400 元的股金，到 12 月又有 11 个社成立，集股 163365 元。白河等 8 村已经订立劳务计划，新集起 75015 元的股金。算起来，群众新入股金有 26 万元。

——《新华日报（太行版）》1944 年 1 月 17 日　一版

武乡今年生产第一炮
马堡向熬垴挑战
做法和往年大不一样

（武乡消息）旧历年关很快就到，武乡老百姓都热辣辣地迎接今年的大生产运动，到处组织竞赛。前几天，马堡和熬垴互相提出了挑战条件，他们的办法是：第一步先在干部会上讨论，接着再挨门挨户地宣传，以后就组织个人和个人、干部和干部、劳动英雄和劳动英雄的竞赛。竞赛条件，由农会主持在群众大会上通过。第二步是“送帖”，把挑战条件写到两张大红纸上，带上三个铁炮，到对村去送。对村村干部出来迎接，进村先放三声炮，把帖粘到墙上，同时还把挑战条件编成秧歌，到对村去唱，对方要当客待承。在会餐的时候，群众和群众挑战。两个村子都请中共晋东地委彭涛同志，王一伦同志和三专署武专员当评判人。秧歌挑战后，就请评判人给双方订挑战文约。文约上要有：（一）双方条件；（二）检查日期；（三）干部和评判人盖章。要写几张对号文约，各拿一张。现在，双方都忙着准备，到旧历年关就交换条件（两个挑战书抄在后面）。

马堡给熬堖的挑战书

：我们为了提高生产，向你们挑战：（一）保证全村没有一个懒汉，不荒一亩地；（二）保证按时完成全年生产（四季该做甚做甚）；（三）每亩地除了按平常上55担粪，再多上20担，全村共增加6万担粪；（四）俺村不论平、坡、岭、沟地，都修边堰；（五）俺村有270个劳动力，保证有120个参加互助组；（六）俺村有3028.4亩地，要增加310石细粮；（七）全村每户增加两棵洋槐树、两棵果木树；（八）俺村有340个纺织妇女，保证110个人参加互助组；（九）民国33（1944）年全年妇女要纺织2000斤棉花；（十）每个妇女再养两只母鸡；（十一）妇女不拉闲话，不骂男人，不打孩子，家庭“和会”（十二）妇女要上地打圪落、送饭、溜籽、挖苗、割麦、秋收、打藏。

马堡村村长李绍政、农会主席李效余、副指挥李金生、劳动英雄李双全、区妇救主席兼村主席孙芝兰、女劳动英雄石榴先，1月4日。

熬堖给马堡的应战书：

（一）保证沟梁地都修边堰；（二）每亩多上30担粪（从前是70担，现在是100担）；（三）保证苗子除三遍；（四）全村不留一个懒汉，不荒一分地；（五）保证不叫饿死一个能动的人；（六）全村有200个劳动力，保证80个参加互助组；（七）保证12月1日（旧历）把粪送完，担下全年的煤炭，保证按时锄、挖、种、收割埋藏；（八）全村有2830.5亩地，增产285石细粮；（九）保证7月完成民国34（1945）年的粪，每亩是120担；（十）秋后保证把地杀完；（十一）保证每户栽一棵杨柳树、一棵果木树；（十二）保证民国33年手工业进款30万元（箩头、担锅、锅瓮窑），（十三）全村180个纺织妇女，全参加互助组；（十四）保证一年纺织3600斤棉花；（十五）保证妇女要打圪垃、送饭、挖苗，收秋、收夏妇女有120人参加；（十六）保证妇女不骂男人、不打孩子、家庭和会；（十七）妇女一人多喂三只母鸡。

熬垴村长赵一、农会主席关家芳、副指挥要守旺、区妇救常委霍变全、劳动英雄乔成才。(征明)

——《新华日报（太行版）》1944年1月23日 一版

优抗模范张四孩

代耕负责，战争中处处照顾抗属

（武乡消息）本县在检查优抗工作当中，发现南郊村的张四孩对抗属很好。他给某抗属代耕，比养种自己的地不差啥。抗属家穷，上不起粪，他就时常拾粪倒在抗属的地里，他说："他家穷，哪能卧起羊？可是不上些粪，那能打下粮食？分给我代耕，我就要负责。"一年来，他给抗属养种得合时，刨锄得下工功夫，收成达到了县产量，抗属满心欢喜。另外，他照顾抗属也很周到，战争一来，就给抗属空舍清野，招呼抗属进洞，还给抗属打了好几个小窖藏东西。(健)

——《新华日报（太行版）》1944年1月25日 一版

武乡消息

（武乡消息）本月5日，武东县区干部会上，决定拿出很大的力量来，把全县耕牛（特别是蟠龙附近的）和穷人共4000多人组织起来，作冬季的运输工作（主要是运煤）。这样，不但解决了难民和穷人的眼下生活，救济了失业矿工，而且能护住几个煤窑，可以解决武东全县和左权、榆社、黎城各县一部烧煤问题（省下柴草好造肥）。这个工作由当地合作社负责办，组成×个大煤站，也就帮助了合作社的发展。做的办法是以工代赈，挑煤的以路程远近，规定价格，拿县里的救济粮作资本，除当时发一部分粮食外，其余发给兑粮票，到今年4月到政府兑粮。据算计，一个人挑一冬煤，除自己吃用外，还可兑到一石多谷。现在正在加紧组织。(苏健)

——《新华日报（太行版）》1944年1月27日　二版

大家都学李马保

每亩上肥115担　全村的肥都已送到地里

（武乡消息）李马保村里的地，每亩平均上60担粪，他自己的地，上到115担。他在本月10号以前，已经把粪担完，正帮着别人担。他打算把全村的粪在农历年前都担完。他说：等到别村在正二月间担粪时，咱村就要垒地堰、扎壑、填圪洞了。事事总要赶到头里。(昂)

——《新华日报（太行版）》1944年1月29日　二版

钟营长

——人民爱我　我们是人民的儿子

程　光

我到了钟营长住的村子。

“打呀，打它个光光的！”几个民兵用四川腔学着钟营长的口令，进行作战演习。战士和民兵们生活在一起，学习、战斗真如哥弟一样。

钟营长，年青、健壮又和气，谁也愿意和他接近。老钟每到一村不用打问，人人都熟识他。民兵一见他，便围的走不开了，摸住他的皮带，要他讲解麻雀战。

在钟营长住的院子里，时常有附近几十里地的老乡来看他，有的带上些香烟。过年时钟营长桌上堆满着慰问信，称他是那一代“立功救民的头一人!”×村一个老乡年前赶集，买到半口猪，星夜扛着送到钟营，钟营长不收，老乡急得讲：“我这命值钱？这块肉值钱？没有你们我哪能活到现在？”过年的几天钟营长更忙了。有个来自边沿上的老乡，他背来二斗麦子，给钟营长贺年，并向钟营长这样讲：“你吃得饱饱的好去打日本，我有个孩子死在敌人手下了，我知道你能给他报仇的。”

一提起钟营长老百姓都称“好战法、指挥高，有他就少受害，是我们的靠命山。”

十月反“扫荡”时，鬼子把活庄围住了，山沟里，有十多个婆娘被鬼子拉的糟蹋。钟营长听到了，放下碗，领上队伍就来了。老钟下了个急令“打呀!”看吧，山梁上尽是咱队伍，把敌人包住了，砰砰、叭叭，打的鬼子跑了。

有个老乡神秘似的讲：钟营长真不简单，敌人去年大“扫荡”时，三县敌人齐合来，三里地左右被敌人围住了，可是钟营长还在下北漳一带安顿老百姓转移。随后，眼不见便跳到河上了，一个伏击战鬼子伤了一半，窜向东面去了。第二天敌人过来过去都挨钟营长的打，老钟摆的阵势，鬼子实在难逃脱啊!

老乡们常这样谈起，钟营长在这里可给人民出了力啦，光牛羊也给打下好几圈。蟠武边防上，大家齐能闹养种了，也多亏有了老钟。“一打仗连鞋也顾不上穿，带着望远镜，就上火线了。”一个逃到根据地的柳沟老百姓，一提到八路军在鬼子哨棚下抢救民众出窑洞，战士一个个往出背他们，他就热泪满面了。他很痛心地讲：“当时家里谁也不顾谁，哪知道能活哩，可是咱队伍就救出俺们了，俺爹俺娘也没有这样好啊！”

钟营这支队伍是与那里的人民、土地、血肉的结在一块了。从到那里，已经打过百把次仗了，每个战士几乎打死一个敌人。这些，老乡们不止亲眼看到，有的老乡还实地参加了。因为这个战绩正是军民同命斗争的结果啊。

每次打仗队伍左右常有好多老乡。有时，见队伍打得鬼子乱跑时，人们就拍起手来。有的就去抢鬼子东西、送饭、搬运东西、抢彩号，都争着干，甚至老乡们自动把窑洞变成临时收容所。在去年战争后，好几天了，老乡们把扶养好的彩号送回去。

这样，敌人就非常害怕。蟠龙敌人向民夫讲：“那个瞎营长大大的坏，厉害。”上月，敌人出来包围钟营长，抓住一个老太太问：“一只眼钟营长在哪里？”老太太很巧妙地把鬼子指转了。

今年，钟营长的节约生产很好。战士采野菜，节省下粮食救难民，并且背着枪，人拉着犁在蟠龙敌人炮台下坚持了第一线生产，推动着蟠武民众也一块去闹养种。好多战士替老乡担粪，抢收谷子，挖山药，老乡们也亲切地把自己养种办法告给队伍，使多年的老战士也学会了种地。……许多战士们很感动地讲“群众帮我们又会了件本事。”村上老百姓有啥作难，战士们自动地就给动手去，他们需要缝补些啥，老乡拿上就送给家里的娘儿们了……

在拥军运动中，蟠武线上的老乡们齐喊着要慰劳老钟营，他们要把钟营长抬起来。有个白发老汉也高兴地持着拐杖见钟营长去了，他站在钟营长面前这样说：“你这个子长得大呀，真带有武才！你看你那口牙齿多厉害，打吧，有你我也能多活几天！”钟营长哈哈大笑地解释着：“胜仗是靠老百姓帮助打来的，光军队是不行。”最后钟营长上前给老汉讲：“我是干革命多年了，也是个劳苦人家子弟。人民爱我，我是人民的儿子。”

——《新华日报（太行版）》1944 年 2 月 3 日　四版

十四团派干部回武乡清理旧案

（武乡消息）十四团前几天，派了5个干部，回到武乡驻扎过的村子，进行检查和清理过去的旧案。现在事情已经办完，损坏百姓的家具都赔偿了。自从十四团离开武乡后，老百姓就都想他们，这次他们回来清理旧案，老百姓除了感激他们，更想他们了。（健）

——《新华日报（太行版）》1944年2月5日 一版

蟠武线上的游击生产

程 光

敌人占领了武乡蟠龙，上万亩田地被敌人的碉堡控制住了。人们在抗日政府的领导下转移出来，重新组织了家庭，恢复了抗日的秩序，积极和敌人斗争着。

这一片将近万亩的田地是不能荒废的。人们在军队和民兵的掩护下，开始了碉堡下面的耕作。××村有父子两个人，耕作得特别起劲。有一次不幸被敌人捉住了，严刑毒打，他们并没有屈服，终究找了一个机会，逃回根据地来。他们逢人便说："在前边非大家合伙干不行"。人人都有这种感觉，互助成为群众共同的要求。抗日政府这时抓紧大家的心理，提出组织互助组。大家都说对，于是互助组就普遍地成立起来了。

最初每组都是二四个人，在秋耕时，合伙赶上一头牛，有犁的，有刨的，还有放哨的。敌人一出发，放哨的预先报告消息，人和牲口赶紧转移，吃不了什么亏。许多地，就是这样耕好的。

敌人是最狡猾、最毒辣的。它也想出了许多破坏我们生产的新诡计。

它常派着多小股兵力，钻我们疏忽警戒的空子，到边缘区突袭扰乱。或者派出汉奸，登高喊叫，把生产的人们吓散。开头，放哨村的农民是没有战争经验的，有时候非常迟钝，该叫民兵没有叫，有时候过于紧张，本来没有情况也把民兵叫了来，结果是白跑许多路，就误很多时间。

大家接受了这个教训，商量着改变以往的组织，建立村与村的联防，加强侦查和情报工作。各村互相援助，减少了许多力量的浪费，更把战前的生产组改为战斗与生产结合的劳动队，由民兵和劳动力强的农民共同组成，分队下面分成小组，小组都有民兵做骨干，在没有战斗情况时，安心生产。民兵随时教给农民们对付敌人的法子。一有情况，民兵马上出动作战，旁人用各种方法援助他们。在“互助互济、等价交换”的原则下，人们是很愿意参加这样劳动队的。因为现在人人都获得了这个真理：“在敌人面前，有组织才能办事儿!”

劳动队的最大特长是有计划，各村要把自己的生产作一通盘的计算，种些什么，怎样种法，哪些在先，哪些放后，都有很好的安排。

群众的创造力是很丰富的。敌人不断出来扰乱，大家便发明了一种“游动生产”：你（敌人）赶一赶，我退一退。你在前面打枪，我种后面的地，你回到老巢里去了，我再种前面的。靠近碉堡的地方，危险性最大，人们又发明了一种“闪击生产”：选择一个好机会（多半是在夜间）由民兵把碉堡封锁住。大家一拥齐上，很快地把地种完。敌人被封锁着不能出来，打枪也无法瞄准。

成天和敌人打交道，不会打仗就没法生活。人们在种地的时候，常常在要路口上埋好地雷。等到敌人踏响了，民兵赶上去，和敌人接上火，后面的人再转移隐蔽。敌人退了，后面的人又出来生产。群众自己编了许多歌子，常常一面生产，一面唱着：“握紧锄头，拿好枪，赶快干一场；田庄，战场……”

他们唱得真实，田庄就是战场。有一次，抢种的人离碉堡太近了，敌人吓唬他们，他们仍旧不理。敌人真的下来了，眼看着这几个人就要被包围。其中有一个很机警，他们看见敌人快到跟前了，赶紧爬下来，拿出锄把装作放枪的姿势，就把敌人吓住了。他们转一个身，飞腿就跑。有一个年老的没有跑脱，他赶紧脱下衣服，伏在一个山坎上，他的肉色和黄土山差不多，敌人终于没有找到他。

种地的人都很注意自卫的武装。他们上地时，总是带着一个小口袋，里面装着炒面、窝窝头和手榴弹。他们常说："在这种地方，不随身带点吃的还能干？"又说："不能光给自己带，也得给敌人带点呀（指手榴弹）！"

——《新华日报（太行版）》1944 年 2 月 5 日　二版

《新华日报（重庆版）》1944 年 4 月 5 日　二版

武东训练农村艺人　编出很多剧本秧歌

（武乡消息）武东正在集训一批农村艺人，编写唱本。参加的 20 多个人，工农分子占三分之二以上。他们有的是半文盲，不大会写字，有的是睁眼瞎子。但都是肚里有货，说起来编起来，一套又一套跟着锣鼓顺口唱，锣鼓一停，秧歌就成。唱得入情入理，大家称赞，证明工农分子不但能创作，而且创作得很好。现在他们编写成为东西，有"崔吉昌拥军""兰成元坦白""两合算""夫唱妇随""雪夜""生产月份牌"等歌剧、快板和跑腿秧歌。这批人回乡以后，农村文化娱乐工作，一定会大大热闹。（冈）

——《新华日报（太行版）》1944 年 2 月 5 日　二版

这里送鞋那里送羊　打伙慰劳子弟兵

（武乡消息）一区许多妇女，听到劳动英雄石榴先亲自做两双好鞋拥护军队的消息，都嚷嚷起来了："人家做两双，咱连一双还做不成?"好多妇女也就动起手来了。马堡妇女更下功夫，有的打算给军队做烟口袋，还有的要编个手巾，编上自己的名字，让战士们知道：后方的人时时关心他们。洪水妇救主席申春花号召全村每个妇女要献给军队些礼物，表示咱们的心，心里真要来个转变，要比给自己做得更好，不要把军队当外人。她还提出自己以后要时时帮忙做点针线生活，多照顾来往军队，在拥军上做出个新样儿。（光）

——《新华日报（太行版）》1944 年 2 月 7 日　一版

围困蟠龙敌人的故事

程　光

一、李家弟兄

"甚么人杀敌称英雄，甚么人中秋显能手。

秦家烟李家两弟兄，中秋节杀死真日本……"

这是流传在全武乡的一支新歌曲——"四大英雄"。当人们唱起这歌时，就想起了李家弟兄所干的那场英雄事。

离蟠龙不到二里远的地方，有一个村子叫秦家烟，那就是李家弟兄——李兴云、李金河的家乡。但从敌人来了，他们就离开了那里。现在，他们离开那里已经很久了。

是八月的时候，弟兄俩商量了一下，打算回去拿出些东西来，过中秋节。弟兄俩，一人扛了个铁铲子，向蟠龙走去了。离家不远了，天还没黑，弟兄俩就一块在大石头背后歇下来。因为太疲乏，一下就睡着了。睡着后，有一只日本狗在旁边绕了一阵，随后便不见了。一会儿，那只狗引来了四个鬼子，将他弟兄俩捉了起来。

鬼子先问他俩是不是民兵，又问村里民兵在哪里，他俩装成傻子谁也没有哼。敌人端详了一会，见他俩带着铲子，便上前拍了他俩一下说：“好好的苦力”。后来四个鬼子就将他弟兄俩带到蟠龙去了。

到蟠龙的路上，有个坐北朝南的小庙，小庙旁边，有几株果树。一到那里三个鬼子就跑去摘果子，这时，看守他俩的，只一个鬼子。

机会来了，金河脑子里忽然想起了个计策，立刻向哥哥使了个眼色，哥哥立刻也就懂得了。哥哥往鬼子的身后，移动了两步，突然，喳的一下，铁铲朝着鬼子的鼻梁上劈了下来，马上鬼子血流满面，就晕倒了。等那三个鬼子上来时，“苦力”早已不见了。一枝三八式，还有一块雨布也不见了，摆在地下的，只有一条死尸。

二、菜刀英雄——李庆和

跑过五府十县的李庆和，满口会讲汾阳话，自被敌人在蟠龙路上抓住后，真是苦极了，跑了好几回，也没有跑脱。

有天夜里，他很早就睡了，半夜里，他起来小便，打算跑，但因不小心，惊动了旁人，也没跑脱。

“要杀他一个才对啊!”后来他盘算了一阵，赤着脚到厨房里摸了一把菜刀，就绕进里院去了。

鬼子睡得像死猪一样，他握紧菜刀，砍死一个鬼子，还拖了一条枪才出来。

三、请鬼子喝水——郝贵堂

郝贵堂是武乡龙湍村自卫队员，不管敌人如何出扰，他都不误工，一有空就到地里动弹。

那是6月底，鬼子刚占下，“良民”一个也找不到，为了抓人，小股敌人活动很利害。有一次，他正在地里干活，就碰到敌人手下了。鬼子一抓住他就问“公粮的，在什么地方”？郝贵堂的回答是“不知道”!

后来，敌人一面问，一面用脚踢，把郝贵堂的腿踢青了，他也没问出什么来。

那时天热，鬼子逼着他去找点水喝，郝贵堂心里有数，咬着牙，熬着时辰把鬼子领到井上了。

鬼子渴得太厉害了，第一桶水刚吊上来，鬼子便爬在水桶边咕咕地喝起来。

正好！郝贵堂眼明手快，扭住鬼子的腿，就把他送到井里了。

这事发生后，郝贵堂的名字，立刻传遍了全武乡。围困蟠龙斗争中的群众杀敌英雄，也就慢慢地多起来。

1943 年 12 月

——《新华日报（太行版）》1944 年 2 月 7 日　四版

《新华日报（重庆版）》1944 年 4 月 6 日　二版

开天辟地大事记

——武乡人民款待军队

程　光

下请帖

过年的时候，队伍刚收了操，团部里就来了一大堆人。一个老农民，拿着一张大贺年片递给团部的同志说："我们村里老少来给你们拜年，祝你们身体都好"！团部的同志们兴奋极了，齐跑出来迎接。可是这一迎接，迎接出了"麻烦"。那位老农民接着说："同志！今晌午咱火房不用做饭，家户上要请同志们坐一会。"团部的同志，再三推辞，也不行，直到答应了后，那一大堆人，才从团部走出来。

家家户户做饭忙

按老规矩说，"破五"前都是招待上亲的日子，今天全村人比往常招待上亲还热火。

村里有一家老王，老王的院里扑鼻子香，别家的院里，也一样扑鼻子香。老王一早起来就把肉炖上，他还炒了一把芝麻下到锅里。

老王嫂在擀面条，面很白，擀得非常薄。老王笑着，蹲在火炉旁边，一边抽烟，一边说："不让咱们队伍吃上一点，心里可过不去"。

前几年，老王每年收罢秋，交交租子，自己就没吃的了。一年两头大张嘴，有苦也没处诉。八路军来了后，就行减租法令，他才抬起头来。

现在，老王的光景，已经好过了。他永远也忘不了八路军。

请客"打前站"

"中央军来了关大门，八路军来了往家请"，老乡们都到团部里请客来了。××村的仓库主任怕请不到手，早饭前就跑来"打前站"了，可是一进门就奇怪起来，"哈！"院里人已挤满了！

团部的唐同志，被许多人包围了。那里说要请 30 个，这边说至少得去 20 个，弄得唐同志简直没法说，哪有这么多人的呀！

后来，七争、八争，只好七折八扣，结果那天团部里做的饭，没有人吃了。

吃饭前后

为了迎接"客人"，劳动英雄段四明（后沟村人）领着一伙人，打着锣鼓来了。谁也没有号召，可是前后都是人。

把"同志们"迎到了村里后，大门外，站着的老汉汉们像招待亲人一样，一见"同志们"就说："请到咱家吧！来……"

在一家姓徐的老乡家，"同志们"坐下。跟着，就拉起话来。徐老太太有个女儿，嫁了后，老是挨打受气。八路军来了后，她的女儿解放了，还当了村妇救委员。老太太想起这段事就说，没有八路军可不行！

同志笑了笑说：军队离了老百姓也不能打仗。后来大家齐笑着说："谁也离不了谁，军民是一家人。”

饭盛在碗里，老乡们围着“同志们”吃了起来，村外的锣鼓打得越发有劲了。

——《新华日报（太行版）》1944年2月11日　四版

运输线变成死亡线
——控制蟠武大道的民兵

程　光

从东段村经马庄、长乐到蟠龙，长约40余里的一条大道，是蟠龙敌人唯一的补给线。每星期内，蟠龙的敌人要到段村进行“联络”，把粮食和其他用品接到蟠龙，支应困在蟠龙的野兽，伪剿共军们经常这样叫：“接不到供应，我们就难在这里活一天啊！”

驻在蟠龙的伪剿共军（三个团），经常以一个团担任运输。但是，这条线太不安全了。鬼子的运输兵力，随着运输次数不断增加起来。10月前后，有一次敌人是以一个团多的兵力到段村去。次日一早，就搬着东西走回蟠龙，有一个连在前面搜索前进。当鬼子的尖兵连走到马庄河上时，我军和民兵结成的伏击战打起了，鬼子连枪栓都顾不上拉，一个个的都在火网里倒下去。当敌人援兵赶来时，一个连已经快消灭完，只有那个空头连长，最后拖着枪跑回了蟠龙。

蟠武线两侧的民兵，在正规军的带领下，一天天的坚强起来。他们每天活动，控制着来往的敌人，使敌人每次都要丢下几个死的。最后敌人感到吃不消的是“新民炮”。确实，三、七区的“二人抬”枪，常常把这条线轰红了。鬼子路过，听到震山的炮声时，接着扫帚形的一片火花就打过来了。这比枪子还打的痛，而且带彩的常是好几个人，打进去，肉就成了烂洞。有一次十多个敌人在一棵大树底下歇着，忽然山头响了一声炮，鬼子们的身上，立刻就出现了麻子脸一样的血洞，有一个鬼子当场就送掉命了。

鬼子要靠这条线来活，自然是要用尽各种办法来保护的。随后在联络时，他两翼的兵力就特别加强了。这一来，使蟠武线两侧民兵的活动，有了困难。但是，民兵截击的办法也同样的多了——飞行爆炸运动开始了！

11 月后，蟠武敌人的运输特别频繁，民兵们战斗也就更加紧张。日夜守卫在蟠武线防上的民兵，一直冲到离敌据点数百米的地方，敌人一出动，他们就很快的知道了，沿线便埋上了地雷。有一次六区的民兵在大道上一连挖了好几个洞，通通把地雷埋好，火线用一条绳子牵在手里。当敌人侧翼过来时，他们很巧的把火拉着了，当场便炸伤鬼子四五个，使得鬼子的掩护兵力，也不敢伸得很远了。

“联络”这两个字，已经是剿共军兵士中最恐怖的字儿。后来，鬼子在联络的路上，行动就特别小心，并派人在前面用竿子触探地雷，发现可疑的地方，便插上记号。

曾经有过一颗地雷炸伤敌人一个班。那时，也是在马庄河上，敌人慢慢地推进着，有一个班走在最前面。看见地面有点不对头，就挖一阵，挖出来，有的洞里是空的，有的是石头，把鬼子们气坏了。在挖的时候，鬼子常是大胆的围起来。在最后的一个洞上，鬼子一刨，结果围来的鬼子同被一颗大地雷炸翻了。只有三个人还能爬起，余下八个便都躺在地上。有时，敌人挖起第一个地雷，下边第二个地雷被带响了。

这对敌人的威胁太大了。11 月里，敌人从潞安抽了一部兵力来接替剿共军的防御，抽出两个团以上的兵力，在蟠武沿线又扎下临时据点，专门进行一个月的运输，保证蟠龙敌人三个月的供给。

那时，我们民兵正搞冬训，敌人在附近的抢劫也厉害了。有的民兵牵着牛到训练班去，他们把学习和实际战斗融合在一块，白天打仗，夜晚就开检讨会。因此，创造性也就更大，民兵杀敌的勇气也更加增涨。他们把地雷爆炸和飞行射击结合起来，地雷手以地雷封锁敌人，飞行射击手就打冷枪。××村神枪手马应元有一次曾以五颗子弹放倒了三个鬼子。有时，当敌人进入我地雷网内，一打枪，把鬼子就赶在地雷上了。

××村和××村在当时提出了杀敌竞赛，晚上一面破路，一面又摸敌人的哨。敌伪在马家庄村外的军事哨，放在一个坟里，三个民兵小组，在一个夜里将那个哨棚炸烂，解决了敌人的哨兵……从此，鬼子便很快地撤退了临时据点，要运输三个月的供给计划也流产了。

蟠武线两侧的民兵是在以新的英姿在战斗着了，他们要把敌人困死在蟠龙！

——《新华日报（太行版）》1944 年 2 月 21 日　二版

大户好吃好穿　小户够吃够穿

武（乡）东一、五两区生产比赛目标

（武东消息）2 月 10 日武东一、五区在洪水附近开拥军大会。会上，一区向五区提出生产杀敌挑战，具体计划如下：（一）全区土地 415 顷，比去年增产粮食 5000 石，达到应产粮数目。（二）争取墨磴、马堡、戈北坪、南台、熬垴、白反头七个村，超过产量 170 石。（三）全区增加肥料 80 万石，每亩增肥 20 担，达到 60 担。（四）全区男劳动力 2000 人，内有 1200 人参加劳动互助，800 人经常互助。（五）全区地边地堰，一律修好。（六）九个村修滩地 50 亩，作义田、开生荒 300 亩（包括客民）。（七）麦地双牛耕，秋地保证耕完。（八）彻底消灭懒汉，保证不让一个有劳力的人挨饿，不荒一亩地。（九）全区劳动妇女保证参加劳动。（十）组织 2000 妇女纺织，共纺花 2 万斤，每人 10 斤。（十一）每人采野菜 500 斤，共 150 万斤，每 15 人节粮 1 升，共节粮 1000 石，渡过灾荒。（十二）保证穿衣，做到自给自足。（十三）手工业收入 150 万元，合作收入 50 万元，矿工生产收入

100 万元，共生产收入 300 万元。（十四）种棉花 50 亩，种兰靛 40 亩（染色用）。（十五）植树 3000 株。（十六）养鸡 4000 只。（十七）保证羊群不出口，少受损失。（十八）做到大户好吃好穿，小户够吃够穿。（十九）发展小牛小驴 300 个。

为了保卫生产，开展群众游击战争，积极打击敌人，全区杀敌计划如下：（一）每次反“扫荡”，全区杀敌 75 名，每村平均 5 个。（二）展开石雷战，保证全区有 8500 个石雷爆炸。每户平均三个。（三）二月底把全区窑洞完成，保证人、牲口不受损失。（四）各村粮食确实埋好，保证战时不受损失。

五区马上应战，其条件如下：（一）增加食粮，做到全区够吃。平均打够应产粮，除供给食用外，每人要多余三个月粮食，全区以 500 顷土地计，每亩增细粮 1.2 斗，共增加 6000 石。办法：1、每亩多上粪 10 担，平均 70 担。2、全区土地都要修边堰。3、种子做到一半以上用盐水温水浸泡。4、糜黍豆锄两次，其他庄稼锄三次以上。5、保证麦地耕三遍，秋地都杀完茬。6、全区组织一半劳动力参加互助组，约 1500 人。7、保证荒坡坏地都种庄稼。（二）发展纺织：全区 14000 人，保证每人纺 3 斤花布，组织 1500 妇女纺织，每人 20 斤花，共纺 5 万斤花，力争创造 100 个模范纺织妇女。（三）今年全区发展 1000 只羊，每户喂鸡 4 只，每户栽两棵树。（四）全区妇女参加收割、打场工作，1000 妇女参加打圪垃、拔苗，1500 妇女采菜，每人以 500 斤计，共 75000 斤。（五）全区能劳动的人都参加生产，懒汉共 155 人，已有 120 人参加生产，其余 35 人逐渐教育转变。（六）抗属土地保证不荒，生活上够吃够穿。帮助军队进行生产。（七）干部要解决各种纠纷，使家家和气，人人高兴生产，现有 300 户不很和气。（八）保证不使一户劳动老百姓及不能劳动的老弱群众挨饿。（九）全区经营 12 个合作社，日用品保证自给。（十）加强生产领导，保证各行政村、自然村、村干部、劳动英雄、模范农家都订生产计划，自觉自愿完成生产计划。

最后提出请彭政委、武专员、武县长、马政委、王主席等人作评判。

——《新华日报（太行版）》1944年2月23日　一版

武乡难民工作介绍

占　亭　子　箴

自从1943年6月，敌人占据蟠龙后，蟠龙附近的老百姓，响应政府号召，男女老少就都转移出来了。经过政府适当安置，散住各村。夏收和秋收时，由军队民兵掩护，又与敌人作了抢收的斗争，获得了一大部分粮食，粉碎了敌人一个个阴谋诡计，到现在已经有八个多月了。

现在因灾荒关系，部分难民们抢出来的粮食，已快用尽了，生活日渐困难。政府为了解决他们的生活，继续坚持围困蟠龙的敌人，前一个时期，用最大的力量，依靠合作社组织他们和赤贫4千多人运输。但是经过检查，还有许多缺点。最近又开会讨论，重新确定了几个办法，现在介绍在下面：

（一）加强领导。县由县政府、工作团、救联会、武委会各派专人，和难民代表共同组织难民工作委员会；区由区公所、工作团、救联会、武委会、合作社、难民代表共同组织难民生产合作社工作组，村难民所在村行政领导下，组织难民生产小组。

（二）加强运输组织，抓紧时间突击运粮，给难民抽百分之十五的报酬。其次，全县煤站九处，适当提高各站运煤的运费，最低限度每人每日除煤价外，还能得到三升谷（吃用在内）。再次简易运输手续，制发运输证，统一皮重量，笼驮11斤，箩头小架5斤，箩头4斤，担挑绳架2斤。为了解决箩头困难，给蟠龙合作社贷谷4石，组织编匠赶编。

（三）组织妇女纺织，贷给合作社每个纺织妇女5斤棉花的资金（仓谷2.5斗），约计800人，共谷200石，由合作社组织妇女，给合作社纺织。

织 1 斤花的布，赚 1 斤花的工资（愿要金钱棉花或粮食都可，均按市价折合）。20 天周转一次的，每斤布奖给棉花 1 两，并由合作社统一制发纺花车、织布机。规定布面宽 1.2 尺至 1.3 尺，每个长 6.5 尺至 7 尺，以便容易推销。

（四）严格调查登记无劳力的户口，准备适当的救济。标准是：一、老弱残废确无劳力的；二、因病暂时失掉劳动力的；三、因劳动力过少，不能照顾无劳力的。

（五）给难民解决土地问题，重新审查适当分配租出公地及逃亡地主土地，每个难民争取分到一亩以上，每个劳动力最低限度开荒二亩以上，动员中农以上户，自愿租或伴种给难民一小部分土地，要求每个难民能耕种二亩以上的地。

（六）农业生产投资的帮助。甲、肥料，发动难民及儿童拾粪、拾骨头、扫道土、集堆肥、割柴熏粪。发动羊群歇晌。发动难民房东准许难民每人每月担粪两担。由春耕贷款内贷给一部分，帮助卧地。乙、种子；在阴历二月初二日，召开当地群众和难民的联欢会，互相检讨，并发动当地群众在友爱的精神上，帮助各项种子，集中保管，种时分用。丙、农具耕牛，发动帮助和变工。

现在各级负责难民工作的同志们，都已经分头下乡，如能把这些办法都变成事实，难民的生活就能初步解决，并打下今后的基础。围困蟠龙敌人的斗争，就能更好的坚持下去。同志们，努力吧！

——《新华日报（太行版）》1944 年 2 月 27 日　四版

武（乡）东五区给移难民找地

（武乡消息）本县五区为了照顾从敌占区逃来的移、难民，决定由所住村给他们每人拨一亩地种。地的来源，主要依靠群众自己的动员。上细烟编村，有难民 60 余人，现在全编村已动员了 60 多亩地。至于种子、农具、

粪土、耕牛，也由村里负责给他们调剂互助。（克勤）

——《新华日报（太行版）》1944 年 3 月 1 日　一版

长期围袭　最近猛攻下

我军收复蟠龙

（三分区 29 日电话）我分区军民在长期围袭、最近猛攻下，于 28 日早上光复蟠龙。27 日上午 2 时，我分区八路军、地方武装及蟠龙附近民兵，在密切配合下，向蟠龙敌伪发动猛烈攻势。自晨至夜，激战甚烈，敌伪死亡很多。敌伪因援兵绝望，恐遭完全歼灭，乃于 28 日拂晓，弃碉突围，西向段村逃窜，沿路又遭我尾追部队及预埋地雷节节杀伤，敌伪人马死亡又很多，我主力部队直追到武乡城附近。蟠龙及附近敌伪据点，乃完全光复。

自去年 6 月 15 日敌伪占据蟠龙以来，迄今已八个半月。在此长期过程中，我分区八路军、地方武装及附近民兵，对敌不断积极围袭，造成无数可歌可泣的英勇故事。尤以去夏蟠武战役，予敌打击最大（歼灭伪军两个营，日军一个指导小队，另毙伤敌伪 700 余人）。敌伪每出必遭打击，每次运输必遭伏击。因之敌伪自己也承认补给线变成死亡线，深感坐卧不安。

刻下，我武东全体军民，正以全力对敌公路、建筑物彻底破坏中。

——《新华日报（太行版）》1944　年 3 月 1 日　一版

响应政府大生产号召

孙荷香订全年纺织计划

（武乡消息）六区胡宅沟妇救秘书孙荷香，去年全年，没用过一个本钱，共织了 50 斤花的布，赚了粮食 1 石，大洋 500 元，前后穿了八九十尺布。

她今年计划织60斤花的布，做6对鞋。每月织5斤花，用20天；其他5天做鞋，5天办工作。还有一个月的时间，做衣服和零碎事情。

60斤花的布，她计划只用10斤花的资本，按目前市价计算，每斤160元，合1600元。做到60斤花的布，每斤按七大尺算，共420尺，以目前市价每尺40元，共能卖大洋16800元。卖5对鞋，每对120元，共600元。共大洋17400元。1万元能籴杂粮3石补救生活，出雇工工资（用三分之一的人，出1石粮），和入合作社股金。（水林）

——《新华日报（太行版）》1944年3月3日　二版

武乡的赤贫问题

赞　廷　缘　健

武（乡）东的赤贫户，较之战前有很大的减少。全县统计，全部消灭赤贫的，计有西中庄、义安等20余村，消灭了一半以上的，占大多数。其余也都消灭了一小部分。这个问题，战前及抗战开始时，都很严重，差不多每村都有数户。但到抗日民主政府成立以后，尤其是1940年以后，就大大不同了。数年来，武东消灭赤贫是采取了以下几种办法：

一是分配公地给他们种。二是政府政策法令的执行，尤其是土地、劳工、减租减息、负担政策的执行，使赤贫的农民受到剥削减轻了。三是提高群众生产情绪，有些懒汉、坏人也参加了生产。四是政府的帮助，如贷款，组织他们进行农业生产，工业生产，担挑，熬硝，发救济粮，组织羊群给他们卧地，贷给妇女棉花使之纺织。

现在武东留下的赤贫户，按比例来说，是户数比人口数大，户数共1148，人口共3668，还因为赤贫户大都是鳏寡孤独的人。或是只有老汉老妇，或只母子或父子等。

另外，由于情况变化没有及时重新分配土地，也很有关系。

今后为了继续消灭赤贫户，武东最近又确定了几种办法：

首先是重新分配土地。据 95 个编村的统计，共有公社庙地、绝户地、逆产等 3312 亩，每人差不多能分一亩地。过去分配的地，因有些人已上升成中农和富农了，如果重新分配，就可抽出一部分来。如宋家庄，现在中农种的公地，就有 36 亩，原先分配时，他们都是贫农，但现在大部上升了，所以就可说服他们抽回来些。

其次动员富农地主和租地多的中农，让出一些给贫农种。在武东，有些村还有这种情形，就是地主富农的地，不租给贫农。如杨桃湾村，有出租地 140 亩，大都是中农以上户租了，贫农与赤贫户反租不到（原因是地主为了好要租，同时他们觉得中农租上，经营上也合算）。现在如果政府和农会劝他们让出一部分租于赤贫户，也能解决一部分。

再次对无劳力无土地的鳏寡孤独，可以用救济来解决。现在武东各村屯集起的仓谷和糠就有这个力量。他们原有的一小片土地，可号召村中干部或积极分子，替他们代耕。

再次是要和改造懒汉的工作配合。根据宋家庄的调查，该村十个懒汉中，赤贫户就有三个，分配的一片土地，荒了也不种，群众主张收回。因此，改造这些懒汉，也是非常必要的。

再次是除一般进行外，在冬天对勤劳的赤贫户，订按家计划，组织起卖煤、卖饭、下煤窑、卖柿子等。对于妇女，就组织她们纺织，由合作社贷给棉花。合作社油房的麻饼，一定要卖给赤贫户吃。

总之，办法是有的，只要注意就行。

——《新华日报（太行版）》1944 年 3 月 7 日　一版

应该登在新华报上

——武乡戈北坪拥军故事

这客人都请定了

民革室反省时，有人提出要请军队吃饭，接着大家就争先恐后地向村干部报名。并要求村干部向军队约定好日子，但干部和部队一谈，部队上谢绝了。干部一连跑了两三趟，部队上说没允许，因为他们觉得老百姓困难，不必这样。

初四半前晌，五六十个老乡都拥进部队来，一直嚷着要“请吃饭”，部队上再三解释也不行，结果拉的拉，推的推，全队人都分布到各家各户了。最后连部队上的客人（分司队务参谋）也拉上走了。

一夜不睡觉

初五的晚上，军民共同演戏剧，大家都正看得兴高采烈的时候，矿工会的老李来了。一到戏场就喊：都走了，下窑去啊！部队上人很奇怪，莫非戏演得不好吗？回头问了房东才知道，人们给部队挖煤去了。第二天太阳多高了，老李才红着两只眼睛回来。

应该登在新华报上

掷弹筒班的房东马永朝父子俩都是煤窑工人。一天老马挑了一担煤，倒在该班的房里说：同志，你们烤火吧！他不管大家收不收，放下就跑。又有一天部队去磨面，回来时家中又堆了一大堆炭块，不用问大概又是老马做的事。过两天又送来一担。部队把过年节省下的白面，烙了几个油饼子给老马送去，以表谢意。十五那天老马又蒸了些白馍，热腾腾地给掷弹筒班送去了。十六搬家了，老马又送给班里每人一绞麻绳，叫打背包用。在这种情况下，把部队都感动了，都说老马应该登在新华报上。

你们走了啥时来

十六早晨，队伍要搬家了。饭后，村子里锣鼓喧天，人们乱嚷。一会队伍集合了，老乡们也排成队。双方干部谈了话后，在锣鼓口号声音中，全村老少男女把部队送了半里路，部队尽力拦住，才算停止了。几个小孩子还说：同志，你们走了，啥时来？

——《新华日报（太行版）》1944 年 3 月 7 日　一版

马堡突击担粪　冯家垴修边垒堰

（武乡消息）马堡和熬垴生产挑战之后，马堡现在已组织起 20 来个互助组，突击担粪。大家都说：“又能赶工，又不苦闷人!”冬学里，配合生产进行教育。(冈)

（武东消息）自从冯家垴接到禄村的挑战书后，全村便掀起担粪运动，有 7 个有组织的担粪小组（30 余人），武水兴的小组担得最快。他们一组 4 人，在正月十五以前，就把粪完全送到地里。武黄保的小组（五人都是青年）正月二十八日以前也送完了。这五个青年每天担 140 多担粪，五天就把粪送出去了。他们说：咱们不要算工，咱的思想已打通了，管啥便宜吃亏，反正闹好生产就是了。

现在已过了二月二，全村正准备修边垒堰打圪垃。(建业、致敏)

——《新华日报（太行版）》1944 年 3 月 7 日　一版

石榴仙今年要织100斤布

（武乡消息）石榴仙是全县第一名纺织劳动英雄。最近她向全县妇女宣布她今年的纺织计划。她全年要纺织107斤布，农业上的辅助劳动（送粮、帮楼、打圪拉、送粪）和家庭劳作（做饭、推碾、全家七口人的穿衣鞋袜），仍完全由她担任。另外给两个妇女各织60尺布。总结她正月的生产，原计划纺线2斤，织布60尺，做鞋4双，织棉袄2件，结果除纺线织布都已按计划完成外，多做了1双鞋，还受了六天训，开了五天会。2月份她计划完成15斤花的布。（承秀）

——《新华日报（太行版）》1944年3月9日　二版

武乡下黄岩村春耕准备得好

（武乡消息）五区下黄岩村，干部很团结，春耕准备工作做得好：全村雇主22家，雇够了雇工19人。赤贫40户、82人，全村借给他们142亩地，加上他们自己原有的地，平均每人有3亩地种。没有饭吃的22个穷人，组织成运煤队。队员韩家贞已赚下好多谷子。去年借过公私粮的贫户，已大部将借粮还清，有的还了一大半。还不起的，正给借粮主立字据，今年秋后归还。全村共有租地文书19张，不对的都已修正，而且交了租。组织了八个互助小组已在担粪。全村圊粪，已送到地里四分之三。不久，就要展开大生产竞赛。（友农）

——《新华日报（太行版）》1944年3月11日　一版

我军收复蟠龙后　政府赶办善后工作

（武乡消息）我军收复蟠龙后，武乡县府确定紧急办法：由县府、四区、二区各一人及蟠龙、白家庄、侯家垴三编村干部，组织一善后工作委员会。共分四股：一、粮食分配股，负责分发敌人被迫遗留下的粮食给受灾群众，每人分发一斗。二、农具杂物保管股，把敌人遗留下的农具杂物，统一保管，进行分配及群众认取。三、清洁卫生股，负责清除街道，掩埋尸体。四、秩序维持股，负责维持秩序，及安置群众归家。现恢复工作进行很快，群众正在安置收拾，并准备春耕。（健）

（又息）县府对蟠龙敌人走后的善后工作，确定如下：第一阶段（十日）：一、通知逃出之难胞迅速归家，收拾住处。无住处的，可互相伙住，开始打野外小窑洞。二、食粮方面，由蟠龙敌被迫遗留下的粮食×百石，进行分配，以就急用，政府并再行设法借贷。五日恢复集市。三、动员二、四、五、八区群众×千人，到蟠龙、白家庄、侯家垴，拆毁碉堡炮楼工事；六、七区破坏蟠武线汽道。四、动员二、四、五、八区小学教员到蟠龙及十里左右各村，进行洗刷旧标语及刷写新标语。五、四日召开全县祝捷大会，庆祝胜利，并奖励杀敌英雄与追悼牺牲者。第二阶段的工作为（十日）：一、救济灾荒，由政府设法借贷食粮×百石。二、进行春耕准备，政府贷款×十万元，进行耕牛、农具、肥料的准备。三、迅速复工，组织翻地送粪。四、继续打窑造屋及战争准备，组织以工代赈。（健）

——《新华日报（太行版）》1944年3月11日　二版

向英勇的蟠龙群众表示敬意

襄垣发动民兵群众写信

（襄垣消息）听到我军收复蟠龙后，县武委会决定发动各村民兵和群众，写信给蟠龙和附近各村的民兵与群众，对他们坚决不维持、积极围困敌人的英勇行为，表示最大的敬意！对受难群众，表示慰问！（克基）

——《新华日报（太行版）》1944 年 3 月 11 日　二版

政府贷款贷谷　组织蟠龙群众春耕

（武乡消息）县政府对蟠龙及蟠武沿线等 17 个行政村的春贷办法，决定如下：一、增加贷款 25 万元，及借谷 100 石，借贷给蟠龙等 17 个行政村，秋后无利归还。二、贷款种类，主要以耕牛为主（一半），其他如肥料、种子、农具。肥料是以粮帮助卧羊，并组织羊群到蟠龙等村卧地。前各村购买的麻饼，可大部贷给他们。种子以谷和山药蛋为主。农具则专门组织一大的农具工厂大量赶造，以便购买或贷给。三、组织妇女纺织，有指定的六个合作社各贷谷××石，一部分为制造工具，一部分换棉花。（健）

——《新华日报（太行版）》1944 年 3 月 13 日　二版

武东张云银组订互助合同

（武东消息）武东五区，今年为开展大规模生产运动，响应毛主席的“组织起来”，村村组织互助组。密顶神村刘云银等四户，就是一个新成立的互助组。他们是在冬学中，听了互助生产的好处，由积极分子张云银动员组织的。现下已把春粪送了五分之四。3 月 4 日，区上工作同志，帮助他

们订了合同。合同里边，共分全年计划，互助什么、纪律、制度、互助办法等项，订得很详细。(友农)

——《新华日报（太行版）》1944 年 3 月 15 日　一版

×团救济蟠龙难民　老百姓大受感动

(×团消息）敌人退出蟠龙后，我团在蟠龙附近各村，帮助难民做善后工作。一方面把抢夺回来的牛驴、铺盖、包袱、农具等，都交还原主或分给难民。另一方面在各住村动员难民回家，慰问难民。战士们都忙着给难民收拾院落，有的同志跑了十几里路，帮老乡担铺盖，搬家具，亲切地挽着老太太，抱着小孩……看起来比自家人还亲热。一位老太太看到她的院里屋内收拾得干干净净，被感动得流出泪来。另外，我团在救济蟠龙难民的号召下，战士们都踊跃拿出钱来，有的把从来不舍得花节约积蓄下的钱都捐出来了，有的把负伤费捐出来了，有的把担煤卖劳力换来的钱也拿出来了，共捐出 1534 元。没有钱的同志都说：我以后要努力生产节约，救济难民！(松岩、施婴)

——《新华日报（太行版）》1944 年 3 月 17 日　二版

武西民兵母子杀敌

(武乡西消息）2 月 17 日拂晓，段村敌人百余人，突然把一区××村包围。在村中抢掠后，又分头向北山上找窑洞，想发洋财。有一个伪军找到民兵×××同志的洞内，××同志因有疥疮，没有退走，被敌搜出手榴弹两颗，并被打了一顿，让他背上被子跟着走。××跟他出了窑洞，四面看了一下，没有旁人，就冷不防一下把伪军推到堰下，他赶快跳下去，骑在伪军身上，可是手上都是疥，不能夺他的枪，两人扭成一团。这时×××就赶快叫他娘拿出

切面刀来，母子两人拿刀将伪军砍死，得六五步枪一支，安然转移。（毓仑）

——《新华日报（太行版）》1944 年 3 月 17 日　二版

武（乡）东今年的春贷办法

苏　健

武乡今年的春贷办法如下：

一、各种贷款的分配——依照武乡农业生产的需要，确定第一是耕牛贷款，第二是肥料贷款，其余就是农具、种籽和养鸡猪蜂等农村副业贷款。

二、肥料贷款——由指定的合作社购买粮食（现已购上），负责保存，以备帮助贫农卧地。原则上，卧一亩地可帮其一斗或五升细粮。另外，合作社还要购买麻饼，以原价贷与群众。期满按原价交还，粮食一项，如愿在秋后还粮者，则于订立契约时自行决定，秋后按决定交还，但利钱则一律以钱计。贷款对象：卧地以贫农为主，麻饼则可全部贷与蟠龙周围及蟠武沿线各村，手续上可经过互助组讨论，村代表会决定。以自然村为单位，开出名单，订立契约。再由村长农会介绍到区，经专署及区农会审核，由银行贷给（银行将款按数早给区）

三、耕牛贷款——各区分配数，原则上以受灾区轻重确定多寡。耕牛贷款不贷实物，每头牛以牛价三分之一或二分之一为原则（特殊者例外）。能经过贷款吸收私资三分之一至二分之一。对象：以损失耕牛最多村之中贫农为主，经互助组讨论，将卧牛户组织起来。除自己私资按股合伙外，不足之数，按规定原则贷给。手续与上同。为了吸收敌占区耕牛及向外买牛，特抽款××万元，组织××等三个合作社，再吸收一部分私资、出外购买。由贷款买回之牛，卖时可照市价低 10%卖与群众。此项贷款只周转一个月，一个月后交还，再贷于群众，以便群众买牛。

四、农具贷款——由县抽十分之四，组织铧子工厂，按价贷铧，期满还价。余十分之六，可贷款，以购买农具。对象主要是贷于贫农及没法生产之中农。手续同上。但亦以经过互助组讨论为原则，每户数目以30元至100元为原则，为了解决农具修理之困难，特设贷款一部，组织八个农具修理厂，由指定之合作社负责组织铁匠，由铁匠直接贷款。期限只一个月，一个月后仍交回，再贷于群众。

五、种子贷款——为了交换调剂种子，决定由县统一贷出。办法是：各区有好种子及缺种子者报县，由县统一购买，然后以不同对象，以自愿为原则，换或买，或贷与群众，周转到秋收为止。

六、养鸡猪蜂造林等农村副业贷款也由县贷出，向各村购买。群众中愿饲养者，由区介绍到县，贷些款购买，或直接贷与实物。

以上贷款时间最迟阳历2月底一律贷到群众手中，贷款时要进行细密的调查研究，克服官僚主义倾向。要将分配数目，有组织的贷与群众，而且要贷到对生产上发挥力量较大的对象上。贷出后并要进行细密的检查，以免应贷的群众贷不到，或贷了移作他用……等。

——《新华日报（太行版）》1944年3月21日　四版

武乡民兵英勇故事

张宗良

一、活捉便衣汉奸

去年腊月24日，离敌人据点五里的×村游击小组组长王名小，正打算吃上午饭，听说有“剿共第一师”便衣一名，带着大头盒子出来了，现在在村前的一家庄上休息。王名小顾不及吃饭，叫了三四个组员，带着手榴弹、镢把子就跑去了，他们闯进家里，连人带枪捉回来了。

二、五个民兵拿回四个来

正月初三日，王名小这个小组，又打听到日本便衣金瞬禧（是朝鲜人在附近熟）等四个汉奸从南沟下来。到了××村内河南休息。他们觉得又来了好机会，五个人想去把便衣汉奸都捉回来，果然五个人把四个便衣活活地捉回来了。

三、两个手掷弹

去年腊月15日，日本商人和伪商人两人，带着几辆车从南沟下故城收货。情报传到了×村，武委会主任陈××和指导员李××，立刻去叫了五个民兵，向故城方向去了。到那里两个拉断火线的手掷弹从日本商人的铺子床上扔进去，日本商人和伪商人赶忙叫：不要打，随着哟哟地喊起来。结果两个人都被打伤并抓回来了。

四、穿心拳

涌泉武委会主任郭××，在去年冬训中响应上级号召，建立拳场，他只学会一手儿穿心拳。

正月初一，敌人包围涌泉、神前时，他被俘了。看他的是一个伪军，他就用穿心拳一下打在伪军的胸部上，伪军倒了，他也跑了。

——《新华日报（太行版）》1944年3月27日　二版

武东民兵自卫队大检阅

会上，奖励了模范民兵战斗班，杀敌英雄，决定建立纪念围困蟠龙英勇牺牲的烈士碑

（武东消息）3月21日，县武委会在蟠龙召开了民兵自卫队检阅大会，到会6300多人。在军乐号中，青天白日旗升到了笔直的杨树上，土炮石雷齐响24声。会上有各团长、分区代表石如麟等同志讲话。随后进行颁奖，隆重奖励了模范民兵战斗班和杀敌英雄。会上决定从30号起，召开三天杀敌英雄座谈会，交换战斗经验，互相报告杀敌英勇故事。又全体通过要在

蟠龙建立一座围困蟠龙英勇牺牲的军队民兵干部战士的烈士碑，永留纪念，传名千古。最后号召加紧备战工作，迎击敌寇春季“扫荡”，各区民兵提出竞赛生产互助，备战自修，情绪很高。此外有国术表演，又有光明剧团、黎北剧团公演《糠菜夫妻》《人民拥军》《战争之夜》等新鲜节目，直到深夜才散会。(文华)

——《新华日报（太行版）》1944 年 4 月 1 日　二版

地雷大王王来法

22 个地雷，炸死 28 个鬼子

各区杀敌英雄得奖的有，爆炸英雄王来法，别号“地雷大王”，共埋了 22 个地雷，炸死了 28 个鬼子和两匹洋马。射击英雄关二如一支枪打死 6 个鬼子，一个指挥官、一匹洋马、一头毛驴。杀敌英雄张来庆，半夜摸哨棚，三更进碉堡，投弹七枚，毙敌不知多少。投弹英雄韩生五，两弹打散了包围敌人，救出全体民兵和身边的干部。土炮手张海川用四炮毙敌 16 人，救出全村群众。打石雷英雄王二孩（自卫队），已经打成××个石雷，还要打×个，经过检查每个都能用。××英雄李大孩，大大发展了××战术。国术英雄李兴云（李家兄弟），用铁锹铲死鬼子，得了一支三八式。国术英雄李庆和（自卫队）厨刀杀敌，得了一支三八式。国术杀敌英雄吴有锁（自卫队）猛虎扑食，二指卡喉打倒敌人，白手夺回一支步枪。武术英雄武得胜，52 岁，黑虎掏心，飞镖杀敌，这些英雄都是在紧急关头，英勇斗争，夺得敌人武器，杀死敌人。县武委会各奖镰一把，奖状一纸，□一□，地雷二个。赵文明的互助组也得了奖。又奖了战斗生产结合的英雄白玉堂。23 个模范干部民兵，都得了奖，有领箩头的，有领铧的、领镰的、领书的不等。这些英雄都是作战、生产、自新务正的模范。在发奖时，人人欢呼，鼓掌奏乐。(文峰)

——《新华日报（太行版）》1944 年 4 月 1 日　二版

三个模范民兵战斗班

八个半月作战243次毙伤活捉敌伪124名

（武东消息）民兵自卫队检阅大会上，同时蟠龙的××沟、××顶、××漳三个模范民兵战斗班，各得奖旗1幅、谷子5斗、地雷10个、爆炸管30个、箩头2担、耧1把、奖状1纸、书6本。这三个班坚持围困了蟠龙8个半月，共作战243次，毙伤敌113名，活捉伪军11名，缴获步枪9枝，其他胜利品也很多，他们昼夜不息，保护了群众的生产。敌人费尽心机，连续包围他们各在8次以上，都扑空了不说，反而损兵折将，中了他们的地雷冷枪。与模范班一同得奖的还有蟠龙民兵。他们自敌占据蟠龙后，在围困上也起了很大的作用。蟠武战役时，带领我军冲进了蟠龙街上，他们始终坚持着蟠龙民兵的光荣旗子，与转移出的群众生活在一起。

——《新华日报（太行版）》1944年4月1日　二版

围困蟠龙的××（窑上沟）模范民兵班

冯国彦

××沟（窑上沟）离蟠龙镇×里地，自敌人去年6月14日占蟠龙镇到现在，8个半月中该村民兵和敌人进行了英勇顽强的斗争。他们一个班共11个人，在中队长张清山同志直接领导下，打了186次仗（配合军队在内），打死打伤敌伪90多个，得了4支步枪，子弹百多发，刺刀4把，手榴弹4个，打下牛14头，抢救民夫15个。在夏收秋收中，民兵组织成互助组，到离炮台五六十步的地方抢粮食，掩护群众在后边生产，敌人来就打，不来就生产。平时他们守纪律，战时听指挥，发现敌人就自动去打。有一次张清山带二个队员在天不明时候，去侯家垴炮台方向侦查，走到土圪垴就在一个坎上被鬼子拖着他一双手，清山同志用力一扭，甩脱敌人，回头就跑。20 多个鬼子呀的一声都来赶他，裤腿上被子弹穿了三个洞，并喊“捉活的捉活的”。清山同志路熟，转了几个弯，同时他班的民兵也赶来打，他和那两个民兵就完全脱险了。群众说：没有咱民兵，咱就不能活。

——《新华日报（太行版）》1944 年 4 月 1 日　二版

社论——向蟠武线的军民致敬

敌人进占蟠龙与从蟠龙仓皇的撤退，都不是偶然的。

自 1938 年九路围攻以来，武乡经历 16 次大的“扫荡”。由于 1940 年的三次“扫荡”与 1942 年的 2 月清剿最为残酷，群众的损失是重大的，但敌人也在这里吃过几次大败仗，著名的长乐村战斗与关家垴战斗都是这样的典型战例。在武乡民间所流传“鬼子常常来“扫荡”，一次比一次惨”的歌谣，说明武乡军民是久经战争的锻炼与考验的，他们的对敌斗争是表现得更加顽强。

去年秋季“扫荡”，敌人又遭受武乡军民沉重的打击，它对武乡□□□□，于是与武乡特务商量好了一个大阴谋，抢占武东要地蟠龙镇。特务的口号是“搬兵回家，收复武乡”，敌人的目的是控制这个产粮区与煤铁矿产地。他们满以为彼此勾结起来一切目的都可以达到。去年 6 月 14 日果然占领了蟠龙，兵力是伪军 3 个团，敌军 1 个大队，共 3 千余人。他们曾妄想，大概不出两个月，武东就可以达到全面的维持，因为全县××党已经全部改为“新民会”了。但，妄想毕竟是妄想，莫说两个月，整整 8 个月又 14 天（到撤退那天止），也没有一个群众去维持敌人，蟠龙只设立了一个可笑的“专员公署”与“镇公所”，全部汉奸都是从段村搬来的。在它的统治下，除了被俘的群众，没有半个老百姓。

武乡人民是不屈服的，不但没有屈服，且和军队结合在一起，进行了八个多月最艰苦最紧张的斗争。他们自始至终，坚持了一个口号“不让鬼子占蟠龙”。

当敌人开始进入蟠龙的一个时期，我武乡军民在蟠武线上及蟠龙附近举行了不断的伏击与袭击，使敌人整整两个月也站不稳脚跟，伪军更感到最大的苦闷。伪军说：“除了死亡的威胁，根本看不到一个老百姓”。

去年8月17日晚，八路军在全县人民及民兵协助下，展开了强大的蟠武攻势。战斗整整持续了两天两夜，消灭了伪军三个营和敌军一个中队，不是敌人三个大队的紧急增援，全部敌人就遭受了覆灭的危险。在战斗中我军民也表现了空前未有的牺牲精神与团结精神，每个战士都感到为人民而死的无上光荣。一切战时勤务，如送水、送饭、运输、慰劳都是自动地有组织地进行，连被俘的伪军也感动得流泪：“这里的老百姓太好了”。

蟠武攻势，我们把敌人狠狠的痛打了一次，但敌人并没有死心。它以为增加兵力，增强堡垒与工事，还可以固守蟠龙；他以为配合着特务的阴谋活动，还可以达到预期的掠夺的目的。于是它就在蟠龙周围，用了半年的工夫，构筑了大小40余个堡垒，它妄想这样一来，我们就毫无办法了。

但是武乡军民也并没有灰心，他们确定了并坚持着“长期围困，逼走敌人”的方针。在这一方针下，他们进行了各方面的巨大的组织工作。

首先他们在蟠龙周围组成了强有力的围困部队。这种部队是以正规军为骨干，结合着营兵与民兵组成的。他们一方面派遣飞行射击手、爆炸手主动地到堡垒群里去活动；一方面机动地顽强地打击出扰的敌人，使蟠龙十里以外的群众，得到安然的生活，每个山头都插遍了联络旗，象征着一种平稳的战时秩序。

在蟠武线上，敌人经常要遭受我军的伏击，民兵的冷枪与爆炸，更使敌人感到头痛。怎么办呢？它不得不以一个团的兵力轮番的来掩护蟠武线的运输。因为蟠龙是一无所有的，一切用具、粮食、弹药，都要从段村运来。加上军民不断的政治攻势，瓦解伪军、孤立敌人，予敌以精神上极大威胁。

日子一天一天的长下去，蟠龙变成了一座坟墓，蟠武线变成了一条死亡线。敌人占领蟠龙 8 个多月所付的代价是敌伪死亡近 2 千人，伪军逃跑 200 余人，集体投诚者 40 余名，临逃之前还留下粮食 2000 余石。

单是军事上的围困，还不足以战胜敌人。去年 8 月以来所开展的全县反特务斗争，在斩断敌人的爪牙、孤立敌人，与坚定群众对斗争意志与信心上，又起了决定的作用。全县人民在“反对特务分子勾引敌人占领蟠龙”的口号下行动起来了，“搬兵回家，收复武乡”的阴谋，终于被群众粉碎了。如果没有群众性反特务斗争的伟大胜利，坚持 8 个多月的艰苦斗争，是难以设想的。

在坚持 8 个多月的艰苦斗争中，蟠武线上一万多群众进行了有组织地撤退。为了安插这些群众，并组织他们坚持生产与对敌斗争，我们的八路军——这个人民子弟兵，曾掩护群众并亲自动手帮助群众进行了麦收与秋收，一直把碉堡下面的麦子和谷子抢了回来；政府也尽了他应尽的责任，曾用尽了一切办法（如贷款、组织运输、发救济粮）来救济撤退的群众，并指导蟠武线附近的广大群众建立野外生活，坚持生产。全县人民同样也进行了他们应尽的责任，在“发扬乡亲友爱”的口号下，他们把退出的群众当作自己的父母、姊妹兄弟一样的看待，把房子给他们住，借粮食给他们吃，借本钱给他们用，分土地给他们种。这种伟大的友爱，保证了敌占区人民的生活，鼓舞了他们的斗志。

对蟠龙实行围困和政治攻势，反特务斗争的胜利，与撤退人民问题的妥善解决，结合起来就成为武乡军民坚持长期斗争，最后逼退敌人的三个基本条件。合起来一个总的口号是：“武乡人民誓死不投降”，击退蟠龙敌人的大功劳是应该归功于坚决不屈的武乡的军队与人民的。

武乡军民这种精神与经验，教育了榆社军民，以同样的精神，逼退了盘踞两年的榆社敌人。

我们在这里向蟠武线的军民致敬，庆祝他们的胜利，发扬他们坚持斗争的精神，及其在战斗生产中的高度组织性。并祝他们以百倍的努力，顺利完成今年春耕运动的巨大任务！

——《新华日报（太行版）》1944 年 4 月 3 日　一版

围困蟠龙敌人的模范连——第六连

松　岩　施　婴

3 月 4 日在军民祝捷大会上，第六连荣获围困蟠龙敌人模范连的称号。

他们是去年 9 月 29 日，接受了围困蟠龙敌人、保卫四区人民生命财产的任务的。他们在离敌人不到八里路的地方——尖山顶上，整整坚持了 146 天。虽然，不断遭到敌人包围与袭击，天气又是那么寒冷，可是，他们始终不离开尖山顶一步，一直坚持到敌人退出蟠龙为止。

他们的战争情绪始终是饱满的，日夜都不放松打击敌人，常在夜里三五个人摸到蟠龙街里，甩几个手榴弹，打几响枪，骚扰得敌人坐卧不安。白天的冷枪队，埋伏在蟠龙，吓得敌人不敢走出蟠龙来担水、放马……

由于他们日夜积极活动，使得敌人又害怕又愤怒。敌人曾千方百计企图消灭他们，光包围他们就有 11 次，每次兵力都在千人以上。因为他们警觉性高，所以每次敌人一出蟠龙，就被他们的游击哨发觉了，敌人每次都扑了空。敌人退回时，他们就紧跟着敌人，一直把他打回蟠龙去。

2 月 8 日，敌人用 1500 多人分五路包围他们，他们事先机动地转移在敌人归路上，埋伏起来，等敌人回去时打得敌人没头没脑地窜回了蟠龙。这次他们毙伤敌伪 20 余，并夺回耕牛 2 头，炒面 2 斗、羊 2 只，都送还了原来主人。五个月当中他们与敌人打了 89 次仗，毙伤敌伪 156 名，他们连上仅伤亡各一。

他们把四区民兵普遍地训练了一次。在坚持尖山顶当中，结合民兵380人，大家生活在一起，带领民兵作战，像兄弟般的爱护他们，即使在到战斗的情况下，总是先让民兵转移。有一次，几个民兵被敌人包围了，七班就拼命地打出了一条路，把民兵营救出来。

因为他们爱护民兵，所以民兵对他们也非常爱护，□□□□□□后面，一有彩号，民兵都能自动地把彩号抢救下来，让担架送到医院去。

秋收时，他们积极掩护，帮助群众抢收，把靠近蟠龙，甚至离据点百把米远的庄稼，三四晚上都抢收回来，共抢回了600多亩。虽然尖山顶离敌人那么近，可是那一带的庄稼，并没有一亩荒芜。

敌人来了，不管情况如何紧急，群众没有转移完，他们是不会撤走的。有一次，全村的人都走光了，只剩下一个老太太，被吓坏了不能走，一个战士急忙把她背出来。

他们在尖山顶住的几个月中，没有一个战士违犯了群众纪律，并且对群众很尊重，军民关系格外亲密。有些同志，刚从前线回来，不顾疲劳，就自动地帮助群众挑水、推碾磨、挑粪……但是群众也没有把他们当作外人，每逢过节，总是实心实意地给他们送糕、送饸饹和其他好吃的东西。

五个月的艰险战斗生活，特别是严冬冷风把每个同志脸面上摧残得相当红肿，但是他们的战斗意志锻炼得更加坚强了，难怪四区的人民歌颂他们是：四区救命恩人。

——《新华日报（太行版）》1944年4月3日　二版

武乡×××煤窑一片复兴气象

（武乡消息）马堡村×××，煤矿全体矿工为响应矿工会提出的大规模生产、整理煤矿、改善工人生活号召，将所有存煤，减价出售四天，优待全村群众，并将煤矿困难情况，给群众详述一遍。全村群众为了提高产量，自动组织投资，五天内投资二万多元，马上开工。股金现仍不断投入。工会又提出缩减煤窑，将家资较裕的工人，退工务农。而工人同志们自动提出每人每日增加劳动一点钟，增产煤 90 斤，现已按计划实现了。（振齐）

——《新华日报（太行版）》1944 年 4 月 9 日　二版

敌后武东县区干会决定
组织难民穷人运煤

不但解决了难民穷人生活，也救济了失业矿工

（太行通讯）武乡讯：武东县区干部会上，决定拿出很大的力量，来把全县难民（特别是蟠龙附近的）和穷人四千多人组织起来，作运输工作（主要是运煤）。这样，不但能解决难民和穷人的眼下生活，救济了失业的矿工，而且能恢复几个煤窑，可解决武东全县和左权、榆社、黎城各县的一部分烧煤问题（省下柴草可造肥）。这个工作由当地合作社负责办，组成×个大煤站，也就帮助了合作社的发展。做的办法是以工代赈，挑脚的以路程远近规定价格，拿县里救济粮作资本，除当时发一部分粮食外，其余发给兑粮票，今年四月到政府兑粮。据算计，一个人挑三个月，除自己吃用外，还可兑到一石多谷，现在正加紧组织。

——《新华日报》1944 年 4 月 12 日　二版

杨李枝小学组织女学生纺花

（武乡东消息）本县杨李枝小学 10 岁至 15 岁的女儿童 9 人，组成了两个纺花小组，由学校负责，向合作社接洽，贷了一份花，每天早晨后，集

体纺花。现在每人平均已经纺了1.4斤，赚了90多元钱。她们纺的很起劲，家长们反映非常好。下黄崖小学组织了开荒小组，并提出竞赛，从上月16日起，三个小组开了2亩荒，拾了12担粪。(时杰)

——《新华日报（太行版）》1944年4月13日　一版

围困蟠龙的故事

警　宇

一、人在枪在

2月17号的拂晓，我×团第4连和蟠龙出扰敌人在栗家沟以西山上作战。这天，气候非常寒冷，呼呼的北风，吹的雪片在空中飞舞，战士们都紧紧地握着自己的枪，瞄准凶恶的敌人射击。他们胸中的热血都在沸腾着，简直忘记了是在冬天。

在那时，因地形不利，该连便决定转移到一个新的阵地，命令第5班担任掩护，王三增同志最后又掩护全班。全连都转移到新阵地后，敌人也冲上去了。王三增同志一个人便连着打了三颗手榴弹。冲上来的敌人约二十几个，都卧下了。这时他就想趁机迅速脱离，不料他刚转回身子，就叫敌人射中了他的右臂，他的枪也就掉在地下了。马上他就用左手拾起抢来跑，不幸他刚跑了30多步，又叫敌人射中了他的左臂，于是他的枪就又掉在地下了，他这时便马上把枪挂在脖子上继续跑。不一会儿他的腿部也负伤了，这时他不能再跑了。同时敌人也已经追上来。他看着情况十分危急，就毅然决然地把枪抱起来从山上滚了下来，他滚到了山沟里，把身子隐蔽起来，又把最后的一颗手榴弹从袋子里拿出来，紧紧地攥在手里，等着和敌人做最后的一战。

这时，我第4连转移到了新的阵地后，又重新组织了火力，给了敌人一个猛烈的反击。敌人就马上撤退了，我第四连又返回来追击敌人。在追击的途中，连队把王三增同志抬回了。大家都很诧异地问他：你的枪还在吗？他在担架上很兴奋的答复大家：哼！人在枪在！

二、同归于尽

2月27号那天，我第四连两个班到庙烟去活动。因为他们要去接防，对地形不熟悉，所以在刚去的那天拂晓，就遭受了蟠龙百余敌人的袭击。当时敌人分了两路把他们包围在村子里，他们很勇敢的用手榴弹和刺刀往外冲。十几个手榴弹一起爆炸了，火花和铁片四处乱飞。这时敌人闪开了一条出口，于是他们便趁机冲了出去，不幸在突围当中，张德林同志身负重伤。他倒在地上一步也不能行走了。他抬头看了看敌人已经赶了过来，便把枪放在自己的屁股下面，把手榴弹握在右手，左手扣住拉火线的铁环，等待着凶恶的敌人。

“八格牙路！缴枪的！”两个日本野兽用白光闪闪的刺刀对准张德林同志的胸膛，用狰狞的目光注视着他屁股下边的枪，这样厉声的吼叫着。张德林同志不不慌不忙地答道：“好家伙！老子没枪了，给你一颗手榴弹吧！”立刻“轰”的一声，手榴弹在他手里爆炸了，他和那两个敌人都倒在那里了。

三、临机应变

也是在2月间的一个拂晓吧，蟠龙和段村敌人合击在后垴的我第十连，连的主力都转移出去了，只有一个人没有跑出来。这个人就是十连的一个副班长申双起同志。

敌人都进了村，他看情形是没有办法再拿着枪跑出去了。于是他就赶快把枪藏在一家老百姓的柴堆里，在衣袖里藏了一颗手榴弹，就很从容的走了出来。当然，他一出门就遇见了敌人，那是两个剿共军，看着他手里一点武器也没有，就很得意的走过来说：

“捉活的！把他绑起来带走。喂！你把绑腿解下来！”

“你们解吧！”申双起同志立在那里未动，两眼凝视着敌人。

“妈的！你还敢反抗?!”那两个家伙生气了。

“我去解，非绑起他来不可！”有一个家伙自告奋勇走了过来，把枪用两条腿夹住，曲着身子就解申双起同志的绑腿，另一个家伙拿着枪立在他的背后。

申双起同志看着时机到了，他就把藏在袖里的手榴弹突然往外一抽，左手便马上扣住了拉火线，手榴弹要爆炸，吓得那两个家伙很惊慌地跑开了。紧接着手榴弹也就跟着敌人飞了过去。他这时，就趁机跑出来了。

下午，敌人退回去了，他又回到那个老百姓家里，从柴堆里把枪取了出来。

四、引敌踏雷

有一天夜里，我第十连的游动哨（三人），带着两颗地雷，向着敌人那个方向走去。他们三个人，把地雷埋设在后面，就到地雷的前面去游动，并在地雷附近设置一个记号。

那夜，寂静的很，他们在黑暗中，慢慢地摸索着前进。有时，他们停止下来，把耳朵贴着地，听听四外的动静；没有动静，他们就继续在走。

刷！刷！前面发现脚步声了，他们马上蹲在路的一边，瞪大了两双眼睛，顺着地面往前凝视。慢慢地脚步声接近了，看到了好几个黑影，随着脚步声过来了。

“干什么的？站住！”游动哨问话了。但是，那几个黑影，不答话，更加迅速地向他们前进。他们知道是敌人了，手榴弹便马上飞了过去。手榴弹爆炸后，他们回头就跑。没有多久，敌人就跟踪过来，他们跑到自己埋设地雷的地方，便绕着跑过去了。可是敌人仍然顺着路追赶着他们。

轰！地雷响了，在静静的黑夜里，这声音真是怕人。有两个黑影倒下了。后边的敌人都停在那里不动……

太阳出来的时候，在爆炸的那颗地雷旁边，还躺着两个敌人的尸首。

五、诱击敌人

这是去年 11 月间的事情了。那时，陈家垴的敌人正在天天构筑工事，我们第七连的游击小组和几个民兵就侦察到了这件事情。

在一天的拂晓前，他们带了一挺机枪，预先埋伏在天凹的山梁上，只距敌人 300 多步的距离。天明后，敌人又照例在碉堡周围构筑工事。可是不好向敌人射击，因为敌人挖沟壕已有半人多深了；敌人蹲着身子掘土，就正好把敌人遮蔽住。他们这个游击小组的组长，想了一会。突然想起了一个办法，首先它叫机枪射手瞄准敌人不动，然后叫一个民兵打枪。

啪！民兵打了一枪。正在做工的敌人，听着枪声像老毛瑟，大家都直起身子来，向发射的地方观望。这时我们的机关枪便马上向着立起来的敌人打了一梭子弹。在“啪啪”的机枪声下，敌人倒下了四五个。敌人都隐蔽在工事里了，他们也就安然的撤了回来。

——《新华日报（太行版）》1944 年 4 月 13 日、17 日　四版

劳动英雄李马保推动全村栽树十棵

（武乡消息）植树节的前三天，劳动英雄李马保响应政府植树的号召，亲手栽了果树两棵，槐树六棵，杨柳树 56 棵。又经过他动员组织，村长也栽了 30 棵树，又一互助组长刘专才栽了 49 棵，在全村造成了一个植树运动，共栽了 1200 棵树，平均每人 3 棵以上。大家都下定决心，要把这些树浇活，并与本区上广志提出挑战，看谁栽活的多。（郝曜）

——《新华日报（太行版）》1944 年 4 月 15 日　一版

大梁（良）村纺娘们今年的打算

过年家家穿新衣

（武西消息）大梁（良）村妇女在去年贷了公家4千多元，作为纺织的本钱，大家都得到了很多的利益。有的靠公家钱称的1斤花，就赚了6斤多的花棉布。过年时，大家碰到一起的时候，说起来都喜眉笑眼。有的说，我孩子穿的新衣就是赚来的，有的说我男人穿的棉裤还不是换下的？还有的说咱们再不用像过去一样叫他们（指男人）称花时，看他们的嘴脸啦，现在咱们沾公家的大光，他们还得沾咱们的小光，咱没有他不能吃饭，可是他没有咱，也不能穿衣。这还不一样吗？因之他们现在的纺线的劲儿特别高，全村共有妇女222人，除17岁以下小女孩和老病的以外，已全部参加纺织互助组，共编二十几个纺花小组。现在他们已向蒲池妇女挑战，其中有一条件是保证过年时参加纺织小组的一家人都穿上新衣服。(安力)

——《新华日报（太行版）》1944年4月17日　二版

武西开群英会

陈永和提出杀敌计划　还要领导民兵开荒四十亩

（武乡消息）本月3日武西武委会开了个好把式会议，参加人数共70人，有杀敌英雄、模范干部、神枪手、打石雷能手。大会指出为了交流经验，多杀几个敌人，要大家老老实实的谈出来。

陈永和是××村武委会主任，大会当选他为第一名英雄，奖给他枪一枝，他又定出了自己的杀敌计划：一、保证全村民兵团结；二、掩护群众退却转移，不让受到损失；三、开展地雷战，杀敌15名（本人）；四、领导民兵开荒40亩；五、割电线1000斤（全体）；六、活捉伪军10名（本人）。

这计划要在今年“九一八”实现。王明小、段满清等杀敌英雄也提出要向他挑战。

——《新华日报（太行版）》1944 年 4 月 19 日　二版

一面生产一面学习　各地小学开荒锄麦

（武乡消息）八学区禄村、申良沟、河西、监漳、任村、冯家堖、岭头、圪针庄等学校，现在参加生产的儿童有 387 人，共组成 66 个互助小组，他们打算每个人种地一分以上，每人种 20 颗玉茭，共种 7740 颗，10 颗南瓜、10 株山药、各种菜每人种 10 斤，□□10 个，他们把收获的东西用来买书籍，他们不问家里要一分钱……（大光）

——《新华日报（太行版）》1944 年 4 月 29 日　一版

劳动最光荣

下寨妇女用自己的勤劳改变了全村习惯和想法

（武乡消息）下寨村的妇女们，在纺织工作上非常活跃，真正有组织、有计划、有互助的妇女已有 30 个小组 167 人。只就 3 月 1 号到 31 号来说，这些妇女们在劳禄的组织下，完成了 367.11 斤布、337 斤土线、8 斤土洋线（供合作社织手巾和袜子用），家庭劳作（做饭推碾）、抗战勤务（看井、查路、当交通），上课的时间，一切在内。她们总是起五更睡半夜，不闲一点时间空跑过去。在过去常常梳妆打扮一个清早的妇女们都改变了，现在她们已造成了劳动的人是最漂亮的兴趣和习惯。你一进村，就有点像走进了工厂，每家炕上最少有两架纺车在嗡嗡的叫，每三家就有一架机在响。每天太阳一出山，大街上或农场上，经常有十几家在经或刷；天一亮合作社的门前堆满了拿布换花交线的妇女，吵个塌天。三分之二的人家，都靠了妇女纺织，不靠政府救济，度过春荒。不尽如此，他们的劳动精神不但影响周围村子的妇女，更影响了本村的男人，推动了他们的生产情绪。这些男人们都众口同声地说：现在这老婆们真顶事，咱们离了人家可不能活，看人家这把受法，自己动弹也实在有心劲，越动越想动。所以此村夫妇、家庭都很和睦，互相尊敬，已造成劳动最光荣的呼声。（承秀）

——《新华日报（太行版）》1944 年 5 月 1 日　二版

武乡五区不闲一块空地

（武乡消息）五区近来已开荒坟荒坡 477. 5 亩，墨顶神张灵银互助组开荒四亩多，李马保一人开荒二亩。我们路过小道场时，村前村后的小荒坡，哪怕只是能种三两株南瓜大的地方，也刨得又虚又平。上月 11 至 12 号，一边下雨，一边开荒。老年人说，有生以来，没有见过这样有劲的开荒。（友农）

——《新华日报（太行版）》1944 年 5 月 3 日　一版

武乡妇女纺织合作社训练出一批新纺娘

学会手拉机回村领导纺织

（武乡消息）本县在纺织运动的大量开展下，成立了县妇女纺织合作社，推动全县纺织运动，改造工具，提高技术，社中有 11 个妇女脱离家庭，参加合作社的生产劳动，到一定的时期回村，领导纺织，再有一批新的参加（以她们学会为原则）。分工上□□□□□□用七个人，一个人浆线，一个人打滚，一个人打机，这些妇女是选择村内积极干部，有政治认识、有威信、有能力的，对她们教育有三：（一）技术教育为主。（二）政治课，培养能力。（三）文化课，提高知识，培养到一定阶段回村成为直接的领导者□□□□□□常设训练班，调各村妇女来轮训，内有十架机，每期20人，二人一架，时间以一个月为原则，但实际以她们学会为期（谁先学会谁就走）。经过这三个月的努力，合作社已健壮起来，总结在60天的时间内，训练了25个妇女学会手拉机的使用，已形成□□□□□的妇女纺织。三个月共出布554斤。在技术上，一般每日已织到4.1丈布（市尺），其中以李素青、李素梅最好。她们每日能织6.5丈布（市尺）。在文化上，每人平均认字100个，写会85个。政治上，在青年与儿童上的问题都能接受。在领导上是县妇救会一个干部专门参加任主席，一个技术指导工人，一个会计。现基金已有11.9万，今后计划扩大到30万，入股的主要是各机关，另外是各村合作社，不以妇女个人为社员，欢迎各关心纺织工作者投资入股。（范承秀）

——《新华日报（太行版）》1944年5月3日　二版

不误早晨好时光　羊工帮助卧羊户生产

武乡七区今年增加四千多工

（武乡消息）按过去习惯，羊工除了放羊以外是不参加农业劳动的，所以有些羊工在早上没有事做的时候，不是睡着不起，便是起来乱串门子。今年为了增加生产，七区全体羊工在前两天一个会议上，规定以后不管哪丈羊到哪个村卧地，每天早上必须帮助卧地户上地生产。如在卧地村里有羊工家属时，便先帮助羊工家属生产。每丈羊平均有八个羊工，公推一个生产组长领导。这样算下来，全区共23丈羊，184个羊工，每丈羊每天早上除了三个人□羊（照护羊），一个人查圈外，其余四个人便参加早上的生产。四个人参加一早上足顶一个人动弹一天，所以全区每天便可多23人参加生产。以一年计算，全区每年便可增加4230个工参加上地。

——《新华日报（太行版）》1944年5月5日　一版

帮助群众解决困难　张德胜捎买瓜籽

（武乡消息）张德胜同志是武东人，在武西××机关当交通整整六年了，每次送信，总不空手，总要做点生产，一面办了公事，一面也能解决家内零星困难。前月送信返回时，沿途群众谈到“要春耕，连些北瓜籽都没有”，德胜同志说：“那不成问题，我回武西给你们找罢。”说着便返回了，但德胜同志很老实，绝不失信，回来后，到处找寻，现已准备下瓜籽四五升，捎给武东群众。（萌）

——《新华日报（太行版）》1944年5月11日　一版

模范农家韩金书

张　明

武乡六区贾河（豁）镇，韩金书已是53岁的人了，是一个粗大结实的黑脸庄稼汉。近二三年，在“劳动最光荣”的口号下，他才翻了身，大显身手。

一、一辈子死熬活受

他父亲晚年，因为吃大烟，把个贫农的家庭，越变得赤贫如洗。他16岁时，家中除了三张吃饭的嘴外，什么也没有。没办法，17岁就当了雇工。在地主强制的压迫下，一年四季，起早搭黑，劳碌赶工，硬要顶一个成年人的劳力。年终只能赚14串钱，除了房利等钱外，不够一家吃穿。

三年后，看着不行，他就改行，跑太谷。在武乡到太谷的长途上，他是出名的挑担好汉，每次平均总在百斤以上，有一次曾担过四桶煤油，130斤重。

有了些积蓄，娶了个老婆，不久饥饿又把他们分开。老婆给人家做饭糊嘴；他还到处跑（到过18县），贩货、贩猪、收鸡蛋等。

跑了十来年，也没个结果。31岁又回家半种地，因为他勤苦，一人就种了60亩地，每年也能打50石上下。但经过“倒四六”（除种子）分法和房利钱的扣除，落下的不过十来石左右。地主对他的剥削，不仅这些，常年总有四分之一的时间，为地主作跑亲问戚、担煤挑水等无代价劳役；用自己劳力开下的六七分荒地，秋后还得给地主四升粮食，才能属于私有；三间小破房，少了石六粮食，能闲着也不叫他住。

他看到代地不行，38岁又去种租地。谁知天下老鸦一般黑，只40亩平常地，每年出租就在25石以上，一直到前四、五年，他还是在苛种的剥削下喘息着。

二、被选成模范农家

减租减息、清债、退租，首先给他带来了幸福和光明。他现在已有了30亩好地、半头牛、三只羊，和最近刚打成的一个新窑洞。四、五年的时间，在政策的扶植和他的努力下，由赤贫变成一个富裕中农。去年在群众大会上，他又被选成全村的模范农家。

他眼看着如今的世道，一天天变好，自己的生活和地位一天天提高，他那老、黑、多纹的脸上，经常露着笑容，话也比以前多了，精精神神的活像一个老青年。生产上不成问题，越比前肯出力，在工作上，也是全村公认为最进步最积极者之一。

四年前就出起负担了，哪一次他也是先交，还好多交；不但自己交好、交快，还常好站在集公粮的门口看，如果检查出有人掺沙、带水等，他就会马上向他提出意见批评。

去冬义运，他本来已出了年龄，为了早完成任务，在全村动员大会上，他向青年们挑战说：后生们，来来来，咱们比一比。第二天他自动担了八斗米送到老东乡（60多里），回来时还捎了百把斤煤。这对贾河及周围村庄的青年是一种多大刺激呵！

他不但是一个积极的实干者，还是一个很好的宣传鼓动家。今年的拥军周，民革室他去的最早，大街、巷口都能听到他宣传的声音。如果还有人说命苦，或求神拜佛，他就拍着自己的胸脯，告大家说：“你们看看我，过去是个甚？现在成了个甚？有共产党和八路军，只要你肯动，就没有命苦人。求神拜佛顶甚用？跟前的活菩萨（指八路军说），最应该好好拥护的！”

元宵节那天，村里开着盛大的全区军民联欢大会，他在会上说：“共产党领导的八路军，是大家的救命人，也是我的救命人，大家都拥护他，我也更要拥护我的八路军……我没有什么好东西拥护他，除了送给军队105元烟钱外，我有的是力气……我去年打了17石粮食，今年要保证打28石……有我吃的，也要叫我的八路军吃好……八路的好处说不完，可是还有人醒不得呀?！还有人当特务呀？同志们好好想一想，庄稼地里有了嚼青虫、嚼白虫，还能多打粮食吗？千古没有见过的好军队、好政府，他们就要来反对，如今不讲迷信了，还能不讲良心吗？……谁要想叫天变，我就和他不行……”长时间的掌声口号声欢迎着他下了台，有的兴奋得流出眼泪了！

后来妇救会把全村的拥军鞋集中起来时，人们都聚着指着说：“韩金书老婆的鞋最结实。”

今春，他响应着上级增肥号召，一人担着两担粪，又和年轻人们挑起战来了。

他直接领导的互助组，已定了合同，逐渐走上了“新家庭”的程度。

——《新华日报（太行版）》1944年5月21日　四版

树辛村各互助组开荒下种
李马保解决贫户困难

（武乡消息）劳动英雄李马保，在去年冬天开始送粪的时候，他就找村中生产积极分子组织起来担粪，担完粪到开春天气还不热就修理地、早种。当时，就有七个人和李马保互助担粪，后来成了20余人，就分成五个互助小组。今年春天，李马保小组有刘专才、刘德孩（民兵指导员）、陈金全、李家全、李福全。还有县农会吴三友，自新人李海中，全组共地110亩，牛两头。

陈金全去年共打了3斗粮，又是个懒汉，今年李马保给他定了个生产计划，给他分配六亩绝户产，又给他找了个主，做了一半长工，给公家磨谷挣了2斗粮，给合作社担花又挣了600元，并给他借了一升梅豆籽，解决了种籽困难。李海中家贫，也分给他2亩绝户产，有一家中农典了他的地，为了照顾他的生活，虽还未到年限，出于自愿，也让他赎回了典地，生活上有了办法。

李马保小组的地每亩上了125担粪，杂田地都修了边沿，刨了草根。谷雨前已种完杂田，谷地修了三分之一（共30亩），种早熟作物8亩。北瓜210圪道（每圪道两棵），南瓜600圪道，梅豆种了9升，每升能接三个人两个月一半的口粮。种菜根100棵，种山药7亩，此外还开荒7亩，种树114棵。

下种时，树辛全村组织了15个互助组，突击下种。有人下种有困难，李马保拿出菜根100个，细谷7升，调剂了七户贫农，并拿出梅豆籽1.6斗，帮助本组两家贫农农具，种地16亩，帮助两家用牛种地15亩。在他这种影响下，李中孩、陈小三、陈会保、陈金小、李苏孩、刘更孩、陈世茂、王云书等人也将自己的菜籽、菜根、萝卜、草麦、春麦拿出调剂。牛和农具，各互助组也都互助解决。杜参议员（青史）因种子困难，王云书借给他红谷 2 斗，草麦 1 升。现在大家生产情绪很高。全村已共开荒 1 顷多。李马保说："我还要动员大家开，今年丰收了，保证大家都能够吃够穿。"（田鸣）

——《新华日报（太行版）》1944 年 5 月 25 日　一版

五区各模范互助组长向李马保提出挑战

（武乡五区消息）本月 8 号，我们召开了全区模范互助组长、劳动英雄会议，研究组织互助的经验。会议结束时，郝拴捞当场提出自己一个月的生产计划，并向李马保挑战。他说："今年详细计划，我一人不能定，回到村里我们讨论给你下战书，并聘请区大队长郝心昌同志、救联会主席王大明同志当评判员。"接着上广志李德祥小组，也向李马保提出了挑战。

李马保站起来说："强中还有强中手，大家向我挑战，我很高兴，我有很多不如大家的地方，要向大家学习。"接着详细说出了他的应战条件。李马保谈话刚结束，大西岭模范组长张存望说："我能保证大西岭自然村和李马保挑战。"大圪垴劳动英雄石登贵说："我也和他挑战，谷地每亩上粪 100 担，芒种前五天完成下种，将大圪垴自然村的男女全劳力、半劳力都组织起来。"

柴树庄等村都要和李马保挑战。上广志李德祥说："我们全广志村敢和树辛挑战，聘请李效堂、王大明、吴三友、郝心昌、田鸣、赵文魁六位同志当评判员。"（田鸣）

——《新华日报（太行版）》1944 年 5 月 25 日　一版

李马保的领导方法

先自己做个样子，然后再引着别人干

（本报消息）据武乡负责同志谈：劳动英雄李马保，今年对于组织群

众生产，特别努力，他常向村人宣传互助组的好处。他说：互助是革命工作，苏联人家养种地有机器，咱们现在没有，就得另想办法。互助就是个多做活的好办法。他不光自己的生产有计划，还帮助别人。在他的推动与组织下，全村已开荒 150 亩（这地方荒地不好找，一般村庄都订的是 70 亩），比别村多一倍。他的领导方法是：自己先动手，然后号召大家。今年春天种春菜时，他先种下，等到菜长出三个芽时，他才拿实际例子给别人宣传，别人看着也可以，逐渐也种了起来。再一个就是团结伙伴，推动大家。在他组里，有小银书、虎江等同志，有啥事情，他跟他们商量，商量好了，就跟着做出个榜样，同时一块向大家宣传，这个领导方法是值得学习的。(毓明)

——《新华日报（太行版）》1944 年 5 月 25 日 一版

下型塘人耕组耕地 600 亩

（武乡消息）敌住蟠龙时，沿线的土地没法耕种，同时因敌人的抢夺使我们畜力无法补足。四区胡峦岭村王月祥怕误春耕，在去年曾组织农民试验人耕地。经试验结果，三个拉一个犁，一天能耕四亩（小亩）。后来，又在劳动的过程中，发觉脚步合一，能省力又能避免碰撞，以后即在开始或转弯时由一人喊“一二一”，这样他们经常愉快地工作起来了。在这个小组影响下，蟠武沿线各村都普遍采用，目下单下型塘一村即有人耕组 11 组，耕地达 600 亩有余。

——《新华日报（太行版）》1944 年 5 月 27 日 一版

×庄武委会主任田景荣光荣牺牲

（武乡消息）5 月 8 日，南沟牛寺之敌伪 400 余，包围我武乡×庄村，我民兵同志因白天生产夜间疲倦，被敌包围。这时我武委会主任田景荣同志等六人，就用手榴弹打出来，当炸死敌人四名，但未能冲出，他们就依据门窗抵抗，又杀伤敌多名，直到子弹射完，手榴弹投尽，六个人扭成团滚出门来，二个同志机动灵活地突出包围，田景荣等四个同志都壮烈牺牲。

田景荣同志是一个优秀的共产党员。去年“九一八”全县民兵大检阅，获得模范干部的银奖章一个。自从1939年敌占南沟后，前后共包围×庄八次，每次都是景荣同志领导民兵打走敌人，掩护群众退却，这次牺牲，很多群众都大哭。刻下群众自动地帮助他家种庄稼。（安力）

——《新华日报（太行版）》1944年6月1日　二版

武乡五区胡庄一带冰雹成灾

（武乡消息）本月11日夜，天空顿时突变雷鸣电闪，像杏大的冰雹白澄澄地落满了地，有一顿饭时间（一个半钟）才停止，把快黄熟的麦子差不多都打倒了。豆苗，南北瓜等杂田都打成草巴巴，谷苗也都埋了，庄稼连杆带叶都打个精光。仅五区遭害的即有胡庄、岭上、大岔沟、宋家庄、温家沟等地方，群众都叫苦连天。现时村里正在登记打坏麦子的亩数，重新赶种晚熟的庄稼。同时并向政府呈请报灾，要求政府拨一部分粮食作救济，依据灾情酌量减免负担。（克勤）

——《新华日报（太行版）》1944年6月21日　一版

边沿区生产纪实：武西游击区的一个互助组

这个互助组是武西游击区的，离敌据点只有几里地。敌人曾用很大力量在这些村庄连续突击，群众大部转移到别的附近村庄，形成了无人区。

春耕时敌人在这一带活动又很厉害，大部群众不敢回去生产。这时郭生明（副村长）父子两又搭架了两个人，组成一个小组，回去坚持生产。那两个人一个是乔留成（民兵），家中有个很坏的小毛驴，是个中农成分家境；另一个是乔牛成（民兵），才20岁左右，但此人有点呆气，不大精明，土地很少，单他一个人就无法经营养种，家中也非常贫困。他们组成后才只一个小毛驴，经过政府贷款，郭生明买了一个毛驴，这样搭配起来可以养种。但才买下四天，又被敌人抢走了。在这种情况下，他们仍然坚持了，就是用人力配合一个小毛驴拉犁耕地。

他们的行动是与武装斗争相结合的。他们四个人是这样分工的，在白天一个人耕，两个人与一个驴拉犁，生明的父亲白天放哨捎带修地边。到了晚上，他们也不回到后面去，就住在本村，以便第二天早上能早些动弹。每到晚上后半夜，他们几个年轻人即带上手榴弹爬上圪梁放哨，老汉在山沟内做饭，如发现敌情，他们即打手榴弹，一面给后面××一带传情报，一面转移。这样经过几天后，他们做活比别人多得多。他们每天早上只要敌人不出来，他们就能干。而别人却要在早饭后才来，因此当他们快要种完了，其他人才种了三分之一。在他们这种行动的影响下，就又有三四个组结合起来，学他们的做法，也回来住下坚持生产了。

他们的互助精神也很好，乔牛成很穷困，他们就帮助他种籽，并让他在一起吃他们的饭，这样使牛成就在种完他的地后，还感到需要再种些，现在正在积极找别人的地租种。这种现象在游击区是极少的。他们小组记工的办法，是以亩为单位，因敌人经常扰乱，不断地跑，不能以工计算，这种办法非常合理。

这种小组起的作用相当大：一、以他们的行动推动影响了别人，使一般人认为游击区无法生产的悲观情绪减除，提高了能坚持生产的信心，不但对群众即使对我们干部也是一个大的刺激与教训。在敌人活动厉害的时候，许多前面干部是唉声叹气毫无办法，而没有去积极领导组织群众想办法。二、拉走牲口并未失望，相反更坚定了他们用人拉（犁）的办法。这种办法是目前游击区的主要办法，否则无法下种。这种艰难下的创造是伟大的，同时由此也可以作为组织互助的基础。因为用人拉就非组织不可，单人独马是不能做成的。三、生产在游击区必须与武装结合。他们也就是在对敌斗争保卫自己中坚持生产的，否则将一事无成。四、组织起来在游击区是更为重要的。

——《新华日报（太行版）》1944 年 6 月 25 日　四版

树辛村总结春耕

王昌孩组得到大红旗

（武乡消息）6 月 7 号，树辛全村的男女劳动力总结生产工作。各互助组长和劳动英雄报告工作后，奖励了三个最好的小组。小庄王昌孩小组，今年打下粮食，每口平均得粮七石，除负担吃用，长余粮半年，特奖大红旗一面，上写“走向丰衣足食的先锋”，还奖铧一个。陈世茂小组，地修的好，合理处理主雇关系，将雇工超出来的工，算给了雇工。小道场岳士太小组，能温汤浸种，小组内病了人，也能保证按时下种。这两组各奖镰两张、铧一个。又奖励劳动英雄王金木，他的菜根长的鸡蛋大，已接上吃，奖草帽一顶、镰一张。王生田，领导互助组，生产积极，奖草帽一顶；妇女劳动英雄张梅则，两个月纺棉 32 斤，织布 320 尺，还担水、上地、除下种外，家里的十来亩地都是自己养种，奖镰一张。模范雇工王生尧，奖草帽一顶。模范的退伍军人毕站有，三年来努力生产，现在有地 20 亩，奖草帽一顶，镰一个。大家一致选举李马保是模范干部，奖奖状一张。奖励结束，陈世茂小组、王云青小组、刘文义小组，提出和王昌孩小组挑战，下次非夺了红旗不行。

大会由李马保总结，提出以后各组要经常检查各组的问题，不要自满，

并订了到月底的工作计划。(王支、田鸣)

(又息) 五区上细烟编村，在本月15日，总结今年春耕生产，选举出一个最好的模范互助组，是副村长张德荣亲自领导的。政府发给了奖旗一面，锄一把，铧子三个。又有劳动英雄姜文祥是个辛勤劳动好受家，政府给奖铧一个，锄一把，镰一把，草帽一顶，得到英雄光荣称号。(克勤)

——《新华日报(太行版)》1944年6月29日　一版

李马保和树辛村

田　鸣　三　友

一、李马保由穷到富

李马保今年28岁，从小放羊。他家有人6口，地6亩。他兄弟三人和爹娘到辽县山上种地时，他父亲在山上担莜麦，压得吐血，从山上跌到崖下，起来还得担，每天吃的是草麦仁、北瓜汤、榆皮和糠面，山药、苦苦菜、莜麦疙垒，从未见过米。穿的是露皮衣裳、露脚鞋，夜里只能用一件小布衫把背膀扣住，下身就没有盖的。过得就是一种这样的生活。当时还负了150元和2100串钱的债，从五分利出到两角五分，最后出到五毛。要账的算是可怕，卷了毡，夺走大哥娶老婆的夹袄，还挟了被子；家里的东西，见甚拿甚，连大哥生病想吃点的面也被人家拿去了。因为出不起利，财主挑走了两亩好地，他娘说："孩们这一生再一生，你们再不要想来这一块地里摘一把豆角啦!"三间房三座窑也被押了，住处也没有了！当时就是担的圪芦挟的醋，哪里跌倒哪里住，活一天算一天。夏天拿了人家的三穗麦子烧吃，他娘说："这三穗麦也是人家的，咱连这一穗也没有!"他娘哭，马保哭，一家人哭作一堆了……

现在李马保的家境有些不同了。他说："过去的事我真不敢想。"又说：

“自从来了八路军，我像旱苗见了雨得到了解放，实行了清债，身上好轻松呀！弟兄俩打短工，一天挣5毛钱，能量2斗豆，赚一个是一个。1940年给八路军碾谷磨麦，赚了4石麦、4石米，娶了个老婆；1941年喂了两口小猪，卖了190块钱，用180元典了八亩地，买了2亩地；1942年用余粮买地3亩，又租地5亩，退租买地5亩，典地3亩；1943年典地5亩，买地8.5亩，共计15.5亩，按新丈地是38亩，加上今年买地6亩，是44亩，还开了5亩荒。1943年11月政府总结生产，奖给牛一头，自己又买小牛一头。现在家有5口人，再也不愁吃穿了。”

二、怎样成了农民的旗帜

抗战开始，他22岁。山西来了八路军，实行了减租清债，心想：“怎样也来个好表大爷。”1938年，村里斗争陈□介（封建地主），他很高兴，别人不敢斗争，马保则抢着当斗争代表。后来他就在村里任青救秘书，工作积极，还得过一面奖旗。

1942年，发动群众运动，他非常高兴。在清债退租的斗争中，不但积极，而且最能讲道理。他在斗争中也更健全了，得到很多经验，不自大，发扬民主，有事和大家商量，尽自己的力量干，不办坏事，就不会有人反对。

1943年3月他担任村里的副指挥，很发愁。受了七天训练，工作有法下手了。他领导的第一个工作，就是1943年的春耕。在领导上，团结青年积极分子、干部、技术好的人，建立了村的生产指导委员会，自然村建立指导小组，定期完成下面工作，还动员了30余个不参加生产的人。他领导起一个互助组，挑战带起来一个小组。5月总结春耕，被选为全区的劳动英雄。有人不服，他用实际回答大家：秋后，李马保的收成超过了应产粮7石，一个菜根3斤重。

1943年10月，检查政策，他知道去年的退租，在巩固团结和“让”的口号下，只能表面上算了算。他听了永久权、优先权、退租等法令后，就彻底执行减租，但是也要保证地主的生产。当他开始和佃户谈时，都说："去年让了，今年还说甚?"马保说："人家地多，咱地少，他们就没有让给咱们。过去欠下人家一个铜元，人家对咱让不让？咱为啥要几十石几十石让给他。"这样六户地主给九户佃农退了地 40 亩、粮 30 石，接着还定了 25 户的租地 107. 5 亩，18 户典地 197. 7 亩。

8 月，在李马保定按家计划里，知道负担有问题，经过检查，全村的产量都改了，该加的加，该下的下。群众都说："李马保打算果然周到。人家定按家计划，还给咱解决这样大的问题，对干部不包庇，大户不吃亏，真是大公无私。"

12 月冬学反省，开始他想：有错咱能改，为什么还总得给群众说？但他想这是共产党提的，一定是正确的。他就在民革会先进行了反省：1939 年的除苗时，李苏孩连拨他三次差，误工 21 天，荒了谷，少打了 45 个谷(一个谷打 1. 2 斗)，因此在屯粮时非叫他出 30 石粮食不行，完全是为了报复。马保把心里话说出来了，于是苏孩也反省了：因为看老财行，李马保不行，才包庇老财压迫马保；又因为他吼叫我出粮、罚我，那年他娶老婆，我动员老财不借给他被子。经过反省后，不但没人打击，二人更团结了。于是就动员干部、群众一起反省，使干部群众都更进一步地团结在李马保的周围。

去年，全县总结生产大会奖励给马保一头牛，他想："政府对我这样好，还奖励我，我就不能为大家？大家好我才能好。"一次他在民革室说："咱们要自力更生，不要靠救济。大家组织起来，对生产也好，对战争也好，对青年、老年都好。青年人积极，技术差，老年人没斗争性，有经验有技术，咱要学习毛主席的学习精神，组织起来，互相学习。"又说："组织起来就是革命，四人顶五人，五人顶七人，咱们要增加生产，就是要组织起来。"

他又想：我是劳动英雄，树辛是生产的实验村，实验就是要实干。大家向咱学习，咱不前进一步，叫人家学甚。起先是计划阳历年前要把粪送完，先和积极分子讨论了，又在民革室和群众讨论，然后自己就开始担。王云书、陈来望、刘德孩、刘专才、陈文义、陈全忠见马保担，也都参加了互助担开了。刘聚水见大家担粪，自己打球，羞的躲起来，第二天也参加了。第三天，互助担粪的组成了30余人。人多轮一遍得好几天，一时注意不到，口舌也多，大家讨论分成了五组。后来又增加两个组，成七组。这时李马保拿出牛和农具来帮助了五户贫农耕种，又调剂粮籽7.4斗，影响全村的互助互济，调剂牛45户，种子5石多。在李马保这种以身作则下，推动全村开荒130亩（李马保先开了3亩），种树1114棵（李马保种树64棵）。特务分子受训回来，马保动员他们参加互助组，在互助组里，教育、规劝他们好好生产。到4月，互助组有些自满，特别是青年，他又提出："提高技术，创造新办法，帮助困难人生产。"这样互助组又活跃起来，现在成了八组，共49人。

今年统累税借款，在干部会休会期间，他先交了款。干部见他交也交，群众也争前恐后交，一天就完成了8千元，第二天25020元借款，全部交齐，因此政府通报各村奖励了他和树辛为全县模范。

三、李马保领导下的树辛村

树辛是新社会农村的典型，具有以下几个特点：

1. 家家够吃、够穿，没有赤贫。

树辛是武乡五区的中心地区，全村共有五个自然村，树辛、峰头、小庄、小道场、桃家沟。李马保就住在树辛，全村共206户，过去只有三四十户够吃，现在全村62户从放羊、种山地、当雇工、赶牲口发展成了富裕中农，其中30户已成富农，家家有地种，每人平均在5亩地以上（只有三户除外）。树辛妇女过去很少纺织，今年除十来个妇女未参加纺织外，人人生产，不用男人买花。

2. 变坏人成好人，人生观也改变了。

由于过去婚姻制度的不合理，大多数家庭不和，男女人都相跟伙计，现在婚姻问题解决了。李马保的意见：尽量说服、反省，真闹不成就离婚，有合适的就结合，反对胡圪捣。又规定了时间起床、睡觉，改变了过去的坏风俗。全村除三五个坏妇女坏男人，好圪逛以外，家家和睦。全村没一个小偷、懒汉和坏人，积极参加生产，大多数人都能够大公无私，外村叫树辛是大公无私村。树辛的男女老少，90%以上的人没变天思想，都感到现在生活比过去好得多，人人活得高兴，改变了过去活一天算一天的人生观。

3. 变坏地成好地。

全村共地3484.8亩，上等地共1702亩，共上粪209218担，有骨肥278斤，平均每亩地上粪121担多。90%以上的地，每块都刨的边堰，垒上沿。抗战以来塌下的壑，计划三年修完，今年已完成五分之二。全村开荒130亩，村边、地头，凡能种三五圪道的地也开了种菜、种山药，剩下的好地打粮食。还计划秋田锄三遍，麦地翻三回，今年保证每亩地超过应产粮（抗战前产粮）细粮1.2斗。全村共多打418石细粮，够两年的负担还多。不但家家够吃，三分之一的户，还要耕三余一。30余户每年能长半年食粮。

4. 全村走向组织化。

树辛自然村有65户，177人，男全劳力49个，全数参加互助组。现在全村八个组，联合成立了一个打工队，半劳力24人，组织了十人两个小组。全编村人口703人，男全劳力190人，参加互助组的111人，共24个组，每组三人到八人；参加变工组的50人，共十组。未参加互助组织仅29人。妇女劳动力176个，160人参加纺织，共纺花2千多斤，参加纺织互助组的妇女43人。全村男女半劳力156人，组织放哨、送信。放哨早上是老汉——早上能早起，上午是儿童——有工夫，下午是妇女。村长每天太阳落到睡觉前开会，紧急事，吃了晌午饭歇晌时办。群众每五天上一次民革室，妇女是下午，男人是夜里。有问题，民革室大家讨论解决。干部只在夜里开会，时间不能长，不要生产。全村的生产、担煤、扫除、备服工作、起床、睡觉一切都有计划。大家统一行动。

5. 干部不脱离群众

关于树辛干部，李马保说过：村干部的工作就是生产，干部个个参加生产，就能领导起来。干部不自高自大，去年好了，没有一个干部有压迫现象。干部和群众地位是平等的。干部有了新的认识，在互助组里进行教育，这样就是少数干部压迫群众，也不敢，因为大多数有了认识。李马保说的是实话，他从来主张实干，不说一句空话。树辛的干部，副指挥李马保是全县劳动英雄，村长陈世义是全村的模范富农，指导员刘苏孩是全村的模范农家，农会主席刘玉文、公安干事刘更孩、青救会秘书王云书等都参加互助组，领导群众生产达到有吃有穿，走向克服困难丰衣足食。

关于树辛工作的缺点，经研究讨论如下：

没有深入的检查工作，互助组还存在很多问题，不牢固。

大部青年和中农成分的群众，认为自己小组还可以，形成群众性的自满，现在除在外村竞赛的督促下，工作是处于被动的，一般说工作限于停留。

妇女的教育、组织差，除参加纺织外，很少参加其他劳动，少数妇女不参加劳动，死拉闲话。

——《新华日报（太行版）》1944 年 7 月 1 日　六版

王海成领导互助大队

“七一”“七七”开晚会做拥军反省

（武乡消息）本县劳动英雄王海成，今春因为病了两个月，互助组闹的迟了，但他要学习李马保为大家、为自己、公私兼顾领导全村的精神，决心要搞好一个。结果不仅搞好了一个组，还搞成了一个很好的互助大队，转变了两个上当分子、两个懒汉、教了两个改行把式。他们订着一份新华日报，由温科同志念。一群人经常有计划的开检讨反省会，讲究打通思想，遵守纪律，执行制度，积极分子起模范作用。所以他们都团结、都高兴，都想跟在海成后边走到丰衣足食的好光景。他们向李马保挑战争取模范村，海成队提出条件是：

不仅要赶工，而且要做好："把工下在垅则儿"，所以他们实行锄谷要一块儿锄，地要锄到不留一根草。

改换农具，挽谷用小锄。

所有队内玉茭今年一律奶一遍（上追肥），现在开始奶了6亩。

全队要做爱护军队的模范，在端午节给抗属送了粽子、火烧，还要在锄苗割麦时帮助五个工。并在"七一""七七"晚会上作对军队态度的反省。(天麟)

——《新华日报（太行版）》1944年7月15日　一版

段村敌千余出动抢麦

三家就被抢走80石

（武乡消息）段村敌人早在月前就决定，要在附近各村抢麦20万斤。前几天，在西乡及三、七、八区抢麦，都受到我军队、民兵打击。本月4号，伪剿共军警备队，及各机关工作人员千余、民夫千余人，到北乡一带抢麦。到拂晓前三路将十里坡、南庄、灯盏圪道等十个村包围，除一部分担任警戒外，其余都抢割麦。张更林等打下不埋被敌人抢去，杨××等割起放在场里不打，被敌割去麦穗，刘××黄了不割，被敌割去，总计被敌抢走80石麦子，拉去耕牛八只，主要原因是自以为是"维持村"，不要紧，没有准备。(奠中)

（武乡消息）段村之敌问维持村每闾要镰100把，民夫男女小孩全数都到，一齐来我边沿区抢粮，已在郭村用汽车拉走几十车，今天又在书社、王家沟一带赶着好多牛车。游击区这几天正展开保卫夏收的战斗。民兵们都是扛着枪拿着锣，敌来就打，不来就割，提出割一捆打一捆，誓死不能让敌人抢走一粒麦子。

——《新华日报（太行版）》1944 年 7 月 21 日　二版

树辛村改进技术　接受劳动英雄的批评

（武乡五区消息）树辛村，地里上粪多，每亩上了 120 担，每块地都修了边堰，而全村劳动力组织了百分之九十四。一般的人有些自满，但经过 6 月 18 号全县奖励英雄大会的检查，知道技术还差得很远。当时，劳动英雄们说："你们留的麦苗，一单步四五安苗，玉茭茭子一单步三四安苗；豆苗留的一突突，也不和开拨苗；开的地堎背，也不宽；边堰虽然都刨了，而长的草根很多。"树辛村的群众听了劳动英雄说的话，大吃一惊，大家亲身检查了一下，感觉到自己的技术就是一塌糊涂。虽然工作做得快，上粪多，锄苗的技术不好，边堰少打粮，也不够模范村条件，引起了大家注意技术。于是在 7 月 1 号成立了研究技术委员会，决定在大会上通过全体民众改造 50%。

刻下，留谷苗一单步好地四安苗，坡地坏地一单步三安苗，今年谷苗要锄四遍。全村拨工队现有李马保、王灵书、王昌孩等，三个大队，为了巩固组织，有计划学习，已定新华报三份。（武三友）

（又息）自从六月劳动英雄会议以后，一区马堡村群众及 21 个互助组，27 个妇女纺织小组，在纪念"七一"大会上一致通过，向树辛提出生产挑战。分区政委彭涛同志聘为评判人。还有一区劳动英雄李金柱（泉河的），上广志劳动英雄石富元、上广志全体妇女，都给树辛下了战书。现在树辛群众正在讨论各村的战书，准备提出应战条件。（田鸣）

——《新华日报（太行版）》1944 年 7 月 23 日　一版

勤劳节省给群众谋利益

高岭合作社发展很快

资本自 3600 元扩大到 10 万

每股得利超过股金 5 倍半以上

（武乡消息）三区高岭村开始组织合作社的时候，群众以为与往日少数人包办的“合拍社”（旧独裁合作社绰号）没有分别。因之费了很长功夫，经过两次解释动员，全村上千口人数，仅有 327 个人加入，共写了 729 股，一股五元，合洋 3675 元。

合作社脱离生产的理事主席及理事三人，都是由社员中选拔的。他们确定了为群众谋利益的目标，在勤劳、节省、保守信用的原则下，极力争取了外援。本来 3 千多元的很少数目是不可能周转的，可是尽量吸收了流动存款，给工商局代销代收保管物品，辅助了基金的不足，处处给群众谋利益。

首先，合作社与妇女纺织关系紧密。他们保证提早交布，在工商局贷了足够的棉花。根据纺娘家庭情况，还用了现换和贷花缓期交布两种办法，大量发展了纺织。共计：发了 5500 斤棉花，按 2 斤花交 1 斤布算，纺娘们就赚了 2750 斤花，以现在市价折合是 44 万元。

其次合作社与贫苦群众生活联系密切。他们给贫困群众尽量找脚送，经合作社代收脚费 5700 元（自己算上的脚力在外）。

这对群众春季困难的解决起着极大的作用。此外合作社与政治相结合：做了劳军，奖励劳动英雄杀敌英雄工作。今年 3 月总结合作社的账，除按纯红 5%公益金 10%公积金。二宗共 10007 元外，第一次 729 股每股分红 3. 67 元，第二次 1458 股每股分红 8. 48 元，第三次 3203 股每股分红 14. 4 元，统计：六个月社员买东西共省 2755 元。总计三次分红连买东西省洋，每股得利超过股金五倍半以上。当最后一次召集社员分红时，都含笑而来，异口同声愿把红作股。以前不敢加入的人亦赶来要入。特别是妇女们拿着一卷一卷纺织赚下的布作价顶本，从林县来武乡做活的铁工亦送来300元股金。5月3日一天内收到股金13000元。现在基金已扩大到10万元。群众都换了想法，说："合作社是咱们的"。(海秀)

——《新华日报（太行版）》1944年7月23日　一版

工人杨胖孩发明磁雷

（武乡消息）磁器工人杨胖孩，制造一种磁雷，他将细泥土（制土碗原料）制成模型，涂上釉子，放在窑内烧即成。此雷经民兵试验，爆炸力很强，效力较地雷石雷为大，每个只需二十几元。(庆辰)

——《新华日报（太行版）》1944年7月23日　二版

石瓮动员妇女儿童帮助军队捉虫拔苗

（集总××生产队消息）××办事处生产队，上山开荒后，与驻地群众相处甚得，村干部及群众，帮助军队生产很积极，石翁村曾动员了妇女儿童约60人，帮办事处捉虫，并且动员生产互助组约200人，帮三军分区政治部及特务团拔谷苗50亩。办事处亦自动提出待麦收时及今后群众农忙时，愿意帮群众做活，实行军民互助，并曾借出2石小米杂粮，帮助群众度荒。最近石翁村公所及办事处，并曾先后邀请附近驻军及附近各村干部举行座谈，进行自我批评，这对促进军政民更加团结互助，将其很大的作用。(亦实)

——《新华日报（太行版）》1944年7月27日　一版

人心换人心　四两换半斤

王海成纠正思想病
加强技术研究锄苗精细

（本报消息）武乡二区韩壁村王海成互助大队，谷、玉茭现在二遍已大部锄完（共138亩）。锄的时候，午前三个组由小组长带开，到地里各组人再分开，如有五个人，就把地分开五段，每人一段，不在一块混搅。这样一来，谁锄的好坏，一检查就知道了。下午就合起来，一垅挨一垅，好“把式”带着赖“把式”，好的在前边锄个好榜样，后边就跟着学，不对的地方好把式就马上指点。

在锄二遍当中，王海成发现他队里有三种人：第一种人，给自己锄的时候很卖劲，不说长也不说短，可是一到旁人地里，他就故事多了：不是吸口烟吧，就是歇歇吧，再不然就是你们先锄，我一会就追上啦等等。第二种人，把式不好，（他们队里好把式一天算五个晌），如他一天只算四个晌，他为了争成五个晌，拼命追好把式，结果锄的马马虎虎——锄不匀，草也拔不净。第三种人，技术好，就摆老资格，干活时自己不动手，光叫赖把式的先锄，以为他的把式好，手疾眼快，一下子就能追上，结果也是马马虎虎。针对着这三种人，王海成提出“人心换人心，四两换半斤”的口号，从思想上来教育，有时采取个别谈话方式，再加上实行“午前分锄，午后合锄”和小组长切实检查等，这三个毛病不久都纠正了。

由于这三个毛病的纠正，故今年锄二遍除了省工外，又比往年细致了。往年每人锄两垅，今年为了锄的精细，每人只锄一垅，锄的要匀要深，还要把苗空儿十字锄一下，这叫作“十字揽腰锄”。这样十字“圪洞”里就能多吃水分。王海成看到技术重要，在他村里，又成立了个技术研究会，做啥活就研究啥活。开会时候，队长副队长，各组组长一定参加（组员随

便），还聘请村里技术好的老汉魏培良、史狗孩、霍山的等指导，他们把锄二遍、奶南瓜等都研究过了，收效很大。(毓明)

——《新华日报（太行版）》1944 年 8 月 3 日　一版

军民合作像一家人
合伙成立互助大队

（武乡一区消息）×（泉）河村的人民，历来对军队相当爱护，自从三分院×所住到他村，从没有断过给伤病员的帮助。他们的脏衣服和破鞋袜，常拿给妇救会长洗补，部队医生看护去整风，妇救会员又轮流当看护，她们不但不偷懒，有时比看护还细心。新近从洪都转来的彩号，和老乡像一家人一样的住在一起。现在军民合作又有了新的开展，医务所和老百姓合伙儿闹生产，所有 140 亩地，抽出 10 个人来种。×河老百姓有 840 亩地，有 41 个全劳力，11 个半劳力来种。现在已经编成一个大队，农会主席武丙荣担任大队长，所长张在丙担任政治指导员，管理员和农会委员蔡正国任农业技术指导。下面分了三个分队，让村中劳动英雄担任分队长，眼下他们又一队队的到地里养种，老百姓还带上干粮跟着军队到 20 里以外去生产。全村军队老百姓都很高兴，部队干部，还编出了歌子教给他们和妇女儿童唱，整个的村子都充满了活跃的气氛。(嵩敏、丙荣)

——《新华日报（太行版）》1944 年 8 月 7 日　一版

访问李马保　准备编剧本

（三分区消息）为了把李马保运动更向前推进一步，分区政治部特从整风队抽出一批文艺工作同志前往树辛走访劳动英雄李马保，准备把他全部

斗争史写成剧本，在最近出演，闻前往参加的尚有武乡光明剧团的同志及区干部。（乙）

——《新华日报（太行版）》1944 年 8 月 9 日　一版

马堡村拥军热潮

保卫自家利益石榴仙送儿打东洋
提出三大保证妇救主席劝夫参军

（武乡一区消息）自经本月 13 日全区村干部劳动英雄百余人，检查马堡互助生产并召开拥军大会以后，更鼓起了马堡干部群众的劲儿。在拥军方面：按互助为单位展开了全面彻底的反省，热烈进行了六七天后，许多优秀青年，青救主席李海鱼、武装副主任李中秀等 20 余人都自动要求参军，争先恐后，唯恐检验不上，全村充满了拥军参军的空气。妇女劳动英雄石榴仙，她感到过去她在旧社会中，生活和牛马一样艰苦，不敢说一句话，自共产党八路军开来华北抗战，穷苦群众才有了翻身的机会，清理旧债减租减息以后，她才有了地种，现在成为自给自足的中农。她为了保护自家的利益计，召开了个家庭会，教亲生儿子李效汤在群众欢送新军大会上参加了×团。同时妇救主席李二梅也在全村拥军反省的浪潮中，劝丈夫参军，并向丈夫提出三大保证，叫丈夫参军后，不用顾虑家里事情：一、生产上保证不少打粮食，并厉行节约不浪费一颗粮一角钱，闹好人家。二、公私两顾，积极参加村里工作。三、自己不和别的男人胡搞。她丈夫魏玉书，非常感动和兴奋，在群众欢送大会上参加了分区子弟兵。（梁寿东）

——《新华日报（太行版）》1944 年 8 月 9 日　二版

武乡二区劳动英雄大会
深入检查东西堡生产
东堡94%的劳动力已经组织起来

（本报消息）7月30至8月1日，武乡二区政府召开全区劳动英雄大会，深入检查东西堡两村生产，推动全区。第一天各村劳动英雄来时，区干部、音乐队、妇女儿童排队到村外分批欢迎。晚饭时，东西堡两村妇女，争先恐后送来米汤面条，一盆盆，一罐罐，并且吃一碗，端一碗，招待非常周到。第二天早晨，各村劳动英雄、村干部搭配开，分十组到地里检查，妇女们分四组检查卫生。每块地检查非常仔细，有的看堰边拍的结实不，有的看庄稼种的、锄的、搂的好坏，有的刨开土闻闻，看上粪多少，里里外外，都要检查遍。还从检查地里活当中发现互助组的问题，如有好几块地都是一垅锄的好，一垅锄的坏，就知道这组互相学习技术不好，还有几块地边剩下几垅没有锄，说是天晌午了，从这里也可知道那个互助组不健全。发现问题后，即进一步访问，提供意见。检查结束，都说东堡组织的好，西堡生产技术好。两村比较，东堡进步的快，这村六个大队，全村94%劳动力都组织起来，并且经常互助，尤其红旗大队更创造了很多经验，在全区起了示范推动作用。妇女50%也组织起来，非常活跃。自春以来，除结合家庭生产外，在拥军工作上也做得很好，如自动帮助军队撒种拔苗收麦等。此外也检查出来一些毛病：如东堡还有30多亩生熟荒（大部是没有参加互助组的），村边地搞得好，偏僻地就差，有一块地，只把周围锄了一下没有锄心，玉茭太稠。西堡也有亩半荒地，山药堆太尖，高生互助队不好，谷苗稀的稀稠的稠，有的地边剩下几垅没有锄。午后总结时，彭政委指出搞生产上几个要点：（一）要互助追肥，争取每亩地上到一定数量。现在正是蒿草等茂盛的时候，须要大量造绿肥。妇女们也要抽时间割蒿造肥，同时还要多买牛羊，有50亩地的要买一头牛，30亩地的伙买，羊也可碰伙买，或者互助组里买。（二）学习生产技术。过去认为只要粪上的多，技术好坏没有多大关系。好多老年人技术好，但有的同志认为他"政治上落后"，不愿向人家学习，这都是不对的。我们要尊重老年人，虚心学习技术。我们一尊重他们，他们也会逐渐进步。（三）少开会多闹养种。以后村里组织要搞的简单一些，留三种组织开会就行了。村政委员会、互助组、自卫队，工农青救都可参加在这几种组织里开会，不要各开各的一套，要腾出一些时间闹养种，顶好白天不开一次会，开会时时间要短，不要这个干部讲完了，那个干部又啰唆一遍。彭政委讲完话后，即进行发奖。奖品中，除区政府的奖品外，大部分都是各村自动赠送的，妇女们送的手巾上还绣着花，绣着"劳动英雄"等字样。发奖时，掌声与乐声交响，妇女献花，非常热闹。计得奖的：东堡红旗大队又得了一面大红旗，鲜艳夺目。彭政委尊重生产技术人才，亲笔给张步俊、李梦壁、申文祥等五人写了五张奖状。此外，劳动英雄韩乃昌、李兴、史兰贞等12人，模范组长史成富、李锦文等13人，模范干部史生木、武树良等14人，都分别给予奖品。(毓明)

——《新华日报（太行版）》1944年8月11日　一版

武乡一二区保证多锄细作
开展群众性的检查
学习好的经验督促坏的改进

（本报消息）把生产搞得好，保证秋后多打粮食，是依靠真正能做到多锄细作，地里活不马虎。这就需要能有切实的检查，使好的更进步，坏的不致□荒□，现武乡各地对于这一点很注意。一区马堡等村生产委员会，为了把检查做得更广泛深入，发动人人检查运动，他们除检查本村地以外，还检查邻村。例如你去串亲戚，或因事去外村，村公所给他开路条时，即嘱他附带检查别村生产，好的经验，回来在民校宣传大家学习，坏的就把他“广播”开，造成群众舆论，让他赶快注意改正。这样一来，各村都警觉起来了，谁也怕别人给自己“广播”。二区土合村，利用到韩壁担煤、去蟠龙、西营赶集等时间，来检查韩壁等村生产工作。这也收效很大。此外，为了便于展开群众性的检查，二区有的村庄已开始在每块地里插木牌，各村都将广泛采用。木牌上写着某某组某某人的名字，插在地边，别人一看就知道是谁的。是好是坏，很快就传开了。形成舆论，给每个人的教育作用很大，同时也可避免“冒牌”的毛病。(毓明)

——《新华日报（太行版）》1944 年 8 月 11 日　一版

武乡教员韩松林当选教育英雄

(武乡消息) 武乡二区窑上沟教员韩松林，担任教员三年多，一贯对工作负责，在过去受过几次奖励。在今年六月教训班整风时，大众公认他为教育英雄。他是个贫农出身，从小当书童才识了字。以后他不断地学习才当了教员，他在工作中能够和群众结合起来。

教育科研究出用卡片教学以后，他就首先积极地推行。在放麦假时，他把 100 个字编好，每个人用纸制成卡片写上字，每天一个人认一个生字，这些字都是和每天的生产实际东西结合起来的。同时，每个小学生自找对象，一天教会大人一个生字。互助组已学会了 38 个字，闺女儿童学会了 12 个字。现在男女群众和儿童生产学习情绪都很高。(怀瑜)

——《新华日报（太行版）》1944 年 8 月 11 日　二版

武乡东西堡互助队针对各自缺点展开竞赛

土河张步俊向王海成提出造肥挑战

(本报消息) 目前武乡二区劳动英雄检查生产大会，指出东西堡两村的优点缺点：东堡全村组织的好，就是生产技术差池；西堡生产技术好，就是全村组织的不好。现在这两个村互助队各就自己的缺点展开竞赛：如东堡红旗队等六个大队，在生产技术上要向西堡看齐，尤其要向生产老技术专家李新学习（按—老汉李新是西堡村的技术专家，不论耕地锄地搂地都是好把式，对哪样地种哪样庄稼上哪样粪，摸得很清楚。他对西堡技术的改进，有很大贡献。）现在，他们在本村聘请了一个技术老师，在搂玉茭、种荞麦已逐渐改进自己的技术。西堡生产技术虽然好，但因全村组织的不好，今年进步很慢，组织起来的劳动力没有东堡多。有的互助队里制度不健全，有的不执行，稀稀拉拉。同时团结友爱精神也差，如有一荣誉军人，他不会养种地，用镢头锄地，别人见了，只管看稀罕，不去帮助他。优抗工作也比较差，如给抗属锄的地马马虎虎。西堡就拿纠正这些缺点当作条件。这次他们竞赛，时间也短，聘请的检查人是直接领导他们生产的同志和区政委等，到时候即进行检查总结，宣布谁胜谁败。

（又息）二区各邻村（最远不过十里）互助队也展开竞赛，这种竞赛是群众自觉的，而不是干部从上面硬往下安的。竞赛的条件，差不多都是几个简短的项目，人人都能记清楚，如土合张步俊等组即以造绿肥和他邻村韩壁王海成等组竞赛，他们提的条件是：互助造肥，不各顾各，每天每人割蒿多少，每亩地要上多少，还要争取各家地上粪平衡，起码差不多。（毓明）

——《新华日报（太行版）》1944 年 8 月 13 日　一版

上细堙互助中的小故事

梁万保是一个手业工人，会染布。村里这次组织互助组，叫他参加，他说：我不参加，害不方便。后来梁作祯组织了一小组，专抽出梁丙午卖染，其他组也抽出专人做生意。万保看见大家拾柴火焰高，组织互助组正好，他就去问梁作祯小组长要参加互助组。作祯说：“等我们商议商议看呀!”然后他又去问梁高吉小组长，高吉说：“等我们讨论讨论再说”。结果找了五六天才找下。后来万保说：“好怕人，参加互助组是件好事，我险些当了孤立份子。”

郁榴花是妇女互助小组长，才16岁，有一天晚上去叫石兰香互助拔谷。兰香的母亲很顽固，说：“你去叫旁人吧，俺媳妇不去当野媳妇!”榴花看见叫不动，整整在兰香门口哭了半晚上。

梁林□过去是个小偷，参加了互助组，每天互助动弹，黑夜同互助组的人在一块儿睡觉，前几天村里丢了粮食，村里人说：“这次总不是林□偷了。”林□自参加了互助组，不但生活得到改善，困难也都克服了，而且成了一个好人，到地里动弹得很有劲。

梁三朴是个青年懒汉，去年在家受苦，他父亲总推不动。前几天他父亲叫他去送他姐姐，早晨叫他起来，叫了他半早上也没从被子里把他叫起来。后来他父亲无法，才去叫三朴的互助组长梁作祯来叫，组长来了，一叫他就起来了。(占鳌、效虞)

——《新华日报(太行版)》1944年8月13日　一版

日军暴行座谈会记录(选)

野兽呢？恶魔呢？罄竹难书!

日本解放联盟太行支部日军暴行调查委员会

上月，日本人民解放联盟太行支部成立时，曾座谈日军暴行，连续几天，现该座谈会记录已整理出，但限于篇幅，只能摘要发表一部，发言人名亦略去，希读者原谅。

——编者

杀人

1942年5月，参加太行地区方面军作战的36师团222联队第12中队，当他们到达山西武乡县二区某村时，发现了有一个窑洞内藏着十几名老百姓。于是该中队的柴田见习士官就立刻用枪刺死了五个，其他的老百姓眼看着这样悲惨的情景，立刻跑起来，其中有一个老汉，因为逃得不快终于被捉回来，柴田见习士官就拔出他的日本刀来砍老汉的头。但因为他的刀很钝，结果只砍了一半，而那满流着鲜血直在地上打滚的老汉的惨状，实在令人闭眼不忍直视。

放火

1944 年 2 月，在山西武乡县蟠龙镇警备的 64 旅团 23 大队松田中队，由于连日受到八路军的强袭和民兵的不断袭扰，因此无法固守下去，遂于 2 月 26 日在八路军进袭下只好退却。当退却时，松田中尉就下命令把蟠龙烧毁。

奸淫

36 师团 223 联队第 12 中队长斋藤中尉，是个有名的色鬼。当 1942 年 4 月底，在武乡附近进行师团作战时，曾于武乡二区的一个村子里，捉到一个十五六岁的小姑娘，立刻在老百姓的屋里加以强奸，并且当出发回营时还把那个小姑娘带回防地，接连奸污了一个月，终于把这个小姑娘弄死了。

——《新华日报（太行版）》1944 年 8 月 15 日，七版

武乡王家峪互助组创进工票制度

记工简便也容易算账

（本报消息）武乡的互助组（队），普遍采用了工票制度。这是王家峪群众创造的。工票和米票的样式差不多，图样有木刻的，有油印的，上面除有“组织起来”和毛主席肖像外（图样不拘，可随便设计），分半晌、一

晌、两晌……五晌（一天分五晌）几种，晌数上盖上组（队）长手章，避免涂改。使用办法：一天分五晌工计算（早晨一晌，午前午后各两晌），我欠你一晌工，就给你一张一晌工的工票，欠两晌即给两晌，一天给五晌。半劳力就折半给，就是他做一晌工，给他半晌工票。如是八成劳力，作一天即给他四晌工。它的好处：一、比记工简便，也不容易闹错，结算工时，都把工票拿出来，很快可以算出谁欠谁的工。背面写上自己的名字，更容易算账，不管工票转换几手，结算工时到谁手里，就还谁的工或给粮食工资。二、不识字的人也不用担心记工的人“落笔”，也可避免“捣鬼”。三、灵活，随时可以吸收零星劳力或半劳力参加，如干部或工作人员一有时间也可参加，作一晌，赚一晌工票，两晌赚两晌工票。挣得工票后，自己有地，人家可以还工，没地就按工钱多少给工资或粮食。（毓明）

——《新华日报（太行版）》1944 年 8 月 17 日　一版

在李马保具体领导下
树辛改进技术有成绩

（本报消息）武乡五区李马保所在的树辛村接受劳动英雄所提出的技术太差的批评后，在李马保具体领导下，全村努力改进。他们在“青年人要学习老年人的技术，老年人要学习青年人的进步”口号下，首先成立技术研究会，聘请好把式参加。每一个节令的工作先在技术研究会上研究好，再在自己队里实行，然后再到民校里宣传，或写在大众黑板公布，让其他队学习。如有不妥地方，再向他提意见研究。其次是在思想上动员，先说明技术的重要，并拿实际例子来讲。如把一个生产技术好的和一个差的比较，在同样土质，同样多的粪，但因耕、锄不同，上粪方法不同，而打粮食就有多少、好坏的差别。使每个人把轻视技术的思想打通后，才能自觉自动的注意改进。再其次就是把好把式和差次的配备开，先叫好把式作个样儿，后边跟着学，好把式还要随时指教。最后就是表扬好的，有一点进步就口头上奖励或在大众黑板上奖励。坏的偏重个别谈话，暗地鼓动，说人家谁谁有进步，咱就不能追上他？万不得已时，再在大众黑板上登一下。登了之后，还要注意他的转变，稍有进步，就要抓紧表扬，不能掉头不管，听其随便，使他感到没有希望。

经过这样宣传组织后，各队都把改进生产技术当作奋斗目标，闹得轰轰烈烈。除高粱、玉茭因为太高，拔一棵受损失太大了，没办法（劳动英雄批评太稠），苗谷定“安”时，又拔了一些，比从前稀的多了。其他如“豆苗”突突、“堆堰草多”等意见，只要能改的都改变过来了。（毓明）

——《新华日报（太行版）》1944年8月23日 四版

本报记者报道视察武乡印象

群众努力生产热气腾腾

（本报消息）记者日前在武乡匆匆跑了一趟，连去带回不过十八九天，但印象十分强烈。全县群众生产情绪特别高，热气腾腾。

第一个印象，就是互助队到处活跃。这县群众觉悟程度比较高，工作基础又好。今年大生产运动，虽然在五月才动手，但政府一号召，说是毛主席叫咱们“组织起来”，都说毛主席的话没错，县区干部、各救干部和群众都轰轰烈烈动起来。前后一个月的光景，全县就普遍“组织起来”了。一般村庄有的两三个组，有的四五个，组织起来的劳力最少在15%以上，像树辛、马堡、东堡、广志、洞上等八个模范村都在60%至98%，形成了热火朝天的群众生产运动。这种情形，我沿路上也看到了，庄稼地里，零星耕作的人很少，差不多都在四五个人以上，多的有二三十人，他们紧张地在做活，有时候还愉快地合唱着秧歌。

除农业劳动互助组织外，还有农业与手工业结合的互助，手工业的互助组等，如广志有个木匠互助组，木匠家的地交给一个人种，其余人都搞木匠，结果地也种好了，木匠的生产增加到120%。窑上沟还有烧砂锅的互助组，共七个人，三人种地，两人烧锅，一人卖。炉家掌一个互助组，剩下一个人，大家凑钱买了一头毛驴，专门做运输，现已组成了运输队。由于互助，使农、工、商都增加了生产，提高了技术，使工农商都专门化了。

第二是上下一鼓气说动都动，说干啥就干啥，好像一架机器一样。武乡干部充满着蓬勃的生气，前进心非常强，和一些落后区的个别“木头干部”恰好是一个活生生的对照。他们的特点是：一、上级一号召，全体都能动起来。这种精神贯彻到各种工作里头，如在东堡开劳动英雄会时，彭政委号召多造绿肥，散会后，各村干部就展开热烈讨论，计划怎样实现。另外，要是指出他们的毛病，他们就马上想办法克服，如树辛、东堡生产技术不好，村干部就领导着改进。韩壁拥军工作差，王海成就领导克服这个弱点。二、就是善于吸收别人的经验，如人人检查生产办法，开头实行于一区，后来很快的传到别的区里。最后，就是群众的创造性强。今年以来，他们在劳动中创造了许多新的制度和办法，如拥军制度、工票制度、人人检查生产办法、娱乐晚会、奖励劳动英雄等。而在村干部领导方法上也有新的一套，如李马保的多做少说，先做后说，团结积极分子。推动一般，王海成的人心换人心等。这些新的领导方法，逐步为各村干部所学习，渐渐代替了旧的作风。

第三是旧的风俗习惯改变得很快。现在大部分村庄开展着清洁卫生运动，道路上、街上、家里以及家里使用的家具，穿的衣服，都是干干净净。五天一检查，如不干净，就在民校批评教育。有的村庄，一致听号起床睡觉，早上儿童捉懒汉，晚上禁街，群众过着紧张的有规律的生活。妇女们也活跃起来。1940年时，武乡不少的妇女，还搽粉点唇，男女关系也比较杂乱。现在妖冶的“破鞋”妇女大大减少。而一般妇女的装束，也简单朴素了。尤其妇女劳动观念的改变，过去这里的妇女是整年坐在炕头上，光吃不动弹，以劳动为羞耻。而今年妇女除做家庭生活外，有时还去地里帮助男人，却以劳动为光荣。妇女找“对象”时，还以能劳动为主要条件。各村懒汉亦绝大多数转变过来，不会劳动的学会了劳动，不会生产技术的学会了技术，有的已有了“闹人家”的思想，感到“懒下去吃不开了”。各村普遍流传着“人人劳动，创造新社会”的口号，现在一到这些村里，就会感到另外的一种新兴的气象。

最后，我感觉得美中不足的有三点：第一是有的互助组，为了追求“时髦”（武乡互助组队多），硬把几个组“编”起来。因此队里不团结，队长不明了队里的情形，有的还浪费工。第二互助队（组）教育的工作还不够，我参加了好几个组开会，有许多组员“沾了光也不知道”。因此除等价交换闹公平外，非提高他们的觉悟不行，不然因一点“鸡毛蒜皮”的事情也会引起某些纠纷。第三个别支部还残存着浓厚的宗派主义，对非党的积极分子鼓励不够，尊重不够，帮助不够。（毓明）

——《新华日报（太行版）》1944 年 8 月 29 日　一版

三分区出演新剧“李马保”

李马保登台讲话说“互助起来顶机器，我并不是怎样了不起，主要靠大家的力量。”

（三分区消息）8 月 13 日，分区召开纪念大会，庆祝反法西斯战争胜利与丰收可望，到会军民 3000 多人。大会除将当前战争形势报告外，特别指出我分区生产运动中出现了大批劳动英雄组织了劳力，提高了技术，如东堡的红旗队，树辛村李马保的互助组，都改造了全村的懒汉，扩大了耕地面积，走向没有一个闲人，不荒一亩地；由互助组扩大成队，更由队发展成社。树辛村有 30 多顷地，700 多口人，就现在来看，秋收可有八九成，每亩地能增产三小斗，就能余出四个月的粮食，做到耕三余一，说到这里，军民均喜形于色。

会场上挂着要演出的劳动英雄李马保画像，大家都转着头找李马保，看看到底是个啥样的人。当主席团介绍劳动英雄时，第一个就是他，外表看来也很平常，老老实实的，黑巴巴的，中等身材，讲起话来，虽不出色，但句句中肯，很受听。他说："我们的工作没有啥妙处，主要是相信毛主席的号召——组织起来，不但我这样做，还叫大家也这样做"，他继续说："并不是我怎样了不起，主要是大家的力量，大家一齐来干；我们没有机器，可是大家都组织起来了，四个人顶五个人，五个人能做七个人的活，这能顶机器！"台下马上就掀起一片呼声"组织起来！学习树辛村！学习李马保的办法！"

接着大家期望的晚会节目，"劳动英雄李马保"出演，全剧共五场：第一场：为李马保幼年时代，受地主的压榨及高利贷的逼迫，把仅有的二亩地及家里的东西被他们夺去，使一家人愁的哭成一团，到辽县种了几年山地。第二场：1939 年以后，在斗争封建地主陈汉□中，渐渐翻了身，同时也把自己锻炼成为群众所拥护的人物。第三场：是与蜕化了的干部及特务分子做斗争，挽救了不少干部，马保被选为副指挥。第四场是：订按家计划，发现了负担中有毛病，经检查出来，该减的减，该加的加，造成了全村穷富上下空前的团结，也正表现了他的大公无私。在互助组中，都是以身作则，先做别人的，后做自己的，甚至把自己的牛及种子都拿来调剂给大家用，他的口号是"先做后说，多做少说，以身作模范"。所以大家一看到他做什么，马上也就跟着他干起来。有一次他种了 500 棵瓜，然后号召大家来种，特务分子抽他的空子，想破坏他的威信，偷偷地到他地里数了一遍，结果一棵不短。这一事教育了群众，也教育了他自己。他又想尽一切办法，改造了他村的二流子及"破鞋"。最后一幕是树辛村新的景象，早上听号音起床，儿童团结起来捉懒汉，村干部带领着所有的人一齐下地，家里的公务，只留几个儿童照应。树辛村的工作远近赞扬，新闻记者、机关干部纷纷前来采访。分区彭政委赠给锦旗一面，大家欢呼，把他母亲感动得流下泪来。把自以为了不起的松茂（桃家沟自然村的劳动英雄）也被感动了，才知道自己比李马保还差得远，自己所以落后，就是因为看不起群众。

当演到李马保全家被逼迫哭时，激动得台下劳动英雄王海成喊起口号来："我们也受过这样的逼迫！李马保的翻身不是容易的！"大家也跟着他喊起来，全场被感动得悲欢交加，很多人都流出泪来，有些小资产阶级出身整过风的干部说："我过去真没体会到穷人像这样被压迫的苦！"

会后征求亲身经历过的李马保，他说："事情都是真的，就是有几个人名记错了；可是有些事情不是我自己做好的，主要是大家的力量！"（乙）

——《新华日报（太行版）》1944 年 8 月 29 日　一版

模范荣誉军人毕占业
一年劳动可吃四年

他说：在家靠父母，出外靠革命，好好生产也顶打仗。

（本报消息）武乡树辛村小云书互助队里模范队员荣退军人毕占业，种了 10.3 亩好地，荒地 3 亩，今年努力生产，庄稼长得特别好。据劳动英雄李马保给他估计，今年可收谷子 20 石，玉茭 5 斗，黍子 1.5 石，山药蛋 20 多担，麦子 1.5 石，再加上北瓜、豆角，除公粮外，够他一个人吃四年。

毕占业是个老实人，不爱说话，原是八路军 385 旅老二团机枪连的战士，百团大战攻打榆社城时挂了彩，1942 年精兵简政时退伍。在部队上曾担任过班长、排副，又在炸弹厂里管过账。退伍后，到武乡安家。头一年他把公家发的 500 斤小米做本钱（发的鞋袜够用），开了个小饭铺，打烧饼、卖面条、卖水，每天赚的钱糊住口。他把节余的米帮助别的荣退军人，如借给退伍军人赵德太、王有才各二斗，寺沟荣誉军人老杨二斗。去年他又给树辛陈世茂、刘跟孩当长工，工资每家五斗麦子、五斗米、五斗杂粮，共三石。公家发的米没有吃一颗，拿了石二米换了二亩好地，打了石九谷（后来人家赎回）。把石九谷碾成米，配上工资八斗米，又换了六亩好地，又花了一石麦子买了四亩三分地，还买了六个大母羊，合作社入股1000元。今年又把他节余的粮食，借给刘金城三斗，刘聚水一斗，刘德孩二斗，共借出一石二。还置了些家产如锄、犁、镢、斧、箩头等。

老毕非常殷勤俭省，今年正月到四月，除开荒三亩外，每天起早拾大粪，共拾了120担。做饭舍不得买煤烧，一有闲工夫就去拾柴，也舍不得吃油。他在互助队里是个呱呱叫的队员，每天自己做饭，黑夜推磨，但没有误过工。他成天劝说李巨才早起，不要当“二黄风”，教育上当分子×××，给他解释天变不了。他的认识高，他常常说：在家靠父母，出外靠革命，公家待他好，他也要对得起公家。他牢记着军队上首长的一句话：革命人要自力更生。现在自己虽然不扛枪打仗了，好好生产也顶打仗。他今年打的粮食够吃了，再也不去“累赘”公家，还要帮助穷人。由于他劳动好，守纪律又能帮助人，今年县上开劳动英雄大会时，奖给他箩头一副，村里开会时，又得了一大堆奖品——草帽、铧、手巾。他的名字不断在大众黑板上得到表扬。（毓明）

——《新华日报（太行版）》1944年9月7日　一版

采访散记

毓　明

替军队拔苗

一天将近黄昏的时候，东堡小学教员李文焕邀我到村外去散步。我们俩一面溜达着，一面闲谈着谁的庄稼好坏。正谈得热闹的时候，忽然听到远处传来了歌声和说笑声，而且越来越近。

"你听，这是妇女替军队拔苗回来了。"文焕肯定地告我说。青年妇女们过来了，我没有来得及数数多少，大约有七八十人。她们的身体真壮！个个大脚板，有的还穿着草鞋，胳肢窝里夹着一大捆拔掉的谷草和莠草。

青年妇女过去后，中间隔有少半里路，接着又来了一批三四十岁的妇女，但他们也在唱着歌。

妇女走过去之后，文焕给我谈起来妇女们的热情。他说："洪都战斗后，医院里的彩号同志，躺在床上还挂念着他们的生产，有的还说梦话，说他们的地荒了！妇救干部史仙梅、郝雪花听说后，遂发动妇女替军队拔苗。妇女们可劲儿大了，妇救秘书在民校里一号召，第二天全村妇女都动弹起来，有孩子的也要去，有的伙着做饭，腾出一个人也要去……连拔了两天了，这是最后一天。村里人说他们拔得还很干净。"

劳动英雄最光荣

在武乡，劳动英雄已成了最光荣的称号了。不论县里区上开劳动英雄大会，都是热闹得不得了，好像过去的庙会一样。街口上、会场上都搭着彩楼，家家户户打扫街道房屋，烧水烧汤。劳动英雄来时，音乐队、妇女、儿童排队到村外欢迎。吃饭的时候，叫劳动英雄坐在上座上，县区干部殷勤招待，妇女们还给他们胸前插花，挂鲜红的五角星。

东堡开劳动英雄检查生产大会时，我跟王海成在街上走，旁边有几个妇女谈论着。一个妇女悄悄地指着王海成说：“你看那个人——光和尚头，脸黑黑的，带着‘兜肚’，他就是王海成，全县的劳动英雄”。他们把认识劳动英雄当成了光荣。

劳动英雄李马保的名字，更在群众的口头上传诵着。我在树辛村住的时候，村长把我派到一个老乡家里吃饭，这家的女人和李马保老婆是叔伯姊妹。她说了没有几句话，就扯到了李马保，她告我说：她和李马保是亲戚，她妹妹嫁了他。她一边说一边禁不住地微笑，觉着和劳动英雄是亲戚也是说不尽的光荣。

60 多岁的老汉唱歌

东堡开劳动英雄大会的晚上，武乡高小的小学生剧团赶到这村慰劳劳动英雄，台下人挤得满满的。开幕之前，下边吵嚷起来。

“欢迎东堡妇女唱歌！”

“欢迎西堡互助队唱歌！”

西堡互助队站得零散，鼓不起劲来。东堡的人越发吼叫得厉害了，但他们还不唱。

石区长跳到人群里，这儿瞧瞧，那里瞧瞧。一会儿找到了一个对象——是一个 60 多岁的老汉。他是西堡的生产技术家叫作李新。区长一说欢迎李新来一个行不行，全场都沸腾了。

“欢迎李新来一个！”

“……”

喊声一句接着一句。

我看了看李新，个儿不高，是个很结实的老汉。我心里暗暗想：简直是开玩笑，那么大年纪的老汉还能唱什么？

老汉不起来，石区长把他拉起来。这时区长说："欢迎欢迎"，下边响了一阵掌声，老汉就趁着掌声细声细气唱了起来，还装着唱"小旦"的声调！

60多岁的老汉这样有兴致，可是谁也想不到的，全场人都兴奋得笑了。

唱完戏后，我跟彭（涛）同志回来，路上他告我说，李新去年还很不开通，有时候还偷偷骂八路军。自从今年在生产运动里，因为他技术高，全村尊敬他，称他是技术家，在劳动英雄大会上又得到大会鼓励，老汉从这时起才感到这是一辈子没想过的。像他这样一个老庄户，还能这样排场，亲身感到共产党八路军就是好，开始转变过来，现在老汉高兴极了。第二次开会时，他还领导着互助队，在街上举着胳膊喊"拥护共产党，拥护八路军"的口号。他的生产技术，也不像从前那么保守了，谁请教，他就滔滔不绝地给谁讲。

——《新华日报（太行版）》1944年9月7日　四版

史水泉重新参加红旗队

（武乡消息）上次报上发表红旗队开除史水泉后，没过几星期，水泉在他思想上就转变了一些，深深感觉各顾各没有利。如他出去以后，雇短工出了三四斗工资，如在组内它还有长工，村中又纷纷议论他自私，他非常难受。因此他向区上干部和村中干部要求重新入队，红旗队为了教育他，提出三个入队条件：一、彻底改变作风；二、在思想上先去掉自私想法；三、反省过去错误，努力改正。当时他很满意，做了自我检讨，重新入队。（松英）

——《新华日报（太行版）》1944年9月13日　一版

武乡妇女胡玉兰熬盐成功

（武乡消息）二区圪留村妇女胡玉兰，因今春盐价高涨，家庭贫寒，买不起盐，她就用硝土试验熬盐。经过三四次，研究成功。把硝土拿回来用小箩筛下来，放在锅内熬一点钟，端下把水浮的白沫拨去（可以再用火熬成硝制造火药）。澄下红水是盐疙老，能往地里上肥料，中间清水用火再熬便成盐，盐色洁白味好不苦。五升硝土可熬盐十两。玉兰试验成功后，便告诉村中妇女。今春三月以来，全村就不买外盐了，现在计划合作起来搞（连松英）

——《新华日报（太行版）》1944 年 10 月 7 日　二版

武西破击小组翻敌火车一列

（武西消息）我精干破击小组（邢兰青组）于 9 月 10 日晚上，到白晋线牛寺与南沟间之大湾破击，数十分钟内即将铁轨卸下，枕木搬起。不一会火车呜呜驶下，我对准车厢打了两枪，敌毫不在意，仍向前直驶。驶到破坏的地方，连人带车翻在山沟里。计坏敌火车头一个，车皮四辆。（麟舒）

——《新华日报（太行版）》1944 年 10 月 7 日　二版

武乡四大杀敌英雄之一：关二如

王伯英

关二如武乡×××（关家垴村）人，是一位 18 岁的青年射击手。在全县的射击手中，他是最好的一个。他不但枪法好，也很勇敢。他村的人都说：

“二如年纪小，胆量大，真算咱村杀敌英雄。”在全县杀敌英雄座谈会上，被选为全县四大杀敌英雄之一。

当他 14 岁的时候，见村里的模范队要枪，他就想参加，因年纪小，没有参加了。到了冬天，×××战斗时，他亲眼看到敌人烧房子、杀人、抢东西、欺辱妇女，对日本鬼子非常仇恨，觉得不赶走鬼子实在不能活，于是他就抱了打鬼子保家乡的决心。1941 年，他村刚有民兵组织时，他就坚决要参加，因他年纪小，直到 1942 年才参加了。关二如参加民兵后，村里给他发了一支才从洞里挖出来的步枪，上面生了锈，拴也拉不开。但他很爱护那支枪，天天擦洗，后来擦得枪栓滑溜溜的，很管用了。

他不但经常擦枪，并且时常练枪，除每天饭后瞄准外，平素不论在家里地里做活，一有闲空就举枪瞄准。三年来从未断过。俗话说：“铁杵磨成针，功到自然成。”他打枪打得准，就是从熟练中学成的。他常向村里的民兵说：“要想打枪准，一要练的熟，二要摸枪性，三要保管好。三日不练，拿起枪就重，擦枪就如人洗脸。如不保管好，就是拿上‘三八式’，也不算话。”全村民兵都跟他学习。特别是他领导的一个班，大家的枪法都很好。

他从实弹射击和打敌人的经验中，觉得摸枪性是很重要的一件事。他摸枪性的秘诀是：“枪性低时，瞄敌人的胳膊。枪性高时，瞄敌人的脚。枪偏左时向敌人肚脐右边瞄，偏右时向肚脐左瞄准，一打就准。”有一次，他在县里杀敌英雄座谈会上，实弹打靶，三枪打了 16 环。每枪的弹着点相差不过一寸。在场的 70 多个杀敌英雄都说：“二如的枪法真正好。”赵主任向他说：“关二如给你支‘三八式’枪好好干吧。”他说：“从今后，我一定要加油的干，就拿我的瞎八枪吧。因为它跟了我有三年了。”在这次检阅大会上，在 30 多个射击手中，关二如仍是得了头名，观众们说，果然是名不虚传。

二如在围困蟠龙的八个半月中，总是冲锋在前，退却在后。不是到蟠龙侦察，便是到河不凌（距蟠龙二里）埋伏打敌人。他一个人亲手打死打伤20多个敌人。一次，在河不凌两枪干倒在树上吃桃的两个敌人。最后，他和金河（民兵副班长）共打了四枪，又干倒两个，把出来抢东西的鬼子打回去了。

去年腊月，蟠龙敌人200多，包围了×××（关家垴）。这次二如运粮走了。他哥被敌人捉去，杀死了。村里的人们说：“二如在家的话，他哥不会被敌人捉走。”

后来，他爹跟他说：“孩！家里只剩下你一个了，要有些心眼，不要干得太厉害了。”二如说：“俺哥死了，应该给他报仇。”有一次，他带领民兵一个班，在尖山顶监视敌人，在神南圪梁上发现40多个敌人，抢了群众的七八头牛和四、五石粮食。二如心里想，牛和粮食是老百姓的命根儿，可不能叫敌人抢走了。他向民兵说：机会到了，咱们干吧！说罢话，他很快地找好地形，自己在前头领着，狠狠地向沟里的敌人打起来。敌人认为受了八路军的埋伏，着了慌，丢下牛和粮食，就往蟠龙跑。二如把夺回的牛和粮食还给了神南的老乡，神南老乡非常感谢他。

他爱护群众，也爱护军队。他常向人们说：“咱们只有跟共产党八路军走，才能过好光景。”×团九连在他村住，他给借东西，与九连的同志们到蟠龙附近侦察，并给军队藏东西，藏得很保险。

今年正月里，他带领一个班，配合九连一个班到尖山顶侦察，军队不幸遭敌伏击。二如在圪梁上便坚决地指挥七八个民兵向敌人猛打，终于和九连那个班，全数突出回来。回村后，九连孙指导员说：“二如真英勇，你们真是模范的民兵。这样的配合打鬼子，狗日的就吃不住。”

关二如非常爱惜武器和弹药。他常和民兵说：“随便浪费一粒子弹，就是帮助了敌人。因为子弹来得不容易，如不保存好，随便打，战争来了，就不能多打敌人。”他平时不乱打枪，战争中他也不轻易打枪，每打一枪时，总要有七八分把握时才打。

另外，他有一个很大的长处，就是虚心学习。每逢开杀敌英雄会，对别人的好办法总是好好的记在心里。回村告诉大家，跟着学，他一点也不骄傲。

——《新华日报（太行版）》1944 年 10 月 7 日　四版

敌寇数路会窜洪水中村
我主力正分别袭击中

（军区急电）6 号由南桑鲁窜返西井之敌，在我军尾追下，经彭庄西窜。

7 日晨，经关家垴到中村（蟠龙洪水间），现仍盘踞该地未动。6 号进到湾则敌，于 7 日晨经显王到东庄、义安一带，与中村敌会合，8 日上午该敌经洪水北窜，其后卫部队，在寨坪附近遭我三分区某部尾追，将该敌伪及民夫全部击溃。正战斗中，敌先头主力返回增援，迎接败敌窜洪水，又遭我围袭部队火力杀伤，现该敌坚守不动。城底、王家峪敌 6 号夜经韩壁到蟠龙镇，7 号下午，经白家庄到韩家垴。上下北漳胡峦岭之敌，7 号下午，经苗社村西北犯，遭我某部阻击，当晚即宿姚庄、大活庄一带。8 号 10 时，敌继续北犯，现已抵王庄沟，正与我某部接触中。

——《新华日报（太行版）》1944 年 11 月 9 日　二版

太行军区司令部发表反“扫荡”初步战果
（武乡部分）

敌山西派遣军以独立步兵第十旅团之矢木野、山崎、海野、崛江四个大队，独立步兵第十四旅团之村田、片岗两个大队，配以地方伪军合计四五千人，对我辽、武、襄、黎腹地进行“扫荡”。根据缴获敌军文件，敌预计进行三期作战，第一期自 11 月 1 日至 7 日，以矢木野（227 大队）、山崎（228 大队）、海野（229 大队）三个大队对我桐峪、麻田、西井地区进行合击；以村田（243 大队）、片岗（244 大队）、崛江（230 大队）三个大队对我西营、蟠龙地区进行合击。第二期自 11 月 8 日至 14 日，前者主要“扫荡”中村、洪水之线，后者主要“扫荡”蟠龙、大有之线。第三期可能自 11 月 15 日至 19 日分别撤退，返归原地。总计预定“扫荡”时间约 20 日。军区为粉碎敌寇此次作战计划，乃于作战初期，下令调集若干主力兵团，结合各地方干队及民兵，根据以合击对合击，以“扫荡”对“扫荡”的作战指导方针，分在内线及外线，进行有机的反“扫荡”作战。截至 11 月 11 日止，据不完全的统计，十日内我已进行大小战斗 60 余次，爆炸地雷数百枚以上。白晋、正太、平辽敌各主要铁路及重要城市据点，均遭我不断破袭、袭击。经过此种内外夹击、漫山遍野的地雷爆炸的严重打击后，敌于 11 日乃呈不支溃退之势，并有向外线撤退模样。兹将十日来作战经过叙述如下：

……

矢木野大队……7 日在武乡石门触发地雷十余个，当日进抵中村、关家垴附近。……其山崎大队经七树沟去洪水。崛江大队自太原经沁州武乡东村，片岗大队自沁州经武乡东村于 4 日先后出动，进抵西营、蟠龙，在下良及马庄各触发地雷数个，我县干队及民兵即乘机予以打击，毙伤敌 14 名。其主力兵团一部于 5 日夜复袭敌于下北漳。

此时军区即决定加调主力兵团若干，自东南北三个方向进行分进合击，予敌以严重打击。6 日××团自××地，××团自××地星夜赶程，已抵达西井外围地区，当晚拟全力猛击西井之敌，但敌已先遁，我乃趁夜跟踪越过五峰山而下，尾追前往中村洪水之敌。洪水之敌于 8 日向马堡前进，拟与自辽县出动之海野大队会合，我某主力某部队于白和予以截击，其后卫复遭我另一主力兵团之一部尾击，下午该敌行至羊圈又遭我某部伏击，伤亡 20 余人。

……敌行至马堡即不敢再行前进，次日始与洪水敌会合。我某主力兵团于8日晚夜袭洪水，至苏峪与敌遭遇，敌慌忙躲入寨子内抵抗。战斗自22时起，直延长至次日晨4时，机炮、手榴弹声响彻四野，异常激烈。9日晨辽县洪水会合之敌，向我刘家咀、鳌垴阵地联合进行反击。我某团7连坚守鳌垴阵地，敌以一个大队兵力反复攻击。该连在一昼夜中未进一餐，手榴弹全部掷完，与优势敌人进行多次白刃格斗，敌我伤亡均重，我于10日晨因任务完成撤离该地。此时中村敌亦向刘家咀增援，迂回我阵地侧翼，敌共增至1500人以上，双方对峙至10日下午。后因我组织反突袭，我某团复由温城方向向敌侧翼出击，敌不支全线退回洪水。这是我合击作战中至关重要的一个战斗。

同时该团一部自北南下攻击洪水敌之侧翼，当与新村之敌残部发生战斗，敌不支亦撤回洪水。我即控制洪水外围各高地，控制敌人。

我另一主力兵团于8日分三路夜袭中村之敌，其中我15个精壮战士各携带10个手榴弹由三个民兵领路，进攻敌之军事哨。在我150个手榴弹爆炸中将敌全部消灭，我当缴步枪数支、钢盔军毯若干。义安之敌闻警来援，当为我警戒部队击退。当夜战斗异常激烈，9日、10日敌曾以一部出扰南北响黄及柳沟，均为我某某两主力兵团击退，我即自东据高控制敌人。

7日经蟠龙、苗杜向大有前进之敌，遭我某团主力机炮火力袭击。8日我某部队又夜袭大有镇。9日敌三四百人经武家庄返回武乡东、段村，当遭我某某两主力兵团及县干队合击，战斗异常激烈，敌伤亡六七十人以上。加之敌在韩家垴、显王、寨坪、汉广、东庄、韩壁各地均触发我大量地雷，行动困难。至此敌已完全处于内线，遭受我之全面合击。

在此形势下，敌人遂于11日上午开始向西及西南撤退，为状异常狼狈，洪水鳌垴等地弃尸甚多，我目见敌送回辽县城骨灰三大木箱。

7日晚，我某部破袭分水岭至南沟段白晋铁路，当炸桥两座，收电线400斤。8日夜，袭白晋线勋欢的据点，收电线800公斤。

11日，大有之敌向武乡东、段村逃窜。洪水之敌亦于同日上午分两路溃逃，一路经讲堂向辽县洪都据点撤退，另一路经上下黄岩、大小里道、宋家庄、郭郊撤退，曾于麻池垴与我某平行追击部队发生激战。刻洪水、上下广志、蟠龙等地均无敌踪，敌均不敢自老路撤退，我各主力兵团全部，以最高速度进行追击中，这一作战正在继续演进。

——《新华日报（太行版）》1944年11月13日　二版

反“扫荡”中的关家垴民兵

王伯英

11月6日晚上，敌情紧急了。关家垴民兵，把村里的妇女老弱护送到村外，立刻在村边埋上地雷。中队长关星河、杀敌英雄关二如，带领全村民兵在圪梁上埋伏。拂晓时，500多敌人由石门向关家垴前进，走到沙坡（距关家垴半里路）时，民兵关明甫向敌乒乓地打了两枪，开始了战斗的序幕。关星河、关二如和猛张飞关金河听到警报，沉着地等着敌人。不一会轰轰数声，敌人踏响了地雷，炸伤了三个。敌人害了怕，停了半个钟头才前进。敌人刚爬到关家垴的石坡上，他们便向敌人打了十多枪，打死了七个敌人，打伤了骡子一匹。挨了打的敌人，不敢在关家垴停休，一气转到中村（距关家垴五里）才宿营。

7日上午，小股敌人出来抢粮抢牲口，关二如和关星河带领民兵在圪梁上猛烈地打击敌人。敌人以为是八路军，终未敢到关家垴。小股敌人到神南，他俩又带领民兵继续阻击，弄得敌人也不敢去神南，转头又向中村窜回。下午×××团来了，关家垴民兵们见他们的老大哥来了，异常高兴亲热，立刻给老大哥们抬锅、找柴、煮饭烧热家，让他们好好地休息。吃饭后民兵们同他们谈昨天打敌人的经过，谈得非常热火。最后大家一齐说：“咱们今天到中村干狗日的去!”

天刚黑的时候，准备摸哨的消息传到民兵们的耳朵中，大家高兴地说：“干的机会来了!”一会儿赵增雷同志（区干部）来说：“今天晚要配合×团摸哨去，咱们是自愿报名。”他的话未说完，民兵们都争先恐后地说：“我去！我去!”最后，民兵分了三个小组，部队也分了三个突击组。在未出发前，关二如同志单身到哨棚附近侦察了一次。出动时，关星河带领一个组，猛张飞关金河带领一个组，关二如带领一个组，大家欢天喜地地向哨棚前进。绕过大路，爬到地坎的一边，二如说：“大家准备好手榴弹吧!”爬到距哨棚十多步远的地堰下，猛烈地向敌扔了20多颗手榴弹，顿时打得十几个敌人连滚带爬地拼命向中村逃去。这次缴获了一支三八式步枪、一个皮挂包、三个饭桶。回来时马团长和村指挥部的同志们在圪梁上拍手狂喜地欢迎。关二如同志把缴获的一个崭新饭桶，送给了部队同志留作纪念。部队同志说：“二如同志真勇敢，这次没有你的话，咱们就不能得到这样大的战果。”

摸哨的胜利消息，第二天传遍了附近各村，村里的人都跑到中队部去看二如同志，都说：“二如真算话，咱们以后跟他一块儿干，总吃不了亏。”自卫队员关二蛮、关两世感动地说：“以后俺俩也要同民兵在一块儿打鬼子。”

第二天敌人跑到杨李枝的圪梁上，又放了一个哨棚，企图封锁我民兵和部队的活动。黑夜里关二如同志带着民兵和部队又去摸哨，摸到哨棚跟儿，一个鬼子都没有。原来敌人白天在这儿，黑夜怕民兵和部队来摸哨，天一黑就撤回中村。大家带着胜利的笑容说：“狗日的害了怕，天黑了也不敢出来，真是草包!”

在短短的七天战斗中，全村民兵杀敌的情绪异常高涨。他们共打了四次仗，计打死敌人七名，炸伤三名，伤骡子一头。不论在怎样严重的情况下，从没有停止过活动。反“扫荡”结束后全村人都说：“敌人住在中村，离咱村这样近，咱们没有损失一点东西，没有伤了一个人，都是民兵的功劳。”

——《新华日报（太行版）》1944 年 11 月 25 日　四版

反“扫荡”后的武乡军民

正　晶

一、在贾豁镇

敌人在武乡“扫荡”了五六天，结果被我们扫出去了。3 号我要去参加边区群英大会，从榆社踏进了武乡。

走着想着，刚“扫荡”后，群众没回来，情绪低落，没锅没碗，该到哪里吃早饭？到了贾豁镇时，不但有人而且街上人跑来跑去不知忙什么？我走进一家饭铺，饭铺里挤着一家人，吵吵嚷嚷乱哄哄的。我就坐在一边听，首先是饭铺掌柜说：“我就拿上 50 斤也情愿，这回本来打的就好！”；又一个老汉也提“我情愿慰劳咱军队三斤”；“我没面，拿十元钱”，尖嗓子的像个妇女，她挤在后面，我没有看见。后来我忍不住地问了一声“拿东西干什么？”“慰劳咱八路军，还有决九团，这回在俺村左面那个大山上，打得真好呀，村里一点损失也没受。”又从门外进来一个人，像是负责人，算了一下就给大家宣布：给百斤白面，200 元钱。这一下引起了两个人的争论：

“不少了。”

“还有民兵呢？”

“分开给部队些给民兵些。”

“可不行，这回民兵可出了力啦，打的也是正式火线，军队攻，民兵也攻，可有劲。”

最后决定东西都给军队，今夜请民兵喝酒开娱乐会。

二、到苗度（杜）村

晌午后到了苗度（杜），一进村就听见八音会在吹奏，锣鼓笙笛交响满村。一转弯见一广场上左边站着200人部队，右边是村中男女老少，看样子已讲完话了，正在互相鞠躬。前面部队走开了，后面是口号声音乐声响成团在欢送。战士们笑得闭不住嘴，欢送的人越来越多。一个老太婆挽着袖子，大约是正在家揣面，沾着两手面也来欢送。群众嚷着："今天正好是十月一（老百姓旧节），都给吃的是面汤糕""决九团就是能打仗，这次打得真好，不然咱村可损失轻不了！"又问了几个老乡，才知道，上午部队来，就没让他们做饭，都是老百姓请的吃饭。下午因有任务要走，所以全村都来欢送。

——《新华日报（太行版）》1944年11月27日　四版

武乡民兵真英勇　麻雀战保卫老百姓

（武乡消息）下寨武委会主任郭金海，在这次反"扫荡"中，带领一个民兵小组，在附近打麻雀战。他们打死了敌伪五个，救出群众40多人，还保护了隐蔽着60多个老百姓的两个窑洞，从敌人手里夺回羊三百几十只，全数交还原主。群众都自动慰劳他们，报答他们的救命情义。（子垣、效杰）

（武乡五区消息）敌人这次"扫荡"，到了上广志村。群众把牛都转在一个沟里，被敌发觉，四五十个鬼子都去拉牛，民兵高贵堂心里想：千万不能叫鬼子拉走牲口。他单独一个人，便瞄准射击。这时鬼子将抢拉在手里的七条牛、一只驴放下，抬着三个鬼子走了。（魏宏、瑞生）

（武乡五区消息）在这次反"扫荡"战争中，敌人经过西中庄附近时，民兵史文斌等三同志，以步枪侧射敌人，连放八弹，毙敌一名、伤敌二名。第二日早上，文斌同志又相随董文高去追击敌人，到刘家沟附近，截住敌人后尾，打了两三枪，敌溃乱奔逃，丢下耕牛一头。（郝换芳、李应槐）

（又息）敌人于本月12日夜，由洪水撤退时，我下广志民兵四人，在区干部石富元同志率领下，到洪水伏击鬼子。等敌大队过去，他们打了敌人尾巴二枪，一颗手榴弹，缴回牛六头、驴二只及驮着青酱一桶、蒸味粉二桶、电线30余斤、土枪一支、一头大青骡。（瑞生、魏宏）

（武乡消息）马堡民兵侦察员魏三孩、张林祥二同志，一向就很胆大，每遇战争，总是自动侦探敌情，不深入到敌人驻地总不回来。这次反“扫荡”中，驻新村之敌被我军打击后，于11日拂晓窜至洪水，与另股敌会合。当时二同志即尾随敌人至洪水北街口河上，敌人赶着一群牛，只顾饮马，魏张二人乘机冲上，夺了耕牛三头，赶上就走，不顾敌人的枪声和掷弹筒，毫不慌张地回来将牛送还了群众。（梁德东）

——《新华日报（太行版）》1944年11月29日　二版

配合腹地反“扫荡”　武西军民连破白晋路

（武西消息）我武西军民，在日前敌寇进入我三分区腹地“扫荡”时，大家都非常气愤，即由营兵结合民兵，向白晋路展开破袭。在8日晚上，破坏勋欢至南沟段铁路，收回铁轨两根，电线400多斤。9日晚上，又到南沟至牛寺段进行破袭，两小时的功夫，破坏了铁路六段，抬回铁轨两根，收电线700多斤，使敌半天不能通车。同日晚，另一部游击队把勋欢至南沟的二座大桥烧毁，也使敌人火车半天不能通行。（李一、来余）

——《新华日报（太行版）》1944年12月5日　二版

不愁吃穿送儿上学　各地创立民办小学

（武乡消息）由于今年大生产结果，群众生活得到改善，群众进一步要求文化生活。今冬各村纷纷自动成立民办小学，只七区今冬就成立民办小学 18 座。全区 13 个行政村，连公立小学共有 29 座，这是抗战以来没见过的。教员供给都是群众自己想办法，有的全村摊，有的由互助组想办法，现各村仍继续成立。(其瑞)

——《新华日报（太行版）》1944 年 12 月 5 日　四版

蟠武线上的马印元

他是武乡马家庄的民兵指导员，他村包括马庄、李庄、马家庄三个小村，都处在蟠武线上。敌人占领蟠龙时将马庄作为临时据点，群众都逃出来不敢回去生产，邻村的生产也受到了严重的威胁。此时，上级号召：“劳力与武力结合，战争与生产结合”。马印元同志就把他们村子与其他村组织联防，划分三道封锁线，从事生产战斗。他们的战斗包括：伏击、截击、冷枪和爆炸。尤其是爆炸，是敌人最头痛的。马印元同志任爆炸组长，在蟠武线上，半年的光景，仅他组埋的地雷就爆炸了 80 多枚，还打了 27 颗手榴弹。他个人打死敌 13 名，伤敌 29 名。

他们打起仗来，是“孩孩大大　男男女女”都参加的。如上月敌“扫荡”武乡时，有 13 个敌人来他村搜山。马印元同志领着三个民兵，打了一梭子冲锋枪，又打了两颗手榴弹后，他吹了一声哨子，吼叫了几声，顿时，一条山梁上，男的、女的、老的、少的就都喊“追呀!”“捉活的呀!”吼叫起来。敌人以为大大的八路到了，连忙逃去了。

——《新华日报（太行版）》1944 年 12 月 7 日　二版

“地雷大王”王来法

王来法是蟠武线上杀敌英雄之一，他的拿手好戏是埋地雷。

敌伪进占蟠龙、胡峦岭后，他带着几个民兵，经常在蟠武线上转来转去，看敌人怎样来又怎样去，后来他发现敌人活动的规律：敌人每天午前从蟠龙到段村，或从段村来蟠龙，一到下午，就不动弹了。下午到夜晚，就成了他活动的最好机会。第一次，他在小河西埋了三颗雷，敌人踏响两颗，敌伪伤亡五只，民兵抬回一匹洋马大会餐。第二次，又埋三颗，隔一天他去检查，地雷原封未动。石头下面却压一张纸条子，上为“注意”二字，鬼子的脚印都在野地上通过了。来法同志很机灵，立刻在敌人走过的地方又悄悄按上一颗。隔一天，他在山头上看热闹，几十个伪军，十分神气地从小路上通过。“轰”的一声，狗日们着了忙，队伍马上拖到大路上去，“轰，轰”，正好，两日前埋好的雷被他们踏响了，两个敌人负了伤，给民兵留下了一匹洋马。

一天，刚下过雨，来法埋了四颗雷，新土没法伪装，他很发愁。忽然，他瞅见路旁有一个破罐子，“哈哈，有了”，他抓住罐子跑到河边去舀水，新土马上变了样，牲口蹄印在上面，敌人出来60多个，踏响三颗，抬回去七只。

来法同志的战利品除食用的外，还有两件经常带在身上，一件是洋马蹄，一件是皮鞋底，他曾经用这东西把三颗地雷换了七个敌人，一匹骡子。

又一次，是老晴天，路上刚走过一群羊，来法同志的地雷就埋在羊蹄子的下面。埋好之后，他跟武委会主任作伪装，作了半天，怎作怎不像，两个人都没办法，后来来法看见路旁一棵大杨树，他说：“救星到啦”，两个人就爬在树上折树枝。怕敌人看出，就从树下一直拖到路上，再从路上拖到村里，果然，蟠龙出发的敌人又倒了霉，据民夫曹狗儿谈：敌伪伤亡11名。

据来法他自己说，“敌占蟠龙以来，埋过七次地雷，都爆炸了，打死三个牲口，30多只敌人，老百姓看我地雷埋得好，送我外号‘地雷大王’。我的经验是：埋雷要把握住敌人的规律，只要伪装好，不求花样多。”

——《新华日报（太行版）》1944年12月7日　三版

记模范农家的座谈

本月25日，大会召集的模范农家座谈会上，由李来成等四位参加，他们互相交谈家常，非常热闹亲切。

武乡模范农家霍金水简略谈了他的家境之后，说到全家七口今春都参加了互助。这一点真是好，可是后来发现大家搞互助不管家，有时都从地里回来，做不熟饭，都乱抓，家与互助没有结合，使去年打的粮食弄的不够吃了，于是开家庭会决定分了工：大嫂管纺织，三弟媳妇管家的杂事，我老婆照顾政治、帮助军队。这样做了一月，又发觉了各顾各，分了工又不合作。为了使人人互相帮办，便实行工票制，三个媳妇传工票，一月一算账，出工少的下月补，多的就奖励，办法是一天顶八晌，推谷面二斗顶三晌，玉茭细面一斗顶三晌，纺四斤花顶五晌，织八尺布顶五晌。这样便鼓起大家抢着干。不论在家和地里都要争取当好劳动。秋收时总结：金亮家头奖得花一斤，老大家得花13两，老二家得花10两。她们都很起劲，已经实行了互助纺织，也是传工票，谁纺的多分红多，现在已织好布20余斤，全家穿用足足有余。地里的养种，因为互助分工，种的地长得好，打下47石多，超过应产粮食16石，个个都喜欢，觉得年越过的喜气。这种光景说起来可是靠咱八路军起家的，因为实在感谢军队不过，家里妯娌们便缝了一条新裤子，拥护咱军队，大家都说："俺们生产下了，让咱军队也穿些吧。"最后，他说家庭组织起来的好处有：一是参加互助集体劳动可以受好的教育，俺家的和睦就是在劳动里闹好的。二是人人闹的劲头大，往年家里种上花穿不上布，现在不但布织得多，女的担水上地杂事都做，人人觉得过得有意思。再就是我家往年常荒地，今年闹的最强，并且还有空压油纺线，家得来项也增加了。

——《新华日报（太行版）》1944年12月7日增刊，三版

杀敌英雄是怎样练武杀敌

一、陈炳昌、关二如领导民兵自学办法介绍

去年冬训以来，陈炳昌开始组织民兵自学。他村民兵都编入互助组，每组多则六七人，少则三个人，共九个组。在生产上民兵跟大家一样。在自学上，参加各互助组织民兵另成立自学小组，每天进行练习射击。为了检查成绩，每组发一个纸本，每天瞄一张，半月交武委会检查。每逢初一、十五为民兵日，全村民兵集合，开会检讨，好的奖励，坏的批评，并实地测验，看究竟有无进步。不久以前，打过一次靶，百米十环靶，最少得打十环。为了敌人来能打响，他们从前年2月起就在村附近修工事，现已修成150多个工事，工事之间的距离测量很合规矩，敌人来了，拿枪就可以打。

关二如领导民兵自学，开始是一伙伙在一块瞄准，因村子分散，不方便，后来就按村的地形划分小组，分配枪支。另有四人一个地雷组，五人一个炮兵班。

到地里去都带上枪，村边设三个投弹场，去哪边就在哪个场扔。平时瞄准分小组瞄，隔三四天集中一次进行检查，院里墙上都挂上瞄准具，在院子里可以随便瞄，七天开一次批评会，半月指导员总结一次。从前民兵很不团结，他发现不好的同志就在班务会上批评。现在亲热得不行，谁也不想离开。他的经验是：要想少出问题，班务会要健全。

二、战术座谈

腹心区小组民兵座谈时候，有人提出打敌人的行军队伍，打头好呢打尾好呢？接着开始讨论：

……

王来法：一般打尾好，为了阻敌前进，也必须打头。

张小宝：到我村仗着窑洞，哪里也能打。

关二如：不能都跟你村里一样。

一致的意见是：要看地形看任务看具体情况。

……

——《新华日报（太行版）》1944 年 12 月 7 日增刊，四版

李马保耐心改造各种人

武乡李马保发言时，会场又很肃静。他扼要地叙述了他的领导方法，及全村组织起来后的成绩。

他改造各种人的办法：他村两个有变天思想的坏分子，对共产党八路军成见很深。他们认为“八路军爱穷不爱富”，他给他拿实际例子来证明他的看法不对。他说陕甘宁边区有个吴满有，毛主席成天称他好，叫各抗日根据地来学他。有钱人只要不非法剥削人，好好劳动，谁也不反对。对腐化的懒老婆说，要男女一条心才能把光景过好，才能好活，腐化是不好的，就是有人爱，也是一个人，多则几个人，如果好好劳动，那就人人爱了，当上劳动英雄，更有名有利。后来几个懒妇女转变过来了。一个当狗腿的也是懒得不动弹，退租时，他帮助他抽回六亩地，又发给他二亩庙产，妇女不嫁他，他又劝导妇女，给他娶了老婆。

——《新华日报（太行版）》1944 年 12 月 9 日　四版

红旗大队史成富八大创造

武乡红旗大队队长史成富谈他们一年来的八大创造，其中奖励办法更值得学习：一、夺红旗——区上制一面红旗，谁的互助队好就奖给谁，但这旗是活的，别队也可以争夺，谁好就由谁得着。因此得红旗的为了保持

已有的荣誉拼命地干，别队为了争夺红旗也拼命地干。二、奖红星——他们队里每个队员做几个红星交给队长，每天全队总结，谁好奖谁一个，谁得的多谁就是“模范”，哪个队得的多，哪个队就是“模范”队。三、功劳薄——上边写着每个队员的名字，有功的就在他的名字上面一个红道，有过的画一个黑道。四、公布计划画圆圈——他们每一个工作计划，都公布在大街上，每天完成啥，生产委员会即画个红圈，完不成的不画圈。五、出英雄榜——每一期工作完成之后，根据平时成绩，总结一下，谁是第一、第二，写个英雄榜贴在大街上。这些表扬的办法，在武乡对生产工作起了很大推动作用。

武乡王海成，他以洪亮的声音，说明他怎样让三个落后的互助队变成了一个好的互助队。今年7月，县里生产检查团到他村检查工作后，评选他队和韩增麟、史全银两队为五、六、七三个落后队，队员都不服气，愿意和海成队搭伙干，可是韩增麟、史全银两个队却不乐意。他们说王海成是全县出名的劳动英雄，闹好了吧，好名声也是他的，自己搞好搞不好总有自己的一个名儿。王海成看透了他们的心思，就成立了一个“三合队”，闹好了是大家的光荣，这样大家都高兴了。组成了一个“三合队”，结果，大家都搞好了。

——《新华日报（太行版）》1944年12月9日　四版

全区自卫队模范李星云

在边区群英大会上，只有李星云是在一般自卫队中选拔出来的杀敌英雄。他是一个老实的农民，貌不惊人，语不动众，但是他有一颗杀敌的雄心。他不会用步枪，也不会埋地雷，但他能创造出惊人的杀敌奇迹，就是凭着这颗心。

敌人占蟠龙后，李星云始终坚持着接敌区的生产。去年六七月的一天，他跟弟弟李金河半夜跑到炮楼底下割麦子，疲倦极了，不知不觉地躺在麦子上睡着了。第二天醒来，太阳已出的很高，弟兄两个顾不得收麦子，赶紧钻进一个山窟窿里，用石头垒住口，想到天黑再想办法，谁知道不大会儿，就有一只洋狗跑来对着洞口大咬大叫，跟着来了四个鬼子，把他们抓住了。敌人叫他们带路，他们没办法，带到村里，鬼子又给一人一把铁锹，叫他们回蟠龙，兄弟两个可慌了："不能去，不能给敌人干活呀！"他们走在路上，金河想趁势把鬼子推下沟去，但是星云用手阻拦他，怕不成功。后来在一个山梁上，三个鬼子跑下坡去摘果子，只留一个鬼子看着他，星云看见时候到了，给金河使了个眼色，金河把铁锹高高挥起，"嘭"的一声，鬼子连吭也没吭出来，脸就被砍掉半块，躺在地上不动了。兄弟俩来不及搜索别的东西，背上一个雨布，扛上一支"三八"式步枪就往回跑，转过山坡，怕那三个鬼子过来，就躺在一块麦地里。一会儿"咕噜咕噜"说话的声音响过来，接着是"乒乒乓乓"的枪声。兄弟俩下了拼命的决心，想："看见了就拼，看不见就算。"半点钟后，枪声响过去，他们脱险了。李星云把缴的枪交到区指挥部说："我不会打枪，这支枪交给民兵用吧！"他们勇敢杀敌的消息很快传遍了全五区，又传遍了全武乡，老百姓赠给他们俩"李家兄弟英雄"的光荣称号。

星云弟兄越来越有劲了，他们向区上要了两颗手榴弹，临时学会拉火的办法，准备再去干。他们调查好，白家庄炮楼的敌人每过七天要到蟠龙去开会，中秋节正是开会的日子。这一天，敌人去得很早。弟兄俩马上带着六个民兵，悄悄爬到铁丝网前。民兵向碉堡打了一枪，没动静，星云把七个人留在铁丝网外掩护，自己慢慢走进炮楼里，拿走一大匹猪肉，临走时还割了一大段电线。

李家兄弟杀敌有功了，区上开会表扬，号召自卫队向他们学习，奖给他们 50 块钱。14 团钟营长刚从前线回来，听到这个动人的故事，也把口袋里仅有的 5 块钱也给了他，表示对他的激励与敬意。

10月间，蟠龙敌人从姚庄一带“扫荡”回来，赶回了一大群牛羊。星云弟兄奉命去侦察，顺便到敌人羊群里看看。羊群离敌人的炮楼只30步远，弟兄两个顺着地边爬到跟前，羊正睡得很熟。金河会放羊，他“格气、格气”叫了两声，羊以为主人来了，跟着他爬出羊圈。炮楼上的敌人大概听见响动，对准他们打了几枪，金河又“得勒……得勒……”叫了两声，羊就跟着他跑出去了。金河在前面领，星云在后头赶，羊群离敌人的枪声越来越远。

110只肥羊成了战利品，羊赶回来不久，姚庄羊主人找来了，说有四五十只羊是他的，星云同志给了他40只，又分给一个退伍军人和另一个自卫队员各十几只，现在他弟兄还留了二三十只，准备发展小羔羊。

春天，哥儿俩腰里别着两颗手榴弹。到一个汉奸的家里，牵回一头牛。

星云同志打敌人是积极勇敢的，为人是忠诚老实的，又是一个很好的受家，村里人都选他领导互助组。虽然敌人占蟠龙时荒了许多地，一时赶不上别村，但因互助组发挥了大作用，今秋收获一般都达到了应产量。

分区武委会负责同志告诉记者：“李星云弟兄的杀敌奇迹，对三分区自卫队工作推动很大。在他影响之下，自卫队不但积极地担负抗战勤务，而且敢于主动接近和打击敌人。这次秋季反“扫荡”，就有许多自卫队员学习李星云同志的办法，和敌人斗争。”

边区杀敌英雄大会上，大家认为一个赤手空拳的自卫队员能出生入死打击敌人，在全区还真不多见，决定赠予“全区自卫队模范”的光荣称号，并号召全边区自卫队员向他学习。

李星云同志曾对记者说：“我的好处就是不怕敌人，敢跟他干。不投敌人，不给他办事。明年我还要学打枪，学埋地雷，学习神枪手陈丙昌，地雷大王王来发，学好本领打敌人。”

——《新华日报（太行版）》1944年12月11日增刊，一版

边区杀敌劳动英雄介绍

边区杀敌英雄：

腹地民兵一等英雄关二如，18 岁，山西武乡人，现任民兵班长。

腹地民兵二等英雄王来发，31 岁，山西武乡人，现任村武委会主任。

自卫队模范李星云，32 岁，山西武乡人，现任自卫队班长。

边区劳动英雄：

生产互助一等英雄李马保，28 岁，山西武乡县树辛村人，有人 5 口，地 41 亩，牛 1 头，打粮 60 多石，领导 9 个互助组，任村指导员。县选英雄第一名。

生产互助二等英雄史成富，28 岁，山西武乡东田村，有人 7 口，地 42 亩，牛 1 头，收粮 55 石多，领导 2 个互助队，任队长；王海成，42 岁，山西武乡韩壁村人，有人 4 口，地 29 亩，牛 1 头，收粮 46 石，领导 1 个互助队，任队长。

——《新华日报（太行版）》1944 年 12 月 11 日增刊，四版

李马保订出明年初步计划

创造太行模范村　做到"耕二余一"

（本报消息）李政委、戎副主席的报告，太行区一等劳动英雄李马保认识计划得面面周到。他说：没有一句话不是为了老百姓的。每一个英雄应该好好做一个计划，来响应他们的号召，把他们的好计划变成真的，好好领导群众，有多大的劲头，用多大的劲头，能组织一个组，就组织一个组，能搞好一个村，就搞好一个村。大家一齐来，把太行山变成咱们的"陕甘宁"。现在他的计划已经订好了，他要创造一个太行区模范村，来和

其他英雄比赛，谁愿意来谁来。他的计划全文如下：

（一）增加细粮 680 石（粗粮 1360 石）。全村有土地 34 顷，每亩增产 2 斗。应产量是 3890 石粗粮，如平均每人一年吃 4 石粗粮，全村有 810 口人，就能做到“耕二余一”。此外，增产南瓜 29000 个，菜蔬 27000 斤。办法，一、充分组织半劳力。全村有男半劳力 75 个，女半劳力 86 个，春天组织半劳力妇女儿童打圪垃，捡东西、、捡石头等，组织到 60%，拔苗时组织到 70%，割麦收秋全部组织起来。二、帮助副村栗家沟。农会主席负责，今冬让全村好好反省，把这村工作搞得和树辛一样。三、团结两家地主，使他们地的产量也超过应产量。

（二）巩固互助组织。树辛村还有几家没有参加互助的，除把他们都组织起来外，就是巩固现有工作组织。巩固办法：一、及时交还，今年等价问题没有什么，就是有的还工，会引起互助组的动荡。同时几次经验证明：等价又能及时交还，互助就巩固。二、实行群众性奖励，谁的工作好坏，让大家评判后奖励，这样不容易出毛病。三、发扬民主作风，过去曾有几件事不民主，回去向群众自我批评，并让大家提出意见，今后如有缺点或错误，都要首先批评自己。

（三）深耕细作。不论啥地（豆地也一样），每亩上粪 80 担，豆地耕二锄二，玉茭、谷地一半耕三锄三，一半耕三锄四，并要耕种及时。玉茭要稀，谷好地一步四安，赖地一步三安。

（四）提高技术，改良农作法，种优良品种。一、争取全村使用小锄锄苗，不用韭镰。二、全村百分之七十温汤浸种。三、种优良品种，如小黄豆、大白谷、金皇后。四、豆子不拔根。

（五）全村造粪池八个，每家置一个干水缸，妇女扫街土，挖旱井五个，种大麻 200 亩，杨柳树 2000 棵，桃、小果、枣等树 4.2 亩苗圃，恢复禁山。

（六）全村养鸡 810 只（每人一只），恢复养蚕，养猪四个，争取一年内生 20 个小猪，保护牛不生病，还买猪两头。

（七）成立一个小议会，合作社要为群众谋利。一、调剂种子；二、扶助妇女纺织；三、供给全村日用品。

（八）拥军工作：一、军队生产，如因战争太忙，村上完全负责，不荒株苗；二、村里有女副长，招待过路军人，随到随有汤水喝，吃饭给做饭，缝补衣服，住下给找房子。口号是：好家叫军队住，好米要叫军队吃，冬天要睡暖炕。战争时，如有伤病员，给他洗血衣服，保证他的安全。三、县里在村里开会，喝汤不要钱，其他村民夫也是一样。全村 19 家抗属，11 个荣誉军人，使他们生活跟老百姓一样。

（九）全村五个自然村，每村设一小学，并且完全自办，村长也完全自给。

（十）在村里开劳动英雄会，检查工作，实行奖励。

（十一）学习其他英雄的好处：学习李来成的家庭，把自己家庭闹和气，积极生产，并在村里大大提倡。学习张喜贵的计划性，学习郭凡子的顽强性，学习庞如林的战斗与生产结合，学习王同会的造林，学习郭永道的纺织妇女，学习红旗队的奖励办法。

李马保说：“这个计划，订得还不够详细，回去还给全村好好讨论，订得更具体更详细”。

——《新华日报（太行版）》1944 年 12 月 15 日　一版

青年杀敌英雄关二如杀敌自学计划

首先把这一大会的情形和宝贵的杀敌经验，利用冬学和冬训广泛地向群众和民兵宣传。

发展民兵：我班现有××个民兵，回去发展×个。民兵条件有四：一是生产阶级，二是学习热情，三是不脱离群众，四是政治坚定，并要参加冬训。

三、冬训方面：在冬训中，保证我村民兵全体参加冬训，自己要虚心学习，起骨干作用，推动全体民兵卷入学习热潮中。在训练中，打下拿甚学甚各专一门的基础，并争取我班为模范班。不但民兵积极参加冬训，并且要动员每个自卫队员也积极参加冬训。

四、自学方面：根据全班民兵住的远近和拿的武器，分成五个小组，每组由小组长领导，自行练习。四天全班集体学习，把瞄准的成绩，于民兵日（初一、十五）交给中队长和指导员检查。在生产忙不能分组学习时，各带步枪，到地里抽空瞄准，目测距离，每晚集宿时练习举枪。

五、利用村里地形，布置拉雷，并在村周围埋设地雷，布成雷网。敌人来了，给以有力的杀伤。

六、反“扫荡”中：领导全班，自己以身作则，保证地雷、手榴弹、步枪、土炮等武器，都能杀伤敌人。不让村里群众损失或少受损失。

七、对军队：平时军队到村，保证给好房子住，借东西不让受困难，保存东西要好。战争来了，主动的配合军队打仗，使我们能收到更大的战果。

八、培养射击手：我村现有六个半把式，准备在一年中把半把式培养成全把式，另添两个，共计培养八个射击手，保证新射击手打靶三枪打 15 环，三枪打死一个敌人。

九、民兵不仅积极参加冬训，并且还要参加冬学，在冬学中争取当模范学员。

十、生产方面保证全村民兵积极生产，在互助组起先锋作用，虚心地向年老的把式好好学习闹养种，保证全班民兵在摇耧跌籽耕地都能精通一门种地的本事。

十一、爱护武器：规定七天擦一次枪，半月晒一次地雷、手榴弹等，不坏一件武器，保证战争来了都管用。

——《新华日报（太行版）》1944 年 12 月 17 日　二版

突击班长靳小瑞

我是河北赵县人，从小在家爱打架，在部队上爱打仗，越打仗我越高兴。现在谈几个我打仗的故事：

……

一、抢救老百姓

1943年反“扫荡”时，一天我们宿营在武乡关家垴。第二天一个民兵告诉我靠近哨棚边有一个窑洞，里边藏着七八百老百姓，还有不少工厂的工人。又上来一个老乡也在说，“人在里边困了十来天了，没吃没喝的，要不赶快救，闷不死也得饿死。”我把这事马上告给排长。晌午的时候，敌人一直往窑洞那边扛柴草，要烧那个洞，我们打起枪来，敌人才不敢扛了。

一直坚持到天黑，首长下了命令，坚决要抢救窑洞里的老百姓。俺们这个班是突击班，首先要消灭哨棚里的敌人。因为哨棚敌人不消灭，群众就救不出来。

我向民兵借了三个地雷。

出发时记得天上有半个月亮，柳沟村长给带路。摸到第一个哨棚，仔细一听，里边没有动静。上去一看，里边没有住人。我心想：“妈的，莫非走了？”又往前摸，忽然听到有人说话，啊！有门儿。我爬到跟前，看见几个日本人正在里边对烟呢，这个哨棚是靠土坎子用门板搭成的，顶子是用干草棚的，正对劲。我就把一个地雷从顶子上扔了下去，棚顶子炸开了，火烧着了，我就喊：“冲啊！”紧接着又扔下两个地雷，炸得里边的日本鬼子呀呀叫，我就又喊：“缴枪不杀！”眼见一个鬼子军官拿起一把指挥刀，要冲出来的样子，我一枪就把他打倒了。这时候村里的队伍也打起来，喊杀声、枪炮声响成一片。哨棚的火越烧越大，子弹箱也着了，噼噼啪啦的乱响一阵，像是过大年放鞭炮一样，火太大了，照得明晃晃的。我看见一挺歪把机枪在里边放着，我把脚一跺，就跳了下去，用敌人挖窑洞的镢头把机枪刨出来，机枪被烧得通红。我又跳进火里，搞出两支步枪、两顶钢盔、五个水壶，一大堆。我满脸熏得漆黑，眉毛都给燎没了。

七、八百老百姓救出来了，他们很多饿得走不动路。我们一个一个背着他们，老百姓感激得不行，直说八路军是救命恩人。

二、一步跑一丈远

围困蟠龙的时候，马团长训话说："你们一营必须打胜这一场伏击战仗!"俺们就打埋伏去了。

我们爬到麦地里，紧靠着汽车路边，过来了12个伪军，一到跟前，我喊了一声"动手吧!"跟着我又扔出一个炸弹，炸弹砸在一个伪军背上，他们扭回头就跑，我跟着就追。我自己追着他们12个，他们跑得慢，跑了一会站住说："不跑了，缴枪。"我说："缴枪不杀，八路军优待俘虏。"我捡了五支好枪，把他们都活捉住了。往回走时，有的俘虏讲，有一个伪军扛着一个掷弹筒跑了，我就向排长要求去追。我换上便衣，背上箩头，过了一道河，到了魏家窑村外，那个伪军正坐下吸烟。他以为我是老乡，从老远就喊叫。我凑近他，一个冷不防，把那掷弹筒抢过来，照着他的脑袋就砸了一家伙。我又掏出手枪吓唬他："你跑得这样快，叫我过了一道大河，才追上你!"

魏家窑有个老乡挺好，把俺俩请到村里吃了一顿饭。刚一放下饭碗，日本鬼子就来了！我拿起掷弹筒就打，咱没有用过这家伙，打不响，我叫那个伪军打，连打了三下，俺俩就往回跑，我怕他溜走了，把掷弹筒和炮弹叫他全背着，跟他说："你要跑，我就拿枪打死你。"我还故意吹大话，"我在全连赛跑是第一，谁都跑不过我，我一步跑一丈远，不信你就试试看。"这样一吹，他老老实实地被我俘虏回来了。

三、攻打胡峦岭碉堡

打胡峦岭碉堡，俺们早就攒着劲呢，一听说要打，高兴得不行。头一天干部们一起出去看地形，又叫准备梯子，我就猜着八九分，一蹦一跳的到各班去报告消息。果然，第二天没等到天黑，就出发了。见用洋油桶提着那么多手榴弹，我就嚷开啦！“呀，这么多炸弹，胡峦岭非打下不行。”在路上排长给了我一个甜瓜吃，说：“我希望你们八班能攻下来。”我说：“行!”

先是攻盖沟，别的连没有攻下来。以后叫俺们排攻，排长说：“八班长，你来攻，成功不成功就看你的了。”没说的，我们一声吼，一阵风就冲上去了。敌人火力很厉害，我们把手榴弹都扔完了还是打不开。战士们就往后退，排长立起身子扬土，用土当烟幕掩住俺们退。我们退下来了，但是我们的排长却牺牲了。

连长叫我代理排长再往上冲，我马上给全排讲话：“要给咱们排长报仇，攻不上去不行！谁敢出来当突击队?”战士们一个个的提着枪，瞪着眼，一下子站出来八个人。一咬牙，一家伙就攻上去了，打出的炸弹直冒火花，跟红日头一样。可是，盖沟的沟又深，土又松，用手一扒一吐噜，都爬不上去。我身子灵巧，扒着块门板一下就上去了。看见一个日本人扛着重机枪架子跑出来，我上去一刺刀就捅死了他。急得我红了眼，把机枪架子往沟里一推说：“还不赶快上!”大家踩着机枪架子一鼓劲儿都冲上来了。

我们冲到一个窑洞前，16 个伪军吓得都钻进一个小洞里不敢出来。我叫他们交枪又不交枪，谁有时间跟他泡这蘑菇?急得我不顾一切一下就跳了进去，端枪用刺刀吓唬他们，结果我一个人缴了他们 16 个人的枪。

接着就是攻那日军碉堡，团长下了死命令，攻不下来不行！开头儿不叫俺们打，可是我光想着打，虽然困得不行，可又睡不着。后来叫我们攻了，我立刻清醒了。我一手提了一洋油桶手榴弹，忽地一家伙就上了梯子，用嘴咬着拉火线，从枪眼往里甩手榴弹。一连甩进去 20 多个，把我的脸熏得漆黑，炸得敌人在里头直叫唤。有一个手榴弹刚搁在枪眼，敌人用衣服把枪眼堵住了，怎么塞也进不去，我就赶快闪开。轰地一声把枪眼炸大了。这正对劲，往里甩手榴弹更顺手啦。敌人也往外甩炸弹，可是我会转身到死角，他炸不着我。

又过了一会儿，里边直喊："交枪!"一个伪军连长递出两支"三八"式。我一判断知道敌人草鸡啦，就从那个炸大了的枪眼钻了进去。地形不熟，一个筋斗就栽倒在里边，脑袋顶着了一个死人的屁股，黏糊糊的，血腥味儿可大了。我赶快爬起来，用手摸着三支步枪，又钻了出来，鞋子和裹腿都给血弄脏了。我叫九班的一个战士同我一块儿再钻进去，这回又摸到两支枪。最后打得碉堡上层的鬼子没了办法，就全体自杀了。这回得的胜利品可多啦，怎么也拿不完。离开碉堡的时候，觉得我的右臂黏糊糊的，用手一摸，才知道我是带了彩。

——《新华日报（太行版）》1944 年 12 月 17 日增刊，二版

太行区杀敌英雄劳动英雄受奖名单及奖品

腹地民兵一等杀敌英雄：关二如奖五号奖章一枚，手榴弹两颗，色布一匹，毛巾、救急包各一，锦旗一面，大枪一枝。

腹地民兵二等杀敌英雄：王来发奖五号奖章一枚，小枪一枝，手榴弹两颗，色布一匹半，毛巾、救急包各一，锦旗一面。

全区自卫队模范：李星云奖五号奖章一枚，手榴弹两颗，色布、白布各一匹，毛巾、救急包各一。

生产互助一等劳动英雄：李马保奖奖章一枚，毛巾一条，铧一个，锦旗一面，牛一头。

生产互助二等英雄：史成富、王海成奖奖章一枚，毛巾一条，锦旗一面，牛一头。

——《新华日报（太行版）》1944 年 12 月 19 日增刊，一版

李马保王同会交换树秧互相学习

劳动英雄方面，同样高高兴兴：二分区英雄，自己家乡不产花椒、核桃，临别前很早起来就去街上买，回去吃稀罕。王同会和李马保更成了好朋友，两人约定明年计划互相交换树秧，马保给同会果子树，同会给马保核桃树，同会教马保造林办法，马保教同会改造懒汉办法。

——《新华日报（太行版）》1944 年 12 月 21 日　一版

东堡群众欢迎红旗队长史成富

（武乡消息）9 号下午天快黑了，东堡的男女老少听到红旗队长要回来，都集合在一起等着，打着、吹着十分热闹。天大黑下来，还等不回来，大家心里有些失望，听说武乡英雄都到区上了。正要准备散伙的时候，忽然襄垣英雄们远远的走来了，大家高兴的迎回了家。

当天晚上，住到一座新楼房内，非常暖和，村里的男女老少，一涌一涌的去看英雄们，嘴里说着："劳动真光荣"。正遇分区彭政委在东堡，也亲自跑到他们屋里问候。模范农家李来成高兴地向大家说："我得了一头大毛驴，你村史成富是大花牛，比我的还要好。我过去不认识他，这次俺们二人在一个家里住了 20 多天，实在熟了。"第 2 天早上，大家将襄垣劳动英雄们送出了村，群众又集合在一起等红旗队长，老乡们都嚷着说："咱们东堡红旗队，边区毛主席也知道了，如果咱们搞不好，可是冤屈人家给的大花牛。"

隔了一会，史成富果然回来了，大家像几年没有见，拉的、扯的、问的、叫的热闹成一团，迎进了家，大家都说：天很冷叫他好好暖和暖和，早早休息，改天让他给咱们好好的话拢话拢边区开会的事情。但史成富的家里人仍挤得满腾腾的。

——《新华日报（太行版）》1944 年 12 月 23 日　四版

李马保回村　树辛更活跃了！

冬学、义运、冬训安排的头头是道

（武乡消息）太行区劳动英雄李马保回村后，全村陆陆续续有 300 多男男女女，要看看马保，听听马保讲话。马保把奖给他的牛、旗，摆在大家面前，并且给大家说：见戎副主席来，见李政委来，叫咱们好好生产，明年还要开大会。群众说好呀，满不说咱马保光荣，就是树辛也有了名。从前时，受死也没人管，现在是劳动就奖赏，共产党抓住根根了，年头永不怕再坏啦！马保的母亲高兴的也说：俺马保一字不识，还中了个状元，世道可变啦。马保又给大家说：我有两个牛，拿出一个，冬天在合作社给大家碾油，春天给抗属贫农和大家耕地。群众越发兴奋地说：马保真是公私兼顾，为大家，为自家。马保跟着又宣布了树辛村今冬和明年的生产计划。群众都说：能行！只要马保领导，就能跟上办。

这几天来，村上工作表现很起劲，他们的口号是“争取太行模范村，样样工作要加紧。”互助组讨论的义运、冬学和冬训结合得很好。在义运中，回脚捎煤。在冬训时，每天也要起五更担一回，没煤钱互相借。他们怕在义运中耽误了冬学，每个义运组选了个学习委员。刘金林说：你们有心学习，我还带个算盘，谁想学就学，我教。并且还想了个办法，在每个人的左臂上，缝着一个识字袋，像照西洋镜式的一张一张的装着识字牌，认识一张再插换一张。晚上到了休息站上，还学珠算。

妇女互助组讨论说：树辛工作甚也好，咱们也不该落后，今冬（到阴历年底）每人要做三只鞋，纺三斤花。为了互助互济，采取大家入股，合伙买花的办法。纺多的多得工资，股多的多得红利，并抽集红利十分之一，作为奖金。现在上峰头12个妇女，用鞋和钱集股800元，成立了个合作社，现已赚钱200元。上冬学，大家讨论隔一天上一天课。费工多，发言机会少，改成上一天课，小组讨论一天，休息一天，第四天再上课。提出口号是：该来就来，早来不等，迟来补课，大家负责，保证不误做晚饭。

某大雪刚停止，马保领导群众扫路，准备乘机突击担煤。回来时，马保与大家说说笑笑，商议了个革命竞赛办法。他们想了个挂功劳榜的制度，就是把全村男女老少在冬学里贴一姓名榜，榜边写上工作项目。布置工作时，群众订出模范标准。检讨工作时，谁合乎模范标准，群众就给谁画一红圈。稍微有点成绩的，也给点个红点点。总结工作时，根据红圈多少来奖赏。这个办法引起大家议论：有的说好坏更明显了，有的说学习马保有办法了，也有人说，说空话的人傻了眼了。

——《新华日报（太行版）》1944年12月29日　一版

杀敌英雄靳小瑞逼近段村再建奇功

（军区消息）三军分区×团杀敌英雄靳小瑞同志，于出席群英大会后，返抵原防，当以其饱满的战斗情绪，率领某游击小组数人，于本月27日深入武乡段村附近活动。当日有段村伪军9名到北坡（段村西北）抢粮，靳英雄即率组迎击，将其击溃。当毙伪军一名，伤二名，生俘伪军班长士兵各一，缴步枪3枝、子弹60余发，我无伤亡，再度立下英勇战绩。

——《新华日报（太行版）》1944年12月29日　二版

张庄纸厂成立冬学

（武乡五区消息）张庄纸厂（民营），日前召开全体职工会议，检讨过去工作。经过大家一阵热烈发言后，工友们一致感觉自己进步太慢，要求受教育，要求进步。厂方为满足大家要求起见，根据本厂具体情况，决定成立冬学，由厂方干部任义务教员，工友们按年龄文化程度分成三组。最后大家提出向本村冬学挑战，看谁搞得好。现该厂已着手布置一切冬学设备，不日即可开学。(庆辰)

——《新华日报（太行版）》1944 年 12 月 29 日　四版

1945 年

打击敌寇抢粮 靳英雄光荣负伤

团首长亲切慰问

（14 团消息）杀敌英雄靳小瑞同志，从群英大会回到部队后，首先他以五人打敌人九人，捉了两个俘虏，缴枪三支。但他丝毫不自满，白日夜晚，更积极地在敌占区活动，找敌人的弱点。29 日段村敌 100 多人，到马牧来抢粮拆房子，他连的指导员张庆和同志，首先带了队伍从东面迎上敌人。靳小瑞同志又只带了六个人从西夹击，打得敌人狼狈逃窜，打死了敌人 20 多名，敌人的血，溅满了马牧到段村的河滩。并夺回不少粮食，保卫了当地老百姓的利益。靳小瑞同志也在这时光荣负伤。

（又息）靳小瑞同志负伤消息传出后，大家都很担心。他的担架到了团部后，大家都去看他，团长、宋主任都亲切地慰问他，吕参谋长也派人给他买鸡蛋，问他："你彩带在哪里？"他说："腰上，不要紧，几天就会好的。"又说："好了我就到前面好好干，才对得起上级和大家！"大家怕他说多了伤神，不好多问，但他精神如常，喜欢把作战的经过说给大家听。（蒲）

——《新华日报（太行版）》1945 年 1 月 11 日　二版

女神枪手冯凤英

曾　克

刚刚过了中秋节，庄稼大部分还没有收割，情况却又紧张起来。辽县、和顺、榆社、襄垣的敌人都增了兵，在 1942 年里，他们这样的举动已经是第四次了。

武乡二区开始了积极的备战工作。大陌村的妇女自卫队也更加活跃了。队长冯凤英在村子里奔走着。每当她涨红着扁扁的圆脸，喘着气，肩上背着三八式的日本步枪，急步的从人们跟前走过时，大家都会体贴地对她说：

“凤英，坐下来歇歇吧，整天没见你停过脚。”

“是敌人不让歇嘛！谁不想安安稳稳的过日子？”她总是只有这几句硬声硬气的话，停也不停一下，用袖子抹了一把脸上的汗，短小矫健的身影，就像旋风一般，在人们视线内消失了。但没有谁见怪她，这时有的人说了：

“年景真变啦，看人家凤英个女娃娃，活顶上个男子汉。”

“八路军没来以前，还不是挂着条露屁股的破裤子满街跑，谁看见不指着脊梁骨骂，卖都顶不上个肉价钱！”

人们是不会忘记自己翻身的日子的。冯凤英的生活，是同大陌所有受苦受难的人一样，在1937年才开始的。她这时已经满了15岁。当抗日的新政权在村里一成立妇救会，她就是一个积极的会员，很快当了小组长。她和村里老老少少各种各样的妇女都能说得来，大家拥护她当主任，并选她为区妇救会的常委。1941年的春天，她将会员中20岁左右的，组织成自卫队，每次敌人“扫荡”的时候，她领导着大家去给军队和隐蔽的老百姓抬水送饭，还担任警戒工作。

她刚走到一家门前，就被几个队员包围起来。由于竞赛的热情，在短短的五天时间里，她们把空室清野的准备都完成了。今天，大家又对工作提出了一些意见。冯凤英用着兴奋的语气回答道：

“大家都愿意这样做，咱们每天加上一次实弹射击，困难就想法子去解决，只要咱们有成绩，就会得到帮助。不过，工作越加劲，纪律就越要好，才能使家庭社会更尊重和同情咱们。”

大陌妇女自卫队一向是受尊重的。在操练上，她们会以整齐、迅速，三分钟完成七个字的动作，得到三分区妇女民兵总检阅的冠军。最值得表扬的还是她们的精神。每一个队员都自己提出集体的“公约”，并且切实的来遵守。她们自动的取消了耳环、首饰，剪短了头发，除了身上一套黑色的衣襟，头上一块白羊肚毛巾，是没有过去那些红红绿绿的颜色了。上操识字都要保证不耽误家里的事情。每天一清早，替家中做好了饭才蹑脚蹑手到禾场上去操练，不惊动任何人。

带着队员们的希望，冯凤英跑到修械所里去。她像每天一样，进门就朝南墙上那个靶子打两枪，西敞棚有人招呼她了：

“没过瘾，这里还有子弹。”

“给我留着吧！我们的女同志都想多练练这玩意，子弹正是要靠你们想办法哩！”她一面说一面走到工人们跟前。

工人们和她开起玩笑：

“都想当冯凤英呢？第一就只有一个，有了别人还有你？”

“只有妇女队人人都能打枪才有办法。”

工人们常常帮助冯凤英解决困难，正像她热情的帮助他们缝缝补补一样。就是她的射击技术，也完全是这个修械所培植出来的。从1938年这个工厂在她隔壁修建以后，她就整天在里头玩枪。当她第一次接过一支“八音子”的时候，她掂了掂，没等别人来教她怎样使用，就还了回去，翘着嘴巴说：

“要给就给个大家伙试试，这小玩意儿不够劲！”

“别看小，揍着一样送你回老家。”

就在这样兴趣勃勃的环境里，这个勇敢的女孩子，经过四年多的时间，不但学会了各种长短枪的使用，和一切射击的姿势，就是所有的动作，像拉栓、推子弹、瞄准都很熟练。现在，连枪的构造，保护和修理的简单道理，她也懂得不少。因此，在“三八”妇女节检阅大会上，她三枪都打在十环以内，轰动了全场。

因此荣获了“女神枪手”的称号，得了一支三八式的日本枪，并在几万人的面前，参加了神枪手们打死敌人的竞赛。为着这个愿望，她几次要求参加决死队。那支三八枪就再也没离开她的身边了。

没有几天，敌人的9月“扫荡”开始了。他们在离大陌18里远的北上合，扎上了临时据点。大陌的老百姓从从容容地转移到山里去了。修械所里除了将笨重的机床掩埋起来以外，是和平常一样工作。一些零碎的东西是临时可以携带的。情况一有变化，工人们就成了保卫村庄的基干队了。他们和村里的老百姓紧密的结合着，民兵的枪或农具出了毛病，或缺乏了子弹，只要到修械所里去，是没有解决不了的问题，而老百姓是用生命来掩护工厂的利益。大家一条心地在战斗中生产，为生产而战斗。工人们誓死也不让敌人损毁属于自己的工厂和机器。

一天早饭后，冯凤英正和工人们说闹，为着几句玩笑的话，就噘着嘴不讲什么了。

“你不知道吗？敌人是最爱花姑娘。你一看见不吓酥才怪呢！”一个工人故意引逗着她。

“中国人誓死不当俘虏。哪回非揍给你们看看。”

冯凤英这句赌气话刚一说完，村头上哨兵的信号枪响了。紧接着又是“排子枪”声。很快敌人的马蹄声、吼叫声杂成一片，600多奔袭的敌人冲进了村庄。修械所被包围了——院子里立刻架上了机关枪，猛烈的火力向外喷射着，两颗手榴弹炸退了一股朝大门冲的敌人，工人们突围出去了。

当工人们集中火力往外冲的时候，冯凤英一个人爬到北面的后墙上了。她是想在高地势上好瞄准敌人。但一转眼，院子里空了。她没有惊慌，也没有翻墙逃走，只是抖着劲一心要揍敌人。于是，她又跳回到院子里，隐蔽在北屋的墙后面。三个日本人走进院子里来，显得十分胆怯的样子，互相推着往前走，他们只在院子中间转了一下，见没有什么动静，其中的两个走出去了。剩下的那一个，到西敞棚里望了望，正转身往回走，冯凤英一枪就揍在他的屁股上，倒下去了。

她探着头，见那个打伤了的日本人，挣扎着也不能动，院子周围并没有声响。她端着枪，大着胆子从墙后走出来，想到门外瞭一瞭。当冯凤英从日本人身边跑过时，他突然发现她是一个女人，便怪声的吼叫起来。冯凤英毫不迟疑地转过身来，恨恨地说：

“上阎王爷那吼叫去吧！”敌人立即失去声息了。她大模大样的也往外走，左脚刚踏上门槛，两个日本人的背影出现在她面前，像在寻找枪声的方向。她吐了一下舌头，身子一闪，就躲到一扇门后面去了。

“可不能放走这两个狗日的。”她激动的拿下头上的白毛巾，盖住了枪栓，防止子弹推上膛去的声响惊动了敌人。她刚想用手指勾枪机，突然一个机智涌上心头：前面是两个敌人，如果不能一枪了事，剩下的那个是不会甘心的。她担心怕当俘虏，但是这一个好机会是绝不肯放弃的。她冷静地一想，从门缝里仔细的端详了一下这两个敌人的位置和方向，带着没有把握的表情，端着枪，手指靠拢了枪机，轻轻的又溜出门去，斜立在敌人的右后边了。她眼睛眯了一下，枪响了。子弹直射进那个站在右边敌人的右胳膊里，从左腋下出来，接着她又实弹打死了另一个发觉了枪声向她的方向冲来的敌人。

两个敌人倒在地上，血浸透了黄呢制服，眼睛凶恶的瞪着冯凤英，看着身边的武器，却失掉了使用它的能力。一种新的愿望在冯凤英心里又生成了，她完全忘记了危险，伏到敌人身边去下枪，但是，两支枪不知怎样交缠在一些皮带中间，加上两个敌人顽强地抽动着，她无论如何也取不下来。他发了狠，啪啪又是两下子。随着这两声枪响，三四个日本人从一家院子里吼叫着向她扑来了，她冒着枪弹直往村子外跑。

枪弹一直追着她，好几颗都从她扎得很粗的裹腿里穿过去。当她想转头揍死那个猛力追赶自己的敌人的时候，嘶的一声，她的大翻领里打进一颗子弹，她觉得烫了一下，子弹却从左肩的衣服上穿出来了。她转身就跑上一个小石崖了，很快地隐蔽起来。

不久在石崖上，她看见西南面满天烟尘，枪声响的很密集，她知道那一定是工人和民兵为了保卫掩埋的机器，和敌人发生了血战。她很快的从隐蔽的小路，绕到敌人的后面，伏在一个小土坡下面。这时六七十个工人和民兵，和敌人搏斗得非常剧烈，七八个女同志也参了战，她激动得按捺不住了，就拨动了枪机。敌人被后面突然响起的枪声震惊了。冯凤英心里一动，趁着这个情形，就开始了不停地射击！一个日本人被她打倒了！

“八路包围的有！”敌人阵容混乱起来，加上正面工人和民兵更猛力的冲击，敌人就从两侧狼狈地退走了。

一片极微小的擦伤，换了四个敌人。这第一次的战绩使冯凤英要求参战的情绪更高了。于是，在九月“扫荡”中，她随同工人基干队，整整打了40天的游击。她的故事，像神话一般在太行山人民中间传诵着。连敌人都以高价的悬赏，想要逮捕这个在抗日民主根据地里成长起来的女神枪手。

——《新华日报》1945年1月13日　四版

石榴仙号召妇女集股买纺纱车

（武乡消息）劳动英雄石榴仙，自参加群英大会回来，生产情绪更为高涨。她给全村群众报告大会情形时曾号召全村妇女集股买纺纱车，提高生产效率，她要做到全村人人有衣穿，并保证光棍穿戴不受困难。现妇女互助组已开始大量集股，准备扩大生产。

——《新华日报（太行版）》1945年1月19日　一版

皮堙（尚元）村冬学讨论毛主席报告

九个青年参军

（武乡消息）五区皮堙（尚元）村冬学，最近讨论毛主席“1945年的任务”。讨论到练兵与组织反攻力量问题时，他们说，咱们要执行毛主席指示，扩大解放区，缩小敌占区，把敌人紧紧的包围起来，咱县的独立营不扩大，是不行的。有的还说，咱们要练兵，学一套打仗本领，还是到独立营比较好，对自己进步更快些。这时张云汉、王六孩说：大家要愿去的话，咱们一块去。当下王生玉等九个青年都愿去。本月 11 号上午，全村群众开欢送大会，有的送鞋袜手巾，有的送包皮碗套，有的送零花钱，有的帮助他家送粮食。一个 60 户的村子，想不到送了万元以上的东西。这样更鼓舞了参军同志，振奋了全村群众。（正大）

——《新华日报（太行版）》1945 年 1 月 19 日　四版

树辛冬学办法好　功劳榜起了大作用

（武乡消息）太行一等劳动英雄李马保，回到树辛，全村人都要向他学习，跟他走。冬学成立那天，每个人都宣布了自己学习计划，为了看谁学的快，在冬学里，还挂了个功劳榜。每十天检讨一次，谁能超过计划，就给谁记一功。谁能帮助人学习，也给谁记一功。谁能诚心学习，也给谁记一功。如能自己诚心学习并帮助别人超过计划，就记一大功。22 号，开第一次检讨会，讨论记功，60 个男学员中，就有 15 人记大功，31 人记小功。41 个女学员，有三人记大功，30 人记小功。有个刘专才，担煤超过一倍，识字超过二倍，还写了四盘仿。模范青年李凤鸣，识字超过二倍半。陈巨凤看了李马保那样光荣，思想也转变了。在冬学中，帮助别人识字，在义运路上，给群众解释问题，自己识字也多。大家说他进步了，给他记了一大功，他高兴地说："我榜上有名了。"各村义务教员听到这个办法好，都要求到树辛参观。五区冬学委员会，于 29 日在树辛召开全区教员、义务教员会，组织参观树辛，吸取冬学经验。（王大明）

——《新华日报（太行版）》1945 年 1 月 19 日　四版

冬学简讯

武乡下寨合作社，自从选成全县的模范合作社后，他们感觉到合作社是为群众谋利益。因此在今年冬天，就开办全编村四处民办冬学，所有一切开支费用，都由合作社供给。群众都拥护说："合作社这样为咱们，咱们还能不上冬学?"（张效杰）

——《新华日报（太行版）》1945 年 1 月 19 日　四版

树辛众英雄推动生产
要做到全村盐碱自给
纺织运动热烈开展

（武乡树辛消息）劳动英雄李马保，自在边区开会回来，抱定决心，争取太行区模范村，想尽各种办法要为群众谋利益。他在冬学号召新的大规模生产运动，要达到丰衣足食，必须做到盐和碱自给自足，更要开展大规模的纺织运动。李马保的号召，变为群众的迫切要求，男人组织积煤积肥，妇女组织纺织，儿童组织熬盐。

在元旦召开县群英大会（会期 4 天）时，有本村劳动英雄李书孩、郁桂香（女），打窑洞能手王金木，荣誉军人毕占业四同志，学会了熬盐熬碱的技术。回来马上试验，每斗盐土能熬四两盐。开始组织了 11 组：男人 3 组，妇女 4 组，儿童 4 组，共有 70 人参加。15 号上午两个钟头刨回盐土共三石五斗，共熬盐八斤十二两，每斤以 20 元计，共卖大洋 175 元。全村计划每户最少要有一人学会，做到每家食盐自给。全编村共有 231 户，每户每月平均吃盐二斤，计每月全村共吃盐 462 斤，全年共吃盐 5544 斤。每斤以 20 元计算，全年共节省大洋 110880 元。

熬碱试验：每斤谷穰灰能熬半斤碱，现已熬成碱 12 斤，每斤以 50 元计算，共赚大洋 600 元。全村全年每户以二斤计算，全村全年共用碱 462 斤，全年共省大洋 23100 元。

（又息）树辛村妇女响应李马保同志的号召，展开更大规模的纺织运动，妇女们提出“不用家庭称花，保证全家穿新衣裳”的口号。现全村有纺织组 38 组，共有劳动者 210 个，全数参加，共贷花 1400 斤，保证年底完成织布。妇女领生花一斤，交布半斤，1400 斤花织布，两个月可赚 700 斤布，每斤布以 120 元计算，年底可赚大洋 84000 元。妇女们要争取经济独立，实行公私“三七”分红办法，提高了男女双方生产热情，双方提出竞赛：“男人提倡起五更，妇女要做到夜纺花”。（三友、怀信、华堂）

——《新华日报（太行版）》1945 年 1 月 25 日　一版

树辛村冬学又创造了五点新经验

（武乡消息）树辛冬学，在半个月的进展中，又创造了五点新经验：

一、轮流当主席。讨论时，轮流当主席，使每个人都有锻炼说话和领导能力的机会。

二、小规则。经过大家讨论，定出五条小规则。大家很高兴，人人都遵守。

三、坐飞机。十天总结后，大家觉得只是功劳榜上吃了圈点，还很平常，所以又讨论出模范学员标准，一个大飞机，一齐贴在冬学批判栏内。总结时，适合模范标准的，纸条上写上名字，贴在飞机上。

四、解决问题。模范义务教员陈全忠同志，学会了李马保的摸索群众心事。刘聚才愁眉苦脸不高兴，学习不安心。全忠同志想到他是没房住，发动大家帮他买下房，聚才现在成了模范学员。

五、嘴软心硬，耐心实际的教学法。陈全忠同志说落后群众是思想落后，不是人落后，所以不和人作对，应当和思想做斗争。他的办法是嘴软心硬的耐心教育，从思想上转变过来。讲课时，他联系实际例子，说国民党的不民主，就和咱村陈汉□过去在村里压迫人一样，人人都懂得了，很爱听。(应槐)

——《新华日报（太行版）》1945 年 1 月 27 日　四版

执行毛主席号召

武乡展开民主运动

武乡的民主运动，正在热烈地展开着，所有的群众，不管老婆老汉，过去永不好参加政治活动的人，都被卷入这个民主的浪潮里来。这次民主运动所以展开的原因，有以下几点经验：

首先是反复号召和深入动员。在新年元旦时，武乡曾举行了一次规模宏大的群英大会，参加的人数达 1700 多人（县区干部在内）。会上为了结合参议员选举，展开民主运动，彭政委再三说明毛主席的“知无不言，言无不尽，言者无罪，闻者足戒”，“干部是群众的勤务员”的思想。同时提出拥干爱民运动，并号召村村讲民主，家家讲民主，人人讲民主，建立民主的新社会。接着县上又召开了 200 余人的模范干部和县区干部会议，讨论对民主的认识及如何开展民主运动。经过反省讨论，有的干部对过去的不民主做了清算，有的干部定了自己今后努力计划。

由于各位英雄和模范干部响应了彭政委的号召，一回到群众中即开展了热烈的民主运动。如土河村在民主运动中将全村的干部，用不记名的直接选举办法补选了一次，群众感到非常满意，并打破了干部固定化的观念，使大家认识：只要进步，能为群众谋利益，人人可以当干部。干部因为是群众直接选举的，劲头也很大。同时为了提高大家的能力，现在土河的民革室，和各种会议都由群众选举轮流当主席，人人都能锻炼当干部。

其次登记公民和审查公民，和表扬好人、教育坏人的大众教育紧密结合进行。公民审查是依据生产拥军表现、个人的优点缺点，评为模范公民、一般公民、努力公民三等。有的评成100分、70分，然后按分分成甲、乙、丙、丁等公民，经过评等评分，模范公民上了大红榜，经过公民审查，群众的上进心大大地提高了，谁也不愿落后，都想争取模范。

再次是扩大民主范围，尊重老人。过去叫老人老汉是“顽固”“落后”，谁也看不起。在这次民主运动中树立了尊敬老年人的观念。老年人和抗属是同样的光荣，开会上炕、坐凳子、干部招待。在砖壁、东堡、西堡青年人都给50岁以上的老年人祝寿。老年人到处受优待，受尊敬，心里非常高兴，参加政治活动也很积极。

再次是发动群众大胆提意见。首先要干部进行自我批评，消除群众顾虑与怕报复的心理。如六区田庄干部，为使大家敢发言，全体干部首先向群众进行反省，把过去一切不民主的作风，彻底做了检讨。群众异口同声说：“过去不敢向干部提意见，怕将来报复，这回才想通是帮助他们”。从此以后，群众都敢说话了。另如窑湾村干部反省后，还向群众宣布了三不怕：不要怕报复，不要怕斗争，不要怕羞，对发动群众大胆提意见上起了很大作用。

总之，这次民主运动除开始在各种工作中贯彻民主作风外，最大收获还是执行毛主席的“知无不言，言无不尽，言者无罪，闻者足戒”的号召，和初步树立了干部是群众勤务员的思想。（田鸣）

——《新华日报（太行版）》1945年2月3日　四版

练武与战斗生产结合
武西实行全民练武

（武西消息）本县人民冬季练武计划，是按三个阶段进行的。第一二阶段各 15 天，每个阶段分两个时期，前八天是民兵自卫队、干部、村干部以行政村集中练习，后六天分散回到各自然村结合自卫队练习。第三阶段是从旧历元旦到元宵节，结合拥爱运动举行全民大比武运动。现在第一阶段全民练武情绪逐渐高涨。现将三区××村的材料报道如下：

学习开始时他们就提出：咱们离敌人不过十里地，非采取“敌人出来就打，敌人不出来就练”的办法不行。在集训的八天当中，和敌人打了两次仗。如第二次是敌伪千余人在南涅水抢粮，他们就在北涅水（与南涅水仅隔一河不及 400 米的距离）与敌人对峙起来，布置地雷阵，并痛击了企图过河的敌人。他们一部分在前边打，一部分在后边仍旧练习，对准敌人行进路口练瞄准，研究距离，一面布置地雷阵，一面研究新的埋雷方法。民兵和自卫队结合得很好，民兵集训时就选拔了好的自卫队参加学习。他们说：“叫咱们和民兵一样去配合军队打仗跑不动，要是埋地雷咱可能干。”情绪都很高涨。自卫队员李二红，45 岁了，学习积极，并且创造了左右开弓的平弓雷。联防民兵总结大会还奖励了他，大家认为他是学习模范，还从没受到这样的荣誉。他说：“我回去一定要把全村自卫队员组织起来学习，不但要教会他们，还要和他们再研究出几个更好的来。”×××的自卫队员学习埋雷以后，就自动的要求去埋封锁道路的地雷。敌人在南涅水抢粮，他们自己带着民兵们一块到北涅水去布置地雷阵。

部队练兵是“官教兵，兵教兵，兵教官”的教学方法，他们说：咱们是父教子、子教父的方式。家人父子都在一起练武，谁会谁就教。

××庄的自卫队动员了以后，认为今年训练办法很好，早早起来投弹一次后，就各自做担水拾粪等事，吃了饭就练武，下午推磨，晚上讨论，什么也不误。如果到集日，他们每一个人去赶集、买东西。这真是公私兼顾的好办法。(作桢)

——《新华日报（太行版）》1945 年 2 月 5 日　二版

武乡二区展开群众练武运动 民兵集训成绩好

（武乡消息）二区民兵集训，由于展开了群众练武运动，至上月29日止，在十天集训中即得到了很大的成绩。如投弹，大坪一个连每人平均投32公尺，比入学测验时，每人平均进步7公尺，特别有一个班，每人平均进步10公尺，班内有三人进步了16公尺。从学爆炸方面来看，每连才有15个人会埋，经过十天，每个人都学会12种方法，此外妇女在练武中学会照顾伤病员，儿童对岗哨作了具体讨论和反省，提出了今后严密岗哨的具体办法。（仁树）

——《新华日报（太行版）》1945年2月7日 二版

武乡登记公民提高了每个人的上进心

武乡登记公民，并没有单纯把它当作一种事务工作，或者仅是一种选举中的手段。因此，一开始在做法上不是由上而下的登记公民，而是组织群众进行审查，形成一种群众性的审查公民。有的村子先是召开了这样一种会议，就是在村中对抗战工作比较积极的人，报告自己一年来做过些什么好的事情，能称为公民条件的有哪几条，另外有些什么缺点，需要今后努力克服纠正。每个人都以这样反省的态度来检查自己。因此，最落后的人，也提出了自己的优点和缺点。有的是按照县里提出的标准去检查，即模范公民的条件：第一、人品端正，团结友爱；第二、劳动生产，公私兼顾；第三、执行政府法令，负责抗战勤务；第四、拥护军队，爱护抗属。第一步先由自己检查反省，然后经过小组讨论，如有缺点即提出，如有优点可以补充（各地小组的组织不同，有的按互助组，有的按村庄零散远近而组男女混合班）。

由于有以上几种讨论，因此在登记公民当中，有些村便把公民分成甲乙丙丁四种，有的分为上中下三组，还有的分成模范公民、“亏对”（即将就之意）公民、硬顶公民三种。在登记完毕，挂榜揭示时，榜的颜色也有很大不同。有的村模范公民挂红榜，落后的挂蓝榜，不满年龄者挂黄榜，其他被褫夺公权判处徒刑者，一律白榜。如五区东庄自然村，石匠张有全，因为平时在农业技术上差，而对于上夜校等也不很起劲，当村中人通过他为乙等公民时，他回去和他老婆比较，他老婆是甲等，他很生气。后来自己即订出生产计划，并说：“今年好好努力，和你们比一比”。

由于这样，推动了好多人订立自己的生产计划、学习计划、工作计划，大大提高了每个人的上进心。（杨剑）

——《新华日报（太行版）》1945年2月7日　四版

李金堂转变思想　群众仍然拥护他

（武乡消息）李金堂是八区高岭村人，小时家穷，放过羊，乞讨过。他家虽穷，但他人品却好，所以抗战一开始便当了干部，工作积极，众人也拥护。去年大生产运动，又被村人选为劳动英雄。但因长期掌声多、教育少，使金堂满不在乎起来了。互助组给他做了工，全年没出过工资，等价交换在高岭总是行不通，群众也不敢说话。另外，还有些不好的事，使他和群众关系疏远等。

大选开始了，区上号召群众大胆提意见，高岭老百姓却一言不发。后来区干部用摸索的方式，才找出问题在干部身上。结合拥干爱民的口号，金堂在民革室作了彻底的反省，痛心地检讨了自己，老百姓才一个个说起话来。这样一来，金堂高了兴，群众也仍然拥护他，两方面的关系也搞好了。（镇华）

——《新华日报（太行版）》1945年2月9日　四版

武乡等县矿工开会选举模范

（三分区消息）襄、武、左矿工劳动英雄、技术能手80多人，于上月19日在武乡开了四天大会，讨论开展梁来元运动，完成×××万筐（每筐80斤）煤炭的生产。并选举梁金云、李贵生、郝四林为三分区矿工劳动英雄，李加山为一等技术能手，李云锦为一等模范干部，刘海丙为农业与矿业生产的模范，李满生为战斗与生产结合的模范。（正大）

——《新华日报（太行版）》1945年2月9日　四版

武乡发动落后村减租

（武乡三区消息）三区是接敌区，群众发动得很不充分，重租重利和一些恶霸，压的群众抬不起头来。最近开展民主运动，提出“大家事，大家管”，在各村展开了“检查减租”运动。上月23号杨家庄、南凹两村，分别召开说理大会，杨家庄群众尖锐地揭露了恶霸崔□小的罪恶，他虽有意狡辩，但均被群众一一说倒。崔□小是村中的土皇帝，霸占了八家土地十亩以上。贪污合作社洋一万多元，放高利贷一元钱每月就要利钱一毛。群众在会上吐出了多年的闷气，人心大快。最后选出减租委员会，领导群众解决引发的250多个问题。同日，南凹村也斗争了恶霸李□文，两村群众情绪已开始活跃起来。（松英）

下合村租佃问题多　全村群众讨论解决

（武乡二区消息）下合村经过1942年减租，全村干部都认为没啥问题了。但该村在去年大生产中，虽不落后，但也搞的不很带劲，所以在领导上一开始就注意推行打通干部思想，号召认真推行检查减租。干部思想打通后，除在冬学号召动员，挨户调查外，主要是采取了个别访问及开各种小型的（地主、佃农）座谈会，并在民主运动中发动了干部与群众在这一方面的反省。结果发现非法夺地，假伴种及根本未减租等问题五十件以上。问题发现后，经过群众的酝酿及动员，便在冬学中提出，经全村群众一一讨论解决。（善筹）

——《新华日报（太行版）》1945 年 2 月 11 日　一版

太行周围敌寇骚扰　我军民严密戒备

（新华社太行 10 日电）近来，本区四周敌人，仍时出骚扰。次日武乡段村敌伪大抓民夫，于半夜分两路出发，一路至桦树掌（武乡东）抢粮，另一路 400 余人（内伪军 200 余，民夫 200 余），至魏城抢走 20 多头牛，200 多只羊。现旧历年关已到，敌伪还可能在此期间不断出来掠夺，我各地军民必须严密戒备，免遭损失。

——《解放日报》1945 年 2 月 13 日　一版

树辛冬学创造识字新办法

（武乡消息）树辛冬学才经过检查，群众政治觉悟提高。但在识字上，还比较差些。义务教员陈全中和李马保为了群众识字，共同讨论了识字的新办法。先让百字先生、五十字先生检查各班学员认的字，并给每人写一个熟字表贴在家里墙上，教今后更熟练，也不怕把认识的字忘掉。另外谁愿认甚字，就找会写字的人写在卡片上，识字数目不定，一天能识几个就认上几个。这个办法因为是从实际出发，也是群众自愿，所以，群众很乐意。李马保说：群众需要甚就让他学甚，不要照猫画虎。（瑞生、华庆）

——《新华日报（太行版）》1945 年 2 月 15 日　四版

武乡南凹村创造过年新办法

（武乡三区消息）南凹村自减租运动后，老百姓很高兴，每天下午，锣鼓音乐，在排演秧歌社火，准备祝贺旧历年。

他们打算这样过法：初一家家吃饺子，开家庭讨论会，检讨去年生产，确定今年生产计划，实行家庭民主。初二，全村召开大祝贺会，搭光荣亭，把劳动英雄、抗属、各种能手、模范工作者请上台。另外，搭万寿亭，向50岁以上的老汉老人贺寿，初三，彻底反省优抗拥军中存在的不足。初五举行拥干爱民。（杨英）

——《新华日报（太行版）》1945年2月15日　四版

武乡掀起敬老运动

老年人劲头大大提高

（武乡消息）武乡在这次选举边县参议员中，曾结合民主选举，开展了“敬老——为老年人祝寿”运动，敬老运动大大鼓舞了老年人抗战与生产热忱。

这一运动，是由东西堡首先开始的。选举边县参议员前，他们为了动员老年人热烈参加这一运动，便创造出给老年人祝寿办法。先是动员老年人的亲戚朋友来祝寿，村上干部和群众也都来参加。祝寿时，村上布置有祝寿亭。各方送来的礼物，都放在台上，还请上剧团给演剧。东堡红旗大队（全村），为老人祝寿时，请有60以上老年人、50以上抗属、荣退军人及赤贫共49人。祝寿时，还搭了一个很好看的六角形“万寿亭”，挂着毛主席、朱总司令等领袖像，并挂着模范老人岳更子、史毛秀的像。台前贴着“祝寿不忘共产党，享福感谢八路军”的对联。开始贺寿时，全村群众坐满会场，音乐团请年老人上了寿亭。村长首先说明：过去老年人常说现在“兴小不兴老”，个别青年干部也有意无意的把老年人叫“老顽固”，这非常不对。今天要尊重和学习老年人。接着各村代表及区长区政委，即向老年人拜寿。决九团并送了一面“福寿无疆”的大红匾，区指挥部也送贺联。各位白发苍苍的寿翁寿婆，在亭内排场的穿着新衣，喝茶吃花生，非常欢喜。

东西堡的这一办法，很快就传到了各村。土河村于腊月 26 日举行祝寿大会。村上 55 岁以上的寿翁寿婆有 80 多人，都穿着新衣，胸前并配上群众送给的“红寿桃”花朵。树辛村给老年人拜寿，仪式更为隆重。先是用八音会将老年人请上万寿亭，送礼时音乐欢迎，一连迎了五次，寿桃寿果放满了三大张桌子。此外斗底庄群众，并给自小就当长工的安巨光等拜了寿。

在各村祝寿中，所有老年人的抗战生产热忱，都大大提高了。如东堡祝寿时，史得逵即说：人得喜气精神爽，我虽六十有二，也一定要好好生产。有个老人，还说了个快板，说：“老年人上祝寿亭，个个开脑筋，实行新民主，改造新家庭。”树辛村 82 岁的王保银老汉，谈到打日本时，他在祝寿亭上，踢了一个飞脚，将拳头一捏，往空中狠狠的打了一圈。土河 60 多岁的梁国太更说：“我活了这么大，还没经过这世道，黄金也难买这光荣。今天大家给我拜寿，除了共产党八路军领导地区，我们穷人哪有这份福分？”最后他又说：“今天祝寿，说明大家看得起我们，今后咱们全村男女老少，要很好团结，抗战到底，我们老年人也一样能送信、滚汤、参加互助。”

老年人为什么这样高兴呢？斗底村老汉王德胜说得好：从前我心里有三怕：一怕从前旧军队，二怕旧衙门，三怕地主来坑人。今天这三怕都没有了。他高兴的说今天活的真痛快极了。

另据各村反映，一般老年人，不但对抗战生产等热情提高了，和青年人的关系也更密切了。树辛有些老人即说：咱要好好生产，把生产的好办法，教给青年人，千万不要失传了。同时，在各种活动上，过去一召开什么会议，有些老年人即说："俺们不顶用了"，现在也完全变了，他们参加开会也很积极。（三友、瑞生等）

——《新华日报（太行版）》1945 年 2 月 17 日 四版

武乡去年大生产结果 民办小学大量增加

（武乡消息）由于一年大生产结果，群众生活改善，文化要求也大大提高，群众深感不识字痛苦，怕孩子当了睁眼瞎子。去年冬天在政府号召下，共增设民办小学 217 座。另有公立 98 座，全县共 315 座学校。只七区张庄、四区活庄二个行政村，就有十座学校。七区 62 个村，只有七个小自然村没学校。五区一个区，成立民办小学 43 座，平均每个行政村有三个。这是抗战以来空前的好现象。（其瑞）

——《新华日报（太行版）》1945 年 2 月 21 日 四版

武乡一区各村发动山庄客民减租

启发客民自觉似不够值得注意

（本报消息）据通讯员武铭同志报道：武乡第一区干部深入解决客民土地问题。去年 12 月 21 号，本区与马堡联防干部会议上，热烈开展了对东山客民土地问题的讨论，争辩了多半夜，最后大家同意，应该取消山主山钱，给客民换成死契。理由是过去的荒山地，已经出了山钱，客民自己一镢一斧开的地，又要出租子，于法于理于情都不合，使得客民们实在没法儿活，影响这一批抗战力量的发动。1 月 24 号，全区干部都在参加练兵，抽练兵的空闲，白反头、戈北坪两个练兵区都召开了客民座谈会，参加客民 90 人。他们提出了很多被剥削的事实，有的是超过租额的，有的是出现钱租地又出租的，有的是顶地价钱高的，区村干部都答应给他们解决，特别是荒山归公，取消山钱山主、换死契等问题，讨论得更热烈。最后选出邢黑蛋等八个客民代表，和区村干部共13人成立了评判委员会，去和张八门户交涉，并决定农历正月上山给客民丈地、评等、换死契。阳历2月18号，区村干部12人到该村属东山北沟，配合客民干部和全体客民，作丈地、评等、划界试验。客民们预先就集中等候着，经过和客民们讨论，他们又一致诉苦道：过去平均加租到每户4.5斗，1942年定约有的实际上并没有减。以后讨论到换契问题，大家同意以旧租约的界限（因为已出过山钱了，就是有些熟也出过钱头钱了），以实际产粮评等。讨论妥后，先试验了副长申田新家，结果家里有六口人，共丈了八等上级地3分，八等下级地3亩，十等地3.5亩，总共6.8亩地，同时大家给起了地名。最后大家都感到客民生活实在是苦极了，提高了干部们向客民负责的精神，一定要和客民们一起赶快将地丈完，向张八门户要求无条件退出租约，然后到政府请求，换死契税纸。

——《新华日报（太行版）》1945年2月27日　一版

煤矿工友　拥军送炭

（武乡消息）进荣煤矿全体工友同志进行劳军，他们把自己劳动挖出来的炭、煤送给××部五厂。信上这样写着："矿工全体，为了庆祝新春抗战胜利，送去拥军炭2500斤，拥军煤1000斤，特此写信慰问。"五厂全体职工，亦表示努力生产，来回答进荣煤矿全体工友同志的礼物。（吕炎）

——《新华日报（太行版）》1945年3月3日　二版

武乡军民连续破袭白晋线

（武西消息）2月17日夜，我××独立营集结民兵老百姓500余人，向敌白晋线分水岭至沁县段展开大破击，计收电线1500余斤，抬回铁轨10根，并破坏路基3段。

19日夜，我地方武装又向白晋线南沟至牛寺段展开破击。因17日夜我们刚破击了，敌人还没将线完全架上，故派了伪军在看守，并企图伏击我军，但被我发觉，即以迅速动作，向敌来了个反伏击。当将敌一部压至铁路西，我在铁路东，相距不过十米远，我居高临下，以手榴弹向敌打去，计杀伤敌人四名，我无损失。（李一）

——《新华日报（太行版）》1945年3月5日　二版

武乡军民热烈联欢

（武乡七区消息）元宵节日，本区召开军民联欢大会，参加群众4000余人。本县独立营及游击队一部，×××团代表唐同志亦到会参加。主席、×××团唐同志、独立营营长，对这次襄垣大胜利的经过及军民关系，做了具体的谈话后，群众、干部、互助组，把过去对抗属的优待做了深刻的检讨，并提出今后的解决办法。接着妇女给战士献花。音乐团迎送各种礼物时，掌声、口号声经久不绝。当场并有李板小、赵金良等20位热血青年，报名参加子弟兵。（时杰、玉华、其瑞）

《新华日报（太行版）》1945年3月13日　一版

武西民兵打败敌寇千人“扫荡”

（武西消息）段村等敌伪在2月11日用三个团1500人的兵力，分两路包围武西涌泉、坡底等村庄，被我打死6名，打伤23名。从去年以来敌寇这种以千余或三五百人兵力，不断“扫荡”我边沿村庄，企图打垮我边沿村庄，巩固敌占区和点线重点。不能够用旧的眼光来看，应特别引起警惕。（李一）

——《新华日报（太行版）》1945年3月15日　二版

刘大孩家庭会议后　全家团结积极生产

（武乡消息）武乡县五区栗家沟刘大孩，最近开了个家庭会，先是大家自我检讨，刘大孩首先说：“我过去好发脾气，态度不好，大家有不对的地方，不能解释，一说就急了，以后我一定改了，有啥事，互相商量。”大孩的二弟刘书堂接着说：“过去家里不大团结，不管谁说，都是一说三瞪眼，时常吵嘴，我看到这样，说过要分家，以后看到社会很好，觉得分家不对，才下决心要和会。”后来大孩的老婆陈夏莲和大孩的父亲也做了自我检讨。

接着订出生产计划和制度，每月开一次会，定每月的计划，半月开一次检讨会。最后选举刘大孩当家长，现在全家人劲儿很大，也比过去团结了。20天后，男人们担了五回煤，100多担粪，妇女们纺织了120尺布，今年他家要做到耕二余一。（王进文）

——《新华日报（太行版）》1945年4月7日　四版

武乡冬季生产中的副业

（武乡消息）武乡在去年冬季生产中，副业有很大发展。在妇女纺织方面，仅22个村的统计，便纺花7392斤。南郊村有三个妇女小组，到今年2月底，已织了700斤布。杨桃岭有12个妇女，在劳动英雄魏花花领导下，一人买了一斤花，到今年2月底，也赚了120斤花。该村有7岁一个小闺女，每天能纺花4两。14岁一个闺女，每天能织布8尺。家家有一架到两架纺车。朱家山有位老人叫史海梅，她从1斤花发家，已赚了3石米，买了4亩地，现在她手里还有10斤花。运输方面，二区21个村，区上给他们到黎城××借贷了36万元，组织向该××运煤，赚了钱，并把赚的钱又投入了生产。如土河村给妇女们卖了100斤花，韩壁也给妇女们买了120多斤花。陈家垴一个互助组，赚了一万多块钱，合伙买了两头牛。五区有六个村子，在义运中赚了三万多元。芦家掌组织运输互助社，贩羊皮便赚了三万多元。去年11月间，在大陌开全县劳动英雄大会，会后，各村都学会了熬盐熬碱，用小锅卤水家家煎熬。到今年3月初，近十几个村的统计，已熬了560斤盐，24个村熬了1336斤碱。张庄一个村据初步统计，熬盐67斤，熬碱570多斤。烟里合作社发动小孩刨土，熬出多少盐，便给他们买纸墨笔砚。由于副业的发展，也刺激了互助社的发展；由于互助社的发展，更组织了劳力，使副业更向前推进一步。如窑头村的互助社，榨油赚了两万多元，下合三个互助社，赚了九万多元，并积蓄了大批麻饼，解决了今年肥料的困难。在冬季生产中，新成立的互助社，42个村便有76个。同时有互助社的村子，等价交换中的纠纷问题，大都已解决了，这又给今年扩大互助组织，发展生产，打下了很好的基础。（金治）

——《新华日报（太行版）》1945年4月11日　四版

武乡民众学会了24种埋雷新方式

有一次敌人出动，踏响了八颗地雷

（新华社太行15日电）我边沿区群众经过去冬练武后，对敌爆炸封锁已有很大进步。武乡边沿群众，学会了24种埋雷新方法，埋时又简便，又容易伪装。2月至3月，敌人出来扰乱了1次，奔袭了1次，5个村群众埋有平弓雷5颗，活弹雷2颗，踏发带弓雷1颗，脑门上摸炸雷一颗，共埋了9颗，就炸了8个，共炸死敌人13名，炸伤敌人9名。特别是我小店民兵埋上地雷后，用步枪诱敌入雷区，敌人只顾逃跑，踏响一颗地雷，炸得一个敌人只剩下两只脚。因此民兵更相信地雷的威力与效用。（五及）

——《解放日报》1945年4月17日　一版

小学教育　用啥教啥

1944年春，蟠龙敌人被我打走了，武乡第五完小刘尚庆即实行教育新方针。首先征求了老乡和学生们的意见，提出“‘用什么、学什么’，学校与大众结合”的口号来。不限制学生的年龄，不规定毕业年限，给学龄儿童大开了方便之门。现在学生增加到117人，实行了选科教学，学生们学什么，教员就教什么。他组织了互助互学小组，一个木匠教会了四个木匠。一个纺织手教成了五个纺织手，一个会打毛衣的教会了40个。去年冬在打柴中，他开展了“张兴泉（学生劳动英雄）运动”，三天里完成了480捆柴，并在这个运动中克服了“劳动不学习、学习不劳动”等偏向。他领导学生开展了“敬爱（尊敬师长、爱护学生）运动”，师生都进行了反省，消除了师生间的一切隔阂。（吕云）

——《新华日报（太行版）》1945年4月17日　五版

冬学和备战结合

张永和是武乡××村的义务教员。××离段村20里，1943年才打垮“维持”，敌寇还常奔袭，是游击性较大的根据地，所以成立冬学有很多困难，上冬学怕受敌人奔袭包围。经过讨论，他们和邻村建立了情报，又成立了转移点，减少了不少损失，大家过了几天安稳日子。因此都说：“没有冬学，天天不能睡觉。有了冬学，又能学习，又能睡觉。”可是，新的困难又发生了，男人前半夜上了课，后半夜又逃难，第二天还得生产，累得够呛。张永和又找群众讨论，群众反映：“反正后半夜不能睡觉，就在后半夜上课吧。这个办法，又能备战又能学习，还不误生产。”实行结果，解决了疲劳的问题，提高了群众积极性。群众写字不懂先后笔画，就讨论出用红黄蓝七种颜色，规定好第一笔是红的，第二笔是黄的……教员按顺序写在纸上，帮助群众文化学习。群众在敌人奔袭以后，他们就检讨战争问题，提高大家的情绪。（萧航）

——《新华日报（太行版）》1945年4月17日　六版

闹剧团要走群众路线

武乡汉广农村剧团团长刘振中说：阳历年关，村里来了军队，妇女照管病号，一黑夜起来两三回，军队在临走时作了检讨，战士和老百姓都感动得哭了。我想这可以编成戏。在冬学上提出来，经过群众讨论，确定由王玉荣夫妻当主角，他们在坦白以后拥军工作做得特别好。编时叫他本人来参加，编成后念给群众听，群众说：你们念，我们听不出什么，快演出来，我们还能提出些意见。演出后群众提出两点意见，修改以后再试演，群众都说没问题了。影响了五个青年并参军。又编了李马保快板，提高了

群众的生产情绪。（礼易）

——《新华日报（太行版）》1945 年 4 月 17 日　六版

武乡各界二千人公祭抗战七年死难烈士

枪毙汉奸柴×旺为死者复仇

（武乡消息）4 月 5 日（清明节），武乡县各界举行公祭、公葬七年来在武乡抗战的死难烈士，并请各区村烈士家属参加。到会区村代表、家属及蟠龙附近群众 2 千余人，沉痛地公祭了 352 名烈士。县区村供祭有 93 桌。行祭礼后，即举行公葬。有武县长、姜政委等拉灵，县区村干部抬棺。烈士墓设于蟠龙南奶奶凹，现改名烈士岗，并建立烈士碑。如 13 团 3 营副营长王明甫等，地方独立营将士任其和等，太行区一等杀敌英雄马应元等，干部殷士敏等，胡峦岭姜四孩家娘等 350 余名烈士。会上枪毙了死心塌地的汉奸柴×旺。柴是下北×人，敌占蟠龙前即为特务头子郝×亭走狗，敌占蟠龙，他跟随郝×亭投降了敌人，并带敌人到蟠龙附近村庄包围 20 余次，抢走民粮在 500 石以上，抓去群众牲口很多。敌人退出蟠龙，他又跟敌人到段村，百般作恶，群众恨之入骨，最终为我爆炸组在段村附近抓获。这次在大会上枪毙汉奸柴×旺作为烈士们的血祭，并为群众报仇。（文华、青山）

——《新华日报（太行版）》1945 年 4 月 19 日　二版

克服耕牛困难　型村人刨地人拉犁

（武乡县六区消息）型村群众为了克服耕牛困难，组织人力刨地。在王秀林、王晋文正副组长领导下，18 人突击十天，刨地 153 亩。最近几天，又开生荒 30 亩，平均每人一天刨地八分，达到刨地高纪录。

他们以活计工，传发晌票，每天以五晌计算，一天定工资三升小米，不管吃。并且组织妇女互助组，整理家务、推碾磨、担水送饭，男人全力刨地，开始下种。剩余的劳动力，搞一个互助社，现已集起股金3000余元，计划搞运输。（春景、景祥）

——《新华日报（太行版）》1945年4月21日　一版

武乡熬硝成绩大　各村熬出十万多斤

县府奖励下合监漳等四村

（武乡消息）本县去年发动熬硝，各区村先后成立硝房十余处。各硝房成立后，原计划全县要熬八万斤，现在检查结果，已超过任务两三万斤。熬硝中，从上到下都很积极，县一区区长、政委、杨助理员下乡后，一天内突击了五个村（洪水、寨坪、苏峪、东庄、义安），并亲自组织妇女儿童，互助割蒿草拾玉茭秆高粱秆，烧成灰送给硝房。

洪水干部和群众也很积极，政治主任带头，三天内交灰12担，影响全村群众三天内交灰300担，并轰动了苏峪干部群众，向洪水提出挑战，三天内也交灰300担。

二区下合群众，平时送灰成绩很不错（200余担），日前，史助理员在该村工作，号召割蒿草烧灰，全村妇女儿童老人，自动组织互助挑战，三天内集灰150担。

五区密顶神群众讨论烧灰，区署秘书助理员参加讨论，向该村提出挑战，两人两天内，保证送灰十担，影响群众劲很大。接着树辛、井凹、芦家掌、郝家岭、汉广也都动开了，一天光景，送灰二三十担。

总计以下合、监漳、洪水、蟠龙四个村硝房，成绩最大。下合、监漳为一等，政府奖给他们各500元；洪水、蟠龙为二等，各奖洋300元。按政府规定的奖励办法，每户超过三担至六担者，奖铧子一口，全村超过十担

者，每户奖励手榴弹一个，超过20担者，奖手榴弹两个。(克勤)

——《新华日报（太行版）》1945年4月21日　四版

汉广熬盐60斤

(武乡五区消息) 2月5日，汉广村技术能手李春绪同志，专门将熬盐办法给全村人教了一天。首先是王官所、王来新、冯金旺、儿童王银书四人学会了。第二天儿童王银书和青年王三旺，就去刮土试验，1.5斗土熬了6.5两盐。全村50户有半个村去野外刮土，一天就熬了9斤，现在全村共熬了63斤。小学校十岁以上的儿童也全部参加熬盐，并决定每星期熬盐两次。(县府通讯第二小组)

——《新华日报（太行版）》1945年4月21日　四版

细心为群众　开会得经验
——韩发如和烟里合作社

金　冶

(一) 烟里合作社的“发家”和韩发如同志

烟里是武乡二区一个六七十家的小村子。去年4月间，村里有个劳动英雄叫作张桐，亲自领导着一个互助大队，一共25个人，村里人叫他们为张桐大队。队里成立了一个互助社，社长叫韩发如，是该村的副村长。他为了解决队里的日常用品，向住在该村的整风队借了200多块钱，下蟠龙买了些油、盐、醋，老乡们常为了买调和，发愁去蟠龙赶集误工，这一来，因为价钱也公道，大家就去互助社买。一切东西都卖得很快，只有第一次买回来的二三十个烧饼，放了半个多月，眼看烧饼长了白霉，还是卖不出去。

韩发如同志得了个经验："凡是群众不乐意干的事，咱们今后永远不要干！"但他对这二三十个长了毛的饼子，还是想不出办法，后来召集24个社员开了个会，大家说："咱们不管办啥事，只要依靠群众，便会有办法"。这时，互助社积蓄了300多元本利，发如同志根据"给群众办事，要群众乐意干"的经验，便发动大家去黎城卖煤炭，又赚了700多元，本利已有千数块钱，便活动开了。

发如同志编得一手好箩头，成立了个编作大队，另外还发动妇女卖花纺织。到7月底，分了一次红，一共分了红利2400元。这一来，大家都相信了这个互助社，纷纷要求入股，有的入辣子面、入大蔴子，有的入工股，也有的入现金。新大蔴子下来，群众粮食接济不上，他便用小米换大蔴子，一面解决了群众粮荒，一面又搞起了一个油坊，成为全村性的合作社了。从此，发如同志日夜忙碌，到8月间，只好辞去副村长职务，专门来经营这个合作社。因为业务发达，一个人忙不过来，又聘请了一个会计，这位会计，能吊挂面，于是又开了一座磨坊。他两人，一个编箩头，一个吊挂面，有时连饭也顾不上吃。秋收后，老乡们在家闲着没事，他又组织了个运输队。榨油没牲口，又听取群众意见，发动用人力推碾，油饼贷给赤贫户作肥料，凡是群众乐意的事，合作社都干起来了。

到了年底，按入股时间迟早又分了一次红，侯木匠入了两个工，分了19元；籍还保入了一个榨油杆，本利成了80元；杨松贵入了二两碱面，本利成了90元；杨灵明入了一升大蔴，本利成了90元；赵广流入了11两辣子面，本利成了217.5元……共计大家共分红利1.21万元。现在烟里群众都认为这个合作社是自己的合作社了。

（二）过去合作社给群众办了些什么事

自互助社改组到现在只短短的8个月光景（去年8月到今年3月，从下面一些数字中便可看出，它给群众办了些什么：

组织妇女纺织117人，赚洋2.79万元。

组织运输队 14 人，赚洋 3.914 万元。

组织编作大队 19 人，赚洋 1.9 万元。

榨油 2 人，赚洋 5100 元。

熬盐 95 人，赚洋 4200 元。

熬碱 5 人，赚洋 120 元。

做醋 1 人，赚洋 200 元。

烟里男女老少共 376 人，经合作社组织起来的有 253 人，共获利 9.566 万元，每人平均获利 378 元多。

此外，他们还经常奖励农、工副业，大大刺激了大家生产热情。

在公益事业方面，也做了很多事情，如村里有个史海水、韩二孩，去年因没钱不能结婚，合作社借给了他们几百块钱，帮助他们结了婚。杨歧正的爹死了，因为一时手头不便，发不了丧，合作社借给他 230 来元，把丧发了。现在有许多老乡，一遇婚丧大事，就都去合作社商量救济。荣退军人、抗属、赤贫户去合作社买东西，价格特别优待，并帮助和家，调解家庭问题十多户。去年底，祝寿、练武、民主运动，合作社都和村干部共同商讨着去进行工作。

村里有个戏箱，谁也不管，弄得破破烂烂，有些过去爱唱戏的老年人，看到自己一手经营起来的事业如今荒芜了，不免伤心，现在合作社监管起来了，修旧补残，给今年新年的文化娱乐起了个推动作用。老年人很受感动，都说："不是合作社，咱们还能闹红火？"

为了发动熬盐事业，合作社奖励儿童们挖盐土熬盐，按价给他们买纸墨笔砚。

"合作社是群众最好的组织形式"，烟里合作社正有意识地向这方面努力。今年 3 月初，在武乡合作干部会议上，大家都提出要向烟里合作社学习。烟里合作社已成为武乡合作社的旗帜了。

（三）烟里合作社今年计划搞些什么

烟里合作社为了配合今年大规模生产运动，除原有业务外，还计划做以下一些工作：

在农业方面，去年民主运动中，挖出来一部分贪污的粮，打算把村里没有劳动力的鳏寡孤独的人，由合作社来养活，他们还可以纺花、养鸡，帮助合作社喂猪、烧饭，做些轻便工作。统一出工票，群众拿工票，可以到合作社兑换日用品，组织铁匠、木匠修理农具，制造人推车。要发动大家做到家与家调剂种子，切实做到谷子、玉茭温汤浸种。低利贷款给赤贫户购买肥料、耕牛，试种棉花十亩。成立个苗圃，培养果木树，今年春季要人人植活两棵树。

工业方面，计划自烧磷磺，按价收买铜石，发动有四尺煤窑的地方送铜石。现在正筹划练硫磺的瓮，只要瓮便当了就可动工。

副业方面，已喂了两口猪，今年能产十多个小猪。去年孵化了16个莱昂鸡，今年还留有两只小鸡，另有23个草鸡，计划今年能保证到每一个妇女养一只鸡。

纺织方面，新添两架新织布机，教会十个妇女用新机织布。发动儿童拾骨头，烧骨灰，挖盐土，造绿肥。

卫生方面，买了一批太行制药厂的药品，以便救济时温疾病。到敌占区买痘苗，请三分院医生给本村儿童施种牛痘。改造水窨，清除村中污水，防止疟蚊。

（四）烟里合作社为什么能办好

烟里合作社之所以能够办好，和韩发如同志分不开，他的领导方法更值得大家学习，兹特介绍如下：

一、一切通过群众，依靠群众。

互助社时候23个烧饼就是一个具体例子。他无论兴办一宗什么业务，总要和大家商量，很多困难，都是群众想出来办法把困难克服的。如榨油没牲口，大家说可以用人力来代替，他用这个办法，现在每天可出一桌油。

二、细心为群众，开会得经验。

发如同志心很细，他总是在盘算，如何能使群众得到利益，并叫大家满意。过去他们运煤炭，总是按日计工，不是按斤分红。有一次他们的副队长杨月正同志，担了120斤煤，可是回来分红和七八十斤的一样多。月正提出不公道，张桐还批评人家说："咱们开会时，大家已通过了，你为什么还这样怪……"发如同志听到了，便向张桐解释："他感到不公，他一定会有新的意见，我们过去会上决定了的，如不妥善还可以开开会来重新讨论。"张桐接受了发如同志的意见，才把按日计工改为按斤分红。发如常说："咱们土包子，不懂啥，只有常开开会，大家讨论出办法来，自己才会有办法。"他过去对合作社一点经验也没有，因为他参加了几次合作社会议，他学会了搞合作社的办法，懂得了合作社的方向，回来再和大家开会研究，才定出合乎本村合作社情况的一套办法。

三、亲自动手，以身作则。

他逢事总是先亲自动手亲自去干，如这次为了要烧磺，亲自去和煤窑主商量，如何搞铜石，脚钱是多少钱一斤。因有没有烧磺的瓮，又去襄垣××瓮窑接洽磺瓮。编箩头，也是因为自己能亲自参加编作大队，才搞起来的。他从不以为自己是合作社主任，有他的吃喝便不动弹了。碰到村里的事，他都能起模范作用，影响别人，如缴纳公粮、拥军优抗，他都能起先锋作用，所以群众对他的威信很好，村里的人都很佩服他。

四、入股灵活，按期结账。

正因为他能细心为群众，察听群众痛苦，所以他的合作社入股很灵活，辣子面、糠麸、废铜烂铁都能入股，给群众解决了不少困难。合作社最怕外欠，他们因为能按期结账，公布账目，群众都能随时随地知道合作社有什么困难，他们怕合作社因资金停积，周转不灵，影响业务，往往自动来社清算外欠。

——《新华日报（太行版）》1945年4月25日，七版

武乡六区区联社帮助群众买棉籽

（武乡消息）六区区联社主席韩积玉、赵席珍二同志，为了解决各村棉籽困难，已从各处购来棉籽二千多斤，现正通知各村缺籽户带款去领，每斤六元。全区群众非常高兴，植棉劲儿很大。（景春）

——《新华日报（太行版）》1945 年 4 月 27 日　四版

武乡下合村计划种蓝 50 亩

（武乡消息）二区建设助理员史春如同志，为了克服群众染料困难，推广种蓝，于日前召集下合村有种蓝技术的老农开会。种蓝能手魏松林同志，介绍种蓝经验，并计划了种蓝的利益：他去年种蓝一亩二分，用工 30 天，出工资洋 720 元，上肥料计洋 1 千元，收蓝 80 斤，每斤卖洋 70 元，共卖洋 5600 元。除工费肥料洋 2720 元，净得洋 3880 元。这块地种谷，平常年景收谷子 2. 5 石，折洋 1 千元，上肥料计洋 300 元，用工 12 个，出工资 288 元，除工资肥料洋 588 元，只剩洋 412 元，种蓝比种谷多生产洋 3468 元，大家听了，都觉有利，全村今年计划种蓝 50 亩。（延权）

——《新华日报（太行版）》1945 年 5 月 1 日　四版

武西政府拨借粮食　解决边沿区生产困难

（武西消息）本县一、二、三区沿线各村群众，因敌人的残暴抢掠，生活都很困难，农具、种籽都被抢夺一空，因此在今年春耕工作上，碰到了许多困难。日前，县政府为了调剂农具种籽及解决沿线群众口粮困难，除拨发救济粮与借贷粮以外，还发动根据地群众要关心游击区群众的生产困难。本月25日，四区的群众代表23人，组织慰问团，拿着小米一石一斗，谷子七斗，豆子一石三斗，农具四件，衣服两件，大洋250元，慰问信50余份，到一区马牧、长庆凹、寨上等村慰问。第二天慰问团代表又到南沟等村，拿着豆子一石二斗，谷子一旦三斗，农具三件，并有被子一条，衣服三件。晚上又到祁村慰问，拿着豆子一石二斗，谷子一石三斗，农具三件，大洋40元，并有衣服两件，被子两条等。他们每到一村，在群众自然集中下，代表们很诚恳地慰问他们的痛苦与困难，并介绍抗战胜利消息。慰问团拿的礼物都是经过群众干部讨论，按实际困难分配的，有的分给互助组，大家都十分兴奋。这几天，四区及其他后方群众还继续到沿线慰问，帮助解决生产困难，沿线各村群众的生产、杀敌情绪都高涨起来。（尚枫）

——《新华日报（太行版）》1945年5月5日　五版

发扬群众英雄主义　韩壁多方奖励模范

（武乡消息）韩壁村最近创造了一个鼓励群众英雄主义的经验。该村去年在奖励劳动英雄，推动全村生产上有很大成绩，今春在民主运动中更解决了干部和群众关系上的很多问题。针对群众的生产情绪还不如去年的问题。村生产委员会深入地调查群众意见，据一般干部和积极分子反映："我们做了事，还不是人家王海成一个人好？"新的积极分子赵法、安治团、韩书全、福全家娘、李改秀反映："咱们做了，总是说不出来。"在调查的过程中，发现赵法队的奖励制度很好，他的做法是"死旗活牌"。把红旗插在街上，一个工作一总结，哪个互助组第一，就把哪组的牌子挂到红旗上，还发给一个五角星，记上功劳簿，到年底算总账。谁最好谁夺大红旗，这样可以克服谁得红旗谁骄傲，得不到就丧气的现象。生产委员会研究了这些问题，认为"奖励不能固定，对新的积极分子必须随时总结他们的经验，把他们的好处发扬出来”。于是，采用赵法队的办法，奖励两个红旗，一个为“农业互助模范”，一个为“纺织互助先锋”，还买了很多物质奖品。在清明节那天，总结了春季生产，表扬和奖励了22个模范，太行互助英雄王海成拿出了自己的五亩地，让□□队的妇女队种棉花，并宣布把群英大会奖给他的耕牛，在秋后奖给模范互助队。经过这次总结会，群众真正认识到“带头人就是大家的活榜样，本村出了英雄，就是大家的光荣。”群众并把英雄的模范事迹编成快板、小花戏等演唱出来，还出了一个交流经验的农事周报，写稿子登出来。现在韩壁村的生产非常活跃，这个经验证明群众性的奖励比单纯从上面来的奖励更有力更扎实，进而可以和群众性的文化运动结合起来。

——《新华日报（太行版）》1945年5月7日　五版

李素孩谈雇工参加互助好处

（武乡消息）树辛村李素孩是一个富农，他参加互助很积极，被群众选为劳动英雄和互助队长。他以亲身的经验谈雇工参加互助，有两个办法：一是雇工赶出的工，由雇工自由处理，回家种自己的地或增加工资。一个是户主在互助组内，雇工雇主轻重活一样做，克服过去重活专让雇工做的现象。这样，不但雇工不会因赶工对主家生活潦草，而更能提高雇工的劳动积极性。

——《新华日报（太行版）》1945年5月11日　五版

交流生产经验　洪水设展览室

（武乡一区消息）为了能迅速交流与传播经验，决定乘洪水赶集，设立一个展览室，把各村送到区上的报告、信件，按性质分拣，逢集的那天贴

起来。各村赶集人去了，都要看看人家谁家谁村是怎么干的，这样既可交流经验，又能鼓起劲儿，互相学习与争先。(子明)

——《新华日报（太行版）》1945年5月13日　五版

不要政府给他的500斤小米
荣誉军人王龙吉努力生产

（武乡消息）五区下黄岩荣誉军人王龙吉同志，努力生产节省，今年政府给他的小米500斤、菜金72元，他说：我现在的生活过好了，不用政府再给我发米与菜金，我要争取自己供给我自己。因我身体残废了，不能再到前线，只好在后方做好生产，多打一点粮食，除够我自己用外，还要帮助一部分公粮。现已向政府正式呈报了。这种光荣传统，大家都应学习的。(张效杰)

——《新华日报（太行版）》1945年5月13日　五版

武乡县开展模范工作者运动
四五六区干部掀起竞赛

（武乡消息）为了把今年生产工作搞得更好，把互助组在去年组织起来的基础上，再提高一步，真正成为生产运动中的劳动大军，出现更多的劳动英雄模范互助组，争取消灭赤贫，盐、油、花、染料自给，达到耕三余一，经过县指挥部的讨论，提出模范工作者的标准六条：（一）工作积极热情负责。(二）人品端正，公私兼顾。(三）亲自动手，领导群众。(四）周密计划，民主作风。(五）团结干部，体贴群众。(六）创造经验，熟悉业务。区干部热烈地讨论了模范工作者的标准，都有信心要争取一个模范工作者，并制定个人争取的计划。

六区干部讨论订出一个模范工作者的条件是：（一）切实照顾一个联防，搞好一个村，参加领导一个互助组，每人每天要实际劳动三小时，种地二亩（机关生产）外，切实执行滕杨方案，一个月帮助抗属劳动三天。（二）帮助培养一个村有一个模范互助组，一个自然村出现一个劳动英雄，并得传播他们的经验，接受别村经验。（三）保证一个村每人植树一株，并根据一个村具体条件，领导群众副业生产。熬盐碱、榨油、种棉、养鸡等，把自然条件发挥出来。（四）每人每天学习两小时，知识分子除看报文件外，每天记笔记，一个月写稿一篇，工农同志每天至少要认一个字，要认会写会。

五区也制定了争取模范个人计划，并向一区提出竞赛。条件是：（一）区干部争取十六分之三的模范工作者。（二）组织全区劳力 70%，真正起作用与巩固的 60%。（三）保证全区有 3 个模范行政村、8 个小自然村。条件：（1）组织全劳力 80%。（2）每村出一个劳动英雄、模范干部与模范互助组。（3）每亩平均上粪 60 担。（4）耕三余一，麦子三分之一锄一遍。（5）每村搞一个合作社。

竞赛的办法是：区上制定争取模范工作功劳表，贴在墙上，每次工作总结时，都总结起来，哪个进步快，就往名下画红圈，将来春耕总结时再算总账。

四区干部在听到五六区消息，热烈讨论并制定了个人计划。

——《新华日报（太行版）》1945 年 5 月 13 日　五版

武西边缘西沟村劳武结合日夜抢种

（武西消息）武西敌伪近不断出扰，阴谋破坏我边缘区生产。西沟一村，自下种以来，半月内即被奔袭过六次之多。但群众对敌斗争与生产的情绪极高，劳力与武力结合起来日夜突击下种。4 月 25 日，南沟敌特务队 80 余出扰，该村即配合我××游击队，埋伏村间，待敌进村，两山枪弹齐发，毙日军 1 名，伪特务队 6 名，伤敌 5 名，打得敌人抱头鼠窜。一方面平时村内每个互助组抽一精干民兵放哨，严密监视敌人。另一方面，抓紧时间突击下种。全村耕地 1300 亩，杂田占 650 亩，李春贵老两口和儿子、媳妇四人，合组人拉犁，一天突击完四亩地。史土成家实行夜间下种，三黑夜完成下种 12 亩。该二区干部，为胜利完成这一工作，又号召组织妇女、儿童、老汉进行栽种。现西沟村已完成下种三分之二。（尚枫）

——《新华日报（太行版）》1945 年 5 月 15 日　二版

武乡王改兰魏仙兰两组创造土燃料 12 种

武县长各奖锦旗一面

（武乡消息）四区北社王改兰妇女纺织小组，共 17 人，听到区上号召创造土燃料，就开小组会讨论，商量好采各种野草、树皮、树根和叶进行试验染布。半月来已试验成功的有九种，用酒酒花叶或老蒿叶能染成草绿色；苇叶灰或山芥菜染成浅灰色；杏树根或小孩儿圪垛能染成杏黄色；黄芩根能染黄色；黑豆皮能染黑布；酸枣叶能染暗灰色；蒺藜根能染土黄色。还有 11 种燃料，正在研究中。龙湍妇女魏仙兰组，听到王改兰组发明了土燃料，也试验出三种土燃料，把杏树根和菓树皮用水熬好，加上白矾，能染成黄色；先把白布用水湿了，把酒酒花叶和老蒿叶卷在布内，随揉随捣，就能染成浅绿色；用苇叶灰加白矾能染成银灰色。现在她们都用土染料染土布，又省钱，又耐洗。她们把染的布送给武县长看，武县长各奖给锦旗一面，并奖王改兰组 100 元、魏仙兰组 50 元。（源、国、林箴、李芳、峰）

——《新华日报（太行版）》1945 年 5 月 19 日　五版

武西组织敌游区生产结合战斗突击下种

后方调剂人畜力支援边沿区

（武西消息）敌自去年3月被我从蟠龙榆社击退后，经常以两个营以上的兵力，加强守备段村据点，并对附近各村要粮要款，抓丁拉夫，任意勒索抢掠，以致将马牧、型庄、蔚家渠等村造成了一片瓦砾，满目凄凉！最痛心的，则是蔚家渠26户120口人，现在只剩下了6户11口人；马牧600余人的大村，现在只剩下217人，病人就有42个！牲口呢？马牧只剩一头牛，犁地时还得两个人带着犁。今年春耕开始后，我政府一面征粮救济，一面号召群众组织变工，用人拉犁来克服困难，并提出了“提早下种，不怕慢但怕站，要自力更生”的口号。经过二十余天的努力，在敌游区组织起互助组、变工队，进行着突击下种。

互助变工结合　支差结合战斗

在互助变工方面：一种是与对敌支差结合，一种是与战斗结合。互助与支差结合。如××村是一个离敌四五里的村子，单支长差的每月每人就得十天，没法生产，村里杨××想出一个办法，今年二月成立了一个变工队，老汉、青年、民兵同在一个组里，老汉去支差，青年在家做活，民兵放哨。折工是老年折七厘，青年顶一分。民兵是白天放哨，防止敌人抢掠，黑夜打响，给后面传递消息。现在这村杂田已经种完，谷地也都翻过一遍了。

互助与战斗结合。如××村共有13顷地，今年种杂田六顷多，全村只有两个牲口，完全用人拉犁下种。但敌人在二十天里就来了六回，使群众不能安心生产，他们就在李××领导下，全村实行变工，组织了四个组，民兵担任警戒，并深入敌占区活动，每天也顶一个工。晚上则有自卫队担任警戒，开展爆炸运动，封锁敌人。这样，这村的生产也搞起来了。

——《新华日报（太行版）》1945年5月21日　二版

武西民兵游击小组　痛击敌伪保卫生产

（武西消息）南沟敌经常出扰抢掠牲口。我×区武委会主任与杀敌英雄×××，决心打击敌人活动，保卫群众生产；召开×个村民兵会议，组织了×××个精干的民兵游击小组，在6日伪保安队三十余人到故城拆房子时，即第一次打退了敌人。8日，又夺回敌伪所抢牲口六头，归回原主。9日，再一次打退了南沟敌伪到河北村拆房子。从此，三四天中，敌人没有再敢出来。××村春耕，就在炮火声中，组织六具人拉犁，配合后方支援牲口，完成了全村下种。（常健）

——《新华日报（太行版）》1945年5月23日　二版

下合村妇女儿童组成杀黑婆大队

男人看了上地特别起劲

（武乡消息）二区下合村，自发现大批黑婆虫吃坏庄稼后，全村便进行深入的宣传动员，先是大家讨论，打黑婆是为了谁？认识到要想吃豆子，必须捉黑婆，黑婆是我们的“二敌人”，非捉不行。当即决定成立一个杀黑婆大队，妇女儿童都争着报名，共妇女163人，儿童140人。按地区划分为五个分队，下面分班。下午听钟声分十路出动，进行围剿。两个下午，共捉走32.5斤。每个妇女儿童，一下午能捉三两至四两，特别是模范妇女李仙花，一下午就捉了7.5两，很受大家称赞。该村男人，看到妇女儿童干的起劲，自己在互助组里也干得特别卖力。（史春如）

——《新华日报（太行版）》1945年5月23日　四版

武乡发展熬盐　南山村做到自给

（武乡消息）本县自组织妇女儿童互助熬盐熬碱以来，在五月进行总结时，全县 80 个村，共熬盐 4800 斤，熬碱三千多斤，全县可得利 22000 多元。二区南山一个自然村，家家都熬盐，四个月共熬盐 500 多斤，家家做到盐的自给自足。在熬盐中，南山李全等 13 人技术很好，他们都能亲自推动别人，并把自己的技术教给别人。南山、寒广（汉广）为全县熬盐熬碱的模范村，政府各奖给红旗一面，并对模范人予以表扬。（廷）

——《新华日报（太行版）》1945 年 5 月 25 日　四版

武西人民响应政府号召万人支援前方生产

县区干部亲自担水助耕

（武西消息）本县边沿区及沦陷区人民，在敌寇掠夺残杀之下，人畜两缺。我抗日政府为支援前方人民生产，曾决定从后方调剂人力畜力，但那里万亩田地，如用人拉犁耕种（牲口不能去），需要人工一万，光靠武西动员人力，还是不足。榆社县府得此消息，即号召榆社群众参加支援行动。经过深入动员，榆社六千群众与武西四千群众，一万人带着谷子、玉茭、豆子、山药蛋等种子，直奔前方支援。

当我们提出："敌占区群众与我们是一家人，我们有责任援助他们！"的号召后，群众纷纷响应，并在三大喜事的鼓舞下，到处酝酿着："希特勒已经死亡了，小日本能活多久？辽县敌人退了，段村敌人还能保住？今天的沦陷区，很快还不是要变成根据地，总要给他们养种的合合适适。"妇女们也提出意见，要与男人比赛。郝拉弟说："我们妇女练武还不落后，下种我们也要去。男人拉犁，俺们也会；男人溜籽，俺们也会；敌人来了，跑路还比男人们利洒。"楼则峪等四个村，在热情鼓舞下就有一百个妇女参加了支前。

万人的生产运动，热烈地进行着。后方群众拉犁耕地，县区干部担水助耕，表现出团结热爱的伟大精神。（景芳）

——《新华日报（太行版）》1945 年 5 月 29 日　二版

武乡、榆社军民万人在马牧一带

无偿代耕种地万亩

（新华社太行 29 日电）武乡马牧一带游击区，因为连年在敌人统治下，农民房屋粮食，被敌人烧尽抢光，无数青年壮丁，先后惨遭屠戮。如蔚家渠一村，原有人口 270 人，现只剩老弱 27 人。目前虽到下种初期，但该地春耕还未动手，许多田里的蒿草，长得比人还高。群众既无种籽，又无牲畜，只得坐以待毙。我解放区军民，为挽救该地难胞的厄运，特于日前发动了一个空前大规模的无偿代耕运动。参加这一运动的，除我主力兵团，地方武装，民兵，及县区干部外，有榆社群众 6 千人，武乡群众 4 千人。在政府深入动员下，群众情绪非常高涨，各地妇女也踊跃参加，仅 XXX 等四村，就有 100 人。他们深深认识到不论沦陷区，游击区，解放区群众，都是一家人，互助互济，义不容辞。因此当出发时，各人都很兴奋地带着自己所有的农具和谷子、玉茭、山药蛋等种籽，赶往马牧一带游击区，代替当地群众突击下种。经过几天的时间，他们代耕下种，共达 1 万亩。在代耕中，由于段村等敌伪据点，距离该敌很近，不便集中过多牲畜。故在犁地时，他们主要采用人拉犁办法。因为天旱地干，他们又采取了担水下种的办法。同时我某某主力兵团一部，则结合县区干队及民兵等，将各敌伪据点团团围困，严密保护群众代耕抢种。

——《解放日报》1945 年 5 月 30 日　一版

武乡二区羊工开会决定羊工合作社新方向

发展小份羊　提高羊工技术

（武乡消息）二区羊工于上月在土河坪开了两天会，决定羊工合作社的业务方向。原来二区羊工合作社自成立到现在已改组三次，第一次搞磨房，第二次搞毛成品和消费，第三次完全搞消费，不是赔钱就是营业不发达，入不敷出。他们一致感到羊工合作社要为羊工们改善生活，不论是贩卖羊毛也好，把羊毛织成毯子也好，一定要把所赚红利投入发展小份羊的再生产中去。他们计划全区共有 6 千多只大羊，春天生 2 千多羊羔，春季可下毛 1500 斤，夏毛可下 500 斤，秋毛可下 4 千多斤。除春毛已订给小商人外，愿意如数交给合作社，等到合作社把毛变成现款，再按价先抽 5%股给羊工，将所赚红利买 50 只羊，明年大羊生小羊，羊毛再买羊，卧的羊粪也买羊，五年后便能发展到 2500 只羊。这样发展下去有几点好处：一、发展羊农，增加羊毛羊粪。二、合作社自己发展羊业，可以解决部分羊工失业。三、羊就是羊工自己的羊，必定特别关心爱护，可以刺激羊工对放羊技术的提高。四、羊毛有计划地收买，可以取消中间商人的剥削，并且可以有计划地出口。（金治）

——《新华日报（太行版）》1945 年 6 月 1 日　六版

武乡县大生产中领导与群众结合的经验

贵　书

去年的大生产运动，武乡县有很大成绩，也获得不少经验：

一、敬爱英雄

广大群众组织起来参加大生产，是和“上面”对劳动英雄的敬爱与奖励分不开。

前年秋天县里总结了生产，给劳动英雄李马保、王海成，奖励了牛，别的劳动英雄也得了重奖。洞上村在生产大动员时，他们给劳动英雄奖励，戴花后他们和主席一样上了主席台。模范们列队站在群众的一边。县里接受了他们的经验。在树辛召集了全县的劳动英雄会，所有县里的干部都听他们的报告，在开会来的路上搭了彩楼，欢迎欢送。有的劳动英雄感动地说：“从前是受苦汉，今天成了新状元。”李马保同志回忆抗战前，被迫下地，逼到辽县刨地时，大哭起来，不少的干部及劳动英雄也跟着流下了泪。当他们想到今天虽然翻了身，抬了头，但还没有完全摆脱穷困的时候，就很坚决的组织起来进行大生产。

会后在党政领导下，互助运动很快展开了。这时人们新的劳动观念树立了。今年五一节有个工人说：“劳动英雄是新状元，当个劳动英雄就当足了，再还能当个甚呢?”说起工人不易娶到老婆时，有人就说：“你当个劳动英雄，还怕没人嫁你?”如果你随便问一个小孩：“你大了当甚?”他会很快答复你：“当个劳动英雄。”

由于领导上对发现新的积极分子不够及时，由于对扶植劳动英雄的领导集团及英雄的助手鼓励不够，也发生了一些问题，有的说：“不管怎样做也是人家一个人好。”有的干部说：“咱们革了几年命，也没人奖励过”，有些劳动英雄受了刺激就感到“上面”对我好，你们对我不好。这个问题今年王海成及东堡红旗队的经验解决了。

王海成自边府开群英会回来，他感到自己不够憨厚，作了自我批评，群众就选他当政治主任。后来他又发觉干部嫌他包办，新的积极分子得不到鼓励感到苦闷，自己又作了自我批评，也领导群众总结生产，选拔新的积极分子，这样经常检查自己是否脱离了干部、脱离了群众，是否脱离了助手、脱离了群众的英雄，是会得到群众的拥护的。

东堡红旗队于成立一周年时，总结了一年来所得利益，来教育自己，教育群众，并同时对红旗队的创始人史成富等十余人祝贺，给区政委籍希俭同志挂牌，外村也有剧团赶去参加。这样使他们深切感到，红旗队是光荣的，红旗队的英雄、红旗队的干部是光荣的，帮助红旗队的领导者是光荣的。县里接受了他们的经验，结合庆祝三大喜事同庆祝武乡县举行“组织起来”大生产的一周年，并发动各村总结春耕成果选拔新的积极分子。

二、思想领导与实际作风

紧接着树辛村召开英雄会，领导上便明确的指出“组织起来，是由穷到富的必由之路”，“不是一般的组织工作，而是几千年来生产方式的大变革”（彭政委），“组织起来顶机器，人人劳动建设新社会”，“先动手后号召”（李马保），“劳动英雄是新社会的状元，革命的功臣”。这一连串的动员，打破了干部“每年总是这一场，咱们不管，谁还不知道生产？”的思想，也打破了富裕中农怕上升的思想，贫农认为算老账就能发家的思想，懒汉等着吃救济的思想。

这些思想的打通，是全体干部检查了树辛工作后体会的，他们看到几年来没有修的边堰，树辛一春天就修了三分之一，在这里组织起来就是顶了机器。

思想领导的另一特点是启发群众的历史自觉。不论拥军、祝寿也都采用这个办法。当大家想到旧社会的痛苦时大家是愤恨的，当大家想到今天翻身时，就很自然的呼出：“拥护共产党，感谢八路军”。

因为领导上为群众的热情所迷惑，也发生了一些偏向，就是忽视了等价交换原则。因此，谁强调等价交换，好像谁就成了自私的落后的人了，就有的人说：“吃亏便宜谁在乎那些，不然怎么叫作互助？”有人找干部帮助算账，有的干部怕麻烦就推开了。而等价交换也发生了好些问题。今年整顿互助时，马兰头村一个70岁的老汉李永庆说的对：“咱瞧着互助也赶工，就是不分个你我，如果论个你我，咱也参加”，王三说：“等价不交换互助也枉然”，有的说：“互助夺红旗谁不知道光荣，还不了工就是没心情”。有不少村发现了这些问题很快解决。马兰头政治主任王二孩提出：“清理欠账干部起模范，谁缺群众的工谁先还。”为了工票交流及时，有基础的合作社，统一出工票，不少村庄增多了晌数以便记工，采用分票厘票以便等价交换，采用了当日给工票不用记账等好办法。现在领导上已加以传播与推广。

三、对待生产运动中的落后分子

懒汉二流子是生产运动中的落后分子。过去春荒时政府帮助他们，发救济粮，很多群众有意见。“政府保证不饿死一个人，咱们慢慢动弹吧。”前年准备大生产，为了纠正这个偏向并提出：“不救济懒汉”，群众很拥护。但是怎样帮助他们生产呢？大家不很注意，有时劝他们不听，就采取硬的办法捉，集体开荒或采取其他办法丢他们的人，这些办法很难使他们转变。劳动英雄李马保的办法就不是这样，他分析懒汉有两种：一种是没有生产能力的破落户的浪荡子，这是极少数，对这些人很难一下转过来；另一种是长期被剥削，失掉了生产工具又失掉了生活兴趣的人，这是多数。对这些人应多帮助、多感动。领导上传播了这个办法，收到很大效果，如寨坪张×旺家娘，她是抗属，故意讨饭吃，败坏寨坪的名誉，大家很为难。后来大家想了个彻底的办法，给她领下粮食，找下纺车，借下花，并承认她访花还有本领，从思想上给她解决问题。

还有一种“托奸客”（尖人，极端自私），他们认为世界上都是“尖头人”，太老实了就会吃亏，对待这种人最好的办法是让其多劳动。道行沟村有个王二×有些“奸”，大家很知道他。一天大家给他动，该歇了，他说：“歇歇吧？”大家越动得有劲：“再干一会儿吧。”该吃午饭了，他说：“天不早了，回去吧！”大家越有劲：“再迟一点没关系。”这样他到了别的人地里再也不敢“奸”了。转变这些人必须发动群众，因为他们的困难绝非少数人所能克服的。从群众的利害上说，群众也愿意转变他们，“不能因为他们少数人败坏了大家的名誉”，或阻碍大家争取模范队、模范村。陈家垴村干部提出："他们的坏是咱们的过。"，发动了群众，其他村对这些人也有同样感受。

四、发动革命竞赛建立群众性自我批评及学习制度

工作好的村愿意各方面好，工作差的村不愿各方面坏，这对一个人也是一样，抓住这种争胜心就能开展革命竞赛。但群众真正竞赛起来，有时是不合乎领导者的意图的。比如我们给一个村一个队一个人奖励了旗，这时别的村别的队别的人不服气，于是定条件，下挑战书，找评判人，并在竞赛中注意克服自己缺点，学习人家好处，愿意赶上人家或超过人家的。这种竞赛是公开的友谊的。过去我们提倡这样做，但是这样做的并不多，多了就成为形式。另一种竞赛是不大公开不大友谊的，这种竞赛既没有条件又没有评判人，或有也是形式，专门找人岔口，不学习人家经验，对自己的缺点掩护原谅，对自己的成绩夸大虚报，这种竞赛不太好，我们不愿要，但这种竞赛方式相当多。今年兴了夺红旗，争胜心更大了，柳沟一个队没有夺上红旗，队长动员说："这一次不行，下一次来，下次不行再来，再也不行，死也死在红旗下。"这种竞赛领导上就难处理。去年 12 月群英大会时，为了争夺"全县第一"这个牌，几乎搞倒了两个模范村。过去所以难处理是因为竞赛者既不容易承认别人的好处，向人家学习，又不肯承认自己的缺点，有意识地克服自己的缺点。因此在领导上就容易讨厌、批评，结果是抑制了这种争胜心，妨碍了运动的开展。或者根据奖品不是根据具体的条件来处理这个竞赛，结果是发展了锦标主义。正确的办法应该是怎样呢？

1. 韩壁村及马村的经验好。他们是从具体计算成绩出发，进行总结，群众评分（当然与领导结合）。每一个工作一总结，总结本身就选择了优胜者。韩壁采用死棋活牌牌，马村干脆不要牌采用评分制，这样第一更不敢自大，其他相差不几分争起来也怪有劲。

2. 发动群众相互检查及自我批评。去年群众检查比较好，有时赶集走

罗瑞卿同志遵照中央军委指示精神，指出抗大新的教学方针："抗大今后的方针主要为我党培养干部，应在我党军队建设上起着骨干作用。因此，抗大今后不仅有初级干部之培养，而且应有中上级干部之培养；不仅有一般干部之培养，而且应有各种特殊技能干部之培养，而且提高到更高的阶段，使与整个党、军的建设相适应起来。"为了适应在敌后办学的特点，罗瑞卿同志还特别强调，抗大的教育与实际相结合，"抗大的教育应与整个前方部队取得极密切的联系，过去这种联系是十分不够的。这种联系应表现在学校与部队的双方：学校有帮助前方整理经验之责，而部队应有供给学校的材料之责。如此，于部队于学校的发展均有好处"。

要培养八路军的骨干，使之成为抗战的中坚力量，政治教育是重要的一环。所以在教育中反复强调"学校一切工作都是为了转变学生的思想"这一基本原则。针对学员大多是农民、小资产阶级出身的特点，特别加强基础理论的教育，以毛泽东同志的著作《中国革命与中国共产党》《新民主主义论》中，关于中国革命问题的马列主义观点为依据，结合转变农民意识和小资产阶级思想为突出点，编成政治讲义进行教育。旨在把学员朴素的阶级感情引导到为社会主义、共产主义事业而奋斗终生的思想高度，树立起共产主义的世界观。同时，为了适应复杂的斗争形势，在政治教育中，也特别加强了形势任务教育、解放区各项政策教育和学习部队的政治工作，以提高干部的政策水平和工作能力。

抗大第六期来到太行山前线，处于敌后斗争的特殊环境，而敌后斗争主要是武装斗争。因此各级领导更加重视加强军事训练。根据本期学员大多来自前线部队，具有一定实战经验的有利条件，让学员们把学习毛泽东同志有关抗日游击战争战略战术的论述与他们自己的实战体会相结合，总结经验教训，提高军事素养。教学特别注重理论与实际密切配合，更重要的是，在军事训练中特别强调实际动作的演练，加强近战、夜战的战术演习和掌握武器性能的技术训练。要求做到动作熟练，会教会用，以便他们

回到部队时既能当指挥员，又能当教练员，普遍提高部队的军事素质。

根据部队发展的需要，这一期还专门成立了特科大队，下属参谋连、机枪连、通讯排、工兵连和参谋、机枪、通讯、工兵等四个研究室，专门从事参谋业务和特种兵技术的教学工作。在通讯教学中，培训了信鸽、信犬、旗语等多种特殊技能。

为了解决工农干部文化低，学习军事、政治比较困难的问题，在文化教育方面重点抓住扫除文盲和语文教学；并适当穿插一点射击原理、防毒知识等军事科学常识的课目。学员和一些文化程度低的在职干部都渴望学习文化知识。他们利用反“扫荡”和大背粮行军途中的休息时间，积极学习文化，甚至在背粮途中都把词语写在卡片上，挂在前面人的背后，一边走路一边记笔画和词意，通过各种手段努力学习，因而这一期文化教育取得了很大成绩，基本上扫除了文盲和半文盲。

抗大在反“扫荡”中

抗大总校各团以连为单位分驻在蟠龙、石门一带，平时，各连在驻地村庄上课、生产、练武；重大节日或聚会，在总校校部蟠龙镇活动。当时抗大师生，不仅克服了给养等种种困难，保证了自己生存发展，同时还尽可能帮助地方的工作，如宪政运动、社会文化教育、武装建设与训练等，这对于推动根据地的建设起到很大的作用。总校的政治、军事教员轮流到各学员队去讲课，也经常集中以团为单位上大课，请八路军总部、北方局领导来讲课。总校领导经常深入到各团、营、连、队去检查指导工作。

5月4日，抗大总校与鲁迅艺术学校的学员联合在蟠龙镇举办了规模盛大的“五四”青年节纪念活动。6月1日，总校在蟠龙镇南河滩举行了纪念抗大成立四周年庆祝大会。会上，彭德怀副总司令代表党中央、中央军委宣布了罗瑞卿、滕代远的任命：罗瑞卿副校长调任野战政治部（十八集团

军政治部）主任，滕代远继任抗大副校长之职。

1940 年 6 月下旬，日军对武乡地区进行“扫荡”，为保证抗大教学不受影响，抗大总校机关离开蟠龙镇，移驻石瓮村；政治部也同时来到石瓮村。总校校部及政治部、训练部等机关驻扎在张凤河家，总校首长滕代远、何长工、张继春住在张太宏家。

石瓮村东依太行山，地形隐蔽，又便于撤退，一旦日军袭击，可以在短时间内藏进深山。由于日军的“扫荡”，滕代远等总校领导人，不得不频繁地组织指挥全校师生向安全地带转移。1940 年 8 月间，由武乡石瓮村转移到黎城县的西井，后又移至霞庄一带。在霞庄，总校机关住在李建勋家，卫生处住在王根命家，总务处住在王天富家。没有合适的大教室，学员们就到村口的杨树和槐树林里上课。

抗大总校武乡县石瓮村旧址

8 月 20 日，八路军总部在华北发动有一百多个团参加的“百团大战”。抗大曾派出一部分干部参加战斗，从中总结与吸取对敌作战的经验，以充实军事训练的教材。因为抗大是个教育单位，是培养文化型军政领导人才的学校，八路军总部特别关注并作出指示，要求主力部队要尽一切努力，组织部队加以掩护，使抗大尽可能避免直接参加战斗，保护学校有一个相对安定的环境，来从事教育工作，以保留和提高部队的战斗骨干。

但是，日军对深入敌后办学的抗大十分痛恨，派出汉奸、特务四处侦察抗大的动向，声言要“消灭抗大”，这就使抗大随时都得做好反“扫荡”的准备。为了积极参加对敌斗争，在此期间，抗大批准部分学生提前毕业，分配到决死纵队去工作，他们成为营、连级领导走上了抗日前线。日军还几次组织兵力对我抗大驻地进行“围剿”，学员们在校领导的指挥下，一面

在太行深山里隐蔽，一面与敌人开展游击战斗。

10 月 20 日，日军趁我军主力部队在前线作战之时，突然从山西黎城、襄垣、武乡一带，纠集几千日、伪军袭击我后方，进行报复性的“扫荡”，企图一举消灭我在黎城县西井、曹庄一带山区的抗大总校和八路军总部后方机关。在这危急时刻，我抗大总校奉总部命令，在洪岭一带阻击由黎城向西井突袭的敌人，牵制和打击敌人。总校派出一团青年连和二团一营三个连共四个连队的兵力，组成参战掩护队，迟滞敌人前进，在有利条件下，对来犯之敌进行打击，以掩护总校和总部后方机关及当地群众转移，争取时间，等待主力部队进行新的战斗部署，歼灭进犯的敌人。

10 月 22 日拂晓，由抗大第二团第一营三个连队和抗大第一团第三连（又称“青年连”）、第六连共 500 多人组成的阻击部队，在总校军事教育科科长赖光勋、第二团团长郭林祥、政治处主任傅崇碧等同志的统一指挥下，占领了洪岭东南方公路两侧山上的阵地。

上午八九点钟，日军一个大队在炮火的掩护下，开始沿着公路向洪岭我抗大学员占领的前沿阵地发起攻击。抗大学员是非战斗单位，武器的配备很落后，为了保证阻击任务，虽然经过充实和调整，但武器装备还是很差，每连只有两挺轻机枪，其余都是教学用的杂牌步枪，每人只有五发，手榴弹也不足。参战的“青年连”是一批十五六岁至二十岁的“小八路”，领导上有意把他们放在第二梯队配合作战，让他们在战斗中锻炼，二团一营的三个连队都是部队调学的连、排长和优秀班长，有较丰富的战斗经验。从拂晓开始，敌人就组织进行搜山，企图寻找我抗大机关，我一营战士们在赖光勋和郭林祥、傅崇碧的指挥下，对敌人进行了有力的打击。敌人虽然来势汹汹，但我一营的三个连中老红军战士占一半以上，有着丰富的作战经验，战斗力很强，他们沉着应战，利用山地的有利地形，居高临下英勇抗击进犯的敌人，经过数小时的激战，打退了敌人三次进攻。为了补充子弹，战斗间隙，同志们还冒着危险，爬到敌阵地上的死人堆里从敌人尸

体上取回不少武器。

穷凶极恶的敌人见久攻不下，便卑鄙地向我阵地发射“催泪瓦斯”炮弹，战场上即刻冒起了浓烈的毒雾，呛得战士们流泪、咳嗽、打喷嚏，敌人借助瓦斯的毒烟，乘机发起第四次猛攻。赖光勋同志知道对付化学武器的方式，马上指示战士们用湿毛巾做成口罩捂在嘴上，以减轻毒烟的影响。有的人毛巾擦汗湿透了，也有的人找不到水，只好用尿来湿了毛巾，继续坚持战斗，就这样战士们以顽强的精神再次打退敌人的猖狂进攻。此刻，天已黄昏，我抗大阻击连队以伤亡20多人的代价，歼灭敌人60余名，胜利地完成了阻击任务，将敌人整整拖了一天，为总校机关转移赢得了时间。天黑时阻击部队全部撤离洪岭，转移到曹庄、三十亩村一带。

当我阻击部队在三十亩村一带休息，刚刚准备做饭的时候，侦察员马上过来报告，敌人已经越过洪岭追至曹庄，正朝三十亩村方向推进，目前只有几里路程，很快就要追击过来。郭林祥等首长立即决定，第一团青年六连掩护校部立即撤离三十亩，第二团一营留下来继续担任阻击任务。

已经一天了，战士们粒米未进，他们已经饥渴难耐了，可是在生命危急的关头，抗大学员没有丝毫怨言，他们忍着饥饿，继续冲上了第一线，立即占领三十亩村以南的高地埋伏下来，准备给敌人迎头痛击。晚上七点多钟，狡猾的敌人突然改变过去夜间不走、小路不走的活动规律，不走大路钻山沟，由步兵前面带路，炮兵牵着驮炮的骡马随后，偷偷摸摸地沿着山沟向三十亩村悄悄逼近。

而此刻我阻击部队正严阵以待，连指导员任忠晓虽然已经负伤，但他坚持不下火线，他动员战友们说：“我们要做抗大的好学生，就要有战斗到底的决心。同志们！集中我们的火力，坚决消灭敌人！”于是，大家把手榴弹准备好了，当敌人进入我们的伏击圈时，大家投掷出大量的手榴弹，并用步枪、机枪的火力猛烈地打击敌人，杀得鬼子人仰马翻，乱成一团。战斗中指导员任忠晓同志不幸中弹壮烈牺牲。就这样，抗大学员用一天半夜

时间，阻击了敌人的疯狂进攻，消灭了100多敌人，掩护了总校机关与八路军后方机关的转移。

虽然敌后情况十分紧张，生活条件非常艰苦，但是，抗大的教学工作却丝毫没有松懈。不但在战斗的间隙里，抓紧时间，进行系统的军政教育训练，就是在反“扫荡”斗争过程中，也利用了一切可以利用的机会，进行各种教学活动。在山头上、在树林里，除了担任侦察、警戒任务的同志外，其余的同志就召开小组座谈会，研究反“扫荡”的经验教训。在行军的过程中，举行各种演习。情况稍微缓和的时候，就照常出操、上课、搞军训，开讨论会研究问题。大家的情绪是饱满的，即使个别同志有些思想问题，党组织也能及时帮助解决。

在实际斗争中，学员们学到了许多有益的东西，许多军训教程也在与敌战斗中得到了实践，不少同学认为：“在参加革命实践的斗争中，是锻炼我们的最好机会，我们能经得起这样严峻的考验，感到无上光荣!”

艰苦奋斗与创办分校

坚持敌后办学，经常处于战斗环境，流动性大，加之晋冀豫区根据地的抗日民主政权也刚刚建立；阎锡山军阀长期盘剥，日、伪军的蹂躏和破坏，造成经济萧条，一时还难以扭转，抗大在生活上遇到极大的困难。抗大总校刚到武乡蟠龙镇一带时，学员们好几个月时间吃的尽是高粱、荞麦和黑豆。特别是黑豆，原本是喂牲口的饲料，少吃点还可以，吃多了胃口就受不了，加之缺少石磨，众多学生食用，无法磨成面粉，只能用石碾压成片状煮熟吃，很难消化，许多学生因之而患胃病。尽管如此，抗大的教职学员还得把它当作主食，不仅做饭用黑豆，做菜也是盐水泡过的黑豆，一些经过长征过来的红军战士说，比长征路上吃草根树皮好多了。即使这样，粗粮也很难得到，经常要到距离学校驻地几十里以外的抗日游击区或

接敌区去背，后勤部门预先派人去收购，由学生组成背粮队去背粮，有时甚至要停课。

除了粮食困难之外，干柴也很缺乏，生火做饭常常受到影响。为了解决烧柴的困难，经常要组织大家上山砍柴、背柴。有一次学员砍柴误砍了漆树，在夏季其树汁液有毒，对生漆过敏者皮肤接触即引起红肿、痒痛，许多学员因而全身红肿，连衣裤都穿不上去，只能披着被单，形象吓人。由此可见当时条件之困难。不过，经过一两个月的锻炼，大家逐渐适应了这种环境，并摸索出一套经验：利用背粮、砍柴途中和休息时间，开展军政文化教育和文娱活动，使学员的生活更加丰富多彩，减轻了劳动中的疲劳。

当时蔬菜也很困难，许多时候没有菜吃，不得不发动大家上山采野菜。为了解决蔬菜自给，学校组织学员开展了自力更生运动，先后开设了豆腐坊、粉坊、畜牧场，还开办工厂，制作被服、鞋袜，开办合作社，采购经营日用品和学习用品，帮助大家解决了一些困难。同时，为了加强新抗日根据地的群众工作，学校组织全校同志帮助群众抗旱，抢收抢种，坚壁清野；帮助地方进行根据地的建设工作，训练民兵、自卫队等地方武装。这样做既扩大了我军的政治影响，进一步密切军政、军民关系，也培养锻炼了学员开展群众工作的能力。

为了解决粮食不足的问题，抗大学员每到一地，就开始开荒种地，但又经常不断地转移，许多的播种是没有收获的，不过他们还是坚持耕种，他们坚信，虽然他们转移了，自己吃不上他们种的粮食蔬菜，但他们种下的粮食、蔬菜一定会有人来收获，不管是八路军还是老百姓，谁收获了都是对抗战的贡献。

紧张的战斗生活，艰苦的斗争环境，最能锻炼人，陶冶人的思想情操。所以，战斗越频繁，生活越艰苦，斗志越坚强，士气越高涨。在行军作战、背粮、背柴途中，总是一路欢声一路歌；在劳动生产和课间休息时间，也

是笑声爽朗，歌声远扬：

我们在太行山上，
我们在太行山上，
山高林又密，
兵强马又壮。
敌人从那里进攻，
我们就叫他在那里灭亡……

第六期正处于抗战进入相持阶段的转折时期，军队建设和根据地建设急需大批干部到敌后去，特别是进入华中到新四军创办的新的分校。因此，这个时期组织变动和人员变动极为频繁。

为了加强抗大分校的建设，在华北、华中地区培养部队干部和吸收当地知识青年参军。中央军委决定这一期创办三个分校：1940 年 4 月 9 日，总校从武乡派出第一个华中派遣大队，由刘清明大队长、李干辉政委率领，去安徽省涡阳县北麻家集加强华中新四军豫皖苏地区初建的第四分校；6 月 13 日，总校又根据北方局的决定，派出抗大第四团第一、二营和第一团第三营共九个连队，由第四团团长洪学智、政治委员穰明德、政治处主任铁坚率领，前往河北涉县王堡村，与一二九师随营学校联合，筹建第六分校；11 月 9 日，总校又抽调抗大第三团 100 名教职员，组成第二华中派遣大队，由洪学智、吴胜坤同志率领，去华中新四军盐阜地区加强刚成立的第五分校建设。期间，晋东南建立的抗大第一分校迁往山东后，也在沂水县孙祖、张庄一带继续办学。

紧缩编制与第六期毕业

由于敌后斗争异常残酷，中共中央指示抗大必须适应这一斗争形势，更

加紧缩，更加隐蔽。为此，抗大总校不仅将特科大队编入了军工部组成特科训练队，又为提高决死队的战斗力提前毕业了一批学员，为配合野战政治部巡视团，调出大批干部与巡视团一道开赴冀南、冀鲁豫区。在此基础上，抗大总校对编制进行了调整，根据以后训练任务的需要，颁布了新的编制：第三团因大部分参加山东大队和第二华中大队，撤销该团建制，将原属第一、二、四团分别改为第一、二、三科。第一科为上干科，专门训练团以上干部；第二、三科为基本科，训练营以下干部。同时，校部的训练部撤销，分设军事教育科和政治教育科，直属教育长领导；政治部建制不变，撤销校务部，设经理处和卫生处，直接由校部领导。军事教育科科长赖光勋，政治教育科科长任白戈，经理处处长张济民，卫生处处长蒋耀德；上干科科长胡汉标，政治委员李呈瑞；基本科科长杨秀全，政治委员张力雄。

经过这次大整编，校部机关有所精简，层次减少，指挥灵活，更能适应敌后的战斗环境。为了提高学校的机动性，增强学校的自卫能力，改善学校的供应给养，总部特给抗大增配了一部分马匹，加强了警卫连的兵力和装备，并在供给处下面开办了生产工厂、合作社、豆腐坊、畜牧场等，从而提高了粮食、给养的运输力量，减轻了学校的负担，逐步改善了物资供应工作，使大家集中精力搞好教学工作。

抗大第六期学员证章

1940 年 12 月，第六期学员完成学业全部结业，学员分赴各抗日根据地。朱德总司令特为毕业学员亲笔题词：“努力工作，造成铁的干部，准备反攻。”这一期是在敌后边学习、边战斗、边总结经验中度过的，取得了较好的成绩。

抗大第七、八期的教学

1940 年 12 月，抗大总校迁址河北邢台浆水镇前南峪村。抗大总校在到达浆水之前，曾派出当时的代理秘书长李挺率勘察小组到浆水一带进行实地勘察，发现浆水四面环山，地势险要，易守难攻，加上抗日政权在这里建立得较早，当时浆水是邢西县抗日县政府所在地，群众基础较好，所以浆水被选为敌后正规化办学的地点。抗大第六期毕业后，立即开始招收第七期学员。1941 年 1 月 28 日，抗大总校第七期开学。中央军委特别指示，要求总校“坚持在华北训练部队干部，着重训练上级干部，训练参谋人员，培养教员，有计划地编写教材，整理总结教育经验，加强对于分校的领导”。

第七期从招生人数上说，比上届大大减少，只有第六期的五分之一，开学时共计有学员 928 人，全部来自八路军和新四军。大多数学员是部队中的团、营、连、排干部，另有少数学员是班长和老战士。这期学员编为上干科和基本科，科下共设 9 个学员队。

本期学员虽然人数不多，但素质普遍较高。其中团级干部 36 人，营级干部 62 人，连级干部 154 人，参谋、干事、秘书、科员、技术人员等机关干部 286 人，军事、政治、文化教员 45 人，排长、司务长 90 人，班长、老战士 114 人，其他人员 141 人。学员大多数参加过各种战斗和地下斗争，其中参加过北伐战争的 5 人，参加过土地革命战争的 296 人，参加过地下革命斗争和东北义勇军的 35 人，参加过抗日救亡运动的 74 人，参加过抗日战斗的 289 人。本期学员政治素质非常高，党员比例也极高，占学员总数的 80%，其中 1929 年至 1936 年间入党的 162 人，1937 年至 1939 年间入党的 424 人，1940 年至 1941 年间入党的 105 人。

为了加强部队正规化，遵照军委的指示，这一期专门开办了参谋训练

班和教员训练队，而且，特别强调了学校的正规化建设。过去教育计划由训练部门自行制定，这一期则先由训练部门在周密调查的基础上拟写草案，然后由校首长召集有关部门的领导认真讨论、修改，最后经校首长审查修订，正式颁布，在全校贯彻执行。凡是教育计划规定的课程，都由校首长分工主持，召集各科目的教员集体讨论，指定有造诣的教员执笔编写出教材初稿，再经教材编审组审查通过，最后由校首长审阅批准，编印出版以供学生使用。这一时期，共编印教材 41 种，发行 18030 多册。这批教材不仅供抗大以及各分校使用，而且也成为各部队的轮训、培训教材，特别是《兵团战术》《抗日的步兵战术问答》等教材深受学员和部队欢迎，有效地推动了学校和部队教学向深度和广度发展，向规范化发展。这套教材被我国近代著名教育家陶行知誉为“敌后教育的灿烂之花”。

1941 年 6 月 1 日，是抗大建校五周年纪念日，为了宣传抗大，树立全国人民抗战必胜的信念，总校决定举行隆重的庆祝活动。毛主席、彭德怀、罗瑞卿、左权等领导同志写了纪念文章，彭德怀副总司令等 10 余位八路军高级首长出席了纪念活动。

在校庆活动中，还举办了为期 8 天的展览会，陈列出各种模型、实物和图表 4500 多件，系统地介绍了抗大 5 年来所走过的历程，全面地反映了抗大教职学员的学习、战斗、生活，完整地总结了抗大的办学经验。进行了阅兵仪式，表彰了 500 余名对抗大作出贡献的优秀人员，并颁发了纪念章。

总校又在浆水镇招收第八期学员，共有学员 1067 人，其中上干科有一个营连干部队、一个地方武装干部轮训队；基本科有 9 个学员队。1942 年 5 月 1 日，第八期学员开学。为了培养青年学生，还成立了附属陆军中学。

抗大挺进华北敌后办学，培训了近万的优秀军政干部，使他们成为抗日人民军队和抗日民主政府的骨干力量。他们分配到各部队后，成为领导骨干，活跃在敌后各个战场，带领部队、民兵和广大群众，开展游击战和有利条件下的运动战，打伏击、毁碉堡、破公路、扒铁路、炸桥梁、拔据

点，打得日、伪军人仰马翻，魂飞胆丧。因此，日军把抗大视为眼中钉、肉中刺，发誓要“消灭抗大”。当时侵华日酋冈村宁次曾叫嚣：“消灭了抗大，就是消灭边区的一半”，“宁肯牺牲20个日本兵换一个抗大学员，牺牲50个日本兵换一个抗大干部”。

不久，日军集中3万余兵力对太行区进行了“铁壁合围”大“扫荡”，其中以四路合击“扫荡”驻扎前南峪村的抗大总校，北路之敌由临城、赞皇向浆水猛扑；东路之敌由邢台出发向浆水直插；南路之敌由沙河向浆水迂回；西路之敌由山西昔阳、和顺向浆水逼近。四路之敌大兵压境，面对穷凶极恶的敌人，八路军总部指示，做好一切迎战准备。具体任务是：保存实力，安全转移。还要使学员从中学到反“扫荡”的战略战术，反“扫荡”不仅是为了战争，而且是为了学习，培养人才。这就充分体现了军事学校的特点。

在充分讨论、研究大量战例的基础上，总校提出选择最佳时机作为突破点，巧妙地跳出敌人合击圈，从战术上讲叫作“利害变换线”，即当敌人进至离合击地点前一日行程距离（大约是30公里）时，抗大就要“全力以赴，迅速行动，勇猛地起跳”，从两路敌军中间穿插过去，跳出包围圈。如果跳得早了，会被敌人发现，掉头尾追，造成失败；如果犹豫不决跳晚了，就要遭到合击。重点是找准这个利害的变换点。面对四路敌人，抗大采用“方向相反，擦肩而过”的办法，神不知鬼不觉地插到敌人的后方去。同时针对敌人队形密集之特点，全校分成了几个独立单位，进行分别穿插。校部分成三队，开赴白岸一带，抗大顺利突出重围，使敌人完全扑了空。经过一个大迂回，6月底，胜利返回浆水镇前南峪。

总校返回陕北

为了最大限度地保存干部，准备进行战略反攻，党中央作出决定，连

以下干部及陆军中学留在太行根据地，重新组建抗大第六分校，其余营以上干部学员与教职工返回陕北继续办学。根据中央指示，1943 年 1 月 24 日，抗大总校由副校长何长工带领，离开太行山重返陕北。

抗大总校重返延安后，与在后方的军事学院、第二分校、第七分校各一部合并。由徐向前代理校长，李井泉任政委兼政治部主任，何长工任副校长，彭绍辉任副校长兼七分校校长。在抗日战争胜利前夕，所有学员全部毕业，奔赴抗日战场。1945 年 10 月 16 日，由何长工率抗大一部向东北挺进，于次年 2 月组建了东北军政大学。各个分校则分别组建了华北、华东、西南等军政大学。

1950 年 11 月 30 日，以原华东军大（前身为抗大第四、九分校）和华北军大（前身为抗大第二、六分校）部分干部与教员为骨干，组建解放军军事学院；1954 年 4 月在原抗大一部的基础上举办高级干部文化补习班，1955 年 3 月 16 日，创办了解放军政治学院；1952 年 5 月在原抗大一部的基础上成立解放军后勤学院；1985 年 12 月由军事学院、政治学院、后勤学院合并成立国防大学。

军队干部在这里成长

——八路军第一二九师干部轮训队

办学名片	1939 年夏，一二九师干部轮训队在河南省（今属河北省）涉县南庄创办。 1940 年 7 月，师轮训队由黎城移驻武乡，驻在刘家嘴村。 1942 年 5 月，轮训队离开武乡，再迁驻涉县河南店村。

八路军第一二九师部队经过 1938 年的大发展，主力部队、地方兵团、游击部队都有了迅速增长，担负起开辟抗日根据地、保卫抗日根据地的任务，由于部队发展快，一批军队干部帮助地方开展政权建设、武装建设，加之部队基础素质，大批新战士既没有应付敌人残酷进攻的经验，又缺乏在统一战线中与国民党顽固派进行斗争的思想准备。同时，由于地主资产阶级思想侵蚀，以及部队长期分散活动使政治工作削弱，部队中的军阀主义、游击主义倾向有一定滋长。为了彻底改变这一状态，使部队在思想上、政治上、组织上大

大提高一步，把大发展的成果巩固起来，以适应当前斗争形势的需要。

师干部轮训队的设立

1939年，夏由于一二九师部队的大发展，需要大批优秀干部，而目前抗大、随营学校等干部学校培养的干部，远远不能满足部队需要，大量的新成分增加，再加上部队长期分散活动，政治工作有所削弱，部队中的军阀主义、游击主义倾向有所滋长，干部政治素质有所下降。针对这一问题，第一二九师首长在整军中提出了创办师干部轮训队的规划。不久，以培训团、营级干部为主体的师干部轮训队，在河南省（今属河北省）涉县河南店镇南庄村正式成立。

轮训队队长张贤约，政治委员吴钊统。学员分为三个队：一队队长由张贤约兼任；二队队长王振祥，教导员吴海堂；三队队长刘昌毅，教导员秦忠。轮训队下辖三个学员队：一队学员全是副旅级以上干部；二队、三队学员培训营、团级干部。

参加学习的队员大部分是长征过来的红军干部，这批人普遍文化水平偏低。为了让学员迅速提高文化水平，上级给他们配备了秘书，平时帮助首长学文化，整理文件，同时也担任学员队的政治教员和文化教员。

师部从部队中抽调了有文化、有知识的青年来担任政治和文化教员。其中，有两位是原国民党军队的军官。一位是原国民党军队的旅长，因不满蒋介石消极抗日、积极反共政策，解甲弃戎上五台山当了和尚，后来又投奔了八路军，刘伯承师长将他调来做了教员；一位叫杜永波，早年于南京中央军校毕业，日军攻陷南京以后，他对国民党军的无能深感失望，投奔了八路军。两人主要教授单兵战术动作及连、排、营的战术组织与配合。由于他们原来都与我军敌对过，现在虽然已经参加了八路军，但还不是共产党员，同学员们在一起时，总显得有些怯生生的。特别是有少数干部思

想狭隘，对从国民党军队中过来的干部还心存芥蒂，认为这些我军的手下败将，怎么配当我军的教员，所以同他们的关系总不那么融洽。

一二九师干部轮训队创办地涉县南庄村旧址

刘伯承师长听到这样的情况后，专门深入到学员中做思想工作。刘伯承说：这个思想要不得，我们不能只感觉自己的思想是抗日，自己的思想是革命，别人就不能抗日，就不能革命。咱们参加革命早，抗日坚决，可人家也抗日，也革命呢。抗日不分早晚，革命不分先后嘛！我们应该团结广大的民众和各阶层人士，实行统一战线，哪怕原来是我们的敌人，只要他现在转变了，抗日了，他就是我们的朋友。他加入了八路军，那他就是我们的战友，就是我们的同志。

当时物资匮乏，轮训队的教材大都是自己编写的，有相当一部分是刘伯承师长翻译苏军的条例和文章。军事教材是《一二九师抗战两周年的战术报告》。这本小册子是刘伯承师长根据一二九师在华北抗战两年来的许多战例，收集整理大量资料并执笔撰写的一部有实践、有理论、有创见的军事著作，虽然印刷粗糙，而且因纸张缺乏，印刷时一本书中曾用几种纸，但这本教材却成为最受学员欢迎的教材。

刘师长非常重视轮训队建设。他在轮训队授课时曾说：“如果没有轮训队，也就写不出《一二九师抗战两周年的战术报告》。战术报告都是我师各部队亲历的战例。我们有丰富的实战经验，可是战术素养和理论十分差。我们学习的目的，就是要把经验加以条理化，上升到理论，用它来总结我们的经验教训，指导我们今后打更多更好的仗。”

刘师长多次来轮训队讲课，他把军事理论、战略战术思想与许多大家

经历过的战斗相结合，深入浅出地作讲解，分析成败得失，学员们不仅容易接受，而且提高进步很快。刘伯承有很高的政治理论水平，又有独创的军事战略战术理论，再加上他的文学造诣及丰富的语言表达能力，特别是他那幽默诙谐、有时还略带粗野的四川方言，每一次报告都让师生们听得入迷，留下难以忘怀的印象。

刘师长在军事理论上有独创性，阐述通俗易懂。一次讲课时，他伸出一只张开的手说："我们在下决心打仗之前要弄清五个基础，这就是任务、敌情、我情、地点、时间这五项法门。弄不清楚就要打败仗。五行不定，输得干干净净。"

刘伯承在讲述我军现时的战略战术，主要就是扬长避短时。他说：日军的装备好，火力强，战斗素质高。我们武器差，许多人没有经过严格的训练，所以我们打仗就不能硬碰硬，否则不但打不赢敌人，反而会吃老亏。我们必须以己之长，击敌之短，以游击战为主，零敲碎打地消耗敌人，积小胜为大胜，直到夺取最后的胜利。

刘伯承把游击战概括为三种，这就是袭击、伏击和急袭。他在轮训队讲课时说："袭击，就是敌人住着，我们找着去打他，出其不意，攻其不备，对防御之敌的进攻战斗。伏击，就是我们利用有利的时间、天气并选择有利的地形，埋伏好，等敌人来了再打他。当然啰，不能傻等，有时要有点'勾头'。大家见过钓鱼嘛，钩上没得鱼饵，鱼儿怎么会吃钩呢？这就是诱伏，这种伏击战斗会发展成为正规战斗。急袭，就是碰着的时候打，拦打敌人之首，杀他的锐气，能击就击，不能击就游。追打敌人之尾，捞一把就走，不要恋战，叫敌人挨打，敌人又打不着我们。还有一种战术叫吸打敌援，这就是游击牵住敌人，集优势兵力威胁它，吸引另一部敌人来增援，在敌增援部队的必经的道路上伏击它。实际这就是袭击和伏击的混合运用。我们不是用这些办法打了许多胜仗吗？像七亘村、神头岭、响堂铺、香城固这些都是我们游击战的典范。"

轮训队第二期培训

经过近三个多月的培训，第一期于1939年11月结业，学员们对培训的反映非常好，于是师部决定选调第二期学员。由于日军进犯涉县，师部决定将轮训队移驻辽县上武村。很快，第二期学员全部报到。12月1日，轮训队第二期举行了开学典礼，刘伯承师长出席，并作了讲话，他讲了四个问题，一是学习的重要性，二是实际与理论的融会贯通，三是为什么要学《联共党史》，四是意识的锻炼。

太行山的冬天非常寒冷，可是缺乏煤炭，没办法取暖，学员们只能生木炭火来勉强取暖。但木炭也很少，大家就自己上山打柴，扭草把子生火驱寒。长期烤火烟熏火燎，许多人火气上升，两眼红肿，口舌生疮，但没人叫苦，人们都在努力学习。

1940年元旦，师轮训队与师直属队全部在桐峪村举行了团拜活动。刘伯承师长、邓小平政委、李达参谋长、蔡树藩主任都参加了这次活动。

刘师长在会上讲了发挥党的力量、军队建设问题，不但要会游击战，而且要会正规战。“今年，将是斗争最艰苦的一年，今天在这里尽是我们的干部，要提高警觉，吃‘防腐剂’。一切教育是为了作战，要确实去纠正部队，不要当阅兵大臣。我看见许多部队站个队好似天然的蛇形队形。俗话说‘好吃懒做去当兵，拖衣落食跟衙门’的样子是不行的。”

邓政委讲了一二九师在1940年的工作纲领：今天是1940年的元旦，所有的干部在这里，我们在今天要提出一二九师在1940年的工作纲领，这纲领就是在今年要进行各方面的建设，在政治方面、军事方面的建设，卫生、供给、通信等工作的建设。现在与过去不同了，过去因缺乏建设，许多连、排长不知自己的责任，供给、卫生亦未整顿，如再不建设，就会变成乌合之众。特提出以下几点：第一，提高干部的政治责任心。过去总是老干部新干部的，

新干部在抗日战场上快满三年了，这个名称应改一下。过去我们的同志对戴礼帽穿长衫就恨之入骨，现在变了一些，我们就是要团结一切力量来为抗日出力。党的路线是巩固知识分子，千万不要墨守成规，自暴自弃，熟悉部队生活，解决战士问题，团、营干部不要当阅兵大臣。第二，1940 年将是斗争最残酷的一年，两条道路斗争的一年，是联俄联共抗日，还是联英反共降日两条道路斗争的一年。另有一些人是徘徊于两条道路之间的，这里就要看谁的力量强。例如三个人走路，一个人走这一条，一个人走那一条，还有一个人动摇，但是正确的一条应先走动，动摇的即随行，结果走错路的也会向这二人来的。这要我们的干部的领导，兢兢业业，了解党的路线，帮助地方党和地方抗日民主政府。今天是新年，应万象更新，革除旧弊。第三，单独工作，反对独善其身，真金不怕火烧，不要忘本。

2 月 18 日，轮训队举行了第二期毕业典礼。荣幸的是这期毕业典礼，邀请到了八路军总司令朱德首长来参加。他从武乡八路军总部驻地远道赶来，来不及休息就给大家讲话。他慰问参加培训的新老干部，鼓励为民族解放奋斗，说今天见面特别快慰。会场上的学员们非常高兴，大家一致高喊："伟大的朱总司令，我们最敬爱的朱总司令健康！"朱司令说，咱们不要把对革命的尊崇变成个人崇拜，我们时刻要记住，打击日本侵略者，争取国家、民族的独立解放是我们的责任。同时，他分析了目前国际国内的时局，又讲了关于部队整理、军纪风纪、服从命令、爱护人民、建设军队、建设武装、干部问题、在斗争中学习等问题。

最后，邓小平政委强调：大家毕业后回到部队去做什么？贯彻朱总指示，提高政治责任心，加强思想意识锻炼，加强学习，提高自己的能力。

轮训队移驻武乡

1940 年 4 月，第一二九师又在黎城县李庄村招收了第三期学员，7 日，

举行了开学典礼。

本期开始时，张贤约队长调任延安军政学院第三队队长，离开太行山。由二队队长王振祥接任轮训队队长一职。刘伯承、邓小平首长参加了典礼。八路军野战政治部副主任兼宣传部长陆定一也专程到黎城出席了开学典礼，并给学员讲了开学第一课：《辩证法唯物论与历史唯物论》，主要讲了联结统一、运动发展、数量渐变质量突变、事物内部的矛盾、对立的斗争等。他举例说：无产阶级与资产阶级的矛盾，用社会主义革命的方法去解决；人民大众与封建制度的矛盾，用民主革命的方法去解决；殖民地与帝国主义的矛盾，用民族战争去解决；无产阶级与农民的矛盾，用农业社会化去解决；共产党内的矛盾，用批评与自我批评，用思想斗争去解决；社会与自然的矛盾，用发展生产力去解决。过程变化：旧过程与旧矛盾消灭，新过程与新矛盾发生，解决矛盾的方法也因之而不同。俄国二月革命与十月革命性质不同，所用以解决矛盾的方法，是根本不同的。用不同的方法去对付不同的矛盾，这是原则。

陆定一同志还说道，军事操练是重要的，非此不能破敌，但政治工作也重要，非此也就要打败仗；老兵、老干部经验丰富，是宝贵的；但如果没有新兵、新干部，战争与工作就不能继续。勇猛要紧，但也还要智谋，张飞虽不错，到底不如赵子龙；自己领导的局部工作是重要的，但他人领导的局部及全体工作也重要或更重要；小团体主义是不正确的，自己的意见与团体的或上级机关的意见相矛盾时，可以而且应该陈述自己的意见，可是绝不容许在自己意见未被团体或上级批准时，向任何其他人员自

由发表或甚至煽动下级人员反对上级的意见。这种少数服从多数，下级服从上级，全体服从中央的纪律，是共产党与红军起码的纪律。

由于李庄距离黎城县城很近，敌人占领县城，对轮训队的安全形成威胁，师部决定，师轮训队移驻武乡，驻在刘家嘴村，轮训队部驻在乔书文家，在这里继续第三期培训。

5月上旬，第一二九师组织部队对白晋铁路东观至段柳进行大破击，发起白晋线战役。以师特务团和部分地方武装破击东观至来远段；以第三八五旅、平汉纵队主力与晋冀豫边纵队第一、三团破击来远至权店段，并攻击来远镇；以第三八六旅及决死一纵队破击权店至段柳段。

5日，各破击部队在2万余名群众协助下，于南北40多公里的铁路线上展开破击作战，袭击了白晋路沿线沁县、固亦、漳源、权店、南关及来远各据点之日军。战斗进行两天，共破坏铁路30余公里，炸毁桥梁50多座，倾覆火车1列，歼日伪军350余人，缴获炸药1000余箱。

一二九师干部轮训队刘家嘴村旧址

战斗结束后，刘伯承师长专程到刘家嘴村给学员讲了游击战术。他说：“我们游击战的特点就是八个字：秘密、迅速、坚决、干脆。何谓秘密？就是我军的兵力、布置、目的和行动，都要十分隐秘，封锁消息，让敌人毫无知觉。何谓迅速？就是一举一动要快，出击迅猛，能在几分钟内消灭敌人，让敌人的飞机、坦克和大炮等重武器来不及发挥作用，即使敌人援兵赶到，我军也已解决战斗。何谓坚决？就是一到战场，就站稳脚跟，用手榴弹、刺刀果敢勇猛冲锋，把敌人压下去，就是我们的胜利；如我不坚决，则敌将硬起来，反击溃于

我。何谓干脆？就是打起来不拖泥带水，快刀斩乱麻，不啰唆。蔫皮儿的庄稼，摆的是挨打的样儿，那不得行！”

本期学员到百团大战前夕结业。由于百团大战开战在即，部队需要大量的指挥人才，师部决定轮训队暂停招收学员。到1941年春，轮训队在武乡刘家嘴村恢复了招生，并举行第四期培训。在异常艰难的战争环境中，为提高部队的战斗素质，刘师长、邓政委主张抽调战斗部队的干部参加轮训，加强学习。

1941年以后，日军调集大量兵力，采用了所谓的“铁壁合围”“捕捉奇袭”“纵横扫荡”“反转电击”“分进合击”“辗转抉剔”等战术，对我华北各抗日根据地进行了空前残酷、规模巨大的“扫荡”。刘伯承师长审时度势，提出许多对付日军新战术的游击理论，并将这些游击理论交给干部轮训队讨论，讨论的最后结果就拿到战场实践。

在战争实践中，刘伯承师长经常来干部轮训队讲课，根据抗日游击战争的特点，形象生动地阐述他的观点。在讲解抗日力量时，他说：“抗日根据地的抗日力量有三个因素，我们八路军的正规部队这是第一因素，游击队是第二因素，广大民众是第三因素。这三个因素互相配合，打击敌人才是最有力的。这三个因素就像一个人的拳头一样，八路军就是拳头的骨，游击队是拳头的筋，广大民众就是拳头的肉，这就形成一个有机力量。这三者的动作协调一致，就可以狠狠打击敌人，三者缺一不可，这也可以说是抗日游击战争的特点。”

事实证明，抗日游击战争也是人民的革命战争，有了游击队和广大民众的支持，八路军清楚敌人的一举一动，敌人来了，我们可以运动到敌人猝不及防的另一边袭击。而敌人没有民众的支持，就像瞎子、聋子一样，一扑一个空。这就是为什么敌人越战越弱，而我们越战越强的重要原因之一。

师轮训队的终结

轮训队虽然没有战斗任务，但许多事情都得自己动手解决，日军频繁“扫荡”，形势紧张，可轮训队几百号人要吃饭，粮食也要自己解决。他们在刘家嘴村时，学习之余，轮训队组织学员到东部山上开荒种地，不仅种粮食，也种蔬菜，以解决粮食不足的困难。收获的粮食达到了自给自足，收获的山药蛋不仅够轮训队吃菜，还送给师部机关 3 万多斤。

1942 年 5 月，日军对太行区进行了五月大“扫荡”后，根据地更加艰苦，根据师部指示，轮训队离开武乡，迁到涉县河南店。

轮训队到了涉县，最大的困难就是粮食问题，涉县驻军较多，无法解决粮食问题，根据地方政府的安排，需要到几百里外的武安去驮运粮食。武安是我八路军的游击区，日伪军也经常去那里，那一带是双重政权，也叫“两面政权”，即我抗日政权和日伪政权并存，这些粮食是当地政府和人民群众上缴的公粮。为了将这些粮食安全地交给八路军，各村的粮食只能在较短的时间集中。我运粮队既要躲避敌人平时有规律的巡逻队，又要准备应对突发的敌情。运粮队去早了不行，去晚了也不行，所以，师部给他们指定了详细的运粮路线和行动时间。轮训队一百多学员组成了运粮队，三百多匹牲口都是学员们自己的坐骑，学员和随身的警卫员都携带短枪，运粮队没有其他的警卫部队掩护。按规定的时间到达目的地，并与地方政府的同志接上了头，将粮食装上驮后，等待天黑乘夜返回。

生活就是这样艰苦，但学员们没有一个叫苦叫累，特别是学员中大部分是团、营级干部，但他们从来没有一点当官的架子。1945 年初，许光三调任一二九师干部轮训队队长。直到 1945 年 8 月，晋冀鲁豫军区成立时，轮训队停止工作，所有学员全部结业，分配到所属部队中。

轮训队机构并入晋冀鲁豫军政大学，1949 年，以此为基础组建了第二

野战军军政大学。1950 年 4 月改为西南军政大学，为解放、建设大西南培养了大量军政人才。1951 年 6 月，再次更名为解放军第二高级步兵学校。1952 年 5 月，总校校部迁往哈尔滨，与华东军区科学研究室和志愿军第三兵团的部分干部为基础建立哈尔滨军事工程学院，1994 年更名为哈尔滨工程大学。

师轮训队从成立到撤销，6 年多时间里，组织训练了 10 余期，4000 余军事干部通过轮训学习，成为优秀的指挥员。许多从红军过来的学员，从一个大字不识的文盲，在革命军队里锻炼成长为一个中级指挥员，在首长和战友的关怀帮助下，学到在大量的文化知识和军事政治知识。革命军队就是一座大熔炉，锻炼人，造就人；八路军就是一所大学校，培养了千千万万个优秀的革命战士。

边区政府的财经人才库
——华北财政经济学校

办学名片	1940 年 5 月，以原冀南财政经济学校为基础，在武乡县韩壁村成立华北财政经济学校。 1940 年 11 月，迁至辽县（今左权县）桐峪镇。 1941 年秋，以华北财政经济学校总校为基础，创办了晋冀鲁豫行政干校。

为了加强抗日根据地经济建设，中共中央北方局于 1940 年 4 月 1 日发出《财政经济政策的指示》，提出了系统的财政经济政策，包括财政制度、关税税率、田赋原则、货币政策、生产建设、统制贸易等。

为加强太行、太岳、冀南抗日根据地的联合与统一领导，建立统一的政权管理机构，制定和完善各项政策，统一财经货币，统一认识，加强统一战线的政策教育。4 月 11 日至 26 日，中共中央北方局在黎城县北社村召开了由冀南、太行、太岳高级干部参加的会议，通常称为黎城会议。北方

局书记杨尚昆主持会议并做了《目前政治形势与统一战线中的策略问题》的政治报告，指出党的中心任务是争取时局好转，克服时局逆转。报告根据党中央和毛泽东关于抗日民族统一战线中的策略问题的指示精神，详尽地阐述了在统一战线中发展进步势力、争取中间势力、反对顽固势力的策略原则，着重讲述了北方局提出的建政、建党、建军三大建设任务和具体工作方针。会议决定改太北军政委员会为太行军政委员会，统一领导太行、太县、冀南三区党政军工作；建设筹备成立冀南、太行、太岳联合办事处，制定和完善根据地建设的具体方针和政策，统一领导根据地的党、政、军、群工作。

为了统一指导华北各根据地的财经建设工作，北方局还成立了华北财政经济委员会，由彭德怀、张慕尧、杨立三、聂荣臻、邓小平、郭洪涛、高捷成7人组成，彭德怀任书记，张慕尧任副书记。为解决财经管理人才的缺乏问题，决定设立华北财政经济学校，将原来在冀南创办、后转移到太行黎城县的冀南财政经济学校进行整编改建为华北财政经济学校（简称“华北财校”或“财校”）。

华北财政经济学校的前身

1938年8月，冀南行政主任公署正式成立，杨秀峰、宋任穷当选正、副主任。随之公布八大施政纲领，出台公平负担办法等一系列政策法令，健全各县抗日民主政权，加强民主建设，成立工会、农会、青救会、妇救会等群众团体，冀南抗日根据地正式建立。

冀南抗日根据地基本形成后，仍然面临着更加艰难和残酷的斗争。在地域上形成了日军的伪政府、国民党的残余政府和冀南行政主任公署“三足鼎立”，斗争形势异常严峻、复杂、残酷、艰苦卓绝。在此形势下，冀南区党委、冀南行政主任公署认真贯彻中共中央六届六中全会精神，根据冀

南的形势，研究制定了开展平原游击战的方针和战略战术，进一步建立健全了各级抗日政权，完善了群众抗日救亡组织，建立了抗日民族统一战线，壮大了抗日武装，开展了平原游击战争，打击了敌人的有生力量。同时，国民党顽固派也对我根据地百般刁难，使八路军处于“前门打虎、后门驱狼”的恶劣斗争环境中。

然而，在这样的形势下，根据地党政军生活面临重重困难，一方面是国民党政府在供给上日渐减少、拖欠，甚至抽缺额；另一方面是抗日队伍不断壮大，经济来源没有任何保障。为了改变主要依靠临时筹粮筹款和没收汉奸财产等解决供给问题的现状，改善根据地的经济状况，广泛开展根据地对日经济斗争，冀南区党委决定创办冀南财政经济学校，来培养我们自己的经济管理人才。

1938 年 12 月，冀南财政经济学校在河北威县正式成立，由冀南行政公署主任杨秀峰兼任校长，第一二九师供给部政委赖勤兼任政委，王述先任教导主任；大队长肖志平，副大队长孙森，指导员王根英。学校成立后，立即开始招生，第一期主要招收冀中、冀南地区的优秀青年，其中有从冀南抗战建国学院、冀南行政干校、中共直南党校转来的学生，也有在博野、蠡县、雄县、霸县、安国等地新招收的学员，还有八路军总部选送的十多名学员，文化程度主要为初中、高中，总人数约为 120 人。

学校刚刚建立，学生刚刚招齐，就在准备开课的时刻，1939 年 1 月，日军对冀南区大举进攻，为了保证学校的安全，学校在一二九师部队掩护下，向太行根据地转移。全校的学员大队编为四个分队，开始南进，经威县、曲周、邯郸、清丰、濮阳到达黄河北岸，后又经滑县、汤阴越过平汉铁路，然后沿林县到达黎城西井镇。这次经历了一个半月的时间，行程 1000 余公里。在过敌人的铁路封锁线时，指导员王根英不幸牺牲，后有杨安生接任指导员。由于学校已经离开冀南区，杨秀峰同志不能参与学校的管理工作，赖勤同志亦留在冀南，改由一二九师供给部长徐林兼任政委，

并直接负责学校的工作。学校在黎城西井正式开学，主要学习借贷原理、银行学、统计学、数学等课程。3个月后，本期学员结业，当时正在筹办根据地的金融机构，学员大部分分配进了冀南银行。接着，又招收了第二期学员。

第二期学员主要招收冀南、太行、太岳根据地的干部，同时，对学校校部进行了扩大，成立了校务部、教务部，由柳林任校务部主任，王述生任教务部主任。第二期学员基本还是按照第一期的教学方式进行教学，这一时期日军也经常到黎城一带“扫荡”，学校又转移到东崖底村继续办学。到1940年春，第二期学员毕业。

华北财政经济学校的创办

1940年4月，北方局召开了黎城会议，为了统一指导各根据地的财经建设工作，北方局还成立了华北财政经济委员会，统一根据地的党、政、军财经政策。为准备成立边区政府，建立完整统一的边区政府管理机构，解决财经管理人才的缺乏问题，决定以原来的冀南财政经济学校为基础，进行整编改建为华北财政经济学校。

任命八路军总部财政经济部部长兼中共中央北方局华北财政经济委员会副书记张慕尧兼任校长，柳林（周子明）任教育长，彭圣昔任政治处主任。为了便于领导和管理，将原冀南财政经济学校迁到八路军总部所在地武乡县。北方局黎城会议刚刚结束，华北财政经济学校教职工就马上动身，向武乡进发，并积极准备扩校，进行整编改建工作。

1940年5月，华北财政经济学校在武乡县韩壁村正式成立。该校由中共中央北方局与八路军总部共同领导，其直接主管机构为北方局华北财政经济委员会、八路军总部后勤部财政经济部，政治工作由八路军野战政治部直接领导。

学校组织机构为：校长张慕尧，教育长柳林（周子明），政治处主任彭胜昔；组织干事蒋兰亭，宣传干事金岢岚（谢明），文书王英，教务科长范惠，总务科长张云丰，校部秘书乔俊江；财政队队长胡为禄，指导员陈觉；税务队队长吴志英，指导员赵景周；金融队队长王连云，指导员吴碧江。

华北财政经济学校校部武乡县韩壁村旧址

华北财政经济学校在武乡县韩壁村设立时，校部设在李炳家，教室设在西关老爷庙。下设财政班、税务班、金融班和高级班。主要教员有王述先、郭一、薛欧风、李静海、贺洪涛、魏凤鸣、黄志良、王子英、范惠、余小堂、吴英志、金苛岚、王连云等，共有教职员工 30 余人。财政、税务、金融三个班培养一般工作人员，高级班培训各专署的财经领导干部。培训干部的范围扩大到整个北方局所领导的区域，同时，从抗大毕业生中选拔了一批优秀学员充实了老师队伍。华北财政经济学校首批学员招收学生 300 余名。

教学内容和形式

华北财政经济学校是抗日战争时期八路军总部、北方局和一二九师为华北各根据地培养财政经济干部的第一所专业学校。

其办学的宗旨，就是为抗日战争服务，为根据地经济建设服务，一切为了夺取抗战的胜利。《华北财校校歌》的歌词中，就充分体现了办校的历史背景、办校宗旨和奋斗目标。

首先是以马克思主义基本理论和毛泽东同志的抗日战争论述武装学员

的思想。教育内容随着战争需要的变化而变化，教学方式随着环境的改变而改变。但万变不离其宗，无论如何变，其目的是围绕经济战线上对敌斗争和建设根据地的需要，培养一批政治上坚定、业务上熟练，又熟悉根据地各项政策的高素质的业务干部。

针对学员文化程度参差不齐，又大多是来自根据地经济部门的在职干部，加上学习时间短的特点，教学中坚持理论联系实际的学风，学以致用，学用结合。提倡多种学习方法，互教互学，以期速成。

建校初期，八路军总部领导以及一二九师领导都曾指示，要求财校培养切合实际的能实干的人才，以适应战时需要。这个指导思想，贯穿办校的始终。从教学内容上讲，不论班级和专业，共同课程先后设计有《论持久战》《反对自由主义》《新民主主义论》《社会发展史》《政治经济学》《哲学》，以及抗日根据地的各项政策、方针等。不同专业有不同的业务课程，教材大多是根据抗战前大专院校教材并参照根据地的需要改编的，如财政学、统计学、银行学、会计学等。会计学又分官厅会计、商业会计、成本会计、粮秣会计、簿记等。

学制根据需要分为短期培训班，一般为三个月；教学班，一般为半年；高级班为一年。由于战争环境影响，许多时间不能正常授课，教学时间往往延长。

学生来源，大都是从地方政府和军队抽调的在职财经干部，如区财经助理员、县财政科长；军队后勤军需股长、会计，少数后勤处长；也有从抗日团体、学校转来的知识青年。他们的共同特点，都怀着挽救民族危亡的强烈愿望，学习积极向上，求知欲很强，时间上争分夺秒，具有高度的学习自觉性。

由于学员来自不同的岗位，学员文化水平和社会经历不尽相同，有的书本知识多，有的实际经验多。大多数来自工作岗位的学员，虽然理论水平不高，但都具有一定的文字表达能力和对客观事物的理解能力，也有一

定的操作能力；而一些有文化基础的知识青年，却从来没有接触过专业的内容，学习起来还需要从头开始。

针对这些情况，教学上十分强调同学之间互相帮助，文化高的带动文化低的进行文化学习，有实际工作经验的带动没有参加过工作的进行实践，互帮互助，共同成长，并形成了制度，树立了良好的风气。这种教学方式，对文化程度和社会经历不同的人，在短期内学会一些专业本领起到了显著作用，同时培养了同学们团结友爱的集体主义精神。

在艰苦的战争环境中办学，决定了特殊的教学方式。由于日军经常“扫荡”，学校驻地常在敌人碉堡林立之间，转移行军频繁，如不抓紧空隙时间或者精力分散，教学就很难收效。所以经常是一边枪炮响，一边在课堂。老师具有利用行军途中短暂休息时间讲课的本领，学生也有一停下来就认真听课的自觉性。

在韩壁村驻扎期间，经常是敌人一来，就向后山转移，敌人撤退马上返回。敌人走了就抓紧时间认真学习，敌人来了就掩护群众转移。没有现成课本，全靠老师精心讲授，学生认真笔记。为了完善笔记，同学们三至五人组成互助组，课后相互核对笔记，发现没有记全的地方马上补充和完善，有的是一帮一，有的一帮二。在行军途中，他们排在一起，边走边讨论。总之，是要达到把所学的东西全部领会。

为了保证正常的生活，学员们节约民力，运粮、磨面都是师生自己动手，在背粮的时间，互助组也不放弃讨论。磨面时，推磨的、箩面的由一个互助组承担，边劳动边讨论。

组织学生深入实际

理论联系实际，教学与实际相结合，是坚定不移的办校校风。

财校是为根据地培养经济管理的中、高级人才，因而必须达到学以致

用。学校在教学中联系实际：一方面联系农村根据地在游击战争下进行财经建设的实际，另一方面联系根据地财经工作对敌斗争的实际。教职员通过深入实际调查研究，在教学中增强了针对性，工作中需要什么，授课时就讲什么，根据地的经济发展需要什么就讲授什么，提高了教学质量。

对学员进行现行财经政策和法规制度的教育，是适应根据地工作需要的最好的教育方式。1940 年，学校成立之初，根据北方局黎城会议“建党、建军、建政”的要求，抗日根据地制定了各种政策，北方局专门派人到校作了传达，并将根据地财经政策法规，作为教学课程的主要内容增设。

华北财政经济学校教务处武乡县韩壁村旧址

为了加强学员的学习与工作紧密联系，根据地召开有关经济工作方面的会议，还让学员到场参加，参与讨论相关的问题，同时也参与地方政权财经建设的一些研究和设计工作。这些不但是地方政权建设的需要，而且对学校教学，提高学生的实际工作水平更为有利。比如，财校的会计教员曾参与冀太联办会计制度的设计，这样他在讲课时，就可以根据会计制度的设计情况，有针对性地进行讲授。

为了让学员掌握更多的知识，更接近工作需求的知识，财校还组织全校师生，组成工作队，在武乡、黎城、辽县等地广大农村，进行了几次整顿村财政的工作，了解村财政工作的实际。在调查参与的基础上，规划设计了财务账册和报表制度，拟订了一套完整的村财政实施方案，由太行三专署正式下达各专县区村执行，村财政的管理状况有了较大改变。

征集粮食，保证战争需要，是当时根据地非常重要的任务。学校作为培训财经干部的单位，参与征粮工作，不只是战勤的需要，而且是理论系联实际、锻炼学员实际工作能力的一项实践活动。夏秋救国公粮征收期间，

学校都要组织工作队，划分地区，不仅在根据地开展工作，而且也分别到工作条件困难的游击区和接敌区，帮助地方政府征收公粮，宣传抗日救国和征收政策，胜利完成征粮任务，受到当地政府的表扬。

加强政治工作

政治工作是一切工作的生命线，华北财校同样非常注重政治工作。要培养高素质的财经管理干部，首先要是政治上坚定的干部，既要树立打败日本帝国主义建立新中国的坚定信心，同时还要树立革命人生观，发扬勇于献身、不怕艰苦、百折不挠的精神。要达到这个教学目的，不光在课程安排上，更重要的是在斗争、学习和生活中联系实际，进行深入细致的政治思想工作。

在组织建设上，建立了完整的政治工作体系和党组织体系，这是保证学校政治工作贯彻始终的重要措施。总校设政治处，分校设训育科，队设正、副指导员。在党的组织机构设置方面，校部设党总支委员会，队设党支部，班设党小组。做政治工作的专职指导员和负责政治工作的副班长，全面掌握学员的思想和学习情况。通过谈心活动，开展批评与自我批评，解决学员思想上、学习上的问题。党组织有严格的组织生活制度和党员联系群众的制度。共产党员不但处处要起到先锋模范作用，而且都有做学员政治思想工作的分工和责任，充分发挥党组织的战斗堡垒作用，带动学生在抗战与根据地经济建设中积极发挥作用。

校政治处主任彭胜昔是一位红军干部，多年从事政治思想工作，他经常在教职员工及广大学员中深入调查了解，发现问题及时解决。校长、老师起表率作用，身教重于言教，老师爱护学生，学生尊敬老师。同学之间互相帮助，亲如兄弟姐妹。形成“团结、紧张、严肃、活泼”的政治局面，保证了学习任务的完成。

校政治处还经常组织进行革命理想教育。为使全体师生树立打败日本侵略者，建设新中国的共同理想，产生强大的精神力量，邀请北方局、野战政治部领导到校讲政治理论和坚持抗战的课程，坚定了学员们抗战必胜的信心，鼓舞了战胜一切困难的勇气，学员们充满革命乐观主义，具有强烈的学习愿望。

进行形势教育，也是加强政治工作的重点。除了学校教育和实践磨炼以外，在重要时机，组织同学们直接听党政领导同志的报告，如杨尚昆、彭德怀、左权、罗瑞卿、刘伯承、邓小平、陆定一、王东明等高级首长都到校作过形势和任务的报告，鼓舞了战胜恶劣环境、克服物质生活困难的勇气。

在恶劣的战争生活环境中，全校广大师生精神生活充实，文化娱乐和体育活动十分活跃，形式丰富多彩。在武乡驻扎期间，开展篮球比赛，办学习墙报，开展各种形式的文娱活动，排练话剧、歌舞、秧歌、鼓书等丰富多彩的文艺节目，深入到乡村进行宣传演出，开展军民联欢等。课前、集会的时候总是歌声嘹亮，班级之间的相互拉歌呼喊声此起彼伏，校长和师生同声齐唱雄壮的抗日歌曲，激励着大家的抗日热忱。

学校在韩壁村驻扎时，学员们分散在群众家中，他们把庙堂作为教室、课堂，没有教学工具和现成课本，缺少笔墨纸张，经常用小柴棍在地上划。有时上公共课，为了节省教学场所老师就在村头树林里，几个班合起来上大课，背包、砖头就是座位，双膝就是课桌，借用老百姓门板做黑板进行教学。彭胜昔同志经常给大家讲长征的故事，虽然条件艰苦，学校以红军二万五千里长征的精神为榜样，激励同学们艰苦奋斗，排除万难，努力学习，完成学业。

学校在反“扫荡”中

华北财政经济学校是在艰苦的环境中建立起来的，许多时间也是在游

击战争中度过的。特别是百团大战开始以后，日军经常到武乡来进行报复“扫荡”，斗争环境要求学校实行组织军事化，行动战斗化。

在北方局、八路军野战政治部和一二九师领导下，学校在成立之初，就是按照军队建制组建的。在学校校本部领导下，按专业设置若干个队（相当连），队下设分队、班。校部配备军事教员，师生穿军衣，并进行必要的军事训练。百团大战进行到第三阶段时，根据地处于最困难的时期，武乡是日军“扫荡”的重点区域，反复进行疯狂“扫荡”。在这段斗争极为残酷的情况下，师生配备有自卫武器。学校从部队调来的学员，都是带枪的军人。地方学员每个队都配备了几支枪和手榴弹，学生们都要求参加战斗。但是，八路军总部考虑经济人才是根据地的宝贝，要尽量给他们创造安定的学习环境，不能耽误他们的学习，更不能让他们上战场，以免造成不必要的牺牲，所以派出特务团的警卫部队来掩护他们。转移行军很频繁，有时三五天就要转移一处，甚至一天转移几个地方。但无论怎么转移，只要一安定下来，学员们就进入紧张的学习中，一直坚持早上整队出操，晚上集合点名，吃饭限定时间。行军时组成战斗班，有尖兵、后卫、收容队。轮流站岗放哨，警戒敌情，口令随时变换。紧急集合的军事演习经常进行，时刻准备反“扫荡”。

学校在游击战争中学会化整为零、集零为整和分散突围的战术。遇到敌人包围就化整为零，规定突围后的集合点，有时规定两个或三个突围集合点。这种机动灵活的战术取得了多次反“扫荡”斗争的胜利，避免了学校遭受重大损失。虽然经过多次转移、突围，但学校师生没有损失一个人。

敌人撤退后，广大师生便立即回到驻地，学校很快恢复上课。为了不耽误学习，他们加班加点把耽误下的时间赶回来，严格遵守“三大纪律，八项注意”，自觉做到一切行动听指挥，这是全校的行动准则。师生天天高唱这首革命歌曲，培育了学员们军纪严明、服从命令、行动统一的战斗作风。严格执行群众纪律，不拿群众一针一线，借物归还，损物赔偿。特别

是转移驻地，必须捆好铺草，上好门板，清扫卫生，还要逐家逐户听取群众意见，由指导员和民运委员负责检查群众纪律。在韩壁村，至今老年人还记得财校驻扎时，与村里的群众关系非常密切，群众也把师生当亲人，自觉爱护。师生把“房东”尊为长辈，亲如一家。学员们经常帮助老百姓打扫院子、担水、推磨，还帮助群众收割庄稼等。

设立三个分校和总校的终结

1940年后半年，日军多次对以武乡、辽县为中心的太行腹心地区进行报复性“扫荡”。财校的办学环境受到了威胁，为了学员坚持学习，财校领导只好带领学员一边转移躲避，一边在反“扫荡”的间隙上课，先后转移到武乡的小岭山、黎城县的河南村等地，躲过日军的“扫荡”，又返回韩壁村。

由于学校生活发生困难，缺少粮食，学习也无法进行，学校只好停课，组织学员背粮。有一次到榆社讲堂村背粮，因讲堂是游击区，敌人白天常常去，晚上回碉堡，所以学员们只好在讲堂附近的山沟里，等待天黑了才能进村，抓紧时间装粮食。没有口袋，大家只能用自己的单裤，扎住两条腿和裤腰，可以装七八十斤粮食，往脖子上一挎，不影响背被包和武器。大家就这样连夜背回了粮食，继续上课。

关家垴战斗后，日军分别从辽县、襄垣、黎城和武乡段村调集了3000余兵力，对武乡东部进行了“清剿”。在这样的情况下，华北财政经济学校不得不离开武乡转移到辽县桐峪镇。

在这一期间，由于日军对华北地区连续推行“强化治安运动”，各根据地之间被残酷分割和严密封锁，地区之间的联系非常困难，各地派到太行来学习的干部，需要通过多道封锁线，比如山东分局的学员在派来太行学习的途中就走了三个月，还有一些学员在过封锁线时不幸牺牲。根据这一

情况，北方局决定设法创造条件，在各地创办分校。

根据北方局指示，华北财政经济学校决定在冀南、山东、晋西北开办三所分校。

1940 年 10 月，总校派柳林（周子明）同志带领郭一、蒋兰亭、金岢岚等同志，并抗大第六期毕业的学员 40 余人，从辽县桐峪镇出发，通过平汉铁路，到达冀南地区。1941 年 6 月，第一分校正式开学，由周子明担任校长。周子明调离总校后，由杨安生接任教育长职务。

1941 年初，又派许在廉同志带领部分教职员工，开赴山东组建了第二分校；由魏凤鸣同志带领部分教职员工，开赴晋西北组建了第三分校。

1941 年秋，晋冀鲁豫边区政府成立以后，根据地需要大量的行政管理人员，为此，以华北财政经济学校总校为基础，创办了晋冀鲁豫行政干校。校长由边区政府主席杨秀峰兼任，副校长岳一峰，训导主任朱之尚，张慕尧不再兼管学校工作。财校总校的工作人员大部分编进了新成立的行政干校，但财校原属的各分校仍然以华北财政经济学校分校的名义继续存在。

1945 年 4 月，晋冀鲁豫行政干校改称太行行政干校。1946 年 1 月，晋冀鲁豫边区政府决定创办北方大学，太行行政干校一分为二，以该校原财政、税务、金融方面的师资编为北方大学财经学院；该校的原行政干部培养一部分并入新组建的长治师范。

1948 年 8 月，北方大学与晋察冀边区的华北联合大学合并，改名为华北大学。1950 年 10 月，华北大学从邢台迁址北京，改建为中国人民大学。

军政干部的熔炉

——抗日军政大学第六分校

办学名片	1940 年 11 月，抗大第六分校在武乡正式组建；1941 年 3 月 18 日，抗大第六分校举行盛大开学典礼，首期招收学员 2000 余人。 1942 年 4 月 28 日，第六分校奉命调回总校归建，学员全部毕业，教职员工离开武乡，赴邢台浆水与总校合并。 1943 年 1 月，重新成立抗大第六分校，10 月改为“太行大队”。 1945 年 5 月第六分校第三次设立，同年 10 月，改建为晋冀鲁豫军政大学。

1940 年 5 月，中共中央北方局与华北军分会根据当时抗战形势的发展，专门对抗大的教学进行了讨论，指出“由于党所领导的队伍八路军、新四军的扩大，要求专为训练八路军、新四军骨干的抗大，必须随之加强与扩大”，“为了扩大抗大培养干部的事业，应继续准备在晋冀豫、晋西北、华

中、一一五师等处增设分校”。

根据北方局和华北军分会的指示，八路军总部、抗大总校与第一二九师决定，在太行山地区设立一所抗大分校。1940 年 11 月，抗大第六分校在武乡正式成立。

抗大第六分校的筹备

根据北方局和华北军分会的指示，抗大总校决定在第一二九师所属区域设立一所分校。1940 年 6 月 13 日，抗大总校从武乡拔出第四团第一、二营和第一团第三营共 9 个队 1000 余人，由第四团团长洪学智、政治委员穰明德、政治处主任铁坚等同志率领，前往一二九师随营学校驻地河北省涉县王堡村，准备与该师随营学校一起合编，筹建抗日军事政治大学第六分校。

洪学智、穰明德等人到了涉县以后，筹建工作刚刚开始，此时中国的政治局势阴云密布，相当紧张，日本帝国主义在中国战场加紧诱迫国民党政府投降，同时以主要力量继续进攻抗日根据地，特别是在华北加紧推行 1940 年度“肃正建设计划”和以“铁路为柱，公路为链，碉堡为锁”的所谓“囚笼政策”，把进攻的矛头指向共产党领导的八路军，妄图摧毁华北各抗日根据地，巩固其占领区，使中国成为其南进的后方基地。同时，由于第一二九师刚刚进行了白晋线战役，给日军以沉重打击，日军便肆意报复，多次对太行根据地进行“扫荡”。为了粉碎日军的“囚笼政策”，争取华北战局更有利于影响全国的整个抗日局势，克服国民党投降的危险，7 月下旬，八路军总部制订了正太线战役初步计划，并下达了关于大举击破正太路等交通线的《战役预备命令》。命令提道：“为打击敌之‘囚笼政策’……决定趁目前青纱帐与雨季时节，敌对晋察冀、晋西北及晋东南‘扫荡’较为缓和，正太路沿线较为空虚的有利时机，大举击破正太路。”

在这样的时刻，第一二九师的主要精力投在了正太线战役的准备中，战斗需要大量的营、连、排级干部在第一线指挥，所以无法协助第六分校完成招生工作，筹建工作也就被搁置起来。

8月20日，正太线战役正式开始。正太铁路横跨太行山，是连接平汉、同蒲两条铁路的纽带，是日军在华北的重要战略交通要线之一。敌人在正太铁路沿线驻有独立混成第四旅团（司令部驻阳泉），独立混成第八、九旅团（司令部分别驻石家庄和太原）各一部。一二九师决定以10个步兵团、3个独立营参加正太线破击，同时另以28个团及广大地方武装分别在冀南、太行、太岳区向平汉、白晋、同蒲诸线进行广泛破击。在这样的形势下，抗大派出的学员队与一二九师随营学校分别在洪学智团长、杜义德校长的指挥下，都参加了战斗。特别是百团大战进入第三阶段反“扫荡”战役的时候，抗大学员队及随营学校进行分散活动，数次躲过了“敌人的合围”，并在突围中给敌人以有力打击。在打退敌人“扫荡”之时，准备继续开展第六分校的筹建工作，洪学智团长又接到新的命令，八路军总部与抗大总校从抗大第三团抽调100余教职人员，组成第二华中派遣大队，由洪学智任大队长，吴胜坤任政治委员，立即开赴华中，准备在新四军中筹建抗大第五分校。

为了保证第六分校的筹建工作，八路军总部与抗大总校又派原抗大第三团团长刘忠接任第六分校的筹建工作。在这次反“扫荡”战斗中，抗大总校离开武乡，经黎城迁往邢台浆水镇一带。反“扫荡”结束后，八路军总部和抗大总校决定，武乡有着很好的群众基础，又有较好的经济条件，希望第六分校的筹建工作能在武乡进行。根据这一指示，原由总校派出的9个学员队及一二九师随营学校，返回武乡，在武乡进行筹备工作，正式成立抗大第六分校。鉴于此间穰明德也调回总校，调新十旅政治部主任黄欧东出任第六分校政治委员，原随营学校参谋长姚继鸣任教育长，原抗大四团政治处主任铁坚任政治部主任，不久，铁坚调华中工作，由胥光义接任政治部主任。

第六分校在武乡正式成立

刘忠、黄欧东率部来到武乡进行选址，在洪水到蟠龙一带的中村附近扎下营盘，校部驻平头村，政治部驻义安村。学校领导机构为：校长刘忠，政治委员黄欧东，教育长姚继鸣，政治部主任铁坚；下设政治部、训练部、供给处、卫生处。11 月下旬，抗大第六分校在武乡正式设立。

12 月初，抗大第六分校与一二九师联合发布了招生广告，分校开始陆续招生编队，首批学员对象大部是一二九师的基层干部和部分晋冀豫边区的地方党政机关干部。但就在招生时期，日军又纠集 4000 余人，对辽县、武乡、襄垣、黎城等地进行了大规模的年关“扫荡”，分校不得不与敌人展开“捉迷藏”。其间，校部机关先后在石门、东沟等地回旋，躲过了敌人的袭击，2 月初，分校机关回到平头、义安村。

抗大第六分校校部机关武乡县平头村旧址

根据这次招收学员的人数，校部决定分设五个营：第一营、第二营主要是培养连、排军事干部，第三营主要是培养政治干部，第四营主要是培养轻、重机枪和炮兵等特科干部，第五营主要是培养地方干部，招收晋冀豫区的地方党政机关干部。首期招收学员 2000 余人。

1941 年 3 月初，经过各部队推选，学员陆续来到平头、中村、义安报到。18 日，抗大第六分校在中村滩举行盛大开学典礼。第一二九师师长刘伯承、政治部主任蔡树藩，抗大总校政治部保卫部长吴格成出席了大会。刘伯承在典礼上做 了《敌后干部训练问题》的报告，刘师长的报告中讲了

五个问题：（一）坚持华北抗战到底；（二）爱护根据地，巩固根据地；（三）尊重群众利益；（四）提高军事的锻炼与素养；（五）安心学习，在艰苦中锻炼自己。第六分校黄欧东政委作了政治报告；刘忠校长勉励学员遵守校训；姚继鸣参谋长作了课程安排。会后，学员们表演了《茂林血》等文艺节目。

抗大六分校開學記

华北《新华日报》关于抗大第六分校成立典礼的报道

第六分校的学制，根据不同的专业、班级制定了不同的学制：军队干部的训练学习为一年；第五营的地方干部轮训班，为3个月一期，一年可培训三期。

第六分校开学后，正是华北抗战处于最严重的困难时期，八路军在日、伪、顽的夹击之下，伤亡很大，部队大量减员，根据地日益缩小，物资供应十分困难。特别是在太行山区，日军将太行山的腹心地带，作为“扫荡”与“清剿”的重中之重，太行根据地一直处于反“扫荡”的战斗环境，但学校并没有因此而停止教学，学员们一直是边学习、边战斗，还要一边开荒搞生产。

第六分校的教学方式

为适应形势需求，学校在教学上主要抓了革命知识与军事理论、军事训练为主的教育内容，同时也注意研究日军的战略战术等军事技术。课程安排既有理论性，又有实用性。第一期招收的学员，其主要成分是八路军中工农出身的连、排级干部。他们大部分是从长征中走过来的，从阶级基础上来说一般是革命的、坚定的，对于民族与社会解放事业是忠诚的，在政治思想上是纯洁的，易于接受马列主义理论，具有艰苦奋斗、英勇牺牲

和吃苦耐劳的精神。但他们没有或很少受过学校教育，文化程度较低，文盲或者半文盲的比例很大；由于大多来自战斗部队，参加过不少战斗，习惯于军事生活且有较丰富的斗争经验，但在理论学习上有些困难，还未养成读书的习惯。

第六分校根据这一实际情况，提出了几条教学要求：第一，要使他们学会掌握和运用马列主义，提高他们的政治理论水平；第二，加强文化知识学习，提高他们的文化水平，培养成为有文化、有修养、坚强的干部；第三，要加强革命纪律与无产阶级革命道德的教育，提高他们的阶级觉悟，坚定无产阶级立场；第四，加强抗战的形势教育，树立抗战必胜的信念；第五，帮助他们整理作战经验，并把这些经验提高到理论高度上来，把实践与理论联系起来，反对经验主义的倾向。

针对这一实际情况在课程安排中增大了文化课的比重，军事课主要开设：步兵战术、射击与兵器、地形学、攻城学、抗日战争的战略方针和整军工作；政治课开设：政治常识、中国问题、党与政治工作、马列主义、中国革命史等；文化课开设：国语、算术、自然常识、地理。军事课程的战术课、技术课，结合各种战法，特别是游击战术，联系优秀战例进行讲解，还聘请炮兵专家赵章成、刺杀尖子高孚、优秀参谋田牧等参加讲课，使理论与实际得到高度结合，使学员们得到启发和提高。

对于地方党政干部的培训，由于学员的程度参差不齐，有一部分是抗战开始后来自城市的知识青年，他们积极地参加了抗战事业，在战争中得到锻炼，成为地方党政干部中的优秀成员；也有一部分是太行山当地的革

抗大第六分校学员在进行军事训练

命骨干，从土地革命战争时期就开始与封建势力做斗争的先进分子，这部分人大部分没有文化，甚至是文盲，但他们有坚定的革命信念；还有一部分是为了加强地方力量，从八路军中派往地方支持工作的同志。针对这多种情况，学校采取了因材施教的方式，第五营曾先对学员进行了摸底，掌握了学员的文化基础，在划分连、排时，就注重按照这一情况，各种层次的人员分别对待，分别编在不同的连排中，有一定文化基础的学员，要增加政治理论、军事教育等课程，没有文化或文盲的学员要加强文化基础教育。在教学时间与课程的安排上，给予了分别安排。

对学员的教育，总的要求是把革命的理论和革命的实际联系起来，把政治与教育联系起来，把教育过程与生活过程统一起来，以达到培养具有革命理论基础、有实际工作能力、护身抗战、忠于民族、忠于人民解放事业的军政干部。

学校的目的和任务是明确的，但这一切要在教学中体现出来。以一定的方针和计划来教育学员，培养一定目标的军政干部。因此，一切围绕学习，一切保证学习，是学校全部生活与全部活动的最高原则，并制定切实可行的制度，以保证教学工作得以顺利进行。

当时，分校的物质条件很差，没有教室，就想办法克服，以排为单位，上课时就在村中的庙里，以连为单位上课时，就在村外的野地里，天冷时在向阳的山地，天热时在树荫下露天上课；没有黑板就用门板代替，没有粉笔就用石灰或木炭代替，没有课桌就在膝盖上写字，没有凳子就席地而坐，没有墨水就买点红、绿、紫染料当墨水，没有钢笔就用子弹壳加上尖铁片代替，没有笔记本就找废纸钉成本子。为解决吃饭问题，机关人员和学员都要轮流到百里路以外去背粮和上山打柴。

第六分校的生产运动

在敌后抗日根据地办学，条件是非常艰苦的，特别是抗大第六分校的

开学之时，正是国民党政府停止了给八路军供给的时刻，而敌后抗日根据地的对敌斗争也越来越尖锐，形势越来越严重，日军在军事上对我根据地反复“扫荡”，并实行残酷的“三光”政策，大肆烧杀抢掠。除军事进攻外，日军出于持久围困的目的，实行堡垒政策，到处筑路、修建据点，大量控制了城镇和交通线，使各抗日根据地处于被包围、分割的境地，以致抗日根据地面积大为缩小，工农业生产也遭到极大摧残，敌后抗日根据地面临着空前严重的经济困难。

针对严峻的形势，中共中央强调必须走生产自救的道路。1941 年 5 月，中共中央军委指示各部队，在生产工作的政治动员中，必须将自给自足的口号与抗战建国、建设新民主主义经济基础的任务连接起来，各机关部队积极经营农业和工副业生产，以求生活自给和现品自给。面对这种恶劣的局面，毛泽东主席曾用一种风趣的话来回答：蒋介石不给我们那几块钱有什么要紧？他给我们那几块钱，还不够我们买辣椒吃！我们主要靠自力更生，劳动生产，克服困难。

抗大第六分校学员在武乡东部山区进行大生产运动

响应毛泽东主席的号召，第六分校开始了“自力更生，劳动生产，克服困难”的运动，组织学员在武乡开荒种地。他们先后在南郊、石瓮、白草坪一带开垦荒地 137 亩，扩大耕地面积，增加粮食生产。种植了白菜、山药蛋等蔬菜，玉米、谷子、大豆、莜麦等粮食作物。同时为了解决菜钱不足的困难，还组织学员挖野菜来调剂生活，仅 1941 年就挖野菜 26400 余斤。

在此基础上，为了调剂生活，解决学员的吃肉困难，增加收入，学校还在蒺藜坪村成立了生产经营科，负责生产经营工作，管理养殖场，派罗邱同志担任场长。养殖场设在闻怀生家。养猪100多头，养羊500多只，还开展纺织运动，自己动手纺花、织布，组织学员自己缝制军装，不仅支持了艰苦的抗战，而且积累了经济建设的经验，把学员培养成了既注重军事技术又注重发展经济的全能型干部，使他们不仅会进行革命战争，也学会发展生产，进行经济建设，实现自我发展。抗日根据地的经济建设和大生产运动，由于坚决贯彻了中共中央的总方针和各项具体政策，取得了巨大成就。农业和工商业都得到迅速发展，人民生活明显改善，为巩固根据地人民抗日政权，渡过严重困难，支持敌后长期战争，争取抗日战争的胜利奠定了物质基础。

抗大第六分校蒺藜坪村养猪场旧址

学员们还帮助驻地群众进行生产，据1941年的生产统计，共为老百姓锄草805亩，秋收1941亩，挑粪3210担，扫盲上课391次。

艰苦奋斗，共渡灾荒

由于敌人频繁“扫荡”，第六分校的生活异常困苦。为了解决粮食困难，经常组织人力跋涉二三百里的崎岖山路，到平顺、昔阳等游击区去背粮。出发时，每人要背上背包，带上三四天的口粮，还要通过敌人的封锁线。大家用裤管装粮食，用双肩来背负“粮袋”，年轻力壮的同志一次可背

七八十斤，体弱的同志只能背四五十斤。往返一次，约需 10 天时间。背回来的大部分是黑豆和高粱，只有少量的小米留给重病号吃。同志们由于体力消耗大，又缺乏营养，患夜盲症的很多，夜行军十分困难。加之疟疾流行，不少连队病号达一半以上。由于敌人严密封锁，治疗疟疾的“奎宁丸”很难买到。大家就千方百计找偏方治疗，有的用醋煮鸡蛋，也到山上挖中草药回来熬喝。大家以革命精神去战胜疾病和困难，不少人实在挺不住时才休息一下，病情稍有好转，又去背粮，有的同志为此牺牲在背粮的路上。

食盐是最大问题，学校驻地一带不产盐，外面的盐又运不进来。战士们吃不上盐，就没有精神，很容易生病，为了使大家吃上盐，要到 200 多里外的武安县去采购，路途常常遇到敌人。为此，战士们用硝土自己熬土盐，以解决生活急需。

为了不影响教学进度，第六分校党委提出了背粮和教学相结合的方针。每次背粮前都做好军、政、文的教学准备工作，把背粮当作有计划的教学活动。当时工农干部学员占绝大多数，所以分校把文化教育作为重点。行军时，每个学员在背包上挂张“学习牌”，写上生字、生词和算术题，让身后的学员边走边读或练习演算。既学习文化，又调动情绪，减少疲劳。小休息时，用木棍在地上练习写字；大休息时，教员上课或者组织讨论；宿营时，组织学员看地形，拟订作战方案，评论敌人来袭击应该怎么防范，怎样攻怎样守，怎样防止敌人突然袭击

艰苦的生活环境，使抗大第六分校用独特的教学方式，那就是“认字就在背包上，写字就在大地上，课堂就在大路上，桌子就在膝盖上”，使学习与背粮两不误。

在背粮途中，要通过敌人的公路封锁线。学校把每个班的一支老式步枪以连为单位集中起来，组成掩护组，负责监视敌人，掩护背粮队伍通过。因而，每次背粮活动，实际是一次“虎口夺粮”的战斗。遇上敌人就打，打不赢就走。1941 年 10 月，第二大队第五中队到祁县、太谷之间去背粮，

与日伪军遭遇。大家不顾长途行军的疲劳，迅速抢占山头，先敌开火，打得敌人措手不及。待敌人援兵赶来时，他们就边打边向东撤，安全转移。这次战斗，不仅锻炼了自己，还缴获了三支步枪。

分校领导和政治机关利用行军前的政治动员、休息时的政治课和行军中的“走谈会”，做深入细致的思想政治工作。为了保证学习、背粮任务的完成，各个中队都办了自己的小报。一张纸，一瓶墨水，一支笔，一两天出一期。这些小报文字短，内容多，有消息，有问答，有故事，及时、具体，大家都爱看。在行军背粮途中虽然大家负荷很重，累得满身大汗，但通过唱革命歌曲，讲故事，使精神振奋，充满着革命的乐观主义精神。学员们通过学习、背粮、战斗，学到了真本领，回部队后大都成了军政兼优的骨干。

第六分校的政治工作

抗大第六分校是由两所学校合并而成的，虽然两个学校的任务与目标是一致的，但是工作作风、组织形式及工作制度都有差异，人员文化程度、工作能力也不尽一致。为了尽快使学校的工作走上正规化，为了尽快统一工作的形式，校政治部进行了研究和探讨，吸收以往两校工作的长处，狠抓了组织建设，建立和健全了各级党的组织，成立了校临时党务委员会和5个党总支委员会，建立了组织工作制度和会议汇报制度。对全校1406名党员进行考察，对排以上干部学员进行鉴定。特别是加强了对教职工的政治工作，从而巩固了党的组织，提高了党的领导作用和党员的政治质量。按一二九师组织工作会议决议开展了存档工作，初步建立了档案制度，并收集整理干部档案。在发展新党员的同时，注意开展党内思想斗争，对违犯党的纪律的党员给予党纪处分。

与此同时，还经常组织排以上干部参加时事报告会，并进行小测验。校宣传队在驻地附近公演10多场，观众达1.5万多人，散发宣传品5万多

份。各营、连多次登门听取群众意见，密切了军民关系。1941 年 12 月，学校提出“继续巩固我们的团结”的口号，既克服了一团和气的倾向，又注意纠正不团结现象，切实做到互助、互让、互谅，加强了军政干部、新老干部的团结，保证了分校的顺利发展。

1941 年 4 月 18 日至 19 日，第六分校召开了第一次党代表大会，到会代表 132 名。黄欧东做了《关于目前政治形势与党的任务的报告》，胥光义作了组织工作报告。会议总结了学校成立以来党政工作的经验教训，认真开展了批评与自我批评，研究确定了今后工作的方针。会议经过充分讨论，通过了《中共抗大六分校第一次党代表大会决议案》。决议指出：目前学校党的任务就是加强学校建设，巩固党的组织，保证学校教育方针之实施，完成教育计划，为军队培养大批坚强军政干部；要求全体党员加强党性锻炼，深入马列主义的教育，加强党的生活与支部工作，教育干部学员成为模范干部，建立正规的党日制度。会议决定，“七一”前在全校开展创造模范支部、模范干部、模范青年的活动，掀起学习、工作的热潮，以优异的成绩迎接中国共产党成立 20 周年及抗战 4 周年。会议选举产生了由黄欧东、刘忠、胥光义、朱玉学、张照全、吴恒夫、曾宪池、张进朝、曾德胜等 19 人为委员的中共抗大第六分校党务委员会，黄欧东为书记。

抗大第六分校学员课外进行纺织运动时使用过的织布机

1941 年秋，第六分校参加了第一二九师召开的运动大会。由于进行了严格刻苦的训练和充分的准备，在 10 多个参赛单位中，以总分 250 分夺得团体第一名，成绩最为突出，受到师部表彰。各单项成绩取得情况为：第六分校代表队获着装赛第一名；常福隆、曹山寅、李健生分别获木马第一名、第三

名、第四名；李健生、伍殿科分别获单杠第一名、第三名；苏呈祥、刘山分别获平台第二名、第三名；第六分校代表队获800公尺接力赛第四名；李兆惠、王振声分别获成年1500公尺第三名、第四名；王福林获通讯障碍赛第一名；张文青、于长先、王英林分别获双杠第一名、第二名、第三名；六分校代表队获拔河第一名；张镰斧获摔跤第四名。通过参加比赛，学习了兄弟部队的好经验，激发了学习的积极性，推动了学习、训练的深入开展。

在武乡参加反“扫荡”战斗

第六分校自筹建开始，就一直处于反“扫荡”的战斗环境。1941年日军多次在武乡进行“扫荡”，学校可以说是在反“扫荡”的炮火声中度过的。特别是1942年2月，日军纠集1.2万余兵力对太行、太岳进行春季“扫荡”。日军对八路军总部驻地辽县（今左权县）进行“铁环合击”，奔袭扑空后，遂在和顺、辽县、武乡等地区进行“辗转抉剔”，实行“三光”政策，不仅到处疯狂烧杀破坏，掠走大批粮食和牲畜，而且惨无人道地施放糜烂性毒剂，残害根据地军民。

针对日军的“扫荡”，第一二九师制定出军民协力，加强县、区指挥部及游击集团，坚持腹地游击，打击“扫荡”之敌的作战方针。向敌临时补给线实施正面破击，断敌运输补给。另以主力一部组成若干轻便支队，深入敌占区，乘虚袭击敌交通线和城镇据点，迫使“扫荡”之敌撤退。

第六分校奉第一二九师命令，以第四营（即特科营）为基础，增配步枪数百支，组成了一个加强营。该营在营长谢光粹、政委邢亦民带领下，分散活动于武乡、襄垣、榆社一带，开展游击活动。他们以精干的小分队，携带机枪、迫击炮，对辽县洪都、武乡段村等敌人据点进行夜袭，牵制迷惑敌人，配合主力部队粉碎了敌人的所谓“总进攻”。

由于学校的主要任务是培养干部、保存干部，所以在反“扫荡”中虽

然也要参与作战，但主要是采取回避、突围的办法，以便脱离封锁包围圈跳到外线，到大山区、青纱帐里或游击区分散活动。据当时抗大第六分校政治委员黄欧东、参谋长姚继鸣在1942年3月20日的《抗大六分校反“扫荡”战斗总结》一文记载：从2月12日至3月8日共参加战斗9次，其中第二营进行了河凹反袭击战斗、福井村袭击战斗和南羊圈伏击战；第三营进行了马鞍山、龙舌山和普子岭遭遇战斗；第四营参加了夏店、西河底和暴家峪袭击战斗。全校“把握游击战战术原则，不久住一地，经常转移，并加强封锁消息，协同地方政权适时清查户口，防止敌探混入刺探军情与防止敌人突然袭击”。如第三营在反“扫荡”的两个月时间中，除在青家岩、东邢庄各驻训3天外，每天都要转移驻地，而且每次行军时学员要背30多斤的粮食，日行程都是五六十里路，十分劳累。在这次反“扫荡”斗争期间，第六分校教职学员歼敌近百人，有40名同志献出了宝贵的生命。

从与总校合并到重建第六分校

1942年3月1日，朱德、彭德怀、罗瑞卿等电告刘伯承、邓小平、蔡树藩等：抗日军政大学总校今后的基本任务是为一二九师及决死第一纵队培养干部。总校即归一二九师首长统率。总校与其他各分校的关系仍照中央军委规定不变，各分校受各战略区最高指挥机关直接领导。总校应注意向各分校介绍教学经验及可能解决的教材和干部。根据这一决定，3月20日，彭德怀、左权发出命令，决定第六分校与抗大总校合并，第六分校名义取消。

1942年4月28日，第六分校奉命调回总校归建，学员全部毕业，分配回部队和地方机关工作，教职员工离开武乡，赴河北省邢台县浆水镇与抗大总校合并。6月初合编就绪，第六分校即暂告结束。

1942年5月1日，抗大总校第八期在邢台浆水举行了开学典礼。第八期学员主要来自八路军总部直属队、第一二九师及晋冀豫军区等机关、部

队的干部以及少数抗日根据地知识青年和地方党政机关干部。其中培养营级干部的上干科共459人，分3个团、营干部队，1个营、连知识分子干部队，1个轮训地方武装干部的短期轮训队。

为最大限度地保存干部，准备进行战略反攻，党中央于1943年1月6日电示抗大总校：总校西迁后，留下来的连以下干部及陆军中学留在太行抗日根据地，重新成立抗大第六分校。其余营以上干部学员及抗大在职干部，携带重要的图书资料及部分资金，返回陕北继续办学。24日，抗大总校1000多名教职学员，在何长工副校长的率领下，向陕北进发。

抗大总校离开太行山后，留在太行山的部分教职员工，以总校基本科第一、二、三营为基础，并从校直机关和各队抽调部分干部，组建新的抗大第六分校。校长徐深吉，政治委员袁子钦，教育长胡汉标，政治部主任张力雄，供给处处长徐熘、副处长郭清明，卫生处处长饶亟进。校部下设3个科：校务科，科长杨恬；军事教育科，科长王文科；政治教育科，科长张衍。政治部也设3个科：组织科，科长马毅之；宣传科，科长徐芳庭；锄奸科，科长石于。为了加强精兵简政，校属机关不过百人，校务科直辖1个警卫排和1个通信班。

学校将原来的基本科第一、二、三营，分别编为第六分校第一、二、三大队。每个大队有3个中队，每个中队有百余名学员。全校共有教职学员1600余人。校直属机关驻河北省涉县原曲镇。第一大队驻莲泉，大队长胡鹏飞，政治委员何德庆；第二大队驻固新，大队长童国贵，政治委员彭宗珠；第三大队亦驻固新，大队长王诚汉，政治委员袁文波。5月，冀南大队从冀南区来到太行区，归第六分校建制，编为第四大队，大队长孙三，校政治部组织科科长马毅之调任大队政治委员。此外，抗大太岳大队亦归第六分校建制，大队长刘蓬，政治委员李良汉。该大队辖5个中队，仍留太岳军区，为太岳军区和决死队培训干部。

3月初，新的抗大第六分校举行了开学典礼。各大队和中队的干部多数

是部队的营、连干部，相当一部分是长征过来的红军干部，既有较丰富的战斗经验，也有行政管理和思想政治工作的经验。军事和政治教员，大部分是抗战初期到抗大总校学习后任教的干部，一般都有较高的理论水平和实践经验。

大多数学员是在总校学习的基础上继续学习。为保证教学计划的顺利实施，首先对学员进行文化教育。根据学员的文化状况，分别开办中学班、小学班、初小班，对少数人重点进行扫盲，然后进行军事、政治训练。军事训练内容有：制式教练，主要利用早操时间训练养成严整的军人姿态、动作，学会各种队形及其变换；技术训练，有射击、投弹、劈刺等；战术训练，主要是营、连战术原则。除了课堂讲解外，还进行必要的野外演习。引导学员用书本上的知识来总结实际斗争的经验，把经验上升为理论的认识，再用这些认识来指导自己的思想和行动。政治教育主要是学习党的基本知识和政策，使之明确当前与今后的奋斗目标，帮助学员总结部队平时和战时思想政治工作经验。分校处在敌后，战斗频繁，生活艰苦，环境动荡不安。敌后办学既要克服一切困难完成好学习任务，同时还要准备随时参加战斗，参加保卫抗日根据地，开展新区工作，参加生产建设。

1943 年 5 月 5 日，分校开学不久，日、伪军又出动 3 万多人对我太行根据地进行大规模的“扫荡”。敌人分别从山西的长治、潞城，河南的林县和河北的邯郸、武安等地，三路合围我涉县一带的一二九师师部和第六分校驻地。

第六分校采用“敌进我进”的战术，以大队为单位，分散寻隙跳出敌人的合击圈，转移到敌人后方开展游击战。5 月 26 日，与太行六分区地方武装联合作战，攻克了河南安阳县以西敌岭头据点，俘虏伪军 200 多人，配合主力部队在根据地腹地再次粉碎敌人的“扫荡”。

1943 年 8 月 16 日，第六分校又奉命参加了开辟新根据地的著名的“林南战役”，配合太行区兄弟部队歼灭公开投降日军的国民党庞炳勋部，俘敌

2500余人。战后，太行军区将巩固林县以北新开辟的根据地和改造敌军俘虏两项任务交给了第六分校。为完成这两项任务，分校学员提前毕业，分赴各部队和新开辟的根据地发动群众，进行地方政权与地方武装的建设工作。10月，撤销第六分校，以校部教职员为主组建为“一二九师补充团”，进行改造俘虏的工作。

此时，太行军区部队进行整编，第六分校第二大队在童国贵、彭宗珠等同志率领下，改编为“抗大太行大队”，继续留在涉县固新镇一带培养干部，其余大部分干部都分配到太行军区各部队工作，新的第六分校亦告结束。

第六分校的再次组建

1945年3月1日，太行军区司令员李达、政治委员李雪峰、政治部主任黄镇、政治部副主任袁子钦，联名致电中央军委并集总：“为适应新的需要，我们拟以太行大队及参谋训练队为基础组成抗大分校，仍恢复原第六分校的名义，但仍以精简为原则，总共不超过一千人。”

抗大第六分校招生广告

4月4日中央军委批复：“同意你们提议，成立抗大六分校，关于司令部机构，目前可依你们实际需要加以改组，俟七大开完，再做整个布置。”

根据中央军委命令，5月8日，太行军区颁布了抗大第六分校编制方案，并宣布了第六分校的领导机构：由军区司令员李达兼任校长，军区参谋训练队政治委员李克如任政治部主任，主持学校的日常工作，孟擎宇任教育长。选送连级以上干部500余人，组成5个学员队。6月至8月，陆续招收各地知识

青年和豫西贫民数百名扩编为 10 个学员队。8 月 6 日，军区下达第六分校第九期干部任职命令。从此，学校健全编制，开始正规办学。同年 10 月，在第六分校的基础上，改建为晋冀鲁豫军政大学。1948 年 5 月，该校与晋察冀军区军事政治干部学校（前身是抗大第二分校）合并，组建华北军事政治大学。1950 年，改建为中国人民解放军第 6 高级步兵学校，后改名石家庄步兵学校，1999 年 7 月改建为石家庄陆军指挥学院。

人民兵工第一校

——太行工业学校

办学名片	1941 年 3 月，在武乡县温庄村组建太行工业学校，开设机械专科、化工专科、矿冶专科，以及普通科、预科班。 1942 年 2 月，学校进行扩编，新增三个普通班。 1944 年 5 月，遵照上级指示，太行工业学校停办。

1938 年秋，中共中央六届六中全会作出“提高军事技术，以建立必要的军火工厂，准备反攻实力”决议，各根据地军民积极响应，创办了大批兵工厂。然而随着兵工生产的发展，解决技术人才紧缺问题成为燃眉之急。随着抗战的不断深入，我军对军火的需求量与日俱增。而发展兵工产业，急需大量兵工技术人才。为此，太行抗日根据地“太行工业学校”应运而生。1941 年 3 月，这所为根据地培养军工人才的专业院校在武乡诞生。

太行工业学校的前身

随着抗日战争的发展，八路军的日益扩大，军火的需求量与日俱增，先前以枪械修理为主的修械所已不能满足武装斗争的需要，根据地军民发扬自力更生、艰苦创业的革命精神，因地制宜地兴办了一大批兵工厂，诸如晋冀鲁豫根据地的柳沟兵工厂、黄崖洞兵工厂，晋绥军区李家坪兵工厂，晋察冀根据地神山兵工厂、山东鲁中兵工厂等。兵工生产的发展，急需大量兵工技术人才。根据这一情况，八路军彭德怀副总司令决定创办工业学校，为军工事业培养干部和人才。

1940年4月15日，抗日军政大学第六期在武乡开学，其中专门成立了特科大队，由刘鼎任大队长，邓国卿任副大队长，铁坚任政治部主任。在培训军政干部的同时，第一次开设兵器研究室。不久，八路军总部将刘鼎任命为八路军后勤部军工部部长。6月初，刘鼎到黎城县赤峪村军工部上任。根据八路军总部建议，将特科大队归属军工部，并改为八路军军工部干部训练队，从抗大三团及冀中军区调入部分干部，共计100多人编入干训队，由李非平任队长兼工科教员，厉瑞康任政治指导员兼政治教员。下设两个分队，一分队培训军事工业技术，二分队培训军事通讯联络。

9月，彭德怀副总司令在军工部召开的会议上指示："要尽快开办工业学校，吸收有知识的青年和工人，为军事工业培养管理干部和技术人才。"会后，左权参谋长专门作了部署。

根据八路军总部要求，配合百团大战第三阶段的反"扫荡"，军工部机关编制为两个梯队，干训队编在了第二梯队，开赴武乡砖壁村。此时，彭德怀正在组织布置关家垴战斗，军工部作为一、二梯队开赴石门。战斗结束后，选址温庄村驻扎下来，继续进行业务训练。一分队主要学习金工常识、钳工操作等，二分队学习电台、通讯、密码等。

1941 年 1 月，八路军总部作出决定，把干训队扩编为太行工业学校。彭总致电延安毛泽东主席：“在太行山已经有了一个小规模的军事工业学校。”就是这时，同时各根据施的部队发出指示，要求选派一定名额的干部和战士到学校培训。

太行工业学校在武乡诞生

1941 年 3 月，各部队选派的学员通过敌人层层封锁线，陆续从四面八方来到学校，计有冀中军区 33 名、冀鲁豫军区 15 名、太行军区 12 名、山西青年抗敌决死队 10 名、八路军总司令部直属单位 6 名、军工部各厂 20 名，共 96 名。

太行工业学校温庄旧址

成立时校长由军工部部长刘鼎兼任，副校长刘致中，教务主任李非平，政治教导员厉瑞康，党支部书记夏明。学校共有教职工 20 人，专科班学员 129 人，包括原干训队留下来的学员 33 人。由于学员来自各地，文化程度参差不齐，学校根据学员不同的文化程度，制订不同的学制和教学计划，进行分级教学。主要分为预科、普通科、专科三种。根据文化程度分别编为 2 个机械专科班、2 个普通科班、1 个预科班和 1 个会计班。

预科：学制 3 个月。以培养只有小学文化或读过几天私塾的学员为主，主要学习国文、算术和政治，以提高文化水平。预科毕业可升入普通科。

普通科：学制 6 个月。以培养具有高小文化的学员为主，主要学习国

文、算术（代数、珠算）、物理、画图和政治。以学习文化课为主，也适量学一些识图、化学等方面知识。普通科毕业可升入专科。

专科：主要学机械专业理论、工艺制造与实践。

温庄校部驻村内财主李应南家，是一个较大的村落，靠近柳沟铁厂，学习条件较好，学校根据学习进度可安排学员到厂里实习，使所学的理论知识在实践中运用。5 月初，太行工业学校在温庄村举行了隆重的开学典礼。

太行工业学校武乡县温庄村旧址

为了适应边学习、边战斗的战时形势要求，6 个教学班分编为 3 个武装排，随时参加保卫根据地的战斗。由于校长刘鼎又任军工部部长，工作非常繁忙，学校的日常工作由副校长刘致中主持。刘致中同志原任柳沟铁厂副厂长，之前曾在许多厂矿担任工程师、厂长，又是英国留学生、著名的冶金工程师，有很高的业务水平。在他的领导下，太行工业学校很快就步入正轨。

学校的教学方针是理论教学与生产实际相结合，课堂讲授与工厂实习相结合，注重实际，学以致用，特别强调熟练。刘鼎校长也经常抽时间到学校来指导工作，针对学校的教学方向作出了明确指示："工业贵在应用，工校的校训是实际。要应用、要实际，必须从熟练上通过。"

学校的专业与课程设置

根据地军工企业日益扩大面临着技术人才严重缺乏的局面。为了解决

这一问题，八路军总部决定扩大招生，从部队兵工厂挑选一批具有一定文化素质的战士与工人直接进入专科班学习，学员总数达到500余人。将原定的一个机械专科班分为三个专科班：机械专科、化工专科、矿冶专科。

机械专科主要课程有：数学（包括代数、几何、三角），物理（包括热学、力学、电学），原动（包括锅炉附属品、蒸汽机、内燃机），材料（包括金属组织，铁、硫、钢、铜等金属结构），制图（包括零件图设置、复杂机件图、机构），生产工艺（包括机械加工、热处理、钳工、钣金等）。化工专科：普通化学、工业化学、化学工程、物理、数学（代数、三角）和机构。矿冶专科：冶金、采矿、矿务、物理、化学、算术和政治。

太行工业学校教室至今保存着写满文字的黑板

三个专科专业班学制一般为8个月。专科班在学习期间，按排有认识实习和毕业实习期，根据不同专业，分别到对口厂、矿完成。通过实习锻炼动手实验能力，培养劳动观点，精通技术手段，学会生产操作，学会管理生产。

课堂讲授是教学的主要环节和基本形式，课堂学习是学员们掌握理论知识的主要途径。虽然教学条件很差，但学员的学习热情非常高涨，师生们在场院里、大树下或窑洞内上课，门板当黑板，背包当坐凳，膝盖当课桌，课堂秩序良好，教师讲课也非常认真。郭栋材老师早年毕业于日本东京工业大学，后又攻读研究生，回国后曾任东北大学工学院、河北工学院教授，教学中，他联系学员实际，从军工生产需要出发，自编讲义。深入浅出、具体生动、条理清晰，重点突出，复习作业题全批全改，深受学员欢迎。

学习中，学员遇到不懂的问题，教师们都会耐心地解答，直到学员理解为止。为了培养合格人才，学校的考试制度很严格，对学员的考试成绩也非常重视。专科各专业3个月考1次，普通科2个月考1次。考试2门不及格者只准补考1次，补考后仍有1门不及格者留级；3门不及格者不准补考直接留级；留级2次者按退学处理送回原单位或调其他工作。学校严格坚守军工技术专业的人才关口，培养出一批又一批的合格军工人才。

预科班的学习

预科班是以培养只有小学文化或读过几天私塾的学员为主，学制为3个月，也是引导学生对军事工业产生兴趣的起步阶段。主要学习国文、算术和政治，相当于高小到初中的文化知识，以提高文化水平。预科班成绩合格后，才能升入普通科。

太行工业学校预科班武乡县西头村旧址

预科班驻在西头村三官庙，开始招收20余人，后来增加到50余人。预科班学员的文化程度参差不齐。物资条件极差，既无教室、黑板，也无桌子和椅子；上课的“课堂”有时在院子里，有时在大树下，竖一块门板，用自己的背包或石头当凳子，膝盖当桌子；下课后分组讨论、复习、练习。教学办公用品极缺。有人用颜料水当墨水，有的黑墨熬成墨汁用心做笔记；用麻纸、马粪纸或旧书的背面写字，有的甚至没有纸用树枝在地上写。唯一的外来品是蘸水笔尖，将笔尖绑在麻秆或筷子上，算作是“钢笔”。很少人有一支真正的钢笔，也有人在废枪弹的弹头里安装一个蘸水笔

尖，然后再倒扣在弹壳里，就是一个挺“酷”的子弹钢笔，就是在这样的条件下，预科班的学习任务也是非常艰巨的。3个月的时间内，学员们要快速提升到具有初中文化水平，这需要付出多么大的努力才能达到。为此，学员们互帮互助，积极学习，每天都要把所学的知识弄懂弄通，弄不清楚就不休息，就这样刻苦学习，才取得优秀的成绩。

学生们跟部队一样，吃小米饭，炒胡萝卜、山药蛋片，熬南瓜汤。有人自己带个小口袋，里头装点咸盐、辣椒面，吃饭时放在碗里，改善一下伙食。学员们每天吃的粮食，要集体到几十里以外背粮，有时用裤子当口袋，都以艰苦奋斗、勤俭节约为荣。为了响应毛主席“自己动手，丰衣足食”的号召，学校还组织集体开荒，种粮食以及萝卜、蔓菁蔬菜等，补充部分口粮，甚至以野菜、树叶充饥。

衣服脏了自己洗，破了自己补。每个人都有针线包，大家互相帮助。洗衣服没有肥皂，就从野地里拽一些灰灰菜，和衣服一起反复揉搓，把衣服搓成了绿色，在河里洗去灰灰菜的碎末，晾晒干了就变白了。由于缺少替换的衣服，不能常洗常换，身上生虱子是很自然的事，人人都有，不稀罕，每天都要用几分钟的时间来抓虱子。一条被子二斤棉花，在冬天就显得太薄了。冬天睡的是冷炕，夜里十多人挤在一起，出去方便回来经常找错了被窝；睡觉时冷得卷曲着身体，同学们都自嘲这是当了“团长”。

为了提前积累工业知识，在学政治、学文化之余，也适当学习工业基础知识。由于敌人经常到根据地来“扫荡”，学校常常处于紧急状态中，学生也经常锻炼紧急集合，一旦敌人“扫荡”，就组织打游击，边学习、边战斗。

学校驻地缺水严重，早晨洗脸一般都是十多人集体使用一盆水，不与驻地群众争水。学员们都严格遵守群众纪律，借老乡的东西一定要还，不能损坏；有空闲时间，就帮助老乡担水，推碾子，扫院子，干家务活和农活。

武乡东部有多处兵工厂，为了解决兵工厂职工子弟无处上学，学校成

立一个子弟班，招收了20余名学生。学校派预科班大一点的学员去担任班长，负责职工子弟的生活与管理，子弟班主要课程是算术、国文、政治等。讲课时用树枝、石头或石灰块，在墙上、地下写字。还学唱抗战歌曲，有时也讲时事形势，比如莫斯科战役、伏尔加格勒保卫战等。

学校的管理形式

建校初期，学校设有党支部。由于学校教职员工及学员中党员比例增大，1942年8月正式成立党总支委员会，贾晓东任书记，厉瑞康任副书记，党总支下设教职工党支部和学员党支部，先后发展新党员80名。全校党员最多时达202人，占全校总人数的65%。党组织特别重视党员的思想教育，共产党员吃苦在前、享受在后，冲锋在前、退却在后，时时处处以身作则起模范带头作用。党小组坚持每周开一次生活会，联系学习、战斗、生产、生活实际，开展批评与自我批评。平时，同志之间开展互相帮助，党内生活生动活泼。

学校的管理实行校长负责制，学校副校长与教务主任经常不断地检查教学工作，对各专科各专业的教学成绩进行抽查，经常也深入到课堂听课，了解学生的理解程度。学校的政治工作，主要由政治教导员全面领导。其任务主要有三：一是政治理论教育。主要通过上政治课，系统地讲授中国革命与中国共产党、政治经济学和政治常识，同时，结合形势经常进行时事政策教育。二是保证贯彻执行党的路线、方针和政策。培养学员树立抗战必胜的信念与共产主义远大理想，团结和依靠教师，保证教学任务的完成；密切联系群众，关心群众生活，帮助群众解决思想问题。三是搞好军民关系，经常利用课余时间帮助村民干活。办学3年，学校虽然因敌人“扫荡”数次转移，走过不少村庄，但不论走在哪里，师生们都严格遵守八路军的三大纪律和八项注意，始终保持着党的优良传统。帮助百姓担水、

扫院子、挑粪、割谷子，借东西按时还，损坏东西照价赔偿，从不拿群众一针一线，深受根据地人民的欢迎。

学校在学员中建立起青年队和学生会组织，在教职工中成立了工会，注意发挥这些群众组织的纽带作用。依靠他们开展文体宣传活动，出墙报、作宣传、开晚会、搞联欢，活跃学校生活，在驻村地进行抗日宣传，组织和管理勤务公差，如背粮食、担煤、开荒、种地、挖野菜等。还依靠群众组织反映学员的意见和要求，协助党组织进行思想工作。由于组织领导重视、干部努力，群众团体的工作开展得很有生气，不但帮助学校解决了实际问题，同时也锻炼了学员的才干。

学校进行扩编

国民政府对八路军的供给一直是以改编之初的4.5万人编制给发军饷，而到1940年八路军已经发展到40多万人，武器弹药严重不足，特别是到1940年底，国民政府完全停止了对八路军的供给。八路军打仗的武器弹药只能靠从抗日战场上缴获，以及兵工厂维修、装配、复装子弹。太行工业学校创办不久，就有部分学习成绩好的学生提前毕业，进入工厂生产第一线。尽管这样，还是不能满足所需。八路军刘鼎部长想尽一切办法，加强学校的领导和师资力量，1941年10月，从军工部调四所所长北洋大学毕业的工程师陈志坚到校任教，1942年2月，又调三所教导员张弥到校任政治教导员，调张培江、牛宝印、柴毅3名大学毕业生到校任教，有力地保证了教学工作的顺利进行。同时，又从晋西北部队、晋冀鲁豫边区和军工部各兵工厂，抽调了大批学员，新增3个普通班。

同年秋，遵照党中央“精兵简政”的指示，军工部有一半职工被精简。为了保存和培养干部，军工部从其中调选了200人，到太行工业学校学习，全校人员增至317人，其中：干部教师39人，学员278人。副校长刘致中

在反“扫荡”中不幸牺牲后，军工部派工程处副处长陆达（曾留德学习）接任。郭栋材、唐英之、王锡嘏、牛治华等许多受过高等教育的技术骨干先后调入学校任教，这是太行工校发展的鼎盛时期。

太行工业学校继承和发扬了抗大的革命传统，一手拿书、一手拿枪，边学习、边战斗。太行工业学校地处敌后根据地，她既是教学单位，积极组织学生进行专业知识学习，又是武装队伍，在敌人“扫荡”之时，负责掩护群众转移，保护百姓利益。为适应战争环境，学校制订有两套计划，即平时的教学计划和战时的反“扫荡”计划。学校还建有一支武装自卫队，队员是从各教学班挑选出来的，多为具有战斗经验的优秀战士和共产党员。他们平时在教学班里学习，战时按自卫队编制集中，招之即来，来之能战，对付“扫荡”根据地之敌。他们既是学校的护卫队，又是军工部机关的警卫队，担负起保卫军工部机关和学校的安全，也保卫了附近百姓的安全。

学校在反“扫荡”中

日军经常组织兵力对根据地进行“扫荡”。1942 年 2 月初，人们正准备过春节。一天半夜，突然响起了紧急集合的军号声。全校的教职员工们迅速到村口集合。原来是日军集中重兵对根据地展开了年关“扫荡”。学校立即组织教职工、学员疏散隐蔽。队伍在黑暗中急行军，连夜赶到板山一带。天亮时分，一架敌机飞临上空。因山势太高，飞机到了头顶才听到嗡嗡的响声。队伍立即卧倒。发现还有人在山上乱跑，厉瑞康教导员高喊：“卧倒!”话音刚落，敌机一个俯冲，紧跟着一阵机枪扫射，从头顶上飞过去，飞机飞远了，幸好队伍里没有一个伤亡。

长时间的急行军，学员们双腿就像吊着铅锤似的沉重酸痛，两眼直盯着前边同学的脚步和脚下的石头，想的是不要绊倒掉了队，咬牙跟上队伍。当时只觉得山高路险，前边板山的峭壁，齐刷刷地直插云端，令人望而生

畏。队伍又绕过左会大山，天黑时驻在左会村。

学校与5位年龄小、体质弱的学员，随校转移十分不便。为了妥善安置这几位小学生，李非平主任决定，由宋贵珍带领几个体弱有病的小同志，到显王村隐蔽。宋贵珍是显王村人，他把小学生领回家里，安排他们换了农民家里的破衣服，又剃成老乡的光头。由于敌人经常不断地在各村搜索，大炮轰轰隆隆地响个不停，村里人都藏在躲反窑洞里，白天不敢做饭，怕冒烟暴露了目标。

直到第六天的早晨，听见山下有人喊“鬼子走了！鬼子走了！”可是人们还没有来得及回家，沟里又有人边跑边喊“鬼子来了！鬼子来了！”又赶忙钻进洞里。原来是一队日军杀了一个回马枪，想抓到村里的民兵、干部。一直到天黑，外边没了动静，老百姓才回到村里。敌人在该村驻扎了10天，四处搜查，严刑逼供，用刺刀刺伤宋贵珍父亲，但他老人家始终未向敌人低头，用鲜血保护了5位小同志的生命安全。

敌人走后，村内村外一片狼藉，一路上许多被烧的房子还冒着黑烟，死猪、死鸡被扔在路边，只被割去一条腿的黄牛惨死在打谷场上，惨不忍睹。宋贵珍家原来完好的房子被烧得残垣断壁，只剩下一孔窑洞，院子里的一大堆粮食成了黑灰，还冒着黑烟，门框、水缸、锅灶……被砸得没有一件完整的东西。面对日军惨无人道的“三光”政策所制造的凄惨景象，更是心如刀绞，痛恨万分。

直到3月，学校来人将这几位小学生接回学校。

1942年5月，敌人集中兵力对太行根据地实行“铁壁合围”，左权副参谋长在这次战斗中不幸以身殉国。副校长刘致中为了突出包围圈，带领学员又返回武乡，在崎岖峻峭的山路上转移突围，为了预防遇到搜山的敌军，决定将队伍排成一行，拉开距离，一旦前面发生意外，后面的队伍立即调头向其他方向突围。刘致中赶着学校唯一的运输工具——小毛驴，突然遇到一处三丈余深的悬崖，只有一条尺余宽的小路，而且有裂缝，如果在行

走中坍塌，小毛驴就会掉进深沟，于是他决定，先由自己来探路，如果自己能过去，再让毛驴和后边的同志们过。刘致中踏着险路一步步地挪过去，土方坍塌了，副校长刘致中掉下了悬崖英勇牺牲。普通科二班班长、共产党员吴剑英带领几个女同学在山里转移时，与敌人相遇。他果断地对大家说：“我在前，你们在后，拉开距离，你们听到响声就向后转。”当他在前面探路被敌人包围后，就毫不犹豫地拉响手榴弹，壮烈牺牲，用生命保卫了战友的安全。

太行工业学校的停办和复校

刘致中副校长牺牲后，八路军军工部决定调陆达同志任太行工业学校副校长，主持学校的全面工作。

1943 年 3 月，太行工业学校 4 个普通班学员升级，分别编入机械专科班、化工专科班、冶金专科班学习。这一年，是太行山区遭受严重干旱的第二年，粮食供应极端困难。学校师生积极响应八路军总司令部的号召，开荒 80 余亩，抢种蔬菜，收到了良好的效果，到秋收时，共收萝卜、蔓菁 4 万余公斤。为了减轻根据地人民的负担，吃粮标准也由每人每天一斤半降到 14 两（16 两制）。粮食少了就用野菜和树叶合煮充饥，学生们在学习之余又常常到野外去挖野菜，生活非常艰苦。

6 月，日军 3000 余人攻占了武东蟠龙镇，距学校驻地仅 4 公里，直接威胁着学校的安全。同时，太行山区正值严重干旱，粮食供应十分困难。根据地进入了最困难的时候，学校不得不停课开展了大生产运动。

9 月初，朱德总司令从延安致电彭德怀副总司令，大意是陕甘宁边区正在加紧兵工建设，因缺乏技术力量，请从晋东南抽调技术人才加以支援。八路军总部接到指示后，从军工部、太行工业学校抽调 75 名技术干部和工人启程赴延安。

1944 年 5 月，遵照上级指示，太行工业在校学生全部毕业之时停办。学校历时 3 年，学校陆续培养了近 500 名工业管理干部和初、中级技术人员，这批学员在抗日战争后期和解放战争中都发挥了重要作用，许多同志成为新中国成立后国防企事业单位的领导骨干。

工校改为兵工职业学校开学典礼时的合影

到 1946 年 2 月，由于国民党积极内战，战争形势趋于紧张，晋冀鲁豫军区军工处决定，恢复工业学校，继续为军工生产培养人才。校址选在长治市，故更名为长治工业学校，由牛宝印同志负责。厉瑞康兼任政治教师。全校招生 100 余名，学员主要来自军工处所属兵工厂，学生实行供给制。学校将原工校的教师管理人员又召集起来，还沿用太行工业学校的管理办法、制度以及教材等。1948 年 5 月，华北人民政府兵工局又将此校改建为兵工职业学校，校址迁往太原市上兰村原进山中学的院内。招收学生对象主要是：晋冀鲁豫、晋察冀和山东等解放区 9 个兵工厂的职工。1951 年重工业部决定将该校更名为华北高级兵工职业学校，1958 年扩建为太原机械学院，并开始招收本科生，1963 年划归国防科委领导，成为当时国防工业八所本科院校之一，是我国常规兵器学科和专业发展的摇篮。1993 年更名为华北工学院，2004 年更名为中北大学。老一辈革命家薄一波为该校题词："人民兵工第一校。"

太行工业学校在我国军事工业发展史上，写下了光辉的一页。

青年学习文化的方向

——太行第三中学

办学名片	1941年秋，晋冀鲁豫边区政府决定，在武乡县王庄沟村创建太行第三中学。 1942年1月，举行开学仪式。 1943年1月，边区政府决定把太行抗战建国学院、太行一中、太行二中、太行三中等四校合并为太行联合中学。 1943年秋，联合中学三队离开武乡到涉县悬钟村参加整风。

从1940年8月冀南、太行、太岳联合办事处（简称“冀太联办”）组建，到1941年7月晋冀鲁豫边区政府成立，太行根据地已形成政治、经济、军事规模空前的抗日大后方。为加强根据地建设，太行自区党委和晋冀鲁豫边区政府决定把根据地的教育工作作为一项重要任务抓紧抓好。培养大量知识青年，来为抗战服务，为将来建设根据地、建设新中国提供更多优秀的有用人才。

根据这一决策，冀太联办决定，将 1939 年秋在黎城县东崖底创办的晋东南路东干部学校（简称路东干校），改建为太行中学，由李棣华担任校长。

太行中学的创办，引来了许多有志青年报名入学，报名人数之多，让边区教育厅始料不及，一所中学根本无法容纳这一大批求学青年的入校问题。为了提供培养更多青年学习文化的园地，边区政府教育厅厅长罗青、秘书主任杜润生研究，报请边区政府办公会议审议批准，在太行区同时开办三所中学，扩大招生范围和招生名额。三所中学的行政工作归边区政府教育厅直接领导，党的领导仍归太行区党委。将太行中学改为太行第一中学；成立太行第二中学，马适安任校长，地址在太南涉县故县镇；成立太行第三中学，李子康任校长，地址在武乡县王庄沟。

太行三中在武乡成立

太行三所小学建立后，摆在教育工作者面前的主要任务是：遵循新民主主义的教育方针，从抗日战争的实际出发，改革旧的教育形式，摸索对根据地农民及其子女进行教育的新途径。在教育内容上：第一，实行抗战教育，使教育为抗战服务；第二，实行教育与生产劳动相结合，为生产与建设服务。

在教育对象上，首先对农民进行以抗战爱国为主的素质教育。在进行普遍的扫盲教育的同时，为了启迪广大农民的政治觉悟，以开展“三不”教育为基础，即不说出八路军的行踪；不说出抗日干部的名字；不说出粮食藏的地点。与此同时，还动员并组织农民参军、参战和抓紧生产，以支援前线。

随着革命形势的发展和思想觉悟的提高，农民逐步对学习文化有了迫切的要求。于是适时提高农民的文化知识水平，就又成了根据地教育工作者的主要任务。根据实际情况，县以上教育领导机构，积极组织利用冬闲和夜间，

分别组织起冬学、夜校。学习地点就设在抗日小学的教室里，白天儿童上课，夜间农民上课，遇到连阴雨天不能劳动，白天也学习。所设课程和教法，各村大同小异。冬学夜校，一般设有农业生产知识、识字课、珠算等课程。在教学方式上，采取单科独进或交替进行的教法。农业生产知识课是请当地的老农传授农业生产经验，而后共同讨论，交流经验，互相学习，共同提高。珠算课，请小学教师讲授通用的加减法以及“归因”乘除法。识字课则根据农民的具体要求，首先教会他们认识“路条”上的字、钞票上的字、常用农具的名字及写法，还教会他们能记日常收入支出财目，等等。这项任务也是由小学教师担任的。通过普及性的学习，农民的求知欲有所加强，特别是广大青年，对学文化产生了浓厚的兴趣。

1941 年秋，为培养抗日革命干部，巩固与发展抗日根据地，满足一大批青年学习文化的欲望，晋冀豫三地委、太行三专署根据晋冀鲁豫边区政府指示，在武乡王庄沟村创建了太行第三中学（简称“太行三中”）。学校党的工作由三地委领导，由地委组织部分管；学校行政领导隶属三专署。

太行三中在武乡的设立，是与当时的政治、军事、经济情况分不开的。当时日本侵略者在武乡只侵占了西半部，敌人的大本营设在段村。武乡东半部靠近东山，地形很好，村抗日政权已牢固地建立起来。武乡号称“根据地中的根据地”，因建党早，有着很好的群众基础，经济方面，广大农民在完成支前的空隙中，积极搞好农业生产，基本上都能按时交足公粮和供应地方部队的给养，地方干部、学校吃粮亦不成问题。因此武乡有较好的办学条件。晋冀豫三地委、太行三专署机关又都设在武乡，便于对学校进行管理和领导。

根据上级指示，筹建时，从人员编制、教学组织、机构设置、教学方法以及生活制度都破除旧的一套，从现实出发，因陋就简地筹建学校。建校初期，教职员工人数很少，三专署派教育科长李子康（亦名李克）任校长，校部只有一个文印，一个校医，一个半工半读的公勤员。学校设两个处：教导处，主任张萃中，教导员师文英；事务处，主任张春。专职教员

很少，王子香教数学，路扶之教语文，李映浩教地理，魏镜如教体育，他们都是老教师。短期任教的还有吴天林教语文，李子康兼教英语，张萃中兼教公民（政治）、历史课。学生主要来自三专署所属武乡、襄垣、榆社县一带根据地，也有少数从敌占区来的。

太行第三中学创办地武乡县王庄沟村旧址

在三专署的直接领导下，太行第三中学在王庄沟村正式组建，驻扎在地主马兴世家。经过紧张的筹备，1942 年 1 月举行了开学仪式，太行三专署专员刘亚雄亲自参加了开学典礼并讲话。开学典礼就在地主马兴世家举行，刘亚雄站在窑楼上讲话，学生们站在院子里。土改时分配给多户村民，后村民新建房屋，该旧址被全部拆除。

开学时招生人数只有 40 多名，以后陆续增加到 60 多名。学生中有基层干部、小学教员、剧团团员、警卫公勤员和各届高小毕业生。他们的年龄、文化程度和社会经历参差不齐，这给教学工作的开展带来了一定的困难。为了促进提高，进行了分类教学，给文化基础薄弱的差生多补课，吃偏饭，让他们尽快赶上来。但是开学不久，敌人就向太行区发动了春季大“扫荡”，奔袭三分区八路军主力，在武乡蟠龙、大有一带烧杀抢掠，学校只好及时疏散转移，大部分同学和少数老师回家，留下的人员疏散到离校不远的山上。

太行三中的各科教学

为了适应战争形势的需求，学校领导针对教学与形势相结合的问题，进行了认真的讨论，经过教师们共同研究，制定了有统一、有分散、因人

施教等教学方法。课程设置是统一的，有语文、政治、数学、史地、体育等课程，尤其重视政治课和体育课。

各科的教学情况，主要有以下几方面内容。

政治课：讲红军两万五千里长征中可歌可泣的英雄故事，讲中国共产党历史，讲抗战形势，讲抗日英雄大无畏的牺牲精神，讲日军残酷屠杀我民众、侵占我国土的野蛮行径，讲誓死保卫祖国的责任，讲日军必败我们必胜的道理，讲学习文化知识对保卫祖国的重要性和必要性，还讲《论持久战》《论共产党员的修养》中的一些内容。在讲抗战的过程中，还结合发生在太行山里的实际战斗、太行山里涌现出来的战斗英雄进行讲解，使学生产生亲切感，加深理解。

体育课：基本上是军事训练课，以班、排编制，与军队相同。每天早晨练紧急集合，哨声一响，摸黑打背包，带上所有应用的东西，并带上少数枪支、手榴弹等，先出早操，然后练跑步、爬山等。并教会年龄大一些的学生，如何使用枪支，如何投手榴弹等基本军事知识，从训练中提高师生的身体素质，以适应战争环境的需要。既锻炼了身体，又提高了军事素质。

语文课：临时采用旧中学的课本，并由教师选一些宣传抗日、反映地主阶级如何剥削压迫劳动人民的内容，也利用当时出版的反映抗战新内容的文学作品来做教材，比如对《李有才板话》等作品进行讲解等。讲解过程中使学生掌握造句、组词、句子结构等知识，并让学生写日记，通过实际运用巩固学到的知识。教师则根据他们的日记进行分析、讲解，同时纠正其中的错别字，使学生在实践中得到了巩固和提高。在语文课讲授中，根据文化程度而因人施教，对文化程度高一些的学生，适当增加一些内容，对文化程度偏低的学员，增加补课量，这样便不会因程度不齐而影响课程的进度。

史地课：首先讲各大解放区成立的历史及发展情况。比如：这些大区

都包括哪些地方，是什么名称？为什么叫晋冀鲁豫边区政府、晋察冀边区政府？“边区”二字如何解释？日军占领了我国哪些地方？地理方面主要学习这一系列的内容。同时，也讲一些中国近代史，从鸦片战争到五四运动，讲解中国人民反对八国联军侵略等革命历史。

数学课：基本按照普通中学的教学内容，为适应战时要求，更注重了实际运用。特别是在编制应用题中，直接编写与抗战相关的内容，把学生的学习、列式、计算与当时的形势结合起来，与战斗生活结合起来。

由于当时没有固定的教材，各科教师都是想尽一切办法，寻找相关资料，经过认真编写，来作为讲课教材。教师们的不懈努力，使得教学工作与抗战，教学工作与根据地建设有力地结合起来。

太行三中在反“扫荡”中

太行三中是在战争环境中白手起家建立起来的。随着“扫荡”与反“扫荡”的斗争形势，经常转移。成立时在武乡县王庄沟，由于这里靠近三地委、三分区机关，成立不久，日军就组织了2000余兵力，对我三分区机关进行了大规模的“扫荡”，在这次反“扫荡”战斗中，三分区司令员郭国言在武乡大有镇不幸牺牲。为了给学校一个较为安定的学习环境，专署决定，学校转移到武乡东山一带，先后在杨李枝、芝麻脚、石门等村迁移校址，其中在芝麻脚驻的时间较长。

学校不管转移到哪个村，无论是当地群众，还是抗日干部。都是热情接待，妥善安排教室、住房，关心师生员工的住宿条件和生活情况，为授课教师提供简单的备课条件，如桌椅、房屋等。男职工、教师，一般都是打地铺，铺上草睡在上面；女学生及女职工即和当地老乡的老太太们住在一起。住处虽然拥挤，但感情亲如家人。为了对付敌人的“扫荡”，学校有时要随部队和三专署机关转移，有时则要化整为零，分散活动。

有一次，日军来“扫荡”，学校只得跟随部队转移到太行山的深山里，他们被指定在密林深处只有一家农户的板山村自行活动。师生们便利用密林这一有利地形坚持上课。条件是艰苦的，没法挂黑板，教师们便采取口授办法，讲政治、国文、史地等。没有住的地方，大家就用树枝在打谷场上搭起了一个个窝棚，共同挤在里面。有时，在需要分散活动时，把师生分成几个小组，分散在附近各村，穿农民衣服，与老百姓活动在一起。遇到敌情便同农民一起隐蔽。不能上课，便复习已经学过的功课。

太行第三中学武乡县义安村旧址

在条件较好的情况下，便集中上课。墙上挂着用黑布做成的黑板，这可是根据地的一项创造，既能上课使用，转移时又便于携带。学生们用背包代替凳子、大腿当作课桌，纸则是到处搜集到的旧账页等，利用背面，进行书写。条件虽差，但课堂秩序井然，教师讲授认真，学生学习用心。上午上课，下午做作业，晚上因每间屋子只有一盏小油灯，无书写条件，师生们便坐在地铺上进行讨论，遇有疑难问题，次日上课时由教师详细解答。

学生以学习为主，但在课余，还要自己背粮食，帮助当地老乡锄苗、拔草、担粪、夏收、秋收等。

条件是艰苦的，学习是紧张的，但师生们的精神面貌是活跃、乐观的。每逢校庆日，如遇敌情不太紧张，便与当地农民举行联欢会。师生们结合形势编演歌剧话剧，在住地给老百姓演出，既活跃了文化生活，又密切了与群众的关系。

敌人“扫荡”结束后，大家一致认为应找一个便于小集体疏散，又能及时集中的地方，以利用战争空隙多学习一些。于是就迁址到东部的义安

村关来荣家，在这里开始正规上课，还成立了学生会，开展了课外活动。学校没有基本的设施，教室、宿舍都是借用老乡的房子，听报告、上大课在打谷场，除少数人自带有马扎，大多数人垫一块石头或木头。做笔记双腿就是桌子，只有简单的教具，如黑板、教鞭、粉笔之类。文化课主要选用一些老的教材，刻印一些活页文选。政治课除社会发展史外，还进行时事教育，传达讨论边区各项建设任务和方针政策。

太行第三中学武乡县向阳村旧址

两个月后，根据地委指示，校领导召开紧急会议动员反“扫荡”斗争，全校即投入了紧张的备战工作。师生员工轻装上阵，准备了干粮、炒面。这次采取了有组织、有领导的小集体疏散方式，转移到石瓮、向阳村。校部驻在向阳村李天琪家西房，学员住在向阳和石瓮村，分别进行教学。有时敌人来了，就进“枯井洞”躲避。为适应频繁的战争，加强自卫能力，军分区还给学校发了枪支和手榴弹，派了军事教官，讲解军事知识，进行实际训练，学习使用武器的方法。教官针对学校实际情况，讲解在反“扫荡”中如何进行自卫，着重讲了四个字“躲、窜、藏、打”。

“躲”，学校师生与战斗部队不同，师生反“扫荡”的任务是保存自己，躲避敌人的杀伤。所以遇到敌情时，首先要考虑躲藏，寻找相对安全的、适合藏身的地点隐蔽躲藏。

“窜”，就是遇到紧急情况要迅速窜到比较安全的地带，躲开敌人的直接威胁，采用灵活的形式，和敌人周旋转山头，以逸待劳。

“藏”，就是如果发现敌人时已经来不及窜出，或者发现被敌人包围，没有可逃避之路，窜不出去时，就要设法躲藏起来，并时刻准备与敌人遭

遇时进行战斗。

“打”，认真学习瞄准射击技术，掌握投弹方法。在与敌人遭遇时，或遇适合与敌打游击战的机会，就充分利用机会，在确保自身安全的前提下，给敌人以杀伤和打击。

教学期间，学校组织了步枪的实弹射击和投弹训练。秋季反“扫荡”结束后，由于向阳村缺水，为解决吃水问题，学校又迁到神南村，校部驻在关乃云家，教室设在黄河地三官庙，在这里继续进行教学。

与兄弟学校共同合并为太行联合中学

1942 年秋，为了加强根据地建设和对敌斗争，根据地实行了精兵简政。再加上晋东南闹灾荒，生活越来越困难，需要进行裁减冗员，精简机构，缩小编制，以节约粮食，晋冀鲁豫边区对所属各直属学校也相应地进行了调整合并。

1943 年 1 月，边区政府决定把太行抗战建国学院、太行一中、太行二中、太行三中等四校合并为太行联合中学，简称太行联中。由王振华担任校长，李棣华担任副校长，赵文敏任教育长。当时太行联中分为四部，分驻四地。校部驻涉县悬钟村，以原抗战建国学院驻地为基地；太行一中改为太行联中一队，驻辽县寺坪村，以石蕾同志为队主任；太行二中改称太行联中二队，仍驻太南故县村，以周化南同志为队主任；太行三中为太行联中三队，仍驻武乡，以苏贯之同志为队主任。

太行联中三队武乡县芝麻脚村旧址

当时，虽然在校机关实行了合并，实际上还基本相对独立，一个队基本上还是一个独立的学校。太行联中三队驻在武乡芝麻脚村，校部设在霍福堂家，教室设在三官庙。太行联中三队的教师有路扶之、王子香、魏镜如、王同民、孟一民、郑雪樵等。教导员有张超、师文英、魏玉高等。当时各队的教学计划基本上是统一的，教学和办学方式都是仿照抗大的做法。正规教学三四个月后，日军来“扫荡”了，于是又组织学员进行了两个月的反“扫荡”战斗。当时正处灾荒时期，群众没有吃的，军民生活也困难。学员们一直是吃野菜和黑豆，还到野外去拔刺角菜，这种植物叶子上有许多刺，不仅难拔，而且吃的时候难咽，但是产量很高，到处可以见到，当时就成了人们的救命草。大家开展了拔刺角竞赛，一个学生每天要拔几十斤，除了每天煮着吃，剩下的就晾干准备冬天吃。在艰苦的环境里，全队师生员工情绪却很高涨，平时努力学习，战时没有一个掉队的，而且课外活动、群众工作也搞得很活跃。他们还到野外去开荒种地，解决粮食不足的问题。

1943 年秋，太行区党委决定在太行联中进行整风，由太行区党委宣传部长张磐石负责领导，同时决定把太行联中三个队集中到涉县悬钟村。区党委还决定把石蕾、周化南、苏贯之三个队主任以及教育长赵文敏调区党委党校学习。张磐石进校进行领导，同时，由区党委派来的梁虹负责一队，杨焦圃负责二队，肖鲁负责三队。

由于太行联中的分散形式，通过一个时期的试行，管理起来极不方便，基本上还是各队就是原来的各校，只是改变了一下名义。各队分散在各县，相距很远，也没有往来联系，独立性很大。为了方便管理，集中领导，1943 年 5 月，决定将三个队都集中在涉县悬钟校部所在地。但集中时间不长，在战争环境中，单位太大，调转不灵活，虽然在学习方面有所改善，但很难适应反“扫荡”的形势，于是又分散到各地。三队迁驻到黎城王家庄。

1945 年初，学校由悬钟村迁往涉县长乐村，与行政干部学校合并，刘

梅为校长，教导主任郝诚，党总支书记李增荣。主要培训太行各专署选送的区长或相当于区级的领导干部。其后，迁往长治，称长治干部学校，由张新铭负责。1946 年 1 月 10 日，根据边区政府决定，长治干部学校撤销，以其所属人财物新组建了长治师范。

边区政府培养后备干部的最高学府

——太行抗战建国学院

办学名片	1940年8月，冀太联办决定成立太行抗战建国学院。 1942年5月，抗战建国学院转移来到武乡。 1943年1月，太行抗战建国学院与太行一中、二中、三中合并为太行联合中学。

太行抗战建国学院是中共晋冀豫区党委与晋冀鲁豫边区政府共同创办和领导的一所高等学府，也是晋冀鲁豫边区政府所领导下的层次最高、规模最大的培养后备干部的院校。

抗战建国学院是在抗日战争最艰苦的时期创办起来的一所新型学校。这所学校使许多爱国青年确立了无产阶级的世界观，坚定了紧跟共产党干革命的信念，使一大批爱国青年通过学习，成为抗日战争、解放战争以及新中国成立后的社会主义革命和建设的有用人才。学校培养了一大批中下层军政领导骨干，为取得抗战胜利乃至全国解放输送了有觉悟、有文化、有能力的干部人才。

抗战建国学院的成立

1940年8月，根据北方局黎城会议精神，新成立的冀南太行太岳联合办事处。依据为建政、建党、建军的需要培养一批优秀的、有文化的青年干部，从而发展壮大抗日根据地的全面建设，冀太联办主任杨秀峰根据他在冀西和冀南创办河北抗战建国学院、冀南抗战建国学院的经验，提出了在太行创办一所培养抗战后备干部的学校的建议。

根据杨秀峰同志的提议，冀太联办专门召开办公会议，进行了认真的研究讨论，得到大家一致赞同，决定成立太行抗战建国学院（简称“抗战学院”），并立即进行学院领导机构的着手筹建。由冀太联办主任杨秀峰任名誉院长，学院下设四处一室秘书处负责主持学院的全面工作。各处室主要负责人为：秘书处秘书长张柏园，教育处教育长王振华，总务处总务长马溪山，政治处主任杨克夫，研究室主任赵文敏。

筹备工作马上开始。张柏园秘书长与王振华、马溪山、杨克夫、赵文敏同志一道，到办学地点选调教师，并先后从各地抽调了各科的优秀教师，同时在全区开展了招生工作。经过紧张的筹备，将抗战建国学院选择在辽县（今左权县）泽城村，9月初，太行抗战建国学院举行了开学典礼。

太行抗战建国学院辽县（今左权县）泽城村旧址

抗战建国学院培养目标是：为巩固和建设抗日根据地培养区以上各方面人才，学生来源是抗日根据地各县或区推荐的优秀青年学生。学院在创办之初，先办了一个师范班，所

以该院当时对外也称边区师范，主要培养小学教师。学制为半年左右。主要课程有本院研究室编著的《社会发展史》和毛主席著作《论持久战》《新民主主义论》等，以及时事政策教育和国际国内形势教育等内容，军事教育学习《游击战争》等著作。学生学习期满毕业后即分配到各抗日根据地参加工作。

1941 年 7 月至 8 月，晋冀鲁豫边区临时参议会召开，并产生了晋冀鲁豫边区政府机构，9 月 1 日，晋冀鲁豫边区政府正式开始办公。边区政府成立后，专门针对教育事宜召开会议，并对学院的领导班子进行了调整，杨秀峰兼任名誉院长，边区政府委员、学院原教育长王振华任院长。

为了扩大培养人才的数量，边区政府还决定太行抗战建国学院扩大招生，招收为抗日救国而跑到根据地的青年和参加革命在机关团体工作而年龄小、文化低的同志，以及根据地的高小毕业生等小知识青年，把他们培养成抗战建国干部。在原来开设师范班的基础上，又开设了有县政府科长和区长参加的行政干部班，培养行政干部。第一期招收学生近百人，在开学典礼上，杨秀峰名誉院长和晋冀鲁豫边区政府教育厅长罗青等，分别发表了重要讲话。学院由秘书长张柏园与研究室赵文敏、政治部杨克夫、崔耀先等组成党团，负责全学院的党政工作。党团归属晋冀豫区党委，区党委宣传部部长彭涛以及赵迪之等具体负责联系指导工作。学院各部门和学生中的党员分设党支部，由政治处主任杨克夫任党总支书记。政治部有数名政治工作人员，负责机关和学生的政治思想工作。学院的教师队伍有上级从白区特别邀请来的思想进步的教育工作者，也有根据地从事教育工作的优秀人才。由数十名爱国进步的高级知识分子组成学院研究室，负责编写教材和进行教学工作。研究室还担负着抗日根据地其他教材的编写任务。

办学的目的主要是培养抗日军政干部，同时也为从敌占区吸引大批青年到根据地来参加革命。初建时，还开设了短训班，所设课程以抗战理论和技术教育为主，施与教育两三个月即行分配。学校办得较为正规，学制

也有所变化。师范部学生在校学习时间为一年，所设课程主要是政治、教育理论、方针政策和组织管理，兼学政治经济学和哲学常识；行政干部部学生在校学习半年，所设课程有国语、数学、物理、化学、生理卫生、历史、地理、政治等。为适应游击环境，特开设军事课。教师和学生均采取军事编制，实行行动军事化、教学游击化。学院教师多是学识渊博、思想进步、教学水平较高的大学毕业生。学生来源主要由各县选送，也有抽调的在职人员及部分社会知识青年。并根据学生的文化程度和年龄，将文化水平较低或年龄较小的分到中学部，学生毕业后，基本上回原县分配工作。学院是在抗日战争最艰苦的时期创办起来的一所新型学校，从成立到后来合并，虽然仅存在 3 年多时间，却为抗日战争、解放战争以及新中国成立后的社会主义革命和建设培养了一批人才。

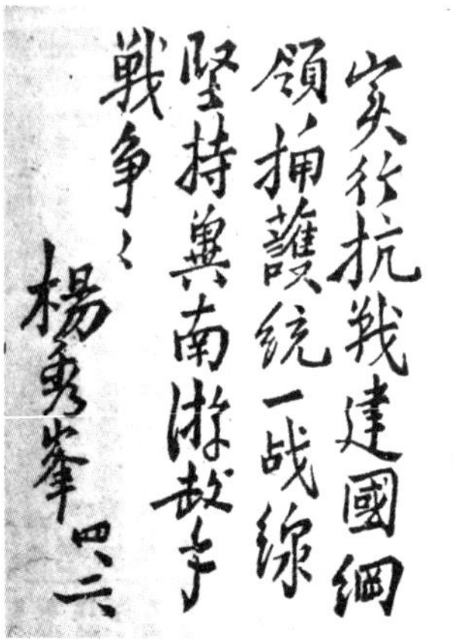

太行抗战建国学院名誉院长、晋冀鲁豫边区政府主席杨秀峰为学院题词

学习与劳动生产相结合

太行抗战建国学院在教学安排上，主要注重了教学，以努力提高学员的思想素质和文化素质，但由于共产党领导的抗日力量的不断壮大和“百团大战”的威慑，引起了日本侵略军的恐惧。1941 年后，日军调整了作战部署，把矛头进一步指向了八路军领导下的太行敌后抗日根据地。为了摧垮太行根据地，日军调集重兵，加紧了对根据地的“包围”“分割”与“封锁”，实行惨无人道的烧光、杀光、抢光的“三光”政策。日军的军事、经济封锁，加上国民党顽固派的反共摩擦和百年不遇的自然灾害，1941 年以后的两年多时间里，太行根据地的抗日斗争，进入极端困难时期。根据

地遭到日军的“蚕食”，面积缩小五分之一，根据地财政经济濒于枯竭，军需民用都成了大问题。日军不断地对太行区腹心地区进行“扫荡”，抗战学院一直处于动荡之中。文化课学习的时间一直缩短，不到全部时间的三分之一，但学生还是尽最大努力学文化知识，语文、数学、历史、地理、物理、动植物、生理卫生等基础课都学了一些，而且有很大收获。

为了提高教学质量，抗战学院从政治思想工作入手，结合学校实际，调动学生的积极性。第一，学员到学院，都迫切要求能提高自己的文化水平，学习自觉性很高，只要学校安排文化课程，学员都如饥似渴地抓紧学习。第二，讲的是初中、初师文化课，学员大部分较今天的初中学生年龄要大，理解接收能力较强。第三，老师讲课理论联系实际较好，课程实用性较强。如讲生理卫生，就讲人的骨骼、消化、循环、呼吸等各系统的情况。讲动植物，就讲猴子、牛、马、猪、羊等。由于以上原因，虽然学习文化时间不长，但收获不少，为以后到工作实践中锻炼，奠定了一定的文化基础。

抗战学院是在极端困难的战争环境中办学的。学校经常转移，没有固定校舍，常驻在庙宇和农家，大树荫下作课堂，膝盖、马扎就是书桌和板凳，古书纸拆开的背面装订起来是学员的作业记录本。学习与劳动生产相结合，不仅是党的教育方针所规定，而且也是抗战时期办学补助学校经费、解决师生生活困难所必需。学校师生每人每天斤四两小米，五分钱菜金。学校除教育学员认识劳动创造世界、劳动最光荣等基本理念外，同时积极响应党中央号召，开展大生产运动，组织师生参加了劳动生产的实践。

为解决粮食蔬菜不足的问题，学校组织师生到百里以外的辽县拐儿镇、武乡大平、黎城王家庄、西井四方垴山等地开荒种红萝卜、土豆、荞麦等作物。师生分班轮流去生产劳动。在学校所在地的山村附近，师生们亲手开垦荒地，种南瓜、莴苣、茄子、豆角等，增强了劳动观念，增长了劳动生产知识，也改善了生活。1942 年冬，抗战学院初一班在黎城鸽子峧村时，师生一同上山砍柴，一面解决做饭用柴之困难，一面烧木炭，以便寒冬取

暖之用。另外，在日军对根据地封锁之下，食盐困难，学校和边区贸易公司联系，组织学员在课余时间打毛衣，以向敌占区换盐。同时，也组织学生挖硝土，自己动手熬制土盐，以改善学生生活。

思想政治教育是主导

太行抗战建国学院办学的总方针是，一切为抗战服务。开学典礼那天，中共晋冀豫区党委书记李雪峰前去祝贺，并结合太行抗战形势，向全体师生讲解《论持久战》，批驳“速胜论”和“亡国论”。学院名誉院长、冀太联办主任杨秀峰讲述了晋冀鲁豫边区需要政治思想好、有文化、积极投身抗战的人才，并抽时间到学院亲自讲授辩证唯物论。还邀请北方局宣传部长李大章到学院讲哲学和政治常识，晋冀鲁豫边区政府委员兼秘书主任、杨秀峰同志的夫人孙文淑讲统一战线，晋冀鲁豫边区文联主任徐懋庸讲抗战文艺和革命史，边区政府教育厅长罗青讲国际政治。

在太行抗战建国学院，思想政治教育一直占首要位置，时事政治形势教育、反对个人主义的整风学习、反特斗争和最后的个人总结，都贯穿着一条红线，用无产阶级思想来改造学员的世界观。

晋冀鲁豫边区政府主席杨秀峰、教育厅长罗青视察抗战学院时合影

1942 年冬，抗战建国学院的学员们到黎城县赵家山村参加了“减租减息”斗争和“冬学”运动。大家一面学习，一面工作，把学习的成果用到工作上，从实践中来认识社会、从社会实践中来提高自己，收到了良好的效果。时间不到一月，大家觉得收获很大。学院经常组织晋冀豫区党委、晋冀鲁豫边区政

府领导去讲课，还时常邀请八路军总部、中共中央北方局、一二九师主要领导到校作报告。他们的报告，用马克思主义的世界观，对当时的国际国内形势作了深刻的分析，指出反法西斯必胜，抗战必胜，使学员们进一步树立了坚持抗战的信心和决心；同时也讲到了抗战胜利后，中国两大党——共产党、国民党，前途如何，在学员思想上仍然存在着糊涂观念。学员听了戎伍胜、邢肇棠等人的报告，从邢肇棠写的《时事两面观》和解放前民族资产阶级办的《东方杂志》上的文章中，看到了国民党的腐败，认识到只有共产党才代表了中华民族的利益，只有共产党才能救中国。

在学员们认识到只有跟共产党走才有个人前途之后，学校领导又及时地结合整风学习，组织大家学习全心全意为人民服务、反对个人主义等文章，克服为个人找出路而跟共产党走的问题。学员结合实际、联系思想实际开展批评与自我批评，进一步明确了为人民服务的观念，树立了为人民服务的思想。

总的来看，树立了抗战必胜的信心，认识了只有共产党才能救中国的真理，确立了为人民服务、反对个人主义的观点，这是学院进行思想教育的伟大成果，为广大学员在以后积极参加抗日战争、解放战争和社会主义建设中发挥骨干带头作用，奠定了良好的思想基础。

军事化、战斗化生活

学院的生活是战斗化和军事化的。每天早晨号声一响，就起床跑步，院长和总队长、教导主任、教官们也一起参加。夜间大家熟睡时，常常紧急集合。号声一响，十分钟就要把背包打好，参加夜间演习。当时生活十分艰苦，吃起饭来，也像战斗一样，哨子一吹，就放下饭碗集合。学员们编了顺口溜，用北伐时打倒列强的调子，愉快地哼唱：“小米干饭，小米干饭，辣椒萝卜白菜，辣椒萝卜白菜，吃个饱，吃个饱。”晚上，十几个人挤在一间小地铺上睡觉，铺的是谷草，枕的是砖头。如果半夜去厕所，回来

后就很难再躺下。刚入学时，男学员有的穿着长衫，女学员有的穿着旗袍或短裙，还有的抹着脂粉。这种情况很快就被改变了，一是从思想上解决了小资情调，二是艰苦生活的锻炼，没有了打扮的条件，后来一律穿灰军装，打裹腿。女学员全剪成短发，戴上军帽，一个个像英俊的小伙子。

在抗日战争的战斗环境里，抗战学院始终贯彻军事化、战斗化的教学思想。在日军“扫荡”的间隙里学习文化、政治、军事；在反“扫荡”中学习游击战争，学习打仗。学生一入学，每人都发两颗手榴弹，少数骨干学员还配发有步、马枪，每个师生均发有可装五斤面粉的炒面袋。在军事课里，有挖战壕、射击、投手榴弹、夜间紧急集合、急行军等课程，在讲解、讨论、学习之后，配以实践演习；有不定时间地夜间紧急集合转移，要求学员在听到紧急集合号声或哨声之后的五分钟内，穿好衣服，打好背包，带上武器，进行夜间转移。每早上进行军事操练，每天晚上全体学员集合，听教导员进行一二十分钟的一天生活“点名”，表扬好的，指出第二天和今后要注意的问题。这种军事化、战斗化的学校生活，为战争环境所必需，也服务了战争，赢得了战争。在反“扫荡”战斗中，老师、同学们多次化整为零，分散在深山之中，同群众、民兵生活在一起，战斗在一起，胜利地完成了反“扫荡”的战斗任务。

抗战学院移驻武乡

由于是战争环境，敌人每年要进行几次大的“扫荡”，从春季“扫荡”到夏季、秋季、年关“扫荡”，大的“扫荡”已经成为固定的，此外还有不定期的突然袭击，对根据地进行“围剿”。所以，学生班中除负责教学的任务外，还设有负责军事行动的队长。1942 年 5 月日军组织了以辽县、涉县、武乡为中心的“铁壁合围”。在反“扫荡”中，为了保存自己，抗战学院果断决定立即分散撤离，干部班转移至赞皇；师范班（边区师范）转移到平

顺。不久，边区师范又转移来到武乡，分为两个队：一队驻安乐庄牛丙南家西房，负责人赵文敏；二队驻李坪李鸿家，负责人张超。学生学习在村东龙王庙。班主任王同民、魏五高，老师孟一民、张德甫、郑雪樵等都来到武乡。

太行抗战建国学院一队武乡县安乐庄村旧址

抗日战争处于最困难的时期，日军经常“扫荡”，学校地址经常移动。学生的生活极为艰苦，生活用粮和柴火全靠自己动手。在这样艰苦的战争环境中学习，学生们的学习劲头却很高，刻苦认真。

太行抗战建国学院二队武乡县李坪村旧址

1942年秋，晋冀豫区党委和边区政府实行精兵简政，决定把太行抗战建国学院、太行一中、太行二中、太行三中这四所学校的一部分师生分配了工作，留下的一部分师生合并为太行联合中学，由抗战学院的王振华和一中的李棣华分别任正副校长。

抗战建国学院与诸校合并

1943年1月精兵简政过程中，根据上级指示，抗战建国学院和太行另三所中学合并为太行联合中学，边区师范合并到太行三中，改称太行联合

中学三队。边区师范撤销，学员从安乐庄、李坪搬迁到芝麻角村，并入了太行三中。

抗战学院高师班的学员全部分配了工作，抗战学院初一班和初二班同学除部分学员分配工作外，与太行三中合并成为太行联合中学第三队（队主任苏贯之），移武乡神南村。两个月后，太行联合中学 3 个队 7 个班 300 余名师生全部集中住到涉县悬钟村，开始了以时事形势教育为主要内容的思想教育运动。秋季，晋冀豫区党委抽调一部分师生赴陵（川）高（平）县和林南县随军开辟新区，留校师生赴黎城王家庄、西井四方垴山，组织开垦荒地，进行生产和耕种，一边劳动，一边坚持学习。根据抗日形势的发展和需要，1944 年底到 1945 年初，学员全部由太行区党委分配了工作。1945 年春，学校也由悬钟迁往涉县长乐村与行政干校合并，称为太行行政干校。

培养年轻军事干部的基地

——太行陆军中学

办学名片	1942 年春，抗大总校附属陆军中学在河北省邢台县下店村筹备成立，5 月 1 日，正式举行了开学典礼。 1943 年 1 月，抗大总校返回延安。陆军中学留在晋冀鲁豫继续办学，更名为太行陆军中学，归一二九师领导。 1943 年秋，太行陆军中学开赴陕甘宁边区。10 月，陆军中学进驻武乡县石盘村。半个月之后，离开武乡，经太岳返回陕甘宁，编为抗大七分校三大队。

1942 年，抗日战争进入最艰苦的岁月，敌人对抗日根据地的“扫荡”更加频繁，太行山区炮火连天，硝烟弥漫。此时，太行山上诞生了一所新的军事学校，那就是抗日军政大学附属陆军中学。

陆军中学的诞生

1941 年至 1942 年，是德、意、日法西斯最为猖狂的时期，也是中国敌后抗战处于严重困难的时期。百团大战以后，日军从侵略华中、华南的兵力中大量回调华北，频繁地“扫荡”华北抗日根据地。国民党顽固派也加紧了对晋冀鲁豫、陕甘宁边区及其他抗日根据地的包围封锁。在此期间，又有一些国民党军投降日军编为伪军，助纣为虐地，配合日军进攻抗日根据地。在日、伪、顽的夹击下，抗日武装受损很大，部队大量减员，根据地日益缩小，至 1942 年春，华北根据地面积缩小了1/6，人口锐减 1/3。

由于敌人对抗日根据地实行严密的经济封锁，加上华北地区连续三年遭受严重的旱灾，致使根据地财政经济发生极大困难。为了保证八路军后方供给，在这严重关头，中共中央和毛泽东发出号召，要求抗日根据地军队和政府依靠群众，自力更生，艰苦奋斗，渡过难关。广泛开展大生产运动，并进一步明确敌后抗战总的方针“应当仍旧是长期坚持游击战争，准备将来的反攻”。

1941 年，中央军委针对日、伪、顽对华北抗日根据地严密封锁，知识青年进入根据地日益困难的形势，为适应将来的反攻和军队发展的需要，决定自力更生培养一批知识分子干部。8 月 8 日，八路军总司令部、野战政治部做出《关于培养知识干部的指示》，指出：我军建军目标是要把我军建设成为一支现代化的有高度战斗力的强大的正规军，这不仅要有高度的政治质量，而且要能掌握现代军事技术。为达到这一目的，就必须准备大批有相当文化水平的知识干部。因为要掌握现代技术，没有知识，不懂科学是不成的。但是由于革命形势的发展，大部分革命知识青年都参加各种工作，同时由于战争的摧残和破坏，所以知识分子来源日见枯竭。今后我军所需要的知识干部的解决，希望外来是不大可能的，主要必须来不断培养。

因此，各部队政治机关应把培养自己的知识干部看成当前政治工作的严重任务之一。指示要求各大战略区开办学校，一是积极培养领导干部，以适应部队的发展与加强领导；二是把部队中年龄较轻的、有相当实战经验的基层工农干部调出一部分，经过两至三年的训练，教以中学的各门课程，提高其文化水平，培养成为知识干部。

八路军各大战略区遵照中共中央和八路军总部的指示，在精兵简政中，为保留有发展前途的年轻干部，八路军总部对晋冀鲁豫根据地的军事人才教育工作作出指示，在抗大总校名下设立附属陆军中学（简称“陆中”）。

1942 年春，抗大总校附属陆军中学开始筹备组建了校机关，设立在冀西的邢台县下店村，后移驻寨上村。由抗大总校直接领导，并开始招生，1942 年 5 月 1 日，正式举行了开学典礼。

抗大总校陆军中学邢台县宋家峪村旧址

全校 800 多名学员中，年龄大多的在 18 岁左右，最小的才十二三岁。文化程度更是参差不齐，有的高小毕业或肄业，有的只上过初小，还有的从来就没进过校门。他们大部分是少年参军的“红小鬼”“小八路”，主要来自十八集团军（八路军）前方总部直属部队、一二九师直属部队、各个旅和各军分区。

陆军中学的管理体制为校部管理制：校部设校长、政委、副校长、教务处、政治处、供给股、卫生所、管理股等。陆军中学，当时亦称抗大总校第三大队，归抗大总校直接领导。陆军中学校长由抗大校长滕代远兼任，副校长史子谦，政治处主任徐兴华，教务处主任郭彰，总支书记戴铣军。

教员是从总部、师部、抗大总校及部队中选调的一批政治素质、文化

水平较高的干部；特别是专门在一二九师聘请来了原来在榆次当过中学校长的史子谦同志，并由他出任副校长，主持学校教学工作。还有语文教员谈培德、吴象，数学教员吴植楷、林柏青、王启淳，自然教员彭庆昭，史地教员张天明，体育教员刘泳川，都是大学生。根据学员情况分编为七个大队，一至七队队长分别为：丁一、杨玉珍、苑庆祥、王希真、韦珂、王庭颜、叶林。

陆军中学的学制预定为 3 年，教学内容除普通中学的语文、数学、历史、地理、自然、音乐、美术、体育外，还有军事课、政治课。每班配备五六支步枪。在战争的岁月里，学员是边学习、边生产、边战斗。旨在全面提高学员的军事、政治、文化水平，使这批工农出身的干部知识化，成为今后军队建设的骨干。

艰苦的教学条件

陆军中学开学典礼后，各队开始了紧张的教学活动。陆中的学习条件非常艰苦，没有课堂，天气晴朗暖和时，学生们就在野外进行学习，在大树荫下或打谷场上听讲，上完课就各自在农家小院或小炕桌上完成作业。天凉的时候，或者刮风下雨，就挪在村里的破庙、祠堂或羊圈内上课。没有桌椅，就搬些石头、石板垒起来。没有笔墨纸张，就拿太行土造粗纸印教材，用木棒、弹壳、罐头铁桶皮制蘸水笔，刮锅底黑、煤灰泡墨水。为了节约纸笔墨水，常常用木棍在地上做练习。学生们还自制沙盘，用以代

太行陆军中学学员进行军事训练

替纸笔演算，进行各种战斗推演。

尽管学习条件如此简陋，但学员们学习目的明确，求知欲望极强，学习情绪高涨。学生们都认真学习，做作业从不马虎；而且还开展了学习竞赛活动，学员们的成绩都能够保持优良。

为了让学生学到扎实的知识，采取了学习与实践相结合的方式，这是陆中的教学特点。如结合反“扫荡”，打游击，学习军事本领；结合大生产种庄稼，学习植物常识；教数学，结合农村土改，就带学员丈量土地，计算面积；学语文，就经常让学生轮流到各村公所值班，写路条、写通知等。这种理论联系实际的教学方法，使学生看得见，摸得着，记得牢，学得快，知识水平有了极大的提高。这一切都是史子谦副校长结合他以往的教学经验创造出来的。

除学文化科目外，还进行了四大技术——射击、投弹、刺杀、体育和土工作业的教练。学员们利用一切时间，采取各种形式，研究学术问题，练习军事动作。甚至有些学员半夜起来小便后，也要到单、双杠上做两个动作再去休息。有的同志因公外出时，带着木制手榴弹，边走边投，走到弹着点后，拾起来再向前进的方向投去。

敌后的环境十分恶劣，日本侵略者不断地向我根据地进行残酷的“扫荡”，实行其烧光、杀光、抢光的“三光”政策。人民群众所遭遇的那种灾难惨景，使人终生难忘。敌人对待我们抗大更是无比的仇视。1942 年 5 月，敌人向河北邢台、赞皇、内邱一带抗日根据地大“扫荡”时，提出“以五十个人换抗大一个干部”的口号，集中了优势兵力，分路向我合击，企图把培养抗日干部的优秀学校——抗大“一网打尽”。但是，由于抗大及陆中在滕代远同志的正确领导下，顽强地抗击敌人，机动灵活地转移到新的地区，使敌人的狂妄计划成为泡影。我们虽然付出了一些代价，但却给敌人以严重的杀伤，陆军中学也与抗大总校一起，掩护地方广大人民群众安全转移。

开展生产渡难关

陆中开学之初，每人每天口粮1斤半，学生们的生活还能基本满足，随着敌人“扫荡”破坏，粮食供给有了困难，减为1斤。可是没多久，敌人再次对太行区进行了大“扫荡”，副校长史子谦因1940年冬在一次与敌遭遇战中双足冻残，山地行走非常艰难，未能突出重围，不幸被敌俘虏。在敌营里他受尽折磨，但他无畏不惧，痛骂敌寇，最后敌人用他作为练刺杀的活靶子，将他活活刺死在太原东城门外。

1942年夏，气候干旱。反“扫荡”后，病魔又来袭扰。6月下旬，疟疾流行，没有几天，就有2/3的师生染病卧床，学校只好把病员搬到50里以外的山村隔离治疗。在缺医少药的情况下，师生们只能用身体和意志抵抗病魔，轻病号照顾重病号，互相安慰、互相鼓励，来减轻病魔折磨的痛苦。陆中设法到野战医院搞到少量的奎宁粉和暴泼利尔针制，但由于生病学生太多，简直就是杯水车薪。为了尽快解决这一困难，在当地老中医的指导下，由未病师生采集野草柴胡熬汤治疗。

8月，中央军委决定，调抗大副校长兼陆中校长滕代远，接任在五月反“扫荡”中牺牲的左权出任八路军前方总部参谋长一职，不再兼任陆中校长职务；副校长史子谦也在反“扫荡”中牺牲。为加强陆中的领导工作，抗大总校决定调抗大总校政治教育科科长任白戈同志担任陆中校长，同时任命抗大总校上干科政治处主任陈鹤桥为陆中政治委员。

在敌后抗日根据地处于日军连续不断的“扫荡”“治安强化”的极端困难时期，严重的自然灾害再次降临根据地人民的头上。到1943年又遭了百年不遇的旱灾，粮食更加困难。邢西深山，土地贫瘠，粮食产量甚低，老乡们很难维持最低限度的生活。他们吃饭都很困难，还要交公粮供给部队。所以，抗大、陆中数千人，学员的供给锐减为6两（16两制），吃粮还需要

外地供给。陆中吃的杂粮，要翻太行山到山西昔阳、和顺去背，来回需走三四天。有时遇上雨天，山间云雾缭绕，路更不好走，时间用得更长。

1943 年 1 月，根据中共中央军委命令，抗大总校由副校长何长工率领，返回延安。陆军中学留在晋冀鲁豫继续办学，更名为太行陆军中学，归第一二九师领导。

这年春天，口粮更加减少，师生们饭吃不饱，身体素质差，又染上疟疾。这次虽然不像 1942 年秋的发病率高，但不少人还是感染发作，依然是缺少药，学校只能再用柴胡汤治疗。病魔使人们变得面黄肌瘦，体力显著下降，上课、做作业只能勉强支持。学员们经常是行军与敌人打游击，再加上粮食不足，一直处于饥饿状态，可是还常常碰到从平原敌占区逃荒上来的灾民，而且还遇过饿死在路旁的百姓，灾民的惨状让学员们产生了极大的同情，所以遇到灾民，学员们总是要拿出一点干粮接济他们。这样，学员们只得挖野菜、采树叶，掺和玉米、土豆熬成稀粥，勉强充饥。一日三餐，顿顿如此。每到开饭时，干部、教员总是让学员先舀。只能是“饭不够，汤来凑；碗照脸，知肥瘦”，就这样咬紧牙关渡难关了。

在这种困难面前，陆中师生自己动手，开荒种地，利用驻地附近空地种菜，翻山越岭到和顺县去开荒种土豆，尽管产量较低，但也可补充一点粮食的不足。

尽管如此，学员们仍然信心坚定，情绪乐观。在紧张学习之余，开展了生动活泼的文娱、体育活动。师生们自编自演歌曲、舞蹈、快板、相声、双簧、杂技、莲花落、诗朗诵等节目，京剧《王佐断臂》《打渔杀家》、河北梆子《三疑计》更吸引人，校园里充满了欢乐。体育则有篮球、排球、棒球，经常举行比赛。艰苦的生活，残酷的“扫荡”，并未使大家悲观，相反一个个斗志高昂，处处洋溢着革命的乐观主义精神。

太行陆军中学进驻武乡

1943年，是根据地最困难的一年，敌人对太行区“扫荡”非常频繁，面对这样的形势，陆军中学留在敌后继续办学确实非常困难。为了保存革命力量，培养优秀干部，党中央和中央军委作出决定，要求太行陆军中学离开太行山开赴陕甘宁边区。

根据这一指示，陆中对学员队进行了调整，将第七队并入第三队，然后将一、二、三队编为第一梯队，四、五、六队编为第二梯队，于1943年10月下旬，分两个梯队，从驻地出发，几天后到达太谷县范村附近。为了保证学员能安全越过封锁线，由任白戈校长带校部及第一梯队，把所有枪支集中起来，组成掩护队伍，掩护第二梯队闯过封锁线。可就在第二梯队刚刚过封锁线之后，敌人发觉了陆中的动向，分几路围拢过来，在这紧急之时，陆中校部和第一梯队想再过封锁线已经没有可能。在这样的情况下，任白戈带领400余名教职工和学生转移进驻武乡县石盘村。

太行陆军中学校部武乡县石盘村旧址

陆中在石盘村时，校部驻在陈金堂家，学生散住于村中。学员们一边等待机会穿越封锁线，一边在石盘村坚持上课。半个月过去了，但日军已经侦察到要闯过铁路的是八路军的陆军学校，妄图一网打尽，于是在铁路线上布下了严密的火力网，因此再从太谷一带过封锁线已经没有可能了。于是任白戈决定，转经太岳区再过同蒲铁路。

但是要到太岳区，还需要经过白晋铁路，好在武西独立营对白晋线的

情况非常熟悉，他们经常对白晋线进行破坏，知道白晋线敌人的分布和防守情况。听说陆中要过白晋铁路，他们便主动承担了护送任务，并预先派出侦察员与太后部队联系。他们选了一个夜晚，趁着夜色，派两个排去袭击敌南沟据点，以吸引敌人的注意力，用一个连的兵力掩护将陆中安全送过了封锁线，交给了前来接应的决一旅部队。

进入太岳后，一直等待时机，1944 年元宵节快到的时候，师生们正忙着编快板，排秧歌，准备军民联欢的节目。突然，接到太岳军区司令部传来紧急出发的命令，显然是趁着节日敌人放松警惕时，准备与太岳陆军中学一道，在洪赵支队的护送下，与冀鲁豫军区司令员杨得志等一起，翻越介休绵山，再次通过封锁线。

早饭后出发，积雪足有二尺多深，部队行动异常缓慢，介休绵山，山口风大，一般行人很难通过。

学员们迎着寒风，相互鼓起勇气，手拉手侧身爬行，中间倒下一个，两边使劲拉起来，再继续前进。终于冲出了山峰口。1944 年 4 月，陆中终于到达了延安。

4 月 25 日，根据抗大总校指示，太行陆中与太岳陆中在合水县上坪川合编为抗大七分校第三大队。大队长任白戈，政治委员高祖厚，副大队长张力之、梁俊亭、张杰轩，教务长郭彰（李国璋），政治处主任李一萍。

陆中学员重返上党

1945 年 7 月，党中央鉴于抗日战争胜利在望，日军末日将临的敌后形势的变化，命令太行、太岳陆中合编的抗大七分校第三大队，重返晋冀鲁豫前线。第三大队经过准备，离开上坪川开始东移。

9 月 10 日，第三大队途经延安，在中央党校大礼堂，受到了朱德总司令和中央组织部彭真部长的接见。朱总司令讲：“现在毛主席在重庆，大家

都很担心。我可以告诉同志们，不要怕，蒋介石不敢要流氓，因为我们有力量。你们到前线后，要不怕苦，不怕死。你们打胜仗越多，毛主席就越安全。”又说：“革命事业是长期的、艰巨的。我们搞了几十年，才搞成这个样子。我们年纪大了，不管战争还是建设，这个伟大而艰巨的任务，要靠你们去担当。你们就像机器上的小螺丝钉，虽然小，但缺了你们，机器就不动了。”朱总司令的话极大地鼓舞了广大学员。

第三大队从延安出发，经兴县过汾河、同蒲铁路，于10月20日再次来到武乡。队伍在武乡县城（今故县）进行了几天休整，并接到上级电报，取消了抗大七分校第三大队的番号，改名为晋冀鲁豫军区陆军中学。

上党战役全胜后，陆中到达长治县。很快，平汉战役也胜利结束，高树勋在邯郸马头镇起义。上级命令陆中在上党地区休整，着手进行学员结业的各项准备工作。学校请地委书记于一川同志，介绍上党战役的详细经过，加之平汉战役的胜利喜讯，大家心情异常激动，巴不得尽快赶到晋冀鲁豫军区所在地，马上毕业分配，走上解放全国的战斗岗位。

晋冀鲁豫陆军中学毕业纪念章

1945年11月12日，根据晋冀鲁豫军区命令，学员开赴邯郸附近磁县新庆村。在此举行了毕业典礼。

根据上级“各回原部”的原则，多数被分配到晋冀鲁豫军区所属的太行、太岳、冀南军区和各部队工作。少数干部和学员，被派到刚刚起义的高树勋民主建国军，由张力之、张杰轩同志负责，进行艰苦的改造工作，张杰轩担任民主建国军第一师政治委员。从此，陆军中学正式撤销，部分教职工合并到后来成立的晋冀鲁豫军政大学。

武乡抗战纪事

郝雪廷　李绍君　编著

【作者简介】

郝雪廷，山西省武乡县人，1958 年生。中国作家协会会员，山西省中共党史人物研究会副会长，八路军太行纪念馆研究部原主任，太行干部学院特聘专家。先后出版纪实文学《八路军改编纪实》《追寻八路军总部》，长篇小说《太行山上》以及抗战史研究专著《八路军序列沿革研究》等 30 余部。多次接受中央电视台及有关省电视台的采访，曾获全国名人作品展示会银奖，山西省社会科学研究成果奖等。

李绍君，1955 年生，山西省武乡县丰州镇胡家垴村人。曾任武乡一中副校长、县人大文卫工委主任。现任武乡县三晋文化研究会副会长兼秘书长。主要代表作有《中共武乡县委组织史》《抗战精华遍武乡》（与人合作）、《武乡地名故事》（与人合作）等。

【内容简介】

武乡是“八路军的故乡，子弟兵的摇篮”，在烽火连天的抗战岁月里，八路军总部、中共中央北方局、第一二九师、抗日军政大学、中共晋冀豫区党委等重要机关长期在此驻扎，朱德等老一辈革命家长期在这里生活战斗，指挥华北抗战，写下了可歌可泣的抗战颂歌。不足 14 万人口的武乡，就有 1.46 万人参加了八路军，武乡人民为八路军捐献军粮 240 万石，先后外派干部 5400 余名，留下了“出兵出粮出干部，五千干部一万兵”的佳话。该书主要以编年、记事形式，集中反映武乡在抗战期间的光辉业绩。

1937 年

山西青年抗敌决死队第四总队（教导第五团）进驻武乡

本年度要事

★　武乡县牺牲救国同盟会在县城东关正式成立。

★　武乡县牺盟会分赴各大集镇发动群众，全县掀起了抗日救亡的新高潮。

★　以太原回县的武乡籍产业工人为骨干，成立了武乡县工人抗日救国会。

★　武乡县牺盟会在县城召开纪念“九·一八”大会，并成立了武乡县抗日救国学生联合会。

★　中共山西省委同意恢复武乡党的组织活动，并批准成立中共武乡县临时工作委员会，王玉堂任书记。

★　武乡县农民抗日救国会、武乡县青年抗日救国会、武乡县妇女抗日救国会相继成立。

★　临时工委召开全县党的骨干分子会议，布置我党在全面抗日战争爆发后的主要工作任务。

★　筹建了武乡第一个兵工厂——武乡抗日自卫队铁工厂，也叫“蘗山工厂”。

★　山西省国民兵军官教导第五团进驻武乡，进驻后改编为山西青年抗敌决死第四总队。

★　本县抗日武装名扬游击队、武华游击队、武乡县抗日自卫队相继组建。

★　临时工委对党员重新登记和审查，恢复了窑头村党支部，并在段村、故城、大有、洪水、蟠龙等地设立党的基层组织。

★　八路军总部首次进驻乡。

★　谢张大队、一一五师六八六团扩军组、决死队等在武乡招兵。

★　决死队武乡游击大队成立。

★　名扬游击队集体编入决死队。

7 月

7 日　日军突然向河北省宛平县（现已撤销，并入北京市）卢沟桥附近的中国驻军发动进攻，蓄意制造了卢沟桥事变。国民革命军第二十九军一部奋起抵抗。从而，标志了中国全国性抗日战争开始。

8 日　中国共产党中央委员会（简称中共中央）发出《为日军进攻卢沟桥通电》，指出平津（平为北平简称，今北京；津为天津简称）危急！华北危急！中华民族危急！只有全民族实行抗战，才是我们的出路。号召全中国同胞、政府和军队团结起来，筑成抗日民族统一战线的坚固长城，抵抗日本帝国主义的侵略。

9 日　彭德怀等红军诸将领率全体指挥员、战斗员致电国民政府主席林森等，提出红军愿即改名为国民革命军，并为抗日前锋，与日寇决一死战。

17 日　国民政府军事委员会委员长蒋介石在庐山发表谈话，提出解决卢沟桥事件的 4 个条件，并声明："如果战端一开，那就地无分南北，人无分老幼，无论何人皆有守土抗战之责任。"同时他说："希望由和平的外交方法，求得卢事的解决。"

20 日　山西省牺牲救国同盟会（简称牺盟会），派韩洪宾、姚伯功任牺盟会武乡特派员，并在武乡发展牺盟会县级分支组织，在由 1936 年冬牺盟总会派来的十多名临时村政协助员的帮助下，于县城东关正式成立了武乡县牺盟会，下设组织部、宣传部，由韩洪宾兼任组织部部长，高沐鸿任宣传部部长，隶属于山西牺盟总会辽县中心区领导。武乡县牺盟会成立后，立即开展了抗日救亡宣传发动工作。

21 日　中共中央书记处发出《关于目前形势的指示》，指出卢沟桥事变的发展有两种可能的前途，我们的总任务，是争取卢沟桥事变发展为积极的抗战，以至发展到全国性的抗战，反对一切丧失任何中国领土主权的妥

协。并提出红军立即改编为国民革命军，准备向华北出动，执行对日直接作战的神圣任务。

23 日　毛泽东发表《反对日本进攻的方针、办法和前途》一文，指出对付日本的进攻，一定要实行坚决抗战的方针，实行“八大纲领”的办法，争取驱逐日本帝国主义、实现中国自由解放的前途。

29 日　日军侵占北平。

30 日　日军侵占天津。

8 月

1 日　山西青年抗敌决死队（简称决死队）成立。决死队于 9 月间扩编为 4 个总队（相当于团），进而发展成 4 个纵队，即第一纵队、第二纵队、第三纵队、第四纵队（相当于旅），另外还组成了工人武装自卫纵队（也叫工卫旅）、政治保卫纵队（也叫政卫旅）和暂编第一师等部队，到 1939 年夏，共有 50 个团 5 万余人。以决死队为骨干的山西新军，是由中共山西省公开工作委员会书记薄一波等，取得国民政府军委会太原绥靖公署主任阎锡山同意而建立起来的，实际上是一支由共产党人领导的人民武装，在山西的抗日斗争中起到了重要作用。

上旬　武乡县牺盟会组织十多名临时村政协助员，分赴武乡各大集镇，组织发动群众，吸收爱国青年，团结中间力量，全面调查研究，进一步扩大了牺盟会的影响，掀起了抗日救亡的新高潮。韩洪宾、姚伯功、高沐鸿等人按照“牺牲救国”的宗旨，研究了扩大牺盟会会员的方案，很快扩大了武乡的牺盟会组织，并广泛宣传不分阶级、不分党派、不分信仰，有钱出钱、有力出力，团结一致，共同对敌。

中旬　高沐鸿离开武乡赴太原，找中共山西省委联系，请示恢复 1936 年 2 月遭到破坏的中共武乡县委组织机构。

21日　红军第一方面军主力（25日改编为八路军一一五师）于陕西省泾阳县云阳镇附近举行抗日誓师大会。22日，该部开始分批出发，经陕西省韩城县芝川镇东渡黄河，开赴山西抗日前线。

22日　国民政府军委会正式宣布红军主力部队改编为国民革命军第八路军（简称八路军）。

25日　中共中央革命军事委员会发布了关于红军改编为国民革命军第八路军的命令：将红军前敌总指挥部改为八路军总指挥部，朱德任总指挥，彭德怀任副总指挥，叶剑英任参谋长，左权任副参谋长。中革军委总政治部改为八路军政治部，任弼时任主任，邓小平任副主任。八路军下辖3个师：一一五师以红军第一方面军为主编成，师长林彪，副师长聂荣臻，参谋长周昆，政训处主任罗荣桓、副主任肖华；一二〇师以红军第二方面军为主编成，师长贺龙，副师长肖克，参谋长周士第，政训处主任关向应、副主任甘泗淇；一二九师以红军第四方面军为主编成，师长刘伯承，副师长徐向前，参谋长倪志亮，政训处主任张浩、副主任宋任穷。

29日　中共中央书记处发出《中央关于成立前方军委分会及各师成立军政委员会的决定》，决定前方军委分会由朱德、彭德怀、任弼时、林彪、聂荣臻、贺龙、关向应、刘伯承、张浩9人组成，朱德为书记，彭德怀为副书记，受中共中央军委领导。各师成立军政委员会：一一五师由林彪、聂荣臻、罗荣桓、周昆、肖华组成，林彪为书记；一二〇师由贺龙、关向应、肖克、甘泗淇、王震组成，贺龙为书记；一二九师由刘伯承、张浩、徐向前、陈赓、王宏坤组成，刘伯承为书记，均受前方军委分会领导。

31日　日军编成华北方面军，寺内寿一大将为司令官，冈部直三郎少将为参谋长。下辖两个军：第一军，香月清司中将为司令官，桥本群少将为参谋长，辖第六师团、十四师团、二十师团；第二军，西尾寿造中将为司令官，铃木率道少将为参谋长，辖第十师团、十六师团、一〇八师团。方面军直辖第五师团、一〇九师团及中国驻屯混成旅团、临时航空兵团等。

下旬　由于日军开始进攻山西，阎锡山的兵工厂随之停产，在省城以太原兵工厂、平民工厂为主的武乡籍产业工人500余人，在领导骨干贾志厚、张玉堂、李瑞堂等人带动下，相继离开太原，返回武乡。此时，武乡抗日救亡运动正在兴起，他们返回武乡后，即在县牺盟会的大力支持下，进行抗日救亡宣传活动。

9月

1日　毛泽东在延安中共中央召开的积极分子会议上作《中日战争起来后的形势与任务》的报告，指出，当前的形势是日本开始大规模进攻，中国开始全国性的抗战阶段，中日战争是持久战。全党要为充实和坚固抗日民族统一战线而斗争，要为动员一切力量，实现全面的全民族的抗战和争取抗战胜利而斗争。并提出7项任务。

2日　八路军一二〇师在陕西省富平县庄里镇举行抗日誓师大会。3日，该师主力随一一五师之后，开赴山西抗日前线。

6日　八路军总部由朱德等率领，从陕西省泾阳县云阳镇出发开赴山西抗日前线。

同日　八路军一二九师在陕西省三原县石桥镇举行抗日誓师大会。

上旬　以太原回县的武乡籍产业工人为骨干，正式成立了武乡县工人抗日救国会，推选杜生旺、贾志厚、张玉堂、王化南、常贵生等人为工救会负责人。县工救会的成立，带动了全县各区工救会的建立，调动了工人群众抗战的积极性。

11日　国民政府军委会按全国海陆空军战斗序列，将八路军改称第十八集团军（此后仍沿称八路军，其指挥机关仍简称总部，对国民党政府的正式行文中则称“集总”），朱德改任总司令，彭德怀改任副总司令。

15日　从省城返回武乡各地的青年学生陆续赶到县城（今故县）。有段

英奎、刘延藻、黄岑明、魏效泉、武铭、武惠、武淑贞、李旭、李安唐、石汝麟、石汝经、石耀忠、张志高、杨发昌、李炳源、张武秀等30多人。他们为筹备成立武乡县学生抗日救国会，在成立之前赶排了宣传抗战的小剧、歌曲等节目。

17日　毛泽东就敌情判断及战略部署致电八路军总部和各师，判断日军进攻华北大约分为四路，其总的战略方针是采取右翼迂回，以主力夺取太原，威胁平汉（北平至汉口）铁路线友军而最后击破之，夺取黄河以北，进而完成其夺取华北五省之企图。恒山山脉必为日军夺取河北、察哈尔、山西三省之战略中枢。依此判断，指出过去决定八路军全部在恒山山脉创造游击根据地的计划，已根本不适用了。为使八路军在战略上展开于敌之翼侧，钳制敌人，援助友军，进行独立自主的山地游击战，广泛发动群众，创造游击根据地，应变更原定部署，采取分散配置：一二〇师转至晋西北管涔山等地区活动；一二九师于适当时机进至晋西南吕梁山脉活动；一一五师即时进入恒山山脉南段活动，准备依情况逐渐南移，展开于晋东南之太行、太岳两山脉中。

18日　武乡县牺盟会在县城（今故县）召开纪念“九一八”大会，由韩洪宾、杜炘作了《大力开展抗日救亡运动》的报告，接着成立了“武乡县学生抗日救国会”，推选杜忻为学生联合会主席，段英奎、黄岑明、武铭、张桂森等为副主席。大会结束后，全体学生合唱了《工农兵学商，一起来救亡》和《义勇军进行曲》，演出了《放下你的鞭子》等剧目。此后，这些革命青年深入武乡各地进行宣传演出，张贴标语，散发传单，在全县人民群众中广泛开展了抗日游击战争的宣传教育。

20日　第二战区民族革命战争战地总动员委员会（简称战动总会）在太原成立。战动总会是周恩来、彭德怀同阎锡山商谈决定成立的，国民党抗日将领续范亭任总会主任委员，中共和八路军代表邓小平、南汉宸、彭雪枫、程子华参加了总会的领导工作。以后，战动总会领导各县动委会，

在配合八路军动员群众、扩兵筹粮、组织人民自卫队、创建抗日根据地等方面发挥了重要作用。

21 日　毛泽东致电彭德怀，再次强调八路军必须坚持独立自主的山地游击战的战略方针，并指出要实行这样的方针，就要战略上使我之部队处于敌之翼侧，就要以创造抗日根据地、发动群众为主，就要分散兵力，而不是以集中打仗为主。

同日　八路军总部到达太原。同日，朱德、彭德怀、任弼时向各师发出关于各部队目前具体布置原则和任务的训令，确定一二〇师主力以灵活的游击战向左云方向袭击，并发动晋西北及绥（绥远省简称，已并入内蒙古自治区）东群众；一一五师三四三旅置于灵丘县上寨附近，三四四旅置于河北省阜平东北。预计一二九师进到正（定）太（原）铁路以南，开展太行山脉的群众工作。

22 日　国民党中央通讯社发表《中共中央为公布国共合作宣言》。

23 日　蒋介石发表《对中国共产党宣言的谈话》，实际上承认了中国共产党的合法地位。中共中央的宣言和蒋介石谈话的发表，宣告国共两党合作的实现，标志着抗日民族统一战线正式形成。

25 日　一一五师主力于平型关附近伏击日军第五师团二十一旅团一部，歼敌 1000 余人，毁敌汽车 79 辆、摩托车 3 辆，缴获大量武器和军用品。这是八路军出师华北抗日前线打的第一个大胜仗，它戳穿了日军“不可战胜”的神话，极大地振奋了全国军民的胜利信心。

28 日　毛泽东指示八路军一二九师迅速东渡黄河，开赴正太铁路南北地区。

29 日　毛泽东致电周恩来、朱德、彭德怀、任弼时，指出华北大局非常危险，山西将成为华北的特殊局面。强调八路军的根本方针是争取群众，组织群众的游击队，在这个总方针下实行有条件的集中作战。

30 日　朱德、彭德怀致电毛泽东，提出：现应争取山西相当持久的抗

战局面，这有利于八路军在山西创造抗日根据地。阎锡山组织的以决死队为骨干的山西新军，其主要干部是共产党员。决死队有政治委员制度，其政纲为减租减息，减税减价，并已开始撤换旧县长，实现抗日民主。

同日　八路军第一二九师主力由陕西省三原县石桥镇出发，经韩城县芝川镇东渡黄河，开赴山西抗日前线。

下旬　朱德在五台县台怀镇会见决死队第一总队政治委员薄一波，指示他立即率部南下，到晋东南太行山区开展游击战争，创建抗日根据地。

10 月

1 日　阎锡山决心保卫太原，将国民党军 10 个团交给朱德、彭德怀指挥，以防守五台地区。

4 日　毛泽东致电朱德、彭德怀、任弼时等，提出：对国民党交给八路军指挥的部队，应采取爱护、协助的态度，不使他们担任最危险的任务，不使他们给养物资缺乏，争取他们与八路军团结一致。

6 日　朱德、彭德怀致电毛泽东、周恩来，提出八路军一二九师主力开赴定襄县河边村，配合一一五师作战，其教导营先开往正太铁路沿线进行地方工作。毛泽东于当日复电基本同意。

10 日　毛泽东、谭政通知任弼时、邓小平、罗荣桓、关向应、张浩：中共中央军委总政治部已建立，主任为任弼时（兼，由毛泽东代理）、副主任为谭政，即日开始办公。规定政治机关每 7 天报告一次。八路军政治部及各师政治部直接报告中央军委，但中央军委对各师指示，仍经过八路军政治部。报告事项为：敌我政治情况；部队政治情况及纪律情况；地方工作情况。

上旬　高沐鸿在太原找到党组织后，经中共山西省委研究，同意恢复在 1936 年遭到破坏的武乡党组织活动，并批准成立中共武乡县临时工作委员会，任命王玉堂为中共武乡县临时工作委员会书记。省委还派出了中共

山西工委秘书长徐子荣带领高沐鸿、王玉堂来武乡恢复党组织。高沐鸿、王玉堂均是武乡人，对武乡地方情况非常了解，便于开展工作，回到武乡后，在徐子荣的领导下，很快就正式成立中共武乡县临时工作委员会。王玉堂任临时工委书记，韩洪宾任组织委员，高沐鸿任宣传委员。中共武乡县临时工作委员会受新组建的中共晋东特委领导，晋东特委由何英才任书记，赵德尊任组织部长，刘建勋任宣传部长。

同月　在9月成立武乡县工人抗日救国会、武乡县学生抗日救国会的基础上，又成立了武乡县农民抗日救国会、武乡县青年抗日救国会、武乡县妇女抗日救国会，分别由赵晋臣、王锦心、武铭担任主席。同时成立了武乡县各界抗日救国联合会，由武三友任主席。各救会的主要任务是：在县委的领导下，统一领导工、农、青、妇等救国团体，组织发动各阶层群众，开展抗日救亡工作。

同月　中共武乡县临时工作委员会召开全县党的骨干分子会议，武三友、魏名扬、姜一、李福元、李衍授等同志参加了会议。这次会议布置了我党在全面抗日战争爆发后的主要工作任务，即广泛发动群众抗日运动，建立群众抗日团体，在全县普遍成立牺牲救国同盟会分支机构，秘密地发展工农青妇各救国会中的积极分子入党，特别是要成立游击队，尽快拉起我们自己的抗日队伍。

同月　八路军在平型关打了胜仗的消息传到武乡，武乡民众集会庆贺。

13日　忻口战役开始。

19日　八路军总部致电张闻天并告周恩来、邓小平，建议恢复党代表和政治机关制度。

22日　张闻天、毛泽东复电，表示同意，并指出党代表名义不妥，仍应名为政治委员。

中旬　根据中共山西省委指示，中共武乡县临时工作委员会成立后，首要抓了建立地方武装工作，成立了“武乡县抗战战地动员委员会”（简称

动委会）和“武乡县抗日自卫队”，两块牌子一套人马，由县临时工委书记王玉堂兼队长，全县五个区各成立一个中队，县委另外成立一个直属中队。规定：所有18岁以上，59岁以下的健壮男女公民，都有参加自卫队的权利和义务，都是当然的自卫队队员。要拿起各种武器，土枪、土炮、大刀、长矛、斧头、菜刀与棍棒、石头，和日军进行殊死斗争。党组织的号召，得到了全县人民的热烈响应。各区、村青壮年纷纷报名，积极参加抗日自卫队。自卫队的任务是：平时站岗放哨，侦缉汉奸、特务；战时组织群众转移，实行坚壁清野，支援部队作战，开展游击战争。

同月　经武乡县临时工委批准，由武华同志负责组织了武乡抗日游击队，群众称之为“武华游击队”。由武光清担任大队长，武华担任政治主任。

同月　为了满足地方武装武器装备的需要，由贾志厚、王化南等人积极筹建了小型兵工厂，厂名叫“武乡抗日自卫队铁工厂”。厂址先在县城（今故县）东门外的城隍庙，后因敌机轰炸，搬到魏家窑关帝庙，又因地方狭小，迁至松庄附近的佛爷滩。原料先是搜集来城墙上架设的古铁炮、寺庙里的大铁钟等化铁铸造。当时工人住房紧缺，厂里所需设备无着落，县临时工委发动当地群众，给工人腾出了住房，增添了设备和原料，使工厂能够尽快投入生产。为了有利于保密，又因县政府所在地背靠鼙山，几天后将厂名改为“鼙山工厂”。主要生产地方武装急需的大刀、长矛，装备县游击队和县自卫大队。

20日　毛泽东致电周恩来、朱德等，指出日军侵占太原后，形势将起极大和极快之变化。因此，八路军应准备作如下部署：一一五师主力准备转移到汾河以西吕梁山脉，留该师独立团在恒山、五台山地区坚持游击战争；一二〇师坚持晋西北游击战争；一二九师在正太铁路以南地区坚持游击战争。八路军总部亦移正太铁路附近，准备转移山西省孝义、灵石地区。

22日　薄一波请示阎锡山，上党是军事要地，需带领决死队去控制该

地，得到阎锡山的允许后，本日，山西省国民兵军官教导第五团由团长贾毓芝、政治部副主任梁膺庸带领进驻武乡，决死第一总队开赴沁县。部队到达武乡之时，接到阎锡山第二战区命令，将教导第五团改编为山西青年抗敌决死第四总队，由决死第一总队政委薄一波兼任决死第四总队政委，原教导第五团团长贾毓芝改任总队长，梁膺庸任政治主任。

24日　朱德、彭德怀、任弼时发布命令：中共中央决定，恢复军队中政治委员及政治机关制度。独立营和团以上设立政治委员。各师、团政训处立即改为政治部和政治处，旅设政治处，由政治委员兼任主任。

28日　朱德、彭德怀、任弼时、邓小平委任聂荣臻任一一五师政治委员，关向应任一二〇师政治委员，张浩任一二九师政治委员。

下旬　经武乡县临时工委研究决定，成立武乡青年抗日游击队，队长由魏名扬同志担任，政治主任由杜炘同志担任，副队长由李衍授同志担任，王克强任军事教官，李安唐任政治辅导员，史玉麟任后勤科长。群众称之为“名扬游击队”。

本月　中共武乡县临时工委进行调查研究，全面了解抗战前武乡地下党组织的基本情况。经过调查，了解到1936年前窑头村作为东区党支部所在地，发展过不少共产党员，党和群众基础较好，又是武乡的腹心地区，可以作为整顿恢复党组织的基点。他们经过对党员重新登记和审查首先恢复了窑头村党支部，支部书记由李福元担任。总结了试点经验后又全面铺开，在段村、故城、大有、洪水、蟠龙等地，开始恢复健全党的基层组织。

同月　山西省牺牲救国同盟会为适应抗战后的新形势，对原牺盟会中心区作了调整，在全省建立十个中心区，武乡归属沁县中心区，沁县中心区秘书为侯振亚。

同月　武乡县牺盟会组织，在全县五个区全部成立了区分会，一区（城关）分会秘书为籍薪田；二区（洪水）分会秘书为李安唐；三区（故城）分会秘书为张滔；四区（蟠龙）分会秘书为郝松琦；五区（涌泉）分

会秘书为段焕文。

同月　决死第一总队组织了民运工作队，工作队长胡荣贵，派赴沁县、武乡、襄垣、屯留、长子等县做群众工作，由袁映汉带一个分队到武乡开展工作。

同月　中共冀豫晋省委成立，设立五个特委一个办事处，武乡党组织归晋中特委领导。

11月

2日　国民党军从忻口撤退，忻口战役结束。

6日　一二九师决定组织4个工作团，分别到指定地区开展工作。其任务是：建立党的组织；发动群众，改善人民生活；扩军；建立抗日义勇军、游击队；破坏敌人交通，截击敌人辎重。

8日　太原失陷。毛泽东致电周恩来、八路军总部并各师，指出：太原失陷后，华北正规战争阶段基本结束，游击战争阶段开始。这一阶段，游击战争将以八路军为主体，这是华北总的形势。因此，八路军总部宜立即西移。一一五师亦立即转移，以开展吕梁山脉的工作。一二〇师在晋西北，一二九师亦全部在晋东南，准备坚持长期的游击战争。

同日　阎锡山决定将山西划为七个行政区，其中第三行署辖沁县、沁源、安泽、襄垣、武乡、榆社、辽县、和顺、昔阳、祁县、太谷、榆次、黎城等13县，由薄一波任第三行政督察专员公署主任，代行省府职权。

9日　毛泽东致电朱德、彭德怀、任弼时等，指出在华北正规战争业已结束，游击战争转入主要地位的形势下，日军不久将移其主力向着内地各县主要点进攻。因此，各师和晋察冀军区均应控制一部为袭击队，大部尽量分散于各要地，组织群众武装，以准备充分力量，对付敌之进攻。

同日　朱德、彭德怀指示一一五师直属队和三四三旅适时转移吕梁山

脉创建抗日根据地；一二九师创建晋东南抗日根据地。

同日　刘伯承等电示倪志亮和一二九师各工作团：根据敌快要到的地区先工作的原则，立即组织9个工作队，分别到山西省太谷、祁县、介休、沁县、武乡、沁源、长治、潞城、平顺、黎城等县开展工作。

上旬　山西青年抗敌决死第一纵队成立，由薄一波任政治委员，鲁应麟（旧军官）任纵队长，政治主任牛佩琮。下辖第一总队、第二总队。同时，驻扎在武乡的山西青年抗敌决死第四总队改编为第二总队，归属山西青年抗敌决死第一纵队领导，根据规定总队不设政委，薄一波不再兼任该职，第二总队总队长贾毓芝，政治主任梁膺庸。

△②　第二总队政治处派出由刘征田率领的民运工作队，在武乡东部韩壁、砖壁一带宣传群众、组织抗日游击队，很快就招收新兵300余人，二总队政治处决定组成武乡游击队第一大队，黄从述任大队长，刘征田任政治主任，符先辉任副大队长。下辖3个支队，符先辉兼任第一支队长，文儒祥任政治指导员；陈芝藻任第二支队长，何图远任指导员；何友东任第三支队长，黄树芝任指导员。

11日　八路军总部在和顺石拐镇召开领导干部会议。朱德、彭德怀、任弼时、左权、林彪、刘伯承、张浩等出席。会议根据毛泽东关于八路军战略部署的指示，具体部署开展游击战争的任务和各部队的战略展开。

13日　毛泽东致电朱德、彭德怀、任弼时等，指出：八路军的任务是进一步发挥独立自主原则，坚持华北游击战争，同日军力争山西全省的大多数乡村，使之化为游击根据地，并发动群众，扩大自己，多打小胜仗，用以影响全国，促成国民党、政府和军队的改造，克服危机，实现全面抗战的新局面。

同日　一二九师在和顺县石拐镇召开干部会议。会上，刘伯承传达毛泽东关于一二九师依托太行山脉，创建晋东南抗日根据地的指示；张浩作关于今后军区建设，支持华北抗战的报告。

14日　为加强与第二战区的联系，八路军总部向临汾一带转移，经榆社县城，首次进驻武乡县，当日晚驻扎在东村。晚间，八路军总司令朱德在段村镇为牺盟会、决死第四总队、名扬游击队、武华游击队以及方圆各村的群众数千人进行了抗日宣传演讲。

同日，八路军政治部主任任弼时，在东村接见了中共武乡县临时工委书记、抗日自卫队队长王玉堂，县委组织委员、牺盟会特派员韩鸿宾，县委委员、中区中心支部书记武三友。通过听取汇报，对武乡的情况作了充分的了解：一是自然条件优越，历来为兵家必争之地；二是武乡建党早，群众基础好；三是人少地多，粮食产量颇丰，且地下资源丰富，便于军队驻扎；四是目前已经形成了群众抗日高潮。这为以后总部机关多次进驻打下了良好的基础。

同日　由主任丁玲、副主任吴奚如带领的西北战地服务团，跟随八路军总部来到武乡，当晚在段村镇的集会中，西北战地服务团组织演出了丰富多彩的文艺节目，节目反映了抗战实际情况和国共团结共赴国难的内容。有《八百壮士》《忻口之战》《全民总动员》等。还穿插了一些小节目，有小调、快板、舞蹈等，形式多样，生动活泼。

同日　八路军副总司令彭德怀在东村接受了美国著名记者、作家和社会活动家艾格尼丝·史沫特莱的采访，随军战地记者周立波担任翻译。他们就一般国际、国内形势，谈了好几个钟头。彭总说，八路军要把山西、河北以及整个华北的群众都组织起来，武装起来。不管发生什么情况，八路军都将坚持战斗到底，不离开华北人民，不西渡黄河。即使日本军队占据主要城市和铁路交通，八路军和武装起来的民众也要一起破坏铁路、公路，牵制敌人，坚持不懈地对敌军开展游击战争。日军无论走到哪里，不管是山上还是河谷，他们都会遭到来自根据地军民的忽分散的、零星的袭击。彭总还说，组织人民、武装人民的工作开展得非常迅速。八路军在过去六个星期之内，已经把两万人组织成与八路军有联系的游击队。在冀西

和察哈尔，八路军部队已经与两支民兵结合起来。这些民兵大多是工人、农民或学生，他们参加过战斗，缴获过武器。他们就是中国人民新型部队的骨干力量，他们具有与一般完全不同的特点。他们由人民中间来，他们是自愿军……

同日　八路军一二九师派师教导团营长谢家庆、营政治教导员张国传及十余名八路军战士组成谢张大队，随八路军总部南下来到武乡。次日，八路军总部从武乡出发，继续南下转战到洪洞、赵城一带，谢张大队留在武乡开展发动群众、宣传群众、组织群众的抗日救亡工作，先后在东乡的陌峪、蟠龙、大陌，西乡的寨上、涌泉等地开展工作。

15日　早晨，八路军总部机关离开东村，经沁县开村向晋西南转移，后驻扎于洪洞县高公村。

同日　八路军一二九师致电毛泽东和八路军总部，报告关于筹备中的晋东南4个军分区划分方案和各区地方武装情况。

同日　一一五师军政干部学校在武乡成立，并开始招生。

16日　八路军一一五师六八五团政治处副主任冯组织股长吴法宪率领八路军六八五团政治处全体及三营十一连组成的八路军工作组进驻武乡，进行宣传群众及扩军工作，主要有宣传股股长王辉球，干事张庆余、曹如学，技术书记杨永松，组织股股长冯志祥，直属总支书记刘仁贵，总支干事张皋明，组织干事袁质钦、严庆堤，民运干事刘贤权、王尚清，三营教导员蔡文福，宣传员石英等。该工作组在武乡进行了抗日救亡宣传，并招收了百余名新兵。月底，遵照三四三旅批示，离开武乡开赴临汾。

18日　遵照八路军总部指示，一一五师各团分赴各地进行扩军工作，六八六团由团政委杨勇、团政治处主任符竹庭率领，到晋东南地区进行扩军。符竹庭同志带一个组到武乡，扩军组在广大城镇乡村广泛宣传《抗日救国十大纲领》，宣传减租减息、废除苛捐杂税。写标语、散传单、开演讲会，搞得轰轰烈烈。不到一个月时间，六八六团扩军组在武乡招募新兵400

多人，杨勇同志率领的扩军队伍在晋东南总共扩军达3000余人。1937年12月底，杨勇、符竹庭等带着新兵返回部队，新兵团与原部队合编后，由于人数太多，旅首长决定在充实六八六团的基础上，从六八六团调出第六连为骨干另外成立一个补充团，邓克明为团长、符竹庭为政委。1938年，以这个团为基础组建了独立支队，由陈士榘任支队长，林枫任政委，补充团编为支队一团，武乡籍战士大多编在该团。

19日　邓小平率八路军政治部一部由孝义来到武乡，原准备在此与总部机关会合，但因时间错过，邓小平一行在段村镇住了几天，邓小平与八路军政治部民运部部长傅钟等人在武乡开展了宣传工作，对在武乡活动的八路军谢张大队、一一五师六八六团扩军组、六八五团扩军组等进行了工作布置和安排，然后与六八六团扩军组的杨勇等一起到达襄垣。

中旬　谢志勤带领第二总队民运工作队在玉品村一带发动群众时，遇到从太原退下来的300多名全副武装的国民党军散兵，沿途糟蹋百姓，谢志勤等协助玉品村农会干部，召集附近几个村的自卫队、游击队将其包围。在人民武装的威慑下，经过谈判，缴了他们的械，保护了群众利益，还动员了其中的200多人自愿参加了决死队，余下不愿参军的发给路费遣散回家。根据这一情况，第二总队决定将民运工作队新招收的400余名新兵与这200多人合编为武乡游击队，决死第二总队政治处派牛明智任大队长兼政治主任。12月上旬，编为新组建的武乡游击大队第二大队。

20日　国民政府发表宣言，迁都四川省重庆，继续抗战。

21日　八路军一二九师政治部副主任宋任穷、组织部长王新亭、宣传部长刘志坚等，率领一二九师工作团与步兵分队，深入武乡各地，开展了抗日救亡宣传工作。

22日　八路军一二九师三八六旅七七二团一营开赴分水岭，向祁县、太谷方向游击。七七一团与七七二团派员到武乡进行扩军，24日两团受命调回和顺县石拐村集结。三八六旅参谋长李聚奎带旅直一部留在武乡进行

宣传发动和招兵工作。

28日　刘伯承在一二九师游击训练班作《抗日游击队四个基本任务》的演讲。他指出抗日游击队的四个基本任务是：组织全民族的抗战；配合基干军队打胜仗；壮大本身成为基干的军队；消耗日军的力量。

下旬　一二九师游击训练班开设了轮流培训地方党政军干部的轮训班。武乡县临时工委派以杜忻为首，李衍授、李安唐、王占鳌、史玉麟、张实生、张凤奕、赵石甫、吕顺、王廷章、常贵生、姚茂堂、赵寿彭、赵树仁、杜根尧、史建唐、史民章、李贵兰、陈来生等20多人到辽县大营盘一二九师游击训练班学习。这些学员大都成为农村党组织的建立和抗日斗争的中坚。

同月　抗敌决死队第一纵队第二总一队三大队指导员、武乡首任县委书记李逸三带决死队一个班去南沟村，本着“有钱的出钱、有力的出力”的精神，动员地主捐献了5000套棉衣，解决了三总队和游击队的过冬棉衣问题。

本月　决死第二总队民运工作队在武乡建立，队长徐国华、副队长宋秀。下设3个分队，一分队长阎炳涛、副分队长崔景华；二分队长乔腾霄、副分队长何凤仙；三分队长阎士杰。各分队下设3个小队，有50余人，活动地区主要在襄垣、武乡、榆社等县，其中二分队在武乡活动。

同月　中共中央北方局针对太原失守后的山西局势，作出了《关于目前形势和华北党的任务》的决定，同时北方局书记刘少奇发表了《为华北广大群众的抗日救国运动而斗争》的指示。鉴于抗战开始后形势发展的迫切需要和我党已经成为政权和武装的主要领导者，要求在敌后游击战争中必须十倍百倍地发展我党组织。只有这样，才能保证对抗战的坚强领导。中共冀豫晋省委及时传达了这些指示精神，武乡县临时工委即着手发展党员建立基层党组织的工作。在很短时间内，由王玉堂主持，经杜炘介绍，史玉麟、李安唐、李衍授、武铭、王润华、李生旺等参加了中国共产党组织，以杜忻、魏名扬为首在名扬游击队中组成了党支部。

12 月

3 日　中共中央军委总政治部发出《关于军队在战区政治工作的指示》，要求各级政治机关在群众中深入宣传中共中央的《抗日救国十大纲领》和现行政策，揭露日军的欺骗宣传及其利用伪政权破坏抗日团结的阴谋，注意巩固抗日民族统一战线。

上旬　武华游击队发展到 300 余人，队长武光清调离，薄一波同志率领的决死队派来了郑炎辉（亦名郑军）接任大队长，游击队开始了正规的军事训练。

同月　经薄一波政委同意，向阎锡山的第二战区请示，颁布了一个游击大队的番号，在段村正式成立武乡游击大队，由白书祺任大队长。黄从述的第一大队编为第一大队，牛明智的游击队编为第二大队。

17 日　毛泽东致电八路军总部并告各师和晋察冀军区，指出：八路军必须坚持抗日民族统一战线政策，对华北各友军尤其是对阎锡山及山西各县地方政权、地方绅士，必须保持友好关系，减少摩擦，团结对敌。

18 日　朱德、彭德怀、任弼时、邓小平发出关于减少摩擦巩固抗战团结的训令，指出巩固抗日民族统一战线，始终是八路军的工作中心与方针。各级军政首长和政治机关在山西的地方工作中，必须注意尽量取得与山西当局及地方政府、民众团体和附近友军的协同合作。训令还作出 12 月底停止扩兵和游击队避免直接筹粮筹款等决定。

中旬　名扬游击队除留下中队以上领导干部外，所有战士全部被编入决死队。

27 日　一二九师于辽县（今左权县）召开干部会议。刘伯承在会上作《击退正太路敌人六路围攻的战术观察》的演讲，分析日军包围袭击的战术特点，提出对付日军袭击的战术手段，强调无论是袭击或伏击敌人，乃至

破毁交通，总是要仔细周到地计划和迅速果敢地动作，使每一次都能得到相当的胜利，这在游击战争的开展上有很大的意义。

下旬 全县各地小学组织儿童团，积极参加抗日活动。

本月 在中共冀豫晋省委徐子荣、中共晋东特委杨树根等领导人的具体指导下，中共武乡临时工委为了提高党员的政治素质，学到发动农民抗日的新本领，在窑头村举办了党员培训班。训练的主要内容是：党的基本知识和抗战时事教育，包括党的性质；最高理想和现阶段的斗争目标；党员的义务和权利；团结群众和党员；如何在群众中起先锋模范作用；遵守党的纪律和保守党的机密等等。经过培训，大部分党员和积极分子的政治水平和阶级觉悟有了显著提高。参加训练班的党员大都成为党的工作骨干。大部分担当了重点区、村的抗日干部，除在原有地下党的村庄进行恢复党组织工作外，又逐步在全县 48 个抗日编村建立了党的基层组织。

同月 山西省第三行政专员公署主任薄一波发布了两项命令，一是实行减租减息，合理负担；二是组织农救会等抗日群众团体。根据这一命令，武乡县牺盟会通过公开发动和组织，以农救会去开展这项工作。在群众中进行反汉奸、反贪污、实行合理负担、二五减租的斗争。

1938 年

朱总司令与八路军工作团团长（中共武乡县委书记）陆清廉等在武乡合影

本年度要事

★ 名扬游击队本年度先后组建四次，前三次分别编入先遣支队、三八六旅、七六九团。

★ 以陆清廉为首的八路军工作团进驻武乡。

★ 中共武乡县委员会正式成立，陆清廉任县委书记，对外以八路军工作团的名义活动。

★ 一一五师三四四旅进驻武乡。

★ 一二九师师部首次进驻武乡。

★ 日军轰炸县城及段村镇等地。

★ 八路军总部第二次进驻武乡。

★ 日军对武乡县城进行了洗劫，纵火焚烧了具有1300余年历史的武乡古城。

★ 八路军总部指挥所部展开了长乐村战斗，歼敌2200人。

★ 中共武乡县委先后在郑峪、洪水、故城、蟠龙、段村等地建立了五个区分委。

★ 八路军总部在型庄村为东路军友军举办游击战术和政治工作训练班。

★ 武乡县动委会在县城召开七七抗战一周年纪念大会。

★ 中共武乡县委改制为中共武乡中心县委，刘建勋任中心县委书记。

★ 日军占领西部重镇南关，并着手重新勘察阎锡山政府修筑的白晋铁路路基。

★ 武乡中心县委书记以牺盟会名义，在县城东门外河滩召开以“拥蒋抗日”为名的全县人民代表大会。

1月

1日　在魏名扬同志的努力下，名扬游击队第二次组建。

同日　决死第一纵队第三总队在沁县南城村成立，总队长由阎锡山派来的旧军官张寿华担任，政治主任王鹤峰，副总队长李成芳。名扬游击队编入决死队的战士一部分编进了第三总队。

3日　决死第二总队八中队在岸北召开大会，中队长乔国良（旧军官）就乘机抓了工作活跃的谢志勤、安永中、姚善良等人，并威逼交出队里的党员名单，当谢志勤等人严词驳斥时，他们就把谢志勤等刺伤。政治指导员郭万夫闻讯赶来，凶手已逃跑。郭指导员叫人抬伤员到大队部，同时派学员晋自修、阎仪、王秀文为请愿团，要求大队长惩办凶手，并到沁县向薄一波政委告状；张长生等编写传单、呼吁书向各队散发。这时，大队长陈斗星（旧军官）调来七、九中队包围了郭万夫所带的人。但各队政工干部和广大队员都是同情支持郭指导员他们的，张廷贵从石盘镇带来20多名游击队员也来支援郭万夫、谢志勤等。斗争持续几天，薄一波政委亲临总队，责令贾毓芝总队长惩办凶手，八中队队长乔国良和几个闹事的班长见势不好只好逃跑了。

同日　美国海军部观察员埃文斯·福代斯·卡尔逊，在战地记者周立波的陪同下，经山西第三行政公署到达武乡，在武乡县城小住一晚。卡尔逊在这里看到人民抗日热情已经十分高涨，看到组织起来的游击队伍在训练，也看到少数的八路军在宣传。第二天，他徒步向东，晚上住洪水镇。在沿途的村庄里，到处贴满标语，内容都是欢迎卡尔逊的，“欢迎美国志士参加中国抗战”，“欢迎美国参战国来华”……在共产党、八路军活动的区域，能表现出如此友好的气氛，卡尔逊非常高兴。第三天离开武乡，前往晋察冀。

5 日　中共中央军委任命邓小平为八路军一二九师政治委员，原任政治委员张浩因身体原因返回延安。同时，由八路军政治部民运部长傅钟接任八路军政治部副主任。

8 日　武乡县抗战战地动员委员会在县城女子学校举办训练班，培训农村村政干部、武装干部。

10 日　武乡县青年抗日救国公学（简称青校）在县城东关三关庙成立。这一组织的名称，来自延安的“陕北公学”，希望该校向陕北公学一样培养大批革命青年，而青校的办学方针也是仿效陕北公学，校长由县政府的县长朱理兼任。学校为公立性质，学生的一切开支费用，全由武乡县政府拨款粮支付，师生伙食，全部由公供给。学校的组织机构有校务处、政训处、军训处、事务处四处，各处各设有正副主任。段英奎任政训处主任并兼任政治课老师。教职员工的来源：大都是北平（北京）、太原各大城市被敌占领后回乡的大专学生和知识分子，亦有部分是原在外地谋生的公务人员。学生学习的主要科目有：统一战线、群众工作、游击战争等。

23 日　新任八路军一二九师政委的邓小平同志，从洪洞县马牧村八路军总部驻地出发到辽县一二九师师部上任，本日，在一二九师秘书主任刘华清的护送下途经武乡，住在东村。由于他们乘坐的木炭汽车发生故障，刘华清去县政府联系找了四匹马，请邓政委和警卫员骑马先走，其他人员徒步行军，到达一二九师师部驻地辽县西河头村。

28 日　以陆清廉为首的八路军工作团进驻武乡，同中共武乡县临时工作委员会、县牺盟会紧密配合，继续发动群众抗日运动，并着手组建中共武乡县委以及各区分委机构。

本月　决死一纵队政治部在武乡段村镇创办了《战旗》杂志，不久移至沁县西林村。

2 月

10 日　在八路军工作团的帮助下，由中共冀豫晋省委批准，正式成立中共武乡县委员会。八路军工作团团长陆清廉任县委书记，王锦心任组织委员，籍薪田任宣传委员，韩洪宾和王玉堂等主要抓抗战动员工作和武装自卫队训练工作。中共武乡县委员会对外继续以八路军工作团的名义活动。

23 日　朱德电示八路军一二九师应迅速南移至辽县以南地区，参加晋东南作战。一一五师三四四旅转移到正太铁路以南，向正太铁路活动。

24 日　根据八路军总部指示，三四四旅进至晋东南，即日来到武乡县，旅部驻扎在高仁村。

25 日　三四四旅六八七团随旅部到达武乡，驻扎在大有村，并在该村泰山圣母庙进行了整军会议，对全团进行了军纪整顿。

27 日　三四四旅六八八团进驻武乡，团部驻扎在贾豁村，在此进行了月余的休整，参加了大有整军工作会议，不久三四四旅徐海东旅长、黄克诚政委率六八八团继续向南进发，到潞城、长子一带与日寇作战，反九路围攻战斗结束后开赴太南地区。

28 日　毛泽东、谭政电告朱德、彭德怀、任弼时、傅钟并转各师首长及政治部：为统一对外名义，中共中央军委总政治部以八路军政治部名义出现，主任任弼时，副主任傅钟、谭政。并将在太行山前线的八路军政治部改称八路军野战政治部，八路军政治部副主任傅钟兼野战政治部主任。对国民政府各机构，均以第十八集团军政治部的名义，简称集政。

同日　三四四旅六八九团进驻武乡，团部驻扎在胡家垴村。

3 月

2 日　第二战区为反攻太原制订了作战计划。作战计划决定：组成东路

军为右翼集团，由朱德任总司令，彭德怀副之，指挥八路军第一一五师、第一二九师和国民党第九十四师等部向榆次、娘子关一线出击；南路军为中央集团，由国民党第三、第十四、第十五军等部组成，向平遥、介休一线出击；西路军为左翼集团，由国民党第三十五军、第七十一师、八路军第一二零师等部组成，向文水、交城、阳曲一线出击。本日，朱德、彭德怀分别就任第二战区东路军总指挥、副总指挥，统一指挥八路军一一五师、一二九师和决死第一纵队、第三纵队以及国民党军第三军、四十七军，十七师、九十四师、一六九师以及五二九旅。

4 日　八路军一二九师师直进驻武乡白河村，三八六旅进驻马堡村。七七二团直接开到黎城县西井镇，补充团驻扎在洪水镇。

5 日　一二九师师直移住西堡村，三八六旅住韩壁村。、一二九师刘伯承师长、徐向前副师长到韩壁村旅部，与陈赓旅长商讨作战方针：拟在黎城、东阳关、涉县之线寻求敌人弱点或创造弱点而打击敌人，并安排各团侦察区域，立即开始侦察。

6 日　冀豫晋省委军事部部长杨树根同志受命东下冀南，并将名扬游击队战士全部领走，编入先遣支队。

同日　三八六旅所属部队召开营的党员大会与连军人大会，进行政治动员的战斗动员。

上旬　中共武乡县委以八路军工作团的名义，依靠农救会和工救会等群团组织，开展了对“官盐店”的斗争。武乡吴村大地主李久华依仗其长兄李久荣在山西省民政厅做官的势力，把持垄断了全县的盐业。经营的盐业总店和分布在各个集镇的分店或代销店，囤积居奇，随意抬高市价，缺斤少两，掺杂土盐，牟取暴利。县委和工作团针对这一情况，组织农民进行斗争，盐店经理李久华慑于工会、农会的声威，未敢出面解释。后在八路军工作团的支持下，动委会和自卫队出面，把“官盐店”的食盐库房查封，又将分布在洪水、蟠龙、故城、监漳等镇的“官盐”分店和代销店，

相继查封停业。

11日 三八六旅部队离开武乡，开赴黎城、襄垣一带，准备在邯长路上对日军进行打击。

15日 魏名扬通过宣传、发动，继续组织游击队，名扬游击队第三次组建。

16日 八路军一二九师发起神头岭战斗，以七六九团袭击黎城守敌，以三八六旅于潞城县神头岭地区伏击援敌，经激战，歼灭日军十六师团、一〇八师团各一部和自卫队共1100余人，击毙与缴获骡马700余匹。

23日 日军第一次对武乡县城以及段村镇进行空袭，上午，县城上空飞来五架日军轰炸机，人们还没弄清怎么回事，日军飞机就带着刺耳的啸声俯冲下来，一颗颗炸弹尖叫着从人们头顶落下，霎时，爆炸声震耳，硝烟蔽日，碎石乱瓦横飞，民房中弹，店铺起火，庙宇纷纷倒塌，人们到处乱窜乱躲，敌机又向慌乱的人群投下了炸弹。这次空袭，日机投下了20余枚炸弹，城内房屋炸毁许多。接着飞机又飞到段村镇上空，对该镇进行轰炸，将炸弹扔到千佛塔旁，但炮弹哑了没有能爆炸，才使得这座古文物保存下来。有一架飞机飞到胡家垴一带撞击了山体而烧毁，其他飞机只好失败而归。

24日 朱德、彭德怀在沁县小东岭村主持召开第二战区东路军将领会议。会上，朱德发表重要讲话，彭德怀作《第二期抗战与我们的任务》的报告。会议讨论了目前战争形势与任务，确定了作战、民运和敌军工作方针，研究了建立抗日根据地、武装民众和改善部队政治工作等问题。会议还讨论和部署了反击日军对晋东南围攻的战略计划，讨论了坚持敌后作战条件和游击战争中的战略战术，鼓励国民党将领为抗日战争多做贡献，与会者一致表示坚决“扫灭倭寇，还我河山”，这次会议稳定了东路军国民党部队的情绪，坚定了抗战信心，为粉碎日军九路围攻晋东南作了军事上的准备。会议于28日结束。

26 日　神头岭战斗之后，三八六旅经襄垣下良一带再返武乡东堡一带，旅部继续住在韩壁村。

28 日　根据侦察的敌情，三八六旅严密封锁消息，隐蔽行军，经小岭山、小窝铺到达黎城县南委泉。后经过向东行军，准备在邯长路上再次击敌，31 日进行了响堂铺战斗。

4 月

4 日　日军以第一〇八师团为主力，第十六、第二十、第一〇九师团及酒井旅团各一部共三万余人，由同蒲路之洪洞、太谷、榆次，正太路之平定，平汉路之高邑、邢台，邯长大道上的涉县、长治，以及临屯公路上的屯留等地出发，分九路开始对晋东南根据地发动大规模围攻，企图扼杀刚刚发展的抗日根据地。

10 日　八路军总部由沁县小东岭移驻武乡，司令部住在马牧村，野战政治部住在寨上村，这是八路军总部第二次进驻武乡。

同日　朱德、彭德怀向第二战区东路军的国民党军第三军、第九十四师、一六九师发出《粉碎日军围攻战役战术的指示》。同日又发布《粉碎日军大举进攻之部队政治工作纲领》，号召东路军各部队深入进行战斗动员，并协助地方政府切实动员民众做好战斗准备。

11 日　朱德、彭德怀致电一二九师和国民党军有关部队，作出在反敌九路围攻中，于武乡、榆社间消灭敌人的部署。

同日　中共武乡县委书记陆清廉赴辽县，参加一二九师师部和中共冀豫晋省委召开的党的特委、工委书记和游击支队政委联席会议，具体部署各地党组织、抗日政府、民众团体和游击队，配合八路军共同作战，动员、组织群众支援战争，保证后勤供应和保卫群众生命财产安全。辽县会议之后陆清廉回到武乡，县委又迅速召开了各阶层党组织负责人紧急会议，传

达了上级关于进行反围攻作战准备，全县立即进入紧张的备战工作中。同时，县委把所有民运工作干部编成动委会的地方工作队，县委书记陆清廉亲任大队长，带领干部分头到重点村镇做反围攻动员工作。在县委的组织领导下，各区、村干部和党的负责人，深入到群众中广泛进行宣传，动员民众空室清野并组织担架队、运输队，报敌情、当向导，随时准备参军参战。

13 日　日军占领武乡县城（今故县）。不仅在武乡城大肆掠杀，而且还派出小股部队围着武乡城四处搜寻，企图寻找八路军重要指挥机关。下午 5 点钟左右，有一股部队居然闯到了马牧村附近，总司令部人员不用望远镜，都可以清楚地看到敌人在对面走来走去，多亏中间隔着一条马牧河，敌人才没有发现目标。

同日　当日晚，八路军总司令兼第二战区东路军总指挥朱德分析，日军在武乡县城周围找不到八路军主力，极有可能继续向榆社方向搜寻。我军可在关河河谷打敌人的伏击，但因八路军一二九师主力尚在涉县一带，于是命令驻扎在附近的东路军所属部队参战：驻扎榆社云簇一带朱怀冰的九十四师迅速集结于关河下关至关园则以西山地；驻扎在武乡东部蟠龙一带的曾万钟第三军的李世龙第七师迅速集结于关河下关至关园则以东山地；武士敏的一六九师除在驻地阻击敌军外，以一部向沁县方向游击。同时命令八路军一二九师主力、三四四旅一部迅速赶到战地参战。但因友军部队不适应打游击战，没有按前令行动，致使夹击计划未能实现。

14 日　为安全计，八路军总司令部离开马牧村，转移到义门村。

同日　朱德、彭德怀分析，日军进抵榆社后，因我军民进行坚壁清野，无法补充给养，其自带的食物难以满足，会原路返回。继续命令上属部队按原计划行动，仍然可在关河河谷打一次伏击。但友军不相信日军会原路返回，结果再次失去战机。

15 日　长途行军疲惫而又找不到吃喝的日军，返回武乡县城，对武乡

县城进行了洗劫，见人就杀，见东西就抢，奸淫妇女，并将一老人剜去眼睛、拔掉胡子，残害致死。穷凶极恶的敌人纵火焚烧了具有1300余年历史的武乡古城，沿浊漳河东去。当夜，路经马家庄村，又将全村87口杀死86人，只有一人因外出幸免于难，马家庄从此变成“无人庄”。

同日　傍晚，刘伯承、邓小平、徐向前率一二九师，从涉县方向经长途奔袭，赶到武乡县县城西北之东、西黄崖一带。八路军总部命令以一二九师之七七二团、三四四旅之六八九团为左纵队，七七一团为右纵队，七六九团为后续部队，沿浊漳河平行追击日军。

16日　八路军左、右两路纵队在武乡以东长乐村一带超越日军，刘伯承、邓小平、徐向前、陈赓等首长决定，对包围之敌进行打击，遂发起猛烈攻击。日军被截为数段，困在狭窄的河谷里无法展开。此时，已通过长乐村之日军主力为解救其被围困部队，集结1000余人，向左翼发动进攻。七七二团在戴家垴一带与十倍于己的日军激战4小时，阵地失守，午时，六八九团赶到增援，阵地被收回。14时，日军在猛烈炮火掩护下，一路向马村东南六八九团阵地攻击，另一路会合长乐村日军向七七二团阵地攻击。接着，日军从辽县方向增援1000余人。而国民党第三军曾万钟部第七师就在蟠龙附近，却按兵不动，致使我军孤军作战，弹药消耗很大。一二九师首长鉴于被围困河谷之敌已基本被歼，为避免过大伤亡，遂决定以七六九团和六八九团各一部采取游击活动，钳制与迷惑敌人，主力部队撤出战斗。长乐村战斗结束。此次战斗，我军共歼灭日军2200余人。我军也付出了相当大的代价，伤亡800余人，七七二团团长叶成焕在战斗中身负重伤，抬到榆社郝壁镇后方医院进行抢救，但因伤势过重，次日不幸牺牲。

同日　中共武乡县委组织了民众和自卫队等支前人员千余人，冒着日军的枪林弹雨，踊跃投入支前工作。他们为八路军当向导、送弹药、抬担架，名扬游击队队员还配合八路军参加了战斗。各区村党组织的负责人，根据县委指示积极为部队筹粮备饭，带领民工踊跃支前。

18日　在长乐村战斗中负重伤的七七二团团长叶成焕，由于伤势过重，经抢救无效，于17日逝世，为了纪念叶成焕及其他阵亡将士，本日，一二九师党委在七七二团所驻的榆社县云安村东北角山坡上，为叶成焕举行了追悼大会。在这次大会上，武乡名扬游击队第三次集体参加八路军。

19日　日军在长乐村战斗失败以后，又纠集一〇八师团一部，再次进入武乡，沿浊漳河进至段村附近，然后又沿马牧河北上，妄图寻找我八路军指挥机关进行报复。但在段村附近遭到六八九团沉重打击，被歼200多人。战斗结束之后，根据八路军总部的指示，六八九团离开武乡，跟随一二九师徐向前副师长挺进冀南。

20日　八路军总部由义门村移驻寨上村。一二九师师直也同时驻在寨上村。

同日　八路军总部在寨上村召开祝捷大会，庆祝反敌对晋东南九路围攻作战胜利。一二九师、三四四旅参战部队，以及周围群众上万人参加。会前，八路军的文艺兵表演了文艺节目，在此起彼伏的口号声中，左权副参谋长宣布大会开始。朱德、彭德怀在大会主席台上就座。刘伯承师长介绍了长乐村急袭战战况；彭德怀讲了话；左权副参谋长作了“全民参战抗战必胜”的动员报告；八路军总部首长还对参加长乐村战斗的部队进行了检阅。会上，还展出了在长乐村战斗中缴获的战利品。

21日　一二九师师直离开武乡前往辽县（今左权县）。

下旬　晋冀豫军区成立（对外称一二九师后方司令部），一二九师参谋长倪志亮兼任司令员，黄镇任政治委员，下辖五个军分区：第一军分区为晋中地区，秦基伟、赖际发领导的独立游击支队兼，秦基伟任司令员，赖际发任政委；第二军分区为冀晋地区，桂干生、张贻祥领导的游击支队兼，桂干生任司令员，张贻祥任政委；第三军分区为冀豫地区，张贤约、张南生领导的先遣支队兼，张贤约任司令员，张南生任政委；第四军分区为浊漳河流域地区，谢家庆、张国传领导的谢张大队兼，张国传任司令员，谢

家庆任政委；第五军分区为太南地区，赵基梅、涂锡道领导的赵涂支队兼，赵基梅任司令员，涂锡道任政委。武乡隶属于第四军分区。

同月　粉碎日军“九路围攻”后，太行抗日根据地出现了相对稳定的局面，武乡进入党组织大发展时期，中共武乡县委开始着手广泛建立区级和村级党组织。下旬，先后在郑峪、洪水、故城、蟠龙、段村等地建立了五个区分委。由魏效泉任一区分委书记，王宗琪任二区分委书记，石汝麟任三区分委书记，史玉麟任四区分委书记，李衍授任五区分委书记。之后，各区分委以牺盟会作掩护，用活动分子会议的形式，深入各村发展党员，建立农村党支部。

同月　八路军总部在武乡县型庄村为东路军友军举办了游击战术和政治工作训练班。司令部负责培训游击战术，野战政治部主要负责政治工作训练班，并专门为东路军各部队培养了一批敌后抗日军政官员。同时，还接受一些国民党将领的请求，野战政治部选派了一批有工作经验的政工干部，到国民党军队中去，协助做其军队的政治思想工作，增强了其军队的战斗力。大大促进了八路军与国民党友军的联系与协作，为东路军在抗战初期团结合作、共同抗日起到了积极作用。

30日　决死第一纵队在长子鲍店以武乡游击大队为主成立游击二团，牛明智的第二大队编为第一营，黄从述的第一大队编为第二营，团长郑炎辉，副团长赵四兰，政治主任邱吉夫。

本月　决死第二、第三总队民运工作队，与纵队民运工作队合并，统称纵队民运工作队，受纵队政治部民运部领导。纵队民运工作队分别在路西（太岳区）、路东（太行区）设立工作队。路东工作队队长崔景华、副队长姚光华，下属三个分队。一分队队长姚光华，二分队队长陈海晏，三分队队长田世民。分队下设小队，共50余人。路东工作队主要在武乡、襄垣、榆社等县活动，其中一分队在武乡活动。

同月　为了筹集军饷，八路军一二九师七六九团派团部军需处李峰同

志到白和村筹资开办白河煤矿。

△③　八路军高级将领、一一五师三四四旅旅长徐海东到武乡县青年抗日救国公学演讲。他对学生们讲道：日本帝国主义发动的侵华战争，是非正义的侵略战争，我们对日抗战，进行的是正义的反侵略的人民战争。全国人民，全世界人民都支持我们，最后的胜利一定是我们的，日本鬼子看起来凶恶、可怕，实际上是纸老虎，并不可怕，在战争刚刚开始的时候，不少人认为日军不可战胜，但我们八路军不信这个邪，当我们的先锋部队一一五师北上五台，我们就在平型关给了日寇重大打击，日军的精锐部队坂垣征四郎二十一旅团，陷入我八路军包围中，战斗中击毙日军1000余人，击毁其全部辎重车辆，打破了日军不可战胜的神话。之后，我八路军又接连打了许多胜仗，无数事实证明，只要我们全国人民觉悟起来，团结一致，普遍开展游击战争，敌人就会被我搞得寸步难行。徐将军的讲话，使学生们大开眼界，茅塞顿开。更使学生们坚定树立起抗日胜利的信心。

5月

上旬　1935年阎锡山政府曾对武乡的行政区划进行调整，全县设5个行政区，48个编村。抗日战争开始后，行政区划未做变动，一直沿用编村制。全县从县长、区长到编村村长均由阎锡山政府委派。他们对抗日救国态度不一，减租减息、合理负担等许多工作都不能开展。这些旧政权的领导成员，从其政治身份来说，分为三种类型：一种是地下共产党员和进步知识分子；一种是本地地主阶级的上层人物；一种是顽固派。在比例上，中间势力比重较大。那些属于共产党员和积极赞助抗日的进步人士村长，则代表了广大群众的利益，坚决接受和贯彻党的政策。而对部分顽固分子，则在牺盟协助员的帮助下，以里庄村群众斗争旧村长为先兆，对他们进行了不同形式的斗争。对于一些有劣迹、民愤大的坏村长采取群众斗争，以

及向县府请愿、控告的办法赶跑。古台村的村长搜刮民财、鱼肉百姓，该村群众就到县政府告状，从而赶走了他，推选农救会里的一位共产党员担任了村长。上王堡、白和、广志、韩家垴、烟里、大有、东沟也都效仿了此法。姚庄、贾豁等编村村长是被揭发罪状，当场罢免的。韩壁编村的旧村长是干不下去，离职回家的。同时，武乡西部的故城、涌泉、石盘、南关等编村，也结合反贪污和贯彻合理负担等斗争，调换了坏村长、镇长，党组织支持部分党员和有领导能力的群众当上了村长。

同月　魏名扬与几位中队长继续在武乡招兵买马，第四次组建游击队，由于八路军在武乡长乐村打了一个大胜仗，武乡民众思想振奋。在很短的时间内，就招收200余人。名扬游击队再次成立，为了搞好训练，八路军三八六旅调来一位邱教官，专门负责军事工作。

14日　朱德、彭德怀在武乡指示宋时轮、邓华两支队会合后，组成一个纵队，以宋时轮为司令员，邓华为政治委员，下辖两个支队。该纵队受聂荣臻指挥，其任务是挺进冀东、热南、察东北创造抗日根据地。27日，两支队于平西合编为八路军第四纵队，下辖十一支队、十二支队。

20日　毛泽东致电八路军总部、一二九师并告中共中央长江局，指出徐州失守后，河南将落入敌手，武汉危急。八路军应准备南进，在豫、皖、苏、鲁四省深入敌之后方活动。那时，一一五师、一二九师将作整个新的部署。遵照这一指示，八路军总部准备向南转移。

23日　朱德、彭德怀率八路军总部机关离开寨上村，转移到沁县南底水村，由于种种原因，总部机关没有继续南进。这里靠近由薄一波同志领导的山西省第三专员公署，为了便于工作，此时中共中央指示朱瑞和李雪峰，将中共冀豫晋省委机关也从辽县移驻沁县，李雪峰时任冀豫晋省委书记，朱瑞时任中共中央北方局军事部部长，以北方局代表身份指导省委的工作。

26日　毛泽东在延安抗日战争研究会上做《论持久战》的演讲，至6

月 3 日结束。演讲全面分析了中日战争所处的时代及敌我双方的基本特点，阐明抗日战争是持久战，作出抗日战争要经过战略防御、战略相持和战略反攻 3 个阶段而取得最后胜利的科学预见，驳斥了“亡国论”和“速胜论”，以及轻视游击战争的错误思想。并指出八路军的方针是：“基本的是游击战，但不放松有利条件下的运动战。”

31 日　八路军总部发出《关于训练干部和加强部队政治工作的训令》，指出，由于最近八路军部队和工作地区的扩大，以及任务、形势的需要，造就大批干部，加强部队政治工作，成为解决当前扩大工作之中心一环。要求各部队必须努力自己训练和补充干部；要健全各种政治机关的机构，尤其是健全新部队的政治机关；要加强党的领导，提高全体党员执行党的路线的观念。

本月　毛泽东发表《抗日游击战争的战略问题》一文，阐述了游击战争在抗日战争中的重要战略地位，从战争的基本问题出发，提出和解决了抗日游击战争的 6 个具体战略问题。

同月　中共冀豫晋省委决定全区实行大特委制，将中共晋东特委、晋中特委、冀晋特委合并，新组成中共晋冀特委，统一领导榆次、榆社、武乡、祁县等 16 县的中共党组织，彭涛任书记，赵德尊任组织部部长，王孝慈任宣传部部部长。

6 月

4 日　中共冀豫晋省委在沁县古城村召开会议，并作出《新形势下省委工作的新任务》的决定（以下简称“六月决定”）。要求巩固根据地，开展广泛的游击战争，将敌人吸引到华北，以牵制日寇向武汉进攻，保卫武汉。同时，建立不可动摇的党组织和政权基础及群众武装，粉碎敌人可能同时并进的肃清华北的一切计划，取得收复失地和驱逐日寇的最后胜利。

武乡县委书记陆清廉参加了这次会议。会后，武乡党组织积极贯彻“六月决定”，要求健全组织生活，改善党的领导，纠正“左倾”关门主义与右的倾向，搞好敌后抗日根据地的建设；并提出了在一个半月时间内把党组织扩大一倍的计划，吸收新的工农干部到党的各级领导机关，在游击队和地方武装中建立和扩大党组织。

上旬　为了加强抗日救国的宣传，鼓动广大民众投身到抗战中来，武乡县抗战战地动员委员会组织了盲人鼓书团，由程光明任团长，利用武乡鼓书、琴书、三弦书、莲花落等传统曲艺形式，新编抗日内容，开始走乡串户进行抗日宣传。

12 日　一二九师组成新的三八五旅，陈锡联任旅长，谢富治任政治委员，范朝利任参谋长。在红军改编八路军之初，三八五旅是一二九师主力部队之一，旅长王宏坤，副旅长王维舟，参谋长耿飚，下辖七六九团、七七〇团，由陈锡联、张才千分任团长。八路军东渡黄河时，三八五旅旅部因七七〇团留守陕甘宁边区，划归八路军后方留守处建制。该旅七六九团由师直属，跟随一二九师开赴山西抗日前线，根据八路军总部及一二九师指示，以七六九团为基础，与新组成的独立团、汪乃贵支队合编为新的三八五旅。该旅与陕北三八五旅两个番号并列存在。

15 日　毛泽东致电朱德、彭德怀、周恩来，指出：敌之主要进攻方向在武汉，对华北、西北则均暂时无法多顾及，给八路军以放手发动游击战争并争取部分运动战的机会。目前为配合友军作战，为缩小华北敌之占领地，为创造并巩固华北抗日根据地，都有大举袭敌之必要。唯具体作战须全依敌我当前实际条件而定。

同月　1938 年 5 月 1 日，中共晋冀特委创办的机关报《胜利报》在和顺县园街村出版；同日，中共冀豫晋省委创办的机关报《中国人报》在沁县故县镇出版。这是我党在太行山抗日根据地创办最早的报纸，为了加强报纸的宣传作用，中共冀豫晋省委以一二九师工作团的名义，本月，在武

乡县城（今故县）设立了《中国人报》《胜利报》分销处，由李庆福（李春）任分销处主任。

同月　根据“六月决定”精神，中共武乡县委书记陆清廉反复强调，把党组织的大发展工作放在重要地位。要求党员去发动群众，从基本群众中吸收先进分子入党，建立和扩充基层党组织。经过近两个月的努力，武东山区不少村庄都建立了党支部。义安村由张帆负责；石门村由冯青云、米如珍负责；韩壁村由王群负责；王家峪村由李兴唐负责；姚庄村由魏庶民负责；陌峪村由姜一负责。当时，砖壁村也成立了党支部。在东堡村，史思琦、史云则以《中国人报》发行员的身份秘密发展邻村党员。蟠龙法云寺小学联合校长张万寿、李玉田等也组织建立了党支部。

7 月

7 日　武乡县动委会在县城召开七七抗战一周年纪念大会。

下旬　武乡县农救会、工救会、青救会、妇救会组成“抗日救国联合会”（以下简称“救联会”）。县委书记陆清廉兼任救联会主席。

同月　通过县委组织的村政权改造运动，全县民众与旧政权斗争，阎锡山政府委派的县长朱理被调走，薄一波同志以山西第三专员公署的名义，委派郭腾蛟出任武乡县县长。

同月　郭腾蛟上任县长之后，在全县开展了减租减息、合理负担工作，以二五减租的形式，即提出减租 25%，借贷利率不得超过二分。这一政策本着建立抗日统一战线的原则，兼顾农民和地主两方面的利益，既有利于团结大多数地主抗日，又可以削弱封建剥削，改善农民的政治地位和生活条件，从而发动广大农民抗日。农村负担的粮款，抗战前是按地亩摊派的。地主占有一等好地和农民占有三等坏地平均摊派粮款的办法，实际上是将负担转嫁到了广大贫苦农民身上。更不合理的是，由于村政权为地主富农

所把持，他们可以随意隐瞒土地，以多报少、以优充劣，再加上村长们的贪污讹诈等。针对这种不合理现象，抗日县政府提出了“有钱出钱，有粮出粮，有力出力”的合理负担政策。为了这项新政策的合理实行，在全县统一丈量了土地，清查出地亩账上没有登记的“黑地”，评定了好、坏地的不同产量。这一系列措施，受到了全县民众的热烈拥护。从此，广大群众抗日热情空前高涨。

同月　中共武乡县委根据中共冀豫晋省委的“六月决定”中关于“把武装党员及武装群众作为当前的抗日中心工作之一”的指示精神，对武乡县抗日自卫队及时进行了整顿和扩编。为了加强武乡县抗日自卫队的力量，便于统一指挥，从全县各村自卫队中抽调30%的骨干力量，扩大了武乡县抗日自卫队，人数达到700多人，分为10个中队，分别驻在城关、故城、蟠龙、洪水等主要集镇和交通要道，自卫队受武乡县委与武乡县抗战战地动员委员会直接领导。扩编后，自卫队抓紧进行军政训练，学习《抗日游击战争的战略问题》和《论持久战》；又进行了战斗技术和如何利用地形、地物侦察敌情、分析敌情，以及射击投弹等方面的训练。在扩编和整顿县自卫队的同时，中共武乡县委派出工作员，积极在各村大力组织抗日人民自卫队。自卫队编制：村设中队，区设区队部，县设总队部。县委加强对抗日人民武装力量的领导，在县政府设立了武装科，在各区设立了武装助理员，很快，全县的自卫队员发展到65400余人。

同月　武乡县牺盟特派员韩鸿宾调离武乡，由张烈接任。紧接着根据山西省牺盟总会指示，又将县牺盟会与公道团合并，改称牺盟会公道团联合会，简称牺公联，由张烈、张天乙负责。

同月　武乡县青年抗日救国公学改名为武乡县民族革命两级学校（简称“民校”）。

8月

上旬　驻扎太原的日军派一个联队从子洪口南下，进入武乡南关、分水岭一带，肆意烧杀，当地自卫队进行了抵抗。之后，日军到了沁县、沁源一带，在韩洪村向决死队进攻，决死一纵队进行了韩洪村战斗。

19日　根据中共中央北方局通知，中共冀豫晋省委决定将“中国共产党冀豫晋省委员会”改为“中国共产党晋冀豫区委员会”（以下简称“晋冀豫区委”）。同时，晋冀豫区委召开会议，讨论了在创造和建设根据地工作中，转变作风、深入实际、提高党的领导水平等问题。中共武乡县委及时传达了晋冀豫区委会议精神。

同月　为解决大批生产手榴弹原材料的来源，鼙山工厂迁至武乡东部煤、铁资源丰富的柳沟村和当地三家铁厂（开源公司、成城铁厂和永恒铁厂）以集资入股的办法，合股生产。这三家铁厂，是武乡县地主魏筱山、省咨议员张思忠和榆社县地主张度兰等20余户集股开办的，主要生产民用产品。工厂合办不久，由于经营亏损，几家地主不愿继续合股生产，抗日县政府就将地主的股份全部买了过来。工厂在贾志厚、杜生旺、李克晋、李克志、王化南、李盘明、魏福珍等工人骨干的坚持下，与赵更全、郭大海两家弟兄4人，生产大刀和长矛。同年11月工人开始搞翻砂，制造手榴弹、地雷。到年底，职工发展到260人，每天可以生产手榴弹7000多个、地雷6500多个。

9月

上旬　遵照山西省牺牲救国同盟会指示，牺盟长治中心区与沁县中心区合并，改称为上党中心区。秘书由侯振亚担任。武乡县牺盟会归属上党

中心区领导。

18日　中共晋冀豫区委根据八月会议精神，结合新发现的问题，以给特委、县委指示信的形式，发出《全区工作的发展与党的领导任务》的文件（以下简称“九月指示”）。文件指出，现阶段的主要工作是：一、扩大武装党员和武装群众的工作，统一对基干游击队的领导。二、协助推动和提高政权工作，确实执行合理负担、五一减租和其他进步法令，改善人民生活；扩大民主，建立和健全民意机关；惩治贪污，提高行政效率；进行战时财政经济建设，开办工业，发展农业生产，统制和发展贸易，开办银行；加强文化教育工作；确实扶植和指导民运。三、统一和集中领导群众运动。四、系统开展工人工作。文件对提高党的领导问题和克服各区工作发展不平衡的现象，作出具体指示，提出具体要求。

同日　牺盟会上党中心区在沁县创办了机关刊物《上党红旗》，武乡亦有发行。

同月　中共武乡县委书记陆清廉到晋冀豫区委党校学习，中共晋冀特委为了加强党对新创建根据地的领导，便于同各地党组织的联系，决定将中共武乡县委改制为中共武乡中心县委。调榆社县委书记刘建勋任中共武乡中心县委书记。副书记史玉麟、魏效泉，组织委员石汝麟，宣传委员籍薪田。武乡中心县委负责和榆社、祁县两县县委联系，并指导两县县委工作。

10月

1日　武乡中心县委宣传科派人在马村联络，以6月成立的盲人鼓书团为基础，将游乡说书的83名盲艺人组织为“武乡盲人曲艺宣传队”，由共产党员张培胜任队长。武乡盲宣队成立后，对队员训练7天，使旧艺人吸收了新的思想，并新编排了一大批宣传抗日的新节目。之后，分成8个宣传小

组，开始游走山村，宣传抗日救亡，发动群众。

同月　名扬游击队担负了掩护群众到和顺县给八路军送军粮的任务，遵照七六九团团长孔庆德同志的指示，将游击队改编加入了八路军，同时也有30多名送粮群众也报名参军。魏名扬只带十几名游击队干部组成掩护小组，护送送军粮的数十位群众，返回武乡。

同月　日军占领了武乡西部重镇南关，并抓丁拉夫开始修复白晋公路。同时，由华北交通株式会社派出专业技术人员，勘测阎锡山于1933年规划、1935年6月开始施工的白晋铁路路基，准备在此修筑铁路。

11月

9日　中共中央政治局发出通知：决定朱德、彭德怀、杨尚昆、聂荣臻、关向应、邓小平、彭真、程子华、郭洪涛为中共中央北方局委员，朱德、彭德怀、杨尚昆为常务委员，杨尚昆兼书记。同时任命中共中央北方局山东分局、晋察冀分局领导。

14日　日军由襄垣进入武乡监漳一带，残暴地制造了惨案，血洗武乡监漳镇南庄村，将南庄村躲入悬窑中的46名村民（包括一名刚过满月的婴儿）全部熏死，并将从外村抓来的20多名群众也全部杀死在打谷场上，所有房屋烧毁。

同月　魏名扬接收了县城程财主的一个剧团，起名为翻身剧团，利用剧团演出宣传发动青年参军，经过20多天的努力，报名参加游击队的人数就达800余人，经县抗日政府批准，名扬游击队第五次在东沟村正式组建，魏名扬同志担任游击队长，同时兼任武乡二区区委副书记，并派县武委会副主任王浩勇来担任游击队政治主任。

12 月

12 日 中共武乡中心县委书记刘建勋指示，以牺盟会出面在县城（今故县）东门外河滩召开以“拥蒋抗日”为名的全县人民代表大会，并纪念“西安事变”两周年。牺盟特派员张烈作为大会主席主持了大会，郭腾蛟县长致开幕词，工、农、青妇各抗日团体负责人分别讲话。正当会议开到高潮时，部分群众将纸条递上主席台，要求县区政府人员减薪抗日，并请求县长带头减薪，同时，指出要动员全民抗战，就要坚决实行“有钱出钱，有力出力，有粮出粮”的合理负担政策。这些意见得到与会群众一致拥护。大家认为：在此国难当头，县长应与人民同甘共苦；八路军指战员均站在抗日前线，不计所得；我们后方人员更应节衣缩食，减少待遇，支援抗战。郭县长对此提议表示同意，但由于政府工作人员对减薪不满，影响了工作的进行，减薪措施只好搁置，未能推行，郭县长也因此而被迫辞职。

△② 山西第三行政区在沁县圪塔村召开“第三行政区工人抗日救国会”成立大会，100 多名工人代表，代表着全区 5 万多名工会会员，出席了成立大会。还有八路军驻沁县牺盟上党中心区联络处、《中国人报》社、区农救会、区青救会等各抗日团体负责人。薄一波、牛佩琮到会作了指导。薄一波专员在会上讲了在中国抗战现阶段统一战线下的工人运动和我们目前的新任务。武乡县工救会代表贾志厚、祁县工救会代表张乾元、沁县工救会代表王连生，以及正太路沿线总工会的代表等，在会上分别介绍了他们工救会的工作情况。大会选举王贵玺为工救会秘书主任。会议作出四项决议：一、组织工人自卫队、游击队到敌后活动，组织各种后勤队帮助军队作战。二、开办干部训练班，成立工人夜校识字班，出版刊物。三、保证工人生活安全，改善工人生活。四、要求政府成立县、区各级参政会，民选代表，惩办贪官污吏，没收汉奸财产，优待抗属。大会开了 3 天，至

14日结束。

中旬　山西第三行政区青年代表大会在沁县圪塔村召开，会上成立了山西第三行政区青年救国联合会，选举贾立俊为秘书主任。联合会指导沁县、沁源、黎城、武乡、襄垣、榆次、太谷、祁县、安泽、榆社、和顺、昔阳、辽县等13个县的青救会工作。

30日　八路军总部决定将晋冀豫军区的对外番号，由一二九师后方司令部改称晋冀豫边游击司令部，所属支队统编为晋冀豫边游击纵队（简称边纵）。

同月　武乡中心县委为加强抗日宣传，派赵浚川、殷士肤将县抗日青年救国公学儿童演出队改编为武乡县抗日儿童话剧团，成为武乡第一个县立抗日剧团。创办时有35人，以学演抗日话剧、活报剧为主。

△②　中共中央指示，将一直战斗在山西前线的八路军总部改称八路军前方总部。由朱德总司令兼任前方总部总指挥，彭德怀副总司令兼任前方总部副总指挥，左权副参谋长兼任前方总部参谋长。

△③　武乡县动委会发出《关于收集破铜烂铁，加强弹药生产》的通知，号召全县民众贡献兵工生产原料。

△④　决死一纵队将各团的修理骨干组织起来，组成决死一纵队修械所，驻扎在大陌村。他们以简易工具，克服一切困难，对战场上捡回来的残缺枪支进行维修，同时，也装配手榴弹等。

1939 年

八路军总司令朱德、副总司令彭德怀与砖壁村群众在一起

本年度要事

★ 武乡县政府、牺盟会联合组织了由二区、四区参加的模范自卫队战斗大演习。

★ 武乡县组织子弟兵团——清河子弟兵，壮大人民抗日武装。

★ 八路军总部接管鼙山工厂，改建为八路军总部柳沟兵工厂，对外名为“柳沟铁厂”。

★ 武乡中心县委以牺盟会名义在曹村召开大会，开展“红五月”斗争。

★ 日寇开始修筑北起祁县东观，南到长治长子门（亦称潞安）的铁路，称为“东潞线”，也就是当地人熟悉的“白晋线”。

★ 八路军总部第三次进驻武乡；中共中央北方局进驻武乡。

★ 中共武乡县第一次党员代表大会在县城东关郝家庄召开。

★ 榆社、武乡、黎城、襄垣、辽县等县政府、牺公联，以及各群众救国团体，联合召开丁思林、叶成焕追悼会。

★ 中国共产党晋冀豫区第一次代表大会在武乡县东堡村隆重召开。

★ 八路军总部与武乡县抗日政府、牺盟会联合，在土河村召开了为期一周的武乡士绅名流座谈会。

★ 《新华日报》华北分馆迁到武乡，对外称为“十八集团军教导队”。

★ 边纵（晋冀豫军区）代司令员王树声，视察武乡名扬游击队，并总结推广经验。

★ 八路军总部、中共中央北方局于武乡县砖壁村召开干部会议。

★ 新华通讯社华北总分社在武乡成立。

★ 中华全国文艺界抗敌协会晋东南分会在武乡成立。

★ 八路军总部在下合村举行了“庆祝朱总司令寿诞大会”。

1 月

1 日　武乡县牺盟会创办《大众力量》周刊，在大有乡王庄沟正式出版，面向全县发行，该报为周报，8 开手刻单面油印。报社负责人郭忠，编辑由赵竹儒、郭忠、索芾堂担任，记者有殷士肤、赵俊川，美术设计、绘画刻板为范云。其办报宗旨是：宣传“国家兴亡，匹夫有责，大敌当前，团结抗日”，宣传不分阶级、不分党派、不分宗教信仰，团结抗战的统一战线主张；动员全县民众，誓死不当亡国奴，有钱出钱，有力出力，团结起来，共同抗日；报道抗战中的英雄模范事迹，揭露日寇、汉奸的罪行。

同日　山西第三、第五专署在沁县县城南关联合召开了“晋东南各界拥护蒋委员长抗战到底大会”。参加大会的有晋东南第三、第五两个行政区内各县各救会代表，冀西、豫北代表和八路军、决死队、国民党第三十三军团及第十七军的代表，八路军总司令朱德参加了大会，参加会议的人数达到 4 万余人。鉴于国民党副总裁汪精卫公开叛国投敌后，以蒋介石为代表的中国大资产阶级对抗战发生了严重动摇，国民党反共投降妥协的倾向成为中国抗战的最大危险。为了争取蒋介石和国民党继续留在抗日阵营，国共合作，坚持抗战，中共晋冀豫区委遵照中共中央北方局指示精神，决定由山西第三专署专员薄一波和第五专署专员戎伍胜出面，主持召开此次会议。会上，薄一波作大会报告，指出：“拥蒋即象征全民族的团结，表现全民族抗战与抗战之信心和决心。”要求把此次大会“开成巩固和扩大晋东南党政军民团结统一的大会”。大会共开了 7 天，大会第三天举行了近万人的群众拥蒋游行活动。会议期间，还成立了晋东南各县救国总会筹委会，晋东南工、农、青、妇救国会筹委会。武乡派出了千余人参加。

同日　中共中央北方局机关报《新华日报》（华北版）在沁县后沟村创刊（后迁到计刀岩村），何云任社长兼总编辑。

上旬　三专署派谭永华接任武乡县县长，谭上任后，面临的重要任务，就是全面改造旧政权，巩固和发展抗日民主新政权。他首先配合牺盟会武乡分会、决死队和各抗日民众团体，根据党的抗日民族统一战线政策和实际情况，采用团结、联合和斗争等方式，对县政权和各区政权的机构与人员进行了统一调整。县政府的四个科，全部由共产党员和进步人士任科长，五个区公所中的区长，也都是共产党员和进步人士。县、区两级废除了原来的“俸禄制”，开始实行供给制。经过改造的县政权，采取建立行政会议的办法来扩大民主。行政会议由县长任主席，吸收牺盟会、各抗日救亡团体负责人，以及士绅代表等参加。县政府各科科长均列席参加。在行政会议上，每一项决议案都要吸收各方面人士的意见，使决议案能够代表广大人民的利益和具有广泛的群众基础。经过改造的抗日县、区政府，反对过去旧衙门习气，工作人员厉行俭朴廉洁的作风。

中旬　为减轻民众负担，克服经济困难，在薄一波领导的三专署，上至专员，下至勤务员，每月津贴一律减 5 元，各县县长也自动减薪，月薪减至每月 20 元，县长、科长同样待遇。武乡县政府职员全部按新标准执行。

20 日　晋东南第三专署召开行政会议，武乡县县长谭永华、牺盟特派员张烈、公道团团长张天乙、自卫队队长王玉堂出席会议。薄一波专员主持了会议。这次会议集中讨论了四个议案：关于行政机构之改革，各县一律设行政、财政、教育、民运、武装五科；统一人民武装之领导，取消自卫总队部，统一由武装科领导；行政会议应统一组织、统一职能；民选村长。会议于 24 日结束。

同月　为发展抗日根据地的财贸经济，山西第三专署在沁县郭村创立了上党银号，并正式对外营业。薄一波任经理，侯振亚任副经理。银号负责办理兑换、低利借贷、抵制伪钞等业务，发行上党票，成为流通于山西第三、第五两个行政区的本币。银号的创立，推动了第三、第五两个行政区经济和贸易事业的繁荣和发展。

2 月

19 日　日军“扫荡”武乡县城，并派飞机轰炸故城镇。

3 月

7 日　为粉碎敌人进攻，武乡县牺盟会与县政府联合召开干部大会，讨论了近期工作：1. 劳军；2. 动员新战士；3. 发动民众工作；4. 演习野战。

15 日　经过 20 多天的筹备，武乡县第二、第四区模范自卫队举行战斗大演习。演习活动进行了 3 天，其意在加强自卫队的战斗力，加强自卫队的实际教育，以高度的军事力与政治力迎接敌人的新进攻。演习以二区作为根据地，四区作为进攻方，参加人数每区为 500 人左右，非模范自卫队男女群众担任运输、救护、侦察等工作。演习由县长担任司令员，牺盟特派员担任政委，武装科、公安局领导任评判员。本次活动受到《新华日报》的表彰，被誉为武装民众的模范。

20 日　国民政府军委会任命八路军总司令朱德兼第二战区副司令长官。27 日，朱德在潞城北村八路军总部驻地举行的就职大会上发表演讲，并发出就职通电。

22 日　八路军总部特务团进行了南关战斗，收复南关镇。副营长周德标壮烈牺牲。

25 日　阎锡山于宜川县秋林镇召开晋绥军政民高级干部会议（亦称秋林会议），提出取消山西新军中的政治委员、缩小进步专员的职权、以“同志会”代替牺盟会、限制群众运动等议案，并诱劝新军领导人退出部队。会上，牺盟会及新军领导人进行了斗争。

同月　朱德、彭德怀、杨尚昆、傅钟等在襄垣县南丰沟召开会议，讨

论建立太行山区抗日根据地问题。决定在半年内调查长治、潞城、襄垣、屯留、武乡等县的情况，以便制定具体政策。

同月　根据中共六届六中全会《关于各级党委暂行组织机构的规定》，特委一律改地委的指示，武乡中心县委的上级领导机构中共晋冀特委改称中共晋冀地委，中国共产党晋冀豫区委员会的简称也由“晋冀豫区委”改称“晋冀豫区党委”。

同月　名扬游击队中队长裴清河奉上级命令，组织了武乡县子弟兵团，壮大人民抗日武装，裴清河任队长，这支武装被称为“清河子弟兵”。

4 月

10 日　日军敌一〇九师团 3000 余人，向晋东南进犯，突破子洪口开始沿白晋公路及其东侧地区进行“扫荡”，占据我县重镇南关，并再次抓丁拉夫修复白晋公路。

16 日　三八六旅移驻韩壁村。

同日　南关之敌千余人进犯石盘、云簇一带。数日内日军在石盘、故城、五峪、分水岭等地烧杀抢掠，所到之处，白烟四起，一片焦土。故城有个 7 岁小孩子被活活刺死，茅庄、温家沟等村被杀死数十人。

18 日　根据八路军总部命令，三八六旅在榆武大道以东隐蔽集结，准备适时打击南犯之敌，并掩护友军武士敏师休整。

19 日　晋冀豫军区第一军分区司令员秦基伟率部在故城、石盘一带活动，发现敌人行踪，立即与三八六旅联系。陈赓旅长指示：七七一团开到石盘丈牛坡一线，向分水岭侦察；旅主力开到云簇以西地区。

20 日　三八六旅与总部特务团、决死一纵队在分水岭、南关对敌人修路队伍进行打击，破坏修路，解放民工。

同月　一支由散兵组成的自发武装，自称为决死队新训团二大队，进

驻武乡县监漳镇，约300人。这个大队纪律不好，有打骂群众和向群众摊派钱粮的现象，县、区、村干部反应很大。路东工作队通过教育，收编了这支队伍，与工作队新兵连合并，后补充了决死一纵队的主力部队。

同月　八路军总司令朱德亲自到武乡柳沟鼙山工厂视察，为了加强兵工生产，经协商决定由八路军总部第六科（军工科）接管鼙山工厂，改建为八路军总部柳沟兵工厂，对外名为“柳沟铁厂”，委派高原任厂长，张先进为教导员，留任王化南为副厂长。接收时，剩职工220人，土窑洞6孔，木质风车2个，铁砂箱50多副，土化铁方炉一座，继续生产手榴弹。不久，八路军总部第六科从各修械所抽调来一批技术工人，帮助改进生产，提高质量，使手榴弹日产逐步提高。工厂代号“焦作”，设有炼铁、翻砂、木工、完成四个股，工务、材料、管理三个科和一个警卫队，职工逐步增至600多人。日产手榴弹达2万多枚。

同月　一二九师整编武乡县自卫队、游击队，将700余人编入三八六旅七七二团。

同月　为加强八路军的后勤工作，中共中央决定在八路军领导机构中设立后方勤务部，下辖供给部、卫生部、兵站部。杨立三任后方勤务部部长兼政治委员，同时兼任兵站部部长。

同月　鼙山工厂移交八路军总部军工科后，根据晋东南总工会的指示，以王伏义、孟来元为骨干，和原在鼙山工厂工作的工人30多人，在朝阳堎村筹办成立了工艺研究所，受晋东南总工会领导，主要任务是为县各游击队修理枪支。

5月

1日　武乡中心县委以牺盟会出面，在曹村召开大会，根据党的指示，号召全县开展“红五月”斗争。斗争的中心任务是：要求各抗日干部深入

农村，发动群众，依靠抗日团体，同各村顽固势力把持的政权进行斗争。会后，全县普遍掀起了一个规模更大的改造区、村政权，反贪污，实行合理负担，取消按地亩摊派的群众性革命斗争高潮。撤换了一批区、村干部，使得全县绝大部分区、村政权掌握在进步群众手中。

同月　日军侵占权店、南沟、故城。

3 日　武乡青年抗日救国会组织慰劳在南关、子洪一线抗日的国民党一六九师，以鼓励友军与八路军共同合作抗战，为武士敏师长送去了锦旗和慰劳品。

5 日　中共中央北方局、野战政治部发出《关于地方党与八路军关系的决定》，指出，为密切地方党与军队党的联系与工作配合，经北方局或分局批准，可在某一地区由党委与军队成立军政委员会。各地方党创建的武装部队，应有计划地动员加入八路军。在八路军主力部队到达某一地区时，该地区内党所领导的武装部队，应统归其指挥。八路军主力部队应注意培养与建立各地区的地方部队，准备建立军区或军分区的骨干，以坚持该地区的持久抗战。

13 日　中共中央发出对山西局势变化的方针的指示，指出在秋林会议后，阎锡山比较向右转，因此，山西环境将比过去更复杂、更困难，摩擦与斗争亦可能更多。在山西，我党的方针与工作，应在全国团结、坚持抗日的总口号下，巩固山西内部团结统一，巩固阎锡山的晋绥军与八路军的合作。对顽固分子应坚决与之斗争。对山西旧军（指晋绥军）、旧派（指山西地方实力派阎锡山的势力）应当采取争取的方针。对山西新派（指山西新军、牺盟会等进步势力）应帮助巩固其已得阵地与力量，这对山西今后抗日民族统一战线有重大的决定意义。

中旬　武乡县国民党县党部与反动地主、封建会道门勾结，秘密进行特务活动，造谣惑众，企图分裂抗日民族统一战线。国民党区分部书记赵奇甫在王堡村召开了 30 多名顽固分子参加的会议，制定了一个反共反牺盟

的“五大纲领”。会后，暗暗组织反动武装，准备反扑。对此，中心县委根据上级指示，在全县开展反顽斗争。首先逮捕其首恶分子，在全区召开群众大会，揭露了他们破坏抗日的罪行。在这场斗争中，牺盟会还提出了“反对牺盟就是汉奸，抗粮抗款就是顽固分子”等口号，给顽固分子以有力打击。

6 月

3 日　八路军总司令部、野战政治部任命蔡树藩为一二九师政治部副主任。

7 日　中共中央书记处发出关于反对投降危险的指示，指出目前最大的危险就是国民党投降的可能，新的慕尼黑的可能。国民党对共产党的压迫，对八路军、新四军的攻击与摩擦，对陕甘宁边区的挑衅，对抗日民族统一战线与国共合作的破坏等，都是准备投降的步骤。因此，党应当用全力来进行反对投降分子、反共分子的斗争，应当在思想、组织、舆论、群众方面进行准备，给一切投降阴谋和叛变行为以适时的、坚决的反抗。并指出党的基本任务，仍然是巩固国共合作，继续抗日。

10 日　薄一波主持召开山西第三专署干部扩大会议，参加会议的有沁县、沁源、安泽、平遥、平定、寿阳、襄垣、武乡、黎城等县县长，以及县牺盟特派员等。牺盟总会负责人牛荫冠、第五专署秘书杨献珍等出席了大会，会议还邀请山西第三行政区国民党党务督导专员武誓彭参加。薄一波在会上作政治报告和会议总结报告，大会讨论了战时工作、行政改革、经济建设、敌区工作等问题。会后，各县展开了反妥协投降的宣传活动。组织群众集会，揭露、谴责顽固派妥协投降、分裂、倒退阴谋，坚决拥护共产党团结、抗战、进步主张，要求国民党实行民主，改善民生，取缔一切反共法令和措施。会议到 21 日结束。

20 日　中共中央政治局致电八路军总部，为更方便前方抗日军事政治干部的培养，决定将抗日军政大学总校移驻晋东南前线，由北方局和八路军总部负责监督与领导，唯学校之教学方针及组织改变，仍由中央决定。

22 日　中共中央书记处、中央军委发出关于纪念抗战两周年的决定，要求进行广泛宣传鼓动工作，特别指出八路军、新四军两年来的胜利与功绩。强调动员一切力量，阻止敌人进攻，坚持抗战到底，反对妥协阴谋。号召国内团结，反对挑拨摩擦，实行民主政治，发动群众，以坚定抗战信心，争取最后胜利。

同月　牺盟上党中心区划分为沁县、长治两个牺盟中心区，沁县中心区秘书王书良；长治中心区秘书王兴让。武乡牺盟分会属沁县牺盟中心区领导。

同月　占领祁县来远镇的日军中村中队开始调集来自全国各地的民工，以阎锡山规划并已经修筑路基的白晋铁路工程为基础，开始修筑铁路，日军所规划的这条铁路北起祁县东观，南到长治长子门（亦称潞安），所以，日军称其为“东潞线”，但当地人仍然称其为“白晋线”。

7 月

3 日　日军纠集第二十师团、一〇九师团等部 5 万余人的总兵力，在第一军军长梅津美治郎的指挥下，同时从同蒲、正太、平汉、道清等地出发，分九路对晋冀豫抗日根据地重点是晋东南抗日根据地进行大规模“扫荡”。其目的是打通白（圭）晋（城）线和邯（郸）长（治）公路，控制上党地区主要城镇，以分割和缩小八路军的机动范围，消灭八路军主力，摧毁抗日根据地。即对晋东南地区发起的第二次“九路围攻”。

5 日　日军占领武乡县城。

同月　敌一〇九师团一〇七联队 300 多人，由南关、分水岭、来远镇分

路来犯，当晚该敌会合于武乡石盘镇。

6日　丁思林团长率新一团赶到石盘一带，并夜袭云簇，23时发起战斗，敌遭袭击后全力反扑，战斗激烈进行。

同日　八路军总部发出作战命令，指出，为巩固晋东南抗日根据地，以持久地、逐渐地消耗敌人，达到粉碎敌人进攻之目的，作战原则基本上采用分区游击战；目前暂以旅为单位作战，力求能消灭敌之单独活动的大队兵力；以灵活机动的战术侧击、截尾、断敌交通。确定晋东南、冀南、豫北地境内之八路军部队统归一二九师指挥；一二九师晋豫边支队和决死队第一纵队、第三纵队统归八路军总部直接指挥；一一五师三四四旅于本月9日前集结潞城县黄碾附近。

7日　由于日军发动晋东南地区的第二次“九路围攻”，驻扎在潞城县龙泉山的八路军总部机关受到严重威胁。八路军总部首长决定立即撤离龙泉山向北转移。同日，八路军总部首长指示，派出侦察人员前往武乡选址。

同日　新一团在云簇附近的新庄、高庄、桃阳、乔家沟一带与敌激战。

8日　天气突变，暴雨倾盆，丁思林带新一团在西周村的高山上，冒雨同敌人进行战斗，杀伤敌人上百名。战斗中丁团长负伤，用担架将他送到石盘附近的战地医疗队，由于伤势过重，丁思林团长不幸牺牲。

9日　八路军总部派出的侦察人员，在武乡进行了侦察，初步选择了砖壁村作为八路军总部机关新的驻扎地。该村特点是：东面靠着大山，南、北、西三面临崖，地势极为险要，是一个易守难攻、便于隐蔽的战略要地，且有李家祠堂与玉皇庙、佛爷庙、奶奶庙、大戏台等组成的建筑群，很适合部队机关驻防。侦察人员将砖壁村情况绘了草图，当即赶到襄垣县普头村找到临时驻扎在此的八路军总部汇报。总部首长看了草图，作出决定，总部机关前往武乡砖壁村。

10日　八路军一二九师三八六旅经榆社进入武乡，乘大雨之际进攻武乡城，武乡县民兵自卫队与八路军一二九师主力部队密切配合，收复了武

乡县城。敌两千余退向沁县。三八六旅部队继续向白晋公路之分水岭、沁县方向出击，主力机动集结于西黄岩，与三八五旅配合，准备在榆社、辽县一带夹击敌人。

△② 八路军总部派后勤人员来到砖壁村，与当地村干部配合号房子，确定机关驻所。同时，在周围的烟里、土河坪、土河、南山头等村也号下了房子，做好了总部，以及相关机关驻扎的准备工作。

15 日 八路军总部机关经黎城县霞庄村一带渡过漳河，来到武乡县，中共中央北方局等机关也同时到达。根据总部后勤人员安排，八路军总司令部驻扎砖壁村；野战政治部、中共中央北方局，以及所属各部门驻扎烟里村；后勤部驻扎砖壁村；野战卫生部驻扎土河坪村；军工部驻扎柳沟村；军法处驻扎南山头村；总部直属政治处驻扎烟里村；其他机关及后勤工厂等也分别驻扎在周围村庄。这是八路军总部第三次进驻武乡。

7 月中旬，抗日军政大学总校在副校长罗瑞卿率领下，以“八路军第五纵队”的名义，从延安出发，向晋东南挺进，但当到达晋南之后，由于汾河涨水只好绕道，于 10 月到达晋察冀边区。1940 年 2 月，该校进抵晋东南。

16 日 跟随八路军总部、中共中央北方局一起到达武乡的北方局党校第一期学员，驻扎在烟里村后，在紧张的安排下恢复了课程学习。

同日 八路军供给部供给干部训练队（简称供训队，对外称会昌校），移驻武乡桥南村，在此继续培训供给干部、财务干部。

30 日 武乡县委为加强县、区、村党的统一领导，坚持敌后抗战，举行了全县第一次军政民联席会议，并成立了军政民联席会。其组织系统设正、副委员长各一人（由县长及牺盟特派员兼任），下设总务部、武装部、政治部和参谋部等。会上，大家坚信今后全县军政民定能团结战斗，给敌人以迎头痛击。

同月 中共武乡中心县委为总结武乡建党六年来和抗战两年来各项工

作的经验教训，进一步发挥党的核心领导作用，更好地组织全县人民克服困难，巩固和扩大武乡抗日根据地，在县城（今故县）东关郝家庄召开了中共武乡县第一次党员代表大会。出席会议的代表有30余名。各界民主人士也列席了这次会议。会议的主要议题是：1. 布置当前的中心工作；2. 选举产生新的县委领导；3. 选举出席即将在本县东堡村召开的中共晋冀豫区党的第一次代表大会代表。大会回顾了六年来武乡党组织的创建和发展历程，总结了党在创建和巩固发展武乡抗日根据地各项工作中所发挥的模范带头和核心领导作用，以及在建党方面所取得的经验教训，并指出党在今后抗战中的任务和建党方面应着重注意的问题。比如，要注意发展知识分子和贫雇农党员的问题，对以后加强对党员的思想、政治、纪律教育，提高党员政治素质和战斗力，党组织应起战斗堡垒作用，搞好党的自身建设、进行调查研究、密切联系群众等问题，提出了明确要求。大会坚持民主集中制的原则，选出了新的县委领导机构。新一届县委委员由5人组成：刘建勋、张烈、武三友、魏效泉和王宗琪。县委书记刘建勋，副书记张烈（兼牺盟特派员），县委始设组织部和宣传部，魏效泉任组织部部长，王宗琪任宣传部部长，秘书室设秘书一人。县委下设5个区分委，每区设分委书记一人，组织、宣传委员各一人。同时，会议还选举刘建勋、武三友、赵悦祥、李国祯为出席中共晋冀豫区党的第一次代表大会代表。

同月　日军侵占了白晋线上武乡境内的故城、南沟、权店和南关等地，并成立了维持会。县委分析到日军有可能继续蚕食武乡抗日根据地，侵占段村、县城等重镇。为了便于开展对敌斗争，中心县委根据上级指示研究决定，分设武西办事处。并派武光清任主任，王宗琪任八路军工作团政委（工委书记）。办事处为武乡县政府的派出机关，流动于楼则峪、张村沟一带。武乡县委、县政府与武西办事处不断取得联系，并指导各项抗日工作。武西地区党组织工作和开展武装斗争，具体由中共武西办事处工委负责领导。

同月　根据武西的斗争形势，县委决定成立武西抗日自卫大队，由姜晓旭任大队长，安政国任副大队长，王惠民任指导员。

同月　从延安来到前线的鲁艺木刻工作团跟随八路军总部机关来到武乡，驻扎在拐堖村（也叫果烟堖），属野战政治部领导，前方鲁艺成立后，该工作团隶属于前方鲁艺领导。

同月　武乡县召开党政军民救亡团体联席座谈会，参加会议的有各界代表30余人，讨论了反围攻战斗中的优缺点，决定了今后努力的方向：(一) 县、区、村必须坚持阵地，不离开自己的境界；（二）动员一切力量迎接战斗；（三）积极动员新战士，造成各区、村干部及群众参战的浪潮；(四) 帮助各抗日军解决粮秣问题，提高各抗日军的信仰，改进军民关系；(五) 严密布置战时情报网、锄奸网、交通网；（六）破坏道路；（七）积极在敌后方建立抗日政权；(八) 加紧战时宣传工作等。

同月　国民党武乡县党部恢复公开活动，全县设六个区分部，赵奇甫任书记长。

同月　八路军野战卫生部制药所迁驻武乡县刀把嘴村。下设散剂、丸制、膏剂、制药等四个生产组。同时，在枣庣坪村组建了畜牧场，由宣心愚任场主任，职工10人，村里人都叫花牛厂，开始生产营养食品为野战医院重伤员提供。

同月　八路军总部军工部在黄崖洞建设水窑兵工厂，也称军工部一所，对外保密代号“工兵营”。一所下设三科、四部。三科，即总务科、工务科、器材科；四部，即机工部、钳工一部、钳工二部、锻工部。其中，锻工部建在武乡县显王村，锻工部工长韩国祯，指导员陈海清。除制造锻件外，还开设小煤窑，供应全所用煤。

8月

1日　根据中共中央书记处与八路军总部的决定，朱德、彭德怀在武乡

发布命令：八路军第一纵队，在山东省沂（水）蒙（阴）地区成立，徐向前任司令员，朱瑞任政治委员，统一指挥黄河以北山东境内和一一五师东进抗日挺进纵队辖区的各正规部队及游击部队。

同日　榆社、武乡、黎城、襄垣、辽县等县政府、牺公联，以及各群众救国团体，在石盘村举行丁思林团长追悼会，并追悼去年牺牲的八路军团长叶成焕，以及在此役中被敌俘虏坚贞不屈慷慨就义的王景、杨江流等烈士。会上作出了为他们树碑以纪念的决定，会后在长乐村举行了立碑仪式。

4 日　八路军总司令朱德与副总司令彭德怀电示一二九师等部：为加强与健全各级司令部工作，八路军总部将开办参谋人员培训班，学习期为两个月，一二九师、一一五师三四四旅、唐天际部、总直、抗大共选学员 60 名，于本月 15 日前到砖壁村报到。

9 日　为了发扬民主、改善民生和提高广大民众参战的热情，武乡东部山区的土河编村党支部，配合村农救会举行了全体大会，到会的各村农救会会员共 300 余人，由农救会秘书刘时云任大会主席。会上提出议案多件，集中讨论了改善民生问题，中心议题是彻底实行合理负担、减租减息等。以此为典型，推动全县范围内的改善民主、民生运动向前蓬勃发展。

同日　武乡县召开士绅筹备会，到会士绅郝煴、裴玉澍、魏麟祥等 20 余人，会议由县长谭永华主持，行营视察员、牺公代表、八路军三八六旅代表等出席会议并讲话。

同日　英国著名物理学家林迈可与英国著名地球物理学家赖朴吾，在著名文艺家赵明、燕京大学发电厂地下党员肖在田陪同下，由冀中军区司令员吕正操派人护送，徒步行走 1000 多里路程，到达晋东南抗日根据地，来到武乡县砖壁村八路军总部。在武乡期间，林迈可得知八路军总部的通信设备极其简陋，经常出故障，主动要求帮忙进行检修，在总部通讯科科长海凤阁的带领下，来到通讯营。把总部的几部电台进行了认真检查，发

现有的零件老化、有的大小不配套，这样的设备很难保证通信质量。他利用缴获的坏电台零件进行了技术改造，使八路军总部的通信设备性能上有了极大改善。同时，还开办了无线电短期培训班，为大家讲维修原理，零件代用互用的原理、计算公式，无线电理论及实用技术等。

13 日　八路军总部于武乡县砖壁村召开纪念“八·一三”上海抗战暨追悼“平江惨案”殉难烈士大会。朱德出席并讲话，大会主席介绍了平江惨案发生经过，揭露国民党顽固分子企图投降妥协，把抗战变成内战的阴谋。

20 日　土河编村农民召开会议，300 余群众参加，由武乡二区区长张滔主持，一是选举审查合理负担的代表；二是公审三个表现极坏的村长、村副，坏村长连兆祥破坏抗日，阻止群众参加会议，坏村副樊进贵、魏连生，经常仗势欺人，威胁群众。通过斗争，坏分子当众认错，群众抗日热情极大提高。

21 日　晋东南绅士反对和平投降妥协大会在武乡召开，全县士绅 60 余名代表参加，大会由龙灵翔先生主持，行营耿视察员、张特派员到会作政治报告，会上还作了国际、国内形势报告。大会通过了九项提案。

23 日　武乡四区召开区村干部联席会议，布置战时工作。主要内容为积极开展动员工作、组织工作、宣传工作、武装工作。

26 日　武东韩壁、石门、东堡、西堡、土河、烟里、王家峪等编村自卫队，与八路军代表一起在韩壁召开军民联合会议，围绕加强自卫队军政训练，积极行动配合军队作战，组织了军事联合委员会，建立了工作联系网，并开展了十日竞赛活动。

30 日　武乡县召开区干会议，中心任务是：反对投降妥协，克服一切危难，动员广大群众，巩固抗日阵地，粉碎敌人围攻。张烈特派员作了目前形势的报告。

同月　一二九师主力、一一五师三四四旅、总部特务团及决死第一纵

队、第三纵队等部，从7月初开始在太行山区的反“扫荡”作战胜利结束，反敌对晋东南第二次“九路围攻”战役中，共歼灭日伪军2000余人，粉碎了敌以重兵聚歼我军主力的企图，保卫了晋冀豫抗日根据地。

同月　八路军总部炮兵团进驻武乡，团部驻窑上沟村。在此进行军事训练，由于炮弹奇缺，一般不进行实弹射击。后调防延安，离开武乡。

同月　八路军总部军工部购买接管了私人所属的青背塔煤窑，归柳沟铁厂领导。

9月

1日　德国大举进攻波兰。3日，英、法两国相继对德宣战，第二次世界大战全面爆发。

同日　北方局党校首期学员在烟里村奶奶庙戏台举行了结业典礼，朱德总司令、彭德怀副总司令、杨尚昆书记、邓小平政委、傅钟主任出席了结业典礼。邓小平政委介绍了一二九师建立晋冀豫、冀南抗日根据地的情况，部队由原来的几千人发展到十来万人，需要大量的军政干部，欢迎学员们到一二九师工作。最后，李大章宣布本期学员顺利结业，学员们有的回到原单位，有的调到一二九师工作。

2日　四区东沟编村富户王耀元先生热心救亡，踊跃捐输，颇得村间赞誉，受到区公所及民众表彰，区上召开了300余人参加的民众大会公贺。

3日　朱德、彭德怀致电刘伯承等，指出，晋东南遭受旱灾、水灾，敌人摧残，秋收大为减少，冀中、冀南、五台山地区又遭水灾，来年春、夏粮食必成大问题。各部队应在不妨碍战斗的情况下，注意开荒，播种冬麦。

10日　中国共产党晋冀豫区第一次代表大会在武乡县东堡村崇法寺（也叫北寺）隆重召开，为了加强保密，对外称为“民运工作会议”。出席这次大会的有正式代表135名，列席代表137名，总共272名，代表全区3

万余党员。大会由宣传部部长徐子荣致开幕词，通过了14人的大会主席团，主席团成员为：杨尚昆、李大章、李雪峰、何英才、徐子荣、黄镇、彭涛、王卓如、张玺、王孝慈、张晔、刘建勋、程式兰等；推选徐子荣为大会秘书长；大会向中共中央、朱德、彭德怀发出贺电，向八路军、新四军发出慰问电。开幕式上，朱德总司令到会祝贺，受到与会代表的热烈欢迎。区党委副书记张玺在开幕式上作了代表资格审查报告。会上，代表们向遭受水灾的冀南灾区捐了款。武乡县党代表刘建勋、武三友、赵悦祥、李国祯出席了中共晋冀豫区首次党代会。

上旬　美国合众国际社自由撰稿人、英国人乔治·何克（也译为何果），为了对八路军有更多了解，从晋察冀边区来到武乡八路军总部驻地，朱德总司令多次与他进行交谈。八路军总部正在土河村召开武乡士绅座谈会，他还采访了前来参加座谈会的士绅们，士绅们的爱国热情，也深深感动着他，特别是大家踊跃捐钱捐粮，为抗战奉献着自己的力量，使他看到武乡民众对抗战的支持是何等热烈。他还深入八路军野战政治部、兵工厂、制药厂，以及作战部队进行采访，结束考察后不久，何克写了《我看到了新中国》，真实地记录了他在延安和晋察冀、晋西北、晋冀豫抗日根据地的所见所闻，揭露了国民党官僚统治的腐败没落，该书后来在美国和英国出版，系统全面地把我党领导的全民抗战传达给了世界。

同月　为报道、采访晋冀豫区首次党代会会议情况，中共晋冀特委机关报《胜利报》移驻武乡石门村。记者们步行数十里去东堡村进行了采访，回到石门村进行编写稿件、刻蜡纸、油印等工作。

11日　中国共产党晋冀豫区第一次代表大会进入专题报告阶段。11日至13日，杨尚昆作了长篇政治报告。

14日　李雪峰代表区党委在晋冀豫区首次党代会上作了工作报告，报告分三部分：全区工作的建立与发展；过去工作基本总结；目前全区党的战斗任务，主要是发展游击战争，建设军区，扩大正规军；抓紧战争环境

及紧急时机，大胆开展民主运动，改造村政权，建立参议会；适当改善民生，巩固社会统一战线；开展生产运动，进行经济建设，发展合作事业；囤聚救国公粮，厉行节约，筹集资材；统一领导，统一行动，军民联系，深入下层；巩固根据地，努力开展敌占区工作。李雪峰同志为根据地在今后一个时期提出了具体任务，成为指导根据地发展的主要纲领。

15日　组织部部长何英才在晋冀豫区首次党代会上作关于党的建设的报告。

同日　北方局党校第二期学员报到，由于这次招收学员较多，烟里村住处紧张，移住本县上北漳村。本日，在上北漳村举行了第二期开学典礼。本期设置的课程有：联共（布）党史、中国问题、党的建设和党的政策等。主要有张衡宇、漆克昌、刘锡五等领导作为理论教员，彭德怀、杨尚昆、陆定一、杨献珍等领导也抽空来讲授课程。

18日　八路军总部在土河村真如寺召开了为期一周的武乡士绅名流座谈会，到会的有武乡著名士绅50人，他们是：王敏政、王建都、史标青、申步青、申国贤、石斯珍、冯步云、冯高翔、刘述尧、关守城、李康、李泉、李喆、李中元、李化南、李香亭、李培荣、李凤洲、李振基、李振瑨、杜青史、吴文彦、张士堂、张承武、杨起秀、范希云、周兴、郝文昭、郝玉泉、郝培兰、郝培棠、郝茂森、郝象升、郭衍宗、郭衍汾、高子豹、赵希森、赵晋候、崔作风、程世芳、裴玉澍、暴来庆、魏韶、魏文澜、魏云宗、魏云亭、魏孝钦、魏培柽、萧兰馨、窦一山。会议由武乡县抗日政府与武乡县牺盟会召集并主办，县长谭永华、牺盟特派员张烈参加。八路军总部及中共中央北方局首长朱德、彭德怀、杨尚昆、左权、傅钟、陆定一等人来到座谈会会场，与大家共商抗战大事。朱德、彭德怀等首长与爱国士绅进行了亲切交谈，一起进行了探讨，并对士绅们提出的各种问题予以回答。裴玉澍、郝培兰等得知八路军军费紧张、生活困难的消息，当场自报捐粮190石，捐款（银洋）2000元。在他们的带动下，参加座谈会的开

明士绅纷纷慷慨献粮，其中，杜青史将家中的土地、钱财除生活费外全部捐出。朱总司令对武乡士绅毁家纾难、捐款献粮的爱国行动倍加赞赏，并为与会士绅躬授奖旗。在这次座谈会上，经一致讨论，作出了九项决议案：第一，请求政府处决汪精卫、周佛海、张璧君等及其党羽，并严惩宁江、河北两事件祸首张荫梧等；第二，反对抗粮抗差，对有钱不出钱行为，要求政府法办此等非法行动；第三，拥护新法令，并确保执行；第四，请政府普遍民选村长；第五，要求政府肃清长毛道、孔子教等，并枪决其首领；第六，贫苦人家支差由政府给津贴；第七，应有政府通令各村公所，确实登记秋收粮食，除按人口必须消耗者留用外，尽数归公保存；第八，应规定合理负担重新审定标准，以资划一而期公允；第九，应规定民选村长资格。座谈会还作出了三项决定：第一，县政府聘请士绅为经济委员，帮助政府筹粮款，并宣传出粮出款为光荣；第二，推举士绅组成县优抗属委员会，进行优抗事宜；第三，发了3个通电，一是拥护朱、彭总副司令电，八路军风纪严明、所过无犯，诚为一路之福星，希望军民精诚团结，抗战到底！二是拥护谭永华县长、牺盟会张烈特派员电，政府极力整刷，百废俱举，和衷共济，劳苦不辞，坚持抗战成效卓著，人民爱戴！三是告晋东南士绅书，提出了“一、以出钱出粮支持抗战为绅民无限光荣；二、努力参加生产合作事业，加强经济建设；三、士绅应为执行抗战法令之模范，帮助政府解决其困难；四、保障抗属不受饥冻，不受灾害，救济灾难民；五、提倡宣传文化教育，努力学习抗战理论，力求进步”。

同日　八路军总部在土河村隆重召开了“追悼冀东抗日联军政治部主任大会”。冀东抗日联军政治部主任杨裕民，曾经留美学习，回国后在河北工业学院任教多年，1931年首创“碱法亚硫酸盐苇浆造纸技术”，是中国有名的专家，抗战爆发后，他在我党“全民族实行抗战”号召的感召下，毅然辞去大学教授的职务，决心毁家纾难，积极参与筹划并组织了威胁平津、震撼华北、声势浩大的冀东起义，以迎接八路军东进抗日。冀东起义受挫

后，朱总司令电召杨裕民先生来太行山八路军总部，准备请杨裕民主持总部军工部工作。杨先生不顾严重胃病，来到晋东南后，身体每况愈下，在总部首长的关怀下，经过一段时间疗养，病情终于有了好转，但在日寇围攻的时刻，不得不随总部频频转移，因奔波劳顿，积疴日深，渐至不支，经总部医院医治无效，不幸去世。当时敌人疯狂扫荡，战事十分紧张，八路军总部无法为他举行悼念活动，等到战事稍缓，推迟到九·一八纪念日，专门举行追悼活动，毛主席从延安发来挽联："国家在风雨飘摇之中，对我辈特增担荷；燕赵多慷慨悲歌之士，于先生犹见典型"；朱总司令主持追悼会并讲话，高度赞扬道："杨先生一生刚强正直，没有半点奴才气，他面对强敌，从不低头屈服，而是横下一条心，坚决斗争。我们觉得这才是真正的中华民族优秀儿女，是广大知识分子、科学家、教育工作者的榜样。我们八路军最欢迎这样真诚的朋友，我们希望在座各位父老和同志们，都要向杨裕民先生学习，积极投身于民族革命的事业中……"

20日　八路军副总司令彭德怀在晋冀豫区首次党代会上作形势报告。之后，根据大会主席团安排，进行了专题发言。陈克寒讲《新华日报》（华北版）工作，刘长清讲壶关县农村支部建设，于林讲赞皇反摩擦，宋子杰讲交通发行工作，张晔讲太南区工作，马更青讲敌区工作，高宗智讲晋豫区工作，王继均讲沁博地区做土匪工作的经验，刘有年讲陵川反摩擦工作，王卓如讲农民运动，李敏唐介绍一个模范党支部，赵国强讲职工运动，申芝兰讲青年工作，秦武山讲党的工作作风，李哲人介绍敌区工作经验，李伯钊讲文化工作。这些专题发言，都是针对根据地发展中的具体问题、细节问题，在各地相互间起到了很好的交流作用。

△②　经中共晋冀豫区党委研究决定，将原中共晋冀特委机关报《胜利报》改为中共晋冀豫区党委机关报，安岗任社长兼总编辑。报社改属之后，仍命名为《胜利报》，继续报道党代会情况，月底，采访任务结束后离开武乡。

21日　中共中央发出关于在山西开展反逆流斗争的指示。指出，山西形势自秋林会议以后起了很大变化，逆流继续发展。为巩固山西抗战，反对投降分裂，必须在山西开展反对投降妥协的斗争，把反逆流的斗争与反投降危险的斗争联系起来。应当在山西开展反汪运动，提出反对公开的隐藏的“山西汪精卫”，坚持山西的团结、进步与抗战。山西党组织与八路军在山西之各部队将领，应当对山西抗战问题发表公开意见，对山西形势表明态度。遵照中央指示，各级领导公开发表自己的意见，表示团结抗战的决心。

同日　八路军总部向华北一万万同胞宣布了以改善民生，实现民主，发动群众游击战争，发展生产合作事业，加强抗战教育与文化事业，厉行锄奸运动，加强抗战部队为主要内容，坚持华北抗战，巩固敌后抗日根据地的“七大纲领”。这一纲领的宣布，立即得到了广大军民热烈拥护。不久，这一运动由八路军总部所在的武乡为中心的太行山区，迅猛发展到敌后各抗日根据地。

26日　白晋路之日军步骑近800人向东进犯，遭我八路军打击，本日侵占段村。同时，辽县日军亦经榆社进犯武乡，两部遥相呼应，继续东犯，妄图打通辽武通道，为其“扫荡”做准备。八路军三八六旅在郑峪一线对敌人进行有力打击，迫使该敌回窜。

27日　晋冀豫区首次党代会进入选举阶段：首先选举产生了出席党的七大的代表、区党委委员。经过选举，出席党的七大的代表为：李雪峰、何英才、王孝慈、王维纲、王树声、关山复、陈敬贤、赵武成等，由于党的七大推迟召开，后来出席党的七大时曾做过调整；接着又新选出了中共晋冀豫区党委委员：李雪峰、何英才、徐子荣、黄镇、安子文、彭涛、王维纲、王卓如、张玺、王孝慈、赖若愚、李哲人、张晔、王树声、程式兰、刘建勋、冷楚、陶鲁笳、吴作民、唐天际、嘉康杰等。

28日　中共中央北方局书记杨尚昆在晋冀豫区首次党代会作大会总结，

下午，李雪峰致闭幕词后宣布大会胜利结束。

30日　晋冀豫区首次党代会之后，根据区党委及地委指示，撤销武乡中心县委，恢复中共武乡县委。

下旬　《新华日报》（华北版）（也称《新华日报》华北分馆）从沁县计刀岩迁到武乡大坪村，对外称为“十八集团军教导队”。同时，报社所属铅印厂、石印厂也一同迁来。

同月　晋冀豫边区游击纵队（晋冀豫军区）代司令员王树声，在参加晋冀豫区首次党代会期间，抽空视察了武乡名扬游击队，通过与游击队队长魏名扬交谈，总结出一个经验，那就是主力部队收编游击队，要用“割韭菜”的方式，不能采取“拔萝卜”的手段。根据武乡游击队的实际经验，在编并地方武装中不能再出现以往“拔萝卜”的现象，一次性编并，不给地方保留优秀的游击队领导骨干，影响了当地人民武装的再生长。王树声指出在今后的编并工作中，要采取“割韭菜”的办法，留下根让它能够继续生长、壮大，为基干部队源源不断补充新鲜力量。王树声回到军区，立即就着手规范军区工作。

同月　晋冀豫区党委领导的太行山剧团来到武乡，驻扎在桥南村，为中共晋冀豫区首次党代表大会助兴演出，会议期间，他们白天在村里搞政治宣传，也排练一些短小精悍的节目。晚上给会议代表及当地军民演出，主要演出的节目有《国际活报剧》《红星旗下》《流寇队长》《人命贩子》等节目。

同月　封建会道门组织长毛道在洪水一带活动，以谣言惑众：一、加入长毛道可一夫九妻；二、日军来时在地里插草可以受到保护；三、可以免除灾难，死后升天堂；四、可以不出合理负担；五、反对八路军、牺公联；六、受大日军皇军保护。对此，县政府广泛宣传，号召和教育参加长毛道不明真相的群众自首。

同月　洪水乡村士绅张宗良、张翊汉、张荣汉、董鸿儒四人，深明抗

战大义，救国素志不后人，本着有钱出钱、有粮出粮、有力出力的观点，主动输捐款项、粮秣贡献国家。张宗良捐洋一百元，粮八十石；张翊汉捐洋五十元，粮四十石；张荣汉捐洋五十元，粮四十石；董鸿儒捐洋二十元，粮二十石。粮、款当月已交割于县政府与八路军部队，作为抗战救国之用。

同月　太行文化教育出版社迁到武乡土棚村。社长张柏园，副社长杜毓沄。下设编辑部，由陈沂任部长；文化教育部，由杜毓沄兼部长；出版后勤部，由杨叙任部长。其主要任务是：宣传党的抗日民族统一战线政策；联络团结文化教育界人士；训练小学师资，开展抗日教育工作；编辑出版小学教科书及各种图书、教材、宣传画。其所出版图书主要由陆定一、李大章和陈沂负责审查。

10 月

3 日　八路军总部、中共中央北方局于武乡县砖壁村召开干部会议，彭德怀在会上做《国际新形势与中国抗战》的报告，阐述苏、德签订互不侵犯协定的意义，指出中国抗战新阶段中的主要危险是投降妥协，然而这种危险是可以克服的。

10 日　为总结过去工作，检讨经验教训和布置今后工作，武乡县政府、牺公联召开全县村长以上干部会议，到会者 400 余人，主要部署了“开展民主，改善民生，开展敌占区工作反对顽固分子，动员群众参军参战，开展游击战争”等工作。

上旬　洪水二区东庄编村组织了慰问抗属运动。并发起捐献，几天募捐米、麦 1.6 石，南瓜、豆荚 1800 斤，都由村干部送于抗属家中。

11 日　由于砖壁村百姓饮水困难，尽管朱德总司令带领八路军战士曾为村里修下了蓄水池，但池修好后，天再未下雨，蓄水池未能蓄水，还是无法解决饮水问题。为此，八路军总司令部移驻王家峪村；同时，中共中

央北方局移驻前王家峪，野战政治部移驻下合村。期间，砖壁村仍有总部留守人员。

同日　野战政治部发出加强部队锄奸工作的训令，指出在抗战新阶段中，敌探、汉奸、土匪和反共分子将加紧对八路军的破坏，因而锄奸工作极为重要。要求加强部队中的锄奸组织工作，正确执行锄奸政策，以巩固部队。

13 日　傅钟电告毛泽东、王稼祥、谭政：根据中共中央意见，经中共中央北方局讨论，前方已用政治部名义任命陆定一为野战政治部副主任兼宣传部部长。

同日　日军修筑的东潞铁路（亦当地民众所称之白晋铁路）东观至南关段竣工，南关成为日军侵略晋东南地区重要的军事物资转运基地，为此，日军大肆庆贺。

17 日　武乡第一次扩大干部会议在大有村泰山庙召开。到会的来宾有武乡县国民党书记长赵奇甫、共产党代表王马孩、八路军代表陈赓旅长和苏精诚主任、第三行政公署秘书王世英，以及牺盟会和各救国团体代表多人。村级干部有 400 余人也参加了大会。大会总结了过去工作经验教训，确定了今后工作计划。并通电拥护阎司令长官的进步主张，拥护梁化之、薄一波等“巩固团结、坚持进步、抗战到底”的宣言。并一致表示拥护谭县长和张特派员领导全县工作。会上，为扩大抗日民族统一战线，讨论了筹备成立武乡县参议会，并制定组织办法。

同日　一二九师三八六旅一部袭击白晋铁路武乡南关车站之敌，烧毁了日军车站及敌军装万余套，毁电台两部，炸毁铁桥一座。在这次战斗中，旅政治部宣传科科长贾西章同志光荣牺牲。

19 日　《新华通讯社》华北总分社在武乡大坪成立，该组织没有设立独立机构，而是同《新华日报》华北分馆合署办公，总分社社长由报社社长何云兼任，陈克寒兼任总分社总编辑，林火担任副总编辑。收发报由报社电务科统一安排，每天向延安新华通讯总社发稿。

同日　晋东南文救总会在下北漳举行纪念鲁迅先生逝世三周年座谈会。

同日　晋冀豫第四军分区炸弹所在武乡后石板村筹建，焦正大任所长、张捷任指导员。八路军总部军工部派张平、李盘铭和刘生堂等技术工人到炸弹所工作，加强了军工生产，炸弹所主要生产手榴弹。

同日　由团长陈波儿及吴竞、宋迪夏、陆耕、王紫非、常子峰等人组成的妇女儿童考察团一行来到武乡。

下旬　为提高民众文化水平，武乡县在中村举办村干训练班，对全县各村的干部进行轮流培训。

同月　由叶以群、杨朔、袁勃等人组成的作家战地访问团来到八路军总部驻地，经野战政治部安排，住在下北漳村。

同月　武乡县抗日政府在姚庄村召开了全县士绅大会，座谈《中共中央对时局的宣言》和政府的囤粮法令，为支持八路军，发起了在全县囤积6万石公粮的运动。在实行合理负担、征收公粮公款的基础上，本着有粮出粮、无粮不出的原则，制定了具体的囤粮办法。全县士绅热烈响应号召，积极捐献粮款，5天即完成6万石公粮的囤积任务，解决了当时的军用急需，对粉碎敌人的军事“扫荡”和经济封锁提供了根本保证。

同月　王家峪编村妇救会组织全编村妇女，为八路军做军鞋，月底给八路军总部机关工作人员捐献军鞋200余双。

同月　中共中央北方局妇委在东堡镇试办妇女抗日工作实验村。

同月　为解决砖壁村缺水问题，八路军总部指战员帮助砖壁村群众打水井三眼、旱井六眼、蓄水池一个，筑拦洪坝三条，几项工程全部竣工。北方局与野战政治部在烟里村扩大旱池一处。

11月

1日　八路军野战政治部与华北新华日报社联合，以文艺习作会的名义

在下合村总部招待所，举行了招待会，招待来自大后方的妇女儿童考察团与作家战地访问团。在这次招待会上，妇女儿童考察团团长陈波儿及吴竞、宋迪夏、陆耕、王紫非、常子峰，作家战地访问团叶以群、袁勃、杨朔等先生，八路军总部朱光、龚澎、孙泱、李伯钊等人参加，宾主欢聚一堂，互相交换了工作经验。座谈中，叶以群介绍了中华全国文艺界抗敌协会（简称“文协”）的情况，当即，就有代表提出在晋东南成立“文协分会”的建议，而且得到大家广泛赞同。经野战政治部研究，很快就开始筹备工作。

4 日　印度援华医疗队由队长爱德华率领，柯棣华、巴苏华与援华的德国医生米勒一行 4 人，由延安赴华北抗日前线为八路军服务，向太行山八路军总部进发。

5 日　一二九师三八六旅七七二团郭国言部奇袭南关，炸毁敌汽车 10 余辆，歼敌 100 余人，缴获电线千余斤，摧毁铁桥一座，缴获大批棉衣、子弹。

7 日　在庆祝苏联“十月革命”纪念日之际，由经过教育思想转变了的日本俘虏自发组织的日本人反战组织——“唤醒联盟”在下合村召开成立大会，会议由野政敌工部副部长漆克昌主持，杉本一夫作了筹备工作报告，宣布了组织章程和工作纲要。八路军野战政治部主任傅钟、副主任陆定一等首长也到会祝贺。大会通过了“唤醒联盟”的宗旨，即：“呼唤广大日军士兵觉醒，反对非正义的侵略战争，揭露日本法西斯破坏和平与侵略中国的本质与罪恶。号召中日两国人民团结起来，共同打倒日本帝国主义。”会议选举杉本一夫为会长，这是敌后抗日战场上的第一个日本人反战组织。不久，该组织更名为“觉醒联盟”，并创办了机关刊物《觉醒》。

上旬　武乡孔子道道首张虎则到抗日政府悔过自首，表示不再进行欺骗群众、破坏抗日的宣传活动，道徒百余名纷纷自首解散。

12 日　一二九师三八六旅一部于榆社县石盘、高庄一带抗击日伪军进犯，毙伤敌 250 余人。

15 日　中共中央北方局创办了机关刊物《党的生活》，其办刊宗旨为：适应华北抗战，担负巩固、发展华北党组织的历史重任。

19 日　由于山东根据地需要大量军政人才的实际情况，再加上这年 7 月中央已决定抗大总校东迁晋东南办学，11 月上旬，八路军总部下达了中央军委关于抗大一分校东迁山东抗日根据地的命令，就地培养山东部队的军政干部。经过短暂准备，11 月中旬，学校从太南驻地壶关县神郊出发，经冀南、鲁西，横穿平汉、津浦铁路，历时 40 余天，行程 3000 余里，于 1940 年 1 月 5 日，到达山东抗日根据地沂南县孙祖一带，完成了第二次东迁任务。与其同时，八路军总部对一分校的工作作了具体安排，学校东迁后，将留一部分人员，由何长工负责，组成抗大一分校留守大队，移驻武乡，做好迎接总校迁址晋东南的各项工作。同时，对一分校的领导作了新的任命：周纯全为校长，韦国清为副校长兼训练部部长。留守大队以四大队为基础，由因病因故不宜长途行军的同志和第二期招收的 1300 多名学员组成，赖光勋任大队长、铁坚任政治委员，在何长工校长的领导下，本日，进驻武乡，继续学习，迎接总校。

同日　新任抗大一分校校长周纯全、政治部主任李培南、副校长兼训练部部长韦国清，在去山东途中，来到武乡县王家峪，向八路军总部首长汇报请示工作。朱总司令听取了一分校关于东迁的情况汇报，询问了有关问题。朱总司令明确指出：党中央、中央军委，以及八路军总部，对一分校东迁山东是寄予厚望的，要把东迁山东的重大意义向大家说清楚。朱总司令详细分析了山东敌伪顽之间，以及与八路军之间错综复杂的斗争形势，强调指出，山东抗日根据地是连接华北、华中的枢纽，南可威逼沪宁，北可进逼平津，是坚持敌后抗战的重要战略基地。他还把山东抗日根据地，形象地比喻为一棵根深叶茂的大树，如果天下大雨（指国民党搞反共、投降、分裂等），大家都可以到大树下躲躲。山东地大物博、人多枪多、回旋余地大，但缺干部、缺子弹，这次你们每人给一一五师和山东地方部队带

100发子弹，作为见面礼，他们会很高兴的。希望一分校在山东越抗越大，像老母鸡孵小鸡，一批又一批，孵出千万个坚强的抗日干部。最后，朱总司令还语重心长地指出，一分校从领导到学员一定要谦虚谨慎，尊重山东党政军领导，搞好军政、军民关系，搞好军队之间的团结。这样你们就一定能为建设巩固发展山东抗日根据地作出贡献。为了加强一分校的政治工作，总部决定李培南任学校政治委员兼政治部主任。彭德怀副总司令还专程到西井镇接见了一分校的全体干部。

中旬　武乡县为做好囤积公粮工作，组织区村干部编成下乡突击队，深入区村进行工作，召集士绅座谈，召开群众大会，开展政治动员。广泛宣传囤粮支援八路军的道理，许多士绅表示支持这项活动。

24日　八路军总部向一二九师发出指示，指出国民党军第九十七军军长朱怀冰和第四十军军长庞炳勋率部不日北开，要向八路军“收复河北失地”。要求该师立即深入做好各方面工作，准备应付摩擦，巩固与坚持河北已得阵地，确实掌握冀西山地。

26日　三八六旅在大有村举行了军民联欢会，陈赓旅长、苏精诚主任出席。

28日　来自各地的艺术家们会聚一堂，在下北漳村召开了“晋东南文协分会成立大会”。参加这次会议的有随八路军总部来到晋东南的文艺工作者李伯钊、刘白羽、陈荒煤、伊林、洪荒，以及全国文协总代表叶以群等40余人，还有部分地方文艺工作者，新老作家、诗人。朱总司令亲自到会祝贺并发表了热情洋溢的讲话。大会选举了李伯钊、何云、孙泱、刘白羽、陈荒煤、蒋弼、高沐鸿、王玉堂等14人为理事。主要负责人为八路军野战政治部宣传科科长孙泱、北方局宣传科科长李伯钊，王玉堂负责总务，日常工作由李伯钊与王玉堂负责。这是中华全国文艺界抗敌协会建立的第一个敌后分会，起名为“晋东南分会”，主要目的是加强统战，利用阎锡山这个招牌开展抗战文艺活动，实际上“文协分会”所负责的是整个晋冀豫区

的抗战文艺活动，文协分会成立之后，广大文艺工作者分别到太南、太岳、太北、冀西等区开展抗战文艺活动。

同月　朱德总司令在王家峪写下了“伫马太行侧，十月雪飞白。战士仍衣单，夜夜杀倭贼”的著名诗句，该诗由战地妇女儿童慰问团团长陈波儿带到国民党统治区重庆，后以《寄语蜀中父老》为题在重庆《新华日报》发表。并于11月，发出《关于晋冀豫边地方部队的行政（军政）与指挥（军令）的决定》。

同月　野战卫生部决定对部机关进行精简，将精简下来的专业人员，一部分充实到野战医院，另一部分在前总卫生教导队的基础上组建前总卫生学校，校长由孙仪之兼任，于宁任教育主任，学校设在土河村。

12月

3日　晋绥军第六集团军总司令陈长捷奉阎锡山命令，指挥六十一军、十九军等部开始在永和地区袭击决死队第二纵队一九六旅旅部，同时，在隰县、大宁、永和等县杀害抗日干部、牺盟会会员及一一五师独立第一支队后方医院的伤员，制造了“晋西事变”（亦称“十二月事变”）。

16日　八路军总部在下合村南的南沟举行了“庆祝朱总司令寿诞大会”。主席团成员有左权、傅钟、杨尚昆、朱穆之及联络参谋陈高级。杨尚昆代表中共中央、中共北方局讲话，说明庆祝朱总司令寿诞意义；联络参谋陈高级代表蒋委员长同华北行营程主任致祝词；朱穆之代表刘伯承师长、邓小平政委及一二九师全体指战员向朱总司令致以虔诚的敬礼，并宣誓要抗战到底，为无产阶级奋斗到底，成为无产阶级最坚决的队伍，以报答朱总司令的培养；李伯钊代表妇女界致祝词，表示要学习被压迫妇女的救星——朱德总司令的精神，团结和组织华北的妇女参加抗战；三八六旅的青年代表，以诚挚而坚定的言辞，表明愿意多打胜仗来祝贺朱总司令的寿

诞；觉醒联盟的代表杉本一夫，向朱总司令表示崇高敬意；最后，朱总司令在热烈的掌声中讲话，表示："我们的革命任务还没有完成，愿意跟同志们一起努力奋斗下去！"

19日　爱德华、柯棣华、巴苏华组成的印度援华医疗队，由后方卫生部秘书马寒冰担任翻译，从延安奔赴太行山抗日前线，来到武乡土河坪村野战卫生部。与他们一起到达武乡的还有一位来自德国的年轻医生汉斯·库尔特·米勒。

20日　武乡县举行民众武装大检阅活动。5000余民众参加检阅，襄垣、辽县、榆社等七县民众代表也参加了检阅，会中有200余人报名参加了清河子弟兵。同时，在检阅仪式上向大家报告了晋西事件真相，大会向阎锡山发了团结抗日的电文。

同日　武乡抗日自卫队在大活庄村发现武装汉奸，13名身带武器的人，对民众开枪，打伤自卫队队员两名，后逃往东沟村民族革命大学第五分校。公安人员进行搜查，查出手枪两支、步枪一支、手榴弹一枚，并有大量秘密文件，此为"敌区工作团"和"敌区视察团"等组织。他们蓄意破坏根据地，其主要行动是：破坏上党银行与冀南银行的金融活动；破坏群众武装；破坏抗日政权；破坏牺盟会；破坏囤积公粮等。事件之后，敌工团团长张学谦及民大分校白队长公开道歉，并在长乐村惩办了凶手薛勋臣等。

21日　野战卫生部部长孙仪之带领爱德华一行，来到八路军总部所在地王家峪村。朱总司令向几位国际友人讲了世界形势和抗日战场的概况，详细分析了游击战争对殖民地人民争取独立的重要性，介绍了八路军坚持敌后抗战两年多来取得的巨大胜利和主要经验。同时，也介绍了加拿大国际主义战士、优秀医生白求恩不幸因公殉职的消息。队长爱德华让柯棣华读了他们向总部提出的到抗日前线的申请。朱德当即答应了他们的要求，并作了具体安排。在武乡，医疗队员立即投入紧张的工作之中。

24日　八路军总部在王家峪主持召开了追悼白求恩大夫大会，八路军

总司令部、野战政治部、中共中央北方局、北方局党校、野战后勤部、野战卫生部等单位派人参加了追悼会，印度援华医疗队三位成员，以及米勒大夫等国际友人也参加了追悼会。大大鼓舞了当时随八路军总部在华北敌后参加中国抗战的“朝鲜义勇军华北支队”和“觉醒联盟”等国际反法西斯团体的抗战热忱。

下旬　谷景生奉命到路东武乡县，以路东工作队为基础将驻在路东的王世英、田黎春、杨森、冯明等领导的工作队（团）合并组建为决死一纵队民运工作队总队部，谷景生任总队部主任，总队部设组训、宣传、总务3个科，崔景华负责组训科，冯明为组训科干事；姚光华负责宣传科；杜秀松负责总务科。总队部下设3个分队，分队负责人有陈海晏、田世民、索文库等。各分队除干部外，还有200多名新战士。1940年4月将新战士补充主力部队后，工作队总队部宣告解散，工作队的干部都到抗日军政干部大学学习。

同月　新华日报社迁到安乐庄村。《新华日报》的编辑方针是：宣传马列主义和国际共产主义运动，宣传苏联；宣传党的路线、方针、政策、任务；宣传广大军民的抗日斗争；宣传抗日民主根据地建党、建军、建政的成就；揭发日寇的暴行；报道国内外大事。在抗日战争中，在艰苦的岁月里，这份报纸无论是对前方还是后方，无论是对军队还是人民，都起到了巨大的鼓舞和激励作用，特别是在指导根据地的工作上作出巨大贡献。所以说，她既是根据地军民喜闻乐见的宣传阵地和动力，也是广大军民的精神支柱与力量源泉。当时，《新华日报》在整个根据地产生了巨大影响，国统区也有许多订户，就连苏联、美国的新闻机构都专门订阅。报纸的长年发行量在3万份以上。

同月　冀南银行总行迁至武乡蚌蚄庙村的蚌蚄庙办公。

同月　牺盟中心区在武乡长乐村召开了辽、武、襄等县千余人参加的反顽斗争大会，镇压了一批破坏抗日、反共反人民的顽固分子，武乡县县

长谭永华、牺盟特派员张烈出席。

同月　武乡县政府在洪水开办了德茂新商店、群众合作社。

同月　中共中央北方局青年工作委员会（简称青委），在王家峪村创办了《青年与儿童》杂志。

1940 年

百团大战中，彭德怀在关家垴战斗前线

本年度要事

★ 新华日报社在安乐庄村召开了盛大的庆祝会，庆祝华北版《新华日报》创刊一周年。

★ 前方鲁迅艺术学校在下北漳村成立，由李伯钊任校长兼党委书记。

★ 八路军总司令部、野战政治部，在下合村召开了“太行文化人座谈会”。

★ 朱德总司令授予武乡名扬游击队“太行名扬游击队”旌旗。

★ 晋察冀军区司令员聂荣臻、冀中军区司令员吕正操率部支持太行反顽，到达武乡县。

★ 八路军总司令部、野战政治部，在下合村西南城墙根召开了晋东南各界拥蒋反汪大会。

★ 中共武乡县委改称中共武乡实验县委，温建平接任县委书记。

★ 抗日军政大学总校第六期在蟠龙镇举行开学典礼，朱德、彭德怀、傅钟等领导出席。

★ 朱德总司令离开武乡，赴洛阳与卫立煌谈判，谈判结束返回延安。

★ 晋冀豫三地委在武乡东沟村成立。

★ 武乡将原来5个行政区，改划为12个区；48个大编村分编为230个行政村。

★ 一二九师发动了白晋线战役，歼灭日伪军350余人，破毁铁路50余千米、火车1列、桥梁50余座。

★ 武乡分为武乡（东）县、武西县；武乡（东）辖一至八区，武西辖九至十二区；武乡独立营改为武西独立营。

★ 名扬游击队奉命编入七七二团。

★ 冀太联办划分的第三专区，当时称为太行第二办事处，迁至武乡西中庄村办公。

★ 八路军总部在武乡指挥百团大战。

★ 八路军总部第四次进驻武乡。

★ 彭德怀副总司令指挥八路军三八五旅、三八六旅、新十旅、决死一纵队及总部特务团、炮兵团，进行了关家垴战斗。

1 月

1 日　新华日报社在驻地安乐庄村召开了盛大的庆祝会，庆祝华北版《新华日报》创刊一周年。庆祝大会进行了 3 天。中共中央北方局、八路军总部、抗大总校、前方鲁艺、晋冀豫第二地委、晋冀豫第三军分区、武乡县委县政府、晋东南文协分会、太行山剧团、火星剧团等众多单位前来祝贺。大会推选共产国际领袖、世界革命导师斯大林、季米特洛夫，以及中国共产党、八路军领袖毛泽东、洛甫、朱德、彭德怀、杨尚昆、陆定一、李大章等同志为名誉主席团。接着，何云同志讲话；朱总司令对报纸的作用给予很高评价；杨尚昆同志也讲话勉励报社全体同志；中共中央北方局宣传部部长李大章撰写了《祝新华日报华北版成立周年》的文章。会上还表彰了一年来报社工作成绩突出的模范代表。

同日　朱德在《新华日报》（华北版）发表《迎接 1940 年》一文，指出日本侵略者在这一年对中国将会加紧诱降政策，对华北敌后抗日根据地将会加紧军事“扫荡”。要在大后方加紧反攻准备，在敌后广泛开展游击战争。

同日　左权在《新华日报》（华北版）发表《论目前华北战局》一文，指出日军在华北有 60 万左右的兵力，包括 17 个正规师团、12 个混成旅团，约占侵华总兵力的一半。在山西有日军 7 个师团的全部、2 个师团各一部和 3 个混成旅团。山西是目前敌人在华北的主要战场。

同日　鲁迅艺术学校在下北漳村正式成立，为与延安鲁艺区分，亦称“前方鲁艺”。学校归中共中央北方局与八路军野战政治部双重领导，设立校务委员会、教务处、总务处和党支部等机构，由李伯钊任校长兼党委书记，陈铁耕任副校长，牛犇任教务主任。下设三个系：戏剧系、音乐系、美术系，分别由伊林、常苏民、杨角等同志任系主任。之外，还有一个普

通科，招收初级班学员。

11 日　八路军总部发出关于干部学习的指示，要求全体党员干部都应适当学习和研究马列主义理论。其主要课程按由浅而深、由中国到外国的原则。并对初级、中级、高级、时事政治课和军事学课、党课等作出具体规定。

同日　野战政治部总部颁发《各级锄奸保卫委员会工作条例》，确定了锄奸保卫委员会的 7 项工作内容。

12 日　中共中央北方局在前王家峪村召开扩大会议，讨论在反逆流斗争中自卫反击的问题。

15 日　朱德、彭德怀等八路军将领致电林森、蒋介石等国民党党、政、军领导人，驳斥陈诚 9 日在广东省韶关发表的诬蔑“八路军游而不击”的言论，斥责国民党制造的反共摩擦，要求陈诚亲临华北前线考察，以明辨是非。

18 日　朱德、彭德怀、杨尚昆等分别向各部队发出关于扩大八路军力量的指示，指出克服妥协投降危险，保障坚持抗战、团结、进步政治路线胜利的中心环节便是力量问题。因此，巩固和扩大八路军，成为目前华北全党全军的中心任务之一。决定在 1940 年中八路军再扩军 20 万人，并规定了各部队扩军的具体任务。

19 日　朱德、彭德怀、杨尚昆将扩大八路军力量问题电告中共中央、中央军委。次日，毛泽东、王稼祥电复朱德等，指出今年扩军 20 万原则很对，但具体分配主要部分应放在有枪区域，在老黄河以北，扩军不宜过多；在老黄河以南、新黄河以北包括苏北在内，应加大扩充。

21 日　武乡县农民救国会召开第三次代表大会，并发表通电，声援确山惨案之遇难者，并电请蒋委员长惩办祸首。

30 日　中共中央书记处致电朱德、彭德怀、杨尚昆等，指出对河北与山西境内的任何军队，不论是国民党中央军、晋绥军，还是石友三部，如

果他进攻八路军地区，我应在自卫原则下，在有理有利条件下，坚决反抗并彻底消灭之。

同日　朱德、杨尚昆等发出关于收买与节省子弹问题的指示，指出子弹缺乏成为八路军目前特别是将来抗战中最严重困难的问题，一方面现已无存，制造困难；另一方面主要是国民党限制发给八路军弹药，估计今后将更严厉限制或完全不发弹药。为此，各级政治机关和地方党组织应以各种方法进行收买子弹的工作，各级司令部和政治机关要在部队中深入进行节省弹药的教育。

31 日　毛泽东、王稼祥致电朱德、彭德怀等，指出对山西新军与旧军冲突的工作方针是：巩固晋西北，巩固新军，扩大我们的力量。八路军可向阎锡山表示，愿为和平解决山西新军与旧军冲突而效力。

同日　春节之前，木刻工作团开展新年画活动，刻制印刷了新年画，作品有《军民合作》《破路》《开荒》《实现民主政治》《织布》《春耕大吉》《保卫家乡》等，这天是农历腊月二十三，蟠龙镇的集日，工作团成员胡一川、杨筠等人，亲自带着这批年画去蟠龙镇赶集，摆摊叫卖，上万张新年画被争购一空。

下旬　朱德、彭德怀、左权、杨尚昆等首长在下合村与国民党九十七军军长朱怀冰进行了为期 7 天的谈判，力述我党团结抗战的主张，驳斥了朱怀冰从我军手中要地盘的无理要求，以及他搞分裂、搞摩擦、破坏抗日的言行。谈判不欢而散，朱怀冰返回部队更使摩擦不断。

同月　中共武乡县委遵照上级党委和军分区指示，在县抗日自卫队、区基干队的基础上进行了整编，成立了武乡独立营，由史昭青任营长，李友九任教导员。独立营是一支具有一定作战能力、装备较好的脱产地方武装。它是在主力军和民兵之间起纽带作用的一支地方部队。该营属晋冀豫第三军分区领导，县武委会供给，下辖两个连，共 200 余人。

同月　《新华日报》收购了山西第三专区劳动部职工联社在苏峪村接

办的太行造纸厂，作为华北新华日报社的纸张供应企业。不久，将此厂改建为太行造纸厂一分厂；同时，又在栗家沟建立了太行造纸厂二分厂。

同月 八路军供给部供给干部训练队第二批学员，在桥南村举行毕业典礼仪式，朱德、杨立三、周玉成、周文龙、刘鹏等领导同志出席。朱德总司令亲笔为供训队题词“洁己奉公”，成为该校的校训。在典礼结束的时候，后勤部部长杨立三宣布，经八路军总部批准：供给部供给干部训练队正式扩编为八路军供给学校。由供给部部长周玉成兼任校长，雷代夫任副校长，栾俊任教育长。

2月

2日 武乡四区召开干部会议，大家对“日汪密约”深恶痛绝，乃通过决议要求阎、朱司令长官剪除潜伏山西的汪逆党羽，并致电蒋介石委员长，表示誓死反汪反汉奸之决心。

△② 武乡名绅50余人召开座谈会，讨论士绅如何反投降妥协，一致认为要有钱出钱、有粮出粮，协助青年干部工作，坚持抗战。

6日 八路军总部决定在太（行山）南成立八路军第二纵队，派八路军总部副参谋长左权前往太南组建。15日，朱德、彭德怀电令左权兼第二纵队司令员，黄克诚任政治委员，杨得志任副司令员仍兼冀鲁豫支队司令员。一一五师三四四旅、一二九师晋豫边支队、晋冀豫边游击纵队独立游击支队、河北民军第四团及决死队第三纵队等部统归第二纵队指挥。第二纵队及冀鲁豫支队统归八路军总部直接指挥。

7日 彭德怀副总司令写信给木刻工作团，赞扬他们的成绩。信上写道：“这次你们的勇敢尝试，可以说是已经得到了初步的成功。许多艺术工作者口喊大众化，实际上并没有真正做到，而你们则已向这方面走进一步了。”信中还说：“我们马克思主义者认为，脱离了时代要求，不反映革命

现实的作品，是没有而且也不会有艺术价值的。目前，中国艺术工作者的主要任务，在于加紧批评接受与发展民众的艺术形式，充分反映抗战中人民的要求，成为动员民众一支强有力的力量。”

8 日　农历春节。八路军总司令部、野战政治部，在野政驻地下合村召开了“太行文化人座谈会”。朱总司令和野战政治部副主任兼宣传部部长陆定一等领导同志参加了这次座谈会，到会的文艺工作者有鲁艺木刻工作团的胡一川、彦涵、罗工柳、杨筠、华山和前方鲁艺校长李伯钊、抗大文艺工作团的徐懋庸、任白戈，以及八路军总部的孙泱等，德国医生汉斯·米勒也应邀参加。座谈会上，朱总司令热情鼓励这些日夜战斗在抗日前线的艺术家们，进一步运用文艺这个武器，开展对敌斗争工作。他说：“抗战要文武两条战线并肩作战，甚至笔杆子要超过枪杆子，先搞好文艺宣传，才能发动起群众性的游击战争。”会毕，朱德总司令、陆定一副主任等总部领导人，宴请了与会的艺术家们，并与他们合影留念。

14 日　武乡县在活庄村举行了宪政座谈会，野战政治部主任傅钟到会，并做了《关于宪政问题的报告》，具体提出了 3 点意见：（一）需要真正代表民意的国民大会；（二）需要切实保障人民利益、代表人民公意的宪法；（三）需要真正民主的宪政。县长谭永华从八个方面作了关于武乡宪政问题的报告，并成立了武乡宪政促进会筹备会。推选武三友、万灵山、魏仕价、郭茂宏、李玉田、史玉麟、李祖寿、张滔为宪政委员。

15 日　范子侠司令员率领平汉纵队进驻武乡，一方面进行休整、补充兵源，另一方面接替三八六旅执行保卫八路军总部、中共中央北方局等首脑机关的重任。纵队司令部驻扎在宋家庄村。

同日　武乡召开全县区村干部会议，通过了村参议会、村政委员会组织条例。

16 日　八路军总部召开欢迎平汉纵队司令员范子侠将军大会，野战政治部主任傅钟致欢迎词，范将军在此大会上进行了长篇演讲。

21日　八路军总司令部、野战政治部发布1940年整军训令，指出当此抗战进入新阶段，以一切努力巩固、扩大与加强八路军抗战力量，是目前全军最严重的战斗任务。规定1940年全军再整理50个团，分两期进行，每期4个月，于本年11月10日完成。

22日　朱德、彭德怀致电阎锡山，对山西新军与旧军的冲突事件，提出和平解决的建议。

同日　元宵节之际，武乡县抗日政府在韩壁村举行军民联欢会，朱德总司令在这次联欢会上授予武乡名扬游击队“太行名扬游击队”旌旗。

24日　晋察冀军区组织的南下支队、冀中军区警备旅开到太行前线。朱总司令专程到黎城看望了晋察冀、冀中部队来支持太行反顽的干部战士，并在干部会议上讲话。

25日　中共中央派肖劲光、王若飞为代表，持毛泽东亲笔信，到达宜川县秋林镇，同阎锡山谈判山西新军与旧军团结抗日事宜。

26日　中国人民抗日军事政治大学在晋察冀军区组成的南下支队护送下，来到武乡，与此前由何长工率部来到晋东南的抗大一分校留守大队会合，直接接受八路军总部领导。对外番号为“青年抗日联合纵队”，副校长罗瑞卿，教育长何长工，政治部主任张际春，训练部部长王智涛。总部校部驻扎在蟠龙镇，政治部驻扎在白家庄村。下属四个团和一个特科大队，一团驻韩家垴村，二团驻石门村，四团驻老中脚村。三团先到冀中，于6月中来到武乡，驻长立头村，特科大队驻季家岭村。

同日　晋察冀军区司令员聂荣臻、冀中军区司令员吕正操及抗日军政大学副校长罗瑞卿，在晋察冀军区南下部队的护送下，由晋察冀边区到达武乡县。聂荣臻、吕正操住在下合村八路军总部招待所。

27日　武乡县在蟠龙召开反汪拥蒋大会，到会民众400余人，并发出通电：“拥护蒋委员长抗战到底，铲除汪派余党，迅速实施宪政，实行真正的三民主义。”大会号召广大民众：坚持抗战，反对投降；坚持团结，反对

分裂；坚持进步，反对倒退。这次会议，对于全县打击顽固势力、扩大统一战线，起到了有力的推动作用。

同日　下午，八路军总部直属队、鲁迅艺术学校、王家峪村儿童团、自卫队等在下合村召开了欢迎聂荣臻、吕正操二位将军大会，野战政治部傅钟主任致欢迎词，聂荣臻、吕正操二位司令员进行了演讲，鲁迅艺术学校学员为二位将军表演了丰富多彩的节目。

28日　八路军总部直属单位、一二九师在下合村娲皇庙前的空地上，召开了干部会议。聂荣臻司令员在会上做题为《晋察冀边区工作的经验》的报告，交流了晋察冀反“扫荡”经验。

下旬　北方局妇委在石圪垤村举办妇女干部训练班（以下简称妇训班）。妇训班的学员，一部分是来自晋东南各县的妇救会主席和副主席；一部分是山西“十二月事变”后来自晋西北的妇女干部，即白涛、王泓、丁芳、白玲、刘金、侯俊英、王淑玉、洪立、于奋、齐跃纯、朱叔玉、南林，以及武乡妇救会的王昭、范成秀、段子芬、武兰芳、任秀兰等50余名妇女干部参加了学习。妇训班班长卓琳，支部书记刘志兰。妇训班的学习内容，主要是马列主义理论、抗战形势、统一战线、党的基本知识及根据地妇女工作、妇女解放的道理和内容、妇女解放和民族解放运动的关系，同时还适当讲一些军事知识。

同月　武乡县公民登记工作顺利完成，各村选举议员工作宣告结束，并建立参议会，同时，武乡宪政促进会第三次筹备会召开，确定武乡宪政促进会于3月中旬成立。

同月　朱德总司令给王家峪抗日小学模范儿童团题词：“斗争与学习缺一不可。”

同月　中共中央北方局决定将太行文化教育出版社与《新华日报》华北版合并，出版社社长杜毓沄任报社副社长，出版社员工全部搬迁到了安乐庄村。合并后，报社成立了两个编委会：一是报纸编委会，由原报社编

辑成员组成；二是图书编委会，由出版社的编辑成员与报社丛书编辑部成员组成。

3 月

3 日　八路军总司令部、野战政治部在武乡县下合村西南城墙根的空地上，召开了晋东南各界拥蒋反汪大会。参加这次大会的有晋东南军、政、民各界领导人，以及各机关、团体、学校，共 3 万余人。会议由八路军政治部副主任、野战政治部主任傅钟主持。大会推选林森、蒋介石、阎锡山、卫立煌、毛泽东为名誉主席团，会议主席团成员有朱德、彭德怀、杨尚昆、傅钟、陆定一、罗瑞卿、李一清、徐国华、王贵灵等，晋察冀军区司令员聂荣臻、冀中军区司令员吕正操率部来太行参加反顽，也被选入主席团。会议由朱德总司令致开幕词，他在讲话中痛斥了汪精卫的卖国罪行后，号召全华北的军、政、民，广泛开展反汪运动，反对一切公开和暗藏的“汪精卫”。他号召全社会各抗战党派、军队和人民，必须紧密团结起来，坚持抗战到底！彭德怀副总司令也在会上作了重要讲话；聂荣臻及青年、妇女和抗日团体代表都争先恐后进行了讲演。大会作出决议：以 3 万军、政、民的名义，通电全国各界同胞，加强团结，声讨汪逆，肃清内奸，抗战到底。这次大会，对坚持华北抗战，克服投降、分裂、倒退危险和肃清暗藏在抗日营垒中的投降派，起到了巨大的推动作用。

5 日　八路军总部及一二九师指挥所属青年纵队、独立支队、先遣支队、独立游击支队、三八六旅新一团，师特务团和晋察冀军区南下支队等部共 13 个团，发起磁（县）武（安）涉（县）林（县）战役，对顽军朱怀冰等部的进攻进行反击，一举歼灭朱怀冰三个师，打退了国民党第一次反共高潮。战役于 8 日结束，共歼灭顽军一万余人。

上旬　平汉纵队在上王堡村举办了平纵干部训练班，学员有基层连、

排干部和个别班长，也有机关参谋、干事，主要学习党的统一战线主张，军队纪律与战时政治工作，一二九师对日作战的特殊战例等。野战政治部、师政治部派政工教员来担任教师，野政组织科科长李文楷、青年科科长魏洪亮，师政治部副主任黄镇等同志专程前来讲课。训练班共办两期，每期20天，培训了200余中、下层干部。

同日　武乡成立妇女自卫队。

14日　中共中央书记处及中央军委指示八路军总部、一二九师等：反摩擦斗争必须注意自卫原则，不应超出自卫的范围，如果超出这个范围，则对全国的影响和抗日民族统一战线是很不利的，尤其对国民党中央军应注意此点，因国共合作主要就是同中央军的合作。目前山西、河北的反摩擦斗争即须告一段落，不应再行发展。

15日　根据第三专署决定，武乡县设立了税务局。

19日　朱德总司令从武乡赴晋城，与第一战区司令长官卫立煌进行谈判，争取双方休战，共同抗日。根据谈判协议，双方划定以临屯公路及长治、平顺、磁县一线为界，该线以南为国民党军驻防区，以北为八路军驻防区，界上不驻军，两军不越界。我军坚决维持抗日民族统一战线，主动退出太南、晋豫区，史称“太南退军”。

中旬　中共晋冀豫第二地委决定，派二地委宣传部部长温建平接任县委书记。李友久任县委副书记，组织部部长陈舜英，宣传部部长王宗琪。武乡当时面临的局势是：由于日军的“扫荡”，干部队伍中出现了一些消沉现象，群众工作难以展开，顽固派又乘机兴风作浪；对各级干部的政策教育抓得不力，错误地理解“保障人权”政策，束缚了广大干部的手脚。在工作作风上，领导对基层干部批评多于耐心教育和实际帮助。尤其是在日军“扫荡”后，干部群众产生了悲观失望情绪。针对这种困难局面，县委为了扭转危局，打开工作消沉的状态，彻底改变干部的生硬作风，认真总结了经验教训，从囤积公粮、减租减息、解决土地问题等方面入手，用算

账对比的方法发动群众，并把调动起来的群众积极性投入当时大搞春耕生产中去。同时，抓好群众的武装斗争工作，号召党员军事化、战斗化，并对反共顽固分子进行了坚决斗争。

24 日　野战政治部发出关于生产运动的指示，要求各级党、政、军领导必须具体组织与领导这一运动，把握住不违农时的原则。应根据具体环境和部队的战斗任务，规定不同机关、部队、学校不同的生产任务，做到平均每人耕田 2 亩，并对生产开荒的组织领导和政治工作等提出具体要求。驻武部队开展了开荒运动。

29 日　晋冀豫区新闻界宪政座谈会在武乡召开，本区内的各报社、杂志社、通讯社等代表 50 余人到会。介休、沁源、屯留等地的代表，虽然有敌人控制的白晋铁路阻隔，但他们还是想尽办法，冲破封锁，赶到武乡参加会议。大会选举蒋介石、阎锡山、卫立煌、朱德、彭德怀，以及国内颇有影响的沈钧儒、邹韬奋、范长江、吴克坚等人为名誉主席团。选举何云、陈克寒、张鱼、蒋慕岳（江牧岳）等为主席团。大会首推何云作政治报告，他在报告中首先阐明目前国际国内政治形势，以及敌寇扫荡敌后根据地的新特点和我们应采取的对策。朱德总司令专程到会并讲话。这次座谈会共召开 4 天，大家进行了充分讨论，并正式成立了晋冀豫区新闻界宪政促进会，大会选举何云任理事长，张鱼任副理事长，蒋慕岳、史纪言、安庆洙、姜时彦、林火、张向一、何畏、薛欧风、段横柳为理事。

同月　由于形势变化，根据中共中央北方局指示，原晋冀豫区划分为四个区党委，即晋冀豫区党委、太南区党委、太岳区党委、晋豫区党委。晋冀豫区党委分设了五个地委，七月，晋冀豫第二地委在武乡成立，侯富山任地委书记，刘建勋任组织部部长兼宣传部部长，肖鲁任青委书记，陶鲁笳任妇委书记，领导武乡、襄垣、榆社、祁县等县党组织，地委机关设在姜井凹，后移驻陌峪村清泉寺。

同月　在延安组建的八路军电影团，为拍摄大型纪录片《延安与八路

军》，从延安出发，奔赴各敌后抗日根据地。本月，李肃、徐肖冰、吴本立三人组成的电影团摄影组通过敌人的封锁线，来到了武乡县八路军总部。

同月　新华日报社在安乐庄村创办了油墨厂。就地取材，用农村生产的蓖麻油或豆油熬制，并将松油燃制的松烟按配比掺入制成的油墨中，日产油墨 10 至 20 斤。基本可承担印报、印书所需油墨的 70%—80%，解决了印刷中油墨短缺的困难。

同月　武乡县自卫队深入敌占区，在邵渠村活捉了大汉奸赵锟山，经审判后枪决。

同月　中共中央北方局妇委在王家峪成立了华北妇女杂志社，创办《华北妇女》杂志，该刊为月刊，每月 15 日出版，主要刊登妇女工作及妇女问题研究文章，国内外妇女生活、妇女工作、模范妇女介绍等，妇女卫生及医药知识，还有文艺作品。

同月　八路军山东纵队司令员张经武当选中共七大代表后，偕同妻子杨岗一同赴延安，同行的有准备参加中共七大的山东代表团部分成员，中共中央山东分局书记郭洪涛，山东纵队第一支队政治部组织科科长朱春和，津浦支队第三营特派员董富先，苏鲁豫支队四大队政治教导员李贻树，山东纵队第二支队政治委员潘寿才，苏鲁皖省委委员兼统战部部长郭子化，中共苏鲁豫区党委组织科科长孙志谦，六八五团特派员张阜民，六八五团连政治指导员刘海明，山东纵队第二支队政治委员阎世印，中共鲁南区委委员、组织部部长史秀云，山东纵队直辖第四团副教导员朱广泉，中共鲁西区委常委、青年工作委员会书记徐运北，一一五师独立旅政治部宣传科科长任国章，山东纵队第五支队直属队协理员胡廷，山东纵队第五支队政治委员柳运光，山东纵队第五支队政治部主任于眉，中共山东胶东南海地委常委、职工部部长张修竹，中共胶东区委巡视团主任李维真，中共掖县县委书记冯肖山。途经武乡，由于道路不畅，在此停留，就读于北方局党校，三个月后，才离开武乡回到延安。

4 月

3日　鲁迅艺术学校第一期学员在下北漳村举行了毕业仪式，校长李伯钊作了工作报告，徐懋庸在会上讲了话。

6日　中苏文化协会晋东南分会在武乡成立。出席成立大会的有：政治学家、军事学家、文化名流、艺术家，以及新闻工作者共50余人，日本反战组织——“觉醒联盟”负责人杉本一夫也参加了会议。大会选举了列宁、斯大林、蒋介石、孙科为名誉主席团，陆定一、任白戈、韩进、李伯钊、徐懋庸等5人为大会主席团。大会由陆定一同志做题为《中苏友谊关系》的报告；接着，与会人员纷纷发言，阐述了中苏文化交流的重要性和必要性。大会一致推选朱德副司令长官为名誉会长，彭德怀副总司令为会长，傅钟、陆定一、何云、杨献珍、宋一平、李伯钊、徐懋庸、韩进、任白戈、高沐鸿、孙泱为理事。通过了会章，并通过了三项决议：第一，致电孙科会长，报告中苏文化协会晋东南分会成立经过；第二，号召华北各根据地成立分会；第三，发起庆祝苏联外交胜利，并加紧反汪运动。

上旬　中共中央北方局与总部首长在王家峪对即将召开的中共中央北方局高干会议议题进行了讨论。

同月　抗大总校政治部主任张际春、宣传部部长谢翰文根据副校长罗瑞卿的指示精神，与抗大文工团杨恬团长、孙明远指导员，以及吴因指挥商谈，决定让他们排练一台大型晚会，以纪念“五四”青年节。

同月　清明节前后，八路军总部组织直属机关和作战部队机关工作人员，在下合至蟠龙一线开展了植树造林活动，朱总司令也在百忙之中抽空来参加劳动，到王家峪的寨湾参加植树活动。这次活动共植树两万余株。

同月　中共武乡实验县委为了整顿各级党的组织，转变党的工作作风，在创建实验县的同时，开办了实验县委党校。校址定在盐土凹，后迁驻于

姚庄、大有、横岭等地。由苏光任校党委书记，陈平任校长。党校教员有从晋冀豫区党委党校派来的吴江涛、吴锋、彭淦等。中共晋冀豫区党委还特地派陈光华（朝鲜人）来武乡协助创办党校工作。党校先后举办过3期基层党员培训班，学员1500名。主要培训区、村干部，培训内容是党的基本知识、党风问题与战争动员等。

11日　中共中央北方局在黎城召开太行、太岳、冀南地区党、政、军领导参加的高级干部会议。会议总结了抗日、反顽斗争的经验教训，制定了巩固与建设抗日根据地的方针政策，提出了建党、建军、建政和积极打击敌人“囚笼政策”的任务。并决定成立冀南、太行、太岳行政联合办事处（简称冀太联办），以统一抗日根据地的政权、政策和政令。还决定改太北军政委员会为太行军政委员会，统一领导太行、太岳、冀南3区党、政、军工作。会议于26日结束。

15日　抗大总校第六期在蟠龙镇南河滩正式举行开学典礼仪式。朱德总司令、彭德怀副总司令和野战政治部傅钟主任都出席了开学典礼，并作了指示。朱总司令鼓励同学们说：“你们这一期比以往任何一期都幸福，能够直接到抗日战争的最前线来受教育，接触更多的实际。希望你们继续发扬前五期的光荣成绩，努力学习，吃苦耐劳。抗大是中国共产党领导下的八路军、新四军的干部学校，它的任务是为八路军、新四军培养军事政治干部的。要求大家相信共产党的领导，在毕业以后积极参加部队工作，下决心沿着马克思列宁主义的道路前进。”最后抗大文工团表演了文艺节目。

同日　晋东南鲁迅艺术学校创办的校刊《鲁艺校刊》正式出刊。为32开发光纸油印的月刊，刊名由朱德总司令亲笔题写。该刊的办刊宗旨为：第一，是为补充学习的不足，将自己从工作中所得到的经验教训贡献给更多的文艺工作者，以便交换意见，互相帮助，也就更多地帮助了抗战。第二，为同学们开辟一个创作的场地。第三，是为根据地的巩固和发展，借以总结工作，以作鉴镜。总之，是为了使敌后抗日根据地的文艺运动更加

发展，抗日部队中的文化教育工作更加活跃而创办该刊物的。

17日　八路军总部在武乡下合村举行欢迎卫立煌与范汉杰代表活动，欢迎第一战区司令长官卫立煌代表、少将高级参议申凌霄将军、二十七军军长范汉杰代表和王若坚参谋。出席欢迎仪式的有八路军总部直属队、抗日军政大学、八路军随营学校、晋东南文救总会、中苏友好协会、中国青记分会、日本觉醒联盟及《新华日报》代表。朱总司令到会讲话，高级参议申凌霄将军表示：如果不团结国家就会灭亡。

19日　八路军总司令朱德离开武乡，准备到重庆与蒋介石进行谈判。次日，到达黎城县北社村会见了参加中共中央北方局高级干部会议的代表，后到达洛阳与国民党第一战区司令长官卫立煌进行谈判，取得较好结果，便取消了去重庆的行程，于5月26日返回延安。

△②　以王葆真为代表的战地军政委员会冀察分会代表团来到武乡八路军总部，该团成员有战地军政委员会冀察分会副主任委员王葆真、冀察分会秘书主任王冲天、视察员宗君仁、专门委员庞尽青、干事孟士衡。

20日　八路军总部在下合村总部招待所举行欢迎王葆真一行仪式，王葆真发表演说，强调中国不团结将成为第二个印度，并提出巩固团结的具体意见。

中旬　武乡在春耕备耕工作中成绩显著，士绅捐地1007亩，捐洋1199元，捐粮137石；捐出荒地11713亩，耕具465件，成立低借贷所85个，开垦荒地4000亩。

下旬　根据中共中央北方局黎城会议精神，晋冀豫区调整了地委机关，划分成立了专区，武乡、辽县、榆社、黎城一带划为太行第三专区，并决定将原晋冀豫第二地委机关改为晋冀豫三地委机关。三地委机关在武乡东沟村成立，地委书记王一伦。

同月　晋东南第三专署制订出1940年建政计划。“计划”根据各县的工作发展情况，确定武乡、黎城、辽县、榆社、和顺等5县为实验县。襄

垣、昔东、昔西、平东为一般县。榆次、太谷、祁县、寿阳、平西为薄弱县。对实验县的县、区级政权建设的要求是：在一个月内完成改造缩编，两三个月建立参议会和各种委员会，吸收三分之一的民主人士和开明地主参加；严格执行预算决算，肃清贪污，整顿田赋，实行所得累进税负担政策；建立锄奸组织和机关；轮训干部和培养模范干部，实验县的村级政权分为基点村、一般村、薄弱村 3 种类型。要求彻底改造政权并建立各种民主制度，进行民选村长，“计划”中一般县、薄弱县的建政内容与实验县基本相同。中共武乡县委改称为中共武乡实验县委。

同月　实验县委根据上级党委指示精神，将白晋路以东的沁东地区多个村庄划归武乡县管辖，将白晋铁路以西的原武乡最西边的贾封、石门、庞家会等 33 个村庄划归平遥县管辖。为适应长期抗战需要，全县将原来 5 个行政区，改划为 12 个区，区分委也增加为 12 个。48 个大编村缩小规划为 230 个行政村。一区洪水（区署设在洪水）；二区石门（区署设在石门）；三区东堡（区署设在东堡）；四区蟠龙（区署设在蟠龙，后改在白家庄）；五区树辛（区署设在树辛）；六区贾豁（区署设在贾豁，后改在古台）；七区禄村（区署设在禄村，后改在姚家庄）；八区曹村（区署设在曹村，后改在上司、成家沟、荆村）；九区段村（区署设在段村，后改在朱家凹、石壁）；十区涌泉（区署设在涌泉）；十一区故城（区署设在故城，后改在山交沟、岸北）；十二区石盘（区署设在石盘，后改在玉品）。因日军多次“扫荡”段村，段村镇成为特殊的游击区，故将这里划分为特区，亦称十三区（区署设在东村）。

同月　武乡实验县委着手创建实验支部，贯彻整党计划。为了建立实验支部，实验县委重新确定了 13 个中心基点：一区墨灯、洪水；二区石门；三区东堡；四区大有、蟠龙；五区东沟、树辛；六区贾豁、峪口；七区监漳；八区上司、南亭。县干部组成了 13 个工作组，还布置了实验支部的竞赛内容和活动办法，并根据各区具体情况，确定了工作重点和具体任务。

同月　中共武乡实验县委召开武乡实验县首次活动分子动员大会。温建平代表中共武乡实验县委在会上作了总结报告。报告共分两部分。第一部分是贯彻政治动员的原则，深入发动全党为创建实验县而奋斗。重点从军事、经济、政治、党建等方面分析了在武乡创建实验县的优越性与必要性。第二部分是经过春耕运动，继续整党，深入创设实验支部。大会向全县参与实验县工作的2500多名党员发出号召：人人争当实验县的实际创造者与领导者，争当劳动模范和战斗英雄，在斗争中锻炼提高自己，真正使武乡实验县的工作局面彻底改观。

5月

根据实际情况，又同国民党军签订了以漳河为界的作战线，也叫“漳河划界”。

1日　《抗战生活》在新华日报社驻地安乐庄正式复刊，朱德总司令为杂志题写了刊头，并题词“祝抗战生活复刊”。

3日　抗大总校在蟠龙镇南的山坡下举行了纪念“五四”青年节大型活动，抗大文工团与鲁艺实验剧团演员联合演出了大型节目《黄河大合唱》。演出结束后，罗瑞卿副校长、张际春主任、谢翰文部长和李伯钊校长等领导同志，到台上看望鲁艺的师生和文工团的同志，向大家致意，祝贺演出成功。文工团的同志和鲁艺的同志兴奋地互相祝贺合作排练、演出成功。

同日　武乡实验县委遵照晋冀豫区党委指示，动员大量群众配合白晋路一带的部队，执行作战破路的任务。支援这次白晋北段破路战役，只是在特殊情况与特殊条件下，用特殊的方式推进实验县工作；同时，通过这次动员工作，检阅武乡实验县党与群众的组织力量。动员县区干部分散下乡，到各村挨户进行动员，或在民革室召集村民大会，布置征兵任务。即日武乡（包括武西办事处）动员了民众6700多人。

4日　晋东南万余名青年在武乡蟠龙镇召开“五四”纪念大会，并举行火炬晚会。左权副参谋长在会上讲了话。他号召广大青年在抗日斗争中作出贡献。大会影响与推动了武乡青年运动的蓬勃发展。

同日　刘伯承、邓小平发布了《一二九师白晋路北段战役计划》，提出此战役任务是：协同民众连续破击铁路，搬完铁轨，烧完枕木，炸毁桥梁涵洞，打断敌人修通白晋铁路的企图，坚决消灭大队以下由据点出击之敌，夺取与烧毁敌人的军用品，救出、遣散修路工人。

5日　一二九师发起白晋线战役，由三八五旅、三八六旅、平汉抗日游击纵队、决死队第一纵队和晋冀豫边游击纵队等部队参加，破击白晋铁路北段并袭击沿线各据点之敌。

同日　七六九团进行了南关战斗。守敌日军1个加强中队200多人，除少数从地道逃走侥幸活命外，大部分被歼。200多名伪军全部被歼，日军中队长峰正荣被击毙。还解放了被抓来的修路民工1000多名，缴获黄色炸药近2000箱和其他军用物资。

6日　友邻部队三八五旅七六九团出其不意袭击了南关敌据点，权店之敌马上出兵增援。我平汉纵队发现了敌人的企图，马上组织部队拦截敌人，双方展开了激烈战斗，平纵三团参谋长朱秋溪组织战士向敌人进攻，激战中，朱参谋长不幸中弹牺牲，此时，三八五旅独立二团来增援，两部相互配合，将敌人打了回去。

7日　为破坏日军修筑白晋铁路的计划，粉碎日军的“囚笼”政策，巩固晋东南抗日根据地，太行区军民、一二九师所属主力部队发动了白晋战役，展开了大规模的破击作战。共歼灭日伪军350余人，解放路工2000多人，破毁铁路50余千米、火车1列、汽车7辆、仓库2座，以及桥梁50余座，战役胜利结束。在这次战役中，中共沁县、武乡两县委和县政府组织县独立营、民兵、自卫队及群众上万人，配合八路军三八六旅、平汉纵队等沿白晋铁路线围攻敌人据点，挖路抬轨、收割电线、营救被日军强迫修

路的民工等。

9日　武乡实验县委在武东一、二、三区和四、五各半个区，征得民兵与民工4000人以上，并进行了编组，60人为一个分队，先在村上集合，再在区上集合并编成大队（每个大队1000人）。县委特别注意到：党的组织与领导是决定性的一环。党员都参加到群众中去，在村干部动员之后，即召集广大党员开会，在党内提出保证，在进行群众编队的同时有计划地分配党员到各班组去，班长由党员担任，分队长是村农会秘书，指导员由村党支部书记兼任。组成稳定的支前队伍。

同日　朱德、彭德怀致电一二九师，嘉奖白晋战役参战部队。

上旬　朱德在洛阳与卫立煌会晤，强调国共两党和全国军队要团结抗战。

同日　因参加白晋线战役，一二九师调边纵参加战役，晋冀豫边游击纵队副司令员王树声率纵队机关一部移驻武乡内义村，在此与平汉纵队进行了合编工作。

同日　一一五师独立第一支队由临县出发东进，于7月抵达山东归还建制。期间途经武乡，支队司令员陈士榘、政治委员兼政治部主任王麓水，率其一团、二团主要领导同志，在八路军总部驻地王家峪村给总部首长汇报了工作，并听取了总部首长的指示，休整10天后离开武乡。

20日　由李公朴先生为团长的抗战建国教学团来到武乡。为迎接抗战建国教学团，野战政治部在下合村专门召开了欢迎会，李公朴与抗战建国教学团在武乡活动3个月后离开武乡。

中旬　白晋路破击战之后，日军进行报复性“扫荡”，为防止辽县之敌南犯，根据一二九师部命令，平汉纵队调往辽县榆辽公路南侧控制敌人。开进途中，部队在武乡东部河神烟村宿营，夜晚，敌人一支小分队伪装成八路军混入我军驻地，平汉抗日游击纵队参谋长吴定一听到外面有军队行动，立即带两名警卫员出门观察，正与敌遭遇，并开火交锋，吴定一参谋

长不顾个人安危，与敌勇猛拼杀，保护了纵队部的安全，壮烈牺牲。

25日　由于傅钟同志离开武乡回到延安，中共中央决定，由罗瑞卿接任野战政治部主任，中共中央军委任命滕代远接任抗日军政大学总校副校长。同时，任命王若飞为八路军副参谋长，驻中央军委办事。

26日　本日和31日，八路军总部和中央军委批准一二九师编成9个旅3个军区：三八五旅，旅长陈锡联，政治委员谢富治；三八六旅，旅长陈赓，政治委员王新亭；新编第一旅，旅长韦杰，政治委员唐天际；新编第四旅，旅长徐深吉，政治委员吴富善；新编第七旅，旅长易良品，政治委员文建武；新编第八旅，旅长张维翰，政治委员肖永智；新编第九旅，旅长桂干生；新编第十旅，旅长范子侠，政治委员赖际发；新编第十一旅，旅长尹先炳，政治委员黄振棠。太行军区由师兼；太岳军区（对外亦用太岳纵队名义），司令员陈赓，政治委员王新亭；冀南军区，司令员陈再道，政治委员宋任穷。蔡树藩任师政治部主任，黄镇任师政治部副主任。6月4日，一二九师下达整编命令。

同日　朱德由洛阳经西安返抵延安，并在延安各界人士欢迎大会上讲话，指出：华北广大的抗日根据地已经建立起来，这奠定了华北抗战胜利的基础。尽管敌人“扫荡”、破坏，顽固分子制造摩擦，可是华北广大人民已把自己组织成为伟大的独立的力量，他们不但不会被消灭，而且将日趋坚强。

下旬　北方局妇委在石圪垤举办第二期妇女干部训练班。这期妇训班的学员，一部分是来自太行区各县的妇女干部，还有一部分是来自冀鲁豫的妇女干部。支部书记是程克，组织委员是王泓。学员有梁柯平、高光前、尹平、武珂、郝赋梅、刘金、柳文、洪立、程达等同志，共50多人，时间一个月左右。

同月　华北财政经济学校在武乡县韩壁村正式成立，校长由八路军总部财政经济部部长张慕尧兼任，教育长为柳林（周子明），由中共中央北方

局与八路军总部共同领导，政治工作由八路军野战政治部直接领导。该校设有财政、税务、金融三个专业，并办有高级班。

同月　中苏文化协会晋东南分会在武乡召开200余人参加的文化教育界人士座谈会，呼吁中苏两大民族加强团结合作，反对帝国主义的侵略战争，奠定世界永久和平。

同月　野战卫生部制药所改称十八集团军（八路军）野战卫生部卫生材料厂。张其榜任厂长，温萱任协理员。下设：生产股、材料股、总务股。当时除生产丸、散、膏等中药制品外，还土法上马制作卫生材料，如纱布、脱脂棉、救急包等。

同月　根据北方局黎城会议精神，一二九师对所属部队进行了大整编，平汉抗日游击纵队与边纵一、三团及决死队所属保安第六团，合编为一二九师新十旅。旅长范子侠，政委赖际发，副旅长汪乃贵，政治部主任黄欧东。合编工作在武乡贾豁一带进行，原属的二团与边纵一团合并为二十八团，原属的三团与保安六团合并为二十九团，原属的五团与边纵三团合并为三十团。

同月　武乡实验县委在姚庄村再次召开党的活动分子大会，动员和部署了整党工作。之后，县、区相继召开分委会、支部会，把整党决定贯彻到每个基层党组织。在布置整党工作时，首先交代了党的政策，解除了大多数党员的顾虑。继而从农村各个支部开始进行了整党摸底工作。在整顿党组织过程中，注重发现支部接收新党员时的突出问题。解决问题的方法是逐个整顿和改造支部工作。对于阶级异己分子及宗派分子把持的支部，实验县委就深入党员群众中，进行详细考察，发现了成分好而且忠实可靠的党员，就依靠他们反映真实情况，从而摆脱各种干扰。对经过审查确实犯有严重错误的党员，实验县委组织支部全体党员进行反复讨论，通过说服教育后，根据所犯错误的轻重予以适当处分，直至开除党籍。

6月

1日　抗大总校在蟠龙镇南河滩举行了纪念抗大成立四周年庆祝大会。会上，彭德怀副总司令代表党中央、中央军委宣布了罗瑞卿、滕代远的任命：罗瑞卿副校长调任野战政治部（十八集团军政治部）主任，滕代远继任副校长之职。

18日　全国文协晋东南分会召开会议，李伯钊主持了会议。会议决定收集抗战三年来晋东南所有艺术作品，包括文艺、木刻、戏剧、音乐等，并精选后汇编成册，以纪念抗战三周年。

21日　日军侵占东村、段村，并将故城、权店日伪维持会与之合并，由郝泉香任维持会会长。

25日　八路军总部决定在武乡上北漳村附近的漳河河畔修筑河堤，驻武部队、学校、机关万余人参加劳动一个月修成。

27日　段村日军与襄垣日军围攻王家峪村，八路军总部分路突围，当日重返砖壁村。

同日　中共中央军委、八路军总部决定彭雪枫、黄克诚两部合编为八路军一个纵队，活动于津浦铁路以西、陇海铁路以南；并抽调一部兵力到津浦铁路以东，帮助发展苏北。俟一一五师苏鲁豫支队到达后，苏北部队再行合编成一个八路军纵队。7月，八路军总部命令第二纵队三四四旅（欠第六八七团）与新四军第六支队（欠第四总队）合编为八路军第四纵队，彭雪枫任司令员，黄克诚任政治委员，下辖第四旅、五旅、六旅。

28日　八路军总部致电一二九师等，指出敌为保护白晋公路，有久占榆社、武乡及襄垣县史北镇、下良、西营之可能。令该师积极向白晋公路、正太铁路西段及和（顺）辽（县）公路进行大破袭，摧毁、攻占敌人薄弱据点，坚决向榆社、武乡等地之敌进攻，乘敌立足未稳，打破敌人久占的阴谋。

29日 十三团和十六团一部经上司村、铺上尾追西窜之敌，进到武乡以南之白家窑时，恰遇敌800余及大批骡马正集合于城西小庙至城墙边的树林中。我部即以迅雷不及掩耳之势，趁敌休息且又毫无戒备之机，予以突然猛烈袭击，敌伤亡惨重，仓皇窜入城内。翌日晨6时许，敌兵分四路又向我上司、铺上及以南一带山地进攻，并施放毒气，该两团即以这一带山地为依托，冒毒抗击敌数次猛攻。

下旬 根据日军占领东村、段村的实际，为方便对敌斗争，按照地委指示，武乡的行政区划有了较大变动，本县以段村附近的关河、涅河为界，分为武乡（东）县、武西县。武乡（东）县委辖8个分委（一至八区），武西县委辖4个分委（九至十二区）。原来增设的段村特区（十三区）分县时因日军占据而撤销。中共武乡实验县委书记温建平，副书记李友九；县长王捷三。中共武西县委书记谷景生，副书记王宗琪；县长宁运程。同时，决定将原武乡独立营划归武乡县委领导，改名为武西独立营，营长白正戈，政委谷景生兼任。武西抗日自卫大队并入武西独立营。这一时期，武乡（东）、武西县委都隶属中共晋冀豫三地委（后属三地委）领导。武西县行政区划为：九区段村（区署设在朱家凹、石壁）；十区涌泉（区署设在涌泉）；十一区故城（区署设在故城，后改在山交沟、岸北）；十二区石盘（区署设在石盘，后改在玉品），同时取消了十三区。

同月 日军对武乡地区进行“扫荡”，为保证抗大教学不受影响，中国人民抗日军事政治大学总校机关离开蟠龙镇，移驻石瓮村；驻扎在白家庄村的抗大政治部也同时来到石瓮村。

31日 根据中共中央北方局黎城会议精神，重新调整了军区、军分区。撤销原晋冀豫军区（后改称的晋冀豫边游击纵队），成立太行、太岳两个军区，一二九师兼太行军区，三八六旅兼太岳军区；冀南军区为独立的战略区。太行军区下辖5个军分区，并对其军分区的编序做了调整，其活动范围和5个地委相同，武乡地区原属的第四军分区改为第三军分区。当月，太行

军区第三军分区在武乡东沟村成立，晋冀豫三地委书记王一伦兼太行第三军分区政委，郭国言任太行第三军分区司令员。

同月　决死第三纵队划归一二九师领导，司令员戎伍胜（戎子和），政委董天知，并根据一二九师指示，该纵队从晋城北返，本月进驻武乡县大有村。

同月　三八五旅旅部移驻宋家庄村。七六九团、十三团、十四团分别驻洪水、榆社讲堂等村，在这里进行了整训。

同月　根据八路军总部关于发展军工生产的指示，太行第三军分区决定在马家岭村组建修枪所，曲峰海任所长。

同月　遵照三八六旅陈赓旅长指示，名扬游击队与清河子弟兵开赴屯留余吾镇，清河子弟兵编入七七二团二营，名扬游击队编入七七二团三营。

同月　武乡实验县委派魏积玉在距贾豁镇东 10 里的海神庙办起了光华合作社。开始只有 7 人，设有门市部，经营百货日杂品。开办不久，又与太行第三军分区合办了“三毛”厂。该厂收羊毛，织毛毯，纺棉花，织棉布，既支援了前方抗日部队，又保证了当地人民群众的生活必需。

同月　全县自卫队中的青年积极分子组成青年抗日救国先锋队（简称“青抗先”）。紧接着又在青抗先基础上建立了民兵游击小组，带动广大人民群众同日伪开展了广泛的游击战争。

7 月

1 日　为了加强我军的政治工作建设，提高部队的军事素养，野战政治部决定，在烟里村创办野战政治部机关刊物《前线》杂志，对外番号是“会昌编辑科”。为月刊，16 开铅印本，每期 3 万至 4 万字。彭德怀、邓小平、罗瑞卿、左权、杨尚昆、陆定一、聂荣臻、滕代远等都是该刊编委。它的主要对象是八路军营以上各级指挥员。为使本刊确能对于部队建设有

所贡献，野战政治部要求各战线上的同志，特别是负责同志，要多写稿，写在每次战斗或战役后，军事政治工作的总结与经验教训，特别是关于提高军事素养、战略战术的研究、政治工作的建设等文章。

3 日　十三团和十六团转到南皋、东皋、峪口等地，积极袭扰、疲困与打击由武乡出城活动之敌，敌伤亡较大，遂回窜至史北，退向沁县。

同日　彭德怀于太北各界纪念抗战 3 周年大会上作《我们一定要胜利》的演讲，指出 3 年抗战的事实证明，日本帝国主义必然崩溃，我们一定胜利。3 年来，中国共产党和八路军、新四军成为执行抗日民族统一战线的模范，并决心进一步巩固抗日民族统一战线，同时也希望得到全国正义人士和国民党及其军队热烈反响。

14 日　山西第三行政区专员公署和太行军区发出联合命令，指示全区军民密切协同，进行破击战。武乡（东）县委进行了大量动员和组织工作，组织一支 5000 多人的支前参战队伍。队伍按军事化的班、排、连、营建制。备足参加破路所要的物资、工具、担架、武器和爆炸物等，并进行了参战前的演习和训练。此外，还在全县范围内，建立了交通通信网，加强对敌情侦察和内部传递联系。

30 日　武乡（东）县士绅座谈会，对时局和政府法令进行了讨论。魏柳堂先生提出拥护中共中央对时局宣言和政府囤粮号召。经全体通过，并表示一致身体力行。

同月　日军在阎锡山白晋铁路路基的基础上修筑的东（观）潞（安）铁路通车。该路全长 200 余千米，全线设东观、子洪、盘陀、来远、南关、分水岭、南沟、漳源、牛寺、固亦、沁县、新店、虒亭、夏店、东周、常村、呈寺、潞安等 18 个车站，受华北交通株式会社所属的太原铁路局管辖，沁县设一总段。每个车站由三部分人员组成：负责行车和客货运的由站长领导，下边依据各站大小配备 5 至 10 名站务手；负责铁路维修养护的称养路工区，有 10 名左右养路工，每天有一名巡路工察看分管段内的铁路有无

毁坏；负责保卫工作的为警务分所，配有10数名警务手。总计一个车站有30名左右的工作人员。

同月　根据中共晋冀豫三地委指示，中共武乡实验县委党校改归地委领导，更名为中共晋冀豫三地委党校，仍由苏光、陈平负责，继续在武乡开办。

8月

1日　毛泽东、朱德等发出调训高、上级干部的命令，指出：为了八路军、新四军今后发展的需要，必须培养高级及上级干部。故决定在延安军政学院设立高级干部班，培养团级以上干部；在抗日军政大学总校设立上级干部班，培养营级干部。并规定了选送条件、分配了八路军各部队和新四军选送的名额，提出了调选要求和时间。

同日　冀南、太行、太岳行政联合办事处（简称冀太联办）在涉县东辽城正式成立。太行区共36个县，划分为五个专区，其中设立的第三专区，当时称为太行第二办事处，下辖：祁县、榆社、辽县、武乡、襄垣、武（乡）西、辽（县）西7县。这个办事处是由原来的晋冀豫区三专署路东办事处改成的，原来设在辽县西黄漳村，由侯振亚同志任主任，即日改称太行第二办事处（第三专区）之后，侯振亚调沁源，由刘亚雄接任主任一职，并将办事处迁至武乡西中庄村办公。

同日　长江以北敌后地区及陕甘宁边区新闻事业日益发展，各抗日民主地区均成立了中国青年记协分会，但因交通阻隔，联络困难，中国青年记协总会决定，成立北方办事处，领导长江以北华北地区敌后各分会及延安分会的工作。即日，中国青年记协北方办事处在武乡正式成立，办事处由陆诒任主任，何云、陈克寒、曹若茗为副主任。陆诒未到职前由何云代理主任，陈克寒兼秘书。办事处领导晋察冀、太行山、中条山、吕梁山、冀南、山东、延安等区分会。

同日　由《新华日报》华北分馆出版的对敌占区的宣传刊物——《中国人》周刊创刊。该刊运用通俗化的语言和老百姓喜欢看的形式，执行下列政治任务：一是向敌占区人民宣传我党的政治主张，进行抗战教育；二是向敌占区人民揭露敌寇汉奸的一切欺骗宣传；三是介绍敌后抗日根据地，鼓舞敌占区人民的斗争情绪，动员敌占区人民参加抗战并发动敌占区人民的斗争。

同日　根据杨立三部长要求，兵工厂步枪生产要向标准化、制式化发展，军工部部长刘鼎及技术人员反复研究，参考国内外各种步枪，试制出了一种枪身短、刺刀长、重量轻且能与日军“三八式”步枪抗衡的新式步枪。本日，杨立三带着新枪样品到砖壁村八路军总部向彭德怀汇报时，彭总非常满意，亲自定名为“八一式”步马枪，并责成杨立三迅速组织批量生产。

4 日　一二九师发出关于当前部队作战指导思想的指示，指出：敌人“囚笼政策”的构成是以铁路为柱、公路为链、据点为锁，逐步推进，达到面占领的目的。因此，必须认识敌人统治的基础在铁路，其次为主要公路。破击的重点应放在铁路和主要公路。

5 日　野战政治部发出关于破击正太铁路战役的政治工作指示，指出：要向部队深刻解释本战役的重大意义。为达成战役的彻底胜利，所有参战部队要严格遵守纪律，尤其是战场纪律和在敌占区执勤的纪律，绝对服从指挥，完成自己任务。交通战争是群众性的，对民夫应很好地计划、动员、掩护与指挥。政治工作应适合连续战斗的环境，在战斗中不断地工作和迅速及时地解决问题。

8 日　彭德怀、左权在砖壁村以朱、彭、左名义（以后多以这样的形式发指令，实际朱德不在前线），签发破击正太铁路战役行动命令，下达晋察冀军区、一二〇师、一二九师并报中共中央军委。命令对参战部队的任务及作战地域作了部署，晋察冀军区以主力约 10 个团，破击正太铁路平定

（不含）东至石家庄段，重点为平定至娘子关段；一二九师以主力 8 个团附总部炮兵团 1 个营，破击正太铁路平定（含）至榆次段，重点为阳泉至张净段；一二〇师破击平遥以北之同蒲铁路及汾（阳）离（石）公路，以主要兵力置于阳曲南、北地区，阻敌向正太铁路增援。命令要求各集团对其他有关铁路、公路线，也必须以足够兵力破袭之，阻击可能向正太铁路线增援之敌，相机收复某些据点。并限于 8 月 20 日开始战斗。

同日　八路军总部发出《关于破坏战术之一般指示》，指出破击正太铁路战役成果之大小，主要是看破坏正太铁路之程度而定，因此，破坏工作为此次战役中最中心之环节。破坏对象主要是桥梁、隧道、车站、铁道。破坏方法分爆破、毁坏、燃烧 3 种。要求破路部队一般采取分段配置，有精密的组织与分工，并与掩护部队密切联络。掩护部队应发挥最大的顽强性，抗击可能反击之敌。

上旬　为使朝鲜义勇队华北支队尽快组建，让义勇队成员即早开赴太行抗日前线，尹世胄化名石鼎（亦称石正）提前来到太行山与八路军联系。他经洛阳八路军办事处到达太南地区，由新一旅派人护送，到达武乡八路军总部，受到彭德怀、杨尚昆、左权、罗瑞卿、陆定一等领导的亲切接见，石鼎谈了将朝鲜义勇队拉到太行山抗日前线来的想法：从他们旅华的生活实践中看到，只有中国共产党和八路军才是中国人民的希望，才是朝鲜人民的真正朋友，所以决定离开国统区到敌后根据地来和八路军、决死队并肩打鬼子，学习游击战术以便将来打过鸭绿江，解放自己的祖国。石鼎的请求得到了总部首长的极大支持，一二九师刘伯承师长和邓小平政委得知这一消息，立即命令三八五旅派一个连前往黄河边，去接应新来太行山根据地的朝鲜朋友。石鼎被安排在野战政治部工作，在武乡的两个多月时间里，他跟着政治部的同志们学会了许多东西，特别是联系群众、组织群众，他看到了根据地人民与八路军打成一片，积极组织支前，为八路军运送物资，这使他懂得了只要依靠群众，任何困难都能克服，任何敌人都能战胜，

最终，才能取得抗战的胜利。

同日　抗日军政大学总校离开武乡转移到黎城西井一带。

同日　武乡（东）县、武西县整顿党组织工作基本结束。通过整顿，各类投机分子、阶级异己分子被清除出党。不起作用的党员也被劝退，党的组织更加纯洁。武乡（东）县剩下 118 个支部，3784 名党员；武西县 37 个支部，1770 名党员。通过整党清洗出党的党员有 554 名，党员的数量比之前减少了，但党的战斗力却大大提高，使各项工作有了新的起色和大的转变。

20 日　八路军总部在砖壁村发布命令：晋察冀军区、一二九师、一二〇师按照总部部署，于本日夜分别对敌发起攻击，破击正太铁路战役开始。战役发起后，参战兵力增至 105 个团，故又将此次“正太路战役”改称“百团大战”。自本日至 9 月 10 日为战役第一阶段，对敌占华北之交通线实施总破击，重点破击正太铁路。

同日　八路军总司令部、野战政治部联合发出关于加强游击队组织和开展敌占区工作的指示，指出以破击正太铁路为主的战役计划已开始，为保障该战役胜利后继续开展工作，应着重加强游击队的组织，派得力军政干部领导，认真培养地方干部，准备在敌占区长期生根，坚决缩小敌占区，经常破坏敌人交通。只有开展敌占区内之游击战，才能巩固基本根据地，也才能做好对日伪军的工作。要求在战役计划完成后转移主力作战时，沿正太铁路南北、同蒲铁路东西，应留置各团侦察连交由各军分区指挥，并对侦察连提出 5 点注意事项。

21 日　为稳定市场，稳定金融价格，第三专署颁布“上党票七折兑换冀钞”布告。指出上党钞发行两年来，深受上党民众的欢迎，但因上年惨遭敌人“扫荡”，基金大部损失，加之汉奸从中破坏，致使钞价暴跌，影响物价暴涨。为稳定市场、民生，此后凡用上党票子作公私营业、私人接受、缴纳旧赋税收等，均以七折行使，即每元上党钞票等于法币和冀南钞票七

角。同时由冀南银行贷款收回上党旧钞。

23 日　八路军总司令部和野战政治部致电晋察冀军区、一二〇师、一二九师，对参加百团大战各部队在各交通线上、特别是在正太铁路线上已取得序战之胜利，予以嘉奖。要求全体将士发挥最大之决心毅力，以再接再厉之精神，在现有序战胜利之基础上，猛烈扩张战果，完成战役任务。

同日　十七团与五十七团长途行军到达白晋线权店至漳源段，进行破路活动。十七团副团长吴龙主率十七团一营一连进入指定位置武西县，警戒包围南沟敌据点，掩护部队和民工破路。战斗中吴副团长负了重伤光荣牺牲。这次战斗，击毁汽车 2 辆，破坏铁路 3 千米，获长、短枪 83 支，取回铁轨 200 余根，焚毁枕木全部，烧坏木桥 3 座，毙伤日伪军 170 余人，我亦伤亡 34 人，白晋线北段交通亦已中断。

25 日　八路军总司令部、野战政治部联合组织战地工作巡视团，由野战政治部组织部部长周桓为团长，总司令部参谋处处长阎揆要为副团长，本日从武乡出发，先后到冀南、山东巡视部队工作，帮助新部队建设，研究与整理军事政治工作经验。出发前野政主任罗瑞卿亲临讲话，要求巡视团注意加强调查研究，不要当“钦差大臣”，既要做政治工作的模范，也要做战斗中的模范。

26 日　八路军总部发出关于破击正太铁路战役第二步行动方针和部署的命令，指出在正太铁路不能继续坚持作战或已彻底完成破击正太铁路战役任务的情况下，第二步的行动方针应是乘胜开展正太铁路两侧之战斗，力求收复敌深入各抗日根据地内之某些据点，继续坚持正太铁路沿线之游击战，缩小敌占区，扩大战果。并对晋察冀军区、一二〇师、一二九师第二步作战分别作出具体部署，指出目前可向指定区域进行准备工作，但不要松懈现有任务之执行。

29 日　八路军总部发出命令，指出日军企图东、西夹击，打通正太铁路。为坚持扩大破击正太铁路战役战果，创造第二步作战之有利条件，晋

察冀军区应集结主力于正太铁路阳泉、井陉段以北地区之适当地点，一二九师应集结主力于阳泉、寿阳段以南地区之适当地点，坚决打击增援之敌；同时对可能继续破击之地段应继续破击。

31日　彭德怀在砖壁村就百团大战的伟大意义对《新华日报》（华北版）记者发表谈话，指出百团大战及其所获得的胜利，在华北抗战历史上，乃至在全国抗战历史上，都占有很重要的地位。在敌人后方进行主动的大规模的战役进攻，百团大战还是第一次。百团大战的胜利，大大提高了全国军民对抗战的信心，严厉打击了悲观失望情绪；在敌占区及在敌人后方也起了非常巨大的影响；给予日军内部影响也是很大的。

下旬　在百团大战第一阶段，武乡出动民工和民兵12000余人，配合各路部队，向正太路西段的大小车站、据点展开了破击和战地服务。广大军民冒着枪林弹雨和敌机轰炸、扫射，对铁路、公路及其一切附属建筑物，进行了彻底破坏。铁轨、枕木凡能搬的搬走，不能搬的烧毁或埋掉。

同月　新华日报社油墨厂技术员王默馨试制出了“新华墨水”，该墨水有几大特点：一是水浸不褪色，二是不沉淀，三是不腐蚀胶皮管或笔尖，四是书写流利。在此基础上，进行了批量生产。

同月　中共中央北方局、野战政治部研究同意，由陈光华与石鼎等同志一起组建华北朝鲜青年联合会。“华北朝鲜青年联合会”筹备组设在烟里村，开始对在八路军中的朝鲜籍人士进行登记，还通过各种方式取得联系，广泛征求意见，草拟了“华北朝鲜青年联合会”纲领草案，并要求华北各根据地的朝鲜籍人士推选代表，准备赴武乡参加成立大会。到1940年10月，筹备工作基本就绪，但是，当时“百团大战”正在激烈进行，朝联的成立工作暂时搁浅。

9月

2日　八路军总部向晋察冀军区、一二〇师、一二九师发出命令，指出

破击正太铁路战役已取得伟大成绩。估计敌正图东、西夹击我军的情况下，特别是晋察冀军区方面继续扩张战果已不可能，决心结束破击正太铁路战役，各部应按总部 8 月 26 日命令的第二步行动方针转移兵力，乘正太铁路破坏后敌不能转移兵力之有利时机，完成第二步计划之任务。

10 日　武乡县在蟠龙镇举行庆祝百团大捷及生产展览会，有县府、各救团体及附近群众 5000 余人参加，并有八音会、佛教音乐团及盲人宣传队等到会助兴，生产展览会展览品有毛织品、棉织品、矿产、药材及五谷、陶瓷等 300 余种。县长王捷三报告了百团大战的经过及意义，号召群众以实际行动来祝贺百团大战。此外，并有各群众团体代表讲演。大家一致主张拥护八路军，并响应王捷三县长的生产号召，弘扬百团将士之浴血奋战精神。

上旬　百团大战第一阶段作战胜利结束。

16 日　八路军总部发出百团大战第二阶段作战命令，指出百团大战第一阶段已取得破击正太铁路基本胜利。为扩大第一阶段之战果，贯彻百团大战之目的，第二阶段作战的基本方针是继续破坏敌人交通，克服敌深入基本根据地内之某些据点。并对各部第二阶段作战作出具体部署，要求于 9 月 20 日开始战斗。

18 日　一二九师在宋家庄村召开正太战役军政检阅大会，并部署榆辽战役计划。营以上干部参加。

同日　八路军在上北漳修筑的河堤正式落成，该河堤投工 1.2 万，不计工资材料费为 6000 元，堤长 30 丈，宽 1 丈，有 1200 亩河滩可变为田地，每年可增收 2400 石。

23 日　八路军总部又发出指示，进一步明确第二阶段作战主要攻击目标如下：一二九师为辽县、榆社地区，晋察冀军区为涞源、灵丘地区，冀中军区为沧石公路和德石铁路西段，冀南军区为德石铁路东段和邯济公路，一二〇师为同蒲铁路之朔县至原平段。一二九师三八五旅、三八六旅、新编第十旅、决死队第一纵队和太岳军区部队等部，在百团大战第二阶段，

发起榆（社）辽（县）战役。经榆社县城、王景、红崖头，辽县石匣、管头等战斗，至10月1日战役结束，共歼灭日伪军900余人。攻克榆社县城及榆辽地区敌据点多处。

同日　中共中央北方局高级干部会议在砖壁村召开。会议由杨尚昆主持，杨尚昆在会上做了《根据地建设中的几个问题》的报告。彭德怀在会上做了《关于根据地政权及农村统一战线问题》和《财政经济政策》等报告，较详细地提出了根据地建设中的各项政策，重点研究了根据地的政权建设和财政经济建设，集中讨论了如何坚持“三三制”政权的组织形式，如何进行减租减息、财政经济建设和坚持敌后抗日根据地的关系等问题。参加会议的有地委以上负责人和各部队旅以上的政治委员。会议到10月上旬结束。这次会议对武乡地方财经工作、“三三制”政权的建立和进一步搞好减租减息工作，起到了极大影响和推动作用。

25日　彭德怀出席中共中央北方局高级干部会议并作报告，着重分析国际国内形势，阐述巩固抗日根据地的几个问题。在报告中，他论述了百团大战的胜利在全国起的作用和军事上的收获，指出百团大战是八路军正确坚持中国共产党的军事战略方针3年奋斗的历史发展成果。百团大战胜利的继续发展，对华北战局的影响有两个可能：一是华北战局有更加严重的可能；一是华北战局有暂时维持现状的可能。目前的中心任务是继续扩大胜利，打通抗日根据地间的联系，缩小敌占区，扩大抗日根据地。

同日　在百团大战第二阶段，武乡出动6000名民兵、民工，密切配合部队，参加了榆辽战役。为部队运粮食、扛云梯、抬担架、送伤员。

同月　八路军总部兵站部第六分兵站，以太谷南山为基地，开辟了从武乡起，经榆社、太谷过同蒲线及汾河，再经太（原）汾（阳）公路到晋西北，渡黄河通往延安的交通线，负责护送往来延安到根据地的干部和物资。在这条线上，专门建立起一支武装，对外称“同蒲支队”，担负交通护送任务。

同月　日伪武乡自警团在故城成立，汉奸杨明德任团长，受维持会和日本宣抚班双重领导。

10月

1日　八路军总部在砖壁村致电晋察冀军区、一二〇师、一二九师等，指出百团大战第二阶段之作战从上月20日开始，已历旬日，基本上已取得胜利。决定第二阶段作战基本上结束。战役结束后，各兵团则应适当集结主力，进行战后整理，努力整训培养体力，总结百团大战的经验教训。

2日　八路军总司令部、野战政治部向各部队发出指示，指出百团大战第二阶段已基本上结束。要求结束后在部队中解释百团大战第一、第二阶段取得伟大胜利的重要意义；深刻总结各方面的经验教训；再接再厉，扩大胜利，争取时局好转，巩固抗日根据地；积极开展游击战争，补充兵员，巩固部队，准备再战。

6日　一二九师三八五旅、三八六旅、新编第十旅和决死队第一纵队等部，开始抗击日军1万余人连续对太行区榆社、武乡、潞城、涉县地区的报复“扫荡”。百团大战反“扫荡”阶段开始。

10日　一二九师在宋家庄召开营以上干部会议，进行战术检讨。之后，李达参谋长又召集三八五旅、三八六旅、新十旅参谋长会议。

上旬　八路军总部在砖壁村举办百团大战新闻图片展览，并组织部分参战部队参观，广大民众也前来观看。

13日　乘敌4000余人“扫荡”武东，西线敌营空虚之际，武西青抗先程肉小等三人，袭击南沟车站，摸至敌汽油库，将其点燃，烧毁汽油40多桶、房屋45间、车厢140节、火车头8辆、载重汽车3辆，敌人损失在百万余元。

14日　华北日军集中兵力对武乡东部进行大规模报复性“扫荡”，视其

行动方向，有进攻砖壁的可能，为避开敌之锋芒，八路军总司令部离开砖壁村，轻装转移至石瓮村；北方局与野战政治部机关转移到大塘村。

同日　日军自洪水、蟠龙、西营一线在飞机的掩护下，分别进犯东堡、左会，与三八五旅、三八六旅激战，由于日军来势凶猛，我军伤亡惨重。

15日　根据敌我形势，八路军总部机关、北方局机关继续转移，离开石瓮村、大塘村到达黎城县西井镇。

16日　三八五旅与三八六旅分别向进犯东堡、左会之敌夹击，同时其运输队又被我军截击，只好分路向辽县、段村、襄垣、潞城撤退。

19日　八路军总部向晋察冀军区、冀热察挺进军、一二〇师、一二九师、冀中军区发出指示，指出百团大战后，日军抽集各地兵力向山岳地带大肆“扫荡”，向太北“扫荡”之日军已被一二九师击退，平西正处在紧张的反“扫荡”作战中。同时，日军对晋察冀边区周围亦正在集结兵力，可能“扫荡”该区。晋察冀边区党政军民应立即进行粉碎敌人“扫荡”之作战准备。为配合该区反“扫荡”作战，一二九师应以不少于3个团之兵力逼近并破击正太铁路；一二〇师以4个团的兵力破击雁门关南、北之同蒲铁路；冀中军区以有力部队破击平汉铁路；平西军分区以有力部队向南配合作战。

同日　晋东南文化界在武乡召开第二次代表大会。到会的有太南、太北、太岳等区代表60多人、来宾10多人。第一日，沉痛纪念鲁迅先生的逝世，由任白戈报告鲁迅先生的思想、生活、斗争诸问题。下午，由徐懋庸讲演如何推进研究学术问题。第二日，因战争关系，原定报告晋东南文化教育工作总结，未能进行。会议选举华北新华日报、抗战生活社、民革社、冀西公报、文协、中苏文化分会为团体代表；杨秀峰、徐懋庸、任白戈、李伯钊、朱光、刘岱峰、高沐鸿、杜润生、安岗、刘稚灵、郝汀、王振华、王韦、崔玉庭、史纪言、吴静涛等为执委。会议于21日闭幕。

20日　一二九师在石板村召开各旅营级以上干部会议。

21日　三八六旅、三八五旅部队在韩壁、东堡一带阻击“扫荡”之日军。

同日　辽县之敌2700余人分三路南犯武乡，击破三八五旅占领西林背、洪水。

22日　八路军总司令部从黎城县西井返驻武乡拴马村，野战政治部与北方局机关也从黎城县返回烟里村。这是八路军总部机关第四次进驻武乡。

同日　日军企图合击我武东砖壁、土河村一带，敌先头200人，进抵河不凌。二十五团团长苏鲁和政委凌则之受总部首长的命令，在温庄与敌发生激战，战斗中政委凌则之不幸牺牲。

同日　辽县方向侵犯武乡之敌与三八五旅十四团激战后占领土棚。

23日　为进一步侦察敌情，八路军总司令部移驻宋家庄村。

同日　十六团主力在长立头村南埋伏，给予敌人沉重打击。此次战斗，毙伤日军90余人，缴获枪支63支，还有部分弹药和物资。

24日　八路军总司令部机关再次回到砖壁村。

25日　一二九师师部在上广志村召开高级军事干部会议，部署反扫荡作战。

28日　日军冈崎大队在左会附近遭我军打击后，从芝麻角、韩登一线西窜，在沙坡村再次与我军相遇，敌察觉形势不利，立即停止前进，迅速抢占易守难攻的险隘关家垴，紧急抢修工事，准备迎战。

29日　八路军总部召集有关部队首长在石门村开会，彭德怀、左权、杨尚昆、罗瑞卿、陆定一、刘伯承、邓小平、薄一波、陈赓、陈锡联、范子侠、王政柱等人参加了会议。会议决定调集正在附近活动的三八五旅、三八六旅和新十旅主力及决死一纵队2个团，进行关家垴战斗，其部署为：一二九师之五旅、十旅为右翼纵队，归刘伯承、邓小平指挥；六旅、决死一纵队两个团为左翼纵队，归陈赓、罗瑞卿指挥，部队连夜进入阵地。总部炮兵团及特务团归彭德怀直接指挥。于30日凌晨4时发起总攻。

30 日　彭德怀副总司令指挥八路军三八五旅、三八六旅、新十旅、决死一纵队及总部特务团、炮兵团，在关家垴村将敌冈崎大队包围，并进行了关家垴战斗，激战两昼夜，战斗于 31 日下午结束，这次战斗消灭日寇 500 余人，我军亦有较大伤亡，十六团团长谢家庆光荣牺牲。

同月　在百团大战第三阶段中，武乡（东）、武西县委组织全县军民开展了反“扫荡”斗争。县区各级领导干部奔赴各村组织群众转移撤退，空室清野。许多村的民兵自卫队主动开展游击活动，打击小股日军，保护了群众利益。特别是在关家垴战斗中，武乡（东）县洪水、东堡、蟠龙、石门等 4 个分委、区政府组织了 70 多个自然村，3200 多名群众，积极运粮破路、运送子弹、搬运战利品，以及抬伤兵等，踏着泥泞山道，冒着日军的炮火，行程数十里，把几千担饭送到火线上，又把近千名伤员抢救下来，运送到野战医院。受到彭总和刘、邓首长的表扬。

同月　武乡（东）县、武西县交通局相继成立。主要负责通信联络和报刊发行工作。

同月　一二九师卫生学校奉命迁来武乡，驻扎在小岭山一带。

11 月

1 日　墨镫村和马堡、戈北坪等村民兵，配合十三团一个连队在东庄口伏击敌人，歼灭数十名日军。缴获白洋马一匹、子弹两箱、掷弹筒两套、刺刀 38 把、钢盔 16 个、以及军大衣、衣裤数件。

同日　来自黎城、襄垣之日军侵犯砖壁、东堡地区。

2 日　关家垴战斗后，残敌向辽县方向退窜时，在洪水附近遭到一区游击队小组的打击，张来水、李世英、李二贵、郑五孩等人沿途袭击，夺得洋马一匹、掷弹筒两套、子弹百余排、刺刀 8 把，其他战利品甚多。

3 日 黎城、武乡之敌会合，占据了石门、大陌一线，八路军三八五旅

在大陌圪梁、烟里一线抗击侵犯之敌，进行了“砖壁保卫战”。

4日　由于八路军总部指挥百团大战时电台信号过于频繁，八路军总部住址有所暴露，为了保证指挥机关的安全，八路军总部机关离开砖壁村，向辽县武军寺一带转移。中共中央北方局也离开武乡。之后，在年底以前的时间里，八路军总部直属机关及北方局所属部门大部分迁往辽县。

同日　八路军三八五旅和新十旅在密顶神、大有镇一带与敌遭遇，并展开激战，双方伤亡均重。

13日　武乡地区“扫荡”的日军，在八路军与武乡自卫队的打击下，先后退回各据点，太行区历时40天的反“扫荡”结束。

22日　九区青抗先在沁县至东村的大路上，将50多孔的阳城木桥破坏，桥板全部运回。

23日　九区青抗先袭击了敌王家垴据点，并将王家垴村维持会全部破坏。捉汉奸两名，追回耕牛两头。

24日　故城区青抗先16人袭击故城敌据点，将正在凌辱妇女的敌人打死，并缴获掷弹筒两套、步枪一支，还抓获了维持会副会长陈如福。

25日　在反“扫荡”战斗中，武乡、襄垣、榆社三县青抗先，从10月10日至25日组织50余次战斗，其中，武乡参战799人，曾在沁县炸毁桥梁一座，缴获掷弹筒两套、机关枪弹7000发、铁轨40余根。

下旬　抗大总校派出的9个学员队与一二九师随营学校先后来到武乡，在此成立抗日军政大学第六分校，校部驻平头村，政治部驻义安村。下设政治部、训练部、供给处、卫生处。刘忠同志任校长，黄欧东同志任政治委员，姚继鸣同志任教育长，胥光义同志任政治部主任。

同日　武西县青年游击队百余人，袭击南关附近敌人，激战数小时，解救修铁路工人80余人，缴获骆驼3头、洋面百余斤、小米5斗、炼油两箱。

同月　野战卫生部卫生材料厂玻璃分厂在温庄村正式成立，由张浩任

厂长，共有职工9人。

同月 根据军分区指示，武乡（东）县、武西县分别建立了武委会，赵志云、董育宣分别担任主任。

同月 郝云书等人在石壁村创办了武西县合作社，主要经营染布、弹花及日用杂品销售。

12月

1日 八路军总司令部、野战政治部发出《关于健全军区工作的指示》，指出加紧健全各军区工作，加强地方武装的组织与训练，使之能在任何严酷环境下，即使野战军一部离开原有根据地，仍能坚持作战，这是目前亟待努力进行的战略任务。因此，在健全军区工作中，必须加强军区与军分区组织上的独立性，健全军区、军分区的组织与工作；抽派得力干部加强军区与军分区的工作；注意提拔与培养地方干部，参加地方性的军事组织。同时，要求利用冬季农闲时间加紧地方武装的扩大与训练；加强地方武装干部的培训；对不脱离生产的地方武装注意进行教育。

5日 八路军各部队先后粉碎了日军对太行、太岳、晋察冀、晋西北等各抗日根据地的报复“扫荡”。至此，历时3个半月的百团大战基本结束。10日，总部公布百团大战总战绩：从8月20日至12月5日，共作战1824次，毙伤日军20645人、伪军5155人，俘日军281人、伪军18407人，日军投诚47人，伪军反正1845人；破毁铁路474千米、公路1500余千米、桥梁213座、隧道和火车站48个；缴获各种炮53门、各种枪5942支（挺）。在百团大战中，八路军伤亡1.7万余人。

11日 晋冀豫边区举行有1万余人参加的百团大战祝捷和追悼阵亡将士、公葬死难同胞大会。彭德怀、刘伯承、邓小平等出席。

12日 八路军总部以朱德、彭德怀名义发出命令：为使晋冀豫区域作

战军之后方勤务工作更进一步改进及集中人力增加作战军之活动力起见，着将一二九师后勤之供给、卫生、兵站机关与总部后勤部所属供给、卫生、兵站机关合并。以周玉成为野战供给部部长、周文龙为副部长，以钱信忠为卫生部部长、孙仪之为政治委员，后方勤务部部长杨立三兼任野战兵站部部长，分别掌理总部及一二九师所属之供给、卫生、兵站任务。同时，前总卫生学校与一二九师卫生学校也进行合并，称为野战卫生学校，由钱信忠兼任校长，孙仪之兼任政委，任傅九任教务主任。合并后的野战卫生学校迁驻左会村。

同日　武西各区分别举行了群众武装检阅大会。大会先后举行了政治测验和武装大检阅。有数千名青抗先队员参加。楼则峪、祁村、内义村各夺得优胜旗一面。大会一致决议通电全国，请求国民党政府严厉制裁亲日派阴谋家，坚持抗战到底。会上，还欢送新战士上前线杀敌。

15 日　日军进犯黄土岭时，墨镫村青抗先、自卫队配合军队作战，抬送伤兵，在部队休息时，为部队站岗值守。战斗结束后，该村有 43 人集体报名参加八路军。《新华日报》载文表彰：学习武乡模范村！

中旬　武乡、榆社、黎城被划入国民党山西省第六督导区，这是国民党的秘密组织。

27 日　武乡县在大陌村举行了全县武装检阅大会，并欢送在乡战士上前线。到会的青抗先、基干队、自卫队战士 2000 余人，八区荣获第一，县武装科提出：要积极工作，为下月增加完成 350 名青抗先队员、380 名基干队队员而努力。

同月　武西独立营在故城、茅庄民兵队和青抗先配合下，袭击了故城日军据点，活捉汉奸程晋儒、杨明德等 7 人。为民除了害，捣毁了故城“维持会”，鼓舞了敌占区群众抗日斗志。

同月　为了加强后勤机关的战斗作用，进一步实行精兵简政，根据八路军总部决定，将一二九师卫生部在黎城背坡村创办的制药厂与野战卫生

部卫生材料厂合并。合并工作在安乐庄村进行，合并后卫生材料厂驻扎在安乐庄村。

同月　武乡县政府以漳西儿童剧团为基础，组建了“战斗剧团”。

同月　日军成立武乡宪兵队，山根金一任队长。同时，成立日伪武乡警察所。

1941年

武乡女民兵在训练

本年度要事

★　魏名扬第六次组织名扬游击队。

★　抗大六分校在武乡中村举行盛大开学典礼仪式。

★　根据省牺盟会的决定，武乡县牺盟会组织宣布撤销。

★　太行工业学校在武乡温庄村成立，军工部刘鼎部长兼任校长。

★　野战卫生制药厂第一支柴胡注射液在武乡试制成功，取名为“暴泼利尔”。

★　武乡县委决定在漆树坡建立武乡（东）县委前方指挥部。

★　武乡（东）县在白家庄天主堂召开全县农民代表会。

★　武乡（东）县重新成立武乡独立营。营长冉光华，政委张向善。

★　中共晋冀豫区党委在武乡东沟村召开襄垣、武乡、榆社等县县委书记会议。

★　武乡县高沐鸿、陈舜英、史标青（联办特聘），武西县郝培兰等人被选为边区临参会参议员并出席会议。

★　中共武乡（东）县委在狼卧沟村召开第二次党代会。

★　中共武西县委在榆社县南村召开第一次党代会。

★　原第二办事处改为第三专署，武乡（东）、武西同时划入新设立的第三专署。

★　武西县政府在黄家山创建了兵工厂。

★　中共武乡（东）县委创办了《生产小报》，作为县委机关报。

1月

上旬　从去年11月至今，日军在武乡地区到处放毒，毒品已经发现有两种，一是黏性固体，一是粉末状固体。这些毒品施放于土炕上、房屋内、水井中，并在砖壁、石瓮、洪水等村发现有部分百姓中毒，甚至死亡。

13日　八路军总司令部、野战政治部发出《关于收集军用资材的训令》，指出1941年将成为最困难的一年，物资日益缺乏与困难。一方面敌人残酷摧毁各抗日根据地，在各地抢夺军用资财；另一方面国民党决心实行防共反共政策，希图从蒋介石手中取得物资、经费和枪弹的补充，一般是绝望的。因此，以一切方法努力收集资材，保证战争的需要，克服资材的困难，切实贯彻自力更生的精神，是战胜敌人的基本条件。并责成各部队深入进行自力更生的教育，检查总部关于收集资材、爱护军用品训令的执行情况，按规定方法与收集数量继续收集，政治机关应保证此训令的执行。武西独立营积极执行命令，在广大民众配合下，为兵工厂提供了大量铁轨等物资。

14日　彭德怀电告毛泽东：本年度军事工业生产计划为步枪3300支，掷弹筒弹3500发，步枪子弹100万粒，炮弹20万发，手榴弹70万个。现有两个炮厂，还想建设1个预备枪厂，以备万一。附属军事工业有煤矿4处，煤厂、炼铁厂、炼钢厂、硫磺厂、机器制造厂、酒精厂各1座，军事工业学校1所，经过本年努力，可增强40个团的装备，即等于日军山地低级步兵装备。并特别表彰了柳沟兵工厂。

15日　为了提高新发展民兵的军政素质，武乡县武委会以区为单位，组织了军政训练班。让各村民兵学习《建立统一民兵制度》《青抗先队员须知》《民兵政治读本》《民兵使用武器教材》和《武装保卫春耕》等小册子。使广大民兵认识了在抗日斗争中加强地方武装的重要性。

22日　三八六旅在拐垴村举行了新兵联欢晚会，陈赓旅长参加。

23日　武乡（东）、武西两县抽调民兵工作典型村骨干开展了民兵骨干训练班。武乡（东）的韩壁、窑上沟、上广志、胡峦岭、李峪和武西的故城、茅庄、泉之头、石壁等村武委会主任和杀敌英雄、战斗模范，参加了为期一周的训练。结业后，分别回到各村向民兵传授所学到的东西，各地民兵工作更加活跃起来。

24日　段村日军出动进行年关“扫荡”。一二九师三八六旅、三八五旅十三团和决死第三纵队，于辽县、榆社、武乡、襄垣、黎城等地抗击日伪军4000余人的“扫荡”。

27日　蟠龙之敌沿柳沟窜至韩壁东侧，西营之敌经护驾垴窜到韩壁西侧，从西、北两个方向绕道迂回，偷袭韩壁村三八六旅旅部。我军奋起抵抗，旅部终于突出重围。三八六旅政治部主任苏精诚、三八六旅司令部队训科科长高自辅在战斗中牺牲。

下旬　武乡（东）、武西县政府贯彻太行军区扩大干部会议精神，武乡（东）、武西两县在原来自卫队和青抗先的基础上，建立起武装保卫村庄、不脱离生产的民兵组织。民兵主要以工、农、青、妇各种群众组织为基础，通过改造旧政权和反顽斗争等群众运动发展起来。

同月　为解决军火生产的专业人才问题，八路军总部决定在军工部干部训练队的基础上，组建一所“军事工业学校”，并得到毛泽东主席的支持，校址选在距柳沟兵工厂较近的武乡温庄村，定名为“太行工业学校”。于是，八路军总部向各根据地的部队发出指示，要求选派一定名额的干部和战士到学校来学习培训，不久，各地学员陆续到来。

同月　八路军总部军工部技术人员在洪水望洛头瓷窑和工人合作，试制成功了一套小型硫酸生产装置，并在温庄村生产出了硫酸。

同月　根据敌占重要交通线的实际，决定将沁县东北部白晋线以东、沁武公路以南的次村、成家沟一带划归武乡（东）县，并入八区。将漳源

县（从沁县北部分出来的新设县）的漳东办事处所辖的三个区（白晋路以东、沁武公路以北）松村一带划归武西县。

同月　县自卫队队员陈万盛、李茂银二人，将一名离队的日军推到山沟里，并追下去夺下刺刀将鬼子刺死，缴获步枪一支。

同月　日军华北方面军进行了调整，其战斗序列为：多田骏中将为司令官。下辖第一军所属三十六师团、三十七师团、四十一师团，独立混成第三旅团、第四旅团、第九旅团、第十六旅团；第十二军所属十七师团、三十二师团，独立混成第五旅团、第六旅团、第十旅团；驻蒙军所属第二十六师团，骑兵集团，独立混成第二旅团。方面军直辖第二十七师团、三十五师团、一一〇师团，独立混成第一旅团、第七旅团、第八旅团、第十五旅团。在山西方面主要是日军第一军。

2 月

1 日　刘伯承、邓小平先后在太行军区领导干部扩大会议上做《关于太行军区的建设与作战问题》《军区建设中诸问题》的报告，对军区的建设、任务、作战的战略战术、组织问题、宣传训练，以及今后军区工作的方向等作了重要指示。

7 日　一二九师颁发关于收集兵工材料的命令，要求各部队及军区迅速大量收集钢铁、铜币、弹壳等兵工材料，源源供给生产单位，为自力更生进行弹药补给创造条件。遵照这一指示，武乡县政府发起捡子弹壳运动。

10 日　野战政治部向各政治机关发出指示，指出三、四月为日本樱花季节，日本以樱花为国花，每年此季举行盛大的行乐，对于日本人有深刻的影响。因此，决定以樱花季节为中心，继续开展对敌扩大宣传工作。并对宣传内容和方式方法作了具体指示。武乡县武委会也派出人员到敌占区附近进行攻心宣传。

同日　刘伯承出席一二九师政治部、中共晋冀豫区党委召开的士绅座谈会，介绍皖南事变经过及中共中央军委发言人提出的12条解决办法，并征求他们的意见。

12日　刘伯承在武乡刘家嘴村一二九师第二期干部轮训队作报告，讲解军事教育和政治教育问题。

15日　邓小平在《前线》第8期发表《迎接1941年》一文，指出1941年将是中国抗日战争更加困难、更加接近胜利的一年。一二九师应把自己的努力放在下列中心工作上：保障正规军的经常充实，保障战斗力的提高，保障在1941年打几个更大的歼灭敌人的大胜仗；发展广泛的群众游击战争；加强军区的建设；打下政治工作和管理教育的基础，加强所有干部的职务技能的教育；健全供给制度；创造模范兵团、模范干部、模范党员和模范战士，为创造模范党军而斗争。

20日　武乡县妇救会贷款一万元，扶持发展农村纺织业，并以500元资金先组织农村妇女300人，进行纺花织布，规定纺1斤棉花，交12两土布，剩余部分作为劳动报酬。通过试点，参加者日益增多，在全县普遍开展纺织运动，很快达到上万人。不仅有效地供给了军队的需要，而且群众也从中得到实际利益。

26日　彭德怀发出关于加强军区工作的指示，指出目前应以最大努力认真建立具有独立性的军区工作，广泛组织地方武装，以便在任何环境下都能坚持华北抗战，保卫各抗日根据地。要求基干部队与军区组织系统分开，建立军区独立的组织系统与机构；由基干部队与地方党派出得力的干部健全军区系统的组织机构；立即停止吞并地方武装的政策，并将现有地方武装应有一倍以上之充实与加强，成为有战斗力的部队；同时，成立新的地方武装。规定从2月至6月底开展健全军区与建立地方武装的突击运动。

同月　从上年12月开始，抗大六分校陆续招生编队，到本月底招生工

作基本结束，绝大部分学员已经到校报到。学员全部是一二九师的基层干部和晋冀豫边区的部分地方党政机关干部，共设五个营：第一、第二营是连、排军事干部，第三营是政治干部，第四营是轻、重机枪和炮兵等特科干部，第五营是地方干部，学员2000人。

同月　遵照彭德怀善于加强军区工作的指示，在武乡县委请求下，三八六旅陈赓旅长亲自批准，已担任七七二团三营教导员的魏名扬同志，离开七七二团回到武乡，第六次组建名扬游击队。

同月　日军开始在段村修筑城墙，取名武乡新城，并在段村及周围修筑碉堡。

同月　赵奇甫受国民党中央委员、山西省党部执委武誓彭之命，在长子县复立了国民党武乡县党部。

3月

5日　朱德等电告彭德怀、左权、杨立三后方兵工生产情形及扩大计划：翻造子弹，因弹壳缺乏及工人很少，每月只能翻造步枪弹6万粒，如弹壳有来源，3个月内可扩充生产量为每月20万粒；制造无烟火药所需机器及设备已完成60%，预计7月可开工；硫酸厂现已开始筹备；手榴弹过去每月只制4000枚，现拟扩大为每月造2万枚；拟制造口径4.7厘米小迫击炮及炮弹，预定4月开工，暂定每月造炮5门、炮弹1000发。以上各项预算全年约需120万元，拟由前方存款酌拨应用。

上旬　中共武乡县委、县政府在全县发动了百日纺织万斤棉花运动。

18日　抗大六分校在中村滩举行盛大的开学典礼仪式。一二九师师长刘伯承、政治部主任蔡树藩、抗大总校政治部保卫部部长吴格成出席了大会，刘伯承作了《敌后干部训练问题》的报告，刘师长在报告中讲了五个问题：（一）坚持华北抗战到底；（二）爱护根据地，巩固根据地；（三）

尊重群众利益；（四）提高军事锻炼与素养；（五）安心学习，在艰苦中锻炼自己。分校黄欧东政委作了政治报告，刘忠校长勉励学员遵守校训。姚继鸣参谋长作了课程安排，会后，学员们表演了《茂林血》等文艺节目。

中旬　日军在武西首先奔袭内义村，次为泉之头、会同，再次进攻蒲池、常家垴、涌泉等地。进而又以段村为轴心，西筑公路与沁县接通，在县之中部的西河底修筑炮楼，以控制聂村，南侵姜村、城南等地。段村以南20华里的曹村，东南30华里的上司村，以东20华里的马村均成为“维持村”。同时，在距段村15华里之马牧，修筑炮楼一座，常驻日军警备队防守，控制石壁根据地的出入要道。

22日　刘伯承、邓小平向新编第十旅发出指示，指出近日日军利用封建组织和叛徒组成武装别动队，或伪装成八路军，潜入太行抗日根据地进行各种破坏活动。要求各军分区结合党政军民力量，一体行动。军分区部队应以一部兵力组织武装便衣游击队，进行各种秘密侦察，查明、盯住敌之别动队和伪组织的踪迹，主力则分遣各部队突然同时出动，协同肃清之。并领导游击队和民兵封锁敌占区据点，开展游击战争，保卫春耕。

同月　中共武西县委、武西县抗日政府创办了《漳西战报》，常健任主编，油印出版，为不定期的报纸，对指导武西县抗战、生产等产生极大社会影响。不久，武西县委、县政府决定将报纸改名为《武西周报》，每周一期，定期出版，面向武西县各区及基层党支部发行。

同月　中共武乡（东）县委、县抗日政府、县妇救会发出指示，号召全县妇女投入“百日纺织运动”，迅速掀起了一个个轰轰烈烈的纺织高潮，以实际行动支援抗战。“百日纺织运动”主要是组织妇女参加生产，以解决前方战士被服供应问题。这个运动有两种形式：一种形式是号召妇女向区联社入股，把织成的线入到区联社里来，根据各人自愿，多少均可。区联社积少成多，组织人力织成布，一面供应前方衣物，一面解决当地群众穿衣问题。经营少有盈利，还给入股者分红，同时也可以扩大再生产。另一

种形式是组织妇女搞变工互助，棉花由各户集股或向区联社贷款购买。会纺线的专纺线，擅长织布的专织布。互助组把织成的布送到区联社换回棉花再纺织。这样 100 天可周转 4 至 5 次，参加纺织的人除了分红、还本，还能赚些棉花、白布，解决家庭的穿衣和零星开销。

同月　根据省牺盟会的决定，武乡县牺盟会组织宣布撤销。

同月　为解决野战医院消毒所需酒精，卫生材料厂在温庄村组建了酒精厂，由王永昌任厂长。在部队中挑选了曾经有过酿造经验的人来当工人，采用传统发酵工艺进行生产。一开始主要生产酒精，后来，为改善部队生活，也生产白酒、醋、酱等食品。

同月　武西县抗日政府、县武委会决定，在暖水头村创办兵工厂。

同月　八路军总部军工部派陆达等，将柳沟铁厂的部分人员和设备分出一部分，迁往和顺县青城镇，组建军工部炸弹厂，对外称“第二焦作”。

4 月

5 日　日军驻分水岭小股部队和自警团勾结沁县、壶关过路之敌 300 余人将大有镇包围。全村 62 人被杀，50 多名妇女被奸污，40 余人被抓去做苦力。300 余间房子被烧。“扫荡”后一片焦土，满目凄凉。

6 日　驻分水岭日军沿途抢劫峪口村，并驻剿 3 天。他们白天四出“讨伐”，黑夜将各村被抓的人带回该村的场房院关押起来。10 日晚上，峪口村和附近王海峪、却净、石科、长乐等村被抓回来的共产党员干部、民兵、群众 120 人被杀害。其中，有共产党员王狗臭、武云先、王林书等 9 人，峪口村老党员王黑旦一家就有 8 人被杀。其中死得最惨的是躲避在药王庙的一个妇女和另一个刚过门的青年妇女，尸体一丝不挂，身上用刺刀刺穿多处，浑身血肉模糊，身首异地，惨状目不忍睹。日军在峪口 3 天，粗略统计，粮食损失 200 多石，牲口被宰杀、抢走 30 余头，烧毁房屋 150 多间。其中，

衣服被褥、家具物件无法可计。这次大屠杀后，全村被洗劫一空，幸存的人一度投亲攀友，迁居他村。

7日　太行第三军分区在武乡大有村召开士绅座谈会，襄垣、武乡、辽县、榆社素有名望的士绅200余人到会，会中，他们一致表示，要团结抗战打倒亲日派，努力建设根据地，并致电向朱、彭总副司令致敬。

上旬　武乡（东）县委按照中央关于“三三制”建政的原则和北方局、晋冀豫区党委的部署，抽调了一大批县、区干部到村蹲点，开展村政大选，进行民主建政。县委详细分析了各阶层所表现出来的不同情况，充分认识到村政选举的复杂性和艰巨性。首先有针对性地进行深入细致的宣传工作，利用冬学、民革室的阵地，大讲“三三制”的重要性和必要性。同时，以本县开明士绅裴玉澍、郝培兰捐助抗日公粮、主动减租减息为典型事例，向群众说明开明士绅的抗日力量。县委书记亲自带领一班人到蟠龙、洪水、监漳、大有等村镇进行广泛的宣传发动，认真解决群众中的思想问题。为了进一步将“三三制”建政工作搞好，上级党委选调在武乡各阶层民众中威信高的武光汤担任武乡（东）县县长。这样，大大协调了各阶层的关系。在提高认识的基础上，开始核实登记公民，划分公民小组。这一切就绪后，就在全县陆续展开了选举。

同日　武乡（东）县委、县政府遵照上级指示，与日军开展经济斗争。整顿并建立了一部分公营企业，同时提倡群众生产，鼓励成立生产合作社、纺织小组和小手工业。并发放工业贷款3500元，使全县根据地建立了不少生产日用必需品的小工厂和合作社。

15日　一二九师、太行军区联合发布关于军分区建立野战部队管区的指示，指出，军分区建设是野战军的基本建设，过去各旅对各军分区建设与作战认识不够，放任不管，甚至有并吞地方部队者。至于军分区自卫队、民兵建设则更茫无头绪，游击战争也未能普遍有力开展起来，这是严重教训。为使野战军与军分区建立密切联系，加强军分区建设，强化游击战争，

规定太行军区第一军分区为三八六旅管区，第二军分区为新编第十旅管区，第三军分区为三八五旅管区，第四军分区为新编第一旅管区，第五军分区为师直属管区，并规定了各旅与各军分区的工作关系。

18日　抗大第六分校在义安村召开了第一次党代表大会，到会代表132名，会议开了两天。黄欧东做了《关于目前政治形势与党的任务的报告》，胥光义作了组织工作报告。会议总结了学校成立以来党政工作的经验教训，认真开展了批评与自我批评，研究确定了今后工作的方针。会议经过充分讨论，通过了《中共抗大六分校第一次党代表大会决议案》。决议指出：目前学校党的任务就是加强学校建设，巩固党的组织，保证学校教育方针之实施，完成教育计划，为军队培养大批坚强军政干部；要求全体党员加强党性锻炼，深入马列主义的教育，加强党的生活与支部工作，教育干部学员成为模范干部，建立正规的党日制度。会议决定，“七一”前在全校开展创造模范支部、模范干部、模范青年的活动，造成学习、工作的热潮，以优异的成绩迎接中国共产党成立20周年及抗战4周年。会议选举产生了由黄欧东、刘忠、胥光义、朱玉学、张照全、吴恒夫、曾宪池、张进朝、曾德胜等19人为委员的中共抗大第六分校党务委员会，黄欧东任书记。

20日　中共晋冀豫三地委宣传部作出《关于宣传工作的决定》。指出，党内教育包括支部教育与干部教育。支部教育由党的系统完成，内容为知识教育与识字教育；干部教育，坚持6个月政策教育，实行“五五”干部学习制，学习《新民主主义论》与《论持久战》，并实行干部教育制度。宣传建设：县级在报纸方面，改组《大众导报》为各县地方版；各县要直接领导一个脱产的地方剧团；县委要直接领导一个高小，并建立一个女子高小；建立健全宣传机构。另外，对区级、村级宣传建设方面也作了具体规定。同时，还决定开展群众性的政策教育与对敌顽政治宣传战等。

21日　一二九师向太行军区各军分区及冀南、太岳军区发出指示，指出过去武装政策执行的错误，就在于对游击队和自卫队采取自流放任与不

民主的现象，致使地方武装逐渐削弱甚至坍台。再加上基干部队编并地方武装，更加速其削弱与坍台，而正规军也无法补充，甚至分散游击，这是几年的痛苦教训，必须坚决纠正。以后各军分区工作重点应放在县基干队、区游击队和人民武装的建设、发展与巩固上面，要在这些方面力求有新的转变。今后将以地方武装建设的成绩来检查与衡量各军分区的工作成绩。根据一二九师指示，第三军分区再次推广武乡“名扬游击队”的发展经验。

28 日　邓小平发表《反对麻木，打开太行区的严重局面》一文，分析了百团大战后，太行区形成严重局面的原因和转变这个局面的有利条件，提出要打开严重局面，必须以武装斗争为核心，展开全面的对敌斗争；要有细密的组织工作，把“面向敌人、面向交通线”的口号变为实际行动；要指明抗战的胜利条件、艰苦道路和光明前途，提倡卧薪尝胆工作。要求全区党政军民警觉起来，反对麻木不仁或张皇失措，正视困难，从开展对敌斗争中进一步巩固并发展抗日根据地。

30 日　八路军总部向太行、太岳、冀南和冀鲁豫军区发出指示，指出目前的迫切任务是组织全面的游击集团的活动，首先在接敌区完成起来。在敌占区、接敌区活动的便衣游击队应维护当地民众利益，使其身家与民族利益一致，如教以实行革命的两面政策等，纠正脱离群众现象。

本月　驻武乡的冀太联办第二办事处工作人员，在主任刘亚雄（女）的带领下，与当地群众一道，在监漳小河上挖砌一条 5 华里长的引水渠，并修筑一座长 20 余米的渡水桥，将河水引出监漳滩，扩大灌溉面积 500 多亩。刘亚雄还在渡槽上题了“人力胜天然”的石匾，以示纪念。

同月　中共晋冀豫三地委发出《关于纪念“五四”文化节给各县的补充指示》。指出，抗战 4 年多来，敌后根据地政治、经济已开始走向巩固的建设时期，而文化建设较落后。因此，必须从此次“五四”文化节开始，形成开展本区新民主主义文化教育运动的一个划时期的转变。决定由地委教育科和青委分会联合组织，在武乡县大活庄举办襄垣、武乡两县“五四”

文化界座谈会，邀请两县小学教员、文化人、名流学者、敌占区青年知识分子参加，研究如何开展本区新民主主义的国民教育工作。

同月　驻段村、东村之敌，连受民兵、游击队袭击，恐慌异常，乃召集居住在敌占区的26位士绅，组成修城委员会，让其主持修筑段村新城。而26位士绅深明大义，坚决拒绝敌人邀请，敌寇恼羞成怒，给予种种惩罚，士绅们深感身居敌占区之苦，都逃往根据地生活。

同月　八路军三八六旅旅部特务连在苑家垴村帮助群众打成一眼深井。

5月

1日　太行工业学校正式成立，校长由军工部刘鼎部长兼任，柳沟铁厂副厂长、英国留学生、冶金工程师刘致中调任副校长，主持日常工作；李非平任教务主任，厉瑞康任副政治教导员，夏明任教职干部党支部书记，校部驻扎在温庄村。首期学员129人，编为2个机械专科班，2个普通科班，1个预科班和会计班。

同日　太行“五一”纪念大会在辽县召开，在武乡县的各兵工厂派代表出席，其中，卫生材料厂试制的治疗黄疸病的导黄素、治肺病的结核药，以及柳沟铁厂的手摇轮铁磨等获发明奖；太行造纸厂的王祖堂、卫生材料厂的程英被授予模范工人称号。

同日　野战卫生制药厂在武乡试制成功了第一支柴胡注射液，并取名为“暴泼利尔”。经多次临床试用，“暴泼利尔”治疗疟疾及一般的发热疾病效果显著，且未发现有毒副作用。由于疗效较好，使用广泛，当时部队的需求很大，药厂每月就要生产10万盒左右的“暴泼利尔”，受到晋冀鲁豫边区大会的奖励。后来正式命名这种针剂为“柴胡注射液”。1943年5月，华北版《新华日报》发表了题为《医学界的新贡献——利华药厂发明柴胡注射液》的报道，盛赞柴胡注射液的研制成功是我国中药西制的重大

创举。

5日　中共晋冀豫三地委在武乡创办了地委机关报《支部小报》，为油印8开两版小报。该报办报方针是灌输党的基本知识，交流各地工作经验。主要内容为反映各地支部活动情况、工作经验介绍和小评论（第一版），党的基本知识及专栏“列宁室”（第二版），内容包括名人介绍、歌曲、自然常识等。该报每周出一期，每期印刷500份，分发到武乡、武西、襄垣、榆社、祁县等县各级区分委和支部。该报对加强党的基层工作颇有指导意义，成为基层党的干部的良师益友。

13日　太行第三军分区部队一部于祁县东观、子洪之间设伏，歼灭日军30余人，毁敌汽车5辆。

中旬　中共武乡（东）县委针对当前形势，决定派姜一、武镇华、李甫堂和李尚春等，前往位于沁（县）、襄（垣）、武（乡）交界的南北高岭、上下司村、圪老湾一带，在漆树坡召开了秘密干部会议，传达研究了县委“反蚕食、打维持”的指示精神。为了加强对敌斗争的领导和统一指挥，县委决定在漆树坡村建立武乡（东）县委前方指挥部，由姜一、李尚春、李甫堂、王廷章和武镇华组成领导机构，姜一任党委书记，李尚春任主任，加强了党政军一元化统一领导，开展了有力的对敌斗争。从原武乡县八区分出一部村庄，设立沁武新三区，王廷章任区委书记，申怀珠、梧光任副书记，王用予任组织委员，常久通、王哲任宣传委员，魏北槐、张贵成任副区长，王占鳌任武委会主任，常子荣任区农会主席，董宏任区青救会秘书，段莲萍任妇救会主席。接着，就着手组建区游击队，扩大民兵武装，建立民兵联防村和民兵游击小组等，采取锄奸、打“维持”、建立两面政权和派遣党员到敌伪核心区活动等正确而灵活的策略，并深入进行减租减息斗争，发动广大群众，积极参加与支持党的一切行动，使切身利益得到保障的广大人民真正看到了党的力量，密切了党与当地群众的关系。大大压缩了周围日伪的“维持区”，初步打开了工作局面。

24日　杨立三在晋冀鲁豫各军分区卫生工作会议上作总结报告，强调要重视军分区的卫生工作，明确规定军分区医院的隶属关系、工作职责、药品和给养服装供应等问题。

25日　根据敌占重要交通线的实际，决定将漳源县（从沁县北部分出来的新设县）的漳东办事处所辖的三个区（白晋路以东、沁武公路以北）松村一带划归武西县，仍称武西县漳东办事处。

29日　刘伯承、邓小平电示太行军区各军分区：为实行游击集团的全力斗争，各野战旅与各军分区应商定以必要的干部组成巡视指导组，到几个主要地段的县、区深入检查与指导游击集团的组成，教以全力斗争的活动方式，首先把县、区基干队健全起来，其次把自卫队、民兵的打仗与生产结合起来，成为真正有机配合的游击集团。

30日　八路军总部炮兵团离开武乡，在一二九师三八六旅十七团的护送下开赴陕北，于6月上旬到达绥德。

下旬　根据县委指示，为深入开展敌占区党的工作，在条件成熟的“维持村”增设分委委员，如新庄村的刘朴则、阳城村的李新春等，在游击区的分委委员有南亭村的李梦松、李振中，阳城村的张存旺等。经过重新考察，在原先可靠的党员中逐步恢复建立了一些党的支部和小组，开始秘密发展地下党员，使村级党支部也得到加强。

同月　太行第三军分区合作工作队到监漳考察，开展供销合作工作，繁荣根据地经济。

同月　武乡（东）县在白家庄天主堂召开全县农民代表会。各区出席会议的代表有1019人。经过选举，由姜一、张天麟、李春方组成县农救会领导班子，全县参加农救会的农民在两万以上。农救会的主要任务是：在各级党组织的领导下，用经济（组织合作社、劳动小组等）、政治、文化等多种形式，宣传和组织农民参加抗日斗争。同时，领导农民向封建地主进行减租减息与实行合理负担的斗争。通过组织群众进行斗争，提高了农民

的组织性和阶级觉悟，解除了群众的切身痛苦，改善了人民生活。农救会在全县各地组织了不少生产互助组织，还利用每人交纳半升米的会费作为基金，在贾豁的海神庙办了织毯厂。

同月　中共晋冀豫区党委宣传部部长彭涛在武乡（东）县委扩大会议上做了题为《一年来转变武乡工作的经验教训》的报告。报告具体分三个部分：（一）转变历史的简单回顾（艰苦转变的一年）；（二）转变的检讨（从领导上来检讨）；（三）继续转变是深入武乡工作的关键。总之，报告详尽地阐述并充分肯定了武乡创建实验县一年来所取得的成就。

同月　武西县委书记谷景生调离，该职务由王宗琪接任。

同月　县农救会、妇救会组织发动群众，积极开展清理旧债、减租减息运动。

6月

上旬　在太行第三军分区的领导下，武乡（东）县又重新成立了武乡独立营。营长冉光华，政委张向善。下辖两个连、两个区游击队、一个直属排，共400余人。

16日　一二九师致电各军区，指出组织游击集团的6点要诀是：正规军、游击队、民兵三者结合才能形成游击集团；针对敌人大小据点及交通线组成大小游击集团；由各级小游击集团组成大游击集团；游击集团之活动要乘敌空隙，敌常抽调兵力进行分区“扫荡”，特别要在敌人背后破击，制敌前进；对游击集团的活动要及时检查，给予指导；游击集团要在军区统一指挥和党的领导下，把党政军民结合起来进行全力战。

19日　一二九师新编第十旅、三八六旅、决死第三纵队及太行第二军分区、第三军分区部队，于襄垣县西营、榆社、武乡、和顺县石拐、双峰等地，抗击日军独立混成第四旅团、第九旅团各一部共1000余人的“扫

荡”。战至24日，毙伤日军130余人，粉碎敌人“扫荡”。这次战斗中，武乡民兵击毙敌寇3名，缴获轻机枪一挺，还为老百姓夺回耕牛9头。

中旬　中共晋冀豫区党委书记李雪峰在武乡东沟村召开襄（垣）、武（乡）、榆（社）等县县委书记会议。武乡（东）县区长以上领导干部全部列席会议。会议主要强调调查研究；动员备战，准备进行秋季反“扫荡”。

23日　八路军总部发出《关于大量制造地雷的训令》，指出在保卫抗日根据地，防御敌人进攻，阻止敌人到处烧杀，封锁敌人据点，破坏敌人交通等方面，地雷有极大的作用。在平原水网地区，鱼雷具有同样的功效。要求各军区、军分区、工厂应迅速研究，按具体环境大批制造各种样式的地雷和鱼雷，并普遍训练部队和游击队、民兵使用。第三军分区在武乡组织了专门的地雷使用培训班。

26日　为提高全体党员的党性和政治文化水平，中共晋冀豫三地委宣传部制订1941年下半年党内教育计划，强调要加强与健全地委党校工作，使之走上正规化道路，按期完成全区支委级以上干部训练的任务，并努力把地委党校办成全区模范的教育机关和教育核心。同时，建立武乡、榆社两个实验县初级党校；一般县，如襄垣、武西两县建立起党员训练班，主要培训一般党员和部分党小组长；另外建立区村级干部教育制度。

下旬　据太行第三军分区统计，全区半年来民兵参战610次，参战人数达25030人；击毙日伪军80人，击伤日伪军39人；俘获日军3人、伪军3人、汉奸71人；缴获轻机枪1挺、步枪57支、掷弹筒6个、手枪2支、冲锋枪3支、炮1门、炮弹70枚、掷弹筒弹16发、子弹5465发、手榴弹300个、钢盔21顶、刺刀27把、电线1053斤、铁轨20根、铁钢板120块、煤油2桶、缝衣机1架、自行车1辆、伪钞61元、马1匹、驴5头、牛11头等。此外，破路150余里，破桥8座，解救民夫百余人、修路工人4名；争取伪组织的成员自首百余人，伪军反正7人（携枪3支）。

本月　武乡竞选边区参议员动员会，在全县形成民主浪潮。竞选者高

沐鸿、魏文兰、姜树桢、李步云、陈舜英等人进行演说，并发表政见。

△②　武乡县区划作了部分调整，将原来的石门二区与东堡三区合并为二区，区治设在韩壁村。

△③　驻段村日军组织修筑的“武乡新城”城墙竣工，东村之敌全部迁入段村。同时，日军宣抚班改称新民会，由维持会会长郝泉香兼任新民会会长。

7月

7日　晋冀豫边区临时参议会在辽县桐峪镇召开会议。出席大会的参议员138名，其中，共产党参议员46名，占三分之一。彭德怀、罗瑞卿、邓小平、滕代远等出席会议。罗瑞卿代表八路军全体指挥员、战斗员祝贺会议胜利召开。彭德怀在会上作了国际、国内形势报告。在这次会议上，决定将鲁西33县划入晋冀豫区，会议决定该会改为晋冀鲁豫边区临时参议会，并通过成立晋冀鲁豫边区政府决议。

同日　武乡（东）县高沐鸿、陈舜英、史标青（联办特聘），武西县郝培兰等人选为边区临时参议会参议员并出席会议。

中旬　武西独立营战士们到东良上庄村去背粮食，在上庄村附近的红山口与敌人遭遇，我部在副营长刘克之的指挥下与敌战斗，由于敌众我寡，为了防止被敌人包抄，迅速寻找突破口突围，他们绕过山梁，撤回到玉品、石盘一带休息。日军跟踪追到玉品。我独立营在石盘村得到情报后，趁天黑摸到玉品，给敌人来了一个反包围，将敌人打得溃不成军，死伤惨重。

22日　中共晋冀豫三地委为贯彻区党委四次组联会决定，系统地培养干部，实现干部的统一管理，保证公开系统的干部制度建立起来，针对各县在干部调动上比过去混乱的现象，特作出关于干部调动、提拔、党纪执行的决定。决定规定了干部调动、提拔、党纪执行的原则为：1. 各级党委

应坚决执行区党委四次组联会关于干部调动、提拔、处分的决定，各级干部的调动、提拔、党纪执行，组织部可提意见，经党委会讨论，经一定的组织批准才能执行，任何个人或无批准权之组织不得随意调动、处分干部。2. 各级党委必须保证联办的干部制度及总会的干部规定之确实执行。3. 为保证各系统培养干部起见，一般不供给公开系统的干部，同时也不调动其干部，特殊干部例外。4. 各级干部调动、提拔与处分，下级组织应事先以书面形式报告上级，上级如同意时以书面决定通知下级，才能执行。5. 各级党委在无批准决定权之范围内，无权调动、提拔、处分干部。

25 日　中共晋冀豫三地委根据晋冀豫区党委四次组联会的决定作出指示。重申了四次组联会提出的要求党十分注意组织对敌斗争，十分注意领导民主运动、民主斗争，提高党的战斗力；十分注意在思想上、政治上巩固党的重要决定。提出了 5 项重要工作，即组织对敌斗争，改善县委领导，加强支部建设，建立组织部经常工作，开展干部、党员教育。在加强对敌斗争工作中，强调要掌握武装，提高游击队的战斗力，加强支部对民兵的领导，贯彻党员军事化，支部领导战争的方针；开展敌占区、游击区工作，审查敌占区、游击区干部，检查敌占区、接敌区各种组织形式、工作方式及组织管理。

30 日　晋冀鲁豫边区临时参议会进行第 16 次大会，选举申伯纯为晋冀鲁豫边区临时参议会议长，宋维周、邢肇棠为副议长。并选举出 15 名临时参议会驻会委员，武乡代表高沐鸿以 130 票高票当选为驻会委员。

31 日　晋冀鲁豫边区临时参议会进行第 17 次大会，选举杨秀峰为晋冀鲁豫边区政府主席，薄一波、戎伍胜（戎子和）为副主席。

同月　武乡代表高沐鸿在晋冀鲁豫边区临时参议会上提议：动员农村知识分子的问题，主要是启发其自尊心和自信心。知识分子之行动，多少还受他们所信任的理论约束，农村中知识分子的理论基础，大半是民族思想的学说，其中有坏的也有好的。我们正要激发其中好的部分，比如在异

族面前决不低头屈服，当仁不让、见义勇为都是传统优良的理论。将这些理论发扬，可以动员大量知识分子积极参加抗战。并以知识分子本身的前途，来启示他们的自信心，指明他们前进的道路和幸福光明的远景。

同月　中共晋冀豫三地委半年来在全区广泛进行宣传、教育、文化建设工作，取得显著成就。在宣传建设方面，一是4月底以前襄垣、武乡（东）、武西、榆社4县建立了宣联会，6月25日地委也成立了宣联会。二是发展了报刊，原地委出版的《大众导报》，出版了40期，从5月起，襄垣、武西、武乡（东）、榆社相继出版了《大众导报》地方版，各县均有了自己的报纸，已出版10期到12期。此外，春耕期间，各县还出版了春耕战报、快报。三是建立剧团，除巩固提高专区的太行山第二分团和襄垣剧团两个脱产剧团外，又在武西、武乡（东）、榆社3县建立了半脱产、不脱产剧团13个，鼓书、秧歌宣传队7个。在教育建设方面，据襄垣、武东、武西、榆社、祁县5县统计，高小已发展到11所，在校学生1259人；初小512所，在校学生12672人。此外，还建立了285个民众学校、101个民革室和7个民众教育馆。在文化建设方面，开始建设文化村、文艺小组等文化组织，全区共建立了读报读书小组349个。

8月

上旬　根据冀太联办第二办事处指示，武乡（东）县、武西县贸易局同时成立。在抗日县政府的领导下，组织根据地的商业贸易工作，加强对敌经济斗争。贸易局成立后，即刻采取有效措施，发展生产，保障供给，在全县实行免税的自由贸易，彻底废除了苛捐杂税，打开了根据地贸易停滞的局面。

11日　杨立三等发出训令，指出，根据近年来日军进行战争的规律，每到秋收或接近秋收之际，青纱帐刀割之时，敌人必纠集各点线之兵力，

组织对抗日根据地进行“扫荡”。为此，后勤机关应立即进行反“扫荡”的准备工作。要提高干部的责任心；对伤病员进行战时处理，轻者随队转移，重者分散隐藏；做好埋藏资材和工厂、医院等区域的群众工作；各部队首长立即召开专门会议进行布置，迅速处理，分别检查。

15 日　晋冀鲁豫边区临时参议会胜利闭幕。晋冀鲁豫边区政府正、副主席及各位委员，举行了宣誓就职仪式。并宣布了经临时参议会决议通过的《晋冀鲁豫边区政府施政纲领》。

16 日　中共晋冀豫区党委邀请太行区全体参议员，举行秋收备耕座谈会。区党委书记李雪峰致辞，各位代表热情洋溢发言，大家表示：要吸取去年秋季反“扫荡”的经验教训，揭破敌人的造谣欺骗，组织民众保卫秋收。边区政府杨秀峰主席、戎伍胜副主席也赶来与大家见面。

中旬　中共武乡（东）县委在狼卧沟村召开第二次党代会。出席会议的代表 100 余名，会期 3 天。这次大会的主要议程是：（一）听取县委书记李友九所做的《关于县委一年来的工作报告》；（二）选举产生中共武乡县委第二届委员会；（三）布置当前工作，深入贯彻党的统一战线、对敌斗争、支部建设与领导工作等方针、政策。大会选出了县委委员 9 名：李友九、麻贵书、赵迪之（女）、李衍授、李步云、赵志云、姜一、武书中、殷士敏。县委书记为李友九，县委副书记为麻贵书，赵迪之任组织部部长，李衍授任宣传部部长。李友九在报告中重点回顾了全县从贯彻中共中央北方局“黎城会议”精神以来，在建党、建政、建军各方面取得的成绩。会后，代表们主要围绕李友九所做的《关于县委一年来的工作报告》展开了讨论与审议。大家一致认为，当前最重要的任务是激发人民群众对敌斗争的积极性和自觉性，创造各种各样的对敌斗争方式。在县委的统一部署下，克服悲观消沉思想，增强抗战必胜的信心，配合主力部队，针锋相对地与日军展开长期的艰苦斗争，直至抗战胜利。

中共武西县委在榆社县南村召开第一次党代会。出席会议的代表 60 余

人。会议议程：（一）县委书记王宗琪向大会报告县委一年来的工作情况；（二）选举产生中共武西县第一届委员会；（三）布置今后的主要工作。大会选出县委委员 11 名：王宗琪、杨达、李超周、武三友、董育宣、郭星来、李安唐、王纯、刘文锦、赵悦祥、田志锡。县委书记王宗琪，组织部部长赵悦祥，宣传部部长杨达。

24 日　晋冀鲁豫边区政府召开第一次政府委员会议，主要讨论了以下七项工作：一、确定边府会议委员会议、列席人员及全会日期方案；二、确定边府各厅处室局长或主任人选；三、通过边府各厅处室局长秘书主任；四、边府于 9 月 1 日开始办公；五、根据边府组织条例，修订各级行政人员任免制度；六、各厅处室局编制办事细则及经费预算；七、调整全区行政区划，全区分 154 县，22 个专区。其中太行区六个专区：冀西为第一专署，辖内邱、临城、赞皇、获鹿、高邑、元氏、井陉、平东、昔东、和东；原第一办事处为第二专署，辖平西、昔西、和西、寿阳、榆次、太谷；原第二办事处为第三专署，辖祁县、榆社、武乡、襄垣、辽县、武西、辽西；原太南五专署为第四专署，辖黎城、平北、平南、潞城、长治、壶关；原漳北办事处为第五专署，辖林北、安阳、偏城、武安、涉县；原冀西部分与漳北部分改设第六专署，辖邢东、邢西、武北、沙河。武乡、武西同时划入新设立的第三专署。

28 日　决死一纵队一部与武西独立营、区游击队配合，夜袭南沟火车站，我军行至铁路线附近即被敌哨发觉，当以手榴弹将敌哨兵炸死，战士们斩断铁丝网，冲入车站与敌展开激战，战斗中炸毁火车头一辆、抽水机一台。

下旬　武西县恢复了石盘集市；涌泉镇设立了“太行生产部”贸易点；路南区新开辟了沁、襄、武三县交界的圪老湾集市。这些集市贸易市场，通过日用杂货批发，来稳定物价，控制商品吞吐。同时，县政府根据晋冀鲁豫边区政府制定的《取缔牙行办法》《贸易暂行条例》《合作社条例》和

《商人登记办法》等法令，在全县范围内取缔牙行，取消私人粮行，实行工商统管专卖，对宰杀牲畜、细布倾销加以管理，对进出县境的物资实行严格管理，如粮食、棉花、铁皮、牲畜等严禁出境，奢侈品、毒品严禁进入根据地，同时，对度量衡器的混乱现象，进行了整顿和管理，打击了日伪和不法分子的破坏活动。

同月　为粉碎日军的“扫荡”与“蚕食”，巩固抗日根据地，武乡（东）县武委会根据太行第三军分区指示，在地方武装中抽调出一批政治觉悟高、军事素质好，并有爆破、侦察、绘图专业技术的人员，组成了4个飞行射击爆炸组，并划分了工作范围：董成旺组活动于榆武公路；马印元组活动于蟠武公路；霍风武组活动于沁武公路；李仁义组活动于南乡一带。每组编制为4至5人，配备有短枪、匕首、手榴弹、地雷等。爆炸组的目的就是要以极快的速度，封锁交通要道，灵活机动打击日军，像飞行军一样活动在日军来往的交通要道上，故称“飞行射击爆炸组”。

9月

1日　晋冀鲁豫边区政府正式办公。同日，驻扎武乡的冀太联办第二办事处，改称为太行第三专署，新的三专署正式在东沟道场开始办公。

6日　在村选运动中，武乡县工、农、青、妇各救会，提出了竞选纲领，领导全村抗日除奸，办事公道民主，不贪污不枉法，进行村中公益事业，关心民众生活，解决民众的困难等事项。

上旬　武乡、武西两县开展了村选活动，各村开始选举村长、村副。

同月　武乡参议员高沐鸿、史标青等先生回县，武乡各界热烈欢迎，并召开为期4天的座谈会。史标青回来后，鉴于根据地经济建设之重要，特号召全县士绅踊跃投资，创办实业，座谈会上已积集两万元巨资，准备开办煤矿、织布厂、制药厂等，并选出肖方亭等7人为筹备委员，成立经济建

设委员会。

13日　为期3天的太行区武装大检阅结束。第一日举行武装检查、射击动作、军事技术表演及政治测验；第二日进行实弹射击、投手榴弹、枪炮检查与表演、地雷演习；第三日进行掩护群众转移演习。评比结果为：团体总分，第一名黎城县75.64分，第二名辽县70.8分，第三名偏城69.3分；军事技能表演，辽县、黎城并列第一名，武乡（东）第二名，榆社第三名。射击成绩，团体优胜为黎城、辽县、武乡（东）；个人成绩列入特等射击手有黎城刘端言、杨生三，涉县张贤库、靳书元；列入一等射击手有黎城李富林、涉县张玉才、榆社马耀祯；妇女射击队成绩第一名武乡（东）冯凤英、第二名武乡（东）史改珍、第三名辽县赵喜兰；投手榴弹比赛优胜者为辽县刘喜莲、涉县李先才、武安（南）李洪秀等。

18日　一二九师运动会开幕。刘伯承、邓小平出席，彭德怀副总司令亲临检阅。驻扎在武乡的决死三纵队、抗大六分校、第三军分区派出代表参加运动会。

20日　中共晋冀豫三地委宣传部发出战时党内宣传教育工作指示。指出：深入全党的战争思想动员，目的在于使每个党员深入接受战争观念，积极参加战争，领导战争动员工作。要求党的各级宣传部、宣传委员，都要认真贯彻执行地委关于战时宣传鼓动工作的指示，召开区分委宣传会议，分期将指示传达给支部、党员。每个支部发一本战时宣传手册，宣传战争性质，讲解备战知识，报告战争消息。战前动员群众备战，战后安定群众情绪，动员群众劳军。指示还指出：党内教育，主要是民主政策教育、党性教育、党员军事化与人生观的教育，以提高党员素质。指示还对支部小报的办报方针、要求、作用作了具体指示。

24日　武乡参议员史标青与当地士绅20余人成立股东大会，议定章程，印发告同胞书，对敌经济斗争，意在开发根据地资源，增加生产，发展国民经济，以达到自给自足的目的，并提出今后敌寇对我经济封锁掠夺

必将加强，军政民生活必需品须实行自力更生。因此，号召爱国人士踊跃投资，以建立各种工厂，当日集股数目已达5万元，曾新建了祥良纸厂等企业。

26日　晋冀鲁豫边区召开教育会议，主要布置四点工作，一是根据边府施政纲领检查教育工作，二是布置冬学，三是针对敌人“治安强化运动”确定文化宣传斗争策略，四是开展边区教育运动。根据统计，武乡教育发展迅速，学校普及。武乡（东）县有高小2所、初小152所；武西县有高小1所、初小63所。

27日　一二九师运动会闭幕。抗大六分校以总分250分夺得团体第一名，成绩最为突出，受到师部表彰。各单项成绩情况为：决死三纵队戴震获成年铁球第一名；抗大六分校代表队获着装赛第一名；抗大六分校常福隆、曹山寅、李健生分别获木马第一名、第三名、第四名；抗大六分校李健生、伍殿科分别获单杠第一名、第三名；抗大六分校苏呈祥、刘山分别获平台第二名、第三名；决死三纵队程唐田、解云龙分别获成年100公尺第二名、第四名；决死三纵队程唐田、何言成、杨登分别获成年400公尺第一名、第三名、第四名；决死三纵队何清喜、翟有才分别获青年400公尺第二名、第三名；决死三纵队、抗大六分校分别获800公尺接力赛第一名、第四名；决死三纵队郭振云、赵雨田，抗大六分校李兆惠、王振声分别获成年1500公尺第一名、第二名、第三名、第四名；抗大六分校王福林获通信障碍赛第一名；抗大六分校张文青、于长先、王英林分别获双杠第一名、第二名、第三名；抗大六分校获拔河第一名；第三军分区徐耀庭、抗大六分校张镰斧分别获摔跤第二名、第四名。

同日　决死三纵队第九团与武乡民兵配合，出击段村、东村之敌，包围了敌人炮楼。我军冲入段村，将敌人工事破坏，并缴获粮食30余石，其他军用品若干。

30日　抗大第六分校从上月13日开始，掀起了创造模范事务人员运

动，本次运动到今日结束，活动中涌现出一大批模范人物。

下旬　南进支队十六团奉命护送集总巡视团、冀鲁豫军区一批高级干部，并带一批银圆、法币到太行八路军总部，在河北沙河附近过平汉铁路时与日军发生激战。团部带第一、第二营突破封锁线西进，担任后卫的三营未能通过。这次护送任务完成后，十六团带第一、第二营就留在了太行山，并在武乡补充兵源，10月在洪水镇改称冀中军区三十二团。

本月　武乡县委委员、五区区委书记兼区基干队教导员，年仅21岁的殷士敏，在密顶神为掩护群众突围，单身与日军拼搏英勇牺牲。为永远纪念奋勇杀敌的殷士敏烈士，县政府将密顶神改名为“士敏山”。

10月

3日　为加强备战，武乡（东）县、武西县分别成立战时指挥部，集中指挥、领导全县战时工作。

5日　太行三专署在武乡县白家庄村举办了为期3天的漳西县工农业生产展览会。展出工农业产品850余件，参加展览会的有发明家、劳动英雄、技术人员、士绅及各界代表70余人。展览期间，举行生产建设座谈会，讨论了春耕早种，以及防旱灾、植棉、使用双轴纺车、成立职业学校等问题，并发起成立自然科学研究会漳西分会。会议对7名发明者、17名劳动英雄颁了奖。

上旬　武乡二区大陌村，在政府发出备战号召后，马上就进行秋收、备战与武装保卫秋收工作，并动员妇女参加妇女自卫队，学习军事，该村妇女自动参加妇卫队者达50余人，组织学习瞄准、射击，同时，也积极开展做军鞋工作，保证战时战士鞋袜之供给。

15日　晋冀鲁豫边区政府、太行军区颁发布告，决定从即日起实行全区戒严，严密盘查行人，切实清查户口，彻底肃清汉奸、特务，实行空室

清野，以反对敌人“扫荡”。

同日　《新华日报》华北版刊登特约通讯员仲平撰写的《武西的反维持会斗争》一文，介绍武西县在反维持会斗争的几点经验，一、组织民兵、营兵分头出击，抓获各村伪代表；二、组织半武装宣传队到维持村进行教育宣传；三、经常派民兵在打掉维持会的村庄活动以巩固成果，打击敌人的小股活动；四、争取维持区的工作，平衡发展。

21日　《新华日报》（华北版）以《武乡水利建设》为题，表彰了武乡县水利成果，1941年，武乡县的水利建设成绩优越，现已超过原定计划的三分之一，共计开渠7条，可灌田40余顷，其中，建设最长者为黄广渠，全长达10余里，可灌田20余顷，预计全县每年可增加粮食产量万多石。

23日　一二九师召开太行军区所属各旅、各军分区领导干部会议，部署反“扫荡”作战。

31日　日军第三十六师团和独立混成第四旅团各一部共7000余人，采用“捕捉奇袭”战术，开始对太行抗日根据地黎城、辽县、武乡、涉县等地区进行“扫荡”。

下旬　大批灾民从冀西、豫北地区流入武乡。县财政发生极大困难，加之疥疮、疟疾流行，大片土地荒芜，村落萧条，生产力受到严重破坏。为了战胜自然灾害，打破日军的经济封锁，保证抗战需要，中共武乡（东）县委根据中共中央北方局提出的“生产自救”的指示和太行区救灾委员会“不饿死一个人”的口号，并结合武乡县早在1940年3月就提出的“减租减息、参军参战、生产自救”三大任务，当即采取紧缩机构，厉行节约，军民一齐开展大生产，减免灾区负担，对日军开展粮食斗争，安置灾民，组织移垦，以工代赈，开展社会互济等有效措施。

△②　中共晋冀豫区党委在武乡（东）等地领导广大群众进行了大规模“清债退押”斗争，当场烧毁了地主高利贷契约。这一斗争，极大地振奋了农民，为以后大规模减租减息运动创造了重要前提。

同月　为了适应战争形势的发展，野战卫生材料厂下设的五个分厂改编为制药所、绷带材料所、制造所三个生产单位。

同月　武乡县的武子会发明了一种煤气灯，制法简单，只需用砂壶或铁壶一个，壶内装煤，四周密封，仅留壶口，装上一小钢管，置火上加热，煤气从钢管冒出，然后用火一点即可发出光，光度远胜油灯。

同月　武西县神西村民众响应政府提倡种棉的号召，一改古来素不种棉的习惯，认真研究种棉方法，购买大批棉种，集体栽培，大伙试种棉花，获得良好成绩，所产棉花质地洁白，每株结30至40个棉桃，在漳西生产展览会上，获得大家赞扬。

同月　冀南银行在武乡姚庄西坡村设立了三分行，首任行长黄志良，负责武乡（东）、武西、榆社、襄垣等县的货币发行和管理工作。通过贷款业务扶持农、工、商业发展，并兼营商店、油房、水烟厂、煤矿等实业。

同月　八路军总部派来的首批60余名荣退军人到武乡安家落户。

11月

3日　决死第三纵队七团在宋家庄村附近埋设地雷，炸死敌寇20余名、洋马7匹。

△②　日军对太行区进行冬季大“扫荡”。日军第三十六师团倾巢出动，会合独立第四、第五旅团，计1万余人，采取“捕捉奔袭”新战术，连续袭击八路军总部和一二九师驻地，妄图摧毁八路军首脑机关。分别从辽县、武乡出动，奇袭大有、宋家庄等地。根据第三军分区的指示，当敌人进入根据地腹心区后，武乡军民开展了游击战、麻雀战、地雷战，给予敌人大量杀伤。

4日　武乡独立营侦察到段村日军要外出“扫荡”，与八区游击队配合，在郝家垴埋下地雷，敌人经过时，炸死25人，我伏兵奋起追杀，敌人仓皇

败退，神枪手张向仙一枪一个，又打死3个敌人。

6日　辽县之敌百余名进犯武乡，在松树坪附近遭我民兵伏击，击毙敌军2名、汉奸1名，并夺回敌人所掠之猪、羊甚多。

上旬　武乡（东）县在迎战工作中，展开了推销公债运动，10日内，就推销9万元，其经验为：一是由县长召开士绅会议，有8位开明士绅当场认购1850元；二是利用集训小学老师的机会，开展购买公债竞赛，一次推销1750元。

同日　野战卫生学校离开武乡，迁至辽县。

11日　日军纠集其号称为“钢铁大队”的三十六师团5000余众，分几路进犯黄崖洞，妄图摧毁我兵工厂。八路军总部特务团在左权将军的指挥下英勇抗击，经过8天8夜的激战，歼敌1000余人，以敌我伤亡6：1的辉煌战绩取得了保卫战的胜利。在这次保卫战中，特务团守军在武乡板山一带修筑工事，与敌激战。战斗至18日结束。

12日　太行青联三分会超额完成全年青年参军工作任务。全区原计划参军名额为280名，实际参军318名。其中，武乡（东）、榆社两县超额完成幅度较大，参军中，许多干部、青救会会员、青抗先队员在广大青年中起到了模范带头作用。

13日　驻南沟日军警备队、保安队500余人包围了武西东良村。敌人挨户搜查，放火烧毁房屋，没收粮食，并捕杀民兵、群众280余人，全部带到南沟火车站。并将民兵骨干程三维、程林则、程怀保、程怀银、郭双在、郭贵元、郭东升、郭柱为、郭金生等9人严刑拷打，他们坚贞不屈，壮烈牺牲。

20日　武西县以自然村为基础，组织民兵联防，每个联防区内，都成立了指挥部，县区干部深入联防区，加强领导，取得实效。本日，联防民兵在米家垴伏击了敌人抢粮队，夺回大量物资。

同日　柳沟铁厂技术工人石成玉等人试制成功了麻尾弹。引信安装在

炸弹的前端，以麻皮系于弹尾作定向作用，在投掷时保证弹头部分先着地，顺利引爆。

中旬 日军进犯黄崖洞兵工厂，窑湾村妇救会秘书胡春花带领村妇女组织了担架队，冒着生命危险，从前线抬回伤员 120 多人，并在部队医院看护伤员 4 个月。

30 日 武乡县召开参军工作座谈会，会上当场有 55 名青年报名参军，东庄村工会秘书韩成任虽已年过五旬，也报名去八路军中当了伙夫。在他们的带动下，武乡县掀起了参军热潮。

下旬 武乡（东）县抗日政府取缔了汉奸组织“同善社”，在锄奸防特斗争中取得了胜利。“同善社”是日军“九路围攻”被粉碎后顽固派成立的汉奸组织，他们到处秘密散布“打倒共产党，打倒农救会，反对八路军”等反动口号，干扰和破坏各项抗日工作，刺探我军政机关的行踪，并布置汉奸指点日军杀人，在野外偷盗空室清野物资，将干部、民兵名单，公家资财向日军告密。更有甚者，偷偷向干部群众打冷枪，谋杀抗日干部。所以，抗日县政府决定取缔这一组织，并对其中的罪魁祸首史鉴官予以镇压，为武乡（东）县人民扫清了抗日道路上的障碍。同时取缔了反动会道门组织“一心道”（长毛道）。

同月 武西县民众进行国民宣誓运动，他们在距敌不足十里的村庄，以小组形式普遍进行宣誓，在宣誓中，一个不足 700 人的山村，捐献出 1200 枚铜币。

同月 一二九师三八五旅一部在反敌“扫荡”中，收复黎城县城。至此，总部特务团和一二九师一部，粉碎了日军自 10 月 31 日起对太行区黎城、辽县、武乡、涉县地区的“扫荡”，共歼敌 1380 余人。

同月 边区临时参议会参议员、武西县士绅郝培兰，在临时参议会闭幕返县之后，即同武乡（东）县参议员高沐鸿等，号召本县士绅，积极筹办实业，开设工厂，郝先生除不辞劳苦、东奔西走、招徕股东外，还出资

5000 元，高沐鸿先生也出资 1000 元，程守义先生出资 500 元，很快筹集资金 2 万元。

同月　由于日军“扫荡”，武乡抗日根据地遭到严重破坏，晋冀鲁豫边区政府决定拨救济粮 1 万余斤，救济武乡县，并减免了公粮。

12 月

1 日　武乡县召开各救会干部工作会，在会上工会干部袁勃光自愿带领 55 名工人参军，农救会主任姜书桢、青抗先大队长王国培带 100 多名青年参军，羊工李三孩也表示要带 10 名羊工来参军。仅二区已有 220 名村以下干部要求上级批准参加边区子弟兵，全县有 500 余名干部要求参军。

5 日　辽县、黎城、武乡、涉县、偏城五县联合召开反“扫荡”总结会议，各县代表 20 人参加了会议，区武委会主任彭涛主持，会议开了 3 天。会议总结了反“扫荡”经验和教训。

10 日　段村日军进犯上司，将该村天主教堂内所有财物抢劫一空，天主神像被捣毁，教堂内天主教徒均遭日军凌辱毒打。

中旬　武西抗日县政府、太行第三军分区决九团（决死三纵队第九团）和武西独立营驻扎在楼则峪。决九团三连和武西独立营一连，对南沟之敌进行了袭击。日军为了向根据地报复，便纠集沁县、分水岭、南沟、段村等处敌兵，向楼则峪合击包剿。我部进行了紧急部署，准备迎击敌人的“围剿”。

17 日　有 7 架敌机在武乡东部飞行，散发大量反对英美的荒谬宣传品，声称“中日人民联合起来打英美”，企图诱骗我民众，为敌作侵略之炮灰，并挑拨我人民与友邦关系，转移敌后人民坚持抗战的决心。县武委会敌工人员立即组织民兵收缴了日寇的宣传品。

中旬　驻南沟、东村日军 800 余人到石壁一带“扫荡”，小良村民兵班

长任成木因独自执行侦察任务，不幸被敌人所俘，敌人百般拷打，逼其说出独立营、武西县政府驻地，但他大义凛然、视死如归、一字不吐，最后被敌人杀害。

29日 拂晓，日军400余人突然包围了楼则峪村。守卫在村边的三个哨兵，未及报告，就与日军展开搏斗，其中两名壮烈牺牲。此时，宿营在楼则峪的武西独立营，听到枪响，迅速突围，战士王金义占领高地，向日军投掷手榴弹。安政国等用机枪掩护指战员突围。8时左右，决九团三连从南垴赶来增援，在两军强大火力的攻击下，迫使日军溃逃。这次战斗共毙日军20余人。武西独立营伤亡6人，指战员们以英勇顽强的战斗精神，回击了日军的报复“扫荡”，保卫了武西抗日县政府。

下旬 武西县政府在黄家山创建了小型兵工厂，除修理枪支、制作炸药、制造地雷外，还加工羊毛毡，以供军需民用。

同月 中共武乡（东）县委创办了《生产小报》，作为县委机关报，主要是指导全县农业生产与劳动，克服困难，战胜灾荒。为了搞好生产，通过报纸指导全县民众，不失时机抓好生产环节，互助变工，劳武结合，在敌人抢粮的关键时刻，报道敌人的行踪，并有目的地指导群众空室清野，介绍藏粮等对敌斗争经验。

同月 野战卫生材料厂又将绷带材料所与制造所合并，形成两个生产单位。制药所迁到烟里村，所长是韩刚；制造所设在温庄，所长是宣心愚，主要生产酒精、玻璃、绷带材料等。同时，将制药所分出一部分，搬迁到武乡东山焦龙庙。这一时期，职工人数大大增加，建立了生产管理制度，制定了劳动纪律，生产总值达13万元。

同月 树辛编村农会主席李马保以身作则，不仅在本村组织大家发展生产，还帮助小道场、陶家沟、栗家沟、小庄等村组织起了互助组，发展生产，支援抗战。

同年 抗大六分校生产总结：1941年全年开荒137亩，共收获蔬菜

64067 斤，采食野菜 26470 斤，采槐籽（做染料用）7935 斤，植树 1411 株。该校帮助群众生产情况：锄草 805 亩，秋收 1941 亩，挑粪 3210 担，扫盲上课 391 次。

同年　决死第三纵队在 1941 年内，曾开展了轰轰烈烈的大生产运动，取得显著成绩。一、种地 715 亩，其中，开荒 301 亩；二、养羊 71 只，养猪 283 头；三、种豆 94 亩，白菜 30 亩，山药蛋 234 亩，瓜 18 亩，葱 4 亩，蒜 2 亩，茄子 5 亩，韭菜 1. 5 亩，萝卜 48 亩；四、开油坊 2 座，食品合作社 3 个，粉坊 2 座，物品合作社 3 个；五、植树 7350 株。

1942 年

武乡民兵在制造地雷

本年度要事

★　太行第三军分区部队在反“扫荡”中，于武乡县苗杜村附近击落日军飞机1架。

★　太行第三军分区司令员郭国言在大有阻击战斗中光荣牺牲。

★　太行第三军分区副司令员兼参谋长刘昌毅带决九团、武乡独立营等部队，进行了白庄战斗，袭击日军“观光团”。

★　八路军总司令部第五次进驻武乡。

★　武西召开农会会员代表大会，农民纷纷要求加入农会。

★　《新华日报》发表社论《武乡段村事件的实质》，揭露日军制造“段村事件”的真相，数百名伪军、伪警、伪职人员以“通匪”嫌疑被活埋或驱逐。

★　新四军政治委员、中共中央华中局书记刘少奇，从苏北回延安途中，路经武乡县对根据地建设和军队地方化等问题作了重要指示。

★　根据“三三制”原则，全县范围内普遍展开村选工作。

★　《新华日报》刊登《种瓜得瓜，种豆得豆！——反“扫荡”经验之一》《民兵是怎样斗争着的——反“扫荡”经验之二》两篇文章，介绍武乡反“扫荡”经验。

★　武乡（东）县党、政、军干部深入全县广大农村，开展减租减息、清理旧债。

★　武乡（东）县抗日政府在蟠龙镇召开全县第一次劳动英雄会。

1月

1日 朱德、彭德怀、罗瑞卿、陆定一致函八路军全体指战员祝贺新年。贺词中回顾了1941年的伟大胜利，指出1942年的中心任务是用最大的努力加紧整训，随时准备粉碎敌军“扫荡”，并准备战略反攻；进一步提倡节约，发扬艰苦奋斗的光荣传统；依靠群众，严格纪律，模范执行政策，积极参加抗日根据地的建设；积极开展对日伪军、伪组织工作，以及敌占区的群众工作。

△② 中国、苏联、美国、英国等26个国家的代表于华盛顿签订《联合国家共同宣言》，重申大西洋宪章，决定各签字国互相援助，使用全部军事、经济资源，共同对抗德国、意大利、日本法西斯的侵略；各国保证不与敌国单独缔结停战协定或和约。至此，中国同苏、美、英等各同盟国结成世界反法西斯统一战线。

3日 一二九师颁布《1942年军事工作实施纲要》，具体规定部队作战、队务、训练、侦察、通信等各项工作任务。要求各部队按照当前具体情况定出实施日程，适时检查实施结果，务期在本年彻底完成。

5日 武乡县盲人宣传队召开全体队员大会，讨论配合目前对敌宣传及动员参军工作，并用目前参军中涌现出来的模范例子，编写成小曲小段，分头弹唱，进行广泛宣传工作。

同日 为加强对支部的领导和改变党员教育工作不系统、不经常的弱点，中共晋冀豫三地委主办的《支部教育》杂志在武乡出版发行，其对象为各县、区基层支部。

12日 中共中央书记处发出关于建立各抗日根据地秘密交通的指示，指出，为保证迅速、安全互相传送党中央与各抗日根据地之间的来往文件及干部，各抗日根据地之间，必须建立通过敌人封锁线的秘密交通路线，

并对这一工作作了具体规定。第三军分区巩固了武乡至太谷的交通线，同时开辟了武乡到沁源的交通线。

同日　日本鬼子组织大量兵力，对我武东根据地进行了残酷的年关“扫荡”，洪水区武装干部兼寨坪村武委会主任张磨锁组织寨坪、洪水、苏峪等村民兵，对进犯的敌人进行伏击，不幸被敌人援兵包围，张磨锁掩护民兵撤退，打死敌伪军 5 名，因寡不敌众，张磨锁身负重伤，被敌人俘虏。日本鬼子用铁丝穿了他的锁骨，进行严刑拷打，张磨锁强忍疼痛，誓不吐口，壮烈牺牲。

13 日　八路军总部通令所属部队开展大生产运动，克服经济困难。驻武乡的八路军部队立即动手，组织开展大生产运动。

同日　八路军一一五师师长暨抗大总校校长林彪在苏联治疗伤愈返国，抗大六分校全体师生于武乡驰电延安，以示慰问。

15 日　武西县召开宣联会，决定展开对敌宣传攻势，会后立即组织两支武装宣传队，开赴白晋线沿线之敌占区进行宣传，久遭敌人蹂躏的敌占区人民欣喜万状，表示：“誓死不当伪军，不当顺民。”

16 日　一二九师政治部和中共太北区委员会召开文化工作者座谈会。邓小平在会上就文化工作的方向、作风、批判性、战斗性等发表讲话，并向文化工作者提出五点希望。武乡籍作家高沐鸿、王玉堂参加了会议。

中旬　武乡（东）县展开热烈的劳军优抗运动，二区各村干部暨小学教员，率领儿童，抬大批蔬菜、挂面等，到部队及其抗属家中慰劳，军队则分别到驻地召开军民联欢会。

21 日　太行三专署、太行第三军分区和各救会联合发出开展春节对日伪军与敌占区、接敌区伪组织的政治攻势的指示。指出：在根据地军民积极准备反攻之时，利用旧历年关开展对日伪军与敌占区、接敌区伪组织的政治攻势，具有非常重要的意义，指示就开展政治攻势的组织、内容、要求、方式方法、注意事项等作了具体布置。时间安排为旧历年前 5 天开始至

正月廿五，要求春节前后通过各种关系，宣传中国共产党和八路军保护伪组织成员及家属过好年的精神，并以新年送礼的方式，宣传根据地的大好形势。在庆祝元宵节娱乐活动期间，进行简短讲演或编演新内容的短戏、鼓书，宣传党的各项政策及日军必败等。根据这一指示，武乡（东）县、武西县派出宣传小分队把宣传品送进敌人的炮楼里，同时也组织剧团、盲宣队编写了专门的节目，在接敌区进行演出。

23日　凌晨，南沟据点的日伪军警备队和便衣队200余人，突然包围了高台寺村。包剿前夕，高台寺大地主、汉奸苗保庆窜至南沟敌据点，报告了该地我军政机关活动情况，引来了敌人。敌伪分两路包剿该村，一路占据信义，控制岸北方向的去路，一路绕至槐圪塔截住了阎家庄方向的去路。当民兵发觉被敌包围时，武委会主任陈永和、指导员冯水书，迅速指挥民兵30余人突围，因敌众我寡，激战中，6位民兵壮烈牺牲，群众伤亡23名，被敌烧毁房屋20余间，抢走粮食10余车。

28日　中共中央政治局通过《关于抗日根据地土地政策的决定》。2月4日，中共中央又做出《关于如何执行土地政策决定的指示》。决定和指示指出，减租减息政策的目的是扶助农民，减轻封建剥削，改善生活，提高他们抗日和生产的积极性；实行减租减息后，又须实行交租交息，以联合地主阶级一致抗日；对于富农则削弱其封建部分，鼓励其资本主义部分的发展。

同月　在上月召开的干部工作会上，不少人提出“黑地”问题，为此，县政府本月重新进行彻底丈量土地，以保证公平合理负担，通过丈量发现存在20多顷黑地，仅牛白孩一户就有黑地90亩，全县对土地进行了重新登记，纠正了土地不实的问题。

同月　麻贵书接任中共武乡（东）县委书记，贾步彬接任中共武西县委书记。

同月　武乡七区上司村赵宣德，经过一年多的潜心研究，甚至变卖家

产，发明了脚蹬磨，经实践结果，每天可以磨小麦8斗，该磨构造巧妙，而且抬运颇为轻便。

2月

1日　朱德、彭德怀、罗瑞卿等电告刘伯承、邓小平、蔡树藩等，抗日军政大学总校今后的基本任务是为一二九师及决死第一纵队培养干部。总校即归一二九师首长统率。总校与其他各分校的关系仍照中央军委规定不变，各分校受各战略区最高指挥机关直接领导。总校应注意向各分校介绍教学经验及可能解决的教材和干部。3月20日，彭德怀、左权发出命令，决定抗大总校与六分校合并，六分校名义取消，总校组织机构与负责人员不变，仍设晋东南。抗大总校归还八路军总部，由野战政治部直接指挥与领导。之后，抗大六分校离开武乡，赴邢台浆水与总校合并。

2日　日本驻华北山西派遣军发动了“驻晋日军第一期总进攻”，以第三十六师团一部及伪军共1.2万余人分别出动，向太行、太岳等根据地发动了春季“扫荡”。奔袭驻辽县桐峪和武乡县洪水、王家峪的中共中央北方局和八路军总部，以及一二九师和太行军区部队，我军随即开始反“扫荡”作战。

3日　拂晓，驻长治、襄垣、武乡、辽县等地日军奔袭太行第二、第三、第四军分区的石拐、王家峪、黎城等地，其后，又在和顺县的羊蹄凹、龙王，辽县的黄漳，武乡县的左会、蟠龙、石板等地区进行“辗转清剿”，到处捕捉壮丁，残害根据地群众。八路军第一二九师分出部分兵力，结合军分区地方武装及民兵打击清剿日伪军，出击白晋、平汉交通线，破路炸桥，袭击据点，致使“扫荡”的日伪军遭到腹背夹击，只得撤退。

5日　太行第三军分区部队在反“扫荡”中，于武乡县苗杜村附近击落日军飞机1架。

同日　八路军总部特务团在白草坪一带打击敌人，毙敌百余人。

同日　显王村民兵伏击进犯之敌，毙敌3人，缴获手枪一支、望远镜一副，青年部部长房马江、基干部部长阎步高、模范射击手张小三光荣牺牲。

6日　敌人占领上广志村后，将民众包围。村干部带领民兵，乘夜冒险冲过敌人警戒线，将民众救了出来，《新华日报》以《广志村长虎口救民，干部楷模》为题作了报道。

同日　一二九师部队在蟠龙一带伏击敌人，毙敌百余，毁汽车3辆。

9日　日军实行分进合击，奔袭王家峪等地，八路军及驻地地方武装采用武装追击战术给日军以沉重打击。

19日　日军再次对太行三专区发动“扫荡”。黎明，4000多名日伪军对太行第三军分区所在地大有村进行了围剿，为掩护群众安全转移，太行第三军分区司令员郭国言率部奋力阻击，战斗中光荣牺牲，第三军分区政治部副主任彭光也身负重伤，久治不愈，不幸逝世。

22日　决死三纵队七团三连袭击良侯店敌据点，炸毁铁桥一座。

25日　中共中央北方局、野战政治部发出关于在敌“扫荡”中军队与地方工作的指示，指出，在敌进行严重“扫荡”的情况下，保卫群众利益，团结群众与依靠群众，增进军民之间血肉一般的团结，成为粉碎敌人“扫荡”的主要保证之一。要求军队应对居民进行宣传工作和战斗动员；对被敌摧残地区之群众进行慰问和宣传；协助地方党、政府、群众团体做好备战工作，解决工作困难；军队被迫转移时，向群众宣传解释并掩护群众撤走；每个连均须组织纪律检查队，保证部队纪律的执行；要求地方应协助军队进行战时各种工作；自动帮助军队解决各种困难；维护党军的威信；关心与爱护军队的伤病人员。

26日　为袭击、破坏敌人的运输线，峪口村民兵在蟠武公路上埋设地雷，炸毁敌辎重汽车两辆，炸死押车日军3人。

同月　遵照八路军总部命令，将黄崖洞一所改制为分厂形式继续生产。

其中，显王锻工部改建为三分厂，厂址仍驻显王村。其间，虽然日军经常在武东地区“扫荡”，但三分厂以游击形式，敌人从据点出发到工厂“扫荡”，行程至少要半天以上。我们获得情报之后，只要两至三个小时就可把工厂的主要设备、器材埋藏完毕，做好坚壁清野，职工分散向安全地区转移。在反“扫荡”中青年职工组成的自卫队埋设地雷，阻敌入厂，利用有利地形与敌人展开麻雀战，扰乱他们的“扫荡”步骤，减少工厂的破坏和损失。敌人一走，自卫队迅速通知职工返厂，一般情况下，一至两天就可以恢复生产。一直到1943年6月，因敌人在不远的蟠龙镇建立据点，工厂安全受到严重威胁，只好搬至黎城县漆树沟，保密代号“石灰窑”，厂长韩国祯，指导员陈海清，有职工80余人。生产对象是锻制炮弹尾翅和五〇炮炮筒毛坯。

同月　太行第三军分区武委会在东沟村筹建兵工厂，以解决分区民兵游击队、武工队的武器装备，抽调柳沟兵工厂工人李盘明任厂长，贾志厚任副厂长。

同月　太行第三专署贸易局设在武乡、襄垣、沁县三县交界处圪老湾的粮站，积极开展征购工作，粮站主任、工商管理干部赵林田和协助工作的赵志勇等，在“前方指挥部”游击武装的支持和帮助下，对敌开展了针锋相对的经济斗争：（一）组织地方武装，配合主力部队，对抢粮之敌予以反击；（二）在“对内自由，对外管制”的贸易政策下，发动群众对日伪进行粮食封锁；（三）通过各种形式，发动敌占区和游击区群众，实行抗粮抗款运动；（四）号召游击区人民踊跃交纳抗日公粮，奖励商业人员和群众到根据地卖粮，同时也派人到敌占区高价买粮；（五）发动群众进行空室清野，不让日军抢走一粒粮食。在路南的庙岭、申良沟、姚家庄、上司、下司、圪针庄、斜道沟、漆树坡、暴家峪、西贾庄、曹村等地征粮，而且还扩展到襄垣的李后沟、高家沟、坪村、井峪和沁县的石科、潭村、金村、黑牛沟、段柳等接敌区征粮。由于他们广泛宣传和严格掌握党的粮食统制

政策，致使日军无法在游击区和敌占区征到一袋粮食。

同月 根据晋冀豫区党委精简机构的精神，武乡（东）、武西两县都进行了精简工作，武乡县委政府由56人精简到25人，区级干部由126人精简到85人。武西县委机关精简的只剩6人。通过精简，大大减轻了人民群众负担，根据地财力大大节减。

同月 武乡县民兵在2月反“扫荡”战斗中，发挥威力，创造了辉煌战绩。据不完全统计，本县民兵共作战30余次，毙日伪军43名，伤日伪军32名，俘日伪军12名，炸毁汽车3辆，缴获长、短枪各1支，夺回耕牛220头、驴3头，其他军用品甚多。被刘伯承师长称赞为“打出来了”的武乡民兵。

同月 去年武乡县将二区、三区合并为二区后，本月将原来的曹村八区改为三区。

3月

2日 前一段，高台寺汉奸苗保庆窜至南沟日军据点，报告了该地抗日军政机关的活动情况。日伪分两路包剿该村，造成民兵牺牲6人，群众伤亡23名，被敌烧毁房屋20余间的严重后果。事后，武西县抗日政府决定，在岸北村召开处决汉奸苗保庆宣判大会。此事被汉奸圪瘩罗获悉，就从南沟带日伪军向高台寺奔袭，妄图武装劫法场。上午10时，日军沿故城坪推进到高台寺河槽。担任警戒的武西独立营发现后，立即与日军展开激战。青年连居高临下用机枪猛扫，战至12时，迫使敌军败回南沟，岸北公审大会如期召开。

4日 一二九师三八五旅、新编第一旅和太行军区部队自2月2日开始的春季反“扫荡”作战胜利结束，共歼灭日伪军2000余人，击落敌机1架。

12日　为坚持长期的游击战，粉碎日军频繁“清剿”与“扫荡”，保卫根据地和人民群众，针对各县地方武装力量薄弱的状况，中共晋冀豫三地委决定扩大与建立各县地方武装。首先建立游击战争频繁区域的区干队，扩大县干队，以作为开展群众性、地方性游击战争的骨干。根据指示，武乡（东）、武西独立营都进行了扩编，武乡（东）独立营增加了一个连，武西独立营增加了一个排，区干队也有所加强。

17日　刘伯承对武装工作队初次出动到敌占区工作作出指示，指出：初次出动应着重于简单的政治宣传，或兼侦察，任务不可过重，距离不可过远，务求初次出动的胜利，以提高信心；出动前应使全队将敌情研究清楚，并由军分区首长亲身教育给以切实的急需的政治工作与战术；该队的指挥、政治干部都是要政治坚强、大胆机敏而有威信者；应以政策和革命的两面策略，运用宣传与组织的方法进行政治工作；进行战斗应根据政治工作任务的需要与否而决定；必须在行动前休养体力及预先做有组织的准备。此指示，后以一二九师命令的形式下发部队，驻武部队开始向敌人据点附近派遣武工队。

同日　中共晋冀豫三地委对地委机关报《支部小报》作出回顾总结。该刊从创刊到目前共出刊39期，内有34期正刊、5期战时报。编委会由地委全体委员、组织科科长、宣传科科长、秘书长、党校支部书记组成，由地委宣传部部长负责，编委会每月开一次会。由于小报的通信网始终未建立起来，所以在反映内容上有着县区不平衡、不迅速的局限性。其中，武乡（东）、榆社两县情况反映较多，襄垣、武西、祁县反映较少。

18日　中共晋冀豫三地委作出春耕时期建党工作的指示。指示指出：春耕时期，建党的政治任务是以推动和保证春耕计划的完成为中心，要巩固党的领导，在组织上以支部选举和开展支部检查工作为中心，检查的重点为检查支部的群众工作和党员与群众的关系。选举的方式应纠正过去为选举而选举的形式主义做法。同时，规定了支部选举与支部检查的时限，

强调了党在发展工作中要特别注意发展工人、雇工（羊工）、贫农、妇女、青年。在整个建党工作中，要贯彻以党的基本知识与群众工作的思想教育为中心内容，具体为民主集中制的党的基本知识、两年抗战必胜的教育。同时，还要求围绕春耕这个中心开展其他工作。

同日　一二九师召开祝捷和追悼大会。刘伯承主持会议并讲话，简述反“扫荡”作战经过，祝贺反“扫荡”胜利结束。他代表太行区军民向英勇牺牲的将士致哀，号召学习英烈们的奋斗精神，并提议为在反“扫荡”作战中英勇牺牲的新编第十旅旅长兼太行第六军分区司令员范子侠、太行第三军分区司令员郭国言两位烈士建立公墓，永久纪念，以慰忠魂。

19日　八路军总部参谋处致电各部队首长，指出，日军对华北之分区“扫荡”，除继续以往大肆烧杀、奸淫、抢夺外，又在晋东南施放糜烂性毒瓦斯，在冀中及冀鲁豫边区施放鼠疫病菌。要求各部队在抗日根据地军民中广泛进行防毒知识的宣传教育。

20日　在2月反“扫荡”结束后，日寇败退时留下许多特务分子，潜伏在武乡（东）、武西根据地内，本日，特务在石盘村袭击我独立营通讯员，又在韩壁村袭击我外出工作人员。在土河、石门一带早晚常有手榴弹、步枪的声音，群众颇有惊慌。为此，县武委会通令各村民兵，加强岗哨，严密盘查，若发现敌探从严惩办。

中旬　敌人开始修筑武（西）榆（社）辽（西）公路，由东村经韩村、榆社修筑公路，现已经延伸至辽西洪都一带，总长达120余里，敌人从武乡捉来的民夫500余人，被迫为其修路。

22日　太行三专区党政军民各界数千人，在武乡县大有村隆重集会，追悼上月牺牲的第三军分区司令员郭国言将军，同时，追悼的还有第六军分区司令员范子侠将军，以及在反“扫荡”战争中光荣牺牲的指战员、民兵和死难民众。会议由刘亚雄专员主持，第三军分区政委王一伦报告郭、范二位将军生平与事迹。边区政府建设厅厅长刘岱峰在会上讲了今年贷款

利息减免一厘的决定，八路军总部代表方炽、一二九师政治部副主任黄镇、晋冀豫区党委彭涛部长等在会上讲了话。第三军分区武委会主任郭万甫作了反“扫荡”总结报告。武乡县1100名民兵和榆社县的500名民兵，在会上接受了检阅。襄垣、武西、祁县3县也派代表参加了会议。之后三专区还以县或区为单位，于3月25日前后，分别召开了追悼郭国言等同志的大会。

同日　在武乡召开的第三军分区民兵检阅会上，武乡（东）县在全区受奖中名列榜首。洪水、水泉、蟠龙、大有等12村获集体一等奖，各奖步枪一支，手榴弹10枚；马堡、义安、杨桃湾等17村获集体二等奖，各奖步枪一支。韩书珍、李福心、李二孩、魏福金等人获个人奖。

26日　武乡一区召开干部会议，会上各村武装干部纷纷代表各村民兵提出挑战。会上提出三项号召：一、反对不良习气，积极参加生产，民兵要做劳动英雄；二、每村创造三个射击手，标准是三枪打死一个敌人；三、爱护武器，不损失一支枪，不乱打一颗子弹。

28日　鲁迅艺术学校宣传慰问团来到武乡灾区进行慰问，先后到左会、石门、蟠龙、洪水、韩壁及襄垣西营、下良等村，共组织晚会11场，参加群众达9000人以上，还带着绘画作品进行宣传展览，此次活动进行了一个月。

29日　朱德、彭德怀、罗瑞卿发出指示，指出，目前正值春耕时节，日军在各地宣传与强迫种植鸦片，并企图侵入各个抗日根据地，腐蚀根据地军民。要求八路军全体将士应在自己所属区域内，彻底揭露和打击日军之毒化政策，并协同当地抗日民主政府，号召与组织民众一致与日军毒化政策做斗争。各抗日根据地内一概不许种植鸦片，违者严究。

同月　太行军区从各军分区选调了一大批政治素质好、作战勇敢的班、排级骨干，由营、区级干部带领，经过专门训练后，组成了武装工作队，武工队深入武西游击区开展工作。其主要任务是：坚决打击“清乡”之敌；镇压罪大恶极的汉奸特务；争取、分化和瓦解伪军，在日军伪组织内部展

开秘密工作；发动人民群众开展合法与非法斗争相结合的反抽丁、反摊派、反劳役等斗争，减轻群众负担，保护群众利益。在发动群众基础上逐步恢复和发展秘密的精干的党的武装组织，建立革命的两面政权，直至创建出隐蔽的游击根据地。

同月　在2月反“扫荡”中，八路军野战医院留在温庄村7名伤兵，该村村长王怀茂将伤兵视如亲兄弟，每天给他们送饭，敌人来时，还将他们转移到安全地带，直到安全归队。

4月

2日　中共中央军委通知八路军总部、新四军军部、周恩来并各战略单位：现日军在华兵力有21个师团，19个独立旅团，2个骑兵旅团，全部人数为50.6万人。现日军在华总兵力中，被八路军牵制的为30.8%强，被新四军压制的为17.6%弱，总计被我军牵制的为49%左右；国民党军牵制的为51%左右。

16日　太行第三军分区侦察得知，日寇一支机械化部队接运日军从长治、沁州请来的“观光团”，从段村前往榆社。太行第三军分区决定由军分区副司令员兼参谋长刘昌毅带决九团、武乡独立营等部队，埋伏于榆武线白庄附近，当日军“观光团”所乘汽车驶进伏击圈时，决九团、独立营战士立刻拉响了埋设在公路上的地雷，接着机枪、步枪一齐向日军汽车射击。日军高木联队第三大队200余人还未来得及全面抵抗，就被突然歼灭。当段村和榆社城的日军得悉“观光团”遭到伏击，赶来增援时，决九团、独立营战士早已转移到安全地区。战斗中决七团团长尹立海不幸牺牲。这次战斗共计击毁日军汽车16辆，缴获轻机枪6挺，掷弹筒3个，步枪120支，子弹一部。同时，还缴获1门山炮，炮筒上面还刻有日文“武运久长”字样，这是日本天皇亲赐山炮。战斗之后，日军为了挽回天皇的脸面，三次

派武乡县维持会长送信：愿用其他物资交换此炮。刘昌毅将军给他们回信：“有本事上战场上赢了我，还你山炮。如果物质交换嘛，那只有送来三十六师团师团长井关仞的首级，其他物资都休想换得此炮。”日军闻之丧胆。

22日　敌寇分三路奇袭包围洪水镇，所经村庄烧杀极惨。在大有村杀死46人，贾豁村杀死8人，烧死1人，还有1人被剥了皮，烧房屋百余间。在峪口村的行径更是惨不忍睹，全村被杀20余人，还有从外村抓来的杀死80余人，其中，4人因割去生殖器而死，2人脚后跟被剁掉，1人身上中数十刀。

25日　一二九师政治部发出关于整顿三风学习运动的指示，决定师部成立总检查委员会，由刘伯承、邓小平、李达、蔡树藩等9人组成，邓小平为主任。各旅、军分区和师直属队分别成立7至9人的检查委员会，主任由各单位政治委员担任，委员自定。要求认真学习关于整顿三风的文件。传达、讨论、研究、检查、总结，时间共为3个月。三八五旅在武乡整顿。

同日　日军千余人“扫荡”蟠龙地区，在温庄村一个窑洞里，被敌人用烟熏死16人，遭我八路军打击退逃时，又在井里投放毒药，柳沟、东堡等11个村中毒死者甚多。

28日　武乡名绅裴玉澍积极响应县委捐资兴学的号召，自动于本县夏家沟村，捐资成立一所抗日小学，招收附近儿童入学，并聘请服务小学教育多年的李林先生任校长。依照边区小学设备标准，积极筹备开学。同时，裴先生还亲往县府教育科请示备案，并购买了小学课本。县委、县政府盛赞裴先生抗战以来，在根据地各方面的贡献。

30日　一二九师整编工作大部完成。经过整编，师直属队的伙食单位由41个减到19个，太行军区各军分区和新编第一旅、三八五旅共减少伙食单位156个，并将一大批年轻战士调往战斗连队。连队员额由原来的平均50余人，增加到100余人。

下旬　日军华北方面军对侵华部队作了调整，调整后的战斗序列为：

冈村宁次大将为司令官。下辖第一军（辖第三十六师团、第三十七师团、第六十九师团，独立混成第三旅团、第四旅团），第十二军（辖第三十二师团、第三十五师团、第五十九师团，独立混成第五旅团、第六旅团、第七旅团，骑兵第四旅团），驻蒙军（辖第二十六师团，独立混成第二旅团，骑兵集团主力）。方面军直辖第二十七师团、第四十一师团、第一一〇师团，独立混成第一旅团、第八旅团、第九旅团、第十五旅团。

同月　为了贯彻《晋冀豫三地委作出春耕时期建党工作的指示》，开展好建党工作，武乡县注意了春耕中组织劳动互助组的问题，同时，进行了一部分支部选举。

同月　武乡（东）县对粮食实行统制贸易。在洪水、监漳、韩壁、贾豁、圪老湾等地凭证购粮，取消了私人粮店，使冀钞和农村社会商品发生联系，既稳定了粮价，又稳定了冀钞的币值，扩大了冀钞的流通，挤掉了伪钞。

同月　太行第三专署专员刘亚雄调走，由邓辰西同志接任。

同月　武乡五区优抗委员会组织优抗工作，积极为抗属代耕，并组成代耕小组，提出了“保证不荒抗属一分地”的口号。

同月　武委会对大有镇进行民兵耗时调查：一般群众每月平均生产劳动时间为 20 天，支差 6 天，开会 3 天，参战 1 天；民兵每月平均生产劳动时间为 12 天，受训 10 天，支差 1 天，开会 6 天，参战 1 天。支差受训耗时惊人。

同月　武乡县政府在蟠龙枪毙汉奸张生俊。

同月　武西县对区划进行调整：将原段村九区、涌泉十区合并为武西一区（区署设在石壁）；将原漳东办事处三区合并为武西二区（区署设在松村），取消漳东办事处；将原故城十一区改为武西三区（区署设在岸北）；将原石盘十二区改为武西四区（区署设在玉品）。

5月

4日　中共中央北方局、华北军委分会发出关于反对敌人“蚕食”政策的指示，指出反“蚕食”斗争是目前华北全党、全军的一个最紧急的任务。反“蚕食”的基本方针应是以武装斗争为中心，发挥党、政、军、民的整体力量，把政治斗争与军事斗争、隐蔽斗争与公开斗争有机结合起来，展开全面的对敌斗争，彻底粉碎敌人的“蚕食”政策。要求正规军必须用1/3或1/2的部队，以营、连为单位，分散到边缘区，与党政机关密切配合，开展游击活动，并充分发挥武装工作队的作用，针对敌人“蚕食”的每一步骤，给予及时、有效打击。为此，决九团与武西独立营以连为单位，分赴武西边缘区开展游击活动。

8日　武乡（东）县抗日政府组织群众，在战后积极开展春耕生产。县政府为扶植农业、牧业，支援抗灾斗争，向农村发放贷款7千元。

12日　一二九师发出关于准备反“扫荡”的命令，指出，敌人的“扫荡”可能在最近几天全面展开，各部队应抓紧做好反“扫荡”准备。

15日　针对日军对武乡（东）抗日根据地实行全面“蚕食”和“治安强化运动”，大量捕杀抗日军民，为粉碎日军“变根据地为维持区”的阴谋，根据北方局、华北军委分会指示，县委决定成立反“蚕食”斗争委员会，并作出反“蚕食”、打“维持”的指示，确定了具体做法，组织军民进一步开展腹地反“蚕食”斗争。同时，在边沿区以自然村为单位，建立游击小组，到“维持区”进行武装宣传，召开群众大会，公布汉奸罪恶事实，给伪军家属公布伪军的“红黑账”，让其劝说伪军少作恶或不作恶。

19日　一二九师三八五旅、新编第一旅、太行军区部队一部和总部直属部队，抗击日伪军共2.5万余人对太行抗日根据地的夏季“扫荡”。

22日　一二九师对太行军区各军分区发出反“扫荡”指示，指出，敌

人正开始对我太行区实施大“扫荡”，各部应立即分若干小部队接敌侦察；派得力干部带小部队深入县、区、村；基干团加强便衣活动，乘机进行机动；各领导机关力求短小精干。

同日　东庄村民兵在蟠洪河滩伏击由洪水进犯石门的敌人，打死敌人5名，解救民夫17人。

23日　日寇押解民夫百余人路经白和村时，该村民兵关二孩让过先头部队，瞄准其后尾连发三枪，一时敌寇慌乱，民夫15名逃脱，当敌追击时，他已经跑到二里之外。可当敌人继续前行时，他又发两枪，毙、伤敌各一名，就这样连续三次，打死敌人5名，解救了民夫30余人。

24日　长立头民兵郝兆文、郝炳宏、李福元、郝长富、李秃孩对侵犯该村的敌人进行伏击，打死敌人8名，掩护了群众转移。

25日　一二九师三八五旅一部和总部警卫部队在夏季反“扫荡”作战中，于辽县麻田镇附近抗击对总部和中共中央北方局机关合围之敌，毙伤日军300余人。八路军副参谋长左权于十字岭指挥部队突围作战时壮烈殉国。

27日　八路军总司令部第五次进驻武乡，驻在砖壁村。次日，八路军总司令部在烟里村奶奶庙举行追悼左权大会，彭德怀出席。

30日　彭德怀致电刘伯承等，指出，此次反“扫荡”是长期的严重的，在反“扫荡”中应继续进行战争动员，发动各地党组织、政府、群众团体协助部队粉碎敌人“扫荡”。各级领导要立即采取有效办法，做到党政民一体。

同月　武乡（东）县委、县政府配合减租减息运动，在全县进行村政权改造，清除了少数坏人，加强了民主政治建设，各村组成村政委员会，即村公所。

同月　关家垴村16岁民兵关二如，在反“扫荡”中一枪击毙二敌，被誉为“少年神枪手”。

6 月

5 日　一二九师三八五旅一部于夏季反敌“扫荡”中，在白晋铁路沁县县城至襄垣县虒亭间破毁铁路 11 千米。武乡组织民众参加支前、抬运物资等工作。

7 日　十四团一部在武乡西河底攻克碉堡一座，毙伤敌 11 人，俘虏 7 人，缴获步枪 7 支。

15 日　武乡二区积极开始清债工作，由农会与士绅成立清债小组，10 天内，仅石门、韩壁两村就清理债务、租地换约 1100 多件，绝大部分的债主慷慨退出旧约，如石门的张受书、卫振帮等人主动改了旧约，和农民续订新约，农民十分欢喜。

17 日　八路军总司令部离开武乡，转移到辽县麻田镇。

同日　中共晋冀豫三地委针对锄奸工作开展不够的情况，作出了锄奸工作的指示。指示在回顾以往锄奸工作的教训之后，相应提出了具体意见。指出要重新认识锄奸政策，把打击与争取结合起来，在党内外开展锄奸教育，真正把群众发动起来，使锄奸工作落到实处。

20 日　一二九师三八五旅、新编第一旅、太行军区部队一部和总部直属部队，从 5 月 19 日开始的夏季反敌“扫荡”作战胜利结束。共歼灭日伪军 2920 余人。

同日　驻段村日军头目清水怀疑部下有与八路军联系的迹象，对伪军进行了大审查，并将数百名伪军、伪警、伪职人员，以“通匪”嫌疑进行了处理，轻者被驱逐，重者被活埋，制造了“段村事件”。

中旬　太行第三军分区部队设伏于武西县段村至张家沟一带，将日军一个中队 100 余人全部歼灭，烧毁敌运输汽车 10 余辆，生俘敌 10 余名，缴获轻重机枪 6 挺、掷弹筒 5 个、步枪 50 余支、子弹万余发，其他军用品及

粮食许多。东村、榆社敌人闻讯增援，被我军打退。

22 日　武乡（东）民兵、群众在砖壁村召开左权将军追悼会。与会干部群众决心化悲痛为力量，完成将军未竟事业，把日本侵略军赶出中国去。

24 日　中共中央北方局、野战政治部发出《关于追悼左权同志的决定》，决定全华北各战略区之地方党组织及部队政治机关，会同地方政府及群众团体，于 7 月 7 日举行追悼大会。

同日　武乡县开展纺织运动，专署拨出生产贷款 3 万元，给予支持。

同日　武西县开展反“蚕食”斗争，一个月来逮捕伪组织人员 101 人，经过审判，枪毙了焦茂增、王二秃、武士金等 6 名“死心塌地”的汉奸，没收居住证、良民证 2555 个，有 178 名维持分子主动自首，参与会道门者也有 873 人自首。

同日　武乡县本月开展了群众运动，清理旧债、租地换约，解决问题一万多件。

同日　抗战建国学院在 5 月反“扫荡”时，离开辽县，其师范班经平顺一带转移至武乡，分为两个队，一队驻安乐庄，负责人赵文敏；二队驻李坪，负责人张超。

7 月

1 日　武西召开农会会员代表大会，农民纷纷要求加入农会。

4 日　决九团在石盘村解救被包围群众，粉碎了敌人奔袭“扫荡”。

上旬　戈北坪民兵查获走私小米 1310 斤，白面 400 斤，大烟土 9 两，抓获嫌疑犯 2 名；新村民兵查获走私小米 2 石余，小麦 2.6 石，仇货一部；南台民兵查获走私米、麦 3 石，伪票 46 元；还有白和、东庄、墨镫、寨坪、井湾等民兵亦有查获，全部缴于税务局处理。

12 日　武（乡）、襄（垣）、辽（县）矿工联合会，在武乡（东）召

开了扩大干部会议。除各县矿工负责干部、太行区各救总会出席外，还有工会主席毛齐华、宣传部部长苏群、产业工人部部长耿万青、中共晋冀豫三地委代表、太行第三专署建设科科长和武委会代表等参加，会议历时4天。重点讨论了有关矿工劳动、工资、家庭、教育等问题。最后布置了近日工作，决定首先实行精工制。其次是整顿干部及工人作风，反对行会及帮口作风。矿联区负责人赵壮孩称此次大会目的是为了了解矿工生活，掌握工运领导权。

13日　为了克服民兵与自卫队在组织领导、执行任务上的混乱现象，坚持开展游击战争，太行三专区武委会召开各县武委会主任与参谋长联席会议，会议开了3天。会议决定，统一民兵与自卫队，但要有明确分工，即民兵的任务是进行战斗和维持社会治安，其政治工作目标是建立实验村。战时工作则以加强情报联系与侦察活动，保证群众安全转移，同时建立民兵粮食仓库，以避免战时发生粮食困难。自卫队则主要负责后方的一切战勤工作。会议还总结了民兵作战的经验教训。会后，武乡县武委会主任赵志云、武西县武委会主任董育轩积极落实会议精神，武乡县还率先创立了民兵政治实验村，为全区树立了典型。规定实验村的主要条件为：1. 保证真正能够进行游击战争，在根据地能坚持反“扫荡”，保护群众利益，在游击区能经常出击，并能进行战时宣传鼓动工作。2. 保证不损害枪支，不浪费弹药。3. 能经常确实与迅速提供情报，不得有贻误情报的现象发生。4. 能发扬自我批评精神，及时克服不良倾向，厉行增产节约，积极参加互助组。5. 防止小偷，保证空室清野的东西不遗失等。

中旬　大有士绅裴玉澍切实执行政府减租减息法令，自动清算旧租债，并通知四乡与他有租债关系的群众去结算，其办法是押解土地一顷以上者按政府法令清算，不足一顷者，特别轻算，没有押解的债款一律依法清理，得到群众拥护。

23日　武乡（东）一带农村妇女成立了生产互助组，到处开展纺花织

布的生产运动。太行第三专署为奖励农村纺织事业的开展，特发生产贷款 3 万元，供武乡（东）等地妇女纺织之用。

24 日　中共晋冀豫三地委在武乡县东沟驻地召开会议，出席会议的有地委书记王一伦、第三军分区司令员鲁瑞林、三专署专员邓晨西以，及有关人员，会议研究了对敌开展为期两个月的政治攻势问题。决定对敌政治攻势的方针是：巩固反蚕食斗争胜利，粉碎日军以华北为兵站基地的阴谋，在组织上争取日伪军、伪组织和敌占区群众。宣传内容：按照中共“七七”宣言，宣传反法西斯胜利的科学依据，敌人困难重重，一年打败德国，二年打败日本。宣传八路军的胜利，宣传八路军与华北人民共存亡的决心。揭穿敌人“治安强化运动”的本质，帮助敌占区人民解决困难，教育他们保持民族气节，瓦解伪军、伪组织，争取两面性的，打击坏的，该捕的捕，该杀的杀。会议还就如何组织部队、武工队、独立营、游击队和各县党政民力量，采取什么方法，以及如何领导等问题作了研究和规定。

同日　武乡（东）县总结反“蚕食”、打“维持”斗争战果，共计摧毁维持会 19 个，解决旧案 207 件，摧毁日军据点、伪村公所 6 处。

26 日　一二九师政治部发出关于整顿三风运动的第 2 号指示。决定延长精读文件时间到 12 月 1 日。全体干部按文化程度及职务分为团级以上及有阅读能力的营级以下干部，用自修、研究和讨论方式学习全部 22 个文件；没有阅读能力的营级以下干部用听课方式着重学习毛泽东关于整顿三风的报告等 8 个文件。

同月　武乡县政府、妇救会、晋东南工商局联合组织了“妇女纺织促进会”，并举办了纺织培训班，有 50 余人参加学习。并制造大量的新纺织机，供纺织妇女使用。

同月　著名音乐家郑律成（朝鲜人）从延安来到太行山，住在武乡县王家峪村。在这里，他与老百姓、八路军一起生产，一起战斗，而且这里也是民歌之乡，老百姓一边干活一边唱着山歌，郑律成在劳动之余，进行

采风活动，每天早起就去听老百姓唱山歌，并将曲谱记在他的笔记本上，有时听不懂武乡话，就认真打听唱词是什么意思。他在武乡近一个月时间里，记录了四五本笔记。后到涉县朝鲜独立同盟和朝鲜义勇军总部任“华北朝鲜革命军政学校”教育长。

8 月

4 日　武西县抗日联合编村村长杨晋标，深入南沟日军据点进行瓦解敌军工作，不幸在北涅水村被捕，受尽严刑拷打，他只吐出两句话“杀割由你，抗日由我!”后被敌残害，壮烈牺牲，9 月 5 日，华北版《新华日报》刊载了杨晋标的悲壮事迹。

上旬　中共晋冀豫三地委、太行三专署、太行第三军分区分派负责干部到各县布置政治攻势工作。根据专署与军分区颁布的关于对日伪开展政治攻势的联合命令，武乡县独立营召开干部（扩大）会议，排以上干部参加，讨论开展工作的具体办法，并成立政治攻势指挥部，以统一领导。随后，又组织了政治宣传工作队，深入敌占区进行工作。

15 日　华北日本士兵代表大会和华北日本人反战团体代表大会于延安召开。朱德等先后到会讲话祝贺。在延安之国际友人亦多到会。在 1939 年冬，杉本一夫等人在武乡发起组织了第一个反战组织的带动下，华北各地先后组织了一批日本人反战组织，这是一次联合性的会议。会议决定将在华日本人“觉醒联盟”和“反战同盟”合并，成立“反战同盟华北联合会”。会议通过《华北日本士兵代表大会宣言》《日本士兵要求书》和在华日本人《反战同盟华北联合会工作方针书》等文件。大会于 8 月 20 日闭幕。

17 日　《新华日报》（华北版）发表题为《武乡段村事件的实质》的社论，旨在揭露“段村事件”的真相。这一事件的发生是日伪内部矛盾重

重、军心涣散的具体表现，也致使伪人员纷纷转至根据地。

20 日　《新华日报》（华北版）报道，由于日军大量捕杀，驻段村伪人员张冠如、李庆华等 20 余人，弃暗投明，跑到根据地。

23 日　一二九师政治部发出关于整顿三风学习运动的第 3 号指示，要求各级整风委员会和全体人员对整顿三风必须有更深刻的认识，掀起整风学习的热潮。明确整顿三风的重点应放在团级以上的领导机关和干部。

27 日　一二九师命令各部队利用青纱帐和雨季，加紧破毁敌人的封锁沟、墙，配合政治攻势，在敌人封锁线内开展游击战争。

30 日　中共晋冀豫三地委针对榆社、武乡两县的实际情况，发出 1942 年 9 月至 1943 年 1 月这 5 个月的建党工作指示。指出，在落后的农村统战环境中，建设巩固的党，必须不可分割地掌握三个环节，即掌握党的政策，发动组织群众；掌握党的原则，加强党的教育；掌握武装，使支部能应付战争，从战争中巩固起来。为此，提出了这两县 5 个月内建党的总方针是：在群众运动中，掌握党的原则，建设支部，在群众斗争中密切与群众的关系，提高党的战斗力。同时，地委还提出几个具体问题作为各区委建党工作的补充指示：一、掌握土地政策开展群众运动。由于斗争逐步深入，要求在发动群众上必须更加掌握好党的政策与策略，明确斗争的目的；要求斗争更加组织化与策略化，为了不使群众运动搁浅，陷于形式主义，要求把土地斗争具体化，主要以负担政策为主，而负担政策的落实必须联系到减租减息工作。同时，要求把发动群众与组织群众、武装群众结合起来，支部在群众运动中要用斗争来实现党的政策，积极掌握群众，掌握民兵，加强自身教育。二、掌握党的原则建设支部。支部要正确掌握党的组织原则与政治原则，处理好历史上，主要是 1940 年整党中部分党员被错误开除或中断关系等历史问题；解决好历史上的不团结、闹宗派等问题，克服各种非党意识；在斗争中，吸收经过锻炼的积极的贫雇农入党，清洗地主、富农等阶级异已分子出党，达到改造党的目的。三、掌握民兵准备秋季反

“扫荡”战争。要求党员成为民兵中的核心、模范，以保证支部对民兵的领导作用。四、县委、区分委领导要搞好支部考查工作，以研究历史发展规律，总结历史经验，建设好支部。

同月　武乡（东）县贸易局并入税务局，负责工商业、行政、对外贸易等工作。实行对敌贸易斗争，加强对税务征收的统一领导。

9月

1日　中共中央太行分局成立，邓小平、刘伯承、李雪峰、李大章、蔡树藩为委员，邓小平为书记。分局领导太行、太岳、冀南、晋豫4个区党委。

2日　刘伯承在太行军区召开的参谋长会议上做《关于配合晋察冀反“扫荡”及太行区反“扫荡”的准备问题》的报告，提出游击作战与政治攻势、反“蚕食”与反“扫荡”、主力在敌侧背作战与腹地游击、保卫秋收与反“扫荡”相结合的反“扫荡”作战要旨，以及党政军民结合进行反“扫荡”准备的各项具体工作。

6日　太行三专署代理专员邓辰西对三专区1至7月的群众运动作出总结。指出，全区群众运动是以反“蚕食”斗争为开端的，反“蚕食”斗争的出发点是保护群众利益，内容是从日伪汉奸手里夺回群众的利益，方式是走群众路线。从1月开始到5月底，日伪每月扫荡一次，全区被武（乡）榆（社）公路分割为两块，维持村增加100多个。在这种严峻的形势下，群众迫切要求进行反“蚕食”斗争与开展除奸工作，并且从根本上还需要解决土地纠纷及反恶霸、反贪污等问题。为此，地委和专署把群众运动与反“蚕食”斗争密切结合起来，到7月底，群众运动取得了显著成效，主要表现在配合八路军主力部队上，摧毁新旧维持村134个（行政村）。在执行土地与负担政策上，深入解决了群众问题。据不完全统计，共解决2万件土地债务、租息、贪污、盗窃、赌博等问题。在7月迅速扩大了地方武装，

群众在参加独立营保卫家乡的浪潮中，除襄垣县区基干队尚有缺额外，各县都从数十人增加到数百人，武乡（东）县甚至超额。民兵也有大发展，并且质量高，这些群众武装打击了汉奸、特务及坏分子，赌博、腐化迅速停止或减少，使社会生活走向了正常化。

9日　上广志村民兵高贵堂三枪毙三敌，被誉为“太行神枪手”“边区杀敌英雄”。

同日　中共武乡（东）县委责成县指挥部召开了扩大的备战动员大会。到会各区村指挥干部100多人。会上，县委书记麻贵书作了深入动员报告，大会对今后配合军队作战、掩护群众转移、民兵作战、打窑洞、挖地道等问题作了详尽讨论。从大会所举行的中共两大文献的测验来看，干部们坚信两年胜利，并具有克服困难的精神，决心广泛开展群众性游击战争，争取时间，度过黎明前的黑暗。

14日　一二九师发出关于敌“挺身队”的特点与我们对策的通报，指出，敌“挺身队”是专事袭击我统帅机关的便衣特务队。我们的防范对策是：强化游击集团，建立民众的村村联防制度和情报工作；制定联络信号，提高军民警觉；加强各机关部队的直接侦察、警戒。

22日　决九团一部与区干队配合，破击白晋线南沟至漳源段，炸毁铁桥2座。

同月　一二九师政治部发出关于准备秋季反“扫荡”政治工作指示，要求各部队反复深入进行教育，在群众中广泛宣传，动员群众积极备战，做好反“扫荡”的各项准备工作。

同月　武西县进行反“蚕食”总结：一个月摧垮敌维持村18个，逮捕伪人员112人，枪毙汉奸温木林等3人，没收“良民证”2550张，维持会分子主动自首者178人，反动会道门成员自动悔过者884人。

同月　漆树坡村民兵与十四团战士配合，袭击日军里庄转运站，歼敌30余人。

10月

8日　一二九师政治部发出关于反对敌人抢粮阴谋的对策的训令，指出，各部队应延长政治攻势期限，反抢粮斗争应成为当前政治工作的主要任务。动员所有力量，使用各种方式，展开广泛宣传。创造与实施各种有效方法，破坏敌人抢粮。武乡在反抢粮中的经验是：快收、快打、快藏，坚决不给敌人一粒粮食。

同日　日军于本日至12月10日，在华北进行以“治安战”为主的第五次“治安强化运动”，主要目标是“消灭共产党，以确立治安”。

10日　为了粉碎日军的秋季大“扫荡”，掩护人民秋收，保卫根据地粮食，武乡（东）县委、县政府发出《加强战备，开展保卫秋收秋耕》的通知。提出“不让日军抢走一粒粮，不让一亩熟田放荒”的口号，迅速开展反抢粮斗争。把工作重点放在民兵与军队的配合，利用战争空隙武装掩护群众抢收抢耕，边收边打边藏，真正做到场光地净。

11日　一二九师政治部发出关于冬季政治攻势的指示，决定自11月1日起至明年1月底止，实行对敌冬季政治攻势，其工作重心放在对日军工作和锄奸工作上，基本精神是把政治攻势变为打击与粉碎敌人第五次“治安强化运动”的武器。

13日　新四军政治委员、中共中央华中局书记、中央军委新四军分会书记刘少奇，从苏北回延安途中，路经武乡县时在王家峪住一周，期间，对当地党政军群干部就根据地建设和军队地方化等问题，作了重要指示。20日离开武乡前往沁源。

20日　太行第二军分区、第三军分区和太岳军区岳北地区部队，分别抗击日伪军共1.6万余人对太北和岳北地区的“扫荡”。特别是在武乡韩壁、洪水、大有等地“清剿”，企图袭击我武装抢劫粮食物资。在反“扫

荡”中，参战部队采取内线坚持与外线出击相结合，主力军、地方军与民兵相结合，展开广泛的群众性游击战争，迫使“扫荡”太北之敌于11月12日撤退，“扫荡”岳北之敌于11月18日撤退。此次反“扫荡”作战，共歼敌2800余人。

同日　日军以独立第四混成旅团、三十六师团各一部为主力，带领伪军向武东地区进行反复“扫荡”。八路军十四团三营，奉命留在蟠武沿线，打击敌人的运输队和抢粮队。21日晚，当敌300余人从胡峦岭经李峪进至长乐与李峪之间的小辿湾时，正好钻入三营伏击圈。这时七六九团一营李德生部，也从麻池沟赶到长乐东侧。两营将敌夹击于小辿湾，战斗一直打到次日天明，毙敌30余名，打乱了敌人的抢粮计划。

同日　日军驻劓韩壁村，在村外发现了一处窑洞，敌人在窑洞里拖出3名妇女，轮奸后倒提双脚扔下沟里活活摔死。之后又架起柴火熏窑洞，藏在洞内的23名老弱妇孺，就有17名被熏死。这次敌人对韩壁村洗劫，共杀害37人，抢走粮食700余石，宰杀耕牛23头、猪45头、羊100多只。

21日　傍晚，日军300余人刚从胡峦岭过来官道坡，隐蔽在李峪到长乐村附近的八路军十四团三营，迅速进入临战状态。当抢粮的日军走至李峪与长乐之间的辿湾口时，正好进入民兵和八路军部队的伏击圈。顿时，日军处于我部队和民兵的夹击之中，四处溃逃。

22日　十四团三营发现敌一个大队五六百人沿上北漳向下型塘行进，营长钟明峰指挥突击班立即开火。后面的敌人发现被围，慌忙向东抢占高地，又闯入我十一连火力网。战士们猛烈开火，敌只好退下去。他们利用河坎向八连阵地进攻，又落入九连、十连的火力网内。敌人四面挨打，死伤大半。缴获三匹洋马，抬了四箱炮弹和“九二式”子弹60余发，还有不少毯子、大衣、皮鞋及钢盔等军用物资。

同日　南沟敌据点的日伪军50余人，牛车20余辆，由警备队瓦田伍长带队，经北涅水过河后，窜进狮则沟，挨门逐户开仓抢粮。到中午时分，

敌将100多袋粮食搬上车，向南沟方向运去。当行至河滩时，中了决九团四连埋伏，急忙扔下牛车，狼狈逃窜，四连乘胜追击，毙敌14名，生俘36名，粮食和牛车全部截下。

23日　日军包围了大水凹、东庄、泉河、斗反坡、响黄等村，广大民众全部被困，周围民兵全力救援，在民兵的打击下，民众突出重围，无一伤亡。

同日　李峪村民兵在村边埋设地雷，敌人路过时踩响炸死8人、炸伤15人，炸死洋马2匹。

同日　驻南沟、沁县日军包围了山交沟村，打死放哨民兵李雪堂，民兵队长李保全迅速带领民兵与敌战斗。敌人在村里进行了大搜查，先后在窑洞里搜出李行成一家7口、李书林一家5口、李藏英一家6口，一共18口人就被残杀15人。这次在全村杀死25人，伤13人，烧房屋60余间，抢走耕牛21头。

24日　日军在我南山头、石门、郊口一带“扫荡”，第三军分区部队与当地民兵配合，给敌人打击，毙敌10余人。

26日　十四团一部在上司、漆树坡等村民兵的配合下，再次袭击里庄敌转运站。

28日　十四团三营与胡峦岭村联防民兵配合，在下型塘设伏，对日军一个大队进行伏击，敌人仓皇败退，沿河而上。次日清晨，在东皋村附近被我七六九团一营拦住，此时，十四团也追击过去，对敌人形成了包围态势，于是，我军对包围中的日军进行打击，经过半天激战，毙伤敌伪170余人，缴获各种枪支50余支、山炮弹4箱、马3匹及其他军用物资。

下旬　日军出动4000余人，分路“扫荡”武乡、襄垣、榆社等地。目的在于配合其第五次“治安强化运动”，实施对根据地粮食的抢掠和物资的破坏，并在军事上“清剿”，政治上麻痹、欺骗和挑拨军民关系。太行第三军分区部队与武乡县地方武装配合，针对日军以武乡县为中心的“扫荡”

活动，奋起反击，区干队及民兵结合部队组成许多游击集团，对日军展开内外线机动灵活作战。特别是围绕粮食斗争，进行隐藏工作，有效地保护了粮食。同时，民兵四处出击敌人，并与正规军密切配合，有效地打击了敌人，粉碎了敌人的“扫荡”。10 月 30 日，侵入洪水之敌经黎城撤回潞城，11 月 6 日，韩壁、大有之敌分路撤回段村据点。至此，太行三专区军民反“扫荡”作战胜利结束。

同月 为了保卫秋收，打击日军的秋季“扫荡”，三八五旅将七六九团、十四团布防在武乡东部地区，旅部位于王家峪，七六九团驻下合村，十四团驻下北漳村。从 8 日开始，日军开始第五次“治安强化运动”，以第三十六、三十七、六十九师团独立混成第四旅团及伪军各一部共 16000 余兵力以太行第二、第三军分区及太岳之岳北为重点，开始了秋季“扫荡”。我军采取“内线坚持、外线出击”相结合的作战方针，对敌展开斗争。

同月 为解决八路军大生产所需的生产工具，太行第三军分区、三专署总工会决定，在有煤有铁的马岚头村创办太行农具合作社，直属军分区管辖。由崔亭义任主任，招收农民铁匠等工人 30 余名。主要生产犁铧、锹、镢、镰刀等民用工具。不久，因前方急需武器，该社转为制造弹药。转产后，人员增加，由于该村驻扎有总部军工部柳沟铁厂的分厂，住房紧张，农具合作社迁到窑上沟前沟村。

同月 四区区分委书记吴夺旗在反“扫荡”中为组织群众，空室清野，进行转移，不幸在秦家烟村被日军包围，搏斗中壮烈牺牲。

同月 为粉碎日军的抢粮计划，武西武工队与主力部队决九团紧密配合，在武西故城一带展开了机动灵活的斗争，先后毙伤日伪 30 余人，生俘伪军 19 人，缴获步枪 38 支。茅庄、故城民兵也配合进行激烈的反抢粮斗争。由于武工队的努力战斗，缩小了敌占区。

同月 为了搞好双减运动，中共太行区党委采用了典型引路的办法，首先选择了武乡（东）等地作为减租减息运动试点。这次试点主要采取群

众大会的方式。经过调查，抓住地主、富农、高利贷者拒不执行或破坏双减的事例，召开群众大会，进行说理斗争，让其清理旧债，退还抵押和借约，签订有永佃权内容的新租约。全县有50多个行政村解决了12000多个问题，有7000顷典地订了年限，有167顷租地订了约，清债226000多元、22000多吊钱、540石粮，退文书13400多张，欠利条2800多张。成为区党委培养的双减模范县。

同月　武乡县工商局发出通知，禁止洋布进入市场，提倡以土代洋，打击敌货倾销活动。

同月　为了搞好秋收，白天打洞秋收，夜间秘密埋藏，“不让一粒粮食放在家里，准备战争反扫荡”，已经成为武乡秋收的主要口号。

同月　在这次秋季反“扫荡”中，武乡民兵战功丰伟，受到《新华日报》表彰。半月内毙敌116人，伤敌87人；缴获步枪8支，掷弹筒1个，炮弹5箱，子弹700发，洋马3匹；抢救群众600余人，夺回牲口22头。广志韩青垴民兵高贵堂，七枪七中，日寇五死二伤。被评为射击能手。

11月

2日　一二九师发出关于继续反敌“扫荡”和“治安强化运动”的命令，要求各部队应以必要的兵力，在敌对我“扫荡”之腹地抗击其“清剿”，保卫群众和粮食、物资。对敌占区以小部队进行政治攻势，摧毁敌之统治机构与灌仓计划。特别以主力不断打击“扫荡”之敌的侧背，打击摧毁其补给线。在未被敌“扫荡”之区域，应立即作近地与远地的配合。尤应在敌纵深格子网内开展游击活动，配合秘密工作，破坏封锁沟、墙与公路，并以此来破坏敌人第五次“治安强化运动”和可能到来的“扫荡”。

同日　七六九团一营在韩壁以南的马鞍山打击搜山之敌，歼敌40余人，保护了千余群众生命财产。同日，该团二营在魏家窑、白家窑等地伏击敌

人，毙伤敌 10 余人，击毁汽车 3 辆。

3 日　十四团以一个连夜袭南上合，杀伤敌人 20 多人。同日，三营副营长王明甫率两个连在吴家岭与敌遭遇，给敌以很大杀伤后，他在指挥部队转移时不幸牺牲。

同日　敌人在武西、武乡（东）两县组织了一个“抢粮周”，在高仁、陈村一带大肆抢掠，抢走粮食 40 余石；在武乡（东）抢小米 682500 斤、杂粮 56200 斤。

11 日　黎城县指挥部为吸取武乡粮食斗争中的经验和教训，慰问武乡遭敌蹂躏区域的同胞，组织了“宣传慰问考察团”，由县府办主任张步英率领，到武乡洪水、蟠龙一带慰问。

21 日　《新华日报》（华北版）报道了“武乡军民配合反抢粮”的典型事迹。太行军区还写了《三八五旅十四团三营关于怎样和武乡四区民兵在战斗中结合的报告》，总结了军民联防反抢粮的主要经验。

同日　十四团一部在韩壁村伏击“扫荡”之敌，毙伤敌 50 余人，缴获步枪 20 支。

25 日　十四团十一连在龙湍村伏击敌运输队，毙敌 10 余人，缴获步枪 8 支、洋马 3 匹。

同日　为介绍武乡反“扫荡”经验，记者郑远撰写两篇文章刊登在《新华日报》（华北版）上，分别是 11 月 21 日刊登的《种瓜得瓜，种豆得豆！——反“扫荡”经验之一》，11 月 25 日刊登的《民兵是怎样斗争着的——反“扫荡”经验之二》。

27 日　武乡（东）县政府、县救联会召开全县扩大干部会议，布置村选工作。会议决定把村选分为四期：第一期是动员期；第二、三、四期为正式选举期。并对村选的具体办法及村政组织机构与代表会的职权问题进行详细讨论，确定村长一般不脱离生产，今后工作由代表会办理。会后即在全县范围内展开村选工作。

同日　日军洗劫武乡东部韩壁村，全村37人被杀，700余石粮食被抢。

29日　武西南沟据点的日伪人员共90余人，在宣抚班横田班长和伪区长程锦的带领下，由五峪、河底等村民夫赶着24辆牛车，急奔茅庄编村狮则沟自然村等地进行抢粮。县武工队和茅庄民兵发现敌情后，马上派人跑到山交沟向决九团四连连长张国斌和武工队政委蔡剑桥报告了情况。张连长命令部队紧急集合，赶到茅庄高地设伏。上午9时许，有拉粮牛车在日伪前后掩护下出了村口。张连长一声令下，四连战士和民兵一齐向日军开枪射击，打得敌军扔下拉粮的牛车，拼命夺路逃跑。这次截粮战斗，毙伤日伪军30余人，截回粮食18000余斤。

30日　驻武西南沟据点日伪制造惨案，血染山交沟，全村被杀25人，被抓捕60余人，受伤13人，烧房60余间，抢走牲口20余头，粮食、衣服、物件被抢、被毁不计其数。

同月　武乡（东）县党、政、军干部深入全县广大农村，开展减租减息、清理旧债。各村农会组织发动农民总诉苦、总算账，认识黑暗的旧社会，唤起阶级觉悟。各中心区都组织大批民运工作队深入乡村，趁秋收之际，展开评租、减租、退租和换约的群众斗争。经过努力，在年底，全县有75%的村庄实行了减租、退租。减租减息引起土地变化，封建土地制度有所削弱。据统计，地主占有土地被削弱了36.1%，从50个村统计看，经过“双减”运动，共清债24000元、钱82000多吊、粮540多石、退文书73400多张。

同月　武乡（东）县抗日政府在蟠龙镇召开全县第一次劳动英雄会。会议表彰了李马保、王海成、石榴仙、胡春花等一批发展生产、支持抗战的英雄模范人物。

同月　为适应战争环境，坚持劳武结合，在武乡（东）县委和县政府的领导下，窑上沟、韩壁、东堡等村发动群众，率先组织互助组、变工队。

同月　在日伪猖狂“扫荡”与“蚕食”的情况下，许多村庄被迫进行

“维持”，从东村、段村发展到上司、马庄一带。武乡（东）县委采取紧急措施，展开了反“维持”斗争。对主张“维持”者以投敌论处。并以县城、魏家窑、沙河头一线为界，严禁日伪维持会向外蔓延。

同月　武乡（东）县工商行政管理部门发出通知，禁止洋布进入市场，提倡以土代洋，抵制日货倾销。

12 月

9 日　武乡县政府召开各剧团、盲宣队会议，所属 8 个剧团参加会议，讨论年关宣传与救灾公演等问题。并审定了盲宣队新编的宣传唱本，在各团体中发起宣传竞赛。

10 日　太行第三军分区对敌工工作进行了总结。遵照中共中央指示和八路军一二九师敌工会议精神，太行第三军分区于年初建立了敌工站，开始对日伪军的瓦解工作。前半年处于摸索阶段，虽在伪军、伪组织中发展了不少关系，但由于缺乏经验，保守秘密不严密，致使 6 月发生了“段村事变”，遭受了重大损失。7 月以来，接受“段村事件”教训，改进了领导作风，工作做得严谨细致，取得了显著成绩。据武乡（东）、武西、襄垣、榆社、左权、祁县 6 县统计，在伪军中发展关系 86 人，伪组织中发展关系 60 人，特务中发展关系 22 人，共 168 人。其中，上层人员 5 名、中层人员 4 名、下层人员 123 名。这些关系，在搜取日伪机密文件、提供情报、营救被俘人员等方面做了大量工作。

上旬　太行三专署响应边区政府支援五、六专区度荒的号召，积极组织募捐。决定在全区开展“一把米、一角钱”运动，完成 500 石粮、2500 石糠、10 万元款的救灾任务，同时，要超收已推销公债的三分之一，以备难民贷款。武乡在捐献运动中表现突出，超额完成任务。

同日　为了接受敌人抢粮的教训，武乡（东）县政府发动经常备战保

卫粮食工作，在全县进行藏粮大检查。

13日　武乡（东）县各救会组织集训全县群运干部，150人参加了培训。

中旬　武西县县长李超周，因“违犯政府照顾各阶层的政策，不执行减租减息法令，压制群众运动，丧失抗日民主政权立场；在对敌斗争中右倾退却，反维持斗争不彻底，忽视从政治上镇压和教育‘维持’分子，消灭敌寇特务活动，予敌以可乘之机，使人民遭受重大损失；在执行负担政策中，犯有严重错误；不接受组织领导，自高自大，行政组织观念极端淡薄”等问题，被边区政府正式撤职。

22日　七六九团一部袭击南沟火车站，炸毁火车头1列、车厢7节，毙伤敌20余名，俘日军1人、伪军6人。

23日　中共中央北方局发出《关于华北敌后抗日根据地1943年工作方针的指示》，提出华北党的基本任务，在于进一步巩固敌后抗日根据地，坚持敌后抗日游击战争，克服困难，积蓄力量，为反攻及战后做准备，以便迎接伟大新时期之到来。

27日　武西县县长被撤后，上级决定派三专署办公室主任张大英任代理县长，该县召开隆重欢迎会，欢迎新任代理县长。

28日　武乡（东）县委、县政府邀请本县知识分子200余人，举行了反法西斯座谈会。会上发起组织“青年反法西斯大同盟”，选出张炳林等7人为同盟委员会，他们代表反法西斯同盟与各界所产生的代表一道，以大会名义发出《告敌占区知识分子书》。

30日　一二九师上报对敌开展政治攻势的经验，指出，今年进行了年关、春季、秋季和冬季4期政治攻势，有几个重要经验：政治攻势应不断进行，这是发挥我们优势的最好武器，并使之成为目前斗争的战略任务；政治攻势必须与各种对敌斗争配合，必须与群众的利益密切联系起来，必须由党委统一领导；政治攻势要声势浩大，应求步调、时间统一，要使宣传

内容针对当地具体情形；政治攻势期间军事命令应与政治攻势计划一致，政治攻势始终要替秘密工作留后路；在有利的时机，进行统一全部摧毁伪统治机构，使敌不能巩固下层，保证我以乡村战胜城市。

同日　冀南银行成立了武乡县支行，行长张如合，在三分行领导下工作，先后在苏峪、董家庄、小麻角等地办公。

同日　武西独立营在樊家五科一带阻击日军，毙俘敌人20余，缴获机枪两挺。

同日　八路军三八五旅司令部在王家峪召开军民联欢会。武乡（东）县党、政、军领导及部分民兵应邀参加。军民开展了文艺活动，并对胡峦岭等村的民兵、自卫队颁发了奖品，韩壁村韩国栋荣获“抗战功臣”锦旗一面。

同年　根据需要对武西兵工厂进行了扩充，修械组人数增加到20余个。同时，开始制造火药、炸药、土枪和土炮，还装配手榴弹和自制修配枪的零部件，复装子弹。并生产独角牛镢把子、八音盒子两种短枪，六五、七九两种步枪。每日可生产一支步枪，二十多颗地雷。当时材料很缺乏，除工人们就地收取一部分外，大部分是从敌占区搞来的（到白晋线上搬道轨），也在战场上捡坏了的枪支部件。制造的枪和火药、炸药、地雷，主要是供给武西游击队、民兵开展游击战使用。

1943 年

蟠龙围困战中我军袭击敌人碉堡

本年度要事

★　《新华日报》（华北版）发表《夜长纱不断——武乡的妇女纺织运动》一文，介绍武乡的纺织运动。

★　武乡开始村选活动，直接选举村政机构。各村设正、副村长及民事、宣教、财经、粮秣、后勤、优抗、公安委员各一人。

★　中共晋冀豫三地委根据各县工作基础、面积大小、人口多少、支部及分委数目，规定武乡为甲等县编制，武西为丙等县编制。

★　三八五旅在王家峪村举行运动大会。

★　武乡县举行拥军拥政及全县社火、剧团竞赛大会。

★　武乡县抗日政府召开各界人士座谈会，再次贯彻“三三制”政策。

★　中共晋冀豫三地委在武乡县韩庄村召开扩大会议，贯彻太行分局温村会议精神。

★　日军小林大队及伪绥靖军第一师赵瑞、段炳昌部3000余人，占领武乡东部重镇蟠龙。

★　漆树坡村民兵凭借窑洞，抗击了数百日军的“围剿”，取得了毙敌60多人的战绩，创造了“窑洞保卫战”的模范战例。

★　太行第三军分区集中6个团的兵力，发起蟠龙战役。

★　太行第三军分区部队与武乡民兵自卫队配合，开展了蟠龙围困战。

★　武乡（东）县破获国民党特务卖国案。

★　白家庄村儿童英雄李爱民，在参加秋季反抢粮斗争中惨遭杀害，年仅13岁，其事迹写进边区小学课本中。

★　武乡县委、县政府在监漳召开武乡县劳模大会，表彰了一大批发展生产的先进分子。

1 月

5 日　杨立三提出 1943 年八路军后勤工作方案，对军工、卫生、银行、供给部门提出具体要求。

7 日　刘伯承、邓小平签发一二九师《关于打击敌人抢粮企图的命令》。

8 日　野战政治部发出 1943 年政治工作方针的指示，指出，本年度的方针是坚持敌后抗战，熬过时间，隐蔽积蓄力量，为反攻与敌后做准备。为此，军队政治工作的中心应是：通过宣传鼓动，充分做好克服困难坚持斗争的思想准备；巩固部队，提高部队质量；强化对敌斗争阵容；进一步依靠群众，加强全体人员的群众观念；主动参加抗日根据地的建设工作。

10 日　一二九师政治部发出《关于 1943 年日伪军工作的新方向的政治训令》和《关于日伪军工作几个具体问题的决定》，提出 1943 年日伪军工作的基本任务是：继续展开政治攻势，巩固我在敌伪内部所占领的思想阵地；确定开展伪军、伪组织内部的组织工作，达到能适应配合反攻的要求；提高日军工作的比重，以更多的力量来进行日军工作。决定取消敌工委员会，加强军分区（旅）敌工科的工作，进一步提高敌工干部的政治和技术水平。太行第三军分区还在武乡举行了敌工干部培训班。

13 日　野战政治部根据锄奸工作会议讨论的结果，对今后锄奸的侦察工作、组织问题、干部问题、领导问题作出了决定，要求各级锄奸委员会讨论并制订出实施此决定的计划、步骤。

14 日　中共晋冀豫三地委针对襄垣、武西两县参军工作落后于全区，离完成任务相距尚远而作出《襄垣、武西一、二月份工作指示》。指出上述两县不能完成任务的主要原因是组织领导问题，而不只是工作基础问题（如两县共同特点是：部分地区是敌占区与接敌区，根据地群众的发动与组织又较落后与薄弱等）。为了争取对敌斗争的优势与进一步发动基本群众，

给参军工作以有力推动，以实际行动打开对敌斗争的新局面。指示确定襄垣、武西两县一、二月份的中心工作应为完成参军任务、实现边区政府优抗条令、开展对敌宣传攻势、加强民兵训练、准备清丈土地、使得负担合理公道、深入减租减息、解决土地纠纷等工作。

15 日　八路军总部向各部队发出《关于 1943 年司令部工作的指示》，要求部队进一步贯彻精兵简政政策；巩固正规军，加强民兵建设；健全司令部工作；加强正规军的游击战争与技术、纪律教育，保持军民团结；加强干部业务学习；严格厉行节约，开展生产运动。

17 日　一二九师发出《关于 1943 年生产计划的训令》，指出过去生产中发生的偏向；提出 1943 年生产工作的基本方向、生产标准和具体办法。同日，该师政治部发出关于生产节约奖惩办法。

18 日　一二九师发出《关于准备粉碎敌人“扫荡”的命令》，指出，日军可能在旧历年关之际向抗日根据地进行残酷“扫荡”，提出反“扫荡”作战指导原则、反“扫荡”部署和各部队应进行的工作。武乡（东）、武西两县均进行了反“扫荡”工作布置。

同日　中共中央太行分局于涉县温村召开高级干部会议。会上，彭德怀作了《论敌后抗日根据地的三个中心工作》的报告，罗瑞卿主任就政治工作作了发言，邓小平作了《五年来对敌斗争的概略总结与今后对敌斗争的方针》的报告和会议结论。会议于 2 月 20 日结束。

23 日　《新华日报》（华北版）发表特派记者华山采写的《夜长纱不断——武乡的妇女纺织运动》，对武乡的纺织运动进行了宣传介绍。

29 日　为了给中共晋冀豫区党委召开第二次支部研究会准备材料，中共晋冀豫三地委指示各县委进行支部调查工作。指示指出，支部建设工作自 1942 年区党委召开的支部研究会后，在“深入执行土地政策，开展群众运动”中，支部建设工作随着群众运动的开展有了进步。主要表现在党与群众的关系较前得到了改善，党有了部分发展，党员觉悟提高了，支部建

设工作走上了正常轨道。但是，还存在着党内成分的改造与调整、思想意识上的教育与改造等重要问题。因此，在继续开展群众运动中，集中全力进行党内建设工作是一个迫切的任务。其次，还存在着村级各种组织十分混乱、党政民各组织间没有确立正确关系、民主制度不健全、群众没有民主生活、支部包办一切等问题。因此，努力改变这一状况，加强村级工作的建设成为支部建设的第二个任务。为解决好这两个问题，指示要求对支部本身的巩固程度要调查清楚，包括支部现状，从历史上考察研究支部本身的发展规律，研究党内斗争的联系及改造问题、村级组织的建设问题。另外，指示还对材料来源及收集方法、调查工作的组织与领导、游击区调查工作，以及调查材料的汇总、上交等问题作了具体说明。武乡（东）、武西两县都根据指示精神，深入基层支部进行了调查工作，并将情况汇总上报。

30 日　一二九师颁发《1943 年营兵（包括正规军、游击队）训练工作纲要》，对所属部队的训练方针、内容和要求作出了具体规定。所属三八五旅及决七团、决九团等部在武乡按照该训练工作纲要进行训练。

本月　伪绥靖军第一师师长赵瑞、副师长段炳昌上书驻太原日军华北派遣军第一军总部，密报武乡县蟠龙实况，请求移防，准备侵占武乡东部重镇蟠龙。

2 月

5 日　中共中央北方局、野战政治部发出《关于 1943 年整风运动的指示》，要求各地党委和部队进一步加强整风学习，重新进行动员，把整风作为 1943 年最中心的任务之一。整风的重点应放在地委、专署一级，军队旅和军分区以上领导干部；内容应特别着重于学风部分。党的书记和部队的负责同志应亲自领导这一工作，并由上级调阅干部整风笔记。为了帮助干

部学习，决定由《新华日报》（华北版）出版整风旬刊，《党的生活》和《前线》出特刊。

9日　武乡（东）县再次开展村选运动。彻底贯彻晋冀鲁豫边区临时参议会的“三三制”精神，选举和实行新的村政机构。照顾各阶层利益，团结一切可以团结的力量抗战。经过普选后的各级干部的成分均发生了变化。村级政权中贫农占28.1%；佃农占7%；中农占43%；富农占15.4%；地主占6.5%。

15日　一二九师政治部发出《关于1943年整风学习的指示》，根据中共中央北方局、野战政治部关于1943年的整风运动指示，调整部队的整风学习内容和时间。团以上干部和文化程度高的机关干部除学习规定的文件外，增加了学习内容；文化程度低的干部增学整顿学风通俗读本；团以上干部的学习笔记按期分别送师部审阅；重点要抓紧团以上负重要责任的干部；并对今后整风学习的思想领导提出了具体办法。

22日　一二九师颁发《1943年营兵（包括正规军、游击队）队务工作纲要》，对基干武装和地方武装的建设提出具体要求。武乡独立营、武西独立营组织排以上干部进行了学习，并严格按照纲要执行。

25日　分水岭、南关敌300余人，分三路出扰牛家嘴、十八盘、后庄等村。武西独立营与民兵，协同决九团对敌人进行了打击，敌死伤20余人，于27日回退。

27日　八路军总部发出关于反“扫荡”的指示，指出：敌为巩固华北，虽有可能进攻潼关、洛阳，打通平汉铁路，但更有直接进攻各抗日根据地的可能。各战略区必须切实注意与充分准备。

同月　武乡开始村选活动，这次村选采取直接的民主选举，每40个公民选举一位代表，组织代表会，取消公民小组。村政委员与代表会代表合一。村政机构为：正、副村长下设民事、宣教、财经、粮秣、后勤、优抗、公安委员各一人。村长、副村长、村政委员会委员及副村村副，均由代表

中互推互任，村中工作由代表会决议后执行。

同月　根据斗争形势需要，武乡县从七区、三区划出一部分村庄，重新设立了八区。区署机关设在曹村。

3月

1日　中共晋冀豫三地委发出关于开展春季对敌政治攻势的紧急通知。通知指出这次政治攻势的重要意义，不仅在于保卫即将来临的春耕生产，而且在于充分利用太平洋战争爆发后的有利形势，给敌人政治上以有力打击，彻底粉碎其对根据地的“扫荡”。通知还就政治攻势中具体任务和注意事项做了安排。之后，全专区的政治攻势重点在襄垣县的城关、虒亭、夏店，武西县的祁村和辽县的城关、洪杜等地全面展开，并取得了重大成果。

5日　中共中央太行分局、一二九师发出《关于加强人民武装工作的指示》，阐述了加强人民武装工作的目的、意义，批评了忽视人民武装工作的倾向。对人民武装的组织工作、人民武装的训练工作、军区和军分区如何领导与帮助人民武装工作等问题作出规定，提出具体要求。

同日　中共晋冀豫三地委根据中共晋冀豫区党委指示精神，为加强县区领导，提高工作效能，贯彻简政的原则，做出了《县委以下机关及党校编制的决定》。决定根据各县工作基础、面积大小、人口多少、支部及分委数目，规定武乡、榆社为甲等县编制，襄垣为乙等县编制，武西为丙等县编制，祁县为工委编制，并对各等级县委编制人数作出了具体规定。对各县、区分委人数与区划也作了相应调整。4月1日，晋冀豫三地委即以决定为依据在全区实施，使全区的机关编制更加符合简政的原则，更加适应战争环境的要求。

8日　三八五旅在王家峪村举行了为期5天的运动大会，政治部主任卢仁灿致词，陈锡联旅长讲话。这次运动会分别进行了棒球、篮球、田径、

刺杀、实弹射击及各种军事项目的竞赛。

12日 武乡县举行拥军拥政及全县社火、剧团竞赛大会，并欢送新兵入伍。到会农村剧团23个，文武社火40个，全县民兵万余人参加。竞赛大会活动两天，竞赛结果为：剧团，监漳村荣获第一；社火，王家峪村荣获第一；戏剧作者张万一、暴银照等5人获奖；演员孙芝兰、张法旺、梁冬云、王印祥等人获奖。

15日 中共晋冀豫三地委向各县委发出《春耕生产指示》，18日又发出《春耕补充指示》。指示强调要认识搞好春耕生产对于克服根据地财政经济困难，坚持抗战，提高灾区群众的生产积极性，渡过难关的重大意义。指示分析了本年度春耕生产是在日军“扫荡”破坏与上年群众负担过重、造成生产情绪低落的形势下进行的，因此必须联系群众的实际利益，加强“两年胜利”“精兵简政”方面的宣传鼓动工作。特别是要召开士绅会议，召集负担过重的地主、富农谈话，通过说服解释，不再增加负担，对个别负担太重的，则酌情减量。指示指出，党和政府以至群众团体，都必须以负责的态度，解决群众春耕中的具体困难：1. 在耕畜上要组织群众互助调剂，或者让群众合伙购买，尤其要鼓励中农、富农购买，政府贸易局也应购买一部分，用于资助；2. 在贷款上，政府根据具体情况发放，但贷出款项只能用于购买牲畜或急需农具；3. 在劳动上，要尽力避免劳力资敌与外流，同时，要做好雇工与雇主、佃农与地主的工作，“满足双方要求，圆满地复工复佃，使土地不致荒芜”。并且还强调区村级干部要带领群众，直接参加生产，把动员妇女参加生产作为妇救会是否有成绩的一个标志。武乡县政府积极落实指示精神，抓好春耕。

18日 一二九师政治部指示各军分区政治部、各工厂：战争、生产、民主教育是今年的中心任务。工厂的工人应在晋冀豫区生产战线上起先锋作用，以新的态度来创造更多的劳动英雄。

20日 根据太行军区指示，三八五旅与太行第三军分区合并，其七六

九团、十四团归第三军分区建制。陈锡联任司令员，彭涛任政委，鲁瑞林任副司令员，王智涛任参谋长，卢仁灿任政治部主任。军分区机关驻武乡熬垴村。

21日　野战政治部发出关于对国民党特务破坏我对伪军工作之策略的指示，指出，国特勾结敌人破坏抗日根据地的事实，在华北各地是屡见不鲜，但国特与敌特之间亦存在严重矛盾。因此，反对国特的破坏，应注意策略。

23日　敌挺身队队长李树枝，组织宪兵队、警备队抽调的铁杆汉奸3人，深入我根据地侦察逮捕抗日干部，这一天趁夜奔袭武乡西沟村，在一谷场上点火取暖，被我民兵发觉，开枪击毙。

27日　华北版《新华日报》报道：武乡先进村村选结束，彻底贯彻了“三三制”精神，各阶层利益均获得保障，介绍了武乡村选情况。

同月　太行三专区军民展开春季对敌政治攻势，本次活动坚持到5月。

同月　武西县在南沟、故城、分水岭、南关等地设立了敌工分站，由武西县委、县政府直接领导。由柴玉堂、李如伏负责，具体分工是，李如伏负责南沟站，柴玉堂负责分水岭、南关站。对日伪斗争的主要策略是：（一）大力开展宣传教育工作，动员敌占区人民的抗日力量；（二）物色积极分子，培养骨干，建立敌工人员的落脚点；（三）打入日伪内部，掌握其组织机构，猎取军事情报；（四）搞好线索工作，武西的北良、信义、故城、五峪、南沟都布置了敌工人员。

同月　武乡县县长武光汤调三专署工作，由武光清接任县长一职。

春　武乡（东）县抗日政府领导上黄崖、上广志群众挖掘自流渠一条，渠长6华里。增加灌溉面积300多亩，当年全部进行了普浇。上广志共增产粮食76000多斤，荣获县政府上书“全县第一”奖匾一面。

4月

1日 彭德怀指示八路军总部直属单位节食赈灾，要求即日起每人每日节约小米一两，并严禁浪费，尽量捐献，急救灾民。

2日 中共晋冀豫三地委根据武乡县6个支部的考察汇报，提出了支部建设与村级组织问题的意见，并通报全区。通报认为武乡县绝大多数支部中贫农成分占到优势是好的，但也存在阶级异己分子、投机分子混入的现象。在思想上还不纯，作风上不民主，不了解民主集中制的原则，缺乏民主生活与作风。为此，提出今后支部建设的方向应是树立无产阶级骨干，改造党员的思想意识与作风，从生产、民主、武装斗争中来建设党，团结群众。对于支部如何领导村级工作，通报认为，支部的任务是一方面无条件地保证上级指示的执行；另一方面教育党员，从执行支部本身的组织工作开始，收缴党费、发展党员等。至于领导方法，要认真讨论与研究，确立一个领导范围，即哪些工作要经过支部，哪些工作则不需经过支部。在领导组织形式上，为密切支部与党员的关系，支部委员可兼任党小组长，各群众团体中的党团小组可由相应的支委领导，党员人数较多的群众组织，如民兵，可建立分支部，由副书记去领导。通报还就各种群众组织的组织形式、各组织间的关系作了明确规定。通报最后指出，村级组织的调整初期不可能完全一致，但一般应首先进行党内组织改造，其次再进行群众团体组织调整，最后进行政权调整。通报的实施，对整顿全区党的基层组织和村级组织起了重要的指导作用。

5日 中共晋冀豫三地委根据中共晋冀豫区党委指示精神，结合本区实际情况，制订了从4月20日开始进行的半年整风计划。这一计划，将整风重点放在地委、分区、专署级干部上，县级和团营级干部也同时进行，区分委级和连级干部则进行初步整风。在领导方面，地委以彭涛、陈锡联、

鲁瑞林、王谦、王一伦、卢仁灿等9人组成整风委员会。分区直属队、地委机关、政府与群团，以及各县，均以党委为核心，结合同级军政民负责人组成县区整风委员会，县委书记、基干团政委任主任，区以下设立整风小组。在组织方面，划分为乙、丙、丁3种。计划还就学习的具体内容、方法和时间作了规定。武乡县委按照这一精神，也开始布置整风工作。

6日　武西县民兵游击队配合决九团一营四连第三次袭击南关车站。此战毙敌300余人，缴获12部电话机、500斤电线，各种军需物资、武器弹药无数。

7日　武乡县盲人宣传队举行成立五周年纪念会，会后，组织队员分别到左权（左权将军牺牲后将辽县改为左权县）、榆社、襄垣、沁县发动盲艺人，组织大家利用曲艺形式，开展抗日宣传工作。

8日　武乡（东）县召开各阶层人士座谈会。到会根据地、敌占区各阶层代表60多人。大家本着民主团结的精神，开怀畅谈。会议中心是再次贯彻“三三制”政策，讨论加强统一战线，巩固根据地，坚持抗战到底。武光清县长致开场白、与会人士踊跃发言。共产党代表彭涛讲道：“六年抗战的坚持是团结的总结！”最后由武光清县长负责解答了各种具体问题。

17日　武乡（东）县政府向生产经营模范吴村暴全珍、庙岭曹化炯颁发了刻有“生产建国”四字的奖匾各一块。他们两人打粮总数均超过战前，成为全县学习的榜样。

20日　太行第三军分区政治部针对日军集结重兵于潞城、长治等地，并已经开始向太南地区“扫荡”的情况，作出了准备反“扫荡”和展开政治攻势的指示，以粉碎日军对根据地实施破坏春耕、摧残和掠夺人力物力的阴谋。指示就政治攻势的准备作了明确部署，要求在反“扫荡”中加强宣传鼓动工作，从思想上巩固自己，增强战斗力；主动配合民兵保卫和帮助春耕生产；揭穿敌人欺骗宣传，将锄奸工作变为群众性运动，并把反“扫荡”同第八期政治攻势结合起来。

21 日　一二九师针对日军主力及伪军 2 万余人准备“扫荡”太行抗日根据地的情况，发出《关于反“扫荡”的预先号令》。22 日，又发出补充指示，指出，敌人已对太南、豫北开始“扫荡”，“扫荡”太北和太岳区的间隙已缩短，各部应切实拟订反“扫荡”作战方案，加快各项准备工作；同时乘敌点线空虚之机，积极派小部队出击，以分散敌人“扫荡”的兵力。

22 日　一二九师发出《紧急准备反“扫荡”的政治工作训令》，要求部队深入动员，充分认识敌人这次“扫荡”的严重性，反对任何侥幸、麻痹、等待心理，并对开展对敌政治攻势、锄奸工作、巩固部队、帮助群众和团结民兵等，提出了要求。

23 日　武乡（东）县抗日政府召开各界人士座谈会，各方面代表 63 人出席。会议中心再次贯彻“三三制”政策，讨论加强统一战线，加强各阶层进一步团结，巩固根据地，坚持抗战到底。魏云亭、郝竹亭、肖芳亭等士绅利用机会，开始勾结，在这次会上秘密成立了武乡新民会总会，妄图与我抗日政府对抗。

24 日　一二九师政治部发出《关于目前展开地方敌伪军工作的指示》，要求各地区党政军民四位一体，集中力量统一工作步调，转变工作方式及作风，根据地方敌伪军工作的特点，积极开展工作。

25 日　中共晋冀豫区党委和一二九师政治部发出关于南援工作的指示，指出为了援助太南国民党军对敌作战，决定组织南援游击支队与随军地方工作团。27 日，一二九师政治部又发出政治工作指示，要求参战部队坚决执行上述指示，遵守纪律，加强宣传，团结一致，艰苦耐劳，勇敢顽强，胜利完成任务。

29 日　武西泉之头村共有 94 户，大部分人家都参加了纺毛线运动，把纺好的毛线卖给合作社，40 天时间里，该村纺毛线 2000 余斤，收入 14000 余元。受到《新华日报》（华北版）表彰。

本月　受日军第一军派遣，伪绥靖军第一师赵瑞、段炳昌部移驻武乡，

开进段村据点。

5月

1日　中共中央书记处发出《关于何时打败日本问题的宣传工作指示》，要求各中央局及分局须作长期坚持的打算，准备再作两年至三年的极端艰苦的斗争，并须准备出现意外变化。

同日　寨坪村模范雇工张三保组织雇工互助，集体送粪，集体下种，收到实效，去年每亩比平常人种得多打5升粮。为村里人树立了榜样，今年已经有21人参加了他的互助组。受到《新华日报》（华北版）表彰。

5日　八路军总部和太行军区部队，于左权、武乡、黎城、涉县、平顺、林县、和顺、昔阳等地区开始抗击日军第三十六师团、第三十七师团、第六十九师团、独立混成第三旅团、第四旅团及伪军共1.5万余人的毁灭性“扫荡”。

7日　彭德怀、滕代远针对“扫荡”之敌已深入武乡、左权、黎城、涉县等地，有持久“扫荡”模样，电令晋察冀军区作配合太行反“扫荡”之准备。次日，聂荣臻、肖克指示第二军分区、第四军分区立即组织铁道爆破小组，对正太铁路实行破袭。

同日　日伪军侵略柳沟村，并扎下临时据点，群众被迫出了村庄，没有准备足够的粮、水，仓促间钻入了窑洞。

8日　一二九师电令太行军区各军分区，向敌基本点线出击，以配合太行区腹地的反“扫荡”。

9日　十四团一营在民兵配合下，夜袭武乡西河底据点，全歼守敌，俘伪军12人。

10日　太行第三军分区部队十四团、七六九团各一部，于柳沟歼灭日军45名，我军伤亡6名，并且缴获了一挺轻机枪、十几支步枪，以及其他

军用品一部。解救被围群众和兵工厂工人家属500余人。

13日　八路军总部特务团班长张银宫（五台人）在洪水大西岭与敌激战中，中弹负伤，待敌逼近时拉响手榴弹与敌同归于尽。事后，该团和十四团在洪水镇召开了5000余人的公葬大会。

14日　由洪水向蟠龙撤退的日伪军，在太行第三军分区军民沿途打击下，30里路几乎走了一天，武乡独立营与民兵轮番袭敌，迫使日伪军于15日连夜逃窜。

17日　昨日打退敌人，今日全县解除戒严令。立即恢复战前状态，各村召开民兵、群众等各种会议，总结战争经验，庆祝胜利，群众自动组织慰劳部队、民兵。各区公所近日不断接得大批慰劳品，并转送军队。

22日　太行区自5日开始的反“扫荡”作战，采取内外线结合，广泛开展地雷战、冷枪战、麻雀战，给“扫荡”太行区之敌以沉重打击，共歼灭日伪军2500余人，粉碎敌之“扫荡”。

27日　中共晋冀豫三地委在武乡县韩庄村召开扩大会议，会议由地委书记彭涛主持，主要贯彻中共太行分局温村会议精神。集中讨论了战争、生产、教育三大任务如何完成的问题。刘锡五在会上作了专题讲话，李雪峰也到会作了指示。

同月　在这次反“扫荡”中，武乡民兵战绩辉煌，单独毙敌283人，民兵牺牲4人。

同月　根据太行第三军分区决定，第三军分区炸弹厂同第三军分区修械所在石门村合并，改称第三军分区炸弹所，曲峰海任所长，焦正大改任副所长。

6月

1日　中共晋冀豫三地委宣传部为给党报报道典型材料和配合报道的中

心内容，给各县、区负责同志发出指示信。对如何写好典型材料等问题做了详细介绍，并指出报道的中心内容应当是反映各地抗旱和春耕生产的情况；劳动英雄、村干部与群众的关系；组织起来后，各阶层，特别是富农、地主所得的实际利益和具体反映；武乡、左权、榆社、黎北各县进行的县选活动等。既要写好的、成功的典型，也要对失败的、有教育意义的写一些。

4日　一二九师兼太行军区发出通令，介绍、表彰第三军分区十四团十连、十一连，在5月反“扫荡”中，在武乡与民兵配合作战的经验和事迹。

6日　武乡（东）党政军民、县区干部200余人，开始集体整风学习。太行第三军分区政委彭涛亲临参加指导。他对整风意义、民主意识、劳动观念等问题，均有详尽报告。学习期间大家进行了深刻反省及自我批评。通过学习，大家了解了整风的意义，提高了政治觉悟。县救联会、县政府及武委会均开展了整风学习竞赛活动。

7日　一二九师电示各部队停止整训，转入保卫麦收和夏耕的斗争。驻武部队积极参与保卫夏收工作。

10日　决九团四连配合当地内线工作人员和民兵，里应外合，对武乡境内的日军据点南关火车站进行了有组织、有准备的袭击后，恼羞成怒的驻南关据点日军和沁县据点便衣队300人，在11日分别对分水岭至南关段铁道沿线的南关、岩庄、石窑会、窑儿头、东沟、阳坡、达对沟、河底、分水岭等村进行突然包剿和搜捕，制造了触目惊心的“南关惨案”。抓捕抗日干部、民兵群众共360人，其中，有南关敌工组负责人孙汉英。日军把被捕人员用火车押送到分水岭据点，进行审讯，用尽各种欺骗和利诱、恐怖手段都一无所获。

14日　日军三十六师团葛目联队小林大队600余人，带领伪绥靖军第一师赵瑞、段炳昌所部约2500人，占领武乡（东）根据地腹心要地蟠龙镇。并在周围白家庄、侯家垴、胡峦岭、奶奶凹等高地修筑了碉堡，作为

外围据点。

15日 日寇为了笼络汉奸，在蟠龙成立了“武（乡）、沁（县）、榆（社）、襄（垣）、辽（县）”五县专员公署，任命伪绥靖军第一师副师长段炳昌为伪五县专员公署专员。

17日 中共晋冀豫三地委针对敌探奸细活动猖狂、各级党组织对锄奸工作重视不足的状况，作出了锄奸工作的指示。指示指出了锄奸工作的重大意义及在本区存在的问题，针对性地提出要重新认识锄奸政策，将打击与争取结合起来。对死心塌地的汉奸要及时逮捕，处决要报批，并由政府以布告形式公布。对奸细既可公开自首，也可允其秘密自首，以利于扩大战果。对被敌人掳去的人民群众，放回后要做细致的思想与组织工作。指示最后强调了锄奸工作的秘密性，指出锄奸工作的一般程序应该是：发现奸细，支部即应隐蔽监视，收集材料并立即报告区分委、县委，由县委、区分委指示公安局党团为原告，再由政府公开逮捕。

同日 武乡的劳动互助组已经遍布全县，仅二区就有1716个，参加人数占劳动者总额的55%强。以积极的劳动者为中心，干部参加，招收群众，组织互助，方便生产，民主选举积极分子做组长，创造了一批较完善的互助组，如石板、姚庄、韩壁等村都做得非常典型。本日，《新华日报》（华北版）发表了肖怀彦的专题文章《武乡的劳动互助》，对武乡的互助生产作了介绍和推广。

20日 日本鬼子和伪军为了抢粮，破坏农民麦收，由沁县出动一个大队的日军和一个伪军连，进了南亭村。李仁义飞行爆炸组乘夜摸到敌人的指挥部，掀开屋顶，把手榴弹、地雷一起扔进了敌人驻所，炸死、炸伤敌人几十人。敌人怕是八路军主力来围攻，只好起身逃回到沁县。

下旬 盘踞在蟠龙之敌开始出来抢粮，并企图捕捉我机关及群众，武乡县党政军民开展了反抢粮斗争，各地岗哨严密，村村联防，敌人一有动静，就互相联系，并提出“要抢一粒粮拿血来换”的口号，争取反抢粮斗

争的胜利。

同月　中共武乡（东）县委根据中共中央北方局《对太行区的锄奸反特务问题指示》和中共晋冀豫区党委《特务分子掌握民兵的事实通报》的指示精神，开始进行反特锄奸的时事教育。与此同时，县委还根据中共中央《关于加强时事教育的决定》和中共晋冀豫区党委《目前时期的支部建设问题》的报告，在全县干部群众中普遍开展了以学习《评中国之命运》一书为主要内容的时事政治教育。在时事教育中采取了多种形式和方法。县委召开干部学习大会，由县委负责人作辅导报告。各区委又利用冬学、民校、民革室对群众进行时事教育。武乡（东）监漳、韩壁、大有、洪水、东堡等村的夜校，听讲群众非常踊跃。通过学习，大家辨明了是非，更加坚定了抗战的信念。

同月　中共太行分局组织部刊印《武乡农民阶级意识与民族意识的初步研究》一文，向全区各地、县散发。

同月　日军侵占武东重镇蟠龙，以蟠武线为界，割断了武乡（东）县委与“前方指挥部”的联系。武乡（东）县委随即根据太行第三专署的指示，结合斗争实际，将蟠武公路以南地区划为路南区，在“前方指挥部”的基础上建立了“路南办事处”，李甫堂任主任，李尚春负责武装工作，姜一全面领导党的工作。

同月　冀南军区第一军分区二十团由于在魏县反“扫荡”中失利，受到较大损失，为恢复元气，根据一二九师指示开赴太行休整，进驻武乡，团部驻小岭山。

同月　根据敌占蟠龙后的斗争形势，武乡县决定以芝麻角为中心，设立了新八区，为区分上司、曹村一带的八区，称为“新八区”，区署机关设在芝麻角村。

7月

1日　邓小平在太行抗日根据地党政军民各界庆祝“七一”的大会上发表讲话，回顾了共产党22年艰苦卓绝的斗争历程及经验教训，号召全体共产党员认真学习和贯彻中共中央的指示和决定，深入开展整风运动，提高警惕，加强战备，为完成战争、生产、教育三大任务而努力。

4日　一二九师发出《关于打击敌人“蚕食”的指示》，指出，对日军的“蚕食”必须采取敌进我进方针。各基干部队和游击集团要深入敌占区，对敌“蚕食”部队的侧背予以有效打击。要善于集结和分遣，集结以歼灭小股敌人，分遣以消耗大股敌人。

8日　日军在南沟据点“洪部”多次审讯在南关村抓走的崔秉礼、孟立忠、李六儿、郭留祥等人，崔秉礼等人大义凛然，视死如归，后被宪兵队杀害。

9日　毛泽东就对付国民党顽固派第三次反共高潮的军事准备问题，致电彭德怀，指出，蒋介石、胡宗南尽撤河防兵力开到陕西省洛川、中部(今黄陵县)、鄜县一线，密令积极准备，待命攻击。事变有可能发展至国共破裂，不能不事先有所筹划。如至那种局面，拟从五台、太行抽调10个大团（约2万人）西开应变。

11日　龙塙村民兵郝贵堂于10月20日不幸被敌抓去，拷问其公粮、村干部下落，郝贵堂一直说不知道。后来郝贵堂假装给敌人担水，乘监视他的敌人不注意，便将敌人推入井中，自己跑回了村里。本日《新华日报》(华北版）以《民族英雄郝贵堂》为题刊发了报道。

13日　日军在南沟据点“洪部”多次审讯孟贵元、唐祥忠、李尚齐、李尚连、郭志川、姬景华、贾旭奴等，但他们严守秘密，死不吐口，什么也没有审讯出来，被日军押回分水岭瓦窑沟杀害。宁死不屈的南关敌工组

负责人孙汉英，被活活饿死在木笼里。

14日　驻侯家垴之敌先后包围了王家脚、马家岭两村，事先我民兵已经发觉，带领群众转移。敌人在王家脚挖窑洞时，我民兵联合部队，将其包围，打死敌人20余人。

15日　太行抗日根据地军民两万余人举行反对内战示威大会。刘伯承、杨秀峰等出席并讲话，号召全区人民紧急动员起来，支援陕甘宁边区，加强团结，反对内战。

19日　为了从政治、军事、经济上粉碎日军“蚕食”根据地的恶毒阴谋，太行第三军分区奉八路军总部和一二九师命令，集中6个团的兵力，乘日军立足未稳之际，以“困日打伪、以强攻弱、猛虎掏心”等战术手段，发起蟠武战役，袭击蟠龙镇及其周围之敌据点。司令部的前沿指挥所设在韩壁村，由陈锡联司令员、彭涛政委统一指挥。鲁瑞林副司令员、武光汤专员直接协同武乡（东）县委，指挥、动员民兵群众担负战勤任务。参战部队6个团，七六九团攻蟠龙；总部特务团攻白家庄据点；十三团、冀南一分区二十团攻奶奶凹据点，困扰侯家垴据点，决七团向西打援，控制段村之敌出援；十四团攻胡峦岭据点。至20日，第三军分区部队在民兵的有力配合下，攻克碉堡8座，拔除胡峦岭等外围据点3处，毙伤日伪军400余人，俘日军4人、伪军100余人，缴获长短枪220余支、轻重机枪15挺、掷弹筒4门、炮1门，还有许多手雷、子弹、毛毯、被子、罐头等军用物资。战役中，十三团二营营长金正林、十四团连指导员王满文及代理连长李世全等壮烈牺牲。华北版《新华日报》以《我军痛击蚕食敌寇，武蟠全线攻势大捷》为题，对这次战役作了报道。

20日　日军包围了武乡县路南办事处机关驻地漆树坡村，隐蔽在该村桑树沟一个窑洞内的民兵与群众，与日军进行肉搏战，吸引了日军的注意力，漆树坡村民兵7人以5支枪，凭借窑洞，抗击了数百名日军的“围剿”，取得了毙敌60多人的战绩。使全村群众与驻该村的武东县路南办事

处和八区区公所的干部安全脱险，创造了“窑洞保卫战”的模范战例。在这次战斗中，武志方、武来庆等4位烈士光荣牺牲。

中旬　蟠龙附近民众在开展反对敌人抢粮运动中，组织民众，抢收敌占区的小麦260多亩。

27日　中共晋冀豫三地委、太行第三军分区在敖坳村召开联席会议，讨论蟠（龙）武（乡）战役后该条公路线斗争问题。提出坚持围困斗争，彻底逼退日军的任务，认真作出了围困斗争的方案，成立了“围困蟠龙指挥部”，并向蟠武沿线军民发出了“军民团结奋战，围困蟠龙敌人”的号召。蟠武沿线的广大军民纷纷响应，立即组织开展了劳武结合的围困蟠龙斗争。地委会议还围绕蟠龙被日伪占领后的形势与斗争，讨论了群众工作、人民武装、锄奸防谍工作的领导问题，并制定了具体措施。做到主力兵团、地方兵团和民兵自卫队三结合，分区派七六九团、十四团和独立营等地方部队，以连、排为单位分散在蟠龙周围各个联防线上，作为民兵游击队的组织者和指挥者，组织民兵对蟠龙之敌进行围困斗争，开展蟠龙围困战。从此开始，他们一方面派遣飞行射击手、爆炸手主动到堡垒、据点跟前活动，另一方面机动顽强地打击出扰的敌人。在我围困部队的打击下，蟠龙10里以外的群众能安然进行生产，并且在我武装掩护下抢收了据点附近40顷麦子、60顷秋田。而敌人却见不到群众，抓不到壮丁，修筑工事、碉堡等一切劳役都是由伪军来干。在蟠武线上，敌人经常遭受我军的伏击和我民兵的冷枪与爆炸。如地雷大王王来法带领李峪民兵在公路上埋设地雷，使敌人感到非常害怕，不得不以一个团的兵力轮番掩护蟠武线的运输。武东军民2万多人投入这场历时8个月零14天的围困斗争，军民共进行大小战斗3275次，总共歼敌2100多名。在我政治攻势中，伪军逃跑、投诚者共240多名。在我广大军民的包围下，敌人被迫于1944年2月28日五更，逃回段村老巢。

同月　武乡县路南办事处成了段村、蟠龙、沁县、襄垣等四路日军合

击的目标。日军妄图摧毁处于三角地带的抗日机关，实现其“沁、襄、武全面维持”的野心。太行第三军分区派郑国仲带领七六九团一部来路南支撑斗争局面。民兵游击队、区干队与主力军组成了强大的游击集团，并与襄垣县委联系，配合斗争。

同月　日军占领蟠龙镇，实行残酷的“三光”政策。日军的骚扰加之当时的灾荒、瘟疫蔓延，使蟠龙周围上万亩良田被控制在碉堡和炮楼之间，军民生活进入最艰苦的岁月。为此，武乡（东）县委、县政府成立了救济委员会，将蟠龙和周围各村群众13000余人疏散，安置在洪水、石门、东沟、土河一带村庄。对转移出来的老百姓，县委指挥部用以工代赈的办法救济他们，帮助他们找了运输、开荒、搞小本商业等生产门路，重新组建了互助生产单位。

8月

1日　中共中央政治局发出《关于“七大”代表赴延安出席大会的指示》，决定彭德怀、罗瑞卿、蔡树藩、薄一波、聂荣臻、吕正操、朱瑞、苏振华赴延安出席大会。在彭、罗、蔡、聂来延期间，由邓小平代理北方局书记、宋任穷为一二九师副政治委员并代理政治部主任，程子华代理晋察冀分局书记及军区政治委员，肖克代理晋察冀军区司令员，刘澜涛为军区副政治委员，罗荣桓代理山东分局书记，黄敬代理苏振华职务。

同日　武乡（东）县破获国民党特务卖国案。该特务组织系晋东南国特头目武誓彭直接领导，多次进行反共阴谋活动，割电线，打冷枪，并组织“新民会”汉奸组织，勾结日寇占领蟠龙。今年2月受郝竹亭指使，魏林祥、肖芳亭等人乘县抗日政府召开各界座谈会之机，多方串联，并秘密成立了特务组织新民会，还暗地里在城关、麻池沟、蟠洪线、韩壁发展四个分会，并在祥良纸厂设了总会。勾结日寇占领蟠龙后，郝茂林、郝国桢

等人还印制了“欢迎皇军到蟠龙”“皇军是自己人”等传单散发。并违抗政府法令、破坏抗日工作、挑拨军民关系、陷害抗日干部。武乡县于1日、2日分别在洪水、广志、土河分别召开了群众大会，进行公开审判。三专署专员武光汤、第三军分区政委彭涛、边区参议员高沐鸿、武乡县县长武光清参加了大会，宣布了国特分子十大罪状。对肖芳亭、魏林祥、魏筱山、魏云亭等罪大恶极的国民党特务分子当场执行枪决。这样既震慑了国特，又教育了民众。同时，对坦白交代好、低头认罪的国特分子，当场宣布给予宽大处理。会后，为了有效分化瓦解特务组织，争取、教育、挽救大多数，对于态度好的上当分子，由区、村干部带领，到一些反特斗争后进村，让他们现身说法讲其所犯的罪恶事实，启发多数上当受骗者，坦白交代问题，达到悔过自新。13日，《新华日报》（华北版）以《武乡破获国民党特务卖国巨案》为题作了报道。

同日　武乡县召开会议对反蚕食斗争作了总结，并对在此次斗争中涌现出来的模范给予奖励。模范集体：王来法游击小组，奖洋30元，李保凤游击小组，奖洋20元。战斗英雄：张清河、张海水、白玉贞、侯家紫、韩会、牛兴旺、李春旺、陈金平等人，奖洋20元；抢麦英雄：李马保、姚玉成、张致香（女）等人，奖洋30元；民兵：张门小、董二旦、魏二秃、张毛孩、李海全等破获国特案有功，奖洋50元。

同日　一二九师发出《关于为生产节食、度过灾荒，迎接胜利的命令》，要求各部队深刻认识连续两年灾荒和敌人破坏所造成的严重困难，要加强军民团结，同甘共苦，加紧生产节食，减轻人民负担，艰苦奋斗，克服困难，渡过灾荒，迎接更大的胜利。驻武部队不仅开展大生产运动，而且以野菜、树叶为代食品，实行节约，共渡灾荒。

14日　八路军总部直属单位召开军人大会，动员实现生产节约计划。前总参谋长滕代远参加大会并讲话，他号召大家发扬红军克服困难、艰苦奋斗的光荣传统，采集野菜、树叶渡荒。

同日　武乡（东）新三区领导配备武装力量，侦破日军间谍网点。分别在魏家窑、郝家垴、姜村、曹村、五科、黑峪沟等7个点上全面出击。一夜之间打掉了日军精心建立起来的间谍网点和“维持会”组织。

27日　决九团团长贾定基指挥第一连攻占分水岭车站，毙日伪军16人，俘日军1名，缴获冲锋枪1支、步枪5支、战马1匹、电话机7部、收发报机1部。

下旬　第三军分区在左权、武乡、襄垣训练飞行神枪手，受训学员条件为：一、作战勇敢机敏；二、射击成绩较优；三、身体健壮、灵活、无残疾，特别是眼睛没毛病；四、聪明能教育别人；五、政治坚定。在受训中，左权射击队与武乡射击队开展了竞赛，竞赛条件是：一、射击没有一个脱靶的；二、学习成绩平均在80分以上；三、不但自己会射击，而且能教育别人；四、在训练期间保证没有生病的；五、保证没有违反群众纪律的现象；六、人人节约不浪费，不花钱，不零吃。

同月　中共武乡（东）县委、县抗日政府大批干部下乡组织生产，克服灾荒、瘟疫等。8月21日，华北版《新华日报》以《武东干部全体下乡，组织群众克服灾荒》为题作了报道。并为这一典型经验配发了《一致起来，克服严重灾荒》的社论。

同月　边府特聘参议员、武乡东堡村史标青，因参与国特案叛国投敌，根据临参会组织条例第14条规定，撤销其参议员职务，第三专署将其逮捕审查。

同月　冀南军区第一军分区二十团于蟠武战役后，在武乡进行了补充兵源的工作，之后离开武乡开赴太岳区。

9月

8日　彭德怀电告毛泽东，工作布置已毕，他与刘伯承10日从八路军

总部驻地启程赴延安。彭德怀抵达延安后，一直在延安协助毛泽东、朱德指挥华北敌后抗战。

10日 中共中央军委任命杨立三为八路军前方总部副参谋长，仍兼后方勤务部部长；周文龙为后方勤务部副部长，仍兼野战供给部政治委员；张际春为野战政治部副主任。

11日 延安《解放日报》报道总部特务团在武乡至左权的高山峻岭中，开垦出绵长50余千米的大农场，被誉为“太行山上的南泥湾”。彭德怀奖给该团一面“为战斗勇士，是生产先锋”的锦旗。

14日 这天是农历中秋节，秦家烟李家弟兄李兴云、李金河二人，用铁锹砍死日军士兵一名。创造了太行闻名的“赤身战术”。

15日 八路军总部特务团在武乡白草坪一带开荒种地，进行大生产运动取得成效，《新华日报》（华北版）发表《欧团（朱德警卫团）生产的几点经验》文章介绍。

16日 武乡劳动英雄王海成、武乡县农会代表杨茂德代表武乡人民向临参会请愿，送上武乡两万民众签名的请愿书，要求严惩国特分子史标青。临参会申伯纯议长、邢肇棠副议长，边府杨秀峰主席、戎伍胜副主席设宴招待武乡代表，并接受武乡人民请求，对史案决予郑重处理，严予惩办。

同日 决九团包围了敌马牧炮楼，我军发起进攻，50余名守敌被我消灭，并打死了日军顾问，活捉了铁杆汉奸伪军队长董丰年。

18日 一二九师发出《关于进一步开展生产节约运动的训令》，要求各部队在1944年做到自给3个月的口粮和全年的蔬菜，以减轻地方政府和人民群众的负担。同日，该师又发布《关于保卫秋收的指示》，要求各部队开展强有力的游击战，坚决保卫秋收和反敌抢粮。

△② 太行第三军分区在武乡（东）县砖壁村召开武装工作会议，进一步提出“劳武结合，围困蟠龙”的号召。由边沿区的窑上沟村带头，跟着周围几十个大小村庄也都普遍成立起劳武结合互助组，开展了围困蟠龙

敌人的斗争。

20日　太行第三军分区部队、武乡独立营、武西独立营和民兵抗击日伪军2000余人对西营、下合地区的“扫荡”。至25日，共歼灭伪军300余人。

21日　一二九师和晋冀鲁豫边区政府联合召开全区部队、政府机关生产会议，邓小平做《努力生产，度过困难，迎接胜利》的报告，杨立三等出席会议。会议历时4天，总结交流了几年来部队、机关的生产经验，讨论了1944年的生产任务，确定了“农业为主，群众运动”的生产方针。最后在黎城举办了农业展览会，展出部队、机关的生产成果。驻武的特务团、七六九团、十四团、决九团均有成果参展。

同月　太行三专区武委会，分别在武乡（东）县、襄垣县、左权县和榆武路西的榆社县、武西县、祁县等地举行了人民武装检阅大会，以迎接即将到来的秋季反“扫荡”。同时，还根据夏季抢收小麦的经验，制定了秋收办法。要求各县群众，紧急动员起来，武装与劳动相结合，保卫好秋收。专区武委会还举办了一次外地移民训练班，要求每人学会使用一件武器，与当地群众紧密结合，打击进犯日伪军。

同月　武西县民兵乔猴儿先后割电线千余斤，被群众誉为“电线王”。

同月　根据太行军区命令，决七团离开武乡，开赴太行第八军分区。

10月

1日　一二九师发出指示，为节约渡荒，从即日起停发各部队的办公费、津贴、菜金。上述开支由各单位从生产中自行解决。

2日　白家庄村儿童英雄李爱民，在参加秋季反抢粮斗争中，为解救群众落入敌手，坚贞不屈，惨遭杀害，年仅13岁。被晋冀鲁豫边区政府誉为“太行山上的儿童英雄”，后又列为全国著名的八大少年英雄之一，写进边

区小学课本中。

5 日　八路军总部特务团召开生产成绩总结大会，表彰了各营连在生产中的成绩，并提出“明年每人要种三亩地”的计划，现已经开荒 1000 多亩。

6 日　中共中央决定：太行分局并入北方局，一二九师师部并入八路军总部，保留一二九师番号。太行、太岳、冀南、冀鲁豫 4 个区党委和军区分别直属北方局和八路军总部领导。邓小平代理北方局书记。同时，一二九师免兼太行军区，太行军区由李达任司令员，李雪峰任政治委员。

9 日　中共晋冀豫三地委改称中共太行三地委。这次改称是根据本月 6 日，经中共中央决定：中共太行分局与中共北方局合并，第一二九师与八路军总部合并，撤销太行分局，保留第一二九师番号，中共晋冀豫区党委改名太行区党委而进行改称的。

上旬　蟠龙附近的庄稼熟了，政府组织民众在弹雨下进行抢收。

13 日　滕代远召集总部机关及直属单位负责干部会议，要求各级首长以身作则，领导和动员所有干部、战士积极参加生产运动，政治工作要保证生产任务的完成。

14 日　段村据点伪军一个班，在班长的率领下，20 余人集体向我决九团投诚。

17 日　武乡县妇救会、武委会号召全县各救会员会、民兵大量参加积肥活动，在一个月内每亩地完成三担粪的任务。

19 日　太行三专署根据上级指示，对全区冬季政治攻势工作进行了部署。这次政治攻势从 11 月 15 日开始，至 1944 年 2 月 15 日为止，历时 3 个月，以年关为界分为两个阶段。主要任务是伪军工作、反对日军经济掠夺（主要指粮食斗争）和锄奸工作，其中，以反对日军经济掠夺为主。同时，对政治攻势中应注意的政策与事项进行了部署，要求党政军民密切配合，在党的一元化领导下，全面开展对敌政治攻势。

23日　武乡（东）皮烟村民兵王尚元，为掩护群众转移，单身力搏数敌，弹尽援绝，壮烈牺牲。为了永远纪念民兵英雄王尚元，武乡县政府决定将皮烟村改为“尚元村”。

24日　武乡劳动英雄王海成与李马保会见，交流农业生产经验，并提出响应政府大生产的号召，两村开展劳动竞赛活动。

同月　榆（社）、武（西）、祁（县）三县在榆社桃阳村召开杀敌英雄大会。武西县25名英雄出席，故城武委会主任程坦荣获“孤胆英雄”称号。

同月　中共太行三地委积极贯彻中共中央10月1日指示，要求在秋冬做好准备，迎接1944年大规模生产运动。地委指出各级领导干部要以身作则，亲自参加生产，建立模范互助组，创造经验，推动全面。在具体做法上，一是要发动与组织每个家庭订出节食渡荒和增产积蓄计划。二是要按照各个时期不同的需要，组成不同的互助形式，并切实执行记工、还工，即等价交换原则。三是随时注意群众情绪，发现问题，及时解决。从秋收到上冻前，主要应抓紧秋耕和积肥，有些地方还可以修地开荒，并要动员群众节食积食度过荒年。

同月　上广志村60岁老汉李海川因积肥多取得了好收成，受到县政府的表彰。

同月　七六九团与八路军总部特务团在武乡开荒5000亩，成为生产战绩上的两支劲军。

11月

1日　树辛村劳动英雄李马保秋收完成后，召开家庭会议，检查今年生产情况，按原计划，今年多打粮食六石多，超过定数的三分之一。在县里召开的积极分子会上，李马保带来了他收获的有三斤重的大菜根，让全县

参会代表大饱眼福。

15日　武乡县王家峪村民兵，在王家圪瘩利用自制的土炮，伏击侯家垴敌人，打死敌人6名。

23日　武西县政府、各救会发出“屯集义仓”的号召，各村积极响应，最典型的是楼则峪，3天囤谷23石。

24日　武乡造肥经验多，得到全区推广。一区8个村砍柴16万捆，能熏粪9万多担。

29日　太行第三军分区针对某些部队在分散活动时，成班成排向地方派饭，吃饭后少给粮食或不给粮食，以此来解决部队的粮食困难问题，发布93号命令。命令指出，这种做法是错误的，忘记了自己是人民子弟兵，在灾荒面前，应尽量减少根据地老百姓负担，共同渡过难关。命令规定：以后3人以上活动，一律自己做饭，零星的通讯、侦察等人员可以派饭，但要按规定交出粮食、油盐和出差费，否则，按破坏军纪、贪污论处。命令要求各部队、机关，加强对部队的政治教育，切实执行拥政爱民指示，要以生产节约的正确途径，来克服当前的困难。

同日　武乡县召开全县妇女干部会议，50余人到会，主要讨论妇女参加劳动问题，动员大家参加纺织运动。

下旬　武西县楼则峪村响应政府、各救会囤积粮食的号召，三天囤粮70石。

同月　为了解决敌占蟠龙后转移到各村生产的灾民问题，政府除安家救济外，还把没收地主的土地分给他们种，县政府还发放救济粮30石，以帮助他们度过难点。

同月　上广志村在今年秋收中，收打粮食随收随藏，不让敌人抢走一粒粮，县政府给洋160元作为奖励。

同月　太行陆军中学奉命调往陕甘宁边区，在太谷、祁县间通过封锁线时，第一梯队掩护，第三梯队3个队闯过封锁线，遭到敌人袭击后，第一

梯队没能通过，只好返回，进驻武乡石盘村。10余天后开赴太岳，并入太岳陆军中学。

同月　根据斗争形势需要，武西县在神前、黑营、元则沟一带新设立了第五区，区署机关设在神前村。

12月

1日　太行军区政治部发出《关于开展拥政爱民运动的指示》，要求所属部队深入进行拥政爱民思想教育，具体检查与改善军队和政府、人民的关系，达到党政军民密切团结，并发布拥政爱民公约草案。

6日　八路军总部后方勤务部于辽县麻田召开供给会议。9日，杨立三、周文龙签发会议决定，指出，为减轻人民负担，克服财政困难，提高生产，保证部队物质生活，决定1944年度供给制度变更为供给包干制度。

10日　太行第三专署公安督察处在武乡召开所属各县公安局长会议，总结部署全区反特锄奸工作。会议期间，各县就全年工作，特别是后半年反特斗争的情况作了汇报，并对群众锄奸工作、审干工作、侦察和内线工作进行了认真讨论。最后，太行第三军分区政委彭涛就锄奸反特斗争中的方针政策作了报告。彭涛在报告中通过回顾全区反特锄奸斗争各个不同阶段执行的方针政策情况，结合斗争实际，提出了“少捕不杀”的方针，这对于纠正反特斗争中的“左倾”现象，保证有力准确地打击真正的特务分子、巩固根据地起到了重要作用。会议至15日结束。

24日　中共中央北方局发出《关于1944年工作方针的指示》，指出：1944年是一方面光明在望，一方面更加困难。团结全华北人民的力量，克服一切困难，坚持华北抗战，坚持抗日根据地，积蓄力量，准备反攻，迎接胜利，是1944年全华北的工作方针。中央提出的十大政策，是华北各地必须贯彻的任务，而在1944年应着重完成下列中心任务：强化对敌斗争；

开展大生产运动；完成整风与审查干部；强化时事教育。

27日　新年临近，武乡（东）县政府武光清县长亲自拜访驻地的抗属，并号召政府人员深入各区村，检查优抗工作的执行情况。

29日　为提高农民生产情绪、稳定生产关系、继续解决土地问题，中共太行三地委总结了在生产运动中贯彻执行各项政策的经验。总结认为，在贯彻执行政策中，采取了以下办法：1. 地主无力耕种的熟荒地，免租让给贫苦农民耕种，并订立3年期限的使用合同；2. 荒山荒坡，不论公私，均可自由开垦；3. 无主土地分给农民耕种；4. 公地、庙地，无租或低租租给农民耕种；5. 没收汉奸、特务的土地分给农民。为帮助农民克服生产中的困难，政府贷款150万元（大部分以实物贷给）。为帮助农民度过灾荒，武西、襄垣、榆社3县从公粮节余和斗争粮食中拨出和借出4090石，救济了缺粮灾民。同时，在全区军政民中普遍开展了节约粮食运动，糠菜混吃成为风气，采集野菜山果等代食品形成高潮。在劳工政策上，适当降低雇工工资，雇主得到益处，基本解决了雇工失业问题。组织互助生产，提高了生产效率，解决了生产中的实际困难。在负担政策上，实行统一累进法，负担任务减少了，地主、富农、中农和贫苦农民都很满意，认为一年比一年公道。

同月　武乡县委、县政府在监漳召开劳模大会，表彰了一大批发展生产的先进分子。李马保获“英雄富全村富”锦旗一面，李马保创办的树辛村互助组提出“耕一余二”，三地委、第三军分区组织黎城、襄垣、左权等县代表前往树辛村参观学习，边区号召“男学李马保，女学石榴仙”。

同月　楼则峪村王虎旺串联8户农民组成变工队，为武西第一个互助组。1944年实行“耕一余二”，成为全县各村学习的榜样，后又成为著名劳动模范。

同月　民兵王来法带领李峪民兵群众，横踞蟠（龙）武（乡）线，大摆地雷阵，先后炸死炸伤日伪军121人。荣获“太行地雷大王”的光荣

称号。

同月　太行三专区武委会对武乡、襄垣、武西、榆社、祁县5县的不完全统计，全年民兵参战3355人次，参战人数仅武乡、武西两县就有1.6万人，击毙日伪军1129人，击伤日伪军1188人，俘虏日伪军26人，抓获日特15人。民兵牺牲194名。

同月　日伪北支那开发株式会社调查局笠原谦一等，对武东显王至柳沟一带的煤、铁矿资源进行掠夺性调查勘察，并搜集了大量数据和资料。

冬　武乡（东）县委开始进行整风。首批由县委书记麻贵书、组织部部长赵迪之、宣传部部长李衍授等率领区委书记以上干部到黎城县南委泉参加中共太行区党委整风学习。接着，县、区干部全部参加了砖壁、土河等地的整风班学习。然后，在全县农村党支部中，普遍开展了整风运动，进行了马克思列宁主义教育。武乡（东）县的整风运动分三个阶段进行。第一阶段是学习22种文件，提高大家对整顿三风的认识；第二阶段是接触实际，开展思想运动；第三阶段是在农村整风中采取系统反省和总结教育。在整风运动中，县委还开办了不同类型的支委干部整风班。通过整风，广大党员干部进一步明确了马克思列宁主义理论联系实际的原则，为战胜一切困难，夺取抗战的最后胜利，奠定了坚实的政治基础。

冬　武乡县新办合作社11个，群众新集股金26万元。

同年　由于日军的侵扰，导致境内疥疮、疟疾四处流行，大片土地荒芜，村落萧条。

1944 年

武乡县召开劳模大会

本年度要事

★ 中共太行三地委组织所属县、区部分干部在地委党校进行整风。

★ 《新华日报》（华北版）发表《开天辟地大事记——武乡人民款待军队》，赞扬武乡民众广泛开展拥军活动的事迹。

★ 武乡军民配合太行第三军分区部队收复日军侵占8个半月的蟠龙镇，蟠龙围困战胜利结束。

★ 武乡县委根据太行区党委指示，开展全面彻底的减租减息复查运动。

★ 武西县召开群英大会。

★ 太行三专区武委会在武乡县东沟村召开了为期三天的全区杀敌英雄座谈会。

★ 《新华日报》（华北版）发表长篇文章《李马保和树辛村》，总结李马保领导的树辛是新社会农村的雏形。

★ 武乡县召开劳动英雄大会，劳动英雄百余人参加。

★ 武乡县在东沟村召开全县第一次各界人民代表大会，民主选举了县长、县参议长。

★ 全县劳动英雄、模范互助组、模范家庭、生产技术能手500余人集会，总结生产成绩。

★ 太行区杀敌英雄、劳动英雄大会于黎城县南委泉开幕，武乡（东）、武西推选李马保、关二如等29位英雄出席。

★ 在太行区杀敌英雄、劳动英雄大会上，推选出边区杀敌英雄31人，边区劳动英雄31人，武乡有6位选入其中。

1 月

1 日　武乡（东）县在大陌村召开群众大会，2000 多人出席，中共太行三地委书记到会讲话。

同日　八路军野战政治部发出关于 1944 年部队政治工作方针的指示，指出，各部队 1944 年政治工作的方针，就是贯彻执行中共中央北方局关于 1944 年的工作方针。部队政治工作的任务是：不断对敌人开展政治攻势；使全体指战员认识大生产的意义，提高生产热忱；利用作战、生产空隙完成整风任务，并密切结合审查干部的工作；加强部队的时事教育，开展反特务的斗争，巩固部队；开展拥政爱民运动，进一步增强军民团结。为完成今年的繁重任务，必须强化部队的政治工作，反对政治工作中的松懈状态与忽视政治工作的军阀主义倾向。

4 日　武西阎庄村武委会组织民兵在白晋线分水岭附近伏击日军军用列车，敌人遭受惨重损失，民兵英雄谢刚牛壮烈牺牲。

同日　由马堡村村长李绍政、农会主席李效余、副指挥李金生、区妇救会主席兼村妇救会主席孙芝兰、女劳动英雄石榴仙共同向熬垴村提出了互助挑战，挑战内容为：一、保证全村没有一个懒汉，不荒一亩地；二、保证按时完成全年生产，四季该做什么就做什么；三、每亩地除按平常上 55 担粪，再多上 20 担，全村共增加 6 万担粪；四、俺村不论平、坡、岭、沟地，都修边垒堰；五、俺村有 270 个劳力，保证有 120 个参加互助组；六、俺村有 3028.4 亩地要增加 310 石细粮；七、全村每户增加两棵洋槐树，两棵果木树；八、俺村有 340 个纺织妇女，保证 110 个参加互助组；九、民国三十三年（1944）全年妇女要纺织 2000 斤棉花；十、每个妇女再养两只母鸡；十一、妇女不拉闲话，不骂男人，不打孩子，家庭和睦；十二、妇女要上地打圪落、送饭、溜籽、间苗、割麦、收秋、打场。熬垴村

村长赵一、农会主席关家芳、副指挥要守旺、妇救会主席霍双全、劳动英雄乔戌才应战，其内容为：一、保证沟梁地都修边垒堰；二、每亩多上30担粪，从前是70担，现在增加到100担；三、保证苗子锄三遍；四、保证不留一个懒汉，不荒一分地；五、保证不叫饿死一个能动的人；六、全村有200个劳动力，保证80个参加互助组；七、保证旧历腊月初一把粪担完，担下全年的煤炭，保证按时锄、挖、耧、收割、埋藏；八、全村有2830.5亩地，增产285石细粮；九、保证7月完成民国三十四年（1945）的粪，每亩120担；十、秋后保证把地杀完；十一、保证每户栽一棵杨柳树、一棵果木树；十二、保证民国三十三年（1944）手工业进款10万元（罗头、担锅、锅瓮窑）；十三、全村180个纺织妇女，全参加互助组；十四、保证一年纺织3600斤棉花；十五、保证妇女要打圪落、送饭、间苗、收秋，收夏妇女120人参加；十六、保证妇女不骂男人，不打孩子，家庭和睦；十七、妇女一人多喂3只母鸡。

8日　晋冀鲁豫边区政府发出《关于拥军爱民运动的指示》。

15日　彭德怀就中共中央北方局、野战政治部对华北各抗日根据地发出生产号召致电邓小平等，指出，在基本抗日根据地内，群众团体主要经常工作是领导生产，主要是农业生产，其次才是适合具体情况的家庭手工业生产。要注意培养劳动英雄，使之成为新的群众领袖。军队机关应利用冬寒进行个人手工业生产，并须给予一定工资与本钱。

中旬　武乡树辛村兴起与李马保比上粪的活动，每亩上粪115担，全村的肥都已经照数担到地里。

26日　段村、韩村据点敌人900余人，分三路向武西“扫荡”，合击涌泉、石盘一带，遭到我决九团和武西独立营的打击，死伤数十人、洋马两匹。

27日　韩村出发的“扫荡”武西之敌，在返回时，被前庄民兵利用麻雀战，打死20余名。

30日 晋冀鲁豫边区政府举行万余人的拥军大会。群众牵羊担酒慰劳八路军。

下旬 武乡（东）县拥军优属工作达到高潮。各村给抗属、烈属代耕挑水担煤，过春节送春联、挂光荣灯，和当地驻军举行“拥军爱民”联欢会，给部队送慰劳品。

同月 武乡县委宣传部门培训了20余位农村艺人，编写唱本，他们大多是半文盲，不大会写字，但都喜欢编小段子，随口就编出顺口溜来，通过培训，他们把编出来的小段让人记下来演唱。有《翟吉昌拥军》《肖成元坦白》《两合算》《夫唱妇随》《雪夜》《生产月份牌》等歌剧、快板和跑腿秧歌。新剧本让各剧团和盲宣队排练，为春节农村演唱使用。

2月

1日 八路军总部命令各区部队，乘敌人撤退据点集中兵力之机，适时出击敌伪据点，迫其撤退，并消灭其一部。

2日 野战卫生材料厂在武乡东山焦龙庙召开职工代表大会，通过讨论，大家一致赞成，将工资制改为津贴制。这样可减轻老百姓负担，节约生产成本，加强对敌经济斗争，扩大生产，增加财富，改善工人生活。

3日 八路军总部特务团乘过大年之机，组织战士为驻地寨坪村及周边洪水、苏峪、东庄、下寨等村群众代表、劳动英雄、抗属、荣退军人拜年，并帮助他们打水、打柴。

5日 中共太行三地委组织所属县、区部分干部在地委党校进行整风。地委书记彭涛、副书记王一伦亲自领导了整风工作。整风分三个阶段：第一阶段是学习文件，提高思想认识；第二阶段是联系自己，坦白交代；第三阶段是总结教育，轻装上阵。通过整风使参加整风的干部、党员受到了一次马克思列宁主义的思想教育，提高了思想认识水平和处理问题的能力，

增强了党性和联系群众的自觉性，为夺取抗日战争的最后胜利奠定了思想基础。整风后期，思想整风和审查干部相结合，开展了坦白运动。但坦白运动进入高潮时，由于受延安“抢救失足者”运动的影响，采取了“左”的错误做法，人为地进行所谓的“坦白”，搞了扩大化，伤害了许多好干部、好党员，破坏了整风的良好风气。后来，地委在上级党委指示下很快纠正了错误，对搞错的同志给予平反，为以后的整风审干提供了经验。

10日　武东一、五两区在洪水镇召开拥军大会，会上一区向五区提出生产杀敌挑战，五区积极应战，双方都写出了具体计划。并提出这次挑战活动将由第三军分区彭涛政委、三专署武光汤专员、武乡县武光清县长等作评判。

上旬　武乡民众广泛开展拥军活动，受到驻地军队的热烈欢迎，《新华日报》（华北版）于11日发表《开天辟地大事记——武乡人民款待军队》，记录了武乡广大群众慰劳驻地部队的具体事例。

17日　段村100多名警备队乘着风雪偷袭凹里村，敌人搜查发现了村民段满青，要抓他去当民夫，段满青见追上来的只有一名鬼子，便暗示其母，两个人配合，把鬼子打倒在地，并用菜刀将他杀死，夺得六五步枪一支。

20日　中共太行三地委召开各县县委书记会议，总结评比1943年干部参加生产情况，会后并将评比结果通报全区各县。1943年，地委曾提出以开荒为主，扩大耕地面积，增加粮食总产量，减轻人民负担的号召。各县委、区分委积极响应，许多同志挤出时间参加开荒，表现了极大的积极性。全区各县委开荒种地成绩均很显著，大部分能自给3个月的粮食和全年的蔬菜。武西县委领导干部亲自参加领导生产，成绩突出，被评为全区第一名，地委号召全区干部向他们学习。开荒种地大搞生产，有效地减轻了人民的负担。

21日　《新华日报》（华北版）发表程光的文章《运输线变成死亡

线！——控制蟠武大道的民兵》，介绍了马应元飞行爆炸组、李峪村民兵、枣烟村民兵等在蟠武线上多次设伏，打击段村、沁县敌人为蟠龙守敌运送给养的人车，使蟠龙之敌陷入包围的困顿之中的英勇事迹。

22日　显王兵工厂（当时也称工兵营三厂）召开全体职工大会，讨论个人节约计划。提出要完成一个半月粮食自给，同时，有郝凯汝、张根法、夏一轩、段金长、杜青文、徐占生、韩蜡保等22名工友提出个人节约计划，在完成上级规定的粮食自给任务之外，他们还提出增加一个月的粮食自给，全年出差费、消毒费、擦枪费、牲口杂支费、单帽、棉帽、油、毛巾、草鞋等都由自己解决。

23日　为节省人力物力，适应战争环境，便于一元化领导，强化各种工作。中共太行三地委、太行第三军分区司令部和中共太行四地委、太行第四军分区司令部发出联合指示，要求所属县委机关与本县独立营、基干队合并。两个指示从组织领导、生产供给、人员调整、时间要求等方面分别作了具体安排。

27日　第三军分区部队与武乡地方部队、民兵配合，向蟠龙敌伪发起猛烈攻击，自晨至夜，激战甚烈，敌伪死亡众多，敌人因援军不至，恐遭完全歼灭，乃于次日凌晨弃碉突围，逃到段村据点，沿路又遭到我尾追部队及民兵地雷杀伤。

28日　武乡（东）军民配合太行第三军分区部队收复日军侵占8个半月的蟠龙镇，蟠龙围困战结束。3月1日，太行版《新华日报》发表《我军收复蟠龙》的消息，4月3日《新华日报》又发表《向蟠武线军民致敬》的社论，表彰了蟠武沿线坚持围困斗争的广大军民。

同月　武乡六区胡宅沟妇救会秘书孙荷香制定了全年织60斤花棉布的任务，还要做6双鞋。按照计划，织60斤花的布，只用10斤花的资本，按市价算，合1600元。每斤按7大尺算，共做420尺，可卖大洋17400元，等于收入5石粮食。

同月　武乡全县第一名劳动模范纺织英雄石榴仙，向全县妇女提出她今年的纺织计划，要纺织107斤布，农业上的辅助劳动（送粮、帮耧、打圪落、送粪）和家庭劳作（做饭、推碾、全家7口人穿衣）等事项仍然不误，原来由她完成的事，仍然由她负责。

3月

4日　太行第三军分区在蟠龙镇举行万人庆功大会，围困战中的英雄们受到了群众的敬仰，有英雄营长钟明锋，英雄排长王凤才、靳小瑞，民兵干部关二如、马应元、王来法等。

上旬　蟠龙围困战胜利后，武乡（东）县委撤销了路南办事处，所辖村庄又归回武乡（东）县，归原属区管辖。

13日　为促进大生产运动的开展，武乡（东）县政府对蟠龙及蟠武沿线的17个行政村定出春贷办法：（一）增加贷款25万元，借谷100石，秋后无利偿还；（二）贷款种类主要以耕牛为主，兼顾肥料、种子、农具等；（三）组织妇女纺织、生产同步进行。

21日　武乡（东）县武委会在蟠龙召开四个区的民兵、自卫队检阅大会。6300多名群众参加，会上七六九团团长马忠全、分区代表石汝麟等讲了话，奖励了模范民兵战斗班、杀敌英雄。窑上沟、尖山顶、上北漳三个模范民兵班受到重奖，各奖旌旗一面，谷子5斗，地雷5颗，爆炸管30个，箩头10担，镢1把，书6本，这三个模范班，在围困蟠龙战斗中，作战243次，杀敌113名，缴获许多物资；地雷大王王来法用20颗地雷炸死28个鬼子；射击英雄关二如一支枪打死6名敌人，1名指挥官，1匹洋马；还有张来庆、韩生五、张海川、王二孩、李大孩、李兴云、李金河、李爱民等，都在这次会上受到表彰。这次检阅大会还作出决定，要建碑纪念在围困蟠龙战中牺牲的烈士。各村民兵、群众提出了生产竞赛，互助合作，备战自

修的倡议。本县光明剧团到会助兴演出了《人民拥军》《战争之夜》等新剧目，以及国术表演、文社火等。

29日　太行军区第二军分区、第三军分区部队各一部进行榆社战斗，决九团、七六九团、十四团，以及武乡独立营从武乡开赴榆社城参战，收复了榆社县城。

31日　武乡县召开杀敌英雄座谈会，互相交谈杀敌经验，准备春季反“扫荡”，讨论贯彻战斗与生活相结合的方针。会上选出关二如为射击英雄，温凤鸣为担炮英雄。

同月　中共武乡（东）县委根据太行区党委发布的《关于贯彻减租运动的指示》，在认真总结1942年“双减”运动经验教训的基础上，开展了全面彻底的减租减息复查运动。复查的特点是：干部深入发动，群众自发自觉。在全县复查“双减”工作之前，县委召开了积极分子会议。会议期间，县委的领导干部主动检讨了自己的官僚主义作风，而且毫不留情地指出了干部党员在分配土地（官地、庙产及没收汉奸的土地）、负担、支差、合作社账目等上面的问题；提出抽回文书，租典地定年限；反对顽固分子造谣及没收分配汉奸土地的斗争纲领。这次会议后，各区还召开了200人的干部会，进行了反复动员和深入贯彻。在放手发动群众的前提下，更加深入的“双减”运动，很快全面展开。

同月　为克服战时困难，武乡（东）县二区圪榴村妇女胡玉兰试用硝土熬盐成功，解决了食盐短缺的困难，全区妇女积极响应，自己熬制，不到外边买盐。

4月

3日　武西县召开群英大会，70余人参加了会议。其中有杀敌英雄、模范干部、神枪手和打石雷能手等。会上，大家交流了经验，还制订了杀敌

计划。陈永和当选为第一名英雄，他订出了杀敌计划，王明小、段满清等向他提出了挑战。4 月 19 日，太行版《新华日报》报道了这次会议盛况。

4 日　四四儿童节，武西县青救会、民教科，举行全县儿童成绩展览、智力测验、清洁卫生检查、唱歌比赛，以及各种游戏竞赛，奖励模范儿童，并号召全县儿童展开学习、拾粪大竞赛。

同日　日军驻南沟据点中队长高屋三郎率部包围果则沟村，抓捕残杀 15 名群众。

14 日　太行三地委宣传部就农村支部工作中的不良倾向发出指示。指出这些不良倾向主要表现为六个主义，即自私自利的个人主义，不关心群众的官僚主义，贪污腐化的享乐主义，行政命令的压迫主义，阳奉阴违的自由主义，“左”比右好的报复主义。指示简明扼要地阐述了六个主义的具体表现、危害，以及纠正的方法。指出这些主义是封建剥削阶级与落后农民思想的产物，与共产主义思想道德格格不入。要求每个党员，要以共产党员的 4 个标准，即执行决议、交纳党费，人品端正、公道说理，遵守法令、爱护军队，公私兼顾、劳动互助的标准来检查自己，改造自己，做一个好的共产党员。

20 日　武乡县政府与各救会联合召开会议，成立了纪念“五四”青年节筹备委员会，决定在五四纪念时，同时召集武乡文化人与在武乡的青年、教师、知识分子及各级干部参加，举行文化展览、游艺晚会。

23 日　马应元飞行爆炸组炸毁敌人的关河大桥。

25 日　太行第三军分区司令部组织七六九团等部进行了洪杜炮台攻坚战，从火线运来一大批伤员。由于部队医院人手不足，窑湾村妇救会秘书胡春花带动全村妇女到医院帮助喂饭、换药、洗换血衣、清洗绷带、打灭蚊蝇，保证了伤病员及早痊愈，重返前线，英勇杀敌。胡春花拥军的动人事迹，被县剧团编成《义务看护队》等剧目搬上了舞台，到处演出，广为传播。胡春花拥军有功，被选为晋冀鲁豫边区参议员，多次出席边区参议

会，并获“拥军模范”锦旗一面。

30日 八路军总部发出备战与保卫夏收的命令。

同日 武东杨李枝小学10至15岁儿童9名，组织了两个纺织小组，并由学校与合作社接洽，贷了棉花，由纺织小组纺线后交给合作社，勤工俭学有了成效。

同日 武西大梁村222名妇女，全部参加了纺织互助组，编成20个小组，大家积极劳动，村妇救会表示，到过年，参加纺织小组的人家都可穿上新衣服。

5月

8日 太行第三军分区针对日军不断派出奸细混入根据地刺探军情、施放毒药的情况，发布补充戒严令。戒严令规定各村要确实建立岗哨，对来往行人进行盘查，各级指挥部要派得力民兵自卫队有重点地进行巡查，各主要村镇指挥部要对各自村镇进行严格检查，尤其是旅店。并发放通行证，分级分范围管理商民等。武乡各地都加强了村口盘查、放哨，对过往行人进行严格检查。

同日 武乡五区召开模范互助组长、劳动英雄会议，交流互助经验。会上，郝拴劳提出互助计划，向李马保挑战，并请区大队长郝心昌、救联会主席王大明当评判。接着，上广志李德祥、大西岭张存望、大圪垴石登贵等都向李马保提出挑战。李马保表示积极应战，共同努力，力争创造更好的成绩。

同日 南沟、牛寺之敌400余人，包围了故城茅庄村，村里民兵因白天几天连续生产、放哨疲倦，当发现敌人时，已经陷入困境。村武委会主任田景云带领6名民兵，用手榴弹打了出来，当场炸死敌人4人，但敌人火力太猛，未能冲出去，他们就依托房屋作掩护，和敌人战斗，直到最后弹药

全无，拼命冲出来。只有二人逃脱，田景云等 4 人壮烈牺牲。

15 日　南沟日军据点平山中队长带部队包围北涅水村，大肆抢掠。

17 日　太行三专区武委会为表彰先进、激励斗志，在武乡县东沟村召开了为期 3 天的全区杀敌英雄座谈会。出席座谈会的杀敌英雄 42 名，其中，地方 39 名、部队 3 名。第三军分区司令员鲁瑞林、政委彭涛分别在座谈会上讲了话。彭涛在讲话中指出："没有战斗英雄和劳动英雄的不断产生，我们就不能坚持抗战，英雄的称号最光荣，全区、全国人民都要向你们学习，希望你们不要骄傲，不要脱离群众，把战争和生产结合起来，杀敌英雄都要成为劳动英雄。"座谈会上，英雄们交流了战斗经验和体会，对夏收的保卫工作作了研究部署，并进行了总结、表彰，襄垣县独立营班长刘兴喜、武乡窑上沟民兵班长张寿孩、下北漳用菜刀砍死敌人的民兵李庆和、秦家烟用钢锹铲死敌人的李家二弟兄等获全专区一等杀敌英雄称号。座谈会期间，还进行了射击、爆炸等军事表演。这次英雄座谈会的召开，促进了全区人民争当英雄、苦练过硬本领活动的开展。

20 日　游击队长魏名扬率领 350 余名游击队员和民兵，配合决九团，襄垣独立营、武乡独立营等开赴襄垣夏店至虒亭段开展破袭战，民兵与游击队员分成 8 个破袭小组，分 8 段破坏铁路。魏名扬负责指挥虒亭段破袭，王国真与魏来书负责指挥夏店段破袭。魏名扬发现公路上有一辆日军大卡车朝着虒亭站开来，他带了两名队员快速爬上公路旁边一棵大树，见车上只有司机和司座两名鬼子，当即决定截获这辆军车。在卡车掉头的一瞬间，他飞速跳入车厢，弯身打开车门，翻身进入车轿内，将司机脖子死死卡住，旁边坐着的另一名鬼子还没回过神来，已被另两名游击队员揪出车外。打死敌 2 人，缴获汽车一辆。

25 日　《新华日报》报道"树辛村各互助组开荒下种，李马保解决贫户困难"的消息。

下旬　为破坏春耕生产，抢掠粮食，沁县、武乡、襄垣之敌 2000 余人，

分三路合击武乡三、七、八区，连续清剿达4天，县指挥部看到敌人随时有向我内地“扫荡”的可能，通令各村立即组织足够的干粮和水，月底必须准备完成，并且各村都要加强戒备，做好联防工作，只要敌人行动，马上掩护百姓进行转移。

同月　邓小平在《党的生活》第67期发表《正确地展开锄奸反特务斗争》一文，指出，在斗争中必须贯彻执行从实际出发，采取宽大政策与争取失足者的正确方针。

同月　全县整顿武装组织，民兵和区游击队实行合并，每个行政村发枪10支。

6月

7日　中共太行三地委针对互助合作中存在的不等价交换的种种现象作出指示。指示分析了生产互助中的不合理现象，指出为巩固和发展农村中处于萌芽状态的互助组，就必须解决等价交换的问题，兼顾各阶层的利益，并根据实际情况，提出了一些具体办法。

11日　五区胡庄、岭上、大岔沟、宋家庄、温家沟一带遭受严重雹灾，农民叫苦连天。为此，区上立即组织干部，深入灾区进行调查，认真查对灾情，登记受灾小麦亩数，并号召大家尽快赶种晚熟庄稼，以减少损失。同时，向县政府呈报灾情，县政府派员核对，并表示给予粮食救济、减免负担。

19日　武西县在信义村召开群众大会，枪决汉奸秦春来、马德胜。

27日　太行第三军分区政治部向所属部队发出帮助群众抢收小麦的通知。通知指出，麦收即将来临日伪军到处抓民夫，准备镰刀，随时都有出动抢粮的可能。麦收好坏是关系到军需民食的大事，为此特决定：活动在前方的部队，要掩护群众收割，并尽可能直接参加抢收，一般部队、机关

停止操课，帮助驻地群众收麦，要先抗属、无劳力贫困户，再房东，以至全部麦田。在麦收中，要遵守劳动纪律，不糟蹋麦子，不损坏农具，不接受群众任何报酬。并在劳动中，要积极向群众宣传国际国内形势，让群众知道胜利即将来临。通过部队帮助人民抢收小麦，密切了军民关系，鼓舞了人民的生产积极性，进一步加快了抢收小麦的步伐，粉碎了日军的抢粮计划。

同月　太行联中组织学生编成生产小队，到学校在武乡开垦的山地里割小麦、锄苗，并在8天内完成了任务，共锄草132亩，割小麦45亩，补种秋菜、晚秋庄稼60亩。

7月

1日　为更进一步推广李马保的互助组与劳动生产经验，《新华日报》发表了三友、田鸣合写的长篇文章《李马保和树辛村》，总结出了一个响亮的口号，李马保领导的树辛村是新社会农村的雏形。

3日　日军从分水岭进剿武西重镇石盘。4日拂晓，敌200余人突然包围了该地，为了解救群众，石盘联防民兵指导员程五怀，迅速跑至五华里外的榆社固漳，向我决九团黄定基团长报告了敌人包围石盘的情况。黄团长获悉后，当即和四连连长张国斌、七连连长姚四林合计，决定袭击该敌。上午10时，决九团部队发起冲锋，四连从顶山庙冲下山底；七连从寺岭冲到镇子上；一、二连埋伏于石盘西面的扇车壑，阻击南沟之敌增援。两个连队的机枪同时向敌猛烈扫射，打得敌人狼狈而逃。

4日　驻段村敌人组织伪绥靖军及警备队千余人出动，去北乡一带抢粮，拂晓前三路将十里坡、南庄、圪台庄、灯山圪道等10多个村庄包围，除一部分担任警戒外，其余都抢割小麦，由于部分农民思想麻痹，有的黄了不割，有的割了不担，有的担回村放在场上没打，结果造成损失，共抢

走小麦80余石。为了抢割小麦，段村敌人还向各维持村下了任务，每村准备镰刀100把，民夫男女小孩都到，一起到边沿区抢收小麦，先后在书社、王家沟、郭村等地抢了不少粮食。

上旬 太行第三专区所属各县的小麦大部已经相继成熟，各地开始麦收。在沁县、武乡、襄垣等地的边沿区敌人连日增加，并准备抢收小麦，并向各维持会拉民夫、牲口、车辆，并要他们带上镰刀。我分区部队及民兵都磨刀擦枪，准备武装保卫夏收，不让敌人抢走一粒粮食。同时，积极组织广大群众，动员一切力量，进行抢收工作。

上旬 武乡劳动模范王海成，因为生病两个月，互助组的工作有点耽误，他学习了李马保公私兼顾领导全村开展互助劳动生产的精神，表示要积极迎头赶上，向李马保提出了挑战，争取创造模范村，在“七一”“七七”晚会上召开全村群众会议，发动全村群众努力劳动，争取今年大丰收。

13日 为期三天的武乡县劳动英雄大会在马堡村召开，各村劳动英雄百余人参加。中共太行三地委书记彭涛在大会上发表讲话。他肯定了武乡全县在生产运动中所取得的成绩。1943年全县只有3个劳动英雄，而1944年涌现出300多个劳动英雄；1943年互助组很少，而1944年发展到1300多个。他阐述了毛泽东关于“组织起来”的思想是引导农民走向富裕之路的方向。同时具体指出了组织互助组的诸多好处与提高改进互助组的办法，如开展技术改良活动，提高农作物产量。互助组在发挥组织起来优势的同时，要兼顾农民的自由活动，妨碍自由就是破坏自愿组织互助的原则。彭涛还就模范村干部和劳动英雄培养成长的问题，告诫劳动英雄不要骄傲自满，要不断进步，要在生产工作中，坚持先公后私、先人后己的原则，以自己的模范行动推动和感化别人的工作；要坚持先做后说、多做少说的工作方法；要坚持密切联系群众和群众打成一片的作风；要把积极分子团结在党的周围，不断培养新的典型，提高原有的积极分子，并不断发现和培养新的积极分子，不要把积极分子固定化。

同日　驻段村之敌集中民夫千余人，到周围村庄进行抢粮，当日去榆社阎家沟、韩村一带，抢走大量粮食、牲口、财物。

15日　在武乡县召开的劳动英雄大会上，马堡村青救会主席李海鱼、武委会副主任李中秀等20余人主动要求参军，大家争先恐后，唯恐检验不上。纺织英雄石榴仙把自己的儿子李效堂也送去参军，妇救会主席李二梅把自己的丈夫魏玉宝送去参军，马堡村形成了一个参军热潮。

16日　驻段村之敌集中民夫千余人，又到县城东小松庄、十里坡一带抢粮，遭到县独立营的打击。

19日　李仁义飞行爆炸组通过据点里的内线得悉情报：据点派人去沁县运盐，有一个连的伪军负责押车，便联合决九团四连开到聂村附近的长角北头埋伏，运盐敌人进入伏击圈后，战士们和爆炸组一齐向敌人投弹，打死敌40余人，缴获食盐2000余斤。

中旬　为了把李马保运动更向前推进一步，第三军分区政治部从整风工作队抽出一批优秀的文艺工作同志，到武乡树辛村走访劳动英雄李马保，准备把他的全部斗争史写成剧本，在最近上演，参加走访的还有武乡光明剧团的同志及区干部。

23日　太行军区政治部发出关于加紧冬季扩兵工作的指示，规定各部队于10月15日至12月15日，在太行区突击扩兵3000人。

27日　八路军各机关生产队在石瓮村开垦了荒地。村干部发动村里群众帮助八路军进行生产。发动妇女儿童60余人，为八路军总部直属队生产队进行捉虫活动；组织互助组200余人，帮助第三军分区政治部、特务团拔苗50余亩。总部直属队也提出，在农忙时愿帮助农民干活，实行军民互助，同时借出2石小米杂粮，帮助农民度过灾荒。本日，石瓮村村公所与总部直属队一同邀请驻军及附近各村干部进行座谈，促进军民团结互助。

30日　武乡（东）县二区政府在东堡村召开全区劳动英雄大会。并检查总结东、西堡两村的生产情况，以推动全区的生产发展。太行第三军分

区彭涛政委参加并作了总结，彭政委讲了三点：一是要互助送肥，争取每亩地上到一定数量；二是认真学习生产技术；三是少开会多养种。会上奖励了劳动英雄韩乃昌、李兴、史兰珍等12人，模范组长史成富、李锦文等13人，模范干部史生木、武树良等14人。

同月　武乡县在东沟村召开了全县第一次各界人民代表大会，出席会议的有各界代表100余人，在这次会议上，民主选举了县长、县参议长。

同月　襄（垣）、武（乡）两县武委会联合，在韩壁村进行了民兵大检阅，武乡县民兵关二如打靶比赛荣获头名。

8月

1日　八路军野战政治部电示各军区政治委员、政治部主任：要利用秋季青纱帐时机，向敌占区人民及伪军、伪组织人员广泛宣传苏、美、英军队作战的胜利，德、日法西斯的失利，国民党统治的腐朽，以及我党我军在国际国内政治地位的提高等，以动摇与消除他们对敌人及国民党统治的幻想，使其转向或靠拢我们。根据这一指示精神，决九团与武西独立营向白晋路沿线敌占区进行各种形式的政治宣传。

上旬　武乡二区窑上沟教员韩松林，当选为教育英雄。他教书三年多来，积极推选了卡片教学，放暑假时他把100多个字写在卡片上，每天让学生记一个生字，还让小学生教会家里的大人认字，互助组里已经学会了38个生字，妇女学会了12个生字，在他的带动下，现在村里的群众学习识字热情很高。

13日　太行第三专区召开有3000多人参加的庆祝反法西斯胜利、奖励劳动英雄大会，到会民众3000余人。地委书记彭涛在会上作战争形势的报告，并对全专区的生产运动作了总结。表彰了武乡县东堡村的红旗队、树辛村的李马保互助组。彭涛代表地委赠给李马保锦旗一面。会后，举行文

艺晚会，首次演出军分区政治部编排的新剧《李马保》。

25 日　驻段村敌人向南高岭一带进犯抢粮，遭到我决九团、县独立营与区基干队等部的打击，没抢到一粒粮食，退回据点。

同月　赵迪之接任中共武乡（东）县委书记。她领导全县人民掀起了大生产运动新高潮。

同月　王家峪村互助组创造工票制度，工票和米票差不多，图样是木刻、油印的，分为半晌、一晌、两晌、五晌等几种，并在晌数上面盖有组长、队长图章，以免涂改。使用办法是：一天分五晌工计算，早晨一晌，上午、下午各两晌。按上工时间发给工票。其好处为一是简便，二是不怕落笔，三是灵活。雇工简便更容易算账。《新华日报》8 月 17 日作了报道，在全区推广。

同月　武乡东堡、西堡互助队展开了劳动竞赛。在他们的带动下，二区各村，都与邻村结对竞赛，推动生产。

同月　新华日报社组织记者视察武乡，走了近 20 天时间，转了大部分村庄，所到之处群众生产积极性特别高涨，主要表现在：一是互助组非常活跃，一般村有两三个，有的村有四五个，树辛、广志、马堡、洞上、东堡等村参加互助组的人数占全村人数的 60% 至 98%；二是上下一股劲说动就动，上级有什么号召，马上就能动起来；三是旧风俗改得很快，卫生工作搞得好。29 日，该报发表了视察武乡印象的文章《群众努力生产热气腾腾》。

9 月

10 日　武西破击小组（邢兰清组）夜间到白晋线牛寺与南沟间的大湾破击，将铁轨卸下，致使日军火车出轨，毁火车头 1 个、车皮 4 节。驻南沟日军吓破了胆，人民武装力量声威大震。

11 日　武乡（东）县大生产运动夺取特大丰收。李马保领导的树辛村，

多打粮食1200石，足够全村3年负担。李马保做到耕一余一。东堡的红旗大队、韩壁的红星大队都获得了大丰收。所有农民都成倍地增加了收入。根据10个村的抽样统计推算，全县多打粮食129000多石。在全县2200个互助组中，有1/3的贫农上升为新中农。本月初，县政府通令全县各级干部，推广李马保倡导的新领导方法。本日，《新华日报》发表了题为《武乡劳动英雄创造的新领导方法》一文，在晋冀鲁豫边区进行推广。

中旬　武乡韩壁村召开生产会议，积极安排突击种小麦、准备战争、保卫秋收、保卫粮食工作。劳动英雄王海成制订了全村计划，三个互助大队要共同努力，一方面以小组为单位修理窑洞，把民兵编成战斗队保卫秋收，其余的组成抢收队，在种小麦中，一头牛配一名会种小麦的人，保证不窝工，突击种小麦。妇女要帮助收秋，民兵要负责站岗。

26日　武乡县政府召开布置秋收、秋耕工作会议。

同月　三专署移驻史家嘴村。

同月　武乡土河村，在村长张步俊的带领下，积极组织秋收，共用工665个，割谷131.5亩，收豆子92亩。粮食全部入仓，没被敌人抢去一粒粮食。

同月　东堡、韩壁村开展了秋收竞赛，提高了劳动效率，加速秋收完成，并创造了分数榜、功劳簿，制定奖励办法，使秋收工作顺利完成。

同月　大陌村8个互助大队出动全体劳力，组织秋收，784亩秋田在4天内全部收完。

同月　七六九团三营八连和十四团一连，与十三团二、三营编成豫西抗日游击第六支队，调往豫西，开辟豫西根据地。为此，七六九团与十四团进行了调整与补充，在武乡招收新兵200余人，以此为主组建了七六九团十一连和十四团一连。

10月

7日　二区圪榴村妇女胡玉兰，因盐价高、家庭困难买不起盐，就用硝土试验熬盐，经过几次试验，终于研究成功，不仅可以生产土盐，澄下的红水上地还可以作肥料。5升硝土可熬盐10两。从今春3月开始，附近的妇女都学着她的样子，进行熬盐。本日，《新华日报》发文推广。

8日　左权之敌800余人向洪水、新村一带进犯，我第三军分区部队与敌激战两日，敌伤亡50余人，被迫退走。

9日　段村之敌侵犯大有，经我决九团侧击，死伤30余人，后又在武家庄遭到县独立营的打击，死伤50余人，最后退回段村。

同日　《新华日报》发表了专文，介绍武乡四大杀敌英雄之一《关二如》。

24日　太行第三军分区召开英雄会筹备委员会，讨论召开分区劳动英雄大会，并决定邀请襄垣、武乡、榆社、左权四县的农村剧团到会演出。

同月　县工商局与县银行合署办公。

同月　秋收结束后，武乡东堡村进行了收粮统计，全行政村共有地4053亩，今年实打粮5224.9石，比去年增产751.3石。全村人口730人，人均有7.1石粮食。

11月

1日　太行第二军分区、第三军分区、第四军分区部队，于辽县、武乡、襄垣、黎城抗击日伪军共5000余人的“扫荡”。七六九团、十三团、十四团与地方武装配合，在洪水、中村一带围攻“扫荡”之敌。至19日，共歼敌500余人，反“扫荡”作战胜利结束。

同日　武乡、武西两县杀敌英雄、劳动英雄、模范互助组、模范家庭、生产技术能手500余人集会，总结生产成绩。评选出出席太行首届群英会代表，武乡县代表有：杀敌英雄关二如、高贵堂、马应元、李庆和、李金河、李兴云、郝贵堂、王尚元（已牺牲）、王来法、张寿孩，劳动英雄李马保、石榴仙、胡春花、暴莲子、王海成、史成富、王桃梅、霍金兰、史兰珍；武西县代表有：杀敌英雄程坦、乔三流、段满青、王闺女、郝狗小、董成旺、郝江维，劳动英雄王虎旺、赵月娥、郝云书。

19日　武乡、武西两县出席太行区首届杀敌、劳动英雄大会的代表，有关二如等杀敌英雄17人、李马保等劳动英雄12人，全部到达黎城县南委泉大会组委会报到。

21日　太行区首届杀敌、劳动英雄大会在黎城县南委泉村开幕。邓小平、滕代远、张际春、李雪峰、李达、戎子和、申伯纯等党政军领导出席。大会选举毛泽东、朱德等11人组成名誉主席团，李达、李雪峰等29人组成主席团，武乡李马保光荣入选主席团成员。大会举办的战绩、生产两个展览会于同日揭幕。这次大会于12月7日举行授奖仪式后闭幕，展览会到12月14日闭馆。参加大会的有杀敌英雄120人，劳动英雄206人。大会期间，约有10万人参观了展览会，中共中央北方局代理书记邓小平在会上讲了话，中共太行区党委书记李雪峰、太行军区司令员李达在会上作了报告。晋冀鲁豫边区政府副主席戎伍胜宣布了太行区1945年的生产计划。大会通过了《太行区第一届杀敌英雄大会宣言》《太行区第一届劳动英雄大会宣言》。这次大会是对太行区抗战以来，游击战争、减租减息、渡荒、打蝗、生产、整风、时事教育、拥军拥政爱民等工作的大检阅，是战争与生产结合、科学与经验结合、部队与人民结合、领导与群众结合的具体表现。大会以后，在太行区以新英雄主义为主要内容，开展了大规模的各行各业的竞赛运动，大大加快了根据地建设步伐。

同日　为祝贺太行区群英会召开，武乡县光明剧团、武乡县五高文艺

队、武乡盲人宣传队赶赴黎城南委泉为大会助兴演出。光明剧团的剧目是《李马保》，五高文艺队的剧目是《兄妹开荒》《改选二流子》，盲宣队的剧目是《胡春花拥军》。

24日　太行区党委书记李雪峰、太行军区司令员李达、晋冀鲁豫边区政府副主席戎伍胜设宴招待敌占区来的74位士绅。武乡李马保应邀出席。在招待会上，李马保表示：回去后要努力杀敌，努力生产，争取早日反攻，到那时大家亲切握手，庆祝胜利。

25日　中共中央北方局、八路军前方总部联合招待出席太行区英雄大会的杀敌英雄、劳动英雄。邓小平、滕代远、张际春等出席。滕代远致辞向英雄们表示亲切的敬意和慰问。

29日　武乡劳动英雄东堡红旗大队队长史成富与韩壁红星大队队长王海成在群英会上交流经验。史成富谈他们一年来的经验是：一、夺红旗。区上制一面红旗，谁的互助队好就奖给谁，但这旗是活的，别队也可以争夺，谁好就由谁得着。因此得红旗的为了保持已有的荣誉拼命干，别队为了争夺红旗也拼命干。二、奖红星。他们队里每个队员做几个红星交给队长，每天全队总结，谁好奖谁一个，谁得的多谁就是“模范”，哪个队得的多，哪个队就是“模范”队。三、功劳簿。上边写着每个队员的名字，有功的就在他的名字上画一个红道，有过的画一个黑道。四、公布计划画圆圈。他们每一个工作计划，都公布在大街上，每天完成啥，生产委员会即画个红圈，完不成的不画圈。五、出英雄榜。每一期工作完成之后，根据平时成绩，总结一下，谁是第一、第二，写个英雄榜贴在大街上。这些表扬的方法，在武乡对生产工作起了很大推动作用。王海成交流他怎样让三个落后的互助队变成了一个好的互助队的经验。7月，县里生产检查团到村检查工作后，评选他队和韩增麟、史全银两队为先进队，五、六、七三个为落后队，队员都不服气，愿意和海成队搭伙干，可是韩增麟、史全银两个队却不乐意。他们说王海成是全县出名的劳动英雄，闹好了吧，好名声

也是他的，自己搞好搞不好总有自己的一个名儿。王海成就成立了一个“三合队”，闹好了是大家的光荣，这样大家都高兴了。

30日　武乡劳动英雄李马保在群英会上交流了他改造各种人的办法：他村的两个有变天思想的分子，对共产党、八路军的成见很深，他们认为“八路军爱穷不爱富”，李马保拿实际例子来证明他们的看法不对。他说陕甘宁边区有个吴满有，毛主席成天称他好，叫各抗日根据地来学他，有钱人只要不非法剥削人，好好劳动，谁也不反对。对腐化的懒老婆说，要男女一条心才能把光景过好，才能好活，腐化是不好的。就是有人爱，也是一个人，最多几个人。如果好好劳动，那就人人爱了，当上劳动英雄，更有名有利，后来几个懒妇女转变过来了。一个当狗腿的也是好吃懒做不动弹，妇女都不嫁给他，退租时，李马保帮助他清回六亩地，又给他两亩地产，还劝导妇女嫁他，给他娶了老婆。

同月　中共太行区党委为推动全区参军工作的开展，将第三专区秋收前的参军工作经验特别是武乡县的经验介绍给全区。太行第三专区在组织动员青年参军工作中，从拥军忆苦、打通思想、启发青壮年积极参军的热情方面着手，采取自由讨论、互相鼓励、自动报名的形式，对审查合格的新战士举行隆重的欢送仪式。同时，还举办新旧抗属座谈会，认真检查优抗拥军工作，并切实解决抗属实际困难，将优抗代耕工作制度化。他们的这种做法，纠正了过去的自上而下分派，干部寻找参军对象，群众逼迫干部参军，造成干群对立所产生的强制现象。他们注重提高群众对参军工作的思想认识，使应征者从行动上自觉自愿地参加八路军，从而形成了一个群众性的参军热潮。

同月　武乡（东）县委根据太行区武委会发布的《人民武装整训指示》，组织全县各区、村武委会主任开会并轮训。要求立即行动起来，结合当地地形、地貌与人之所长，组织民兵练武。这样，以练兵为主的军事整训，在武乡、武西全县范围内轰轰烈烈开展起来。

同月　武乡（东）县在东沟召开第一届县参议会，出席代表百余人。县长武光清主持，并做了《武乡十年规划》报告。会议选举武光清为县长，李嘉澍为议长，李书祥为副议长。

同月　武乡（东）县抗日政府派人在姚庄成立了第一个县营纺织合作社，织出大量布匹，除供军需外，还到市场销售，满足民用，支援生产。

同月　武乡（东）县抗日政府在蟠龙建立“退伍军人合作社”，太行第三军分区在蟠龙镇经办“三合盛”商店经销铁货、黄蜡等。

同月　三八五旅生产部在武东开办“华荣商店”“黎泰商店”。

12 月

1 日　太行区首届杀敌、劳动英雄大会边区英雄选举会在职员大饭场举行。300 多位英雄模范参加了投票选举，共选出李仕亮、徐顺孩等杀敌英雄 31 名，李马保、郝二蛮等劳动英雄 31 名。其中，武乡有 6 位英雄荣登金榜：关二如，18 岁，民兵班长，荣获腹地民兵一等杀敌英雄；王来法，31 岁，村武委会主任，荣获腹地民兵二等杀敌英雄；李兴云，32 岁，自卫队队长，荣获自卫队模范。李马保，28 岁，村指导员，荣获边区生产互助一等劳动英雄；史成富，28 岁，东堡红旗大队队长，荣获边区生产互助二等劳动英雄；王海成，42 岁，韩壁红星大队队长，荣获边区生产互助二等劳动英雄。

4 日　杀敌英雄讨论了李达司令员的报告，关二如表示，他要培养 8 个射击手，还要自己努力生产，争取成为劳动英雄。

5 日　武乡县边区劳动英雄李马保与黎城县边区劳动英雄王同会进行交流，双方表示互取所需，互通有无，相互支持，以果子苗与核桃苗进行交换，使两村共同发展，共同进步。

6 日　李马保、关二如在大会上制订了明年初步计划。李马保的计划主

要内容为：增加产量；巩固互助组；深耕细作；提高技术，改良农作法，种优良品种；积肥和造林；养殖；合作社；拥军工作；办学；奖励劳动英雄；学习英雄经验。关二如的杀敌自学计划主要内容为：利用冬学宣传杀敌经验；发展民兵；搞好冬训；认真学习；多布地雷，给敌人杀伤；不让村里群众受到损失；和部队积极配合；培养射击手；当模范学员；积极生产；爱护武器。

7 日　太行区首届杀敌英雄、劳动英雄大会胜利闭幕，关二如、李马保等登台领奖。

8 日　出席太行区首届杀敌英雄、劳动英雄大会的武乡英雄代表，与太行三地委、第三军分区领导一同回到武乡。

31 日　《解放日报》发表《敌后战场伟大胜利的一年》的社论，指出，1944 年是共产党所领导的敌后战场主动向敌进攻的一年，是胜利的一年。同时又是国民党所领导的正面战场到处被动挨打，失败的一年。一年来的敌后与正面战场，是一种完全相反的情形，一个是前进，一个是后退，一个是胜利，一个是失败，一个是增强，一个是削弱。如果没有敌后战场过去几年的坚持，如果没有敌后战场对于敌人的不断打击、牵制与消耗，如果没有敌后战场对于正面战场的配合与援助，正面战场的情形更不知严重到什么程度。明年整个战争形势，将比今年更加有利。我们不能有任何的骄傲，而且还应更加努力，准备打击敌人垂死前的挣扎，迎接最后反攻胜利的到来。

同月　李务滋接任中共武西县委书记。他带领全县军民坚持边沿区生产与战斗，壮大了反攻力量。

1945年

8月27日，八路军太行西进部队解放了段村镇

本年度要事

★ 武乡县在大陌村召开群英大会，全县推选出劳动英雄、杀敌英雄200余人。

★ 太行三专署为推进全区文娱工作和丰富人民的文化生活，在武乡洪水镇召开文娱工作者会议。

★ 《新华日报》（太行版）以《武乡展开民主运动》为题，介绍了武乡县轰轰烈烈的民主运动。

★ 武乡（东）县党、政、军、民各界代表数千人集会，公葬过去7年来在抗战中牺牲的352名烈士，并建立烈士纪念碑。

★ 武乡（东）县群众集会，庆祝本县“组织起来”一周年，全县共有20861人参加了互助合作运动。

★ 武乡破获“长毛道”组织案。

★ 中共武乡（东）县委号召全县人民动员起来，掀起积极参军的热潮。

★ 武乡（东）县参议会召开有66人参加的各界人士座谈会。

★ 武乡（东）县委、县武委会领导民兵群众，配合太行西进部队攻克段村据点，歼灭日军一个小队和伪军三十七团700余人，解放了段村镇。

★ 武乡（东）、武西县万余群众在段村集会，庆祝段村解放。

1 月

1 日　武乡县在大陌村召开群英大会，全县推选出劳动英雄、杀敌英雄200余人，还有当地群众1700余人参加了会议。太行三地委书记兼第三军分区政委彭涛、第三军分区司令员鲁瑞林、太行三专署专员武光汤等出席了大会。会上对劳动英雄和杀敌英雄进行了表彰和奖励。

10 日　武西县普遍开始练兵运动。广大民兵纷纷报名，会同村 8 名妇女主动报名参加，3 天就学会了投弹要领。为了把练兵运动搞得扎实，许多民兵自制了木头手榴弹，利用一切空余时间进行训练，不少儿童也参加了练兵，全县的练兵运动进入了高潮。

上旬　树辛村劳动英雄李马保出席太行群英会回来之后，在冬学中表示，为建立太行模范村，想尽办法要为群众谋利益，在元旦召开的全县群英会上，他与本村的劳动英雄李书孩、郁桂香、王金木，以及荣退军人毕占业一起，学会了熬盐技术，表示今年全村要达到盐碱自给，可为群众节省大洋23100元。

11 日　上广志村举行联防民兵集训大会。此时敌人突然包围了韩青堖村，准备抢走被服厂的20驮棉花。联防民兵立即组织起来去救援，民兵们分成两组，一边与敌人打游击，一边转移棉花，终于打退了敌人，保护了被服厂的棉花。

16 日　太行三专署为推进全区文娱工作和丰富人民的文化生活，在武乡洪水镇召开了为期 3 天的文娱工作者会议。参加会议的有襄垣剧团、武西剧团、光明剧团、左权县丈八村剧团、左权剧团、黎北剧团的负责人。所属各县民教科也派专人出席了会议，专员武光汤主持会议并讲了话，太行三地委书记彭涛到会作了指示。会议着重学习和讨论了毛泽东主席在陕甘

宁边区参议会上提出的文教工作方针，三专署专员武光汤指出：文教工作的总方针是为工农兵服务，把群众的东西反映在群众面前，拿群众的行动教育群众，提高群众的认识，引导他们向新社会迈进。在内容上，应着重反映人民群众在战斗、生产、民主等战线上的模范、英雄事迹，形式上应是创造新形式改造旧形式，旧形式绝不能限制或妨碍新内容，应大量发展小型剧，提倡歌舞剧。会议决定，各县要成立“文娱工作者协会”，由政府领导专职人员、脱产剧团、好的农村剧团、创作人员共同组成，负责研究改进并推动文娱工作。

20 日　中共太行三地委为发扬根据地拥政爱民和拥军优抗的优良传统，发出了在春节期间开展群众性的拥政爱民与拥军优抗活动的指示。指示在肯定根据地军政民鱼水般密切关系的同时，指出，军队中还存在对政府尊重不够，对群众纪律遵守不够严格，对民力培养与爱护差的现象，政民中也存在对军队实际困难照顾不够，对抗属的优待、荣退军人的爱护忽视的现象，因而相应提出了一些拥政爱民、拥军优抗的具体内容和方法。同时，表扬了武乡在以往的拥军爱民与拥军优抗中的成绩，成为各县的榜样。

中旬　树辛村在冬学进展中又创造了五点新经验：一是轮流当主席；二是讨论时定出 5 条小规则；三是坐飞机，即把学习好的同志成绩贴在飞机上；四是解决问题；五是嘴软心硬，耐心实际开展教学。

23 日　中共中央致电北方局，指出，最近冀鲁豫抗日根据地有极大发展，人口将近 2000 万，超过太行、太岳数倍。要求北方局即从太行、太岳抽调一批对减租减息有经验、群众作风又好的干部到冀鲁豫，普遍发动冀鲁豫群众进行彻底的减租减息，求得根据地进一步巩固。根据指示，北方局相继派出几批干部支援冀鲁豫新区，武乡也选派了 20 余名优秀区、村干部调往冀鲁豫区。

25 日　武乡（东）县政府在洪水镇建立的“武乡文化合作社”正式扩编为“华北新华书店”第三分店，为太行区三大书店之一，由赵国良任

经理。

29日　武乡二区为期10天的群众练武运动结束，本次运动取得很大成绩：如投弹，大坪村一个连，平均投32公尺，比练武前进步7公尺；如爆破，大陌、北上合联防，经过10天练武就学会了埋12种雷，并且还学会了做爆破管，在射击方面大家也有很大长进，射击瞄准率也大大提高。

同月　武乡三区是接敌区，群众发动不充分，重租重利和一些恶霸，压得群众抬不起头来，在开展民主运动中，区委提出大家事大家管，在各村开展了检查减租运动，本日，在杨家庄、南凹两村分别召开了说理大会，杨家庄群众揭露了恶霸崔惠小的罪恶，他霸占了8户人家的土地、10余亩，贪污合作社洋1万多元，放高利贷一元每月就要收利一毛，通过揭发，群众扬眉吐气。并选出了减租委员会，领导群众解决问题250多件；南凹村也斗争了恶霸李炳文。通过民主运动，两村群众活跃起来。

同月　武乡通过去年的大生产，群众生活改善，文化要求也大大提高，小孩子求学成了要事。在政府的号召下，去冬以来，共增设民办小学217所，另有公立小学98所，全县小学发展到315所。

同月　武乡（东）县敌工人员采取对伪官兵指名喊话、送信、劝降等办法，争取他们弃暗投明，为抗日尽力。城工部人员加强对敌开展政治攻势，配合部队参加反攻。

2月

3日　《新华日报》（太行版）以《武乡展开民主运动》为题，介绍了武乡县轰轰烈烈的民主运动，其主要经验是：首先，反复号召和深入动员。在元旦之际，举行了一次规模宏大的群英大会，参加人数有1700多人，会上结合参议员选举，开展了民主运动，彭涛政委在会上讲了话，提出“干部是群众的勤务员”的口号，同时提出拥干爱民活动，号召村村讲民主，

家家讲民主，人人讲民主，建立民主的新社会。其次，县里又召开了200余人的模范干部和县区干部会议，讨论对民主的认识及如何开展民主运动。经过反复讨论，许多干部对过去的不民主作了清算，有的干部制订了新打算。再次，关于登记公民和审查公民的工作，要和表扬好人、教育坏人的大众教育紧密结合进行，并形成一种制度。第四，扩大民主范围，尊重老人。第五是发动群众提意见，干部进行自我批评，消除群众顾虑和怕报复思想。总之，在这次民主运动中，做到了“知无不言，言无不尽，言者无罪，闻者足戒”，干部是群众勤务员的思想。

6日　中共太行三地委根据新解放区经过反奸复仇运动之后，全区大部分地区的大规模的减租清债运动已经开展起来，但运动的发展不够平衡，不少地区没有大规模开展起来，有的虽然开展起来但还不够深入实际情况，针对性地提出了四点指示，以指导运动深入、广泛开展。1. 各级党组织要坚决相信群众，大胆放手发动群众，向反动势力做斗争，并指出反奸复仇运动虽然在一定时期有其一定的独立性，但就整个运动来看，它只是减租清债运动的准备阶段，而减租清债才是运动的主体。因此要注意及时把反奸运动引向深入，开展减租清债。在减租清债运动的深入阶段，一方面要解决农民自己的问题、小地主的问题和社产庙产问题；另一方面需要进一步团结农民自己。2. 整理农会、民兵，建立民主政权，并开始发展党的组织。3. 在农民中进行较系统的阶级教育，进一步划清阶级界限，警惕和反对地主的反攻。4. 在运动发展到深入阶段应该用更大的注意力和组织工作，特别是农会、民兵、民主建政、党的组织等工作，以巩固运动的胜利成果。

10日　武乡实行全民练武活动以来，经过第一阶段、第二阶段各15天的活动，收到很好的成效。即日县武委会又进一步安排了第三阶段的活动，由于旧历春节与元宵节即将到来，结合欢庆节日，同时开展拥爱运动，并举行全民大比武，真正要在第三阶段见成效。

上旬　中共武乡（东）县委在曹村召开大会，欢送支援冀南新解放区

的武乡干部。这批干部由太行三地委彭涛书记率领。武乡共派出张天麟、王静如、李华英、李兴唐、李善畴、李振齐、梁德柱、申子兆、巩德旺、李祥云、武银旺、段连先、史二焕、马银秀、赵晓明、暴改兰、王国英、史云花等32人，中共冀南区党委为他们安排了工作。

上旬　在民主运动中，下合村通过个别访问和开各种小型座谈会，发现了非法夺地、假伴种、假减租等问题，在全村群众会上，大家一一讨论解决，收到实效。

11日　三区南凹村制定出过年新办法，初一家家吃饺子，开家庭讨论会，确定生产计划，实行家庭民主；初二全村召开祝贺大会，搭光荣亭，把劳动英雄、抗属、各种能手、模范工作者请上台，秧歌、社火大表演；初三彻底反省优抗拥军；初四、初五拥军爱民活动，把春节过得红红火火，有声有色。

15日　武西县故城武委会主任、年仅25岁的程坦只身与敌搏斗，壮烈殉国，武西县党政军民为英雄召开了隆重的追悼大会。

17日　武西独立营与民兵500余人，向敌白晋线分水岭到沁县段展开大破击，计收电线1500余斤，抬回铁轨10根，破坏路基3段。

19日　武西独立营与区基干队配合，对敌白晋线南沟到牛寺段展开破击，收电线1000余斤，消灭护路警3人。

同日　结合民主选举，武乡（东）县开展了敬老运动。老年人劲头大大提高，并鼓舞了老年人抗战与生产的热忱。

中旬　在检查租息问题中，洪水镇发现部分奸商和个别公营企业在做东线（阳邑、任村一带）和西线（洪水、西营一带）的投机买卖。一些日常贸易中，有买空卖空现象，因而出现了高利贷、高价赊货等现象。针对这一问题，政府提出：一、县区政府和同级商联会要组织大家学习政策，打通思想；二、在冬学中要教育商人转变“发大财思想”，严禁空买空卖，私自抵押和扣押债务人的家产；三、解决当前的债务问题。

21日　民兵杀敌英雄、飞行爆炸组组长马应元在上月与敌战斗时落入敌手，敌人使尽酷刑，马应元坚不吐实，后敌人又将马母抓来劝降，均遭拒绝。凶恶的敌人将他杀害。

27日　农历正月十五，武乡七区在禄村召开群众大会，为先后送三个儿子参军的李改花送了光荣匾。上刻“岳母遗风”四个大字，表彰她一家为民族解放事业作出的巨大贡献。李改花是禄村的一名普通妇女，抗战初，她先送二儿子参了军。1943年7月，日伪军袭击了禄村，她的丈夫被日寇残杀。为了报仇，她又动员三儿子找到八路军工兵连，当了战士，在安阳战役中为爆破日军碉堡而壮烈牺牲。区政府乘元宵节之际，敲锣打鼓、秧歌社火，欢欢喜喜为她送匾，表彰她舍小家为大家，“母亲教儿打东洋”的高尚精神。

△②　八路军总部直属机关、部队于驻地举行点验。滕代远、杨立三、张际春到场检阅部队，滕代远、张际春相继讲话。

3月

2日　边区参议会太行区成立大会召开，武乡参议员出席会议。为了给大会助兴，光明剧团前往辽县为大会演出。

7日　中共中央北方局、八路军总部，宴请晋冀鲁豫边区参议会参议员和敌占区来宾。滕代远在宴会上致辞祝酒，畅谈形势和任务。

上旬　五区西中庄董正鸿当选县议员后，号召村里9名青年一起参军。

中旬　武西民兵连续破击白晋铁路。

25日　栗家沟村刘李锁互助组由于人多管理不善成了一个名存实亡的小组，春节后，于正月初六进行了重新组合，大家干劲又高了起来，半个月时间就担粪五百多担，《新华日报》以《整顿后大家劲头很高》为题，作了报道。

同月　太行第三军分区城工部派人深入段村敌据点，通过抗日干部王正中（张效翰之妻兄）联系到伪绥靖军第一师参谋主任张效翰，张效翰看了王正中的信后，表示愿意抗日，并通过给妻兄回信的办法写了“懂、待、机、照、应、泄”的暗语。之后数次与敌工干部邱克忠接头，并提供情报。在解放段村战斗前夕，张效翰表示要里应外合，战斗中，他率近千伪军反正。

4 月

5 日　武乡（东）县党、政、军、民各界代表数千人集会，庄严公葬过去 7 年来在抗战中牺牲的 352 名烈士，命名蟠龙奶奶凹为烈士岗，并建立烈士纪念碑。太行版《新华日报》以《武乡各界两千人，公葬抗战七年死难烈士》为题，作了报道。到会各区村代表、烈属及蟠龙附近群众 2000 余人参加了仪式。武光清县长、姜一政委（新任县委书记）等在公葬仪式上拉灵执拂，县、区干部抬棺木。在此公葬的有十四团三营副营长王明甫、武乡独立营战士任其和、太行区民兵杀敌英雄马应元和五区政委殷士敏等，以及在历次战斗中光荣牺牲的武乡英烈。会上还枪决了汉奸柴三旺，为死者进行血祭，柴三旺在敌占蟠龙时，带领敌人到蟠龙附近村庄包围 20 余次，抢走粮食 500 石以上，抓去群众及牲口许多，在这次公祭会上用汉奸的血来祭奠烈士的亡灵，为群众报仇。

同日　太行区模范文教工作者会议暨文教展览大会召开。武乡文教模范韩松林、刘子余、张汉卿、陈金书、郝印斗、刘振华、张永和、刘振中等 9 人出席，并在大会交流了经验。会上，张汉卿被评为边区二等模范教员。武西县是游击区，未能派代表参加，大会给游击区县预留了优秀代表名额。

6 日　十四团在白晋线上与敌作战，先后攻击子洪口、石窑会、南关等

地，毙伤伪军中队长以下100余人，俘伪军20余人、日军4人，缴获各种枪支28支。

7日 太行第二军分区、第三军分区主力和总部特务团袭入祁县县城，歼灭日伪军250余人，夺回布1000余匹、棉线500余公斤，破毁桥梁10座。

20日 中共中央扩大的六届七中全会讨论并通过了《关于若干历史问题的决议》，总结了建党以来的历史经验，对若干重大历史问题作出结论。它是整风运动的重要成果，使全党尤其是党的高级干部达到在马列主义、毛泽东思想基础上的团结一致，为中共第七次全国代表大会的召开，在思想上作了充分准备。

同日 太行第一军分区、第二军分区、第三军分区部队各一部和总部特务团，发起和（顺）左（权）战役。至28日，战役胜利结束，共歼灭日伪军250余人，收复和顺、左权县城。

21日 滕代远、杨立三电示太行、太岳军区：为争取更大胜利，使太行、太岳两区联结起来，应派出有力小部队，加紧对白晋线某些区域的活动，以围逼、压缩敌人。武乡、武西两县独立营、游击队、武西铁道飞行军，与第三军分区部队配合，不断出击白晋线子洪至夏店段。

25日 边沿区群众在敌人的多次“扫荡”中，累遭敌人抢掠，特别是农具、种子都被抢夺一空，为了保证农民下种，武西县政府专门拨出了救济粮和借贷粮，并组织受灾较小的村庄帮助调剂农具、种子，解决了边沿区群众的生产困难。

同日 南沟敌特务队80余人出扰武西县的边沿区西沟村，该村民兵与区基干队配合，埋伏村头，等敌人到来之时，给予猛烈打击，毙日军1名、特务队6名，伤8名。

同日 太行第三军分区在全区展开了第一期对日伪军的政治攻势。这次活动历时2个多月，中心目的是为保卫春耕，保护壮丁，坚决打击日伪特

务武装。为了有力地领导这次政治攻势，太行第三军分区组建了由分区政治部主任卢南樵任主任，由蔡剑桥、麻贵书、王景新、邵先忠、何朋、阎安福6人为委员的政治攻势委员会，统一领导全区这次政治攻势。各县的政治攻势也相应由县委书记负责，抽调专门干部组成了政治攻势领导机关，并注意吸收武工队、敌工站、政府、武委会、城市工作情报部门的干部参加。为了及时指导这次政治攻势，太行第三军分区政治攻势委员会先后向全专区发出1至4号四个指示，分别按对不同时期的不同特点作了重要部署。

同日　《新华日报》刊登《细心为群众开会得经验》的文章，介绍韩发如领导的烟里村合作社的事迹。

下旬　武乡县开展了模范工作者运动，在四、五、六区干部中掀起了争当模范工作者的劳动竞赛热潮。

下旬　响黄村纺织英雄王桃梅在几个纺织互助组的基础上，组织了村里42名妇女办起了妇女纺织厂。

同月　去冬今春，武乡县政府发动了熬硝运动，各区村先后设硝坊10余处，原计划全县熬8万斤，在月底的检查统计中，已经达到11万斤。这次运动中，下合、监漳、蟠龙、洪水成绩最大，仅下合硝坊就熬了11700斤。

同月　武乡（东）县、武西县盲人宣传队于魏家窑村联合召开会议，为了加强宣传工作，经讨论研究决定合并两队，命名为武乡县盲艺宣传队。

5月

2日　武乡（东）县群众集会，庆祝本县“组织起来”一周年，全县共有20861人参加了互助合作运动。

5日　武西县政府发放借粮，解决因日军破坏的边沿区生产困难。其

中，四区组织慰问团，带着农具、种子前往慰问。

同日　针对黑婆虫吞掉上千亩棉花的状况，武乡（东）县政府发动全县民众全力杀虫，并成立了县剿杀黑婆虫防旱指挥部。发出紧急通知，还派专人前往各区进行广泛宣传。武光清县长亲任总指挥，领导各区、村统一行动。

5日　太行第三军分区政治攻势委员会又发出了第3号指示。要求利用国际上德国无条件投降，国内八路军在各地取得的辉煌战果，党的第七次全国代表大会召开的大好形势，开展庆祝胜利宣传周，以期教育人民，增强群众胜利的信心，瓦解敌人，加速日军投降。并针对部分干部思想上存在着等待胜利、忽视斗争和对阎系特务活动认识不足等问题，提出了在政治攻势中的两个结合：政治攻势斗争与武装斗争的结合，政治斗争与锄奸斗争的结合。在宣传上重点宣传阎锡山消极抗战，甚至与敌人勾结的事实，为夺取抗日战争的全面胜利奠定良好的群众基础。武乡县专门组织了政治宣传小组，深入乡村，特别是到敌占区进行宣传，给敌人造成行将失败的心理影响。

同日　太行第三军分区发布军民斗争纲领，纲领针对全国反对国民党一党专政的腐败政府，为建立联合政府而斗争的形势，提出要不断扩大解放区，不断开展政治攻势，继续围困打击日军，争取伪军；要在生产和保卫生产的同时练武习武，随时准备打击敌人的垂死“扫荡”；要积极开展生产竞赛；要援助边沿区受难同胞。

7日　武乡县召开区干会议，总结两个月来的生产情况。家庭副业使农民增加了收入，也给合作社带来了利润，全县10万人，收洋3000万元，以斗谷30元计算，可买10万石，人均1石。可够一个人年开销的三分之一。

8日　晋冀鲁豫边区政府、太行军区举行群众大会，庆祝苏军解放柏林、太行部队大捷和中国共产党第七次全国代表大会召开。戎子和、李达等到会并讲话。大会通过致中共“七大”贺电。

上旬　武乡四区北社村王改兰妇女纺织小组17人，为了推广土法染布，她们采用各种野草、树皮、树根、树叶等原料进行染布试验，通过半个多月的努力，试验成功了9种配方，用老蒿根等染制草绿色，用苇叶灰等染制浅灰色，用杏树根等染制杏黄色，用黄岑根等染制黄色，用黑豆皮等染制黑色，用酸枣叶等染制暗灰色，用蒺藜根等染制黄土色等。龙湍村魏仙兰妇女小组，也试验出了3种土染料。县政府分别给予了100元、50元的奖励。

18日　驻段村之敌1000余人，分两路包围了巩家垴村，由于干部麻痹，被敌人抢走了许多粮食，公私粮食损失较大，民兵也损失了部分枪支弹药，10余人被抓。

同日　为了援助武西边沿区民众下种，榆社县组织一、三、五区群众500余人，拿着自家的农具、种子，到马牧、长辛一带帮助农民下种，他们编了96个小组，用人拉着犁帮助百姓紧急下种，经过3天时间，共下种900余亩。

中旬　下合村妇女儿童组织了杀“黑婆虫”大队，共有妇女163人、儿童140人参加，按区域划分成5个小队，又分成20个小组，下地捉害虫，模范妇女李先花一下午就捉了7.5两，通过几天的行动，豆地里的“黑婆虫”基本消失。

21日　野战卫生材料厂在龙洞沟开展了生产竞赛活动，根据各组提出的竞赛条件，半个月中，第一组每人每天工作达14.5个小时，创造了本厂生产时间最高纪录；第二组每天蒸馏荆芥油16次，比以前超额6次，日产量由1.8磅增至3磅；第三组日产230磅解热片，增产45磅。

26日　武乡县政府召开1300多人的会议，庆祝党的七大召开。

△②　武乡（东）县县级机关在驻地开会，热烈庆祝中国共产党第七次代表大会胜利召开。同时，组织广大干部深入学习毛泽东的《论联合政府》、朱德的《论解放区战场》和刘少奇的《关于修改党的章程》等报告。

29日　武西县边沿区及沦陷区人民响应县委号召，万人支援前方生产。县区干部亲自担水、助耕，受到群众一致好评。

△②　八路军总部发出指示，要求各大战略区应对敌展开更积极的攻势，在主力兵团中确立正规作战观念，发扬顽强与攻坚精神，在以消灭伪军为主的作战方针指导下，组织大规模的战役战斗，锻炼提高指挥员对正规战的组织指挥能力和部队的战术、技术水平。

31日　由于武乡“黑婆”虫害严重，豆苗、棉苗、山药蛋等都遭到严重虫害，特别是棉花，全县种了7000亩，就被吃掉1000多亩，仅苗杜一村种了50亩，就吃掉49亩。为此，县政府剿杀“黑婆”指挥部，号召各区、村，统一调配群众，妇女儿童一起上阵，要在短期内将虫害消灭干净。

同月　中共太行三地委组织部为扭转反攻之后大批干部调动所造成的混乱局面，作出了《关于干部工作制度的决定》（以下简称《决定》）。《决定》首先明确了干部管理权限，地委组织部管到区分委与区级主要负责人，其他一般干部与预备干部、村主要干部由县委管理。《决定》还规定每年搞一次登记鉴定运动，即在一年工作总结之后，发动干部普遍反省自己一年来的工作与思想，开展批评与自我批评，形成群众性的鉴定与登记运动，并建立经常性的干部考核制度，按期填报干部提拔、调动、损失情况。此外，《决定》还就提拔、调动、党籍与处分、婚姻恋爱等事务的批准报告制度，以及对干部的照顾、审查、保卫问题也作出了明确规定。

6月

1日　为了照顾贫寒抗属，使革命先烈的后代及抗日军人的子弟有求学上进的机会，武乡（东）县政府成立公费供给的遗族、抗属两级小学，并及时发出了创校的通知，招收学生90余名，于本日正式开学。

6日　洪水镇召开全镇商人会议，为响应政府消灭“黑婆虫”的号召，

决定全镇所有公私商号，不分男女老幼、经理伙计，全部组织起来，组成杀虫大队，边杀虫边补种，担水浇苗，保证庄稼不受损失，商人86人参加这次活动。

8日　武乡破获“长毛道”组织案。本月2日，武乡长毛道由道首肖金生组织，在峪口、窑科一带召开会议，并请来沁县城大特务长毛道总会会首彭先富参加，他们宣传“长毛道道徒全家上战场，协同友军（指敌人）作战”，并宣传发展一名新道徒奖钱200元，同时还给道徒每人发短刀一把，企图组织暴动，破坏抗日工作，道徒们的这一行动，很快被政府锄奸部门发现并破获，即日，道首肖金生被我公安人员抓获。

9日　太行版《新华日报》刊登了原中共武乡（东）县委书记麻贵书《武乡大生产中领导与群众结合的经验》一文。文中具体阐明了几点做法：（一）敬爱劳动英雄；（二）思想领导与实际作风；（三）对待生产劳动中的落后分子；（四）发动革命竞赛，建立群众性自我批评的学习制度，供全区借鉴。

15日　武乡（东）县召开第二届参议会，县参议员姜一讲话。会议倡议反对国民党伪国民大会，拥护迅速召开人民政治协商会议。会议并致电慰问八路军、新四军全体指战员。

同日　劳动英雄王海成对韩壁红星大队的春耕情况进行了总结，成绩方面，涌现出霍五孩等43个劳动模范，做到了多上粪、无荒地、三耕下种。但也发现四大缺点：一、锦标主义苗头；二、冷热病；三、计划和行动不一致；四、互助社只是劳力组织，没有成为经济组织。针对这些问题，大家立即进行了讨论，并表示在今后生产工作中引以为戒。

16日　武西县举行群英大会，并进行了生产座谈。推选出了田景芳、周戊己、牛中堂、段德先、石保明等为模范。

19日　中共中央举行七届一中全会，选举毛泽东、朱德、刘少奇、周恩来、任弼时、陈云、康生、高岗、彭真、董必武、林伯渠、张闻天、彭

德怀等 13 人为中央政治局委员；选举毛泽东、朱德、刘少奇、周恩来、任弼时为中央书记处书记；选举毛泽东为中央委员会主席、中央政治局主席和中央书记处主席。

同日 武乡召开第一届县议员大会，姜一代表在会上就共产党代表名额作了说明，为了保证“三三制”，有 4 位共产党员代表经人民选出来后，主动退出。刘庆五、倪炳全、李嘉澍、史健民等代表都在会上发了言。三专署武光汤专员在会上通报了一个消息，榆社、武乡、襄垣三县参加“国民大会”的代表，是榆社县已故官僚资本家张杜兰。在场 60 多位议员都非常惊讶，当即提出以大会名义通电全国，反对国民党伪造民意的国民大会。大会还通过了致电杨秀峰、薄一波、邢肇棠等，代表晋冀鲁豫边区人民，出席延安解放区人民代表大会的筹备工作。大会还通过了致八路军、新四军全体指战员电，“八路军、新四军指战员同志们：抗战以来，你们在神圣的抗日解放战争中，以艰苦奋斗、英勇牺牲的精神，树立了光辉战绩，保卫中华民族，响应了毛主席号召，扩大了解放区，解放了广大的同胞。当此加紧准备反攻胜利在望的时候，我们武乡第一届县议员大会，代表武乡十一万人民，谨以无上热忱，致以亲热慰问！并致崇高敬礼！”

25 日 武乡二区召集全区干部、劳动英雄、各种生产模范 200 余人，总结春耕生产工作，并对韩壁村春耕情况进行了检查。其目的有三：一是使这次总结大会更具体，二是学会一套检查的办法与经验，三是发现优缺点，各村检查时可借鉴。通过检查也发现了一些问题，主要是：一是荒地有 90 多亩；二是许多苗子给锄晚了；三是金黄后种的犁细留得苗稠；四是小麦黄了没割，应该黄一片割一块；五是对荣退军人、患者、商人照顾不均衡。

26 日 武乡县第一届县议员大会闭幕，大会开了 8 天。讨论了武乡一年多来的行政工作，报告了蟠龙围困战的胜利战绩；揭露了国民党特务分子史标青、郝竹亭等勾引敌人占领蟠龙的阴谋；报告了响应毛主席组织起

亲戚也受村公所委托去检查别的村。但自我批评做得不好，有时候关起门来偷偷自我批评，怕别人别的队听见。这样就形成嫉妒，总结时谁也不怕谁，争个不休。关于这方面，在武乡还缺乏正面的经验。

3. 奖励与学习结合。最好的办法是奖励要具体，奖励他哪一点就号召别人向他学习哪一点，不论哪一种模范，只要有区以上政府及相关村的公认，就很容易变成一个村一个队或一个人的优良传统。现在县里注意了这样做，做的办法是多奖励，开展各方面的模范运动。

——《新华日报（太行版）》1945 年 6 月 9 日　六版

提高警惕武乡巩家垴遭敌奔袭

（武乡消息）5 月 18 日，段村敌千余分两路包围巩家垴。该村干部乐观麻痹，备战疏忽，以致公私粮食损失很大，民兵亦损失枪支弹药一部。群众伤亡共三人，被抓走十余人，耕牛、衣物、家具被敌抢劫一空。我六区公所，当即派人前往进行善后，有的群众反映：“咱只说敌人不相干了吧，哪知他快死了，还要来乱抢一阵。”政府现正设法帮助群众加强备战，检讨疏忽麻痹教训。（景春、水林、克勤）

（又息）最近武乡段村伪军经常利用便衣工作队，配备少数精干武装，出发活动。21 日中午，在二区×村捉走我方人员一名。23 日晌午，在×村包围我游击队未逞，复又绕道去型庄，敌前哨队伪装担粪扛镢的，突然进村，抢走耕牛八头，抓走群众五人。同一时间，松村敌又在×村包围，捕捉干部，我公安局赵兴顺同志被害牺牲。现敌人改变过去夜间包围的老规律，抽晚饭和晌午群众息晌间，用小股部队奔袭，行走村不打枪，沟暗地用跑步、暴露地爬行，行动迅速，我岗哨不易发觉，且常于我方每一较大军事斗争任务完毕后，乘我军民警戒松懈时出来活动。我们应针对着敌人这些活动特点，主动的给敌人以打击，动员群众在午、晚、息晌间严密注意岗

哨，反对麻痹轻敌。（笑岗）

——《新华日报（太行版）》1945 年 6 月 11 日 二版

棉花被虫吃掉一千余亩

武乡发动全力杀虫

武县县长亲任总指挥 从县到村星夜布置

（武乡消息）近来武乡各区，黑婆虫继续发展，豆苗、棉苗、山药苗等被害的很多。全县已种的 7 千亩棉花，就吃掉 1 千多亩，苗杜一个村种棉 50 亩，就吃了 48 亩，土河二分队种了 72 亩豆子，只剩下 2 亩。5 月 31 日成立县剿杀黑婆防旱指挥部，发出紧急动员令，并派专人分往各区传达，武县县长任总指挥，亲自参加领导。要求：各区村即日成立指挥部，发动群众全力进行，务须短期内消灭干净。现在，干部和群众存在的错误想法，如有些群众，认为捉黑婆虫就耽误生产，只依靠妇女儿童去做，而妇女们单为竞赛得奖，捉起来非一个一个装在瓶瓶钵钵里不行，成为算数的锦标主义。有些群众，认为黑婆虫是神虫或侥幸等待等，这都是必须立即打破的。干部应认为防旱捉虫为首项任务。认为黑婆虫为第二敌人，认为今年不捉，明年越多，必须以明显事实及算账办法，尤其是本村实例，彻底打通思想，并纠正捉女不捉男的偏向。在做法上，必须抛弃过去单纯算数与得奖的偏向，发动群众以村或队组划分地区，以救下多少亩禾苗、与消灭多少大区域的黑婆为好坏标准。

二区干部接到命令后，于 6 月 1 日午后举行紧急动员会议，成立区指挥部。会上，区政委籍希俭同志作自我检讨说：“咱过去觉得黑婆不大要紧，天旱也还早些，没当回大事，所以领导上便没有抓紧，这两天又觉得天旱得种不上了，种上的黑婆也吃得不少，所以又有些悲观失望，这种只想不做，是对群众不负责的态度，今后应百分之百的完成这一任务……。”当即

决定：会散后，星夜赶往各联防，亲自领导，以具体事实，打通村干部及群众思想，提出努力口号：多吃菜少吃粮，准备将来渡灾荒；黑婆是“二敌人”，必须消灭光。不让害虫再吃一根苗。会后，各干部又于当晚分头下村。韩壁村即于当晚召集全村干部及生产主要干部讨论，定下办法：（一）捉黑婆全村以村东西南北大路划分为四个地区，四个妇女大队，挨地搜捉，儿童协助，男子四个大队，按各组生产地区，一听钟声，就地搜杀，免误往返时间。（二）指挥部干部分工亲自参加各分队指导，每晚总结一次，交流经验。（三）总结时，各分队互相派人检查。（四）每次出发前，派侦察员先头侦察，一吹哨子，大家便集中围歼。消灭了一块再消灭一块。消灭光了，第二天三天还要去侦察。（五）捉的方法是就地消灭，利用树枝，谁创造了好办法，要奖励。（六）要和防旱结合，午饭后出动，有虫杀虫，没虫剜菜。（宇）

——《新华日报（太行版）》1945 年 6 月 11 日　四版

武乡成立遗族抗属高校

（武乡消息）县府为了照顾贫寒抗属，使革命先烈的后代及抗日军人的光荣子弟有求学上进的机会，特筹划成立公家供给的遗族、抗属两级小学校，并及时发出了创校的通知。接着便有不少的学生来报名（现已有了四五十个学生），经过了半个多月的师生共同努力，各种创校工作已全部就绪，已于 6 月 1 号正式开学。（籍毅）

——《新华日报（太行版）》1945 年 6 月 21 日　四版

武乡庆祝组织起来一周年

跟毛主席走贫富沾光

五个区组织起来男女劳力 35000 多人，全县增产 8 万石。

（武乡消息）本县在毛主席组织起来的方针下，去年开展了全县大规模的生产运动，无论贫富都沾了大光。在 5 月中与庆祝七代大会同时，全县各村群众先后举行庆祝组织起来的一周年。大家饮水思源，纷纷回忆共产党给予自己的好处。“穷人变富，富人更富”的事实，使各阶层产生了对共产党的衷心爱戴与拥护。据五个区的统计，共有 73323 人，其中男全劳力 25540 人，女全劳力 19659 人。组织起来的人数，男全劳力 20861 人，女全劳力为 14350 人。一年以来，产生了 404 个劳动英雄，971 个模范农家，改造了 3540 个懒汉流氓和小偷。有 2326 个地主和富农参加了互助组，他们在团结生产的互助运动中，得到了很多的好处。例如芝麻角村的富农霍金水，全家 6 口人，今春就病了 5 口。但是互助组完全没有让他们的 27 亩地荒了，而且今年春耕中本该用 119 个工的活，结果只用了 81 个工就给他作好了。由于互助省工，群众就有可能多开荒和深耕细作。一年以来，五个区开荒 16831 亩，修堰垒壑 229485 丈，填地洞切圪嘴 22795 个。锄耧三次的地有 60248 亩，占秋收作物的三分之一。据二区统计，每亩平均上粪 58 担，而在 1943 年，只能提出每亩争取上粪 30 担，1944 年，也只能提出 40 担。一年来，二区人造肥达 63 万担之多。结果，去年超过应产量 19155 石（还扣除了四、八区因敌奔袭破坏而造成的 12637 石歉收），超过前年产量 10100 石，全县共增产 8 万石。收获的增加，使穷人变富，富的更富，该县赤贫升为贫农的有 1314 户，贫农升为中农的有 1431 户，中农升为富农的有 183 户。1314 户赤贫，受到普遍的互济，共计粮食 1454 石，他们的阶级地位因

而也逐渐地上升。生活的富裕产生了群众队伍文化的要求，110 多个村子就组织了 106 个农村剧团，227 所民小。（郭忠）

（又息）5 月 26 号，县府各机关在驻地召开 6 个村 1343 人庆祝七代大会及本县组织起来一周年，姜政委明确指出我们要拿实际工作来庆祝，坚决执行三分区军民斗争五大纲领，接着谈了去年组织起来的成绩，并号召群众发扬成绩，进一步深耕细作，发展副业，保证耕三余一。接着全体群众，庆祝树辛模范村及六个村、李马保等 38 个劳动英雄身体健康，奖励了今年劳动模范及模范组。最后大家发动支援前线，并通电要求成立联合政府。

——《新华日报（太行版）》1945 年 6 月 23 日　一版

太行武乡经过减租生产
穷人组织起来翻了身
部分地主富农亦参加互助组

（新华社太行 28 日电）武乡是工作较好的县份，自从经过彻底的减租减息和连年的大生产运动，全县人民无论贫富，生活都逐渐上升。最近该县群众，与庆祝中共七代大会同时，并庆祝全县组织起来的一周年纪念。据该县五个区的统计，共有人口 73323 人，其中男全劳力 25540 人，女全劳力 19659 人，已经组织起来的男全劳力 20861 人，女全劳力 14350 人。一年来生产劳动英雄 404 个，模范农家 971 个，改造懒汉等 3540 个。地主和富农参加互助组的达 2326 个。他们在互助运动中，和贫户们同样得到了许多好处。例如芝麻角村的富农霍金水，全家 6 口人，今春病了 5 口，生产发生困难。村里的互助组，立刻帮助他，把他的 27 亩地全部耕完下种，并且节省了 38 个工，解决了他的春耕困难。由于互助省工，使各区群众赢得时间，进行深耕细作和多开荒田。据悉，一年来五个区共开荒 16831 亩，修堰垒壑

22948 座，填地洞刈圪嘴 22795 个，锄草三次的地，有 60248 亩，占秋收作物的三分之二。据二区统计，每亩平均施粪 58 担。各区深耕细作的结果，使该县去年生产超过应产量 19155 石（其中扣除四、八区因敌奔袭破坏而造成的 12635 石歉收），超过前年产量 10100 石。由于产量的增加，人民生活日益上升，贫人变富，富人更富的理论终于变成事实。据该县统计，一年中，全县赤贫户升为贫农的有 1314 户；贫农升为中农的，有 1431 户；中农升为富农的 183 户。同时跟着农民经济上升而来的，是全县大小地主的地租得到了保证，各地富农的生活，得到改善；文化娱乐生活，成了群众普遍的要求。据统计，该县 110 多村子中，现有农村剧团 106 个，民小 227 所，识字唱歌，已成为武乡农村特色之一。

——《解放日报》1945 年 7 月 1 日　二版

武乡二区干部英雄模范

200 多人检查韩壁生产

（武乡消息）二区于 6 月 25 日至 26 两日召集全区干部、劳动英雄、各种生产模范 200 余人，总结春耕生产工作。25 日早晨分七组进行检查。检查之前，就提出检查的目的和态度。目的有三：一、使这次总结更具体实际，明确具体成绩和优缺点，以便及时纠正与发扬。二、学会一套检查办法和经验，展开全区全面的生产大检查。三、发现优缺点，可作为各村检查的借鉴。检查的正确态度是从改善工作出发，看看人家，想想自己，无论发现优点或缺点，不夸大，不缩小，具体提出意见，并要求韩壁英雄、干部群众抱着“有则改之，无则加勉”的态度虚心去接受大家意见。

检查后（就检查到的地区），提出了发现的问题：（1）各组均发现荒地不少，共有 90 余亩（包括生荒、熟荒、歇麦茬等）。修边堰一般普遍修了，还有个别的如还有韩奎□边堰都没修，抽心种了块草麦。竹山的圪洞还没

填起来，一下雨地非塌不行，还会影响别人的地。还有好几块挨崖边的大歇扇没有筑也没有种。（2）各种苗子种得合时，捉得很好，这是韩壁组织起来的成绩，其是谷种得技术高，长出来非常匀和，这也说明今年在技术上的提高。十分之七八的苗子现在都可锄挽了，以前误种和黑婆吃了补种的苗子已大部分出土，这是最大的优点。但也有几块玉茭谷子种得太粗糙了。不是下了雨就永也不会出来，而且现在应该锄挽的苗子很多，做出来的只有十分之二三，如果不及时组织力量突击，苗子马上就荒坏了。（3）金皇后玉茭苗子捉得都好，十分之四五也都锄挽出来，但有一个普遍缺点，种得犁细，留得太稠，还有个别户，仍和土玉茭种在一块地里，也有的种着带籽。（4）麦子都黄了，割了的很少，没有实行黄一块割一块的办法。虽然半月以前因为到外村担水吃耽误了些工，但如果把全村男女老少都组织起来，也可以补偿这个缺点的。（5）对军队荣退军人病人商人等照顾不平衡，如一个退伍军人，苗子留得不合安，一个病人地种得不好，一个商人地没种上，说明了在调剂技术、照顾病人、各种人的结合上还做得不够。（6）还有一个优点，在地里已经看不见一两个人单独动弹了，总是一伙一伙的。

检查总结会上后，韩壁决定以队为单位，及时讨论，纠正提生产中出现的缺点。(宇)

——《新华日报（太行版）》1945 年 7 月 7 日　六版

武西进入粮食斗争

武西县指挥部紧急动员和组织一切力量进行夏收。得注意的具体办法有：一、在麦收中，为了节省民力组织民力，全县一律停止集市。二、加强各村指挥部工作，特别是边缘指挥部。三、为照顾军队积极活动，打击敌寇，保卫夏收，边缘区各村组织拥军招待组，随时随地解决军队困难。

四、后方民兵组织××人到前方活动，打击与围困敌人。

现在三区各村均临时改指挥部为夏收委员会，并增设了两个委员，一个专门负责组织快收，一个专门负责组织快埋。在劳武集合上，每组有民兵放哨，负责监视敌人。折工办法：一、民兵放哨顶全工。二、敌人出发以后不顶工（道理是敌人出发后，他不放哨也得打游击）。现在三区已割了三分之二。四区为了夏收安全，以联防为单位，组织民兵到前方担任警戒，使三区成为敌后方，能不受损失。又组织了400人力援助三区抢收。（尚枫、景芳）

——《新华日报（太行版）》1945年7月9日　五版

庆祝共产党生日

韩壁小学教员　籍承贵

今天是七月一日，
是中国共产党24周年的诞生日，
我今天表示热烈的庆贺，
并祝你永远胜利，
永远健壮！
你是夜间的北斗，
指出了人民的方向，
你是寒天的暖床，
人民在那里生长，
你是黑暗中的光明，
复活了人民的希望！
我虽是个非共产党员，

但我永远同情你的主张，
我情愿跟着你前进，
我愿意做你的后备力量。
我是个没有了父母的孩子，
还得你对我多加抚养。
今天是你的诞生日，
我发出了满面笑容，
我祝贺党的旗帜，
永远在高空的阳光下飘扬，飘扬！
我永远在你的旗帜下前进！
我永远在你的旗帜下快乐地歌唱！

——《新华日报（太行版）》1945年7月9日　六版

武西边沿区反抢粮斗争剧烈展开

全区民兵统一使用　痛击小股抢粮敌人

（武西消息）近来武西边沿区的敌我抢粮斗争剧烈开展，每天枪声不断。6月30日，敌人红部便衣队到故城抓丁抓干部，28日包围二区山曲，29日包围一区辉楼沟，将30多个妇女儿童在窑洞里用毒气熏坏，除6人熏死了，其余幸未遭难。其他小股出扰日有所闻，东坡等村已被敌人抢去麦子20余亩。2日在卲渠又抢割麦子30多亩。

边缘区干部群众对于敌人的疯狂抢掠，深恶痛绝，积极的组织力量打击敌人。三区民兵统一由区指挥使用，并有四区民兵增援，分日夜班配合游击小组及正规部队积极打击敌人。30日坚决打回袭击故城之红部便衣队，打下被抓民兵一个、包袱一个及全部抢去的东西。6月28日，截击包围山曲之敌。他们白天在维持村附近监视敌人行动，夜间由区统一指挥，分地

段专人负责到前方埋地雷，封锁敌人，开展爆炸运动。

在劳武结合上，除第一道防线监视敌人，第二道防线坚决打响、起“肉电桿”作用外，其余民兵均和劳力混合自愿结成小组，互助组内都有武装配备。××村分两种性质的劳务小组，一种武装较强，挺进维持村附近，一面掩护后方抢收，一面结合劳力在前面抢收。敌人出来打敌人，敌人不来进行收割。在后面的劳武互助组，一面掩护一面抢收，发现敌情掩护转移，并做了退到那里抢收在那里的行动。个别村庄在夜间进行抢收。在记工折工办法上采取了统一做法、分别记工的制度。妇女参加，以活评工价，需要价的，每工扣除吃粮付工资，如需要工的马上还工。同时，武西目前普遍降雨，在山区又结合了补种。因为夜间抢收劳眼，再加早上有雾水，所以一般早上不割麦，全力进行补种。

三区边沿区各村都吸收了杀敌英雄、劳动英雄及各种能手成立了抢收委员会，自然村成立了抢收小组，发挥集体领导分工负责的领导办法，一部分负责掌握抢割，一部分负责掌握打，一部分负责掌握埋藏，真正做到一面打一面埋。为了防止个别群众暴露埋藏地点做小偷，普遍的展开了气节教育。石人底群众自动订立了生产备战公约：（一）服从统一领导，一般情况不乱跑到指定地点。（二）不论敌伪怎样威胁，宁愿自己牺牲，不暴露一点资材秘密，如有人暴露，大家讨论一人包赔，政府处分。并进行了可疑人的找保制度，敌人包围山曲时，政府为了避免受损失，组织了四百个民力，一黑夜转移了数千斤公粮。

因此，南沟据点、五峪据点的敌伪，在三区要抢十五万斤麦子的计划，现在已被我们粉碎了。（尚枫、戊己）

——《新华日报（太行版）》1945 年 7 月 13 日　二版

武西营进袭五峪敌寇

（三分区消息）6 月 17 日夜，我××团及武西营一部，向盘踞五峪之伪绥靖 12 集团之第一团进袭。我以一部直扑日碉，将其封锁，另一部向伪碉冲去，占领敌宿舍数处。战约 1 小时，我始撤出战斗。计毙伤敌伪 60 余。（亭凯）

——《新华日报（太行版）》1945 年 7 月 13 日　二版

武西举行群英大会

（武西消息）本县于 6 月 16 日举行群英大会，进行生产座谈，得出以下几点经验：深耕浅作不要死做，要灵活些，如今年易多上籽，出来后，拔去一半正好；同时必须将种子用温水泡过，把漂在上面的去掉，这样不生产旧霉霉；在翻黑豆地时要深，翻白豆地时要浅。今年防旱实行旱种的得到很大好处。石槽沟李廷桢在会上说：他种的早，苗子不但齐全而且还能除害，因为清明种的庄稼长起来了，黑婆就没有咬动。互助模范弓敬明说：搞好互助，一要及时为群众解决困难和民兵结合好；二要教育大家不能皮薄，但也不能太憨厚了，要很好等价交换。（红）

——《新华日报（太行版）》1945 年 7 月 15 日　四版

左、武群众纪念烈士给赵副团长立碑

（左权消息）左权二、七两区和武乡一区群众，为了纪念朱德警卫团赵副团长玉珍，特在两县交界路上南岭岩建立纪念碑，并于 7 月 10 日举行奠基典礼，参加群众 1 千余人，各村都做有花圈、挽联祭供。会上左权参议员

常之光老先生哀痛的致辞，他说：我们老百姓一定要参加八路军，给赵烈士复仇，还要好好生产，军民有饭吃，合力赶跑日本鬼。下午并有武乡一区白河剧团冒雨赶来，星夜在左权二区温城演剧。（玉珍）

——《新华日报（太行版）》1945 年 7 月 17 日 四版

武乡县议会闭幕 民主通过施政计划

号召全县增加粗粮三万八千石

（本报消息）武乡第一届县议会在讨论完成政治提案后，23 日，武县长代表政府作报告，报告武乡一年半来的行政工作。首先，报告了武乡军民围困蟠龙、逼退敌人的重大胜利，揭破了武乡国民党特务分子史标青、郝竹亭等勾引敌人占领蟠龙的阴谋，并给以坚决打击。其次，报告了在毛主席号召组织起来的政策下，展开了大生产运动，全县增产 8 万石，组织互助组 1402 个，占全劳力 45%，在 106 个村中，有 1472 户赤贫上升，改造了懒汉二流子 802 个。在 294 个村中，贫农上升中农 1434 户，中农上升富农 124 户，并创造了劳动英雄模范 1000 多人。最后，是民主建设方面进行了减租减息的检查和拥干爱民运动，并做了边选、县选工作，95%以上干部进行了普选。另外还检查了工作中的缺点，提出了今后的施政方针与计划。经过各参议员本“知无不言，言无不尽”的精神，进行讨论，提出批评意见。女参议员李珍文提出：现在政府的婚姻法令是很好的，但有些村干部在执行中还有包办婚姻的情形。一区参议员提出优抗不够经常，工作中对边缘区照顾不够等。经武县长一一作答，后通过今后施政计划，内容主要为深耕细作，巩固与扩大互助组，进一步发展农业、服务业、手工业、合作社。并号召大家多种短期作物，全县要增加粗粮 3. 8 万石。割麦后，即动员群众补种荞麦秋草麦等，利用地边多种蔓菁、芥圪塔，每户每天节省米二合，多采野菜。26 日下午，大会进行选举，经过四小时的讨论，提出武

光清等31人为行政委员候选人，李玉田等12人为正副议长候选人。选举结果武光清当选县长，武光清、张子玉、姜一、段子元、杜青史、杜管五、赵桐封等九人为行政委员，选出李玉田为正议长，李嘉树为副议长。大会自此，圆满闭幕。

——《新华日报（太行版）》1945年7月19日　四版

武西我军保卫夏收　打入勋欢敌据点

毙俘敌伪27名

（武西消息）我××团主力一部，自麦收以来，曾打大小仗十几次，前后打死段村之“剿共军”2团2营营长及12团连长3名，打伤1团营长一名，毙伤敌伪六七十名。为了扩大胜利，进一步打破敌之抢粮计划，复于本月10日夜，打入白晋路勋欢敌据点。这次生俘日军1名、伪军21名，击毙日军4名、伪军1名，缴掷弹筒1个、步枪15枝、冲锋机枪1枝、子弹1箱、电话机五部及其他军用品1部。我负轻伤5名。我并将该据点设备大部摧毁。（毅民）

——《新华日报（太行版）》1945年7月21日　二版

红星大队检查锄苗

（武乡消息）二区韩壁红星大队于7月14日下午进行检查生产，发现锄苗工作存在着几个问题：一、领导上没有很掌握，有的好有的不好，还有大苗荒、小苗已锄二遍，这证明领导无计划盲目干。二、隐瞒错误的缺点已发现了。全村有老荒地16亩，熟荒八亩，揭麦茬24亩，都知道是那队那组那个人荒了的。三、帮助各种困难人不够，朴则组优抗代耕地里草大

苗小。接着又将韩壁防旱节约夏麦歉收算了一下，麦收共少收480石，现在正补种荞麦。全村1600亩麦茬，种四分之一，收160石，每户种菜要平均收400斤，共11200斤，顶小米112石，每户积干菜50斤，平均顶谷140石，每人吃菜节粮每天二合算，930人算四个月结粮2232斗。这样才保证了耕三余一的实现。第二天各分队各组各家各人进行着检讨反省，要行动起来。

——《新华日报（太行版）》1945年7月21日　四版

英雄们在做什么？

他们紧张生产，不断地改正缺点，保持荣誉。

（武乡消息）劳动英雄李马保在7月12号召开家庭会，订出三个月的节约增产计划，从7月15号起，到10月15号止，共节约增产粮8石3斗，办法是：

节约备荒上：全家6口人，分4个时期节约。第一月，分15天上午节约，15天下午早上节约。这样好处，能均匀开，在生活上开始节约受不了大影响。同时抽两个妇女拾菜30天可折小米3斗。此外要大量种菜和种荞麦。（其瑞）

——《新华日报（太行版）》1945年7月23日　一版

武西选拔模范干部

（武西消息）本县在群英会上举行模范干部的选拔，各系统分别先交流了领导经验。（一）过去的工作只有布置没有检查总结，因此干部没有很快的提高，今后必须掌握计划、检查、总结三个环节。（二）每件工作，应启

发群众自觉去做。这次田景芳同志的组织支援二线生产，改变了过去的派民伕支差的现象。因此群众情绪高做得好。（三）这一件工作和另一件工作要善于结合，如周戊己同志谈拥军工作，是抓住总结战争而转到拥军工作上，因而联系得很好。最后，田景芳、周戊己、牛中堂、段德先、张凯、石保明等六位同志当选模范。（尚枫）

——《新华日报（太行版）》1945 年 7 月 27 日　四版

武乡 90%劳力组织起来

四区省工三万　加强深耕细作

（武乡消息）本县半年来的生产运动，已经取得了很大成绩。首先在农业互助上，根据 8 个区的统计，105 个村组织起来有 24499 个劳力，占全数的 90%。内有模范组 722 个，共 6935 个劳力，一般组 1709 个，共 13805 个劳力，不经常的有 557 组，3059 个劳力。另据四、五、七三个区统计，共有 33 个小自然村，组织了百分之百的劳动力。今年互助上有三分之一的村庄严格执行了等价交换、以活计工、以人评分、定期算账、推行工票等制度。组织起来的结果，只四区统计就省出了 3 万个工。用在深耕细作上，91 个村统计，耕三次的 159648 亩，耕两次的有 1209 顷，修壑子 116 个村计算，共修 26968 个。99 个村修边堰 171541 丈，123 个村填圪洞共 14267 个。全县共造肥 20015422 担，每亩平均 50 担，一区、五区每亩平均 65 担。下种时，并大大推广了温汤浸种，彻底做到温汤浸种的一、五两个区统计，共有 42 个村，选种的有 37 个村，交换种子的有 44 个村。其次，半年来副业生产的成绩，287 个小村熬盐 38713 斤，3 个小村做到自给，合洋 16 万元；63 个村熬碱 3328 斤，合洋 22. 6 万元；养鸡共计 21374 只，养猪 290 只，只一区就有 64 只；土染料只北社一村创造土染料 9 种，染布 27 尺，合洋 5400 元；16 个村炸油 123212 斤，每斤 40 元共计合洋 480 万元，成本

285万元，净赚195万元。96个村植树，共植果树1800棵，杨树503339棵，每人平均4棵；纺织60个村，共赚棉花34562斤，合洋400万元；种棉52个村，共计4440亩。此外，武乡县群众还与旱灾和虫害做了斗争。全县黑婆虫共吃田苗50多顷，棉花17顷，5个村动员群众有3.2万人，共捉黑婆虫165石，打蝗全县共打2731斤，有9000人参加。四区旱灾严重，补种一次的2.5万亩，两次的有6.6万亩，三次的有1600亩，栽种11个村共种1480亩，担水浇地9个村共浇1400亩。生产运动的开展，涌现了大批的模范工作者、劳动英雄。各种模范四、五、七3个区共有265个模范的村干部，6个区共有新的劳动英雄515人，其余模范组长、队长、技术能手卫生和副业等模范共有835人。并且改造了懒汉1027人，自新人有889人参加了生产，取得了以上这些成绩的几个经验是：

一、打破了一个旧观念。过去以为英雄模范选举得不要太多了，太多了就一般化，不光荣了，从今年实际工作中证明，并不是那样。由于运动的广泛开展，全县奖励了1612个英雄和模范，事实证明，只要我们能及时鼓励他的长处，指出他们成绩，他们就会更积极，在运动中起着带头的作用。

二、用总结组织起来一年群众所得的利益来教育群众，明确组织起来是由贫变富的道路，认识“组织起来顶机器”。如树辛总结组织起来时，打粮超过应产量1366石，赶出9000个工，都用在深耕细作修边垒堰上，全村消除了赤贫，用这样的实例来打通群众思想，启发群众生产的积极性。

三、用精确的计算打通干部和群众的思想，开展副业生产。武县长亲自以六区魏生灵为例作了计算，让大家具体地认清不发展副业，耕三余一的实现是难保证的，这样推动了全县。

四、在今年生产运动中，注意改造各种人，改造不务生产的人有2520多个。这些人都积极地走向了生产战线，有的成为生产中的积极分子。树辛村陈天□是地主的儿子，对于生产不积极，前年把地都荒了，去年在李

马保教育下，开始转变参加生产。今年生产更积极了，他知道了互助大家都有利。（冀锋）

——《新华日报（太行版）》1945 年 7 月 27 日　四版

防止后旱！准备度荒

（武乡四区消息）胡峦岭自从下种到现在，根本没有落过一场透雨，眼看年景遭下了。自政府号召大家节约多采野菜以来，现在全村妇女都动起来了。每天下午妇女们按着小组去集体采野菜，组与组互相竞赛，看谁采得多，一下午每个妇女能采三口袋到四口袋。她们今年计划每个妇女要采 500 斤到 600 斤干野菜，准备度荒。（马琳）

——《新华日报（太行版）》1945 年 8 月 1 日　四版

太行武乡生产大发展

二万余人参加互助组

战胜旱灾　保证了生产运动

（新华社太行 31 日电）武乡半年来的生产运动中，发扬了群众的新英雄主义，产生了模范村干部 265 人，新的劳动英雄 515 人，模范组长等 835 人，改造了懒汉 1027 人。通过这些劳动英雄和模范工作者，大大的发展了互助组织。据统计，该县 105 个村中，已组织起来的劳力、达 24495 个，占全数的 90%。其中 33 个小村，参加互助组的，更达百分之百。由于发扬了互助，仅四区，就省出三万个工。树辛一村，半年产量，超过应产量 1366 石。群众生活改善，全村赤贫消灭，同时又保证了深耕细作。全县造肥 2000 万担，平均每亩 50 担，较去年增加二分之一强。有 91 个村子，耕三

次的地达 15 万亩，耕二次的占 12 万亩。值得特别提出的，就是该县群众，和旱灾做了顽强的斗争。据四区一地统计，补种一次的 22000 亩，三次的有 1600 亩。毁了一次又种一次，终于战胜了旱灾，保证了生产运动。此外，在副业生产上，如纺织、熬盐、熬碱、榨油等，也有很大发展。现部分村子，已做到食盐自给。有 60 个村，因纺织而获利 4 百万元。有 96 个村，平均每人种树四株。

——《解放日报》1945 年 8 月 3 日　一版

韩惠邦订增产节约计划

推动全村种荞麦 200 亩

（武乡五区消息）韩家垴劳动英雄韩惠邦把自己家里算了一下账，定了 4 个月增产节约计划。全家 6 口人，现存粮食（粗细）共 7 石 8 斗，除了吃的和开支外，还缺短粮食 1 石。他的补救办法是：每天每口节约一合粮，4 个月共节约 7 斗 2 升，每天吃菜 4 斤，顶粮 4 合，每天吃糠 1 斤，顶粮 2 合，这样每天节约的 6 合粮食用吃糠吃菜的办法来补充。每个月熬盐 1 斤，4 个月少称盐 4 斤，节约粮 1 斗 3 升，下缺的 1 斗 5 升粮用南北瓜补充。增产方面是种回茬荞麦 3 亩，可收粮 1 石，种萝卜蔓菁 3 分可顶粮 1 石。两个小孩采野菜，每天采的除了吃的 4 斤外，还能积蓄 10 斤，一个月可集菜 300 斤，能干 60 斤，可顶粮 6 斗。在村干部会上，韩惠邦同志把他算的账与计划谈了一下，引起了大家的注意。全体干部共同把韩家垴全村也算了一下账，订出全村增产节约计划，推动全村种回茬荞麦 200 亩，大量种萝卜蔓菁。（王进文）

——《新华日报（太行版）》1945 年 8 月 5 日　四版

武乡开展节约备荒运动

（武乡消息）由于今年夏季歉收，在6月25日生产总结会上，武县长提出节约备荒，争取耕三余一，推动全县群众种荞麦、种菜。但7月5日以来，没有下雨，旱情越趋严重，深耕细作受到阻碍，种荞麦、种菜的任务也因天旱，普遍没有完成。领导上有鉴于此，全县干部立即深入群众，具体算账，打通群众思想，造成一个生产节约备荒运动。五区东沟村妇救主席李润娥，积极响应政府号召，于7月15日亲自组织妇女儿童86人采野菜，四个下午共采1500斤。四区各村亦造成了采野菜运动。（李廷权、李祖元）

——《新华日报（太行版）》1945年8月9日　一版

上王堡妇女儿童加紧采集野菜

（武乡消息）六区上王堡村入夏以来，天旱无雨。该村为了节约备荒，全村妇女儿童都组织起来，加紧采集野菜。全村妇女59人，分成五个小组，52岁的王羊孩领导的11个人最积极。她们自7月24日开始，两个下午采集了300多斤。每天早上她打着锣，叫妇女儿童们早起打菜，回来还不耽误做饭，下午也是如此。因她领导的好，村里人说："王羊孩真模范，工作好积极干，推动妇女搞生产。"该村儿童也在教员指导下组织起来，全校有30个小学生，每日下午上一堂课后，就到田间争打野菜。在临走时还每人发给一两个生字。打菜回来，交菜背写生字。现已贮藏野菜340多斤。（赵生祥）

——《新华日报（太行版）》1945年8月11日　四版

武乡古台村妇女儿童采菜1300斤

（武乡消息）六区古台村，在政府节约备荒号召之下，全村妇女儿童大动员，妇救干部亲自领导，分组到野外采菜。计参加妇女儿童45人，共组织了5个采菜小组，7月23日到28日5天突击中（不说个别妇女寻的菜），共采菜1321斤。并在这5天下午采土染料，只黑药料、槐花籽两种共49斤。（景春）

——《新华日报（太行版）》1945年8月13日　四版

武乡14个村

集菜2万斤备荒　折合小米百多石

（武乡消息）四区因旱灾严重，即发动各村集菜。14个村共集干菜7610斤，湿菜14048斤。10斤干菜顶小米一斗，可折合小米100余石。各村妇女互相检查，劲儿很大，并出现姜凤兰集干菜58斤、张闺女55斤等20余人是模范。（寿山）

——《新华日报（太行版）》1945年8月20日　二版

武乡县创办文化合作社

（武乡消息）本县文教工作者，为供应全县文化界食粮，决定成立文化合作社，于本月1日在洪水镇正式创办。最近已买来大批书籍、文具等用品销售。本社主要目的，是为了给文化界服务，帮助与提高开展武乡文化教育事业。（克勤）

——《新华日报（太行版）》1945年8月25日　四版

武乡民兵围困段村

（武乡消息）现在七区民兵已由武肇英同志率领到了段村前线，民兵们每个人都兴高采烈地拿着自己的武器，他们说：这回一定要捉住几个伪军。敌伪则非常恐慌，每日都有伪军逃跑反正。汉奸段丙昌已下令不让维持村群众到城里赶集了。（李芳）

——《新华日报（太行版）》1945年8月26日　二版

报血海深仇　算八年血账
武乡人民奋起参军

（武乡消息）自县里号召参军后，各村群众奋起响应，都要到前线去，最后和敌人及汉奸清算八年来的血账19、20日两天内，全县报名者已有200余人。武占云是苏峪民兵指导员，他说："在敌人八年的"扫荡"中，使他学会了一些本领，会打仗会打枪，地雷土炮样样熟练不外行，这是敌人教咱学下的，敌人快死的时候赶快再用一下归还给敌人才对"。刘万年是个退伍军人，现任显王村指导员，他说："我家是闻喜县的，敌人占了好几年，敌人要走，我赶快去报一下仇，二次参军去。把我的八亩地，4000元大洋都交给公家。"李书珍说："前几年敌人后来"扫荡"。打过几回，后一二年不好来了，打得没过了瘾，敌人快要失败了，不去打一下就没机会了！"李书珍是茂树角武委会主任，他参军时，整整带了一个班，叫茂树角班。胡宗旺已经34岁了，是左会武委会主任。他说："敌人打死我的亲兄弟胡黑孩，我要报仇去！"萧贵生说："敌人虽投降了，但还没缴枪，听说阎老头又在捣蛋，所以我要参军去，亲自下手，把这些狗们收拾完！"（赵正晶）

——《新华日报（太行版）》1945年8月27日　四版

茂树角的参军热潮

（本报消息）通讯员赵正晶同志对武乡茂树角的参军情景，写道：茂树角干部群众，于19日上午开会，讨论参军。会刚开，政治主任李拴住就说："我先报名参加胜利军去！"他这一说，激动了全体干部。武委会主任李书珍就接着说："你身体不好，你不要去，我去好了！"会还没有开完，消息已传遍了全村，指导员李五斤已跑来："你们参军了，我也去！"武委会主任指导员参军了，全体民兵心里好急："他们去，咱们还能在家？"接着乔生元、萧贵生、曹三保、乔金铜、李兰成、乔海江、曹祯祥……一个追一个的都报了名，数了数光油油的12个好青年后生。区上要求的任务是十个，但不到六个钟头内，还超过两个。这12个人只是茂树角和刘家嘴两个自然村的，还有房家岭、北沟几个自然村的青年民兵还不知道呢。曹三则因身体不好，不叫他报名，他急的说："你们缴枪走了，咱可不行，叫去不叫去，反正我要去！"

青年们报名后，可发愁还没有和家里父母商量，如不叫去了，可也是些麻烦，但哪想到老汉老太婆们妇女们比青年人还懂得道理深，一说之下，都是情愿送儿送夫参加胜利军。李富贵老汉已经63岁了，就是李书珍一个孤生子，但也情愿送儿参军。他刚刚病起来，扶着拐杖对大家说："我63岁了，不快挡（不健康），但我要送俺书珍去参军，这是个好事情，喜事！大家想想外国人（指苏联红军）还来给咱们打，咱们还能不去？"李振清老汉也是60岁了，他也情愿送他儿子李兰成参加胜利军，他说得更有劲："上山打虎亲兄弟，出征打仗是父子兵。"把手一舞："要是军队要我，我还也要去呢！"大家说："你没牙了还去干啥？"李老汉不服气："咳，黄忠老将八十三，说起打仗心喜欢，我才六十呀！"大家笑了："你们不要笑，如不信，你们可和军队给我说合（介绍）。"

参军越来越红，陈友枝送她男人乔海江参军，曾告她男人说："你到军队上好好学习进步，我到学校好好学习，将来都学好了，咱们都相跟上做工作。"申焕娥也送她男人曹珍香参军，并嘱咐说："你打进太原城了，可也来叫我来！"

房友林想叫他弟弟去，但不敢说，怕弟弟说嫌在家里要赶出门外呢。他弟弟房山林也想去，可也不敢给哥哥说，怕哥哥说不愿在家动弹了。还是山林努了一把劲，先问他哥，才算两心相投，山林就也高兴地报名了。

——《新华日报（太行版）》1945 年 8 月 27 日　四版

边区民兵杀敌英雄关二如参加胜利军

写信给全县民兵　将来在城市见面

（武乡消息）边区民兵一等杀敌英雄 19 岁的青年关二如同志，也报名参加了胜利军。他说："现在日本投降了，我们要赶快收缴敌人汉奸队伍武装去，赶快打完，解放敌占区同胞，我要参军亲自去干，急的不行！"他报名后，影响了许多人报名。另外，关二如还印了一分给全县民兵的信，里面说："上级号召参加胜利军队，占领城市，保卫革命果实，我很愉快的参加了。"最后说"杀敌英雄们，射击手们，民兵堡垒们，以及全体民兵们，如果你们要显身手的话，请不要耽误了这个好机会。同志们，别了吧，不久的将来，当可在一个什么大城市里见面！"（正晶）

——《新华日报（太行版）》1945 年 8 月 27 日　四版

白晋我军光复段村

（本报白晋前线 27 日电）白晋东侧敌伪重要据点段村，已于 25 日晚被我光复。伪 12 集团军李宝森部主力全部被歼，战果正清查中。敌自侵占武

乡后，由于我三分区军民的英勇斗争，不敢盘踞县城，乃在段村修筑城墙，广建工事，以掩护白晋路与沁县城。两三月前敌伪更挖修宽深的围城沟壕，企图死守，被我摧毁无遗。

——《新华日报（太行版）》1945 年 8 月 29 日　一版

太行我军攻占段村据点

（新华社太行 27 日电）白晋路侧敌伪重要据点段村，已于 25 日晚被我光复，伪 12 集团军某部主力，全部被歼，战果正清查中。

——《解放日报》1945 年 8 月 31 日　一版

我军收复重镇段村

（本报白晋前线 30 日电）本报记者报道我军收复段村情形：23 日，我向武乡东（村）段（村）之敌发出最后一次通牒，冥顽不化的敌伪军又拒绝了，指挥部决心彻底消灭它。24 日黄昏，我开始炮击段村西北王家堖碉堡，盘踞该地的伪军一个连被迫投降。25 日晨，××兵团又将城北碉堡攻克，城北的西北高地遂完全为我控制。19 时 30 分，工兵在敌炮火下的土工作业完成，各部队以高度的压制火力，向敌猛烈发射，突击队立即投入冲锋，突破敌伪的炽烈火力与顽强抵抗，从东、西、南三面同时攻入城内。敌伪的顽抗瓦解了，除一部趁乱溃散外，大部纷纷缴械。伪绥靖 13 集团李宝森部自此遂大部溃灭。26 日 10 时，我又将据守城内顽抗之敌指挥小队 17 人全部歼灭，段村城遂全部解放。25 日 21 时，沁县敌伪 600 余企图增援段村，在沁县以东之良庄一带遭我预伏部队迎头痛击。敌伪在猛烈炮火掩护下组织 9 次冲锋，均被我击溃，残余窜回沁县城。此役共毙伤敌伪 200 余，

俘伪参谋主任张效翰、团长韩复东以下500余，缴获迫击炮4门、轻重机枪25挺、步枪400余枝、电台两部、粮食50万斤，及其他军用品极多。

——《新华日报（太行版）》1945年9月1日　一版

贾豁镇掀起祝捷运动

太原逃来被难工人说：解放区如同天堂一般

（武乡消息）六区贾豁镇在我军节节胜利之下，群众掀起庆祝运动，家家户户挂灯节彩，张贴着胜利的对联。儿童组织宣传队，利用集市分头宣传。街墙贴着各种连环画，街的东西搭着雄伟的胜利门，真是气象万新。上月28日，从太原逃来被敌抓去的工人3批共50余人，从武（乡）西转来贾豁镇，由妇女很热情地招待，给他们动员饭吃。有个50多岁的工人说：解放区真好呀！我们好不容易出了地狱，来到了解放区，如同到了天堂一般。八路军是我们的救命恩人，我们要回家宣传。（景春）

——《新华日报（太行版）》1945年9月8日　二版

段村城的解放

礼　易　田　地

攻打段村的消息传出以后，周围30里的群众都高兴得睡不着觉了。队伍路过的村子，老乡们拥挤在街口拍手欢呼着："拥护八路军打段村""把狗×的们消灭干净吧！"一个妇女说："你们去打吧，我们给你们送热菜热饭！"

8月25日晚间，有好月亮，城外山头上，老乡们带着满心的喜悦去看

段村的炮火。段村像困兽一样静静的躺着。周围筑起了一丈多高的城墙，城外两道宽阔的外壕，拦着曾经通过电流的铁丝网。城东北角耸立着七八座堡垒，其中有一个炮台里边尽是日寇。古塔上也架起了机关枪，内城墙到处都有枪眼。9点钟模样，发动了攻势，××团二营一连二排，向城东南角跃进，砍断了第一道铁丝网，越过战壕。敌人3挺轻机枪在东南城墙上集中射击。战士们跳进了战壕，赵兴旺拾起敌人的手榴弹向敌人掷回去，有一颗刚举起时，“砰”的一声炸得满脸烟黑，可能他一闪躲过了，并没有挂彩。

城外的地道和交通壕挖到了城脚下。天刚黎明时，总攻击的信号炮隆隆地轰响了，观战的老乡们披着棉被拄着拐杖，虔诚地祈祷着胜利的来临。老乡们对“剿共军”的仇恨实在太深了，游击区被拆烧得片瓦不存。8月12日晚间，还到赵家垴去抢了百十来石的麦子，剥走了妇女身上的衣服。……战士们并没有辜负了人民的期望，机关枪越打越密，炮弹爆炸后迸裂出灿烂的火花，火花开满在堡垒和炮台上，爆炸声震撼山野，激烈的战斗继续到天亮。二排的战士们趁着浓雾和炸弹的烟幕，冲出战壕来。好休息随着流动的人群四散地传开去：“王家垴炮台被打下了!”王家垴炮台在段村正西面半里地以外的山头上，机关枪可以任意扫射城墙的四角。这使伪军更恐慌了。大清早，妇女送饭的行列穿梭一样的在山梁上来往着，梨儿果儿一堆堆摆满在地上。战士们感动得说道：“这次不打下段村来，我们没有脸回来见你们老乡了。”

第二天黄昏，××团继续攻击东南城角，梯子躺在铁丝网上，人从梯子上跳过去，刚竖到城墙上，××团的战士们已经上了城，大家抢着上梯去。我们的手榴弹扔得太远了，都落在了城里的墙角下。青年战士周魏，他第四个上到梯子头上，抽去了炸弹的引线，一个个轻轻地放在城墙上，炸得敌人站不住了。第五班压住了敌人的反冲锋，左右两边到处都攻上来了。一连占领了伪县公署的房顶，塔上虽然还有轻机枪的冷枪声，但四连向北

发展，已越过塔去，把敌人压缩到城角上，使他们施展不开。战士们喊道："趁早缴枪吧！缴枪不杀!"敌人又打了两梳机枪，一排二排继续前进，只逼到他们跟前，举起了手榴弹说："你们赶快缴枪，不然就全部消灭!"他们只好放下武器，乖乖地走到另一边排成两行坐下，拉开百十来米长，拍手叫喊说："欢迎八路军不杀俘虏"。我们收起枪，先去一个排，他们都拥上来拉老乡关系。连长训话时，问他们丢失了东西没有？我们的战场纪律，使他们非常叹服和感动。

近千的伪军已经全部解决了，还有一个炮台里边藏着23个日军仍在向我们来往的行人打冷枪。几次喊话，让他们放下武器，保证不伤害他们的生命，把他们送回日本去，回答我们的却是断续的枪声。这时候我们就下定决心，要在12点以前全部消灭它。

团指挥所的号声吹响了，我们的山炮、迫击炮、轻重机枪、掷弹筒一齐向炮台轰击，炮台给掀去了一层顶，砖块跌落下来，窟窿越来越大，鬼子没法再抬起头，低伏在枪眼边打冷枪。战士们抢着抬梯子搭跳板，但是敌人扔出手榴弹，封锁得很紧，不容易接近。于是我工兵埋炸药，轰开一个大缺口，他们还不投降，又经我一阵的山炮的集中射击，炮台的东南角垮台了。战士们情绪极度高涨，大家只有一个想法：非打下来不行！敌人顽强，我们比他更顽强。排长指定杜明亮同志当突击队长，他第一个先上梯子，走进炮台跟前，手榴弹从东面最下层的枪眼里打进去，敌人也从枪眼里扔出手榴弹来。明亮同志已转到西边去了，围着炮台的枪眼中扔进手榴弹去，这样来回打转转。工兵的第三次炸药快爆炸了，大家喊他快躲开，轰隆一声炮台飞去了一小半，塌下来的石砖块砸住了他的腿，使他麻木得一时不能再动弹了。可是过不大一会儿，他又爬到炮台的乱砖堆上。李壮来同志上去了，左臂受了伤，杜明亮喊战士们往上冲，他的喊声被枪声淹没了。最后他抬抬手，战士们一口气掷了七八十颗手榴弹，都落在炮台里面，敌人没有声息了。杜明亮同志带着突击班冲进去，戳死了还想坐起来

杀人的最后一个敌人。

段村城被解放了，人们从四面八方像潮水一样拥到城里去。梨儿、葡萄堆在战士们的面前。一个缺牙老汉笑开了嘴巴说："同志，你们吃吧！"

——《新华日报（太行版）》1945 年 9 月 8 日　四版

武乡训练村级干部准备到新区工作

（武乡消息）在这胜利条件下，收复了好多城市和交通线，但本县在职的干部，不敷分配。政府为了培养大批干部到新解放区为工农兵服务，和平建设新中国，顷特设立干部学校，抽调各村村长、政治主任等受训，期限四个月。学校附设在本县五高校。（李廷泉）

——《新华日报（太行版）》1945 年 9 月 9 日　四版

武乡侯家垴两顷麦地耕过两遍

（武乡消息）侯家垴两顷麦地都耕过两遍，有部分耕过三遍，大半麦地看不到一根草。该村今年要种"169"小麦 60 多亩，群众都很愿意种。董然成说："咱一定要听政府说的话，今年每亩要多上几担粪。"（马琳）

——《新华日报（太行版）》1945 年 9 月 11 日　四版

为前线伤兵服务　赵永和组织医务所

（武乡消息）上司村西医赵永和同志，在此次我军进攻沁县时，战场离医院 60 余里，他便自动组织起 3 个医生，在伤病员必经的高岭、上司村组织了一个临时医务所。他亲自动手医治，并号召附近各村妇女日夜轮流招

待，用自己的药和绷带给伤员换药。这种为战争服务的精神，值得表扬。（程静）

——《新华日报（太行版）》1945 年 9 月 11 日　四版

活跃在解放段村战斗中的妇女们

李　光

在这次收服武乡段村的战斗中，妇女们起着重大作用，在战场上所表现的勇敢、热情及不怕困难的精神，都是出人意想的。

她们在听到敌人接受无条件投降消息之后，便想到我们的军队一定收复段村，各村妇女都自动起来准备米面。就拿离段村 6 里地的史家垴来说，66 个妇女在两天两夜当中，便推了 8 石 5 斗麦子的面。在我们的队伍还没有完全集中以前，已经有许多村每天做好了饭等着，一连几天都是这样。

8 月 24 日晚，攻城部队开始攻击。领导上为了有计划地供给，大致上划分了一下，哪一边的村子给哪一部队送饭。从 25 日早晨起，在通往神西、涌泉、型庄、郝家垴的四条大路上，便出现了成群结队的妇女，抬着饭罐往火线上送去。

30 里以内村庄的妇女，都参加了这一行列，较远的有：涌泉、大良、楼则峪、小良、神西以至贾豁等村，就连敌人所造成的无人区的马牧、型庄等村，由于敌人的残酷烧杀，平常连糠菜都难以入口，这次也都自动地送了饭来，黄瘦的脸上充满了愉快的神情。她们肩着几十斤重的担子，越过无数的山坡，下到敌人炽烈炮火轰射着的平地，利用着土坡和庄稼的掩蔽，直达战士们作战的城下。她们既不害怕又不疲劳，在战士们吃饭的时候，有近村的妇女们引领着，爬到敌人的菜园里，拔了许多菜。回来时，许多人的饭罐里却装满了洋白菜、葱、南瓜、辣子之类的鲜菜。她们到处

传播着战争进展的情况："咱们的战士已经打到城下啦！"

由于天气热、路远，送到前方的面条都成了糊糊，不如稀饭受战士们欢迎。她们马上接受了这一教训，送晚饭都改成了稀饭、烙饼。附近村子的群众更把许多葡萄、梨、苹果等，送给她们带去慰劳战士们。

25 日晚，我军攻入段村。26 日晨，日寇还占据着炮楼进行垂死的顽抗。城镇还被炮火的烟雾弥漫着。因黎明时下起雨来，路上铺着很厚的泥浆。但是送饭的妇女们仍然拥进城来，抬了 200 多担饭。由于有的部队估计都不可能再送饭来，自己做了饭。因此送来的东西，除了队伍使用之外，一部分交给民兵和民夫吃。使人分头告诉路上的妇女，不让她们再往城里送饭了，但制止不住，直到 27 日，还有的村子给军队送饭和慰劳品。

妇女们这种热情的举动，给了作战部队很多便利和鼓舞。战士们都说："这地方的妇女太好了，在作战中，我们一点都没感到吃饭和喝水的困难！"

——《新华日报（太行版）》1945 年 9 月 12 日　四版

武乡人民欢庆全县解放
段村公祭殉难烈士

（武乡消息）白晋我军于上月 25 日攻克段村后，武乡全境已获得全部解放。全县人民欢欣鼓舞，每个山庄、窝铺、乡村、市镇的男女老少，都好像重生一世的人。县府为了庆祝胜利，发动群众张灯结彩，贴对联、标语，各村搭胜利门、胜利台，同时，召集文化人进行胜利宣传。各村闹剧团、秧歌、社火、小花戏、高跷，并由教员组织儿童分头宣传。在宣传中，群众说："咱们能过和平日子了，这是共产党的主张好，谁要打扰我们的和平光景，谁就是我们的敌人。"（克勤）

（又息）段村解放以后，经我临时工作委员会三日努力，城内秩序已初步恢复，全市气象焕然一新，各商号均已开门营业，三四家饭铺生意特别

热闹。老百姓都在说着："六年来的罪苦，今年被八路军解放出来了，想作甚买卖就作甚买卖，再不会受敌人汉奸的欺辱了。"9月5日，武西、武东两地群众一万余人，涌到段村大会场来，庆祝光复段村、解放武乡全县的胜利。在会上，武东李主任宣布了抗日民主政府的各种政策，特别声明对伪逆的宽大政策与坚决镇压死心塌地的汉奸特务。经过公祭抗战中殉难烈士后，群众提议惩办大汉奸武得厚、张元林，主席接受大家要求，当场执行枪决。同时，当场取保释放了没办过坏事的马牧郭思明、武来明及段村的武三小等，群众都称赞政府真好。会上演出《血泪仇》，观众达三四千人。(李芳、王及)

——《新华日报（太行版）》1945年9月13日　二版

武乡训练干部　推动新区文化

（武乡消息）我军收复段村后，群众得到解放。政府为了开展当地文化教育事业，于本月2号在寒广（汉广）村，创办在乡知识分子、教员训练班（二礼拜），准备到段村一带去开展文化教育工作。(廷柱)

——《新华日报（太行版）》1945年9月15日　四版

红星队劳力不够　四人要顶五人赶工

（武乡消息）韩壁红星队，自8月听到日本无条件投降的消息后，全队的生产情绪低落。原因在：愿意参军参战的人，忙着打点行装准备出发。当民兵怕参战的，东逃西跑，找后方工厂工作。想出去工作的，到了干部学校（四五十人），参加胜利军26位，现在走了。老年人看到劳力缺乏，都很发愁。在这种情形下，大队召开了个扩大干部会，将全队所有土地劳

力来了一下计算：全村土地 5208 亩，男全劳力 181 个，半劳力 110 个，能参加农业劳动的妇女 53 个（3 个顶 1 个全劳力），3 种劳力共 254 个全劳动力。全年每一个力按 360 个工计算，共 91440 个工。全年 254 个劳力内，除风雨、走亲戚、赶集、开会、抗勤、疾病和冬天 3 个月按半工除，实有工进行农业生产的仅 48780 个工。而各种作物需用工 56592 个，净缺短工 7812 个。全年短下数目还得 30 个劳力才能增补。全体干部一致说："这还了得？只有好好互助赶工"，按 4 人顶 5 人赶工。现正轰轰烈烈地刨荒薰肥。（王海成）

——《新华日报（太行版）》1945 年 9 月 17 日　四版

做到人才两旺　武乡训练医生

（武乡消息）县府为了建设新武乡，做到人才两旺，解决群众有病找不到医生的困难，做到每一个联防有一个医生，现成立医务学校，专门培养医务人员，提高医疗技术。时间暂定一年，各区都保送学员，已到校 10 余人，不日开学。（其瑞）

——《新华日报（太行版）》1945 年 9 月 19 日　四版

洪水镇建立戏院与胜利亭

（武乡消息）为了深入时事宣传，太行三中与武东四高校，共同组织了一个联合宣传团，每逢洪水赶集就去出演。表演内容是目前的时局变化与目前的中心工作。他们并在洪水建立了一个戏院与一座胜利亭。每逢赶集，武东一区的农村剧团也到戏院去出演（各种漫画及胜利的消息等）。（玉珍）

——《新华日报（太行版）》1945 年 9 月 21 日　四版

从蟠龙到段村　大路修通车马不停

（武乡消息）蟠龙到段村的大路，自光复段村后，已修通了。不但能使人行便利，而且能通车了。现在蟠武路上，人来人往，车马不停。（程步鳌）

——《新华日报（太行版）》1945 年 9 月 21 日　四版

玉茭秆熬糖　三斤玉茭秆能熬四两糖

（武乡消息）五区公所，最近用玉茭秆熬糖。办法是先把玉茭秆切碎，用冷水洗干净，然后放在锅内，用大火熬。把玉茭秆熬成发白色时拿出来，剩下的水，用箩过一下，再用大火熬，熬两三点钟，就可成糖。如果稀的话，可放一点点石灰就行了。想要干沙塘，熬成稀汤后，把白面上火炒一下，放入稀糖内，用筷搅匀，再取出晒干，就可成了沙塘块。三斤玉茭秆，能熬成四两糖。（马林）

——《新华日报（太行版）》1945 年 9 月 21 日　四版

砖壁村群众先给抗属种胜利麦

（武乡消息）“抗属地先种，他为咱，咱为他”，这已成了各地群众的口号。最近政府号召“加紧种胜利麦，先尽抗属后尽自己”。这个号召到砖壁后，大家都在先给抗属垡地种麦。顶数李作荣、李封印领导的四大队最好，代耕的两家抗属地共 24 亩，有五亩麦地，十五早上已下了种。四大队共 16 个劳力，全年代耕用 3574 晌工（五晌一工），称为代种模范。（纪明）

——《新华日报（太行版）》1945 年 9 月 21 日　四版

武西新解放区成立自卫队参战

（边武消息）8月26日打下段村，到9月6日，十余天光景，新解放区各村青年，都纷纷要求组织人民武装。他们说："八路军来了救了俺们，俺们就应该自己保护自己。"9月3日聂村开群众大会，就有30人自动报名，要求参加自卫队。一个贫农段来福说："我们早就想武装起来，保卫自己家乡，从前实在是搞不起来，现在我可是要参加了。"西河底、段村等八个村，都已组织起自卫队了。各村岗哨都已建立，大部村庄已实行了清查户口。

——《新华日报（太行版）》1945年9月23日　二版

支援前线保卫胜利果实
武乡各村扩大民兵
人民渴望毛蒋会谈获得胜利

（武乡消息）本月15日，李家庄、宋家庄联防全体群众，集会祝捷，到会男女500余人，会场隆重庄严，群众胜利情绪万分高涨。当场有邢述周同志等30位青年，报名参加胜利民兵。会上群众一致要求通电朱总司令，消灭没有放下武器的日寇及其走狗，并渴望毛蒋重庆会谈获得胜利，实行和平民主，建设独立自由富强的新中国。（云中、克勤）

——《新华日报（太行版）》1945年9月23日　二版

武东参战民兵　帮助驻地群众生产

（边武消息）在围困段村敌人时，我武（乡）东五区民兵，每天除警戒封锁敌人外，有空就帮助驻地群众生产。住在连元的民兵，第一天给群众

磨了两斗炒面，第二天又给锄了五亩地，第四天又给城关老百姓拨了12个人锄了六亩谷，住在老乡家里，给房东担水、扫院，更是常事。他们每天晚上，开会时，总要检讨有无违反群众纪律的事，负责人并经常访问群众对民兵的意见。这样做的结果，使得新解放区的老乡们都反映说："你们的民兵纪律真好。"虽然老乡们很困难，但还是送柴送菜来慰劳民兵，民兵再三拒绝不要，老乡们说："你们来替我们打日本鬼，这不过是表示我们的一点心意，你们起五更搭黑多么辛苦！"

——《新华日报（太行版）》1945年9月23日　四版

武西新区开办小学

（武西消息）武西县府为了开展新解放区文化教育工作，从九月份开始，一、二、三区增加三个联合学区，新设抗日小学45座。县剧团由段村开往各村宣传，群众非常欢迎。

——《新华日报（太行版）》1945年9月23日　四版

保证冬天穿棉衣

妇女组织纺织　冀行贷款帮助

（武乡六区消息）12日冀南银行三分行，为了帮助新解放区群众冬天穿棉衣，给六区前方区贷款25000元。城关、连元、南庄、马家庄四个村贷款以后，穷人们说："不是抗日政府，咱冬天就要冻死了。"现在已组织了妇女纺织小组，开始纺织，计划换三次花，保证冬天贫苦人能穿棉衣。（步鳌）

——《新华日报（太行版）》1945年9月24日　一版

响应商界参议员号召
洪水商人帮助秋收

（武乡消息）22日，洪水镇开农商全体群众大会，会上有边区商界参议员张贵银指出，商人在秋收中应该帮助抗属及参战人家收秋。台下商人大呼：响应参议员号召，公私商人组织起来，帮助抗属收秋。运输公司及武乡县的运输栈两家，提出情愿把店房肥料，供给抗属上地。（东昌）

——《新华日报（太行版）》1945年9月27日　四版

武西老区群众组成秋耕队支援新区

（武西消息）武（乡）西老解放区群众，现以大批人力畜力，组成秋耕队支援新解放区，帮助其秋耕生产。该县一区马牧、书社等16个村，过去遭受敌人的摧残，家破人亡，田园荒芜。此次解放后，秋耕生产中人力畜力特别困难。该县老解放区四区涌泉村群众，即自动组织28具牲口、四个人力组，由村生产大队长领导前往增援。楼则峪、小良村、圪嘴头、石壁等四村也同时组织起支援的70具牲口，开向新解放区。支援办法是：一、牲口料由土地主家供给，耕地人粮食自备。二、代耕所坏工具，由支援组共同负担；三、每具牲口，都配有一个好把式，保证把地耕好。这些支援组，在两天中，已耕种四顷五十亩。新解放区群众，非常感激地向他们说："明年打下麦子后，请来咱家吃馍馍。"（常健、五及）

——《新华日报（太行版）》1945年9月29日　四版

保卫抗战胜利果实　武乡各村民兵扩大

（武乡消息）四区在揭破特务造谣以后，掀起了参加胜利民兵的运动。大有董福林谈：我早就想参加民兵了，我决心参加民兵配合军队作战。在中秋节一下午，5个村就参加了民兵27人。（寿山）

（武乡消息）六区马家庄全体民兵、自卫队、妇卫军庆祝中秋节，小青年马永旺等8人参加了胜利民兵，下午又选了杀敌英雄马来胜、王金水二人。（世英）

——《新华日报（太行版）》1945年10月2日　二版

武乡前方指挥部帮助新区麦种

（武乡消息）为了解决新光复区群众麦种困难，前方指挥部已把从敌人据点内夺回来的黑豆300石、麦子60石，分配救济3个区15个行政村五个自然村群众，解决其肥料种子的困难。

（又息）9月16日，武乡八区召开新光复区村干部会议，讨论开展突击种麦运动，拟将没收汉奸之土地，迅速分配给群众突击种麦。他们已精确计算，组织六具人拉犁，每天耕种。现该村在人力、牛力大变工下，耕地的耕地，送粪的送粪，非常紧张。他们一天已把抗属麦子种完，预计在半月内即可全部突击完成。（玉田、李芳）

——《新华日报（太行版）》1945年10月3日　二版

武乡登记文盲准备冬学

（武乡消息）本县为了在今年冬季大规模开展冬学及文化教育工作，在9月份进行调查研究，登记全县文盲数字。每个民众，都经过各村民校进行测验，看识字多少，根据它来了解文盲的识字程度和比例等。在9月底已完成调查，材料已送达到县府。（克勤）

——《新华日报（太行版）》1945年10月5日　四版

一块地里两样庄稼

过路人都说：明年一定种金皇后

（武乡消息）一区墨镫村李青和，在他大门外一块地里，种着两种玉茭，地当中是一所房院，但是一块地土质是一样，庄稼是两不见面。院南12亩，种土玉茭，生长时天旱受了损失，现在看来，秆子很低，产量比平常年减少一半。院北2亩地，种金皇后，非常好。在出土以后，天旱当中，穗都出来了。这个原因是由于金皇后质量好、种得早、又耐旱，现在看来比土玉茭增产粮一倍以上。凡路过的人见了就说：咱明年一定种金皇后，要到青和家来换种籽。（子明）

——《新华日报（太行版）》1945年10月5日　四版

武乡医生到新区治病

（武乡消息）六区健民中西医药合作社主席李唐杰同志，为了节省民力，抢救新解放有病的群众，亲自担上药货担，到段村、城关一带卖药。

群众非常高兴，都说："民主政府真好呀！不用咱跑路，还能吃上药！"（景春）

——《新华日报（太行版）》1945 年 10 月 6 日　二版

武乡群众集股开煤窑

（武乡消息）武乡煤窑过去有几百座。由于敌人 8 年来"扫荡"摧毁等原因，现在还有几十座，群众深感烧煤困难。第一届参议会提案中，曾通过开采煤窑，股金的来源由群众自动集股。自宣传动员后，各界人士非常兴奋，争先集股。六区现在已有倪更全参议员亲自动手集股 700 股，每股 10 元，共计六区已达 5 万元以上。煤窑即能迅速开设。（程步敖）

——《新华日报（太行版）》1945 年 10 月 7 日　四版

武乡县六区区联社组织妇女纺羊毛

（武乡消息）六区区联社为了发展工业生产，在各地收买下许多羊毛，组织妇女纺羊毛，规定纺 1 斤羊毛赚小米 2 升，如纺得特别好的毛线另有奖励。各地妇女纷纷去领的，已达 200 余人。同时为了推行新机织布，加强区联社纺织工作，决定从各村动员 10 个妇女来区联社学习新机织布，学习期满后，分配各村合作社，领导纺织。（景春）

——《新华日报（太行版）》1945 年 10 月 7 日　四版

王老人养鸡沾了光　赚洋二千余元

（武乡消息）六区蒜凹张更生妻王老人今年 70 多岁，素来就爱养鸡，

对养殖技术顶有经验。自今年政府号召妇女们大量养鸡后，王老人更加积极，用两个老母鸡专门孵鸡，计算 8 个月，共孵了 8 窝，共孵小鸡 128 只。8 个月卖小鸡卖鸡蛋共赚洋 2000 余元，除了通年费用外，还余 1000 元，按目前市价，可籴谷 4 石余。现在王老人家过着足衣足食的好生活。我六区正以王老人的模范事实，推动全区大量发展养鸡。(景春)

——《新华日报（太行版）》1945 年 10 月 7 日　四版

苏峪洪水两村儿童各组秋收大队

（武乡消息）一区妇女儿童有组织地进行了秋收，特别是苏峪、洪水两村儿童，自告奋勇组织了秋收大队突击收割。苏峪全村 74 个儿童，组织一个大队，设队长一人、指导员一人，下设分队、小组，每组 7 至 9 人，有组织地进行。特别小孩子组，有拾秋禾小组、刨蔴根小组和优抗小组。队与队、组与组提出挑战。在他们推动之下，妇女也组织起来，大脚妇女与小脚妇女在自愿集合下组织起来，挽荞麦、割谷、撇玉茭时，足顶一个男人。现一区荞麦大部挽完，正大量进行割谷。

洪水儿童也像苏峪那样组织，同时向苏峪儿童提出挑战。挑战标准：（一）有组织地先帮助抗属收割，保证不丢一粒粮。(二）刨蔴根、拾秋禾，不乱拿人家庄稼，并注意捕捉小偷。（三）帮助家庭推碾、推磨、上地收割，不闲一个儿童。(四）除帮助秋收外，每人每天写仿一张，二年级以上要写小字。三天作日记一篇，每天认卡片字两个。(思清)

——《新华日报（太行版）》1945 年 10 月 15 日　四版

武乡六区干部争取秋收模范工作者

（武乡消息）六区在9月下旬组织了秋收检查团，检查了每个联防生产工作，并开了扩干会议布置秋收秋耕。提出以下口号：一、争取时间完成秋收秋耕。二、组织耕牛大变工，争取不留一亩茬地，做到深耕杀虫。三、每个区干部保证搞好一个村，照顾推动一个联防，亲自动手秋收，参加秋收委员会深入领导。同时每个联防区干部，都提出了挑战，秋收后总结评功劳分、选模范工作者。(程步鳌)

——《新华日报（太行版）》1945年10月17日　四版

武西组织商人到前线卖货

（武西消息）武（乡）西县指挥部及县工商管理局，为了解决前方作战部队日用物品的困难，和节省运输民力，特决定由管理局组织商人到前线卖货。并具体划定了范围。战时，即由县指挥部通知当地商联会有组织地带领当地商人去卖货，并规定公平的物价。这样商人既可以赚钱，同时也解决了因部队集中，当地某些商贩故意抬高物价或供应不上的困难，并且减少了运输过程，节省了大批民力。(政民、五及)

——《新华日报（太行版）》1945年10月18日　二版

劳动英雄王海成推动全村互助秋收

打破老五晌的习惯，就地评分，

不拖不欠，赶出工千多个

（武乡消息）二区韩壁村的秋收秋耕工作，在劳动英雄王海成积极推

动下，10 月 3 号组织了秋收指挥部，全村男女全半劳力组织成 5 个队、61 个小组。为了进一步做好等价交换，提高技术，打破了从前老五晌的习惯，选出了专门耕地人才，有计划地组织了全村 80 头耕牛和刨地小组。一般的全劳力每天以 12 晌记（早三晌半、上午 5 晌、下午三晌半）。牛耕地每天按 2 亩计，单牛带犁儿顶工 16 晌，不带犁儿顶工 12 晌，双牛带犁儿顶工 24 晌，每晌工资按半升米计，多做出活的，按活多算。经过民主讨论，大家都很同意。并又规定了就地评分，不拖不欠不扭不兑的办法，小组 5 天算账一次，如无米时按时价折成钱开条子，到米下来了折交。这种办法得到了韩壁全村拥护，大家搞得热火朝天。7 天内，一定能全部完成秋收。在这一段中，全村已赶出工 1000 多个。（联合办公室）

（又息）红星斗底分队，除执行了红星队统一办法和计划外，分队长李尧成、妇女分队长李改秀，并创造出奖励雇工办法。在起早搭黑做的活儿，赶出工归工人。妇女参加农业生产的工，三七分红。在这种鼓动下，10 天计划 5 天完成。所有秋田谷 176 亩，杂田 70 多亩全部割完。其中赶工最多的是工人史增林和梁丑小，他俩共赶出工 8 个。老人张二焕赶出工 4 个，还不误做饭。这一队共赶出工 178 个。（华甫）

——《新华日报（太行版）》1945 年 10 月 19 日　四版

武乡河神堙一天代收百余亩

（武乡消息）二区河神堙村，有军队在崇城山种有生荒庄稼 3 顷多，现因该部转战前线，庄稼已成熟了。本月 2 号，发动全村男女老少 212 人，天不明就吃了早饭，带了一顿熟干粮，一天内收割了荞麦 120 余亩，谷子 30 余亩。

——《新华日报（太行版）》1945 年 10 月 19 日　四版

段村变工收秋种麦

（武西消息）我军解放段村后，民主政权即救济了粮食50石，又借了10石粮食，群众已经初步复苏。现在全村已组织起了变工组，积极收秋、种麦。共组织了男人18组，每组7、8人，妇女7组，每组10人。儿童6组，每组6、7人。青年九组，每组11至15人，共40组，共364人。从10月8日起已经开始互助生产，在8日至10日三天内，已割谷170亩，割高粱47亩，种麦95亩。其中，数妇女贾何莲、任女贞、赵银花三个人最积极，一天连割带运输打场，就把三亩茭子收罢了。

又：在该村工作的李政委、李区长等县区干部，每天都亲自到地里帮助割谷，倾听群众反映，并解决了一些互助中的问题。群众谈论着："八路军的'官'真好，还给咱们收割；咱们有不知道的事情在地里就知道啦。"（五及）

——《新华日报（太行版）》1945年10月23日　二版

陈家沟妇女互助纺织　全村都能穿新棉衣

（武乡消息）陈家沟的五个妇女纺织互助小组，共31人，今春称花31斤。3月开始纺织到现在，净赚花37.5斤。其中李五够组为模范，纺织倒换快，赚得17斤花，并已穿布36尺。冬季保证再换一次花，可供应今冬全村男女都穿一身新胜利棉衣。（廷柱、克勤）

——《新华日报（太行版）》1945年10月23日　四版

赵家庄合作社熬成土染料一千斤

比洋靛便宜五分之三

（武乡消息）六区赵家庄村合作社，今年 7 月派人专到左权堙煤洞、郝家庄山上熬土染料，现已熬成了千余斤，拿回六区，大量推广，其他各合作社也去购买开染坊。千斤土染料能染 3 万尺布，价钱比洋靛便宜五分之三。（步鳌）

——《新华日报（太行版）》1945 年 10 月 23 日　四版

武乡六区区联社　准备秋后成立煤站

（武乡消息）历年来群众在烧煤上感到很大困难。六区区联光华社，为了解决此困难，决定结束秋收后，迅速成立煤站。现在贾豁至黄岩到白河的大路修通了，今年区联社组织运输，通车拉煤，现正结集股金。群众说：区联社是群众的家庭，是群众管家，什么都看到了，今冬可算不愁煤烧了。（步鳌）

——《新华日报（太行版）》1945 年 10 月 25 日　四版

武乡新解放村　积极打场秋耕

五天内做到场光地净　立冬前五天完成秋耕

（武乡消息）八区新解放的几个村子，早于 10 月 13 日前就完成秋收，现正积极进行打场与秋耕工作。富庄村把劳力与土地精确计算好，要在五天内做到场光地净，立冬前五天完成秋耕。为了更进一步的提前完成，从

现在就开始人刨地，捎担谷。夜饭后，月下担谷，月下打谷。魏家窑、松庄等村，都组织好双牛垄地、人刨地，也都要争取在五天内做到场光地净，立冬前五天完成秋耕。

——《新华日报（太行版）》1945 年 10 月 27 日　二版

武乡八区干部刘文玉亲自参加人拉犁

（武乡消息）八区自提出转变作风、艰苦实干以后，干部群众劲儿很大，全区从 10 月 5 号秋收起到八号基本上已完成，现已进入秋耕与打场运动。特别是刘文玉同志，在曹村亲自参加人拉犁，领导群众种麦子，起了带头作用，影响该村群众，全体突击秋收，在三天内完成。（李芳）

——《新华日报（太行版）》1945 年 10 月 27 日　四版

武乡随军杂记

高沐鸿

一、段村的塔与城

段村的塔，是一座有名的高十数丈、粗十数围的十三级古塔。我的幼年，曾经在 4 月 28 日的赛会上，不止一次攀登上这座塔顶，瞭望着数十里的风景。几年来它被敌伪据有，作为一座天然险峻的炮垒，反对武乡的抗日人民了。进攻段村之先，我们一般估计这座塔将可能是攻城中唯一的障碍。

我走过故乡的蜿蜒的黄土坡路，24 日赶到了距段村八里的郝家垴。这地方居高临下，一望可以俯瞰段村的全貌。只听过还没有看见过的伪装了

的段村，那矮矮的土城，四四方方的蹲在尖尖的高塔低压下，大概这就是六年来敌伪借以囊括我段村附近、压榨沦陷区、蚕食我根据地的账本。这个新建了城市的据点，有力的几乎超过沁县、襄垣一般的城市。它驻屯三个团的兵力，数千的人数，竟不知为什么来！或者段炳昌是武乡人，特别“爱护”武乡，便假以城市的名号和实质吗！或者武乡为抗日根据地先进地区，段村为土产反动人物萃集之所，针锋相对，需要如此大作大为的吗！然而大军已经出乎敌伪意外，把他们刻意经营的巢穴包围起来了。我们的兵力，却也够围得这个“新城”水泄不通。

我悄然的安坐或安卧在南距段村八里的郝家垴山峰上，放开眼睛清清楚楚地看着段村的战斗。起始在太阳的低落下，段村还是平静的。然而一进入黄昏，段村便爆炸了……

二、先声与必胜

从夜到明，段村爆炸着我武乡人民的复仇以及我大军的怒吼和敌伪的挣扎。然而据第二天的事实证明，这一夜我军却未开始猛攻，不过先作了个试探。在城墙底下白沙河滩上挖了几条战壕，引得敌人锣鸣鼓响，大张声势，白耗了无数的炮弹、子弹呢。战争的胜败，主客的分野，战略的劳逸，于此也可见一斑了。

天明，进入休战状态。然而据事后传说，第二天的黎明之后，段村的伪组织人员，特别是其中的巨头魏人镜、魏人藩等，趁着这敌城未下的千金一刻，还亲颜侈口向城内群众宣传：“段村是铁打的，永不怕八路打进来！”他们做梦也想不到本日晚上突然袭来的命运，他们相信他们的城墙、城壕、铁丝网与最近在城内墙下挖就的纵深足够用的壕沟，只有一件东西，他们没有摸见：那就是其中伪员们、伪军们与百姓们没有守城的信心。——这才是反攻到来时，一般地方不可避免的伪员、伪军们所共具的垂头丧气的失败主义；而也就是我抗日人民与大军所共具的一往直前的热火朝天的必胜的精神。

25 日白天，在小规模的接触中，试探性的战斗继续着。

三、妇女拥军的热情

武东人民的拥军，不只在男性中，而且在女性形成一股巨浪与热潮。特别是接近敌占区的妇女们，不论老幼，在战争的第一天与第二天，从四面大小路上，络绎不绝行进着，争着与粗莽的男子汉竞赛英勇。对日寇的报仇，工作的深入，产生了她们这样的热情。仇恨推动着她们前进，她们愉快地执行战争中神圣的勤务。这些女性们，有的一直把热水带饭送到段村城下的前线上，亲手放到兵士面前。而他们换来的最光荣最眼前的代价，便是喜气洋洋从那敌占城墙下面，腰中抱中，满满搂抱着一些绿茵茵的东西。你问她："拿着是什么东西呀？"她便不待你的话完成立刻高声大叫的回答："带回敌人的瓜菜来啦！这时候不收拾狗日子，还等什么时候！"在沿途中，还看得到有老太婆们，走在暗黑的黄昏中，踏着泥泞的路，还拖秧拉蔓的抱着敌伪的辣角苗子，喜滋滋的在暗中蹒跚着，高声大笑说："这一回可拿回狗日子的东西来啦！光让他拿去咱们的吗？这一回还了儿子的兔头了！"

军队吃不尽人民慰劳的饭，连前线服务的担架队、运输队，也饱尝了自己妻子、姐妹、母亲送来的东西了。听说一个村中的妇女队，十几个人，两天便磨了八石麦的白面给军队吃。

人民的队伍向前线涌进，战士的队伍便自觉的壮大起来了！

四、粉碎了敌伪老巢

在 25 日的傍晚，我军开始了向段村钢铁的进攻。

据说，段炳昌即在这一天的下午，早已准备逃亡，距离魏人镜、魏人藩等向城内他居民发出安抚的牛屁："八路永打不进来！"仅隔半天，而伪军头子便已准备卷摊而去了。真是自己打嘴！段逆逃亡的计划，是全师而逃的计划：可是我军在敌伪准备逃亡之先一小时开始了进攻，粉碎了伪军的镇静。

城内混乱，伪军溃不成军混藏乱窜起来。我军已经爬上城头，跳入城里。这时有些伪员们投降了。城内很快趋于平静。我坐在南山头上，从乌空里遥遥望见城内一朵一朵的火把，沿街遍过巷的飞跃着，我便想到那是我军搜索匿伪的行动了。城内的几座炮楼，很快便轰烧起来，正像几盏巨大的在作战中有用的照明灯一般。

段炳昌率领200伪军，偷开西门，逃出城外去了。一群民兵堵着路，高喊："缴枪！"泼刺泼刺的便从暗里抛出数十条枪，伪军徒手逃亡了。民兵追的追，收枪的收枪，同时打倒了伪军十几只。正规军发现了逃伪，迎头痛击，他们一股死伤倒地，一股便回窜进城，只余数十名鼠窜了。这也许就是段炳昌的真实下落——所谓"段将军"的威风吧！

城内混乱着敌伪的鼠窜与狗藏……一般伪员们，据说都已下了地道，换了便衣，准备作俘虏，或者混充老百姓了。

五、段村重归祖国怀抱

26日，天明，大雨……

终夜安息的枪声，黎明却意外的暴吵起来，一直响到上午。原来是我军攻打一个为数十个日军死硬盘据的炮楼。这个炮楼，却不是那一座高塔，已为我军占领，它没有成为我们进军的障碍。这座炮楼是另一座顽强工事的炮楼。

当我进入城内时，我们的军队已经在各处休整，而我们的人民也已拥入很多了。段村已经成了我们的世界，重回祖国怀抱……

段村改观了。被敌寇汉奸伪军七歪八斜的重修了的建筑，对我这个熟识的故人，十分感觉不顺眼。不顺眼的地方，是有敌伪一番仇恨的手迹的永远不磨灭的章义在内。然而段村被光复了。

街上非常泥泞。正如太原的土路一般，敌伪在此地也建筑了宽大的土路。"静尼庵"改建的"维持会"，倒她妈像个样子！一进这所院子，借人民血债修得整整齐齐，玻璃窗子，竹桌，竹椅子，话匣子，茶壶，茶碗，

到处狼藉的人民血肉的米粮袋子……敌情抗日年头，汉奸的作业，比抗战前还厉害！一个穷苦的小村镇，抗战中却变为敌伪们荒淫无耻的俱乐部了！该死的仇敌与奴才们，你们清偿的时间到了！

街上还爆响着枪声。几只冥顽不灵的鬼子，还爬在轰掉半身的炮楼上不滚下来呢。但接着几声大响之后，炮楼全毁，鬼子便摔死到地面来。

段村完全平静了。没有了枪声，人们轰起一阵一阵胜利的洪潮。（太行通讯）

——《解放日报》1945 年 11 月 3 日　三版

《新华日报（太行版）》1945 年 9 月 18 日　四版

种靛得利大

玉罄整理

今年在政府的倡导下，不少群众种靛成绩很大。因各地土壤、气候、耕作不同，产量多少不一，可是与其他农作物比较起来，种靛是太合算了。兹就所得材料，整理于后。

种靛和种粮食比较

武乡下黄岩村种了四亩靛，收了 400 斤，每斤以 150 元计算，能卖 6 万元，以现时米价每斗 35 元计，能买米 170 余石，顶 4 亩地种庄稼 10 余年的产量。

……

武乡县井湾村、黎城桥沟村、林北五、六两区 9 个村的统计：共种靛 119.6 亩，收靛 3095 斤，按三县市价平均折合，每斤价值 157 元（武乡每斤价值 150 元，黎城每斤 70 元，林北每斤 250 元），共计折洋 485885 元钱。

其收获之大，实属惊人。

在政府开始号召种靛时，群众认为种上不知收不收，有些不愿意种，有的用劣等地去试验。到秋收时，一算获利这样大，大家都说，政府号召得没差，真是为群众谋了利益。对种靛提高了信心……

种靛所得的几点经验

（一）种籽——要先选好品种。靛种有两种：一种叫四十天红，一种叫麦楷蓝，麦楷蓝比四十天红成熟期晚，但收成量大四分之一，明年要多种麦楷蓝。

（二）施肥——在栽种时要上足底粪，越壮越好，保证幼苗茂盛。长到一尺高时，应上一次追肥，蔴饼最好，碾细撒在靛根，并多灌溉，不怕地湿。割靛前10天，在上一次追肥，收成更大，出靛又多也好。

（三）留种籽苗——最好是留在大树下，免阳光晒久落了花，减少结实。

（四）除虫办法——发现有了旱虫时，先把柴灰撒在靛根里，即免去旱虫；用小烟叶与杨桃根，用水熬起来，刷在叶上即可。

——《新华日报（太行版）》1945年11月3日　四版

在李马保领导下　树辛增产千五百石

（武乡消息）树辛各队开会总结今年的生产成绩，共打了粮食4968.8石，超过应产粮1548石。根据该村人口770人计算，每人平均得到粮食6.4石。经总结后，大家一致认为，在马保同志的领导下，全村组织起来深耕细作，得到了很大的利益。今年打的粮食比去年还多，超过100多石，已超过了原来耕三余一的计划。现该村群众听到县里最近又开群英大会，大家的情绪很高，各队各组展开互相竞赛，全力突击秋耕。该村耕地能手李

磨锁平均每天耕地 3 亩，已夺得了全村第一。按该村秋耕地 2400 亩，耕了 1100 亩，现又组织耕牛大变工。（毓秀）

——《新华日报（太行版）》1945 年 11 月 5 日　四版

劳动英雄李马保领导下
武乡树辛村丰收　各阶层粮食满仓

（新华社太行 6 日电）武乡树辛村，在太行区一等劳动英雄李马保领导下，全村各阶层组织起来深耕细作，获得巨大成绩。日前进行全年生产总结，共超过应产量 1550 余石，各阶层都是粮食满仓。如李马保家（富裕中农）五口人土地 41.35 亩，应产量三十二石七斗五，实产量六十五石七斗三升二，超过应产量一倍强。富农李玉孩，全家七口人，土地 41.5 亩，应产量 47.6 石，实产量八十七石一斗，超过应产量一倍。贫农王玉隆二口人，地 14.1 亩，应产量六石五斗，实产量一十六石二斗，超过一倍多。据初步调查，全村能达到耕二余一的，有 23 户，耕三余一的，有 121 户，够吃够穿的，123 户。李马保在总结会上说：我们组织起来生产，全村贫的变富，富的更富，大家得到丰衣足食。今年冬季我们更要好好生产，动员起来保卫咱这和平幸福的生活，反对国民党联合敌伪向我解放区进攻。

——《解放日报》1945 年 11 月 9 日　二版

武乡马村建造校址

（武乡消息）八年来，处于战争环境，马村学校校址大感困难，对儿童的学习上大有影响，特别是冬天，住窑家小，住房冷冻。今冬为了很好使儿童安心学习，特将村中大庙修理好，家暖，墙涂成土黄色，建筑成为一

座美丽的学校。(步敖)

——《新华日报（太行版）》　1945 年 11 月 12 日　四版

武乡武委会集训武装干部

（武乡消息）民兵及干部的思想上，因轻敌麻痹，存在着“今年冬天还练武呢”的糊涂思想。县武委会为了转变这种思想，更进一步地提高民兵的技术与战术，决定于 11 月 27 日集训指导员，12 月上半月集训正副中队长，现已开始准备。(陈树林)

——《新华日报（太行版）》1945 年 11 月 25 日　二版

武乡上广志发动造路肥

（本报消息）各地群众正掀起热烈的积肥运动，准备明年进行大生产。“冬天比粪堆，秋天比谷堆”已成为各地互助组互助队竞赛积肥的口号。武乡上广志村正发动造路肥运动，家家户户在大路旁边掘圪洞、切玉茭秆。

——《新华日报（太行版）》1945 年 12 月 9 日　四版

武乡县六区群众给段村一带群众捐棉衣

（武乡消息）本县段村一带的新解放区群众，十户就有四五户穿不上棉衣，情景十分凄惨。近日县府发出指示，让各个村募捐棉衣。我六区各村接到指示，都分头积极进行准备，在最短时间完成支援城关、南庄、连元等六七个村的贫苦群众。(世荣)

——《新华日报（太行版）》1945 年 12 月 15 日　四版

马村合作社整顿后扩大股金两万元

（武乡消息）六区马村村长他们和参议员魏森林在参加群英大会，接受了下寨光华合作社，处处为群众利益打算。不到年半，合作社由四五万元的资金发展到40余万元，得到群众的热烈拥护。回村后，他们召开干部会议，检讨过去合作社的工作，打通干部思想，清理外欠，号召群众大量入股，扩展合作事业，全力组织群众冬季生产，决心为群众利益服务。现已开设油坊、粉坊、染坊各一座，增修织布机与毛巾机各一架，并派学员到区联社学织毛巾。现已新添股金2万余元。（温连三）

——《新华日报（太行版）》1945年12月21日　四版

十大建设获得相当成绩
武乡县开展工作大检查
从检查中组织冬季生产　解决生产遗留问题
冬训各系统干部

（武乡消息）武乡最近检查该县“1945年十大建设”的执行情况，发现十大建设均已取得相当成绩，但有的尚未完成任务。（一）村村有个合作社或互助社——现全县已有80个合作社，129个互助社，以老区150村计算，已超过每村一个的计划，但真正自己生产又能组织群众生产的较好合作社不过30个多个。（二）每村置一新织布机，大力组织纺织运输——除县联社35架新机外，全县共置新机55架，连同旧机共6870架，全年织布131805斤，赚棉花109538斤，运输赚钱1248882元。（三）村村熬盐熬碱，创造土染料，做到一部或全部自给——今年共熬盐26197斤，熬碱6382斤，熬糖1892斤，用土染料染布20661丈，省钱413万元。种蓝98亩，产靛

1798 斤。一部村庄已做到自给有余。（四）每个联防设一苗圃，家家种棉，人人植活一棵树——全县已设苗圃 8 处，共 9.2 亩，男女全半劳力每人已植活两株。（五）村村发展牲口及大小车，每个互助社发展小份羊——去年该县共有牛马驴骡 9893 头，今年减少至 9432 头，羊则由去年的 44600 只增至今年的 50900 只。（六）每区养公猪，每村养母猪，家家养一只鸡——猪由去年的 63 只增加至今年的 634 只，鸡由去年的 7921 只增至今年的 21220 只，各村各户已很普遍。（七）每个联防设一铁匠炉，每个铁匠、木匠、泥水匠都带一个徒弟——全县已建立铁匠炉 54 所，铁匠有 106 人，但只教了 34 个徒弟，木石泥水匠 325 人，也只教了 19 个徒弟。（八）每区有个医药合作社，每个联防有医生及接产婆——现全县共有医药合作社 8 个，药铺 29 个，医生 291 人，接产妇 238 人，今年医好病人 5362 个，今年疾病比去年减少很多。（九）村村有个民办小学，人人读报上冬学——全县现有小学 327 座，其中民办的 242 座，农村剧团 106 个，冬学 410 所，在全部文盲 38318 人中，入学的有 35375 人，读报组只有 134 个，参加者 765 人。（十）村村设义仓，集菜集糠——现在义仓大部未设立，全县共集菜约 500 万斤，糠约 22.5 万斤。

没有百分之百的完成这一任务的原因，主要是由于县里没有很好地贯彻和及时检查，区村方面也没有有意识地掌握。同时由于动员不够，一般干部和群众对十大建设的意义了解也不足，最后则由于积极分子没有起应有的作用。该县曾特别研究合作社、植棉及牲畜等问题，发现合作社的发展不够快，主要是因为尚有许多干部，对合作社应该组织群众生产的方向不够明确，外欠过大，赊账的又多为村干部，许多人存在着“合作社是公家的，就应该赊账”的思想，赊了又不容易要回来。植棉发展不快，主要是缺乏技术，特别对于除虫打杈，许多人感觉没办法，因而怀疑武乡县是否可以种棉。至于牲口减少，除边缘区敌人抢杀损失外，在老区，许多人不愿买牲口，主要原因是互助中对牲口折价较低，保管与使用上也注意不

够，一部分人有“中农户”思想，不愿大力发展自己的经济。

——《新华日报（太行版）》1945年12月23日　一版

武乡县检查耕三余一
副业生产关系很大

（本报消息）武乡最近检查该县耕三余一的情形，以四个典型村为例，树辛、韩壁两村工作较好、且较富足，下型塘是较贫穷的村子，郭村为一般村。检查结果发现已做到耕三余一的树辛有19户，韩壁140户，下型塘38户，郭村11户。其原因，树辛、韩壁、郭村这些户，农业副业（纺织、运输）都好，下型塘的农业生产虽平常，但副业极好。够吃够穿的树辛34户，韩壁51户，下型塘29户，郭村50户，其原因是树辛、韩壁、郭村这些户农业生产都还好，但副业生产不好，下型塘是农业副业都平常。衣食缺乏的，树辛10户，韩壁9户，下型塘40户，郭村79户，原因是农业副业都不好。由此可见副业生产在完成耕三余一的方针中关系很大。

——《新华日报（太行版）》1945年12月23日　一版

武乡总结全年建设
生产文教均有成绩
徒求形式是主要缺点

（新华社太行25日电）武乡县最近检查本年建设工作，已获得如下成绩：全县合作社，现有80个，互助社129个，以老解放区150村计，已超过每村一个的计划。纺织方面，除县联社新置35架织机外，全县共置新机55架，新机共计6570架。全年织布121805斤，赚棉花109538斤；运输赚利1248882元。全县种蓝98亩，产靛1798斤，部分村做到自给有余。土法染布二万余丈省钱四百余万元。此外，全年共熬碱6382斤，熬盐26197斤，

熬糖1893斤。畜牧方面养羊50900只，较去年增加5300只。猪由去年的63只增至634只，鸡由7921只增至21220只。在发展手工业方面，全县建立了54所铁匠炉。医药卫生方面，全县现有医药合作社8个，药铺29个，医生291人，助产妇238人，全年治愈病人5362个。文教方面，全县有小学327座，其中民办者224座，农村剧团106个，冬学410所。全县文盲363188中，入学者有35375人，读报组有134个。此外，为防旱备荒，全县采集野菜50万斤，糠225000斤。

但在各种建设中，也有许多缺点：（一）全县合作社互助社虽有增加，但真正从事生产并能组织群众生产的较好的合作社，全县不过三十多个。（二）每个联防区设一苗田的计划，结果全县只完成一个。人人植树的计划，除部分地区外，大部未完成，家家种棉的计划亦由于缺乏除虫打卡等技术知识而失败。（三）牲口较去年减少五百余头，其原因除敌人的掠夺而外，是互助中对牲口折价太低，保管使用中注意不够。

产生这些缺点的原因：一方面固然是干部本身对一些问题没有在思想上认清（如对互助社、合作社弄不清楚。对合作社组织群众生产的方向认识不明确等），同时还存着作风不民主，自满情绪等，但主要原因还在于领导上没有根据各地不同情况条件有重心地布置建设工作。相反平均使用力量，样样俱全，以致区村干部也照样执行，结果有的流于形式，有的行不通而停顿。同时在执行中，领导上还缺乏及时的检查，发现问题，未予以及时具体帮助。

（编者按：该县此次检查工作，系总结本年该县十大建设，在该县建设计划中，曾有村村组织合作社、人人植树、家家种棉、每个联防区一个铁匠炉，每个铁匠、木匠带一个徒弟等具体项目，由于计划不根据具体条件，徒追求形式，力量分散，使最主要的健全合作社、植棉、纺织等也因而放松了。）

——《解放日报》1945年12月26日　二版

武乡二区冬学消沉

毛病是不求实际　行政命令

（武乡消息）二区联合校长与区干部组织检查团，检查结果：全区开学的才有8座，有3座只是准备好了，40多个冬学不带劲（自然村在内）。为了突击搞起冬学，特召集各村民教、义教教员103人，在上月27至29日集会3天，检讨冬学搞不起的原因：一、村里民教干部联系差，分工也不明确，群众到冬学乱拉一气，引起群众不感兴趣。二、冬学只强调人数多，有些地方不求实际，与群众生产没结合起来。三、有些冬学只开了会或偏重反省，群众到冬学觉了怕，形成躲冬学。四、冬学和小学有的混在一起，形成了一家不成、两家不就的现象。根据这些偏向，作了讨论，今后在教学上，义教和教员分工明确，发扬自学精神，结合冬季生产，规定每个村干部掌握推动一个学习小组，展开竞赛，启发群众自觉性，进行清算8年账，克服行政命令让群众做反省的做法。以校长为中心，每学期还选出教员、民教、义教各一人，四人组成一个冬学检查组，每月检查一次，一月总结一次，10天一汇报，并规定了奖励模范干部积极参加冬学。

——《新华日报（太行版）》1945年12月29日　四版

1946年

张绪儿真好手

象　周

去年12月8日，沁州城28个鬼子，偷偷摸摸地准备到武乡三区包围我马圈堂村。到了后，小看我们，以为老百姓顶个啥用，所以他们就三三两两四处乱窜。我民兵张绪儿因有事，走出大门，看见有个鬼子自高自大地走了过来。并喊："老乡站住！"张绪儿说："我就是出来迎接你哩。"这家伙们还咕里咕噜说："这是个良民。"结果一个鬼子先走到了绪儿跟前，绪儿便向墙根一闪，用了全身力气，双手一推，一家伙就给了鬼子一个倒栽葱，仰面朝天滚下他娘沟去。第二个鬼子看势头不对，也准备和绪儿来上一手。绪儿这时没等狗日的动手，就又把他推下大沟。

这时，因为四面八方鬼子赶来，不便跑出，绪儿便回家关住大门，带了三颗手榴弹，爬上墙去，单等鬼子前来。鬼子一到，他便顺手送了他们一个手榴弹，当下吓得鬼子四散躲开，绪儿便趁机一跃而下溜之乎也。赶一出村，已是爆炸小组不远数里而来，绪儿便拿上爆炸小组的枪端起来扭回头就打，鬼子一听枪声，秩序大乱，只得狼狈收兵回营。

——《新华日报（太行版）》1946年1月1日　六版

蟠龙合作社清理外欠组织生产

扩大股金三万四千元

（武乡消息）四区蟠龙合作社，在去年后半年没有劲儿。主要原因，是该社员有股金36800元，虽赚到红利有2万余元，由于外欠过多，合作社

干部害怕惹人不好意思，不去催讨，故而副业生产无法进行。目前他们看到将要垮台，便召开了一个监事理事会议，决定收回外欠，发动群众还赊账（欠户大部分是贫苦群众和社员）。为了体恤贫苦群众，照顾社员，特决定用实物折价归还，提高物价（如小米每斗市价 50 至 55 元，决定以 80 元一市斗折价），大家都很感动。不到 5 天便将外欠全数收回。在这个影响下，大家认为合作社是照顾大家的，给大家解决了困难，不但不愿分红，同时又入股 69495 股，每股 5 元，共入新股洋 3.4 万余元。该村妇女过去一贯轻视纺织，去年贷的公花直到现在还未清理。合作社为了开展纺织，解决贫苦妇女归还困难，特又贷发棉花 180 斤，以二折一交布，比市价多换四五两花，纺织一斤能赚一斤，这样使大部妇女都已参加了纺织。（来藻、国模）

——《新华日报（太行版）》1946 年 1 月 21 日　四版

窑申脚互助社买羊给群众卧地

（武乡消息）窑申脚互助社，是武乡模范互助社之一，他们在秋后发动大家入股购买羊群，共集了 408 股，又把庙社的槐树卖了顶作 40 股，共 448 股，资金 24640 元，买羊 97 只，用洋 21990 元，羊网、羊绳等设备开支洋 2650 元。现在生下小羊羔 31 只，到 4 月出圈，还可能生羊羔 30 只到 35 只，按现在羊价估计，至少能赚红利 4 万元。卧地是按照群众入股多少来决定，槐树入股是调剂给抗属赤贫卧地，因此家家得到利益，都说这样合作互助社，才真正是帮助生产的好办法。（金治）

——《新华日报（太行版）》1946 年 2 月 1 日　四版

武乡县总结两个月冬季生产

奖励四十七位英雄模范

县府号召开展十大建设运动

（武乡消息）武乡冬季生产运动已于除夕前全县干部会议上进行了初步总结。据不完全统计，全县发展运输、纺织与熬盐、熬碱、养猪、喂鸡等副业生产，两月来，共获利1082万余元。但在运动中，由于领导上抓得不紧，没有注意“组织起来”搞冬季生产，以致不少村表现自流，不少贫困农户获利不大，没有更进一步得到生活的改善。此次干部会上，深刻地做了检查，认为没有获得应有的更好的成绩，干部是应该受到全县人民谴责的。为了争取时间在春耕运动前更好地把冬季生产运动发展一步，为给开展超过以往任何一年的大生产运动打下更有力的基础，大会上特举行评选、重奖全县在冬季生产运动中涌现出来的积极领导与善于组织群众的李马保、赵虎孩、肖满申等47位英雄模范干部，号召全体干部学习他们。

（又息）武乡县政府于元旦，向全县人民发出开展十大建设运动的号召称：为使全县达到丰衣足食，根据去年全县经济建设状况与经验，特提出武乡人民十大建设任务，作为1946年的奋斗目标。并指示各村在街头显著地方涂写，在春节中进行广泛宣传。该十大任建设为：一、每区有个区联社，每个行政村有个合作社，每个自然村有个互助社。二、发展纺织，平均做到每村有一架新织布机，改造旧机使能织宽布。三、有条件村熬盐、熬碱、熬糖、炸油、创造土染料，做到一部或全部自给。四、每个行政村有个小苗圃，村村种金皇后，人人植活三棵树，有条件村家家种棉、栽蓝、大量地刨土药材。五、村村繁殖耕牛牲口，每个自然村有群小份羊，每个互助组养猪一口，家家养鸡三只。六、恢复交通，修筑大小道路，发展大小车，组织担挑运输。七、每个基点村有个铁匠炉，每个铁匠、木匠、泥

水匠引个徒弟。八、每区有个医药合作社，每个联防有个医生和接产妇。九、修盖房子，整饬村容，改造厕所，消灭蝇子、臭虫。十、村村有个义仓，家家拾菜集糠，人人杀虫打蝗。

——《新华日报（太行版）》1946 年 2 月 11 日　四版

富农杨书永领导互助社有成绩

农副业结合得好

（武乡消息）漫坡村富农杨书永领导的全村互助社，在去年农业生产上超过了耕三余一的标准，今冬两月副业生产又获显著成绩，在最近全县冬季生产总结会上，得到该县“模范互助社”的称号。该村共 20 户 103 人，去年 2 月，杨书永在我党发展生产政策感召下，开始组织互助。由于他的积极模范作用，由最初只有四家参加的小组迅速发展到全村，连全村雇工也组织在内。杨为人忠厚，最初四家互助起来开油房，只他自己先拿出 6000 元，结果赚利 10000 元，依然是四家分红。他的雇工除应做之田间劳作外，其剩余劳力允许在互助社作股，获利归雇工自己。因之另一雇工虽对主家不满，但因不愿脱离互助社，后经书永调解，关系终于改善。该社特点是农业与副业结合很好，农闲时榨油、纺织，农忙即转入农业，但不停止油房。全村每日生产工作由杨与村公所生产队长共同商讨，按生产需要通过计划分配劳力，使人尽其才。（子会）

——《新华日报（太行版）》1946 年 2 月 23 日　四版

武乡县行政委员会决定
建设武乡城垣

（武乡消息）为了和平建设，繁荣我城镇市场，经县行政委员会会议

决定，成立建设城市委员会，把敌人烧毁了的城垣房舍，重新修起来。并决定重新修筑房屋200余间，需用土坯、木、石工匠很多。为了节省民力，及早完工，特招包工修筑，号召全县土坯、木、石匠进行。（连三）

——《新华日报（太行版）》1946年3月1日　三版

各地订定生产计划　争取作到耕三余一

武乡全县要增产细粮两万石

（本报消息）据各地通讯员报导，在大规模春耕生产运动的开头，各地纷纷制定生产计划，确定全年奋斗目标，争取“耕三余一”。武乡今年每亩地要增产细粮三升，全县增产两万石，老区要达到“耕三余一”。新区要发展互助，消灭熟荒，解决牲畜等各种生产困难，争取达到应产粮。在订计划中，各地英雄干部积极领导推动，并以自己的计划作示范，来组织群众订计划。在计划中，各地都强调了农业与副业结合进行，达到“耕三余一”。其次是深耕细作，改良农业技术。武乡在深耕细作上及早提出防旱除虫问题。武乡在改良农业技术上，改造韮镰（挽谷用的小镰）为小锄。每村每组聘请技术能手当老师，专门指导改进农业技术。同时按不同的季节，训练不同的技术能手，掌握提高技术。第三推广植棉，与开展纺织结合，推广金皇后玉茭、一六九小麦、八一一谷等优良品种。武乡今计划植棉15000亩，产棉15万斤，争取做到一半自给。

——《新华日报（太行版）》1946年3月9日　四版

李马保培养积极分子的方法

赵正晶

劳动英雄李马保，去年在领导树辛村的工作上，有一个很大的创造，那就是大量培养积极分子。

李马保怎样引起这个念头的？还是在前年参军时，村里一个在各方面工作最好的积极分子萧云书参军走了。当时马保有些不高兴，村中走了一个最得力的人，怕工作受损失。一天分区彭政委见了马保问："马保，为什么不高兴？"马保说："云书参军走了，我有些不高兴，怕村里工作受损失。"当时彭政委告他说，"不要着急，多培养几个云书就行了……"这句话一下提醒了马保，他想通了这个道理，把全村人都要培养成云书。那工作不比云书在更好几十倍吗？马保就下定决心：要把全村人改造好，培养成英雄和模范，他的根据是：人都是培养成的，人都好了社会就自然好了。

马保首先研究了一下村中各个人的情况，他觉着要想把全村搞好，必须先把落后分子改造过来才行，所以就先从落后分子身上做起。村中李喜孩是最落后的一个，有一次分区演戏，马保就叫他去看戏，路上谈了许多话，到了分区彭政委那里，马保给彭政委介绍喜孩说：这是我们村里的技术老师。彭政委很热情的招待喜孩，当时喜孩又高兴又惭愧。往回走的路上，马保又给喜孩谈了许多怎样翻身的道理。并说：你当了英雄更光荣。喜孩也想：马保当了英雄，全村都光荣。后来马保在整个生产工作中，对喜孩总是多表扬少批评，用各种方法使以前最落后的李喜孩，去年成了生产大队长，又是技术老师，成了目前在各方面最积极的一个人了。从此，马保明确了一个道理，他说人都是好的，他落后，不好，都是旧社会造成的，咱们作风在过去不好，也有影响。只要接近他，帮助他，培养他，谁

也能成了好的。还有一个李书孩，比李喜孩还落后，马保也用了这个多表扬少批评的办法，改造过来，现在不但生产积极，还当选了全村的财粮主任。结果村公所奖了他一面匾，全村群众送了他一面旗。从此马保便得出一个经验：对落后分子开头要多表扬，在表扬中给他指出缺点和不够的地方，他怕失掉光荣，一指出缺点他就纠正了，这比过去对这些人只是抓住缺点错误斗争批评的办法好得多，那办法越用就使它越躺下了。

自李书孩、李喜孩转变受到奖励后，其他一些落后分子就说：当干部的有眼，人家书孩、喜孩转变后马上就奖励，咱们也得转哩！因之，许多落后分子在马保和其他干部的培养下就大批转变了。如岳金水原是流氓，现在培养成了武委会主任；刘富昌也是流氓，现在培养成了模范村长；王金木过去又懒作风又不好，去年培养成了劳动英雄，又当选了仓库主任；陈书田是个很落后的地主青年，经过教育去年成了生产大队长。还有从前犯错误被打击下台的干部，现在又培养成模范干部了，如陈全忠现在是太行区一等模范义务教员。马保说：有些村，被打击了的干部就永不理睬教育是不对的。

树辛在马保的领导下，一年来，总共改造培养了36个落后份子为积极分子，加上已积极的人就扭成了一团，全村像一个人一样，工作提高了一大步。现在全编村虽然程度上不同，但在男女老少中已经没有一个顽而不化的落后分子了。一件工作只要领导上一提，全村就像一架灵活的机器轰轰烈烈搞起来了。就是马保和干部不在村，工作也能照样的经常运行，一些也不耽误。去年村里提拔了六个区干部出去做工作，但村中工作一点也不受影响。马保说：“以前是几个干部做工作，现在是全村人都起来做工作。”

李马保在改造培养干部方面还有一个最实际的办法就是他说的：要想改造一个人，必须和那个人站在一起，顺着他个人的想法，摸住他的心事，为他着想，就容易改造，千万不要和他作了对。

现在马保对改造培养落后分子的思想更加明确了，他在全县模范干部劳动英雄大会上说：革命工作是大家办的事情，所以只有大家办才能办好。一个手掌只能挖一个窟窿，我李马保一个人能耕三亩地，办不了大事，树辛村有20个马保全村就富裕了。既是大家办好，大家就都能当英雄，可不敢怕别人起来压倒自己，那是妨害了革命工作发展的。

——《新华日报（太行版）》1946年3月11日　四版

时疫继续蔓延各地进行紧急防疫

武乡成立大众医院
举办医生训练班

（本报消息）近来时疫流行，继续蔓延，邢台、平顺等地发现糠症。一专署指示各县召开医药研究会，了解各地医生和公私药铺医院情况、土产药材运用、各种迷信活动及不卫生习惯的调查等，并交流治病经验与研究开展防疫运动的科学办法。其次，各县编印卫生教材，在集市上及村镇、互助组内，进行卫生教育，同时要有计划地进行公共卫生建设。如挖阴沟、整理厕所、掩盖粪坑、水井上加盖，建立扫除制度等。今年专署要买大批牛痘苗以备各县施种。武乡已成立一大众医院，并举办医生训练班，以便开展防疫运动。

——《新华日报（太行版）》1946年3月15日　四版

武乡盲人宣传队集会检讨，布置工作

（武乡消息）武乡盲人宣传队为加强他们的学习，进一步提高宣传技术，于本月3号在六区石科村举行全县盲人大集会。举行隆重追悼死亡老师

纪念仪式，并进行师徒互爱检讨；分组讨论检查过去宣传工作，纠正偏向，确立为群众服务观念；解决工作中发生的问题，如个别暗地算卦等，并作大会总结。(王世荣)

——《新华日报（太行版）》1946年3月19日　四版

模范的农村建设者——霍昌林

赵正晶

在武乡全县群英大会上，最受人欢迎而且也打得最响的一炮，是武乡一区芝麻角村政治主任领导生产的办法。

霍昌林的办法大家最佩服的是全村全面生产周密计划。在他这个计划的指导下，去年芝麻角全编村超过应产粮1200石，造了三个松林，共栽活3000棵松树，成立有一个柳匠铺，两个木匠铺，一个油房，一个醋铺，喂活480只鸡……在他领导下，全村逐渐富裕起来了。

霍昌林对领导生产的全年计划和全面领导，是这样引起来的：他自1942年领导全村群众减租翻身和领导群众坚持反“扫荡”，保卫群众利益的数年中，得到了群众的热烈拥护，他当了政治主任，就感到越应该领导群众生产、过好日子才行。但是几年的生产领导，非常不够，零零星星，没计划，没目标，上级号召干啥就干啥，不布置就歇歇，他说：“好像瞎汉跟沟走，走在哪里算哪里。”他又好好地想了想：“生产是为咱，为什么上级布置才做，难道是给上级生产吗?”他想通了，下决心要把生产搞好。做一个建设芝麻角的计划，使全村人有吃有穿起来。他开头和一个老汉商量，那老汉很同意，又和几个干部谈了一下，干部也同意，所以他就召集了干部和村中在生产上有经验的老汉，开始订建设芝麻角的生产计划。他们订计划的办法是：在农业上是将全村人力、畜力、地亩数、种什么庄稼各多

少、耕几次、锄几次、上多少粪、需多少工，均按全年24个生产节令做了周密详细的计划，然后再把生产要求订了出来。在农业计算中，所余下的人力、畜力组织到运输方面来，并计划了植树造林、纺织、养鸡、喂猪等副业生产，这个计划订好后，又在民众学校，让全村群众来讨论补正、批准、通过，变成全村人所共同要求的计划，并各户、各组再具体的订了小计划，这样就将计划在全村群众一致执行开了。

芝麻角去年生产跟着计划来做，所以任何季节的生活，是完全主动的、自觉的。霍昌林说："不管上级布置不布置，反正俺村是照着生产计划在积极地干，不是往年那样光靠上级布置了。"从这里我们便认识了，组织生产要求变为广大群众的要求，并且让他们掌握了生产计划后，干部与群众便会按照自己的计划，按部就班地做，使生产取得很大成果。否则，上级的布置与指示，他们反会感到是找麻烦。这是我们从霍昌林领导方法上，应学到的宝贵经验！

——《新华日报（太行版）》1946年3月23日　四版

学习霍昌林（短论）

春季生产的开头，各地从县、区、村、家都订了不少计划，把全年生产怎样做？做些什么？做到些什么程度？都具体的订出来。几年来的生产运动，曾有不少地方这样做沾了大光。特别是组织起来生产，计划的作用更大，它在生产领导中，是一个极重要的部分。霍昌林的周密计划，把芝麻角建设的挺好。他首先从实际出发，订出了计划，而又经过群众补正、批准、把计划变成群众自觉的指导方向，同时又灵活具体的执行，及时深入的检查，把上级的领导意图，在本村具体化为群众意图。这是发挥具体领导最科学的方法，给整个生产领导，都提供了极宝贵的经验。

——《新华日报（太行版）》1946年3月23日　四版

武乡荣退军人管委会
集会讨论荣退军人生产

（武乡消息）武乡县荣退军人管理委员会，在上月8日召集各区管理委员，号召各荣退军人开展春耕生产。各区管理委员并互相提出挑战，保证荣退军人不荒一分地，每亩要上到25担粪，保证各区没有一个受困难的。现各区管理委员分头到各村推动荣退军人生产，订个人生产计划。(程静)

——《新华日报（太行版）》1946年4月5日 四版

武乡克服劳力困难 将组织大量辅助劳力

（武乡消息）4月1日，全县县区干部60余人，检查与动员春耕工作。根据各区的汇报，由于敌人几年来对劳力的杀伤和去年的参军，及战后和平建设，吸收了大量的工人。劳力的缺乏，成为全县普遍的严重现象。据调查，各区每人平均种地在20亩以上。如一区戈北平、显王等村，每人平均种地在40亩以上。劳力最缺乏的是七区，该区监漳村每个全劳力平均种地在80亩以上。其次，由于阎伪军在白晋线不时出扰，群众纷起自卫，亦直接影响春耕准备工作。如上司村102户中，就有44户没粪，有50户还没有开始送粪。二区计算的结果现在每亩只有20担粪，比去年少一半。再加上去冬冬季生产赚了钱，群众中普遍重商轻农。如洪水、蟠龙等地，绝大部分村干部与群众是“当日黄”的思想。此外去年互助中遗留的许多问题还未完全解决，雇工复工和牲口农具的困难亦是厉害。各区汇报后，即根据以上的情况，提出四个问题进行讨论：一、对辅助劳力如何组织（老汉、妇女、儿童）和鳏寡孤独及抗属无劳力如何解决。二、工农商怎样结合，如何克服群众的重商轻农思想。三、如何提高技术，达到深耕细作。四、

对过去遗留问题怎样解决。讨论的结果，大家一致认为两年来的生产运动，每个干部都有丰富的经验，及和平后的第一个生产运动，群众的情绪基本上是高涨的，这是今年生产运动胜利开展的重要因素。至于克服劳畜力的困难，要精确计算，组织大量的辅助劳力参加生产，互助组要以人评分，以活计工，彻底实行等价交换。为便利群众购买牲口农具，交换种子，特于12日、15日在圪老湾、段村举行骡马大会。同时，为了立即在全县形成群众性的春耕运动，展开新英雄主义竞赛，领导上及时总结经验，切实检查与执行奖励政策，发挥群众的创造性。

（又息）会议结束后，为使春耕运动迅速开展，当即组织了两个检查团，到各区具体检查与帮助。同时并出版了个生产小报，推进生产，交流经验。（武乡工作团办公室、王大明、李希文）

——《新华日报（太行版）》1946年4月17日　四版

东皋村妇女组织互助担粪

（武乡消息）七区东皋村群众为了克服劳力的缺乏，该村妇女自愿组织了3个组22人，决定每天上午纺织，下午担粪，互相挑战，两天内共担粪204担，郝五梅、张先菊说："非把粪担完不行"。在她们的影响下，全村群众都积极送粪，该区上司村妇救秘书，领导与组织了3个妇女组，15人，给抗属担粪，解决抗属的劳力困难。（瑞生、良弼、克宽）

——《新华日报（太行版）》1946年4月17日　四版

武乡八区各村救济东黄岩春荒

马牧等村春荒严重，要快想办法解决

（武乡消息）4月8日八区召开干部大会，动员春耕。会上检查了干部

在生产领导上的作风后，讨论到生产中的困难时，东黄岩（离段村20里远）干部介绍了他村的情况：抗战前，全村64户，270口人，都有吃有穿，八年来敌人的抢掠烧杀，现在只剩下47户，154口人。全村有地13顷70亩，只留下五个坏耕牛，每个耕牛要平均四顷多地。农具大部没有了。现下没吃的有16户，能吃一个月的有20户。县府号召组织起来生产，干部发愁，无法领导生产。他谈了这个情况后，干部们觉得这个问题很严重。大家除决定组织该村群众生产自救外，各村干部则自动提出动员群众进行互济，楼则峪干部自报，动员群众救济棉花5斤，小米5斗，牛工20晌，圪嘴头小米5斗，5晌牛，小良村2石粗粮，15晌牛。在这三村的影响下，全区各村共救济小米五石一斗。杂粮六石一斗，棉花十斤，耕牛65晌。东黄岩干部在大家对他村救济的感动下，提出回去一定要组织群众好好生产，保证今年生产要做到全村够吃够穿。(仁树)

（又息）武乡九区马牧、南沟、蔚家渠等村因敌占段村时的抢掠，衣食无着。虽经政府去冬的救济和群众生产自救及群运中得到了斗争果实，度过了严冬，但现在春荒仍严重。据统计：这些村当下无饭吃的即有225户，670人，下余半数的人口也只能吃到阴历四月半。(程子陆、武兴)

——《新华日报（太行版）》1946年4月27日　四版

东堡等村辅助劳力缺乏
组织妇女儿童担粪
培养女英雄带头办法很好

（武乡消息）为了克服劳力的困难，东堡劳动英雄史成富、女英雄史兰珍，动员红旗大队男女劳力进行春季下种。女英雄史兰珍亲自动员李协娥将春麦地修好，并耪了四亩圪垃。又和妇救主席韩仙花讨论组织青年妇女担粪。在担粪影响下，儿童史玉珍、史玉应也参加了担粪。韩仙花组织

了五个妇女，按拨工办法轮流担，38 岁的小脚妇女韩兰莲组织了八人也担起粪来。史根子也组织起 15 人担粪。这样推动了全村 44 个妇女都担起粪来，并按分队进行挑战。一分队五个妇女两天便担粪 39 担，现已形成热潮。韩道沟除全村 50 户，34 个全劳力，18 个半劳力全部组织起来外，该村 24 个大脚青年妇女，也组织起来，所有担水、送饭、打圪垃等活，全由妇女负责。同时并组织了 14 个大儿童参加。妇女儿童一共可折合 15 个工，对劳力的缺乏，补助很大。(梦松、雲中、中尧)

——《新华日报（太行版）》1946 年 4 月 29 日　四版

打破和平了慢慢来的思想

武乡五区提早下种

（武乡消息）五区东石坡等 15 村，为了提早下种，打通了干部群众“过去组织起来，是为了省工好应付战争，如今和平了，不用干部领导，也可各闹各”的思想。经讨论后，大家一致认为：“只有组织起来，和平才更有把握，发家才来的快。”闹通思想后，群众与干部很快团结紧，整顿互助，提早下种，现已种完草麦 3942 亩。一区墨镫村，在进行金皇后下种时，有许多群众不满意。他们认为今年春寒，下不得，有的说今年和平了慢慢的来吧。还有些人说：反动派就是想向咱进攻，也离咱远远哩。村干部发现群众这种思想后，立刻就召开组长以上的干部会议，讨论今年下种为甚这么不起劲？经过大家追根找原因，才反映出以上两种思想。村长、政治主任说明这种想法是危险的，因为反动派在白晋线时时想进攻咱，想把咱们的好时光弄坏，咱一定要和他拼个你死我活，到那时如果咱把下种都堆到一块，在后方的人少了，就更来不及了。打通了组长的思想后，第二天便开始了下种，在全村男女劳力一齐动手下，已种了金皇后 60 亩。墨镫群众打通思想后，同时影响了旁的村庄，打破等待思想，立即进入下种。（石

岗、鸿举）

——《新华日报（太行版）》1946年5月5日　四版

武乡县府拨药品一部给新区群众免费治病

（武乡消息）为了开展医务工作，达到人财两旺，本县于7月13号在六区连元村，召集中西医生135人，交流治病经验及医生鉴定。最后大家一致动议，傍近沁县、南沟沿线三区、十区一带，群众疾病严重，要组织医务队，前往新区免费给群众治病。现已由大众医院王院长亲率中西名医12名，携带政府拨给两万余元的药品，分两组于4月21日，前往该地进行治疗。新区群众闻之喜形于色，说："抗日政府对待老百姓真好呀。"（子箴、水林、瑞生、光宽、世荣）

——《新华日报（太行版）》1946年5月5日　四版

武乡结合互助组分散领导

（武乡消息）一区白和村，目前在查减工作中与生产结合的办法，是与生产互助组结合来进行。各互助组在生产中提出问题，除重要者外，一般是推定一个代表去和地主债主清算。七天内，已解决问题124件。这个办法，大家觉着还不错，既解决了问题，又误不了生产（怀林）

——《新华日报（太行版）》1946年5月13日　二版

赶　会

曾　克

一

农历三月二十三，窑上沟要赶大会了。这消息一传遍了武乡二区，大大小小远远近近的24个编村的老百姓，都在兴奋的情绪中忙起来。谁家不粉上斗儿八升玉茭，推上几斤白面或莜麦面，蒸上些干粮准备去赶会呢？

窑上沟比别的村子更加紧张，他们要做主人。青年人布置会场、闹红火，连饭都顾不得吃。老人们，都忙着为自己的闺女、女婿、外甥、亲家，和干干表表的亲戚们，腾床铺，做吃喝。

几个推磨碾碾的人，互相闲谈着说：

“咱们这六七年没有逢会了。”

“日本这狗×的，把咱们老百姓糟践的连日子都不能过，还说什么赶会呢！”一位老汉很感慨地接上来。

另一个老太婆，压低了声音，带着一些疑虑的口气说：

“如今这阵子，不是说不兴咱老百姓办往年一些旧事情了吗？怎么今年又叫逢会了呢？”

帮助推磨的一个小学生插上嘴了：

“凡是对咱老百姓有利无害的事，不论什么，咱们八路军、民主政府不但不反对，还帮助咱们来办呢！还有什么新的旧的，兴不兴呢？”

听的人都笑了。老头子说：

“怪不得，早几天区上还出了大告示，可惜咱不识字，不知道说什么，只听说，咱们窑上沟的会又能赶了，村上的干部们，亲自出马，又是搭台台，又是插牌牌……”

这天清晨，在温暖的春风里，舒服的阳光下，四面的山路上，涌现着一批批赶会去的人。青年的妇女和小伙子们，头上包着新织的白毛巾。小女孩子们，穿着深深浅浅、红红绿绿、条条格格的各种颜色的衣服，在他们梳的光亮的短发上，夹着闪光的白卡子。连老太婆们，也换上了他们洗浆的板板整整的布衫，扎上新腿带，拄着拐杖，愉快地夹在行人的行列里。很多老汉们，有的牵着耕牛，有的背上粮食，准备去调换和置买自己需要的种籽或农具。

毛兰兰花开的满山红，绿油油的麦陇，带着丰收的喜悦，向人们整齐地摇着头。男孩子们一边走，一边在路旁为姐姐妹妹们折野花，大瓣儿的白果子花，娇艳艳的白兰兰，金黄色的游游伞，插满在姑娘们乌黑的头发上了。小娃娃们坐在爸爸们的肩头上，抱在妈妈的怀里，得意的笑着叫着。嬉笑歌唱的声音，流下山岗，响彻了窑上沟四面的原野。

二

听毛主席话！

跟共产党走！

搞大生产运动！

争取彻底和平！

会场的各处，都满插着醒目的和动人的标语牌牌，饭棚、货摊、菜场、牲口市、农具、种籽交换处，挤得水泄不通。各村的小花戏、剧团、音乐团、锣鼓喧天的在到处演唱着。人群围聚在每一个演唱队的周围，匆匆的在流动。

当韩壁小学的儿童，在整齐的扭秧歌停止时，伏在地上排了三个明显的大字“反内战”。人们一面鼓着掌，一面在心里激起一个警惕。有人悄悄的在议论了：

“不是和平了吗？还有什么内战呢？”

“国民党反动派，没有真心和平，嘴里说停了战，可天天在打我们。”

“听说东北还有美国人帮助他们呀！”

“再打仗，咱们老百姓真受不了呵！”

“有什么法子呢？法西斯就不想叫老百姓活，咱们自己保卫咱们的好光景吧！”

很多小花戏都演唱出国民党反动派内战的阴谋。砖壁五高校的学生，排出“大生产”，提高了群众对胜利的信心。

西头，在34株果木树的包围中，是一座塌毁了的破庙。在庙里一排北房里，有五高校陈设的文教宣传，人们被“在毛泽东旗帜下前进！”这有力的旗子吸引着，排着队，鱼贯的在展览室里观看。小学生们涨红着脸，流着汗，哑着喉咙，在向自己的乡亲们解释政治协商会议以后国民党反动的事实的图画，和清扫卫生、选种、深耕细作很多问题。一个十二三岁的孩子，讲到破除迷信时，指着破庙说：

“老乡们，这是过去皮相爷爷的大殿，咱们谁不知道。过去三月二十三，就是给他迎神唱戏，长疮烂眼，不找医生，光给他烧香，坏了很多事。今年，咱们有区上的医药合作社，有啥病快去找他们！”

每个走出展览室的人们，耳朵里萦绕着所听的宣传，眼睛里闪动着所看的挂图，又想了想自己所曾经赶过的庙会和今年的截然不同，心里都暗暗的在欢喜，默默地说：

——民主的新生活到底是好啊！共产党处处为老百姓打算！

两台戏不休停的唱着各种戏的内容，使要离婚的男女都得到了教育，懒汉受到了启示，互助组的很多问题得到思想上的分析和认识。尤其是对和平与自卫，得到了深刻的了解。戏台上石门工人剧团，演的象征剧，那高悬着毛主席含笑的挂像前，满树熟透的果子被国民党军队去抢摘着吃的时候，台下的人，握着愤怒的拳头咆哮了：

“打狗×的！保卫胜利果实！”

三

会场上正热闹时，从区上传来了王若飞等同志牺牲的消息。这晴天霹

雳般的噩耗，使沸腾的人如同浇上冷水，没有心情闹红火了！

很多群众提议，明天停会一天，开全区追悼大会。

第二天，天像人们的心情一样，铅板似的阴沉起来，下着雨，雨水伴和着群众的眼泪，悼念比死了自己的父母还要哀戚。更显得悲痛、凄切。

第三天，雨停了，会也停了，但人们的脚步没有停，他们的心里怀着沉重的悲哀，踏着泥滑的山路，赶来开追悼会。

会是那样的隆重，干部和群众像孝子跪在烈士的灵位前，久久抬不起头！

最后，区政委籍希俭同志，勉强忍着眼泪，鼓动大家说：

“光悲痛没有什么用，我们要用百倍的努力，继承先烈们未完的革命事业，争取和平，保卫胜利的果实！并永远记着这几位先烈，是为我们老百姓死的！”

口号声雷一样的响动了：

“先烈精神不死！”

“肃清法西斯，为先烈报仇！”

——《新华日报（太行版）》1946 年 5 月 17 日　四版

武乡老区群众支援白晋沿线新区下种

抽出耕牛百 50 头　捐助种籽 45 石

武乡白晋沿线以及附近村庄百姓，在日、阎军经常出扰下，耕牛种籽损失很大，广大居民无法进行下种。马牧编村 156 户中，105 户目前即没饭吃，耕牛更是缺乏。该县参议会为解决新区广大群众生产困难，特号召老区支援。经过县区行政干部讨论，决定六、七、八区抽调 150 头耕牛支援新区。将有 3150 亩土地迅速下种。其余土地业已组织大批人拉犁前往抢种，一、二、四、五等老区群众亦踊跃捐助种籽 45 石，运往边沿各村。新区广

大被救的人民，正积极组织起来突击下种，并纷纷致函我民主政府及老区同胞表示谢意，决心将不屈不挠和阎锡山反动派斗争到底，争取和平民主早日实现，来回答老区人民对他们的关怀。（泉沅、瑞生、兴唐、水林、景岗、子鸣）

——《新华日报（太行版）》1946 年 5 月 19 日　一版

武乡老区群众牵驴荷犁
赶赴新区支援生产

（长治讯）武乡老区群众，现正热烈支援新区群众生产。武乡民主政府根据月初县议会的决议，积极领导了这一运动，并向全县老区人民发出了支援新区的号召，以解位于白晋线两侧百余村群众生产的困难。该区八年来，遭受敌伪摧残，大部分村庄已成无人区。停战令后，复遭日阎军的不断袭击，致赤地千里，荒芜无人，若无老区援助，九死一生的人民很难进行生产。因此，当民主政府拨发大批粮食进行急赈，抽调老区牲口 150 头，组织大批人拉犁前往支援时，当地人民从感激中又重新燃起了生产自救的希望。一周以来，武乡全县的支援运动已形成热潮。仅一、二两区即募集种籽 45 石，其他各区的支援队亦正牵驴荷犁源源赶赴新区。

——《人民日报》1946 年 5 月 22 日　二版

南垴设立“饭棚”

及时检查生产计划，跟手解决小问题

武乡南垴全村三个互助组，设立了三个“饭棚”，吃饭时各组都到饭棚里，“圪扯”上半天和整天的生产工作，大家随时通通气，解决小疙瘩。饭

棚里用24节连环书，书出全年生产计划，按照计划来检查完成的程度，找出原因。大家认为这样很好，能节省很多时间，及时解决些小问题。（子升、子钦）

——《新华日报（太行版）》1946年5月23日　一版

武乡新区病疫严重

大众医院组织医生治疗

武乡新解放区21个行政村，害时瘟、天花、疥疮及其他疑难病的很严重。大众医院院长王玉如便率领13位医生，于上月21日冒雨前往治疗，当即治了518个人。医药费酌情免掉或给半价付给，抗属、干属、烈士家属、荣退军人、赤贫、贫农及鳏寡、孤独经区村干部证明，均免费治疗，患病者当即得救，均感激万分。张家沟发现痧疹、疟疾传染很快，老医生高来贵便介绍：于疟疾发后六小时煎服柴胡一撮治疟，用山春柳同红谷穗煎洗全身痧疹治，经试用都很有效。（大众医院　武少文）

——《新华日报（太行版）》1946年5月23日　二版

东堡红旗大队座谈互助生产

武乡二区东堡今年春耕工作劲头不大，立夏已过十天，全村才种了1368亩，三分之二的地还没有下种。全村8个分队22个小组中，真正起作用的不过六七个，主要原因是村干部对今年超过以往任何一年的大生产运动，认识不明确和组织领导松懈。村长、农会主席、副村长很久没有进行生产，最近才算勉强参加了互助组。而群众却存在着今年是不是还互助呢？同时两年来互助组遗留下的问题没有得到解决。村中又采取一揽子会，一

切事情都通过互助队，大多数英雄模范误工很多。再就是领导上忽略了组织起来的思想教育，只是单纯的奖励，一时热闹，但群众干部对组织起来的目的却是模糊的。工会主任史老四这样说："公家对咱这样奖励督促，咱还能不好好动弹"。有的互助争功，史甲午因为争功争倒了，觉得落了个啥？形成了互相不服气。去年曾发生奖不下去现象，而且奖状铜牌等小奖，已经是作用不大了。

5月13日，干部、英雄、模范、积极分子60多人座谈会上，进行了检讨，提出了加强组织起来的思想教育，贯彻互助政策后，各分队又彻头彻尾解决了遗留问题，订出耕三余一计划，推动互助向前发展。

根据红旗大队长史成富的计划，他是一个富农，要达到耕三余一，还得在互助组中赚工资谷八石，每天织三尺布才够。大家明确了东堡超过以往任何一年的生产，必须从深耕细作，发展妇女纺织两件工作着手。现各分队都有技术老师指导，改良农具。现200纺妇会纺会织全把式只有48人。因此，在技术上，还需要提高。

16日，红旗大队全体队员庆祝红旗大队成立与组织起来二周年，总结了两年来组织起来成绩，表扬了过去模范英雄，技术老师。并评选最近十天下种的模范分队和组，提高了大家的信心，提出建设一个丰衣足食的新东堡。(雪樵、梦松)

——《新华日报（太行版）》1946年5月25日　二版

新生命的检阅

曾　克

在5月，这个新生命丰茂生长的季节，武乡四区的儿童们，举行了新英雄主义的大竞赛。

劳动节的次一天，千百个从炮火和灾荒的严重苦难中活过来的孩子们，早早都赶到姚庄来。

孩子们散满在河滩上、山坡上、草地里，他们头上戴的红白、蓝白的学生帽，在金黄色的阳光中闪动，他们那笑着的红色脸颊，比花朵还美丽啊！

一声响亮的哨音，孩子们如同激流，立刻聚集到小河东岸的广场上来了。国旗奖旗飘扬在晴空中，无数的标语牌牌，带着鼓舞勉励的力量，在旗影下向孩子们召唤。23个青年的教师们，个个脸上都闪着慈祥的微笑，忙忙碌碌的整理孩子们的队形，指挥唱歌。王庄沟小学女教员路改香，妈妈一般替着自己的学生们，安置好了休息和吃饭的地点，脸上流着汗粒，还抚着小孩子的头，替孩子们擦汗呢。西川村小学教员王换安，拄着高脚拐杖，一只腿极吃力的前前后后走动着。他怀着和做民兵时同样的积极和责任心，毫不痛惜自己在战争中已经失去的一只腿，将残废了的生命，完全贡献给培植革命后代的工作中。

开会了。当明快的音乐停下来的时候，全场静寂了。千百张叽叽喳喳的闹嚷的小嘴紧紧闭拢了，千百双乌黑发亮的小眼睛，一致注视着台上。战争不但使他们学会了吃苦耐劳，还让他们获得了最好的纪律与组织的训练。这样，主席响亮的讲话，一字一句印在他们善于记忆的小脑子里去了。

“……不是抗战胜利，咱们不可能开这样的大会。不是共产党八路军，咱们贫苦的孩子们哪有受教育的权利？七八年来，咱们全区的儿童死难的太多了。据不完全统计，光长乐这个临蟠武河滩大道的小村，连饿带杀，就损失了四十几个。”他提高了声音，又说：

“我们并没有被这种残酷的情形吓倒。我们是变得更坚决和勇敢了，我们在山沟野地里，饿着肚子，并没有忘记学习。一块黑板，挂在树枝上，几块土坷垃在地上划动，我们认了字，听了政治……”

台下激响起怒吼一般的口号声。千百只小拳头有力的挥动着：

继续我们的战斗精神！为咱们死难的兄弟姊妹复仇！

会场的空气，不断的跟着主席的讲话在变化，当主席述说到一些壮烈牺牲的儿童的事迹时，大家的情绪都从热烈变为严肃了。他们低垂着小脑袋，有的掉下眼泪来。他们沉入悲痛的回忆里。谁能够忘记八年来所遭受的灾难，谁更能忘记敌人占据蟠龙这八个多月来的浩劫！谁家没有死去亲人，谁家的鸡犬牛羊没被赶绝？而今，他们这负满血痕的小心灵，又被那凄惨的画面占有了。主席刚一提到离蟠龙只有三里地的白家庄，人人立刻想起那个12岁小难友李爱民来。他在敌人面前所说的话，犹如从敌人那里跑回来的村人叙述时一般，又清晰的响在大家的耳朵里了：

“小孩子，你是哪里人？”敌人问。

一声刚气的回答：“中国人！”

“告诉我们，哪里有民兵？老百姓逃难的窑洞在什么地方？带我们去刨粮食！”敌人用枪对准孩子们的胸膛，命令着。

孩子沉着站着，一声也不响。

一个伪军走上来，诱惑的说：“带着皇军去吧！完了，放你回去！”

“不要忘了，你也是一个中国人！”孩子瞪着愤怒的眼睛，大声的叫喊了。

日本人也叫了：

“小八路的！死拉死拉的有！”

“王八羔子，你找死，老子给你活路你不要，快说，不说干掉你。”伪军叫骂着，踢了孩子一脚。

“中国人就是不怕死！老百姓都是八路军！”

孩子的吼声的尾音还没有结束，敌人的刺刀已经刺进他的左太阳穴里，他瞪着不屈的眼睛倒在血泊里。

主席叙述了这一段经过以后，转变了他沉痛的声音，最后对大家鼓励着说：

“现在，日本鬼子也被我们打走了，我们要抓紧时间，学习各种技术，为争取彻底和平，建设新社会努力！”

随着一阵雷鸣的掌声，操演、唱歌和游艺的竞赛开始了。每个村，不论人多少，脚步都是那样的整齐，喊口令的孩子们，个个精神饱满旺健，怀着争取新英雄主义荣誉奖励的希望，向主席台行着注目礼，向观看的人们含笑的看着。在二三十种游艺的表演中，却净小学校的“着装”演习，是最新鲜活泼。全场的注意力，集中在十几个脱下外衣、长裤和鞋袜的孩子们身上。一声紧急的哨音从老师的口中吹起，他们沉着而迅速的按着衣物排好的秩序，一件件的争着先穿整齐。这时，观众一面鼓掌，一面纷纷议论起来：

“看有多快！敌人这几年把咱们娃娃大人都训练得有本事了！四五岁的娃娃，半夜三更一听说有情况，谁也能办到这样快！”

长乐村演唱“四八烈士”牺牲，也是博得全场称赞的一幕。妇女们头上包着雪白的毛巾，用凄婉的声调，向全场的人们传布这个不幸的消息了。

检查了清洁卫生，就分队去参观河西庙里的成绩陈列室，三所房子都摆满了。墙上用枣刺针钉着大小字、图画等最优良的成绩，日记、作文、算术各种作业，鲜明整齐的封面，向走来的人，发着诱惑的光芒。劳动的孩子们在记述和歌颂他们的劳动生活啊！一个孩子，在日记上写她的妈妈说：“妈妈一天到晚劳累，推磨、碾碾，晚上我睡下了，她还坐在小油灯下。替我缝衣裳。第二天早上，我醒来，妈妈又在推磨了，我的新衣已做好放在枕边了。”他们的感情像他们的生活一样真实而朴素。每一篇作文都在歌颂新生活和八路军。在一个“贫农翻身”的题目下，他们叫出了对共产党的热爱和感激。他们给前方战士写信，检讨为群众服务的思想。在他们的劳作和图画里，大部分是农具的模型：小犁、小纺车，泥做的牛儿、驴儿，还有烈士纪念亭，麦秸秆儿贴成的图画，显示出民间艺术的美！

经过评委会、儿童代表共同的评判，却净编村和大有编村荣获了总分

数的冠军和亚军，其他完全受到了奖励。

第二天，各学校在儿童节选出的英雄模范，进行经验交换，一个紧接着一个响亮的声音，在场子里散布开了。生产模范，有的自我介绍，有的互相介绍，他们用担煤、做鞋，做到书籍文具的自给。蟠龙郝九云站在台子前面，比着小手势，演讲一般的说：

“我替学校养了两口猪，天天在下课时，到蟠龙街上去倒泔水，现在又抱了一窝鸡儿，将来能养上四口猪，自己就可以不用家里贴吃喝!”

枣烟王菊则，这个十二三岁，生的很美丽的小女孩儿，用清脆的嗓音，给大家介绍她推动卫生工作的经验：

“我每天洗两次脸，勤换洗衣服，还检查小同学，并且帮助邻近妇女们讲究卫生。”

在学习的模范里，脉落神村的哑子李文宁的学习精神和成绩，经一个小学生代为介绍后，博得全场称赞，他每天靠实物暗示，能认会写会三个字。

姚庄村王兆龙，由于饮食有规律，四五年不生病，被选为全区健康模范。

模范小先生的竞赛最为热烈。最后，长乐王永安以最能掌握小同学，担当老师的责任，得了头奖。

龙湍郝孟冬，从人堆里钻出他的矮胖的身子，笑眯眯的说：

“同学们选我为娱乐模范，我的本领是能让大家高兴、快乐、精神好，在学校里，组织各种玩耍，读书写字疲倦了，我想法子给大家乐；小同学逃学，我用游戏方法动员他们到学校，让他们对学校发生兴趣!”

全场给他鼓掌了。

转变模范，都能用痛恨过去的精神，讲述他们过去的不肯学习，破坏别人学习的缺点和改过的过程。

千百个儿童在这新型的会上受到教育，得到鼓励，提高进步和希望与

模范看齐的决心。

在金色的晚霞中，在雄壮的音乐声里，在不停地掌声中，二十几面奖旗，一个个发光的奖章、奖状，一包包奖品，拿到孩子们的手中去。

1946 年 5 月 5 日于姚庄

——《人民日报》1946 年 5 月 28 日 二版

武乡提倡“农民是一家”
农民问题协商解决
进行生产发家教育 顺利开展大生产

（本报长治讯）武乡的查减运动，目前已进入深入阶段。据该县二区初步总结，运动已获得相当成绩。仅七个村统计：农民依法退回的土地有 531 亩，粮食 616 石，大洋 24.3 万元，群众生产劲头较前大为高涨。但在这一运动中，也曾产生了一些偏向，就是在解决农民间相互问题时，部分农民主张“一切皆斗”。少数村庄在处理富裕中农与中农问题上，也和对待恶霸和非法地主一样，因此曾引起不少殷实户的不安，生产情绪消沉。有些贫苦农民也产生过不事生产现象，自区的领导上提出“天下农民是一家”，“减租是揭石板，彻底翻身靠劳动”等口号之后，农民进行了讨论，弄清了“斗地主不是因为他有钱，而是因为他违法的剥削压榨”，“农民与农民的租息关系，不是农民的穷根，应该互相让步”，“减租只是翻身，生产才能发家”等道理，偏向得到纠正。该区现正检查斗争果实分配，进行组织起来生产的思想教育，以求减租的贯彻，顺利开展大生产运动。

——《人民日报》1946 年 6 月 5 日 二版

蒋阎军造成武西巨灾
太行二专署拨粮急赈

（太行本报讯）太行区武（乡）西三、八、十、十一四个区数十村庄，近二万人，在八年来饱受敌伪摧残之余，紧接着又受蒋阎军的疯狂掠夺。据1月13日到4月间，4个区40个自然村不完全统计，即损失粮食5116石，连同牲口、房屋、衣被等损失，共达1980余万元。边缘村庄十室九空，满目荒凉，甚至有“饿死人”“死后无力埋”的惨象。群众情绪极低，无力生产，春耕几陷停顿。二专署鉴于此，决定扶植灾区生产，自卫自救，特拨给粮食500石，前往急赈，并对该区灾区工作作如下指示。（一）发放救济要有重点，要快，强调救济与组织生产结合，防止滋生依赖思想。（二）组织全县范围内的大力支援，调剂劳畜力、农具种籽，解决灾民生产困难。（三）组织武力支援，发动自卫，把后方民兵组织轮防队，劳武结合，保卫生产，保卫夏收。（四）结合自卫生产，抓紧发动群众，反奸减租，巩固边地。（五）组织统一领导机构，成立自卫生产委员会，统一领导。（太行二专办公室）

——《人民日报》1946年7月2日　二版

发扬群众路线的新作风
掀起武乡互助生产新浪潮

武乡老区的互助生产，在1942年减租减息使土地关系得到适当改善的基础上，经过两年来普遍的组织起来，开展了新英雄主义运动，掌握了奖励模范的政策，曾经创造了丰富的宝贵经验，也获得了很大的成绩。东堡一村，从1945年来看，经过互助生产，赤贫上升贫农的有22户，贫农升中

农的有25户，中农升富农的有25户，共计上升户72户，他们还改造了懒汉33人。在互助中，赶工1645个，帮助部队用工230个。在1944年，曾比1943年多打粮食700多石。这是武乡人民在两年的组织起来互助生产中所得成绩的一例。

但是，由于在互助生产中，尚存在着某些缺点，如开展新英雄主义运动中，群众路线作风没有发扬，结合奖励进行批评与自我批评不够，强调涵厚而忽略了公私兼顾、公私两利，以至形成了形式主义与锦标主义的老一套作风。

今年开展超过以往任何一年的大生产运动时，武乡组织起来互助生产呈现着停滞状态。据调查，如先进村的东堡，五月半前，22个互助组只有7个在动，而且也是“推一推动一动”，一般村的监漳村，5月27日前，则16个互助组竟都没有实现互助生产。这种停滞的状态，一方面是武乡在两年来组织起来的互助生产中，形式主义、锦标主义那一套作风的结果，另一方面是存在着阻碍发展互助生产的新因素。

武乡在今年开展大生产运动之初，影响发展互助生产的新因素，一方面固由于群众参加工业生产及白晋线自卫参战的劳力缺乏，而主要的则是由于查减与生产脱节，影响了整个农民的思想与组织起来。

今年武乡群众在新区和左、榆、襄等县群运的影响之下，普遍要求彻底解决土地问题与二三年来还存在的遗留问题，掀起了热火朝天的清债查减运动。这一运动使农民获得了土地，得到了彻底翻身，是值得我们称颂发扬的。但由于发生乱斗现象影响了农民的团结，也影响了中农、富农的生产发家。同时脱离了组织生产，单纯查减，以至形成了群众对群运的不良错觉。

现在，武乡的互助生产运动，正经历着新的时期，一方面是广大群众已经普遍获得土地，需要更好的组织起来生产发家。另一方面则是干部群众中滋长了“圪瘩户”的思想，需要更好的贯彻组织起来生产发家的思想

教育。因此，武乡目前开展组织起来互助生产运动，虽则有其新的困难，但也有它新的有利条件。主要的关键，则是转变老一套的旧作风，发扬深入群众走群众路线的新的民主作风。如果能从农民普遍获得土地及过去两年组织起来与所得丰富经验的基础上，加强思想领导，贯彻思想教育，使群众明确“过去社会各顾各，生灾出事把家垮”的个体经济是封建统治的经济基础，组织互助才是发家致富的吴满有方向的农民发家所走的道路，并大力调整农民之间的关系，贯彻合理的互助政策，开展组织起来，则武乡的互助生产，就会有一个新的猛烈的发展，而做到超过以往任何一年。

6月中，武乡全县干部会议，开展了自由思想，检讨了两年组织起来中开展新英雄主义运动上存在的问题，认识了中国殖民地半殖民地半封建的社会条件，必须从第一个组织起来，进行废除封建剥削的束缚，再从第二个组织起来进行互助生产，由穷变富，富者更富，才能发展农村经济，使农民群众真正彻底翻身，从而加强和坚决的深入群众，创造经验，转变作风的决心，这是武乡互助生产新发展的一个主要保证。这个保证，在东堡、韩壁、监漳等村已经开始得到了成绩。武乡全体干部当能发扬这种新作风，掀起热火朝天的互助生产的巨大的新浪潮。

——《新华日报（太行版）》1946年7月11日　四版

保卫1675.2高地

洛　夫

一

站立在1675.2高地上的304部队的哨兵，以和平、民主保卫者的姿态，拿着“三八”式带刺刀的枪，鹰似的注视着南关的顽伪军——和平、民主的破坏者。他如同保护自己的眼睛一样，守卫着祁、武一带的解放区。

1675.2高地，在白晋路南关东北面五里地的地方，它下边就是寨上和司庄村，村前是铁路，北离北关，也只有五、六里地，南面对面山就是阎军碉堡——用日本人做炮手、机枪射手，同时又为日本武器武装起来的碉堡。碉堡东坡是柳背村，西坡山下是南关镇，东面、正北、正南都是敌伪顽再三蹂躏过的祁、武解放区。1675.2高地是一个有重要意义的制高点，是白晋路南关到北关铁路的咽喉，这个高地离地平面有1675.2公尺。

二

4月23日上午10时，已经是中国全面和平停战命令公布后的三个月零十天了。盘踞在南关镇的日伪阎军三个团，附日本钢炮两门，轻重机枪三十余挺，使用着日本炮手与机枪手，又开始向1675.2高地进犯了。

“报告！报告营长，敌人已开始从柳背村移动了！”哨兵目不转睛地监视着敌人，高声报告给自己的营长。

1675.2高地的电话铃响了，“304”本部接到了命令：

“喂！×营长吗？如果敌人敢向我们阵地进犯，我们要坚决消灭它，我已命令炮兵连马上爬山，占领阵地配合你们，不顾牺牲代价多少，要死守阵地！”团长把斩钉截铁的一样的决心，传给自己的部队。

×营长在电话里复诵了团长命令之后，自言自语着：“是的！我们要坚决保卫1675.2高地，誓与阵地共存亡，马上布置队伍。”接着，命令各连立刻进入阵地，并再三的说：“没有命令不得过早开枪！手榴弹准备好！”

1675.2高地的空气紧张起来了，通讯员忙着传达命令，炮兵观测手不停止的观察敌人，指导员忙着检查自己的连、排、机枪手、手榴弹手的位置。战士们带着激昂的情绪说着：“叫他狗×们来，给他黑面包吃（指手榴弹）。”

特等射手李二孩提出“保证要打死敌人两个指挥官。”王班长说：“我们今天要换一换枪！”“我们前哨排保证不让敌人冲上来，叫他滚回去！”这是八连一排传来的挑战声音。

指导员忙着用口头传达各班排的决心和胜利消息。

“同志们，北面河上头××旅把进攻的敌人打退了，消灭它一个营，得了三挺机枪。”胜利消息传遍了1675.2高地的每个工事里。

上午，11时5分，南关敌人三个团，都运动到柳背碉堡的附近集结着。距离只有二里地，对面山就是敌人，当中只隔了一道沟。

敌人开始下沟，向东山我军阵地的方向蠕动了！敌人的炮兵，已向我们阵地疯狂的射击！团首长命令着：

“炮兵连！向敌人密集队形开始射击，连三发！”

炮兵英雄大显神威，第一炮，落到敌人队伍里的后边，不到两公尺远，第二炮，弹落到敌人的队伍里，敌人狼狈地抱着头乱窜，好像热窝里的蚂蚁一样。

“打得好！打得好！”战士们从工事欢呼着高兴的跳起来，指导员高声喊着，叫大家注意隐蔽。

“炮兵！再打。”……一连串的炮弹，落在敌人队伍里，他们爬着不敢动，好像罪人一样等着我们惩罚他！

不久，敌人开始分两路向高地冲锋了。

敌人的士兵不敢向前冲，拿着白旗的指挥官在后面打着他们，神枪手李二孩看得最清楚。“嘣”的一枪，那指挥官与白棋一同滚到了山沟里。

即刻，“李二孩一枪打死一个敌人指挥官！”这个消息，传到每一个单人掩体里。

团首长用望远镜细密地观察敌人运动，看到大部分敌人都往左侧沟里运动，山上有一门炮，两挺重机枪掩护冲锋，但正面敌人已开始往上冲了……他看到这个情况，很快下了判断与决心：“敌人正面是佯攻，主力是在左侧，企图从左侧进攻，占领前面山头，截断我们的后路。”于是立即派×营增援到左侧面。另一个营顺着沟扑到敌人的屁股后面去，消灭他一股，上下夹击！胜利是有把握的。他的判断与决心，用电话传到各营里去。果然，敌人主力逐渐移到左侧方，并已上山，南山的炮与机枪如雨点般发射

着，炮火把我们的前沿阵地工事都破坏了。但，我们的战士一枪不发，敌人以为我们“跑啦”，于是大摇大摆往上冲，距离只有50米远了，李排长命令：工事里的战士们“投手榴弹！”

一排子手榴弹，如冰雹一样打到敌人的队伍里，他们都像死猪似的滚下山沟。这是敌人第一次冲锋。

接着第二次，第三次，第四次………都是同样。

下午2时，敌人恼羞成怒，把三个团都拿出来，发动最后一次“总攻击”。我们把×营预备队作了简单动员：“死守阵地，不让敌人占领一个山堡！”这句口号就变为当时的实际行动。

敌人两个团从左侧攻，一个团在正面佯攻，敌人的炮和机枪不停的发射，从左侧分三路冲上来了。然而，我们抄后路的一个营，像风一样从沟里扑到敌人的后方，守山头的战士，看到这情形，五连长韩义山，站起来拿着手榴弹率领战士往下投。“手榴弹真顶事呀！”他一面打一面高兴的呼喊着！打退了一路，其余各路敌人准备退走了。可是，一营的英雄们哪肯让他走呢？早已把他们的归路切断，又是一阵手榴弹，打得敌人进退两难，爬在半山坡。山上的×营反冲锋，上着刺刀，一直冲到敌人跟前，“杀！”“杀！”……敌人两个团被打垮了，一个团被消灭了，光掉下的尸首就有两百多具！1675.2高地仍然为我们坚守着！

三

黄昏，敌人又从南沟增援到南关一个团，他以一个前哨营，抢占我太岳部队防守的突出部——就是1675.2高地的西南山脚下的突出部。

“304部队，在今晚12时以前，要设法以迅速秘密的行动，围歼高地突出部的敌人，要全部歼灭他！”新的任务又从电话里传到1675.2高地。有些连队打了一天仗还没有吃上饭，战斗结束后，战士们的肚里，饥肠已经开始雷鸣。被大家白天公认为主力的一连，正要准备吃饭，麻指导员开始严肃的传达新的任务。

“对的！完成任务要紧，保卫人民利益，保卫解放区，打完再吃饭也行！”

“打胜仗，比吃饭要紧！”

“这是一个与四连比赛得枪的好机会！”麻指导员讲完话后，战士们自动提出了这些口号。部队在夜色茫茫中前进着！

一连的突击组投弹手，背着枪，每人腰里带着五颗手榴弹，以迅速秘密的动作，到达了突出部的山根，战士们用双手当成脚爬行着，敌人哨兵一点没有发觉。和敌人只隔 50 米远了，六班长刘双奎看到敌人的机枪衣还没有脱下，他心里想：“开始干吧！我首先要夺两挺机枪！”已经到敌人哨兵跟前了，“谁？干什么的？口令！”回答是一阵黑面包（手榴弹），敌人 12 挺机枪，只打了一梭子弹，我们的刺刀就逼上了他们的胸膛。仅仅花了 35 分钟的功夫，敌人的前哨营全部被消灭了！12 挺机枪，除了 3 挺滚到悬崖底下之外，其余都被我们缴获了。

六班长刘双奎，一个人得到了 3 挺机枪。304 部队的第一营，光荣的完成了“歼灭高地突出部敌人的任务。”

现在，1675.2 高地上，站立着 304 部队的哨兵，时常带着胜利的微笑，唱着：

“敌人从哪里进攻，叫他消灭在哪里！”

——《人民日报》1946 年 7 月 14 日　二版

哭不活烈士　恨不死反动派

武乡王庄沟群众誓以实际行动悼死者

（本报长治讯）武乡四区王庄沟，民兵指导员马二熬同志，在边地保卫群众麦收时光荣牺牲后，王庄沟男女老少，悲愤极了。大家回想起八年抗战中，马二熬同志，为保护群众利益和日寇打死打活，有好多群众都哭

了。6 月 20 日，全村举行了隆重的追悼大会，主席报告了马同志的死难经过和经历介绍后，陈相林老汉握着拳头说：“哭不活烈士，恨不死反动派，我们要起来干，我要去前线参战去，多杀死几个反动派，给二熬报仇”。民兵们举起了枪说：“我们一定要干到底，为指导员报仇。”群众和干部提出，要好好照顾二熬家属，不能让家属感到了困难。最后，大家一起决定，要用积极参战，努力生产，来永远纪念我们的二熬同志。(步熬)

——《人民日报》1946 年 7 月 16 日　二版

金　匾

曾　克

韩壁很静。像一般乡村的夜晚一样，没有灯光。只朦朦胧胧的看见北房和西房一片坍塌的瓦砾堆，和两间破东屋连着牲口棚。牲口粗声的在嚼着草。我们还没有向这家主人招呼，一个老太婆，双手捧着一大把熊熊燃烧的麻秆，从东屋里跌跌撞撞地跑出来了。她喔喔噜噜地说：

“这位同志怎么才过来呢?”

“在区上吃饭的!”交通员回答。

“方才区长来了，说是个女同志到俺家来住，身边还引着孩孩。俺把小北屋的炕都烧热啦!”他瞅了瞅我说：“同志，你知道，敌人把房子毁坏的一间好的都没有了。迁就着住上几天。快照着这亮，去拾掇拾掇吧。”

交通员接过火把，我的孩子，发现奇迹似的，突然嚷叫起来：

“妈妈，你看，大花牌牌。”

我朝着他小手指划的地方抬头一看，原来在东屋低矮的门头上，悬挂着三面巨匾。火把一摇一晃，匾上的金字闪着光。交通员马上对我说：

“这些都是光荣匾。这是个模范家庭。当家的老汉，是韩壁老百姓的靠

山，翻身恩人。在俺二区，只要提起老农会，老革命和彻底模范，没有人不知道。”

“呵！他在家吧？”我立刻就想见见这位群众的领袖。

老太婆说：

“开会去了。哪天夜里他在家安安生生睡个觉呵！”

“这老汉可能吃苦，60来岁的人了，对工作比青年人精神还旺，劲头还足。”交通员夸奖着说。

老太婆语气沉重的又说：“老是老了，近来腿又不吃劲，黑夜开会，熟路，还常常一跌一跤爬回来呢。劝他歇歇吧，他还给你生气。”

两个人把我带到屋子里，又争着向我介绍了一阵子，才各自回去睡觉。

半夜里，有橐橐的脚步声在我窗前停下。接着一个老人结结巴巴的声音，从窗子传进来了：

“嗳！同……同志！”

我答应着，正要披衣起来开门，他又说：

“睡……睡了，不用动！我开会才……才回，听……听家里说你……你来啦。过……过来看看。”

我感激的话还没说完，橐橐的脚步声已经远得听不见了。没有再睡多久，窗纸就发了白。我怀着如同要看新奇景物的心情，很快起来。院子各处打扫得很干净，扫把掠过的细纹还留在地上。东屋门半开着，证明已经有人起来。牲口棚也空了。我没有去多想这些，注意力完全被东屋门头上的匾吸引住了。昨夜看不清楚的匾上的字，而今一个个清晰的映进我的眼睛里。民国33年，武乡县长和县指挥部政委送的那幅黑漆匾，鲜红的大字，首先燃烧着我的目光：恭送年高六十积极工作为公众办事很有声望的韩国栋同志诞辰。紧挨着，就是次年正副县长一同奖励的“模范抗属”，而特别光彩夺目的，却是韩壁全体村干部和群众赠得那一幅红底金字的了。

这上面写着“革命家庭”四个大字，另有这样一段小字：“韩国栋同

志，年61岁，自幼贫苦，在旧社会下深受痛苦。自抗战开始，参加革命工作至今七年，非常热心，时时为群众打算，得到全村群众钦佩敬爱。此次参军，为世界和平迅速实现，抗战早日成功，送儿与侄参军杀敌，全区模范历史第一光荣。”

我生平第一次看见，匾挂在破落院子里，牲口棚旁边低矮的门头上。人民能把荣誉颂赞，加于自己真正爱戴的人，在同一国家另一社会里，是不会有和不可能有的事啊！我一遍又一遍地读着这些颂词贺语，企图背诵了它，突然有人喊我了：

“同……同志！昨……昨天累了，多睡会儿吧！大……大早起来做……做甚？”

跟着这结结巴巴的声音，一个又低又瘦，头上蒙块烂毛巾的小老头，赶着一头牛和一个毛驴走进院子。我丝毫没加思索便问：

“你老人家是韩国栋同志吧？光荣！光荣！”

老头子摇着头，摆着手，抖动着下巴上一撮黑胡子，笑着说：

“不……不敢当，屋……屋里坐……坐吧！同志！”

他把牲口拴在槽上，拖着一双又破又大的棉鞋的脚，一拐一拐地往屋里走，他的腿是箩圈形又特别短，穿在他身上的那条老棉裤，像要掉下来似的，裤裆堆拥在大腿中间。

“炕上坐！”他和老婆子一齐把我推上土炕。

韩国栋同志没有马上坐下来和我谈话。他站在炕头上，向吊在屋梁上的一大串留种籽的玉茭夹缝里，摸来摸去找什么，他打开了十几张落满灰尘的纸条看了看，有些发急的向老太婆问：

“有谁来动它吗？”

“那上面有你的命，谁敢碰碰呢？”老太婆回答。

韩国栋嘴巴一噘沉默一会，突然记起似的，从怀里掏出一个白麻纸字条，递给我说：

“事情太多，年纪老了，总是丢三忘四的!”

我看着一个群众报告魏老财剥削事实的信，还没有开口打听具体的情形，韩国栋同志就热情的对我说了：

“同……同志，你来的好啊！我们的查……查减运动，正……正需要人帮助。”

“过去的查减工作，做到什么程度了?”我关心地问。

“大地主基本是斗倒了。群众也都享受了果实。”他凑近我一些，结结巴巴地说：“不过，不彻底！还给老财留下相当多的地叫他剥削人，你不看那信上，群众发现魏老财，偷偷挖出银元在顽区搞生意呢!”

老太婆很自然的搭上腔来。“同志，压在俺老百姓头上的这块大石板，可不容易掀掉啊！共产党八路军给俺撑住腰，俺这老头子带着头，大家伙鼓着劲，才从人家姓魏的脚底下爬出来。还有很多人的债没清出来呢！大家宽大他，让他，他还要搞鬼!”

“就是要彻底他吆!”韩国栋同志说。

在我们谈话的时候，很多人来找韩国栋同志商量事情。他匆忙的吞了几口早饭，就带我一起跟互助组下地去了。一走到田陌上，他就指着正南里把地的一个山寨说：

“同……同志，那……那就是姓魏的寨子，武乡有名的南寨。”

我看着那建筑在绝崖上的石头城、铁门、炮眼，嘲讽似的自语了一句：

“就是神气啊。”

“还有吊桥呢，三四十串院子，一营兵都扎不满。过去，人家寨门一开，咱就吓得打哆嗦啊!”跟我们同来的一个青年农民瞪大眼睛说。

到了地里，大家一面工作，一面神话一样讲述魏老财的发家的故事。

康熙年间，魏家六代祖爷，坐四品官下任，驮了二斗金子回来，又兴土木又置地。官盐店、药铺、钱庄、当铺、糟坊一下拥到他怀里，韩壁老百姓的命运完全被这两斗金子给捆住了。十分之八的土地叫他霸占。家家

户户借他的钱，种他的地，韩国栋同志就是因为埋葬父亲，使了他20块大洋，白给他受了五年，还不够利钱。最后把仅有的五亩地也顶给了他！

几百年的血泪冤仇，人们是不会忘记的。但，过了六年自由解放的新生活的现在，人们更集中精神的，是现实的斗争。于是，话题很快转到即将进行的彻底查减的工作上来。大家像又陷入1940年开始减租清债的那种激动的情绪里，说得很热闹。

“这……这回一定把……把债都清出来。在俺们这里，再不留一个吃现成饭的寄生虫。”

晚上，在村东头一座古庙里，韩国栋同志召集一个积极分子会。大家把各种材料研究了一下，又决定了进行斗争的步骤，韩国栋同志便鼓励大家说：

“毛主席不让咱身上拴一点绳绳！彻底救咱们。”他由于激动，就显得更结巴了。他比着手势来表达发不出的言语。“集中力量把这工作完成，人人都有了地，自己打庄稼自己吃。谁也不再牵累债务，好好生产，穷人也来发发家。”

深夜，他回来，月亮落了，在黑路上，他被一块大石头绊倒。本来就有病的腿，这样就立刻不能动弹了。

查减运动进行着。他只在炕上躺了两天，就又拄着拐杖一跛一跛地在到处奔跑了。

当我要离开韩壁的前几天，群众正在酝酿一件大事：他们准备在这次运动胜利结束的时候，选举一个年轻力壮的人，帮助韩国栋同志的农会工作，让他能够得到一些休息。大家又把全村生产大队的技术老师的尊重称号，加到他身上！并且还在赶制着一副金色匾，颂扬他全部光荣的革命工作。

1946年6月末

——《人民日报》1946年7月22日　二版

武乡民兵开展“爆炸运动”

武乡民兵为青修惨案复仇，在边沿村庄，配合我军对段逆炳昌伪部开展了爆炸复仇运动。一区支援民兵队又获得多次胜利，有效地保卫了边地群众的安全。本月8日段伪百余人在东坡抢麦40余石回窜时，遭该民兵队伏击，伪军弃粮溃逃，踏响民兵预埋之地雷5个，死2伤10，被抢麦子即全部夺回。该民兵队连日又打退该伪小股抢粮5次。当地群众对民兵队均极拥护。慰劳麦7斗，面五10斤，要求长期驻守。在民兵掩护下，该地麦收已完成。（吕梁、陈新）

——《新华日报（太行版）》1946年7月25日　一版

白和村合理解决工资问题后
工农团结生产劲头大

武乡一区白和村，全村煤矿工人占农民40%，每个矿工家里也种的有地。但在去年大生产运动中，由于工资规定的不适当，互助组不愿给矿工做活，如矿工下煤窑每日赚工资七升至一斗米，而互助组给他做活一工才赚五升米。由于这个问题没有适当解决，今年互助组不愿和矿工互助。后经过酝酿讨论，才解决了这个问题。矿工每日下煤窑赚七升米，互助组每日工资米六升，互助组给矿工做活，一工也赚七升米。这样矿工虽多出一升米，但他地里的营生能及时种上，不用他操心，抽出剩余时间，还可出去卖炭多赚一部分钱。互助组给矿工做活赚下的钱，不归个人，而是平均都得，不然都争着给矿工做活，就要发生矛盾。自这样解决问题后，工农团结生产劲头很大。（法彰）

——《新华日报（太行版）》1946年7月27日　二版

武乡指挥部通令表扬复员军人保卫麦收

（本报长治讯）在武乡七区安家之复员军人40余人，为替青修惨案被难同胞复仇，并保卫群众麦收，特自动组成一临时游击队，在陈二旺率领下，赴东沁线武乡属南沟附近，掩护该区收麦。顽伪两次出扰，均被击退，使该区麦收得以安全完成，群众莫不拥护。武乡指挥部以该复员军人退伍后，尚不忘保卫群众，特通令予以表扬。

——《人民日报》1946年8月3日 二版

武乡组织翻身队 帮助东沁线群众翻身

东沁线全部解放后，武乡特从老区抽调30余干部组织翻身队，前往该县所属之百余里新解放区，帮助群众反奸、反恶霸、清算租息，起来彻底翻身。现翻身队已出发。（武乡联合办公室）

——《新华日报（太行版）》1946年8月11日 二版

东沁线人民疾病严重
二专署组织医疗队急救

东沁线阎、伪军逃窜后，我二专署及武乡等县府即分别派员驰赴武、祁（县）沿线新解放村庄调查灾情，抚恤救济，发现当地时疫极为严重，经调查患病者占当地人口90%，多为伤寒、疟疾、痢疾、梅毒、疥疮等病。当即电请二专派医疗队前往治疗，二专晋东医院与武乡大众医院立即组成一医疗队，由医生王守墀、景全春率领，携药品赶去免费治疗。仅武乡八区所

属沿线村庄，已医好病人94人，所用之药在4000元以上。当地人民无限感激，他们说：世界上除过共产党、八路军和民主政府，咱们病死了也无人管。现因地区很大，病人太多，东沁线两侧之老解放区边沿村庄患病者亦多，大众医院特再组织两个医疗队出发，驰往工作。(程静、王玉如)

——《新华日报（太行版）》1946年8月17日　二版

李马保领导有预见

生活赶前参战没误了生产

太行区一等劳动英雄李马保，在今年领导树辛村生产上创造了不少经验，表现出他的工作细致有计划、有预见的英雄作风，兹将其具体事迹报道如下：

1946年1月间停战令颁发后，他便说：和平虽然到来了，但是反动派蒋介石、阎锡山可靠不住。远的不说，就拿咱武乡附近说吧，阎伪军还住在沁县与南沟，时时有可能向咱们这里进攻，我们还得准备自卫参战。另外和平了进行建设还需很多民力，咱们今年在生产上，人力缺乏是个很大的困难，件件做到头里，才不乱杂。因此在正月初二，他就提出组织起来往地担粪，但群众思想抵抗，纷纷说：八年艰苦抗战，现在和平了，应该好好休息休息。并有人在骂着。在这种情形下，马保同志便耐心地给群众解释，又让群众讨论，最后大家决定采用了白天担粪，黑夜娱乐并进行时事教育，清算放下武器思想。在他领导下全村正月十五前，就把粪全部送完了。不久便开始了白晋线自卫战，群众参战一个多月，参战回来后，其他村还在担粪，而树辛村却在修地种草麦。这时群众反映说："要不是趁早把粪担出去，可误了春耕啦！人家马保果然看得准，咱这可是沾了人家光了。"今年夏天因雨水多，锄谷割麦挤在一起，马保看了这个情况，在麦子快黄的时候就组织大家全力锄谷，刚锄完，麦子已黄了。便集中力量进行

割麦，这样麦收与锄苗的矛盾便解决了。群众反映说："马保领导真正确"。在麦子还未打完时，地里的豆子又长高了，眼看快不能进地了，马保又提出，豆子先上二锄，后打麦。两样生活都安排的周周到到。此外今年在推广金皇后时，政府号召要稀载，一般群众抵抗，马保便首先响应号召，带起了群众。(武乡联合办公室)

——《新华日报（太行版）》1946 年 8 月 25 日　二版

武乡刘喜娇为爱人报仇
痛哭着要往前线送军粮

（本报讯）武乡四高校女生刘喜娇，在学生们给前线运粮时，她身子软，不能去，但她硬要挣扎去，校长劝了她一顿，没让她去，她哭了，哭的很伤心的说："我的爱人，在白晋线为了保卫和平，牺牲了自己的生命，我连粮也不能给前线送吗?"公仇私恨，像利刃一样的，直刺中她的心头，使热泪止不住的夺眶奔流着，她觉得不能去送粮，是自己未尽到责任，简直是一种羞愧。

——《人民日报》1946 年 8 月 25 日　二版

太行突击沤粪种麦　武乡妇女遍地去割蒿

（本报长治讯）"突击造肥、准备种麦，为明年的大生产运动打下基础"，太行各地掀起割蒿积肥运动。武乡二区石瓮村的各自然村妇女们，在妇救秘书领导下，争先恐后地抢着割蒿。从蒺藜坪到石瓮村二里多地，沿途遍布割蒿妇女，三天共割 2. 48 万斤，加上其他牛羊粪，每亩地可上 90 担肥料。

——《人民日报》1946 年 9 月 22 日　二版

武乡西沟村参战生产展开竞赛

（本报长治20日讯）武乡一区西沟村，全体干部于检查生产工作后，分头下乡，在各自然村民革室召开男女组员会。会上讨论到如何进行生产，自卫参战和支援前线，订出了提前种麦的计划。男人组提出：要早早把麦地修好，肥料准备好，在9月5日前麦子一律种完。女人组提出：“俺们不能去参战，一定要把备战工作做好。”且保证把旧棉衣裌衣修补好，到月底要做两双鞋，使男人参战时，有裌衣棉衣和新鞋穿。

——《人民日报》1946年9月25日　二版

武乡四区种靛发了财
一亩靛顶种七亩粮

武乡四区松庄、魏家窑、白家窑、监漳四个村，今年种蓝219亩，每亩收靛35斤，共计7665斤，按现时西营市价，每斤卖500元计，可卖大洋383.25万元。按市价100元买一斗谷，计可买3832.5石，蓝地每亩原产粮2.4石，共可产525.2石，这样种靛即超过种粮食3306.9石，种一亩靛即顶种7亩多庄稼。可供全区6600口人解决全年染料问题（以每人每年染3丈布计）。（良北、三堂、兆于、贵吉、永珍）

——《新华日报（太行版）》1946年9月25日　四版

武乡民兵枕戈待发

（本报长治25日讯）太行各地分别检阅民兵整顿自卫力量，随时准备

出动参战。武乡检阅民兵时正直值秋雨绵绵，3500余民兵冒雨演习比赛。原庆和等五个特等射手都平均命中25环。投弹能手靳存华等九人，每人平均40米。大家一致提出，坚决把反动派打跑，保卫翻身果实。

——《人民日报》1946年9月29日　二版

共产党员的品质战胜了享乐思想

郝二朴同志退出贱买果实

推动区干部纷纷退还群众“果实”

武乡五区政委郝二朴同志于前段运动中，在松树庄贱买了群众斗争果实（被子一条及一些衣物）。这样一来，不少区干部都跟着学，致群众对干部有了意见，干部间也有了些隔阂，特务趁机造谣，大大阻碍了运动的发展。这次县里决定县、区干部全部退出贱买或贪污果实时，郝二朴同志起先很作难，他说：“咱这样做了，嘴成了软的，一想说其他区干部不对，可是咱还是‘沙盖子’怎能笑话‘瓦盖子’，怎能坚持正确的原则。”后来，他经过思想斗争与自我检讨，誓死为群众的共产党员的高贵品质，终于战胜了可耻的个人享乐思想，一鼓气背上被子和东西到了松树庄退给群众，并在大会上给群众赔不是。这样一来，区长李克诚、区干部敬璧等同志也都将果实退给群众赔了不是，松树庄的村干部都说：“区干部都退了，咱们多分的也退。”自此以后，曾一度消沉的松树庄运动，便又猛烈地再次行动起来，区、村干部与群众团结成了一块，一心一意地贯彻实现耕者有其田，支援爱国自卫前线。

——《新华日报（太行版）》1946年10月9日　二版

在李马保领导下树辛村做到耕二余一

每亩增产细粮二斗　七户贫农上升中农

五户中农上升富裕中农

武乡树辛村，在太行著名劳动英雄马保领导下，今年生产已达到耕二余一。全村65户204人，11顷土地，今年生产粗粮1730.21石，每亩平均超过平常年应产量（粗粮）3.7斗强。秋收后，有7户贫农上升为中农，5户中农上升为富裕中农。该村今年原计划每亩增产细粮3升，而实际增产细粮则超过2斗。增产主要原因为该村热烈响应了政府精耕细作，提高技术与推广优良品种的号召。今年该村种“金黄后玉茭”甚多，李马保并特别为保留金皇后的纯种，以好地特别加工细作，种有一亩专门留种的金皇后玉茭。大部秋禾今年均达到两耕三锄，上粪每亩平均达89担。李马保领导有预见，他认识国民党反动派存在一天，就得防备一天，因之今年该村生产仍如抗战中一样，抓紧突击，未受今春和平空气之影响。一开春就担粪、修地垒堰，使春耕准备提前完成，亦未受二、三月间白晋战役参战的影响。该村副业亦甚发达。纺织与养猪、养鸡等项，全村今年获利已达33万余元，穿衣亦达自给。李马保家养猪、养鸡、纺织特别发达，连农业收入则达耕一余一。

——《新华日报（太行版）》1946年10月13日　四版

武乡三区百七十余荣退军人
愤怒要求重上战场

武乡三区170余荣退军人，愤怒蒋军进攻，特于五、六两日集会座谈，要求重上战场，保卫好时光。荣军李福说：“过去十年内战，我们越打越壮

大，现在蒋贼想消灭我们那是妄想，他要大干起来，我要求上级下个命令调我们重上前线作战。”去年退伍的曹安义同志说：“我去年退伍，干部群众帮我建立了家务，蒋介石又来无理进攻不叫我们好活，我看只有和他干到底，才有我们的好时光。”人人怒气冲天，待命重赴战场。(步鳌)

——《新华日报（太行版）》1946 年 10 月 25 日　二版

——《人民日报》1946 年 10 月 26 日　二版

武乡工厂矿山开展 50 天增产竞赛

涌现英雄模范 42 个

武乡各矿山与小型工厂，为支援前线发动了 50 天的增产竞赛，于上月 20 日在中村召开此次运动的英雄会议。在汇报成绩中，光中村、显王、青背山、白和四个联合支部，在 55 天增产运动中，生产煤炭 6773350 斤，增产 218950 斤。五个纸厂超过计划 502 区麻纸，光苏峪纸厂就超过 62 区。在运动中涌现英雄模范 42 个。在会上检讨经验，主要有两点：一是联支干部的带头作用，在 42 名英雄中就有韩变贵、李春荣，刘晋举等 11 个干部。二是上次检查运动起了作用。(李发祥、李锦荣)

——《新华日报（太行版）》1946 年 11 月 3 日　四版

为群众翻身而死最光荣

三中追悼姜岳二同志

太行三中全体师生于上月 17 日，追悼该校为帮助群众翻身而光荣牺牲的姜步高、岳焕章二同志。姜、岳二同志于 8 月参加翻身队后，即赴平定边沿区西白岸、东庄等村帮助群众翻身。因为翻身与开展游击战争结合，使

阎伪吃了很大的亏。时常喊着要捉翻身队。不幸二同志于9月17、27两日被阎伪军包围，光荣牺牲。(华英)

——《新华日报（太行版）》1946年11月5日　二版

武乡县府发放救济物资
新区群众有吃有穿

武乡县府将光复沁县截下的救济物资，拍卖得150余万元，由县统一买成棉衣，给新解放区群众。新区群众九年来在敌、伪、阎顽的压榨下，无衣无食，生活极端困苦，这次除得政府救济粮外又得衣穿，现在组织纺机大力生产中。(程步鳌)

——《新华日报（太行版）》1946年11月5日　四版

劳动英雄王虎旺领导好
楼则峪做到耕三余一
组织起来省工1348个

武乡楼则峪村，在劳动英雄王虎旺领导下，互助组比去年多了12户，50个劳力，全村23组，有一个挂名组。今年全村虽因参战及天阴下雨生病误工1348个，但在组织起来的基础上，克服了劳畜力困难，做到了精耕细作，今年全村实产量4659石，超过应产量1055石。此外在副业收入上，两个运输队，共赚洋65554元，两个小型合作社，获利126520元，一个木工互助社（2月到现在），获利72880元，一个大合作社，获利171210元，妇女纺织赚洋572900元，瓜果赚洋55050元，蜜蜂收入洋24100元，喂猪14个，获利14万元，养鸡397只，内有95只下蛋，获利34000元，302只新

鸡可值洋30200元，再加其他副业生产，全村一年共收入1764400元。以100元可买一斗谷计，可买谷1764石，副业收入占农业收入38%，副业每人平均增加二石零八。全村一年除总人口消耗与再生产外，共需洋611128元，折粮4193石。从今年的农副业生产数内支出，还可剩余粮2230石，全村做到了耕三余一。今年再进行冬季生产，则能超过耕三余一。（玉田）

——《新华日报（太行版）》1946年11月7日　二版

武乡乡居杂记

郑　笃

村村有下山干部

来武乡后，我初次听到一个新名词，即："下山干部"。为了看看武乡究竟有多少下山干部，我在我所到过的十多个村——韩家垴、郭家垴、白家庄、苗杜、陌峪、胡峦岭、下北漳、窑上沟等村，都顺便问了问，令人惊异的是，任何小的村庄也都有下山干部。

去陌峪的路上，我曾碰到一个干部模样的人，挎着皮挎包，手里拿着一根小棍，我问他去哪里，他气壮的告我说："下山呀！"探寻之下，原来他是下长治市去工作。为革命打江山，下平川远离家乡，这事值得气壮而骄傲的。离蟠龙二三里地远的地方，有个叫白家庄的小村，有次，我和村上几个老乡谈到他村的劳力问题，他一开口就告诉我说："俺村有十多个抗属，还有三个下山干部。"语气之间，他们不单认为是下山人们本人的光荣，也认为是全村的光荣。

过去，武乡人是不愿离开家的，人们曾这样嘲笑过他们："武乡娃娃，离不开妈妈。"他们自己也不否认这一点，但现在却完全不同了。

新社会过新节气

中秋节前数天，各村干部突然忙碌起来，开过一次会议后，大家就纷纷募捐白面蔬菜，村公所也派人赶集打酒买各种调料，像要赶办什么大喜事一样。

我知道，这是人们准备在中秋节时请军属和荣退军人。中秋节请军属荣退军人，这在抗战以来已成了农村中的一个固定节日，但另外人们还过些什么节，我却不知道。

中秋节过后，我跑到了窑上沟，在村长家里，我看到一本识字课本，翻阅之下，看到有“新节气”一课，立即吸引住了我。

啊！原来武乡人民早已彻头彻尾废止了旧日的旧节气。现在每年中他们过的新节气共有12个，计：

一、正月初一（阴历）是敬老节。每逢这一天，即给村上老人们拜年祝寿。各村都是锣鼓喧天，细吹细打，还搭有万寿亭，在亭上宴请老人们。

二、正月十五（阴历）拥军优抗节。

三、清明为追悼死难烈士节。现各村对于抗战中牺牲的民兵和战士，都建有烈士亭或纪念碑，竖立在村口或村中间。

四、三八妇女节。

五、四四儿童节。

六、五一劳动节。

七、五四青年节。

八、六六教师节。

九、七七全民抗战团结节。

十、八月十五（阴历）杀敌英雄节。（宴请抗属荣退军也在这天）。

十一、10月10日群英节。因这时大都秋收完毕，人们正总结生产，选拔各种英雄，县上每年也大都在这前后开群英大会。

十二、新年拥干爱民节。这时群众干部即一起聚会，进行自我检讨，

互相提供意见，以便改进下年工作。

以上算是全县自上而下的一般节日。

除此之外，每当农忙空隙，各种剧团不论节气不节气，也是十分活跃。的确，新的节日和群众性的文娱工作，在武乡已经成了一种习以为常的事情了。

“正月里，旧社会流氓腐化，无组织不劳动，还要赌博。正月里，新社会大有变化，有组织有计划，生产娱乐。”

“二月里，旧社会村村祭灾，讲迷信求神灵，瞎想平安。二月里，新社会如遇春风，又造粪又垒堰，正式春耕。”

这是数年前流行在全武乡的歌曲，现在武乡已真如歌曲中的新社会一样了。倘你乡居数日，便能够亲身领略到这种新鲜的农村气象。

新的生活新的热情

在蟠龙周围，我跑了有十多个村，印象最深的是，群众生产建设的热情与有规律有组织的作息生活。

合作社互助社几乎村村都有，规模也不算小，染坊、油坊、醋坊，凡是供给群众日常需用和群众关联最紧密的作业，都在建立。

李峪村原先也有个油坊，抗战后因日本鬼子烧杀抢掠，七八年即无人榨过油。当我到达该村的那一天，油坊刚刚修盖起，而且第一次榨油。大师傅是该村榨油老手魏来有，他虽多年没榨油，但动起手来还是很熟练。大樑、油槽，一切全是崭新的，使起来也还得心应手，从他的极力要使自己显得老练，从容不迫的神情上，很明显的可以看出他的欢喜与满意。在他的周围，挤着一群大人小孩，仿佛全未见过榨油似的，都伸长着脖子在观看，不时还发出啧啧的称赞：“真是老把式！真是老把式！”

的确，生产建设已形成了一个自上而下的运动，不论哪村哪庄，只要筹划起一宗新事情，全村的人都会感到像是在办什么大喜事似的欢快。

一向过着散漫生活的农民，现在已过起有组织有规律的生活来了。我

所到过的村庄都安置有大钟或钟的代替物——铁轨（这是战利品）。

东堡红旗大队，共八个分队，各队都有自己的钟。对于钟声，他们非常熟悉，只要钟声一响，人们立刻能辨出那是哪队的钟声。

当我由二区走向一区的时候，正值各村紧张秋收。关家垴是没有钟的，但每夜一吃完晚饭，挂在村当中高地上的铁轨，即当当地响起来。为了突击割谷，他们是每夜集会。南响黄编村没有钟，也没有铁轨，但他们有自己的号兵。

民兵的组织性更可明显地看出。当他们一听到集合的哨声或号音，三三五五立即伴随着歌声或打闹着跑来。但只要一宣布开会，一切杂乱的声音立即消失，显得鸦雀无声。

在这种有组织有规律的生活中，一种新的性格——严肃与活泼，已经在所有人中间养成，甚至老年人也是一样。

奖状与胸章

走到每个村，最容易看到的是奖状和胸章。这是武乡领导工作上的一个很大特点。谁家家里只要得到一张奖状，就赶忙贴到墙上。倘是胸章则一定要别在衣襟上，人们都以此为光荣。

在秦家烟，我曾去访问过李星云。他是一位出名全太行区的杀敌英雄。我见到他时，在他的胸前整齐地挂着三个胸章，一个是县上奖的，一个是分区的，一个是军区的。显然他对于他那的光荣的标志——胸章，是异常重视的。他经常地带着它们，甚至下地时也带着。

在各个工作岗位上，人们只要有一特长与优点，立刻就会得到上级的表彰或奖励。因此，在群众之间也自然的形成了一种群众性的表扬与嘉奖。陌峪村教员姜国祯，教学很认真，群众干部们在中秋节时，即献给他一面旗，而且到处赞扬着："那可是个好教员！"

到处洋溢着愉快的歌声

抗战前武乡土地很集中，乡间曾流行着："四大家，八小家，还有 72 个圪撑家"的传说。当时武乡全县的土地差不多全被那些大"家"和小"家"所占有了。因此，武乡现在翻身人和翻身村特别多。

当你走过那层层如叠或错综掺杂悬挂在金黄色的山圪梁上的美丽村落时，远远望去，翠绿的树丛点缀在它们的四围或中间，那种恬静优美的景象，真使人留步，但当你走进侧耳细听，即能听到倚在门边做活或坐在树荫下纺线的青年妇女们低低的歌声，和追逐着猪羊玩耍的孩子们的嘈叫声。

纺车嗡嗡的发出轻微的节奏，纺妇们平静的心随着节拍在跳动。一到这时，为人平素唱熟悉了的开花调，就轻轻的从她们的口里吐出来。调子是谁都熟悉的，但歌词却是每个人自己内心的情感。

"金针开花六瓣瓣黄，参加胜利军万古名扬！"

"门答答开花不来来，甚风刮上你来来？"

是谁想起了她的去参军了的男人？是谁想起了她温柔的情人？然而，忽地唱声变了，一个青年的牧童吆喝着羊群，在高唱：

"啊——吁吁——

太阳开花一朵红，担架放哨送伤兵。

红辣椒，绿盖盖，打不了胜仗不回来。

在翻了身的村庄，翻身人的歌声随时都可听到，即在最忙碌或最紧张的时候，歌声仍然伴随着他们。如敌人占据蟠龙时，距敌人二三里地的窑上沟的老乡们就时常唱着"打麻雀战"歌。嘹亮的歌声传到了敌人的碉堡里，但人们一点也不畏惧，愉快的歌声继续在激荡：

"钢枪不离肩，

锄头不离手，

喂！

庄稼哥儿上前线，
来一个麻雀战！”

——《人民日报》1946 年 11 月 10 日　三版

马堡工厂总结增产后　展开技术大竞赛

提出量要多质要精

武乡马堡工厂在总结自卫增产时，看出工人在劳动的数量上很是惊人，但在质量上确不像以前，大家便开会讨论。青年工人张少牛说：“我以前为了数目多，做出一件东西来，本来看见有毛病，但不修理，就去交代了，别人看出时，我就修理，如看不出来，就哄过去了。”张双存说：“我过去做零件，过了大旋刀，还要再用小旋刀溜一遍，这几天我怕做不下成绩，只用大旋刀过一下就算了。”打眼工人李保元说：“枪眼能钻正，就是只嫌工资少。”这样交谈之后，大家一致认为我们军火工厂，如果这样下去，武器造不好，就不能很好的打击敌人，马虎是危害自己的而对敌人是有利的，这毛病是严重的，过去单纯地表扬数量多是不对的，而质量的精还是更重要的。因此重新决定数量多而质量精为今后生产标准，达到标准者除表扬奖励外并增资 800 元。接着即开展了热烈的技术大竞赛。方旺金说：“我过去很懒只害下工迟，今后我要努力干，做好成品，支援前线。”李保元说：“我要努力，保证一月内教会张秋喜打枪眼。”劳动英雄桂秀锋也领导标尺部订出了生产计划：（1）标尺要过样板。（2）保证质量好，交货时不打来回。（3）在技术上力求进步帮助学徒学习，并向成枪部，拴枪部提出挑战。

自此以后，凡做每件东西，都要经过群众性的检查运动，每个同志都在积极的纠正毛病。（马堡职工会汇报）

——《新华日报（太行版）》1946 年 11 月 13 日　四版

准备开展冬学运动　武乡定期集训义教

武乡政府，已要求在10月20日前选妥义教，品质要着重在群众中有威信的。定于30日左右开始训练，主要内容是贯彻实现耕者有其田的□□□□□。并开展时事教育。为开展小□□□普及到偏僻地带和山庄窝铺，□□□□□也一律参加。(程步鳌)

——《新华日报（太行版）》1946年11月15日　四版

武乡人民战斗回忆

一、游击网

正规军分散活动，在县、区、联防、村之间，各有分散活动的游击部队和相当集结的机动部队，部队的游击小组作为民兵的核心，形成严密的游击网，坚持游击战争。配置在要点的机动部队，负责解决决定意义的战斗。

部队和民兵结合，是不可战胜的。民兵路熟，在这里打了，马上绕近路赶到前面去，五个人可以顶十个人。有部队的领导，民兵可以撑得住气。警戒、侦察作为部队的有力助手。

1943年5月，敌人由洪水向蟠龙西窜。这时，沿河布满了部队和民兵，枪声整日没有停止过，“吱、吱”，子弹在敌人的行列里飞过去。还枪吧，要耽误时间，不还吧，只能白受损失。他们经过下寨，“砰、砰”两枪，敌人一个指挥官滚下马来，接着又死了一匹洋马。当敌人停止搜索时，人不见了，这是民兵打的。第二批敌人又经过下寨，最初还是稀落的步枪声，也许敌人认为这还是民兵吧，他们没有理。但是，错了！这回是××团。当敌人进入我伏击圈时，机关枪、掷弹筒一起射击，敌人死伤了四五十人。

到处挨打，不辨虚实，在牛家岭又遭到正规军的游击，敌人又死伤了二三十个。

二、麻雀战

当敌人“扫荡”开始。××的民兵，立刻设立了一个小的指挥部，专门担任侦察警戒，并且约定了各种联络及告警的信号。

果然，一天下午，敌人顺着山梁过来了。立刻，有几个民兵占领了山头，集中火力射击，仅仅用去22颗子弹，就打死了三个，敌人的前哨部队被阻滞了。

接着大队敌人到了，民兵们又灵活的改变了作战的方法，三十几个人，划分成七个小组，每组相距有半里，都布置在易于观测敌人，又能隐蔽自己的地方，向着凶傲的敌人打冷枪。他们又打死了四个敌人，敌人始终没有敢进村。

三、群众的转移

秋季“扫荡”开始，敌人每到一村，民兵立即掩护全村老弱妇女全部转移。在新转移的地区马上建立了临时的后方指挥部。为适应当前的敌情，把群众转移地区划分为三个分区，派坚强干部到各分区领导。分区下设武装、情报、群众组织、宣传等部，掌握着一定数量的民兵和自卫队，独立负责所在地岗哨、情报、锄奸任务，解决当地群众生活困难，进行宣教工作，坚持长期的斗争。

四、地雷战

各村的民兵中都有一定数量的地雷组，专门担负爆炸的任务。敌人侵占了柳沟，当天夜里三个民兵带着五颗地雷，埋到两个主要的村口上。第二天，敌人都踏响了，死伤七八个人。埋雷的秘诀，第一要接敌，第二要伪装得好，第三要估计好敌人可能行动的方向。记得一个夏天的上午，蟠龙河滩中，李花盛开。树荫下颇适于行军休息，××民兵就在一丛李树下埋了七颗地雷的地雷阵。全被敌人踏响了。范家岭的民兵，他们的石雷组和

民兵战斗队紧密的结合着，在一个要路口的隐蔽处，埋了四颗地雷，附近山头上埋伏着七、八个民兵。第二天，敌人行经这个要路口，民兵们集中射击，敌人立刻分散找寻有利地形隐蔽，地雷埋在地形最好的地方，都被敌人踏响了。

五、窑洞战

武乡人民为应付敌人频繁的“扫荡”，特为妇孺老弱创造了许多巧妙的藏身窑洞。这些窑洞的特点是弯弯曲曲、上上下下，一层又一层。每个拐弯处与攀登处都有障碍物（圪针等）或陷阱。如民谚所说：“拐三湾、设三关、楼上楼、天上天。”优点是：（一）找不见（洞口很秘密）。（二）薰不死（除洞口外还有气口）。（三）进不来（内有陷阱与障碍设得好）。（四）住得久（洞内有粮食、柴、水，甚至有厨房、厕所，纺车等生产工具）。（五）有后路。

自从创造了这种窑洞，民兵的作战更加顽强、英勇与机动。因为没有了后顾之忧，能集中精力去侦察、袭击、围困敌人，与部队配合作战。

六、指挥部

战争到来了，线、区、村各级都设有党政军民合一的指挥部。以县长、区长任指挥，县书、分书任政委。村指挥部一般都分前方指挥部与后方指挥部。前方指挥部负责侦察、情报、埋雷、作战等。后方专管群众转移、空室清野等。村长、支书、武委会主任、农会主席、民兵队长等，按各人经验与专长来分头掌握这两个指挥部。另设通讯联络人员，互通情报。战争时为了作战方便，群众分头转入大山或窑洞，均由后方指挥。两个指挥部商定两方面第一、第二、第三联络点，使前后不一致失去联络。村到区、区到县都有情报人员。另外，为保证与县联络，还拥有着若干条主要情报线与情报站，以供给情报。这种指挥机构，在 1942 年以后，一般都达到比较完善的地步。广大地区的统一指挥上的困难得以解决。

——《人民日报》1946 年 11 月 18 日　一版

武乡成立熬硝坊

（本报长治14日电）太行各地冬季生产业已开始。武乡一区的计划为组织70%的妇女经常纺织，发展小型合作社40个，成立6个熬硝坊，硝坊现已开工。该县树辛村劳动英雄李马保，为给明年大生产运动早做准备，秋收罢即领导群众造肥1.4万余担。

——《人民日报》1946年11月18日　一版

高岭女英雄王荷花　纺织三年发了家

（本报讯）武乡四区高岭村纺织英雄王荷花，纺织三年发了家。王荷花家里三口人，过去只3亩地，过不上好光景。后来，他听信政府的话，从1944年起，开始了纺织。三年来，她除了料理家务并干地里活以外，共赚米7.2石（大石）。先后买地5亩，典地7亩，买羊4只，三家合伙买了一头大母牛。今年村里又分给他3亩地。现在王荷花有地18亩，母牛生了一牛犊归她，真成为“有地有牲口，穿吃不用愁”的富裕之家了。此次武乡全县的劳动英雄大会，王荷花又被选为出席英雄。她笑得眉毛拉成一条线地对人说：“我有利又有名，八路军帮我翻了身。”她还帮助别的妇女学习纺织。她说：“八路军帮我发了财，我也得帮别人发财。”她今年借花给赵爱兰等成立了十个人的纺织小组，大半年共赚花114斤。（恒沙）

——《人民日报》1946年11月18日　一版

白天加油干　还要上夜工

太行二分区各矿厂职工
自动节约献金竞赛工作

（本报武乡讯）太行二分区各地职工自动厉行节约支援前线，武乡、襄垣、左权等各工厂、矿山职工，掀起热烈的劳军运动。白河煤矿孙天青同志说：“我在70天的生产劳动中省吃俭用，现在余下500余元，送给咱军队，并告他们说好好作战，把蒋军打败，给咱工人报一下过去在他统治下的仇吧！”分区组委会工厂李砚田、崔天然各自拿出500元，并提出除白天加倍努力外还要上夜工，要做到数量多、质量高，将军火造好，才能更好地打击反动派。为此，全厂又开展了革命竞赛运动，近来的生产正在热火朝天的开展。公安总局修械所曲全永同志说：“我把我节约的500元和生产的50个鸡蛋送给咱军队，叫他们吃些好饭。打蒋介石才会有力些”。

武乡总共献洋7万元，加上襄垣、左权、公安总局修械所、太行二分区武委会修械所，总计献洋11万元，另外还有肥皂、牙刷、毛巾、布袜、牙粉等东西。(赵秉英)

——《人民日报》1946年11月20日　二版

武乡集训义务教员

（本报讯）武乡县府已下令在上月20日前选出义务教员，品质要着重在群众中有威信的，并于30日起，开始训练，为期一星期左右，主要内容是贯彻实现耕者有其田的翻身教育，并开展时事教育。为开展小学教育，使教育普及到偏僻地带和山庄，小学教员也一律参加。

——《人民日报》1946年11月25日　二版

简　讯

武乡一区熬堖村，在今春清债翻身运动中，忽略了照顾荣退军人。最近由荣退军人小组长师宪堂提出，经群众讨论，明确了“我们已经翻身，荣退军人抗战有功，保卫了人民，也应该翻身”，即自愿让出斗争果实羊11只，钱8万余元，适当分配给9个荣退军人。师宪堂在村里订了一份本报，给群众解释时事，并帮助冬学上课。（清、家、九）

——《新华日报（太行版）》1946年11月25日　二版

栗家沟冬学正式开学
赵榜劳订出学习计划

武乡栗家沟冬学已正式开学，学员赵榜劳，在开学那天自动的报名参加青年组上课，并订出自己的学习计划。在计划中今年冬天要认会300个生字，还要能写能用。对政治课要做到教员讲的十句要记住九句。珠算学会加减法和两位乘法，唱歌教几个会几个。赵榜劳同志订出计划后，就努力照这计划去做，在这一个时期他表现很好，能按时到，并能遵守学校的纪律，听课也很细心。他的计划也推动了大家的学习。（郁学谦）

——《新华日报（太行版）》1946年11月25日　四版

女英雄王桃梅的转变

王桃梅是武乡的一等纺织英雄，现年36岁了，一区北响黄人。她原是个女二流子，自四四年政府号召开展大生产运动以来，由于参加了生产，

才得到改造，彻底转变好了。1944 年她已有决心转变，但村里的群众还是不搭不理地轻视她，她便找了几个和自己一样的五个妇女在一块谈心，大家都感到自己和别人不一样，被人看不起来，共同哭了一场。最后王桃梅提议说："别的互助组不要咱，咱们六个人成立一个组。"其他五个人一致同意便成立了一个小组，并选桃梅当组长。并每人出花一斤开始纺织，两个月后算了一笔账，每人除一斤花本外，净赚花 16 斤，赚洋 3 千元，伙买了 2.7 亩地。这时村干部与群众看到了桃梅的实际转变，都自动和她们接近帮助她们工作，这给了她们很大的鼓舞，干的劲头更大了。其他人见桃梅组能赚钱，都不断来参加，到去年春已发展到 16 个人，桃梅仍任组长。这时桃梅不但领导大家纺织，还瞅纺织空隙，给本村驻的军队医院磨面，赚麦子五石，麸九石，即抽出一部分麸买猪一口。4 月区署开春耕总结大会，桃梅被选为英雄去参加，得了奖旗一面，银质奖章一个，这一下她的劲头更大了。现在她的组已发展到妇女 42 人，分三个组活动，从 1945 年 10 月到现在赚花 963 斤，赚布 3060 尺，连上喂猪、做醋、熬碱、熬黑糖等共赚洋 594940 元，可买米 3966 石。在纺织技术上，桃梅也成为技术能手，她一天能织二丈二、三尺布，刷布能刷 80 尺，纺花可纺 16 两，还能织花布及柳条布等 13 样布，这次参加县群英大会，被选为一等纺织英雄。（玉田）

——《新华日报（太行版）》1946 年 11 月 25 日　四版

迎接全区群英大会

武乡订出冬季生产计划，一冬要赚洋二万万八千余万元

据各地群英会刊报道，内邱、井陉、平顺、陵川、武乡、襄垣、潞城、榆社、涉县等十县的群英大会，已先后闭幕。据九个县统计，共参加劳动、杀敌、翻身、纺织、合作等英雄及各种模范能手 1689 名。会上都分类分组进行了座谈交流经验。座谈后当即进行总结评选，据十县统计，共选出县

英雄342名。最后，各县都订出了冬季生产计划。武乡今冬计划：一、运输：要把全劳力40%组织起来，共23400人，一冬要赚洋16830万元。二、纺织：要组织80%妇女，一冬赚洋7500万元。三、合作股金：每一元要赚一元红利，全县140个合作社，要赚洋1600万元。四、熬硝：70口锅，要熬17万斤，可赚洋2500万元。以上共计赚洋28430万元。

——《新华日报（太行版）》1946年11月27日　四版

组织男人60%运输　发动妇女80%纺织

武乡县宣布今冬生产办法

（本报讯）为贯彻“耕三余一”与打下明年大生产基础，武乡县政府日前宣布两个月冬季生产办法。首先强调冬季生产应与作战相配合，一切生产内容均应为争取爱国自卫战争的胜利而努力。继提出今冬生产任务应占全年总收入的三分之一。具体办法为：（一）把全县3.9万个全劳力的60%组织在运输业内，大量开展本县、邻县的各种运输，如运煤、炭及推销山货等。每个劳力每日赚140元，可赚洋3276万元。（二）深入宣传“要想发家，织布纺花”的思想，把占全县成年妇女的80%组织起来纺织。每人6天纺一斤花，2.5万人即可赚花25万斤，折洋7500万元（每斤300元计）。（三）合作社最低估计三元赚一元，全县合作社140个，总资金4.9亿元，可赚洋1600万元。其他熬硝70锅，计17万斤，赚洋2700万元。矿工1500人，每人每天赚150元，共2500万元。全县增养猪540只，赚洋500万元。

——《人民日报》1946年11月28日　二版

清算封建地主血汗账
武乡张家沟进行全面填补
每个农民平均有了土地四亩半

武乡老区查减业已开始。该县张家沟现已经过全面填平补齐，全村达到耕者有其田。该村在秋季曾进行过清算，因地主任×成之子是干部，群众不好意思对他清算，留下任家三户没清算，这次查减由翻身英雄张全亮提出任家剥削压迫的事实，启发群众觉悟后，才展开对三户地主的最后清算斗争，任□成、任□娃、任□儿三户共算出土地 34 亩，粮食 35 石，包袱 6 个。经群众讨论，按阶层评分分配，最穷的魏留贵评了 70 分，得以翻身。连同秋季斗争，80%农民均分得了果实，每人平均有了土地四亩半，全村达到了耕者有其田。（武少文）

——《新华日报（太行版）》1946 年 12 月 7 日　二版

取长补短互相学习
武乡英雄访问豫北英雄

武乡英雄为熟悉各县英雄便于学习，进行了互相交流。在温县、博爱英雄们的房间里，一见面就互相招呼、握手，一个个作了介绍。翻身英雄张成子、孙喜道看到长髯须的模范干部韩国栋时很亲热地握住手问道：“今年多大?”“62 岁啦，你俩呢?”韩国栋亲切地回答后又问，我俩共 120，这时哈哈的笑声，振动了全屋，一致称道：“你俩都是老英雄！都是老英雄”！李马保代表武乡英雄说：我们大家想了解你们那里的翻身斗争情形，请你们介绍一下。张成子老汉把他过去受地主敌伪的压榨，翻身时积极斗争的情形与顽固军强占后地主趁机反案反攻，把他扣在伪区公所要杀，八路军

打进来又救了他的命等谈了一遍。他边说边挥手踏脚，做着与伪区干部恶霸地主讲理斗争的姿势。老汉更有力地说：我跟着部队抬担架，他们说我抬不动，可是有毛主席共产党，我就有劲。这时，王海成说："你们不愧为英雄，你们真是艰苦，功劳真大，我们应向你们学习"新区英雄们虚心地说：没有共产党的领导与老区的经验，我们也不会很快翻身。最后都恳切地说："咱们各有所长，各有所短，应互相帮助，互相学习。"

——《新华日报（太行版）》1946 年 12 月 15 日　四版

武乡县府整顿财政

为紧缩财政，整顿财政手续，克服乱支乱借的浪费现象，武乡县组织检查组，12 月初分赴各区进行检查。该县三区上月底召开村财政及仓库主任会议，检查过去不遵守制度，乱支乱借的不良作风。大家一致决议，要清理过去拖欠手续，保证今后按时算账，使财政制度纳入正轨，财政任务胜利完成，要本着艰苦奋斗、节约缩食的精神，树立廉洁奉公的优良作风。(步熬)

——《人民日报》1946 年 12 月 17 日　二版

煤要够明年烧　肥要够明春上

上广志展开担煤积肥运动

武乡一区上广志，自订出冬季生产计划，由村干部和东西头拨工大队长李七斤、李六指积极的推动下，提出了"今冬男女多劳动，不闲一个人，煤要够明年烧，肥要够明年春耕上"的口号，于 11 月 15 日开始担煤、积肥。全村共有一百廿三户，连闲火烧煤全年共用煤 5368 担，全村有 130 个

全半劳力，担煤三天担二回，一个月能担 45 回，共能担煤 5850 担，足够全村一年烧。现在自担开煤后，已积下 1958 担。上广志傍大道土地有四里多长，将玉茭、高粱秆切碎，沿路沤道肥。特别是赵三老汉，天不明就拾粪，每天早上由上广志到下广志拾一大担，现在拾了有 60 多担。

——《新华日报（太行版）》1946 年 12 月 19 日　二版

武乡王海成再度当英雄

（新华社太行 24 日电）武乡韩壁王海成，在去年太行区群英大会上，被选为太行劳动英雄之后，由于许多原因，该村群众对他一度有不好的反映。王海成多方的努力，转变了大家的视听，在今年的武乡群英会上，又被选为一等英雄。王海成谈他自己重新得到群众拥护的经验：要诚恳的自我批评。群众对他的意见有三：（一）自私自利，如拾粪好到人地里拾；（二）有时自高自大，看见有些人不顺眼，便不愿和他接近；（三）搞好韩壁生产，是全村群众的功劳，政府奖的牛，他一个人得了。王海成听到这些反映，就在群众会上作诚恳的自我批评，承认到别人地里拾粪不对，当立即改正。自己从边区回来看不起某些乡亲更是不对，要知道好巴掌只盖一个圪窿，今后一定要和大家多接近，向大家学习，至于边区奖的牛，是王海成自己的光荣，也是全村的光荣，今年秋天谁是生产模范，就奖给谁。他在会上自我批评后，许多人说：海成还这样诚心诚意的检讨，咱还能不好好干？于是很多人都检讨开了，有了拾了别人的箩筐，有人大便到别人南瓜地里……等不对的事，都说出来。全村从此更加团结，大家也都愿受海成的领导，海成领导大家，大家帮助海成。韩壁全村组织了一个互助大队，王海成任大队长，他自己又参加了三和队（大队下的一个分队）的一个小组，受三和队长领导。组员福增没吃的，海成借给他两石多粮食，福增痛痛快快的参加了互助。在工作中海成总是先广泛征求大家意见，同意

了就分头去执行，并且总是自己动手先干。一个老汉无力担粪，他先替老汉担，村里有些人缺粪，他就发动挖池土造粪，这样他把全村都动员起来了。

——《解放日报》1946 年 12 月 26 日　二版

紧急救济平定难胞　各地机关群众踊跃捐输

武乡三区开展“一把米、一块花、一件衣”运动

本区各地机关、群众纷纷响应二专署救济平定难胞号召，踊跃捐输。武乡三区已开展了“一把米、一块花、一件衣”运动。该区王庄沟群众先打头炮，捐出小米 8 斗，大洋 1065 元。其他各地亦正踊跃捐助，都说：“不让饿死冻死一个同胞。”太行二中全体师生掀起献金献物运动，在两三天内，献出大洋 11800 余元，衣裤 24 件，背心 2 个，帽 8 顶，鞋袜 20 双。

——《新华日报（太行版）》1946 年 12 月 27 日　二版

1947 年

庆祝元旦争取爱国自卫战争胜利
工厂矿山掀起新增产竞赛

在元旦佳节，送旧迎新之时，各地工厂、矿山正以新的姿态，投入再一次的新的增产竞赛运动。以准备充足物资，翻过山头，争取爱国自卫战的反攻胜利。武乡马堡太武工厂，正展开新的革命竞赛运动，并向太行武委会领导下的各工厂提出挑战书。自去年 12 月 1 日到今年“五一”劳动节为竞赛期，竞赛条件首先是要做到产量高质量精，并改善工人生活，实行年功加俸，更加贯彻劳资合作，劳资两利。其次是领导上要走群众路线，发挥工人的创造性，大批培养学徒和英雄模范。该县白河矿工在全联支工人会上提出要向全分区矿业竞赛，并通过三个月的生产计划，每天由工作 9 小时延长到 13 小时，每天增产 450 筐，每筐多加 9 斤，三个月共计划增产煤炭 40，500 筐，计 345 万斤，并订出工人文化学习计划。

……

——《新华日报（太行版）》1947 年 1 月 9 日　四版

穷村“圪洞”大家填
李峪移民到洞上等村

武乡三区试行移民办法，解决特别穷苦村庄农民的彻底翻身问题。该区今冬翻身大检查中，发现部分特别穷苦的“大圪洞”村，彻底清算地主后，农民所有的土地仍不足维持生活。区领导上即提出：“分配果实时要注意村村翻透身、富村帮助穷村”的口号。区干部并亲至李峪村试行移民。李峪是该区最穷的村，虽然每人可平均四亩土地，但地质极坏，大部是沙

地，打下粮食不够吃，除移一部分往外，想不出更多好办法。当区干部提出这个意见时，许多农民都很同意。经区领导上讨论认为洞上、李家庄两村土地较多，即初步决定移至该两村，并与两村群众商讨。起初，两村内都有些群众不愿意，后经启发思想，特别讨论了“天下农民是一家”“富村帮助穷村”两个问题后，部分群众的村本位主义遂被打破，并说：“保证移来户有房住、有地种。”这样李峪50户中，即有20户移至洞上、李家庄两村，留下的30户，土地即可够生活，这个“大圪洞”也就填平了。(步鳌)

——《新华日报（太行版）》1947年1月15日　二版

武乡二区冬季生产成绩惊人

两月超过计划2500多万

武乡二区冬季生产，自1946年11月在西堡召开300余人的英雄干部大会做了动员后，各村回去从总结全年生产中，打破了群众的“冬闲”“各顾各”思想，明确提出了“为补充风霜灾损失，贯彻完成耕三余一，打下明年大生产运动的基础”的奋斗目标，全区各村掀起了热烈的生产热潮。据两个月的统计，运输方面，共组织起2888人，赚洋12693113元。合作方面，共有资金1208万，每元平均赚洋0.785元，共赚洋9482800元。互助社原有6个，新发展94个，赚洋2336890元。纺织方面，组织起4051人，每人赚洋2925元，共赚洋11844175元。煤产赚洋10934000元。手工业包括铁、木、石匠等，共赚洋2643800元，杂项共赚洋4466910元。以上七项共赚洋52065798元。

——《新华日报（太行版）》1947年1月15日　二版

太行行署嘉奖武乡盲人宣传队

自编新内容　弹词70余种　走遍13县

（本报长治讯）武乡县宣委会领导之盲人宣传队，近在该县陌峪村总结工作。数年来，该队为深入爱国战争宣传，及推动翻身、生产等运动，自编以战斗、翻身、生产故事为题材的弹词、大鼓书等达70余种，走遍长治、榆社、黎城、屯留、太谷等13县1985个村庄，效果极大。总结中曾讨论收集题材与提高编写、说唱技术，如何进一步使群众爱听易懂等问题。该队成立于1938年，有盲人30余人。抗战中，在极困苦时期也未停止过活动，并自己生产维持生活。最近曾获得太行行署的明令奖励，热情更高。现该队在武乡温庄开办一盲人学校，训练弹唱技术，入学青年盲人达30余人。

——《人民日报》1947年1月19日　二版

刘爱香组实行奖励办法

武乡二区朱家山村纺织英雄刘爱香，领导全组妇女11人，于农历十月十八，开会制定冬季纺织计划。全组今冬除要保证穿衣自给外，一冬还要赚花105斤。计划订出后，每个纺妇信心很高，但在热烈的纺织运动中，有个别妇女，纺织只图快不图好，致使纺出的线质量不好，织出布也不好，换花就要少换斤称，影响分红，纺好线的妇女不满意。爱香便召集大家解决问题，用提高技术纺好线，多换花，多分红的办法，打通了贪图快不求好的纺织妇女思想。全组又订出按技术好坏奖励提高纺线技术的办法，选出技术评判员，每次整布时，把线评判一下，特别好的，除当场表扬外，每斤布比一般布多分红利花半两至一两，特别纺坏线者，除当场受到批评

后，每斤布少分花半两至一两。经过这样评定技术后，全组纺织技术提高一步。据统计一个月全组已赚花140斤，超过计划35斤。(春如)

——《新华日报（太行版）》1947年1月21日　四版

武乡老区集中力量发动落后

60余村完成填补　特别贫村由全县果实中调剂

（本报太行29日电）武乡老区翻身检查，现正积极进行，三分之一村庄已经完成填补，其余村庄于2月中旬亦可全部结束。该县老区（全县八个区，六个是老区）抗战中减租政策贯彻较彻底，封建统治基本上已被打垮，大部分农民已经翻身。这次翻身检查，群众情绪很高，运动进行亦迅速。1946年12月中旬至1947年1月初，180余村庄中，已有60余村庄完成填补，转入生产，其余大部村庄正在分配果实阶段，少数落后村也正在突击进行中。这次运动主要目标是发动落后群众，各村都召开了老实人会议，从启发他们诉苦入手，因此，这次发动群众较为充分。如韩庄300余户，参加斗争的就有500余人。

——《人民日报》1947年2月2日　二版

武乡二区冬季生产平均每人获利两千余元

（本报长治讯）武乡冬季生产，截至去年12月底止，所获成绩超过以往任何一年。该县在去年11月的全县劳动英雄大会上，提出每人平均要赚到3000元的目标，两月来已获显著成绩。二区统计，两月获利达5900万元，每人平均已获2665.7元，距每人3000元的标准只差300余元。共参加男女劳力9016人，占所有男女劳力80%以上。过去，全区只有6个互助社，

今冬即增加至100个；男人参加互助4985人中，有2188个从事运输，说明运输事业是大大发展了。四区刘河西、赵河西共37户192人，两月即获利58.3万余元，每人平均超过3000元。

——《人民日报》1947年2月3日　二版

武乡人民埋头建设　武东武西商运畅通

万人集会庆祝关河大桥竣工

（本报太行28日电）武乡城西五里之关河大桥已于年前竣工。元旦，该县各界万余人集会庆祝。关河属浊漳支流之一，冬季结冰，夏季猛涨，成为交通上的一大障碍，致武东所产之煤无法供给武西及沁县等地。该河河床为沙底，冬季也无法搭桥。抗战前曾建石桥一次，修成不久即被冲毁。此次建桥由该县县长李玉田及建设科亲自筹划领导，用工7000余，经三个月努力始成。桥长20余丈，宽丈余，高两丈。桥基桥梁全用钢骨，铁柱深入沙底两丈五尺以上，坚固异常。从此东西商用通畅，武东煤业发展，武西一带燃料问题亦解决。该桥桥头刻有“武乡人民伟大成就”八个大字，以示纪念。

——《人民日报》1947年2月3日　二版

武乡工具研究所创造新工具成功

武乡工具研究所，在贾志厚同志领导下，经一年努力，创造新式人力车与弹花机。新式人力车，是依据人力车原理造成，铁轴、木车轮、车身与人力车相仿。一人拉着，平地可载重400余斤。弹花机也是仿新式机器制成。每日可弹花60余斤，每架价值10万元。他们这一创造，给发展运输与

手工业以极大贡献。该所工友20余人，信心很高，现正积极赶造，以便推广。(效泉)

——《新华日报（太行版）》1947年2月5日　二版

武乡老区争取二月半完成填补

武乡老区翻身检查运动，1946年12月—1947年2月初，180余村庄中，已有60余村庄完成填补转入生产，其余大部村庄正分果实，少数落后村亦正突击中，争取2月中旬全部完成填补。这次运动主要目标是发动落后，参与者较多。从启发他们诉苦入手，因之发动较为充分。如韩庄300余户，参加斗争者就有500余人。(效泉)

——《新华日报（太行版）》1947年2月5日　二版

开展春季纺织运动
武乡县订出计划

开展春季百日纺织运动，保证穿衣自给，克服财政经济上的严重困难，各地积极进行动员，武乡根据本县具体订计划，全力开展大规模的土布生产运动。

该县在检查了去冬两个月每个妇女纺织要赚十斤花计划后，订出了春季百日计划。以每个妇女一个月纺织五斤花计，三个月织布15斤，全县2.5万纺织妇，共能织布37.5万斤。该县纺织较有基础，今春计划大力推广织宽面布，县联社要以高价收购，以奖励织宽面布。（武乡县政府、菊香）

——《新华日报（太行版）》1947年2月13日　二版

帮助战争破坏村翻身
树辛等村赠款蟠武线

武乡树辛、东沟、王庄沟、杨树角、马村、洞上、却净、枣烟等十余村群众，在“天下农民是一家，灾难大家救”的口号下，拿出果实款40余万元，赠给沿蟠武线受战争破坏最大的李峪、长乐、型村、峪口、团松、小西沟等8个村，帮助他们医治战争创伤，填平翻身。(甫高、步鳌)

——《新华日报（太行版）》1947年2月23日　二版

武乡下城村青老年互相学习

武乡下城村，在填补运动，提倡老年青年要互相学习、团结，起了很大作用。运动中，因为老年人有四多：（一）知道事情多；（二）受的剥削多；（三）受的痛苦多；（四）经验多。所以青年学到许多知识。老年人也学习了青年人的工作战斗作风，打破情面不讲迷信等好作风，取长补短配合干，取得翻身胜利。(武三友)

——《新华日报（太行版）》1947年3月1日　二版

树辛等村发扬友爱　捐助蟠武沿线农民

（本报讯）武乡蟠武沿线李峪、长乐等19个村，因1943年受敌人摧毁严重，物资损失重大。这次查减中，农民得到土地后，仍有许多困难，领导农民发起了互助运动，号召富裕村庄发扬阶级友爱予以帮助，现已获得很大成绩。三区树辛、东沟、王庄沟等十余村拿出30万元；二区东堡、韩

壁、石门等13个村，拿出粮食49石、土地20亩、款50万元，来帮助蟠武沿线各村群众彻底翻身。本区富村也帮助穷村，计团松帮助东方山粮食40石、地40亩；朱家山也帮助东方山粮食20石、土地40亩；西堡帮助南上合土地50亩。

——《人民日报》1947年3月6日　二版

互相检讨改正缺点
武乡荣军与群众关系密切

武乡一、二区经过翻身检查运动，荣退军人与干部群众关系大大得到改善。过去由于个别村对荣退军人照顾不够，以及荣军思想上的居功而有时过高要求，相互曾发生不融洽现象。发现后，一面在群众中结合翻身普遍推行深入的拥军教育，一面即开办了99人的荣军积极分子训练班；首先在区长、分书坚决表明“有啥意见大胆提”的态度后，大家便踊跃提开了。接着从积极方面提出：如何密切关系，咱自己应抱啥态度？启发进一步做自我检讨，一致认为：过去和干部群众闹不团结，主要是咱有居功思想在作怪，结果让特务钻空破坏，脱离了群众，真是危险。当即有领导代表全体干部群众做了“过去没很好帮助大家建立家务，上次运动中分果实没很好照顾”的自我检讨，并肯定保证“这次填补运动，一定帮助大家建立好家务”。最后选出和干部关系密切、自己劳动建家、执行政府法令，并服从村领导、积极帮助群众翻身的模范荣军何元贵、石则福等13人。从此，600余荣军均积极卷入了翻身运动。树辛村并有两个荣军被选为干部，参加了领导集团。分果实中，各村荣军参加评委会，群众均特别热情的照顾了荣军，普遍为荣军建立了家务。如树辛13位荣退军人，分得全村三分之一的果实，计地65亩，楼房院3所，粮53石，衣服38件，牛驴6头，羊23只，大洋5万余元，家具农具俱全。荣军和干部群众相见互喜，现正团结继

续深入检查填补，彻底消灭封建与落后，并结合生产栽富根。（贵生、步鳌）

——《新华日报（太行版）》1947 年 3 月 9 日　二版

进行群众拥军教育　打破荣军居功思想

武乡县检查改善荣群关系

（本报太行 12 日电）武乡县经过翻身检查，荣退军人与干部群众关系大大改善。过去运动中不少村庄对荣军照顾不够，荣军也因居功思想而有时过高要求，因此发生不融洽现象。这次运动中领导上即注意解决这一问题，一面在群众中结合翻身普遍进行深入的拥军教育；一面即以区开办了荣军积极分子训练班，区长、分书均亲自领导。二区的做法是由区长、分书首先表明“有啥意见大胆提”的态度后，大家便踊跃发言。意见提了许多，领导上即从积极方面提出：“如何密切关系，咱自己应抱啥态度?”，启发大家做自我检讨，经过讨论一致认为：“过去和干部群众闹不团结，主要是咱有居功思想在作怪，结果让特务钻空破坏，咱们也脱离了群众，真是危险。”领导上亦代表全体干部群众检讨说：“过去没很好帮助大家建立家务，几次运动中分果实没很好照顾。”最后选出自己劳动建家、执行政府法令、听从村领导、积极帮助群众翻身的模范荣退军人何元贵、石巨福等 13 人训练返村，均召开了荣退军人村干部联席会，作了检讨。隔阂遂告消除。旧历正月填补中全县荣军均积极投入了运动。树辛村并有荣退军人被选为干部。分果实中，各村荣退军人均参加评委会，群众特别照顾了他们，帮助他们建立了家务。如树辛村 13 位荣退军人都分得足够的果实，计地 65 亩，楼房院 3 所，粮 53 石，衣服 38 件，牛、驴、羊及家具、农具、大洋等，荣军和干部群众相见皆说，“真是一家人”，现正团结闹生产。

——《人民日报》1947 年 3 月 14 日　二版

武乡支部教育工作经验

正　金

本文系1946年春，正金同志参加武乡模范党员大会后写成的，文中主要内容指出了一个改造党员干部的新方法——用表扬优点的方法改造缺点。虽然事过境迁，条件不同，但我们觉得这种方法对今天土地改革深入运动中解决干群关系，启发干部自觉退出果实上还有参考的价值，特整理编出，以飨读者。

——编者

武乡在去冬（按系1945年冬）的支部的整风工作上，打破了过去单纯开训练班整缺点的方式，而采取召开全县模范党员大会，以首先是表扬党员功劳，在肯定党员功劳的基础上，让党员检讨与克服缺点，结果收效很大。

模范党员大会的第一步是让党员比功劳，谈经验。具体口号是“比功劳，表成绩，谈经验，说委屈。”这样使党员从历史反省中认识自己的功劳与缺点。启发新的革命朝气和热情。八年来，我们党员曾领导和参加了改造旧政权、反恶霸、反贪污、减租减息、反“扫荡”、反维持、大生产等轰轰烈烈的革命斗争。每个党员都有一套光荣革命历史，大家谈起来，真是眉飞色舞，如临其境，都觉得无上光荣，于是道出了许多英雄事迹和生动经验。当然也就显露出干这些事的英雄代表人物——模范党员。如××庄55岁的阎旦同志，已是16年的老党员，他在白色恐怖下为党工作，钻在坟墓里三天吃不上饭，使大家深为感动；树辛村支书李马保同志，领导全村群众进行减租减息，并组织起来大生产，使全村群众翻身。特别是去年培养了全村36个不吭气人为积极分子，有的还当了英雄和干部，使树辛形成全

村人人都有工作的模范村，去年（1945 年）生产成绩，超过应产粮 1500 石。李马保将以上的实事举例报告出后，到会党员人人称赞。此外，如××村支书霍××同志，主动周密计划全村全年生产的方法；还有倾听群众呼声，时时为群众兴利除弊的韩惠邦、李三小；誓死不维持敌人，坚决与敌斗争的魏培明、郭相合；爱护党军如亲人的胡春花、石引弟等同志……这些模范典型事迹，经过小组、大会发言，在经过大家选举和领导上的总结发奖，就活生生的在大家脑子里明确起来了。

由于我们过去教育党员是单纯的整缺点，所以一说整风检讨，有些党员就产生了以为是上级和他“作对”“用不着他了就要踢开”的畏惧思想。但经过这次比功劳、谈经验后，和党的感情有了新的融洽，革命朝气有了很大启发。模范党员会也可以说是武乡党八年奋斗的总结，这么生动的革命故事和这样出色的代表人物，大大鼓舞了大家的斗争勇气。

模范党员大会上的比功劳，使全党正气总汇在一起，所以比功劳的过程也就是学习过程，也是启发党员来自觉反省的具体动员。而比出来、选出来的模范党员事迹、思想、品质、气节，就成为教育党员的活教材，和党员学习的活榜样。

模范党员会第二步的内容和口号是：“珍贵革命功劳，爱护革命历史，向模范党员看齐，改造作风，提高自己。”这是接着第一步将模范旗帜树立之后，所提出的改造党员的口号。这时领导上就号召与组织党员开展学习模范党员运动，以模范党员的模范事迹，来对照和检查自己的缺点，这是模范党员会的中心要求，是教育党员成功与否的最重要环节。

在这段学习中，收到了很大成绩。如二区××村支书张××同志，是 1937 年的老党员，他在未参加这个会以前，觉得自己实在不得了，他说我有“四大”，即“年龄大倚老卖老，辈数大家长领导，党龄大一切不尿，工作大总有一套。”但在大会比功劳后，才检查出自己所谓的“四大”哪一个也不大，哪一个也比不过别人。如他觉得他党龄大，年龄也大，但到会的阎

旦同志已55岁，他才53岁。自己1937年入党，但李照广同志是民国18年的党员，比他大八年。说工作大总有一套，可是听了李马保、霍××等同志的领导生产和模范事迹后，才认识到自己并没有一套。从此老张同志才虚心了，要决心转变作风。又如××村支书××同志在对照后说："我要学习阎旦同志为党奋斗的艰苦精神，因为我一次上去开会吃干饭没菜，我就不高兴。我翻了身，有了地位，如不改正的话，我就是最没良心的人了。"还有的同志在听了李马保的思想领导方法及培养积极分子报告后，他检讨自己说："李马保同志是培养全村人都成了积极分子，我是怕别人好了压倒我，所以谁积极打击谁。今后，我要学习马保同志。"××村支书被各个模范的事迹所感动了，他说："咱们同志的这些事情，不但我要学习，而还要带回支部去，当成一面镜子，把支部党员都对照好。"

为什么这个学习运动，能使许多党员自觉的检讨缺点和学习别人呢？就是因为在做法上第一步即启发了党员新的前进朝气。第二步便提出宝贵革命历史，学习模范对照自己，改正缺点，这虽然同样是反省缺点，但他感觉到领导上是为他着想的，因而和领导上情绪是一致的。这样和他站在一起，顺着他的思想，鼓舞他好的因素来克服坏的因素，在鼓舞他前进的基础上来让他反省缺点。他感到是需要的，因而启发了他宝贵功劳提高自己必须检讨缺点的自愿性。也即是掌握了他的需要和自愿，改造就会比较容易。

模范党员会的两个步骤，是缺一不可的，如果只进行比功劳，表成绩，不进行第二步，学习别人，检讨自己，非但不能检讨自己，达到相互学习改造的目的，反而各人都趾高气扬的不得了。

总之，模范党员会的方式，是接受了过去对党员单纯的扣缺点，和有些英雄会的单纯表扬，结果形成相互妒忌的教训而改变了的，是走了群众路线，掌握了党员需要与志愿原则的教育方式，是鼓舞新英雄主义的教育方式。

——《人民日报》1947年3月27日　二版

武乡县积极组织本报通讯网

（本报讯）武乡县政府机关通讯员于本月19日开会检讨通讯工作，李芳、程步熬等八位同志报名成立本报通讯小组，提出每月每人至少写两篇稿子。大家说："给党报写稿是光荣的，登了要写，不登更要写。"会后，各同志都定了一个稿簿，计划把投稿数目，报纸用稿比例等都登记上，每月底开会总结一次，以求进步。(冰)

——《人民日报》1947年3月31日　二版

节约运动深入农村
武乡群众纷纷订节约办法

武乡四区监漳村，是全县一个较大的村子，经过查减运动，群众都彻底翻透了身，思想觉悟大大提高。该村群众为响应节衣缩食支援前线号召，在干部与合作社英雄陈胖孩领导下。于3月13日经全村群众讨论，定出全村节约计划：一、全村人口980人，每日每人节约小米1合，150天计共节约小米144石，按市价合洋576万元；每日省吃纸烟5盒，每盒80元，150天节省大洋6万元。二、合作社人数40人，每日节约白面4两，5个月节约白面1500斤，按市价合洋12万元。三、互助社28人（7个互助社），每日省面7斤，5个月省面1050斤，按市价合洋8.4万元。(李芳、步鳌、玉田)

——《新华日报（太行版）》1947年4月1日　二版

努力争取“刘伯承煤矿”光荣称号

青背山矿工竞赛增产

（本报讯）武乡县青背山矿工生产运动从3月1日开始进入紧张阶段。他们首先以“想想过去，比比现在，看看将来”的方式，进行了一个短期的学习，克服矿工的转业思想，提高了阶级觉悟，自觉自动的卷入了生产竞赛。3月6日，开了全矿工人职员会议，工会主任杜锦良号召大家努力生产刨老根（打倒蒋介石），争取大翻身的胜利。经理刘维武号召大家给人民多立功，特别是时局紧张的今天，每个同志有功的更应加功，无功的应赶快立功，共同努力争取当一个光荣的“刘伯承煤矿”。在这一口号下，全体工友决心要提高生产，做好工作，当场定出计划。技术能手刘水荣说：“我负责组织技术研究，保证这次运动全矿技术大改进，并要保证出现更多的能手、技师。”杨马儿说：“我要加工，每天多刨二寸煤，保证原料足。”巩留成说：“我自己要争取当一个劳动模范，保证在我领导的小组内，每天节省人力一个。不但不让生产受损失，而且还要保证超过产量。”其他还有关绍、巩来云等9个同志的计划也同样有劲。由于他11个人的骨干与带头作用，引起了全矿展开竞赛，工人们都说：“俺们保证敢和你们挑战，绝不落你们的后。”这样引起矿方也提出：“保证更多的出售煤炭，达到销路广，在灯油工具上要积蓄一年够用，每个同志节省物资工具等，除以物资奖励外，还要各半分红。工友们的疾病治疗与其个人困难厂方完全负责解决。”这样让工人更加满意。高兴愉快的全力生产，最后一致决议：决心要在“八一”前做到原料足、数量多、成本低、销路广，创造光荣的“刘伯承煤矿”。这样决议以后，产量一天天上升，据初步估计，三月份全月即增产12万斤。（赵炳英）

——《人民日报》1947年4月4日　二版

模范烈属白老太太

武乡四区白家窑烈属白老太太，今年60多岁，她说："我老家是武安人，因荒年逃在武乡已有50余年。家庭很穷，男人靠弹花过生活，我纺织换布。男人死了，在旧社会里受了几十年也没翻了身。自从共产党八路军来了，我才不受村里坏人恶霸地主的压迫了，村里给我分了二亩园地，生活上也改善了。俺儿子参军走了好几年，去年来信说牺牲了。一听到心里觉得又痛又恨。痛的是我儿走了几年没有回来，恨的是蒋介石把我儿害了。"最后她又说："俺儿死是为了人民为了国家。留下我一个人还要好好生产，不靠公家。我除了分配的地，我还开了二亩荒，担水担粪我自己都能干，我眼花了看不着织布，每天还要纺二两线。今年村里群运又给我分果实，我不要，前年我倒分配了二亩好地，我开了二亩荒，够我活了。不是共产党八路军来救活我，早叫地主老财逼死我了。"老太太一边笑一边伸出她两只手让人看，"我的指头都成了拐的了"。大家都说她真是个勤劳可佩的模范烈属。（程静）

——《新华日报（太行版）》1947年4月7日　四版

武乡开展农民一条心活动
发动贫雇层深入查田

（本报武乡讯）武乡于上月下旬举行全县扩大干部会检查翻身，检查政策。确定继续深入复查。经过10天讨论，干部明确认识当前运动开展尚不够深入。有些地方"落后层"还未充分发动，封建消灭尚未彻底，干群关系还存在许多问题。根据这些情况，确定当前方针彻底检查土地，开展农民间的一条心运动，团结农民内部，充分发动贫雇层，彻底消灭封建。

按运动发展情况，全县分为三类村具体进行：一类村共有43个，情况是封建已消灭，群众已发动，干群关系好，土地改革实现的村庄，目前检查翻身进行生产自觉教育，组织开展大生产，解决生产思想障碍。二类村共89个，是运动不够彻底，应该继续扫清封建、揭防空洞，检查土地分配，开展一条心运动，引导农民自觉团结，消灭封建。三类村共51个，以“总诉苦”发动落后农民进行普遍启发自觉，划清阶级界限，以彻底扫清封建。会后干部一致认识到，因思想上存在着某些自满情绪，几年来工作未能更加深入，这次决心克服自满，放下包袱，深入运动，使全县工作提高一步。(联合办公室)

——《人民日报》1947年4月10日 二版

武乡新老区继续贯彻土地改革

（本报讯）武乡县扩干会补充报道：武乡于上月下旬召开扩干会，曾以内义村（老区）为例，检查了群众发动情形，全村146个男人中，发动起来的有97人，跟着跑的18人，落后的31人；119个女人中，发动起来的34人，跟上走的52人，不敢斗争的还有33人。分析原因：第一，是领导上过去只满足于政府斗争的胜利，不注意群众的经济利益。由于历史上武乡群众和地主的政治斗争特别尖锐，干部积极分子在政治斗争胜利以后，就认为打开局面了，经济利益容易解决了，领导上就很快转变。但地主却乘隙反攻，不给农民应得的果实。因此，有些人认为斗争也得不到利，不积极斗争。第二，减租时期分果实以问题为中心，一部赤贫农没有得到利益，也没注意发动他们。第三，是由于干部在运动中改造不够，有派差不公等现象，使一部分群众对干部不满。此外，干部工作上的行政命令，亦打击了一部分人，他们和干部有了隔阂并落后起来。发动“落后”的关键是解决他们与干部关系，启发干部自觉向群众道歉，群众讨论干部功劳，

启发群众认识干部和他们是一家人，问题就能很好解决。二区韩壁村干部白××因作风不好，群众非常反对，要斗斗他，但当群众谈论他的功劳时，想起1938年斗争大地主魏筱山，谁也不敢动，头一炮就是白××领导咱们斗争胜利的。因此，群众明白了白××和他们是一家人，所以，在白向群众反省并愿转变自己作风后，群众便拥护他。从此便团结了90%以上的农民，转向地主魏筱山，进行了总诉苦、总算账的大斗争。其次，从土地关系上看也不彻底。五区马家庄、城关（新区）等村，现在地主每人平均产量6.3石，贫农仅平均产量1.5石，地主还仍然向农民进攻。二区陌峪村地主组织打倒我们政治主任。因而此次会议已决定继续贯彻，一定要把土地改革做好。（李芳　步敖）

——《人民日报》1947年4月14日　二版

十年斗争翻透身
武乡韩壁实现耕者有其田

魏效泉

韩壁是武乡城东一个大村子，有名的八大家魏筱山即是该村的统治者，土地相当集中，抗战以来，该村工作开展较早，可以代表武乡的先进村。该村又是全县生产模范村，从这个村可以看出老区土地改革的历史过程，还可看出农民在取得土地以后，如何开展大生产运动，走向富裕的道路。

（一）战前各阶层土地占有、阶级关系及地主在经济上、政治上剥削压榨农民的特点。

韩壁土地相当集中，地主高租高利剥削农民，政治上完全统治着农民，正如群众说：“八路军晚来两年，老百姓就不能活了。”

韩壁村的土地是这样的：地主富农占总户 14.4%，占总人口 17.13%，土地就占了 61.6%；中贫雇赤贫占总户 84.91%，占人口 82.64%，仅占土地 39.4%。为什么会是这样呢？从下述地主的发家及对农民的剥削情形即可明白：

该村四户地主，最大的是“八大家”之一魏筱山，四户共有土地 2103 亩，魏筱山即占 1419.6 亩。古传韩壁地形是“凤凰双展翅”，南寨魏筱山为头，东头魏文兰，北院魏二狗为腋下之肥肉，北寨魏镜为前胸，全村穷人即凤凰之羽毛；又名“金线吊葫芦”，南寨是个葫芦，由村里通南寨之小道为金线，葫芦里有 30 余座砖包楼院。这两个典故，是为了欺骗农民，说地主发家是住在了有福之地，穷人生来命穷。但这种欺骗农民的神话，已为觉悟的农民透彻地识破，从地主的发家和对农民的剥削是看得很清楚的：

“金线吊葫芦”，穷人血汗吸里头：据 88 岁的老人谈，魏家是明朝财主，当时当铺就有 42 座，烟里 13 顷地，魏家即有 12 顷。光绪三年灾荒，劳动人民大批饿死，地主有地得不来租，魏家便处于没落之境。民国以来，魏家出了民国官，加之蒋阎大战，人民负担加重，农村迅速趋向破产，魏家便大量集中了土地，破落的魏家又恢复起来，他对农民的剥削是无孔不入的。

高租吃人：四户地主 2103 亩地，出租 1391 亩，占地主上地 66.1%，租率 50%，每亩三大斗细粮，大斗收租（本村大一升外村大二升），24 个村佃户被剥削着。只魏筱山一户，年收租米 336 石。

高利盘剥：四户地主即放 10.2 万元。富农九户放高利 4500 元。只南寨一户即放 7 万元，债户达 52 个村，远至 50 里外，本村有纸可考者放有 18，683 元，月利二分五，一年可得 5604 元，可买米 131 石，算 10 年账即有 56040 元银洋，及 1300 石农民血汗吸进了地主的葫芦里。全村 207 户，借钱者 162 户，占总户数 78%。在 162 户中借钱落地者 24 户，富农 5 户，下地 45 亩；中农 15 户，下地 145 亩；贫农 4 户，下地 51 亩，共下地 241 亩。

逼着生孩子还未满月的杨兴田母亲给担煤炭顶利息，黑小、邦景等三户，因借钱上交了利而倾家荡产，可见一斑。

商业兼高利贷：据民国24年调查，只南寨一户商业收入每年8000元，占其整个收入的55%。坑人最重的是药铺与官盐店，人人逃不过。因生病不能不吃药，不能不吃盐，只要你上了钩就难逃脱。

雇佣剥削也很厉害：据民国24年统计，南寨一户即用38个人，年出工资528元，其中羊工12人，每年每人赚工资21.6元，另有羊工5人，每人年赚工资24元。使女6人，每人年赚5元。厨夫3人，打杂3人，看门2人，磨面1人，照看1人，收租3人，管账2人，每年每人赚5元至10元。他们待工人如牛马，使女三娥伺候地主10年后，被地主当牛马卖了300元银洋，600元纸票。

非法掠夺与超经济剥削：每当锄苗夏收秋收时，全村农民都得给地主白帮工三、四日。凡揭钱租地户，只要人家吭一声，都得放下家里生活去给地主做活，这已成为惯例了。民国19年晋钞倒台，地主魏文□用晋钞赎地300亩，当他刚把钱交给农民，便出了布告晋钞作费，这种坑人事农民死也忘不了。

地主不仅在经济上剥削农民，在政治上完全统治着农民，由于地主有许多民国官，凡是做官的都得打招呼，本村农民压的出不上气来。只要一见地主，南寨下村人人起立，个个问安。魏文□更是仗势欺人，全村妇女被其强奸污辱者72人，骑马踏着马伕的肩，雇工李效成因赶集回迟了，被痛打一顿。史成□、魏培□是经营地主，两次任村长，贪污仓谷，逼死王冬花姐，逼着寡妇不出家门，魏培□引敌害死了李仙果男人。总之，地主压迫群众的事太多了。

（二）抗日战争中土地变化

甲、1937年至1941年，反贪污，掌政权，分配开明地，初步组织群众。

1937年冬，教五团到韩壁，组织自卫队，宣传组织布袋队，进行了反贪污斗争，魏培□倒出贪污仓谷20石，群众开始成立了农会，劳英王海成是第一任农会主席。但政权仍为阎之受训村长统治，魏培□根本没低头。

1938年，群众选矿工白俊如当了村长，地主魏筱山当然不服劲，随即发生了抓赌抢印事件，地主以抓赌为名，捆住我村长，抢了村公所公章，随即诱骗二三百人，到区里头请愿，吃的是白面。农民也组织了一二十人去保村长，拿的是糠干粮。但终于扣押魏筱山，白俊如仍为村长。这一胜利是韩壁开天辟地以来第一次。正如李孝成老汉说："看着狗日的走了阴凉地，倒霉时候来了。"

1939年大屯粮，南寨出了500石，屯粮后，地主将用人种的92亩地伴种出去，这时租□开始停止了。

1940年魏家地主退入朱家山，但仍暗中进行破坏活动。三次"扫荡"后，国民党大造谣言，反对共产党，我某游击队住南寨，五天瓦解了一个排，带枪潜逃。

1941年，我们进行了工农青妇大选举。这一次，农民第一次选举自己的领导人，地主仍不满意，挑拨农民内部团结，利用狗腿魏□赖我农会主席韩□□强奸妇女，王海成家有枪，企图这一来摧垮我政权支书。但这一企图又被打破了。年关"扫荡"后，由于战争损失，群众悲观，地主更趁机造谣，迷糊人心。

乙、1942年，减租清债，初步发动了群众。

1942年开始了减租清债斗争，久受高租高利剥削的农民都卷入了运动，先后对魏筱山、魏文□进行了斗争。当时的策略是"注意除奸，抓紧土地问题，发动群众，争取魏文□，孤立魏筱山。"并定出计划提出口号，基本精神内容是"保佃立约要文书"，口号是"不退文书子孙□"，有仇报仇，有冤申冤，干部向群众宣誓，不拿文书不走，干部有缺点作了自我批评，密切了干群关系，集中力量，对顽固派魏文□中学毕业任旧政府科长，1939

年曾自献“开明地”100亩，群众误认为是“开明”分子。这次斗争他又表示“开明”，承认民国19年晋钞抽地之错误，强奸妇女未作复，群众一再喊“拥护开明士绅”；另一口号是“开明不是自动的，不斗不开明”，共退书本洋1800元，利200元，退地30亩，租地订10年。魏筱山很顽固，只退一部文书。群众喊“反对顽固分子等天变”“反对有粮不出粮”。经过40天斗争，80个群众刨出四眼窑洞，刨出粮160石，烂了100石，群众更加愤怒，这次退出文书钱本4万串，银洋7000元，租米由200石减为150石，折扣交租只出120石。下地归债户355亩，连“开明”地共511亩，占全部土地15.61%，占地主土地42.51%，全村162户债户获得了利益。据统计得土地41户，得地127亩，其中贫农28户，分地93.1亩，中农12户分地31.6亩，雇工一户分地2.4亩。

总之，1942年运动规模相当大，大部分农民卷入了运动，但缺乏思想准备。现在干部检讨，认为当时是干部带头，群众跟上。总结这段运动，192户贫农，上升为新中农，八户赤贫上升为贫农，工人三户上升为贫农。各阶层土地人口变化是：

地主富农土地减少了，合占户口14.38%，占人口19.97%，土地减为47.31%。中农大增，户口占42.12%，人口占49%，土地占38.21%。赤贫农占户数38.93%，占人口30.2%，占土地13.93%。

经过运动，初步组织了群众，这样有农会会员69名，占人口9.7%，其中农民31名，中农27名，富农9名。工会会员55名，其中，羊工10名，矿工14名，手工工人4名，雇工27名。民兵39名，占总人口5.4%。其中贫农18个，中农17个，富农3个。妇救会员116名，占妇女人数37.66%，其中贫农43个，中农46个，富农21个，地主6个。自卫队128人，共计有组织的群众404人，人口57.58%。党员20个，占人口2.89%，贫农11个，中农5个，富农5个，主要干部6个人即有富农3个。

丙、1943—1945年，反特务没收财产，重新分配土地，组织起来生产。

1943 年春，我们进行了购买救灾粮救济冀西灾难民，开始组织生产互助。地主魏筱山暗暗组织了新民会，确定魏培□为会长，勾结敌人进占蟠龙，从此进入了尖锐的斗争。魏筱山经群众公审枪决，并没收了其财产土地。据不完全统计，没收土地 765 亩，被子 160 条，锡器 108 斤，皮箱 24 个（内放绸缎衣服），铜钱两瓮半，银洋千元，布袋 50 条，粮 30 石。四户地主的土地变化是，共有土地 1342 亩，卖了 215 亩、典出 155 亩、没收 765 亩。整个地主阶级减少土地 88. 38%，占全村土地 37. 22%（没收地外村 490 亩）。

1944 年逼退了蟠龙的敌人，群众迫切要求生产。这一年便开始组织了互助组 27 组，173 人，其中新中农 32 人，贫农 46 人，中农 77 人，富农 18 人，创造了红星大队，涌现出全区劳英王海成，成为武乡生产先进村。12 月全县开展民主运动，选举参议员，全部群众都卷入了运动，“有力难般太行山，有钱难买公民权”，深深刻入了群众脑海里。特别是敬老运动向老年祝寿，密切了青年与老年的关系，更加密切了党员群众关系，对向来认为长胡子就是顽固的老年人是个发动。在民主运动中，结合重新分配土地，纠正了干部积极分子分近分好，群众分远分坏的现象。计共分配土地 966. 3 亩。

这五年，大生产运动搞得最有劲，男女老少都卷入运动参加互助组，红星大队闻名于太行，创造了折工计工评分及群众性奖励的新英雄主义运动。涌现了 47 个英雄模范，改造了 20 个懒汉、12 个小偷，韩壁变成全县生产模范村。

经过三年的斗争，群众组织扩大到 502 人，农会扩大到 167 人，占人口 24. 7%，但阶级性不明确，尚有 19 个富农、两个经营地主在农会里。

三年来土地变化相当大，地主土地由占总土地 45. 61%减少到 5. 16%。每人 65. 9 亩减少到每人 10 亩。赤贫已被消灭，又有 43 户贫雇上升为新中农。新安家的 13 户荣退军人都获得土地。

丁、1946年春查减

在新区翻身运动与老区查减的影响下，韩壁查减开始了，由于方针不明故未形成运动，只是有事就算账。阵营混乱，大地主魏忠□、富农陈银□算出3000元，中贫农7户也被清算，干部算账赚工资。群众反映“干部给老财捉虱子”。从下列被斗争户与得利可以看出当时情况：

清算对象25户：地主两户，经营地主两户，富农11户，富中3户，贫农1户，中农6户。共清算问题129件，其中退租8件，清债59件，清资19件，恶霸14件及贪污12件，其他17件。被斗的6户中农20件问题中，清债9件，贪污10件，清资1件。贫农1户只1件清债。共清出土地737亩，房子19间，粮食885石，羊55只，冀钞309241元。

得利户84户：贫农32户，中农43户，富中7户，富农4户，地主1户。从得利户可看到阶级观点是不明确的，富农地主都得了利。

经过这段运动，虽然土地变动不大，但经四五年大生产运动，农民土地问题基本上解决。20户赤贫农上升为中农。地主富农占户数8.07%，人口占14.06%，土地占4.4%，地主每人平均3.28亩，富农每人平均5.06亩。中农占户数84.19%，占人口82.7%，占土地85.4%，每人平均4.53亩。贫农每人平均3.2亩。但全村共235户，718口人，3338亩土地，每人平均4.64亩。

（三）填平补齐实现耕者有其田

自去冬12月以来，先后80余日，进行了填平补齐深入发动落后运动，现在农民在欢庆土地回家，在组织起来开展大生产运动。

甲、穷朋友团结起来斗争。

去冬12月，在运动中组织了查田工作，并做了些调查，发现43户104人还是圪洞户。49个“落后”群众，原因是年岁大。破落户8人，中农占一半。紧接着召开了各种人会议，干部会、翻身人与未翻身人会、妇女会、贫佃农会，共320余人。从会议中发现了以下几个思想与问题：

群众“怕惹人”“怕报复”“提议不顶事”，老人们认为“痛过肉”“圪能”“命运”思想阻碍着群众。如叶增田说：“孙的总是孙的，爷爷总是爷爷”，丑孩（落后赤贫）说：“咱害怕地主魏文□，过去因干部逼问年限，咱没算账身没翻了，反正是富文□、穷丑孩。”

从酝酿中认识了去年查田不彻底，干部给老财捉了虱子，没有打破情面。

封建未低头，穷朋友不一心。地主不但没垮台，还掌握着政权。大地主魏□财粮主任，魏文□教育主任，经营地主史成□儿子任副村长，封建富农韩景□任后勤主任，这样仍统治着群众。

发现上述问题，即组成了穷朋友由 26 人至 444 人，选举了组长队长，开展了三天三夜诉苦算账找穷根，找出 16 个尾巴，大部“落后”群众说了话。西街 31 个落后，只一个没说话。干部主动地作了自我检讨，并向群众宣誓“为圪洞，为群众，不报复，团结到底，消灭封建”。并提出以下群众口号“想想从前恓惶事，翻身就是这一次，苦要诉尽，理要讲清，身要翻透。中贫农是一家，从前咱都受压迫。不吃老财一顿饭，不吸老财一根烟”。在群众初步觉悟的行动下，对魏文□、魏□进行了斗争，对魏文□诉苦者 42 人，内有 13 个“落后”群众，对魏□诉苦者 68 人。这时运动走向了高潮。

乙、划阶级

阴历正月二十四前，在群众中进行划成分、评等级工作，群众非常关怀这件事，谁也不愿当旧中农。从划成分中明确了斗争对象，评出圪洞户，安定了中农思想，富农 16 户进行了献田。但这段由于锁了内贷，以及旧历年关，忽视了思想发动，时间拖了一个月。

丙、传苦诉苦翻身又翻心。

二月半对前段运动做了研究，认为第二段运动群众是发动起来了，在第二段划阶级明对象也是对的，但忽视了思想发动，“落后”群众还未充分

发动，“怕报复”“痛过肉”“不顶事”还束缚着群众。不敢大胆提出问题，干部存在着“自满疲态”思想，认为“运动已彻底，再闹下去实在吃不住了”。中农要求生产，因分果实面窄，中农表示消极。

根据上述情况，提出克服自满疲态思想，进一步发动“落后”，进行系统的阶级教育，转向生产。

首先召开了扩大干部与翻身组长会议，干部清醒头脑，开展群众性检查中运动，进一步了解群众发动不充分，封建有隐藏。领导核心不是以贫农为骨干，有一半是中农，富农有当翻身组长的，十六七岁的青年妇女当组长，他们剥削体会不深，不能引导群众诉苦斗争。

其次以贫农为骨干，召开了百余人苦人会议，展开了传苦访苦与诉苦，一天有 40 多人诉，每个人都伤心痛哭。

群众性的诉苦会开了两天，三四百人对经营地主史成□、地主魏培□、魏□、封建富农韩书□、陈银□进行了诉苦说理斗争。做到了苦诉透、气出透，取得了广大群众的同情，涌现大批新的贫雇积极分子。矿工李效成，老人李仙果是最出色的，他们在诉苦中教育了青年，叫青年祖辈不要忘了先人们之苦。杨四则女人，矿工冬花姐夫在群众帮助下，他们也觉悟起来，积极动员“落后”，“落后”动员“落后”，形成了自觉运动。

为了进一步了解群众思想，开展系统教育，开展了贫雇、中农、妇女座谈会，从 34 个妇女座谈会中，了解到妇女存在着“翻身是男人事”“怕报复”等思想。从 35 个中农座谈会中，了解到大部分中农存在着怕“割韭菜”的“疙瘩户”思想，不敢发家，怕“再来一次填平”“怕报复”。从贫雇座谈中，了解了地主对农民的剥削及地主是如何发了家。在座谈会上，都初步解决了上述思想。

再次算剥削账，算翻身账，总结十年斗争，清醒干部群众头脑，明确今后工作方向，由 96 个新老积极分子、干部等 36 人开了三天会。从追算地主如何发家，谈到十年翻身斗争的经验。算翻身仗中，大家具体认识了地

主的残酷剥削，穷人的穷根子在南寨。回忆10年斗争过程，进一步认识了地主之阴谋毒辣与时刻企图复辟，同时也体会了农民团结力量大。新老干部爱护自己的光荣历史，新干部应尊重老干部，这个关系初步获得了解决。这段实际上是阶级自觉与历史自觉。从检查总结前段运动，认识了前段有成绩，但“落后”群众还未充分发动起来，迷信思想还未消除，对土地改革后土地关系究竟怎样还是糊涂着，经过争论明确了：

土地改革后仍是私有制度，还不是共产主义，因之土地是动的，买卖自由，农民之间租典仍然存在，好好生产劳动发家，吴满有是今后的方向，分果实后应劳动生产。

蒋介石、阎锡山不打倒，斗争不会停，对封建应警惕“打了身打不了心”“年年防旱，夜夜防贼”。

打破迷信，懂得了些科学常识。没有鬼神，跟鬼是神经错乱，没有见过的事说不来。如抗战期间，常梦见敌人包围“扫荡”，反攻后得地的农民不梦了。神是地主阶级愚昧农民的工具，从农民亲身体会到二月二不给山神烧香，狼也吃不了羊。

从座谈回忆历史大算账，干部积极分子阶级觉悟大大提高了一步，清醒了头脑，解决了不少糊涂思想，武装自卫生产思想也明确了。

最后于3月4日，开了400余人的庆祝土地回家大会，总结前段运动，算十年斗争账，进行总诉苦，分果实，开展群众性检查算剥削账、翻身账。每个到会群众都记着想当年“凤凰双展翅，压迫穷人出不上气，金线吊葫芦，穷人血汗吸里头”。看到今天“凤凰头断葫芦开，穷人血汗倒出来”。今后是“翻身不忘共产党，武装生产保卫好时光”。并提出“不留一个穷朋友，不让一户不翻身，穷朋友一条心，不让地主钻了空”。经过这一段填补运动，韩壁村彻底实现了耕者有其田，地主三户消灭了，17户贫农上升为新中农。

——《人民日报》1947年4月20日　二版

马堡工厂生产是如何发动的

高文林

一、太武工厂的简历

马堡工厂是在1945年日寇投降后，由各分区修械所合并起来，改为合作经营。当时领导上作风不民主，干部之间不团结，在合并时又没在工人中进行思想动员，工人对合作经营不相信，加之工厂不赚钱，分红办法欠妥，工人生活没保障，工人内部有闹宗派，使工人情绪不高，要求请假回家。最严重时由180个工人，减少到91个工人。这种情况使工厂几乎走向垮台。去年七月间，领导上发现以上问题，遂提出七一至七七，展开群众性的全面工作回顾与检查，当时也解决了些问题。领导上本着“大家事大家办”，成立了工厂管理委员会，也确定了各种制度，如枪价以各种货物涨落而增减。为使工人安心工作，规定固定工资外，实行三七剩余分红（工人三、公七），每两月结算一次。由此问题的解决，全厂的职工人员在情绪上是比过去强了，就在这个基础上发动了一个短时期的70天生产竞赛，也收到了一些成绩。

二、运动是怎样搞起来的

3月初，马堡工厂接到太行总工会向全区发出大生产号召和指标。全厂的职工干部，结合本厂情况，发现以下几个问题：（一）工资问题。工人都说：“生产不生产吧，物价一直上涨，不知咱的工资是怎样算哩？”大部分工人存在着“工厂好坏不管，给钱就干”的思想。（二）学徒多，工匠少。由于改活，各部门做活还不够熟练，劳力配备不够精细，常在工作上发生顶手，如拴管部每月可做180，子匣部又能做90个。（三）去年的一次运动，也收到了一些成绩，但干部没有参加，也没有计划，又是单纯的数量

竞赛。为使群众自觉的参加生产立功运动，领导上进行了一次短时期的群众思想发动。干部深入职工与群众里进行酝酿和个别征求意见，发现工人内心思想除单纯经济思想要求外，还有的说："农民得到了土地，翻了身，咱们呢？还是拿着小榔头。"也有人说没翻身。我父亲给人家做了一辈子工，我又给人家做了一辈子，我看我的孙子也还给人家做一辈子工。主要的是工人没有翻身。由此展开群众讨论，结合自己历史和现在生活、社会地位对比。经几天大家讨论，有人说："过去在资本家工厂里是吃了人家饭，当事给人家干，人家叫扑拉×，不敢落人家旦。"现在是"吃着自己饭，干事给自己干，共同定计划，共同来生产。厂长也是工人，工人也变成主人。"随着大家提出"保护大渠"（爱护革命工厂的意思），口号是"大渠不满，小渠不流，大渠常满，小渠常流。"由于以上的问题，在思想上给了工人一些启发，最后结合时事教育，在工资问题上，随着物价上涨，实物工资提升25%。厂长号召大家参加大翻身运动，打垮四大家族，展开生产运动，来为民立功。由此生产运动在群众中酝酿，并开会讨论着定生产计划。首先由干部积极分子定出计划，来推动群众，计划是按自己应做的工作及自己工作中所存在的缺点，定出后经群众审查批准，如有不够的地方，再修正。如公务长陈尚智的计划，由群众给提出意见，经过三次修改。这样定计划，使工人觉得非常满意，并规定随着运动的发展和需要，不断的修改。经过的人，各部门定计划后，首先由标尺部向全厂发出挑战，结果在五天内，全体职工都参加了运动。随着运动的发展，在数量质量上要求提高，因此运动中的职工互助，成为必须的东西。组织互助组，首先是给技术好的工人打通怕吃亏，怕参加了互助组不自由的思想，其次是分红办法要合理。如标尺部实行按件计工，按等分红，多做活多分红，他们的做法是：把整个标尺分散零件，分工合作标尺盖五个顶一个全标尺，走码五个顶一个全标尺，标尺座，三个半顶一个全标尺。这可以解决手快慢、做活好坏的问题。分红办法是群众自己依做活多少技术好坏评级分红。把以

上问题解决，标尺部提高了质量，过去每人四天做三个，现在是一天做一个多还规矩。师徒之间也团结了，如工匠桂秀锋耐心帮助徒弟，徒弟也帮助他做零活，并促进大家互相研究，提高技术的要求，也起了互相督促作用。

三、一个月运动的成绩

运动一开始全体职工参加，干部们担水帮助伙夫，减少他们疲劳。工会主任徐家存带病上工，公务长陈尚智抽时参加修理部工作，常克明抽吃饭时间给工人传达报纸上的消息，伙夫往工房给工人送水，生产成绩有显著提高。全月出步枪超过原计划27%。在质量上经郭有山、曲玉珍白天黑夜的研究，现有“三八式”的称号，在威力上也大了，60米远能打透三分半厚的钢板。在工具方面完成无车钻车各一部。郝生贵等9人，任务完成后，还做了夹板4副，活扳手4个，字投1副，卡钳1个，板牙3副，给民兵修理步枪8支，并将土元车挂牙轮，在月底完成。而各部门的同志，为着质量提高，个人日常用的小工具，也改了一些，如劳动英雄桂秀峰与零件部互助组长李随兴、张换存、常水金，抽礼拜日改造□□上竖口磨子挡机模子与标尺模子，自改出后，成品又规矩，也减少了学徒的报废。

——《人民日报》1947年5月2日　二版

武乡继续贯彻深入复查

（本报武乡讯）为继续复查，武乡五区（新区）于4月中旬按联防进行农民普训。段村联防共6个行政村，集训农民270人。在集训中第一个问题，启发农民历史自觉，引起了农民总诉苦。从诉苦中激起农民对地主的仇恨，便转向了算地主的罪恶账。训练班被地主高租大利把家内人逼死的有19个，逼得本人离乡上山的有129个，剥削得无法生活放羊放牛当雇工奶孩做饭的有201个，娶不起老婆断子绝孙的有55人。这时农民对地主认

识得更清楚了，领导上便及时引导大家认识地主为什么富，穷人为什么穷的问题。大家把前后的事连起来一想才懂了，穷原来是穷在地主身上，地主富原来就在农民身上。接着也就认识了现在斗争是土地还家，合情又合理，这时土地主人翁思想便明确了。思想问题解决后，大家便急着要求和地主干，武宗福说："过去当牛马，是因没人撑腰做主，现在有了毛主席和八路军，还怕什么？"大家情绪异常兴奋，复查运动将继续深入开展。（联合办公室）

（又讯）五区下城是二类村，全村共 107 户，就有 52 户被地主剥削的逃亡在外，90 人上山开荒。普训后农民觉悟大大提高，开展了农民一条心运动。现在有 17 个人觉悟后自动报出给地主放的东西，共计 12 个包袱，21 石粮食，120 件农具。（联合办公室）

——《人民日报》1947 年 5 月 3 日　二版

武乡五区捐输劳军

武乡五区群众听到了我军收复平定、娘子关等一连串的胜利消息后，真是喜在眉头笑在心，有说不出的愉快。因此群众个个慷慨捐输，慰劳前方将士，不少人这样说："八路同志给咱打了胜仗，咱们也该有点心吧。"现仅张家沟、姜村两个行政村，便捐送慰劳毛巾 140 条，袜子 18 双，米袋 33 条，慰问袋 5 个，及大洋 8269 元。（效苏）

——《新华日报（太行版）》1947 年 5 月 17 日　二版

武乡开展立功运动

武乡县查田运动即将结束，为了打破发家障碍开展生产运动，于 5 月 9

日召开了全县区村干部、劳动、翻身、合作、纺织等英雄共220余人的生产发家为民立功动员大会，进一步的鼓励干部、英雄的新英雄主义，保证完成全县普遍达到耕三余一。会中，将阻碍生产发家的割韭菜思想解决后，着重向干部、英雄提出："在生产中为民立功"的号召，并定出立功六大标准！

——《新华日报（太行版）》1947年5月29日　二版

武乡翻身农民积极义运军粮

（本报武乡讯）六区这次义运在"全体大动员，大家都立功"的口号下，组织了1300余民夫，200余头牲口参加，一次完成了9.2万斤运粮任务，还节省民力500余人，计省工3500余天。这一次，义运迅速完成的主要原因首先是干部带头，并发起群众性的立功运动。区长史仁树、区秘书张富贵等四同志亲自带领，推动了全区村干部都亲自担粮。因此掀起了群众性的自动报名多担粮食的热潮。由于多担粮食能多顶勤工，各商号、合作社都卷入了这一运动。其次，是在义运和生产结合上，组织了大批半劳力和辅助劳力，如妇女儿童等，和男劳力统一折分计工，发扬了辅助劳力作用。如某村妇救会秘书郝翠英组织了60个妇女，一天锄苗30亩，三天即将全部大庄稼锄完。再次，组织了医疗队，随义运队照顾民夫。（李芳）

（又讯）武乡四区监漳村，翻身农民自动义运。暴保全说："我家过去只有二亩地，生活没办法，这次我翻了身，有了十几亩地，有了吃穿，如打不败蒋介石，就保不住翻身果实，我情愿担80斤。"大家纷纷自报担80斤、70斤的很多，结果全村超过了任务800斤。（李芳）

——《人民日报》1947年6月27日　二版

介绍武乡东堡村解放剧团

华　含

武乡东堡村的解放剧团，是从农民中成长起来的，是该乡几个历史较长、成绩较好的农村剧团之一，1944 年成立，至今已有三年多的历史了。是一支农民亲手培植的农村文化的嫩苗，已经抽出枝叶，开放出灿烂的花。

一

1944 年春天，盘踞在该县的敌人被打跑了，民主秩序很快建立起来，东堡村的一伙青年干部们，便酝酿搞剧团，但由于这时大部分群众对新戏还没有认识，封建落后意识仍然存在。如老汉们表示：“鬼子刚走，不好好闹养种，要唱戏啦!”“王八戏子吹鼓手，唱戏也是咱们干的?”妇救秘书去动员赫爱梅时，她老公听说了便跑去找农会主任，质问他“是不是想叫他闹人家?”婆婆也为这个事哭了一整夜。有的怕耽误“正事”，有的怕别人说“疯”，结果没有搞起来。

直到秋后，区上正式提出成立农村剧团的号召，几个积极青年，便下决心要把剧团搞起来，村干首先带头参加，并各人动员家属，这样七拼八凑，便组织起十七八个人，其中除村干部外有四个小学生、四个青年妇女，还有几个岁数较大的旧艺人参加拉胡琴。

人有了，但服装、幕布、乐器、灯油、炉炭、纸张等都还没着落。大家便开会讨论，明确提出一切问题靠自己解决：“咱还不知道演成演不成哩，可不敢跟村上找麻烦!”

接着就是剧本问题。大家都没编过剧本，都没经验。但是他们并没被这些困难吓倒，他们有勇气，敢尝试，有信心，能大胆创造。史三海说得好；“咱既然要搞，就不能怕有困难，咱主要是演咱老百姓自己的戏，唱词

咱自己咋说就咋编，动作表情也照咱们平常的动容架法儿，啥不是人干的？摸索着来吧，弄到哪算哪！”于是便在这种自力更生的情况下搞起来了。

二

第一个戏演的是《招待所》（本地秧歌调），剧中写本村妇女殷勤招待过路伤员的故事。情节简单，场面动人，演出后，出人意料之外的得到了群众的赞美，都认为“这可跟旧戏不一样，一满都是实情”“新社会就是昧不了功，有了剧团咱村里也有了嘴了！”老汉们也点着头说：“唱的倒也可以”，又得到区上鼓励。演员们从此开始了解到自己的创造能力，体验到只要能向群众学习，啥事也会办得到。并初步尝到了为人民服务的光荣，干得更起劲了。

接着他们又排了《红旗大队》（本村生产队在太行第一届群英会光荣得奖的故事），《三锁家庭》（解除家庭纠纷的戏，也是本村实事）等剧。在1945年正月全县农村剧团竞赛大会上荣获冠军，这更大大提高了他们的情绪。同时在群众中的威望也提高了，村里人自动串劝了些钱，捐给剧团。每逢在村里演戏，群众送油送炭。这时团员也由十八人增添到二十三四人。

三

这时候附近村子的剧团，一面由于上级的号召，一面在东堡剧团的影响下，也接二连三的组织起来。但有部分村庄对新旧剧的认识尚不够明确，而群众翻身的快乐又需要发挥、表达出来，便唱起旧剧来。一时请把式、闹旧剧几乎成风，什么《清漳河》《沙陀国》《坡前会》等含有封建迷信毒素的戏，又被重新搬上舞台。十月间县上开劳英大会，某村剧团在会上演《清风山》，竟博到赞美与奖励，有的村庄也因此学了几出旧剧到外区去卖。这样，解放剧团的情绪一落千丈，对演剧发生怀疑，如有的说：“散了吧，新剧吃不开！”“辛辛苦苦的咱落个啥？趁早，老老实实去搞咱的生产吧！”有的提议：“咱也去请旧把式来”于是剧团走向低潮。

这时干部们便马上开会，讨论怎样稳定团员情绪，在全体团员大会上

干部先作了启发：“咱们大家组织剧团，起早搭黑辛辛苦苦的干为的啥？咱不是光为红火，可也不是为了夺奖旗、出风头，更不是为了卖戏发财呀！咱们这回没搞好，就该虚心检讨自己的缺点，只有把自己工作提高，才能得到群众欢迎。一碰钉子就灰心，搞啥也搞不好。”在经过反复的讨论之后，一部分人才认识到“演戏是为了教育群众，咱要一演那些封建老迷信的旧戏，不是领着群众落后吗？”会后，干部分头又与情绪低落的团员进行了个别谈话，大家的情绪才稳定了。

另方面，对演剧本身也进行了检讨，如提出：内容不要平平板板，才能打动观众；手势动作不要受旧一套的拘束，要放手创造，演时一定要认真，不要嘻嘻哈哈；在服装化装方面，也不可太马虎；在秧歌里可以加上些小调……组织上也进行了一番新的调整。

情绪恢复以后，他们接着又排了《劝素兰》《劝母亲》《史福利组》几个剧。演出后，影响很好。1946 年正月，襄垣南烟村请他们去演戏，博得台下拍手叫好，掌声如雷，还慰劳他们，请他们教戏，抄他们剧本。这时，演员情绪又提高了。

四

在翻身运动中，剧团团员一面积极参加工作，成为运动中的骨干，一面及时的反映斗争，推动翻身工作。前后演出《史兰曾翻身》《大翻身》《万人楼》等剧，把本村实际的活生生的材料搬上了舞台。在演《大翻身》时，当场就有一个老年农民激奋地说；“狗日的原是这样欺侮人呀?！不趁这时出气啥时出气？”经过这一运动后，群众对剧团更加拥护了，如史子英以前看别人演戏就害羞，翻身后也自动报名要求参加剧团，史二海不会演戏，要求参加剧团工作，他说：“咱不能上台装角儿，咱能打杂，跑个腿送个信，管个东西。”因为要参加的人太多，便组织了一批预备团员，必要时或年关前后临时参加工作。

直到今天，解放剧团已经真正在群众中扎下根，与群众打成了一片，

威信一天天提高了。群众把看戏当成正经事，一个戏三遍五遍看不厌，排《万人楼》时，群众要求他们学会一段演出一段，只此一点，我们就可看到翻身后农村剧团与农民的关系了。同时，在领导上，对它也很注意，除及时帮助他们提高外，还不断予以名誉和物质上的奖励，区上的奖旗写着“人民的镜子”，县上更誉他们为全县的“文娱先锋”。

剧团成立至今，共创造剧本 16 个。每个剧本都是根据着当前任务的需要而编的。每个剧本演出后，都直接间接地起到了教育群众的作用。下面谈几个例子：

《招待所》演出时，正值村里发动拥军运动，很多人看了戏就在“人家女人还能当拥军模范，咱就不能?”的说法和想法下，拿出自己的东西。如一个当了多年看庙和尚的刘心玉说：“咱从前烧香，把命都给烧了，现在八路军又救了咱的命，拥军可比烧香好得太多了。”把自己一只羊送给军队。四五十岁的刘春莲捏了饺子，送到招待所给伤员，史仙则把从远地捎来的葡萄也送给伤员。她们说：“没见人家演戏，八路军就是咱救命恩人嘛!”李生望的娘看见媳妇就恼，婆媳关系很坏，在演《劝母亲》时，她女儿娥纣扮一个受气的媳妇，她看后很受感动，娥纣回去又再三劝她，于是她后来有了惊人的转变。1944—1945 年大反攻时，该村军人接连牺牲好几个，这时一些烈属军属情绪都很低落，参军工作大受影响，剧团便于起柩时演《追悼会》，剧中指出为人民事业牺牲是光荣的，并强调应该更好地优待烈属，解开了烈属们心里的“圪塔”，又掀起参军热潮，立即便有史秀虎等九人集体报名参军。

五

根据以上所谈，我们可以清楚看到：东堡剧团已经初步摆脱了单纯娱乐、为演剧而演剧与出风头发财等偏向，走向了脚踏实地地为人民服务，为群众宣传工作服务。他们的编、演完全是由于时代需要与群众需要出发，他们的口号是“报上提啥提的紧了咱就编啥”，有很多剧本连夜排出演出，

也有很多剧本演一两次便永用不着了。这应是他们成功的第一个原因。

在取材上能采用真人真事。这样，观众会感到更亲切，更容易感动，效果也更大。观众都这样说："从前看戏总摸不清哪朝哪代哪里的事，而今看戏都是眼前事，一点不哄人。"这应是他们成功的第二个原因。

在编剧与排演方面，采取大家商量集体创作的方法。一个剧本的产生是干部会先决定主题，然后下去搜集材料，回来共同讨论戏剧中的人物、场面、剧情，由编辑股执笔写出后，再通过干部及全体团员集体修改。演出时，注意观众反映，如到外村演出，还派人打入观众中听取意见，再加修改，这样，一个剧本不知经过几番增删。他们中无所谓导演，若说有的话，那么全体团员甚至观众便都是导演，所以他们每个剧的完成，是费去相当大的心血的。这应是他们成功的第三个原因。

此外，在内部组织、生活和对外关系上，他们都做的很好。建立了民主的领导和制度，并能互相帮助加紧学习，在政治觉悟及文化水平上得到提高。如史富安过去一个字不识，现在已认会了四五百字。在经费上全部自给，始终坚持"不给村上找麻烦"的方针，甚至在分斗争果实时，群众提出分几件衣服给他们做服装，他们也不要。并且能尊重村干，积极执行法令，每编演一个戏，都与村干商量，不与村里其他工作发生冲突，男演员照常支差，女演员做军鞋也都做的好。这些都是他们的优点。

以上就是东堡村解放剧团的一般情况。当然，它本身仍然存在着许多缺点，但我们相信，他们是有能力有方法，有勇气来改正与能够改正自己的缺点的。希望它能继续发扬既有的优良作风，克服前进的一切困难，虚心研究，大胆创造。更希望当地县、区领导机关更多多帮助它，培养它，使它能够担负起更伟大更艰巨的任务，起更大的作用，使这一支从农民手里培植出来的新文化的花朵开放得更灿烂，更壮丽。

——《人民日报》1947 年 7 月 13 日　四版

武乡开展大生产运动的三点经验

李玉田　李　芳

武乡从五月段村会议以后，提出贯彻整×开展生产运动，各村都猛烈地开展了生产竞赛。现在秋禾已全部捉苗，麦收已全部完成，正在热烈的进行突击锄苗与备荒节约运动。两月经验证明，群众组织起来，思想发动是基本的一环。愿提出几点经验，来和大家研究：

一、从比功劳、选模范中发动支部

老区支部里面，普遍存在三个问题，一个是立场问题，一个是作风问题，一个是果实问题。具体做法一般是根据各村情况，从总结工作，总结经验中，提出表功，或从历史上来查功劳，这是第一段。紧接着要开展第二段，从宝贵功劳的基础上，启发自觉检查自己。不仅检查功劳，而且检查缺点，进行追根，正确的认识自己优缺点，启发阶级自觉，革命自觉，认识功劳是从那里来的——党的培养。这样就克服了忘本思想和功劳包袱。第三段，进行前途教育。把党员从先进农民的思想，提高到党的水平上。这是从表功后检查自己最紧张的阶段。是否发动成功，从三方面判断：（一）看党员们是否有居功思想。（二）和领导关系是否密切了。（三）看群众关系是否改善了。这三方面都转好了，便是支部发动成功了。在这些条件上，进行鉴定，评选模范，树立旗帜，这三段总结后，提出：“党内争模范，党外争英雄”，“为民立功，功上加功”等口号，党员都纷纷订立功计划。这是一支生产战线上的有生力量。

二、抓住群众发家要求从积极面入手

死扣住解决不敢发家思想，是走弯路的办法，必须认识，群众得到土地以后，生产发家是基本要求，从积极因素上来发动，不敢发家思想自然

会消除。各村发动经验有多种，如（一）算生活账打通群众思想。韩壁村劳英王海成，自己认为家有余粮 30 多石，因此自满。但经过算账，他还得再修一座房子才够住，再加上准备婚、丧、疾病等意外费用，还差得很远。他便马上大吃一惊说："还得好好生产。"从算他这个账里面，也启发了全村群众，都说王海成已经发了家还不够用，咱们更差得远哩！因此积极的干起来。（二）群众性的历史回顾，回忆四二、四三年的灾荒，二线村回忆边地生活困难，同时又回忆和灾荒斗争的英勇精神，使干部群众认识到生产度荒是自己的功劳，把立功和生产结合起来。从回忆中表扬度荒模范。一区各村，经过表扬度荒英雄，与英雄带头，开展了节约备荒运动。

三、从各自分散生产的困难中启发组织自觉

群众和支部生产情绪提高了，如何发家，这个生产上组织路线问题，就必须解决。五区段村，群众回忆过去各顾各生产中无耕牛、农具的困难，认识到各顾各的生产方式，也是过去的穷根之一，同时又讨论组织起来的沾光，因此启发了群众的组织自觉！马上自动的组织起来，但也有个别人认为组织起来吃亏，必须使群众认识到，这是组织起来的方法问题，不是路线问题。必须清算与解决过去互助组内的遗留问题，如以活计工、等价交换、民主生活和工作安排等，互助组才会巩固与更进一步的提高。

——《新华日报（太行版）》1947 年 7 月 27 日　四版

下了雨生产度荒也不能放松

武乡县委号召打破麻痹

具体算歉收账打通思想，大力种秋菜继续节约

7 月 28 号，武乡全县普降透雨后，在一部分干部群众中，即产生与滋长了一种麻痹乐观思想，认为现在落了雨，庄稼还不坏事，因之对防旱备荒即有些放松。县委为了及早打破这种麻痹乐观，特发出号召，要每个干

部群众深刻认识灾荒，坚决反对麻痹乐观的松懈斗争思想。并根据武乡全县灾情情况作了计算。全县自入春以来，半年无饱雨，夏季麦子只收了五成，计全县20万亩麦地，按平常年景，少收7万石。6月下旬到7月初旬，连续遭了三次冰灾，全县受灾村有52个，遭灾的麦地共5675亩，占全县麦地28.4%，少收麦子1272石。全县秋田遭雹灾的44864亩，占秋田9.7%，少收秋粮21920石。今年秋收估计是个六成年景，每亩以6.5斗算，全县能收粮270395石，再把夏麦折成粗粮，共折粗粮407851石，全县138000余人口，每人平均粮2.95石，再加上出军粮和各户穿衣零花等费用，亏空即更大。从以上计算来看，当前虽降透雨，灾荒仍未过去，我们要继续发扬过去一段生产节约度荒精神，和灾荒进行决斗。目前已落了透雨，每户要多种1亩菜，8月前半月为突击期，各村要完成种菜任务。二区韩壁已降低了生活水平，全村换了饭食，三区逐户订了节约计划，七区故城、五区城关，商家饭铺不卖肉面，改卖和和饭、三和面，不卖饼子，改卖米面窝窝、黄蒸等，这种做法，各村仍要继续普遍贯彻，具体要求每人每日要节约1合米。（李芳、景岗）

——《新华日报（太行版）》1947年7月27日 四版

朱彭总副司令在太行时

李 红

一、亲手喂伤兵

记得总部还在武乡住的时候，有一次敌人出动“扫荡”，我们是直属队，和司令部一起行动，头一天住到十多家的小村庄。

第二天，天不明，敌人就向我们行进的方向打开炮了，打得很猛烈，一直到太阳出来还在打着，但由于我们的部队在前面英勇抗击，遂使敌人

不能很快前进。这时，我们正在吃饭，准备出发，十几个老乡从前线抬下来几个彩号。随担架的同志在村上让老乡搞了一些饭汤喂彩号同志。朱德总司令从身旁走过，看见喂得不得法，伤员很难受，他看了看是饭太烧，烫的吃不下。他让警卫员拿了两三个碗，来回倒了几次，又用勺子搅凉了，他亲自下手像喂小孩似的，抱着一个伤员的身子，一勺一勺地喂，直到喂完，他才放心离开。那个伤员同志知道了刚才喂他的那个人，就是咱们八路军的总司令朱德将军，立时感动得流出了眼泪，定定的看着总司令的背影，仿佛在说："我死也忘不了您呀！"

二、让小同志骑吧

"扫荡"中，有一个同志病了，当时情况很紧张，找牲口找担架很困难。彭副总司令看到小同志病了，马上下了马，让小同志骑。警卫员说："你还是骑上吧，我赶快到村上再给小同志去找。"彭副总司令说："我能跑，让小同志骑吧！"小同志不肯骑，向彭副总司令天真地表示："情况这样紧张，你骑非常重要，你骑上好指挥咱们部队消灭敌人。我一个人怎样也好办，万一碰见敌人，让敌人杀了，也没啥，可千万不能让你和咱队伍受了累。"彭副总司令听了小同志的话很受感动，笑嘻嘻地握着小同志的手说："不怕，咱们要生死在一起，你是我们革命的好小同志，还是骑上吧。"在彭副总司令再三的劝骑下，小同志很不好意思的才骑上了马，冲过了敌人的封锁线。

——《人民日报》1947 年 8 月 1 日　四版

武乡贫雇带头推动增产

（本报武乡讯）至 7 月 28 号普降透雨后，县委号召党员起带头作用团结群众，彻底消灭荒地，突击补种荞麦秋菜等晚作物。据全县 46 个村的统计，在 10 天内消灭熟荒 3410 亩，生荒 102.5 亩，除把这些荒地全部种成荞

麦和菜外，还在回茬麦地里种荞麦和菜。运动开展的主要经验有三点：第一是用算大账打通干部思想，算小账打通群众思想，因此各级领导与群众的思想都很明确自觉。首先是县的领导上，根据全县的实情和收成做了计算，明确认识到每人光粮食就缺 6.5 斗，因此打破了干部的麻痹与盲目性，提出了具体任务，每人一天节约一合米，每户多种一亩菜，消灭荒地，多种晚作物。第二是和土改运动一样，以贫雇佃为骨干回忆灾荒，向灾荒展开诉苦，用斗封建的精神和开荒做斗争。三区杨桃湾李晋武说："从前我没土地，1943 年灾荒家有三口人，家里没有一合粮，尽是吃些糠和麻生，大便不下来，几乎饿死。现在我有了土地，可得好好生产节省了，只让一桶水长流，不能叫大便难受。"第三开展立功模范运动，鼓舞了生产热情。如城关村群众定出了立功标准，情绪很高，每人每天节约一合米立一小功，五天拣菜 50 斤立一小功，赶集开会不买吃立一小功，每人消灭一亩荒地立一大功等。（劳、景岗）

——《人民日报》1947 年 8 月 20 日　二版

晚种采菜节约弥补歉收

武乡增产 2.6 万石

武乡在 7 月 28 日下雨后，群众热烈响应县党委"打破雨后麻痹，继续和灾荒决斗"的号召，村村大搞增产节约补窟窿。突击了十天，全县就完成原定半月增产节约计划，补足歉收有余。光算一算一区洪水，二区韩壁，三区杨桃湾，四区上司村，五区段村，六区楼则峪，七区分水岭等共 46 村的成绩，就可看出，消灭熟荒 3400 亩，新开生荒 100 亩，全都种上荞麦、秋菜，连改种秋菜 8400 多亩，最少能收 670 多万斤，可顶米 134 万多斤；打野菜 38 万斤，顶米 7.6 万多斤，换饭食省米（22 村）160 多石，以上四宗共折粗粮 2.6 万石，2.8 万多群众，每人可增加度荒粮 9 斗多，超过了

“人人补足6斗粗粮补窟窿”的计划。这会增产节约补窟窿，能搞出这样大的成绩，第一步就是从上到下，由大到小，县、区、村、户都详细算了算歉收窟窿账，打破干部群众雨后麻痹自满思想，清醒了大家的头脑，明确提出：“每户多种一亩秋菜，每人一天省米1合”的补窟窿口号。如五区寨上联防算了算家当账，当卜就有一多半人口，2700多人没吃喝，这样，村干部都清楚了“灾荒还是严重”；北沟村经过算账，44户，就有27户短三个月吃喝，打通了全村群众“瞎高兴”思想；杨桃湾李生旺经过算家当账、缺粮1.6石后，动员了全家参加热烘烘的晚种节约补窟窿运动。第二步，贫雇带头，组织起来生产度荒。像新区段村，紧跟着算欠收账后，召开了30余人的贫雇农会议，回想起民国31年、32年的灾荒，那样受罪挨饿，就是因为各顾各动弹，接着，在贫雇积极串通下，全村开展了互助晚种增产运动。第三步，用“立功表模”，鼓舞了干部、群众情绪，更推动了增产节约运动普遍迅速开展起来。城关群众的立功标准是：谁开1亩荒立一大功，谁种1亩菜立一大功，谁种2亩荞麦立一小功，立秋前锄完苗立一小功，谁一天节约1合米立一小功，谁五天打野菜50斤立一小功，五小功折一大功，这样，鼓舞全村群众人人参加了补窟窿运动，头一天就开荒100亩。（李芳、景岗）

——《新华日报（太行版）》1947年8月21日　二版

统一劳动分工突击
枣烟犁完三犁继续积肥

武乡枣烟25顷麦地全都耕过三遍，积肥15万担。他们的种麦准备工作是这样突击法：统一劳力，实行分工，犁地、积肥、担粪、修边堰同时干，并用“准备胜利粮，人人要立功”来推动。耕牛全组织起来按户耕地；剩余劳力修麦地、造肥、送粪；妇女儿童担任一切杂活。经过总突击，麦地

边堰全修好，每亩已造肥60担，并有王树孩等31人立了大功。现全村正总动员继续造肥，一亩要上到80担到120担（志祥、瑞生）

——《新华日报（太行版）》1947年9月7日　二版

种麦有利条件　武乡扩大麦田

武乡扩大麦田，全县今年要增加麦田1.8万亩，每行政村平均100亩。麦田扩大的条件，据二、三、四三个区讨论有五点：一、种麦能补助明年的粮食不足，渡过青黄不接。二、今年秋雨多宜于种麦，俗话说："泥拌土麦丰收"就是这个道理。三、能节省与调剂劳力克服劳力困难。四、市价高、销路广有光沾。五、群众相信号召，都说："共产党叫作啥啥就好"。在做法上，一、麦地普遍耕三次，并做到光边净堰。二、每亩上肥40担。三、要注意选种，普遍温汤浸种，麦子晒干用油拌种。在推广一六九小麦上，二区计划种850亩，三区1500亩，四区1000亩。城关群众接到县委扩大麦田增产号召后，8月28号召开群众大会，总结上段增产节约成绩，选举功臣订出种麦立功计划，计李德广等20人为甲等功，杜庆云等21人为乙等功，王双全13人为丙等功。造肥种麦立功标准为：一、能将自己麦地普遍耕过三次，并能给别人耕地者立功。二、在种麦时先能照顾军干属及无劳力的翻身户种完，再按期完成自己种麦者立功。三、要做到光边净堰，每亩上肥40担者立功。四、每户保证能扩大麦田一亩者立功。功的大小总结时具体评定。全村计划扩大麦田360亩，每亩上肥40但。现全村麦地1211亩，已犁完二遍，造熏肥2880担，妇女扫道土121担，开荒86亩，准备种麦。群众反映说："毛主席号召甚，甚就对，今年教多种荞麦，荞麦就长得好，咱们要多造肥多种麦，明年一定能丰收。"（李芳、良北、景岗、风岐）

——《新华日报（太行版）》1947年9月11日　二版

武乡成立美术宣传会

武乡县文教科及民教馆为了更有力地开展文艺宣传工作，特于8月3日在本县四区召开全县美术艺人会议，成立武乡县艺术宣传委员会。现暂收会员十余人（主要是在乡艺人有新的发展前途者）。会议共进行四天，会中首先打破顾虑检查领导，解除了过去认为上级对艺人不关心不帮助的思想。接着交流了艺术经验，明确美术发展的新方向，及如何与中心工作相结合，为民立功，最后制定及通过会章。会议结束时，大家表示马上回去把各村气象换新，并负责改造旧艺人，介绍新会员，进一步把美宣会组织好，以开展武乡艺术工作。（李克宽、籍毅、籍素琴）

——《人民日报》1947年9月12日　四版

武乡县委号召干部调查典型村准备大复查

（本报武乡讯）武乡县委号召干部学习土地改革总结，并做典型调查准备大复查。全县共分三类村：第一种是先进村，土地改革较彻底，封建消灭彻底，如三区树辛村。第二种是一般村，封建消灭不彻底，有五区石鼻村。第三种是土地改革差的远村，封建尚未消除，如二区西堡村。现根据三种类型作典型调查研究，确定方针，并提出早种赶种，赶出工来，早完成秋收，准备开始复查，做到彻底最后消灭封建，农民彻底翻身。（步熬）

——《人民日报》1947年9月13日　二版

武乡县委会集训主要村干部
明确翻身钥匙是贫雇
详细做检查，地主没门垮
干部查思想，自满害了咱

武乡县委会，为贯彻土改运动，在上月5日开办村级主要干部（村长支书）轮训班。集训内容为总结土改，明确经验，提高干部阶级觉悟。前后共有500余人，第1批120人，现已结束（其中提拔区干部30余人）。第2批已开办，现已获得不少成绩。一、克服了几年来“统一战线”的观点与政策束缚，明确了阶级观点，稳定了阶级立场。经过“回头看”检查自己，在土改中对阶级敌人认识不清，失掉立场。2区樊家唐，在日常工作表现也好，但在土改中包庇地主刘克仁，并让人家在村当合作社会计，结果刘克仁宁死不愿归还群众血汗。这次从学习中，才深刻体会到人的阶级性。认识到今后我们必须以贫雇为骨干，不断的检查我们的思想，站稳立场，认识地主阶级的顽强性。二、在觉悟的基础上，开展检查土改，各村运动是否彻底？大家一开始都感到各村运动搞好了，没什么问题，但经细密的考虑，互相研究检查后，查出不少村存在许多问题。根据74个村统计，封建有1238户，比较彻底的577户，占所有封建户47%，不彻底的占53%（内有党员47户、干属162户、亲戚拉拢的有54户），应翻身但尚未翻了身的329户。在产粮上，一般的每亩平均5石，为翻身户是3.41石。经过具体计算，才敲醒了大家，打破“差不多”思想，一致认为封建没有彻底消灭。同时贫雇还没彻底发动，运动的领导权还被富农中农所掌握，不仅群众未都觉悟，甚至个别支部还有阶级异己分子在暗藏，据8个支部统计，党员230人中，有贫农110人，中农88人，富农16人，地主六人，所以党在运动中的战斗力，就表现不够很强。最后大家一致向党表明自己态度，回去

后，从消灭封建的斗争中结合整顿支部，启发党员觉悟，以贫雇为骨干，开展党内思想斗争，清洗阶级异己分子，进一步提高党的战斗力，深入耐心发动贫雇农民，划清界限，团结90%农民，彻底干脆消灭地主阶级，使农民彻底翻身。(希侣、希文、辰星)

——《新华日报（太行版）》1947年10月9日　三版

石鼻村整财的阶级路线

农民发动自报　彻底斗争地主

武乡五区石鼻村，在整财初期，群众劲儿不大。后来领导上看出，群众思想上认为“和自己关系不大”，就开大会和群众算账，大家算了一下，村财政开支和社会负担，要超过全村全年边款边粮二分之一以上，大家才大吃一惊，认识到整顿村财政，就是为了减轻群众这些负担，便都积极干起来。提出口号是：“整出物资来做基金，走上村财政自给，减轻人民负担”。群众自觉的卷入整财运动后，首先划清了阶级界线，不让封建和两头赶上三头吃开的人当家。挤出封建七户，口号是：挤出封建，一家人整理财政。对封建过去把持政权贪污，采取了放手发动群众斗争方针，对干部农民问题，采取了一家人自觉自报与爱护运动。因此，不但整理出60万元物资，同时又发动了群众，消灭了封建，并且还改善干群关系，总结了自己。(武乡联合办公室)

——《新华日报（太行版）》1947年10月13日　三版

武乡四区整财继续深入
打破“差不多”自满思想
积少成多顶大事　一针一线不放松

武乡四区整财运动，在前一阶段各村顿出一部资财后，不少村庄产生自满“差不多”思想。说：“整出东西不少了”。冯家垴村长说：“俺村这次整的很好，可整透了”。武三孩老汉说：“咱村整出来的东西比别的村多得多，这怕不够咱村开支啦”。经发现后，提出深入整理、打破自满、差不多思想，在“一针一线整理起，积少成多顶大事，往出多整一块钱，大众负担就能减少”的口号下，全区走上深入。现在16个行政村初步总结，共整出767.9万元。经过深入检查整理，有的村比前一段整出东西多两倍至三倍。由于事实的教训，使干部群众明确认识了，只有深入大家搞，才能整的彻底。(子杰、春如、四锁)

——《新华日报（太行版）》1947年10月19日　三版

二分卫生处等献金　武乡荣军节约小米

二分区卫生处、炸弹所、荣教院和被服所，为积极支援前线，争取早日打倒蒋贼介石，卫生处全体休养员同志俭省、少吃，自动拿出伙食内积存的77万元，支援反攻军和救济新区难胞。炸弹所全体干部员工，特捐助大洋71.5万元，慰问南征刘、邓大军、全体将士。荣教院全体同志募捐21395元，慰问中国人民领袖毛主席、朱总司令。被服所员工募捐29万余元，慰劳保卫大西北、屡歼胡匪的西北人民解放军，共计1796395元。(锐锋)

武乡六区荣誉军人，在上月29日集会时，提出发扬人民军队优良传统，

节衣缩食，支援前线。荣军郝永寿同志说：“我们在前线为了群众流了光荣的血，暂时虽不能再上前线，但思想、行动上也应该处处为前线胜利而打算，我翻透身了，再不用领这么多的粮，我自愿节约小米1389斤，及每年恤金米80斤。”在他影响下，崔金重等16个同志自报共节约小米6055斤。（巩水林）

——《新华日报（太行版）》1947年10月23日　一版

韩壁党员带头坌地

武乡韩壁党员带头突击秋耕。该村将耕牛统一组织起来，配犋38犋半，并组织人拉犁，提出口号是：“畜力不多地不少，组织起来赶工刨，扎下来年丰收根，安心再把副业搞。”现在共产党员王海成、韩国栋同志带头下，6个大队、32个组齐出动坌地。据五天统计，已耕地近四百亩，超过原计划18亩。（映雪、福祥）

——《新华日报（太行版）》1947年11月3日　二版

全区八个县相继展开参军运动
武乡八千百青壮报名

武乡参军运动已进入高潮，一、二、三、四、五、六、七区已有1850多翻身青壮报名参军。该县二区两天内382名青壮报了名，超过原来任务将近一倍。四区吴村召开的贫雇一家人会上，李贵兰老汉亲送两个儿子参军。武老人两个儿子已参了军，这次又让三子报名。

——《新华日报（太行版）》1947年11月7日　一版

武乡姚庄收耕中　节省劳力办法多

武乡三区姚庄村，收耕中想尽办法节省劳力。丙寅组检讨以往各在各家吃饭，不但各家都得专人做饭，就是在集合上，也耽误许多的时间。这次担谷为节省劳力，创造了集体吃饭办法：22 人担，只用三个辅助劳力做饭，吃了饭不分散，马上又去担。这样一天多担三次，两天半就赶出 19 个工。三朴和清河两个组，除集体吃饭多担三次外，又做到了起早赶工。这样每天能多担一次，二人担了两天，就赶工 18 个。为了保证完成秋耕，场里打谷用人拉滚碾，丙寅一个组腾出的牛，就能多耕地 48 亩。切谷穗完全由妇女干，每人每日以 90 个谷计算，三个组共可切 3080 个，共赶出男人全劳力 34 个工。（程十里、姜金梅）

——《新华日报（太行版）》1947 年 11 月 7 日　二版

武乡定出今后整财方针
一面继续贯彻一面组织生产

武乡整理财政，经初步总结，全县整出资金一万万余元。运动的开展，是经过思想发动，干部带头，和以贫雇为骨干的阶级路线搞起来的。开始干部、群众都有思想顾虑，如干部怕报出来受处分、丢人；群众报出来怕干部报复，怕包赔不起。特别是干部思想顾虑多。领导上当即提出自报者奖励，名利两得。并号召干部“擦屁股”带领群众，开展干部自报运动。如城关突破五个干部，即整出 20 余万元，又带领群众展开自觉自报，全村整出 100 余万元。在群众中除鼓励自报外，并展开一家人运动，开贫雇一家人会，院儿会、户族会、互相帮助自觉，打通思想，提爱护意见。以贫雇为骨干，展开自报。

经总结后，认为现在整财仍不彻底，仍须再大大努力。全县共分为三类村，一类村61个较彻底，一面进行扫清工作；一面组织再生产。二类村不彻底有52个，一面继续贯彻发动彻底整，一面进行拍卖，组织再生产。三类村群众根本没有发动起来，干部没有自觉，有28个，要集中力量进行突击。(办公室)

——《新华日报（太行版）》1947年11月7日　三版

中共太行区党委办公室秘书

为农民彻底翻身奋斗不息，堪称我党楷模

中共太行区党委办公室秘书魏效泉同志，经多方治疗无效，不幸于10月31日8时半病逝。噩耗传出，党委、行署、报馆等各机关熟识效泉同志者，无不悲痛交加，潸然泪下。魏同志历任各级党务工作，对人民革命事业，忠心耿耿，尤其年来对我党土改政策之具体实施，全心全意为农民彻底翻身而奋斗，意志坚强，立场分明，堪称我党楷模。

本月4日，特于区党委驻地举行隆重追悼大会进行公祭，到有行署、太行新华日报、中共涉县县委会、保育院、女子职业学校等机关代表及驻地群众多人参加。到会代表均念及效泉同志生前对工作踏实，生活简朴，为人民而忘我之优良品质，莫不悲痛恋念。会后即派专人将灵柩护送原籍安葬。

效泉同志略历

效泉同志，山西武乡人，现年29岁，1933年加入共产主义青年团，1937年正式加入中国共产党，历任县委组织部长，县委书记，地委秘书长等职。

效泉同志十余年来工作辛勤质朴，从不计较个人得失，生活简朴刻苦

耐劳，对革命坚定不移。抗日战争中，在敌人严重“扫荡”的局面下，始终坚持工作，曾因此而光荣负伤！对党的土地改革政策，农民的翻身运动，尤竭力奋斗，直至卧病不起。逝世前数日，尚在医院驻地找贫雇农民调查总结土改经验，念念于土改之彻底实现，致积劳成疾，竟至不起！

——《新华日报（太行版）》1947 年 11 月 13 日　三版

区党委赖、冷俩同志
函慰效泉同志老父节哀

效泉同志病逝噩讯传出后，中共太行区党委除于驻地举行隆重追悼会外，赖若愚、冷楚两同志，并函唁效泉同志老父亲，详述其病故经过，现将赖、冷两同志亲书原函录后。

炳文先生礼鉴：

效泉同志于 9 月间偶患感冒，当经本部医生诊治无甚起色，但发展亦不严重，为使早日见痊，复争得效泉同志同意，送往军区医院治疗，勤务员二人亦随同前往，经该院医生缜密检查后，确定为肺结核，并有轻微之心脏病。据称：此症虽较一般为重，但短时期或可无虞，特着秘书科长张云同志亲往慰问，病状仍时好时坏。当时即准备奉告先生及效泉同志爱人，以冀亲人欢聚病状或可减轻，奈效泉同志坚执不许，敝人等为使病者安心，亦只有曲从其意。嗣后除在院调治外，并常着本部医生前往看视，敝人等及本部全体同志以为病已过危险期，只待休养。执意 10 月 30 日夜半病忽转剧，经医生诊治无效，不幸竟于 31 日早溘然长逝。噩耗传来，全体同志无不潸然泪下，悲痛无暨。回忆效泉同志早岁参加工作，并加入我党，辛勤质朴，坚定不移，所到之处干部与群众同声景仰，在革命阵营中，堪称模范，今遽逝世，能不悲悼。在我革命事业中失一健将，在先生失一佳儿。但敝人等决以效泉同志的革命精神，公诸全党，完成其未竟之志。斯则效

泉同志虽死，仍有无数效泉同志以慰先生也。尚祈节哀，谨此致唁！

中共太行区党委赖若愚、冷楚等谨启

——《新华日报（太行版）》1947 年 11 月 13 日　三版

武乡各区村合作社统一领导改进业务

武乡各区、村合作社，从 10 月开始，正积极改造中。七区区联社召开各村采购会，检查中发现过去采购间互不联系，互相投机，闹的劳力浪费，市价不稳。一致赞同采购统一组织，由区联社领导，分四路采购。任务是推销土产，买回棉花与羊毛。现在平遥已推出白布 180 斤，换回羊毛 2 千斤。六区联社为推销土产，在云簇成立推销分站，并把沁县与石盘分社撤回，活动基金由 200 万增至 300 万，换买回羊毛 8 千斤。全区已有 11 个村社改变了业务方向。三区联社为组织群众纺毛生产，推出成品，把大有分社撤回来，平机 14 架全部推广于各村。现在活动基金由 100 万增加至 380 万，买回羊毛 4 千斤。（王大明）

——《新华日报（太行版）》1947 年 11 月 19 日　二版

大有整财进行再生产一月赚洋 40 万

武乡大有村经过反复整理财政，获得很大成绩。该村头两次整理，整出大洋 60 余万元，经过拍卖投入合作社，一月内赚洋 40 万，大大减轻了群众负担。但经过深入细致检查之后，发现整财工作还未彻底。最近该区窦区长、魏区委在俱乐部提出："翻身农民不得无义之财"的口号，启发了群众阶级自觉。当场就有关自如、王玉娥等 20 余人，报出东西很多。经变卖后又投入合作社，准备再生产彻底达到村财政真正自觉。（水林、仁政）

——《新华日报（太行版）》1947 年 11 月 21 日　三版

武乡总结全年生产
明确冬产必须面向贫雇
算了家当订出补足耕三余一计划

武乡11月22号，召开扩干会，总结一年生产，布置冬季生产。大家从回忆全年领导生产互助中，一致明确认识了：贯彻发动贫雇掌权当家，是今冬生产运动的根本关键。如六区区书白木云说："牛家咀今春贫雇要求结合生产消灭封建，领导上听了贫雇的话，并给贫雇撑腰做主，一年来，贫雇领导生产劲儿很大。"三区区书魏名扬说："贫雇不当权的村，贫雇不放心（得上果实怕不巩固），中农不安心（怕斗争），地主不死心（想反攻）。自七一以后，贫雇掌权管制了封建，生产劲儿才大起来。"县委陈奇同志总结时指出："今春动员生产时，纠缠着解决圪塔户思想，是走了中农路线，非贫雇路线的做法。因此今年冬季生产运动，必须依靠贫雇，听贫雇话，发动贫雇当家领导，解决贫雇生产中的困难，并以贫雇为骨干团结中农，大力开展冬季生产。合作社也要全力组织贫雇生产，扶植小型互助社。"最后，算了算全县家当，订出今年生产计划。全县每人平均收粮食是3.38石，大口小口一月3斗计，每人缺粮2.2斗，根据耕三余一标准，每人缺粮1.42石。因此今年冬季生产任务是要平均每人赚到粮食1.42石，补足耕三余一。（武乡联合办公室）

——《新华日报（太行版）》1947年12月9日　二版

1948 年

武乡四区村干群众代表开会

具体研究解决了思想问题　组织临时生产组下乡推动

武乡四区为了克服干部与群众的混乱思想，建立新的领导机构，全面开展春耕生产，在上月29日召开了全区21个行政村（除填补村外）干部、群众代表（各村选派的）大会，到会192人（村干105人、群众代表87人）。三天的紧张会议，发现和解决了的问题报道如下：

村干部的思想大致分四类：一类是问题大，多占果实，作风不民主，年代长的干部，躺倒不干，强调“当干部没下场”，埋怨上级，不念功劳。心里害怕，认为群众要报复，要和斗地主一样，没有活头。盼望工作组赶快来解决。一种是中农干部的交权思想，等待贫雇上台，再加上有些村把合作社一部分钱转给贫雇，认为中农吃不开了。四区普遍流言：“贫雇是一家，中农是朋友，要来跟上来，不来由你去!”非常苦闷，对工作是：“不干不敢，不敢不干，大干怕犯错，不干怕犯罪。”一种是当干部不几天的“顶门市”思想。他们分不清东南西北，再加上个别坏干部拉拢：“当干部的将来都倒霉”；和少数群众流言：“干部没好人，后悔当干部刚赶上顶门。”一种是收不起放不下思想：大都是合作社长开着门不敢干，又不干闭起来，和村长手拿印没出交。如上西村合作社社长赵金贵，二三个月没有好好干，怕干的赔了钱叫上人民法庭。

村里的情况和群众的思想：一、土地法下来后，没有深入宣传解释，干部躺倒不干，村上工作没人照管。胡家庄二月份以来就不订报了，很少上民校。全区（特别是自然村）群众都在等平分，怕打乱平分。领头中农代表说：要满足贫雇要求，又给地主分一份，富裕中农没几家，还能不动中农？二、生产自由没人领导：互助组没问题的还送送粪，但因为思想没通了，也是“送粪拉出村，倒在半路上”。互助组有问题的都垮了台。全区

105 个干部根本不动的 19 人，应付劳动的 64 人，只有 22 个问题较小，土地没多占劳动较好，但也只是自己干，没去领导互助组。

在解决以上这些思想问题时，提出：错大错小，有错没错群众眼里有好坏，为公为私群众能分清。各村干部与代表都经过酝酿讨论，群众对每个干部的反映都做了讨论。上西村群众代表把公安员和政治主任好坏做了对比，如对政治主任除作风不好外，群众提不出意见来，如人家当了几年干部，没有放弃过劳动，没多占果实。东垴全村干部都做了检讨。这样干部的好坏、错误的大小分清了，同时提出干部不能一样看，不是个个都有错，防止坏人拉咱们。并且从土地法决定成立农代会团结中农，来说明中贫农是一家人，打通中农干部的交权思想。绝大部分人的情绪便提高了。二、躺下不干错加错，错误要改正，躺下再起来。给错误比较大的干部也指出改过机会和方向来。

接着面对土地法和边府布告作了研究。除说明了土地不是打乱平分是抽补的道理外，并分成三组研究了三个村的土地情况，如行道岭全村 47 户，236 口人，每人平均 3.8 亩，产量 4.1 石，现 15 户贫雇中，2 户翻身高，每人平均 7 石粮，7 户差不多，每人平均 4 石，上中农 9 户，每人平均 5 石，中农 20 户，每人平均 3.9 石，地富 3 户，每人平均 4 石。这样每个人都明确了不是大动，只是抽抽补补的意思了。这样具体计算虽然不太精确，但比一般的宣传效用大得多。同时对边府谁种谁收的布告研究后，对当前生产情绪更加安定。互助问题也作了讨论。

最后提出要生产好，必须建立领导机构，普遍进行对土地法和开展大生产的宣传。把参加大会的干部和代表组织了 21 个临时生产工作组，经过酝酿选出正副组长，做出两件事：从 4 月 2 日起，不分大村小庄开展三天宣传运动，解决群众思想问题，民主选举生产委员会，定出条件，干部和群众都可以当选。最后以联防区汇报研究后，解散临时工作组。（李鹏飞）

——《新华日报（太行版）》1948 年 4 月 10 日　二版

段村成立新农会

好党员武仁会被选为主任

贫雇让出两席委员给中农

武乡五区段村，在贫雇团成立以后，就依靠贫雇串联中农。段村20天发展到新农会会员348人，在3月24号，即正式成立新农会，选举委员。选举结束，由武同庆、米改转等9人当选为正式委员。共产党员武仁会，选为新农会主任委员。但在9个委员中，都是贫雇，当时有武三元、王海庆（贫雇）情愿退出，让给中农张来栓、郝应堂两席，真正表现了中贫农市一家。（武乡小报）

——《新华日报（太行版）》1948年4月30日　一版

纠正放弃支部领导的偏向

武乡五区开党员会议　积极带领生产和纠偏

武乡五区区干部自整编后，在观念上怕走了老组织路线不能深入群众。因此在春耕工作中，不接近干部，不做支部工作，两个月来对支部采取不理态度，形成老党员不知该怎样才好，少数不好的党员躺倒不干。突击下种已开始，但支部没表现出一定的作用。生产组检讨了这种偏向后，提出整顿支部，教育党员积极参加生产领导和纠偏，开展突击下种运动。特于4月26日召开了18个村的支部和好党员会议，经过三天讨论，解决了党员中普遍存在的两个思想。一个是认为抬得高，跌得重。如王家沟支书张拴住说：段村武珠亮，在去年七一党公开时，组织上表扬他是模范党员，现在民主整党时没有参加了农会。当初不好，领导上就不该表扬呀！这就是抬得高些跌得重些。这是一种埋怨领导的思想，领导便诱导大家讨论，武珠亮为什么得到表扬到现在又参加不了农会。经过大家热烈争论，型村支书

巩水明便说：因为当初支部里伙伙作风，假报告，说武珠亮领导群众一夜开荒七十亩，因此领导上表扬他。当时支部里有一部分人不赞成，也不敢提意见，领导上当时没有通过群众，倾听群众意见，所以群众不赞成。接着李新春便说：这次区干部来，就没有到我家，我心里不高兴，今天我才知道怕听上咱的假话，群众反对，因此人家不听了。张拴住说：王家沟群众实行民主，请咱们的愿，咱们实在得好好整一下哩，不然非把群众脱离光不行。从这些人的发言，打通了大家埋怨领导思想，认识到自己的队伍应该好好地整顿整顿。二、享福时没有咱，挨铁锤（受打击的意思）时咱来了。王家沟支书说：区干部来说我们做工作造下罪了，要生产中给群众好好办事免罪。我的思想上有很大波动，觉得当干部不如当群众。后来听到段村填补开始时，18 个党员只有两个党员参加贫农会，又都是新党员，我便后悔自己不该参加党来，入党连个贫农还不如哩。长庆凹支书周占怀说：我没有多占果实，多得罪人，就是听到榆社传来一股风，说把干部打了，我心里害了怕，觉得享福时没咱，挨锣锤时咱来了。这种思想揭发后，接着研究讨论，魏家庄赵桂堂说：群众对咱好坏是看咱好坏如何，不是看咱在党不在，像俺村既银家红书起先就参加了贫农团，后来也被群众开除出去了，人品不好在党不在党都一样。李新春同志说：早参加党不一定群众就对你不好，如下城村长史从周，在这次平分时很快就参加了贫农团，群众主要是看我们给他们服务的好不好，不是看我们参加的党早不早。经过这种发言与争辩，打通了党员思想，都一致认为要好好给群众服务，要求党给他们工作。这时领导上便提出让他们回去教育党员，好好给群众当长工，在突击下种中，每个党员参加一个互助组，亲自动手，起带头作用，并帮助贫雇解决他们在生产中的困难，纠正错斗了的中农，带领群众积极下种。党员都非常愉快，提出反对老作风，踏踏实实为群众。（武乡县联合办公室）

——《新华日报（太行版）》1948 年 5 月 14 日　一版

参战生产两不误
洪水整顿互助订出记工办法

（武乡消息）武乡县洪水村接受了这次参战任务，农会委员会即召开了群众会议进行讨论，提出参战和生产如何结合。讨论中大家都说：“咱们翻了身过好了时光，还得挽救在敌占区被压迫的阶级弟兄。”接着就有24人报名要到前方参战，57人自报要在后方运输。妇女儿童和老汉们说：“你们去参战要安心，俺们在家保证给大家种好地，完成夏种，家里的一切杂事由俺们负责照管。”这样大家情绪很高。

农会委员会为了有组织的领导生产，在第二天晚上即召开了在家群众会议，调整互助，组织生产。以技术老汉为主，自愿结合。全村能上地的妇女儿童老汉共119人，组织了32个小组。不能上地的妇女122个，也组织了15个纺织组。经过组织，订出了下种计划：先种背地后种阳地，参战在家的要都种上，不能上地的妇女在家帮忙。为了巩固互助组，互不吃亏，即讨论订出临工计工的标准：（一）每天的工以10分计算，早2.5分，上午4分，晚上3.5分。（二）人拉耧种14亩、耕地3亩，各计工10分。挽洋棉苗4池，计工1分，担圊粪是按回数及地的远近来计算。其他特殊小活临时评议。（三）耕牛按一牛二工计算，耕地3亩、种谷14亩，各记工20分。妇女纺织记工是纺花5两、织布6尺、经布200尺、缝裤1条记工10分。做鞋一双记工80分，缝布衫一件记工30分。执行的办法是：互相转换工票，以工票算账。经过了这样记工规定，解决了大家怕吃亏的思想，全部劳力积极行动起来，特别是妇女的劲头很大。她们说：“过去咱被男人小看，是咱不会上地的过。这次他们去参战，咱们在家好好学习地里营生，把土地种好，他们回来还能小看咱？这次可是提高咱妇女的好机会。”在这样热情下，全村的男女老幼都积极劳动起来。现在正在锄洋棉花、种谷。

（育英、海旺、永旺）

——《人民日报》1948 年 5 月 30 日　一版

漫坡每人赚花 11.3 斤

武乡四区李漫坡村最近总结纺织，全村 22 个妇女共纺花 432 斤，织布 314 斤，共赚花 249 斤，每人平均赚花 11.3 斤。现尚有七机布正在日夜赶织。另在纺织中还结合压油七桌，赚洋 189600 元。（赵树德、邱国华）

——《新华日报（太行版）》1948 年 6 月 27 日　一版

中共武乡七区区委会表扬奖励模范党员

中共武乡七区区委会，在六月上旬发出“支部通报”，表扬在完成参战、生产两大任务中的模范党员。通报上说：在今年春天紧张的春耕下种中完成党给予的参战任务上，各村支部和党员，积极带头，成为群众中的核心，真正做到了生产参战两不误。据各村汇报，下种已大部完成，而且很快形成了一个拔苗运动，有的拔了三分之一到二分之一。权店已全部完成，该村在拔苗中，全部组织起来，妇女儿童 110 人参加了生产，1000 亩杂田，他们就拔了 800 亩。在这次同蒲线参战中，有不少同志表现了高尚的共产党员的品质，团结友爱起带头作用，完成任务勇敢坚决，创造了模范动人的事迹。在前方总结时，有不少党员受奖，如第一等模范有权店高志山同志（现任指导员），第二等模范有上庄村程臭小、信义村程二则同志，第三等模范南沟村郝云生同志。通报最后指出：受奖的党员，应该把这个光荣称号继续带到生产与战争中去，完成革命任务，全体党员应该向他们学习。同时号召全区党员接到通报后，展开讨论，总结这次参战，来个自

我检查运动，维护党的纪律，完成党给予的任务。

——《新华日报（太行版）》1948年7月1日　一版

男劳力前方参战后
武乡积极组织妇女锄苗

武乡一区杨李枝，二区南郊、石瓮，三区洞上，四区岭头，七区东良侯、北良侯等七个村，现因大部青壮年到了前方参战，在劳力上感到了困难。尤其是目前的禾苗正该锄挽，麦子已快收割。为了克服劳力不足，就组织能生产劳动的妇女参加锄苗运动。现七个村共组织起113人，在三天内共挽了禾苗169.9亩（杂田不在内）。做出这样成绩后，群众反映：妇女生产真起劲，参加锄苗赛男人。打破了以为妇女不顶事的认识。岭头村、东良侯妇女在张侯娃、石肉则领导下，组织了两个组，共八个人上地锄苗。张侯娃组四个人。六天拔苗50亩；石肉则四个人，三天拔苗24亩。在她们影响下，全村44个妇女，都卷入了拔苗运动，最近三天共拔苗140亩，并影响了附近上庄、陈村等村妇女都参加了拔苗运动。岭头18个妇女，一天半锄苗8.5亩。各村在拔苗中，情绪非常高，东良侯提出："今年的谷要大一亩拔一亩，一定要配合男人赶出工来去参战，打倒阎锡山。"洞上村妇女提出："谷锄一针，如同上粪。"白猴儿老人说："我今年虽56岁，上地锄苗不落青年后。"经总结，董二桂、武成花等锄的又快又好。在以活计工上，是经大家检查大家讨论，根据做的活来评，使人人都满意，不吃亏。（武乡小报）

——《新华日报（太行版）》1948年7月10日　二版

前线参战要立功，后方生产争模范

前后方群众挑战竞赛　保证参战生产两不误

“前线参战要立功，后方生产争模范”。二分区和顺、武乡、榆社等县支援晋中战役的前后方群众，互相挑战竞赛，保证参战生产两不误。在参战人员出发时，都召开了座谈会。

……

武乡二区石门、上北漳，六区坡底也都提出了竞赛条件。五区段村 39 人参战走后，全村组织起来克服劳力困难，男女全半辅助劳力 212 人，共有麦地 860 亩，原计划六天完成，四天就割完了。割时都是先给参战人割，李秀文母亲说：“这比俺孩在家还收割的好哩。”坡底第一批参战的回来后，即进行了互相检查，看到参战人员地里的活都都做得干干净净，非常高兴，周林中说：“我家肥料缺少，原计划 12 亩谷地就不准备上粪，想不到组里给我调剂上肥料，再次参战我还去！”

——《新华日报（太行版）》1948 年 7 月 13 日　一版

武乡县书王平同志亲自领导干部学习

武乡县书亲自领导机关干部，订出学习计划，开展学习运动。

武乡县书王平同志，为了加强干部的组织性纪律性，特于本月 14 日召开县级各机关干部（共 32 人）会议，亲自主持动员学习。王同志在会上指出：为了迎接伟大的新的胜利到来，为了正确地执行我党政策，克服干部在工作中的盲目性，加强干部的组织性与纪律性，就必须开展一个很好的学习运动。随即由大家讨论，先定了个一月的学习计划，决定每十天一小总结。上旬是学人民日报社论华北解放区的当前任务，与赵时真同志关于

开展大生产运动的几个问题。中旬学习左派幼稚病第二章和前言及列宁论苏维埃机关工作人员应如何工作。下旬学习中央关于1948年土改与整党工作指示，结合学习划阶级。方法是精读文件，领会精神，结合实际，联系自己，提出问题，在小组会和大会讨论，明确问题。各机关干部当场即选出学习小组长，决定每三天向县委汇报一次，并提到月终进行总测验。会后，各个同志都准备进行比赛，造成学习热潮。

——《新华日报（太行版）》1948年7月30日　一版

武乡妇女在大批男劳力参战后
锄苗夏收顶了大事

武乡由于大部分青壮年民兵（约占整个劳动力三分之一）都到前方参战走后，在劳力上感到了很大的困难。各地为了迅速的完成夏收、锄苗任务，普遍的组织了妇女、儿童，克服了劳力困难，做到了参战生产两不误。开始组织时，大家在思想上都存在轻视农业劳动，认为是丢人的事情，不愿上地。为克服这种落后思想，各地都提出了“劳动是光荣还是丢人，光靠男人算不算平等，能不能独立，男人参战走后生产如何办?”让大家展开讨论。如东良侯妇女说：“不参加农业劳动男女就不能够平等，过去就是因为咱们一切靠男人生活，人家才看不起咱来，要想平等只有参加劳动，在经济上争取独立，男人才不敢小看咱。”这样，打通了大家思想，提高了生产积极性。经过思想发动，各地妇女普遍自动的组织起来参加了锄苗、夏收。并提出“平等独立不靠人，劳动生产最光荣”；“男人去参战，妇女闹生产，大家团结起，打倒阎锡山”等口号，更加鼓舞了大家的生产情绪，迅速地完成了夏收、锄苗任务。据一区苏峪、二区北上合、三区张庄、四区下司村、五区下城、七区北良侯等15个村的统计，共组织了妇女、儿童1136人，在五天内割了麦子3300亩，能节省男劳力工2229个。在锄苗方

面：一区苏峪、二区南郊、三区洞上、四区乐家平、五区城关、七区东良候等11个村共组织妇女343人，五天挽了832亩谷，能顶男全劳力857个。同时，经过这样做出了实际成绩后，也打破了男人认为妇女不能参加农业劳动与看不起妇女的不正确观点。如四区岭头村开始组织妇女参加锄苗，好多男人轻视妇女不顶事，认为他们纺花织布是可以，教上地锄苗只是多蹬两个脚踪，但经组织起18个妇女一天半锄苗8.5分，从这些实际行动中，大家才真正认识了妇女士是生产中不可忽视的力量。

为继续推进运动，各地在“七一”至“七七”将这段锄苗、夏收做了总结，选举了模范，做了表扬奖励。如段村周四苟、米改转等四人，他们在生产中起了带头骨干作用，上地锄苗割麦总是起五更，为了使参战人安心，先给他们家里做活，得到了全村人的拥护。经过总结表扬后，大家高兴地说：“去给地主动受死也没人说个好，现在给自己动还能当模范，这可得好好生产劳动嘞！”（前后方及男女劳力的变工等价问题，是个主要问题，不知是运动中没注意这个问题，还是没有报道来，希引起注意——编者）（武乡联合办公室）

——《新华日报（太行版）》1948年7月31日　一版

枣林村范福禄领导互助垡麦地

武乡四区枣林村干部范福禄，领导他的互助组，检查生产和订新的计划。全组共十个劳力，参战走了三个，家里留下七个，在六天内：锄豆六亩，垡了麦地18亩，杂田已上二锄的31亩，切了三堆麦秸，上了两天追肥，给外组调剂了八个工，六天里赶了八个工。又订出十天计划，要锄完二遍，耕完第一次麦地。（苑永华）

——《新华日报（太行版）》1948年8月11日　二版

死银洋变成活本钱

武乡群众坚信生产政策

兑换银洋扩大搞生产

冀南银行武乡支行报道：过去在土改中，因为执行党的政策有偏差，错闹了部分中农，以致影响了好多群众不敢大胆生产发家。特别是有些老实农民在旧社会辛勤劳动，省吃俭用，积攒下一部分现白银，就不敢拿出来到银行兑换，死死的掩藏起，把这样一批能利用的资金变成了死东西。现在经过端正政策，初步纠偏后，大家亲眼看到补偿了错闹中农，安置了扫地出门的地富，再加上政府指示各地：无论何人凡存有现洋、白银，均可到当地银行按照规定价格进行兑换，不用任何手续和证明。这样一来，情况就不同了，凡过去存有现洋、白银者，都纷纷到银行兑换本币，变成活资本，进行生产。单武乡支行一处，7 月份就换了银洋 720 元，白银 47.7 两，色银 178.7 两。从这一点看来，也足证明我们纠偏工作如果做得好，对群众生产积极性的提高有多大关系了。（清秀）

——《新华日报（太行版）》1948 年 8 月 14 日　二版

具体帮助树立工作新作风

武乡决定加强村干领导

武乡县在 8 月 2 日至 5 日的分书、区长联席会上，对今后在工作中怎样帮助村干部树立新的工作作风当成一个专门问题作了讨论。讨论结果，大家一致认为：武乡村级干部的单纯任务观点与简单方式的行政命令作风，是带有历史性的。而这种作风的发展形成是和领导上的只给工作任务，不去具体帮助与检查的官僚主义作风是分不开的。例如去冬整财中，三区李

峪政治主任李贵堂到区汇报整财整了10万元时，受到分书严厉批评；回村没五天就又整了70万元，即马上受到区上表扬。至于工作怎样完成？是否有偏向等却不去检查。因而工作任务虽然完成，群众非常不满。整党以来，特别是县的扩干会后，大部分村干部也真正地体会到由于作风不好惹下群众，今后非转变不行的道理。但新的工作作风与经验又很缺乏，因而迫切要求我们领导上给予具体帮助。其次，村干部中在当前工作上发生两种偏向，也需要我们具体帮助与纠正：一种是束手束脚不主动，因而什么工作也搞不起来。一种是盲目胆大，致使有些村干部复活了过去的老作风。从以上的研究讨论中，大家明确了在日常工作中加强对村干部帮助的重要性，确定了今后的办法：首先是区干部应按工作能力强弱程度具体分工领导一村至两村，把帮助村干部，建立新作风，当成工作任务之一。给村干部布置工作时，不但要讲明工作任务的意义和目的，特别要给予一些完成工作的具体方法，分清缓急、大小，先做啥后做啥，如何结合，都要明确安排，并在进行中加以具体帮助。但要避免代替包办，以发挥其主动性与积极性。并随时检查，最后总结，以逐渐提高其工作能力与树立新的工作作风。其次在重要工作上，区干部应亲自掌握与领导，如要交给村干部，必须在两个条件下才能实行：一是取得经验，二是村干部真正能够正确的掌握了政策；否则便不能盲目放手。（王运德，李鹏飞）

——《新华日报（太行版）》1948年8月15日　二版

整党后充满为群众服务的热情

白和党员积极工作　十分之六当选干部

武乡一区白河村，经过民主整党后，党员在思想觉悟上大大的提高了一步，部分老党员（老干部）打破了自己有功劳的自满情绪，如孙保元说：“过去我总觉得自己是个老党员，工作上有成绩，经过这次整党后，才认识

到共产党员就应该为群众谋利办事，不因有了功劳就自满起来。”大部分党员在工作中初步改造了过去的行政命令一说话三瞪眼的不良作风，用自己的模范带头作用，影响群众推进工作。总之，整党以来，大部党员充满着积极自觉的为群众服务的热情，因而，在工作上作出了新的显著成绩，得到群众的拥护与爱戴。如梁淑珍在夏收中亲自组织妇女给无劳力的干属割麦子；并推动全村妇女参加上地。孙保元除了推动全村工作外，在忙里抽空亲自给参战家属担烧土。参战支前中大部分党员都是带头打先锋，首先自动报名，对群众影响很好。全村 37 个党员，在总结生产参战工作时，选为生产模范的 19 人；去参战的六人即有五人被选为参战英雄，合计占党员总数 65.6%。整个支部在领导作风上也有了很大转变，初步学会了凡事和群众商量的工作作风，如选举生产参战的模范英雄时，党员先在群众中作了宣传与动员后，即放手让群众自己酝酿讨论，选举群众自己所拥护的心爱人。这样选举结果很好，群众也满意。和过去支部先做了决定，然后再让群众执行，划上圈子让群众钻的做法是完全不同了。由于支部和党员的威信提高，所以大部党员为群众选举起来当了干部，37 个党员选为主要干部的 7 人，委员干部的 6 人，人代会的代表 2 人，组长等干部的 7 人，共任干部的党员 22 人，占整个党员 60%以上。（良北、李芳、景岗、玉英、法超）

——《新华日报（太行版）》1948 年 9 月 6 日　一版

监漳群众坚信我党政策
银洋兑成冀钞集资生产

武乡四区监漳村，自今春经过正确的划分阶级，改订成分，进行纠偏后，群众生产情绪逐渐提高起来。村长崔万良副村长暴银锁二同志，首先把自己过去勤劳节俭积存下的银洋 141 元，到银行里兑成冀钞 493500 元，进行副业生产。在他俩的影响之下，群众更明确了党的政策，大胆起来发

家。全村有21户自动集起股金大洋130万元，到和顺贩耕牛，六天内共赚大洋32万元。（万良、银锁、焕文、春义、春法、书元）

——《新华日报（太行版）》1948年9月9日　一版

武乡县委会召开扩干会
布置种麦秋收秋耕工作

中共武乡县委会于本月20日，召开县区扩干会议，布置了突击种麦与秋收秋耕工作。

布置中，首先指出：全县土改已基本完成，今冬只留一些结束工作。结束中虽有个别户小部分土地变动，但不论哪个阶层，任何人，今年种上麦子，仍执行谁种谁收的政策，到明夏归种麦人收麦。在具体安排上指出：继续突击造肥垡麦地，做好种麦准备工作。从白露到秋分半月时间完成种麦。从秋分到霜降一月时间完成秋收秋耕。完成种麦与秋收秋耕的中心环节，第一是整顿互助，要大胆放手，确实做到自愿、等价与民主三个原则。第二要根据各村条件，精确计算劳畜力，确实做到在收耕中充分发挥劳畜力。另外要防止形式主义的产生。

——《新华日报（太行版）》1948年9月11日　一版

阳坡庄肥料准备充足　白露前开始种麦

武乡一区阳坡庄干部积极领导群众，在“不荒一亩地，不闲一个人”的口号下，于全部秋田锄搂完三次后，大家便赶垡麦地，砍柴熏肥修边垒堰，准备种麦。全村共种麦760亩，共劳力186个，结合为17个小组，由政治主任、农会、村长、生产主任负责全村领导，并和各组在生产会上进行了酝酿讨论，定出计划，立秋至处暑半月时间，共计割柴7600捆。由于

肥料准备充足，该村在白露前已开始了种麦。并有30多个劳力抽空卖柴赚洋36万元。仅宁二孩、孙拴纣、宁五孩等十人，就卖了160捆柴，赚洋16万元。在干部领导上并特别注意了对军属和参战军属的照顾。政治主任李新唐，除自己努力生产带领影响群众，他很热心地帮助新干部解决问题，推动了全村的生产工作。（李春景）

——《新华日报（太行版）》1948年9月18日　一版

恢复劳英头衔补偿错斗损失
韩乃昌推动全村互助种麦

武乡二区窑申脚，劳动英雄韩乃昌，经过纠偏，给他退补粮食，恢复劳英头衔后，出发家计划，积极带领群众生产。韩乃昌由于他自己勤劳生产，在1944年被群众选为劳动英雄，区政府并奖金字匾一面。但在去年“左”倾情绪下，少数人借口他儿子韩专管当财政主任账目不清，将他27石粮食和12只羊查封起来，并取消了英雄称号，这样他的生产情绪就低落下来。今年纠偏政策下来，该村首先纠正错误没收韩乃昌粮食的偏向，给他退回被查封的东西，并恢复了他的英雄头衔，干部诚恳地作了检讨，解除了他对劳英政策的怀疑，提高了生产情绪。他对村干部说：“只要把政策掌握好，在你们领导下，一定不灰心丧气，要好好闹发家。”今年他种麦14亩，全部耕了三遍，每亩施肥90担（全村平均每亩施肥80担）。他主动和干部研究，在自愿等价的原则下，亲自推动，重新整顿了互助，使全村70%以上的劳力，组织起来，干的很有劲。在种麦时有些群众不愿早种，他说：“早种发的透，能避霜、少生霉、籽又饱”并引导大家研究了今年麦子籽又发霉主要是迟种的原因，全村群众都响应了他早种麦的号召。讨论决定在白露节前后完成种麦。（梦杜、李芳、云程）

——《新华日报（太行版）》1948年9月20日　一版

党员干部带头早种
武乡三区十天种麦万余亩

武乡三区党员、干部、英雄模范积极带头，在“准备参战”和“早种好收，迟种少收”的口号下，推动了群众提前种麦。据本月 3 号至 13 号十天的检查，全区共麦地 36943 亩，已下种的 11570 亩（缺三个村的材料）。所下种的麦田，每亩平均上肥 41 担多。上肥最多的是枣烟王林孩，每亩平均上了 70 担。最少的每亩亦上了 26 担。（白荣成、马超驼、桂芳、振华、成旺）

——《新华日报（太行版）》1948 年 9 月 25 日　二版

武乡秋耕检查团下乡

中共武乡县委会，特于本月 7 日组织秋收秋耕检查团 20 余人，分成三个小组，出发各区村进行实际检查与推动工作。在检查内容上，主要检查如何领导与组织秋耕，以及秋耕中的困难等问题：第一，随收随耕如何结合；第二、劳畜力与秋茬地的计算、计划及准备工作，如何进行，有什么问题，如何解决；第三、怎样使用劳畜力，人畜变工的办法等。检查方法：亲自上地，调查研究，发现问题，及时解决，随时表扬成绩，批判缺点。检查后，召开联防村干会议，共同总结，交流经验，推动全区，使整个运动普遍开展。加强上下联系，定期汇报。（县委办公室）

——《新华日报（太行版）》1948 年 10 月 19 日　二版

加强领导认真检查
武乡七区发动群众秋耕

全区有十二个村共出动耕畜296头，六天内垡秋地2303亩。

在组织领导上，各村均是以村政委员会为领导集团，有的村专设秋耕委员会；为了互相检查与及时交流经验，故城和东良侯并设有联防检查秋耕委员会，以各村村干互选出数人与区干部共同组成。村内又按地段地圹选有检查员，以加强检查工作的深入与普遍，并定期总结，推动全村。在制度上，村的领导，每晚了解一天秋耕的活动情况，发现典型进行表扬，好的经验报告联防。故城联防利用故城集市的大众黑板与集市宣传，交流各村经验。

经过这次初步检查，部分村的秋耕准备工作做得不够，特别是群众的思想发动不深入，具体的组织工作也差。不少群众对秋耕重视不够，对准备明年种豆的茬地，不愿垡认为垡了不结豆角。解决这些思想问题，上庄村提出“精确计划好，早些垡完早卖垧”，推动了秋耕提前开始。陈村拿去年垡过茬今年种豆的实际例子，打通了群众豆地不能垡的经验主义。李换明说：“我今秋的豆就是去年垡了茬的地，不但长得苗壮，而且地里草也少，锄挽时很省力，打下的豆颗饱、出面多”对无畜力户怕出工资不愿秋耕的问题，各村主要是采取了给群众算大账的办法，说通了思想。如东良侯李贵荣思想打通后说：“只要我今冬好好搞生产，不愁赚不回耕地的工资，今秋如不垡，明春也得垡，少出了工资，还不能多打粮食，两头吃亏。”（席上珍、刘兰生、张兴泉）

——《新华日报（太行版）》1948年10月23日　一版

各地纷纷动员　计划冬季生产

武乡进行思想动员打破生产障碍

（太行讯）为了开展冬季生产，武乡县特于本月4号，召开300余人的县区村干部动员大会，首先由县委王平同志做思想动员，下午分组讨论，在酝酿讨论中，发现以下几种思想：一、对政策怀疑，如说：前年搞运动时，上级说是最后一次了，结果又搞了好几次。二、以穷为荣不敢发家，白和合作社主席梁中说："我对生产就是圪能（应付），我思想上总觉得发了家挨斗，总是穷了光荣，成分好的不动也能吃得开，成分不好的闹下也不保险。"三、未确定地权情绪不安，大部老中农等结束土改往出拿土地，借地户等往出退，错斗户生产不起劲。蟠龙有一户今春借给他五亩地的他就没有修边堰也没有上粪，只是种了些豆子，觉得搞好还不知是谁的。

发现这些问题后，第二天上午王县长说明了政策精神，接着提出今冬生产任务与要求，说明今冬的三大生产任务是煤业、硝业、纺织业，每个男全劳力要赚到小米1石，男半劳力要赚到小米5斗，每个纺妇要赚花15斤至少要赚到10斤，半辅劳力能做啥做啥。不少村都根据本村具体情况及自然条件，订出了冬季生产计划，如四区大河西、一区南台，因无其他生产条件，他们计划凿石板做石盖。各村根据自己条件，提出不同的生产重点，如分水岭因傍大路是开店卖饭。圪针庄是油坊，七区各村大部是熬硝。

为了创造经验推动生产，各区确定了生产基点村，直接给县反映与汇报情况，确定五天一次。

——《人民日报》1948年11月23日　一版

任村结束土改与冬产结合

武乡任村于11月28日，完成结束土改工作。该村除讨论了结束土改的目的外，随即讨论了冬季生产。最后以自然村为单位，组织了生产小队，下设小组，行政村为大队。他们以组起早担煤，在路上讨论问题，晚上回村由小组长向小队汇报，小队向大队汇报。妇女124人，定为上午纺织，午后讨论问题，每天纺花17斤。（永忠、国庆、保林、如江）

——《新华日报（太行版）》1948年12月19日　二版

故城吕国买组半月生产赚牛半头

武乡七区故城村吕国买组，自在民校订了生产计划后，即努力生产，互助缚笤帚，全组半月除本净赚笤帚900捆，（每个卖洋170元）共卖洋153000元。六人从家又拿出洋15万元，共303000元，买了牛一头。第三天即选吕米水到长治送脚，拉了木椽100根，每根赚洋600元，共赚洋6万元，往回返还能拉上炭。现全组情绪很高。（宋仁杰、赵来春）

——《新华日报（太行版）》1948年12月21日　二版

武乡结束土改

认真发动群众贯彻团结教育
分析各阶层思想引导到一个方向

武乡的结束土改工作，于11月10日左右，已在全县范围内先后开始，现据24个基点的情况来看，一般的均进行了广泛的深入宣传结束土改的政

策，初步解决了群众的思想顾虑，发动了群众思想自觉，达到使群众积极参加运动的目的。其发动的情况与经验有如下几点：

一、反复宣传政策，扫除思想障碍。根据各地了解，群众在整个结束土改过程中，是有不少思想顾虑与错觉的，这些思想情况，又由于阶层的不同而各有不同的反映。如新中农听说不动中农，即怀疑补偿时要翻身户退果实。有的是想再分些东西。老中农怕抽自己土地。未翻身的贫雇农怕只补偿中农自己翻不了身。有些借地户（今春借出土地的户），怕抽走土地没种的。一些土地产量只达全村平均数的农民，则要求迅速结束土改确定地权，至于具体政策，则表示不关心。错那户有的想要原物出出气，有的怀疑补偿，有的只要求订正成分。地主富农大部是等待安置。以上这些思想情况，各村在了解以后，即召开了群众大会，以本村具体情况的算账办法，首先肯定土改成绩，指出这次结束土改仍然是在巩固与扩大原有土改成果的基础上进行的。以误斗了部分中农的事实批判了缺点，领导上做了适当的自我批评。接着把结束土改的政策、目的、做法与步骤，进行了详细的讲解，然后以夜校、分段、分组等大小会的不同形式，进行酝酿讨论，并结合个别宣传。以参加联防会的党员、干部、群众为骨干展开了讨论。这样群众初步的懂得了政策，大部情绪也随之安定了。至此群众说出了许多因不了解政策而不敢生产的后悔话。为了进一步的解决一些翻身户与贫雇农的思想顾虑，又组织群众讨论了什么为显然多分？今春借出土地是否能一律收回？结束土改是不是不管贫雇农等问题。从而安定了翻身户与贫雇农的思想，并使之积极起来。

二、回忆历史，提高觉悟。当群众初步接受政策后，在这个基础上如何进一步提高群众觉悟，与启发其积极性即成了主要问题。各地的做法是：首先在整顿农会时，让大家扯拉旧社会为什么受压迫？新社会怎样翻了身？从亲身体验的回忆中，来认识农民团结起来的重要，以及自己翻身与成为新社会的主人，和共产党领导有着血肉不可分离的关系，启发群众认识了

只有在党的正确领导下，农民团结起来，才能把结束土改做好，初步树立了农民对结束土改的责任心与自觉性。

其次，部分群众反映政策是活的，靠不住。如说：在今春是要贫雇不要干部，现在是要中农又要干部。现在不斗了谁知以后怎样？在解决这些问题时，是从组织群众酝酿讨论中，使其体验我党政策从减租减息到大运动，都是为了消灭封建，发展生产的。这次结束土改也是为了团结生产。这样，从联系历史回忆中，群众才想通了。在农会整顿好后，又把结束土改政策分别让大家进行了进一步的讨论。着重研究补偿、安置、调剂等各个具体的政策精神，使群众全面的接受了政策精神。

三、团结错斗中农，专门进行教育。各村首先召开了错斗户会议，让他们把心里话谈出来后，领导上一方面做了适当的自我检讨，另一方面表扬态度正确的错斗中农，批判态度不端正的。提出如何和全体农民亲密团结，要原物对不对的问题，展开圪嚷，领导上加以不断的诱导，这样使他们的糊涂思想逐渐得到解决，不满情绪也逐渐消退，态度转为正确，部分人并进行了检查自己。其次在这个基础上，又召开了错斗中农回家会。在群众大会上正式说明以后的所有错斗中农不能再叫斗争后，更不能叫封建户，大家团结完成结束土改，好好闹生产。这样更进一步的提高了错斗中农的情绪，在大会上，他们一致表明：今天补偿不能动了翻身户，如果东西少，补少些也高兴。（振声、遇春、张超、海旺）

——《新华日报（太行版）》1948 年 12 月 28 日　二版

1949 年

充分发动思想提高觉悟消除宗派对立

却净村有步骤进行整党

民主团结解开以往疙瘩党群关系得到初步改善

武乡三区却净村支部，在过去由于部分党员的自私及作风不民主，所以干群关系不够密切。加以今春在左的思想指导的整党方式下，把党内外干部一齐撤换了，后因半路停止，也未很好纠正，所以更加加深了干部群众之间的隔阂。这次结合结束土改进行整党，才算初步解决这个问题，达到干群关系的初步改善，现将解决过程及一些经验报道如次：

一、首先充分发动支部，提高党员自觉。在结束土改开始，党员干部表现消极，工作组根据这个情况，即从检查前段工作入手，提出：我们前一段工作做了些啥？怎样做的？这次结束土改工作要达到个什么目的等问题进行讨论。在讨论中，支书只知道是为了团结生产，但有依靠区干部思想。另一部分人认为自己不是主要干部，不敢大胆工作。对结束土改目的不够明确，有任务观点，所以没从思想上把群众充分发动起来。接着提出：怎样提高群众觉悟？怎样才能做到党内外团结？从检查工作联系个人当中，开展了批评与自我批评，如去年选生产模范时，下却净工作好，却选了上却净，大家认为这是村本位思想作怪，都想选在自己村里就觉着光荣，没从工作好坏出发，闹得两村干部群众都有了意见，没有达到鼓励生产的目的。今春老干部复职后，贫雇代表与村长有意见，在工作中各扭一劲，互相猜疑。大孩说：今春贫雇代表张金炎给我提过意见，我就想报复他。人家送公粮很努力，我就活动群众不叫选他模范。支书检查自己说：在运动时骂过不发言的人，引起群众反对，工作不好进行。村长检查了过去自己的腐化行为。经过讨论批判，认识了闹意见的害处——支部不团结，群众不满意，党的政策不能很好贯彻下去。这样大部党员有了主动检讨自己，

积极工作的自觉。

二、回忆历史，启发群众思想觉悟。党员思想初步弄通后，接着就进行整顿农会，在农民中开展了个人回忆历史，从拿上现在比比过去谈起，认识自己翻身与共产党的关系。妇女李二娥说：俺家是个穷家，15 年没穿过棉裤，抗战前每年至多打二石粮食，今年光谷子就打了七石多，不是共产党来了，领导咱们翻身生产，还能有今天？康老汉说：我是襄垣人，俺弟兄三个都住长工，给老财顶利钱，年年过不去，现在我种 30 多亩地，打下粮食吃不了，共产党来了，世道就好了。董老汉说：咱是土庄户，过去没地位，俺弟兄三人都是一字不识，现在俺孩子还住了中学，我虽然没有分果实，现在可比过去有地位。经过这样的回忆，大家更体会了只有共产党领导，自己才能翻身，今后还得有共产党领导，才能得到彻底解放。从启发思想自觉上，密切了党和群众的关系。

三、干群互相检讨，做到民主团结。经过支部发动与整顿农会，第三步就开展民主团结运动。经过党员自我检讨，启发了部分群众主动进行解疙瘩，如下却净农民张金炎说：我是贫苦人，不应该和干部闹不团结，我从前不了解干部是自己人，在今春整党时，我反对干部和党员，开会我不满意，在群众中打击干部。今春我还想害大孩（党员），把咱村闹成几派几股，工作搞不好垮了，生产没有人领导，少打了粮食，结果还是咱农民吃了亏。当下成大孩也后悔地说：我过去和你们有意见，专门鼓动报复人，这是我自己大不对，现在我可认识我的错误了。群众中也互相做检讨，李成名说：今春组织农会我当代表，和我不对劲的人就不叫进来，这几天整顿农会，心里很觉得不好意思。怀义说：今春不叫我入农会，一年和你有意见，咱是一家人，今后可得好好团结。经过这样党群互相检查，提出能解决的问题当下解决，当场不能解决的会后一定要彻底解决。这样不仅解决了两村宗派问题，并且达到了党内外团结。（子余、庄秀）

——《新华日报（太行版）》1949 年 1 月 11 日　二版

乱用“算账”方式宣传政策 引起群众思想错觉
武乡检查宣传教育工作的偏向

武乡于上月4日召开全县扩大干部会议时，特将结束土改与整党中的宣传教育工作进行了检查。除肯定经过宣传教育提高了群众思想觉悟及生产情绪，使党的政策得以顺利贯彻等成绩外，同时也检查了在宣传教育工作上还严重地存在着许多缺点，以致引起群众一些思想错觉与不良影响。

首先是有些村在不论进行什么宣传教育内容，均机械地盲目乱用“算账”的方法，如有的村在群众中乱算积极分子、中间分子、落后分子等数目，以致在群众中造下一些新的隔阂。有的村在进行生产前途教育时，企图也算将来还要穷的账来达到群众自觉组织起来的目的。如有的村算50%以上将来是要穷的，领导同志就把这些户组织一下。还有的村算账结果算的军属大部要穷，因此有的军属竟哭起来，问干部要孩子。还有的村硬要群众认识过去所以穷是由于各顾各的过，把封建地主的剥削也抹杀了。另外还有的村子不从群众的现实思想出发，不适当地宣传社会主义社会，以致有的群众怕共产而把牛卖了（哪一个村，详细情况如何——编者）。以上经过检查讨论后，已开始注意纠正。（武乡县委办公室）

——《新华日报（太行版）》1949年2月13日 二版

武乡召开生产会议 具体布置春耕准备

武乡县政府于本月5日召开生产干部会议，研究通过总结冬季生产转向春耕准备，给春耕打下稳固基础，以便顺利开展今年的大生产运动。经过讨论，提出目前几项具体工作：一、检查发动打柴、积煤，至少要准备够八个月的燃烧。二、每户要完成冬产中增肥50担，抓紧正月时机送粪、磨

面，春耕开始全力转向下种。三、开始准备进行修边垒堰，将以往塌坏的地，下种前完全修好。四、发动组织群众修理与置买农具，有计划有重点的组织赶会，以便群众增买牲口，调剂农具。五、检查贷款用途，纠正乱用贷款的偏向。六、合作社在这一阶段中要积极帮助群众进行春耕准备，解决群众春耕中的各种困难（如买耕牛修理农具等）。七、了解调查各地栽树多寡，准备调剂开展春季植树运动。八、开展50天春纺运动。要求每个妇女在春纺中完成全家春季换季任务。具体做法：由7号到23号半月为总结冬产时间。24号至3月20号前为完成春耕准备工作阶段。春分后清明前春耕动员大会时间，以组开始下种。县区村有计划地组织铁木匠，设立农具站或铁匠炉，进行修理农具。（武乡合作科）

——《新华日报（太行版）》1949年2月25日　一版

武乡召开贸易部门会议

统一领导加强市场管理，严格批判资本主义思想

武乡县政府于本月3日召开了公营商店、县区联社经理会议，经过学习文件，结合目前市场物价波动情况进行检查，发现以下几点不正确思想与作风。（一）盲目地跟着物价跑，“你涨咱也涨”的随波逐流的态度，甚至相互争夺，刺激了物价上涨，如县联社在物价波动时，一个褥面就涨价15000元，宝武总店则与其一分店，因抢夺纸烟而闹意见。（二）采取观望态度，先一时期不买不卖，后来看见都这样，也做了投机商的尾巴；如利记商店，看见物价大涨，把花也放起来了。二区区联社则说：“人家都涨，咱一家不涨也不行”。（三）没有有组织的统一计划，因而使一些认真平稳物价的单位，孤军作战，结果也没起了作用。七区区联社抛售物资，但因其单独进行，实力有限，终未顶事。经过检查后，大家一致认为必须克服以往的盲目性和资本主义观点，树立正确的政策思想及领导市场的观念。首先在县的领导上建立了县经委会，有政府工商科、财政科、县联社、银

行、税务局等组成，领导全县经济与掌握物价。各集市公营商店、区联社、机关生产部，也要组成集市管理委员会，领导本市场经济，集市管理委员会由县经委会统一领导。为了及时了解情况，每集会后各单位报告物价情况；每五天由县经委会综合经济情报，传达各市镇，各集市委员会。县工商科每月作出全盘计划，给各合作社分配任务，每月开会研究市场情况一次，如临时发现问题可即时研究。公营部门出外购买物资时需经政府证明、介绍，通过当地公营贸易机构购买，以免物价波动。最后研究了各市场物资供销情况。据统计今春全县缺棉十余万斤，盐 20 万斤，当即分工，分别进行调剂，县联社计划要在清明前从产地买回牲口 74 头。（崔天申　段守绪）

——《新华日报（太行版）》1949 年 3 月 1 日　二版

东村干部积极领导群众生产

组织铁匠炉修置农具　积肥买牲口准备春耕

武乡五区东村，自去冬结束土改填发土地证以后，群众生产情绪大大提高，在干部领导下，积极进行春耕准备工作。首先组织铁匠炉大量修理农具。该村群众在阴历正月初即纷纷议论今年农具不足；村干部接受群众意见，当即出外雇来铁匠三个，为群众修置农具。现已做了 20 多天，但生活还是接踵而来。其次是组织群众购买牲口，增加畜力。该村去年共有牲口 28 头，不足使用，除在去冬生产中增买五头外，现有 11 户组织起来准备向银行贷款 120 万元买牲口。其三，每亩准备增加肥料 10 担（去年每亩 25 担），除现有肥外，每户计划再平均积 50 担。并积极进行打柴积煤，准备燃料。现全村 158 户，已有三分之一的户已够八个月烧，三分之二的户够四个月烧。合作社为了解决箩头耢把等农具困难，现正挨户征询意见，登记购买数，以便出外购买。（梁晋英）

——《新华日报（太行版）》1949 年 3 月 13 日　二版

下城整党后党员觉悟提高
积极带领群众准备春耕

武乡县委办公室报道：武乡五区下城村经过整党及同时进行了生产前途教育后，使党员初步明确了结束土改后领导生产的重要性，不是打倒封建就算革命成功了，而是要积极领导农民前进，建设新民主主义社会，因而提高了党员领导生产的积极性与自觉性。整党结束后，该村支部即召开支干会议及支部会，研究领导生产的步骤与方法，及如何实现毛主席“生产长一寸”的号召。大家都说，要达到增产，必须多上肥料，以党员为骨干引导群众组织起来克服劳畜力困难，做到精耕细作。并决议规定七天开一次小组会，半月开一次支干会，一月开一次支部会，半个月汇报生产一次（谁向谁汇报，汇报什么？——编者），以加强支部对今年大生产运动的核心领导。

支部会议对生产工作的决议，被村人民代表会采纳，并研究通过。现全村的生产工作在人代会直接领导下，有组织有计划的开展起来了。党员魏成云等带头影响，自愿碰起男女互助组58组，共430人，积极进行造肥拾粪打柴及修边垒堰。全村已把现有圊粪全部送到地里，合作社准备购买箩头、铧子等，供给群众农具（编者按：合作社只应供给社员，为社员服务），妇女加强纺织，准备换季。并订出计划在清明节前全村植树1902株。

由于党员积极带头领导生产，使党员群众的关系更加密切了；而许多党员从实际运动的锻炼中，也进一步地体会到：只有自己处处起模范，并帮助群众解决问题，领导群众生产发家，才能得到群众拥护，把广大群众团结到党的周围。

——《新华日报（太行版）》1949年4月3日　二版

武乡检查春耕准备 制定当前工作计划

武乡县的领导上，最近根据各区情况，特将半月来的春耕准备工作，做了一次检查。发现不少下乡干部，未能有计划的掌握工作重点，进行系统领导，表现一种事务主义的工作方法，只单纯的收集了一些数目字，结果领导落在了运动的后面。其次是和区的领导上联系不够，互不通气，使工作增加了许多困难，不能顺利开展，形成自流。第三是经验主义的工作方法，如整顿互助，还是老一套的要碰都碰，没有从提高生产发展生产出发，来启发群众思想自觉，只求形式的，急性病作风仍存在。为克服上述缺点，并把春耕工作做好，特提出从三月十五起到清明节止的工作重点：一、检查督促有步骤有计划的继续进行整顿互助，送粪打柴积煤，修边垒堰，交换种子消毒防害，有计划地组织农具大会，调剂耕牛农具等。二、普遍地开展生产宣传动员，由区统一配备力量，确定宣传内容，运用多种多样的方式进行宣传，使今年生产长一寸的意义做到家喻户晓。三、以村为单位统一筹划树栽及植树地点进行植树造林。浊漳河两岸由区直接领导，划定林区，沿河两岸三里以内行政村和自然村，到河岸植树。清明前十天为植树期，每人平均值两棵，并结合完成荒山苗圃下种，健全林木管理机构。四、组织群众锄麦，争取三分之二麦苗普锄一次，有重点的上追肥。五、检查50天春纺，抓紧季节，开展竞赛，争取做到全部换季，春耕开始组织大批妇女劳力参加春耕。六、县推广场要有计划的组织召开小型农业生产技术座谈会，研究工作防除病虫害等技术，交流经验。七、县区领导干部要深入一个组，彻底解决遗留问题（不翻历史账），从提高生产发展生产上，启发群众组织起来自觉，创造经验推动一般。（天申、志刚、明堂）

——《新华日报（太行版）》1949年4月5日 一版

长远着眼多栽树　修房盖屋不发愁

东村植树超过计划

武乡五区东村，在发土地证之后，干部即根据群众迫切修房盖屋这一切身利益和实际要求，进行了深入的植树动员，启发了群众植树的积极性。并经群众讨论，以投亲戚、找朋友的办法解决树秧困难。经过五天准备，在党员干部的带头下，参加植树的男女545人，在七天内栽杨柳树1388株，榆槐树828株，松树20株，各种果木树348株，共计栽树2600余株，超过原计划一倍多。

为巩固植树成果，保证活了，干部群众又进行讨论，检查出过去管栽不管活的植树缺点。大家说：咱们今年植了树也要保护树，要大家保护共同管理，才不致损坏。全村制定了护树公约，建立了护树委员会，选出村长、生产主任等九人为委员。最后，把全村今年植树运动作了总结，根据植树多少，选出模范组和模范人，段晋堂、姚爱梅等组成绩大，选为模范组，段寿松、武爱花（女）选为植树英雄，受到表扬。（贵书）

——《新华日报（太行版）》1949年4月9日　二版

武乡四联铁工厂制造农具成绩很大

武乡四联铁工厂，制造农民急需的农具及日用家具，对当地农民帮助很大。该厂是在当地农民要求的基础上，于1946年成立起来的，由于厂长孙天雄同志的领导正确，所以发展壮大很快。去冬物价上涨，领导上发现工人维持不了生活。即召开工人会议，民主讨论按全厂12个技术工人的技术评出了甲乙丙三等，甲等每人每月赚小米1.5石，乙等1.05石，丙等8斗。合理解决工资后，工人情绪大为提高，从今年2月起两个月中，已做出

显著成绩，该厂需要元车制造工具，但限于资金困难没力购买。工人申财成、曲全荣积极提出自造元车的建议，经管委会研究决定后，在申财成、曲全荣、李福星、李德盛的带领下，全体工人都自动搭夜加工，终于造出了一辆崭新的元车。在这种创造精神的影响下，全体工人不但都积极生产，而且也自动的节省了人工和原料，减低成本，提高了质量。如翻砂部去年七个人一月开五炉，今年五个人一月也能开五炉，去年铸一口□需铁二斤四两，经过研究，今年只用二斤，每口□省铁四两，一炉按450口□计，即可省铁112.5斤，一月即可省铁562.5斤。截至3月底止，制出的成品除元车外，计有□子、□子、炉条、铁茶壶和机器零件2493件，锹25张，□30把，锄30张及修理其他农具38件（成品是否卖给农民？是如何的卖给农民——编者）。帮助农民生产，解决了不少困难。（史余珍、孙天维、孙存贵）

——《新华日报（太行版）》1949年5月5日　一版

尚元村合作社通过各种业务
有力扶助抗灾下种

积蓄节省人力财力　组织社员扩大再生产

武乡二区尚元村合作社，通过生产供销等业务、积蓄、节省人力财力，组织社员扩大再生产。今春在扶助社员抢种、补种及与冻灾做斗争中，起了很大作用。全村共163户，只有4户未入股。该社经营有水磨一盘，店房一座，油房一座，牲口一头拉大车一辆，羊80只。在春耕生产中，这些作坊都发挥了一定的作用，水磨共给社员磨杂粮30.1石，比社员用旱磨共节省人工85个，牲口工100个。节省下的人工，村干部领导开了小渠5条，浇地200余亩，现已全作住了小苗，与旱灾做斗争上，解决了一部分问题。店房共积肥1000余担，油坊榨油20桌，积蔴饼400块（每块折肥5担），羊80只自去冬上圈到今春5个多月，共积肥3000余担，共增加肥料6000

余担，以该村秋地2000余亩计算，每亩增肥3担。贷粮解决社员春荒困难(粮从哪里来——编者)，借贷办法是以实物计算，春贷秋还；农业方面贷出米13石，利息2%，商业方面（是什么商业——编者）贷出了14.4石，利息是3%。调剂谷籽2石，蓖籽2.6斗，都是从后山一带换来，同时还起了改良种籽作用。在抢种中，供给了社员日用品，省下大家去赶集，省工又省钱。10天统计，共供给社员棉花10斤，钢针180个，火柴5包，草纸(做鞋用) 140张，毛巾57条，海盐193斤，枣子30斤，水烟200包，纸烟25盒。以上10宗共比市价省洋319900元（冀钞）。同时并以粮食4.5斗换社员鸡蛋93个，蓖头五斤。又组织全村剩余畜力骡3头，驴10头，到三区运煤，换回谷草1500斤，供店房需用。社员对合作社反映很好，都说比过去单纯分红强得多。(张辛丑、李耀堂)

——《新华日报（太行版）》1949年5月5日　一版

故城干部抓得紧
补种冻苗800亩

武乡七区故城村，于本月13日发生冻灾后，全村人心惶惶。为解决群众思想问题，积极开展抢垧补种运动，该村干部一面针对群众思想进行说服解释，一面自己主动带头，抓紧毁种补种。三天内，在党员干部的带领下，全村将已冻死的秋苗945亩、麦地400余亩，毁种与补种成豆子755.6亩，大麻21亩，玉茭4亩，南北瓜67亩。另外，因天旱不能下种的地，也担水点种，赵龙孩等五户已点种三亩多。(永华、贵文)

——《新华日报（太行版）》1949年5月27日　二版

苏峪村共产党支部领导生产的几点经验

刘玉华

武乡一区苏峪村，党的支部于本月9号，将春耕运动以来全村的生产工作做了一次全面性的总结：共造了各种肥（熏粪、拾粪、扫道土、麻饼等）11000担，加上原有肥数，全村每亩已上到81担，超过原来每亩80担的计划。修起几年未修的壑子168个，470亩麦田普锄一遍，633.7亩杂田已全部种完，现已开始下种谷田。获得以上这些成绩主要经验：

一、正确宣传党的生产政策，解除群众在生产上的某些思想顾虑。该村在完成土改后，各阶层的生产情绪绝大部分是高涨的，只有极少数群众对勤劳生产、发家致富的生产政策尚有怀疑，据调查有7户表现生产、浪费都积极，也有少数户想买牲口而不敢买。解决这些问题，支部除作一般的政策宣传外，特别重视抓住活的事实，按照党的政策加以及时表扬鼓励，起了很大作用。如王拴纣（新中农）开荒一亩，李效盂（错斗中农）开荒七分，郝士修、郝经业（中农）把塌倒数年未修的壑子修起等，在群众中加以表扬，说明这种勤劳是对的，是光荣的。今后只要勤劳生产，才能过好时光，谁要不好好劳动，谁就要受穷，这样结合实际宣传后，打破了群众在生产上的思想顾虑，更加提高了群众的生产积极性。

二、树立每个党员的劳动观念，并积极带头组织群众生产，是领导生产的重要经验。当在今年春耕运动开始时，支部即对过去生产领导作了检查，一致认为在过去领导群众生产中，有许多缺点，如行政命令光说不做的。同时也得出一条好的经验，只有每个党员以身作则的积极行动，才能带领群众生产。支部内经过检查劳动观念，26个党员中有6个党员劳动最出色，并领导群众生产，受到表扬，4个党员不想好好劳动受到了批评。好

坏分清，纪律严明，使党员提高了劳动自觉，领导自觉。如党员李保成自己先修了三个壑子，又用7个工填了两个大圪洞，影响全组将塌下壑子都修起来。为了增加肥料，全组打了炕土。上级号召麦子普锄一遍，因群众不知道锄麦好处，党员郝凤良首先带领两个妇女锄了二亩，然后动员他那一片27户65亩麦田都普遍锄完了。文书郝银昌同志带领三人先锄了八亩，推动全村470亩麦田全部锄完。由于支部党员积极带头组织群众生产的结果，推进了生产运动，获得了群众拥护。如郝敬业老汉说："今年开会不多，搞的生产可是不错（全村今春只开过一个下午春耕动员会）。"李国英说："今年党员们生产都带劲，一股劲和大家搞生产。"

三、发扬简便灵活适合群众需要的小型互助，纠正过去的错误认识与做法，受到群众拥护。春忙开始即首先在党内与群众中开展了对组织互助检查与批判，一致认为过去互助当中是成绩不小，毛病也不少。然后依据群众实际需要与真正自愿碰起了22个小型互助组。在锄麦时，经过小型互助，6天就将全村所有麦田锄完。在春耕运动以来，赶工189个，受到群众拥护。李国英说："过去编制的大互助组，拖拖拉拉，等等待待，不赶工，还误工哩！像今年这样互助可好啦，早起谁也不用叫起来了，有些甚活做，告说一声就能去办。这种互助又便利又出活，你们不要发愁怕不互助，因为现在人手宽便的户太少了，不互助就不能干。"

四、加强支部对妇女工作的领导，组织广大妇女参加农业生产，克服劳力不足的困难。春耕运动中，支部对妇女工作曾检查了一次，一致认为必须树立正确的妇女观点，妇女工作才会搞好。同时也认识到妇女只有参加农业生产，好好劳动，才能逐步提高社会与家庭的地位。村级领导上做了深刻的检查后，并深入在妇女中宣传人民日报上登载的《传家宝》金桂劳动光荣，又结合妇女去年参加农业生产的成绩加以表扬，在妇女中开展了讨论，提高了妇女的生产积极性与自求解放的自觉。如李改存除担粪担水外，还锄麦二亩，溜籽三亩。张桂兰（军属）家内水自己担还种地一亩。

妇女参加农业生产的成绩确实是显著的。经这次总结，参加锄麦妇女 62 人，共锄麦 145 亩，按男人每个劳力一天锄一亩半折合共能顶男劳力 97 个。有 27 个妇女经常担水，担了半个月能折男劳力 12 个。仅两宗共节省下劳力 109 个。并在总结时选出生产积极分子 33 人，其中军干属即有 11 人。

——《新华日报（太行版）》1949 年 5 月 30 日　四版

赵巧仙组织妇女上地　按活需要临时碰组

武乡敖垴村妇女会副主席赵巧仙在组织妇女上地生产中，采用了按需要临时互助的办法。在她带头影响下，三五天即有 30 多个妇女参加锄麦，小脚妇女杜改兰亦上了地。在互助锄麦中，实行了合理的变工等价，并随时进行思想教育，巩固了大家的情绪，共锄苗 64 亩。在下种时，巧仙又串通了几个妇女碰成互助组，熏粪 520 担，并担水、送返、溜籽。地里发现了黑婆虫，40 多个妇女自动组织起来突击捕捉，整整五个下午，终于将虫完全消灭。村里的群众，特别是老汉们纷纷赞扬提锄扛镢下地的妇女们，轻看妇女的思想逐渐转变，家庭逐渐和睦。乔桃花的男人赵流孩说：“我今春长了一身疥疮，不能干重活，要不是俺老婆和人家变工，麦也锄不了，谷也种不上。”妇女们已认识了一条道理：只有积极参加劳动闹生产才能求得男女平等，获得彻底解放。现正准备开展拔草锄苗竞赛。（秀清、富贵）

——《新华日报（太行版）》1949 年 6 月 4 日　二版

勤打扫少生病

下寨等村进行卫生工作

武乡下寨、沙坡等村，进行夏季防疫卫生工作。上月 10 日，下寨村召开了全体妇女会议，讨论如何开展卫生工作，大家一致订出计划：每天早

上要将室内外扫一遍，七天全村打扫一次街道。并组成卫生委员会，进行检查。结合积肥，计划于10个月内增肥1000担。现全村已积极行动起来。街上及各家院里打扫得非常干净。沙坡村在卫生干部的积极推动下，全村打扫清洁已成了习惯，每到傍晚，妇女儿童即自动拿着扫帚打扫开了，现已积肥80余担（院里打扫还不在内）。大家都说：“抽空扫街，既不误一点营生，又减少了疾病，积了肥，送到地里可壮着哩。”（梁肇唐、关书德）

——《新华日报（太行版）》1949年6月9日　二版

上广志村合作社供给社员各种必需品

扶助生产省工又省钱

武乡一区上广志村合作社在春耕生产中，供给了社员生产上与生活上的必需品。该村是一个330户的村庄，全村共有人口1311人，合作社共有社员264人（168户）。经过全区合作社长会议，明确了合作社方向。在春耕生产中，供给了社员镢149口，在价格上卖社员每口洋3000元，非社员是照洪水镇市价每口洋4000元。修理种谷耧2个，帮助社员内的军干烈属及无劳力户，解决了一部肥料问题，低价卖给他们麻饼280个（每个麻饼折肥三担），调剂了大麻籽二斗一升。供给社员海盐698.5斤，卖社员低于市价100元。棉花459.14斤，卖给社员每斤低于市价1000元。由于便利了社员，在下种时17天内很少人去赶集，共省工79个。现合作社正准备购买锄、镰等农具，到锄苗割麦时用。群众都看到合作社的好处了，都想入股。王林孩说：“咱从前在合作社就没有入过股，现在才知道合作社能省工，又能省钱，咱也得入股哩。”卫碾则说：“从前合作社卖东西比洪水价高，咱就总是到洪水买；现在不仅和洪水市价一样，而社员买还比洪水市价低，咱也得入股哩。”最近新入股的就有三户。（秀清、志良）

——《新华日报（太行版）》1949年6月10日　二版

发动妇女参加农业生产的几个问题

武乡县委办公室　景　岗　赵　魁　海　旺

武乡妇女在春耕下种锄麦积肥等农业生产上，发挥了积极的作用，取得了不少成绩。全县 19638 个妇女全劳力，参加春季农业生产的即有 6448 个。从前段发动妇女参加农业生产中，感到有如下几点意见，提出研究：

第一、发动妇女的基本问题，要解决干部对发动妇女参加农业生产的正确认识与正确态度，必须明确妇女参加农业劳动是妇女自求解放的正确道路。只有这一明确观点的树立，才能逐渐打破对妇女的错误看法与利用观点。这一点上我们是发生过不少偏向的。一区春耕下种中，因男劳力比较不缺，即认为男人能种了土地何必去发动妇女做农业活，做其他生产有何不可。而没有把解放妇女与发展生产力做统一的认识，科学的计算能力，在提高生产、扩大生产的要求与观点下各尽所能，充分发挥每个劳力的作用。有不少区村在发动妇女参加农业生产上，主观主义的先做了七折八扣，做了预算，把三分之二以上的妇女放在一边。如六区楼则峪、大良、黎坪三个村，妇女全劳力 7061 个，计划有条件的 205 人，501 人即认为没有条件。这些问题的产生，主要是对妇女解放的道路没有认识或了解不够。这一点首先在干部的思想上与认识上必须注意加以解决，否则对发动妇女是有极大的障碍的。

第二、妇女参加农业生产上，有几个具体问题需要注意：（一）妇女参加农业生产的组织形式，如和纺织组一样的单独妇女组织，用在农业生产上是不合适的。一方面妇女在农业生产中和男人在一块做活，能够不断的学会技术与提高技术（如五区下城今春六个妇女学会了耕地），另一方面妇女单独搞农业生产组织，会发展形式主义（如六区的开荒组，四区的妇女

集体担粪组)，单独组织必然是临时的轰轰烈烈，不能够经常下去。要明确妇女解放，不但是简单参加了农业劳动，而且要逐步学会技术，提高劳动效率，才能达到解放。对妇女参加农业生产的组织，最好是和自己家庭的互助组在一块。(二) 妇女参加农业劳动，必须要照顾到妇女的体力，要进行劳动教育，启发生产自觉，认识劳动光荣，用锦标主义的办法来发动起来，或不顾一切的争个模范，会伤害妇女身体，且不能长期巩固。四区冀家垴的一个妇女半天担土 18 担，结果病了半个月，这一教训应当注意。(三) 在发动妇女时，要运用培养新旧积极分子。旧的劳动妇女确实很能劳动，但必须给予新的劳动教育，从思想上启发觉悟，不然就会变成利用观点。对青年妇女一定要认识青年妇女的特点，爱表扬、爱形式，最容易犯形式主义，如五区青年妇女无条件给军属锄麦地。二区下合等村青年妇女给军属无代价积肥。这样发展下去，是不会长期巩固下去的。

第三、发动妇女方法上有两种错误的做法：一种是开几天大会把妇女发动起来，轰轰烈烈干上几天，急性病的做法。一种是一个一个的亲自发动。这两种做法均妨碍妇女工作的正确而迅速地开展。前者是形式主义，后者是否定了过去妇女工作基础。必须迅速克服。从现有的基础上发动妇女参加农业生产，从生产中结合教育，不断总结他的成绩，逐步提高觉悟，并善于抓取典型，启发一般，注意发现培养大批积极分子，来推进妇女积极参加农业生产。

——《新华日报（太行版）》1949 年 6 月 25 日　四版

供给城市工业原料解决家庭日用开支

武乡三个月增鸡近七万只

武乡自 3 月扩干会上，强调提出发展家庭副业，多养鸡多下蛋，供给城市工业原料的号召后，经过在群众上，特别是在妇女中充分发动，据 6 月 5

号统计，三个月来已获得了相当成绩。一区32村，新孵小鸡13652只；二区28村，增鸡8976只；三区30村，增鸡12471只；四区24村，增鸡8053只；五区22村，增鸡10664只；六区21村，增鸡10228只；七区16村，增鸡5967只。总共173个村，原有公母鸡96365只，三个月内又新增加小鸡69777只。二区石瓮一个村，800口人，就增加小鸡1700只。五区王家沟副支书家三口人，已喂到11只鸡。全县计划到年底，每人要增到二只鸡，做到零星花费不卖粮食。(赵海旺)

——《新华日报（太行版）》1949年6月28日　二版

武乡普遍发动锄苗上追肥
保证实现增产计划

为了保证实现增产计划，争取秋季丰收，武乡各区村都进行了广泛与深入的锄苗上追肥的思想发动。并经过精确计算，克服了部分群众认为“肥料少，上不起”的思想。如七区信义刘俊才自己也愿上，但未事先算账，盲目的认为自己肥料少不能上。后经干部帮助，根据他的实有肥料作了精确计算，结果并不是肥料少上不起，而是没有事先打算。用这个典型例子打通了群众思想，开展了上追肥运动。现据三区30个村统计，共种大麻6840亩，上了追肥的3678.4亩。全县52个村统计，已有13474亩玉茭大麻等作物，普上了追肥，每亩平均七担至六担。(张超、窦明堂、郝德高)

——《新华日报（太行版）》1949年7月14日　一版

上广志改变妇女单独互助
以户变工大家欢迎

武乡一区上广志村女党员李拴娥、李素娥、石玉娥等三人，采用了临

时的按户互助办法，打破了过去单独妇女组织互助形式，以户为单位和男人相结合进行生产互助。如李拴娥（党员）组三人，和男人郝进才等结合上地锄苗，进才教他们技术，生产效率大为提高，全组五天锄苗10.5亩。割麦8.2亩。干属妇女李拴娥（党员），因家庭劳力缺乏和自己体力弱，割起麦子担不回家里。便和男人关双全临时变工，她给关双全种谷，双全给她担麦。在这样互助形式和党员带领下，推动了33个妇女参加了割麦、锄苗等运动。现据五天统计，共割麦75.2亩，锄杂田85亩，挽谷苗49.6亩。另外，为节约备荒，66个妇女，七天内采菜1800斤。现该村妇女正积极组织锄苗上追肥。（秀清、志良、海旺）

——《新华日报（太行版）》1949年7月19日　二版

割麦锄苗上追肥　武乡七区妇女顶大事

武乡七区故城、岸北、山交等七村，在除苗割麦上追肥等繁忙的生产中，妇女起了很大作用。经常上地的有762个妇女，十天内补种地169亩，挽谷1000余亩，割麦1510亩，上追肥152亩，采野菜11000多斤。在发动妇女上地中，除了干部党员积极带头外，并获得三点具体经验：（一）用"一年劳动一季收"的道理，动员妇女。故城讨论时，贾兰英说："前年三锁家麦子黄了未赶快割，结果遇上天下雨，麦子长了芽，吃了很大亏，今年总要黄了就割。"妇女们认识了这一点，第二天即有76人上地，一天即割麦150亩。（二）用算账办法打通妇女思想。南沟发动妇女挽谷时，用赵鱼孩往年雇长工，今年没雇，而自己参加劳动庄稼没荒了，省米四石。大家看到上地好处大，全村有41个妇女参加农业生产。（三）用妇女只有积极参加农业劳动才能提高家庭地位来进行教育。山交村温成流和温如金家的媳妇，同样都买了个两面镜，如金家媳妇因为肯劳动，家庭就给出了钱，成流媳妇由于不劳动，家里就不管。这对该村妇女影响很大。（永华、晋

兰、贵文)

——《新华日报（太行版）》1949 年 7 月 19 日　四版

老凹村战胜雹灾　被毁秋苗全补种

武乡二区老凹村在 6 月 29 日遭雹灾后，区村领导当即领导扭转了群众的悲观消极情绪，积极领到群众进行补种。在干部、党员的带头推动下，于 8 月 3 日将全村受灾杂田 341 亩全部补种完成。在补种中，合作社从外村调剂种籽两石多，克服了补种中的种籽困难。(武乡县委办公室)

——《新华日报（太行版）》1949 年 7 月 21 日　二版

武乡农民普遍上追肥　改变旧的生产习惯

口号是：生产长一成追肥作保证

武乡今年锄苗运动中，一个新的特点，是打破了多年的旧习惯，普遍开展了上追肥。该县因历年来就没有上追肥习惯，所以在开始号召上追肥时，干部、群众都存在着不习惯怕麻烦思想，阻碍着增产工作的顺利开展。为此，县领导即在区长、区书及区干部会议上，将上追肥工作专门作了研究。首先从解决干部思想作起，进而依据各区实有肥料及新积肥及上追肥亩数，做了详细计划，启发干部的积极性，明确上追肥是保证增产的重要环节。随后各区、村均运用了各种形式（如大会、小会、饭场、互助组、个别谈)，广泛宣传动员具体算账，认识利害，打通干部和群众思想，才使计划变为行动。目前全县已造成普遍的上追肥运动，据 7 月 9 日 7 个区统计，应上追肥地 67990 亩，已上追肥 23696 亩。如三区田庄村一开始有些群众说："上不上不顶事，上多了不结籽"，当即抓住技术能手高六孩（党员)

和刘兴则，前年上追肥多打了玉茭的事实，宣传上追肥的好处，并依靠他们的积极带头的行动，推动了全村。七区信义村群众反映肥料少上不起，后经刘俊才亲自到自己地里将一亩玉茭数过共820棵，又计算了自己的肥料，每担圊有60碗，一碗可奶三棵，不用五担即可奶完，这样推动大家都做了计划，克服了认为肥料不足的思想，开展了全村上追肥。五区、六区均是运用了党员、英雄、模范的积极带头，推动了运动的开展。五区城关村长梁六斤（党员）带头，一天工夫夫妇二个人追了二亩玉茭，全村都跟着干开了。一区在“生产长一成，追肥作保证”的口号下，党员、干部、群众协同一致，正在紧张地上追肥。(武乡县府、天申、张超、德高)

——《新华日报（太行版）》1949年7月26日　一版

结合锄苗上追肥　武乡垡麦地万余亩

武乡全县各村在紧张地锄苗，上追肥运动中，同时注意组织了垡麦地工作。县的领导上特别重视了这一重要生产季节的领导，提出锄苗上追肥结合垡麦地的口号；各区也有步骤地将所有劳畜力作了锄苗上追肥结合垡麦地的计划，并深入地进行了宣传动员。七区提出：“夏田出在犁头上，秋田出在锄头上”，五区提出“伏天踢一脚，赛如秋田刨十镢”等口号，至目前已取得很大成绩。全县计划上追肥的秋地71000余亩，现已上了66000余亩。全县共谷地18万余亩，上二锄已达9万余亩。据7月20日以前24个村的统计，在紧张的锄苗上追肥中，已结合垡麦地13534亩，四区有两个村垡过二遍的592亩。现全县正在继续紧张的进行中。(张超)

——《新华日报（太行版）》1949年8月3日　二版

下寨妇女割蒿造肥
沙坡妇女开熟荒种秋菜

武乡一区下寨、沙坡两村妇女积极参加开荒积肥运动，做出显著成绩。

下寨村妇女部长（副）韩梅梅带领下，9个妇女参加了割青蒿造麦肥，两个下午割了693斤蒿。在她们的带头下，全村37个妇女参加了割蒿造肥运动。在7月17至20日四天内，37个人共割青蒿1075斤。现仍继续割着。

沙坡村秋苗因受各种灾害，支部特号召全村开熟荒种晚庄稼，补足歉收的亏空。妇女部长张河香（党员）、生产部长郝桂兰，带领两个组15人，7天内开熟荒23.5亩，并结合男人，全部种上了荞麦、秋菜。（杨锁、肇唐、余珍、树德、元珍）

——《新华日报（太行版）》1949年8月3日　二版

武乡召开兽医座谈会
半年治好牲口400余头
交流经验定出今后计划

为了使牲口少生病或不生病，把地种好，多打粮食，武乡县府特于7月21日召开了一个小型兽医座谈会。首先总结了前段工作，从今春兽医会后，据程彦俊等六个兽医的了解，七个区发现牲口害病的有484头，病症一般有火喘、伤水肚痛、中暑慢草等九种。经过治疗，已大部治好，只死了两头牛。在这段工作中，实验出不少简便有效的治疗方法，如五区兽医张希伦用两种简便经济的办法治好了牲口的保喘泻粪症：一种是把茭子炒的开了花（大牲口五斗，小牲口三斗左右）拌入草内吃上即愈；另一种是拿十来个杏儿，将皮剥下，用水煎好，灌入亦行。其次是用几根柳枝，烧成二、

三两圪炭，然后碾成细末，和进三、四两醋，让牲口喝上，能治好小便不利与肚胀。程彦俊经长期实验，创造出治目前一般牛中暑瘟疫（病状是鼻上无汗、耳寒、气凉）的良方。该方为：广藿香、川朴、大白片、陈皮、花粉、白术、二花、泽泻、酒黄柏、猪苓、酒苓、贯仲、苍术、炒牛子、炒二丑、大戟、元花、紫苏、酒川军、枳壳、焦三仙各五钱，枯□三钱，雄黄二钱，燈心一钱，麻油四两，车前穗一把为引（车前穗用开水烫一下去掉渣），用法是水煎凉灌。四区张安一用柳寄生半斤，水煎凉灌，专治牛拉黑稀屎不吃草。另一种是用百合四两，川贝母一两，川军一两，甘草五钱，花粉一两，荞面三合，蜂蜜四两为引，研成细末，水煎凉灌，专治马、骡、驴摆鼻（鼻内出胀），百发百中。此外对今后工作亦作了具体研究：首先应从增加生产出发，普遍开展家畜防疫治疗，克服保守观点，提高兽医治疗技术，大量带徒弟。运用各种有效办法，深入宣传，教给群众各种预防办法，主动地给群众治疗，做到牲口少生病或不生病。并以兽医住村为主，划为医疗站，附近不分区村都可去治疗。牲口能走的赶上去，不能走的去请。同时确定区开医术会时兽医必须参加，研究全区牲口病状，及治疗办法。座谈中大家情绪很好，一致感到过去领导上只注意人医，不注意兽医。经过今春及这次会议后，都感到了政府对兽医和人医一样的重视。（崔天申、赵志刚、窦明堂）

——《新华日报（太行版）》1949 年 8 月 8 日　二版

村干部麻痹忽视防涝
魏家窑等村遭受水灾

武乡四区魏家窑村，忽视防涝工作，致遭水害。该村村南的山沟内，有二里多长的水渠一道，因积年未有修挖，以使渠道淤塞，几与两岸相平。日前县委为了防汛，曾多次发出号召，指出：凡容易被水冲的田地，要发

动群众挖渠垒堰，防止雨涝河汛；各区也在“七一”纪念会上均具体作了贯彻。但该村干部对此工作完全忽视，县区防汛工作布置从未进行研究讨论，麻木不仁，放弃领导。

因而在上月23日大雨滂沱的时候，沟水暴涨，四处泛滥，横溢进村，使全村遭受严重水灾。据统计：冲毁田禾300余亩，冲塌房子15间，漂埋粮食18.2石，油86斤，其他零星家具甚多。10户受灾人口，当时幸被村中群众下水抢救，才得安全转移。

又该县祁村滩也同样由于忽视了防汛领导，致被大水冲毁田禾200余亩。(来书、来照、茌吉、王振国、赵海旺)

编者按：魏家窑、祁村干部忽视防汛防涝，致使群众遭受损失，应予批评与教育。并希各地接受这一教训，迅速检查与加强防涝防汛工作领导。

——《新华日报（太行版）》1949年8月10日　二版

图书在版编目(CIP)数据

烽火中的报道 / 姜向东主编. — 北京：中国文史出版社，2024.11. —（武乡红色文化撷英）. — ISBN 978-7-5205-4902-8

Ⅰ. I253

中国国家版本馆CIP数据核字第2024DE0246号

出 品 人：彭远国
责任编辑：秦千里

出版发行：中国文史出版社
社　　址：北京市海淀区西八里庄路69号院　邮编：100142
电　　话：010-81136606　81136602　81136603（发行部）
传　　真：010-81136655
印　　装：山西人民印刷有限责任公司
经　　销：全国新华书店
开　　本：16开
印　　张：164.5
字　　数：2300千字
版　　次：2024年11月　第1版
印　　次：2024年11月　第1次印刷
定　　价：850.00元（全五册）

WUXIANG WENHUA JICHENG
WUXIANG HONGSE WENHUA
XIEYING

武乡文化集成·卷二

陈建祖 主编

武乡红色文化撷英

武乡红色印迹

郝雪廷 李绍君 主编

中国文史出版社

《武乡文化集成》编委会

总　序

甲辰之岁，万象更新。武乡热土上，乘新时代之春风，政治、经济、文化一体推进，正所谓政通人和，百业俱兴。

自古以来，莫不盛世修书，藉以兴文化俗。今有《武乡文化集成》之问世，摘精选要，撷英荟萃，乃国内县域文化系统整理出版之巨创，亦寻祖根，追文脉，固根基，增强文化自信之壮举，可庆可贺也！

文化之兴，缘于地理；或曰据于地理，乃出人文。

太行逶迤，上党巍巍，雄视华北，俯控中原，自古乃兵家必争之地。元人熊戴歌咏曰："天下多名山，太行居第一。泽潞伯仲间，上党天下脊。屹立界中原，形势控南北。"武乡踞上党北缘，乃千年名邦，抗战圣地。其东有板山竦立，如长城蜿蜒；其中有漳河流金，泽润乡里；其西则俯视晋中，藏风聚气。此土此境，古有商周遗物，有石勒要寨，有寺院林立，绵绵不绝，而民风俭啬，勤于耕读，崇尚勇武，远近闻名。清代乾隆《武乡县志》"风俗篇"云："武乡之为县，在万山中，金玉珠贝无所产，商贾舟车不至，民安于畎亩、诵读，无逐末游食、猎取富贵之人。""其民质而不誓，其俗俭而不猥。"此乃武乡传统文化之概要，民风之底色，文化渊源之所自。追溯千余年传统文化，不亦绵长醇厚乎！

帝制灭而共和兴，社稷衰而危亡存，仁人志士，前仆后继，奋起斗争。武乡籍共产党人、革命先驱李逸三、史怀壁、武三友等，建立中共武乡县委员会，组织"五抗"，风起云涌，艰险曲折，板山漳河间，闪耀赤色曙光。全面抗战始，抗日烽火燃烧在太行山上，八路军总部、中共中央北方局、一二九师师部开进武乡，先后驻武乡王家峪、砖壁诸地，朱德、彭德怀、左权、刘伯承、邓小平、杨尚昆等在此指挥抗战，武乡乃成太行根据

地之重镇。长乐村战斗，歼寇两千；百团大战，威震敌胆。柳沟设兵工厂，肇始军火生产，装备抗日武装；抗大、鲁艺，学校遍及山乡僻壤，培植红色基因。武乡儿女，慷慨参军，牺牲何止千万；家乡父老，纳鞋交粮，自愿支援前线；太行奶娘，忘我取义，哺育革命后代。仰望太行之巅，遍布民族脊梁；回首抗战圣地，鲜血浸染。《少年先锋》，如诗华章；抗战篇章，辉煌绚烂。此乃武乡近世文化之鲜明本色。回首武乡之红色文化，不亦感人至深乎！

斗转星移，国运昌隆；改革开放，其命维新。武乡大地，文脉绵延，异彩纷呈。其初有高沐鸿之《太行吟》、冈夫之《故城谣》、张万一之剧作《小二黑结婚》，歌咏烽火岁月，隽永悠长；继之有寓真之《行道集》，赓续家国情怀，书写不尽之乡愁。抗战文化则梳理备至，书写将军之百战智勇、战士之慷慨赴死、军火之急急生产、民众之纷纷支前、友邦之慷慨资助，红色文化，洋洋大观。作者群起，深研备至，提炼太行精神，表彰抗战英模，可歌可泣，化育万民，进而为新时代不忘初心、继续前进之强大动能。回首七十年文化景象，不亦壮观乎！

武乡文化，厚重绵长，总而成之，采而辑之，舍我其谁！县委县政府下决心，定大计，集贤能，编方案，以规范性、系统性、权威性为基准，博采旁搜，摘取英华，卷次三分。首卷为历史文化，通览千载；继之以红色文化，特色引领；卷三是现当代文化，文苑集萃，遂成20册，汇千万字，煌煌然为武乡文化史上之空前巨著。武乡文脉，一以贯穿，高如板山，长若漳河，实乃空前之壮举，既为资政要览，亦成万民寻根溯源、永久承传之宝典，具彰往而昭今之效，其价值、意义不言而喻，毋庸赘述焉。是为序。

中共武乡县委员会

武乡县人民政府

2024年6月

WUXIANG WENHUA JICHENG
WUXIANG HONGSE WENHUA
XIEYING

武乡文化集成 · 卷二

陈建祖 主编

武乡红色文化撷英

武乡红色印迹

郝雪廷 李绍君 主编

中国文史出版社

地之重镇。长乐村战斗，歼寇两千；百团大战，威震敌胆。柳沟设兵工厂，肇始军火生产，装备抗日武装；抗大、鲁艺，学校遍及山乡僻壤，培植红色基因。武乡儿女，慷慨参军，牺牲何止千万；家乡父老，纳鞋交粮，自愿支援前线；太行奶娘，忘我取义，哺育革命后代。仰望太行之巅，遍布民族脊梁；回首抗战圣地，鲜血浸染。《少年先锋》，如诗华章；抗战篇章，辉煌绚烂。此乃武乡近世文化之鲜明本色。回首武乡之红色文化，不亦感人至深乎！

斗转星移，国运昌隆；改革开放，其命维新。武乡大地，文脉绵延，异彩纷呈。其初有高沐鸿之《太行吟》、冈夫之《故城谣》、张万一之剧作《小二黑结婚》，歌咏烽火岁月，隽永悠长；继之有寓真之《行道集》，赓续家国情怀，书写不尽之乡愁。抗战文化则梳理备至，书写将军之百战智勇、战士之慷慨赴死、军火之急急生产、民众之纷纷支前、友邦之慷慨资助，红色文化，洋洋大观。作者群起，深研备至，提炼太行精神，表彰抗战英模，可歌可泣，化育万民，进而为新时代不忘初心、继续前进之强大动能。回首七十年文化景象，不亦壮观乎！

武乡文化，厚重绵长，总而成之，采而辑之，舍我其谁！县委县政府下决心，定大计，集贤能，编方案，以规范性、系统性、权威性为基准，博采旁搜，摘取英华，卷次三分。首卷为历史文化，通览千载；继之以红色文化，特色引领；卷三是现当代文化，文苑集萃，遂成20册，汇千万字，煌煌然为武乡文化史上之空前巨著。武乡文脉，一以贯穿，高如板山，长若漳河，实乃空前之壮举，既为资政要览，亦成万民寻根溯源、永久承传之宝典，具彰往而昭今之效，其价值、意义不言而喻，毋庸赘述焉。是为序。

中共武乡县委员会

武乡县人民政府

2024年6月

凡　例

一、本丛书以马克思列宁主义、毛泽东思想、邓小平理论、“三个代表”重要思想、科学发展观、习近平新时代中国特色社会主义思想为指导，选取武乡文化精华，编纂而成。

二、本丛书以基础性、系统性、权威性为基本编纂标准。

三、本丛书以武乡籍贯的作者为主要选取对象，以描写或记述当今武乡地域范围内的文化为内容选取标准。

四、本丛书选取的著作体裁不限，主要选取学术著作和文学作品。为了全面记述武乡的历史文化，特别组织作者新撰了武乡历史文化的通览性著作。

五、本丛书按照历史通览、文化特色、时代新篇为基本分卷依据，分武乡历史文化通览、武乡红色文化撷英、武乡现当代文化集萃3卷，共33种著作，编为20册。

六、本丛书为集成性著作，尊重原著内容的完整性，一般不作增删；为保持观点正确、内容准确、体例统一所做的修订，均经作者完成，并经专家予以审定。

七、本丛书对每一部入选著作的内容及其作者均予简介，以便阅读和使用。

八、本丛书根据各书特点而区别整理方式，涉及古文、文献等，予以标点，并适当注释；涉及文化遗产等内容，则以图文结合的方式予以记述。

【主编简介】

郝雪廷　山西省武乡县人，1958 年生。中国作家协会会员，山西省戏剧家协会会员，山西省中共党史人物研究会副会长，八路军太行纪念馆研究部原主任，山西大学马克思主义学院、山西财经大学马克思主义学院特聘教授，太行干部学院特聘专家，山西电视台“文化讲堂”特邀主讲人。先后出版纪实文学《八路军改编纪实》《追寻八路军总部》《游击队长魏名扬传奇》，长篇小说《太行山上》以及抗战史研究专著《八路军序列沿革研究》《抗战英魂录》《烽火留声——八路军将领故事集》等 30 余部。央视 20 集电视专题片《抗日中坚八路军》策划人之一；八一电影制片厂 6 集专题片《八路军与武乡》、山西电视台 8 集专题片《太行山上》撰稿人。多次接受中央电视台及有关省电视台的采访，曾获全国名人作品展示会银奖，山西省社会科学研究成果奖等。

李绍君　山西省武乡县丰州镇胡家垴村人，1959 年生。原任武乡一中副校长、县人大教科文卫工委主任，十一至十三届县人大常委，现任武乡县三晋文化研究会副会长兼秘书长。曾组织领导武乡一中“山泉文学社”，1985 年获全国中学生文学社团优秀指导教师奖，参与编写《中国共产党山西省武乡县组织史资料》，曾出版《抗战精华遍武乡》（合编）等著作。

【内容简介】

武乡县是著名的革命老区，拥有丰富的红色旅游资源。在抗战时期，朱德、彭德怀、刘伯承、邓小平等老一辈无产阶级革命家及八路军总部机关等长期驻扎在此，留下了众多革命历史文物和珍贵的革命遗迹，八路军总部、中共中央北方局、一二九师师部、中共晋冀豫区党委、抗日军政大学等革命旧址多达 1150 余处。本书主要对全县的革命旧址进行调查，搜集整理相关资料，并加以介绍，反映了武乡在中国抗日战争史上的重要地位和历史作用，对进一步研究八路军文化，打造红色文化品牌，推动老区科学发展具有重要的现实意义。

目　录

第一部分　八路军总部

第二部分　中共中央北方局

第三部分　第一二九师及其部队

第四部分　第一一五师所属部队及晋察冀军区部队

第五部分　晋冀豫（太行）区党政机关

第六部分　重要团体、重大活动及重要战役

武乡红色旧址（遗址）一览表

第一部分　八路军总部

八路军总司令部东村旧址

中国工农红军主力改编为八路军后，东渡黄河，出师华北，首战平型关，火烧阳明堡，侧击正太线，势如破竹，旗开得胜。1937 年 10 月 22 日，八路军总部为守卫娘子关，离开五台县南茹村，经盂县、寿阳向第一二九师靠拢。未曾料到的是，在八路军尚未赶到之时，娘子关已经失守，第一二九师救出了被包围的国民党军曾万钟部千余人，并收容了大批溃军、伤兵。此后，第一二九师、第一一五师在正太路上接连伏击日军，取得了七亘村、黄崖底、广阳等战斗的胜利。正太路方面中国军队战斗力较弱，10 月 26 日晋东门户娘子关陷落，29 日平定失守，30 日阳泉落入日军手中，11 月 2 日寿阳失陷。晋东失利，太原局势骤然危急。尽管阎锡山下令坚守太原，无奈军心涣散，防御不力，11 月 8 日太原失守。

太原失陷之后，国民党军队退出山西和华北的大部分地区，华北抗战形势发生了重大的改变。正如毛泽东所说，“在华北，以国民党为主体的正规战争已经结束，以共产党为主体的游击战争进入主要地位”。11 月 11 日，八路军总部与第一二九师在和顺县石拐村召开干部会议，进行坚持华北抗战

的动员，讨论了太原失守后的形势、兵力部署和进一步发动群众、广泛开展游击战争、建立抗日根据地等问题；传达贯彻中共中央毛泽东主席关于创建以太行、太岳山脉为依托的晋冀豫边抗日根据地的指示，具体布置开展了游击战争的各项工作任务。

之后，朱德总司令、彭德怀副总司令，又率总部机关转移，于11月14日，经榆社县城，首次进驻战云密布的太行腹地武乡县东村，这是八路军总部第一次进驻武乡。

八路军总司令部，也称国民革命军第十八集团军总司令部（简称集总）。在总部到来之前，总部的后勤人员提前来武乡号房子。在武乡地方党组织的协助下，八路军总司令部驻在了一所青砖挂面的四合楼院内，这是地主段雨田家。段雨田是武乡财主“八小家”之一，由于武乡建党较早，党组织活动频繁，抗战开始后，不少地主受我党统一战线主张的影响，思想也比较激进，抗日的国民革命军进驻，他也表示支持，并把院里的许多房子都腾出来让八路军驻扎。当时，总司令部机关驻在村中关帝庙，总部首长住在段雨田、段雨森家前院，朱德住段雨田家后院，彭德怀住段雨森家后院，左权与参谋处一起住在前院。

距东村不远，就是武乡四大古镇之一的段村镇（今县城），朱德总司令到达武乡东村后，听说这里刚刚组建了一支牺盟会游击队，他便不顾长途跋涉的劳累，在左权将军的陪同下，又连夜赶到段村去接见牺盟游击队员。这天晚上，在段村镇的马厂（现在的红旗街广场一带），不仅有牺盟会游击队员，还有武乡青年抗日救国公学的师生，附近数十里的百姓，听说平型关打了胜仗的八路军来到武乡，也都纷纷赶来。他们敲着锣鼓，打着彩旗，欢迎八路军。

八路军总部与县牺盟会联合召开了“武乡军民抗战誓师动员大会”，朱总司令不顾长途跋涉、鞍马劳顿，向牺盟游击队的队员们作了激动人心的演讲，介绍了八路军在晋北的战绩，阐述了当前的抗战形势。之后，丁玲率领的西北战地服务团，进行了丰富多彩的文艺演出，有话剧、快板、戏曲等。

因为当时第二战区司令长官部已经迁到临汾，为了加强与二战区的联络，八路军总部将向临汾方向转移，以靠近二战区的指挥中心，15日早晨，八路军总部机关离开东村，经沁县、沁源、安泽等地，于25日渡过汾河到达洪洞县高公村。

该旧址土改时分配给了许多户人家，后来，在村居建设改造中，前半部分已经被拆除改为街道，仅存段雨田家后院（现为魏玉良家），也就是朱德总司令居住过的正楼。

朱德总司令旧居（丰州镇东村）　李绍君　摄影

八路军政治部东村旧址

在红军改编八路军的过程中，根据中革军委命令，由红军总政治部改编为八路军政治部，主任任弼时，副主任邓小平，下设宣传部、组织部、敌工部、保卫部、民运部、军法处等。1937年9月6日，八路军总部机关离开陕西泾阳县云阳镇，东渡黄河来到山西抗日前线，总部机关直达晋北五台县南茹村。10月初，由副主任邓小平带领傅钟、陆定一等政治部一部到达山西孝义、汾阳一带开展工作，深入发动群众、宣传群众、组织群众。以任弼时同志为首的政治部大批人员随同八路军总司令部一起行动，八路军总部与第一二九师在和顺县石拐村召开会议以后，总部继续南移，以靠近阎锡山的第二战区司令长官部。11月14日傍晚，经榆社县城，进驻太行腹地武乡县东村。

八路军政治部驻扎在富户段德堂家，政治部主任任弼时同志为了深入了解武乡情况，因在地主家说话不方便的顾虑，他以身体不好需要住窑洞、睡热炕为由，选择住在农民段昌先家的土窑洞。在这里，任弼时主任邀请了中共武乡县临时工委书记、抗日自卫队队长王玉堂，县委组织委员、牺盟特派员韩鸿宾，县委委员、中区中心支部书记武三友，对武乡党的活动与抗战宣传情况进行了了解。

王玉堂介绍了武乡地方党组织发展情况，群众发动情况和组建游击队、

自卫队情况；韩鸿宾介绍了利用牺盟会这一合法组织加强统一战线、鼓励县政府组织民众参加抗战、开展发动群众的过程；武三友介绍了武乡的地理及自然条件，以及农民“五抗”运动对当地地主的影响。

听了他们的介绍后，任弼时主任非常满意，武乡，不愧为尚武之乡，而且有许多优势：一是地理条件优越，历来为兵家必争之地；二是武乡建党早，群众基础好；三是人少地多，粮食产量颇丰，且地下资源丰富，便于军队驻扎；四是目前已经形成了群众抗日高潮。

任弼时主任对武乡的详细了解，成为八路军高级指挥机关以后数次进入武乡，把武乡作为八路军指挥华北抗战的战略支点和华北各抗日根据地的中枢的主要依据。

第二天早晨，总部机关按照预定计划行程，离开东村向西南进发，当晚抵达沁县开村。

八路军政治部丰州镇东村旧址　李绍君　摄影

八路军政治部城关村旧址

1937年10月22日，根据形势发展的需要，八路军总部开始撤离五台县南茹村、东茹村，兵分三路开始转移。第一路由朱德、任弼时带领总部机关，穿越正太路，于10月27日进至太行山区和顺县马坊村。第二路由彭德怀率领指挥所，经忻口、太原前线于11月3日与总部机关会合。第三路，由邓小平率领政治部机关和随营学校，以“战动总会”的名义，经过盂县、寿阳穿越正太铁路，又从榆次一带穿过同蒲路，渡过汾河，进入吕梁山下的汾阳、孝义一带，开展发动群众工作，为创建晋西南抗日根据地开辟道路。在汾阳、孝义工作不久，八路军政治部接到八路军总部电令，马上启程向武乡方向移动，力争于11月14日前到达武乡，在此会合后一并南行。就在此时，日军第二十师团石田部队3000多步骑兵从祁县出发，入侵平遥县城，并控制了平遥以北的同蒲铁路。

八路军政治部想顺利东进已经不可能，他们只好设法绕开日军控制区，等待时机闯过同蒲铁路，沿着羊肠小道艰难翻越太岳山，这时，天又下起了雪，因联系不畅和路途阻隔，不能原计划在武乡与总部机关会合，政治部机关才于11月19日，到达武乡县段村镇（今城关村）。

根据八路军总部批示，政治部决定在武乡一带开展群众动员工作。当时

武乡群众抗战热情极高，许多热血青年请缨杀敌，报効国疆场。但也存在不利因素，因为全县 48 个编村村长均由阎锡山政府委派，他们对抗日救国态度不一，减租减息、合理负担等许多工作，在部分地方难以开展。八路军政治部与中共地方党组织积极配合，贯彻党的政策，采取不同形式，对中间派全力争取，对少数顽固分子采取不同形式进行坚决斗争，收到良好效果。

11 月 23 日，八路军政治部机关完成了对武乡各项工作全面检查指导，根据八路军总部指示，随即离开武乡，经襄垣、屯留、安泽、古县，到洪洞与总部机关会合。

八路军政治部县城玉贞观旧址　李勇　摄影

八路军总司令部马牧村旧址

1938年4月初，日军以第一〇八师团为主力，第十六、第二十、第一〇九师团及酒井旅团各一部共3万余人，由同蒲路之洪洞、太谷、榆次，正太路之平定，平汉路之高邑、邢台，邯长大道上的涉县、长治，以及临屯公路上的屯留等地出发，分九路向我根据地扑来，准备对我晋东南根据地发动大规模围攻。

针对敌人的企图，八路军总部立即作出“以一部兵力钳制各路进攻之敌，集中主力相机破其一路”的决定。关于粉碎敌向晋东南围攻之部署，朱德与彭德怀致电左权、刘伯承：曾（万钟）军主力隐蔽集结于东田、西营一线，待敌进至襄垣以北侧击之；刘（伯承）师以协助曾军适时打击涉县向辽县前进之敌；徐（海东）旅及决死第一纵队打击或消灭沁源东进之敌；朱（怀冰）部集结马陵关、白壁地区，待机向祁县、太谷、寿阳之线活动；曾（国华）支队、陈（锡联）旅积极向平汉线袭扰……

此时，八路军总部驻扎在沁县小东岭村，而敌之一路已经进逼襄垣县虒亭一带，距小东岭只有20公里。为避其锋芒，更好地指挥反围攻战斗，4月10日，朱德、彭德怀率领八路军总部离开小东岭，向东北方向转移，当天傍晚到达武乡县城以西的马牧村。

八路军总司令部到此后，总司令部机关驻扎在旗杆院郝善昭家与西院郝天才家两串院子里，朱总司令住在旗杆院正房，彭副总司令住在西院东房；机要科、直属政治处驻扎在上头院郝宝琛家。八路军总司令部曾在村里的老爷庙召开反围攻军事部署会议，做反围攻军事动员。会议结束后，还组织文艺宣传队给村里的群众进行了宣传演出。

朱德总司令、彭德怀副总司令在马牧村给划归东路军的国民党将领曾万钟、朱怀冰、武士敏发出《粉碎日寇围攻战役战术的指示》，要求各部以连或营为单位采取运动防御姿态，配合本地自卫军、游击队昼夜袭击，疲劳敌人，分散敌人，迷惑敌人主力，出敌不意突然袭击进而消灭其一部。

11日，从长治出发的敌另一路柏崎延二郎的一一七联队3000多人，由苫米地旅团长直接指挥，已经北进至襄垣下良镇。朱德总司令根据各方面的情报判断，此路日军有经武乡进攻榆社的可能，果然，13日占领武乡县城（今故县）。日军不仅在武乡城大肆掠杀，而且还派出队伍围着武乡城四处乱撞，妄图搜寻到八路军重要指挥机关。下午5点左右，有一股部队居然闯到了马牧村附近，总司令部人员不用望远镜，就可以清楚地看到敌人在对面走来走去，多亏中间隔着一条马牧河，虽然春季河水不大，但当年的河床比较宽，而且河水刚刚开冻，冰凉彻骨，敌人也是无目的地搜索，并没有发现目标，所以也没有过河。当时，在总司令部的身边只有一个警卫排，要是他们闯上来，后果不堪设想。

为了引开敌人，解除总司令部之危，左权决定亲自去调总部特务团打沁州。左权出行之后，朱、彭首长进行了认真的分析与观察，认为该敌在此地搜索不过是无目的的乱撞，如果没有结果，将有进取榆社的可能。从武乡到榆社，要经过一道长达数公里的山沟，这条山沟弯弯曲曲，两岸陡峭，如果布置兵力，定能打一个漂亮的伏击。根据我军集结情况，准备在武乡、榆社间夹击消灭该敌。此时在武乡、榆社附近的东路军部队有曾万钟的第三军、朱怀冰的九十四师和武士敏的一六九师，朱德命令：朱怀冰部集结于榆社、武乡交界的云竹镇附近；武士敏部除在驻地阻击敌军外，以一部向沁县方向

游击；曾万钟部以一部向武乡以北边战边退，而将主力隐蔽集结于附近山地，待日军通过后立刻猛烈尾攻，同朱怀冰部夹击日军。但因友军部分部队没有按前令行动，致使夹击计划未能实现。

为安全考虑，八路军总司令部于14日凌晨，趁天不亮时继续转移，上午到达武乡县义门村。

八路军总司令部在马牧村驻扎时间较短，以往对旧址的保护也没有得到足够的重视，在修权马公路时，大部旧址已经被拆除，还有部分也因房屋破旧，老百姓对其进行了改建，所以，旧址基本不存在了，现仅存老爷庙总司令部召开反围攻军事会议旧址。

八路军总部马牧村反“围攻”军事会议旧址　邢菊芬　摄影

八路军总司令部义门村旧址

八路军总司令部于1938年4月14日从马牧村转移进驻义门村。

13日下午，占领武乡县城（今故县）后的日军，不仅在武乡城大肆掠杀，更为重要的则是以武乡县城为中心，派出了大量的搜索队，四周找寻，妄图找到我八路军主力进行决战。四处乱撞的一股敌人，突然闯到了马牧村附近。当时，八路军总部首长冷静沉着，准备万一遇到不测将采取紧急应战的措施。为解除总部之危，左权副参谋长亲自去调总部特务团打沁州，以调动敌柏崎部回窜，左权带领警卫人员，疾马飞奔到松村一带大放枪声，吸引了日军的注意力。

这一晚，朱德、彭德怀认真分析了敌人的动向，认为敌人的搜索，是企图寻找我八路军主力，以求决战，妄想消灭我军主力及总部机关。在此没有发现什么目标，应该继续北上，可能会到榆社一带继续他们的企图。为了证实这一判断，派出了侦察人员对敌人的情况进行侦察。同时，为考虑总司令部机关的安全，决定立即转移。14日凌晨，八路军总司令部在夜幕掩护下，离开马牧村，向北转移，到村里人吃早饭的时辰，到达义门村。

义门村四面环山，地形十分隐蔽，又靠近武乡至榆社大道，便于观测战况，是个较为理想的指挥所。总司令部机关来到义门村后，村里的牺盟特派员在地下党组织的指示下，立即召集村抗日自卫队员们为八路军总司令部机

关寻找房屋，安排食宿。同时，要求自卫队员们为保护总司令部机关安全，站岗放哨。

朱德总司令住任迎秀家。由于首长年龄较大，房东怕首长害冷，就安排在西窑洞里；彭德怀副总司令住任志忠家楼房；司令部驻李永生家的西楼与南房。为了保证首长安全，村自卫队与八路军战士一起，还在村里挖了防空洞。

在义门村，朱、彭首长进一步分析与观察，认为敌人日军到榆社后，因我军已经部署广大民众坚壁清野，敌人不能找到吃喝的，难以维系生活，很快会回窜武乡，在关河河谷伏击敌人的机会还会存在，所以继续命令朱怀冰、曾万钟、武士敏部执行前令。同时，为确保战斗胜利，急调在武乡西部的第一一五师第三四四旅，同时指挥在涉县西戌地区活动的第一二九师迅速西移，以配合友军作战。第一二九师接到命令，刘伯承师长、邓小平政委率部连夜急行军，经石瓮、石门到达宋家庄、贾豁。朱、彭首长的部署是非常周密的，也是切合实际的。然而友军并不习惯于打游击战，并未实施行动，再次致使夹击计划流产。

15 日，日军再返武乡县城。这一次日军更加疯狂，千方百计寻找牛羊畜禽，杀以充饥。为了打击这股敌人，朱德、彭德怀继续使用连环计。15 日黄昏，第一二九师主力来到武乡县城以西的东、西黄岩一带。此时，日军肆虐武乡县城之后，沿浊漳河东去。朱彭立即与刘、邓通话，部署作战任务，要求第一二九师并指挥第三四四旅之第六八九团在武东歼灭敌人。

刘伯承、邓小平、徐向前等首长迅速作出指示，以第七七二团、第六八九团为左纵队，第七七一团为右纵队，沿浊漳河两岸山地平行追击，以第七六九团为后续部队，沿武乡至襄垣大道跟进。陈赓率第七七二团、第七七一团向东猛追。16 日拂晓，第三八六旅追到长乐村附近，日军正行进在狭窄的河谷里，一面是浊漳河，一面是山崖。第七七一、第七七二团左右两路部队形成了极好的夹击之势。早上 7 时许，由于第六八九团和第七六九团因接到通知较晚还未赶来。陈赓放过柏崎联队主力，将柏崎部队之笠原大队以及辎重队约 1500 人，夹击于武乡以东长乐村地区，遂发起猛烈攻击，

将日军截成了三段，激战至下午 4 时，消灭日军 2200 多名。因日军辽县方向援敌开来，为保住战果，我军主动撤出战斗。

长乐村战斗，是第一二九师第一次在抗战时期打大规模运动战，八路军四个团全部投入野战，比平型关战斗的规模还大。这是晋东南反“九路围攻”战斗关键的一仗。此役的胜利，为我八路军开创以太行山为依托的晋冀豫根据地奠定了坚实的基础。为了宣传长乐村战斗战果，表彰参战部队的功绩，鼓舞晋冀豫军民的信心，八路军总司令部决定组织召集根据地军民庆祝胜利。总部首长指示，让野战政治部收集战利品，总结战斗经验，以表彰战斗中的模范事迹。

18 日，第一二九师在榆社县郝壁村为在长乐战斗中牺牲的第七七二团团长叶成焕举行遗体告别仪式，朱德、彭德怀等首长离开总司令部机关前往吊唁。之后视察了第三八六旅、第一二九师。19 日傍晚回到总司令部之后，接到野政消息，祝捷会已经准备妥当，而且也为司令部机关驻扎做好安排，望次日总司令部移驻寨上。4 月 20 日，八路军总司令部离开驻扎 6 天的义门村，移住寨上。

彭德怀副总司令旧居（石北乡义门村）　任宇飙　摄影

八路军总司令部寨上村旧址

1938年4月20日，八路军总司令部机关移驻寨上村。

此前，4月10日总司令部移驻马牧村时，野战政治部就驻扎在了寨上村。由于寨上村相对隐蔽，总司令部转移到义门村时，野战政治部在此坚持做群众工作。长乐村战斗结束后，野政一边准备召开反敌九路围攻祝捷大会，一边为总司令部移驻寨上作准备。

20日一大早，总司令部机关离开义门村，经过一个多小时的行军，来到寨上村。此时，在村东南玉皇庙前的开阔场地，召开了反“九路围攻”祝捷大会。祝捷大会上，朱总司令作了重要讲话，刘师长介绍了长乐滩急袭战战况，左权参谋长作了“全民参战，抗战必胜”的动员报告。大会结束后，八路军宣传队表演了文艺节目，有歌舞、小话剧、快板等。在会场东侧，专门设置了陈列区，堆放满了长乐滩战斗的战利品，有各种长短枪、机关枪、大炮，炮弹、子弹，还有马匹、无线电设备等。参加大会的军民参观了展览。

八路军总司令部在寨上村驻扎下来。

总司令部机关驻在村北的殷家场大院。朱总司令住在西楼院殷玉书家正楼西屋；总司令部机关驻中楼院此院为正楼五间，东西各三间，南房五间；彭德怀副总司令住村东李相林家楼院。此为三合院，彭总住正楼二间，警卫

人员住东小楼；左权副参谋长住村北端的殷家后三院，左副参谋长住殷苟孩正楼。此院宽阔向阳，参谋处驻东楼。总部直属政治处主任康克清住新楼院正楼；马夫、勤务人员住新楼院西楼院，这里有马棚供喂养马匹。

在寨上村期间，八路军总部指挥所部反击日寇的“九路围攻”，八路军乘胜追击，从21日到29日，先后收复了武乡、沁县、安泽、沁源、壶关、屯留、长子、高平、榆社、辽县、晋城、阳城、沁水、长治、涉县、黎城、潞城、襄垣等18座县城，经过半个月的反“围攻”战斗，共歼敌4000余人。同时，根据中共中央指示，朱德与彭德怀电令第一二九师主力向冀南、豫北平原及铁路沿线展开。4月下旬，刘伯承、徐向前、邓小平在辽县西河头召开会议，研究具体行动部署。决定将全师主力以平汉铁路为分界编为左右两路纵队，左纵队为“路东纵队”，由第七六九团和第一一五师第六八九团及曾国华支队组成，由徐向前率领，向冀南挺进，飞兵下太行。并相继成立冀南军区和晋冀豫军区，由宋任穷和倪志亮分任司令员。开展平原游击战，表明了敌后抗日游击战争进入了新的重大战略意义的新阶段。从此，八路军开始在华北地区实行从山区到平原的第二次战略展开。

5月20日，八路军总部接到中共中央毛泽东主席致总部并长江局电报：徐州失守，武汉危急，我军准备向鲁、苏、豫、皖四省挺进。

遵照中共中央指示，八路军总部准备向南移动，经过紧张的准备，1938年5月23日，朱德、彭德怀率八路军总部机关离开寨上村，转移到沁县南底水村。

八路军总司令部寨上村旧址　邢菊芬　摄影

八路军总司令部砖壁村旧址

1939年7月初，日军纠集了5万余人的总兵力，在第一军军长梅津美治郎的亲自指挥下，对晋冀豫抗日根据地进行大规模的“扫荡”，即第二次“九路围攻”。当时，八路军总部机关驻扎在潞城县中村以南的龙泉山（现为长治市潞州区管辖）。由于龙泉山距长治较近，日军的行动，对我总部机关造成极大的威胁。为避开日军锋芒，八路军总部决定立即转移，7月7日离开了龙泉山。与此同时，总部侦察人员根据总部首长指示，迅速赶到武乡进行选址，通过侦察，初步选定砖壁村。

砖壁村位于武乡县东部太行山深处，东面靠着大山，南、北、西三面临山崖，只有几条险道可通行，地势极为险要，是一个易守难攻、攻守兼备、便于隐蔽的战略要地。7月15日，总部机关经襄垣、黎城等地，渡过漳河，进驻武乡县砖壁村。

总司令部机关驻玉皇庙，参谋处办公室在玉皇庙正殿，总部会议室在玉皇庙南殿，一科（作战科）参谋人员住玉皇庙东西配殿，总部秘书长办公室和秘书处下设的参议室在玉皇庙戏台的东西耳房，三科（通讯科）驻马奎元家，四科（管理科）驻旧楼院李水秀家（代号“西湖”），五科（机要处）驻王进才家（代号“芜湖”）。朱总司令住在靠玉皇庙不远的新楼院，彭副

总司令住在紧靠玉皇庙的李家祠堂，左权副参谋长住在玉皇庙后面的奶奶庙。后勤部住马国英家（代号“新昌部”），电台设在张生尧东房（代号“巫山部”），总部特务团六连驻小场的东西两串院，手枪排驻李冯贵家。六连和手枪排负责警卫司令部机关的安全。哨所则分别设在村周围的官地圪梁、风神庙、池岭上、龙王庙、小松山、文昌庙、望乡台和葫芦嘴等关口要塞。中共中央北方局、八路军野战政治部等分别驻在周围的村庄。

总司令部在砖壁村指挥了第二次反“九路围攻”战斗。在这次反“扫荡”战斗中，八路军共进行了大小战斗70余次，歼灭日伪军2000余人，收复了榆社、武乡、沁源、高平等县城，粉碎了敌人聚歼八路军主力和总部的企图。同时，还组织召开了许多重要会议：8月9日，召开了武乡士绅会；13日，召开了纪念“八一三”暨追悼平江惨案殉难烈士大会；9月11日，在西堡村召开了晋冀豫区党委第一届党代会；18日，在土河村召开了隆重的“追悼冀东抗日联军政治部主任杨裕民大会”；同日，在土河村召开了为期3天的武乡士绅名流座谈会；10月3日，召开了总部干部会议……

由于没有足够的旱井，百姓饮水十分困难，尽管朱德带领八路军战士曾为村里修下了蓄水池，但池修好后，天未下雨，蓄水池未能蓄水，还是无法解决饮水问题，10月11日，总司令部移驻西南10公里的王家峪村，砖壁村仍有留守人员。

1940年6月27日，日军突然包围王家峪，总部机关安全受到严重威胁。在警卫部队与游击队的掩护下，总部首长及机关工作人员紧急转移，八路军总司令部机关二次进驻砖壁村。7月上旬，针对日军在华北各地增修道路以围困封锁八路军的阴谋，彭德怀与左权多次研究，左权将军还亲自到榆社县潭村征求第一二九师刘邓首长意见，决定乘青纱帐发起对日军进行以交通线破袭为主的正太铁路战役，也就是后来著名的“百团大战”。7月22日，八路军总部在砖壁村正式下发了破击正太铁路的《战役预备命令》：指示晋察冀军区、一二〇师及第一二九师，以不少于22个团的兵力，破击正太铁路。经过一段时间的充分准备，8月20日晚，战役正式打响。大战进程分三个阶段：

8 月 20 日至 9 月 10 日为第一阶段，中心任务为交通破击战，重点破击了正太路主要目标；9 月 20 日至 10 月 5 日为第二阶段，作战任务是继续扩大第一阶段成果，重点则在歼灭交通线两侧和深入我各根据地内部之日军据点；第三阶段从 10 月 6 日开始至翌年 1 月 24 日，中心任务是反击日军大规模报复“扫荡”。百团大战，是抗日战争中八路军在华北地区发动的一次规模最大、持续时间最长的带战略性的进攻战役，也是在砖壁村指挥的时间最长的一次战役。百团大战严重地破坏了日军在华北的主要交通线，收复了被日军占领的部分地区，粉碎了日军的“囚笼政策”，给了侵华日军以强有力的打击，推迟了日军的南进步伐。百团大战对坚持抗战、遏制当时国民党妥协投降暗流、争取时局好转起了积极作用，进一步鼓舞和增强了全国人民夺取抗战胜利的信心，用事实驳斥了国民党顽固派对共产党、八路军“游而不击”的诬蔑。百团大战对坚持抗战、遏制当时国民党妥协投降暗流、争取时局好转起了积极作用，进一步鼓舞了全国人民夺取抗战胜利的信心，提高了中国共产党和八路军的声威。

9 月下旬到 10 月上旬，北方局与总部在砖壁村召开党的高级干部会议，重点讨论了形势、统一战线、财政经济政策、经济建设和 1941 年的经济建设计划。10 月 14 日，日军分路进袭，总司令部机关离开砖壁村，轻装转移，经石瓮村到达黎城县西井镇。

日军撤退后，八路军总部再次返回武乡，一边派侦察人员到砖壁侦察情况，一边经拴马村到达宋家庄村暂住，得知敌人已经在我军打击下退回原地，10 月 24 日，总部机关再次回到砖壁村。

此时，敌人并没有放弃在武乡寻找八路军主力的企图，10 月 28 日，沁县之敌冈崎大队 800 人，又摸到武乡东部的关家垴附近，与我军相遇后占据关家垴高地，企图以险拒守。彭德怀得知这一消息后，立即下令集中在武乡的部分部队歼火在关家垴宿营的冈崎大队。29 日晚，彭德怀赶在石门村召集各部队负责人开会，作了战斗部署，决定调集第三八五旅、第三八六旅和新编第十旅主力及决死第一纵队 2 个团，围歼该敌。10 月 30 日凌晨 4 时发

起总攻，双方鏖战两昼夜，31 日下午日军又调集 1500 余人，在 10 余架飞机配合下分两路增援。在歼敌 500 余人后，彭德怀下令撤出战斗。关家垴战斗之后，日军在武东一带往返窜扰，企图捕捉我八路军总部，伺机报复。由于百团大战期间电台讯号过于频繁，总部住址有所暴露，11 月 3 日，敌多路进袭，为了保证指挥机关的安全，4 日总部机关离开砖壁村，向辽县武军寺一带转移。

1942 年 5 月下旬，日寇纠集 3 万多兵力，向辽县、武安进行铁壁合围，我八路军总部机关惨遭袭击，副参谋长左权不幸以身殉国。总部机关突围后，于 27 日，再返砖壁村，并在此为左权将军举行了第一次追悼会。6 月 17 日，总部机关又迁回麻田村。

从 1939 年 7 月 15 日第一次进驻，到 1942 年 6 月 17 日最后一次离开，八路军总司令部经历了“四进四出砖壁村”的过程，总计驻扎 229 天，这是八路军总部历史上驻扎次数最多的一个村庄。

左权副参谋长旧居（蟠龙镇砖壁村）　李绍君　摄影

八路军总司令部砖壁村旧址　王晓方　摄影

八路军总司令部王家峪村旧址

由于砖壁村吃水困难，1939 年 10 月 11 日，八路军总司令部移住王家峪村。

王家峪村坐落在一个狭长的山谷里，一条小河从村子的中央流过。这里地形复杂，是一个四叉沟的汇集点，非常便于疏散隐蔽。总司令部迁驻该村后，总司令部首长住在张昌绪家院内，朱总司令住东房，彭副总司令住西房，左权将军住南房，房东住正面的窑洞里。参谋处驻张照来家；秘书处驻郝书尧家；机要科驻张俊祥家。

这年年底，在蒋介石的授意下，阎锡山发动了“晋西事变”，使得国民党第一次反共高潮明朗化。中共中央从抗日大局出发，指示八路军对山西反共旧军要区别对待，对阎锡山要继续争取他抗日；同时，对阎要加强戒备，掩护支援新军自卫，谨慎而坚决地同阎锡山反共行动进行必要的斗争。我党提出了“人不犯我，我不犯人；人若犯我，我必犯人”的自卫原则，根据中央的指示，朱彭总副司令坚定不移地执行党在统一战线中独立自主的原则，对国民党顽固势力进行了“有理、有利、有节”的斗争。

从 1939 年 12 月至 1940 年 1 月，总部电台曾先后发出《朱彭总副司令通电全国反对枪口对内、进攻边区》《朱德同志就山西“十二月政变”发表

谈话》等电讯，晓以民族大义，电请国民党中央杜绝摩擦，巩固团结，坚持抗日，并制止了阎锡山进攻山西新军势态的扩大；彭德怀副总司令还亲自到秋林会见了第二战区司令长官阎锡山，并到洛阳会见了第一战区司令长官卫立煌，就国共摩擦问题进行了商谈。但国民党方面的挑衅不仅没有得到制止，反而还在升级。1940 年 2 月，朱彭总副司令、左权副参谋长、北方局杨尚昆书记、野政陆定一副主任等在八路军总部招待所驻地下合村，与国民党冀察战区政治部主任、九十七军军长朱怀冰，进行了为期 7 天的谈判斗争，力陈我党团结抗战的主张，痛斥了国民党顽固派闹分裂，破坏团结的言行。3 月 3 日，八路军总部又在下合村南的城墙根一片空地上，召开了“晋东南各界反汪拥蒋大会”，号召全国各界同胞，加强团结，声讨汪逆，肃清内奸，抗战到底。参加会议的各界人士及根据地军民，共计 3 万余人，朱德、彭德怀、杨尚昆、傅钟、陆定一、罗瑞卿、聂荣臻、吕正操等出席了大会。朱德总司令、彭德怀副总司令，在会上发表演说。

但是，反共急先锋朱怀冰仍然执迷不悟，谈判桌上没有得到的东西，他想用武力来解决，于是数次与八路军发生摩擦。在忍无可忍的情况下，3 月 5 日至 8 日，我八路军以第一二九师部队及晋察冀军区南下支队共 13 个团的优势兵力，一举歼灭朱怀冰三个师，击退了国民党顽固派的第一次反共高潮，进一步巩固了我太行山抗日阵地。

3 月 16 日，朱德总司令亲自赴晋城与第一战区司令长官卫立煌进行谈判，争取双方休战，共同抗日。根据谈判协议，双方划定以临屯公路及长治、平顺、磁县一线为界，该线以南为国民党军驻防区，以北为八路军驻防区，界上不驻军，两军不越界。我军坚决维持抗日民族统一战线，主动退出太南、晋豫区，史称“太南退军”。5 月，根据实际情况，同国民党军签订了以漳河为界的作战线，也叫“漳河划界”。

与此同时，为了发展国际统一战线，争取国际上对我抗日战争的支持和援助，八路军总部进行了许多外事活动。11 月 7 日，在野战政治部的直接参与下，由经过改造的日本俘虏成立了第一个日人反战组织——“日人觉醒

联盟”。朱德总司令、彭德怀副总司令在王家峪总部，接待了前来华北敌后支援中国抗战的诸国朋友。1939 年 12 月 21 日，朱总司令在王家峪接见了印度援华医疗队爱德华、柯棣华、巴苏华以及德国医生汉斯·米勒等国际友人；12 月 24 日，总部在王家峪主持召开了追悼国际主义战士白求恩大夫大会；接见了从重庆来到前方的朝鲜义勇队负责人石鼎；还接见了从南洋归国参加抗战的华侨谢宾元、白刃、黄登保等。

1940 年 4 月 20 日，根据毛泽东、王稼祥电示，朱德总司令离开总部前往洛阳，与国民党第一战区司令长官卫立煌进行谈判，并准备亲赴重庆面见蒋介石。朱德总司令在洛阳停留 8 天，此间多次与卫立煌商谈，并取得共识，维持了国共两方军队的抗日统一战线。因而，根据中共中央指示，改变行程经西安回到延安，主持延安总部工作。此后，朱德总司令一直在延安工作，前方总部由彭德怀副总司令主持。

反顽斗争结束后，全面总结经验教训，根据形势的变化，确定巩固和发展抗日根据地的方针，把分散的政权统一起来，制定和完善各项政策，成为摆在共产党面前的紧迫工作。为此，中共中央北方局于 3 月底在王家峪村召开会议，讨论了根据地建设及财经政策、建立银行、发行货币、加强青委工作等问题，并决定召开北方局高干会议。4 月 11 日，在黎城县北社村召开了有冀南、太行、太岳等根据地领导参加的高级干部会议（通称黎城会议）。会议的中心议题是：根据毛主席提出的党在抗日民族统一战线中“发展进步势力、争取中间势力、孤立顽固势力”的方针，总结华北地区两年十个月的工作，提出今后的任务是建党、建军、建政，巩固抗日根据地。

1939 年秋到 1940 年春，日军加紧对抗日根据地进行“扫荡”，在华北大力修建公路、铁路，挖壕筑堡，由点联线，由线成面，对华北实行“囚笼”政策，扩大其占领区。抗日根据地日益被封锁、切割。为此，第一二九师提出了“面向交通线”的口号，在总结平汉路破袭经验的基础上，制订了破袭白晋线的计划。在总部指挥下，第一二九师所部和参战民兵、自卫队 3.5 万人，进行了白晋线破袭战，激战两昼夜，给敌人以沉重打击，并使其补给线受到

严重破坏。

八路军总部在王家峪驻扎期间，朱德总司令、彭德怀副总司令和左权副参谋长是八路军的主要领导人，但他们处处以普通一兵的姿态出现，保持了我党我军艰苦朴素的优良作风。当时，总部首长在繁忙的工作之余，常常帮助老乡春种、夏锄、秋收。1940 年春播关头，旱象十分严重，朱德总司令、彭德怀副总司令便组织总部机关和警卫连战士帮助老乡担水点种，保证了王家峪1000多亩农作物苗全苗旺。日军“扫荡”时，战士们就帮助老乡空室清野，掩护群众安全转移。

6 月 27 日，驻扎在段村的日军突然包围了王家峪，总部机关安全受到严重威胁。在警卫部队与游击队的掩护下，首长及机关工作人员紧急转移，同时对村里的百姓也进行紧急疏散。当天，总部机关分路突围，离开王家峪村，再次进驻砖壁村。

彭德怀副总司令旧居（韩北镇王家峪村）　李绍君　摄影

左权副参谋长旧居（韩北镇王家峪村）　李绍君　摄影

八路军总司令部石瓮村旧址

1940年10月上旬，日军调集大规模的部队，向我太行根据地进行“扫荡”。分多路包围榆社、武乡地区，日军的目标直指武东，这表明日军已经怀疑武东山区一带有八路军高级指挥机关驻扎，而调动重兵前来“围剿”。

日军的“扫荡”来势凶猛，他们从沁县、潞城、黎城、辽县等据点出发，采取拉网式搜索，步步为营，包围圈越压越小。在敌人的重重包围中，我八路军总部机关，沉着应战，指挥部队利用天时、地利、人和的条件，与敌人展开巧妙的周旋，契机给敌沉重打击。日军在榆辽公路以南地区搜索无果之后，向南迫近。13日，集中在武乡东部的洪水、蟠龙、西营一线；14日，继续东进，靠近大陌、东堡一线，八路军总部指挥第三八五旅、第三八六旅、决死第一纵队等部节节阻击。

敌人越来越近，八路军总部机关，在如此紧急的情况下，不得不轻装转移。于是，八路军总司令部、野战政治部、中共中央北方局、后勤部等机关，向东山撤退，利用深山树林作掩护，翻越琉璃顶，临近黄昏的时候，转移到石瓮村。

八路军总部离开砖壁后，立即派侦察人员赶往石瓮村安排住所。当时，薄一波同志刚刚在砖壁村参加完北方局高干会议，准备前往涉县东辽城新成

立的冀太联办去，返回决死队第二十五团驻地，就在此住下来指导工作。这一天团长苏鲁、政委凌则之率领各营战士前往大陌一线阻击敌人。正好团部驻地有空房，薄一波立即协助侦察人员简单安排便就绪了。14日晚黄昏时分，八路军总部机关来到了石瓮村。

八路军总司令部驻扎在圪廊儿一家富户张凤河家的院落。现在分别是张炳法、张怀云、张彦云、张拴纣、张兰纣、张希圣、张海川家。这串院前后共四个院落，前后相通，彭德怀副总司令与薄一波住前院东、西房，现为张炳法家；秘书处、机要科、管理科住二院，左权副参谋长与作战科、情报科住三院，现为张拴纣家；直属政治处驻后院，通讯科驻张专才家；并在观音庙、龙王庙等处设立了岗哨。

总部机关安顿下来，通讯科立即架设电台，与各部取得联系，命令第三八五旅陈锡联、第三八六旅陈赓在武东地区打击来犯之敌，阻止敌人继续东犯，保证总部机关的安全。

由于日军纠缠不退，为确保总部机关安全，第二天一早，总部机关离开石瓮村继续东移，于15日晚到达黎城县西井镇。

八路军总司令部石瓮村旧址　郝雪廷　摄影

左权副参谋长旧居（蟠龙镇石瓮村） 郝雪廷 摄影

八路军总司令部拴马村、宋家庄村旧址

1940年10上旬，日军调集大规模的部队向我太行根据地进行“扫荡”。他们从沁县、潞城、武乡、辽县等据点出发，采取拉网式搜索，步步为营，目标直指八路军总部机关。为此，我八路军总部离开武乡转移到黎城县西井镇。

在西井期间，总部根据百团大战开始以来的形势，并结合日军频繁“扫荡”和报复行动，向各部队发出了反“扫荡”作战命令：（一）百团大战后敌调集兵力开始向太行和平西“扫荡”。（二）各部队应注意速做反“扫荡”的准备：1.敌人对我采取空前毁灭政策，我党、政、军、民应密切配合，深入战争动员，领导空室清野；2.军队应集结适当位置休整，准备坚持歼敌一至二路，广泛开展游击战争，打击敌人，分散敌人；3.为了保持长期不断战争，注意兵员补充；4.各部应为粉碎敌人“扫荡”，而配合作战，互相策应，共收战争胜利之功。

就在这时，由辽县出动之敌到达东崖底一带，而由沁县出动之敌，在武乡未能寻找到八路军的首脑机关，也准备翻越太行山到黎城。在这样的形势下，总部首长决定与敌人来一个大回旋，就在敌人调动的同时，总部机关又出其不意地返回武乡。机关人员于10月22日早从西井出发，经过崎岖山路跋涉，当天下午，终于登上了大井盘。由于人多不便，总部机关分为两路行

动，野政机关与北方局机关在政卫队的保护下经石瓮、郊口翻过琉璃顶，深夜再次住进了烟里村；而司令部机关沿盘山小路来到了大井、拴马村。

22日傍晚，总部机关驻扎于拴马村，总司令部机关驻扎在韩海全家西房，彭德怀副总司令住韩银全家正房，左权副参谋长住韩银全家西房。

在这里他们接到二十五团团长苏鲁与参谋长李懋之派人送来的情报：我二十五团在温庄与敌人血战一日，完成了阻敌东进的任务，政委凌则之不幸牺牲。彭德怀、左权听到这一消息非常惋惜，他们为这位英雄的团政委的牺牲脱帽致哀。

敌人还在这一带活动，其目的是司马昭之心——路人皆知，它们还在寻找我八路军首脑机关，根据敌人动向，有继续东进的可能。此刻，彭总、左参谋长为野政与北方局机关担心，他们是否顺利回到烟里村？为确保野政与北方局机关安全，连夜电告三十八团，让其向大陌、烟里一线靠近，以保护首脑机关。次日凌晨，马上派出侦察人员前往砖壁、烟里村进行形势侦察，另一方面与敌人进行了捉迷藏行动，日寇向东行动寻找我总部机关，我部将向西行动，再次使敌人计划落空。根据首长指示，司令部机关人员启程前往宋家庄村。

宋家庄村是我军首脑机关的一个常驻点，从1938年春开始，第一二九师、第三八六旅机关多次长期在此驻扎。1940年2月，平汉抗日游击纵队机关又驻扎在这里，直到后来改编为新编第十旅，群众基础非常好，也有较好的住宿条件。所以，八路军总司令部机关与敌人进行迂回战略，自然会选择在宋家庄。23日早，总司令部机关从祥良经东沟、大有等地，傍晚进驻宋家庄。机关驻扎在王万鳌家。司令部驻前院，总部首长住中院。后勤科、直属政治处驻后院。

深夜，派往砖壁村的侦察员赶到宋家庄，报告了砖壁附近的敌情，由于日军已经进至黎城，武乡一带基本平静。24日，彭德怀决定，总司令部机关返回砖壁村。

八路军总司令部拴马村旧址　李绍君　摄影

八路军总司令部宋家庄村旧址　郝雪廷　摄影

八路军总司令部参谋处砖壁村、王家峪村旧址

八路军总部参谋处是八路军总司令部下属的主要办事机构，主管作战、通信、情报、军事训练、行政事务、后勤保障等。参谋处一直伴随总司令部首长，是八路军总部首长的得力助手。总司令部机关在武乡县砖壁村、王家峪村时，参谋处机关也跟随驻扎于此。

八路军总司令部参谋处砖壁村旧址　李绍君　摄影

八路军野战政治部寨上村旧址

1938 年 2 月 28 日，中共中央决定，中央军委总政治部以八路军政治部名义出现，主任任弼时，副主任傅钟、谭政；并将华北前线的八路军政治部改称八路军野战政治部（也称第十八集团军政治部，简称野政、集政），傅钟任八路军政治部副主任兼野政主任，随八路军总部行动，主持前方政治工作。3 月初，任弼时同志作为中共代表赴莫斯科争取国际支持，离开前线转道延安赴苏，其职由王稼祥担任。

1938 年 4 月 10 日，八路军野战政治部跟随司令部机关一起离开沁县小东岭村，来到武乡，司令部进驻马牧村，傅钟、陆定一等领导率领野战政治部进驻二里之外的寨上村。

野战政治部机关住殷俊秀家的中楼院，此院为正楼五间，东西房各三间的三合院。房东住正楼三间，傅钟主任住正楼两间，东房为野政组织部办公，西房为敌工部办公。陆定一副主任住圪塔上弓金泉家楼院。此院与殷俊秀家的院落结构相同，东房为野政宣传部办公，西房为锄奸部与军法处办公。民运部住东沟弓福泉家东房。

在寨上村期间，野战政治部为动员八路军、广大地方民众，以及划归东路军的友军部队在反“九路围攻”中，积极参战，发布了《粉碎日军大举进

攻之部队政治工作纲领》，号召东路军各部队做好准备，动员民众实行空室清野。

4月15日，第一二九师部队遵照八路军总部命令，日夜兼程从河北涉县西戌地区出发，经石瓮、石门、贾豁，来到武乡县城以西的东、西黄岩一带，根据朱德、彭德怀首长的指示，要求第一二九师并指挥第三四四旅之第六八九团在武东歼灭敌人。为此，野战政治部与第一二九师、第三八六旅政治部一起对部队进行了战前动员。这场战斗，是八路军出师以来投入兵力最多的一次战斗，要求战士们在经过长途行军之后，不顾疲劳，克服困难，迅速、坚决地将敌人包围在武乡一带的河谷中，彻底消灭。16日，我八路军将日军包围在长乐村一带的河谷里，进行了著名的长乐村战斗，毙伤日军2200余人，缴获轻机枪2挺、步马枪100余支和大批军用物资，取得了抗战以来最辉煌的战绩。为了鼓舞士气，振奋精神，朱德、彭德怀与傅钟等领导商定，由野战政治部组织，在寨上村布置举行“反九路围攻祝捷大会”。将长乐村战斗的战利品用牛车和毛驴全部运送到了寨上村，辎重炮、枪支、子弹、手雷、服装等物资，堆放在弓狗娃和殷五孩家的窑洞里。4月20日，八路军总部寨上村大庙前的场地召开了反“九路围攻”祝捷大会。大会还专门设立了陈列区，摆放了长乐滩战斗的战利品，会议结束后广大军民进行了参观，大家对这次战斗赞不绝口。

敌人“九路围攻”被粉碎后，野政派民运部长黄镇率领民运部全部人马，包括炊事员、通讯员、饲养员等20余人，组成八路军工作团，离开武乡去长治，开展统战民运工作，实际是配合地方党开辟晋东南抗日根据地。傅钟主任还根据上级指示、决定和敌后抗战的特点以及部队的实际情况，及时以八路军政治部或八路军野战政治部名义下达文电，在部队贯彻执行。他经常深入部队调查研究，检查指导工作，定期或不定期召开各种会议，部署、检查工作，总结交流政治工作经验。

1938年5月23日，遵照中共中央指示，八路军总部机关向南移动，野战政治部与八路军总司令部一起，离开寨上村，转移到沁县南底水村。

八路军野战政治部寨上村旧址　郝雪廷　摄影

傅钟主任旧居（涌泉乡寨上村）　郝雪廷　摄影

八路军野战政治部烟里村、大塘村旧址

1939年7月初，日军又纠集了总兵力5万余人，分九路对晋东南抗日根据地进行大规模的“扫荡”。为避开日军锋芒，7月7日，八路军总部离开了龙泉山，经襄垣县普头村、黎城县河南村、下庄村，于7月15日进驻武乡。

这一天，八路军野战政治部驻扎在烟里村。野战政治部机关驻酒坊院。该院院主是财主杨启珍，因开酒坊而得名，分上酒坊院和下酒坊院，下酒坊院有前后两串院落，中有一暗道相通。野政秘书处、宣传部、组织部驻下酒坊院的前院正楼上下；傅钟主任住后院的东房，陆定一副主任住后院西房，后院正楼由房东一家居住。野政机关移驻下合村时，傅钟主任调离前线，返回延安，由抗大副校长罗瑞卿接任主任一职。次年6月27日，野政机关再返烟里村时，罗瑞卿住后院的东房。锄奸部驻赵先来家，敌工部驻杨秃孩家，冀南银行驻杨启贵家，野战医院驻史毛孩家。野政电台设在上酒坊院。

野战政治部在这里与总司令部机关一起，指挥所部粉碎了日军对晋东南的第二次“九路围攻”。为了保证群众纪律，加强军民团结，野政于1939年8月24日发出了《第十八集团军政治部关于青年工作的指示》。三天后，又以傅钟的名义发出《八路军野战政治部关于广泛开展游击战争的命令》，

要求积极开展游击战争，天天争取小的胜利，并派干部、发枪支，组织更多的游击小组与自卫队。9 月 11 日，在野政与北方局的领导下，晋冀豫区党委第一届党代会在西堡村召开；12 日，野政又发出关于保卫秋收之训令。8 月 9 日与 9 月 18 日，在砖壁村与土河村先后召开了武乡士绅大会与武乡士绅名流座谈会。会议贯彻中共中央《七七宣言》，朱彭总副司令发表讲话，表彰开明士绅为抗战捐书。华北《新华日报》以《发展农村中的统一战线》为题发表社论。到会的有著名士绅裴玉澍等 50 余人，朱彭总副司令，野政主任傅钟等领导参加了会议，号召士绅名流们带头执行总部七大纲领，有钱出钱，有粮出粮，团结抗战，反对投降，把日本帝国主义赶出中国去！士绅们情绪十分高涨，争先恐后地为抗战捐款捐粮，并发出了《告晋东南士绅书》，在太行区形成了踊跃捐献的热潮。

同时，结合追悼冀东抗日联军第一军政治部主任、爱国民主人士杨裕民先生，政治部主任傅钟和朱德、彭德怀总副司令参加会议，毛泽东从延安发来挽联，朱德总司令题了悼词。21 日，总司令部和野战政治部颁发了“改善民生实行民主、巩固统一战线、开展生产事业、发动游击战争、加强抗战教育、巩固部队、厉行锄奸”的“七大纲领”。这一纲领一宣布，立刻得到了广大军民的热烈拥护，贯彻实施，改造旧政权、发扬民主、参军参战、空室清野等民众运动，由八路军所在的太行山区，迅速发展到敌后各抗日根据地。在此期间，傅钟主任曾亲自深入武乡县政府所在地姚庄村，协助开展地方工作。10 月 11 日，野政又发出了关于锄奸工作的训令，针对敌探、汉奸、土匪和反共分子对我军的破坏活动，我军必须加强锄奸工作，以保证抗战工作的顺利进行。

由于砖壁、烟里村百姓饮水十分困难，加之八路军战士大量驻扎，无法解决饮水问题，10 月 11 日，八路军总部移驻西南 10 公里的王家峪村，同时北方局也移驻前王家峪，野政移驻下合村。

1940 年 6 月 27 日，日军突然袭击王家峪，总部机关与野政机关不得不再返砖壁、烟里村。此时，野战政治部主任傅钟已调回延安，由抗大总校副

校长罗瑞卿接任野政主任一职。野政各部门再次驻扎烟里村。由于华北日寇加紧“扫荡”，根据地遇到很大困难，为此，6月29日，八路军总部以朱（德）、彭（德怀）、罗（瑞卿）、陆（定一）的名义，发布了《关于克服困难、坚持敌后抗战致八路军各兵团电》。

8月，为协助彭德怀指挥百团大战，野政积极布置了战役中的政治工作，发出《正太线战役政治工作指示》，强调指出，这一战役的重大意义在于：“在敌后多打大胜仗，兴奋全国与敌占区同胞的信心；孤立与打击投降派；提高我党我军威信；争取时局好转。”为取得百团大战胜利奠定了基础。9月25日，根据八路军总部和北方局的决定，组织战地工作巡视团赴晋冀鲁豫地区帮助新组建的部队整顿连队、培训干部。巡视团由野政组织部长周桓任团长，总部参谋处长阎揆要任副团长。出发前野政主任罗瑞卿亲临讲话，要求巡视团注意加强调查研究，不要当“钦差大臣”，既做政治工作的模范，也要做战斗中的模范。按照罗瑞卿的指示，巡视团深入晋冀鲁豫各地，一面参加百团大战的破路斗争，一面帮助连队工作，同时还发现并解决了有的部队执行锄奸政策过“左”，把游击队大部编入主力等方面的问题，对部队建设起了很好的作用。

这期间，野政还与北方局杨尚昆书记一起组织了北方局黎城会议，对根据地建党、建军、建政作出了明确指示。为了落实黎城会议精神，又几次在砖壁村召开高干会议。罗瑞卿在北方局砖壁高干会议上作政治工作报告，就抗日战争中我军政治工作的基本原则，以及抗战三年来我军政治工作的检讨、目前政治工作建设上的一些问题作长篇论述。

由于总部指挥百团大战的电台讯号过于频繁，日军集中众多兵力多次在武东地区“扫荡”，妄图找到我总部机关。10月14日，野政离开烟里村转移到石瓮、西井等地。22日，野政与北方局机关从黎城返回武乡，经大井盘转移返回烟里村。关家垴战斗之后，日军继续在浊漳河岸往返窜扰，企图捕捉我八路军总部，寻机报复。11月4日野战政治部离开烟里村，与八路军总部机关一起转移到辽县武军寺一带。

八路军野战政治部烟里村旧址　郝雪廷　摄影

八路军野政秘书处、宣传部、组织部烟里村旧址

郝雪廷　摄影

傅钟主任、罗瑞卿主任旧居（蟠龙镇烟里村）　郝雪廷　摄影

野战政治部大塘村旧址　李绍君　摄影

八路军野战政治部下合村旧址

1940 年 10 月 11 日，野战政治部机关移驻下合村，野政机关驻扎在娲皇庙，宣传部副部长王东明、教育科住西配殿，宣传科驻东配殿；民运部部长王卓如住西廊坊，社会调查科驻正殿东侧房；野政卫生所设在娲皇庙偏院正房；野战政治部会议室设在娲皇庙戏台。

政治部主任傅钟、副主任兼宣传部部长陆定一住在魏昌中家院内。该院土改后分配给了梁安平家。1940 年 5 月傅钟离开前方回到延安，由抗大副校长罗瑞卿接任野政主任一职，也是住在这个院子里。傅钟、罗瑞卿住东房，因年久失修房顶损坏。陆定一住东窑楼。原为楼房，后上面的楼房损坏拆除，只留下砖窑洞。秘书处（也叫总务处）及先后两任处长青中兴、陈志彬住魏永旺家；组织部及部长周桓住魏永江家；锄奸部及部长杨奇清住杨金凤家；军法处及处长阎揆要住魏怀德家；管理科驻旗杆院；生产部驻魏国平家。

1939 年冬，政治部直属政治处，在下合、枣林村举办了多期基层骨干和支委训练班，对提高总部机关工作人员的政治素质起了极大的作用。

这年年底，山西发生了“十二月事变”，阎锡山反共达到巅峰。而在南京，大汉奸汪精卫和日寇签订了《日支新关系调整纲要》的卖国密约，投降危机十分严重。值此“抗战紧急，内战又起，国人皆忧”的危急关头，八路

军野战政治部于12月16日，在此召开了总直机关千余人参加的朱总祝寿大会，借以宣传德高望重的总司令，赞扬在华北前线艰难转战、英勇杀敌的八路军，充分揭露国民党顽固派对我八路军将士的无耻诽谤。同时，野战政治部还在这里接待了不少友军将领、爱国人士，如国民党高级参议周励吾，第一战区高级联络参谋王葆贞、申凌霄，著名爱国知识分子李公朴，战地妇女儿童慰问团陈波儿等。

在日寇频繁的军事进攻同时，国民党顽固派也对抗日根据地实行了经济封锁，根据地军需民用困难重重。1940年1月17日，朱德总司令、彭德怀副总司令和野战政治部主任傅钟、副主任陆定一，发出关于开展生产运动的训令，号召全体部队及各界民众，务须一致努力，振我中华民族之伟大精神，奋起参加生产自救运动。指出，开展生产运动，力求经济上做到自力更生，是争取抗战胜利的极重要条件，要求部队一年至少自给4个月的粮食、蔬菜及马料。司政机关组织了生产委员会，所属单位也相应成立了生产机构，有效领导了开垦荒地、兴办作坊、养牛养羊等生产自救运动。傅钟、陆定一正副主任亲自带领政治部机关人员，到圪洞沟、龙洞沟开荒种地，到上、下北漳河滩垒坝造地，在驻地附近植树造林等。生产自救运动的开展，保障了部队的供给，减轻了人民负担，使根据地渡过难关。

在北方局的领导下，野政以统一战线中独立自主的原则，对国民党顽固势力，进行了“有理、有利、有节”的斗争。不久，国民党第九十七军军长朱怀冰，到八路军总部来公开寻衅，我总部首长朱德总司令、彭德怀副总司令、左权副参谋长和杨尚昆、陆定一等领导以礼相待，在下合村的总部招待所与之进行谈判。朱怀冰一意孤行，数次与八路军发生摩擦，在忍无可忍的情况下，1940年3月5日至8日，集中我八路军13个团的优势兵力，一举歼灭朱怀冰三个师，击退了国民党顽固派的第一次反共高潮，进一步巩固了我太行山抗日阵地。

为支持反顽斗争，晋察冀军区司令员聂荣臻与冀中军区司令员吕正操率晋察冀军区两个主力团和冀中警备旅来到武乡，支援晋东南和冀西区的反顽

斗争。聂司令员在此向北方局和总部汇报了晋察冀的工作。总部召开了盛大的欢迎会，华北《新华日报》作了专题报道。2月下旬，野战政治部在下合村驻地的娲皇庙召开八路军总部直属队干部会议，由聂荣臻介绍晋察冀根据地建设的经验。此次会议主要是学习敌后模范抗日根据地——晋察冀经验，筹备成立太行、太岳、冀南联合办事处，为晋冀鲁豫边区的建立作准备。太岳区的薄一波、三专署的戎伍胜、冀南区的杨秀峰、宋任穷也都回总部参加了会议。

1940年3月1日，八路军总司令部、野战政治部在下合村南城墙跟，召开了晋东南各界三万余人参加的反汪拥蒋大会，为击退国民党顽固派掀起的第一次反共高潮，巩固太行山抗日根据地，起了巨大的推动作用。

1940年夏，日军“扫荡”太北地区，到处放火烧麦田、烧村庄，给根据地带来很大的灾难。战后，野战政治部派出慰问团，带着筹集的数十石粮食到榆社、辽县（今左权县）等灾区进行赈济慰问活动。

野战政治部一直重视上层统战和农村统战工作，也十分重视国际统一战线的工作，努力争取世界更多的国家和人民对我国抗日战争的同情和援助。傅钟、罗瑞卿、陆定一等野政领导人，曾先后在驻地接待了不少国际友人、爱国侨胞和友军将领。如印度援华医疗队的柯棣华、爱德华、巴苏华，德国医生汉斯·米勒，英国无线电专家林迈可，新加坡爱国华侨、军火专家谢宾元，英国记者何果，朝鲜义勇军华北支队、华北朝鲜青年联合会负责人陈光华等。白求恩大夫牺牲后，八路军总司令部、野战政治部通令全军哀悼，并电慰白求恩家属……这些国际友人和爱国华侨，在政治部首长的热情接待和宣传影响下，都自动参加了我国的抗日战争，有的甚至为中华民族的独立和解放献出了自己宝贵的生命。如在政治部驻地的日俘杉本一夫（前田光繁），受我军政策的感召，于1939年11月7日，在庆祝苏联“十月革命”纪念日时，为了表达他们的革命意愿，宣告成立了反战组织“唤醒联盟”，后改名为“觉醒联盟”。这是在华日本人组织的第一个反战团体。反战团体在太行山武乡县下合村首开其端，在国内外都引起了强烈的反响，产生了很大影响。

1940年6月27日，日军集中兵力袭击以王家峪为中心的总部驻地，总司令部机关与野政机关不得不转移，野政各部门离开下合村，再次驻扎烟里村。

八路军野战政治部下合村旧址　郝雪廷　摄影

傅钟主任、罗瑞卿主任旧居（蟠龙镇烟里村）　郝雪廷　摄影

野战政治部秘书处烟里村、下合村旧址

八路军野战政治部秘书处的主要职责是：承办和管理政治部机关一切重要文件和电报；承担会务事宜，负责会议记录；起草、缮写、校对、印发、传递各种公文；管理秘书人员。野战政治部驻扎在武乡期间，秘书处一直在政治部机关进驻，秘书处内设文书科和总务科，负责公文处理和行政事务工作。

八路军野战政治部秘书处下合村旧址　郝雪廷　摄影

野战政治部宣传部涌泉村、烟里村、下合村旧址

八路军野战政治部宣传部涌泉村旧址
杜瑞鹏　摄影

八路军野战政治部宣传部下合村旧址
郝雪廷　摄影

抗日战争时期，八路军在与民族敌人浴血奋战的过程中，开展了声势浩大的宣传工作。八路军的宣传直面现实，形式多样，贴近群众，贴近抗战，在动员和组织人民群众奋起抗日、配合敌后抗日斗争、推进全国抗日运动发展等方面，发挥了重要作用，卓有成效，影响深远。这项工作主要由野战政治部来完成。野战政治部宣传部在武乡期间先后移住涌泉村、烟里村、下合村等地，在舆论宣传方面做了大量工作，成为我党我军发动群众、组织群众抗日的重要途径。

八路军野战政治部组织部寨上村、烟里村、下合村旧址

野战政治部组织部的职责是：指导所属部队的党委建设，充分发挥党委的核心领导作用；保证党的路线、方针、政策在军队得到贯彻执行；指导基层党支部建设，充分发挥党支部的战斗堡垒作用和党员的先锋模范作用；确立党对军队的绝对领导。野战政治部组织部在武乡期间先后移驻寨上村、烟里村、下合村等地。

八路军野战政治部组织部下合村旧址
郝雪廷　摄影

八路军野战政治部组织部烟里村旧址
郝雪廷　摄影

八路军野战政治部民运部涌泉村、烟里村、下合村旧址

民运部是一个很重要的部门，其职能是专门负责对外宣传，做群众和友军的工作，动员青年参军参战，协助部队进行筹粮筹款，党政、军事、后勤、外交事宜都要做。重要的是抓好统一战线，团结一切抗日力量，把局面打开。从红军改编八路军以后，就在政治部设立了民运工作部，宣传群众、组织群众和武装群众，通过群众当中的积极分子，带领群众斗争，在实际斗争中提高群众的政治觉悟，是把千千万万的普通农民发动起来，投身到抗日战争的根本方法。在抗战期间，为了联合地主抗日，调节阶级利益，则实行合理负担和减租减息政策，适当改善农民的生活，以提高群众参加抗战的积极性。中共中央北方局在抗战一开始就指出，要发动和领导群众的经济斗争，改善群众的生活，动员千千万万的劳苦群众坚决地走上抗日战线。因此，从1938年到1940年先后开展了救济灾民、反对贪污和改造区村政权、反对旧的摊派制度、实行合理负担、减租减息和春耕生产等群众运动，以及优待抗日军人家属等活动。当时最响亮的口号就是："有钱出钱，有粮出粮，有力出力""实行合理负担""减租减息""优待抗属"等，这些口号深得民心。野战政治部民运部在武乡期间先后移住涌泉村、烟里村、下合村等地，深入开展发动群众工作。

八路军野战政治部民运部涌泉村旧址　杜瑞鹏　摄影

八路军野战政治部民运部下合村旧址　郝雪廷　摄影

八路军野战政治部敌工部涌泉村、烟里村、下合村旧址

八路军野战政治部敌工部的主要任务是策反日伪军以及获取军事情报。1938 年 1 月底改称八路军野战政治部后，下设敌工部，部长先后为蔡乾、漆克昌，副部长先后为谢振华、漆克昌、张香山。下设三个科，分别负责搜集情报、瓦解教育和派遣潜伏工作。敌工部的主要任务是揭露日本帝国主义的侵略本质，宣传抗日战争的正义性；瓦解敌人的斗志，做好日军俘虏的教育工作；侦察收集情报，在敌人内部长期埋伏，发展力量，等待时机，里应外合，彻底消灭敌人。工作人员大部分干部是从朝鲜、日本回国的留学生，也有从长征过来的干部。

对敌军调查的目的，就是查明敌军的情况，使一切其他的工作能有所根据。针对敌军的各种矛盾，特别是日军厌战反战情绪，组织进行瓦解日军与争取伪军的政治宣传。野战政治部移住下合村后，更加注重对俘虏的教育工作，先后在下合村、枣林村举办训练班，对俘虏进行感化教育。在敌工人员的教育下，已经加入八路军的日军俘虏冈田义雄、杉本一夫和小林武夫等言传身教，许多俘虏都有了不同程度的转变。在这样的基础上，由杉本一夫、小林武夫、冈田义雄、高木敏雄、松井英男、吉田太郎、石冢修等人发起并筹备，成立了他们自己的组织“唤醒联盟”（后改为觉醒联盟）。

八路军野战政治部敌工部涌泉村旧址　郝雪廷　摄影

八路军野战政治部敌工部下合村旧址　郝雪廷　摄影

八路军野战政治部锄奸部涌泉村、烟里村、下合村旧址

八路军改编之日成立八路军政治部。政治部下设保卫部，1937 年 10 月又改为锄奸部。锄奸部以全军的内部保卫为重任，主要负责内部保卫和反叛徒、反奸细斗争，以保卫总部与北方局首长和直属机关安全为中心任务。1938 年春，野战政治部还设立了总部保卫委员会，由傅钟、陆定一、杨奇清三人组成，后改由朱德、彭德怀、罗瑞卿、周桓、杨奇清五人组成。八路军总部移住晋东南之后，当时正是日军猖狂进攻，国民党军节节败退，军政官员纷纷逃跑，地方政府陷于瘫痪，日伪特务乘虚而入，社会秩序一片混乱。国民党特务也利用统一战线乘机混进共产党、八路军，进行破坏捣乱，他们甚至与日特合流，野战政治部锄奸保卫部门责任重大。为适应抗日斗争形势的发展，锄奸部举办保卫干部训练班（简称保训班），由杨奇清部长负责，培训从各地选派的军队和地方保卫干部，着重讲授和学习公安保卫业务和锄奸教育训练。

野战政治部锄奸部，为了保证根据地的安全，特别是保证总部及北方局机关的安全，不仅加强总部驻地的保卫工作，而且在地方上建立各种形式的公安保卫机构，以及群众性的锄奸组织，经常为八路军和地方党政机关搜集情报，传递信件，站岗放哨，开展武装活动，打击汉奸敌探，为保卫根据地

的创建，进行了卓有成效的斗争。

野战政治部锄奸部在武乡期间先后移住涌泉村、烟里村、下合村等地。

八路军野战政治部锄奸部涌泉村旧址　郝雪廷　摄影

八路军野战政治部锄奸部下合村旧址　郝雪廷　摄影

八路军供给部义门村、寨上村旧址

1937 年 8 月，中国工农红军主力部队改编为国民革命军第八路军，此时我军的后勤保障建设分为前方和后方两部分。在延安的原总后方勤务部精编为：供给部，部长张元寿；卫生部，部长姬鹏飞。供给部、卫生部和副官处直属于军委总参谋部。八路军前方后勤部门由原红军总供给部和总卫生部分别改编为八路军供给部、卫生部：供给部，部长赵尔陆、副部长谢古今；新设兵站部，部长杨立三、副部长周玉成；卫生部，部长姜齐贤。同年 11 月，赵尔陆调任晋察冀军区第二军分区司令员兼政治委员，由杨立三任部长。

1938 年 4 月，杨立三部长率供给部机关跟随八路军总部移驻武乡，先后在义门村、寨上村驻扎。在义门村时，供给部驻扎在富农李茂堂家，因全院用石板铺就，所以村里人称为石板院。这个院子在 20 世纪 70 年代拆除，木料用于修建学校。部长杨立三住东楼一间小屋，当时，供给部下设被服厂，被服厂也在李茂堂家院里驻扎。

4 月 20 日，总司令部机关迁往寨上村，警卫部队也随之行动。为保证后勤工厂的安全，供给部及被服厂也迁到寨上村。供给部部长杨立三及被服厂住村中的旗杆大院，因前清出过武举人而在大门上立有两根旗杆而得名。这是武举人的后人弓富荣家的院子，有东西两串楼院，杨部长住东楼院正楼，

被服厂的缝纫组也在东楼院，缝纫机安装在三大间的西房内。供给部机关驻西楼院，手工组也在西楼院。两串院落共 20 间，除两间房东占着，其他房屋都住着八路军。

当时，八路军已经发展壮大，但军费严重不足，被服厂的原材料供给有点捉襟见肘。寨上村的富户较多，在八路军首长的动员下，他们以抗日事业为重，以民族大义为重，在动员会上纷纷表态，愿意为抗战出力，于是一个个慷慨解囊，筹集了许多银圆，在故城、段村等镇收购了大量的土布，捐赠给了八路军被服厂，极大地支持了八路军的后勤工作，受到朱德总司令的表扬。

1938 年 5 月 23 日，八路军总部机关向南移动，供给部与被服厂也一起离开寨上村。

八路军供给部寨上村旧址　李绍君　摄影

八路军后勤部砖壁村、王家峪村旧址

1937 年 8 月，陕北红军主力改编为国民革命军第八路军，前方的后勤部门主要有供给部，部长赵尔陆、副部长谢古今；兵站部，部长杨立三、副部长周玉成；卫生部，部长姜齐贤。由于没有统一的后勤领导机构，得后勤管理不协调。更严重的是，到 1938 年底八路军已经发展到 16 万之众，而国民政府一直限制八路军发展，仍然按改编之初确定的 4.6 万人编制发给军费，日本帝国主义又对根据地进行严密的封锁和军事破坏，这样，部队的物资、经费、弹药供应都异常困难。为此，朱德总司令、彭德怀副总司令从实际出发，提出设立八路军后勤部，统一管理，发展生产，有计划地经营和统制公私贸易；在改善贫苦人民生活的原则下，整理税收田赋；加强敌占区工作，争取运入根据地所缺乏的物资；通过政权和群众团体，开展自愿献金、献粮；有计划地建设军事工业；建立严格的预决算制度，清除贪污浪费；成立华北总财政经济委员会。根据这一情况，1939 年 2 月，在山西前线的八路军总司令朱德、副总司令彭德怀和副参谋长左权，致电延安毛泽东等，要求派杨立三来前方主持后勤工作。3 月，杨立三奉命来到晋东南前线，任八路军前方总部后勤部部长，正式成立前方总后勤部，将原来的供给部、兵站部、野战卫生部划归后勤部领导，并新设立兵运部、财经部，6 月，又将总部军工科改建为军

工部，也归后勤部领导。

1939年7月15日，八路军总部进驻武乡砖壁村，后勤部机关驻扎在砖壁村马国英家，代号“新昌部”。同年10月11日，总部机关移驻王家峪村，后勤部机关驻南窑科。南窑科是王家峪的一个自然村，村子里一共十户人家，所以附近的人们称这个村子为十家庄。庄上有一户富农，九户贫农。后勤部机关设在崔恒林家，杨立三部长住在村民王建业家的小正房，秘书李志凯住在冯冬生家的小南房，庄上还住着勤务员、马夫、警卫班，并设有灶房和马棚。

杨立三就任八路军后勤部部长兼政委之后，针对当时太行地区经济严重困难，提议由总部和北方局召开全面研究根据地建设的会议。会议决定大力发动部队垦荒种地，建纺纱厂、织布厂、制鞋厂、兵工厂，办合作社和银行，以解决部队吃饭穿衣、武器弹药供应、发展根据地经济、开展与敌经济斗争等问题。同时，成立了彭德怀同志挂帅的华北财经委员会，由彭德怀、张慕尧、杨立三、聂荣臻、邓小平、郭洪涛、高捷成7人组成，彭德怀任书记，张慕尧任副书记。华北财经委员会的日常工作由杨立三同志主持。

1940年春，朱德总司令在王家峪村主持召开了军民联欢会，号召全体村民开展植树造林和军民大生产运动。当时，村里的树都属于个人所有，军民种植杨柳树都用“树栽子”做树种，也就是将树上的树枝伐下来，做成三四尺长的树栽来栽种，需要在树上砍伐，杨部长配合村干部、民兵来砍伐“树栽子”。当时也有个别人不同意在自家的树上砍树枝，杨部长经过耐心说服，解决了这个问题，当时军民共同植树2万余株。朱总司令的“红星杨”就是这时种下的。

杨部长除担负供给部队后勤军需和配合植树造林外，还带领部队向群众学习纺花织布，由庄上的妇女负责教战士们，为村民和部队织了大量的白布。当时，村里的王建业、崔占寅两家开着染坊，杨部长就亲自学习染布技术，把织好的土布染成灰色，解决了军队的被服问题，同时还帮助群众开荒种地，打柴割草，担水看病。杨部长为群众排忧解难做了很多工作，并带领村民开荒、种菜，改善了群众生活，也解决了部队的给养。